ተመክሮ ተጋድሎ ሓርነት ኤርትራ
ንሃገራዊ ናጽነትን ማሕበራዊ ፍትሕን
1961 – 1982

Eritrean Liberation Front (ELF)
Its Struggle For
Freedom and Social Justice
1961 - 1982

Homib Publishing
Email: homibpublishing@gmail.com

ደረስቲ መጽሓፍ ካብ ጸጋም ንየማን፡ ፍስሃየ ሓጎስ፡ ንጉሰ ጸጋይ፡ ድራር መንታይ

ድሕረ-ባይታ ደረስቲ፡

ፍስሃየ ሓጎስ

ብ1975 ዓ.ም. ኣብ ተጋድሎ ሓርነት ኤርትራ ተሰሊፉ።

ምዱብ ፖሊቲካውን ወተሃደራውን ታዕሊም ፈጺሙ፣ ኣብ (ሕ.ሰ.ጉ.ቤ.ጽ) ኣብ ክፍሊ ትምህርቲ ተመዲቡ:

1976-1978 ኣብ ምምሕዳራት ቍጽሪ 8 (ሓማሴን)፤ ቍጽሪ 7 (ሰምሃር)ን ቍጽሪ 1 (ጋሽ)ን፤ ኣብ ሰራዊት ምጥፋእ መሃይምነት፣ ኣብ ህዝቢ ድማ ስሩዕ ኣብያተ ትምህርቲ ዝኸፈተሉ መጽናዕትታትን ንጥፈታትን ተሳቲፉ።

ካብ 1979 — 1981 ዓ.ም. ናይ ምምሕዳር ቍጽሪ ሓደ (ጋሽ) ንፈጻሚ ሽማግለ ናይ (ሕ.ሰ.ጉ.ቤ.ጽ) ወኪሉ ኣባል ምምሕዳርን ናይቲ ምምሕዳር ትምህርታዊ፣ ሕክምናውን ናብራ-ዕብየታውን ንጥፈታት ሓላፊ፤ ከምኡውን ኣብ ምምሕዳር ቍጽሪ ሓደ ዝካየድ ፖሊቲካዊ፣ ማሕበራዊ፣ ጸጥታውን ምምሕዳራውን ጉዳያት፣ ዝውጠኑን ዝውሰኑን መደባት ኣባል ናይቲ ምምሕዳር ሽማግለ ኰይኑ ኣገልጊሉ።

1982 — 1985 ዓ.ም. ኣብ ከሰላ ብዩ.ኤን. ኤች. ሲ. ኣር. ዝምወል ዝነበረ ብዩኔስኮ ዝፍለጥ ጁንዮር ካልኣይ ደረጃ ቤት ትምህርቲ ስደተኛታት ኤርትራውያን ብምምህርና ኣገልጊሉ።

ኣብዚ እዋን'ዚ ኣብ ዝነብረሉ ሃገር ኣመሪካ ከም መሃንድስ

ብባችለር ተመሪቑ ይሰርሕን ምስ ስድራ ቤቱ ይነብርን ኣሎ።

ንጉሰ ጸጋይ፡

ኣብ'ቲ ብሃይለ ስላሰ 1ይ ዩንቨሲቲ ኮለጅን መሰልጠኒ ማእከልን ዝፍለጥ ኣብ ጎንደር ዝርከብ ናይ ጥዕና ኮለጅ ክሳብ 1974 ተማሃራይ ነይሩ። ኣብ 1975 ናብ ተጋድሎ ሓርነት ኤርትራ ተሰሊፉ። ድሕሪ መባእታዊ ወታሃደራዊ ታዓሊም ኣብ ሕብረተ-ሰብኣዊ ጉዳያት ቤት ጽሕፈት ተመዲቡ፡ ኣብ ዝተፈላለየ ክፍሊ ምምሕዳራት ብዝተፈላለየ ሓላፍነታት ተጋዲሉ።

ኣብ 1978 ደርጊ ብናይ ሶቪየት ሕብረት ናይ ውግእ ኣማኸርቱ ተሰንዩ ወራር ኣብዘካይደሉ ዝነበረ ግዜ፡ ኣብ ወታሃደራዊ ቤት ጽሕፈት ተመዲቡ፣ ኣብ ተዋጋኢ ሰራዊት ኣብ በርጌድ 44 ኮምሽነር በጠሎኒ ኮይኑ ክሳብ 1982 ኣገልጊሉ። ጸኒሑ ኣብ ተጋድሎ ሓርነት ኤርትራ ሰውራዊ ባይቶ ኣብ ዝተፈላለየ ትካላትን ኣብያተ ጽሕፈትን ገድላዊ ዕማማት ኣብምስልሳል ይቃለስ ነይሩ፡ ከም መቐጸልትኡ ድማ ሓንቲ ፍትሕን ሰላምን ዝነገሳ ዲሞክራስያዊት ኤርትራ ንምርግጋጽ ካብዝቃለሱ ዘለዉ ዜጋታት እዩ።

ድራር መንታይ፡

ካብ ናይ ኣዲስ ኣበባ መማህራን መሰልጠኒ ብዕለት 30 ሓምለ 1969 ተመሪቑ ክሰርሕን ኣብ ውሽጢ ኤርትራ ኣብ ተሓኤ ተሰሪዑ ከገልግልን ድሕሪ ምጽናሕ፣ ብ1975 ዓ.ም. ኣብ ተጋድሎ ሓርነት ኤርትራ ተሰሊፉ። ፖሊቲካውን ወተሃደራውን ታዕሊም ምስ ፈጸመ፣ ኣብ ሕብረተ ሰብኣዊ ጉዳያት ቤት ጽሕፈት (ሕ.ሰ.ጉ.ቤ.ጽ) ኣብ ምድላው ስሩዕ ስርዓተ ትምህርቲ ኣገልጊሉ።

ካብ 1976 ክሳብ 1978 ኣብ ምምሕዳር ኣከለጉዛይ ንጉዳያት ክንክን ስድራ ተጋደልትን ስውኣትን ወኪሉ የገልግል ነይሩ።

ካብ 1978 - 1981 ዓ.ም. ኣብ ምም. ቍ.6 ማለት ሳሕል ንፈጻሚ ሽማግለ ናይ (ሕ.ሰ.ጉ.ቤ.ጽ) ወኪሉ ኣባል ምምሕዳርን ናይቲ ምምሕዳር ትምህርታዊ፣ ሕክምናውን ናብራ-ዕብየታውን ንጥፈታት ሓላፊ ኰይኑ ሰሪሑ።

1981 — 1983 ኣብ ሱዳን ዝነብሩ ስደተኛታት ኤርትራውያን ሓላፊ ኣብያተ ትምህርትን ህዝባዊ ሕክምናታትን ኰይኑ ኣገልጊሉ።

1984 — 1997 ኣብ ከሰላ ብዩ.ኤን. ኤች. ሲ. ኣር. ዝምወል ዝነበረ ጁንዮር ካልኣይ ደረጃ ቤት ትምህርቲ ከም መምህርን

ድሒሩ ከአ ምኽትል ዲረክተርን ኰይኑ ኣገልጊሉ።

ካብ 1998-2007 ከአ ኣብ ቤት ጽሕፈት ተሓኤ ሰውራዊ ባይቶ ካርቱም ተሓዝ ገንዝብ ውድብ ኮይኑ ተመዲቡ። ኣብዚ እዋን'ዚ ኣብ ሃገር ሆላንድ ምስ ስድራ ቤቱ ይነብር ኣሎ።

ግንቦት 2016

መሰል ደረስቲ፣

እብዚ መጽሓፍ ሰፊሩ ዘሎ ትሕዝቶ ታሪኽን ተሞክሮን ብዘይ ኣፍልጦን ፍቓድን ደረስቲ ብምልኡ ይኹን ብኽፊል ምቕዳሕ ወይ ምብዛሕ ብሕጊ ክልኩል እዩ።

ፍሉይ ምስጋና

ተስፋይ ወልደሚካኤል (ደጊ.ጋ)ን ላይነ ካሕሳይን፡ ግዜኦምን ድኻሞምን ከይጸብጸቡ፣ ንምሉእ ትሕዝቶ መጽሓፍ ኣንቢቦም፣ ብደቂቕ ተኸታቲሎምን ኣለልዮምን ዝሃቡና ሓሳባት፡ ደጊምና ከነመሓይሸን ከነነጽሮን ዕድል ስለዝሃበና፤ ልባዊ ምስጋናና ይብጻሓዮም።

ገበር መጽሓፍ፣

ንትሕዝቶ መጽሓፍ ዘንጸባርቕ ኣብ ገበር ዘሎ ስእሊ ቀይሱ ዘዳለወ ተጋዳላይ ተስፋይ ወልደሚካኤል (ደጊ.ጋ) ደጊምና ነመስግኖ።

መዘከርታ

መጽሓፍ **"ተመኩሮ ተጋድሎ ሓርነት ኤርትራ ንናጽነትን ማሕበራዊ ፍትሕን"፣** ንኹሎም እቶም ምእንቲ ናጽነትን ማሕበራዊ ፍትሕን፡ ዲሞክራስን ሰላምን፡ ብልጽግናን ንምርግጋጽ፡ ዝፈትዉዋ ሂይወቶም ዝበጀዉን፡ ኣካላዊ ኮነ ሕልናዊ ጉድኣት ንዝወረዶም፡ ኣብ መቑሕ እስራት ንዝተሳቐዩ፡ ሃገሮም ገዲፎም ግዳያት ስደትን ሳዕቤናቱን ንዝኾኑ ኤርትራውያን መዘከርታ ትኹን።

መቕድም

ህዝቢ ኤርትራ ብሰሪ ተኸታተልቲ ገዛእቲ ስርዓታት ሃገራዊ ነጻነቱን ሰብኣዊ ክብሩን ተሓሪሙ ኣደዳ ኩሉ ዓይነት ሓሳረ መከራን ኣደራዕን ኣብ ዝተሳጣሓሉ ግዜ፡ ዋና መሬቱን ሓርነቱን ንምዃን ካብ ቃልሲ ዓዲ ውዒሉ ኣይፈልጥን። ኣብ መጠረስታ'ውን ኤርትራዊ ሕልምን ድልየትን ዝኾነ ሃገራዊ ናጽነት ጋህዲ ንምግባር፡ ውፉያት ደቁ ኣብ ሜዳ ተሰሊፎም፣ ንመግዛእታዊ ሰራዊትን ትካላቱን ብሓይሊ ብረት ደምሲሶም፣ ፍትሓዊትን ደሞክራስያዊትን ዝኾነት ብልጽግቲ ሃገር ንምህናጽ ሂወቶም ብምውፋይ ወሳኒ ግደ ኣበርኪቶም። ብሳላቲ መላእ ህዝብና ዘርኣየ ተበጃውነትን፡ ዝተኸፍለ ማእለያ ዘይብሉ መሪር መስዋኣትን ድማ ጉዕዞ ናይ ሰላሳ ዓመታት ዕጥቃዊ ተጋድሎ ብዓወት ህዝቢ ኤርትራ ተደምዲሙ፡ ኣብ 1993 ኤርትራ ሓንቲ ልኡላዊት ሃገር ክትከውን በቒዓ። ይኹን'ምበር፡ ገለ ክፋል ናይቲ ታሪኽ ከቕርቡ ዝፈተኑ እኳ እንተሃለዉ፡ ቅያታት ቃልሲ ህዝቢ ኤርትራ ክገልጽ ዝኽእል፣ ዝርዝር ታሪኽ ናይቲ ሙሉእ ጉዕዞ ግን ክሳብ ሕጂ ኣይተተንከፈን ዘሎ። እዛ መጽሓፍ እዚኣ'ውን ዋላ'ኳ ዝተማልኤ ስእሊ ናይቲ ዝተበገሰትሉ ዕላማ ክትስንድ ድልየታ እንተነበረ ልዕሊ ዓቕማ ምዃኑ ግን ኣንባቢ ክርድኦ ከምዝግባእ ኣቐዲምና ክንሕብር ንፈቱ። ነዛ መጽሓፍ እዚኣ ከነዳሉ ክንብገስ እንከለና'ውን ነቲ በብሸነኹና እንፈልጦ ስለምንታይ ሰኒድና ዘይንጥርንፎ ካብዝብል ሕልና ዝተበገሰ እንተይዘኰይኑ ንምሉእ ጉዕዞ ናይቲ ብሓደ ዝነበርናሉ ክፍሊ'ውን ዘጠቓለለ ከምዘይኮነ ብሩህ ክንገብሮ ንደሊ።

ሓቂ ኢዩ ኣሽሓት ብመስዋእቲ ሓሊፎም፣ ካብቶም ብሂይወት ዝተረፉ፡ ብዝተፈላለየ ኣገባባትን ኣጋጣሚታትን ተራኺቦም ንተሞክሮኦምን ተዘክሮታቶምን ከውግዑ ባህርያዊ እዩ። ካብቶም ኣብ 1975 ዓ.ም.ፈ. ጀሚሮም ኣብ ተጋድሎ ሓርነት ኤርትራ፣ ሕብረተ-ሰብኣዊ ጉዳያት ቤት ጽሕፈት ተመዲቦም ኣብ መደበር ሆሚብ ተራኺቦም ዝተፋለጡ ሰለስተ ብጾት፤ ማለት ድራር መንታይ፣ ንጉሰ ጸጋይን ፍስሃየ ሓጎስን ካብ ሓያለ ርኽክባቶም ኣብ ሓደ ኣጋጣሚ ከዕልሉ ከለዉ፡ እቲ ዝነበረ ዋዛን ስሓቕን ተሪፉ፡ ንዝሓለፍዎ ተመኩሮ ብምስትንታን "ኣንቱም ሰባት እቲ ኹሉ ዝተገብረ ታሪኽ ከይተሰነደ፡ ንቐጻሊ ወለዶ ከይተማሓላለፈ ክተርፍስ ዘሕዝን'ዶ ኣይኮነን" ክብል ሓደ ካብኦቶም ርእይትኡ ምስ ደርበየ፤ ሓዲኦም'ውን ትቕብል ኣቢሉ "ሃየንደ'ሞ ንበገስ ኩልና እቲ ዝዋዓልናሉን እንፈልጦን ንሰንዶ" ይብል'ሞ እቲ ዕላል ናብ ዕቱብ ዝርርብ ተቐይሩ ንትግባረ ተሰማምዑ። ነዚ መደብዚ ንምዕዋት ኣብ ዝተኻየደ ድህሰሳ፡ ነቶም ግዲኦም ከበርክቱ ይኽእሉ ኢዮም ዝበልዎም ሓደ ብሓደ ብምዝርዛርን ብዙሓት ከምዘለዉ ድሕሪ ምርግጋጽን፤ ኣብቲ ዕማም ንምስታፎም ወፈራ ተኻይዱ፣ ከምውጽኢቱ ንዕለት 6 መስከረም 2009 ዓ.ም.ፈ. ኣኼባ ንኽግበር ቆጸራ ተታሕዘ።

ኣብቲ ዝተኻየደ ናይ ስልኪ ኣኼባ፡ ካብቶም ዝተሓበሩ ብዙሓት ዕዱማት፣ ሸውዓተ ሰባት፡ ንጉሰ ጸጋይ፣ ግርማይ ገብረስላሴ (ቀሺ)፣ ተወልደ መሓሪ፣ ፍስሃየ ሓጎስ፣ ዑስማን ኣሕመድ፣ ድራር መንታይ፣ ኣለም ዮውሃንስን ተድሮስ ብርሃነን ተረኺቦም፣ ብዛዕባ'ቲ ተበጊሱ ዘሎ መደብን፣ ተበጺሑ ዘሎ ደረጃን ንፍጻሜ ዘድልዮ ናውትን ተዘራሪቦም መፈለሚ ዝኸውን መደብ ተሊሞም። ብቐጻሊ ኣኼባታት ከማዕብልዎን ክከታተልዎን ተሰማሚዖም፡ ካብ ውሽጦም ነዚ እተማእክል ንጉሰ ጸጋይ፡ ግርማይ ገብረስላሰ (ቀሺ)፡ ድራር መንታይ፡ ፍሳሃየ

ሓጎስ፡ ተወልደ መሓሪን ዘለዉዋ ሓሙሽተ ዝኣባላታ ኣወሃሃዲት ሽማግለ መረጹ። እቶም ኣኼባ ክሳተፉ ዘይከኣሉ ድማ ምኽንያቶም ብምግላጽ ንውጽኢት ኣኼባን ንዝዋሃቦም መደባት ክቕበሉን ድሉዋት ምኳኖም ሓቢሮም ከምዝነበሩ ምጥቃሱ ኣድላዪ ኢዩ።

ጀጋኑ ተጋደልቲ ሓርነት፡ ቀዳማይ ደረጃ በቲ ሓደ ኢዶም ብረት ተዓጢቖም መግዛእታዊ ስርዓት ንምልጋስ ክቃለሱ እንከለዉ፡ ብኻልኣይ ሸነኽ'ውን ሃገራዊ ፖለቲካዊ ንቕሓት ክብ ንምባል፡ ማሕበራዊ ድሕረትን ጸገማቱን ንምውጋድ፡ ብኣውርኡ ድማ ሕማምን መሃይምነትን ንምብዳህ፡ ስርዓተ ትምህርቲ ብምድላው፡ ሰውራውን ባህላውን ድርሰታት ብምቅላሕ፡ ህዝብን ተጋደልትን ኣብ ምልዕዓልን ምንቕቓሕን ልሉይ ኣስተዋጽኦ ከበርክቱ ከለዉ፣ ዘይሃስስ ኣሰር ዝገደፈ ተራ ተጻዊቶም እዮም። እቲ ንምጥፋእ መሃይምነትን ንስሩዕ ትምህርትን ካብ 1ይ ክሳብ 8ይ ክፍሊ ክኸውን ዝተዳለወ ስርዓተ ትምህርቲ ብተግባር ተፈቲኑ ውጽኢታዊ ኰይኑ ክሳብ ሕጂውን ኣብ ምብራቓዊ ሱዳን እትርከብ ናይ ስደተኛታት ቤት ትምህርቲ ወዲ-ሸሪፈይ ዘገልግል ዘሎ'ን ንመጻኢ'ውን መወከሲ ክኸውን ዝኽእል ኣብ ሜዳ ዝተዳለወ መጻሕፍቲ ህያው ምስክርነት እዩ።

እቲ ዕላማ እምበኣር፡ ካብ 1975 ክሳብ 1981 ዓ.ም.ፈ. ኣብዘሎ እዋን ተጋድሎ ሓርነት ኤርትራ ኣብ ሜዳ ካብ ጫፍ ደንከልያ ክሳብ ኣብ ውሽጢ ሱዳን ዝርከብ መደበር ስደተኛታት ኤርትራ ብስፍሓት ኣብዝነበረትሉን፡ ክሳብ 1991 እንተኾነውን ብውሱን ዓቕሚ ንህዝቢ ኤርትራ ዘተኣታተወቶን ዘካየደቶን ሕብረተ-ሰብኣዊ ኣገልግሎት፡ ከምኡ'ውን ድሕሪ ናጽነት ኤርትራ ከይተረፈ ኣብ ሱዳን ንስደተኛታት ኤርትራውያን ዝቕጽል ዘሎ ትምህርታዊ ኣገልግሎትን ዘጠቓለለ ታሪኽ ንምስናድን ከም መጽሓፍ ተሓቲሙ ንክዝርጋሕን ዝዓለመ ተበግሶ እዩ። ኣብ ሜዳ ኤርትራ ዝተሰላሰለ ማሕበራዊ ኣገልግሎት ብፍላይ ድማ ህዝባዊ ኣገልግሎት ጥዕናን ትምህርትን ምስቶም ኣዳለውቱን ኣብ ህዝብን ሰራዊትን ተዘርጊሖም ኣብ ግብሪ ዘውዓልዎን ዘጠቓለለ ጽማቕ ጸብጻብ ክስነድ ተኻኢሉ ኣሎ። ኣሰር ቀጻልነቱ ህያው ምህላዉ ድማ እቲ ኣብ ወዲ-ሸሪፈይ ን30 ዓመታት ኣብ ነብስ-ወከፍ ዓመት ካብ 650 ክሳብ 800 ኤርትራውያን ስደተኛታት ከሳትፍ ዝጸንሐን ዘሎን፣ ካብ 1ይ ክሳብ 8ይ ክፍሊ ብቛንቋታት ትግርኛ፣ ዓረብኛን እንግሊዝኛን ዘምህር ቤት ትምህርቲ ዝኽተሎ ስርዓተ ትምህርትን ኣብኡ ዘገልግሉ ዘለዉ መማህራንን መብዛሕትኦም ናይቲ እዋን'ቲ ተጋደልቲ ዝነበሩን ህዝብና ብሓርነት ክድበስን ኣየር ሰላምን ራህዋን ከተንፍስ ኣብዝካየድ ዘሎ ዲሞክራስያዊ ቃልሲ እጃሞም ዘበርክቱ ዘለዉን ብምኳኖም ህያው ሰነዳት ቃልሲ እዮም።

ኣብ ማሕበራዊ ኣገልግሎት ዘትኰረ ስነዳ፣ ንገዛእ ርእሱ ኣካል ናይቲ ዝካየድ ዝነበረ ሓርነታዊ ቃልሲ ከም ምኳኑ መጠን፡ ንህዝቢ ኤርትራ ኣብ መጻኢ ብትምህርትን፡ ብሕክምናን፡ ኮታ ኩሉ ሕብረተሰብኣዊ ኣገልግሎታት ብኣመራርሓ ውድብን ሰፊሕ ተሳትፎ ህዝብን ዝተረጋገጸ ስለ ዝኾነ፤ ህዝቢ ዋንኡ ክኸውንን ብተመኩሮ ከኣ ኣብ ማሕበራዊ ጥቕሙ ናጽነት ረኺቡ ንሽግራቱ ባዕሉ ንባዕሉ ክፈትሕ ዝኽእል ዕድል ዝኸስት ብምኳኑ እቲ ኣብ እዋን ሰውራ ዝግበር ዝነበረ ኣገልግሎት ዓቢ ተመኩሮ ብምንባሩ፣ እወንታ ኮነ ኣሉታ ናይቲ ጉዕዞውን ውርሻና

ኣብ ርእሲ ምዃኑ፣ ካብኡ ክቕሰም ዝኽእል ትምህርቲ እውን ክህሉ ይኽእል ኢዩ፡ ካብዝብል መንፈስ ነቒሉ ኢዩ እዚ መጽሓፍ'ዚ ክዳሎ ዝበቕዐ። እምበኣር እዚ ስነዳ እዚ ብጉዳይ ትምህርቲ፡ ሕክምና፡ ናብራ ዕቤት፡ ክንክን ስድራ-ቤት ተጋደልትን ስውኣትን፡ ውጉኣት ሓርነት፡ ዝተኻየደ ፍጻሜታት ማለት ቀንዲ ኣትኩሮ ኣብ ሕብረተ-ሰብኣዊ ኣገልግሎት እኳ ይኹን'ምበር፤ ኣካል ናይቲ ዝተኻየደ ፖሊቲካውን ወታሃደራውን ተጋድሎ ስለዝኾነ፣ ገለ ካብዝተኻየደ ፖሊቲካውን ወታሃደራውን ታሪኻዊ ተረኽቦታት'ውን ብኸፊል ኣተኣሳሲሩ ኣሎ።

ትሕዝቶ መጽሓፍ ንሓርነታዊ ተጋድሎና ክንጸባርቕ ዝኽእል ኣገዳሲ ክፋል ናይ ኤርትራዊ ታሪኽን መንነትን መዝገቡ ንህሉውን መጻኢ ወለዶን ሓበሬታን ተመኩሮን ንምቕሳም ዝዓለመ እዩ። እቲ ታሪኻውን፣ ጀኦግራፍያውን ማሕበራውን ጐንታት ቅድሚ ብረታዊ ቃልሲ ዝነበረን፡ መጀመርታ መድረኻት ድሕሪ ብረታዊ ቃልሲ ምጅማሩን ተጠቒሱ ዘሎ ድሕረ ባይታ፣ ካብ መወከሲ መጻሕፍቲ ዝተረኽበ ክኸውን ከሎ፤ እቲ ካብ መድረኽ 1975 – 1981 ዓ.ም.ፈ. ቀሪቡ ዘሎ ግን፡ ብሰፊሕ ህዝብን ሰራዊትን ዝተኻየደ ርሱን ቃልሲ ግን፡ "ዝዋዓለ ይንገርካ፥ ዝሳሓተን ይምከርካ" ከምዝባሃል፡ (ልበ- ወለድ ዘይኮነስ) ብቶም ብኣካል ዝተሳተፉዎ ዝቐረበ፣ ሓቀኛ ታሪኽ ምዃኑ ከነመልክት ንደሊ።

ኣብ መጠረስታ፡ ነዛ መጽሓፍ ንምድላው ተበግሶ ዝወሰዱን፡ ቅድሚ ምጅማር ተጋድሎ ህዝቢ ኤርትራ፣ ኤርትራ ዝሓለፈቶ ሰንሰለታዊ መግዛእታዊ ተመኩሮን ናይ ህዝብና ቃልስታትን ዘመልክት፡ ጽማቕ ታሪኻዊ ትሕዝቶታት ካብ ናይ ታሪኽ ሰነዳት ዝኾኑ መጻሕፍትን፣ ኤለክትሮኒካዊ መርበባት ምንጭታትን ሃሰስ ኢሎምን ተወኪሶምን ብምድላው፣ ንዝረኸብዎ ጽሑፋዊ ሰነዳትን ካብ ተጋደልቲ ሓበሬታታት ኣኪቦም ብምቕራብን፡ ሰነዳት ጠርኒፍካ ኣብ ኮምፒተር ኣእቲኻ መጽሓፍ ንምስንዳእን ዝተገብረ ፍሉይ ጻዕርታት ንኡስ ኣብነታዊ ዕማምን ኣበርክቶን ስለዝኾነ፡ ካልኦት ኣሓትን ኣሕዋትን ብዝበለጸ ትሕዝቶ ናይ ቃልሲ ተመኩሮታቶም ንህዝቢ ንክቕርቡ ዘተባብዕ ሓጋዚ ተራ ክህልዎ ተስፋና ኢዩ።

ምስጋና

ኣብ መቐድም ክምዝጠቐሶ፣ ምድላው መጽሓፍ፣ ብናይ ውሑዳት ተበግሶ እዩ ተጀሚሩ። ጀመርቲ ምስንዳእ ናይዚ መጽሓፍዚ ናይ ሓባር ተመኩሮን ኣፍልጦን ዝወነኑ ካብ 1974 ክሳብ 1981 ዓ.ም.ፈ ኣብ ተጋድሎ ሓርነት ኤርትራ ተሰሊፎም ዝተጋደሉ፣ ብፍላይ ድማ ኣብ ሕብረተ-ሰብኣዊ ጉዳያት ቤት ጽሕፈት ኣብ ክፍሊ ትምህርቲ፣ ህዝብን ሰራዊትን ኣብ ምምሃር፣ ኣብ ሕክምናዊ ኣገልግሎትን ናይ ረድኤት ትካላትን ውድብ፡ ኣብ ክንክን ስድራ ቤት ተጋደልትን ስዉኣትን፡ ኣብ ናብራ ዕብየትን ኮታስ ኣብቲ ህዝባዊ ኣገልግሎት ዘበርከት ዝነበረ ክፍልታት ቤት ጽሕፈት ተመዲቦም ዝሰርሑ፡ ኣብ ማእከላይ ቤት ጽሕፈትን ኣብ ዝተፈላለየ ምምሕዳራት ሜዳ ኤርትራ ዝተጋደሉን ብምንባሮም፡ ነቲ ኣብ ተሞክሮኦም ዘጥረይዎ ፍልጠትን ክውንነትን ከምዘለዎ ንምስናድ እዮም ተበጊሶም ኔሮም። ይኹን'ምበር፡ ናብራ ተጋዳላይ ንዝተዋህበካ ቤት ጽሕፈታዊ ዕማም ምክያድ ጥራሕ ስለዘየፍቅድን፡ ምስ ኩነታቱ ኣብ ካልእ ውድባዊ ጉዳያት ክትኣቱ ስለዝግድድን፡ ዝተበገሰሉ ናይ ምጽሓፍ ዕማም ኣብ ቦትኡ እንከሎ፡ ኣብ ዝዝነበርዎ ቦታታት ዝተኻየደ ውግኣት ይሳተፉ ብምንባሮምን፡ መጽሓፍ ኣብ ሓደ ውሱን ክፍሊ ንኸይሕጸርን፡ ገለ ካብ ዝፈልጥዎ ታሪኻዊ ወተሃደራዊ ስርሒታት ሰራዊት ሓርነት ከስፍሩ ግድነታዊ ነይሩ። ኣብ ቀጻሊ ርኽክባት ንዝበጽሕዎ ስራሕ ኣብ ምግምጋም ኣብ ዝተፈላለየ ጽፍሕታት ኮነ ግዜ ኣገዳሲ ፍጻሜታት ዝተኻየደ ብምንባሩ፡ ኣብቲ ፍጻሜታት ዝዋዓሉን ዝተሳተፉን ተጋደልቲ'ውን ብምልላይ፡ ኣፍልጦኦምን ተመኩሮኦምን ንህሉዋት ኮነ ንመጻኢ ወለዶ ታሪኽ ኣብ ምትሕልላፍ ተርኦም ከበርክቱ ብምሕታት፡ እወንታዊ መልሲ ክረኽቡ ብምኽኣሎም፡ ዝቐረበ ጽሑፋት'ውን ብዙሕን ኣገዳስን እናኾነ መጸ። ስለዚ እዚ መጽሓፍ ጅግንነታዊ ሞያ ሰራዊት ሓርነት ኣብ ሃገራዊ ተጋድሎ ህዝቢ ኤርትራ ንናጽነትን ዝኸፈሎ መስዋእትን ዘመስክሩ ናይ ኩናት ፍጻሜታት ተሰኒዱ ዝቐረበን ገለ'ውን ብስእልታት ዝተሰነየን ኣጠቓሊሉ ይርከብ።

ነዚ ብናይ ብዙሓት ኣበርክቶ ዝተዳለወ ገለ ክፉል ካብ ተመኩሮ ሜዳና ዝሓዘ መጽሓፍ'ዚ ብሰለስተ ሰባት ዝተዋሃሀደ ምኳኑ ኣብ መቐድም ተሓቢሩ ከምዘሎ ዝዝከር ኰይኑ፡ ትሕዝቶ መጽሓፍ ንቕድመ ብረታዊ ተጋድሎን ድሕሪኡን ዘንጸባርቕ ሓጺር ታሪኻዊ፣ ጆግራፍያውን ማሕበራውን መንነት ኤርትራ ምእንቲ ከጠቓልል፣ ካብ ታሪኻዊ መጻሕፍትን ካልኦት ዓለማዊ ናይ ሓበሬታ መርበባትን ብምውካስ ኣድላዪ ጽማቕ ትሕዝቶ ኣስፊሩ ኣሎ። ኣገዳስነት ናይዚ ክፋል'ዚ ኣንበብቲ መሰረታዊ ሓፈሻዊ ፍልጠት ሃገርናን ህዝብናን፡ ብፍላይ ከኣ፡ ኤርትራ ሃገርና ብዝተፈላለዩ ተኸታተልቲ ባዕዳውያን ገዛእቲ ሓሊፋ ኣብ ትሕቲ ግዝኣት ኢትዮጵያ ክትኣቱ ዝገበረ ምኽንያታትን ምስዚ ጐኒ ንጐኒ ዝተኻየደ ንናጽነት ሃገር ዝጠልብ ምንቅስቓሳትን ዘጠቓለለ ታሪኽ ንምግንዛብ ዝዓለመ ኢዩ። ካብ ምጅማር ብረታዊ ተጋድሎ ክሳብ 1974 ዓ.ም.ፈ ዝሓለፈ ከብድቲ ሓጐጽጎጻት ሰውራና ንምስፋሩ ቀሊል እኳ እንተዘይኮነ፤ ገለ ካብ ሰነዳት ውድብ ተጋድሎ ሓርነት ኤርትራን ገዳይም ተቓለስትን ብዝተገብረ ምውካስ'ውን ከም ዘለዎ ቀሪቡ ኣሎ። በዚ መሰረት ንኹሎም'ቶም ነዚ ጻዕርታትዚ ክዉን ኣብ ምግባሩ ዝተሓባበሩን፡ ብሞራልን መንፈስን ዘተባብዑን ዝደገፉን፡ ግዜኦም ወፍዮም ተሳትፍኦም ዘበርከቱ ኣሓትን ኣሕዋትን ብሓፈሻ ልዑል ምስጋና ነቕርብ። "ንዝገበረልካ ግበረሉ ወይ

ንገረሉ" ስለዝኾነ ኣስማት ናይቶም ፍሉይ ኣስተዋጽኦን ኣበርክቶን ዝገበሩ፡ ሰነዳቶምን ሓሳባቶምን ብዘይዝኾነ ይኹን ጸጊዕን ውልቃዊ ሚዛንን ኣጽፊፎም ከምዘለዎ ዘቕረቡልና ብቕደም ተኸተል ከይጠቐስና ክንሓልፍ ግን ኣይንመርጽን።

ኣብ ምጅማር ብረታዊ ተጋድሎ ህዝቢ ኤርትራ፡ ስዉእ ሓምድ እድሪስ ዓዋተ ክወጽእ እንከሎ ዝነበረ ሓይሊ ሰብን ዕጥቅን፡ ምስቶም ኣብ ከተማ ተሰነይ ዝነበሩ ፖሊስ ዝነበሮ ዝምድናታትን ዝተረከብዎ ባንዴራን፡ ኣብ ጎቦ ኣዳል ዝተተኮሰት ጥይት ድምጺ ናጽነትን፡ ውግእ ኦማልን ዓዲ ሸኽን ሓቢሮም ንዝሓለፉ ተጋዳላይ ሰረቐ ባህታ ካብ ጀመርቲ ብረታዊ ተጋድሎ ልዑል ምስጋና ይብጻሓዮም።

ኣቶ ብርሃነ ጎይትኦም፣ ኣብ መጀመርያ ስሳታት ኣብ ላዕላይ ሃይኮታ ሰራሕተኛ ጀርዲን ከሎ ምስ ሓርበኛ ስዉእ ሓምድ እድሪስ ዓዋተ ተራኺቡ ስለዝነበረ፣ ናይቲ እዋን'ቲ ተዘክሮታቱን ትዕዝብቱን ንኣዳለውቲ መጽሓፍ ብመልክዕ ቃለ-መሓትት ስለዝሓበረ።

ሓርበኛ ተስፋሁነይ ተኽለ፡ ካብ ካልኣይ መፋርቕ ናይ ስሳታት ጀሚሩ ኣብ ውሽጢ ከተማታት ኤርትራ ብፍላይ ኣብ ኣስመራ ዝነበረ ውሽጣዊ ስርርዓትን ስርሒታት ሓርነትን፡ ዝነበረ ቅርጻ ውደባን፡ ዕማማት ስሩዓትን፡ ካብቶም ኣብ 1967 ኣብ ማእሰርቲ ዝኣተዉ ስሩዓት ተመሃሮን ስቅያቶምን፡ ፖሊስ ኢትዮጵያ ዝተኸተልዎ ኣረሜናዊ ናይ መርመራ ኣገባብን፡ ምፍራስ ዘመነ ክፍልታትን ምውጻእ ፖለቲካዊ እሱራትን፡ ካብ 1974 ክሳብ 1975 ኣብ ኣስመራ ዝተኻየደ ቃልስን ስርሒት መዓርፎ ነፈርቲ ኣስመራን ኣጠቓሊሉ፡ ሓደ ካብቶም ብሰሪ ምቅላዕ ውሽጣዊ ስርርዓት ሰውራና ዝተሳቐዩን ብቤት ፍርዲ ዝተበየነሉ ውሳኔ ዘረጋግጽ ሰነድን ከምዘለዎ ስለዝለገሰ፡

ኣብ ወርሒ ሰነ 1976 ስርዓት ደርጊ ብ"ራዛ ፕሮጀክት" ዝፍለጥ ዘዳለዎ ናይ ወራር መደብ፣ ሃገርና ንምግዛእን ህዝብና ንምጽናትን፣ ብዓስርተታት ኣሽሓት ዝቑጸሩ ዘማች ሰራዊቱ ኣዕጢቑ ዘዋፈሮም ንምግጣም፡ ብሰራዊት ሓርነት ኤርትራ ዝተኻየደ መጽናዕትን፡ ዝተሰርዐ ቅዲ-ኲናትን፣ ካብ ዛላምበሳ ጀሚሩ፡ ኣብ ጕላጉል ሽመጃና ብኣደዳ ምርኮን ፋሕ ብትንን ሰራዊት መግዛእቲ ኣብ ዝደምደመ ኲናት ዝተሳተፈ የሴፍ ሃይለ፤ ንነቕጣታት ጸላኢ ታመራትን ኣዲባራን ንምድምሳስ ተመዲበን ካብ ዝነበራ ሓንቲ ጋንታ መማህራን ናብ ሆሚብ ንሓለዋ ምሩኻት ካብ ዝተሳተፉ፣ መራሕ ጋንታ ፍስሃየ ሓጎስን ድራር መንታይን ከምኡ'ውን ኣባል ሕክምና ናይቲ መደበር ዝነበረት ኣስገደት ምሕረትኣብን ሓባራዊ ትዕዝብቶምን ተዘክሮታቶምን ዘካፈሉ፡

ናይ ውግእ ምሩኻት፡ ብኣህጉራዊ ውዑል መሰረት መሰሉ ሕሉው ክኸውንን፡ ከም ሰብ ክብሪ ክህልዎን ብዝሰፈረ ሕጊ መሰረት፣ ተጋድሎ ሓርነት ኤርትራ ነቶም ኣብ ውግእ ዛላምበሳ ብሰራዊት ሓርነት ኤርትራ ዝተማረኹ ሰራዊት ደርጊ ብግቡእ ትኣልዮምን ትናብዮምን ምንባራ፡ ጥዕናኦምን ኣመጋግባኦምን ሕሉው ምንባሩ፡ ይኹን'ምበር ኣብ ልዕሊ ሰውራ ኤርትራን ተጋደልትን ዝነበሮም ኣረዳድኣ ካብቲ ክብገሱ ከለዉ ዝተዋህቦም ኣሉታዊ ኣስተምህሮ ዝነቕለ እምነትን ሕልናዊ ቅሳነትን ከጥርዩ ብዘይምኽኣሎም ኣደዳ ዝተፈላለየ ስቅያት ይኾኑን፡ ብናፍቖት ስድርኦምን ቤተ-ሰቦምን ኣዝዮም ዝተጠቕዑ ምንባሮም ኮታስ ዝነበረ ኲለንታናዊ መነባብርኦም ኣመልኪታ፣ ናይ ሽዑ ኣላይት/ሓኪም እሱራት ኲይና ተገልግል

ዝነበረት ኣስገደት ምሕረታኣብ ስለዘቕረበት፡

ኣብ ምምሕዳር ቁጽሪ ኣርባዕተ ማለት ኣብ ኣውራጃ ሰንሒት ብሕብረተሰብኣዊ ጉዳያት ቤት ጽሕፈት ዝካየድ ዝነበረ ንጥፈታት ናይ ትምህርቲ ብሓፈሻ ንዝሓበረና ዘርእዝጊ ንጉሰ ወኪል ቤት ጽሕፈት ዝነበረ እንዳኣመስገና፡ ብተወሳኺ ኣብ ሰንሒትን ብፍላይ'ውን ኣብ ላዕላይ ባርካ ንዝተኻየደ መደባት ናብራ ዕብየትን ሕክምናዊ ኣገልግሎትን ከተማ ኣቑርደት ሓራ ኣብ ዝኾነትሉ እዋን ዝነበረ ምምሕዳርን ጸገማቱን ህዝባዊ ሽግራትን ተወፋይነት ተጋደልቲ ኣብ ምእላይ ህዝብን ብዝርዝር ተመኩሮኣ ንዘካፈለትና ኣልጋነሽ ገብረ ኣባል ናብራ ዕብየት ዝነበረት፡

ወኪል ሕብረተ ሰብኣዊ ጉዳያት ቤት ጽሕፈት ዝነበረ ተወልደ መሓሪ ኣብ'ቲ ብምምሕዳር ቁጽሪ ሸሞንተ ዝፍለጥ ዝነበረ ኣውራጃ ሓማሴን ዝካየድ ዝነበረ ኩለንተናዊ ማሕበራዊ ኣገልግሎትን ዝርዝር ኣስማት ዝነበሩ ተጋደልቲ ኣባላት ቤት ጽሕፈትን፡ ብስእልታት ዝተሰነየ ናይ ኣብያተ ትምህርቲ ተመሃሮ ዘመልከተ ሓቀኛ መርኣያ ንኣብቲ ምምሕዳር ዝተኻየደ ዕማማት ንዘቕረበ፡

ኣብ ኣውራጃ ሰራየ ምምሕዳር ቁጽሪ ትሽዓተ ተባሂሉ ዝፍለጥ፡ ወኪል ቤት ጽሕፈት ኰይኑ ዘገልግል ዝነበረ ቴድሮስ ብርሃነ፡ ኣባል ሰውራዊ ሸማግለ ዝነበረ ኣለም የውሃንስን፡ ግዝያኦም ከይበቐቑ ኣብቲ ምምሕዳር ብጠቕላላ ዝካየድ ዝነበረ ትምህርታውን ሕክምናውን ናብራ ዕብየታውን ኣገልግሎትን ስልጠናታት ሓደስትን ኣብቲ ምምሕዳር ዝነበረ ሕጽረታትን ዘመልከተ ተመኩሮታቶም ስለዝሓበሩ፡

ዘርኤ ትርፊ፡ ኣብ ምምሕዳር ቁጽሪ ዓሰርተ ኣውራጃ ኣከለ-ጉዛይ፡ ተጋድሎ ሓርነት ኤርትራ ድሕሪ ናይ ክልተ ኣዋርሕ ዝኣክል ግዜ ካብቲ ምምሕዳር ምስሓባ ተመሊሳ፡ ካብ ወርሒ 5/1978 ጀሚሩ፡ ስሩዕ ማሕበራዊ ኣገልግሎት ምጅማራን ክሳብ 1980 ዝቐጸለ ስራሓት ብምሕባሩ ናይ ሓንቲ ቤት ትምህርቲ ስእሊ ብምውፋዩ፡

ትኩእ ተስፋይን ሃብተማርያም ክፍለን፣ ኣብ ሰሜንን ደቡብን ደንከልያ፡ ማለት ብምምሕዳር ዓሰርተ ሓደን ዓሰርተ ክልተን ዝጽዋዕ ዝነበረ ምምሕዳራት፡ ሓፈሻዊ መብርህን መግለጽን ብምቕራቦም፣

ላይነ ካሕሳይ ናይ ሽው ሓላፊ መደበር ፋርማሲ ኣብ ትሕቲ ህዝባዊ ሕክምና ይካየድ ንዝነበረ መደበር መድሃኒትን/ፋርማስን ምምሕዳሩን ኣገባብ ዝርጋሐኡ ናብ ዝተፈላለያ ምምሕዳራትን ንዘካፈለ፡

ኣብ 1978 ምምሕዳር መደበር ውጉኣት ሓርነት ካብ ሕብረተ-ሰብኣዊ ጉዳያት ቤት ጽሕፈት ወጺኡ፡ ኣብ ትሕቲ ወታሃደራዊ ቤት ጽሕፈት ድሕሪ ምእታዉ፡ ኣቦ መንበር ምምሓዳር ዝነበረ መዓሾ ኣስራት፣ ኣገባብ ኣከያይዳኡን ዝተለሞ ዳግመ ህንጻዊ መደባትን ብምሕባሩ፡

ማሕበር መንእሰይ ኤርትራ ሓደ ካብቶም ዓበይቲ ብስፍሓት'ውን ንኽልቲኡ ጾታታት ሕብረተ-ሰብ ኣሳታፊ ዝነበረ ማሕበርን ግዲኡ ኣብ ብረታዊ ተጋድሎን፡ ናይቲ ብ1977 ዝተመስረተ ቤት ትምህርቲ ጽባሕን ንጥፈታቱን ብዝሰፍሓን

ከምዝነበሮን፡ ኣገዳስነት ናይቲ ተበግሶ ተገንዚቡ ግዜኡ ከይበቐቐ ሓይላኣብ ዓንዱ፣ ኣባል ገድላዊ ባይቶን ኣቦ-መንበር ናይቲ ማሕበርን ዝነበረ ብመልክዕ ቃለ ማሕተትን ናይ ቴለፎን ኮንፈረንስን ዝግባእ ሓበሬታ ዘለገሰ፡

ሃይለ ገብሩ'ውን፡ ንተመኩሮ ምቛም ቤት ትምህርቲ ካድራት ኣፍራይነቱን ዝነበሮ ሕጽረታት ብምጥንቓቕ፡ ዝተፈላለዩ ብጾት ብምውካስን ካብ ጽሑፋት ገድሊ ህዝቢ ኤርትራ ወግዓዊ መጽሔት ተጋድሎ ሓርነት ኤርትራ ንዝረኸቦ ታሪኻዊ ሓበሬታት ሰኒዱ ብምቕራቡ፡

ኤርትራ ኣብ ትሕቲ ምምሕዳር እንግሊዛውያን ኣብ ዝኣተወትሉ፡ ፈደረሽን ብዝብል ስያመን ምሉእ ብምሉእ መቑረንቲ ኤርትራ ኣብ ትሕቲ ግዝኣት ኢትዮጵያን ዝኣተወትሉን ግዜ ዘርከበ፡ ከም ኩሎም መዛንኡ ናይቲ እዋን'ቲ ናይ ናጽነት ስምዒቱ ርሱን፡ ተመሃሮ ኣብ ዘካይድዎ ምንቅስቓሳት ተሳታፊ፡ ኣባል እስካውት ኰይኑ፡ ንሓደ ጕጅለ መሪሑ ጉልዒ ዝተባህለ ቦታ ኣብዝወረደሉ እዋን ምስ ክልተ ሰባት ብበረኻ ዝመጹ ዝብሎም ተራኺቡ፡ ኩነታቶም ድሕሪ ምርግጋጽ ከም ሓላፊ ናይቲ ጕጅለ፣ ንበይኑ ኣግሊሎም ኣባላት ጀብሃ ምዃኖም ሓቢሮም፣ መልእኽቶም ናብ ኣስመራ ኣብጺሑ፥ ካብኡ መልሲ ሒዘ ንኽመጾም ፈቓደኛ እንተኾይኑ ተሓቲቱ ብዘይውልውል፣ ንዝተዋህቦ ሃገራዊ ግደ ከፍጽም ዝተቐበለ፡ ኣብዝቐጸለ ዓመታ'ውን ምስ ሓላፊ ውሽጣዊ ስርሒታት ኣብ ውሽጢ ኣስመራ ዝነበረ ስዉእ ተጋዳላይ ኣብራሃም ተኽለ ናይ ስራሕ ርክክቡ ዝሰርዐ፡ ጸኒሑ ካብ ማዓልታዊ ስርሑ ናይ ክልተ ሰሙን ዕረፍቲ ወሲዱ ምስቲ ዝነበሮ ክሳብ ጸሊም ዕጣቕ BlackBelt ዝበጽሐ ናይ ጉስጢ ክእለቱ፡ ኣብ ሜዳ ናይ ፈዳዪን ታዕሊም ወሲዱ ኣብ ኣስመራ ተመሊሱ ኣብቲ ዝተፈላለየ ቕያ ዝመልአ ስርሒታት ከተማታት ብኣካል ዝተሳተፈን ተመኩርኡ ንኽካፍለና ተወኪስናዮ ብፉቓዱ መን ኣበየናይ ስርሒት ከምዝዋዓለን መኣስን ብዝርዝር ንዝካፈለ ሓው ነጋሲ ገብረሱስ፡

ኣብራሃ ተስፋሚካኤል እንተኾነ'ውን፡ ካብኡ ብዘይፍለ ነቲ ካብ 1974 ጀሚሩ ኣብ ውሽጣዊ ስርሒታት ዝነበሮ ተሳትፎን ኣብ ውሽጢ ከተማ ኣስመራ ዝካየድ ዝነበረ ሓባራዊ ስርሒታት ፈዳይን ተጋድሎ ሓርነት ኤርትራን ህዝባዊ ሓይልታት ሓርነት ኤርትራ፡ ምስላብ ኣውቶቡሳት ሰታዮ፡ ምውጻእ መድሃኒትን እንስሳታትን ዝኣመሰሉ ስርሒታት፣ ከምኡ'ውን ባዛዕባ ኣሉታዊ ግደ ዝጻወቱ ዝነበሩ ገለ ኤርትራውያን ስሩዓት ዝነበሩ ስለዘቕረበ፡

ድሕሪ 1978 ዝተኻየደ ሰፊሕ ወራር ሰራዊት ደርግን ኣማኸርቱ ናይ ደገ ሓይልታትን ኣብትሕቲ ቁጽጽሮም ንዝመለስዎ ከተማታትን መደበራትን ዳግማይ ንምቁጽጻር፡ ተጋድሎ ሓርነት ኤርትራ ስርርዓታ ኣጻፊፉ ዳግመ መጥቃዕቲ ኣብዝጀመረትሉ ግዜ ካብ ዝተኻየዱ ዕዉታት ስርሒታት ሓደ፡ ናይ ብርጌድ ኮምሽነር ዝነበረ ረዘነ ልኡለቃል ንስርሒት ኲናት ማይ-ምነን መራጉዝን ዓረዛን ኣመልኪቱ ተዘክሮታቱ ዘካፈለ፡

ገረዝጊሀር ተወልደ፡ ኣብ ናይ 2ይ ደረጃ ብልዑል መኮነን ዝፍለጥ ቤት ትምህርቲ ተመሃራይ እንከሎ ጀሚሩ፣ ምስ ብጾቱ ተመሃሮ ኰይኖም ዘለዓዓልዎ ሓርነታዊ ናይ ተመሃሮ ምንቅስቓስ፣ ኣባል ኣብ ኣስመራ ዝቖመት መሪሕ ሽማግለ ናይቲ ምንቅስቓስ ኰይኑ ዝቃለስ ዝነበረ እዩ። እታ ሽማግለ ኣባላታ ኣዋፊራ ነቲ ምንቅስቓስ ኣብ ኩለን ከተማታት ኤርትራ ከምዝዝርጋሕ ገይራ ንጸላኢ ራዕዲ

ዘእተወት ነይራ። እቲ ሽማግለ ምስ መሪሕነት ተ.ሓ.ኤ. ብምርኻብ ዕማማት ሰውራ ከምዝወሃሃድን ንሜዳ ተሰለፍቲ ካብ ዝሰዱ ዝነበረትን እያ። ገረዝጊሀር ነዚ ቃልስታት'ዚ እናመርሐ ከሎ ብጠቆምቲ ተታሒዙ ኣብ ማእሰርቲ ኣተወ። ብ1975 ዓ.ም. ተ.ሓ.ኤ. ንእሱራት ናይ ዓዲ ኻላን ሰምበልን ሓራ ኣብ ዘውጽኣትሉ እዋን ምስ ብዙሓት መቓልስቱ ናብ ሜዳ ተሰሊፉ ኣብ ዝተፈላለየ ላዕለዋይ ጽፍሕታት ውድብ ዘገልገለ ተቓላሳይ እዩ።

ገረዝጊሀር ኣብ ሃገር ካናዳ ምስ ስድራ ቤቱ ዝነብር ዘሎ፣ ናይቲ ኣብ ስሳታት ዘካይድዎ ዝነበሩ ቃልስታት ኣፍልጦኡን ተሞክሮኡን ኣብዚ መጽሓፍ ከምዝሰነድ ስለዝገበረ፡

መሓሪ ዘርእዝጊ ምክኤል፡ ኣብዚ እዋን'ዚ ኣብ ሰሜን ኣመሪካ ካሊፎርንያ ምስ ስድራ ቤቱ ዝነብር ዘሎ፣ ምስ ኣብ ኦምሓጀርን ከባቢኣን ዝነበራ ኣሀዱታት ተጋድሎ ሓርነት ኤርትራ ተመዲቡ እናተጋደለ ከሎ፣ ኣብ ኦምሓጀር ዝተኻየደ ውግእ ተሳቲፉን ሸዑ ኣብ ህይወት ህዝብን ኣባይቱን ብሓይልታት መግዛእቲ ዝወረደ ግፍዒ፣ ብዓይኑ ዝረኣዮ ተዘክሮታቱን ተሞክሮኡን ንመጽሓፍና ስለ ዘበርከተ፡

ኢፍረም ታፈረ፡ ኣብ ከባቢ መንደፈራ ካብ ዝነበራ ኣሃዱታት ይመርሕ ስለዝነበረ፡ ኣብቲ ንኸተማ መንደፈራ ሓራ ንምውጻእ ዝተኻየደ መጽናዕትን መደብ ቅዲ-ኹናትን ተሳቲፉ ኣብቲ ኲናት'ውን ስለዝወዓለ፤ ኣፍልጦኡን ተሞክሮኡን ኣብዚ መጽሓፍ ተሰኒዱ ይርከብ። ኤፍረም ኣብዚ እዋን'ዚ ምስ ስድራ ቤቱ ኣብ ሰሜን ኣመሪካ ዝነብር ዘሎ ንመጽሓፍና ብዝገበሮ ኣበርክቶ፡

ኣለም ዮውሃንስ፡ ኣብዚ እዋን'ዚ ኣብ ሰሜን ኣመሪካ ዝነብር ዘሎ፣ ከተማ መንደፈራ ብ1977 ዓ.ም. ሓራ ምስ ወጸት፣ ናይ ንምምሕዳራ ዝቖመ ሰውራዊ ሽማግለ ኣባልን ሓላፊ ሕብረተ-ሰብኣዊ ጉዳያትን ኰይኑ ዝተመደበን ዘገልገለን እዩ። ኣብ ርእሲ እቲ ኣብ ከተማ መንደፈራ ዝተኻየደ ፖሊቲካውን ማሕበራውን ንጥፈታት፣ እቲ ኣብቲ እዋንቲ ንኸተማ መንደፈራን ሓራ ቦታታትን ደጊሙ ንምቊጽጻር ብ1978 ዓ.ም. ምስ ዝወፈረ ገዚፍ ሓይሊ ደርጊ ኣብ መረብን ከባቢኡን ዝተኻየደ ኲናት ኣጠቓሊሉ ኣፍልጦኡን ተሞክሮኡን ስለዘበርከተ፡

ኣስፋሃ ወልደሚካኤል፡ ኣብዚ እዋን'ዚ ኣብ ሰሜን ኣመሪካ ዝነብር ዘሎ፣ ኣብ ድያስፖራ ዝነብሩ ዝነበሩ ኤርትራውያን ንተ.ሓ.ኤ ብመልክዕ ህዝባውያን ማሕበራት ተወዲቦም ዘካይድዎ ዝነበሩ ፖሊቲካውን ቊጠባውን ደገፋት ንምስናድ፡ ብፍላይ ነቲ ኣብ ሃገር ስዑድያ ከሎ ከም ምኸትል ኣቦ መንበር ናይ ሽማግለ ማሕበር ሰራሕተኛታት ኰይኑ ዘገልገሎ ንጥፈታትን ኣብ መወዳእታ ንተ.ሓ.ኤ. ዘጋጠማ ዞባዊ ውዲታትን ተጻብኦታትን ዘንጸባርቐ ሰኒዱ ስለ ዘቕረበ፡

ረድኢ ክፍለ (ባሻይ)ን በላይ ኣውዓሎምን ኣባላት ናይታ ኣብ ሆሚብ ዝነበረት ክፍሊ ስርዓተ ትምህርቲ፣ ጉጅለ ባህሊ ኰይናም ዘገልገሉን ኣብቲ መደበር ብግጥምን ዜማታትን ዝግለጽ መዘናግዕን መነቓቕሕን ትሕዝቶታት ዘቕርቡ ዝነበሩ እዮም። ረድኢ ብዝነበሮ ፍሉይ ተውህቦ ናይ ግጥምን ዓሚቝ ኣፍልጦ ባህልን ምስ ዕላማታት ቃልሲ ኣዛሚዱ ሓያለ መሳጥን ኣለዓዓልን ግጥምታትን ዜማታትን ኣዳልዩ ኣብ ጉጅለ ባህሊ ጽባሕን ሃገራዊት ክፍሊ ሙዚቃ ናይ ተ.ሓ.ኤን

ተደሪፎም ኣብ ህዝብን ሰራዊትን ኣድናቖት ዘትረፉ ኔሮም። በላይ ካብ ዝደረፈን ህቡባት ደርፍታት "ገመለይ ገመለይ፣ መኹባዕቲ ሰውራና" ንዝክር።

መእተዊ

ህዝቢ ኤርትራ መሰሉን መለለዩ ክብርታቱን ንምርግጋጽ ኣብ ዘካየዶ ተጋድሎ፣ ርኡይ ዝኾነ ንኣሽቱን ዓበይትን፣ ኩሉ መዳያዊ ቃልስታት ስለዘካየደን ናብ ናጽነት ከብጽሕ ዝኽእል ታሪኽ ስለዝፈጸመን ኤርትራ ሓራ ሃገር ክትከውን ዝበቕዐት። ይኹን'ምበር፡ ተመኩሮ ቃልሲ ህዝቢ ኤርትራ ኮነ ናብ ናጽነት ዘብጽሖ ምሉእ ጉዕዞ ዘርኢ ስነዳ፣ ማለት ብዘይካ'ቲ ከም ስርሒታት ዝፍለጥ ወታሃደራዊ ዜናታት ካልእ ከም ታሪኽ ኣብ ሓደ ተጠርኒፉ ኣብ ሰነድ ዝሰፈረን መወከሲ ክኸውን ዝኽእል ዳርጋ የለን እንተ-ተባህለ ዝተጋነነ ኣይኮነን። እዚ ማለት ግን፡ ዝኾነ ይኹን ክፋላት ወይ ምስ ካልእ ጉዳያት ብምትእስሳር ንኤርትራ ዝጠቅስ ኣይተጻሕፈን ማለት ከምዘይኮነ ርዱእ ክኸውን ይግባእ።

መጽሓፍ ***"ተመኩሮ ተጋድሎ ሓርነት ኤርትራ ንሃገራዊ ናጽነትን ማሕበራዊ ፍትሕን"*** ነቲ ብተጋድሎ ሓርነት ኤርትራ ኣብ ትሕቲ ሕብረተ-ሰብኣዊ ጉዳያት ቤት ጽሕፈት ዝተኻየደ ህዝባውን ውድባውን ኣገልግሎታት እተንጸባርቕ መጽሓፍ ኰይና፡ ሓደ ጭላፍ ካብ ታሪኽ ተመኩሮ ተጋድሎ ህዝቢ ኤርትራ ንምግላጽ እተዳለወት ኢያ። ምኽንያቱ ቅድሚ ምጅማር ብረታዊ ተጋድሎ ኮነ ድሕሪኡ ንዘሎ ሳላሳ ዓመታት ዘቝጸረ ናይ ናጽነት ዛንታ ሰውራ ኤርትራ ኣብ ሓደ መጽሓፍ ጠርኒፍካ ከስፍር ዝኽእል ስጡምን ቀጻልን ዝኾነ ናይ ስነዳ ማዕከናት ብዘይምህላዉ ኢዩ።ውድባት ኤርትራ'ውን ኣብ ዝተፈላለየ መድረኻት ነናተን ፍሉይ ናይ ኣርካየቭ ወይ ስነዳ ክፍልታት የቑማ እኳ እንተነበራ፥ እዚ ትካላትዚ ግን፡ ከም ህዝቢ ብሃገር ደረጃ ዘጠቓልሎ መጽናዕቲ ስለዘይነበሮን፡ እቲ ዝሓየለ ውድብ ናይቲ ዝደኸመ ውድብ ጉዕዞ ታሪኽ ንምድምሳስ ኣብ ዝጽዕረሉ ዝነበረ መዋእል ብምንባሩን፡ ናይ ኩሉ እኩብ ድምር ስነዳ ድማ ግልጹነቱ ብናይ ታሪኽ ተመራመርቲ ተጸኒዑ ክቐርብ ዘኽእል ባይታ ስለዘይነበረን ስለዘየለን፤ ካብ መወከሲ ናይተን ውድባት ምኧኑ ሓሊፉ ንኻልእ ከገልግል ዘለዎ ተኽእሎ ርሑቕ ኢዩ። እዚ ጥራሕ ዘይኮነ ምስ ወታሃደራዊ ምዝላቓትን ምርባሕ ውድባትን እንተኾነ'ውን፤ እቲ ብኽንደይ ጻዕሪ ውድባት ከጥርይኦ ክኢለን ዝነበራ ሰነዳት ተዘርዩ ምትራፉን ኣብ ዋንነት ውልቀ-ሰባት ምእታዉን ዝካሓድ ኣይኮነን።

ኣብ ከምዚ ዝኣመሰለ ኩነታት መጽሓፍ ***"ተመኩሮ ተጋድሎ ሓርነት ኤርትራ ንሃገራዊ ናጽነትን ማሕበራዊ ፍትሕን"*** ክትዳሎ እንከላ፡ ብዙሕ ሕጽረታት ከጋጥማ ዝኽእል እኳ እንተነበረ፡ ካብ ሕጽረታት ፈሪሕካን ተሓቢእካን ገለ ነገራት ከይጸሓፍካ ምሕላፍ ግን፡ ዝያዳ ኣሉታዊ ኣብ ርእሲ ምኧኑ፡ ንምእራምውን ቅሩብ ዘይምኧን ኢዩ። ስለዚ ድማ መጽሓፍ ***"ተመኩሮ ተጋድሎ ሓርነት ኤርትራ ንሃገራዊ ናጽነትን ማሕበራዊ ፍትሕን"*** ኣብ ተዘክሮታትን ተመኩሮን ናይቶም ብኣካል ኣብቲ ክፍሊ ዝተሳተፉን ዝዋዓሉን ተመርኲሳ ዝተጻሕፈት ክትከውን ኢያ። ብተወሳኺ ምስ ኩሉ ከጋጥም ዝኽእል ናይ ምስናድ ሕጽረታት ንህልውን መጻእን ወለዶታት ድማ ብዝዋሓደ ከም መወከሲ ክትቀርብ ይግባእ ካብዝብል ቀዳማይ ዕላማን ተረድኦን ተበጊሳ ኣገዳስን ፍሩይን ጉዕዞ ተጋድሎና ከምቲ ንማይ ባሕርስ ብጭልፋ ቀዲሕካ ኣይውዳእን ዝባሃል ምስላ ኣበው ንገለ ክፋል ታሪኽ ሰውራና ቀንጢባ እተስፍር ዘላ ካብ ጅማሮታት ሓንቲ ክትከውን ኢያ።

ካልኣይ ዕላማ መጽሓፍ ***"ተመኩሮ ተጋድሎ ሓርነት ኤርትራ ንሃገራዊ ናጽነትን***

ማሕበራዊ ፍትሕን" ወዲ ሰብ ነባሪ ከምዘይኰነ ኩልና እንግንዘቦ ባህርያዊ ሓቂ ኢዩ። እቲ ዝነብር ግን ወዲ ሰብ ከም ሓደ ሕብረተ-ሰብ ኣብ ዓለም ዘበርከቶ ነገራት ሰኒዱ ምስዘትርፍ ኢዩ። ስለዚ እምባኣር፡ ነቶም ናይ ምጽሓፍ ክእለትን ሃብታም ተመኩሮን እንከለዎም ብዝተፈላለየ ምኽንያታት ክሳብ'ዚ እዋን'ዚ ዝሓለፈ ኮነ ህልዊ ኩነታት ኤርትራ ከም ህዝብን ሃገርን ካብ ምጽሓፍ በኹሮም ዘለዉ ኤርትራውያን ኣብ ምጽሓፍ ንኽብገሱ ክትደፋፍኦም እትሕግዝ'ውን ክትከውን ኢያ። ስለዚ ኩሉ ሓደ ብእኩብ ኮነ ብተናጸል ንዘዋዓሎ ተመኩሮ ክጽሕፍ ሓጋዚ ኣብ ርእሲ ምዃኑ፣ እዚ ሎሚ ብስርዓት ህግደፍን ፖሊሲታቱን ዝዳሃኽ ዘሎ ህዝቢ፡ ንሰውራ ኤርትራ ሕሰም ጥራሕ ከምዘምጽአ ገይሩ ኣብ ምኽሳስ ዝርከብ መንእሰይ ወለዶን፣ ጠንቂ ኩናት ኤርትራን ጐረባብቲ ሃገራትን ናይ ኤርትራ ናጻ ምውጻእ ወይ ካብ ኢትዮጵያ ምፍላያ ገይሮም ዝገልጹ ገለ ምሁራት ኢና ባሃልትን፡ ግደ ተጋድሎ ህዝብናን እወንታዊ ተመኩሮታቱን ምፍጻም ዕላማታቱን ክፈልጡ ምጽሓፍ ኣገዳሲ መረዳእታ ኢዩ።

ከምቲ ኣቐዲሙ ዝተጠቐሰ፥ መጽሓፍ ***"ተመክሮ ተጋድሎ ሓርነት ኤርትራ ንሃገራዊ ናጽነትን ማሕበራዊ ፍትሕን"*** ካብ 1975 ክሳብ መጋቢት 1982 ኣብዘሎ ግዜ፡ ነቲ ብሕብረተ-ሰብኣዊ ጉዳያት ቤት ጽሕፈት ዝተኻየደ ማሕበራዊ ኣገልግሎት ብፍላይ ድማ ኣብ ትምህርትን፡ ጥዕናን፡ ክንክን ስድራ-ቤት ተጋደልትን ሰዉኣትን፡ ናብራ ዕብየትን ውጉኣት ሓርነትን ዝተኻየደ ንጥፈታትን ውጽኢቱን ዝሓዘት ክትከውን እንከላ፡ ተጋደልቲ ተጋድሎ ሓርነት ኤርትራ ግን፡ ትምህርቲ ኣገዳሲ ባእታ ኣብ ዓውደ ፍልጠት ገይሮም ስለዝኣመንሉ፡ ዋላውን ኣብቲ ሽዑ ዝነበረ ናይ ኣጥቂዕካ ምዝላቕ መድረኽ ከይተረፈ ኣብ ነንሕድሕዶም ዘይስኑዕ ናይ ምጥፋእ መሃይምነት መደባት የዘውትሩ ከም ዝነበሩስ ታሪኽ ገዳይም ተጋደልቲ ይነግረና ኢዩ። ንኣብነት ስውእ ዑመር እዛዝ ነቶም ኣብ ካልኣይቲ ክፍሊ ዝነበሩ ተጋደልቲ ከም በዓል ተስፋይ ተኽለ፡ ስውእ ቸኪኒ፡ ስውእ ሓሊብ ሰተ ዝኣመሰሉ ናይ ትምህርቲ ዕድል ዝነበሮም፥ ሰራዊት ንኽምህሩ መደብ ሰሪዑ የንቀሳቕሶም ምንባሩ ኢዩ ዝትረኽ።

ኣብ ሜዳ ኤርትራ ተሓኤ ጥራሕ ድያ ነይራ፡ ስለምንታይ ደኣ ግደ ካልኦት ውድባት ዘይተጠቕሰ? ዝብል ሕቶ ክለዓል ባህርያዊ ስለዝኾነ፡ ብርግጽ ሜዳ ኤርትራ ብዙሓት ውድባት ነይረንኦ ኢየን። እዚ መጽሓፍዚ'ውን ነቲ ሓደ ውድብ ኣልዒሉ፡ ነተን ካልኦት ንምንእኣስ ወይ ኣገልግሎት ከምዘይገበራን ንምግላጽ ዘይኰነስ፡ ብመሰረቱ ካብ ተመኩሮ ናይ ሰባት ስለዝብገስ፡ እቶም ሰባት ድማ ኣብ ኩለን ውድባት ፖለቲካዊ ተመኩሮን ኣባልነትን ክነብሮም ከምዘይኽእሉ ብሩህ ብምዃኑ፡ ንዘይዋዓልዎ መስርሕ ክዘናጥሉን ክጽሕፉ'ን ግቡእ ኣይኰነን። ኩሉ ሓደ ዝሓለፎ ተመኩሮ ክትጽሕፍ ወይ ክጽሕፍ እንተኽኢሉ ድማ'ዩ ተደማማሚሩ ዝለዓለ ውጽኢት ዝህልዎ። ንታሓታትነቱ ገዲፍካ፡ በየነይቲ ውድብ ይፈጸም ብዘየገድስ፣ ታሪኽ ሰውራ ኤርትራ ይሕመቕ ይጸብቕ ግን፡ ተመኩሮ መላእ ህዝቢ ኤርትራ ምዃኑ ምሕባር ድማ ሳልሳይ ዕላማ መጽሕፍ ***"ተመክሮ ተጋድሎ ሓርነት ኤርትራ ንሃገራዊ ናጽነትን ማሕበራዊ ፍትሕን"*** ኢዩ። ንሓደ ውድብ ሂብካ ነቲ ካልእ ዝኽላእ ኣይኰነን። ነዚ ሓቂ'ዚ ሰጊርካ በይናዊ ዛንታ ክትሰርሕ ምፍታን ድማ ሕንቂል-ሕንቅሊተይ ካብ ምዃን ሓሊፉ ካልእ ክኸውን ኣይኽእልን ኢዩ።

መጽሓፍ ገለ ክፋላት ካብ ፖለቲካውን ወታሃደራውን ፍጻሜታት ኣብቲ

ስርሒታት ካብዝወዓሉ ተጋደልቲ ቦታኡን እዋኑን ኣሰኒያ፤ ብዘይዝኾነ ይኹን ምግናን ኣስፈራ ኣላ። ነዚ ኮነ ካልእ ንዝኾነ ይኹን መአረምታን፡ ተዘንጊዑ ዝሓለፈ ክጥቀስ ነይርዎ ዝባሃል ተዘክሮታትን ምስዝህሉ፡ ብኣኽብሮት ክንቅበሎ ከምእንኽእል ነረጋግጽ። ምኽንያቱ መጽሓፍ ተጻሒፉ ማለት፡ ድሒሩ ንዝመጽእ ሓሳባትን መኣረምታን ኣይቅበልን ኢዩ ማለት ኣብ ርእሲ ዘይምኻኑ፡ እንደገና ብመልክዕ ሕታማት ተዳልዩ ናይ ምቕጻሉ ዕድል እውን ውሑስ ኢዩ ዝገብር። ብዘይካ'ዚ ንገለ ፍጻሜታት ናይቲ ዝገልጽ ስእልታት ክርከብ ስለዝተኻኣለ፤ ከምቲ እንግሊዛውያን፡ "ሓደ ስእሊ ካብ ሽሕ ቃላት ይበልጽ" ዝብልዎ፡ ኣብዚ መጽሓፍ ኣትዩ ዘሎ ስእልታት፡ ነቲ ዝነበረ ክውንነት ከምዝለዎ ዘንጸባርቕ ብምኻኑ ኣገዳሲ መረዳእታ ኢዩ።

ኣብዚ መጽሓፍ'ዚ፡ ናይ ብዙሓት ኣባላት ቤት ጽሕፈት ሕብረተ-ሰብኣዊ ጉዳያት ዝነበሩ ተጋደልቲ ኣስማት ተጠቂሱ እኳ እንተሃለወ፡ እዞም ተጠቒሶም ዘለዉ ጥራሕ ኢዮም ነይሮም ኣብ ማሕበራዊ ጉዳያት ዝተሳተፉ ማለት ግን ኣይኮነን። ተጠቒሱ ዘሎ ኣስማት ተጋደልቲ፡ ኣብ መጀመርታ ንምቛም እቲ ቤት ጽሕፈት ብሓደ ዝተኣከቡን ዝተመደቡን ደኣ ኢዩ ዘመልከት'ምበር፡ ድሕሪኡ ብቁጽሪ ካብኦም ዝበዝሑ ናብቲ ቤት ጽሕፈት ዝተመደቡ ምንባሮምስ መን እሞ ኢዩ ክስሕቶ። ብፍላይ እኳ ደኣ ድሕሪ ናጻ ምውጻእ ከተማታት ኣብ ማሕበራዊ ኣገልግሎት ተሰሊፉ ዝነበረ ብዝሒ ኤርትራዊ ኣብ ሓደ መጽሓፍ ስሙ ዘርዚርካ ክሰፍር ዝኽእል ከምዘይኮነ እንፈልጦ ተመኩሮ ስለዝኾነ፡ እቶም ብሰሪ ምርሳዕ ኣስማትኩም ዘይተጠቕሰን ዝሳዓቡ ብጾትን ኣብዚ ንዘይምጥቃስና ነቕርቦ ዘለና ምኽንያት ብቕንዕና ንኽትግንዘቡ ብትሕትና ንሓትት።

ብዘይካዚ፡ ኣብዝተፈላለየ ውግኣት ናይ ዝተሰዉኡ ውሑዳት ብጾት ኣስማት ብምጥቅስና፡ ሓለፋታት ንምሃቦም ዘይኮነስ፡ ኣብቲ ክፍሊ ተመዲቦም ዝነበሩ ተጋደልቲ፡ ኣብ ወሳኒ ናይ ምክልኻልን መኸተን ግዜ፡ ንዝተዋህቦም ዕማም ኣወንዚፎም ወይውን ከምኣድላይነቱ ካብቲ መደብ ተሳሒቦም ኣብ ሰራዊት ተመዲቦም ወታሃደራዊ ግዲኦም እንዳኣበርከቱ ክሳብ ክንደይ መስዋእቲ ከምዝኸፈሉ ንምምልካት እንተዘይኮይኑ፡ ካብ ካልኦት ስዉኣት ኤርትራውያን ብልጫታት ንምሃቦም ከምዘይኮነ ብብሩህ ከነቕምጦ ንደሊ።

መጽሓፍ ***"ተመክሮ ተጋድሎ ሓርነት ኤርትራ ንሃገራዊ ናጽነትን ማሕበራዊ ፍትሕን"*** ንምድላው፡ ከምቲ ኣብ መእተዊ ዝተጠቕሰ ኣብ መወዳእታ ኣዋርሕ 2009 እቲ ምምኽኻር እኳ እንተጀመረ፡ ኣዳለውቲ መጽሓፍ በዚ ሕጂ ዘላቶ ትሕዝቶን መልክዕን ንኽትዳሎ ዝያዳ ግዜ ከምዝድሊ ስለዝራኣዩ፤ ከምዚ ዝኣመሰለ ምምጣጥ ናይ ግዜ ድማ፡ ሃብታም ተመኩሮ ግደ መንእሰይ ኣብ ስሳታት ብጥርኑፍ ንኸርክብ፡ ኣመሰራርታን ተመኩሮን ቤት ትምህርቲ ካድራት ኣብ ፖሊቲካዊ ቤት ጽሕፈት፣ ተራ ቤት ጽሕፈት ክፍሊ ዕዮ ዜና ኣብ ምንቃሕን ምልዕዓልን ህዝብን ሰራዊትን፡ ምቛም መደበር ጽባሕን ሓይልታት መሪሕን፡ ገለ ካብቲ ንህዝቢ ዓለምን ጐረባብቲ ሃገራትን ናይ ዜና ትካላትን ኣዛራቢ ዝነበረ ኣገደስቲ ተኣምራታዊ ተመኩሮታት ካብ ውሽጣዊ ስርሒታት ብኣውርኡ ድማ እቲ ኣብ ልዕሊ ተ.ሓ.ኤ ዝተወስደን ናብ ስዕረት ዘብጽሐን ውዲታዊ ውግእ ምሕዝነት ኤርትራውን ኢትዮጵያውን ሓይልታትን፣ ናብ ዕልዋ ራሳይ ዘብጽሐ ጠንቅታትን ውጽኢቱን ከምኡ'ውን ኣገደስቲ ስእልታት ናይቲ መድረኽ ክርከብን

ክስነድን ዕድል ሂቡ ኢዩ።

ዕላማ እዛ መጽሓፍ፡ ነቲ ክሳብ መጋቢት 1982 ብተጋድሎ ሓርነት ኤርትራ ቤት ጽሕፈት ሕብረተ-ሰብኣውን፡ ጸኒሑ ካብ ሚያዝያ 1982 ብተጋድሎ ሓርነት ኤርትራ ሰውራዊ ባይቶ ኣብ ሕብረተ-ሰብኣዊ ጉዳያት ቀጺሉ ዝተኻየደ ንጥፈታት ከም ሰነድ ክቐርብን እቶም ነዚ ኣብ ምርግጋጽ ዝተቓለሱ ተጋደልቲ ገለ ካብ ህያው ታሪኾም ምስ ዝስነድ ነቲ ዝመጽእ ወለዶ ከመይ ከምዝነበረ ንኽፈልጥን እቲ ኣብ ግዜ ብረታዊ ቃልሲ ህዝቢ ኤርትራ ብፍላይ ካብ ቊጽጽር መግዛእታዊ መንግስቲ ኢትዮጵያ ነጻ ዝኾነ ህዝቢ ብምሃይምነት፣ ሕማምን፡ ጥሜትን ከይሳቐ ተጋድሎ ሓርነት ኤርትራ ብሓፈሻ ዓቕማ ብዘፍቅዶ መጠን ኣብ ብዙሕ ቦታታት ኤርትራ ማለት ኣብ ትሕቲ ቊጽጽር ሰውራ ንዝነበረ ህዝቢ ኣብያተ ትምህርትን ሕክምናን ተንቀሳቐስቲ ክሊኒካትን፡ ኮፐራቲቫትን ብምኽፋት ህዝቢ ኣብ ምግልጋል ሓደ ካብቲ ቀንዲ ዕላማ ሕብረተሰብኣዊ ጉዳያት ቤት ጽሕፈት ኢዩ ነይሩ። ብተወሳኺ ከኣ ነቲ ኣብ ብረታዊ ቃልሲ ህይወቱ ዘሕለፈን ኣካሉ ዝጎደለን ተጋዳላይን ስድራ ቤቱን ንምዕንጋል እውን ርእሱ ዝኸኣለ ቤት ጽሕፈት ቄይሙ ብዝከኣል መጠን ይሕገዝ ምንባሩን፡ ናይ ሓርነት ውጉኣት እንተኾነ'ውን፡ ልዕሊቲ ንምእላዮም ዝቈመ ፍሉይ መደበር፡ ኣብ ማእቶት ንምስታፎምን ኣፍረይቲ ኣካላት ምኳኖም ንምርግጋጽን ዝተኻየደ ጻዕርታት ምንባሩ ንምዝካር ዝዓለመት መጽሓፍ እኳ እንተኾነት፡ ብኣውራኡ ከኣ፡ ድሕረ-ባይታ ቃልሲ ህዝብናን ኣገደስቲ ስርሒታዊ ተረኽቦታትን ጠርኒፋ ምህላዋ ክረአ ዝከኣል ኢዩ።

ትሕዝቶ መጽሓፍ

ኣርእስቲ-- ገጽ

መቕድም———————————————————————— I

ምስጋና———————————————————————— IV

መእተዊ———————————————————————— X

ምዕራፍ 1:- ኤርትራ ካብ መግዛእቲ ክሳብ ልዑላውነት——————— 1

1.1 መልክኣ-መሬት/ጆግራፍ ኤርትራ

1.2 ህዝቢ

ምዕራፍ 2:- ኤርትራ ቅድሚ መግዛእቲ ጣልያን——————— 4

2.1 መግዛእቲ ጣልያን ኣብ ኤርትራ

2.2 ኣብ መግዛእቲ ዝጸመደ ውዕል 390 A(V) ሕቡራት ሃገራት ዓለም

2.3 ጽማቝ ናይ ዝተኻየደ መስርሕ ውዲታት ፈደረሽን

ምዕራፍ 3:- ትምህርቲ ኣብ ኤርትራ——————— 15

3.1 ትምህርቲ ኣብ ግዜ መግዛእቲ ጣልያን

3.2 ትምህርቲ ኣብ ትሕቲ ምምሕዳር እንግሊዝ

3.4 ትምህርቲ ኣብ ትሕቲ መግዛእቲ ኢትዮጵያ

ምዕራፍ 4:- ምጅማር ናጽነታዊ ምንቅስቓስ ——————— 20

4.1 ሓምድ እድሪስ ዓዋተ ቅድሚ ሰውራ

4.2 ምእዋጅ ብረታዊ ተጋድሎ ህዝቢ ኤርትራ ——————— 23

4.3 ተጋዳላይ ሰረቐ ባህታ ኣብ ምጅማር ብረታዊ ተጋድሎ

4.4 ተዘክሮታት ኣቶ ብርሃነ ጎይትኦም ብዛዕባ ሓምድ እድሪስ ዓዋተ

4.5 ኲናት ተጎርባ ——————— 32

4.6 ኲናት ዓድ ሾኽ

ምዕራፍ 5:- ምንቅስቓስ ተመሃሮ (1965-1967)——————— 35

5.1 ዝተመደበ ዕማማት

5.2 ውሽጣዊ ስርርዕን ስርሒታትን

5.3 ተዘክሮታት ቃልሲ መንእሰይ ኤርትራ ካብ 1965-1969

XIV

5.4 ስርዒታዊ ቅርጻ ውሽጣዊ ውደባ መንእሰያት
5.5 ዝተሰርዑ ኣባላት ዝራኸቡሉ መስኖ ኣሰራርሓ
5.6 ስልኸ ጸጥታን ስቓይ ኣብ ማእሰርትን
5.7 ምፍራስ ዘመነ ክፍልታትን ካብ ማእሰርቲ ምውጻእን
5.8 ቃልሲ ኣብ ማእከል ኣስመራ (1974-1975)
5.7 ስርሒት መዓርፎ ነፈርቲ ኣስመራ

ምዕራፍ 6፡- ቀዳማይ ጠቅላላ ሃገራዊ ጉባኤ ——————— 58

6.1 ምጅማር ሕብረተሰብኣዊ ጉዳያት ቤት ጽሕፈት

    6.1.1 ዕላማታትና ቀዳማይ ክፋል

    6.1.2 ሰብኣዊ ክብርታት ዝሕሉ ዓንቀጽ

6.2 ካልኣይ ጠቅላላ ሃገራዊ ጉባኤ ——————— 59

    6.2.1 ምምሕዳርን ኣባላትን ክፍሊ ትምህርቲ

    6.2.2 ኣረዳድኣ ቃልሲ ብመንጽር ገዲሚን ሓዲሽን

    6.2.3 ቀዳማይ ኣኼባ ተጋዳላይ ኢብራሂም መሓመድ ዓሊ —- 67

    6.2.4 ካልኣይ ኣኼባ ተጋዳላይ ኢብራሂም መሓመድ ዓሊ

    6,2,5 መደበር ሆሚብን ዕማማታን ——————— 69

    6.2.6 ስእላዊ ገለጻ ሩባ ሀሚብ

    6.2.7 ክፍሊ ትምህርትን ምጥፋእ መሃይምነትን ——————— 71

    6.2.8 ፖለቲካውን ባህላውን ትሕዝቶ መጻሕፍቲ

    6.2.9 ምድላው መጽሔት ንቅሕ

    6.2.10 ስሩዕ ትምህርቲ ——————— 83

    6.2.11 ምምዳብ ወከልቲ ሕብረተሰባኣዊ ጉዳያት ቤት ጽሕፈት

ምዕራፍ 7፡- ሕብረትሰብኣዊ ኣገልግሎት ኣብ ምምሕዳራት ——— 89

7.1 ክፍሊ ትምህርቲ

    7.1.1 ምምሕዳር ቁጽሪ ሓደ (ኣውራጃ ጋሽ) ——————— 93

    7.1.2 ምምሕዳር ቁጺ. 3 (ኣውራጃ ባካ ላዕላይ)

    7.1.3 ምምሕዳር ቁጽሪ 4 (ኣውራጃ ሰንሒት) ——————— 108

    7.1.4 ምምሕዳር ቁጽሪ 6 (ኣውራጃ ሳሕል) ——————— 111

    7.1.5 ምምሕዳር ቅጽሪ 8 (ኣውራጃ ሓማሴን) ——————— 118

7.1.6 ምምሕዳር ቀጽሪ 9 (ኣውራጃ ሰራየ) —————— 126

7.1.7 ምምሕዳር ቀጽሪ 10 (ኣውራጃ ኣከለጉዛይ) ——— 132

7.1.8 ምምሕዳራት 11ን 12ን (ሰሜንን ደቡብን ደንክል) ——— 137

7.2 ክፍሊ ህዝባዊ ኣገልግሎት ጥዕና —————— 141

    7.2.1 ምንጪ ናውቲ ሕክምናን መድሃኒትን —————— 145

    7.2.2 ምቛም ምምሕዳር ህዝባዊ ሕክምና

    7.2.3 ክፍሊ ኣገልግሎት ምክልኻል ሕማም ዓሶ ——— 147

    7.2.4 ክፍሊ ምልመላ ሕክምና

    7.2.5 ማእከላይ መኽዘንን ኣፋፋልን መድሃኒት

    7.2.6 መደብራትን ሕዝባዊ ሕክምናታትን ኣብ ጋሽ ——— 150

    7.2.7 ሕክምና ኣብ ሰንሒት

    7.2.8 ሕክምና ኣብ ሳሕል

    7.2.9 ሕክምና ኣብ ሓማሴን —————— 156

    7.2.10 ሕክምና ኣብ ኣከለጉዛይ —————— 159

7.3 ክፍሊ ህዝባዊ ናብራ ዕቤት —————— 165

    7.3.1 ዕላማታት ህዝባዊ ናብራ ዕቤት

    7.3.2 ኣብ ምቛም ህዝባዊ ናብራ ዕቤት ዝተመደቡ መማህራን

    7.3.3 መደባት ትምህርቲ ህዝባዊ ናብራ ዕቤት ——— 168

    7.3.4 ንጥፈታት ህዝባዊ ናብራ ዕቤት ኣብ ጋሽ ——— 170

    7.3.5 ንጥፈታት ህዝባዊ ናብራ ዕቤት ኣብ ታሕታይ ባርካ

    7.3.6 ንጥፈታት ህዝባዊ ናብራ ኢቤት ኣብ ላዕላይ ባርካ

    7.3.7 ንጥፈታት ህዝባዊ ናብራ ዕቤት ኣብ ሰንሒት ———174

    7.3.8 ንጥፈታት ህዝባዊ ናብራ ዕቤት ኣብ ሰምሃር

    7.3.9 ንጥፈታት ህዝባዊ ናብራ ዕቤት ኣብ ሓማሴን ——— 177

    7.3.10 ህዝባዊ ናብራ ዕቤት ኣብ ኣከለጉዛይ

    7.3.11 ስፍሓት ናብራ ዕቤት —————— 183

    7.3.12 መደምደምታ መደባት ህዝባዊ ናብራ ዕቤት ኣብ ሜዳ

    7.4.1 ስድራ ስውኣት ተጋደልቲ

    7.4.2 ሕጋዊ ኣገባብ መርዓ ተጋደልቲ —————— 185

7.4.3 ምቛም እንዳ ኣደታት ———————— 187

7.4 ከንከን ሲድራ ቤት ተጋደልትን ስውኣትን ———— **188**

7.4.5 መቛም መደበር ተሓድሶ ——————— 191

7.5 ምቛም መደበር ውጉኣት ሓርነት ——————— **196**

7.5.1 መደበር ውጕኣት ሓርነት ኤርትራ ኣብ ሜዳ

7.5.2 መደበር ውጉኣት ሓርነት ከሰላን ጸገማቱን

7.5.3 ስለምንታይ መደበር ውጉኣት ሓርነት ኤርትራ ኣብ ሜዳ

7.5.4 ውጉኣት ሓርነትን ዝተፈላለየ ዳግም ህንጸ ኣበርክትኦምን

ምዕራፍ 8:- ሕብረተሰብኣዊ ኣገልግሎት ኣብ ሱዳን መደበራት ስደተኛታት—
————————————————————————204

8.1 ምቛም ብUNHCR ዝምወል ቤት ትምህርቲ

8.2 ኣሉታዊ ጽልዋ ዕልዋ ራሳይ ኣብ ማሕበራዊ ኣገልግልት

8.3 ንምቛም ቤት ትምህርቲ ቃልሲ ዝተገብረ ጸዕርታት

8.4 ምምስራት ቤት ትምህርቲ ኣብ ወድ-ሽሪፈይ

8.5 ዕላማታት ምቛም ቤት ትምህርቲ ወድ-ሽሪፈይ

8.6 ምሕናጽ ቤት ትምህርቲ ብዘመናዊ ኣገባብ

ምዕራፍ 9:- ግደ መንእሰያት ኣብ ገድሊ.—————————233

9.1 ማሕበር መንእሰይ ኤርትራ ኣብ በረታዊ ተጋድሎ

9.2 ምቛም ቤት ትምህርቲ ጽባሕን ንጥፈታቱን (1977-1982)

9.3 ኣመሰራርታን ስርዓተ ትምህርትን

9.4 ኪነታውን ባህላውን መደባት

9.5 ስፖርታዊ ንጥፈታት

9.6 መዓልታዊ መነባብሮ መደበር ጽባሕ

9.7 ናይ ጽባሕ ምንቅስቓስን መደምደምታ መደበርን

ምዕራፍ 10:- ፖለቲካዊ ምልመላ ካድራት ኣብ ተሓኤ————249

10.1 ፖለቲካዊ ምንቕቓሕ ኣብ ተሓኤ

10.2 ግደ መጽሔታት ኣብ ምንቕቓሕ

10.3 ሓጺር ታሪኽ ፖለቲካዊ ምልመላ ካድራት ተሓኤ

XVII

10.4 ድሕሪ ቀዳማይን ካላአይን ሃገራዊ ጉባኤ እተገብረ ጻዕርታት

10.5 ምብዛሕ መደባት ምንቅቓሕን ቁጽሪ ካድራትን

10.6 ንህዝብን ሰራዊትን ዝኸውን እተጻየአ መደብ ምንቅቓሕ

10.7 ማርክሲነት ከመይ ኢሉ አብ ፖለቲካ ኤርትራ ክብሪ ረኺቡ

ምዕራፍ 11:- ቤት ጽሕፈት ክፍሊ ዕዮ ዜና —————259

11.1 ክፍሊ መጽሔት

11.2 ክፍሊ ስእሊ

11.3 ክፍሊ ሬድዮ

ምዕራፍ 12:- ካብ ተዘከሮታት ውሽጣዊ ስርሒታት ————— 262

12.1 ናይ ከተማ ቅዲ ኩናት

12.1.1 ምውጻእ ተጋዳላይ ዑመር መሐመድ ካብ ሆስፒታል አስመራ

12.1.2 ምስላብ መድሃኒት አጀካን ስታላ ከብትን ————267

12.1.3 መደብ ስርሒት ንምቅንጻል ፕ/ መንግስቱ ሃይለማርያም

12.1.4 ፈተነ ስርሒት ምውጻእ አውቶቡሳት ሰታዮ ካብ አስመራ

12.1.5 ምትሕብባር ፈዳይን ተሓኤን ህግሓኤን

12.2 ነጋሲ ገብረየሱስ (ብላክ) ውሽጣዊ ስርሒታትን ————— 273

12.2.1 ቅርጻ ምምሕዳር ውሽጣዊ ስርሒት ተሓኤ

12.2.2 ምስላብ ንብረት ግምጃ ቤት አውራጃ ፍርዲ ቤት ሓማሴን

12.2.3 ፍጻሜ ስርሒት

12.2.4 ዝተሰልበ ንብረት

12.3 16 ለካቲት 1975 መዓልቲ ሓርነት እሱራት ሰንበል ዓዲ-ኹላን

12.3.1 ምእላይ ሻለቃ ሓላፊ ቤት ማእሰርቲ ሰንበል

12.3.2 መስርሕ ምፍታሕ እሱራት ካብ ሰምበል ————— 279

12.3.3 ጸገማት ውሽጣዊ ስርሒታት ————— 281

12.3.4 እንዘኸሮም ስውአት አባላት ውሽጣዊ ስርሒታት

ምዕራፍ 13 ሰራዊት ሓርነት ኤርትራ ————— 289

13.1 ውተሃደራዊ ስርሒታት ————— 289

13.1.1 ወራር ደርግ ብዘማች (ራዛ ፕሮጀክት)

13.1.2 ሆሚብ መዕቆቢ ምሩኻት ዘማች ————— 294

13.1.3 ኣገልግሎት ሕክምናን እሱራትን

13.1.4 ሰብኣዊ ዝምድና ተጋደልትን ምሩኻትን

13.1.5 ደርግ ኣብ ዘይፈልጦም ውግእ ከምዘእተዎም ዘማኖች ይገልጹ

13.2 ካብ ተዘክሮታት ሓራ ምውጻእ ከተማ መንደፈራ ——— 300

13.2.1 ናይ መጥቃዕቲ መደብ

13.2.2 ምጅማር ቀዳማይ መጥቃዕቲ

13.2.3 ካልኣይን መወዳእታን (መጥቃዕቲ)

13.2.4 ኣድናቖት ዘትረፈ ውጥን ቅዲ ኩናት ——— 308

13.2.5 ኣብ ሓራ ምውጻእ መንደፈራ ዝተማግሪኸ ወተሃደራዊ ንብረት

13.2.6 ምስፋሕ ሕብረተ-ሰብኣዊ ኣገልግሎት ከተማ መንደፈራ

13.2.7 ውግእ መረብ ——————— 317

13.2 8 ተመኩሮ ውግኣትን ህልቂትን ኣብ ኡምሓጀር

13.2.9 ኩናት ሓራ ምውጻእ ተሰነይን ዓሊግድርን —— 323

13.2.10 ኩናት ሓራ ምውጻእ ከተማ ኣቑርደት

13.2.11 ኩናት ቃይን/ማይምነን ኣገዳስነቱን ———— 327

13.2.12 ስርሒት ማይ-ምነ

ምዕራፍ 14:- ዕልዋ ራሳይ ———————————— 333

14.1 ውድባዊ ሰሚናር

14.1.1 ናብ ዕልዋ ራሳይ ዘብጽሑ ጠንቅታትን ውጽኢታቱን

14.1.2 ተሓኤ ኣብ ዶብ ሱዳን ድሕሪ ምእታዋን ዝተረኸበ ምዕባሌታትን ምትእትታው ሰራዊት ሱዳንን

14.1.3 ፖለቲካዊ ሃለዋት ድሕሪ ሰራዊት ዕጥቂ ምውራዱ

14.1.4 ናይ ወጻእተኛታት ኢድ ኣእታውነት ————— 343

14.1.5 ቀዳማይ ፈተነ ምፍንጫል ሸንኸ ዓብደላ እድሪስ

14.1.6 ሻድሻይ ኣኼባ ሰውራዊ ባይቶን ምምራጽ ሓዲሽ ፈጻሚ ሽማግለን

14.1.7 ፖለቲካዊ ሃዋህው ኣብ ኮረኮን ታህዳይን ——— 347

14.1.8 ሃለዋት ውድብ ተሓኤ ሰውራዊ ባይቶ ኣብ ጋሽ

XIX

መደባቱን

14.2 ብዛዕባ ዕልዋ ራሳይ፣ ካብ መጽሓፍ ኢብራሂም መሓመድ ዓሊ ዝተተርጎመ ——————————————— 353

14.3 ታሪኽ ማሕበራት ሰራሕተኛታትን ደቂ-ኣንስትዮን ጅዳ (1976 - 1985)

14.4 ግንዛበ——————————————————365

14.5 ዝርዝር መወከሲታት ——————————————369

ምዕራፍ ሓደ፡

ኤርትራ ካብ መግዛእቲ ክሳብ ልዑላውነት

መልክአ-መሬት/ ጆግራፍን ህዝብን ኤርትራ

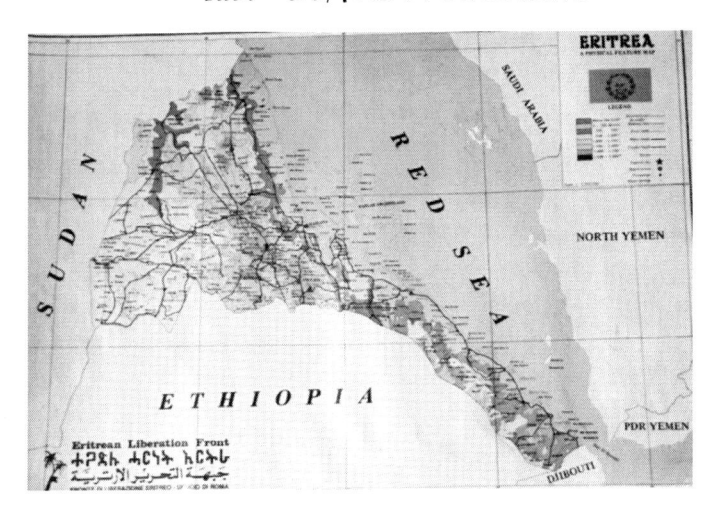

ጆግራፍ ናይ ኤርትራ ብተ.ሓ.ኤ. ዝተሓትመ፡ ወተሃደራዊ ካርታ

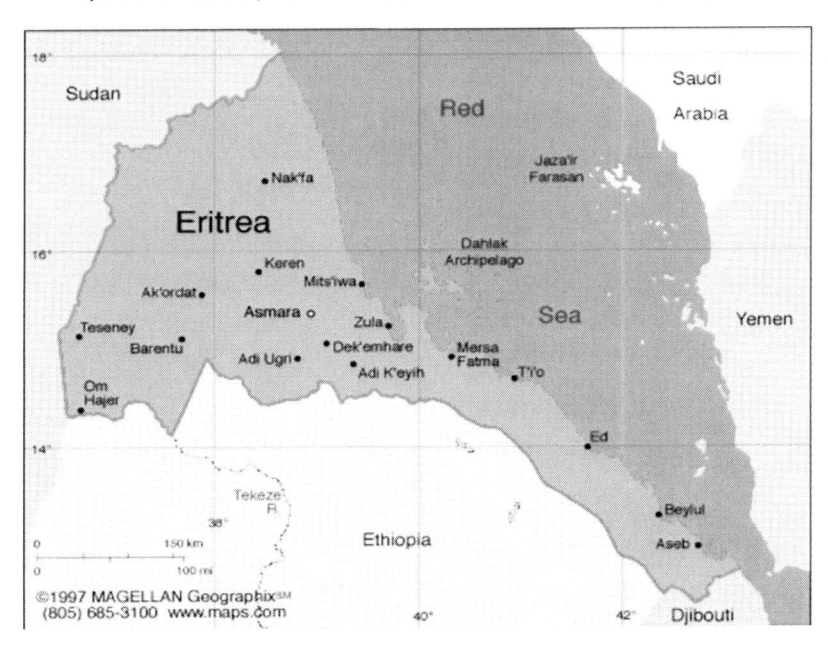

ብ1997 ድሕሪ ኤርትራ ናጻ ሃገር ምዃና ዝተሓትመ

መልክዓ-ምድሪ / ጆግራፍ ኤርትራ፡

ኤርትራ ኣብ ቀርኒ ኣፍሪቃ እትርከብ ልዑላዊት ሃገር እያ። ብሰሜንን ብምዕራብን ምስ ሱዳን፤ ብደቡብ ምስ ኢትዮጵያ፤ ብደቡባዊ ምብራቕ ምስ ጂቡቲ ብምብራቕን ሰሜናዊ ምብራቕን ድማ ምስ ቀይሕ ባሕሪ ትዳወብ። ደሴታት ዳህላክ ከምኡውን ክፋል ደሴታት ሓኒሽ ኣካል ናይ ኤርትራ እየን። ኤርትራ ክልተ ዓበይቲ ናይ ባሕሪ ኣፍደገ ዘኾና ወደባት ባጽዕን ዓሰብን ዝርከባ ሃገር ኢያ።

ስፍሓት መሬት 124,320 ኪሎ-መተር ትርብዒት ኣቢሉ እዩ። ርእሰ ከተማ ሃገረ ኤርትራ ኣስመራ። ኣቀማምጣ መሬት ኤርትራ ቆላን ደጋን (ከበሳ) ወይነ-ደጋን ተባሂሉ ኣብ ሰለስተ ይምቀል፡ ኤርትራ ክሳብ 1,151 ኪሎ-ሜተር ዝኣክል ንውሓት ዘለዎ ገምገም ቀይሕ ባሕሪ ልዕሊ 350 ዝኾና ዓበይትን ናኣሽቱን ደሴታት ዘለዋ፡ ብንግዲ ካብ ኤውሮጳን፡ ማእከላይ ምብራቕን ኣፍሪቃን ኤስያን ዝዋፈራ መራኽብ መራኽቢት ብምዃና፡ ኣብርእስ'ቲ ስትራተጂካዊ ተደላይነት ቀይሕ ባሕሪ ብዘለዋ ሃብታም ዝኾነ ባህርያዊ ሃብቲ ማእከላይ ስሕበት እትውንን ሃገር'ያ። ይኹን'ምበር፡ ኣብ 1995 ድሕሪ ነጻነት ኤርትራ ብምኽንያት'ቲ ንዋንነት ደሴታት ሓንሽ ዝምልከት ዝተላዕለ ምስሕሓብ ኣብ ክንዲ ብሰላማውን ሕጋውን ኣገባብ መዕለቢ ዝግበረሉ፡ ስርዓት ህግደፍ ኣብ መንጎ ኤርትራን የመንን ውግእ ኣባሪዑ። እዚ ዘይተደላዩ ብህጥራን ስርዓት ህግደፍ ዝተላዕለ ውግእ'ዚ ብዙሕ ሰብኣውን ነገራውን ክሳራታት ወሪዱ። ይኹን'ምበር፡ ድሕሪ ማይ ናብ ባዓቲ ከምዝባሃል፡ ውግእ መፍትሒ ዶባዊ ምስሕሓብ ክኸውን ስለዘይኽእል፤ ድሕሪ ዝወረደ ህልቂትን ጥፍኣትን እቲ ናይ ደሴታት ሓንሽ ይብጻሓኒ ኢዩ ዝብል ሕቶ ብኣህጉራዊ ቤት ፍርዲ ውዱእ መዕለቢ ክግበረሉን ውግእ ደው ንኽብልን ኣብ ስምምዕ ተበጽሐ። ንዝተላዕለ ናይ ዶብ ጎንጺ ብተጋድሎ ሓርነት ኤርትራ ሰውራዊ ባይቶ ዝቐረበ ናይ ፍታሕ እማመ "ውግእ ንረብሓ ክልቲኤን ሃገራት ፈጺሙ ዘገልግል ኣይኮነን። ብኣንጻሩ'ኳድኣ፡ ንዘለወን ዓቕምታት ኣዳኺሙ፡ ኣብ ዝኸፍአ ድኽነትን ድሕረትን እዩ ዝድርብየን። እቲ ካብ ደሴታት ምውናን ንላዕሊ ዝዓበየን ኣገዳስን ዝኾነ ሕውነታዊ ምሕዝነት ናይ ክልቲኡ ኣህዛብ እዩ። ክልቲኦም ሸነኻት ኣብ ዘካየድዎ ዘተ ብዛዕባ ዘሰሓሕቦም ጉዳይን ነጥበ ፍልልያቶምን ብዝምልከት ዝተፈላለየ መግለጺ ሂቦም። ነፍሲ ወከፎም ነቲ ካልእ ሸነኽ ውግእ ኣባሪዑ ብምባል ከሰሰ። ይኹን'ምበር፡ ንሕና ከም ወትሩ፡ ነቲ ተፈጢሩ ዘሎ ፍልልያት ብብረት ንምፍትሑ ምፍታን ንነጽግን፡ ኣብኡ ንዝምርኰስ ድማ ኣጥቢቕና ንኹንን።

ናይ ደሴታት ዋንነት ይኹን ናይ ባሕሪ ዶብ ብዝምልከት፡ ኣብ መኣዲ ዘተ ተመሊሶም ሰላማዊ ፍታሕ ክገብሩሉን፡ ክሳብ ናይ መወዳእታ ፍታሕ ዝርከብ ከኣ፡ እተን ደሴታት ኣብ'ቲ ቅድሚ ምስሕሓብ ምጅማሩ ዝነበረኦ ኩነታት ክምለሳን ንጽውዕ"[*1] ዝብል፡ ለባምን ስልጡንን ናይ ዕርቅን ሰላማዊ ፍታሕን እማመ ኣቕረበ።

እዚ ከምዚ ዝኣመሰለ ንሰናይ ጉርብትናን ሕውነትን ኣህዛብ ዝዕድም ኣገባብ ቦታ ክረክብ ብዘይምኽኣሉን፡ ሓይልን ውግእን ተጠቒምካ፡ ናብ ሕጊ ምቕራብ ሓቀኛ ስለዘይገብረካን፡ ብውሳኔ ኣህጉራዊ ቤት ፍርዲ ደንሃኽ እንተኾነውን፤ ብሰሪቲ ስርዓት ህግዲፍ ዝወሰዶ ናይ ዓመጽን ጕበጣን ፍጻሜ ሓያሎይ ክፋል ካብ ዋንነት መሬት ኤርትራ ብሓፈሻ፡ ካብ ደሴታት ሓንሽ ድማ ብፍላይ ንየመን ከምዝብጻሓ

ተበይኑ ኢዩ። ሮይተርስ ዝተባህለ ኣብ ሎንደን ዝሕተም ጋዜጣ ኣብ ናይ ዕለት 19 ጥቅምቲ 1998 ሕታሙ፡ ብንጹር ንደሴታት ሓንሽ ብዝምልከት ኣብ ቁጽሪ ኣርባዕተ ናይቲ ብይን [*2]

“The islands, islet, rocks, and low-tide elevations of the Zuqar-Hanish group, including, but not limited to. Three Foot Rock, Parkin Rock, Rocky Islets, Pin Rock, Sugul Hanish, Mid Islet, Double Peak Island, Round Island, North Round Island, Quoin Island (13 43 N, 42 48 E). Chor Rock, Greater Hanish, Peaky Islet, Mushajirah, Addar Ail Islets, Haycock Island (13 47 N,42 47 E; not to be confused with the Haycock Islands to the southwest of Greater Hanish), Low Island (13 52 N, 42 49 E) including the unnamed Islets and rocks close north, east and south, Lesser Hanish including the unnamed islets and rocks close north east, Tongue Island and the unnamed islet close south, Near Island and the unnamed islet close south east, Shark Island, Jabal Zuquar Island, High Island, and the Abu Ali Islands (including Quoin Island (14 05 N, 42 49 E) and Pile Island) are subject to the territorial sovereignty of Yemen”. ክብል ኣስፊሩ ኣሎ።

እቲ ክሳብ 1151 ኪሎ-መተር ዝንውሓቱ መሬታዊ ገማግም ቀይሕ ባሕሪ ዝርከብ ሜዳ ምብራቓዊ ቆላ ይብሃል። ብምዕራብ ምስ ሱዳን ዝዳወብ ጎላጉል ድማ ምዕራባዊ ቆላ ተባሂሉ ይጽዋዕ። በረኸቲ ኣኽራናትን ጎቦታትን ዝርከቦ ቦታታት ደጋ ወይ ከበሳ ይበሃል፡ እዚ ካብ ደቡብ ኤርትራ ጀሚሩ ብማእከል ኤርትራ ሰንጢቑ ዝሓልፍ ኣብ ሰሜን እናጸበበ ከመጽእ ከሎ፡ ብሰሜን ክሳብ ዶብ ሃገር ሱዳን ይበጽሕ።

*[*3]ሰራዊት ቱርኪ ብመራኽቦም ኣብ ገማግም ባሕሪ ኤርትራ ዓሪዶም ኣብ ውጥን ምስፋሕ ግዝኣት ከለዉ ይርአዩ*

ህዝቢ፡

ግምታዊ ብዝሒ ህዝቢ ካብ ኣርባዕተ ክሳብ ሓሙሽተ ሚልዮን ይግምገም። ህዝቢ ኤርትራ ብትሽዓተ ብሄራት ዝቖመ እዩ። ትግርኛን ዓረብኛን ዕላውያን ቋንቋታት ናይ ኤርትራ እየን። ክርስትናን እስልምናን ክልተ ዓበይቲ እምነታት ህዝቢ ኤርትራ ኢዮም። ኤርትራ ዝጸንሐ ሸሞንተ ኣውራጃዊ ምምሕዳር ዝነበራ ሃገር ኢያ፡ ህልዊ ምልካዊ ስርዓት ግን፡ ብዘይዝኾነ ይኹን መጽናዕትን ህዝባዊ ወኸሳን ኣብ ሽዱሽተ ዞባታት ዝብል ምምሕዳራዊ ክልላት ጉዛዝይዋ ይርከብ። ትምህርቲ ካብ ምጅማር ካልኣይ ደረጃ ንላዕሊ ብቋንቋ እንግሊዝኛ ስለ ዝኾነ ዝካየድ፤ እንግሊዝኛ ኣብ ቤት ትምህርቲ ብሰፊሑ ይዝረብ እዩ።

ምዕራፍ ክልተ፡

<u>ኤርትራ ቅድሚ መግዛእቲ ጣልያን</u>

ቅድሚ ወረርቲ ስርዓታት ናብዛ ናይ ሎሚ ኤርትራና ምእታዎም፡ ህዝቢ ብመዋእል ቅድመ-መስፍናውን መስፍናውን ዝምድናታት ዝተኣሳሰረ ኮይኑ፡ ኣብ ዝተፈላለየ ቦታታት ብባሕረ-ነጋሻት፤ ራእስታት፤ ደገዝማቻት፤ ከንቲባታት፤ ሽኻት፤ ደግለላትን ናይባትን ዝኣመሰሉ ዝተፈላለዩ ሽማምንትን መራሕቲ ሃይማኖትን ምስቶም ዝቐልቀሉ ዝነበሩ ወነንቲ ዘይመሰረታውያን ደርብታትን ሕብረተ-ሰብኣዊ ክፍልታትን ብምትእስሳር ዝሰፍሐን ዝለምዐን መሬትን፤ ዝበዝሐ ጥሪትን ወኒኖም ብዝተፈላለየ መልክዕ ኣብ ልዕሊ ሰፊሕ ህዝቢ ዓኺይን ሰበኸ-ሳግምን ተዋፋራይን ምዝመዛ ዝካየደሉ መዋእል ኢዩ ነይሩ። ናይዚ ከምዚ ዝኣመሰለ ምምሕዳር ልዕለ-ኣቓም ብመልክዕን ኣገባቡን ዝፈላለ እኳ ኣንተመሰለ፡ ብትሕዝትኡ ግን ሓደ ኢዩ።

ኣብ ከምዚ ዝኣመሰለ ምምሕዳር ዝህሉ ባህላዊ ዝምድናታት ብርቱዕ ናይ ሃይማኖት ተጽዕኖታት ዘለዎ፤ ኣብ ባህልን መለኮታዊ እምነትን ዝተመርኮሰ፡ ነገራውን ሰብኣውን መሰላት ህዝቢ ኣሕሊፉ ዝህብ፤ ንሓደን ኣብሊጹ ነቲ ካልእን ኣናኢሱ ወጽዓ ደቂ-ሰባት ዘራጉድን ዘስፋሕፍሕን ኢዩ ዝኸውን። መነባብሮ ህዝቢ ኤርትራ ኣብ ጥንታዊ ማሕረስን ንግድን መጓሰን ዝተደረተ፡ ፍርያቱ ትሑት ኣብርእሲ ምኺኑ ምሉእ ብምሉእ ኣብ ኣገልግሎቱ ጥራሕ ከውዕሎ ዘይክእለሉ ኩነታት ክነብር ግድን ነይሩ። ካብዚ ወጻኢ ኣብ መጓሰ ኮነ ማሕረስ ግደ ዘይነበሮም ኤርትራውያን እንተዀነውን ኣብ በብዓይነቱ ኢደ ጥበባዊ ስራሓት ተዋፊሮም፤ ነገራዊ ምህዞታት ኣጥርዮም መነባብርኦም ከጣጥሑን ገዛእቶም ዝግልገልሉ ንብረትን ኣብ ምፍራይ ዓብዪ ተራ ኣበርከቱ።

ኤርትራ ኣብ ዝተበታተኸ ስርዓት መስፍናውን ቅድመ-መስፍናውን ዝሰረቱ ማሕበረ ቍጠባዊ ምትእስሳርን መነባብሮን ኣብ ዝነበረትሉ እዋን፡ ግዳይ ናይ ዝተፈላለዩ ወረርትን ኣስፋሕፋሕትን ኮይና ዝጸንሐት ሃገርያ። ቱርክን ግብጽን ሓንቲ ድሕርታ ሓንቲ እንዳተባራረያ ኣብ መጀመርታ ንኤርትራ ወረራኣ። እዘን ባዕዳውያን ወረርቲ ሓይልታት እዚኣተን፡ ዋላ'ኳ ኣስማተንን ግዝኣተ ምምሕዳረንን ዝተፈላለየ መልክዕ እንተነበሮ፡ ዕላማአን ግን፡ ባህርያዊ ሃብቲ ኤርትራ ንምምዝማዝን፤ ንኤርትራ ከም መታሓላለፊ መስመር ተጠቒመን

ብዝሓየለ ኣገባብ ንግድን ግዝኣትን ምስፍሕፋሕ ዝብል ኢዩ ነይሩ። ይኹን እምበር፡ ህዝቢ ኤርትራ ብትሑት ዓቕሙን ትሕዝትኡን ንመሰሉን መንነቱን ካብ ምቅዋምን ምክልኻልን ዓዲ ውዒሉ ኣይፈልጥን።

ምስዚ ኩሉ ግን፡ ናይ ኦቶማን ኢምፓየር (ንግስነት ቱርኪ) ኣብ መበል 15ን 16ን ክፍለ-ዘመናት እቲ ዝሓየለ ስርዓት ብምዃን ኣብ ልዕሊ ሃገራት ዓለም ግዝኣቱ ዘስፋሕፍሕ ዝነበረ፣ ንኣብቲ እዋን እቲ ንምድሪ ባሕሪ ተባሂላ ትፍለጥ ዝነበረት ኤርትራ እውን ብ1557 ንገማግም ባሕራ ተቖጻጸረ።

ቀጺሉ ካብ 1577 ኣትሒዙ ንውሽጢ ሃገር ፍሑኹ እናበለ ንወደብ ባጽዕን ከተማ ሕርጊጎን ከምኡ እውን ንድባርዋ ርእሰ ከተማ ብምግባር ዕርዱ መስሪቱ ንምድሪ ባሕሪ ክሳብ 1880 ኣብ ትሕቲ ንግስነት ቱርኪ የመሓድር ነበረ። ድሕሪ'ዚ መንግስቲ ጣልያን ፍሕኹ እናበለት ንወደብ ዓሰብ ድሕሪ ምእታዋ ነቲ ኣብ ትሕቲ ቁጽጽር ንግስነት ኦቶማን ዝነበረ ቦታ ክሳብ 18 ክፍለ-ዘመን ኣይተንከፈቶን። ኣብ 1820 ግብጺ ንሱዳን ወሪራ ኣብትሕቲ ቁጽጽራ ምስ ኣእተወታ ግን፡ ነቲ ኣብ ትሕቲ ፋንግ/ጅ ዝተባህለ ሱዳናዊ ሱልጣን ዝማሓደር ዝነበረ ምዕራባዊ ክፍልታት ኤርትራ፥ ኣብ ትሕቲ ምምሕዳር መንግስቲ ግብጺ ከኣቱ እንከሎ፤እቲ ካብ 1557 ጀሚሩ ኣብ ትሕቲ ቱርኪ ዝማሓደር ዝነበረ ምብራቓዊ ገማግም ቀይሕ ባሕሪውን ብ1865 ምጽዋዕ ኣብ ትሕቲ ግብጺ ስለዝኣተወት፡ ክሳብ 1872 ዘሎ ግዜ ድማ ሰፊሕ ክፍልታት ካብ ኤርትራ ኣብ ትሕቲ ምምሕዳር ግብጺ ኣተው። ኣብ ደንከልያ ግን ሓደ ፍሉይ ምምሕዳር ስለዘይነበረ፡ ነፍሲ-ወከፍ ዓዲ ብናታ ሸኽን ስልጣንን ትምራሕ ምንባራ ኢዩ ዝትረኽ።በዚ መሰረት ኢዩ ድማ ጣልያን ናብ ኤርትራ ከኣቱ እንከሎ፡ ኤርትራ ብሰለስተ ዝተፈላለየ ዓይነት ምምሕዳራት ማለት ብራእሲ ኣሉላን ግብጽን ሱልጣናት ደንከልያን ኣብ ትማሓደረሉ ዝነበረት እዋን፡ ጣልያን ንኤርትራ ወሪሩ ኣብ ትሕቲ ግዝኣቱ ምእታዉ ብወግዒ ዘፍለጠ። ኣብ ከምዚ ዝኣመሰለ ዝተፈላለየ ባህልን ልምድን፡ እምነትን፡ ኣገባብ ኣመራርሓን፡ ድሑር ማሕበራውን ቁጠባውን ዝምድናታት ዝነብር ህዝቢ፡ ሓቢሩ ኣንጻር ዓመጽትን ገዛእትን ክብገስ ክሳብ ክንደይ ኣሸጋሪ ምዃኑ ርዱእ ኰይኑ፡ ጣልያን ንኤርትራ ወሪራ ንኽትሕዛ ዝኾነ ይኹን ጸገምን ብርቱዕ ተቓውሞን ነይርዋ ክባሃል ዝካኣል ከምዘይነበረ ዝዝከር ኢዩ።

መግዛእቲ ጣልያን ኣብ ኤርትራ

ኤርትራ ቅድሚ ጣልያን ብ1885 ዓ.ም.ፈ ወሪራ ምሓዛ፣ ብዝተፈላለዩ በብእዋኑ እናተተኻኸኡ ንዞና ቐይሕ ባሕሪ ዝቆጻጸሩ ዝነበሩ ወረርቲ እያ ትግዛእ ነይራ። መንግስቲ ጥልያን ብ1 ጥሪ 1890 ዓ.ም.ፈ ንመላእ ኤርትራ ኣብ ትሕቲ ቁጽጽራ ድሕሪ ምእታዋ ከኣ፡ ኤርትራ ሓንቲ ካብ ግዝኣታት ጣልያን ምዃና ብዕሊ ኣፍለጠት:: ፋሽስታዊ ስርዓት ጣልያን ነቲ ድሒሩ ኣብ ልዕሊ ጸለምቲ ደቡብ ኣፍሪቃ ዝተራእየ ዓሌታዊ ፍልልያትን ጭቆናን ኣቐዲሙ ኣብ ልዕሊ ህዝቢ ኤርትራ ኣዐርዩ ኣርእይዎ ነይሩ ኢዩ። ካብዚ ተበጊሱ ድማ እዩ ኤርትራውያን ኣብ ገዛእ ሃገሮምን ከተማኦምንስ ጸዓዱ ዝንቀሳቐሱሉ ጐደናታት ንኸይረግጹ፡ ጸዓዱ ኣብ ዝሳፈርወን ኣውቶቡሳት ንኸይሳፈሩ ሓራም ክገብርዎ ዝተራእዩ። ብዘይካ'ዚ

ህዝቢ ኤርትራ ብዘይካ'ቲ ኣብ ወራርን ኣስፋሕፋሕን ዕላማታት ፋሽሽታዊ ጣልያን ክሳትፍዎም ዝተዓስከሩ ኣቦታት ንመላእ ህዝቢ ኤርትራ ምስ ካልእ ህዝብታት ንኸይራኸብ ዓፊኖምን ዓጽዮምን ክሕዝዎ ፈተኑ። ምስዚ ብምትሕሓዝ ንኸይምዕብልን ንኸይመሃርን'ውን ኣብ ውሱን ፊደላት ምቑጻርን ደረጃ ትምህርትን ተሓጺሩ ክምዝተርፍ ዝገበሩ።

እዚ ከምዚ ዝኣመሰለ ተግባራት ንኤርትራዊ ሕብረተ-ሰብ ልሉይን ውሱንን እምነታቱን መለለይኡን ንኽዕቅብ ሓጋዚ እኳ እንተነበረ፡ ብኣሸሓት ዝቑጸሩ ኤርትራውያን ግን፡ ኣብ ዘይፈልጥዎ ውግኣትን ወራርን ኣትዮም ኣደዳ ሞትን ስንክልናን ዝኾኑ ምንባሮም'ውን ዝሳሓት ኣይኮነን። ንምዝካር ዝኣክል ኣብቲ ናይ ለካቲት 1896 ዝተኻየደ ኲናት ዓድዋ፡ ጣልያን ንኢትዮጵያ ንምውራር ዘካየደቶ ቀዳማይ ፈተነ ምስተሳዕረት፡ ብወታሃደራት ሃጸይ ምኒሊክ ዝተማረኹ ኤርትራውያን የማናይ ኢዶምን ጸጋማይ እግሮምን ምቑራጾም ካብ ክጥቀሱ ዝኽእሉ ኣብ ልዕሊ ኤርትራውያን ዝተፈጸሙ ግፍዕታት ነይሮም። እዚ ጥራሕ ዘይኮነ፡ ጣልያን ንሊብያ ወሪራ ኣካል ግዝኣታ ንኽትከውን ኣብዝተኻየደ ኣስካሕካሒ ኲናት ዝተሳተፉ፡ ወታሃደራት ዝነበሩ ኣቦታት ኤርትራውያን ነቲ ኣብ ውግእ ሊብያ ዘጋጠሞም ሕሰም ብዜማ ክገልጹ እንከለዉ "ጸላኢና ትሩብሊ ይኺዶ፡ ኣብኡ ኣለዉ በዓል መሓመዶ፡ ብኻራ ገዲፎም ብጋሌዶ" ክብሉ ይገልጽዎ ምንባሮም፡ ዝጸንሓና ኣፋዊ ዜማን ታሪኽን ኢዩ።

መንግስቲ ጣልያን፡ ወታሃደራታ ምስቲ ኩሉ ዘመናዊ ዕጥቅን ብዝሒ ስሩዕ ሰራዊትን ኣብ ኲናት ምስተሳዕረት፡ ዝተበገሰትሉ ሕልሚ በኒኑ፡ ምስ ሃጸይ ምኒሊክ ኣብ ስምምዕን ዶብ ኤርትራን ኢትዮጵያን ናይ ምርጋጽ ውዑልን ክትፍጽም ተገደደት። በዚ ኸኣ ኣብ 1908 ክምኡውን ኣብ 1910 ብናይ ውጫለ ውዑል ዝፍለጥ ስምምዕ ናይ መወዳእታ ዶብ ተረጊጹስ፡ መሬታውን፡ ማያውን ሰማያውን መልክኣ መሬት ኤርትራ ፍሉጥን ልሉይን ክምዝኸውን ተገብረ።

መንግስቲ ጥልያን ንኤርትራ ምስ ኢትዮጵያን ኢጣልያዊት ሶማሊላንድን ብሓንሳብ ጠርኒፋ ከም ሓንቲ ኣውራጃ ናይ ሃገር ጣልያን ወሲና *"ኣፍሪካ ኦርየንታለ ኢታልያና"* ዝብል ስም ኣልቢሳ ግዝኣታ ንምስፍሕፋሕ ብ1935 ዓ.ም.ፈ ኣብ ልዕሊ ኢትዮጵያ ዳግማይ ወራር ብምክያድ ስርዓት ሃይለ ስላሰ ተሳዒሩ፣ ክሳብ ኣብ ካልኣይ ውግእ ዓለም 1941 ዓ.ም.ፈ ጣልያን፡ ብሰራዊት ዓባይ ብሪጣንያ ተሳዒራ ዝተሰጎጐትሉ እዋን ኣብ ቀርኒ ኣፍሪቃ ክትገዝእ ጸንሐት። በዚ ድማ፡ ዓባይ ብሪጣንያ ካብ 1941 ሕቡራት ሃገራት ብዝሃባ ሓላፍነት መሰረት ክሳብ 1951 ነቲ ብጣልያን ተሰሪዑ ዝነበረ ቅርጻ ምምሕዳር ኤርትራ ከምዘለዎ ኣብ ምምሕዳር ቀጸለቶ።

ንኤርትራ ኣብ መግዛእቲ ዝጸመደ ውዕል 390 A(V) ሕቡራት ሃገራት

ህዝቢ ኤርትራ ስለምንታይ ከምተን ካልኦት ሃገራት ኣብ ትሕቲ መግዛእቲ ጣልያን ዝነበራ ሊብያን ሶማልያን ነጻነተን ክረኽባ ከለዋ ነጻነቱ ዘይረኸበ? እዚ ሕቶ እዚ ምናልባት ምስቲ ኣቐዲሙ ዝተገልጸ ማለት፣ ኣደንቍርካ ግዛእ ዝብል ቅዋም ናይ መግዛእቲ ጣልያን ንህዝቢ ኤርትራ ብትምህርቲ ካብ ራብዓይ ክፍሊ ንላዕሊ ከይቀጽል ደሪቱ፣ ሃገራዊ ስምዒትን ንቕሓትን ኣጥርዩ ተወዲቡ ንኸይምክቶ ካብ ምስጋእ ሓሊፉ ካልእ ክኸውን ኣይክእልን። እቲ ካልእ ምኽንያት ህዝቢ ኤርትራ

ብሰንኪ ዝወርዶ ዝነበረ ሰንሰለታዊ መግዛእትታት ከም ደቂ ሓንቲ ሃገር ብናይ ሓባር ማሕበራውን ቍጠባውን ዝተሰነየ ነብሰ ምምሕዳር ከካይድ ብኡ ኣቢሉ ድማ ሃገራዊ ስምዒትን ሃገራዊ ንቕሓትን ብምጥራይ ሓድነቱ ዓቂቡን ተውዲቡን ንባዕዳውያን ክምክት ዘኽእሎ ተሞክሮ ከጥሪ ዕድል ኣብ ዘይረኸበሉ መድረኽ ብምንባሩ። ድሕሪ ጥልያን ዝተተክአ መግዛእቲ እንግሊዝ ዘተኣታተዎ ልዕል ዝበለ ደረጃ ትምህርቲ'ውን እንተኾነ ምስቲ ዘካይዶ ዝነበረ ጸሕታሪ ሃይማኖታዊ ፍልልያት፣ ኣተሓሳስባ ሃገርን ሃገራውነትን ዘማዕብልን ንመላእ ህዝቢ ኤርትራ ከተሓቓቕፍ ዝበቅዕን ኣይነበረን። እዚ ስለዝኾነ ነቲ ኣብ ልዕሊ ህዝቢ ኤርትራ ብሓያላን ሃገራት ዝግበር ዝነበረ ፖለቲካዊ ውዲታት ብንቕሓት ክከታተልን ክምክትን ዕድል ኣይረኸበን።

ንኣብነት እቲ ብ3 ታሕሳስ 1950 ብ 390 A(V) ዝፍለጥ ውሳኔ ናይ ባይቶ ሕቡራት ሃገራት ብኣመሪካን ሰዓብታን ከም ፍታሕ ተባሂሉ ዝቐረበ ናይ ፈደረሽን እማመ ምስ ስርዓት ሃይለስላሴ ኰይኖም ዝወድእዎ ድኣ'ምበር ብቑዕ ተሳትፎን ውክልናን ናይ ህዝቢ ኤርትራ ኔሩ ክበሃል ዝከኣል ኣይኰነን። ኣብቲ ግዜ እቲ መንግስቲ ሃይለስላሴ ኤርትራ ካብ ኣዲኣ ኢትዮጵያ ብሓይሊ ባዕዳውያን ደኣ ተመንዚዓ እምበር ኣካል ናይ ኢትዮጵያ ኢያ ኢሉ ክማጎት ከሎ፣ ኣብ ኣመሪካ፣ ኣብ ዓባይ ብርጣንያን ኣብ ፈረንሳን ናይ ኢትዮጵያ ወከልቲ ብዲፕሎማሲ ዝነጥፉ ነይሮማ ኢዮም። ምስ ሰበ-ስልጣን ሕቡራት ሃገራትን ሓያላን መንግስታትን ክትራኸብ፣ ርእይቶኣን ድሌታን ከተስምዕን ደገፍቲ ክትረክብን ከምኡ'ውን ምስተን ሓያላን መግስታት ኰይና ሓባራዊ ረብሓታተን ዘዕቀበ ውዲታዊ ውሳነ ከተረጋግጽ በቒዓ እያ።

ኣብ ራብዓይ ጠቕላሊ ጉባኤ ናይ ሕቡራት ሃገራት መንግስታት፣ ናይ ኢትዮጵያ

ካብ ጸጋም ንየማን ኣቶ ኣክሊሉ ሃብተወልድ (ናይ ልኡኻት መራሒ)፣ ብላታ ኤፍረም ተወልደመድህን፣ ኣቶ ገብረመስቀል ክፍለዝጊ

ፎቶ ዩ.ኤን. ጥቅምቲ 1949

ጽማቕ ናይ ዝተኻየደ መስርሕ ውዲታት ፈደረሽን

ንኤርትራ ኣብ ክልተ ዝመቅል ርእይቶ፣ ማለት እቲ ምብራቓውን ከበሳውን ክፍሊ ምስ ኢትዮጵያ ክጽንበር፣ እቲ ምዕራባዊ ቆላ ከኣ ምስ ሱዳን ክሕወስ ዝብል ኣመሪካ ምስ እንግሊዝ ተሓባቢሮም ካብ ወርሒ ሚያዝያ 1949 ዓ.ም ጀሚሩ ውሳኔ ንምርካብ ዝገበርዎ ጻዕሪ ከምቲ ዝተጸበይዎ ውጽኢት ከይሃበ ተረፈ። ብፍላይ ብ17 ኣባላት ሃገራት ዝቖመ ንኡስ ኮሚተ ካብ ዝምስረት ኣትሒዙ ሃገራት ላቲንን እስያውያንን ምስ ዓረብ ሃገራት ብሓደ ኮይኖም ምስ ድሌት ጥልያን ዝሰማማዕ ርእይቶ "ኤርትራ ናጻ መንግስቲ ክትከውን" ብድምጺ ብልጫ ክውሰን ኣለዎ ዝብል ምድላዋቶም እናበርተዐ መጸ።

ልኡኻት ናይ ኣመሪካን ዓባይ ብሪጣንያን ብዝገበርዎ ክትትል፣ "ኤርትራ ናጽነት ክወሃባ" ዝብል እማመ ብናይ ኣርጀንትትና ልኡኽ ዝቐረበ፣ ኣብ ውሽጢ እቲ ኮሚተ ክልተ ሲሶ ናይ ድምጺ ብልጫ ከምዝረክብ ሓበረታ ረኸቡ። ስለዚ እንታይ ይሓይሽ ብምባል ከኣ ነዚ ዝስዕብ የቐምጡ።

ፎቶ U.N ነሓሰ 1949 ዓ.ም.ፈ: ናይ ኢትዮጵያ ጠቕላል ሚኒስተር ኣክሊሉ ሃብተወልድ ምስ ሮበርት ሹማን ዝተባህለ ናይ ፈረንሳ ወጻኢ ጉዳያት ሓላፊ ክማኸር ከሎ ዘርኢ ስእሊ። "ናይ ፈረንሳ ወጻኢ ጉዳያት ሓላፊ፣ ካብ ግዝኣት ኤርትራ ብዘይካ`ቲ ምዕራባዊ ቆላ፣ ካልእ ዝተረፈ ብምልኡ ምስ ኢትዮጵያ ንኽጽንበር ፈረንሳ ከምትድግፍ ገሊጹ ኔሩ።"

1. ልኡኽ ዓባይ ብርጣንያ በቲ ንኡስ ኮሚተ 17 ዝቐርብ ንድፊ ውሳኔ ናብ ዋና ኮሚስዮን ኣብ ዝቐርበሉ ግዜ ተቓወምቲ ዝኾኑ ሃገራት ኣዳሊና ከምዘይጸድቕ ንምግባር ካብ ብሕጂ ምስራሕ የድሊ በሉ።
2. ኣመሪካውያን ከኣ ናይ ጣልያን መጣቓዕቲ ኣብዚ ንኡስ ኮሚተ ሓሳቦም

ከየፍረስና ንናይ ኤርትራ ናጽነት ዝብል ንድፌ ውሳኔ ሒዞም ኣብ ዋና ኮሚተ እንተቐሪቦም፣ ሶቬት ሕብረትን ኮራኹራን ተሓባቢሮም ከምዝምዝዎ ስለዝኸእሉ ብህጹጽ መተካእታ ስጉምቲ ካብ ምድላው ክንዝንግዕ የብልናን ብምባል ተጨነቑ።

3. እንግሊዛውያን እቲ ንኡስ ኮሚተ ንዝህቦ ውሳኔ ካብ ምጭናቕ ንላዕሊ በቲ ዋና ኮሚስዮን ከይጸድቕ ካብ ሕጂ ጻዕርታትና ነተሓባብር ዝብል ሓሳብ ናይ ኣመሪካውያን ኣይተኣማመኑሉን። ስለዚ ጉዳዩ ካብዚ ንኡስ ኮሚተ ኢድ ከይወጸ ከሎ ብመንገዶም ንኤርትራ ሓደ ሓዲሽ እማመ ንምፍጣር ወሰኑ። ካብቲ ውሽጢ እቲ ኣባላት ኮሚተ ብራዝልን ህንድን ላይበርያን ዒራቕን ኣተሓባቢሮም ኤርትራ ብፈደረሽን ምስ ኢትዮጵያ ዘተኣሳስር ሓዲሽ እማመ ብ19 ጥቅምቲ 1949 ዓ.ም ንንኡስ ኮሚተ 17 ኣቕረቡ። እዚ ናይ ፈደረሽን መደብ ብስውር ዝዳለወሉ ዝነበረ ግዜ ብናይ ኣመሪካ ዲፕሎማሲያውያንን ክኢላታትን እዩ ነይሩ፡ እንተኾነ ግን ኣመሪካ ንበይና ዘዳለወቶ ተባሂሉ ከይትሕመ ነቲ ንድፌ ብስም ሓሙሽተ ሃገራት ኮይኑ ከምዝቐርብ ገበሩ። መልክዕ ናይቲ ፈደረሽን ንምብራህ ነቲ ንኡስ ኮሚተ 17 ዝቐረበ መግለጺ ዝተዋህበ መሰረታዊ ጉዳያት በዚ ኣብ ታሕቲ ተጠቒሱ ዘሎ ነበረ።

4. ናይ ኤርትራ ምምሕዳራት ሓድነት ተሓልዩ ናይ ውሽጣዊ ምምሕዳር ምሉእ ስልጣን ተዋሂባ ኣብ ትሕቲ ዘውዳዊ ስርዓት ሃይለስላሴ ኮይና ብፈደረሽን ምስ ኢትዮጵያ ትጽንበር።

5. ብናይ ፈደረሽን ውዕል፣ ናይ ወጻኢ ጉዳይን ናይ መከላኸሊ ስልጣን ናይ ኢትዮጵያ ንጉስ ክኸውን ከሎ፡ ኣብ ኤርትራ ዝምስረት መንግስቲ ድማ፣ ንናይ እታ ሃገር ውሽጣዊ ምምሕዳር ንምምራሕ ምሉእ ስልጣን ይህልዎ።

6. ኤርትራ ብፈደረሽን ምስ ኢትዮጵያ እትሕወሰሉን ውሽጣዊ ምምሕዳራታ እትመርሓሉን ሕገ-መንግስቲ ብሓደ ፍሉይ ኮሚስዮን ክዳሎ። በዚ ኣብ ታሕቲ ተጠቒሱ ዘሎ ከኣ ይትግበር፡-

   ሀ- ሓደ ካብ ሕቡራት መንግስታት ዓለም ተመሪጹ ዝሸየም ኮሚሽነር ናይ ኣኼባ ኣካቢ ኮሚስዮን ክግበር።

   ለ- ኣብ ኤርትራ ዝርከቡ ሓናፍጽ ማለት ትውልዲ ካብ ክርስትያንን ኣስላምን ጥልያንን ዘለዎም ዝውክሉ ሰለስተ ሰባት ክምረጹ።

   ሐ- ካብ ሕቡራት ሃገራት መንግስታት ወከልቲ ዝምረጹ ድማ ካብ 5 ኣባላት ሃገራት፡ ዓባይ ብርጣንያ፣ ኢትዮጵያ፣ ጥልያን፣ ብራዚልን ዒራቕን ክኾኑ።

ብጠቕላላ ዝምረጹ ትሽዓተ ሰባት ኢዮም። እቲ ውዲታዊ ጸወታ ኣብዚ ይጅምር ማለት ኢዩ። ሓደ ካብቲ ርኡይ ውዲት ንኢትዮጵያ ኣካል ናይቲ ሕጊ ዘቕውም ክትከውን ዝገበረ ነይሩ። ምኽንያቱ ኢትዮጵያ ብግሁድ ኤርትራ ናይ ኢትዮጵያ ኢያ ዝብል ንጹር መርገጽ ዝሓዘት ብምንባራ።

እዚ ንጉዳይ ኤርትራ ፍታሕ ክኸውን ዝብል ነጥቢ ብሓሙሽተ ሃገራት ማለት ኣመሪካ፡ ብራዚል፡ ህንዲ፡ ዒራቕ፡ ላይበርያ ዝተዳለወ ናይ ፈደረሽን ፕላን

ብዕለት 19 ጥቅምቲ 1949 ናብ ንኡስ ኮሚተ ክቐርብ ከሎ፣ ኣመሪካ ነዚ ዝስዕብ ሕልና ስለዝነበራ ኢዩ። ንሱ ድማ ኣመሪካ ነዚ ናይ ፈደረሽን መፍትሒ ኢላ ዝፈጠረቶ ናይ ኢትዮጵያ ሕቶን፡ ናይ ጥልያን ድሌትን ዘርዊን፣ ንሕቡራት ሃገራት መንግስታት ከኣ ክብሪ ዝህብ፣ ንገዛእ ርእሳ ኣመሪካ ከኣ ብኣህጉራዊ መዳይ ዝተፈልየ ዝናን ተሰማዕነትን ዘውህቦም ይኸውን ካብ ዝብል ተስፋ ብምግባር ኢዩ። ነዚ ሓሳብ እዚ ግን መንግስቲ እንግሊዝን ካልኦትን ስለዘይተሰማምዑሉ ኣብ ክንድኡ እዚ ዝስዕብ ሰለስተ ምርጫታት ቀረበ። ንሱ ድማ እቲ ንህዝቢ ኤርትራ ዘዳህለለ ኢዩ።

ኣርነስት ቤቨን (ERNEST BEVIN) ንዲን ኣቸሰን (DEAN ACHESON) ዝተባህለ ኣመሪካዊ ዓርኩ ብዝለኣኾ መልእኽቲ ጥልቕ ዝበለ መጽናዕቲ ከይተገብረን ከይተመኽረሉን ንናይ ኤርትራ ፍታሕ ተባሂሉ ብሃንደበት ዝቐረበ ሓሳብ መንግስቲ ዓባይ ብርጣንያ ከምዘይድግፎ ምስ ገለጸ፡ ናይ ክልቲኦን ሓያላት መንግስታት ብሓባር ዘይምስራሕ፣ ንሶቬት ሕብረት ኣብ ኣፍሪቃ ክትኣቱ ማዕጾ ዝኸፍት ምዃኑ ከፍለጥ ኣለዎ ክብል ኣጠንቂቑ። ናይ ኣንግሊዝ ወጻኢ ጉዳይ ሚንስተር በዚ ጥራሕ ኣይተወሰነን እንታይ ደኣ ነቲ ኣብ ናይ ሕቡራት ሃገራት ዘሎ ልኡኽ ብዝሃቦ መምርሒ፣ መርገጽ ናይ ዓባይ ብርጣንያ ካብ ናይ ኣመሪካ መርገጺ ዝተፈልየ ክኸውን ከምዘለዎ ኣፍሊጡ። "ኤርትራ ብፈደረሽን ምስ ኢትዮጵያ ክትጽንበር ብመንግስቲ ኣመሪካ ዝቐረበ ሓሳብ ዘየድሊ ብዙሕ ሽግራት ዝፈጥርን ኣብ ስራሕ ናይ ምውዓል ዘይምችእ ምዃኑን ዓባይ ብርጣንያ ኣይትሰማማዕን ኢያ። ከምቲ ዝሰማዕክዎ ናይ ኤርትራ ፈደረሽን ዕላማ ንኤርትራ ብምሉእ ግዝኣታ ብምሕባር ዘጠቓለለ ስለዝኾነ ነቲ ምዕራባዊ ቆላ ናብ ሱዳን ክጽንበር ዝብል ቅድሚ ሎሚ ዝተሰማማዕናሉ ዘፍርስ ኢዩ።

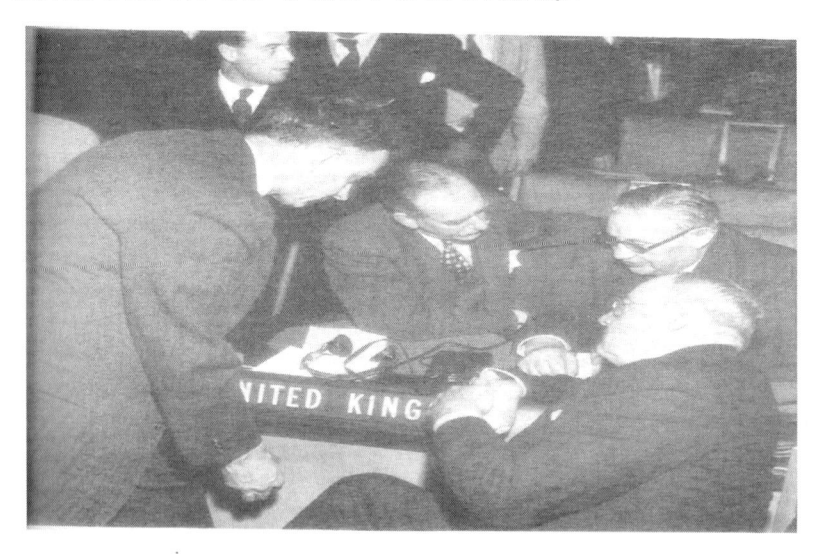

ፎቶ U.N ሕዳር 1949 ዓ.ም. ልኡኻት ዓባይ ብሪጣንያን ኣመሪካን ኣርነስት በቨንን ፎስተር ደላስን ብዛዕባ ጉዳይ ኤርትራ ንዝወስድዎ ስጉምቲ ክማኻኸሩ ከለዉ ዘርኢ ስእሊ።

ካብ ናይ ኤርትራ ግዝኣት እቲ ምዕራባዊ ቆላ ናብ ሱዳን ተጸንቢሩ እቲ ዝተረፈ ከኣ ብምልኡ ምስ ኢትዮጵያ ክጽንበር፣ ቅድሚ ሎሚ ዝተሰማማዕናሉ ፍታሕ ናይ መጀመርያ ምርጫና ስለዝኾነ ሕጂ እውን ብርቱዕ ጻዕሪ ክግበረሉ የድሊ።

እዚ ዘይትግበር እንተኾይኑ ግን ንኤርትራ ናጽነታ ክወሃባ፡ ናይ ጣልያን ደገፍቲ እናበርትዑ እንተተቐላቐሎም ናይ ሕቡራት መንግስታት ዓለም ፍሉይ መርማሪ ኮምሽን ኤርትራ ልኢኹ ድሌት ህዝቢ ከጻሪ ዝተባህለ ሓሳብ ክጸድቕ ብርቱዕ ጻዕሪ ክካየድ።

እዚ ብኻልኣይ ደረጃ ዝተጠቕሰ ሓሳብ ኣብ ዝጸድቀሉ እዋን፡ ካልእ ጥንቃቑ ዝሓትት ኣብ ውሽጢ እቶም ዝምደቡ ናይ ሕቡራት ሃገራት መንግስታት መርማሪ ኮምስዮን ካብ ሞስኮ ይኹን ካልኦት ኲራኹር ሓደ ኣባል ከይምረጽ ከኣ ብርቱዕ ጻዕሪ ክግበር የድሊ።ብ27 ሕዳር 1950 ዓ.ም.ፈ. ብ390 A(V) ዝፍለጥ ውሳኔ ናይ ባይቶ ሕቡራት ሃገራት ብኣመሪካን ሰዓብታን ከም ፍታሕ ተባሂሉ ዝቐረበ ናይ ፈደረሽን እማመ፡ ብ2 ታሕሳስ 1950 ዓ.ም.ፈ ናብ ሓፈሻዊ መጋባእያ ባይቶ ቀረበ። ውጽኢቱ ድማ፡ 46 ሃገራት ኢርትራ ብፈደረሽን ኣብ ትሕቲ ዘውዳዊ ስርዓት ኢትዮጵያ ክትሓብር ኣድሚጸን፡ 10 ሃገራት ተቓዊመን 5 ሃገራት ድማ ንኸየድምጻ ወሰና። በዚ መሰረት'ዚ ንኤርትራ ኣብ ትሕቲ ኢትዮጵያ ዝጸመደ ፈደራላዊ ውዕል "390 A(V)" ጸደቐ።*4

እዚ ብታሕሳስ 1950 ኣብ ባይቶ ሕቡራት ሃገራት ብ390(A) ዝፍለጥ ንኤርትራ ምስ ኢትዮጵያ ብፈደረሽን ዝጸመደ ዘይፍትሓዊ ውሳኔ እዚ፡ ብዘይውክልናን ብዘይወኸሳን ናይ ህዝቢ ኤርትራ እዩ ተወሲኑ፡ ንናይ ኤርትራውያን ናይ ናጽነት ድሌቶምን ጠለቦምን ጸማም እዝኒ ሂቡ ዝሓለፈ ውሳኔ እዩ ነይሩ። እንተኾነ እዚ ውዑል'ዚ ምስ ኩሉ ጸገማቱ ገለ ዲሞክራስያዊ መሰላት ባይቶ ኤርትራን ርእሰ ናጻ ዝመስል ምምሕዳራዊ መሰላትን ዘውሓሰ ውዕል እዩ ነይሩ ክባሃል ግን ይካኣል እዩ።

ብ1952 ዓ.ም.ፈ ኤርትራ ኣብ ትሕቲ ግዝኣት ኢትዮጵያ ተቖርነት። ብኡ ንብኡ ስርዓት ሃይለ ስላሴ ነቲ ውዕል ብኢደ-ወነኑ ንዕኡ ብዝጥዕሞ ስጉምቲታት ብምውሳድ ነቲ ውዕል ፍሓቖን ጠሓሶን። ኣብ 1958 ድማ ዝጸንሐ ኤርትራዊ መንነት ምሉእ ብምሉእ ተፋሒቑ ኤርትራ ግዝኣት ኢትዮጵያ ምኳና ከመልክት ዝኽእል መስርሕ ከታኣታቱ ድሕሪ ምጽናሕ፡ ንብዙሓት ኣብ ፖለቲካ ኤርትራ ዝዋሳኡ ዝነበሩን ተቓውማኦም ዘርኣዩን ደቂ ሃገር ከፈራርሕን ናይ ቅትለት ፈተነታት ክካይድን ጀመረ። ሓርነት ፖለቲካዊ ንምቅስቓስ ዝተዓጽዎምን ዝተነፍጎምን ብተደጋጋሚ ናይ ራዕድን ሽበራን ፈተነታት ኣብ ኤርትራ ክነብሩ ከምዘይክእሉ ዝተገንዘቡን ኣሓዋት ድማ ተሰዲዶም ምንቅስቓሳቶም ንምቕጻል ናብ ሃገራት ኣዕራብ ክውሕዙ ጀመሩ። እዚ ኣብ 1962 ከኣ፡ ኤርትራ መበል 14 ጠቕላይ ግዝኣት ኢትዮጵያ ምኳና'ውን ብእዉጅ ተገልጸ።

ብ1962 ዓ.ም.ፈ ኤርትራውያን ናጽነት እናማዕደዉ ናብ ፈደረሽን ዝቖረነ ውዕል ብምቕዋም ናዕቢ እናሰፍሐ ምኻዱ ዘስግኦ ስርዓት ኢትዮጵያ፣ ንፈደራላዊ ውዕል ኣፍሪሱ፣ ንፓርላማ ኤርትራ ካብ ስልጣኑ ኣልጊሱ፣ ንኤርትራ ከም መበል 14 ክፍለ ሃገር ናይ ኢትዮጵያ ሰምዩ ጸንበራ። ስርዓት ሃይለስላሴ ዝወሰዶ ስጉምቲ ንህዝቢ ኤርትራ ኣዝዩ ካብ ዘቔጥዐን ቃልሲ ንናጽነት ካብ ዘሕነነን ኢጋጣሚ

ነይሩ።

በዚ ኢትዮጵያ መሰልን ድሌትን ህዝቢ ኤርትራ ዘሚታ ሃገር እንዳማታ ወኒና ቀሲና ክትድቅስ ኣይከኣለትን። ኤርትራውያን ናጽነቶም ንምምላስ ብኡ ንብኡ ዝጸንሐ ፖለቲካዊ ምንቅስቓስን ውድባን ይንዋሕ ይሕጸር ናብቲ ዘይተርፍ ተገዲዶም ዝኣተዉዎ ደማዊ ውግእ ክሰጋገሩን ናጽነቶም ንምምላስ ዘኽእሎም ኣገባብ ክመርጹን ግድነታዊ ሓላፍነት ምንባሩ ርዱእ ነይሩ።

መጋቢት 15, 1964 ዓ.ም.ፈ ስርዓት ሃይለስላሴ ገድሊ ህዝቢ ኤርትራ ፈኺም እናበለ ክዓኩኽ ስለዝርአየን ዘስግኦን፣ ሰራዊቱ ኣኻኺቡ ሓንሳብ ንሓዋሩ ክድምስሶ ወፊሩ ናይ ሰለስተ መዓልቲ ውግእ ኣብ ኣውራጃ ባርካ ዝርከብ ተጎርባ ዝተባህለ ቦታ ድሕሪ ምክያድ፣ ተሳዒሩ ዝኸሰረ ከሲሩ ኣዝሊቑ። እዛ ዕለት'ዚኣ ሰራዊት ሓርነት ካብ ኣጥቂዕካ ህደም፣ ናብ ኣትኪልካ ተዋጋእ መድረኽ ዘሰጋገረት ዕለት ብምኻና፣ ዓመት-ዓመት ክትከብር ብተ.ሓ.ኤ ተወሲኑ።

1970 ዓ.ም.ፈ ብዑስማን ሳልሕ ሳበ ዝምራሕ ህዝባዊ ሓይልታት ሓርነት ኤርትራ፡ ብኣደም ሳልሕ ዝምራሕ ኣውራ ድማ ብዑበሊን ዝፍለጥ ሕዝባዊ ሓይልታት ኤርትራን ብኢሳያስ ኣፈወርቂ ዝተመርሐ ጉጅለ ሰልፊ ናጽነትን ካብ ተ.ሓ.ኤ ተፈልዮም ነናቶም ውድባት መስረቱ።

ታሕሳስ 1971 ዓ.ም.ፈ ተጋድሎ ሓርነት ኤርትራ ቀዳማይ ሃገራዊ ጉባኤኡ ኣብ ሜዳ፣ "ኣር" ኣብ ዝተባህለ ቦታ ኣካይዱ። ድሕሪ ሰለስተ ዓመት ናይ ቀዳማይ ሃገራዊ ጉባኤ ከኣ ማለት 1974 ዓ.ም.ፈ ስርዓት ሃይለስላሴ ብደርጊ ዝጽዋዕ ወተሃደራዊ ጉጅለ ተተክኤ።

1975 ዓ.ም.ፈ እቲ ድሮ ካብ ማሕበር ሸውዓተ ኣትሒዙ እናተወደበን እናተጸልወን ዝመጸን ምስ ጉዕዞ እቲ ውደባ እናደንፈዐ ኣብ ዝኸደሉ፣ እቲ ደርጊ ንሰውራ ኤርትራ ብሓይሊ ንምቕንጻል መጠነ ሰፊሕ ዘመተ ኣብ ዘበገሰሉ እዋን፣ ብዓሰርተታት ኣሽሓት ዝቝጸሩ ኤርትራውያን፣ መማህራን፣ ተመሃሮ፣ ሰራሕተኛታት፣ ሓረስቶትን ጓሶትን ኣብ ጎድኒ ሰውራኦም ንኽስለፉ ካብ ዘናሃሃረ ኢዩ ነይሩ። እዛ ዓመት 1975 ዓ.ም.ፈ እዚኣ፡ ተጋድሎ ሓርነት ኤርትራ ካልኣይ ሃገራዊ ጉባኤኡ ኣብ ሜዳ፣ "ሸርኢት" ኣብ ዝተባህለ ሩባ ዓንሰባን ዛራን ዝራኸበሉ ቦታ ከካይድ ተወከልቲ ጉባኤ ምስተኣከቡ ጸላኢ ሓበረታ ረኺቡ ነፈርቲ ኣብዘዋፈረሉ ግዜ ግን፡ ቦታ ጉባኤ ተቐይሩ፣ ኣብ ኩር-ዴባ ዝተባህለ ቦታ ከምዝካየድ ተገብረ።

ኣብ 1976 ክሳብ 1977 ዓ.ም.ፈ ኣብዘሎ እዋን፡ ሰውራ ኤርትራ ነቲ ብዝተፈላለያ ሃገራትን ኣገባብን ክሳብ ስኑ ዝዓጠቐን ዝተደገፈን ሰራዊት ወታሃደራዊ ስርዓት ደርጊ ስዒሩ ብወገን ተ.ሓ.ኤ ንከተማታት፣ ኣም-ሓጀር፡ ጎልጅ፡ ዓሊ ግድር፣ ተሰነይ፡ መንደፈራ፣ ኣቑርደት፣ ዓዲ ኳላ፡ ድባርዋ፡ ሰንዓፈ፡ ዕዲ፡ ጢዖ፡ ሓጋዝ፡ ሃይኮታ፡ ሻምብቆ፡ ማይ-ድማ፡ ዓረዛ፡ ማይ-ምነ፡ ኳዓቲት፡ ማይ-ዕዳጋ ቅናፍና፡ ካልኦት ኣገደስቲ ስትራተጅያዊ ቦታታትን ኣብ ቍጽጽሩ ኣእተወ። ብወገን ህዝባዊ ግንባር ሓርነት ኤርትራውን ንሰገነይቲ፡ ደቀምሓረ፡ ከረን፡ ናቕፋን ኣፍዐበትን ካልእ ኣብ ሰምሃር ዝነበረ መደበራት ጸላእን ተቘጻጸረ። ዔላ-በርዒድ ብሓይልታት ክልተ ውድባት ሓራ ድሕሪ ምውጻኣ፡ ኣብ ምምሕዳር ናይቲ ከተማ ግን ስኒትን

ሰላምን ብዝጐደሎ ኣገባብ ክልቲኤን ውድባት የካይድኦ ነበራ። ብዘይካዚ ኣብ 1976 መደበር ቃሩራ ሓራ ኰይናስ፡ ንክልቲኡ ውድባት ሰውራ ኤርትራ ናይ ንሱዳን መእተውን መውጽእን ተገልግል ምንባራ ዝዝከር ኢዩ።

1978 ዓ.ም.ፈ ደርጊ ብናይ ስነ-ሓሳባዊ መራሒኡ ሶቭየት ሕብረት ዕጥቅን ቅዲ ኲናት ኣመራርሓን ከምኡ'ውን ሰራዊት፣ ሊብያን የመንን ተደጊፉ፤ ነቲ ኣብ ውሽጢ ሰውራ ኤርትራ ዝነበረ ፍልልያት መዝሚዙ፡ መጀመርያ ንተ.ሓ.ኤ ብኣርባዕተ መኣዝናት ማለት ብዛላንበሳ፣ መረብ፣ ባድመን ኡም-ሓጀርን፤ ብሓደ እዋን ውግእ ከፊቱ ንልዕሊ ወርሒ ዝወሰደ ናይ ኣየርን ምድርን ጽዑጽ ኲናት፣ ሰራዊት ተ.ሓ.ኤ ብሸንኽ ጋሽ ተደፊኡ ብዕለት 22 ሓምለ 1978 ካብ ከተማ ተሰነይን ዓሊ-ግድርን ኣዝለቐ።

ህዝባዊ ሰራዊት ካብ ኩሉ ቦታታት ኣዝሊቑ ኣብ ከረን ዓረደ፡ ኣብኡ'ውን ብዙሕ ከይጸንሐ ንሳሕል ኣዝለቐ። ኣብዚ ዓመት'ዚ ነቲ ቅድሚኡ ብዓቢ መስዋእትነት ሓራ ዝወጸ ከተማታት ደርጊ ተቘጻጸሮ። እዚ ዓቢ ዝላ ንድሕሪት ዝተመዝገበሉ መድረኽ እዩ ነይሩ።

ሓምለ 1981 ተ.ሓ.ኤ ብምሕዝነት ህ.ግ.ሓ.ኤን ወያኔ ሓርነት ትግራይን ኣብ ርእሲኣ ንዓመት ዝተኻየደ ውዲታዊ ኲናት ተደፊኣ፤ ገለ ደባይ ተዋጋእቲ ኣሃዱታት ኣብ ሜዳ ገዲፉ ሱዳን ኣተወት።

1991 ዓ.ም.ፈ ድሕሪ ናይ 30 ዓመታት ብረታዊ ተጋድሎ፤ ሰራዊት ኢትዮጵያ ተሳዒሩ፤ መሬት ኤርትራ ሓራ ወጸ። መሪሕነት ተጋድሎ ሓርነት ኤርትራ ሰውራዊ ባይቶ ነዚ ሓዲሽ ናይ ናጽነት መድረኽ ምዕብልና እዚ፡ ብግቡእ ድሕሪ ምምዛን፡ ኣብ ፈለማ ናይ ናጽነት መዓልቲ ኣብዝወጸ መግለጺ "ተጋድሎ ሓርነት ኤርትራ ሰውራዊ ባይቶ፡ ኢትዮጵያዊ ጐበጣ ካብ ኤርትራ ብምስዓሩ ንሓፋሽ ኤርትራን ፖለቲካዊ ሓይልታቱን ናይ ሓጐስ መግለጺኣ እናኣቕረበት፣ ንኩለን ውድባት ኤርትራ ብቐዳምነት ድማ ንህዝባዊ ግንባር ሓርነት ኤርትራ፣ ኣብዝሓጸረ ግዜ ኣብዝተሓተ መደብ-ዕዮ ንምስምማዕ ከዓያን፣ ሃገራዊ ነጻነት ብምእዋጅ ኩሉ ዓቕምታተን ንሃገርን ሰውራን ንምክልኻል ከጸምድኦን ትጽውዕ" ዝብል ትሕዝቶ ዘሰነየ ኣገዳሲ መግለጺ ብዕለት 25 ጉንበት 1991 ንሓባራዊ ዕዮ ዝዕድም ካብ ቀምን ቅርሕንትን ከገላግል ዝኽእል ሓሳብ ኣቕረበት። እዚ ጥራሕ ኣይነበረን፡ እቲ ኩነታት ናብ ዘየድሊ ጐደና ንኸየምርሕን ንሃገራዊ ስኒትን ተሳትፎ ኩሉ ሓይልታት ኤርትራን ህዝባን ኣብ ህንጻን ምምሕዳርን ሃገር መታን ከረጋገጽ፡ በዚ ኣቢሉ ድማ መጻኢ ቅሳነትን ራህዋን ክፍጠር፡ መሪሕነት ተጋድሎ ሓርነት ኤርትራ ሰውራዊ ባይቶ ኣብ ናይ ዕለት 30 ጉንበት 1991 መግለጺኡ፡ " በዚ ሎሚ ተፈጢሩ ዘሎ ምናልባት'ውን ድሒሩ ዘይድገም ፍሉይ ታሪኻዊ ዕድል ብዝግባእ ንምጥቃምን፡ ሕጋዊ ሃገራዊ ድልየት ህዝቢ ኤርትራ ንምፍጻምን ብዝላዓለ ናይ ሓላፍነት ስምዒትን ቆራጽ ውሳኔታትን ክነቀባበሎ ዘለና ህጹጽ ዕማማት ኣብ ቅድሜና ተገቲሩ እነሆ። ነዚ ብዝምልከት ህዝባዊ ግንባር ሓርነት ኤርትራ ብ29/5/1991 ግዝያዊ መንግስቲ ኤርትራ ንኽቐውም ንዘውጽኦ ኣዋጅ ሃገራዊ መንነትና ናብ ምርግጋጽ ከምርሕ ዝኽእል ብምዃኑ፡ ብመትከል ከም ህጹጽ ተደላይነት ዘለዎ ቀዳማይ እወንታዊ ስጉምቲ ከምእነለልዮን ከምእንድግፎን ነፍልጥ" ይብል። ቀጺሉ፡ ናይቲ እዋን ህጹጽነትን ተደላይነታትን ብምስትብሃል

ኩሉ ዓቕምታት ውድብ ንጠቕሚ ሃገራዊ ናጽነት ንምዕዛዝ ዘለዎ ድልዉነት ብምግላጽ፡

- ናጽነት ሃገረ ኤርትራ ክእወጅ
- ኩሉ ዓቕምታት ህዝቢ ኤርትራ ነዚ ዓወት'ዚ ንምዕቃብ ምስላፍ
- ሃገራዊ ናጽነትን ቅሳነትን ንምርግጋጽ ኩሉ ሃገራዊ ፖለቲካዊ ሓይልታት ዝሳተፎ ሃገራዊ ስኒት/ስምምዕ/ ከምዝብጻሕ ይግበር፡
- ንናጽነት ኤርትራ ኣህጉራዊ ተፈላጥነት ንምርካብ ሰፊሕን ጽዑቕን ዲፕሎማስያዊ ምንቅስቓስ ምክያድ ዝብሉ ነጥብታት ኣንጊሁ ኣብ ናይ ዕለት 30 ግንቦት 1991 መግለጺኡ ኣስፈረ።

እዚ ኣዋጅ እዚ ነቲ ክውንነት ናይቲ ሽዑ ዝተፈጥረ ምዕብልና ማለት፡ ባዕዳዊ ግዝኣት ካብ መሬት ኤርትራ ተባሒጉ ድሕሪ ምውጽኡ ተጸኒዑ ዝተወስደ ፖለቲካዊ ውሳኔ/መርገጺ፡ በተን ሽዑ ዝነበራ ውድባት ኤርትራ ከም ስንፍናን ተምበርካኽነትን ሃገራዊ ክሕደትን ተወሲዱ ኣንጻር ተጋድሎ ሓርነት ኤርትራ ሰውራዊ ባይቶ እዚ ዘይበሃል መጠነ ሰፍሕ ጸለመን ጐስጓስን ተኻይዱ ኢዩ።

እዚ ከምዚ እሉ እንከሎ፡ መንግስቲ ሱዳን ቅድሚ ዝኾነ ይኹን ኤርትራዊ ፖለቲካዊ ሓይልታት ንመጀመርያ ናጽነት ኤርትራ ዝፈለጠትን ኣብ ዕለት 25 ጉንበት 1991 ብናይ ዜና ማዕከናታ ዝኣወጀትን መንግስቲ ድማ ኢያ ነይራ። ይኹን'ምበር፡ ኢሳያስ ኣፈወርቂ ኣብ ሎንደን ብመንጎኝነት ሄርማን ኮሀን ዝካየድ ዝነበረ ዘይግሉጽ ዘተ ወዲኡ ክምለስ እንከሎ፡ ኣብ ዕለት 8 ሰነ 1991 ምስ ራድዮ እንዱርማን ኣብዝገበሮ ቃለ ማሕተት፡ ናጽነት ኤርትራ ክእወጅ ከምዘይኮነ ኣፍለጠ። ቃለ ማሕተት ኢሳያስ ብራድዮ ድምጺ ሓፋሽ ተደጋገመ።

ኣብ 20 ሰነ 1991 ናይ መጀመርታ መደረኡ ድማ " ድሕሪ ደጊም ናይ ውድባት ሓሸውየ የለን" ክብል ከሎ ኣቐዲሙ ግን ሰውራዊ ባይቶ ኣብ ዘውጽኦ ኣዋጅ፡ "ድሕሪ ምድምሳስ ሓይልታት መግዛእቲ ካብ ገጽ ኤርትራ፣ ፈጻሚት ሸማግለ ናይ ተ.ሓ.ኤ ሰውራዊ-ባይቶ ብዕለት 07-06-1991 ዘውጽኦ ኣዋጅ ከምዚ ዝስዕብ ነበረ።

መን ንበይኑ ተበጊስሉ ብዘየገድስ ድማ፡ ልዕሊ ዓቕሚ ናይ ሓደ ውድብ ምዃኑ ብሩህ እዩ። ምእንቲ ምርግጋጽ ሃገራዊ ስኒት ኩሉ ኤርትራዊ ፍልልያት ነዚ መድረኽ'ዚ ናይ ምውንዛፍ ተደላይነት ድማ ካብዚ ሓቂ'ዚ እዩ ዝመጽእ። ኣብዚ ግዜ'ዚ ኤርትራዊ ሃገራዊ ሓይልታት ዕማም ናይዚ መድረኽ'ዚ ንምዕዋት መታን ክኽእል፣ ፍልልያቱ ንጐድኒ ብምግዳፍ ሓቢሩ ክዓዪ ይጥለብ ኣሎ። ንሕና ምእንቲ ዝለዓለ ሃገራዊ ጠቕሚ ኤርትራ፡ ኤርትራዊ ፍልልያት ነዚ መድረኽዚ ክውንዘፍ እናጠለብና፣ ኣብ ትሕቲ ፖለቲካዊ ብዙሕነት ኩሎም ዜጋታት ኣብ ምህናጽ ንዝደጋገፉ ዲሞክራስያዊት ኤርትራ ንምብጻሕ ነፍሲ ወከፍ ኤርትራዊ ሃገራዊ ሓይሊ ንናጽነቱን፣ ኣረኣእያኡን፣ ፖለቲካዊ መርገጻቱን ናይ ምዕቃብ መሰሉ'ውን ሕሉው ምዃኑ ነረጋግጽ።

ኣብ ሜዳ ኤርትራ ብኣረኣእያአን ዝፈላለያ ሃገራውያን ውድባት ምህላወን ምኽሓድን፣ ርእሰኻ ኣብ ሑጻ ከትቀብር ምፍታንን ፈጺሙ ዘይግባእ እዩ" ክብል

ንሃገርን ህዝብን ዘድሕን እማመ ኣቕሪቡ ምንባሩ ዝዝከር'ዩ።

ግንቦት 1993 ዓ.ም.ፈ ኤርትራ ወታሃደራዊ ነጻነት ኤርትራ ወከልቲ ሕቡራት ሃገራት ብዝተኸታተልዎ ረፈረንደም ተሰንዩ ልዑላውነት ኤርትራ ኣረጋጊጻ። ኢሳያስ ግና ኣብቲ ፈለማ መደረኡ ስልጣን ድሕሪ ምሓዙ ኣብ ክንዲ ፖለቲካዊ ፍታሕ ዘናዲ ድሕሪ ደጊም ሓሸውየ ውድባት የለን ክጽንበር ዝደሊ ይጸንበር ካብኡ ብዝተረፈ ስልጣን ብበትሪ ስለዘምጻእክዋ ስልጣን ዝደሊ ብበትሪ የምጻኣያ ዝብል ናይ ብደዐ መደረኡ ኣስመዐ።

ምዕራፍ ሰለስተ፡

ትምህርቲ ኣብ ኤርትራ፡-

ቅድሚ ምእታው ሚስዮናውያንን መግዝእቲ ጣልያንን ናብ ኤርትራ፡ ትምህርቲ ኣብ ኤርትራ ምስ ኣብያተ ቤተ-ክስርትያንን መሳጊድን ዝተኣሳሰረ ኰይኑ ኣብ ሃይማኖታዊ ኣገልግሎትን ክልታቱን ተሓጺሩ ዝኸይድ ዝነበረ ኢዩ። ኣብ ኤርትራ እቲ ዝዓበየ እምነታት እንተኾነ'ውን ኦርተዶክሳዊ ክርስትናን ምስልምናን ብምንባሩ ንባዕሉ እቲ ኣብ ቤት ክህነት ዝዝውተር ቅዱስ መጻሕፍትን ብራናን ብግእዝ ዝተደርሰን ዝተዳለወን ብምዃኑ ስርዓተ ትምህርቲ ከተዳልወሉስ ይትረፍ፥ ብዘይካቶም ካህናትን ኣገልገልቶምን ካልእ ተራ ሰብ ክርድኦን ክከታተሎን'ውን ዓብዪ ጸገም ኢዩ ነይሩ። ካብኡ ብዘይፍለ ዋላ እቲ ሰዓቢ ምስልምና እንተኾነ'ውን ቅዱስ ቁርኣን ብምሁራቱ ጥራሕ ክግለጽ ዝኽእል ብከበድቲ ቃላት ዝተጻሕፈ ዝግለጹ ትሕዝቶታት ዝተደርሰ ብምዃኑ ዋላ'ኳ ኣብ ኤርትራ ዝሰፍሐን ዝሓሸን ዕድል እንተነበሮ ኣብ ምድላው ስርዓተ ትምርቲ ተመሳሳሊ ጸገም ዝነበሮ ኢዩ። ብመሰረቱ ትምህርቲ እንተኾነ'ውን ምስ ህላወ ዝተወደበ ስርዓትን ምምሕዳር ህዝብን ዝተኣሳሰር ብምዃኑ ኣብ ኤርትራ ካብ ዝነበረ ዓብዪ ሃገራውን ህዝባውን ሕጽረትዩ። በዚ ከኣ፡ ትግርኛን ዓረብኛን ትግረን ኣብ ውሽጢ ህዝቢ ኤርትራ ናይ ቃል ወይ መዛረቢ ቋንቋታት ኰይኖም ጸኒሖም። ብሰሪ ከምዚ ዝኣመሰለ መሰረታዊ ጸገማትን ድሕረትን ዳርጋ መላእ ህዝቢ ኤርትራ ናይ ምጽሓፍ ኮነ ምንባብ ዕድል ዝረኸበ ኣይነበረን።

ነዚ ሓቅነት እዚ ብዝምልከት፡ መጀር ኣልበርቶ ፓለራ ዝተባህለ ጣልያናዊ ደራሲ፡ ኣብቲ ደቀባት ህዝብታት ኤርትራ ዝብል ብ1935 ዝተጻሕፈ፡ ብኣባ ይስሓቕ ገብረየሱስ ዝተተርጐመ መጽሓፉ ብዛዕባ ቋንቋታት ኣብ ዘቕረቦ መጽናዕቲ፡ *5 “ኣምሓርኛ ካብ ተከዘ ንደቡብ ናይ ጽሑፍን ዘረባን ቋንቋ ኰነ፡ ምኽንያቱ ከኣ ሓበሻዊ ንግስነት፡ በቲ ናይ ግራኝ መሓመድ እስላማዊ ወራር ተሰጒጉ፡ ቀጺሉ እውን ብወራር ኦሮሞ ንሰምየን ተደፊኡ፡ ኣብ ጎንደር ቀዋሚ ብምዃን ኣብ በገምድር መዕቆቢ ደለየ። ኣምሓራዊ ስነ-ጽሑፍ ኣብቲ ኣውራጃ'ቲ በቲ ዳግም ዝዓምበበ ናይ ሰረተ ሃይማኖት ክትዕ፡ ብናይ ገለ ነገስታት ዓቃብየ ጥበብነት፡ ኣብ መፋርቕ 15 ዘመን ኣቢሉ፡ ወላ ድሕሪኡ እውን ኣብቲ ዝዓበየ ድንፋዐኡ በጽሐ” ክብል እንከሎ፡ ብዛዕባ ትግርኛን ትግረን ድማ፡ “ትግርኛን ትግረን*6 ግን ክሳብ እዚ ቀረባ ሓምሳ ዓመታት፡ ማለት ብሚስዮናውያን ካቶሊክን ከኒሻን፡ ፊደላት ግእዝ ኣብ መንጎ እቶም ትግርኛ ዚዛረቡ ህዝብታት ኪዝርጋሕ ክሳዕ ዚጅምር፡ ናይ

ቃል ቋንቋ ጥራይ ኰይኑ ጸንሐ። ኣብ መንን እቶም ዝተረፉ ግእዝ ዚዛረቡ ናይ ትግረ መራሕቲ ግን፡ ምእንቲ ልሙድ ናይ ልኡኽን መልስን ግድነት፡ ናይ ቁርኣን ትምህርትን ናይ ኣምልኾ ስርዓትን ቋንቋ ዓረብ ብምጥቃም ካብ ሓያሎ ግዜ ተዘርጊሑ ነበረ" ይብል። መጀር ኣልበርቶ ፖለራ ብዛዕባ ምትርጓም መጻሕፍትን ምምሃር ብቋንቋ ትግርኛን ብዝምልከት እውን "ብወገን ሚስዮናውያን ካቶሊክን ከኒሻን ምእንቲ ሃይማኖታዊ ፕሮፖጋንዳ፡ መንግስቲ ኢጣልያ ከኣ ናብ ግዝኣቱ ትምህርቲ ናይ ምዝርጋሕ ብዝነበሮ ሓልዮት፡ ነቶም ደቂ ከበሳ ብፈደላት ግእዝ ተጠቒሞም ብቋንቁኦም ሓሳቦም ክገልጹ ኣስተምህሮ ተዋህቦም" ክብል ጠቒሱ ኣሎ። ኣብዚ ብዛዕባ'ቲ ዕላማ ሚስዮናውያንን ምትርጓም መጻሕፍትን ብዝምልከት ተመሳሳሊ ኣረዳዳኣ ክህልወና ዝኽእል እኳ እንተኾነ፡ መንግስቲ ጣልያን ናብ ግዝኣቱ ትምህርቲ ናይ ምዝርጋሕ ብዝነበሮ ሓልዮት ኢዩ ዝብል ኣባሃህላ ግን፡ ካብ ሓቂ ዝወጸ ኢዩ ዝመስል። ምኽንያቱ መግስቲ ጣልያን ስልጣኑ ኣብ ኤርትራ ከደልድልን ከናውሕን እንተኾይኑ ምስ ህዝቢ ከራኽቦ ዝኽእል ድንድል ክፈጥር ስለዝተገደደ እንተዘይኰይኑ ብባህሪኡ ፋሽሽትነት ሓልዮት ህዝብን ጠቕሚ ህዝብን ዝባሃል የብሉን ኣይነበሮን ድማ።

ትምህርቲ ኣብ ግዜ መግዛእቲ ጣልያን

ኣብ ግዜ መግዛእቲ ጣልያን ኣብ ከተማታት ኣብየተ ትምህርቲ እኳ እንተኸፈተ፡ እቲ ዝርጋሔ ግን ኣብ ኩሉ ኣውራጃታት ኤርትራ ኣይነበረን። እተን ዝርካበን ኣብያተ ትምህርቲ ኣብ ዓበይቲ ከተማታት ጥራሕ ኢየን ተሓጺረን ነይረን። ጣልያን ክሳብ ራብዓይ ክፍሊ ኣፍቂዱ ነይሩ፡ እዚ እውን እቶም ደቂ ዓበይቲ ሰበ-ስልጣናት፣ ምስሌነታትን ሹማምንትን ኢዮም ዝጥቀሙሉ ዝነበሩ። እዚ'ውን ምስ ህዝቢ ከራኽብዎም ዝኽእሉ ተርጐምቲ ንምምልማልን ካልእ ናይ ቤት ጽሕፈት ስርዓት ከማልኡሉን ስለዝደለየ ንጥቕሙ ዘገልግል መደብ'ዩ ነይሩ። ወዲ ድኻ ግን ፈጺሙ ዕድል ናይ ትምህርቲ ኣይረኸበን። ክሳብ ራብዓይ ጥራሕ ምኽፋቱ ከኣ ነቲ መዓልታዊ ስራሓቱ፣ ማለት ከም ተርጎምትን ገለገለ ናይ ኣብያተ ጽሕፈትን ክሕዙሉ ብማለት እንተዘይኰይኑ ናብ ክብ ዝበለ ደረጃ ትምህርቲ ንኽበጽሑ የፍቅድ ኣይነበረን። እተን ምስዮናውያን እውን እንተኾና ነቲ ናይ መጽሓፍ ቅዱስ እንተዘይኰይኑ ኣብ ስሩዕ ትምህርቲ ዳርጋ ከምቲ ናይቲ መንግስቲ መደብ ዝተኸተለ እዩ ነይሩ። እንተኾነ ግን ኣብቲ እዋን እቲ ዝህብኦ ዝነበሩ ኣርተ-ሚስተረ ዝበሃል ናይ ኢደ ጥበብ ክእለት ብመጠኑ ክመሃሩ ክኢሎም ኢዮም።

ትምህርቲ ኣብ ትሕቲ ምምሕዳር እንግሊዝ

እንግሊዝ ንጣልያን ብውግእ ስዒሩ ካብ 1945 ኣትሒዙ ክሳብ 1952 ንኤርትራ ኣብ ትሕቲ ቁጽጽሩ ኣእትዩ ይገዝኣ ነበረ። ኣብ ውሽጢ እዘን ሸውዓተ ዓመታት ከኣ እቲ ኣብ ትምህርቲ ዝነበሮ ቆላሕታ ካብ መግዛእቲ ጣልያን ዝሓሸ ኢዩ ነይሩ። ኣብ ግዜ እንግሊዝ እቲ ደረጃታት ትምህርቲ ኣብ ሰለስተ መቒልዎ ነይሩ ንሱ ድማ ካብ ቀዳማይ ክሳብ ራብዓይ መባእታዊ ትምህርቲ ተባሂሉ ዝጽዋዕ። ካብ ሓሙሻይ ክሳብ ሻሙናይ ከኣ ማእከላይ ወይ ከኣ ሚድል ስኩል ተባሂሉ ዝፍለጥ። እቲ ሳልሳይ ደረጃ ከኣ ካብ ታሽዓይ ክሳብ ዓሰርተው ክልተ ክፍሊ ድማ ላዕለዋይ ቤት ትምህርቲ ተባሂሉ ይፍለጥ ነበረ። ኣብ ነፍሲ ወከፍ ደረጃ ትምህርቲ ማለት ኣብ ኣረርባዕተ ዓመት ከኣ ሓፈሻዊ መርመራ ይወሃብ ነበረ። ኣብቲ እንግሊዝ

ዘመሓድረሉ ዝነበረ ግዜ ኣብ ከረን፣ ኣስመራ፣ መንደፈራ፣ ኣብ ደቀምሓረ ኣብ ምጽዋዕ ክሳብ ሻምናይ ክፍሊ ከፊቱ ከምኡ እውን ሓንቲ ሰከንደሪ ስኩል እውን ኣብ ኣስመራ ከፊቱ ነይሩ። እተን ዝተረፉ ዓድታት ከም በዓል ኣቐርደት፣ ተሰነይ ዓሊግድር፣ ኡምሓጀር፣ ዓዲ ቀይሕ፣ ዓዲ ኳላ ወዘተ ክሳብ ራብዓይ ክፍሊ ከፊቱ መንእሰያት ኤርትራ ክመሃሩ ዕድል ረኺቦም እዮም። ኣብቲ እዋን እቲ ስኮላርሺፕ ረኺቦም ዝተማህሩን ናብ ክብ ዝበለ ደረጃ ዝበጽሑን ሓያለ ኤርትራውያን ነይሮም።

ትምህርቲ ኣብ ግዜ መግዛእቲ ኢትዮጵያ

መግዛእታዊ ስርዓት ጣልያን ኮነ እንግሊዛዊ ምምሕዳር፡ ምስ ህዝቢ ኤርትራ ዝነበሮም ናይ ቋንቋ ሽግር ንምፍታሕ ዝዓለመ እቶም ነቶም ብዝተፈላለየ ምኽንያታት ዕድል ዘጋጠሞም ኤርትራውያን ክሳብ ራብዓይን ሻሙናይን ክፍልታት ብሓፈሻ ክምህሩ ከምዝኻኣሉን፡ ምምሕዳር እንግሊዝ'ውን ክሳብ ዓሰርተ ክልተ ክፍሊ ኣፍቂዱ ከምዝነበረን ይሕበር'ዩ። ኣብ ከተማታት ኤርትራውን ብኤርትራውያን ዝካየድ ኣብያተ ትምህርቲ ከምዝህልዋ ምግባሮምን፡ ናይ ትምህርቲ ምዝርጋሕ ዕድል ክርከብ ከምዝተኻእለ ክጥቀስ ዝካኣል ሓቂ እዩ። ነዚ ዕድል'ዚ ዝረኸቡ ኤርትራውያን ድማ ገለ ተርጎምቲ፡ ናይ ቤት ጽሕፈት ሰራሕተኛታት፡ ኣብተን ዝቕማ ዝነበራ ኣብያተ ትምህርቲ'ውን መማህራን ኮይኖም ክቖጸሩን ናይ ስራሕ ዕድል ክረኽቡን ሓጋዚ ነይሩ። እዚ ጥራሕ ዘይኮነ፡ ኤርትራውያን ንባህሎምን መነባብሮኦምን ዝገልጹ፡ ጀማሪ ተማሃራይ ብቐሊሉ ክርድኦም ብዝኽእል ኣገባብ መጻሕፍቲ ኣዳልዮም ክሳብ ራብዓይ ክፍሊ ብኤርትራዊ ስርዓተ ትምህርቲ ንኽማሃሩ፡ ኩሉ ዓይነተ ትምህርቲ ብክልተ ወግዓውያን ቋንቋታቶም ትግርኛን ዓረብኛን ክማሃሩ፡ እንግሊዝኛ ድማ ከም ሓባራዊ መረዳድኢ ቋንቋን ኣብ ዝላዓለ ደረጃ ስለዝቕጽልን ሓደ ዓይነት ትምህርቲ ኮይኑ ንኽቕጽል ገይሮም።

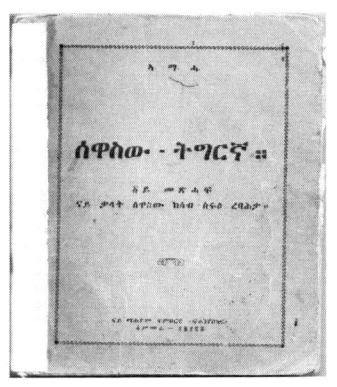

ኣብቲ እዋን'ቲ ካብዝተዳለዉ መጻሕፍቲ ትግርኛ ንጀመርቲ፡ ብፊደል 'በ' ዝጅምር መጽሓፍ ዓርኪ ተማሃራይ፡ ሰዋሱው ትግርኛ፡ ሰነ-ፍልጠት፡ መልክኣ-መሬት (ጆኦግራፍ) ኤርትራ፡ ዛንታ ኣርባዓን ኣርባዕተን ፡ ዝኣመሰሉ ክጥቀሱ ካብ ዝካኣሉ መጻሕፍቲ ኢዮም። ኣብቲ እዋን ምስ'ቲ ዝነበረ ናይ ትምህርቲ ሕጽረት፤ ቀዳሞት ኣዳለውቲ ስርዓተ ትምህርቲ ኤርትራ ሓያላት ዝገብሮም ንጀማሪ ተማሃራይ

ብቐሊሉ ክርድኦ ብዝኽእል ኣገባብን ምስ መግለጺኡን ምድላዎም ኰይኑ፡ ብፊደል "በ" ምጅማሩ ንገዛእ ርእሱ ኣብ ምጽሓፍ ብቀሊሉ ንብዙሓት ፊደላት ክትጽሕፍን ክትፈልጥን ሓጋዚ ምዃኑ ምርድኦም ቀሊል ኣይነበረን። ምኽንያቱ በ ዝኻኣለ ተማሃራይ ሰ፡ ሸ፡ ከ፡ ኸ፡ ለ፡ መ፡ ወ፡ -------- ወዘተ ክጽሕፍ ዝቐለለ ኢዩ። ኣብቲ እዋንቲ ስርዓተ-ትምህርቲ ኤርትራ ካብኡ ንላዕሊ ክዳሉ ይኽእል ስለዘይነበረ ድማ፡ ካብ ራብዓይ ክፍሊ ንላዕሊ ዝሓለፈ ተማሃራይ ኩሉ ዓይነት ትምህርቲ ብእንግሊዝኛ ንኽመሃር ናይ ግድን ነይሩ።

ኤርትራ ብፈደራላዊ ውዑል ምስ ኢትዮጵያ ድሕሪ ምትእስሳርን፡ ምስፍሕፋሕ ጐበጣዊ ሜላታትን ወታሃደራዊ ሓይልን መግዛእታዊ ስርዓት ኢትዮጵያ ግን፡ ንፈደረሽን ኣፍሪሱ፡ ንመላእ ትካላት መንግስቲ ኤርትራ ድሕሪ ምቁጽጻሩ፡ ብኢትዮጵያዊ ባህልን ልምድን ክቕይሮ ናይ ግድን'ዩ። ምኽንያቱ መግዛእቲ ብባህሪኡ ምቁጽጻር ፖለቲካዊ ስልጣንን መሬትን ጥራሕ ዘይኰነስ፡ ብመሰረቱ ንመለለይታት ናይ ሓደ ህዝቢ፡ ባህሉ፣ ኣተሓሳስብኡን ልምዱን ምጥፋእ ወይ ምቕያር፣ ንምግዛእ ክጥዕሞ ዘኽእሎ ኣምር ምዃኑ ስለዝርዳእን ዝኣምንን'ዩ።

ዶክተር ክንፈ ተስፋጋብር ንቋንቋ ትግርኛ ብኣምሓርኛ ንምትካእ ዝተወሰደ ኣገባብ ክገልጽ ከሎ፡ "ኣገባብ ምጥፋእ ቋንቋ ትግርኛ ብሃንደበት ኣይነበረን። ቀስ ብቐስ ኢዩ ተኻይዱ ኣቐዲሙ ቋንቋ ኣምሓርኛ ኣብ መደብ ትምህርቲ ክኣቱ እንከሎ፡ ኣብ ሰሙን ሓደ ግዜ ሓንቲ ሰዓት እናተባህለ'ዩ ኣትዩ። ደሓር ከኣ ኣብ ሰሙን ሓደ ግዜ ኮይኑ። ቀስ ብቐስ እናቀጸለ ኸኣ ብኣምሓርኛ ተኪኡ። ንእንግሊዘኛ ኣብ ዝትካኣሉ ደረጃ'ውን ይቕልቀል ኔሩ። መርመራ ክግበር ከሎ ካብ ዝኾነ ዓይነት ትምህርቲ ንኣምሓርኛ ቀዳምነት ይወሃብ ነይሩ። ብኣምሓርኛ ጽቡቕ ነጥቢ ዘየምጽኤ ከም ሰነፍ ኣብ ምቝጻሩ ተበጺሑ ነይሩ። ንሕና ብምልኡ ኣይተኸታተልናዮን። ኣይነጠፍናሉን ተገሪህና ጸኒሕና። ስለምንታይ ኩሉ ብግርህና፡ ኩሉ ብቕንዕና ሒዝናዮ ስለ ዝጸናሕና፡ ናበይ ይኸይድ ከምዝነበረ ኣይተረደኣናን። ጥራይ ከም ካልኣይ ቋንቋ ወይ ከምተወሳኺ ቋንቋ ደሓን እንዳተባህለ ጸኒሑ። ኣብ መወዳእታ ኣብ ምፍራስን ምትካእን ቋንቋና ምስ በጻሕና፡ ኣብ ኣውያትን ኣብ ምጉትን በጺሕና፡ ግን ሸው ጥቕሚ ኣይነበሮን። ስለምንታይ እቲ ዝፈርስ ድሮ ፈሪሱ ነይሩ"።

ምስያም ገብረሂወት ኣብ ጽሑፉ፡ ዶክተር ክ'ነፈ ተስፋጋብር መምህር ምጽንሑምን፡ ኣብ ግዜ ጀነራል ተድላ ዑቕቢት ከም ዋና ጸሓፊ ፖሊስ ኤርትራ ኮይኖም ኣብ ኣስመራ ኣገልጊሎም። ንሶም ሓደ ክብቶም ቋንቋ ትግርኛ ንምምዕባል ዝጽዕሩ ዝነበሩ ኤርትራዊ ኣብ ርእሲ ምንባሮም፡ ኣብ 50'ታት ሓደ ናይ ትግርኛ ሓጺር ጽሕፈት (Short Hand) መጽሓፍ ኣዳልዮም ነይሮም። ስርዓት ሃይለስላሰ እቲ መጽሓፍ ንኸይሕተም ብዙሕ ዕንቅፋታት ድሕሪ ምፍጣሩ፡ ጸኒሑ ቅድም ብኣምሓርኛ ድሕሪ ምሕታሙ፡ ኣብ 1960-1961 ብትግርኛ ንኽሕተም ተወሰነ" ይብል። ይኹን'ምበር ተመሃሮ መንእሰያት ኤርትራ ነቲ ብመንግስቲ ኢትዮጵያ ዝተኣታቶ ዝነበረ ኣምሓርኛ ከም ቋንቋን ብቛንቋ ኣምሓርኛ ምምሃርን ክቕበልዎ ዘኽእል መንፈሳዊ ርድየት ስለዘይነበሮም ብዝተፈላለየ ምኽንያታት ተቓውሞ ካብ ምዝውታር ደው ኣይበሉን። ይኹን'ምበር ብሓይሊ ኣምሓርኛ ክተኣታቶ ኣብ ልዕሊ ተማሃሮ ዝፈጠሮ ተጽዕኖን ህልኸን ነቲ ብተማሃሮ ዝጓሃሃር ዝነበረ ተቓውሞታት ክገትኦ ስለዘይካኣል ዝነበረ፡ ስርዓት ሃይለስላሰ ነቲ

ዝምዕብል ዝነበረ ተጸብኦታት ንምብርዓን ሓላፉ ክመስል ሓደስቲ ኣብያተ ትምህርቲ ምስናይ ምሉእ ትሕዝቶታት ከስርሕ ተራእየ። ነዚ ብዝምልከት “መንግስቲ ብስም <<ህያብ>> ካብ ሃይለስላሰ፡ ብስሙ ዝጽዋዕ ዓቢ ናይ ካልኣይ ደረጃ ቤት ትምህርቲ ኣብ እግሪ ጸጸራት ኣስርሐ። ሰፊሕን ዝተማልአን ናይ ስነ-ፍልጠት፡ ጂኦግራፍን ስፖርትን ላበራቶሪታትን መሳለጥያታትን ስለዝነበሮ፡ ኣብ ግዜኡ ምዕቡልን ዘመናውን ኢዩ ነይሩ። ንሹነታት ኤርትራ ነቲ ብዓመጽ ዝምንዛዕ ዝነበረ ፌናንሳዊ ብጽሒታት ዘይፈልጥ እንተዘይኮይኑ፡ ነቲ ኣቐዲሞም ብዓል ሃኪቶ ኣብ ባይቶ ዘልዕልዎ ዝነበሩ ክትዓት ዝከታተል ኤርትራዊ፡ ብምብልጭላጭ ናይ’ቲ ቤት ትምህርቲ ክታለል፡ ወይ ብሓቂ ህያብ ንጉስ ኢሉ ዝኣምን ኣይነበረን። ብፍላይ እቶም ተመሃሮ ዝቐሸሹ ኣይነበሩን” ይብል ደራሲ **ዓገብ! ገበናት መግዛእትን መኸተ ህዝቢ ኤርትራን።** ብተወሳኺ፡ “ቤት ትምህርቲ ቀዳማዊ ሃይለስላሰ ብ1955 ምስ ተኸፍተ፡ እቲ ቤት ትምህርቲ <<ብፌደራላዊ መንግስቲ>> ማለት ብመንግስቲ ኢትዮጵያ ዝማሓደር ስለዝነበረ፡ ቀንዲ መረዳድኢ ቋንቋ ኣምሓርኛ ነበረ። ኣብ ውሽጢ’ቲ ቀጽሪ፡ ባንዴራ ኢትዮጵያ’ምበር፡ ባንዴራ ኤርትራ ትሰቀል ኣይነበረትን። ንግሆ ንግሆ ከኣ ተማሃሮ <<ደሙን ያፈሰሰ፡ ልቡን የነደደ>> ኢሎም እናዘመሩ፡ ባንዴራ ኢትዮጵያ ክሰቕሉ ይግደዱ ነበሩ። ካብዚ ንላዕሊ ኣብቲ ቤት ትምህርቲ ብኣምሓርኛ’ምበር፡ ብትግርኛ ወይ ብዓረብኛ ወይ ብዝኾነ ካልእ ኤርትራዊ ቋንቋ ንኸይዛረቡ ጸቕጢ ተገብረሎም” ይብል። በዚ መሰረት ድማ’ዩ ስርዓት ኢትዮጵያ ኤርትራዊ ስርዓተ ትምህርቲ ብኢትዮጵያዊ ስርዓተ ትምህርቲ ንምትካእ፡ ጽዑቕ መጸሕፍቲ ናይ ትግርኛ ብሓዊ ምቅጻልን ምጥፋእን ወፈራ ኣካየደ፡ ኣብ 1964 ዓመተ ምህረት ድማ መላእ ስርዓተ ትምህርቲ ኤርትራ ናብ ኣምሓርኛ ተቐየሩ፡ ንኣብነት እቲ ንሓደ ተመሃራይ ብፍቕሪ ስድራ-ቤትን ሃገርን ተመልሚሉ ንኽዓብን፡ ህዝቢ መታን ክመሃርን ወለዲ ንደቆም ከምህሩ ከምዘለዎም ዘተባብዕን ሞራላዊ ግዴታ ምዃኑ ዝገልጽን ዝነበረ፡ መጽሓፍ ትግርኛ ንጀመርቲ፣ ብለማ በገበያ፡ መልካኣ-መሬት ኤርትራ ኣኽራናታን ኣፍላጋታን ብጠቕላላ ጀኦግራፍ ኤርትራ ዝገልጽ መጽሓፍ “ብሃብታችን” ዝብሉ መጸሕፍቲ ተተክኤ።

ተመሃራይ ካብ ቀዳማይ ክሳብ ሻዱሻይ ክፍሊ ኩሉ ዓይነት ትምህርቲ ብኣምሓርኛ ንኽመሃር ተገደደ። እዚ ጥራሕ ኣይነበረን፡ ኣቶ ንጉሰ ጸጋይ ዘርከብኩሉ ተማሃራይ ቋንቋ ኣዲኡ መታን ከጥፍእን፤ ኣምሓርኛ ብግዲ መታን ክፈልጥን ኣብ ቤት ትምህርቲ ብሓይሊ ኣምሓርኛ ጥራሕ ዝዛረበሉ ሜላ ተማሂዙ፡ “ትግርኛ ክዛረብ ዝሰማዕኩሞ ፊስካ ትህብዎ፤ ነታ ፊስካ ወይ መኸደኒ ፒሮ ሒዙ ኣብ ክፍሊ ንዝኣተወ ተማሃራይ መምህር ጸዊዑ ኣብ ቅድሚ ተመሃሮ ናይቲ ክፍሊ ከምዝቕጽዖ ይግበር፡ በዚ ኸኣ እታ ፊስካ ምስ መን ከምዘላ ስለዘይፍለጥ ተማሃራይ መታን ትግርኛ ከይዛረብ ኣፉ ታሓቲሙ ይውዕል፡ ንመማህርቱ ኣብ ክንዲ ፍቕርን ምትእምማንን፥ ጥርጠራን ፍርሕን ከምዘሕድር ተገይሩ” ነይሩ።

በዚ ኸኣ፡ መግዛእታዊ ስርዓት ሃይለ ስላሰ፥ ኣብ ልዕል’ቲ ንመላእ መሬትን ፖለቲካዊ ስልጣንን ኤርትራ ምቁጽጻሩ፡ ነቶም ቀንዲ መለለይታት ህዝቢ ኤርትራ ዝኾኑ ባህላውን ትምህርታውን ሰረታት እውን ጠሪሱ ንምድምሳሶም ጻዕቂ ወፈራታቱ ምስ ሓይልን ምፍርራህን ራዕድን ኣሰንዩ ከዘውትሮም ተጓየየ። በዚ

ኣገባብ'ዚ ኢዩ ድማ ንኤርትራዊ መንነት ሓደ ድሕሪ ሓደ ጠሪሱ ፍሒቑ ክፍርስ ዝጀመረ።

ገለ ካብቶም ሽዑ ብቋንቋ ዓረብኛ ዝማሃሩ ዝነበሩ ሰዓብቲ ምስልምና፥ ናይ ትምህርቲ ቋንቋኦም ብኣምሕርኛ ምትክኡ ዝነጸጉ ናብ ሱዳን፡ ግብጺ፡ ሊብያ ማለት ኣብ ሃገራት ኣዕራብ ከይዶም ክመሃሩ ዕድል ይረኽቡ ስለዝነበሩ ክሳብ ብእግሮም ይስደዱ ነበሩ። እቲ ሰዓቢ ክርስትና ተመሃራይ ግና ነቲ ቋንቋ ተገዲዱ ክቕበሎ ካብ ዝገበሮ ቀንዲ ምኽንያት ካልእ ከምልጠሉን ናይ ትምህርቲ ዕድል ክረኽበሉ ዝኽእልን ምርጫ ስለዘይነበሮ ኢዩ። ልክዕ ከምቶም ካልኦት ኤርትራውያን ኣሕዋቱ ናብ ሃገራት ኣዕራብ ከይስደድ ድማ ቋንቋ ይኹን ዘተኣሳስሮ ባህልን እምነትን እውን ኣይፈልጥንዩ ነይሩ። ስለዚ ከይፈተወ ኣብ ሃገሩ ኰይኑ ወይ ናብ ኢትዮጵያ ተሰዲዱ፡ ነታ በስገዳድ ዝተጻዕነቶ ቋንቋ ኣምሓርኛ ክመሃር ስለዝተቐሰበ እምበር ፈትዩ ወይ ረድዩ ዝተቐበሎ ኣይነበረን።

ምዕራፍ ኣርባዕተ፡

ምጅማር ናጽነታዊ ምንቅስቓስ

ብ1952 ዓ.ም.ፈ ነቲ ብሕቡራት መንግስታት ዓለም ኣብ ልዕሊ ህዝቢ ኤርትራ ዝተወስደ ናይ ፈደረሽን ብይን፡ መንግስቲ ሃጸይ ሃይለስላሴ ንዝፈጠሮ ፈላሊኻ ናይ ምግዛእ ባይታ ተጠቒሙ፤ ኰነ ኢሉ ብኢደ ወነኑ ካብ1958 ጀሚሩ እናፈሓቐ ክኸይድ እንከሎ፣ ካብተን ነቲ ፈደራላዊ ውዑል ዝበየና ዓበይቲ ሃገራት ንይምሰልውን ዓገብ ዝበለት ዋላ ሓንቲ ሃገር ኣይነበረትን። ኣብቲ እዋን እቲ ክብሩን መሰሉን ይፈሓቕ ምህላዉ ዘስተውዓለ ኤርትራዊ ከኣ ኣብ ናይ ተቓውሞ ውደባ ገጹ ኣድሃበ። ካብዚ ዝነቐለ እቲ ማሕበር ምንቅስቓስ ኤርትራ/ሓራካ ዝብል ስም ማሕበር ሸውዓተ ዝፍለጥ ምስጢራዊ ምንቃስቓስ ብመሓመድ ስዒድ ናውድ ኣብ ፖርት-ሱዳን ብ1958 ዓ.ም.ፈ ተመስረተ።

ማሕበር ሸውዓተ ትኽተሎ ዝነበረት ኣገባብ ውደባ ሸውዓተ ሰባት ኣብ ሓደ ጉጅለ ዝጠርነፈ ብምንባሩን ሓደ ሰብ ብዘይካ ነቶም ኣብታ ጉጅልኡ ዘለዉ ሽዱስተ ኣባላት ንኻልእ ስሩዕ ክፈልጥ ዕድል ስለዘይነበሮን፡ ምስጢር ክዕቄብ ተኻኢሉ ኢዩ። ክሳብ 1964 ዓ.ም.ፈ ከኣ ፖለቲካዊ ምንቅስቓሳታ ኣብ ውሽጢ ህዝቢ ኤርትራ ብሓፈሻ፤ ኣብ ከተማታት ድማ ብፍላይ ጽዑቕን ጸላውን ኢዩ ነይሩ ክባሃል ይካኣል። ክሳብ ኣብታ መግዛእታዊ ሰራዊት ይቆጻጸራ ኢያ ዝብላ ከተማ ኣስመራ ከይተረፈ፥ ብምስጢር ናይ ፈለማ ኣኼባኡ ኣካይዱ ኢዩ። እዚ ማሕበር እዚ ንሰፊሕ ክፋል ካብ ህዝቢ ኤርትራ እንዳጠርነፈ ይጓዕዝ ስለዝነበረ ከኣ ናይ ተቓውሞ ሸግ ናብ ኩሉ ኩርናዓት ኤርትራ ተባርዐ ክሳብ ኣብ ቤተ-መንግስቲ ኢትዮጵያ ቤርጌሳውን ወታሃደራውን ትካላት ዝሰርሑ ዝነበሩ ኤርትራውያን ከይተረፉ ዝሳተፍዎ ማሕበር ድማ ኮነ። ይኹን'ምበር ማሕበር ሸውዓተ እትኽተሎ ዝነበረት ኣገባብ ቃልሲ ካብ ፖለቲካዊ ውደባን ምልዕዓልን ሓሊፉ፡ ናብ ምጅማር ብረታዊ ተጋድሎ ክሰጋገር ስለዘይካኣለን ሃንቀውታ ብዙሓት ካብ ኣባላታ ዝምልስ ኣይነበረን።

ሓምድ እድሪስ ዓዋተ ቅድሚ ሰውራ

ኣቦን መሪሕን ብረታዊ ተጋድሎ ህዝቢ ኤርትራ ተጋዳላይ ሓምድ እድሪስ ዓዋተ ኣብ ገርሰት ዝተባህለ ቦታ ተወሊዱ። ወላዲኡ ወታሃደር ጣልያን ስለዝነበሩ ድማ ብንእስነቱ ኣትሒዙ ካብ ወላዲኡ ዝወረሶ ናይ ብረት ሌላን ኣፍልጦን ነይርዎ ብፍላይ ኣብ ግዜ ምምሕዳር እንግሊዝ ሽፍትነት ገኒኑ፣ስርቅን ዘረፋ ንብረትን ጥሪትን ኣብ ዘስፋሕፋሓሉ እዋን፡ ሓምድ ንህዝቢ ጋሽን ባርካን ካብ ከተርትን ዘረፍትን ጥሪት ኣብ ምክልኻልን ዝተመንዘዐ ንብረት ህዝቢ ናብ ዋናታቱ ኣብ ምምላስን ልሉይ ተራ ከበርክት ጀመረ።

A S.E. Il Segretario degli Interni del Gov. Eritreo — Asmara
Al Comando della Polizia Eritrea — Asmara

Io qui sottoscritto, Hamid Idris Awate originario dei Baria, del [illegible] di Hafara, ex capo [illegible], sotto-messoi nel 1951, con precise condizioni e cioè fra me e il Col. Craknel è avvenuto che io mi sotto-mettessi e che il Col. Craknel mi affidasse la sorveglianza della zona da me abitata, quella cioè intorno a Ghereset e Fanco fino a Sittona, Ugarò, Omager e [illegible].

Ogni momento che succedeva, io facevo il mio rapporto e inoltre ho fatto numerosi reclami al D.O. di Barentu e Tessenei, senza però ottenere esito ed il bestiame rubato dai Beni Amer e Baria non venne ricuperato nè restituito. Nel 1956 avvennero nella mia zona più di 9 rapine e gli interessati fecero regolare reclamo al Signor D.O. di Tessenei in data 18/2/1956 senza però avere giustizia. I rapinatori sono o Cunama o Abissini dell'altopiano Eritreo cioè Hamasien.

Secondo ciò che si sente i capi dei fuori legge [illegible] (Cunama) della tribù Coita il quale colla sua banda gira dove vuole fino a Omager. Gli altri sono piccoli gruppetti senza preciso capo, ed operano rapina di capre ed altro bestiame, compreso lancie, pugnali e ecc.-

Mentre gli Hamasien: Ar-ellese Zeggai (tribù Libga); Tecle Zeregaber che non conosco la tribù con precisione ma che si dice di essere di Hamasien.

Quelli finoggi noti sono questi i quali operando in Eritrea rifuggono nel Tigrai in territorio di Addi Abo (Addi Hagara e Addi [illegible]).

Conseguenza, il territorio fra il Gash e Setit è assolutamente [illegible] per i pastori Beni Amer, Baria e Baria e specialmente quest'anno in cui il foraggio manca completamente nel Barca e nella zona di Ghergo per [illegible] e distruzione delle cavallette; [illegible] bestiame, come è noto è morto in seguito la peste bovina [illegible] quello [illegible] ha bisogno di pascolo della zona Gash [illegible]

2/.

ሓምድ እድሪስ ዓዋተ ብጣልያንኛ ናብ ሚኒስትሪ ውሽጣዊ ጉዳያት ኤርትራን ኣዘዝቲ ፖሊስ ኤርትራን ካብ ዝጻሓፎ ደብዳቤታት፡

በዚ ድማ ኣብ ህዝቢ ጽቡቕ ተፈላጥነትን ዝናን እንዳ ኣሕደረ መጸ። ሓምድ ብዝነበሮ ናይ ቋንቋ ክእለት ኩናማ፡ ናራ/ባርያ፡ ሕዳርብ ትግረ፡ ትግርኛን ዓረብኛን ኣጸቢቑ ካብ ዝመልኮም ቋንቋታት ኤርትራ ነይሮም። ጸኒሑ'ውን ብጣልያንኛ ብሉጽ ናይ ምጽሓፍን ምዝራብን ክእለት ከም ዘጥረየ ታሪኽ ዘሰፈሮም ጽሑፋቱ ይምስክሩ። ሓምድ ቅድሚ ብረታዊ ቃልሲ ምጅማሩ ሰራዊት ምምሕዳር መንግስቲ እንግሊዝ ኣብ ልዕሊ ህዝቢ ኤርትራ ዝፍጽምዎ ካብ ዝነበሩ ዘይሕጋዊ ስራሓት ኣብ ምብዳህን ኣብ ምምላስን'ውን ዝተፈልጠ ግደ ኣበርኪቱ።

ትሕዝቶ ሓንቲ ካብተን ዓዋተ ብጣልያን ናብ ሚኒስትሪ ውሽጣዊ ጉዳያት ኤርትራን ኣዘዝቲ ፖሊስ ኤርትራን ዝጻሓፈን ደብዳቤታት፡ *[10] "ኣነ ስመይ ኣብ ታሕቲ ተጠቒሱ ዘሎ ሓምድ ኢድሪስ ዓዋተ ካብ ቀቢላ ባርያ እንዳ ሓፈራ" ምኳኑ ነብሱ ድሕሪ ምልላይ፡ ነቲ ኣብ መንጉኡን ኣብ መንን ንእንግሊዛዊ ምምሕዳር ኤርትራን ወኪሉ ዝተራኸበ ኮሌኔል ክራንከልን እተባህለ እንግሊዛዊ ዝተኸተመ ስምምዕ ክገልጽ ከሎ፡ "ኣብ ምንጎይን ክራንከልን ንጹር ስምምዕ ነይሩ'ዩ፡ ኣነ ብረተይ ከውርድ፡ ንሱ ድማ እቲ ኣነ ዝቕመጠሉ ቦታትት ማለት ከባቢ ገርሰት ፋንኮ፡ ክሳብ ሲቶና ኣውጋሮ ኦምሓጀር ሃይኮታ ኣብ ትሕቲ ናተይ ሓለዋ ክኸውን ዝገብር ስምምዕ'ዩ ተገይሩ። ኩሉ ግዜ በቲ ቦታታትና ራስያታት ክካየድ ከሎ ካብ ምትሕልላፍ ተቈጢበ ኣይፈልጥን። ብዙሓት ጸብጻባት'ውን ናብ ወረዳታት ተሰነይን ባረንቱን ኣማሓላሊፈ'የ። እንተኾነ ግን ፋይዳ ኣይነበሮን እተን ዝተራሳያ ጥሪት በኒዓሚርን ባርያን ናብ ዋናታተን ኣይተመልሳን። ካብ መጀመርታ 1956 ኣትሒዙ ክሳብ ሓደ መጋቢት ደብዳበ ዝጻሓፈላ ዕለት፡ ኣብቲ ዞና ካብ 9 ግዜ ንላዕሊ ናይ ጥሪት ምዝማት ተግባራት ተኻይዱ። እቶም ጥሪቶም ዝተዘምታ ንምምሕዳር ተሰነይ ጠሪዮም ከብቅዑ፡ ዝኾነ ውጽኢት ክረኽቡ ኣይከኣሉን። መሬት ጋሽን ሰቲትን ንጓሶት በኒዓሚርን ባርያን ማርያን ኣዝዩ ኣገዳሲ'ዩ። ብፍላይ ድማ ብሰንኪ ዋሕዲ ዝናብን ወራር ኣንበጣን ኣብዚ ዓመት'ዚ ኣብ ባርካን ከባቢ ከረንን ሳዕሪ ጠፊኡ ስለዘሎ። ከምቲ ዝፍለጥ ኣብዚ ዓመት'ዚ ብሰንኪ ሕማም ጉልሓይ ብዙሓት ጥሪት ሃሊቐን ስለ ዘለዋ እዞም ጓሶት እዚኣቶም ኣብ ጋሽ ክጓስዩ ዘሎ ተደላይነት ዓቢ'ዩ። ስለዚ ብወገን መንግስቲ ህጹጽ ስጉምቲ ንኽወስድ ዓቢ ተደላይነት ኣለዎ። እንተዘይኮይኑ እተን ጥሪት ኣደዳ ጥሜትን ሞትን ምኳነን ኣይተርፈንን'ዩ። ድሮ'ውን ኰይነን ኣለዋ። ከምቲ ክብርነትኩም እትፈልጥዎ ድማ ጓሶት ጥሪቶም ብጥሜት ክእረያ ክሪኡወን ከለዉ ንምድሓነን ክብሉ ዋላ ኣብ ሓዊ ክኣትዉ ክሳብ ክንደይ ቅሩባት ምኳኖም ፍሉጥ'ዩ። ስለዚ እቲ ጉዳይ ኣብዚ ከይበጽሐ ከሎ፤ መንግስቲ ግዜ ከይወሰደ ንዜጋታቱ ክረድእ ግቡእ'ዩ። እዚ ንኽቕርበልኩምን መንግስቲ ነዚ ሰሚዑ ህጹጽ ናይ ምክልኻል ሓገዝ ንኽገብረሎምን ካብ ዝብል ኢዩ ከኣ ህዝቢ ናይ'ቲ ቦታታት ናባኹም ዝለኣኸኒ" ክብል ዘምጽኦ ጉዳይን ጽሑፋን ዝገለጸሎም።

ደብዳበ ዓዋተ ኣብዚ ኣየብቅዐትን፡ እንታይ ደኣ ነዚ ኩሉ ኣብ ምፍጻም ጸጥታዊ ሓለዋ ሰላምን ናይቲ ቦታ ክሳብ ክንደይ ኣገዳስን ክሕሎ ዝግብኦን ምኳኑ ካብዘለዎ እምነት ተበጊሱ፡ ኩሉ ዝካኣሎ ዘበለ ነገራት ንህዝቡ ንኽወፊ ድልዉነቱ ብምርግጋጽ፡ "መንግስቲ እንተደኣ ተሰማሚዓ ምሉእ ኣገልግሎተይ ከወፊ ቅሩብ'የ። ነዚ ከኣ ካብ ደቂ በኒዓሚርን ባርያን ኩናማን ሓንቲ ጉጅለ ኣቑምካ፤ እዛ ጉጅለ'ዚኣ ከኣ ኣብ 2 ወይ 3 ንኡሳን ጉጅለታት መቚልካ ብምውፋር ኣብ ጋሽ

ብቕልጡፍ ጸጥታ ክሰፍን ይኽእል'ዩ። ኣነ ንኹሎም ኣብዚ ዝነብሩ ሰባት በኒዓሚርን ባርያን ኩናማን ከምኡውን ጓሶት ሓበሻ /ካብ ከበሳ ንመጓሰ ዝወረዱ/ ናይ ምክልኻል ሓላፍነት ክወስድ እኽእል'የ። ምእንቲ'ዚ ኢየ ከኣ ናብ'ዚ ናብ ኣስመራ ዝመጻእኩ። መንግስቲ'ያ ከኣ ድልየታ ክትገብር ትኽእል። እቲ ክብሎ ዝደሊ ግን ጓሶት በኒዓሚርን ባርያን ማርያን ኩናማን ዝጓስዩሉ ቦታን ነዚ ዘድሊ ሓለዋን ብህጹጽ የድልዮም ምዃኑ ኢዩ" ክብል ነብሰ ተኣማንነትን ተጣባቒ ሓቅን ህዝብን ምዃኑ ዘረጋግጽ ጠለብ ናብ መንግስቲ ኤርትራ ብጽሑፍን ቃልን ዘቕረበ። እዚ ከምዚ ዝኣመሰለ ልቦናን ሓልዮትን ድማዩ ንሓምድ እድሪስ ዓዋተ ኣብ ህዝቢ ጋሽን ባርካን ብፍላይ ኣብ ተቐማጦ ናይቲ ቦታ ድማ ብሓፈሻ ከቢድ ተቐባልነትን ተሰማዕነትን ከጥሪ ዝሓገዞ።

<u>ምእዋጅ ብረታዊ ተጋድሎ ህዝቢ ኤርትራ</u>

ህዝቢ ኤርትራ ንኹሎም ኣብ ኤርትራ ዝኣተዉ መግዛእታዊ ስርዓታት ብዓይነቱን ብትሕዝትኡን ዝፈላለ ተቓውሞ እኳ እንተኾነ፡ ወትሩ ተቓውምኡ ካብ ምስማዕን ምርኣይን ዘየዕረፈ ህዝቢ ኢዩ፡ ብፍላይ እኳ ካብ ኣርባዓታት ጀሚሩ፡ ሃገረይ ንመግዛእቲ ኣሕሊፈ ኣይህብን ባሃላይ ህዝቢ እዩ ነይሩ። ይኹን'ምበር ዘካየዶም ናይ ተቓውሞ ኣገባባትን ዝወሰዶ ዝነበረ ስጉምትታትን ምስቲ ናይቶም ወረርትን ገዛእቲ ሓይልታትን ዓቕምን ትሕዝቶን ዝዳረግ ስለዘይነበረ፡ ከም ህዝቢ'ውን ውዱቡን ጥርኑፍን ኰይኑ ንኸይገጥም ደረጃ ምዕብልንኡን ኣፍልጥኡን ይውስኖ ብምንባሩን፡ ብዝተፈላለየ ፈንጣሕን መርዛም ናይ ምክፍፋል ሜላታትን ገዛእቲ ሓይልታት ስሙር ተቓውሞ ክጅምር ኣየኽኣሎን።

ስለዚ'ዩ ድማ ብሓደ ተጠርኒፎም ኣንጻር መግዛኣታዊ ስርዓት ጣልያን ዝተበገሱ ናይ ተቓውሞ ኣካላት ስሙር ቃልሲ መሪሖም ኣድማዒ ተራታት ከበርክቱ ስለዘይካኣሉ ኣደዳ ጥፍኣት ገዛእቲ ዝኾኑ፡፡ ዋላውን ኣብ ግዜ መዋእል ሰልፍታት ድሕሪ ስዕረት ጣልያን ኣብ ካልኣይ ውግእ ዓለም፣ እተን ኣብ ኤርትራ ዝዓንበባ ሓደስቲ ኤርትራውያን ሰልፍታት ብሓደ ክመርሑን ክቃለሱን ዝግብኦም ዝነበረ ቀጽሪ ናጽነታት ዝኾኑ ሰልፍታት ብናእሽቱ ነገራት ተፈላልዮም ከኸዱ ዝግደዱ ዝነበሩ።

ይኹንምበር፡ እቲ ስዒቡ ኣብ ኤርትራ ዝተራእየ መግዛእታዊ ስርሒታትን ግፍዕን ስርዓት ሃይለ ስላሰ፡ ህዝብና ክጸሮን ክስከሞን ብዘይምኽኣሉ፡ ኣቐዲሙ'ውን ባዕሉ ዘቖሞ ስልጣንን ምምሕዳርን ፌደራላዊ መንግስቲ ብስርዓት ኢትዮጵያን ተሓባባርቱን ብምፍራሱ፡ እቲ ብሰላማውን ዲሞክራስያውን ኣገባብ ዝመርሐ ዝነበረ ቃልሲ ናብ ዕጽዉ ምርጫታት ከሰጋግሮ ግድን ስለ ዝነበረ ምውላድ ብረታዊ ተጋድሎ ክጋሃድ ኣቀላጢፉ።

ባይታ ምጅማር ብረታዊ ተጋድሎ ህዝቢ ኤርትራ፡ ንባዕሉ እቲ ወድዓዊ ግዳማዊ ኩነታት ኣብ መላእ ዓለም ብፍላይ ድማ ኣብ ቀርኒ ኣፍሪቃ እቲ እዋን መድረኽ ሓርነታዊ ቃልሲ ብምንባሩ፡ ጣልያንን ጀርመንን ብናይ ሓባር ሓይልታት ኣብ ካልኣይ ውግእ ዓለም ተሳዒሮም፡ ኣብ ትሕቲ ግዝኣት ጣልያን ዝነበራ ሃገራት ኣፍሪቃ (ሶማል፡ ሊብያ) ምሉእ ናጽነት ይዋሃበን ብምንባሩ፡ ሱዳን ካብ መግዛእቲ እንግሊዝ ሓራ ብምውጽኣ፡ ኣብቲ ንኤርትራ ኣብ ፈደረሽን ዝቐረነ መጽናዕትታት ክረኤ እንክሎውን፡ ኤርትራ ነጻነታ ክትወስድ ዝድግፍን ዝኣምንን መንግስታት

ዓለም ብምንባሩ፡ ኣዝዩ ዝበሰለ ኢዩ ነይሩ ክባሃል ይከኣልዩ።

ባዕላዊ/ውሽጣዊ ኩነታት ናይ ኤርትራ እንተተዓዘብና ግን፡ ጽልኢ መግዛእትን ድልየት ፖለቲካዊ ናጽነትን ገንፊሉ ዝተራእየሉ እዋን እኳ እንተነበረ፡ ሓደ ዝተወደበ መሪሕ ናይ ቃልሲ ዝኾነ ሓይሊ ኣብ ርእሲ ዘይምንባሩ፡ እቲ ዝተበገሰ ተጋድሎ'ውን ናይ ኣመራርሕኡ ሕቶን ናይ ቀረባን ርሑቕን ራእዩ ዝዓለመ ፖለቲካዊ መደብ ዕዮን ኣጽፊፉ ክብገስ ይኽእል ስለዘይነበረ በዓል-ቤታዊ ኩነታት ኤርትራ ኣብ ምጅማር ብረታዊ ተጋድሎ ምሉእ ብምሉእ ብሱል ኢዩ ነይሩ ክባሃል ዝኽእል ኣይነበረን።

ይኹንምበር፡ መንግስቲ ኢትዮጵያ ነቲ ገለ ጭራም መሰል ባይቶን ካልእ ንኣሽቱ ዲሞክራስያዊ ኣንፈታትን ዝነበሮ፥ ብዘይተሳትፎን ውክልናን ኤርትራውያን ዝጸደቐ ውዑል ጠሪሱ ጥሒሱ፡ ኤርትራ ሓንቲ ካብ ጠቕላይ ግዝኣታት ኢትዮጵያ ምዃና ከረጋግጽ ኣብ ዝጽዕረሉ ዝነበረ ግዜ ኢድካን እግርኻን ኣጣሚርካ ክረኤ ስለ ዘይካኣል ምጅማር ብረታዊ ተጋድሎ ኣካልን መቐጸልታን ናይቲ ዝኸይድ ዝነበረ ተቓውሞ ምእዋጁ ግድነታዊ ኢዩ ነይሩ። ዓመጻዊ ድፍረት ስርዓት ሃይለ-ስላሰ ኣብ ምፍራስ ትካላት መንግስትን ምብራስ መንነት ኤርትራን ከይተሓጽረ፡ ክሳብ ንወጻእተኛታት ወነንቲ ኣብያተ ዕዮ ከይተረፈ ካብ ኤርትራ ለቒቖም ናብ ኣዲስ-ኣበባ ክግዕዙ ኣዘዘ። ኣባላት ባይቶ ኤርትራ፡ ኢትዮጵያ ሃብቲ ኤርትራ ኣብ ርእሲ ምምዝማዛ ኣብ ውሽጣዊ ጉዳይ ኤርትራ እንዳኣተወት መሰል ኤርትራውያን ትግህስ ኣላ፡ ኢሎም ንዘቕረብዎ ወቐሳ፣ ወኪል ዘውዳዊ ስርዓት ኢትዮጵያ ዝነበረ እንዳልካቸው መሳይ ዝተባህለ ሰብኣይ-ጓሉ ንሃይለ-ስላሰ "ናይ ኤርትራ ጉዳይ ዝብሃል ኣብ ቤት-ጽሕፈት ናይ ሃጸያዊ ወኪል የልቦን፤ ንሓዋሩ'ውን ኣይክህሉን ኢዩ። ጉዳይ ኤርትራ ናይ በይና ዘይኮነስ፣ ጉዳይ ናይ ኢትዮጵያን ናይ ሃጸይን እዩ"*[11] ምባሉ፡ ነቲ ፈደራላዊ ውዑል ዋጋ ከም ዘይህቦ ብጋህዲ ዘፍለጠሉ እዩ ነይሩ።

ህዝቢ ኤርትራ ነቲ ዝካየድ ዝነበረ ናይ ምጉዕጻጽ ስጉምቲ ብዝነበሮ ዓቕሚ ኣብ መላእ ኤርትራ ተቓውምኡ ኣድመጸ። ኣብዚ እዋን'ዚ ሰራሕተኛታት ኤርትራ ኣብ ኣስመራ፡ ባጽዕን ዓሰብን ኣድማን ብርቱዕ ሰላማዊ ሰልፍታትን ከካይዱ ከለዉ፡ ተመሃሮ'ውን ኣብ ከቢድ ሸበሮን ሰላማዊ ሰልፍታትን ተጸምዱ። ብዘይካ'ዚ ብዙሓት ሃገራውያን ኣስማቶምን ክታሞምን ዘንበርሉ ንተግባራት መንግስቲ ኢትዮጵያ ዘቃልዕ ጥርዓን ዘለዎ መዘክር ናብ ሕቡራት መንግስታት ብምቕራብ ተቓለሱ። ዘውዳዊ ስርዓት ሃይለስላሰ ግን፡ ነቲ ብህዝቢ ኤርትራ ዝላዓል ዝነበረ ተቓውሞ ንምቕሃም ክሳብ ናይ ኣመሪካ ሰራዊት ሓገዝ ኣእተዩ፡ ሓይሉ ከደልድል ጀመረ። ንኹሉ ፖለቲካዊ ምንቅስቓሳት ድማ ወታሃደራዊ ስጉምትን፡ ቅንጸላን፡ ብናይ ራዕድን ሸበራን መደባት ተሰንዩ ብዙሓት ሃገራውያን ክህደኑን ካብ ሃገር ክወጹን ተራእዩ። ኣብ ከምዚ ዝኣመሰለ ኩነታት ድማ'ዩ እቶም ኣብ ስደት ዝነበሩ ሃገራውያንን ኣብ ካይሮ ዝነበሩ ተመሃሮ ኤርትራውያንን ተዋሃሂዶም፡ ነቲ ኣብ ሃገሮም ክረኽብዎ ዘይካኣሉ ፖለቲካዊ ምንቅስቓስ ኣብ ዓዲ-ጓና ኰይኖም ብረታዊ ተጋድሎ ንኺጋሃድ ዝተለሙ። በዚ መሰረት ተበግሶ ናይ ተመሃሮ ኤርትራውያን ኣብ ካይሮ ግብጺ ዘሰነዮ ምንቅስቓስ ኣብ ነሓሰ 1960 ተጋድሎ ሓርነት ኤርትራ ክምስርት ዝበቕዐ። ኣብ መጀመርታ መድረኽ ናይቲ ዝተኣወጀ ብረታዊ-ቃልሲ ፖለቲካዊ መሪሕነት ከኣ ብሸውዓተ ኣባላት ዝቐመ ነይሩ። እዚ

ኣብ ካይሮ ቀንዲ መበገሲ መደበሩ ዝገበረ መሪሕነት'ዚ ብስም ላዕለዋይ ባይቶ ዝፍለጥ ኮይኑ፡ እድሪስ መሓመድ ኣደም ኣብ ፌደራላዊት ኤርትራ ኣፈ-ባይቶ ኤርትራ ዝነበረ ኣቦ-መንበር ሽማግለ፡ እድሪስ ዑስማን ግላውድዮስ፡ ሓላፊ ፖለቲካዊ ጉዳያት፡ ዑስማን ሳልሕ ሳበ ሓላፊ ናይ ወጻኢ ጉዳያት ክኾኑ እንከለዉ፡ መሓመድ ሳልሕ ሁመድ፡ ጠሃ መሓመድ ኑር፡ ዑስማን ኽያርን፡ ሲዒድ ኣሕመድ መሓመድ ሃሽምን ከኣ ኣባላት መሪሕነት ኢዮም ነይሮም።

ተጋድሎ ሓርነት ኤርትራ ካብ ምምስራቱ ጀሚሩ ሃገራዊ ናጽነት ብሓይሊ ብረት ንምርግጋጽ ዓሊሙ ስለ ዝተበገሰን፡ መንግስቲ ኢትዮጵያ ኣብ ልዕሊ ህዝቢ ኤርትራን ትካላቱን ዝተወሰደ ስጉምትን ግፍዕታቱን ብሓይሊ ብረት ክምለስ ኣለዎ ዝብል ጽኑዕ እምነት ስለዝነበሮ፡ ብረታዊ ተጋድሎ'ውን ካብ ካይሮ ዘይኮነስ፥ ካብ ውሽጢ ኤርትራ ክምራሕ ስለዘለዎ፡ ነዚ ዝመርሕ ሃገራዊ ሃሰስ ኣብ ምባል ኣተወ። ኣብ ዝገበሮ ድህሰሳ ከኣ ሓምድ እድሪስ ዓዋተ ብቓንቓን ኣጠቓቕማ ብረትን በሊሕ ሰብ ብምንባሩን፡ ብተመኩሮኡን ኣብ ህዝቢ ዝነበሮ ሓልዮትን ተቐባልነት፡ ሓምድ እድሪስ ዓዋተ ብረታዊ ተጋድሎ ኣብ ውሽጢ ሜዳ ኤርትራ ንኽጅምርን ንኽመርሕን ጻውዒት ተገብረሉ። ሓምድ እድሪስ ዓዋተ ኣብ መጀመርታ ብውዱእ ነቲ ጻውዒት እኳ እንተ ዘይተቐበሎ፡ ጸኒሑ ግን ኣብ ልዕሊ ኤርትራውያን ዝካየድ ዝነበረ ግፍዕን በደልን ብምስትብሃል፡ ንዝቐረበሉ ብረታዊ ተጋድሎ ናይ ምጅማር ጸዋዒት ስለ ዝተቐበሎ፡ ብ1961 ዓ.ም.ፈ መቐጸልታ ናይቲ ኣብ ውሽጢ ኤርትራን ኣብ ወጻእን ይካየድ ዝነበረን ዝጸንሐን ናጽነት ኤርትራ ዝዕላምኡ ፖሊቲካዊ ምንቅስቓስ፤ ውድብ ተጋድሎ ሓርነት ኤርትራ (ተ.ሓ.ኤ.) ብሓደ መስከረም 1961 ዓ.ም.ፈ ብመሪሕነት ተጋዳላይ ሓምድ እድሪስ ዓዋተ ኣብ ጎቦታት ኣዳል፤ ናይ መጀመርያ ጥይት ብምትኳስ ብረታዊ ተጋድሎ ህዝቢ ኤርትራ ከም ዘበገሰ ብዕሊ ተኣወጀ።

ሰውራ ኤርትራ ኣብ መጀመርታ ምብጋሱ ከካትቶም ዘይካኣለ ረቛሒታት ኣብ ጉዕዞ ክመሃርሎምን ከማልኦምን ዝኽእለሉ ናይ ምዕራይን ምስራዕን ምንቅስቓሳት ብምፍጣር ንሓያሎይ ሕጽረታት እንዳመልኤ፡ ናብቲ ናይ መጀመርታ ጸላእትን ፈተውትን ሰውራ ኤርትራ ኣለልዩ፡ ንጹር ናይ ቃልሲ ፖለቲካዊ መደብ ዕዮ ሓንጺጹ፡ ንዝጸንሐ ልምዳዊ ኣመራርሓ ብዲሞክራስያዊ ኣገባብ ዝተመርጸ ፖለቲካዊ መሪሕነት ብምቛም፡ ልዕሊ ፖለቲካውን ወታሃደራውን ዕማማት ብረታዊ ተጋድሎ ህዝቢ ኤርትራ፡ ናይ መጻኢ ምጣኔ ሃብታውን ማሕበራውን ራኢ ዝኣመተ መደባት ዝሓንጸጸ ካብ 14 ጥቅምቲ ክሳብ 12 ታሕሳስ 1971 ዝተኻተተ ቀዳማይ ጠቕላላ ሃገራዊ ጉባኤ ኣብ ምስልሳል ምብጽሑ ኣብዝቕጽል ምዕራፉት ክረኤ ዝካኣል ኢዩ።

ተጋዳላይ ሰረቐ ባህታ ኣብ ምጅማር ብረታዊ ተጋድሎ

ተጋዳላይ ሰረቐ ባህታ፡ ቅድሚ ብረታዊ ተጋድሎ ህዝቢ ኤርትራ ምጅማሩ ኣብ ጋሽ ኣይከተን ኣብ ዝተባህለ ቦታ ኣብ ሕርሻዊ መነባብሮኦም ተዋፊሮም እንከለዉ ምስ ስዉእ እድሪስ ሓምድ ዓዋተ ጥቡቕ ዝምድናን ሌላን ዝነበሮም ኣቦ ኢዮም። ኣብ ከምዚ ዝኣመሰለ ኩነታት ድማ ኢዮም ክልቲኦም ሓባራዊ ሃገራዊ ፍቕሪ ከጥርዩን ንቓልሲ ህዝቢ ከላዓዕል ዝኽእል ምንቅስቓሳት ከካይዱ ዝጀመሩን። እዚ

ተመክሮ ተሓኤ ንሃገራዊ ናጽነትን ማሕበራዊ ፍትሕን

ኣብ ውሽጢ ኤርትራን ኣብ ወጻኢ ዝነበሩ ኤርትራውያን ከጓሃሃር ዝጀመረ ሃገራዊ ምልዕዓል እዚ ዘስግኦም ወታሃደራት መግዛእታዊ ስርዓት ኢትዮጵያ፡ ሰውራዊ ባርዕ ከይተበገሰ እንከሎ ብኣግኡ ንምቕጻዩ ካብዝነበሮም ሕልሚ ተበጊሶም፡ ንሓምድ እድሪስ ዓዋተን ነፍሰ-ይምሓር ክቡር ሰረቐ ባህታ ዝርከብዎም ብጾቱን ሒዝካ ንምእሳር ወታሃደራዊ ትእዛዝ ኣመሓላለፉ። ነዚ ምስጢርዚ ዝሰምዐ ትልንቲ መኮነን መብራህቱ ዝተባህለ ኤርትራዊ ፖሊስ ፊልድ-ፎርስ ሓድሽ ዓዲ ዝዓዱ መሓዝኦምን ናይ ሕርሻ መሻርኽቶምን ዝነበረ፡ ልክዕ ዕለት 31 ነሓሰ 1961 ***"ሎሚ ኣብ ገዛ ከይትሓድር፡ ውጻእ፡ ፖሊስ ኣብ ገዛኻ መጺኦም ክሕዙኻ ሰራዊት ክሰዱ ኢዮም ስለዚ ተጠንቀቕ"*** ክብል ካብ ከተማ ተሰነይ ናብ ስዉእ ሓምድ እድሪስ ዓዋተ ናይ ድሕነት መልእኽቲ ኣማሓላለፈ። እዚ ሓበሬታዚ ካብ ቃል ኣቦና ሰረቐ ባህታ ኣብ ፈስቲቫል ተጋድሎ ሓርነት ኤርትራ ሰውራዊ ባይቶ 1992 ዓ.ም. ዝተወሰደ እኳ እንተኾነ፡ ብኻልእ ሸነኽ ድማ ነዚ ሓበሬታ'ዚ ናብ ዓዋተ ዘብጽሐ ኪዳነ ህዳድ ዝተባህለ ፖሊስ ምንባሩውን ይዝንቶ ኢዩ። እዚ ኮነ እዚ ኣብ ምጽራዩ ንተረኽቲ ዝግደፍ ኰይኑ፡ እቲ ኣገዳሲ ትሕዝቶ ናይዚ ጉዳይ ግን፡ ፖሊስ ኤርትራ ክሳብ ክንደይ ኣብ ድሕነት ሃገሮምን ኤርትራውያንን ግዱሳትን ካብ መጀመርታ ተሳተፍቲ ኣብ ቃልስን ምንባሮም ኢዩ ዘመልክት። እዚ መልእኽት'ዚ ምስ በጽሖም ምስጢር ምንቅስቓሶምን ብወጻኢ ምስ ኤርትራውያን ዘለዎም ዝምድናታት ብጸላኢ ከምዝተቐልዐ ተገንዚቦም፡ ስዉእ ሓምድን ሰረቐ ባህታን ካልኦት ብጾቶምን ዝነበሮም ጥሪትን ንብረት ብቕጽበት ኣብ ህዝቢ መቓቕሎም ፋሕ ከምዝብል ድሕሪ ምግባሮም፡ ኣብ ጎቦ ኣዳል ወጺኦም ይሓድሩ'ሞ፡ ንግሆ ኣብ ከባቢኦም እንተተመልከቱ፡ ዓድታት ብሰራዊት መግዛእቲ ተኸቢቡ ይርእይዎ። በዚ ከኣ፡ እተን ናይ መጀመርታ ናይ ቃልሲ ቀንዴል ዝወልዓን ናጽነት ኤርትራ ዘይተርፍ ምኳኑ፣ ምውላድ ተጋድሎ ሓርነት ኤርትራ ንመላእ ህዝቢ ኤርትራ ዘበሰራን ኣብ ዕለት 1 መስከረም 1961 ዓ.ም ዝተተኩሳ 10 ጠያይት ምንባረን ይንገር። ትልንቲ መኮነን ኣብ ርእሰ'ቲ ምስጢራዊ መልእኽትታት ምትሕልላፍ፣

እታ መንቀሊ ቃልሲና ዝኾነት ሰማያዊት ባንዴራ መንግስቲ ፌደረሽን ኤርትራ ሒዞማ ንኽወጹ ዝሃበን፡ ነፍሰ-ጾር ዝነበረት በዓልቲ ቤቱ ንሓምድ እድሪስ ዓዋተ ዋሕስ ኰይኑ ካብ ማእሰርቲ ዘውጽኤን ሃገራዊ ኢዩ ነይሩ። ጐስጓስ ሰራዊት መግዛእቲ እንዳስፋሕፍሐ ስለዝኸደ ድማ ሓምድ እድሪስ ዓዋተን ብጾቱን ንሃበረዳ

ዝተባህለ ቦታ ጉዕዝኦም ኣምርሑ።

እቶም ብመሪሕ ስዉእ ሓምድ እድሪስ ዓዋተ ብረታዊ ተጋድሎ ህዝቢ ኤርትራ ዝጀመሩ ሸውዓተ ምዑታት ተጋዳልቲ ኣቦታት ሰራዊት ሓርነት ኤርትራ ድማ፡

1. ስዉእ እድሪስ ሓምድ ዓዋተ ብ1962 ኣብ ጸባ ብዝኣተወ ስሚ ተሰሚሙ ተሰዊኡ፡
2. ስዉእ እድሪስ ሓጃጅ ኣብ 1977 ኣብ ኩናት ኣቑርደት ተሰዊኡ
3. መሓመድ ኢብራሂም ቁጡብ
4. ዓብዱ መሓመድ ፋይድ፣ ወዲ ሓው-ኣብኡ ንዓዋተ፣ ኣብ ወርሒ ሕዳር 1961 ኣብ ኣልገደን ተሰዊኡ
5. ኣደም ዓዋተ ፋይድ ኣብ ወርሒ የካቲት 1962 ኣብ ኩርኩጂ ተሰዊኡ
6. መሓመድ ዓሊ በረግ- ብጸላኢ ተታሒዙ ኣብ ኣቑርደት ተቐቲሉ
7. እድሪስ ዑስማን ባህታ- ብ2008 ኣብ ጀርመን ዓሪፉ

ዕለት 10 ሓምለ 1922 ኣብ ድቂ-ሽሓይ-ገርገር ወረዳ ዓንሰባ ተወሊዶም። ስለምንታይ ኢዩ ተጋዳላይ ሰረቐ ባህታ ብእድሪስ ዑስማን ዝብል ጉልባብ ስም ይጽዋዕ ነይሩ ንዝብል ሕቶ፡ ምስቲ ኣብቲ ግዜ እቲ ዝነበረ ውሽጣዊ ኩነታት ህዝብና ብምዝማድ፡ ምናልባሽ ተባሂሉ ዝዋሃብ መልሲ እንተዘይኮይኑ፡ ብርግጽ ሎሚ ክንምልሶ ዝካኣል ሕቶ ኰይኑ ኣይረኸብናዮን። እዚ ከምዚ ዝኣመሰለ ናይ ስም ለውጢ ግን፡ ጀመርቲ ሰውራ ኤርትራ ኣመንቲ ምስልምና ጥራሕ ከምዝነበሩ ጌርካ ክግለጽን፡ መግዛእታዊ ጸላኢ ዓቢ ፕሮፖጋንዳዊ መሳርሒ ንኸጥቀመሉ ዓብዪ ዕድል ዝኸሰተን ምንባሩ ግን ዝሳሓት ኣይኮነን።

ነቲ እዞም ሸውዓተ ኣቦታት ብረታዊ ሰውራና ክብገሱ እንከለዉ ዝነበሮም ዕጥቂ፡ ሃገራውነትን እምነት ህዝቢ ኤርትራን እንተዘይኮይኑ፡ ምስ ዕጥቂ ጸላእቲ ዝወዳደርን ዝዛመድን ከምዘይነበረ ርዱእ ኮይኑ፡ ዝርዝር ትሕዝቶ መንቀሊ

ብረቶም፡

ሓንቲ ሽጉጥን ሓንቲ ጓንዴን ሓምድ እድሪስ ዓዋተ ምምሕዳር መንግስቲ እንግሊዝ ኣብ ኤርትራ ምስ ኣተወ ዝሃብዎን ሽዱሽተ ኣልቢን ናይ ኣቡኡ ካብ ጣልያን ዝረኸብወን ሒዞም ኢዮም ወጺኦም። በዘን ትሕዝቶ እዚኣተን ድማ ኢዮም ኣብ ወርሒ ጥቅምቲ 1961 ኣብ ክሳድ ጎቦ ኣዳል ምስቲ ንጐሽጓሽ ዝወፈረ ሰራዊት መንግስቲ ኢትዮጵያ ኲናት ገጢሞም፡ ብዙሕ ክሳራታት እኳ እንተኣውረድሉ፡ ኣብ ውግእ ክሳራን መኽሰብ መኻይዲ ብምኽንያት ግን ተጋዳላይ መሓመድ ዓሊ በረግ ብጸላኢ ተታሒዙ ጸኒሑ ኣብ ኣቈርደት ከምዝተቐትለ ይፍለጥ። ድሕሪዚ ኲናትዚ ብርክት ዝበሉ መንእሰያት ስለዝተጸንበርዎም ቁጽሪ ተጋደልቲ 22 በጺሑ፡ ምንቅስቓሶም ድማ ናብ ኣልገዴን ዝተባህለ ቦታ ኣምርሐ። ወፍሪ ሰራዊት ኢትዮጵያ ተኸታታሊ ብምንባሩ ግን፡ ኣብ ወርሒ ሕዳር 1961 ኣልገዴን ኣትዮም ድሕሪ ምኽባብ፡ ነቲ ሕማም ዓሶ ኣጥቒዕዎ ኣብ መጋርያ ሓዊ ዝመውቕ ዝነበረ ተጋዳላይ ዓብዱ መሓመድ ፋይድ ካብ ኮፍ ዝበሎ ከይተሰኤ ብጸላኢ ተቐትለ። ስለዚ ድማዩ ዓብዱ መሓመድ ፋይድ ናይ መጀመርታ ስዉእ ተጋዳላይ ብረታዊ ተጋድሎ ህዝቢ ኤርትራ ዝፍለጥ።

ድሕርዚ ተኸታታሊ ስርሕታት ኣብ መጀመርታ ወርሒ ጥሪ 1962 ተጋደልቲ ኣብ ኣዳል ተኣኪቦም እንከለዉ ብዙሓት ደቂ እቲ ከባቢ ናይ ሓምድ እድሪስ ዓዋተን ብጾቱን ንበረኻ ምውጻእ ዝሰምዑ ክጽምበሩዎም ኣብዝመጽሉ ግዜ፡ ሓምድ *"ሸፍትነት ዝባሃል ድሕሪ ሕጂ የለን፤ ነዛ ባንዴራ እዚኣ ኢልና ኢና ወጺና ዘለና"* እንዳበለ ነታ ሰማያዊት ባንዴራ ዘርጊሑ ምንቅቓሕ ጀመረ። እዚ ጥራሕ ዘይኮነ ህዝቢ ኣኪብካ ዕላማኦም ንኸረድኡ ኣብ ዝገበርዎ ጻዕርታት፥ ህዝቢ መጎራይብ ሓደ ካብቶም ቀልጢፉ ዝተቐበሎም ምኽኑ ክጥቀስ እንከሎ፡ ብሕልፊ ኢብራሂም ቕጡብ ወታሃደር ጣልያን ስለዝነበረ፡ ብዛዕባ ሃገራዊ ዕላማታት ንህዝቢ ጽቡቕ ናይ ምግላጽ ክእለት ነይርዎ። ካብዚ ንዳሓር ግን ብዙሓት ወታሃደራት ሱዳን ካብዝነበሩ ኤርትራውያን ናብ ሰውራ ክውሕዙ ስለዝጀመሩ ሓይሊ ተጋደልቲ እንዳተርነዐ ክኸይድ ከሎ፡ ብኣንጻሩ ሰራዊት መንግስቲ ኢትዮጵያ ሕልምታቱ እንዳበነነን ሰውራ ኤርትራ ከምቲ ዝባሃል ናይ ውሱናት ሽፍትነታዊ ምንቅስቓስ ከምዘይኮነን ብቐሊል ክጠፍእ ከምዘይክእልን ዝተረጋገጸሉ እዋን ኢዩ።

ተዘክሮታት ኣቶ ብርሃነ ጎይትኦም ብዛዕባ ሓምድ እድሪስ ዓዋተ

ኣብዚ እዋንዚ ኣብ ሳንታ-ሮዛ ካሊፎርንያ ምስ ስድራ-ቤቱ ዝነብር ዘሎ ኣቶ ብርሃነ ጎይትኦም፣ ኣብ መጀመርያ ስሳታት ኣብ ላዕላይ ሃይኮታ ሰራሕተኛ ጀርዲን

ከሎ ምስ ሓርበኛ ስዉእ ሓምድ እድሪስ ዓዋተ ተራኺቡ ከም ዝነበረን ተዘክሮታቱን ትዕዝብቱን ከምኡ'ውን ናይቲ እዋን'ቲ ገድላዊ ፍጻመታት ንኣዳለውቲ መጽሓፍ ብመልክዕ ቃለ-መሓትት ዘካፈሎ ሓበሬታ።

መልእኽቲ ኣብ ዓዲ ዝዓረፉ ወላዲት ተሓቢርና ንደቀን ከነርድእን ከነጸናንዕን ካብ ዝተፈላለየ ከተማታት በይ-ኤርያ ተጓዒዝና ኣብቲ ገዛ ተኣከብና። ከምቲ ልሙድ ባህሊ ድሕሪ ገለ ሰዓታት ዕላልን መዘናግዒ ዋዛታትን ተጀሚሩ ናብ ታሪኽ ሃገርን ቃልስን ተሰጋጊሩ ኣቶ ብርሃነ ጎይትኦም ናብ ናይ ስሳታት ዕላል ኣትዩ ምስ ሓምድ ዓዋተ ዝተራኸብሉን ዝነበረ ኵነታትን ክዝክር ምስጀመረ ነቶም ኣብቲ ገዛ ዝነበሩ ዘደንጸወ ኵነታት ተጋሂዱ፣ “ምስ ዓዋተ ተራኺበ ዲኻ ዝበልካ...ድገመልና?” ዝብል ሕቶን ኣትኩሮን ካብ መብዝሕትኦም ሽው ዘይተወልዱን ወይ ሽው ቆልዑ ዝነበሩን ግን ንሃገራዊ ናጽነት ኤርትራ ዝተጋደሉን ተኸስተ። እወ ተራኺብና እብለኩም ኣለኹ ብምባል ዝርዝር ሓበሬታኡ ብምቕጻል፣ ብዛዕባ'ዚ ዘዘንትወልኩም ዘለኹ ኣጋጣሚ ምስ ኣያ ሰረቐ ባህታ ኣብ ገዳርፍ ኣብ የካቲት 1976 ተራኺብና ኣብቲ እዋን'ቲ ኣብቲ ቦታን ምስ ሓምድ ዓዋተ መጺኡና ከምዝተራኸብናን ሓባራዊ ተዘክሮና ኣልዒልና የዕሊልና ኔርና ኢና በለ። ኣብቲ ኣኼባ ካብ ኣዳለውትን ኣበርክትን መጽሓፍ ስለዝነበሩ ንኣቶ ብርሃነ ተሞክሮኡ ከካፍል ሓቲቶሞ ፍቓደኛ ብምዃኑ ቀጺሉ ሰፊሩ እነሆ።

ሕቶ፡ ድሕሪ ባይታኻ'ዶ ክትሕብረና፡

> ስመይ ብርሃነ ጎይኦም፡ ዝተወለድክሉ ዓዲ፡ ማይዝጊ ኣብ ወረዳ ደረጨን፣ ኣውራጃ ኣከለጉዛይ እዩ፡ ዝተወለድክሉ ዕለት ሓደ ግንቦት 1942 ዓ ም ፈ እዩ። ኣብ ዓደይ ክሳብ እዋን ወርሒ ሚያዝያ 1959 ዓ.ም.ፈ. ናይ ስድራ ቤትና ጥሪት እየ ዝጓሲ ነይረ። ድሕሪኡ ካብ ዓደይ ወጺአ ስራሕ ክናዲ ብጊንዳዕ ሓሊፈ፣ ኣብ ማይ ውዑይ ኣብ ጀርዲን ንገለ ኣዋርሕ ሰሪሐ ብወርሒ ሚያዝያ 1961ዓ.ም.ፈ ብኣቖርደትን ባረንቱን ጌረ ኣብ ኣውጋሮ ኣትየ ከሪመ። ድሕሪኡ ስራሕ ክንደሊ ምስ ዓርከይ ፍስሃ ክፍለ ዝበሃል ሩባ ጋሽ ሒዝና ተጓዒዝና ኣብ ላዕላይ ሃይኮታ ሰሉስ መዓልቲ ናይ ወርሒ ሕዳር (ዕለቱ ኣይዝክሮን) 1961 ዓ.ም.ፈ ኣብ ጀርዲን ናይ ዲሚትሪ ወዲ ሲደሪ ዝበሃል ግሪኻዊ ስራሕ ጀሚረ። ንሰንበታ ሰዓት ትሽዓተ ኣቢሉ ሓርበኛ ሓምድ እድሪስ ዓዋተ ምስ ተጋደልቲ ናብቲ ጀርዲን መጺኡ "ዲሚትሪ ኣበይ ኣሎ ኢሉ ሓቲቱ፣ የሎን ምስ በልዎ" ክልተ ሞተር ናይ ማይን ሓንቲ ትራክተርን ድሕሪ ምቕጻሉ፡ ንኸልና ሽቃሎ ኣኪቡ ብፍላይ ነቶም ሓለፍቲ ስራሕ (ብኩብራረ ዝጽውዑ ዝነበሩ) ንኢዮብን ናሽሕን ዝበሃሉ ፍሉይ ኣኼባ ኣካይዱ፡ ነታ ዝጸበቐት ሸንኽ ናይቲ ጀርዲን ተኸሊ በናና ብቛንቋ ዓረብ “ኣቕጣዕ ኣል ሙዝ” (ነቲ ተኸሊ ቊረጽዎ ማለት'ዩ) ዝብል ትእዛዝ ሂቡና፣ ንሕና'ውን ሕር-ሕራይ ጌርና ቆሪጽናያ። እንተኾነ ግን ድሕሪ ቅሩብ እዋን ጠጢዓ መጸበቒኣ ደኣ ኰነ።
>
> ድሕሪኡ ሓምድ ንኸልና መሪሑ ናብቲ መረባዕ ካዝና ገንዘብ ዝቕመጣ ገዛ ኣተና፡ ንናይ ሕሳባት ሓላፊ ጀዋኒ ዝበሃል ኩናማዊ ብቛንቋ ዓረብ ጌሩ "ኣፍታሕ ኣል ካዝና" (ንሳጹን ናይ ገንዘብ ክፈቶ ማለት'ዩ) ኢሉ ኣዘዞ፡ ጀዋኒ ምስከፈቶ፣ ሓምድ ከምዚ ዝስዕብ ኣስተምህሮ ሀበና፡ ስምዑ እዚ

ናይ ወረቐት ገንዘብ ምስተቓጸለ እቲ ሓጻውንቲ ገንዘብ ከይተቓጸለ ክተርፍ'ዩ፣ ብድሕሬና ካብዚ ዘልዓለ ስጉምቲ ክውሰደሉ ምኽኑ ፍለጡ ክብል ኣጠንቀቐና። ንሕና ካብዚ ኣልዒልና እንወስዶ ንብረት የለን፡ ከምቲ መንግስቲ ኣምሓራ "ሽፋቱ እዮም እናበለ ዘጻልመና ሽፋቱ ኣይኮናን"። ሽፍታ ዝበሃል ገንዘብ ካብ ጁባ ዜጋታት ዝወስድን ሰብ ዘባሳብስን እዩ። ብዝተረፈ ንሕና "ናሕኑ ጣልዒን ለልዓለም'ዳ" (ንሕና ነዛ ባንዴራ'ዚኣ ኢና ወጺእና) ኢሉ ሰማያዊት ባንዴራ ቆጺሊ ኣውሊዕ ኣብ ማእከላ ዘለዋ ካብ ሳንጥኡ ኣውጺኡ ኣርኣየና። ነታ ሳጹን ብኽርቢት ኣቃጺሉ እተን ናይ ወረቐት ገንዘብ ተቓጺለን እቲ ሓጻውን ግን ከምቲ ዝበሎ ከይተቓጸለ ተሪፉ፣ ንጀዋኒ ነታ ሳጹን ዕጸዋ ኢሉ ትእዛዝ ሂቡ ኣዕጸዋ። ድሕሪ ቀ'ሩብ ደቓይቕ ሚኒኮሎ (መነጽር) ጌሩ ንሃይኮታ ገጹ እንተረኣየ ፖሊስ ናብቲ ዘለናዮ ጀርዲን ከመጹ ምስረኣየ "ኣውላድ ኣልሓራም ዴል ጃዩን" (እዞም ደቂሓራም ይመጹ'ለዉ፣ ማለትዩ) ድሕሪ ምባሉ፣ ብቛንቋ ጥልያን ጽሒፉ በታ ዝወጸላ ሓጹር ነታ ወረቐት እምኒ ጸቒጡ "ነዛ ወረቐት ከይተልዕልዋ ንሶም ምስ መጹ ባዕሎም የልዕልዋ" ኢሉና ምስ ብጾቱ ከደ።

እቶም ፖሊስ መጺኦም ነታ ወረቐት ኣልዒሎም ምስከፈቱዋ ብጥልያን ዝተጻሕፈት ስለዝነበረት ንቛንቋ ጥልያን ናይ ምንባብን ምትርጓምን ክእለት ዝነበሮ ጀዋኒ ይትርጉምሎም፡ ትሕዝቶኣ ድማ "ንሕና ንዓኹም ደሊና ኣይኮናን መጺእና፡ ንሕና ናጽነት ኤርትራ ደሊና ኢና ወጺእና ዘሎና፡ ንዓኻትኩም'ውን ስለዝምልከተኩም ባዕልኹም ክትሳተፍዎ ኢና ንጽበ፣ ክባኹም እንተተረፈ ግን ደቅኹም ክሳተፍዎ ምኻኖም ኣይንጠራጠርን ኢና። ስለዚ ንስኹም ደቅኹም ኣዕብዩ፣ ንሕና ድማ ጉዳይና ክንገብር ኣይትስዓቡና ንሕና'ውን ኣይክንመጸኩምን ኢና፡ ይብለኩም ኣሎ እንተበሎም፡ ትቕብል ኣቢሎም "እዚ ከኣ ኣበይዝነበረ... ኣጸያፊ ድሑር ጸርፊ" ደርብዮም ንሩባ ጋሽ ሰጊሮም ከዱ። እቲ ቦታ ብብርቱዕ ኣግራብ ዝተሸፈነ ጫካ እዩ ነይሩ መምዝገቦም ሒዞም ክሳብ ጸልማት ዝፈልዮም ክታኹሱ ውዒሎም። ንፖሊስ ዘነቓነቐ ዎሃጅ ዝብሃል ካብቲ ከባቢ ጀርዲን ዝቐመጥ ዝነበረ፣ ሪፉይ ተወጢሑ ከይዱ ስለዝሓበሮም ምኽኑ ድሒርና ክንፈልጥ ክኢልና። ንምሽቱ ድማ ሓደ ካብ ፖሊስ ሞይቱ፣ ሓደ ድማ ካብ ተጋደልቲ ከም ዝተሰውአ ፈሊጥና። እቶም ፖሊስ ሬሳኦም ሒዞም ክድረሩ ናብ ጀርዲን ምስተመልሱና ርኢናዮም፡ ናይቲ ተጋዳላይ ሬሳ ግን ኣይረኤናዮን። ኣብቲ እዋን'ቲ ናብ ተጋዳላይ ዝተተኮሰ ጥይት ንኽዳኑ'ድኣ ኣቃጺሉ ይረግፍ'ምበር ናብ ሰብነቱ ኣየጽበሕን'ዩ ዝብሃል ብሂል ምንባሩ እዝክር፣ ብዓይነይ ግን ኣይረኤኹን። ፖሊስ ምስተደረሩ ነቶም ኣጕባዝ ዝነበርና ሓርዮም ነቲ ሬሳ ናብ ሃይኮታ ተሸኪምና ከነብጽሖ ኣዚዞምና ኣብጺሕናዮ'ውን። እዚ እዩ እቲ ብዓይነይ ዝርኣኹዎ፣ ካልእ ብወረ ዝሰማዕክዎ'ድኣምበር ብዓይነይ ዝርኤኹዎ የለን። ኣነ ካብ 24 የካቲት 1964 ጀሚረ ኣባል ናይ ተጋድሎ ሓርነት ኤርትራ ኰይነ ይቃለስ ነይረ ክሳብ ሕጂ'ውን ናብ ዝኾነ ይኹን ካልእ ውድብ ኣይቀየርኩን ክሳብ'ቲ ዝተበገስክሉ ዕላማታት ዝገሃድ ጸኒዐ ይቕጽል ኣለኹ።

ሕቶ፡ ዲሚትሪ ወዲ ሲደሪ ሽው ኣበይ ነይሩ፡ ንምንታይ'ከ በዓል ሓምድ ደልየሞ፡

ኣብ'ቲ እዋን በዓል ሓምድ ናብቲ ጀርዲን ዝመጽሉ እዋን ኣጋጣሚ ኰይኑ

ዲሚትሪ ከምርዖ ኣብ ከረን'ዩ ነይሩ። ዲሚትሪ ጎበዝ መንእሰይ፣ ዝርኣዮ እናተዛረበ ዝኸይድ ጽጋብ፣ ንሓምድ ዓዋተን ዕላማ ምግዳሉን ዘቋናጽብ ዘረባታት ይድርቢ ስለዝነበረ፣ እቲ ዝብሎ ድማ ኣብ ሓምድን ብጾቱን ስለዝበጽሐ እሞ ከእርምዎን ከቐጽዕዎን መጺኦም ምንባሮም እቶም ብዕድመ ዝደፍኡ መሳርሕትና ሓቢሮምኒ።

ሕቶ፡ ኣብቲ ከባቢ ካልኦት ጀራዲን ነይረን'ዶ፡ ኣብ ልዕሊኦን ዝተወሰደ ናይ ምቅጻል ስጉምቲ'ኸ ነይሩ'ዶ፡

ካብተን ክዝክረን ዝኽእል ዝነበራ ጀራዲን፡ እንዳ ሃብተ ንጉሩ፣ እቲ ዝዓበየ ኣብ ላዕላይ ሃይኮታ ናይ ዲሚትሪ፡ ትሕቲኡ ናይ እንዳ ዓለብኡ ናይ ሲደሪ፡ ካብኡ ምስወረድካ እንዳ ሃዛም፡ እንዳ ከረሜላ ዝብሃል፡ ካብኡ ሓሊፉ ሓንቲ ሓዳስ ጀርዲን ስም ዋንኣ ዘይዝክሮ፣ ኣብ ኣላቡ ናይ እንዳ ኣቡ ሰላሕ፣ ካልእ ኣስማቶም ዝረሳዕክዎ'ውን ነይሮም። እቲ ዝፈሪ ዝነበረ ቀንዲ ባናና እዩ ነይሩ፣ ምኽንያቱ ኣብ ዓዲ ጥልያን ዓቢ ጠለብ ስለዝነበሮ። ኣብ ገለ ጀራዲን ኣብ ርእሲ ባናና ፓፓዮ ኣሕምልቲ ኮሚደረ ዘፍርዩ ነይሮም። ነቲ ናብ ዓዲ ጥልያን ዝስደድ ጉዕ ከሎ ብሰናዱቕ ዓሽግና ብናይ ጽዕነት መኻይን (ኤነ-ትረታት) ተጻዒኑ ናብ ባጽዕ ይበጽሕ፣ ካብኡ ብመርከብ ናብ ዓዲ ጥልያን ይስደድ ነይሩ። ነቲ ናብ ውሽጢ ሃገር ዝዝርጋሕ ግን ምስ በሰለ እዩ ንሰዶ ዝነበርና።

ኣብ ካልእ ጀራዲን ከምቲ ናይ ዲሚትሪ ናይ ምቅጻል ስጉምቲ ዝተወስዶ ኣይነበረን። ዲሚትሪ ተመሊሱ ጀርዲኑ የካይድ ነይሩ። ከምቲ ዝሰማዕናዮ፡ ሃብተ ንጉሩ ንሓምድ ዓዋተን ዲሚትሪን ኣራኺቡ ከምዝዓረቐም እሞ እቲ ጉዳይ ከምዝዓረፈ እዩ።

ሕቶ፡ ካልእ ዝተፈጸመ ኣጋጣምታት ዝሰማዕካዮ'ውን እንተኸኦ እንታይ ተካፍለና፡

ኣድላዪ እንተኸኦይኑ ሓደ ተጋዳላይ ዓሊ ሸላል ዝብሃል ኣብ ሓጋይ ናይ 1962 ንዕረፍቲ ናብ ከሰላ ኣትዩ ዘዕለለና ከካፍለኩም ባህ ይብለኒ። ዓሊ ይብል ኣብ ከባቢ ሓጋዝ ምስ ሓይሊ መግዛእቲ ተዋጊእና ሓደ ተጋዳላይ ተሰዊኡና ክንቀብሮ ምስደሌና እቶም ኣብኡ ዝረኽብናዮም ደቂ'ቲ ዓዲ ቦታ መቕበሪ ክህቡና ምስሓተትናዮም ከሊኦምና ይብል፡ ካብ ኣባላትና "ክኸልኡና ኣይክእሉን'ዮም ስጉምቲ ክንወስደሎም ኣለና" ምስበለ ሓደ ካብቶም ብዕድመ ዝነኣሰ ተጋደላይ "ይሀው ሰብር ውደ" (ብቛንቋ ትግረ፡ ዓቕሊ ግበር፣ ማለት'ዩ) ምስበለ እሞ እንታይ ንግበር ኢሎም ሓምድ ኣብኡ ስለዘይነበረ ካብ ዘለዎ ተጸዊዑ ከመጽእ'ሞ ባዕሉ ነቲ ጉዳይ ክፈትሖ ተሰማምዑ። ሓምድ መጺኡ ኣብ ኣኼባ ተጋደልቲ "እንታይ እዩ'ቲ ጸገም" ክብል ይሓቶም፡ ሓደ ካብቶም ተጋደልቲ "ስዉእና ክንቀብር እዞም ዓዲ ቦታ ከሊኦምና ስለዘለዉ ክንሃርሞም ኣለና" ምስበለ፤ ሓምድ "እዋእ ዓያሹ'ዲኹም፣ ንምንታይ ዲኹም ወጺእኩም፡ ምእንቲ ድሕነቶምን ናጽነቶምን እንዲኹም ወጺእኩም" ክብል ምስ ሓተቶም፡ "እወ" ክብሉ ይምልስሉ። ግርም እምበኣር ምቕባር ከሊኦምና ኢልካ ህዝቢ ኣይህረምን'ዩ ብምባል ነቲ ዓዲ ከእከብ ይጽውዕ'ሞ ኣብ ኣኼባ ነቶም ዓዲ "እንታይ ኰንኩም ኢኹም ምቕባር ከሊእኩምና" ክብል ይሓቶም። ካብቶም ዓበይቲ ዓዲ ተንሲኦም፣ "ንሕና ነዚ ተሰዊኡ ዘሎ ሰብ

ኣይንፈልጦን ኢና ኣብ መሬትና ድማ ዘይንፈልጦ ሰብ ኣይነቐብርን ኢና" ምስበልዎ፣ "ኣነ ካባኹም ዝጽበዮ ዝነበርኩ መልሲ እዚ እዩ፡ እንቋዕ'ድኣ መሬትኩም ምኳኑ ምፍላጥኩምን ትከላኸልሉን ምኳንኩምን ፈለጥና'ምበር ኣይከነገድደኩምን ኢና፡ ስለዚ ሕጂ ዕንጨት ኣኪብኩም ክትህቡና ኢና ንሓተኩም" ምስበሎም፡ እዋእ ዕንጨት'ድኣ ንምንታይ ኢልኩሞ ክብሉ ሓተትዎ"። ምቕባር ካብ ከላእኩምና ድኣ ጉንዲ ኣይኰነን ኣብዚ ሓዲግናዮ ክንከይድ፣ ከነቃጽሎ ኢና ምስበለ፡ እቶም ዓዲ "ሬሳ ብሓዊ ክቃጸል ክንርኢ ኣይንደልን፣ ስለዚ ግደፉ ኣይተቃጽልዎ ክትቀብርዎ ፈቒድና ኣለና" ምስበሉ ተማሳጊንና ስዉእና ቀቢርና ተጓዒዝና ክብል ዓሊ ሽላል ኣዘንተወልና።

እቶም ወነንቲ ጀራዲን ነቶም ሰራሕተኛታት ሓደ ቅርሺ እናኸፈሉ፣ 9 ሰዓት ንመዓልቲ እንዳሰርሑ ይምዝምዝዎም ስለዝነበሩ፡ ሓምድ ዓዋተ ካብ ሕጂ ንንዮው ሰራሕተኛ ካብ 7 ሰዓት ንላዕሊ ክሰርሕ ከምዘይብሉን ደሞዙ ንመዓልቲ ድማ ካብ ክልተ ቅርሺ ንላዕሊ ክኸውን ከምዘለዎ ትእዛዝ ኣመሓላሊፉ ከምዝነበረ ይዝንቶ እዩ። ሓምድ ብሰራሕተኛታት ኰነ በቲ ህዝቢ ፍቱው ከምዝነበረ ይፍለጥ።

ሕቶ፡ ንተጋደልቲ ሓምድ ዓዋተን ብጾቱን ኣብ ላዕላይ ሃይኮታ ቅድሚ ምርካብካ፣ ብዛዕብኦም እትፈልጦ'ዶ ኔሩካ፡

ኣብ ኣውጋሮ ከለኹ ብዛዕባ ሓምድ ዓዋተ ዝሰምዖ ዝነበርኩ ወረ ነይሩ እዩ፡ ንሱ ድማ ምእንቲ ናጽነት ኤርትራ ብወርሒ ሚያዝያ 1961 ገድሊ ከምዘበገሰ፣ ብሓደ መስከረም 1961 ድማ ኣብ ጎቦታት ኣዳል ወጺኡ ምጅማር ብረታዊ ተጋድሎ ንናጽነት ኤርትራ ዘበስር ናይ መጀመርያ ጥይት ከምዝተኮሰ እፈልጥ ነይረ። ቅድሚ ምስላፉ ምስሌነ ናይ ወረዳ ገርሰት ምንባሩን ካብ ውሽጢ ሃገርን ወልቃይትን ካብ ጋሽ ከብቲ ዘሚቶም ንዝኸዱ ይሃድንን ከብቲ ናብ ዋናታተን ይመልስን ምንባሩ ይንገረሉ ነይሩ።

ሕቶ፡ ንጅግና ሓርበኛ ሓምድ ብኣካል ካብ ዝረኸቡ ውሑዳት ሓደ ኰንካ እሞ ዝርኣኻዮ ታሪኽ ከተካፍል ምብቃዕካ ዘሐብን'ዩ። ብትዕዝብትኻ እሞ በቲ ሽዑ ዝርኣኻዮ ንባህርያትን ቁመናን ሓምድ ከመይ ትገልጾ።

ኣነ ኣብቲ እዋን'ቲ ወዲ 19 ዓመት'የ ነይረ፣ ንሱ ብግምተይ ከባቢ ወዲ ኣርበዓ ዓመት ይመስል፣ ህዱእ መስተውዓሊ ሰብኣይ፣ ዝገብሮ ዝፈልጥ ቆራጽ ጅግና ምኳኑ እየ ዝዕዘብ።

<u>ኲናት ተጎሩባ</u>

ተጋድሎ ሓርነት ኤርትራ ስለምንታይ እያ ን15 መጋቢት ከም መዓልቲ ሰራዊት ኤርትራ ክተብዕላ ዝመረጸት? ቅድሚኡ ይኹን ድሕሪኡ ዝተኻየደ ናኣሽቱ ይኹን ዓበይቲ ዓወታትን ዝተኸፍለ ግዙፍ መስዋእትን የለዉን ድዮም ዝብሉ ሕቶታት ክላዓሉ ከምዝካኣሉ ፍሉጥ ኢዩ። ናይዚ መልሲ ድማ "እወ! ኣለዉ እምበር!"፡ ካብ ጫፍ ደንካልያ ክሳብ ዶብ ሱዳን፡ ካብ ጫፍ ሳሕል ክሳብ ዶብ ናይ መረብን ዛላምበሳን ዘሎ ጎቦን ስንጭሮን፡ ኩርባን ሜዳን ጥራሕ ዘይኰነስ፡ ሰራዊት ኤርትራ ኣብ ውሽጢ ዋና ከተማ መግዛእታዊ ሰራዊት ኣትዩ ዝፈጸሞም ስርሒታትን ዓወታትን ብዘለና ሓጺር ግዜ ተዘሪቡ ዝውዳእ ስለዘይኮነ፡ ግዝይኣም

ሓልዮም ንኽጸሓፉ ንተረኽቲ ክንገድፎም እዩ ዝሓይሽ። ይኹን'ምበር፡ ኣብ ቀዳማይ ዓመት ዕድመ ናይ ሰውራና ብሓምለ 1962 ዓ.ም ኣብ ልዕሊ እቶም ብምፍራስ ፌደረሽን ኣቢሎም ንህዝቢ ከርዕዱ ብጀነራል ኣብዪ ኣበበን ኣስፍሃ ወልደሚካኤልን ካልኦት ሰበ-ስልጣንን ተመሪሖም ኣብ ከተማ ኣቑርደት ኣኼባ ናይ ህዝቢ ንኽካይዱ ዝተላእኩ ሰብ-መዚ ገለ ካብ ተጋደልቲ ሰራዊት ሓርነት ኤርትራ ኣትዮም ብዝደርበይዎ ቦምባ ብዙሓት ኣደዳ ሞትን መቑሰልትን ኲይኖም፡ ዝተመደበ ኣኼባ ምፍሻሉ ካብ ክጥቀሱ ዝከኣሉ መባእታዊ ናይ ዓመት ስርሒታት ምንባሮም ዝዝከር እዩ።

ናይ 15 መጋቢት 1964 ኲናት ቶጎሩባ ሓለፉ ግን፡ መግዛእታዊ ስርዓት ኢትዮጵያ፡ “ሃገርና ሰላም ኢዩ ዘሎ፡ ውግእ ዝበሃል የብልናን፡ ህዝቢ ኤርትራ ምስ ኣዴኡ ኢትዮጵያ ብሓደ ሓቢሩ ክነብር ተቐቢልዎ እዩ። ኣብ ውሽጢ ኤርትራ ብገመድ ኣሲርና እነምጽኦም ውሑዳት ወንበዴታት እንተዘይኲይኖም ተቓውሞ ዝበሃል የለን“ እንዳበለ ንደገን ንውሽጥን ክምድር እንከሎ፡ ንሰውራና ብዕሽሉ ንምቕጻይ ከኣ ብዝተፈላለየ ኣስማት ዝፍለጥ ሰራዊት ኣዋፊሩ ፍሽለታትን ሕፍረትን ተኸዲኑ ዝምለሰሉ ዝነበረ ናይ ደባይ ውግእ ኣዋናት እዩ ነይሩ። ሰራዊት መግዛእቲ ስርዓት ሃይለስላሴ በዚ ኣገባብ እዚ ነጭ-ለባሽን ባንዳ-ብጨርቁን ፊልድ-ፎርስን ኣዋፊሩ ንሰውራ ኤርትራ ክሰንፎ ከምዘይክእል ስለዝተገንዘበ ድማ ኢዩ፡ ሓንሳብን ንሓዋሩን ንሰራዊት ሓርነት ካብ ገጽ መሬት ንምድምሳስ ኣብ ዕለት 15 መጋቢት 1964 ዓ.ም ንመጀመርታ ግዜ ካብቲ እቲ ስርዓት ዝምክሓሉ ዝነበረ ሓይሊ ጦር ሰራዊት ብብዙሓት ታንክታትን፡ መዳፍዕን፡ ካልእ ከበድቲ ኣጽዋር ውግእን ተሰንዩ እንዳፈከረ እዩ ናብ ቶጎሩባ ወፊሩ። ነዚ ብዱዕ ወፍሪ ዝፈለጡ ገለ ካብ ጋንታታት ሰራዊት ኤርትራ ከኣ ኣብ ቶጎሩባ ኣድብዮም ብምጽናሕ ነቲ ብትምክሕቲ ተላዕጢጡ ንተጋደልቲ ኣሲሩ ንኽምለስ ገመድ ከይተረፈ ሒዙ ዝወፈረ ሓይሊ ጦር ሰራዊት ንመጀመርታ ግዜ ፊትን ግንባርን ገጢሞም፡ ብናይ ሓርነት ሃልሃልታ ለብሊቦም ኣደዳ ሞትን መቑሰልትን ኲይኑ ንብረቱ ግዳይ ምርኮን ዛሕዛሕን ኲይኑ ናብ ዝተበገሰሉ ቦታ ሃዲሙ ንኽምለስ ዝቐሰበሉ በዅሪ ዓወት ካብ ስርሒታት ሰራዊት ሓርነት ዝተረጋገጸላ መዓልቲ ብምዃና እዩ። ሰራዊት ኤርትራ ነዚ ዓወት እዚ ከመዝግብ እንከሎ፡ ህዝቢ ኤርትራ ምስ ሰውራኡ ዝነበሮ ምትእስሳር ድሩት፡ ዕጥቂ ተጋደልትና ኣዝዩ ኣረጊትን ውሑድን፡ ኦበት ሰራዊትና ምስ ሰራዊት ስርዓት ሃይለስላስ ፈጺሙ ኣብ ዘይዳረገሉ ዝነበረ እዋን፡ ከምዚ ዝኣመሰለ ዓወት ክፍጸም ዘኽእሎ ቀንዲ ምስጢር እምበኣር፡ ብዘይካ ጽኑዕ ዕላማ ሓርነት፣ ተወፋይነትን ጽንዓትን ካልእ ኣይነበሮን። ኣብዚ በዅሪ ዓወት ህዝቢ ኤርትራ ዘበሰረ ኲናት እዚ 87 ካብ ወተሃደራት መግዛእታዊ ስርዓት ክሞቱ እንከለዉ፡ ሒዞም ካብ ዝወፈሩ ኣጽዋር ውግእ ብርክት ዝበለ መትረየስን ማስን ተማሪኹ ንብረት ሰውራ ኲይኑ:: ዓወት ብዘይ መስዋእቲ ክረጋገጽ ስለዘይክእል ድማ 17 ተጋደልቲ ብጅግንነት በጃ ዝፈትዉዋ ሃገሮምን ህዝቦምን ሓሊፎም።

ድሕሪ ዓወት ኲናት ቶጎሩባ መቓልሕ ሰውራ ኤርትራ ኣብ መላእ ህዝብና ተባጽሐ፡ ህዝቢ ምስ ሰውራኡ ርኡይ ምትእስሳር ክገብር ጀመረ:: ኣብ ግዳም እውን ብዛዕባ ሰውራ ኤርትራ ክጸሓፍን ክዝርጋሕን ጀመረ። እዚ ብስራት እዚ ድማ እዩ ንሞራል መግዛእታውያን ሓይልታት ሰቢሩ ሰውራና ብገመድ ተኣሲሮም ክመጹ ናይ ዘለዎም ውሑዳት ሽፋቱ ዘይኮነስ ህዝባዊ ቃልሲ ምዃኑ፡ ይንዋሕ

ይሕጸር ናጽነት ኤርትራ ከምዘይተርፍ ዘመስከረ ስርሒት ብምንባሩ ድማ እዩ ኵናት ቶጎሩባ ሓንቲ ካብ መዓልታት ሰራዊት ኤርትራ ኰይና ንኽትብዕል ዘተመርጸት። ንሓደ ተረኽቦ ከም ሃገራዊ ኮነ ውድባዊ በዓል ኰይኑ ንኽኽይድ ዝምረጸሉ ምኽንያታት ድማ እተፈጸመሉ ኵነታትን መድረኽን ኣብ ህዝቢ ዘሕድሮ ጽልዋን ተቐባልነትን እዩ መዐቀኒኡ ክኸውን ዘለዎ።

ድሕሪ ዓወት ቶጎሩባ ዝተኻየዱ ዓበይትን ናእሽቱን ስርሒታትን ኣብ ልዕሊ ሰራዊት መግዛእታውያን ስርዓታት ዘስዓብዎ ምድኻማትን ስዕረትን እክብ ድምር ኣቢልካን፡ ናይቲ ን30 ዓመታት ዝተኻየደ መሪር ሓባራዊ ብረታዊ ተጋድሎ ህዝብና፡ ብረት ዓጠቕ ተጋዳላይ ሰራዊት ሓርነት ኤርትራን ህዝባዊ ሰራዊት ሓርነት ኤርትራን ኮነ ስቪልን፡ ኣዴታትን ኣቦታትን ኣሓትን ኣሕዋት ብዘይኣፈላላይ፡ ኣብ ኵሉ ኵርናዓት ናይ ኤርትራ ከተማታትን ገጠራትን፡ ዝተፈጸመ ዓበይትን ናእሽቱን ዓወታትን፡ ብዝኸፈልዎ መስዋእትን ስንክልናን፡ ዝፈሰሰ ደምን ዝተኽስከሰ ኣዕጽምትን፡ ዘስዓቦ ብርሰትን ንድየትን ድማ እያ ኤርትራና፡ ኣብዚ ዳሕረዋይ መዋእል ብወሳኒ ተራ ህዝባዊ ሰራዊት ኣብ 1991 ዓ.ም ናጽነታ ክተረጋግጽ ዝኸኣለት።

ኣብ ናይ መጀመርያ ኣትኪልካ ተዋጋእ ኵናት ተጎሩባ ብጅግና ሰራዊት ሓርነት ዝተማረኸ ብረት

ኵናት ዓድ-ሸኽ

ኵናት ዓድ-ሸኽ ኣብ 1966 ክካየድ ከሎ፡ ጸላኢ ተሳዒሩ ንብረቱ ገዲፉ ስለዝኸደ 4 ሳንዱቕ ዝተፈላለየ ጠያይት ተጋደልቲ ሓርነት ማሪኾም ንብረት ሰውራ ገይሮሞ። ኣብዚ ነዊሕ ሰዓታት ዝወሰደ ኵናትዚ ተጋዳላይ ዑስማን እድሪስ

ወሃጀር፡ እስማዒል ኣቡ-ጠዊላ፡ ዑስማን ሰይድ ኣሕመድን ብጀግንነት ተሰዊኦም።

ኣብ መንጎዚ ተጠቒሱ ዘሎ ዓመታት ጸላኢ ድምጺ ናይ ሓርነት ክዓብስ፡ ኣሃዱታት ሰራዊት ሓርነት ድማ ባርዕ ነጻነትን ሓርነትን ከምበልብል ሓያሎይ ውግኣት ተኻይዱ፡ ኣብ መዝገብ ስርሒታት ዝተሰነደ እዩ። ነዚ ክልተ ስርሒታት ክንጠቅስ እንክለና ድማ፡ ምስቲ ኣብ ውሽጢ ከተማታት ኮነ ብጸላኢ ተኸበበ ዓድታት ዝነበረ ኤርትራዊ ብሓፈሻ መንእሰያት ተማሃሮ ድማ ብፍላይ ክሳብ ክንደይ ምትእስሳር ከምዝነበሮምን ብደገን ብውሽጥን ዝካየድ ዝነበረ ስሩዕ ቃልሲ ንምትእስሳር ክሕግዘና ስለዝኽእል እዩ። ስለዚ ኸኣ፡ ኣብቲ መዋእል'ቲ ኣብ ናይ ተማሃሮ ምንቅስቓስን ውሽጣዊ ስርርዕን ኣገዳሲ ቦታ ዝነበሮም፡ ብሰሪ ፖለቲካዊ ሕልምታቶም ማእሰርትን ሕሰማቱን መግዛኣታዊ ስርዓት በዲሆም፡ ጸኒሖም'ውን ኣብ ተጋድሎ ሓርነት ኤርትራ ተሰሊፎም ኣብ ሓያሎይ ጽፍሕታት ተመዲቦም ግዲኦም ዘበርከቱን፡ ገና'ውን ሓርነት ኤርትራ ንምርግጋጽ ኣብ ምርብራብ ዝርከቡ ክልተ ኣሕዋትና ኢንጅነር ተስፋሁነይ ተኸለን ኣቶ ገረዝግሀር ተወልደን ረኺብና ተመኩርኦም በዚ መጽሓፍ'ዚ ኣቢሎም ንህዝቢ ከማሓላልፉ ተወኪስናዮም፣ ዝሃብዎ እወንታዊ መልሲ ኣንባቢ ባዕሉ ክግንዘቦ ዝኽእል እኳ እንተኾነ፡ እቲ መስርሕ ብምልኡ ተመሳሳልነት'ውን እንተሃለዎ፡ ሓደ ጉዳይ ብዝተፈላለዩ ሰባት ክግለጽ እንከሎ፡ ኣብ ነንሕድሕዱ ተማላላኢ ኣብርእሲ ምኳኑ፡ ናይቶም ኣብ ሓደ መስርሕን ኣብ ሓደ እዋንን ዝነበሩ ብጾት ዋላ'ኳ ዘይራኸቡ እንተነበሩ፡ ነቲ ታሪኽ ግን ኣብ ሓደ ኣምጺእዎ ምህላዉ ከየገንዘብና ክንሓልፍ ኣይንደልን።

ምዕራፍ ሓሙሽተ፡

ምንቅስቓስን ውድባን ተመሃሮ ኣብ ተጋድሎ ሓርነት ኤርትራ

1965-1967

ቅድሚ 1962 ዓ.ም ኣብ ኤርትራ ከም ካልኣይ ደረጃ ኣብያተ ትምህርቲ ዝፍለጣ ዝነበራ ሰለስተ ኣብያተ ትምህርቲ ጥራሕ ኢየን ነይረን። ኩለን ድማ ኣብ ከተማ ኣስመራ ርእሲ ከተማ ኤርትራ ኢየን ነይረን። ንሳተን ድማ ካልኣይ ደረጃ ቤት ትምህርቲ ቀዳማዊ ሃይለስላሴ፡ ካልኣይ ደረጃ ቤት ትምህርቲ ልኡል መኮንን፡ ካልኣይ ደረጃ መርሓ-ሙያ ተባሂለን ይጽውዓ ነይረን።

መንግስቲ ኢትዮጵያ ንዝኣተወቶ ወይ ዝተቐበለቶ ፈደራላዊ ብይን ሕቡራት መንግስታት ዓለም ክትግህሶ ኣብ ዝጀመረትሉ እዋን ማለት ሰንደቕ-ዕላማ ኤርትራ ብናይ ኢትዮጵያ ጥራሕ ከም ዝትካእ ኣብ ዝገበረትሉ ግዜ፣ ዕላዊ ቋንቋታት ኤርትራ ወጊዳ ብቋንቋ ኣምሓርኛ ኣብ ዝተከኣቶ ግዜ፣ ኣብ መወዳእታ ድማ ብ1962 ንኤርትራ ከም መበል 14 ክፍለ ሃገር ኣብ ዝኣወጀትሉ ግዜ ተመሃሮ ኤርትራ ተቓውሞኦም ኣድማታት ብምክያድ ይገልጹ ነይሮም ኢዮም።

ኣብ ወርሒ 2 , 1965 እተኻየደ ኣድማ፡ ፍሉይ ነይሩ። ሓያሎይ ካብቶም ኣብኡ እተሳተፉ ተመሃሮ ኣብ ተጋድሎ ሓርነት ኤርትራ (ተ.ሓ.ኤ) ተሰሪያም ንኽቃለሱ ኣፍደገ ዝኸፈተ ድማ ኢዩ ነይሩ እንተተባህለ ምግናን ኣይኮነን። ናይቲ ኣድማ ቀንዲ ወደብቲ ተመሃሮ ናይ 2ይ ደረጃ ቤት ትምህርቲ ልኡል መኮንን እኳ እንተነበሩ፣ ክሳብ ስውእ ስዩም ዑቕባሚካኤልን ስውእ ወልደዳዊት ተመስገንን

ብድሕሪቲ ኣድማ ናብ ተሓኤ ተሰሊፎም ኣብ ሓምለ -ነሓሰ 1965 ናብ ከተማ ኣስመራ ስርርዕ ከካይዱ ምእታዎም፣ ሱር ዝሰደደ፡ ምስ ተሓኤ እተኣሳሰረ ናይ ተማሃሮ ምንቅስቓስ ኣብ ኣስመራ ኣይነበረን። ዋላ እኳ ብኣካል እንተዘይረኸብዎ፣ ኣብቲ እዋን እቲ፡ ገዲም ተጋ/መሓመድ ብርሃን ብላታ ምስኦም ስርርዕ ከካይድ ናብ ኣስመራ መጺኡ ከምዝነበረ ሓበሬታ ረኺበ ነይረ።

ሓርበኛ ስዉእ ተጋ/ ስዩም ዑቕባሚካኤል:- ሓርበኛ ስዉእ ተጋ/ ወልደዳዊት ተመስገን፣

ስውኣት ወልደዳዊትን ስዩምን ስርርዕ ከካይዱ ኣብ ዝኣተዉሉ ግዜ ክሳብ እታ ብጸላኢ እተታሕዙላ ዕለት 30 ነሓሰ 1965 ሓያሎይ ተመሃሮ እንዳረኸቡ ኣድላይነት ናይ ውደባ ይገልጹ ነይሮም ኢዮም። እቲ ርኽክብ ኣብ ዝተፈላለየ ቦታታት ኢዩ ዝካየድ ዝነበረ። ንዓይ ምስኦም ዘራኸበኒ ተጋ/ዓብደላ ሓሰን ኢዩ። እተራኸብናሉ ቦታ ድማ ኣብ ኪዳነ ምህረት ቤት ስራሕ ናይ ስዉእ ስራጅ ኣሕመድ ኢዩ ነይሩ። ስዉእ ስራጅ ስፋይ ክዳውንቲ ኢዩ ነይሩ።

ስዩምን ወልደዳዊትን ናብ ሜዳ ክስለፉ ከለዉ ናይ 12 ክፍሊ ተመሃሮ ኢዮም ነይሮም። ንስርርዕ ኣብ ዝኣተዉሉ ግዜ ደቂ ክፍሎም ዝነበሩ ተመሃሮ 2ይ ደረጃ ልኡል መኮነን ድሮ ናብ ዩኒቨርሲቲ ንምእታው ዝግበር ፈተና ጌሮምስ ሓሊፎም ስለዝነበሩ፤ ናብ ኣዲስ ኣበባ ከይዶም ትምህርቶም ንኽቕጽሉ ኣብ ዝቀራረብሉ ዝነበሩ ግዜ ኢዩ። ስለዚ እቲ መደብ ንሳቶም ናብ ኣዲስ ኣበባ ዩኒቨርሲቲ ክቕጽልዎ፡ ንሕና እቶም ብደረጃ ትምህርቲ ትሕቲኦም ዝነበርና ድማ ኣብ ውሽጢ ኣስመራ ካብኡ ሓሊፉ እውን ናብቲ ካልእ ከተማታት ኤርትራ (2ይ ደረጃ ተኸፊትዎ ዝነበረን) ከም እኒ ደቀምሓረ፡ ምጽዋዕ፡ መንደፈራ፡ ከረን ስርርዕ ከምዝትከል ክንገብር ዕጻና ኮነ።

ወልደዳዊትን ስዩምን ካብ ዝረኸብዎም ተመሃሮ ድሒሮም እተሰለፉ ስውእ ሙሴ ተስፋሚካኤል፣ ስውእ ምኪኤል ጋብር፡ ብህይወቶም ካብ ዘለዉ ድማ ወልደሱስ ዓማር፣ ሓላፊ ወጻኢ ጉዳያት ሰልፊ ዲሞክራሲ ህዝቢ ኤርትራ፣ ዓብደላ ሓሰን፡ ኣባል መሪሕነት ሃገራዊ ግንባር ድሕነት ኤርትራ፡ ዲክታቶር (መላኺ) ኢሳያስ ኣፈወርቅን፡ ብዘይፍርዲ ኣብ ቤት ማእሰርቲ ኣስፊርዎ ዘሎ ሃይለማርያም ወልደትንሳኤን (ሃይለ ድሩዕ) ኣብዚ እዋን እዚ ኣብ ካልጋሪ ኣልበርታ ካናዳ ዝቕመጥ ገረዝጊሄር ወልዱን እዝክር።

ስዩምን ወልደዳዊትን ሓደ ሙሉ ገርጊስ ዝተባህለ ኢዱ ንጸላኢ ዝሃበ ብዝሃቦ

ሓበረታ መሰረት ኢዮም ተኣሲሮም።’ንሱ ግርማይ ዮሴፍ እተባህለ ተመሃራይ 2ይ ደረጃ ቀ.ሃ.ስ ክራኸቦም ምኳኑ ይፈልጥ ነይሩ። ናይ ኢትዮጵያ ጸጥታ ንግርማይ ምስ ሓዝዎ ናብታ ተዓቚቦሙላ ዝነበሩ ናይ ስውእ ስራጅ ኣሕመድ ቤት-ስፌት፣ ኣብ ኪዳነ ምህረት መሪሕዎም መጸ። ኣብአ ድማ ተታሒዙ። ንሱ ክሳብ ኣብ ቤት ፍርዲ ከይዱ ኣብ ልዕሊኦም መስከረ። እንተኾነ ግን ካብኡ ንላዕሊ ጉድኣት ከውርድ ይኽእል እኳ እንተነበረ፣ ከይገበረ ስለዝተረፈ ብሰንኪ ሙሉ ገርግስ ኣብ መጻወድያ ስለዝኣተወ እምበር ካብ ገዛእ ነብሱ ዝነቐለ ጥልመት ከምዘይኮነ ስለዝተገምገመ ኣብ ልዕሊኡ እተወስደ ስጉምቲ ኣይነበረን።

ከምዚ ኢሉ እቲ ዝወጠንዎ ብምእሳሮም ምኽንያት ስለእተቘጽየ፡ ኣብ ተመሃሮ ክትከል ዝነበሮ ስርርዕ ብካልኦት ክትካእ ግድነት ኰነ። ሓደ ካብቶም ብድሕሪኦም ንዝጀመርዎ ክቕጽል እተላእከ ሓው ተጋ/ስራጅ ኢብራሂም እተባህለ (ንሱ እውን ናይ ልዑል መኰንን 2ይ ደረጃ ተመሃራይ ዝነበረ ኢዩ) ናብ ኣስመራ መጸ። ኣብ ናይ 1966 ኣዋርሕ ክረምቲ ነይሩ። ንሱ ብዘማእከሎ ኣብ ቤት ጊዮርጊስ፡ ሓያሎይ ተመሃሮ ካብ 2ይ ደረጃ ልዑል መኮነን ዓብደላ ሓሰን፡ ግርማይ ሓድጉ፡ ገርዝግሄር ወልዱን ኣነን (ገረዝጊሄር ተወልደ) ካብ 2ይ ደረጃ ቀ.ሃ.ስ ተስፋይ ተኸለ፡ ተመስገን በርሀ፡ በረኸት ኢዮብ፡ ካብ መርሓ ሙያ ምኪኤልዮውሃንስ፡ ናፍዕን፡ ዑስማን (ሕጂ ስም ኣቡኡ ኣይዝክሮን ግን ምስ ጋንታ ኵዕሶ እግሪ ኮኾብ ኤርትራ) ዝጻወት ዝነበረን እዝክር። ንሱ ድሕሪ ምምላሱ ስውእ ተጋዳላይ ጊላይ ግርማይ ነቲ ስርርዕ ክቕጽሎ ተላእከ። ቅርጻ ዘለዎ ስርርዕ ድማ ሽዑ ተጀመረ ክበሃል ይከኣል።

ስውእ ጊላይ እቲ ስርርዕ ምስጢራዊ ክኸውን ስለዘለዎ ካብ ሕጂ ንደሓር በዞም ኣብ ልዑል መኰንን ትመሃሩ ዘሎኹም ይማእከል። እቶም ኣብ ቀ.ሃ.ስን መርሓ-ሞያን ዘለዉ ድማ ንዕኡ ዘካይዱ ይህልውዎም፡ ምሳኹም በበይኖም ብብሓደ ከምዝራኸቡ ትገብሩ። ቅድሚ ኩሉ ግን ንስኻትኩም እንተተኣሲርኩም ወይ’ውን ንሜዳ እንተወጻእኩም ዝትክእኹም ናይ ጽላሎት ሽማግለ ከተቖሙ ኣሎኩም። እቲ ስም ድማ ኣብ ትሕቲ ጠቕላል ማሕበር ተመሃሮ ኤርትራ ተባሂሉ ክጽዋዕ ምኳኑ ይሕብረና።

ብጸጋም ተጋዳላይ ዓብደላ ሓሰን፣ ብየማን ድማ ተጋዳላይ ገረዝጊሄር ተወልደ ዘርኢ ስእሊ። ክልቲኦም ኣባላት ናይቲ መጀመርያ መስራቲን ኣካያዲን

ሸማግለ ስርርዕ ተመሃሮ ብ1965 ኣብ ኤርትራ ዝቖመ ኰይኖም ሰውራ ኤርትራ ሱር ክሰድድ ዝገበሩን ንሓይሊ መግዛእቲ ድማ ራዕዲ ዘእተዉን መንእሰያት ሓርበኞታት እዮም።

ብኡ መሰረት ንግርማይ ሓድጉ ኣቦ-መንበር፡ ንዓብደላ ሓሰን ዋና-ጸሓፊ፡ ንገርዝጊሄር ወልዱ ተሓዝ ገንዘብ ንዓይ ንገረዝጊሄር ተወልደ ድማ ናይ ፕሮፓጋንዳ (ምልዕዓል) ሓላፊ ክኸውን ተመራሪጽና፡ ንናይ ቀ.ሃ.ስ ተመሃሮ ወኪሉ ተስፋይ ተኽለ ክራኽበና፡ ካብ መርሓ-ሙያ ድማ ዑስማን ወይ ምኪኤል ክራኽቡና (ዋና ነገር ሓደ ካብኦም ካብ ተመሃሮ መርሓ-ሙያ ክምዝራኽበና ተገብረ)።

እቲ ስርርዕ በብሓሙሽተ ጉጅለታት ክቖውም ወርሓዊ ውጽኢት 25 ሳንቲም ንወርሒ ክኸውን ተወሰነ። ብድሕሪ'ዚ እቲ ስርርዕ ኣብቲ ድሕሪ 1962 ቈይሙ ዝነበረ ናይ 2ይ ደረጃ ኣብያተ ትምህርቲ ኣብ ደቀምሓረ ዓብደላ ሓሰን፣ ኣብ ምጽዋዕ በረኸት ኢዮብ (ናይ ቀ.ሃ.ስ ተመሃራይ ዝነበረ)፡ ኣብ መንደፈራ ገረዝጊሄር ወልዱ ኣብ ከረን ድማ ተስፋይ ተኽለ ኮይኖም ክምዝቈሙ ተገብረ።

ርኽክብና ምስ ኣብ ከሰላ ዝነበረት ሰውራዊት ሸማግለ ምዃኑ ስውእ ጊላይ ኣፍለጠና። ግን እቲ ርኽክብ ብሓንቲ ሸማግለ ኣብ ኣስመራ ዝነበረት ኣቢሉ ክምዝኸውን ምስ ነገረና ባህ ኣየበለናን። ኣግሂድና እውን ነጊርናዮ። እቲ እተሰምዓና ኣብ ልዕሌና እምነት ዘይብሎም ምዃኖም ጠንቂ ድማ ሙብዛሕትና ካብ ንክርስትና ዝኣምኑ እንውለድ ደቂ-ከበሳ ምኻኑ ኰይኑ ክምዝረኣየና ገለጽናሉ። ሓቀኛ ስምዒትና ዝገልጽ መልእኽቲ ሂብና ድማ ሰደድናዮ። ብድሕሪ'ዚ ስውእ ጊላይ ብዙሕ ግዜ ከይወሰደ ተመልሰ። እድሪስ ገላውዲዮስ መልእኽትኹም ምስ ሰምዐን ኣብ ኩሉ 2ይ ደረጃታት ኤርትራ ስርርዓት ተካይዱ ክምዘሎኹም ምስ ተሓበረ፣ "ክምዚኦም ዝኣመሰሉ መንእሰያት ብቐጥታ ዘይራኽቡሉ ምኽንያት የለን። ናይ ርኽክብ ጉዳይ ብእተራእየካ ምስኦም ተራኺብካ ፈቲሕካዮ ክትመጽእ ሓላፍነት ሂበካ ኣሎኹ ኢሉ ክም ዝመዘዞ ሓበረና። እታ ሸማግለ ብተጋ/ጅምዕ ኣሕመድ ተጋ/ ዓብዱልወሃብ ማሕሙድ ስውእ ኢብራሂም ሃዛም፡ መሓመድ ኑር ከኪያን ሕጂ ስሙ ዘይዘከርክዎ ወዲ ነፍሰ-ሄር ዑመር ቓድን ዝቖመት ኢያ ነይራ።

ኣብቲ ስውእ ጊላይ ነዚ ናይ ርኽክብ ጉዳይ ክፈትሕ ኣብ ዝመጸሉ እዋን ጅምዕ ድሮ ናብ ሜዳ ተሰሊፉ ነይሩ። ብጀካ ስውእ ኢብራሂም ሃዛም እቶም ዝተረፉ ሰለስተ ድሮ ስራሕ ጀሚሮም ነይሮም። ስለዚ ስውእ ኢብራሂም ሃዛም ኣባል ሸማግለና ክኸውን፡ እቶም ዝተረፉ ድማ ናይ ሰራሕተኛታት ስርርዕ ስለዝነበረ ምስኡ ተኣሳሲሮም ዝሰርሑሉ ክርኢ ዝሓሸ ኰይኑ ተረኺበ። ክምዚ ኢሉ ድማ ቀጥታ ርኽክብ ክምዝህልወና ተገብረ።

ክሰላሰል ዝተመደበ ዕማማት እዚ ዝስዕብ ነበረ፡-

1. ናይ ተመሃሮ ስርርዕ ምስፍሕፋሕን ምድልዳልን፣
2. ክስርው ድሉዋት ዝኾኑ ሰራሕተኛታት ናብ ናይ ሰራሕተኛታት ስርርዕ ምሕላፍ፣

3. መልዓዓሊ ጽሑፋት ምዝርጋሕ፣
4. ናብ ሜዳ ክወጹ ወይ ክስለፉ ንዝደልዩ ተመሃሮ ምልኣኽ፣
5. ናይ ከተማ ኣስመራ ንዝኣትዉ ተጋደልቲ ምቅባልን ጸጥታኦም ምሕላውን፣
6. ኣብ ኢትዮጵያ ምስ ዝነበረ ናይ ተመሃሮ ስርርዕ ከም ድልድል ኴንና ምስ ተሓኤ ምርኻብ፣
7. ብስርዓት ኢትዮጵያ ዝውደብ ሰልፍታት ዓጀባ (ምቅባል ንጉስን ልኡኻቱን) ምብታን ነበረ።

I. ናይ ተመሃሮ ስርርዕ በብሓሙሽተ ጉጅለ እናቘመ ናይ ምውዳብን ናይ ምልዕዓልን ስራሓት ከምቲ ድሮ ኣብ ላዕሊ ተጠቒሱ ዘሎ ተሰላሲሉ።

II. ዕድሜና ንኡስ ስለዝነበረ ሓደ ብዕድመን ፖለቲካን ዝበሰለ ሰብ ክንደሊ እሞ ዘዝረኸብናዮም ናብኡ ከነመሓላልፎም ወሰንና። ሓደ ኣብ ኩባንያ ቤስ ዝሰርሕ ዝነበረ፡ ሙሉጌታ ስዩም እተባህለ ወዲ ገዛ ከኒሻ ረኺብኩ’ሞ ፍቓደኛ ኰይኑ ስለእተረኸበ ምስ ስውእ ጊላይ ኣራኺብኩዎ። ብድሕሪኡ ዘዝረኸብናዮም ሰራሕተኛታት ናብኡ ነሕልፎም ነበርና። ናእሽቱ ስለዝነበርና ከይፈርሁን ከይንዕቁናን ንሰግእ ስለዝነበርና ኢና ዕብይ ዝበለ ሰብ ክንደሊ ዝወሰንና።

III. መለዓዓሊ ጽሑፋት ምዝርጋሕ፡- ኣብቲ ግዜ እቲ ናይ ተሓኤ ኣባላት ኣብ ኣዲስ ኣበባ ዩኒቨርሲቲ ብስውእ ከበደ / ኪዳነ ክፍሉ ኢዩ ዝምእከል ዝነበረ። ካብኡ ብሓደ ሓው ተስፋማርያም እተባህለ ኣብ ናይ ኢትዮጵያ መንገዲ ኣየር ዝሰርሕ ዝነበረ ኣባል ዝመጸና “ኤርትራ ስርናይ ሂባ ክርዳድ ዝቐለባ” ዘርእስቱ ናይ መነቓቕሒ ግጥሚ ሓዘል ወረቓቕቲ ተቐቢልና። ኣብ ሓደ እዋንን መዓልትን ኣብ ዝተፈላለየ ከተማታት ከም ዝዝርጋሕ ጌርና። ኵሉ ሰብ ኣብ ገገዝኡ ኰይኑ ከንብብ ኣይፈርህን ኢዩ ካብ ዝብል ዕግበት ተበጊስና እቲ ዝዝርጋሕ ጽሑፋት ኣብ ገገዝኦም በቶም ኣብቲ ከባቢታት ዝቕመጡ ሰባት ከምዝኣቱ ንገብር ነበርና። እቲ ጽሑፋት ኣብ ውሽጢ ሓደ ሰዓት ከምዝዝርጋሕ ይኸውን እሞ ብሰላም ከም እተፈጸመ ንምፍላጥ ድማ ኣብ ሓደ ውሱን ቦታ ተራኺብና ነረጋግጽ ነበርና። ኣብ ካልእ ከተማታት ዝዝርጋሕ ዝነበረ ብናይ ኣውቶቡስ ሰራሕተኛታት ወይ ካልኦት ናይ ጽዕነት መካይን ዝዝውሩ ኣቢልካ ኢዩ። ስለዚ ደሃይ ድሕሪ ሓደ መዓልቲ ኣቢልካ ኢኻ እትረክብ። ብዝኾነ ጽሑፋት እናዘርግሐ እተታሕዘ ሰብ ኣይነበረናን።

IV. ናብ ሜዳ ማለት ምስ ሰራዊት ሓርነት ኤርትራ ተሰሊፎም ክቃለሱ ንዝደልዩ ተመሃሮ ናብ ሜዳ ምልኣኽ። ኣብ ስርርዕ ዝነበሩን በዚ ስርርዕ እዚ ኣቢሎም

ኣብ ሰራዊት ሓርነት ኤርትራ እተሰለፉን ሓያሎይ መንእሰያት ነይሮም። ከምቲ ድሮ ኣብ ላዕሊ ተጠቒሱ ዘሎ፡ እቲ ስርርዕ በብሓሙሽተ ሰባት ኢዩ ዝቐውም ዝነበረ። ባዕሉ ንዘቖምም 5 ሰባት እንተዘይኮይኑ፣ እቶም ኣብ ጉጅልኡ ዘለዉ ዝሰርዕውም ሰባት ክፈልጥ ኣይክእልን ኢዩ። ስለዚ ሓደ ሰብ ካብ ሓንቲ ጉጅለ ክእሰር ከሎ እቶም ምስኡ ርኽክብ ዝነበሮም ካስብ ኩነታት ዝፍለጥ ካብ ገዛውቶም ግልል ኢሎም ከምዝጸንሑ ድሌት እንተልይዎም ከም ዝስለፉ ይግበር ነይሩ። ካብቶም ኣብቲ ግዜ እቲ እተሰለፉ ተመሃሮ ከብ ዝበለ ወተሃደራዊ ትምህርቲ ቀሲሞም ኣብ ምዕላም ኰነ ምምራሕ ሰራዊት ዝበጽሑ ከም እኒ ተጋ/ዩሱፍ ሱሌማን፡ ዓብዱ ዓብደላ፡ ተስፉይ ተኸለ፡ ተመስገን በርሀ፡ ዓብደላ ሓሰን፡ ማሕሙድ ሸሪፎ፡ ሳላሕ ኣልዲን ዓብደላ፡ ኣስመሮም ገረዝጊሄር ይርከብዎም። እኒ ምዓሾ እምባየን ኣረፋይነን ድማ ተሰዊኦም በጃ ህዝቦም ሓሊፎም። ናይ ተስፉይ ተኸለ ናይ ሰራዊት ሓርነት ኣሰላልፋ፣ ካብ ናይ ካልኦት ተመሃሮ ፍልይ ዝበለ ዝገብሮ እንተነይሩ እቲ ኣፈጻጽማኡ ኢዩ። ኣብ ቤት ትምህርቲ ቀ.ሃ.ስ 2ይ ደረጃ ኣስመራ እናተማህረ ከሎ ጸጥታ ክሕዝዎ ይመጹ ከምዘለዉ ይፈልጥ እሞ፡ ብመስኮት ሃዲሙ የምልጥ። ኣብ ከባቢ ሰምበል ምስ ዝነበሩ ቤተ ሰብ ድሕሪ ምዕቋቡ፣ ኣብኡ ከምዘሎ ይሕብረኒ። ንሓደ ኤርትራዊ ሓው ሰረቐ ክፍሎም እተባህለ ኤርትራዊ ሓው ረኺበ ኣብ ምውጽኡ ክትሓባበር ክሓቶ ይነግረኒ። እዚ ኣብ 1966 ኢዩ ነይሩ። ሽው ግዜ ድማ ስርዓት ኢትዮጵያ ሓሓሊፉ ንመካይንን ኣውቶቡሳትን ደው እናበለ እናፈተሸ ዘሕልፈሉ እዋን ኢዩ ነይሩ። ከም ኣጋጣሚ ኣብቲ ቅንያት እቲ ንሜዳ ወጺኡ ክስለፍ ዝደሊ ሓደ ኣርኣያ እተባህለ ወዲ ዋስደምባ ደጋጊሙ ይሓትት ስለዝነበረ፣ ሓቢሮም ኣርኣያን ተስፉይን ነታ ቀዳመይቲ ነቑጣ (መደበር) ተፍቲሽ ብእግሮም ሰጊሮም ክጸንሕዎ እሞ ሰረቐ ካብኣ ክሳብ ጥቓ እታ 2ይቲ መደበር ተፍቲሽ ኣብ ከባቢ ዓዲ ተከለዛን ዝነበረት ብማኪናኡ ከም ዝበጽሑ ክገብር ካብኡ ብእግሮም ናብቲ ናይ 2ይቲ ክፍሊ ተጋደልቲ ዝርከቡሉ ቦታታት ክጓዓዙ መደብ ወጺኡ ልክዕ ድማ ተሰላሲሉ።

ውልቀ-መላኺ ዲክታቶር ኢሳያስ ኣፈውርቅን ሃይለማርያም ወልደትንሳኤ (ሃይለ ድሩዕ) ሙሴ ተስፋሚካኤል (ስውእ) ካብ ክልተ ማናቱ ሓዲኦም ዓንዶም ወይ ሃብቶም ንሜዳ ክስለፉ ናብ ኣስመራ ይመጹ። ሽው ሃይለማርያም ንዕኦም ወኪሉ ኣነ ድማ ነታ ሽማግለና ወኪለ እራኸቦ። ኣብ ዝርርብና ኣብቲ እዋን እቲ ጸረ-ተሓኤ ተዘርጊሑ ዝነበረ ጽሑፋት ዘንበበ እሞ ብእኡ ተነኺኡ ዘሎ ኰይኑ ይስምዓኒ። ከምኡ ድማ እገልጸላ ነታ ሽማግለ። ብእኡ ምኽንያትድማ ካብ ምስ ከምኡ ዝበሉ ስሚዕታት ዘለዎም ንሜዳ ክኸዱ እትትሓባበርም ናብ ኣዲስ ኣበባ ተመሊሶም ትምህርቶም እንተቐጸሉ ዝሓሸ ምኻኑ ትርኢ። ኩሉ መንገድታት ተዓጽዩ ኣሎ ብዝብል ምስምስ ናብቲ

ዝመጽዎ ከምለሱ ተነግሮም ይምለሱ እውን።

ካብ መጀመርያ ስሳታት ቅድሚ ሜዳ ምውጽኡ፣ ተመሃራይ ኣዲስኣበባ ዩኒቨርሲቲ እንከሎ ትሕተ-ምድራዊ ምንቅስቓስን ስርርዕን ንናጽነት ኤርትራ ካብ ዘበገሱን ዘሕነኑን ምስ ኣብ ምሉእ ዓለም ዝነበሩ ተቓለስቲ ኤርትራውያን ምትእስሳር ዝዘርግሐ ስዉእ ሓርበኛ ኪዳነ ክፍሉ።

እንተኾነ ግን ናይ ሎሚ ውልቀ መላኺ ኢሳያስ ኣፈወርቂ ነዊሕ ከይጸንሐ፣ ካብ ስውእ ከበደ / ኪዳነ ክፍሉ ብዝገበርኩም ጌርኩም ስደድዎ ናብ ሜዳ ዝብል መልእኽቲ ሒዙ ኣስመራ ይመጽእ። ከምቲ ኣብ ላዕሊ እተጠቕሰ፣ ሓው ሙሉጌታ ስዩም ናይ ቤስ ሰራሕተኛ ኰይኑ ብናይ ስራሕ ማኪና ናብ ኣቝርደት ተሰነይ ይመላለስ ስለዝነበረን ምስቶም ኣብኡ ዝነበሩ ናብ ከሰላ ዘሰጋግሩ ስሩዓት ይፋለጥ ስለዝነበረ ወሲዱ ከራኽቦ እሓቶ፡ ሕራይ ይብል፣ ብኡ መሰረት ድማ ኣራኺቦም። ሙሉጌታ ዝሃበና ጸብጻብ ኣራኺበዮ ከስግርዎ ኢዮም ዝብል ጸብጻብ እዩ። ድሕሪ ኣስታት 20 ዓመት ምስ ውልቀ-መላኺ ኢሳያስ ኣብ ሳሕል ኣብ እተራኸብናሉ ግዜ ብዛዕባ ሙሉጌታ ስዩም ምስ ተወከስክዎ ድሃዩ የብለይን ዓፉኝ ድኣ ቀቲሎሞ ከይኮኑ ድሕሪ ምባል፡ ከምቲ ስምምዕ ሙሉጌታ ከምዘይኣስገሮን ኣብ ቆጸራኡ ከምዘይተረኽበን ጠቒሱ፡ ብኣውቶቡስ ናብ ተሰነይ ከምዝኸደ። ዳርጋ ተኣሲሩ እውን ከምዝነበረ፣ ብዕድል ድሒኑ ብናይ ገዛእ ጻዕሩ ገንዘብ ሂቡ ከምዝሰገረ ሓቢሩኒ። ከሳብ ክንድኡ ዝኣክል ጥልመት ኣብ ልዕሊኡ ተፈጺሙ እንተነይሩ ብመንገዲ ሰውራዊት ሽማግለ ኣቢሉ ኰነ ብመንገዱ ብውዕዩ ከይሓበረና ምትራፉ ዓቢ ምልክት ሕቶ ዘግብር ኢዩ። ብተወሳኺ ኣብ ታሕቲ ድሒሩ ከም ዝጥቀስ ኣብ ከሰላ ንሓንቲ ለይቲ ኣትየ ኣብ ዝነበርኩሉ ግዜ ሰላም ተባሃሂልና ስለዝነበርና ምስ ሙሉጌታ ዘራኸብኩዎ ድማ ኣነ ስለዝነበርኩ ክሕብረኒ'ዶ ኣይምተገብአን? ምኽንያቱ ድማ ካልኦት ኣብ ከምኡ ኵነታት ንኸይወድቁ ክሕብርሲ ሰውራዊ ግዴታ ነይሩዎ።

ድሒሮም እውን ስውእ ሙሴ ተስፋሚካኤልን ሕጂ ኣብ ቤት ማእሰርቲ ዝርከብ ሃይለ ድሩዕን ኣብ ቅነ በዓላት ልደት ናይ 1966 ናብ ኣስመራ ይመጹ። ከም ናይ ኣውራ ጕደና ሰራሕተኛታት ኰይኖም ኢዮም ዝመጹ እሞ

ኣብ ጥቓ እንዳ ማሕረሻ ዝበሃል ቦታ ኣብ መንገዲ ገዛ ብርሃነ ሓዲሽ ዓዲ-ዕዳጋ ዓርቢ ዝርከብ ዝነበረ መደቀስ ኣጋይሽ የዕርፉ። ክልቲኦም ናብ ካልእ ሰብ ኢዮም ተላኢኾም ነይሮም። እቲ ሰብ ሎሚ ጽባሕ ስለዘብዝሓሎም ኣብ ድላዮም ከይበጽሑ ከይእሰሩ ይሰግኡ። ኣብ ከምኡ ኩነታት እንከለዉ ተጋ/ ዓብደላ ሓሰን ክሓልፍ ከሎ ይርእዮ፡ ወሪዶም ድማ የዘራርብዎ። ጸገሞም ይነግርዎ፡ ካብኡ ኣውጺኡ ናብ ካልእ ቦታ ክወስዶም ይሓትዎ።

ኣብ ዕዳጋ ዓርቢ ጥቓ መቓብር ሓደ ገዛ እተኻረናየ ወረቓቕትና ኵነ ካልእ ናይ ገድሊ ነገራት እነቐምጠሉ ኔሩና። እዚ ቦታ እዚ ናብቲ ዝነበርዎ ዝቐረበ ስለዝነበረ ናብኡ ይወስዶም። ብድሕሪኡ ነቶም ዝተረፉ ኣባላት ሽማግለ ይሕብረና። ኣብኡ ከድና ድማ ንረኽቦም። ሽዑ ድኑዕ (ሃይለማርያም ወልደትንሳኤ)፣ ንሕናስ ናይ ሃይማኖት ኣፈላላይ (discrimination) ርኢና፡ ኣብ ዘይምውዳቕና ከይንወድቕ ፈሪሕኩምስ መንገዲ የልቦን ኢልኩም ትመልሱና ክብል ቅረታኡ ገለጸልና። ከምኡ ዘበሎ ድማ ድሕሪ ምምላሶም ኣብ ኣዲስ ኣበባ ስውእ ጊላይ ግርማይ ረኺቡዎምስ ሓቢርዎም ስለዝነበረ ኢዩ። ዘመክሕ እኳ እንተዘይኰነ፡ ኣብ ቅነ ልደት ናይ 1966 ዓ.ም.ፈ ወጺኦም። ክልቲኦም ድማ ናይ ሓሙሽይቲ ክፍሊ መራሒ ዝነበረ ወልዳይ ካሕሳይ ኢዱ ንጸላኢ ኣብ ዝሃበሉ ግዜ ድሕሪ ሽዱሽተ ወይ ሸውዓተ ኣዋርሕ ምስኡ ኢዶም ንጸላኢ ሃቡ። እቲ ንምእራም ሰውራ ንቃለስ እምበር ኣብዘይምውዳቕና ኣይምወደቕናን ዝበሉና ብተግባር ካብ ዓቕሞም ንላዕሊ ኰይኑ ተረኽበ። ከምዚ ኢሉ እቲ ተጀሚሩ ዝነበረ ምሕያል ናይ ተሓኤ ንግዚኡ ተዳኸመ።

5 ናብ ከተማ ኣስመራ ብገድላዊ ስራሕ ንዝለኣኹ ዝነበሩ ተጋደልቲ ምቕባልን ጸጥታኦም ምሕላውን ሓደ ካብ ዕማማትና ነበረ። ነዚ ንኽነማልእ ኣብ ስለስተ ቦታታት ኣባይቲ ተኻሪና ኔርና። ኣብ ዝሓደርዎ ኣይውዕሉን፡ ኣብ ዝወዓልዎ ድማ ኣይሓድሩን ነይሮም። ንግሆ ይኣትዉ ምሸት ይወጹ ናብ መሕደሪኦም ድማ ይኸዱ ነይሮም። ቀንዲ እንጥቀመሉ ዝነበርና ኣብ ኣምባ-ጋልያኖ ቪላጅ ጀንዮን ዝነበረ ጐረበት ዘይብሉ ገዛውቲ ከኸውን ከሎ፣ ሓንቲ ንእሽቶ ክፍሊ ኣብ ዕዳጋ-ሓሙስ እውን ነይራትና። እቲ ናይ ቪላጆ ጥቓ መደበር ጦር-ሰራዊት ስለዝኾነ ኣይጥርጠርን ኢዩ ካብ ዝብል ዕግበት ኢና መሪጽናዮ። ኣብቲ እዋን'ቲ ስርዓት ኢትዮጵያ ኩሉ ተቐማጣይ ከተማ ናይ መንነት ወረቐት ክህልዎ ኣለዎ ዝብል መምርሒ የተግብር ስለዝነበረ ንስውእ ስዒድ ሳልሕ ከም ተፈሪ---- ስራሕ ነጋዳይ፡ ንስውእ ጊላይ ድማ ከም ሙሉጌታ ስራሕ ነጋዳይ ብዝብል ናይ ሓሶት ኣስማት ግን ሓቀኛ ስእሎም ዝነበሮ ናይ መንነት ወረቓቕቲ ካብ ናይ ገዛውትና (ገዛ ከኒሻ) እንዳ ዳኛ፡ ጐረባብትና ኢዮም ኢለ ኣነ ባዕለይ ኢየ ኣውጺኤሎም ዝነበርኩ ከም ጸሓፊ ዝሰርሕ ናይ ስርርዕና ኣባል ኣብኡ ስለዝነበረና። ንምውጽኡ ጸገም ኣይነበሮን። እዚ ናይ መንነት ወረቓቕቲ ብናጻ ንኽንቀሳቐሱ ይሕግዞም ጥራሕ ዘይኰነ፣ ዋላ ነቲ ኣብ ቪላጆ እተኻረናየ ገዛ ስውእ ጊላይ ኢዩ በቲ ሙሉ ጌታ ነጋዳይ ዝብል ናይ ሓሶት ስሙ ከቲሙ ተኻርይዎ ዝነበረ።

ኣቡራሴን ብዝብል ሳጓ ዝጽዋዕ ዝነበረ ኢዱ ንጸላኢ ዝሃበ ተጋዳላይ ነበር፡ ንጊላይን ንስዒድን ኣብ ሜዳ ወይ ከሰላ ዝፈልጦም ዝነበረ ብወዝቢ ኣብቲ

ናብ ቤት ትምህርቲ መርሓ-ሙያ ዝወስድ ጽርግያ ካኣትዉ ከለዉ እንተዘይርእዮም ነይሩ ናተይ ምእሳር ኰነ ናይ ብጾት ስዒድን ጊላይን ዓብደላ ሓሰንን ገረዝጊሄር ወልዱን ኣብቲ እዋን እቲ ብሃንደበት ካብ ኣስመራ ምውጻእ ኣይመኸተለን ነይሩ።

ኣብዚ ክለዓል ዝግበእ ነገር እንተልዩ እታ ናይ ጽላሎት ሽማግለ ብስውእ ሃብትስላሴ ገብረመድህን ስውእ ጸጋይ ዮሴፍ፡ ሳልሕ እስማዒልን ብርሃነ ረዳ (ገዲም ተጋዳላይ ሕጂ ኣብ ስዊዘርላንድ ዘሎ፡ ድሒሩ ኣብ ህ.ግ.ሓ.ሔ እተሰለፈ ገብረሚካኤል ሓጎስ (ወዲ ኣርባዕተ ኣስመራ) ዝቘመት ምንባራ ኢዩ። ናይ ሳልሕ እስማዒል ድሃይ የብለይን። ስውእ ሃብተስላሴ ገበረመድህን ከም ኣቦ መንበር ኰይኑ ከማእከል ተመዚዙ ዝነበረ፤ ድሒሩ ኣብ ህ.ግ.ሓ.ሔ ተሰሊፉ ዝነበረ እሞ ብናይ ውልቀ መላኺ ኢሳያስ ኣፈወርቂ ሽርሒ.ታት እተቐትለ ሓያሎይ ዝዛረቡሉ ኢዩ። እዛ ሽማግለ ከምቲ መምርሒ ናይ ጽላሎት ሽማግለ ከየቜመት ከላ ገለ ኣባላታ ከምእኒ ብርሃነ ረዳ፡ ስውእ ጸጋይ ዮሴፍን ሳልሕ እስማዒልን ኣብ ኣስመራ ገበረሚካኤል ሓጎስ ኣብ ኣዲስ ኣበባ ተኣሲሮም። እቲ ኣብ ላዕሊ እተጠቕሰ ናይ ሓያሎይ ተማሃሮ ዝነበሩ ንገድሊ ድሕሪ ምስላፎም ኢዶም ንጸላኢ ምሃቦም ንስርርዕ ዝምችእ ሃዋህው ዘይኰነ ዘጐድፍ ኩነታት ኢዩ ነይሩ እሞ ምስቲ ዝነበረ ንቕሓትን ንኡስ ዕድመን ጽንኩር ኵነታትን ኣብ ግምት የእቲኻ ክርኤ እንከሎ ብዙሕ ክልውጥዎ ዝኽእሉ ነገራት ከምዘይነበረ ብሩህ ኢዩ።

6 ኣብ ኢትዮጵያ ምስ ዝነበረ ናይ ተመሃሮ ስርርዕ ከም ድልድል ምርኻብ ፦ ሽማግለ ጠቕላል ማሕበር ተመሃሮ ኤርትራ ምስ ካልኦት ምንቅስቓስ ወይ ኣባላት ተመሃሮ ተሓኤ ኣብ ኣዲስ ኣበባ ዩኒቨርሲቲን ኣብ ባህርዳር ዝነበረ ፖሊተክኒክን ዝመሃሩ ዝነበሩ እተራኽብ ድልድል ኢያ ነይራ ክበሃል ይከኣል። ዋና ዘራኽብ ዝነበረ ድማ ስውእ ጊላይ ግርማይ ኢዩ። ናይ ኣዲስ ኣበባ ኣብቲ ግዜ እቲ ብስውእ ከበደ ወይ ኪዳነ ክፍሉ ይምእከል ነይሩ። ናይ ባህርዳር ርግጸኛ ኣይኮንኩን ግን ብእኒ ዳዊት ሃብቱ ዝምእከል ዝነበረ ይመስለኒ።

ከምቲ ድሮ ኣብ ላዕሊ ተጠቒሱ ዘሎ ሓያሎ ተመሃሮ ካብ ስውእ ከበደ ወይ ኪዳነ ክፍሉ ደብዳበ ሒዞም ዝመጹ ብምትሕብባርና ናብ ሜዳ እተሰለፉ ነይሮም።

እቲ ብከበደ ዝልኣኽ ዝነበረ ጽሑፋት ብምስጢራዊ ፊደላት ከይተረፈ ተጻሒፉ ዝለኣኽ ነይሩዎ። ግዜ ስለዝነውሐን መወከሲ ስለዘይብለይን ሕጂ ብምሉኡ ኣይዝክሮን ኢየ። ግን እዘን ዝስዕባ 10 ፊደላት ትግርኛ ኣዝየን ዝውቱራት ተቘጺረን ከምዘለዋኦ ክጽሓፉ ከለዋ፦

ኣበስ ደሃለ መረተነ

እቲ ዝተረፈ ፊደላት ብተራ ቁጽሪ (1,2,3,4 ወዘተ ተተኪኡ እቲ ናይ ግዕዝ፡ ካዕብ፡ ሳልስ፡ ...ወዘተ ድምጺ ዝህብ ድማ ካብ ፊደላት እንግሊዝን ዓረብኛን

እተዋጸኤ ከምዝነበረ እዝክር። ነቲ ምስጢራዊ ፈደላትን ምፍትሑን ንዓይ ዘረከበኒ ናይ ዩኒቨርሲቲ ኣዲስ ኣበባ ተመሃራይ ዝነበረ ኣብረሃም ሳህለ እተባህለ ኢዩ ነይሩ።

7. ብስርዓት ኢትዮጵያ ዝውደብ ናይ ምዕጃብ ህዝባዊ ሰልፍታት ፋሕ-ብትን ከም ዝብል ንምግባር፡- ንዝኸሪ መበል 25 ዓመት ናይ ቀ.ሃ.ስ. ካብ ስደት ናብ ኢትዮጵያ እተመልሱሉን ኣስራተ ካሳ “ ራስ” ዝብል ሽመት ዘለበሱሉን ንምኽባር ተባሂሉ ኣብ ዋና ጐደናታት ኣስመራ ሰልፊ ክካየድ ትእዛዝ ተመሓላሊፉስ፣ ተመሃሮ ካብ ቤት ትምህርቶም ኣትሒዞም ክስለፉ፡ ህዝቢ በብዞባኡ ክስለፍ ጐስጓሳት ኣብ ዝግበረሉ ዝነበረ ሽማግለና ንምፍሻሉ ጐስጓሳት ኣካየደት። ንሕና ከም ኤርትራውያን ኣብቲ ሰልፊ ንኸይሳተፉ ምልዕዓላት ኣካይድና፡ ጽሑፋት ብምዝርጋሕን፡ ኣብ ክሳዳዊ ቦታታት ሰባት ብምውፋርን ሎሚ ሰልፊ የለን፡ ነናብ ገዛኹም ተመለሱ እናበልና ነቶም ዝበዝሑ ኣብ ቀጽሪ ቤት ትምህርቲ ከይበጽሑ ከለው ከምዝምለሱ ድሕሪ ምግባር፡ ነቶም ብዘይፍላጥ ይኹን ብድሌቶም ክስለፉ ዝብገሱ የእማን ብምድርባይ ፋሕ ኢሎም ከምዝብተኑ ጌርና።

ከምኡ እውን ህዝብና ተገዲዱ እምበር ብፍቶቱ ኣብቲ ብዓል ይሳተፍ ከምዘየለን ሓቀኛ ድሌቱ ናጽነት ሃገሩ ምዃኑ ዝገልጽ ጽሑፋት ብምትሕብባር ኣብ ኩባንያ ቤስ ዝሰርሕ ዝነበረ ኤርትራዊ ሓርበኛ ዘካርያስ ሳህለ ብእንግሊዘኛ ተዳልዩ ነተን ሽው ግዜ ኣብ ኤርትራ ቈንስል ዝነበርወን ሃገራት ከምዝበጽሔን ተገይሩ። ዘካርያስ ነቲ ምስጢራዊ ፊደላት ዘምጽኣልና ተመሃራይ ኣብራሃም ሳህለ ሓዉ ክኸውን ከሎ መሳርሕቲ ሙሉጌታ ስዩም ስለዝነበረ ብምሉጌታ ኣቢልና ኢና እቲ ጽሑፍ ከምዝሳለጥ ጌርናዮ። ምስኡ ቀጥታዊ ርኽክብ **ኣይነበረናን።**

ኣብቲ እዋን እቲ ካብ ተሓኤ እተዋህበ ማሕተም ስለዘይነበረ፣ ብገለ ስሩዓት ኣብ ቤት ማሕተም ዝሰርሑ ዝነበሩ ከም ናይ ተሓኤ ዝመስል ማሕተም ኣስሪሕና ኢና ነቲ መልእኽትታት ክታም ማሕተም ኣንቢርናሉ። ንጊላይ ከምዚ ጌርና ማሕተም ኣስሪሕና ተጠቒምና ምስ በልናዮ ግን፡ ወዮ ድኣ ኣብ ገንዘብ ምእካብን ንሰብ ምፍርራህን ኣየውዓልኩሞን እምበር ጌጋ ኢኹም ገርኩም፡ የቐጽዕ ኢዩ እውን። በብኢደ ወነንካ ማሕተም ኣይስራሕን ኢዩ ኢሉ ምዒዱ ነቲ ዝሰርሕናዮ ወሲዱ ካልእ መተካእታኡ ሂቡና።

ቅድሚ ናብ ምድምዳም ምኻድ ገድላዊ ንጥፈታትና ስድራና ከም ዝርድእዎ ምግባርን ካብኦም ምሕባእን ሓቀኑፉ ይኸይድ ከም ዝነበረ ክጠቅስ እደሊ። ብሓደ መንገዲ ቃልስና ፍትሓውን ትዓዋትን ምዃኑ ከነዕግቦም ኣሎና ኢልና ብግልጺ ክንዛረቦም ኣድላዪ ምዃኑ ክንርኢ ከሎና፣ ማዕሪ ክንደይ ከም

እንነጥፍ ግን ክፈልጡ ኣይንደልን ኔርና። ስለዚ ድማ ገለ ናይ ምትላል ምህዞታት ክንጣበብ ግድነት ዝኾነሉ እዋናት ነይሩ። እዚ ንባዕሉ መርኣያ ናይ ተወፋይነት ስለዝኾነ ምጥቃሱ ኣድላይነት ዘለዎ ኮይኑ ይርኣየኒ። ከም ኣብነት ክልተ ተረኽቦታት ክገልጽ እየ።

ቀዳማይ፡ ኣብ ክረምቲ ናይ 1966 ስዉእ ጊላይ ኣብቲ ግዜቲ ኣብ ወጻኢ ብተ.ሓ.ኤ. ዝሕተም ዝነበረ ጽሑፋት ከምኒ “The Revolution” እተባህለ ጋዜጣ፣ Eritrea: History, Geography, and Economy እተባህለ መጽሓፍ ሓው ዓብደላ ሓሰን ካብ ሊባን ናብ ከተማ ከምጽአ ኣነ ድማ ንዓብደላ ኣብ ዓዲ ወርሒሰብ ክረኽቦ እሞ ካብኡ ናብ ከተማ ሓቢርና ከነእትዎ መምርሒ ምስ ሃበና፣ ካብ ደቂ ሽሓይ ዝመጽእ ዓርኪ ስለዘሎኒ ኣብ ከባቢ ጽዓዘጋ ክቐበሎ ክኸይድ እየ፤ እንተኣምሲኹ ኣይትሻቐሉ ኢለ ከድኩ። ዕድለይ ኮይኑ ብርቱዕ ማይ ሃረመ። ዘዕቅለሉ ቦታ ስለዘይነበረ፤ ኩሉ ማይ ኣብ ዝባነይ ጽሓየ። ምስ ዓብደላ ከይተራኸብና ተረፍና። ሽዑ ኣብ ምሕዳርን ኣብ ሙማቕን ምሕሳብ ኣቶኹ። ሓንቲ ለተዝጊ እተባህለት ጎረቤትና ዝነበረት ዓዲ ወርሒሰብ ዓዳ ምዃኑ እፈልጥ ስለዝነበርኩ፡ ሓቲተ ኣብ እንዳሓዋ ኣቶኹ።ድሓን ይእተዉ ሳላ ምግቢ፡ ሻሂ፡ ዝሃቡንን መጋርያ ሓዊ ወሊዖም ክዳነይ ከም ዝነቕጽ ኣካላተይ ከም ዝመውቅ ዝገበሩ፣ ብቐሪ ተለኺቱ ዝነበረ ልሳን ተኸፍተ። ከምዚ ኢልና ምስ ሓው ዓብደላ ከይተራኸብና ተረፍና። ድሒረ ከም ዝፈለጥኩዎ፡ ንሱ ኣብ ዓዲ ገብሩ ሓዲሩ ንጽባሒቱ ናብ ከተማ ኣስመራ ኣተወ። ኣነ'ውን ንጽባሒቱ ንጉሆ ብቕክሌታይ ሰሪረ ክኣቱ ዝደለኹዎ ብሰንኪ እሾኽ ሓያሎይ መንገዲ ክትስከመኒ እተጸበኹዋ ደፊኤ ከተማ ኣቶኹ። ስድራይ ምሽቓል ኣይተረፎምን። ኣቦይ ስለምንታይ ተሻቐልና ክብል ተቘጢዑ። ኣበይ ከም ዝሓደርኩ ገሊጸ እንተዘይኣሚንካኒ ክትሓቶም ትኽእል ኢኻ ኢለ ኣህዳእኩዎ። እቲ ዘሻቐሎም ምኽንያት ዕምቆት ናይ ተሳትፎይ እኳ ኣይፍለጥዎ እምበር፣ ብዛዕባ ቃልሲ ተዛሪብናስ “ትምህርትኻ እንተጨረስካ ይሕሽካ ኢልናካ ምስማዕ ካብ **ኣበኻስ፣** ጽባሕ ንጉሆ እንተትኣሲርካ ጉቦ ሂብና ከነውጽኣካ ከም ዘይንኽእል ትፈልጥ” ክሳብ ምባል ተባጺሕና ስለ ዝነበርና እዩ።

ካልኣይ፡ ወልዳይ ካሕሳይ ናይ ሓሙሻይ ክፍሊ ሓላፊ ኮይኑ ኣብ እተመደበሉ እዋን ናብ ከበሳ ቅድሚ ምድያቡ ካባና እንታይ ከም ዝጽበ ንምፍላጥን ንምልላዩን ናብ ከሰላ ንክኸይድ ኣብ ቅነ ብዓላት ልደት 1966 ኣብ እተወሰነሉ ግዜ፡ ስድራይ ንኸይጥርጥሩ ዘዕግብ ምኽንያት ክምህዝ ነይሩኒ። ኣብ መንገዲ ኣየር (Airlines) ዝሰርሕ ንዓርከይ ሓዉ ኣብ ከረን ይምርያ ስለዘሎ ገንዘብ ንኣውቶቡስን ቊሩብ መንቀሳቐስን ክውሃበኒ ሓቲተ ተፈቒደለይ። መርዓዊ ናይ መንገዲ ኣየር ሰራሕተኛ ስለዝኾነ ንሕጽኖት መርዓቱ ሒዙ ናብ ካይሮ ይጉዓዝ ኣሎ **ንሕና ድማ ክሳብ ተሰነይ ነሰንዮ ኣሎና። ካብ ካርቱም እዩ** ናብ ካይሮ ዝበርር ዝብል ትሕዝቶን ካልእ ናይ ፈጠራ ባህላዊ ገለጻታትን ዝሓዘለ ደብዳበ ኣብ ኣስመራ ከሎኹ ዝጽሓፍኩዎ፣ ናብ ኣቦይ ብናይ ስራሑ ኣድራሻ ክልኣኽ ብማለት፡ ኣውቶቡስ ኣብ ከረን ጠጠው ኣብ ዝበለትሉ ግዜ፣ ካብ ኣውቶቡስ ወሪደ ብቤት ቡስጣ

ኣቢለ ልኣኽክዎ። ሽው ኣብ ከረን ቤት ቡስጣን ናብ ተሰነይ ዝኸዳ ኣውቶቡሳት ሰባት ዝስቕላሉን ዘወርዳሉን ቦታ ኣብ ሓደ እዩ ነይሩ። ነቲ ደብዳቤ ኣእትየ በታ ዝመጸእኩላ ኣውቶቡስ ናብ ተሰነይ ክቕጽል ጸገም ኣይነበረንን። ዘገርም ነገር እንተነይሩ እቲ መልእኽተይ ኣነ ናብ ኣስመራ ድሕሪ ምምላሰይ ድሕሪ ሰሙን ኣቢሉ ምብጽሑ እዩ።

ኣብዚ ክጥቀስ ዝግባእ ነገር እንተልዩ ኣሰጋራይን ሰጋርን ብኣቕዲሙ እተዋህበም ምልክት እንተዘይኰይኑ ብኣስማቶም ዘይፋለጡ ምዃኖም እዩ። ሕጂ ብንጹር ኣይዝከረንን ግን እቲ ምስ ዘሰጋግር ገባር ዘራኽበኒ ኣባል ኣብ መዓርፎ ኣውቶቡስ ከም እተጸበየንን ብሕብሪ ናይ ተኸዲንናዮ ዝነበርናን ብመንዲልን ድሕሪ ምልላይና ደድሕሪኡ ከም ዝስዓብኩን፣ መሬት ምስ ጸልመተ ንሓደ ገባር ኣረከበኒ። ንሱ ድማ ኣብ ገመሉ ኣወጢሑኒ ናብ ከሰላ ኣምርሐ። ኣብ ሓደ ካብ ዓድታት ሱዳን ምስ በጻሕና ኣብ ሎሪ ተሰቒልና ከሰላ ኣቶና። ወጋሕታ ናብ ቤት ጽሕፈት ተ.ሓ.ኤ. ወሰደኒ። ኣብኡ ድማ ስዉእ ጊላይ ተቐቢሉ ቅድም ናብ ቤት ሻሂ ንቕርሲ ወሰደኒ። ብድሕሪኡ ድማ ምስ ስዉእ መሓመድ እስማዒል ዓብዱ ሽው ሓደ ካብ ላዕሎዎት ሓለፍቲ ሰውራዊት ሸማግለ ዝነበረን ምስ ወልዳይ ካሕሳይ ናይ 5ይቲ ክፍለ ሓላፊ ክኸውን ተመዲቡ ዝነበረን ኣራኸበኒ።

> ስዉእ መሓመድ እስማዒል ዓብዱ ብዛዕባ ስርርዕ ምስ ሓተተኒ ብዙሓት ክስርው ዝደልዩ ኣይምተሳእኑን፤ እቲ ጸገም እቶም ሰብ ሓዳር ምስ ዝእሰሩ ወይ ንሜዳ ምስ ዝወጹ ስድራ ቤቶም ኣብ ሽግር ስለዝወድቑ፣ ካብዚ ስግኣት እዚ ነቒሎም ካብ ምቅላስ ዝቖጠቡ ውሑዳት ኣይኰኑን። ነዚ ፍታሕ እንተዝርከቦ ሓያሎ ዝስርው ኣይምተሳእኑን ምስ በልኩዎ፣ "ካብዚ ገንዘብ ክንሰድድ ኣይትጸበዩ፣ የብልናን፤ ግን ካብ ሰራሕተኛታት ካብ ዝዋጻእ ገንዘብ ናብ ከምኡ ክውዕል ዝኽኣል እንተኾይኑ ተቓውሞ የብልናን" ከም ዝበለኒ እዝክር።
>
> ምስ ወልዳይ ካሕሳይ ኣብ ዝገበርክዎ ዝርርብ ድማ ኣብ ተ.ሓ. ኤ. ሰለስተ ማእከላት ሓይሊ ከም ዘሎ እቲ ሓደ ብስዉእ እድሪስ መሓመድ ኣደም ዝምራሕ ኰይኑ ንነይ ክፍሊ ከም ናቱ ሓይሊ ማእከል ቈጺሩ ነዚ ክፍሊ እዚ ከሐይል ዝሕልን፣ እቲ ካልኣይ ብስዉእ እድሪስ ገላውዴዎስ ዝምራሕ ኮይኑ ን2ይ ክፍሊ ከም ናቱ ቀንዲ ሓይሊ ቈጺሩ ንዕኡ ከሐይል ዝጽዕር ን5ይቲ ክፍሊ ድማ ናይ 2ይቲ ክፍሊ ተኸታሊት ክገብራ ዝህቅን፣ እቲ ሳልሳይ ሓይሊ ማእከል ድማ ብስዉእ ዑስማን ሳልሕ ሳበ ዝምራሕ ኰይኑ 4ይቲ ክፍሊ ከም ቀንዲ ሓይሊ ማእከሉ እታ ሳልሰይቲ ድማ ከም ናይ 4ይቲ ክፍሊ ተኸታሊት ኰይና ክትቅጽል ዝህቅን ምዃኑ ድሕሪ ምግላጽ፣ ንሱ ከም ናይ 5ይቲ ክፍሊ መራሒ መጠን፡ እዛ ክፍሊ እዚኣ ርእሳ ክኢላ ጠጠው ክትብል ክትክእል ከም ዝደሊ። ተሳትፎ ናይ ደቂ ከበሳ እናዓዘዘ እንተኸይዱ ድማ እዚ ክረጋገጽ ከም ዝኽእል። ስለዚ ካባና ዝጽበዮ ቀንዲ ኣበርክቶ፡ መንእሰያት ብብዝሒ ከምዝስለፉ ምግባር ምዃኑ ዘርዘረለይ። ዓብላልን ተዓብላልን ዘይብሉ ሃዋህው ክፍጠር ዝከኣል ቍጽሪ ናይ ኣስላምናን ክርስትያናን ተጋደልቲ ተመጣጣኒ ክኸውን እንክሎ'ዩ ዝብል ዕግበት ከም ዝነበሮ

እዝክር። ኣብ ቀጽሪ ናይቲ ቤት ጽሕፈት እተዓዘብኩዎ እሞ ባህ ዘየበለኒ እንተነይሩ፡ እቶም ተጋደልቲ ከዕልሉ ከለዉ፡ በበቲ ናይ ቋንቋ መበቆሎም ተጕጃጂሎም የዕልሉ ምንባሮም እዩ። ሎሚ ንድሕሪት ተመሊሰ ክርእዮ ከሎኹ ብዙሕ ኣየገርመንን። ከምኡ ምግባር ባህርያዊ እዩ፤ ነናይ ክፍሎም ዘዕልሉሉ ጕዳይት'ውን ይነብሮም። ክትራዳድኣሉ እትኽእል ናይ ሓባር ቋንቋ እንተዘይብልካ ንክትራዳዳእ ጸገም ስለዝኾነ፣ ብዘይተርጎምቲ ከትዕልል ኣጸጋሚ ምኧኑ ብሩህ እዩ።

እቲ መደበይ ምስቶም ሓለፍቲ ተራኺብካ ናብ ኣስመራ ምምላስ ስለዝነበረ ምስ ዝፈልጦም ኮነ ዘይፈልጦም ከዕልል ንድሕነተይ ኣስጋኢ ንስራሕ ዓንቃፊ ኮይኑ ክርከብ ስለዝኽእል ተደላይነት ኣይነበሮን ምስ ውልቀ መላኺ ኢሳያስ ኣፈወርቂ ዘየዕለልናሉ ምኽንያት'ውን ካብዚ ዝነቅል ከይኮነ ኣይተርፍን። ኣብታ ዕለት እቲኣ ተራኺብና እንከሎና እንተድኣ እቲ ናይ ኣወጻጽእኡ መደብና ከምቲ እተወጠኖ ዘይከደ ኰይኑ፤ እወ እንተድኣ ከምቲ ኣብ ላዕሊ ኢሉዎ ዘሎ ተጠሊሙ ኰይኑ ካልኦት ሰባት ኣብ ከምኡ ኵነታት ንኸይወድቁ ክሕብረኒ ዶ ኣይምተገብኤን?

ምንቅስቓስና ዘላቒ ኣሰራት ክገድፍ ዘኽኣሎ ተወፋይነትና ምሉእ፡ ኣብ ፍትሓውነት ጕዳይ ሃገርና ዝነበረና እምነት ምሉእ ናጽነት ብዓይኒ ተስፋ ርኢና ንምእሰርቲ ኰነ መስዋእቲ ከም ክንከፍሎ ዘሎና ዋጋ ተቐቢልና ንንቀሳቐስ ምንባርና ምኧኑ ብምዝካር ክድምድም እፈቱ።

<u>ውሽጣዊ ስርርዕን ስርሒታትን ኣብ ኤርትራን ኢትዮጵያን</u>

ሓርበኛ ተስፋሁነይ ተኽለ፡ካብ ካልኣይ መፋርቕ ናይ ስሳታት ጀሚሩ ኣብ ውሽጢ ከተማታት ኢትዮጵያን ኤርትራን ብፍላይ ኣብ ኣስመራ ዝነበረ ውሽጣዊ ስርርዓትን ስርሒታት ሓርነትን ብተወፋይነት ካብ ዝተቓለሱን፡

ካብቶም ኣብ 1967 ኣብ ማእሰርቲ ዝኣተዉ ስሩዓት ተመሃሮን ብፖሊስ ኢትዮጵያ ኣረሜናዊ ኣገባብ መርመራ ዝተሳቐዩን እዩ። ካብ 1975 ክሳብ 1981 ዓ.ም. ድማ ኣብ ሜዳ ዝተፈላለየ መደባት ኣገልጊሉ፡ ተዘክሮታቱ ድማ ቀጺሉ እነሆ።

ብዛዕባ ቃልሲ ህዝቢ ኤርትራ ንምትራኽ፡ ብሕልፈ ንኹሉ እቲ ኣብ ዝተፋላለየ መኣዝን ሜዳና ዝተገብረ ፍጻሜታት እወንታኡ ኮነ ኣሉታኡ፡ ገለ ካብቲ ቀንዲ ጸሚቑካ ከተቕርብ'ድኣ'ምበር፣ ብዘይ ገለ ተረፍ ከየጉደልካ ክጸሓፍ ዘይከኣል ምኧኑ ንምግንዛቡ ዘሸግር ኣይመስለንን። ግን ካብ ማይ ባሕሪ ብጭልፋ ከም ዝበሃል ፡ ከምዚ እዞም ግዱሳት ብጾት፡ በዚ ጀሚረሞ ዘለዉ ኣጋባብ፡ እሞ ዝወዓለ ይንገርካ፡ ዝተማህረ ይፍረድካ ከም ዝበሃል፡ ዝወዓሉዎ ክነግሩ ኽለዉ ኣነ'ውን ዝፈልጦን ዝወዓልኩዎን ኽጽሕፍን ብዛዕባ ዝወዓሉን ዝነበሩን ክሕብርን ብዝሃቡኒ ዕድል እንዳ ኣመስገንኩ፣ ክጽሕፍ ክፍትን እየ። እዚ ኣነ ዝፈልጦን ዝጽሕፎን እንተኾነ'ውን ንዝተገብሩ ፍጻሜታት ድሕሪ ነዊሕ እዋን ንምትራኽን ምስናድን ኣብ ዝግበር ጻዕሪ፣ መሰረታውያን ሓቅታት እኳ እንተዘይተሳሕቱ ገለ ግን ምርሳዕ ክህሉ ስለዝኽእል ኣቐዲመ ይቕረታ ይሓትት፡ ንዝቐርበለይ መኣረምታ ድማ ብሓጎስ ክቕበል ምኧነይ እፍልጥ።

ተዘክሮታት ቃልሲ መንእሰይ ኤርትራ ካብ 1965 ክሳብ 1969

መንእሰይ ኤርትራ፡ ብሕልፈ እቲ ዝመሃር ዝነበረ ፡ ኣብ ርእሲ`ቲ ብሓምድ እድሪስ ዓዋተ ዝተጀመረ ብረታዊ ቓልሲ ናይ 1961 ዓ.ም.ፈ; ነቲ ቕድሚኡ ብወልደኣብ ወ/ማርያም፣ ኢብራሂም ሱልጣንን ካልኦት ሃገራውያንን ዝካየድ ዝነበረ ፖሊቲካዊ ቓልሲ ተቐቢሉ ንናጽነት ኤርትራ ተሰሊፉ ከቃለስ ግዜ ኣይወሰደሉን። ብዝያዳ እቲ ኣብ ኣብያተ ትምህርቲ፣ ልዑል-መኮነን፡ ቀዳማዊ - ሃይለስላሴ፡ ተግባረ-ኢድ (ፖይንት-ፎር) ዝነበረ ተማሃራይ ኣብ ፈቖዶ ቦታታት ናይ ኣስመራ ብፖሊስ እንዳ ተሃድነ ተቓውሞኡ የርኢ ነበረ።ካብኡ ሓሊፉ እውን ፡ ነተን ኣብ ከተማታት ደቀምሓረ፡ መንደፈራ፡ ከረን፡ ባጽዕን ዝነበሩ ተመሃሮ እውን ተቓውሞኦም ንኸርእዩ ኣንቂሑን ኣለዓዒሉን እዩ።

እቶም ሽዑ ተመሃሮ ዝነበርና ፡ ኣብ ትሕቲ ከምዚ ዘኣመሰለ ስምዒትን ኵነታትን እንክሎና፡ ማለት ኣንጻር ሕብረት ምስ ኢትዮጵያ ስሚዕትናን ተቓውሞናን ኣብ ኣእሙሮና ሰሪጹ ኸሎ ኢና ገለ ናብ ኣዲስ-ኣበባ ዩንቨርሲቲ ገሌና ድማ ፡ ዓሰርተ ሓደ ክፍሊ ምስ በጻሕና ነቲ ናብ ተለኮሙኒኬሽን ዕጹዊ ቤት ትምህርቲ (boarding school) መእተዊ ዝወሃብ ዝነበረ ፈተና ሓሊፍና ከድና። እቲ ቓልሲ ኣብ ኣዲስ-ኣበባን ከባቢኣን ግን በቶም ቀዲሞም ናብ ዩኒቨርሲቲ ዝሓለፉ ከም በዓል ስዉኣት ኪዳነ ኽፍሉ፡ ወልዳይ ግደ፡ ኪሮስ ያዕቆብን (ጻጸ)፡ ከምኡ ውን ዲሒሮም ዩኒቨርሲቲ ካብ ዝኣተዉ ከም በዓል ተስፋይ ገብረስላሴን (ሚንስተር ናይ ጸዓት)፡ ፍቕረእየሱስ ኤልያስን (በዓል መዚ ተለኮሙኒኬሽን ኤርትራ ዘሎ) ፡ ዶክቶር ገብረብርሃን ዑቅባዝጊ((ሕጂ ሓላፊ ኮለጅ ማይ-ነፍሒ ዘሎ) ...ወዘተን ነቲ ናብ ኣዲስ ኣበባ ዘዝመጸ ኩሉ ይሰርዕዎ ነበሩ። ዳሓር ከም ዝበርሀ'ውን ነቲ ኣብ ኣስመራ ዝነበረ ምንቅስቓስ ፡ ምስ በዓል ወልደ-ዳዊት ተመስገን፡ ስዩም ዑቕባሚካኤል፡ ወልደየሱስ ዓማርን ኰይኖም የካይድዎ ከምዝነበሩ ይፍለጥ።

ናይ'ዚ ኹሉ መሪሕ ዝነበረ፡ ከይተሓለለ ንሰውራ ኤርትራ ሓደ ኩቡዖ ንቕድሚት ዘዝለለ ፡ ንናይ ኢትዮጵያ ጸጥታ መሓውር ዘልመሰ ፡ በሊሑ ሰብ ዘብለሔ፡ ሰውራ ብስርርዕን ርኽክብን ካብ መዓሙቕ መታሕት ወጢጡ ከበሳ ዘደየበ ኪዳነ ክፍሉ እዩ ነይሩ። ምእንቲ ንኩሉ ኪዳነ ክፍሉ መንዩ ንዝብል፡ ብሩህ ክኸውን ድማ *ኪዳነ ክፍሉ መተዓብይቱን ኣነ'ውን ኣብ ውሽጣዊ ስርሒታት ሰውራና እንፈልጦን ናይ ብሓቂ ስሙ ከበደ ክፍሉ እዩ ነይሩ። ኣብ ሜዳ ምስወጸ ግን ብኪዳነ ክፍሉ ዝብል ናይ ገድሊ ስም ይጽዋዕ ከምዝነበረ ድሒረ ክፈልጥ ክኢለ። ከበደ/ኪዳነ ክፍሉ ኣብ ወረዳ ተኸላ ኣውራጃ ሰራየ ማእዶ እትብሃል ዓዲ ዝዓዱን ተወሊዱ ዝዓበየን ተጋዳላይ ምንባሩ ድማ በዚ ኣጋጣሚ ነቶም ብዛዕባ ናይዚ ተጋዳላይ'ዚ መንነት ኣፍልጦ ዘይነበሮም ከሕብር ምብቀዐይ ሕጉስ ኢየ።*

ስርዒታዊ-ቕርጻ ውሽጣዊ ውደባ መንእሰያት፡

እቲ ብማእከላይ መሪሕነት ዝፍለጥ ብኣቦ መበርነት ከበደ ክፍሉ ዝምራሕ ዝነበረ ብዘውጻኦ ቅርጻ ኣብ ሙሉእ ኤርትራን ኢትዮጵያን ይሰርሕ ነበረ። ቅርጹ ድማ እቲ ማእከላይ መሪሕነት ሸውዓተ ዝኣባላቱ ክኸውን ከሎ እቲ ሓደ ኣቦመምበር እዩ። እቶም ሹዱሽተ ነናቶም ጉጅለታት የቑሙ፣ እቶም ንሶም ዘቖሙዎም ጉጅለታት'ውን ሓደስቲ ጉጅለታት እናቖሙ ይሰርዑ፡ እቲ ቀኣጽሪ ጉጅለ ብሸውዓተ እዩ ዝቐውም። በዚ ኣገባብ'ዚ እቲ ስርርዕ ብቐጻሊ ናብ ኩሉ ቦታታት ይዝርጋሕ ነይሩ። ንምብራህ ዝኣክል፡ እታ ብቑጽሪ ሓደ ዝቖመት ስርዒት ምስ ቑጽሪ ክልተ ወይ ሰለስተ ወይ ምስ ካልእ ጉጅለ ኣይፋለጡን ኔሮም፡ ስሩዓት ምኺኖም እውን ኣይፋለጡን እዮም፡ ብጀካ ኣብ ኣድላይ ዝኾነ እዋን ፡ ላዕለዎት ሓለፍቲ ብዝመደብዎ ዕማማትን ኣገባብን ገይሮም እዮም ዝራኸቡ ኔሮም። በዚ ኣገባብ'ዚ ድማ እዩ ምስጢሩ ዝሕለወሉ ነይሩ። ንኣብነት ሓደ ሰብ ካብ ሓደ ስርዒት እንተ ተታሒዙ፡ጥራሕ ዉሑዳት ሰባት ዝፈልጦም እዩ ከትሕዝ ዝኽእል፣ ስለዚ ገለ ክትሓዙ እንተተራእዩ፤ እቶም ካልኦት ንሜዳ ንኽወጹ ዕድል ይረኽቡ።

ዝተስርዑ ኣባላት ዝራኸቡሉ መስኖ ኣሳራርሓ፡

ስዉእ ኪሮስ ያዕቆብ (ጻጸ) ከም ዝሐበረኒ፡ ስዉእ ኪዳነ ክፍሉ ንኽልተ ዘይፋለጡ እሞ ኣብ ዝተፈላለየ ቦታ ዝነብሩ ንምርኻብ ብዙሕ ሜላታት ነይርዎም። ሓደ ንኣብነት ንምጥቃስ ፡ ካብቲ ብዙሕ ፡ ዝተገብረ ገለ ቁንጣሮ ንመልከት። ንኣብነት ክልተ ስሩዓት፣ ስሩዕ ሙዑት ምስ ስሩዕ ወልዱ ንሓደ ኣድላይ ስርሒት ተራኺቦም ክሰርሑ ምስ ዝድለ ፡ እዞም ክልተ ስሩዓት፡ ግን ዘይፋለጡ ንምርኻብ ጸገም አይነበሮን። ሓዲኦም ንበል ሙዑት ናይ ኣዲስ ኣበባ ስሩዕ ፡ ወልዱ ድማ ኣብ ኣስመራ ዝነብር ስሩዕ እንተ ኾይኖም፡ እቲ ስራሕ ኣብ ኣስመራ እንተ ኹይኑ ዝፍጸም፡ ንኽልቲኦም ብመራሕ ስርዒቶም ኣቢሉ እቲ መምርሒ ይወሃቦም ነበረ። ንኽልቲኦም ሓደ ፍሉጥ መዓልቲ ንበል 23 ሰነ ፉሉይ ሰዓትን ንበል ሰዓት 10 ቅድሚ ቐትሪ (ቅ.ቐ) ዝራኸቡላ ቦታ ንኣብነት ኣብ ኲምቢሽታቶ ኣብ ቅድሚ ፊት ካተድራል ክራኸቡ ይንገሮም። ክልቲኦም ወልዱን ሙዑትን ናይ ክልቲኦም ሰዓት፡ ናይ ሰዓት ፍልልይ ንምውጋድ፡ ዋላ ጌጋ ትኹን፡ ብናይ ካተድራለ ሰዓት ኣስተኻኺሎም ይመልእወን። ንምብራህ ዝኣክል እዚ ሓሳብ እዚ ናይ ክልቲኦም ሰዓት ሓደ ክምዝቑጽራ ንምግባር እዩ። ሕጂ ንወልዱ ፍሉይ መምርሒ ይወሃቦ ከምዚ

ድማ ነበረ፡ ወልዱ ንዕለት 23 ሰነ ልክዕ ሰዓት 10 ቅ.ቐ ብጸጋማይ ኢዱ ጋዜጣ ሕብረት ሒዙ ፡ ጸጋማይ እግሩ ድማ ጸራጋይ ጫማኡ (ሊስትሮ) ክጸርግ ይጅምር። ንሙዑት ድማ እዚ ሓበሬታ እዚ ብሙሉኡ ይዋሃቦ'ሞ ናብቲ ቦታ ከይዱ ተዓዚቡ ኣብታ ሰዓትን ዕለትን ኣብታ ቦታ ከይዱ ዋዛ ኣምሲሉ ወልዱ ይብል'ሞ ፡ ወልዱ ስሙ ምስ ሰምዔ ተመሊሱ ስም ሙዑት ይጽውዕ፣ ሽዑ ይላለዩ ተራኺቦም ድማ ስርሖም የካይዱ።

ንማሕበር ትያትር ኣስመራ (ማ.ት.አ) እውን እንተኾነ ነቲ መሳጥን ኣለዓዓልን ፖለቲካዊ ትሕዝቶ ዝነበሮ ደርፍታታ፤ ከም በዓል ሽገይ ሃቡኒ ፡ እቲ ገዛና ዓቢ ህድሞ፣ ትኸን ቁንጪ መሊኦም ፡ እንዳበለት ኣዲስ ኣበባ መጺኣ ነቲ ኣብኡ ተወሊዱ ዝዓበየ ናይ ባህሉ ሃረርታ ዝነበሮ ኤርትራዊ ባህላዊ ጽምኡ ከተርዊ ዝበቕዐት ማ.ት.አ ብሓገዝ ናይቲ ዘይሕለል ተቓላሳይ ኪዳነ ክፍሉ እዩ ነይሩ። ኣብ ኣስመራ ማ.ት.አ ፍቓድ ምስ ተኸልአት ፡ንጀነራል ዘርእማርያም ናይ ፖሊስ ኤርትራ ኣዛዚ ዝነበረ ሓቲቱ ስለ ዝኣበዮ ፡ ንጉሆ ንጉሆ ደጋጊሙ እንዳተመላለሰ ይልምኖ ነበረ፡: ጀነራል ንስርሑ ኸኣቱ ኸሎ ኣብ ኣፍደገ ስርሑ ጸኒሑ እንዳ ሰገደ ሞኽ ምስኣበሎ ፡ እሞ ጀነራል ንኪዳነ ኣለልይዎ ስለዝነበረ ፡ ናብ ውሽጢ ቤት ጽሕፈቱ ኣጸዊዑ ኣዛራሪቡ ዘፍቀደ ፡ ኣብ ኣዲስ-ኣበባ እንተኾነ'ውን ብዶክቶር ስዩም ሓረጎት፡ ተሓጋጋዚ ጠቕላሊ ሚኒስተር ኣክሊሉ ሃብተወልድ ዝነበረ ተሓጊዙ ፡ ማ.ት.አ ንኽትመጽእ ዝገበረ ሰብ እዩ ነይሩ። ኣንባቢ ነቲ ጽንኩር ኩነታት ናይቲ እዋን'ቲ ሓፈሻዊ ተረድአ ከምዘለዎ ስለዝግንዘብን ንኽረድአ ድማ ብዙሕ መግለጺ ዝሓትትን ስለዝኾነ፣ ብሕጽር ዝበለ "ኽቢድን ጽንኩርን እዩ ነይሩ" ኢለ ክሓልፎ መሪጸ ኣለኹ። ኪዳነ ክፍሉ ነዚ ዝነበረ ከቢድ ኩነታት ስዒሩ ዝተዓወተ ሰብ እዩ ነይሩ። ብሓጺሩ እዛ ዝተጠቕሰት ማእከላይ መሪሕነት ብዘደንቕ ኣገባብ ኣሰራርዓ እንዳሰርዐት ንጀብሃ ኣብ እዋን ዘበነ ክፍልታት ምስ ህዝቢ ኣፍሊጣታን ኤርትራዊ ፖለቲካዊ መልእኽታታ ትዝርግሕን ነይራ እያ። ናይ ስሩዓት ዕማም ድማ ከምዚ ዝስዕብ ነበረ፡

ዝኾነ ስሩዕ ብጆካ እቶም ሸውዓተ ምስኡ ኣብታ ናይ ምስጢር ጉጅለ ወይ ስርዒት ዘለዉ እንተዘይኰይኖም ብሕጊ ካልእ ስሩዕ ኣይፈልጥን እዩ ነይሩ ኣይንገሮን እዩ'ውን። ግን ብድፍኑ ንኣብነት ኣብ ዩኒቨርስቲ ስሩዓት ከምዘለዉ ተነጊሩና ነይሩ ፡ ንሳቶም ድማ ከምኡ ኣብ ካልእ ከባቢታት ስሩዓት ከምዘለው ይፈልጡ ነይሮም።

ዕማም ስሩዓት ከምዚ ዝስዕብ እዩ ነይሩ፡

1) ስሩዕ ንኻልእ ኤርትራዊ ረኺቡ ምስራዕ፡
2) ገንዘብ ምውጻእ
3) ጽሑፋት ካብ ሜዳ ዝመጸ ምብታን ፡
4) ገለ ክኢላታት ከኣ ኣብ ኤምባሲታት ኣትዮም ዕላማ ሰውራ የብርሁን ጽሑፋት እውን ይዝርግሑን ነይሮም።

ማሕበር ትያትር ኣስመራ (ማ.ት.አ) ናብ ኣዲስ-ኣበባ ኣብ ዝመጸትሉ ግዜ ፡ እቲ

ስሩዕ ፈቐዱሉ ፋሕ ኢሉ ነቲ ኣብ ኣዲስ-ኣበባ ዝነበረ ምምጻእ ማ.ት.ኦ ይነግርን የበስርን ነይሩ። ድሕሪ እቲ ቀዳማይ ምርኢት ግን ብረዲዮን ተለቪዥ፡ንን ኢትዮጵያ ስለ ዝዘርግሕዎ ቦታ ክሳብ ዝጸቦ ይእከብ ነበረ። ከምኡ እውን እቶም ኣብ ኣስመራ ተመሃሮ ዝሰርዑ ዝነበሩ ከም ጀጋኑ ስዉእ ስዩም ዑቕባምካኤልን ስዉእ ወልደዳዊት ተመስገንን ካብ ኣስመራ ምስኣምለጡ ኣባና ኣብ ኣዲስ-ኣበባ እዮም ተዓቒቦም። እቶም ኣብ ተለኮሙኬሽን ዝነበርና ስሩዓት ጽቡቕ ጌርና ተቐቢልናዮም። ካብኡ ንሜዳ ክወጹ ኸለዉ ዘድልዮም ገንዘብ ንምእካብ ዝተገብረ ሜላ ከምዚ ዝስዕብ ነበረ። ሓደ ፍቕረእየሱስ ኤልያስ ዝበሃል ሕጂ ኣብ መንግስቲ ኤርትራ በዓል መዚ ዘሎ ምስ ሰረቐ ዘርኣይ ዝበሃል ኣብ ቤት ጽሕፈት ሕቡራት ሃገራት ዝሰርሕ ዝነበረ ፡ ሕጂ ጡረታ ወሲዱ ንኤርትራ ኣትዩ ዘሎ ብዘውጽእዎ መደብ፡ ገንዘብ ንምውጻእ ምእንቲ ክጥዕም፡ ሰረቐ ኣደይ ሞይታትኒ ኢሉ ክሓዝን እሞ ኩላትና ኣብቲ ዕጹዊ ቤት-ትምህርቲ ናይ ቴለኮምኒከሽን ዝነበርና እንተላይ ኢትዮጵያውያን ንሰረቐ ንምርዳእ ተባሂሉ ብርክት ዝበለ ገንዘብ ኣኪብና ሂብና ሰዲድናዮም።

ስልኳ ጸጥታን ዝሰዓበ ስቓይ ኣብ ማእሰርትን፡

ኣነ ተስፋሁነይ ተኸለ ምስ ክልተ ሰሩዓት ወልዳይ ኣብረሀን ፡ የማነ ተኸስተን ኰንና ፡ ካብ ተሌኮምኒከሽን ዕጽዊ ቤት ትምህርቲ ምስወዳእና ኣብ እንዳቦይ ፋሲል ዝበሃሉ ኤርትራዊ ኣቡኡ ንተጋዳላይ ሞጎስ ፋሲል ተኻረና። ሽዱሽተ ወርሒ ከይገበርና ብጾት ክምዝተኣስሩ ተሓበረና እሞ፡ ነቲ ዝነበረና ወራቓቕቲ ናይ ዉድብ ምእንታን ከይርከብ ፡ ምሸተ ምሸት ኣብ ዕብይ ዝበለ ሽሓኒ እንዳ ኣንደድና ብማይ እንዳ በጽበጽና ኣብ ሽቓቕ ደፋእናዮ። ግን ገለ ሰባት ብገርሆም ከለዉ ስለ ዝተታሕዙ፣ ጸጥታ ኢትዮጵያ ናይ ቡዙሓት ኣስማት ረኺቡ እሞ ክኣስሩ ጀመሩ። ኣብ መጀመርታ ዝተኣስረ ዶክተር ገብረብረሃን ዑቕባዝጊ (ሕጂ ሓላፊ ኮለጅ ማይ-ነፍሒ ዘሎ) ካብ ዓሰብ፡ ከምኡ'ውን ምሕረተኣብ ኣቡኡ ኣብ ናይ ረዲዮ (ሉተራን ፈይዝ ሚሽን) ዝሰርሕ ዝነበረ ከምዝተኣስሩ ይዝከር። ቡዙሓት ከም ኪዳነ ኸፍሉ፡ ተስፋይ ገብረስላሴን ካለኦትን ብመቐለ ኣቢሎም ንሜዳ ወጹ። ኣነ ግን ምስ ክልቲኦም ምሳይ ዝነብሩ ዝነበሩ ተኣሰርና። ካልኦት ምሳይ ዝተኣስሩ፡ ማለት ኣብ ሓደ ጉጅለ ዝነበርና እዞም ኣስማቶም ኣብ ታሕቲ ተዘርዚሮም ዘለዉ እዮም። ግን ካልኦት ቡዙሓት ጉጅለታት ከም ዝነበራ እውን ይዝከረኒ። ንኣብነት ንዓይ ወደኮይ ዝብጸሓኒ ምኪኤል ገብረምካኤል ዳሕራይ ምስ ህ.ግ. ተሰሊፉ ንቡዙሕ ዓመታት ዝተጋደለ ምስኡ ዝነበሩ ከም ስዉእ ሰመረ ወልደኪዳንን በላይ ዝበሃል ስዉእን፡ ካልኦት ቡዙሓትን ተኣሲሮም ከም ዝነበሩ ይዝክር።

እቲ መርመራ ኣብ ኣስመራ ዝምርምሩና ዝነበሩ ካብ ኣዲስ-ኣበባ ኣዝዩ ዘስካሕክሕን ዘሳቕን እዩ ነይሩ። ሓደ ካብቲ ኣሰቃቒ ኣጋባብ ኣመራምራ፡ ካብ ቡዙሕ ዝነበረ ጭልፍ ኣቢለ ክገልጽ እየ።

መርመርቲ -1) ማይ ዝመለኤ ብርለ ኣብ ፍረ-ነብስኻ ኣንጠልጢሎም ተዛረብ፡ 2) የእጋርካን የእዳውካን ኣሲሮም ኣብ ዝጨነወ ማይ ቁልቁል ኣፍካ ደፊኦም ተዛረብ፡ 3) የእዳውካን የእጋርካን ጠርኒፎም ኣሲሮም በሊሕ መሸጒር ዝመስል ናብ ኣፍካ የእትዮም ንመልሓስካ ጸቒጦም እንዳ ደግደጉ ተዛረብ ፡ ገለ ካብቲ ዘገርምን

ዘርምምን ጨካን ኣጋባባት ምርመራ ዝነበረ እዩ። እቲ ዘገርም መልሓስካ ብመሸጎር ተጸቒጡ ከሎ ህላዌኻ ስጋብ ዝጠፍኣካ ብርቱዕ እንዳሃረሙን እንዳ ኣድመዩን ተዛረብ ማለት መልሓስ ተጸቒጣ ከላ፡ ዋላ ማህረምቲ በርቲዑ ክትዛረብ እንተትደሊ እውን ዘይከኣል ከምዝነበረ ንማንም ኣንባባይ ብሩህ ይመስለኒ። ንዓይ እሞ ንኽይዛረብ ብዙሕ ሓጊዙኒ እዩ ። ክትፍረድ ከለኻ ድማ ብመጠን ዝሃብካዮ ብዝሒ ሓበሬታ እዩ ነይሩ እቲ ዝወርደካ ፍርዲ።

የወንጀል ይግባኝ መዝገብ ቁጥር 5/60
የአሥመራ ከፍ.ፍ.ቤት መዝ.ቁ. 338/59
ኅዳር 14 ቀን 1960 ዓ.ም.

ዳ ኞ ች:-

ይግባኝ ባዮች .... 1. ...
2. ...
3. ...
4. ...
5. ...
6. ...
7. ...
8. ...
9. ...
10/ ...
11/ ...

የከፍተኛ ፍርድ ቤት ፍርድ

ፍ ር ድ ::

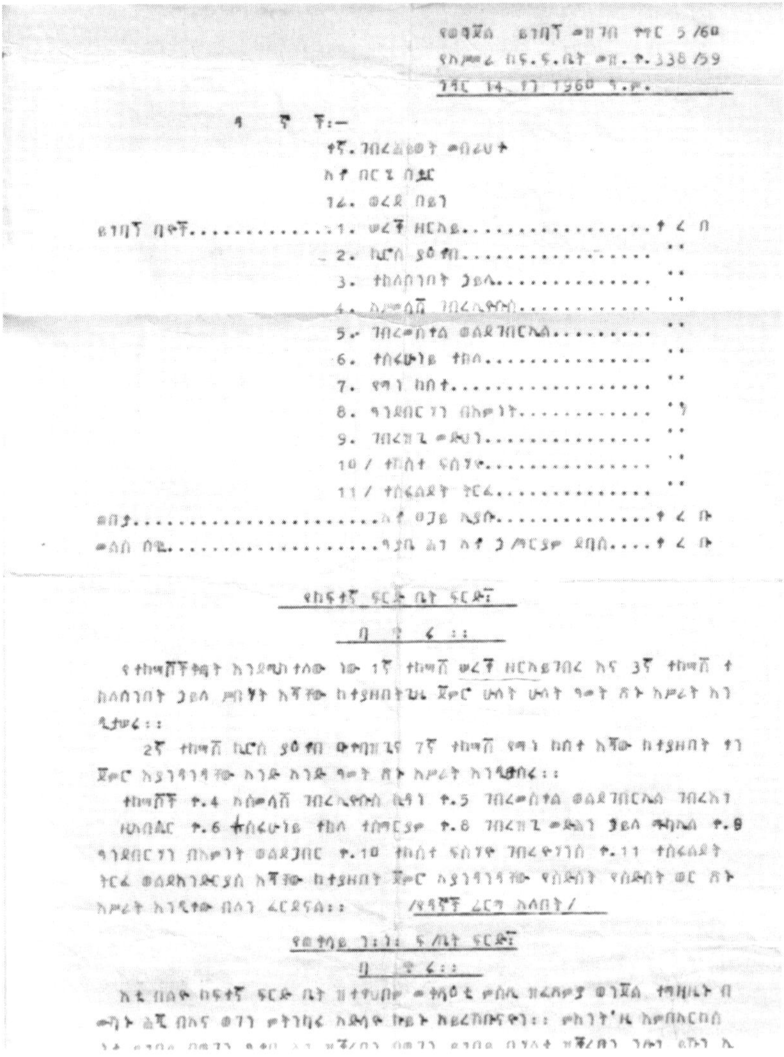

ድሕሪ ናይ ሓደ ዓመት ማእሰርቲ ዝተበየነ ፍርዲ ዘርኢ ሰነድ እዩ።

ምፍራስ *ዘመነ*-**ክፍልታት ተ.ሓ.ኤን ንሕና ካብ ቤት-ማእሰርቲ ምውጻእናን**

ኣብ 1969/70 ዓ. ም.ፈ መሲሉ ይዝከረኒ፡ ካብ ቤት ማእሰርቲ ክንወጽእ ከለና ፡ ስድራቤትና ክልተ ገዛ ብዝወነኑ ከም ዝወሓሱና ኔሮም ኣውጺኦምና።

ድሕሪ መስዋእቲ ኪዳነ ክፍሉን ወልዳይ ግደን ፡ በዓል ሰልፊ ናጽነት፡ በይኖም ውድብ ዘቕሙሉ ዝነበሩ ግዜ፡ ገለ ካብቶም ምሳና ስሩዓት ዝነበሩ እሞ ንሜዳ ዝወጹ ተመሊሶም ናብ ኢትዮጵያ ኢዶም ዝሃቡሉ እዋን ኢዩ ነይሩ። ስለዚ እቶም ዝኣተዉ ኣብቲ ናይ ይግባይ መዓልቲ ብኢትዮጵያ ቀሪቦም ኩሉ እቲ ዝገበርናዮን፡ ከምኡ እዉን ካልኦት ዘይተታሕዙ ንኽይነግሩን ንኸየትሕዙን ብዙሕ ፈራሕና`ሞ፡ ኣነን ተስፋልደት ትርፈን ኰንና ነቶም ዝኣተዉ ከነተሓሳስብ፡ ናብቲ ዝነበርዎ ቦታ ጦር ሰራዊት ብድፍረት ከድና። ኣጸዊዕና ዘዛራረብናዮ ሰብ ዝበለና እንተነይሩ ግን፡ ዘሰንብድ እዩ።ኹሉ ከምዝነገሮም`ውን ሓበረና። ኢትዮጵያ ግን ነዞም ዝኣተዉ ከም መሰኻኽር ኣብ ቤት ፍርዲ ኣየቕረበቶምን።እቶም ተሪፎም ዝነበሩ ስሩዓት እውን ኣይተኣስሩን። ዳሕራይ ላዕለዋይ ቤት-ፍርዲ በቲ ቕድም ዝተፈረድናዮ ከምቲ ኣብ ላዕሊ ተጠቒሱ ዘሎ ውሳኔ ወሰነ። ዳሕራዮም ዝገድድ ጸጥታ ናይ ኢትዮጵያ ግን ብዘይካ ኣብ ኣዲስ ኣበባ ኣብ ካልእ ቦታታት ክንነብር ከምዘይፍቀድ ብናይ ገዛእ ርእሶም ፍርዲ ኣፈረሙና። ብኹሉ ድማ ተወጢርና ነበርና፡ ንሜዳ ምውጻእ አጻጋሚ፡ ስራሕ ከይንምለስ ተኸሊእና ኣይንላዕሊ ኣይንታሕቲ ኮንና። ሜዳ ኤርትራ እንተኾነ`ውን ኣብ ክልተ ተገዚዑሉ ዝነበረ ኣብ ዝኽፍአን ኣፍራሕን እዋኑ እዩ ነይሩ። ብዘይካዚ`ውን፡ ንሜዳ እንተ ኸድና ነቶም ክልተ ዝተዋሕሱና ሰብ ቪላ፡ ሰብ ስድራ ብምንባሮም ኣብ ጸገም ከይነእትዎም ሓላፍነትን ሓልዮትን ይስመዓና ነይሩ።

ሓርበኛ ስዉእ ኪዳነ ክፍሉ

ሓርበኛ ስዉእ ወልዳይ ግደይ

ሓርበኛ ተጋደልቲ ኪዳነ ክፍሉን ወልዳይ ግደይን ብርቱዓት ተቓለስትን ወደብትን ምንባሮም ብብዙሓት ይዝንቶ እዩ፡ ብብርትዓኦም ዝርዓዱ ኣዘንጊዖምን ኣጸልሚቶምን ኣብ ሱዳን ከም ዝቐተልዎም ሬሳኦም ምስተረኽበ ተረጋጊጹ። እንተኾነ ግን ቀተልትን ኣዘዝቶምን ምኽንያቶምን ክሳብ ሎሚ ክፍለጥ ኣይከኣለን። ደረስቲ ንገዳይም ብምውካስን ብዛዕብኦም ዝተጻሕፈ ታሪኻት ኣብ ጉግልን መርበባትን ፈቲሾም ዝረኸብዎ፤ ግምታትን ዘይተጨበጠ ሓበሬታታትን ብምኽኣ ንቐጻሊ ፍተሻ ክፉት ኔሮም ሓሊፎም ከምዘለዉ ንሕብር። ደረስቲ

ኣብ ኣስመራ ብዙሕ ምጽናሕ ብጸጥታ ኢትዮጵያ ተኸልከልና`ሞ ንኣዲስ ኣበባ

ብዘይ ድልየትና ንቕሎ ኰነ። ንታሪኽ ክኸውን ክጠቕሶ ዝደሊ፡ ቅድሚ ናብ ኣዲስ-ኣበባ ምብጋስና ስዉእ ኪሮስ ያቆብ ከምዚ ዝስዕብ ተዛረበና “ሜዳ ኤርትራ ብሃይማኖት ተማቓቒሉ እዩ ፡ ሕጂ ዘለና ምርጫ ሓደ ካብ ክልተ እዩ፡ ንሱ ድማ ኢትዮጵያዊት ኤርትራ ወይ እስላማዊት ኤርትራ ምምራጽ እዩ፡ ኣነ ከም ኪሮስ እስላማዊት ኤርትራ ይመርጽ ኣለኹ፡ ምኽንያቱ ምስ የሕዋተይ ኣስላም ሓዎም ምዃነይ ኣረዲኤን ኣንቂሔን ብዘይ ፍልልይ ናይ ሃይማኖት ንናጽነት ኤርትራ ምቅላስ ይመርጽ በለና እሞ ኩላትና እቶም ኣብኡ ዝነበርና ምስኡ ሰመርና።

ኣብ ኣዲስ-ኣበባ ምስኣተና እቲ ዝኸፍኣን ዝበርትዐን ጸገም ኣጋጠመና። ብጀካ እቶም ኣብ ዩኒቨርሲቲ ዝነበሩን ከምኡ`ውን ሓደ ጽኑዕ ተቓላሳይ ሃብተ ኪዳነ ዝበሃል ዓርከይ ኣብ ኣዲስ-ኣበባ ባንክ ማናጀር ዝነበረ እንተዘይ ኰይኖም፤ ካልእ ኩሉ ብፍርሒ ዝኣክል ዝተሓባበረና ሰብ ኣይነበረን። ስራሕ ንምርካብ ዝተፋላለየ ምኽንያት እንዳፈጠርና ክንኣቱ ጀመርና እሞ ኣነ ከም ናይ ነፈርቲ ተቘጻጻራይ ተማሂረ (Air Traffic Controller) ተቼጸርኩ። ኣብ 1973 እቲ ውግእ እንዳበርትዐ ምስከደ ኣብ ኤርትራ ዝነበሩ ኢትዮጵያውያን ኣብ ኣስመራ ንኽሰርሑ ፈሪሖም ጠርዑ`ሞ ነቶም ኤርትራውያን ናብ ኣስመራ ክቕየሩ፡ ነቶም ኢትዮጵያውያን ድማ ናብ ኣዲስ-ኣበባ መደቡና እሞ ኣነ ብወገነይ ንምቅላስ ጠዓመ ኢለ ብሓጐስ ተቐበልክዎ። ኣብ ኣስመራ እንዳሰራሕኩ ከለኹ፡ ኢትዮጵያ ነቲ ኣብ ተለኮሙኒኬሽን ከተምህረና ዝኸፈለቶ ገንዘብ ከተኽፍለና ኢላ ብዘይ ህላዌና ክሲ ኣቕረበት። ድሕሪ እቲ ኽሲ ክኸይድ ምጽናሕ፡ ኣብ መጨረሽታ ወኪልትና ብሚኒስተር እንዳልካቸው ተጸዊዖም ናብ ንጉስ ሃይለስላሴ እቲ ጉዳይ ቀረበ። ሽዑ ካብቶም ምሳይ ተኣሲሮም ዝነበሩ ንዓና ዝወከሉ ቅድሚ ምእታዎም ኣብ ቅድሚ ንጉስ ንኽይዛረቡ ተሓበሮም፡፡ ምስ ኣተዉ ኣብ ቅድሚ ንጉስ ሃይለስላሴ፡ ኣሸመላሽ ገብረእየሱስ ዝተባህለ ብጻይና ኣብ ትሕቲ ጎልፍኡ ሓቢኡዎ ዝጸንሔ ዘቕረቦ ጸገምና ዝገልጽ ጽሑፍ ከንብብ ጀመረም ንጉስ ጸገምና ምስ ሰምዑ፡ እዞም ቆልዑ ማእሰርቶም ወዲኦም፡ ስራሕ ተኸልኪሎም፡ እንታይ ክኾኑ ትደልዩዎም ኢሎም ነቲ ኽሲ ብምንጻግ ንኣክሊሉ ሃብተ ወልድ ብምግናሕ ናጻ ገበሩና።

ቃልሲ ኣብ ማእከል ኣስመራ (1974-75 ዓ.ም.ፈ)

ኣብዚ እዋን እዚ ብሰራዊት ኢትዮጵያ ዝካየድ ዝነበረ ግፍዒ ከም ምሕናቕ፣ ምዕማጽን ምእሳርን ተግባራት ጥራይ ዘይኰነ፤ ጭካነ ኣፋጻጽምኡ`ውን ንህዝቢ ኤርትራ ዘስካሕክሐ እዩ ነይሩ። ሽሕ እኳ ብኽልቲኡ ውድብ ተግባራዊ ስጉምቲ ዝውሰድ እንተነበረ ፡ እቲ መሰታ ዘይነበሮ ቅያ ዝመልአ ተግባራት ዝሰርሔን፡ ኣብቲ እዋን ህዝቢ ቋሕ እንተበለ ሰማይ ሰም እንተበለ መርየት፡ ዝዘርየሉን ዝካላኸለሉን ኣብ ዘናድየሉ ዝነበረ እዋን፡ እቲ ኣለኹ ዝበለን ንግፍዓዊ ተግባራት መግዛእቲ ብዕጽፊ ዝመለሰን በጃ ህዝቢ ዝሓለፈን ኣብ ቅድሚ ህዝቢ ዘመስከረን ሙዑት ተጋዳላይ ናይ ተ.ሓ..ኤ እዩ ነይሩ። ገለ ገለ ካብዚ ተግባራት እዚ ኣብ ታሕቲ ክጠቅስ እየ። እዚ ኣነ ዝጽሕፎ እቲ ኣነ ዝፈልጦን ዝተኻፈልኩዎን እምበር ዝተገብረስ ብዙሕ እዩ። ንኣንባቢ መታን ብሩህ

ከኸውን እቶም ውሑዳት እነ ዝፈልጦም ጀጋኑ ክጠቅስ እየ።

መሰታ ዘይነበሮ ድፍረት ዝተዓጥቀን፡ ኣብ ዉሽጢ መራሒ ዝነበረ፡ ኣብርሃም ተኸለ፡ ኣርኣያ ፡ ጎይትኦም ፡ ኣለም (ሳጉኡ ዑኵት ወይ ፖሊስ) ፡ሳልሕ ብበላይ ዝፍለጥ፡ ብመምህር ዝፍለጥ ዝነበረ ስሙ ዘይፈልጦን ከምኡ ድማ ኣብ ደገ ዝመርሖ ዝነበረ መሓመድ ቅዱዊ ገለ ካብቶም ዝዝክሮም ጀጋኑ እዮም። እዞም ሰራሕቲ ምስትንክር ጀጋኑ እዚኦም ኣብ ዝተፋላለየ እዋን ጅግንነቶም ብግብሪ ዘርኣዩን፡ ኣብ ጽንኩር እዋናት ሂወቶም ከይበቖቑ ዘወፈዩ እዮም። ተግበሮም ድማ ከምዚ ዝስዕብ ነበረ፡

እዋኑ ረፋድ መዓልቱን ዕለቱን ዘይዝክሮ፣ ሓደ ዘደንቕ ስጉምቲ ኣብ ጐደና ኮምቡሽታቶ፣ ኣብቲ ቤት ጽሕፈት ክፍሊ ትምህርቲ ዝትኻየደ ስርሒት፣ ሓደ ካብዞም ዝተጠቕሱ ጀጋኑ ኣብ ውሽጢ'ቲ ህንጻ ኣየር ወለድ ዓሪደሙሉ ዝነበሩ ኣትዩ፣ ነቲ ኣብኡ ዝነበረ ጸጥታ ቐቲሉ ንታሕቲ ወሪዱ ናብቲ ኣየር ወለድ ዝነበርዎ መዝገብ ተኾሲ ምስከፈተ ልቦም ዝጠፍኦም ኣየርወለድ ሸበድበድ ኢሎም መከላኸሊ ክሳብ ዝሕዙ ኣምሊጡ ተሰወረ፡፡

ኣብ ሓደ እዋን ኣብርሃም ተኸለ ጻዕዳ ካምሻ ለቢሱ ሸጉጡ ሓቢኡ ሒዙ ንዕዳጋ ዓርቢ ክኸይድ ከሎ እቲ ኣብ ላዕሊ ቤት ማእሰርቲ ዝነበረ ዋርድያ ረኣዩ'ሞ ደው በል ኢልዎ ኣብይዎ ምስ ጎየየ እቲ ጸጥታ (ሮንዳ) ነጊሩ ኣድለዩ። ሹዑ ኣብርሃም ኣብ እንዳ ጠሓኒት ማኪና መገዲ ዕዳጋ ዓርቢ ዝነበረት ኣተወ'ሞ ነቶም ኣብኡ ጠሓኒት ማኪና ክወቕሩ ዝጸንሑ ሰብኣይ መንነቱ ከይነገረ ከም መንእሰይ ዝፈርሐ ኰይኑ ቐሪቡ ክተሓበበርዎ ሓተቶም'ሞ ናይ ዘብኰረ ሰራሕተኛ ክዳን ተኸዲኑ ካብቲ ናይ ጠሓኒት ሓሩጭ ኣብርእሱ ነስኒሱ ክወቅር ጀመረ፡ ጦር ሰራሕተኛ መሲሊዎም ገለ ከይበልዎ ኸዱ። ካብኡ ሓንቲ ሰበይቲ ኣጥሒና ትኸይድ ዝነበረት ረኺቡ ናታ ሓሩጭ ተሰኪሙ ክሳብ ዘተኣማምን ቦታ ምስኣ ተጓዒዙ ከምልጥ ከኣለ። እዞም ጀጋኑ እዚኦም ካብ ዝተፋላለየ ባንክታት ናይ ኢትዮጵያን ፡ ካብ ዝተፋላለየ ናይ መድሃኒት ቦታታትን ንሜዳ ዘጕዓዝዎ ማእለያ ኣይነበሮን።

ስርሒት መዓርፎ ነፈርቲ

ከባቢ መጨረሻ 1975 ኣነ (ተስፋሁነይ ተኸለን) ሓደ ምሳይ ዝሰርሕ ዝነበረ ተኸለ ገ/ስላሴ ዝበሃልን ኮንና ኣብ ማዕርፎ- ነፈርቲ ንነፈርቲ ካብ ርሑቕ መሪሑ ዘምጽእ መሳርሒ(V.H.F Omni directional or VOR) ዝበሃል፡ ነቲ ኣየርፖርት መብራህቲ ዝህብ ሞቶር፡ ናይ ነፈርቲ መራኸቢ ራድዮ ኣብቲ ማዕርፎ ነፈርቲ ዝነበረ የዕኒናዮ ክንወጽእ ንኣብረሃም ተኸለን ኣርኣያን ሓተትናዮም እሞ ድሕሪ ቁሩብ መዓልታት ተሰማማዕና። እዚ ንምግባር ዝተሓባበሩ ሰባት ብድፍረትን ሜላን ዝቐረብናዮም ንስዉእ ዘወልዶም (ኤለክትሪሻን) ዝነበረን ዓቃቢ መፋትሕ ዝነበረ ኣብረሃም ክብሮም ዝበሃል ናይ V.O.R መፍትሕ ንምርካብን፡ ከማይ ኣብ ምቁጽጻር ነፈርቲ ዝሰርሕ ዝነበረ ኣስጎዶም ወ/ስላሰን ነበርና። ፈንጂ ከመይ ይትኮስ እውን ኣርኢያ መሃረና።

ፈንጂ ንምእታው ናብ ኤየር-ፖርት ዝመሃዝናዮ ምህዞ ዘገርም እዩ ነይሩ። ቅድሚኡ ግን ሓድ-ሓደ ከኒና ስሚ ተወሃብና፡ እዚ እንተፈሸልና ሰባት ከይለከምና ነብስና ንምቕታል እንወስዶ ስጉምቲ እዩ ነይሩ።። ናይ ምሸት ክንሰርሕ ክንአቱ ኸለና ዓቢ ስልጣንያ መሪጽና ኣብ ታሕቲ ፈንጂ ብላዕሊ ድማ ዝተጸብሐ እንጀራ ምስ ዓጽሙ ንሸፍኖ እሞ ፈተሸቲ ጦር ክፍትሹ ከለዉ ካብቲ ዓጽሚ ኣልዕል ኣቢልና “ይቕመሱት”(ብትግሪኛ ጥዓሙዎ ማለት እዩ) ብምባል ነቲ መርማሪ ንህቦሞ ተቐቢሉ እንዳበልዔ ቡዙሕ ከይፈተሹ የሕልፉና ነበሩ። ሓድሓደ ግዜ ብባናናን ኣራንሺን ኣብ ክንዲ ዓጽሚ ሂብና ዝሓለፍናሉ እዋን'ውን ነይሩ። እዚ ክንገብር ከለና ግን ኣብቶም ኣቐዲምና ዘጽናዕናዮም ብዝያዳ ንፍጽሞ ነበርና። ስዉእ ዘወልዶም ዝተጠቕመሉ ሜላ ፍልይ ዝበለ ነበረ። ኤለክትሪሻን ስለ ዝነበረ መዓት ናይ ኤለክትሪክ ስልክታት ዝመልኤ ባኮ ኣብትሕቴኡ ፈንጂ መሊእና ብናተይ መኪና የሕለፍናዮ። ሕጂ ኣስመራ ኣየርፖርት ብፈንጂ ዝዘቐበበት ቦታ ኮነት፡ ተ.ሓ..ኤ ኣብ ካልእ'ውን ከም ኣብ ተሌኮምኒኬሽን ብየማነ ቴለ ዝበሃል ዝተገብረን ከምኡ ድማ ኣብ ዘወርቲ ናይ ውግእ ነፈርቲ ዝነብሩሉ ዝነበሩ መንበሪ ቃኘው ምብሩዑ መደብ ስለዝወጸ ንሳቶም ስጋብ ዝቕረቡ ክንጽበ ተሓተትና።

ኣብቲ ኣየር ፖርት ፈንጂ መቐመጢ ዝመረጽናዮ ኣብ ናተይን ናይ ኣስጎዶምን ሳጹን ኣብ ዉሽጢ ቤት ጽሕፈትና ነበረ። መዓልቱ ምስ ኣኸለ (መጨረሻ 1975 ዓ.ም.ፈ. ነይሩ ይብሎ) እቲ ሰዓታት ንፈንጂ ዘባርዕ ዝተዋሃበና ኣርባዕተ ነበራ፡ እተን ክልተ ሓደስቲ እተን ካልኦት ግን ዘይሓደስቲ ነበራ እሞ እተን ኽልተ ነቲ ዝኸበረ V.O.R ን ነቲ ናይ ኤለክትሪክ ሞተረን ተመደባ። ኣነ ኣብ ኮንትሮል ታወር ይሰርሕ ስለ ዝነበርኩ እቲ V.O.R ን እቲ ሞተረን ኣብ ትሕቲ ቑጽጽረይ ስለዝነበረ ንዘወልዶም ኣብኡ ንኽኣቱ ከም ተክኒሻን ፈቐድኩሉ። ዘወልዶም ነቲ ፈንጂ ሒዙ ኣተወሞ ሰዓት ሹዱሽተን ርብዒን ክትኮስ ኣጻወደ። ነቲ ናይ ረድዮ መራኸቢ ፈንጂ ንምትካል ግን ቡዙሕ ኣሸጋሪ ነበረ። ምኽንያቱ ሓደ ኢትዮጵያዊ ተሓጋጋዚ ናይ ኣስገዶም ምስኡ ስለ ዝነበረ ፡ እሞ እቲ ፈንጂ ኣብኡ ተሓቢኡ ስለዝነበረ፡ ከምኡውን ኣብቲ ኮንትሮል ታወር ምሳይ ድማ ናይ ኣየርፎርስ ለይዘን ወይ ወኪል ስለዝነበረ እሞ ገለ ካብቲ ፈንጂ ዝግበሮ ድማ ኣብቲ ታወር ስለዝኾነ ከምዚ ዝስዕብ ሜላ ተጠቐምና ።ኣነ ነስጎዶም ሸቓቕ ክኸይድ ስለ ዝደለኹ ነቲ ናቱ ተሓባባሪ ክሰደለይ ይሓቶ'ሞ ኣስገዶም ድማ ይሰዶ። ኣንባቢ ተዓዘብ ኣነ ነቲ ሸቓቕ ካልእ ሰብ ከይሕዞ ኣነ ይሕዞ ፡ ኣስገዶምን ተኸለን ነቲ ኣብ ቤት ጽሕፈት ተቐሚጡ ዝነበረ ፈንጂ ሒዞም ናብቲ ሸቓቕ ይመጹ፡ ሽው ተኸለ ነቲ ፈንጂ ኣብቲ ሸቓቕ ሒዙዎ ይጸንሕ። ብድሕሪኡ ንተኸለ ኣብቲ ሸቓቕ ገዲፍና ኣነ ናብቲ ታወር ይምለስ፡ ኣስገዶም'ውን ናብ ቦቱኡ ይምለስ ፡፡ብድሕሪኡ ኣነ ነቲ ተሓባባሪ ናብ ኣስገዶም ይሰዶ፡፡ ሽው ነቲ ምሳይ ዝነበረ ናይ ኣየር ፎርስ ወኪል ካብቲ ኮንትሮል ታወር ንምልቃቕ ኣስጎዶም ቡን ንስተ ኢሉ ዓዲሙ ወሰዶ'ሞ ሽው ተኸለ ነቲ ፈንጂ ሒዙ ናባይ ይድይብ ፡ ደሕሪኡ ኣነን ተኸለን ነቲ ናይ ራድዮ ኣጻወድናሉ፡ ከምቲ ስምምዕ ድማ ንሰዓት ሽዱሽተን ርብዒን ኣጻዊድናዮ ነናብ ቤት ጽሕፈትና ተመለስና'ሞ ነስገዶም ድማ ናብቲ ዝነበርዎ እንዳ ቡን ደዊለ ሓበርኩዎ'ሞ ምስቲ ወኪል ናይ ኣየርፎርስ ነናብ ቦቶኦም ተመልሱ።

ልክዕ ሰዓት ሸዱሽተ ድሕሪ ቐትሪ ምስኮነ ሓሙሽቴና ብማኪናይ ተጻዒና ናብቲ ኣብርሃም ተኽለ ምስኩሎም ኣብላዕሊ ዝተጠቕሱ ተጋደልቲ ኣብ ጥቓ ካንቦኒ ከም ስምምዕና ተራኺብና፡ ሽዑ ኣነ ማኪናይ ንተ.ሓ..ኤ ማለት ንኣብረሃም ተኽለ ኣረከብኩዋ። ልክዕ በቲ ዘጻወድናዮ ሰዓት እቲ ፈንጂ ተተኩሰ። ከምኡ እውን ኣብ ቃኘው ኣብ ቴለኮሙኒከሽን እውን ፈንጂታት ተባርዐ ። ኣብ ከተማ ኸለና ሮንዳ ታንክታት ንኸተማ ኣስመራ ተኸስከሰኣ፡ ትከን ጀጋኑ ተ.ሓ.ኤ ን መውጽኢ ኣይስእኑን እዮም'ሞ ብለይቲ ወጺእና ኣብ ዓዲ-ቀረጽ መሓመድ ቅዱዊ ዝነበሮ ብሓጎስ ተቐበሉና። ካበኡ ድማ ናብ ሜዳ ኣምራሕና።ኣብዚ ከብርሆ ዝደሊ፣ ድሒርና ከምዝተኸታተልናዮ ብገለ ወገናት ነቲ ህንጻ ምዕናው ዝተወሰደ ስጉምቲ መሲሉዎም ዝዓነወ ህንጻ ክርእዩ ዝተጸበዩን ብኸምኡ ዝተረድኡዎን ከምዝነበሩ ሰሚዕና፡ እቲ ዕላማ ናይቲ ስርሒት ግን ነቲ ቀንዲ ሓይሊ ምንጪ ናይ ኣየርፎርስ ኰይኑ ዘገልግል ዝነበረ ተክኖሎጂ ንምዕናው ምንባሩ ክፍለጥ ይግባእ።

ምዕራፍ ሽዱሽተ፡

ቀዳማይ ጠቕላላ ሃገራዊ ጉባኤን

ምቋም ሕብረተ-ሰብኣዊ ጉዳያት ቤት ጽሕፈትን

መበገሲ መጽሓፍ ተሞክሮ ተ.ሓ.ኤ. ንሃገራዊ ናጽነትን ማሕበራዊ ፍትሕን፣ ከምኡ'ውን ኣበርክቶ ማሕበራዊ ኣገልግሎት ኣብ ሓርነታዊ ቃልሲ ብምንባሩ፤ ካብዚ ቀጺሉ ቀዳማይን ካልኣይን ጠቕላላ ሃገራዊ ጉባኤታት ናይ ተ.ሓ.ኤ. ንምቛም ሕብረተ-ሰብኣዊ ጉዳያት ቤት ጽሕፈት ምሉእ ትሕዝቶ ውሳኔታቱን መደብ ዕዮኡን ኣብዚ ከነስፍሮ ኣዝዩ ብዙሕ ስለዝኾነ፣ ጽማቑ ትሕዝቶ ዝሓለፈ ውሳኔታትን መደብ ዕዮን ግን ኣስፊርናዮ ኣለና። ናይ ቀዳማይን ካልኣይን ጉባኤታት ውሳኔታትን መደብ ዕዮን ተመሳሳሊ ትሕዝቶ እኳ ይሃልዎ'ምበር ኣብ ዝተፈላለየ እዋንን ኵነታትን ስለዝተኻየደ፣ ኣብቲ ቀዳማይ እዋን ሕጽረት ባዕላውን ወድዓውን ረቛሒታት፣ ማለት ነቲ መደብ ክትግብር ዝኽእል ናይ ምያውያን ሓይልን ኣብ ግብሪ ንምውዓል'ውን እኹል ሓራ ዝወጸ ቦታታት ብዘይምንባሩን ክትግበር ኣይተኻእለን። ድሕሪ ካልኣይ ሃገራዊ ጉባኤ ግን ሚዛን ሓይሊ ናብ ሰውራ ዛዝዩ ብዙሓት ብናይ ሕክምና፣ ትምህርትን ማሕበራዊ ናብራ-ዕቤትን ዝተማህሩን ዝተሞኮሩን ኣብ ውድብ ስለዝተሰለፉ ቀጺሉ ሰፊሩ ዘሎ ዝተኻየደ ዝርዝር ኣገልግሎታትን ንጥፈታትን ብቑዕ ምስክር እዩ።

ተጋድሎ ሓርነት ኤርትራ ኣብቲ ካብ ዕለት 14 ጥቅምቲ ክሳብ 12 ሕዳር 1971 ዓ.ም ፈረንጂ ብተሳትፎ 561 ካብ ህዝብን ሰራዊትን ዝተወከሉ ኣባላት ጉባኤ፤ ኣብ ኣር ዝተባህለ ቦታ ዘካየደቶ ቀዳማይ ጠቕላላ ሃገራዊ ጉባኤ ንመሬት ኤርትራ ካብ ባዕዳዊ መግዛእቲ ኢትዮጵያ ሓራ ምውጻእ ጥራሕ ዘይኮነስ፡ መግዛእቲ ኣብ ውሽጢ ህዝቢ ድሮ ፈጢርዎም ዝጸንሐን ዝፈጥሮም ዝነበረ ፈላለይቲ ማሕበራዊ ሽግራት ኣለልዩ፡ ንኤርትራዊ መንነት ጨሪስካ ንምጽናት ዘካይዶም ዝነበረ ናይ ቋንቋን ትምህርትን ኮታስ ኣሎ ዝባሃል ኤርትራዊ ባህልታትን ልምድታትን ደምሲሱ ብናቱ መልክዕን ስእልን ንምቕያሩ ንዘካይዶም ዝነበረ ሜላታት ኣጽኒዑ፡ ብደረጃ ሃገርን ዓለምን ጸላእቱን ፈተውቱን ኣብ ዘነጸረሉ ግዜ፡ ህዝቢ ብሰሪ ስእነት ትምህርትን ሕክምናን ከይብደል፡ ኣብ ውሽጢ ኤርትራ ኮነ ኣብ ናይ ስደት መደበራት ጥዑይን ምዕቡልን ሕብረተ-ሰብ ኣብ ምህናጽ ክሕግዙ ዝኽእሉ ትካላት ንምቛም ዓብዪ ናይ ርሑቕን ቀረባን ብድሆ ምዃኑ ብምግንዛብ፡ ኣገዳስነት ምቛም ሕብረተ-ሰብኣዊ ጉዳያት ከም ትካል ሃልዩ ንኽሰራሓሉ ሓደ ካብቶም ሓፈሻዊ ውሳኔታቱ ገይሩ ኣስፈሮ።

ቀዳማይ ጠቕላላ ሃገራዊ ጉባኤ ንማሕበራዊ ጉዳያት ብዝምልከት ኣብ ክልተ መድረኻት ከፊሉ ኣብ ግዜ ቃልሲ ክነጥፈሉ ዘለዎ መድረኻዊ ዕማማትን ድሕሪ ነጻነት ኤርትራ ክሕዞ ዘለዎ መልክዕን ብምንጻር ኢዩ ኣስፊርዎ ዝርከብ።

ቃልሳዊ መድረኽ፡

ዕላማታትና ኣብ ትሕቲ ዝብል ኣርእስቲ፡ ቀዳማይ ክፋል ተራ ቁጽሪ፡

7. ተጋድሎ ሓርነት ኤርትራ መሃይምነት ካብ ሰራዊትን ህዝብን ንምጥፋእ ክትቃለስ እያ፡ ማሕበራውን ትምህርታውን ፖሊሲታት ሓደ ዕላማ ዘለዎ ክኸውን ኢዩ። ንሱ ከኣ ብስነፍልጠት ዝተዓጥቀን ንሰብኣዊ ፍጡር ዘፍቅርን ወለዶ ምህናጽ ኢዩ።

8. ተጋድሎ ሓርነት ኤርትራ ናይ ዘኽታማትን ናይ ስዉኣት ስድራ ቤትን ናይ ኣካለ ስንኩላንን ትካላት ክትምስርት ኢያ።

9. ተጋድሎ ሓርነት ኤርትራ ንመነባብሮ ናይ ስደተኛታት ዘድልዩ ነገራት ንምምላእ ንኣህጉራውን ሰብኣውን ማሕበራት ክትጉስጉስ ኢያ ክብል ብንጹር ውሳኔታቱ ኣማሓላለፈ። ቀዳማይ ጠቕላላ ሃገራዊ ጉባኤ ኣብ ናይ **ርሑቕ መደባቱ እንተኾነውን ዝተጠቕሰ ናይ ቃልሲ መደባት እንታይን ብኸመይን ክካየድ ከምዝግብኦ ኣርሒቑ** ብምጥማት፡

ማሕበራውን ባህላውን ፖሊሲታት ኣብ ትሕቲ ዝብል ሰብኣዊ ክብርታት ዝሕሉ ዓንቀጻቱ፡

5. ትምህርቲ ንኹሉ ብናጻ ኲይኑ፤ ማዕረ ዝኾነ ደረጃ ክህልዎ ኢዩ፡ ንኤርትራውያን ህጻናት ናይ ምምሃር ሓላፍነት ናይ መንግስቲ ኢዩ። ስለዝኾነ ትምህርቲ ኣብ ትሕቲ መንግስቲ ይኸውን። ናይ ብሕቲ ትምህርቲ ምስቲ ናይ መንግስቲ ስርዓተ ትምህርቲ ዝጋጮ ክኸውን የብሉን።

6. መንግስቲ ሕክምናዊ ኣገልግሎት ንመላእ ህዝቢ ብሓፈሻ፡ ነቶም ድኻታት ድማ ብፍላይ ከቕርብ እዩ።

8. መንግስቲ ዘኽታማት፣ ስድራቤት ስዉኣት፣ ኣካለ ስንኩላንን ተጋደልትን ዝእለይሉ ትካላት ከቕውም እዩ ክብል ኣጽደቐ። ይኹን'ምበር ኣብቲ እዋንቲ ብዝነበረ ምፍንጫላትን ውግእ ሕድሕድ ዝሰፈኖ ዘይህዱእ ውሽጣዊ ኲነታት፤ ነተን ትካላት ንምክያድ ዘኽእል ብዝሒ ናይ ክኢላታት ዓቕሚ ዘይምንባሩ፤ ሜዳ ኤርትራ ካብ ጸላኢ ነጻ ዝኾነ ቀዋሚ ድሕረ ግንባር ገና ዘይወነነ ምንባሩ፣ ኣብ ውሽጢ መሪሕነታት ተጋድሎ ሓርነት ኤርትራ ንጹር ዝኾነ ናይ ስራሕ ሓላፍነታት ዘይምንባሩን ካልእ ከምዚኣቶም ዝኣመሰሉ ክነብሩ ዝኽእሉ ተወሰኽቲ ረቛሒታትን፣ሕብረተሰብኣዊ ጉዳያት ቤት ጽሕፈት ኣብ መዳይ ትምህርቲ ኮነ ካልኦት ማሕበራዊ ኣካላቱ ብስሩዕ ክነጥፍ ኣይካኣለን።

<u>2ይ ጠቕላላ ሃገራዊ ጉባኤን ተግባራዊ ስጉምቲ</u>

<u>ንምቛም ሕብተረ-ሰብኣዊ ጉዳያት ቤት ጽሕፈት</u>

ኣብ 1975 ዓ.ም ኣብ ውሽጢ ኤርትራ ኮነ ኢትዮጵያ ዝተጐሃሃረ ሓድሽ ናይ

ለውጢ መንፈስን ሰውራ ኤርትራ ንመግዛእታዊ ሰራዊት ኲብኲቡ ኣብ ዓበይቲ ከተማታት ጥራሕ ከምዝሕጸር እንዳገበሮ ብምምጽኡን፡ ኣብ መንን ክልተ ውድባት ኤርትራ ዝጸንሐ ደማዊ ኩናት ብህዝባዊ ድፍኢት ናብ ህዱእ ዝመስል ሃዋሁው ብምቕያሩን ንሜዳ ኤርትራ ዘዕለቕለቐ ብዝሒ ዘለዎ ሓድሽ መንእሰይ ተሰላፊ ናብ ክልቲኡ ውድባት ከም ውሕጅ ንሜዳ ወረደ። ኣብቲ እዋንቲ ናብ ተጋድሎ ሓርነት ኤርትራ ካብ ዝተሰለፈ መንእሰይ እቲ ብዝተፈላለየ ሞያዊ ትምህርትን ክእለታትን ኣጥርዩ ኣብ ናይ ስራሕ ዓለም ክዋፈር ዝጸንሔን ኣብ መስርሕ ካብ ዝነበረን ኣብ ተሓኤ ዝጽንበር ዝነበረ ክኢላዊ ሃገራዊ ሓይሊ ንተሓኤ ኵሉ ሸንኻዊ ዓቕምታታ ክዓዝዝ ኣብቂዑ እዩ።

ኣብ ከምዚ ዝኣመሰለ ህሞት ድማ እዩ ተጋድሎ ሓርነት ኤርትራ ካብ ህዝብን ሰራዊትን ዝተዋጽኡ 949 ጉባኤኛታት ዝተሳተፍዎ፤ ካብ ክፍላ ጉንበት ክሳብ 28 ጉንበት 1975 ዓ.ም ካልኣይ ጠቕላላ ሃገራዊ ጉባኤኣ ኣብ ሸርኢት ዝተባህለ ቦታ ጀሚሩ ብሰሪ ጸጥታዊ ኲነታት ግን ኣብ ኩር-ዴባ ዝተባህለ ቦታ ዝተደምደመ ጉባኤ ኣካየደት።

ጉባኤ 41 ኣባላት ገድላዊ ባይቶ ንኣርባዕተ ዓመት ክመርሑ መሪጹ፡ ገድላዊ ባይቶ ብወገኑ ድማ ካብ ውሽጢ ኣባላቱ፣ 9 ኣባላት ፈጻሚ ሽማግለ ብምምራጽ ናይ 9 ኣብያተ ጽሕፈት ሓለፍቲ ኰይኖም ክመርሑ መዚዙ። ናይቶም ዝተመዘዙ ስእልታትን ኣስማትን ድማ ካብዚ ቀጺሉ ሰፊሩ ዘሎ እዩ።

ኣቦ መንበር ኣሕመድ ናስር : ም/ ኣቦ መንበር ኢብራሂም ቶቲል : ዋና ጸሓፊ ተስፋይ ወ/ሚካኤል (ደጊጋ)

ወተሃደራዊ ዓብደላ እድሪስ: ሕ/ሰብኣዊ ኢብራሂም መ. ዓሊ: ዜና ተስፋማርያም ወ/ማርያም

ተመክሮ ተሓኤ ንሃገራዊ ናጽነትን ማሕበራዊ ፍትሕን

ጸጥታ መልኣከ ተኽለ፡ ወጻኢ ጉዳይ ዓብደላ ሱለማን፡ ምጣነ-ሃብቲ ሓምድ ኣደም ሱለማን

ኣብ ላዕሊ ኣስማቶምን ስእሎምን ዝርአ ዘሎ፣ ኣብ 2ይ ጠቕላላ ሃገራዊ ጉባኤ ብሰውራዊ ባይቶ ዝተመርጹ 9 ኣባላት ፈጻሚት ሽማግለ እዮም ።

ካልኣይ ጠቕላላ ሃገራዊ ጉባኤ ተጋድሎ ሓርነት ኤርትራ ንዝሓለፈ ተመኩሮታቱ መዚኑ፡ ነቲ ብሰንኪ ዝተፈላለየ ምኽንያታት ከም ትካል ቈይሙ ኣገልግሎቱ ብዝግባእ ከበርክት ዘይጸንሐ ክፍልታት፣ ብሳላ ብዝሒ ዘለዎም ሓደስቲ ሰብ ሞያ ምስላፎም፣ ከም ብሓድሽ ክቐውምን ዘድልዮ ዓቕሚ ሰብ ክምደበሉን ተወሲኑ፣ ብኣባል ፈጻሚ ሽማግለ ዝምራሕ ቤት ጽሕፈት ሕብረተ-ሰብኣዊ ጉዳያት ቤት ጽሕፈት ክቐውም ኣጽደቐ።

ኣብ ትሕቲ'ዚ ቤት ጽሕፈት'ዚ ድማ ሓሙሽተ ክፍልታት ዘለዎ፣ ማለት ክፍሊ ትምህርትን ምጥፋእ መሃይምነትን/ድንቁርናን፡ ክፍሊ ህዝባዊ ሕክምና፡ ክፍሊ ክንክን ስድራ ቤት ስዉኣትን ተጋደልትን፡ ክፍሊ ዉጉኣት ሓርነትን ክፍሊ ስደተኛታት ኤርትራውያንን ዘጠቓለለ ቤት ጽሕፈት ንኽቐውም መሪሕነት ኣብ ቀዳማይ ኣኼባኡ ውሳኔ ኣሕለፈ። ኣብ ወርሒ ሰነ 1975 ድማ እቲ ቤት ጽሕፈት ዘድልይዎ ኣባላት መዲቡ ስሩዕ ስርሑ ክጅምር ኣብ ምድላው ኣተወ። እቶም ንመጀመርታ ግዜ ኣብቲ ክፍሊ ዝተመደቡ 75 ተጋደልቲ ሙብዛሕትኦም ካብ ካልኣይ ደረጃን ዩኒቨርሲቲን ዝተመረቑ፣ ኣብ ምምህርና ዓለም፣ ኣብ ኣብያተ ሕክምና ከምኡ'ውን ኣብ ዝተፈላለየ ስራሓት ብሞያኦም ዝሰርሑን ዝተሞኮሩን ኰይኖም ካብ ኣሃዱታት ሰራዊት ሓርነት ኤርትራ ተሳሒቦም ናብቲ ቤት ጽሕፈት ዝተመደቡ ክኾኑ ከለዉ ክንድኦም ዝኣኽሉ ድማ ካብ ርብዳ ብስዉእ ዶክተር ፍጹም ዝጽዋዕ በሽሓት ዝቕጽሩ ተዓለምቲ ዝነበርዎ መደበር ወታሃደራዊ ታዕሊም ተዋጺኦም ተወሰኽዎም። መደበር ሕብረተ-ሰብኣዊ ጉዳያት ቤት ጽሕፈት ንኽኸውን ዝተመርጸሎም ቦታ ድማ ሆሚብ ኲነ።

ናይዞም ኣብ ሕብረተ-ሰብኣዊ ጉዳያት ቤት ጽሕፈት ዝተመደቡ ኣባላት ሓላፍነት ወሲዱ ተጋዳላይ ሓድጉ ገብረትንሳኤ ከም ሓላፊ ኮይኑ ምስ ፈጻሚት ሽማግለ ይራኸብን የመሓድርን ነበረ።። ኣብ ርእሲኡ'ውን ኣብ ባሕቲ መስከረም 1975 ኣብ መደበር ስዉእ ኢብራሂም ዓብደላ ዝጽዋዕ ወታሃደራዊ ታዓሊም ወዲኦም ካብ ዝተመረቑ ሓደስቲ ኣባላት፣ ተጋዳላይ ሓድጉ ገብረትንሳኤ ብኣካል ተረኺቡ፡ ምስ ሓለፍቲ ተዓሊም ብምስምማዕ፥ ነቲ ቤት ጽሕፈት ከገልግሉ ይበቕዑ እዮም ዝበሎም ተጋደልቲ ካብ መዝገብ ናይቲ መደበር ብምግንጻል ተወሰኽቲ ኣባላት ረቑሒ/ኣውጺኡ ናብ ሕብረተ-ሰብኣዊ ጉዳያት ቤት ጽሕፈት ከምዝምደቡ ተገብረ።

ልዕሊ 150 ዝኾኑ ተጋደልቲ ንመጀመርታ ግዜ ኣባላት ሕብረተ-ሰብኣዊ ጉዳያት ቤት-ጽሕፈት ኰይኖም ኣብ መደበር ሆሚብ ድሕሪ ምምዳቦም፡ ጊዝያዊ ምምሕዳር ሽማግለ ኣቚሞም፣ ኣብ ሰለስተ ጋንታ ጉባኤ፣ ስምረት፣ ዓወት ዝጽወዓ ጋንታታት ተወጊኖም፣ ኣብ ትሕቲ ዓበይቲ ጽላላት ካብ ነንሓድሕደን ብዙሕ ዘይረሓሓቓ ማእከላት ሰፊሮም ናይ ስራሕ ቦትኦም ኣጣጢሑ። መደበር ቤት ጽሕፈት ብዓበይትን ናእሽቱን ኣግራብ ዝተሸፈነ፣ ተጋደልቲ ይቕመጥዎ እዮም ተባሂሉ ዘይጥርጠር ህልም ዝበለ ዱር ኣብ ገምገም ሩባ ሆሚብ እዩ ነይሩ። ጠቕላላ ኣኼባታት ናይቲ ክፍሊ ኣብ ትሕቲ ንልዕሊ 150 ተጋደልቲ እተጽልል ሓንቲ ዓባይ ዓላ ይካየድ ነበረ። ጸጥታኡ ሕሉው ንኽሸውን ክዳውንቲ ምስጣሕ ይኹን ሓዊ ምእጓድ ወይ ኣብ ቃልዕ ብቐትሪ ምንቅስቓስ ኣይፍቀድን ስለዝነበረ ድማ ኣኼባታት ብቐትሪ እዩ ዝካየድ ነይሩ።ናይ ጸላኢ ነፈርቲ ውግእ ንሰማያት ሆሚብ ከም ጽርግያ ብተደጋጋሚ በሪረን ንርብዳ ክሓልፍኦ ከለዋ፡ መደበር ሆሚብ ግን ብጠርጠራ'ውን ዘንብየንኣ ዘይፈልጣ መደበር እያ ነይራ።

እዚ ዝስዕብ ዝርዝር ኣስማት ናይቶም ንመጀመርታ ግዜ ኣብ ሆሚብ ተጠርኒፎም ኣብ ዝተፈላለየ ትካላት ናይቲ ቤት ጽሕፈት ዝተመደቡን ኣብ ምምስራት ሕብረተ -ኣብኣዊ ጉዳያት ቤት ጽሕፈት ዝነበሩን ኣባላት ክፍሊ ትምህርትን ምጥፋእ መሃይምነትን ዝተመደቡ ብሓደ ሸነኽ፡ በቲ ካልኣይ ሸነኽ ድማ፡ ዝርዝር ኣስማት ናይቶም ኣብቲ ብናብራ ዕብየት ዝፍለጥ ብፈጻሚ ሽማግለ ዝቐመ ሓድሽ ሻዱሻይ ክፍሊ ዝተመደቡ ኣባላት ከኣ ስዒቡ ክቐርብ ኢዩ።

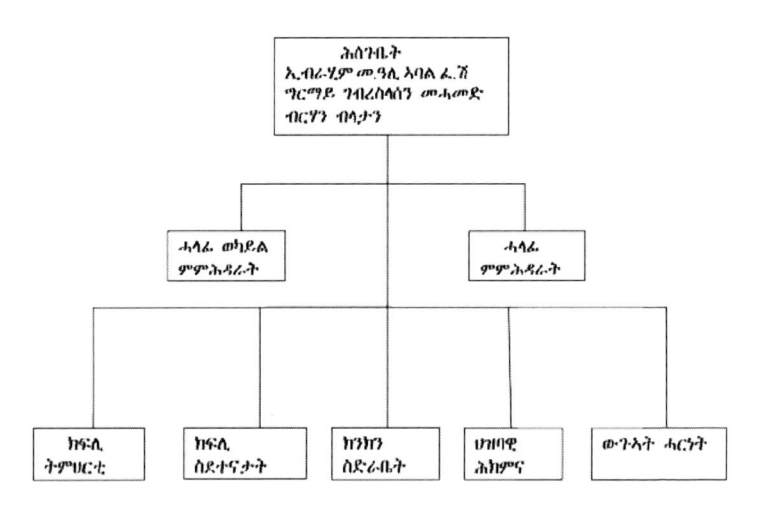

<u>ምምሕዳር ክፍሊ ትምህርቲ</u>

1. መምህር ጃብር ሳዓድ ኣቦ መንበር ምምሕዳር

2. መምህር ማሕሙድ ሳልሕ ምክትል ኣቦ መንበር

3. መምህር ሓድጉ ገብረትንሳኤ ሓላፊ ምምሕዳራዊ ጉዳያት

ኣባላት ክፍሊ ትምህርቲ፡-

ተ.ቁ	ሙሉእ ስም ተጋዳላይ	ተ.ቁ	ሙሉእ ስም ተጋዳላይ
1	ብኢ.ደ ርእሶም ስዉእ	16	ሃብታይ ግርማይ
2	ብኢ.ደ ወልደሚካኤል	17	ሃብተሚካኤል መልኣከ ስዉእ
3	ብርሃነ ተኽለ	18	ህይወት ስምረት
4	በላይ ኣውዓሎም	19	ሓጎስ ስዩም (ወዲ-ስዉእ)
5	ብርሃነ በርሁ	20	መሓመድሳልሕ ዓብደልቃድር
6	በላይ ሃብተ	21	መብራህቱ ጊላጋብር
7	በኩረጼን ሃብተሚካኤል	22	መንግስተኣብ ስዉእ
8	ሰለሙን ኣፈወርቂ	23	መሓሪ የውሃንስ
9	ስእለ	24	ማእከለ በይን
10	ስዩም ባርያጋብር ስዉእ	25	ክብሮም (ድልዱል ሻዕብ)
11	ስዩም	26	ክፍሉ ክንፈ (ካርሎ)
12	ሃይለ ገብረትንሳኤ	27	ወልደሂይወት ቀለታ
13	ሃብታይ ግርማይ	28	ወልደሱስ ሃብተ
14	ወልዳይ ዓበ	29	ሃይለ ገብረትንሳኤ
15	ስዩም	30	ኣፈወርቂ ኢሳቕ
31	ዓንደማርያም ለኒን	42	ተስፉ ገብረሱስ
32	ዓብዱ ስዒድ (ወዲ ስዒድ)	43	ተስፋስላሰ
33	ዑስማን ኣሕመድ	44	ተኪኤ ተስፉ ስዉእ
34	ዑቕባይ ገብረሱስ ቀሺ	45	ተስፋዝጊ (ወዲ ባሻይ)
35	ዑቕባይ በላይ	46	ቴድሮስ ኤሎስ ስዉእ
36	ዑቕባይ (ነሺ.ፕ)	47	ተኽለ በርሄ
37	ገዛኢ. የሕደጎ ስዉእ	48	ተኽለ ገብረሱስ
38	ገዛኢ. ኪዳነ ስዉእ	49	ተኽለሃይማኖት እልፉ
39	ገብረሂወት በራኺ	50	ተስፋይ ኣብራሃ
40	ገብረሂይወት ዘርኣጽየን	51	ተኽሊት መንግስቱ
41	ገብረመስቀል	52	የማነ ሓጎስ

53	ገብረሂወት በራኺ	83	ተስፋይ ኣብራሃ
54	ገብረሂይወት ዘርኣጽየን	84	ተኽሊት መንግስቱ
55	ገብረንጉስ ኣማኒኤል ስዉእ	85	የማነ ኣብራሃ (ፐቲት) ስዉእ
56	ገብረትንሳኤ (ወዲ ወጻኢ)	86	የማነ ጸጋይ
57	ገብራይ ኪዳነ	87	የማነ ኣስገዶም
58	ገብረመድህን ጸጋይ	88	የውሃንስ መሓሪ
59	ገብርዝግሄር ኣርኣያ	89	የውሃንስ ኣስመላሽ
60	ግርማይ ዘምኪኤል	90	ረዘነ ስዉእ
61	ግርማይ ገብረሂይወት	91	ረድኢ ክፍለ
62	ኀይትኦም መብራህቱ	92	ራህዋ መንግስተኣብ
63	ኀይትኦም ኣብራሃ	93	ጋይም በርሀ
64	ኀይትኦም ገብረወልዲ	94	ድራር ማንታይ
65	ኣስገዶም ገበረሂወት ስዉእ	95	ደበሳይ
66	ኣማረ ኣስገዶም ስዉእ	96	ጅምዕ ኣሕመድ ዓብደላ
67	ኣበባ ኣብራሃ	97	ጸጋይ ተስፋይ
68	ኣኸበረት ኣብራሃ	98	ጸሃየ ገብረቃል
69	ኣማረ ተስፋጼን	99	ጻዕዱ ገብረሚካኤል
70	ኣርኣያ ሃይለ	100	ዘሙይ ዘምክኤል ስዉእ
71	ኣማኒኤል ሕድራት	101	ዘሙይ ፍቓዱ
72	ኣስፋሃ ኣብርሃ	102	ዘርኣይ (በሮምበራስ)
73	ተወልደ መሓሪ	103	ዘመንፈስ የማነ
74	ተኽሉ	104	ዘርእዝጊ ንጉሰ
75	ተኽለ ክብራኣብ	105	ዙፋን ተኸስተ
76	ተኽለሃይማኖት ሙሲኤል	106	ፍስሃየ ኪዳነ ስዉእ
77	ተኸስተ ወዲ ቐሺ	107	ፍስሃየ ሓጐስ
78	ተኽለዝጊ ዑቕባገርግስ	108	ፍስሃየ ቀላቲ
79	ተኽለዝጊ	109	ንግስቲ ገብረሱስ
80	ተስፋማርያም ገብረዝግሄር	110	ንጉሰ (ባርያ)
81	ተስፋማርያም ስዩም	111	ቅድስቲ መንግስተኣብ
82	ሙሉጌታ ማህደረ	112	ጴጥሮስ ተኽሉ
		113	በርሀ (ሓጼር)

ኣረዳድኣ ቃልሲ ብመንጽር ገዲምን ሓድሽን

ባዕዳውያን ገዛእቲ ሓይልታት ንምግዛእ መታን ክጥዕሞም ንትሑት ሃገራዊ ንቕሓት ህዝብና መዝሚዞም፣ ብሃይማኖት፣ ኣውራጃ፣ ቀቢላ፣ ንገለ'ውን ናይ ረብሓን ስልጣንን ሓለፋታት እናሃቡ፣ ኣብ ነንሓድሓዱ ንኸይተኣማመንን ሰሚሩ ንኸይቃለሶምን ካብ ዘዘውትርዎ ዝነበሩ ስትራተጅያውን ሜላውን ፈላላዪ ተሞክሮ ምንባሩ ታሪኽ ዝምስክሮ ሓቂ እዩ። ስለዝኾነ ድማ ተሞክሮ "ፈላሊኻ ግዛእ" ናይ ገዛእቲ ሓይልታት ኣብ ህዝቢ ኤርትራ ዘይምትእምማንን ዘይምዕሩይ ሓባራዊ ራእይን ከንጸባርቕ ግድን ነይሩ።

ከምቲ ኩልና እንርድኦ ብረታዊ ቃልሲ ህዝቢ ኤርትራ ብመታሕት ኢዩ ጀሚሩ። ካብ 1961 ክሳብ 1971ዓምፈ ዝነበረ ግዜ ውሑዳት ተጋደልቲ እዮም ዝነጥፉ ነይሮም። እቲ ሽው ዓብላሊ ሓይሊ ዝነበረ መብዝሕትኡ ካብ መታሕት ዝተሰለፈ ናይ እስልምና ሃይማኖት ዝኽተል እዩ ነይሩ። እቶም ኣብቲ እዋን እቲ ዝጽንበሩ ዝነበሩ ኣመንቲ ክርስትና ኣዝዮም ውሑዳት ብምንባሮም ንዕብለል ኣለና ዝብል ስምዒት ይሓድሮም ከም ዝነበረ'ውን ዘንጸባርቕሉ እዋናት ነይሩ እዩ። እቲ ናይ ዕብለላ ስምዒታት ኣብ ገለ እዋን ካብ ሃይማኖታዊ እምነት ኣብ ካልእ እዋን ድማ ካብ ብሄራዊ ውድድራት ዝመንጨወ ምፍሕፋሓት ምንባሩ ይፍለጥ። ካብ 1971 ዓም.ፈ ክሳብ 1978 ዓምፈ ካብ'ቲ ክርስትያናዊ ሓይሊ ብብዝሒ ዝተሰለፉሉ እዋን ድማ እቲ ስምዒታት ጋህዲ እናኾነ መጸ። እዚ ማለት ገለ ካብቶም ኣመንቲ እስልምና ሸንኻት ብክርስትያን ተዓብሊልና ዝብል ስምዒታት ከንጸባርቕ ተራእየ።

ኣብ ሰብዓታት ምረት መግዛእቲ ኣብ ኩሉ ክፍልታት ኤርትራ እናተዘርግሐ ኣብ ዝተራእየሉ ኩነታት፤ ዕብየት ሰውራ ኤርትራ እናዓበየን ብወተሃደራዊ ስጉምትታቱ ንጸላኢ የርዕዶን ምንባሩ ብናይ ዜና ማዕከናት ከም ድምጺ ራድዮ ኣመሪካ፣ ድምጺ ራድዮ ቢቢሲ፣ ረድዮ ጀርመን ዶቸ-ቨለ ከምኡ'ውን ናይ ማእከላይ ምብራቕ የቃልሖኦ ስለዝነበራ፡ ህዝቢ ኤርትራ ናይ ናጽነት ተስፋታቱ እናዓዘዘን መንእሰያት ድማ ክጋደሉ ናብ ሜዳ ዝውሕዝሉን እዋን'ዩ ነይሩ። እቲ ሓድሽ ሓይሊ ኣብ ሜዳ ከምቲ ዝተጸበዮ ስለዘይጸንሖ፤ ነቲ ውድብ ጌና ከምዘይማዕበለን ኣብ ድሑር ኣተሓሳስባን ከምዘሎ ገይሩ ክመዝኖን ግድን ስለዝነበረ ናይ ምዕራዩን ናይ ምቅልጣፉን ሓላፍነት ተሰምዖ። እቲ ገዲም'ውን ሓንሳብ ከም ዋዛ ሓንሳብ ብቑምነገር ነቶም ሓደስቲ "ኣበይ ድኣ ኔርኩም፣ ሕጂ ናጽነት ቀሪባ ሰሚዕኩም'ዶ መጺእኩም" ዝብሉ ቃላት ክድርብዩ ምስ ጀመሩ ምክብባርን ምውህሃድን ይጎድል ምንባሩ የንጸባርቕ።

ብረታዊ ቃልሲ ህዝቢ ኤርትራ ክብገስ ከሎ ንኤርትራን ምሉእ ህዝባን ካብ መግዛእቲ ሓራ ንኽውጽእ ምኺኑ ብኣዋጃቱ ንጹር እኳ ይንበር'ምበር፣ ብብቕዓት ክመርሕ ዝኽእል መሪሕነት ይጎድሎ ነይሩ። እቲ መሪሕነት ነዚ ዝተጠቕሰ ስምዒታት ብሃገራዊ ሓድነት ጠሚሩን ኣልዩን ክጒዓዝ ይትረፍ ንገዛእ ርእሱ'ውን ካብቲ ፈላላዪ ስምዒታት ሓራ ኣይነበረን፣ እኳ'ድኣ ባዕሉ ዝመርሖ ምንባሩ እቲ ዝተራእየ ምፍንጫላት ዘረጋግጾ ሓቂ እዩ። ኣብ ከምዚ ኩነታት ኢዩ እምበኣር ኣብ ውሽጢ ውድባት እቲ ፖለቲካዊ ቅልውላዋት ዝፍጠር ዝነበረን ዘሎን።

በቲ ሓደ ሸነኽ ድማ ኣብ ውሽጢ'ቲ ክፍልታት ኣብ ከተማ ከለዉ ናይ ህዝባዊ ሓይልታት ሓርነት ኤርትራ ኣባልነትን ጽልዋን ዝነበሮም ግን ከኣ ናብ ተጋድሎ

ሓርነት ኤርትራ ዝተሰለፉ ኣባላት'ውን ኣብ ውሽጢ ውድብ ነይሮም ኢዮም። ብተወሳኺ ኣብ 1967 ዓምፈ ደቂ ከበሳ ንሜዳ ኤርትራ ማለት ንተጋድሎ ሓርነት ኤርትራ ጠንጢኖማ ንጸላኢ ኢዶም ዝሃቡን ተመሊሶም ዝተሰለፉ እውን ነይሮም ኢዮም። እዚኦም እውን ምስቲ ናይ ሽዑ ኣጋጢሙና ዝብልዎ ብኣሉታ ዝግለጽን፤ ምስቶም ናይ ህዝባዊ ሓይልታት ኣባላት ጽልዋ ዝነበሮምን ደሚርካ ዋላ'ኳ ስምዒታቶምን ድልየቶምን ሓቢኦም ምስቲ ዝበዝሐ ኣካል ዝጎዓዙ እንተነበሩ ንተጋድሎ ሓርነት ኤርትራ ከም ኣድሓርሓሪት፣ ንህዝባዊ ሓይልታት ሓርነት ኤርትራ ከኣ ከም ገስጋሲት ውድብ ገይሮም ዝርእዩ ነይሮም እዮም። እዚ ክውንነት'ዚ ምስቲ ክርስትያናዊ ቀኖጽሪ ተሰለፍቲ እናዓብለለ ዝመጸሉ ዝነበረ እዋን፡ ከምዚ ዝዓይነቱ ኣበሃህላ ክመጽእ ከሎ ቀጥታ ነቲ እስላማዊ ሸነኻት ከም ኣድሓርሓሪ ዘምስል ብምዃኑ ኣብ መንጎ ሓደስትን ነባራት ተጋደልትን ናይ ምጥርጣርን ምንጽጻግን መንፈስ ከንጸባርቕ ይርኣን ምቅዳዋት እናሃሰሰ ብምዃዱ ድማ ኣብ ኩሉ ጽፍሕታት ምምሕዳር ፖለቲካዊ ምፍሕፋሓት ክፍጠር ጀመረ።

ውጽኢት ካልኣይ ጠቕላላ ሃገራዊ ጉባኤ'ውን ኣካታዒ ውሳኔታት ብፍላይ ንሓድነት ሰውራ ብዝምልከት ክርኢ ከሎ፡ እቲ ዝተመርጸ መሪሕነት'ውን ብየማንን ጸጋምን ዝግለጽ ስነ-ሓሳባዊ ራእይ ዝውንኑ ዝተዓብለለ ውጽኢት ምዃኖም ኩሉ በብመንጽሩ ዝተፈላለየ ሚዛንን ዘይዕግበትን ኣንጸባረቐ። እዚ ክውንነት እዚ ኣብ ውሽጢ እቲ መሪሕነት እውን ከይተረፈ ብሓድነት ንኸይስጉም ካብ ዝዕንቅፍ ዝነበረ ተርእዮ እዩ። ካብዚ ጠንቅታት'ዚ ዝነቐለ ድማ ኣብ መንጎ ገዲምን ሓድሽን ድልዱል ስኒትን ምትእምማንን ሒዙ ክጉዓዝ ኣይበቕዐን። ነዚ ዝተጠቕሰ ፍልልያት ቦታ ከይሃቡ ኣብ መሰረታዊ ዕላማታት ጸኒዖም ዝቃለሱ ካብ ክልቲኡ ባህልታት ወይ እምነታት ስለዝነበሩ ግን መደባት ሰውራ እናተፈጸመ ይጉዓዝ ምንባሩ ክፍለጥ ዘለዎ ሓቂ እዩ።

ተጋድሎ ሓርነት ኤርትራ ኣብ መደብ ዕዮኣ ዘስፈረቶ ሕንጻጻት፤ ሃገራዊ ናጽነትን ማሕበራዊ ፍትሕን ንምርግጋጽ "ሃገራዊ ደሞክራስያዊ መደብ ዕዮ" ምዃኑ እዉጅ እኳ እንተነበረ፡ ኣብ ሰውራ ኤርትራ ብሓፈሻ፣ ኣብ ተጋድሎ ሓርነት ኤርትራ ድማ ብፍላይ ዝዝንብዩ ዝተፈላለዩ ስነ-ሓሳባት ነይሮም እዮም። ገለ ካብኦም ንምጥቃስ፡ ዴሳዊ ማርክስ-ለኒናዊ ናብ ሶቭየት ሕብረት ወይ ቻይና ዝዛዘወ ጽልዋታት፤ ሃገራት ዓረብን ሱርያን ዝኸተልኦ ዴሳዊ በዓሳዊ ስነሓሳብ፤ ገለ'ውን ምዕራባዊ ወይ ርእሰ-ማላዊ ስነሓሳብ፡ ገለ'ውን ዓቃቢ ሃይማኖታዊ ኣረኣእያታቱ ተኸቲሉ፣ ንብደገ ዝመጽእ ስነሓሳባዊ ጽልዋታት ዘይቅበል፣ ከም ብልሹዊን ጸረ ባህሉን እምነቱን ጌሩ ዝርእዮ ወዘ-ተረፈ ክጠቓለል ይከኣል። መብዝሕትኡ ድማ ብዛዕባ ዝኾነይኹን ስነሓሳብ ዘይግደስ ብናጽነት ኤርትራ ጥራይ ተገዲሱ ዝቃለስ'ዩ ነይሩ። እቶም በዞም ዝተጠቕሱ ስነሓሳባት ዝኣምኑ ይኹን ወይ ዝጽለዉ ባእታታት ወይ ጉጅለታት ዝካየድ ምንቅስቓሳት፣ ትሕተ-ምድራዊ ስለዝነበረ ብጭቕታታቱ ደኣ ይስማዕ'ምበር፡ ኣብ ቃልዕ ዝወጸ ብዘይምንባሩ፤ ሕድሕድ ምትእምማን ዘዳኽም ዓንቃፊ ተርእዮ እዩ ነይሩ።

ኣብ ከምዚ ዝኣመሰለ ኩነታት'ዩ እምበኣር እዮም፡ እቶም መጀመርያ እሞ መብዝሕትኦም ሓደስቲ ተጋደልቲ ኣብ ሕብረተ-ሰብኣዊ ጉዳያት ቤት ጽሕፈት ዝተመደቡ። እዞም ኣብ ሜዳ ንኽቃለሱ ዝተሰለፉ ዳርጋ መብዛሕትኦም ኣባላት ምስ ናይ ከተማታት ውሽጣዊ ስርርዕን ኣብ ሓፈሻዊ ርኽክባትን ኣፍልጦን

ዝምድናን ዝነበሮምን ኣብ ኢትዮጵያ ዝጓሃሃር ዝነበረ ሰውራዊ ምልዕዓል ዘሕደሮ እወንታዊ ናይ ቃልሲ ጽልዋ ዘሕደሩ እኳ ይኹኑ'ምበር፡ ዕሙቝ ዝበለ ኣፍልጦን ናይ ሜዳ ተመክሮን ግን ኣይነበሮምን።

<u>ቀዳማይ ኣኼባ ተጋዳላይ ኢብራሂም መሓመድ ዓሊን ኣባላትን፡</u>

ኣብ ሆሚብ ዝተኣከበ ተጋዳላይ ክስለፍ ከሎ ኣብ ኣእምሮኡ ሒዝዎ ዝነበረ ትጽቢት፣ ንመግዛእታዊ ሰራዊት ኢትዮጵያ ብሓይሊ ብረት ንምግጣምን ኣብ ዝሓጸረ እዋን ናጽነት ኤርትራ ምርግጋጽን እዩ ነይሩ። እንተኾነ ግን ብዘይተወሰነ ናይ ስራሕ መደብ ንነውሕ ዝበለ ግዜ ኣብ ሓደ ቦታ ተወሲኑ ኣብ ትጽቢት ምጽንሑ፣ ኣእምሮኡ ኣብ ዓቕሊ ጽበትን ኣሉታዊ ግምታትን ክዝንቢ ከምዝኽእል ባህርያዊ እዩ ክበሃል ይከኣል።

ድሕሪ ነዊሕ ትጽቢታት፡ ኣብ ወርሒ መስከረም 1975 ንመጀመርታ ግዜ፡ ተጋዳላይ ኢብራሂም መሓመድ ዓሊ ኣባል ፈጻሚ ሽማግለን ሓላፊ ሕብረተ-ሰብኣዊ ጉዳያት ቤት ጽሕፈትን ምስ ተጋዳላይ መሓመድ ብርሃን ብላታ ኣብ መደበር ሆሚብ ይመጹ እሞ፡ ናይቲ እዋንቲ ህልዊ ኩነታት ክሕብሩና ናይ ምሸት ከባቢ ሰዓት 7፡00 ኣኼባ ናይ ምሉእ መደበር ይጽውዑ።

በቲ ዝተገብረ መጸዋዕታ መሰረት ድማ ኩሉ ኣባል ኣብ ቦታ ኣኼባ ተረኽበ። ይኹን'ምበር፡ ተጋዳላይ ኢብራሂም መሓመድ ዓሊ ናይቲ ዝጸውዖ ኣኼባ ዕላማ ንምሕባር፡ "ክሳብ ሕጂ መጺኤ ምሳኽትኩም ክራኽብን ኣኼባ ከካይድን ዘይምኽኣለይ ብጻዕቂ ስራሕ ምኽንያት ስለዝኾነን፡ ሕጂ እውን ካልእ ስራሕ ስለዘሎኒ ንቑሩብ ግዜ ሃለዋትኩም ንምፍላጥ ጥራሕ ኢየ መጺአ ዘሎኹ" ክብል መግለጺኡ ጀመረ። ኣብቲ እዋን'ቲ ንተጋድሎ ሓርነት ኤርትራ ከቢብዋ ዝነበረ ሓድሽ ኩነትን ካብ ደገ በለካ-ለኽዓካ ዝምንጩ ወረታትን ነቲ ሃዋህው በኪሉዎ ስለዝነበረ፡ ኣኼበኛ "እዚ ኣኼባ ሕጂ ጀሚሩ ዝውዳእ ስለዘይኮነን፡ ብዙሕ እነልዕሎ ሕቶታት'ውን ስለዘለናን ሰፊሕ ዕድል ክንረኽበሉ እንኽእል ዳሕራይ ግዜ እንተኣከብኩምና ይሓይሽ" ዝብል ርእይቶ ኣቕረበ። ነቲ ኣኼባ ክመርሕ ዝመጸ ተጋዳላይ ኢብራሂም መሓመድ ዓሊ ከኣ ብሸነኹ፡ ሎሚ ምሸት ነቲ መጺእናሉ ዘለና ኣኼባ ንውድእ ኣብ ዝመጽእ ግዜ ከኣ፡ ከም ኣድላይነቱ ተደጋጋሚ ኣኼባታት ከነካይድ ስለእንኽእል ነዚ ዕድልዚ ክንጥቀመሉ ይግባእ" ብዝብል ነቲ ኩነታት ከህድኦ ይፍትን። ይኹን'ምበር፡ ዘንቀደ ኣይትምዓድ ከምዝባሃል፡ እቲ ኣኼባ ናብቲ ንኻልእ ግዜ ክሰጋገር ኣለዎ ዝብል ብኣኼበኛታት ዝቐረበ ሓሳብ ገጹ ዝደፍአ ስለዝነበረ ድሕሪ ነዊሕ ክትዕ ዋላ ነታ፤ "እሞ ዋላ ቑሩብ ከዛርበኩም" እትብል ዘረባ ተጋዳላይ ኢብራሂም መሓመድ ዓሊ እውን ቦታ ስኢና፡ ኣኼበኛ፡ "የለን ስራሕካ ወዲእካ እንተመጻእካና ይሓይሽ ብምባል ነቲ ብደረጃ ኣባል ፈጻሚት ሽማግለ ዝተጸውዐ ኣኼባ ክቕበሎ ኣይካኣለን። መሓመድ ብርሃን ብላታ ብሸነኹ፡ ነቲ ኩነታት ንምህዳእን ኣኼባ ንምቕጻሉ ዕድል ንምርካብን "ኣቱም ሰባት፥ መጀመርያ እዚ ሰብ እዚ ተጋዳላይ ኢብራሂም መሓመድ ዓሊ ማለቱ ኢዩ ካብ ጉባኤ ሕጂ ኢዩ መጺኡ፡ ድሕሪ ጉባኤ እውን ኩሉ ግዜ ዘይውዳእ ስራሕ ኢዩ ነቲ መሪሕነት ዝጸንሖ፡ ንዕኡ ክሳብ ዘጸፍፍ ዘደንጎዩ ምኽንያታት ከም ሸለልትነት ኣይትቐጽርዎ፡ ደሓር ከኣ ወላ ንሓንቲ ደቒቕ እውን ትኹን ዕድል ካብ ተረኽበ ስምዕዎ" ክብል ናይ ምእላይ ስጉምቲ ወሰደ። እንተኾነ ግን፡ "የለን ኣብ ዳሕራይ

ኣኼባ ደኣ ይኹነልና ምኽንያቱ ብዙሕ እንሓቶ ሕቶታት ኣሎና ብምባል፡ እቲ ዝተጸውዐ ኣኼባ ሕጂ ፈጺሙ ኣየድልየናን ኢዩ” ዝብል መልሲ ተደጋገመ። በዚ ኸኣ ተጋዳላይ ኢብራሂም መሓመድ ዓሊ “በሉ ሕራይ እዚ ካብ በልኩም፤ ኣነ ድሕሪ 15 መዓልታት ኢየ ክምለሰኩም፡ ንስኻትኩም ድማ ሕቶታትኩም ኣዳሊኹም ትጸንሑኒ” ክብል ንኣኼበኛ ይፋነዎ። በዚ ድማ ናይቲ ኣኼባ መደምደምታ ይኸውን።

ኣብዚ እቲ ብመጀመርታ ክንርዳእ ዝግባእና ዝነበረ ነገራት እንተልዩ፡ ኣብ ውሽጢ ተጋድሎ ሓርነት ኤርትራ ዝነበረ ዲሞክራስያዊ ናይ ልዝብ ባይታን፡ ነቲ ዝኾነ ይኹን ናይ ሜዳን ገድልን ተመኩሮ ዘይነበሮ ርሱን ሓድሽ ሓይሊ፡ ዘቕረቦ ናይ ኣኼባ ምሕሳም ርእይቶ፡ ብዓይኒ ወታሃደራዊ ሕጊ ክረኤ እንከሎ ብኣብያን ኣድማን ከኽሰስን ክፍርድን ዝኽእልን ክነሱ፡ ተጋዳላይ ኢብራሂም መሓመድ ዓሊ ዝወሰዶ ናይ ምእራም ስጉምትን ንተጸዋርነቱን ዝቀባበል ባይታ ምጥራይን ምኺኑዩ ክምዘን ዝኽእል። እዚ በቲ ኣወንታዊ ሸነኹ ክኸውን እንከሎ፡ በቲ ኣሉታዊ ሸነኹ ድማ፡ ንምዕንቃፍ መደባት ፈጻሚት ሽማግለ ከም መደቦም ዝወሰዱ ኣካላት እቲ ውድብ እንተኾኑውን፡ መደባቶም ዘሳለጡ ገይሮም ዝመዘንዎ ከምዘይሰኣኑ ፍሉጥ ነገርዩ ነይሩ።

ካልኣይ ኣኼባ ተጋዳላይ ኢብራሂም መሓመድ ዓልን ኣባላትን፡

ኣብ መጀመርታ ሰሙን ናይ መስከረም 1975 ብተጋዳላይ ኢብራሂም ዝተፈተነ ቀዳማይ ኣኼባ ኣባላት ሕብረተ-ሰብኣዊ ጉዳያት ብዝተፈላለየ ምኽንያታት ክፍጸም ከምዘይካኣለ፡ ንድሕሪ ክልተ ሰሙን ምትሕልላፉን ኣቐዲምና ርኢና ኔርና። ሕጂውን እቲ ብብጻይ ኢብራሂም ዝተቐጽረ ናይ ኣኼባ ክልተ ሰሙን ግዜኡ ኣኺሉ፡ ኢብራሂም እውን ከምታ ዝበላ ልክዕ ድሕሪ ክልተ ሰሙን ኣብ መደበር ሆሚብ መጺኡ ይሓድር እሞ፡ ንጽባሒቱ ኣኼባ ናይ ምሉእ ኣብቲ መደበር ዝነበረ ኣባል የካይድ። እቶም ብዙሕ ሕቶታት ኣለና ግዜ ኣይኣኽለናን ኢዩ ብዝብል ምኽንያት ነቲ ቀዳማይ ኣኼባ ዝተጻረሩ ኣባላት ብወገኖም ዳርጋ 16 ዝኸውን ሕቶታት ኣዳልዮም ጸኒሖም ኣብ ቦታ ኣኼባ ይርከቡ። ተጋዳላይ ኢብራሂም መሓመድ ዓሊ ኣኼባኡ ሰፊሕ መግለጺ ብምቕራብዩ ጀሚርዎ። እቲ ዝገርም ከኣ ነቲ ብኣባላት ክሕተት ተዳልዩ ዝነበረ ሕቶታት ከምዛ ሰብ ዝነገሮ ሓደ ብሓደ ንእግረ መንገዱ እንዳገለጾን እንዳተንከፎን ይኸይድ ስለዝነበረ፡ ካብቲ ብስሩዕ ዝተዳለወ 16 ዝኸውን ሕቶታት ሓደ ክልተ ጥራሕ ተሓቲቱ፡ ኣገዳሲ መልሲ ብምሃብ ድማ ኣኼባ ብጽቡቕ ተደምዲሙ። ብድሕሪዚ እቲ ዝቐውም ምምሕዳር ናይ ሕብረተ-ሰብኣዊ ጉዳያት ቤት ጽሕፈት ክግለጸልኩም ኢዩ ብምባል ኣኼባ ብምርድዳእ ይድምደም።

ብድሕሪዚ ኩሎም ኣባላት መደበር ሆሚብ ኣብ ሰለስተ ጋንታታት ይከፋፈሉ'ሞ፡ እታ ቀዳመይቲ ጋንታ፡ ጋንታ ጉባኤ ተባሂላ ብገብረሚካኤል ሃይለ ትምራሕ። እታ ካልኣይቲ ጋንታ ከኣ፡ ጋንታ ዓወት ተባሂላ ብሓጎስ ስዩም (ወዲ-ስዉእ) ትምራሕ። እታ ሳልሰይቲ ጋንታ ድማ ስምረት ተባሂላ ብቦኸሩረጼዮን ሃብተሚካኤል ትምራሕ ነበረት።

መደበር ሆሚብን ዕማማታን

ኣብ ሆሚብ ፈለማ መደበር ሕብረተ-ሰብኣዊ ጉዳያት ቤት ጽሕፈት ዝነበረ ተጋዳላይ ኣብ ክልተ ክፍልታት ተመዲቡ ምክፍፋሉ ኣቐዲሙ ተጠቒሱ እኳ እንተሎ፡ ብዘይካዚ ሓደ ናይቶም ኣብቲ መደበር ዝዓስከሩ ተጋደልትን ነቲ ኣብቲ ከባቢ ዝነብር ህዝብን ዘገልግል ሕክምናዊ መደበር/ ክልኒክ ምንባሩውን ክዝከር ይግባእ። እዚ መደበር ሕክምናዚ ብተጋዳላይ ዮሴፍ ተስፋይ ዝምራሕ ንጉስ ጸጋይን መሓመድ ብርሃን ማንጁስን ዝኣባላቱ ኮይኑ፡መዓልታዊ ክሳብ 30 ዝኾኑ ሓደስቲ በጻሕቲ ሕሙማት ካብ ህዝቢ ዘኤንግድ ዝነበረ መደበር ኣገልግሎት ሕክምና ምንባሩ ዝፍለጥ'ዩ።

ሓንቲ ካብ ኣግነታት ሆሚብ

ስእላዊ ገለጻ ሩባ ሆሚብ

ሩባ ሆሚብ ኣብ ታሪኽ ሰውራና ኣገዳሲ ቦታ ስለ ዘለዎ፣ ኣብኡ ዝተገብረ ፍጻሜታት ብግቡእ ክስነድ ኣገዳሲ ኢዩ። ሆሚብ ኣብ ምዕራባዊ ኤርትራ ታሕታይ ባርካ ጥቓ ዶብ ሱዳን ዝርከብ ሰፊሕ ሩባ፤ ኣብ እዋን ክረምትን ቀውዕን ወሓዚ ማይ ዝርከቦ፣ ኣብ ሓጋይ ግን ዒላ ኰዒትካ ኣብ ቀረባ ማይ ዝርከቦ እዩ። ገማግሙ ብዓበይቲ ኣግራብ ዝተደኰነ፣ ጽላል ዝርከቦ ብፍላይ ካብ ናይ ጸላኢ (ኢትዮጵያዊ ስርዓት ደርጊ) ዝፍኖ ናይ ነፈርቲ መጥቃዕቲ ክስትር ዝኽእል ብምንባሩ፤ ሕብረተ-ሰብኣዊ ጉዳያት ቤት ጽሕፈት ኣብ 1975 ዓ.ም.ፈ ከም ማእከላይ መደበሩ መሪጹዎ። ልዕሊ 180 ዝኾኑ ኣባላቱ ብጉባኤ፣ ስምረት፣ ዓወት ዝጽውዓ ሰለስተ ጋንታታት ሰሪዑ፣ ኣብ ነንሕድሕዱ ብሚእቲ ሜትሮ ዝርሓሓቕ ሰለስተ ዓበይቲ ኣግራብ ገዚኡ ገበረ። ልዕሊ 10 ዝኾና ሽማግለታት ስርዓት-ትምህርቲ ድማ ነናተን ገረብ መሪጸን ስራሓተን ዝፍጽማሉ ኔሩ። ናይ ሙሉእ ቤት ጽሕፈት ኣባላት ኣኼባ ድማ ኣብ ትሕቲ ገረብ ናይ ጋንታ ጉባኤ ይካየድ ነይሩ። ልዕሊ ሚእትን ሰማንያን ተጋደልቲ ዘእንግድ ዝነበረ ኦም ከም ኣዳራሽ ክዝከር ይነብር።

ሆሚብ ንመወከሲ ምድላው ስርዓተ ትምህርቲ ዘገልግሉ መጻሕፍትን ንፖሊቲካዊ ንቕሓት ክብ ንምባል ዝሕግዙ ናይ ሰውራን ተሞክሮ ሓርነታዊ ቃልስን መጻሕፍቲ

ዝሓዘ ቤተ-መጻሕፍቲ (ላይብረሪ) ኔሩዋ። መማህራን ንኲሆ ድሕሪ ቀ'ርሲ ነናብ ጉጅለኦም ንስራሕ ክዋፈሩ ከለዉ፡ ድሕሪ ቀትሪ ድማ ነናብ ጽላሎም መጻሕፍቶም ሒዞም ከንብቡን ክካትዑን ከለዉ፡ ሆሚብ ሓንቲ ዩኒቨርሲቲ እያ ትመስል ኔራ።

ተቐማጦ ከባቢ ሆሚብ ብሄር ሕዳርብ እዮም፡ ብሕርሻን መጓሰ ከብትን ጤለ-በጊዕን ኣግማልን ዝናበሩ እዮም። ዓበይቶም ንኣሽቶም ናብ መደበር ቤት ጽሕፈትን ክፍልታቱን ወትሩ ስለዝመጹ ጽቡቕ ሌላን ምትሕብባርን እናተጠርየ ብስምምዕ ሓቢርካ ምንባር ዝምስገን ነይሩ። ኣባላት ኣብ ግራውቲ ናይ ህዝቢ እናወፈሩ ኣብ ጻህያይ ይተሓባበሩ ነይሮም። ብፍላይ ተጋደልቲ ደቀንስትዮ ምስ ደቀንስትዮ'ቲ ከባቢ ባህላዊ ምምሕያሽን ስነጥበባዊ ፍልጠት ንምትእትታው ይንቀሳቐሳን ጽቡቕ ዝምድናታትን ምትእምማንን ይምዕብል ነይሩ።

ኣብ ሆሚብ ዝተኣከበ ተጋዳላይ ብዝተፈላለየ ሞያታት ዝተመረቐ መማህራንን፡ ኣብ ኮለጃትን ላዕለዋይ ደረጃ ትምህርትን ዝተማህሩ ኣብ ምምሃርን ካልእ ዝተፈላለየ ዓይነት ስራሓት ኣብ ኤርትራን ኢትዮጵያን ገለ'ውን ኣብ ወጻኢ ክመሃርን ክሰርሕን ዝጸንሐ፣ ገለ'ውን ትኽ ኢሉ ካብ ቤት ትምህርቲ ንሃገራዊ ናጽነት ኤርትራ ዝተሰለፈ ማእከላይ ደርቢ ዝነበረ እዩ። ብዝተፈላለየ ዓይነት ትምህርትን ሞያን ናይ ስነ ፍልጠት፣ ታሪኽ፣ ሕርሻ፣ ስነ-ጽሑፍ፣ ህንጻን ስነ-ኪነትን (ተክኖሎጂ) ዝቐሰመን ዝተሞኩረን ስለዝነበረ፣ በብኽእለቱ ስርዓተ ትምህርቲ ንምድላው ተመዲቡ ንምጥፋእ መሃይምነትን ስሩዕ ትምህርቲ ክሳብ ሻሙናይ ክፍሊ ከዳሉ በቒዑ።

ብዘይካ ምድላው ስርዓተ ትምህርቲ፣ ንታሪኽ ሃገርናን ሰውራናን ህልውን መጻእን ኣገባብ ቃልስናን ዝመራመረሉን ንቕሓቱ ክብ ዘብለሉን ናይ ክትዕ ኣኼባታት ኔሩዎ። ከምኡ'ውን ባህልናን ሰውራናን ዘንጸባርቐሉ፣ ብኽኢላታት ዝተዳለወ ግጥምታትን መዛሙራትን ኩሉ ረቡዕ ድሕሪ ቀትሪ ተኣኪቡ ዝሰምዓሉ መደብ'ውን ኔሩዎ።

ድሕሪ ስራሕ ኣብ ዘመናዊ መዘናግዒ ቦታታት ዘማሲ፤ ምስታይ ማክያቶን ካፑቺኖን ገሊኡ'ውን ቢራ ዓቲሩ ብልያርዶ ምጽዋት ዝለመደ ማእከላይ ደርቢ፤ ኣብ ሆሚብ ድሕሪ ሰዓት 5 ድሕሪ ቀትሪ መሬት ከይጸልመተ ብመገብቲ ዝተዳለወሉ ድራር ተመጊቡ፣ ናብቲ ከባብ'ቲ መደበር ዝነበሩ ኩጀታት ወይ ኣብቲ ሩባ ከይዱ ብዛዕባ ባህርያዊ ተፈጥሮ ከባቢኡ ምምርማርን ተዘክሮ ዕላላትን እናልዓለ ክዛነ ይርእ ነይሩ።

ሩባ ሆሚብን ገማግሙን ጫካ ኣግራብ ዝርከቦን መንበሪ እንስሳ ዘገዳም ዝኾኑ ዓበይቲ ጕብየታት እዩ ነይሩ። ገለ ካብቶም ጎብየታት ካብ ርብዒ ኩንታል ንላዕሊ ክብደት ዝነበሮም'ዮም። እቲ ከባቢ'ቲ ህዝቢ ስለ ዘይትንክፎም፤ ብዘይ ገለ ስክፍታ ይባዝሑ ስለ ዝነበሩ፣ ቀ'ጽሮም ብዙሕ ነይሩ። ኣብ ሆሚብ ዝሰፈረ ሰራዊት፣ ኣብ ደጋን ወይነ ደጋን ኤርትራ ዝዓበየ ኩይኑ፣ ናይ ጕብየ ይኹን ወይ ካልኦት እንስሳ ዘገዳም ናይ ምብላዕ ባህልን ልምድን ኣይነበሮን። እንተኾነ ግን ከምቲ ኣብ ተሞክሮ ሓርነታዊ ምንቅስቓስ ዓለም ዝተረጋገጸ "ተጋዳላይ ቈጽሊ ሸምጢጡ፣ ስጋ እንስሳ ዘገዳም ካብ መሮር ሃዲኑ እናተመገበ ዕላምኡ ከዐውት ከምዘለዎ ፈሊጡ ይቃለስ" ዝብል ኣምር ብምኽታል ነቲ ወግሐ ጸብሐ ወዲ ዓከርን ዓደስን መግቡ ለውጢ ንምርካብን ናይ ስጋ ባህግታቱ ንምርዋይን፣ ስጋ

ጎብየ ምብላዕ ምስቲ ክምዕብል ዘለዎ ባህልናን ከነተኣታትዎ ዘለና ለውጥን ጌሩ ወሰዶ። ብርግጽ ስጋ ጎብየ ዋላ ምስ ተመትረ'ውን ስለዘንፈጥፍጥ ንነብሲ ዘሰክፍ'ኳ ይኹን'ምበር ብሓዊ በሲሉ ክትበልዖ ከም ስጋ ጤል'ዩ ዝጥዕም። በዚ ምኽንያት ስጋ ጎብየ ኣብ ሆሚብ ንሸዱሽተ ወርሒ ዝኣክል ተሃዲኑን ተበሊዑን፣ እቲ ድርዒኡ ድማ ከም ሒላብ መልወሲ፣ መሕጸብ ክዳውንትን ኮፍ መበሊ ድኳታትን ኰይኑ ኣገልገለ። ሰራዊት ሓርነት ጤለ በዱ፣ መፍለስ፣ ጐብየን ከልኦት እንስሳታት ሃዲኑ ምምጋቡ፣ እንስሳ ዘገዳም ኤርትራ ከይበርስ ንምክልኻል፣ ገድላዊ ባይቶ ናይ ተጋድሎ ሓርነት ኤርትራ ኣብ ወርሒ ታሕሳስ 1975 ዓ.ም.ፈ. ካልኣይ ምዱብ ኣኼብኡ "እንስሳ ዘገዳም ሃገርና፣ ሃብቲ ሃገር ስለዝኾኑ ከይበርሱ ንምዕቃብ፤ ክቕተሉ ወይ ክብልዑ ብሕጊ ዘቕጽዕ ምዃኑ" ዝእግድ ውሳኔ ምስ ኣሕለፈ፤ ምብላዕ ጐብየ ተቛረጸ፡ ጐብየ ሃገርና ድማ ሓርነቶምን ድሕነቶምን ተዓቕበ።

ነተን ደርጊ ካብ ኣመሪካ ነፈርቲ ፋንቶም፣ ካብ ሶቬት ሚግ ሸሚቱን ተመጽዊቱን ሰውራና ክድምስስ ፀሓይ በሪቓ ክሳብ ትዓርብ ክዝምቢን ቦምብታት ክድርብን ዝውዕል ዝነበረ፤ ኣባላት ቤት ጽሕፈት ናይ ምንቅስቓስ ይኹን ናይ ትኪ ምልክታት ስለ ዝኸልእዎ ድሕነት ሆሚብ ኩሉ ጊዜ ዕቑብ ነበረ። ሕብረተ-ሰብኣዊ ጉዳያት ቤት ጽሕፈት ክሳብ ክረምቲ ናይ 1976 ዳርጋ ሓደ ዓመት ንሆሚብ ከም መደበሩ ሒዙ ድሕሪ ምጽናሕ ናብ ሽርኩብ ዝበሃል መደበር ገዓዘ። ድሕሪኡ ድማ ናይቲ ልዕሊ 600 ዝኾነ ዘማች ብጅግና ሰራዊት ሓርነት ኤርትራ ኣብ ዛላምበሳ ተማሪኹ ዝመጸ ሰራዊት ደርጊ መደበር ኰነት።

ክፍሊ ትምህርትን ምጥፋእ ምሃይምነትን፡

እዚ ክፍሊዚ ክልተ ቀንዲ መበገሲ ዕላማታትን መንቀልን ነይርዎ፡ እቲ ቀዳማይ ዕላማ ኣብ ውሽጢ ሰራዊት መደባት ምጥፋእ ድንቁርና/መሃይምነት ንምክያድን ኣብ ሰራዊት ናይ ምጽሓፍን ምንባብን ኣኽእሎ ንምስፋሕ፡ በዚ ኣቢልካ ድማ ናይ ትምህርቲ ዕድል ምስፍሕፋሕን ዝተማህረ ሰራዊት ምምልማልን ነይሩ።

ምጥፋእ ምሃይምነት፡ ነዚ መደብዚ ንምድላው ቅድሚ ምጅማር ኩሉ ኣባል ክፍሊ ትምህርቲ ዝተሳተፎ ሓፈሻዊ ኣኼባ ድሕሪ ምክያድ፥ ስርዓተ ትምህርቲ ምድላው ናይ ሞያን ፍልጠትን ጉዳይ ስለዝኾነ ነፍሲ ወከፍ ሰብ በቲ ንሱ ዝተማህሮ ኮነ ዝምህረሉ ወይ ሒዝዎ ዝነበረ ዓይነት ትምህርቲ ተመኩሩኡ ምርኩስ ዝገበረ፤ ናብ ጉጅለታት ነፍሱ ብምምዳብ፡ ኣብ ሸውዓተ ንኡሳን ክፍልታት ማለት ኢንግሊዘኛ፡ ዓረብኛ፡ ትግርኛ፡ ስነፍልጠት፡ ቁጽሪ(ሒሳብ) ታርኽ፡ መልከዓ ምድሪ ወይ ጂኦግራፊ ካዳልዉ ብድምሩ ናብ ናይ ሸውዓተ ዓይነት ትምህርቲ ሸማግለታት ብምስራዕ ስራሑ ጀመረ። ይኹንበር፡ ስርዓተ ትምህርቲ ኣብ ሜዳ ብዘይ ዝኾነ ይኹን መበገሲ ወይ መወከሲ፡ ንትምህርቲ ዝኸውን መጻሕፍቲ ከተዳሉ ንኽትጅምር ክሳብ ክንደይ ኣሸጋሪ ምንባሩ ርዱእ ኰይኑ፡ ነዚ ሽግርዚ ንምፍታሕውን ኩሉ መጻሕፍቲ ንምርካብ ክሕግዝ ይኽእል ኢዩ ዝተባህለ ስርሒታት ድሕሪ ምፍጻም ኢዩ እቲ መደበኛ ስራሕ ዝተጀመረ። ነዚ ስርሒት'ዚ ዕዉት ንምግባር ድማ ካብ ከተማ ባረንቱ ዝተሰለፈ ተጋዳላይ፡ ንከተማ ባረንቱ ኣጸቢቑ ዝፈልጣን ምስ ህዝቢ ጥቡቕ ዝምድናታት ዝነበሮን ተጋዳላይ ገብረሚካኤል ሃይለ ዝመርሖም ቋንቋ ዓረብኛን ትግረን ዝኽእሉ

ተጋዳላይ ሙሳ ዑስማንን ጀማል ሁመድን ዝተባህሉ ተጋደልቲ ኣሰንዩ፡ ንውሽጢ ከተማ ባረንቱ ሰባት ኣስሊኹም ብምእታው ካብቲ ኣብኡ ዝነበረ ቤት ትምህርቲ እዚ ዘይባሃል መጻሕፍቲ ብገመል ተጻዒኑ ሆሚብ ከምዝዓልብ ተገብረ።

ብዘይካዚ ብኻልእ መዳይ እውን ብኣርባዕተን ሓሙሽተን ሰባት ናብ ገለ ክፍለ ምምሕዳራት ብምልኣኽ ዘድሊ ናውቲ ንመወከሲ ዝኸውን መጻሕፍቲ ንምንዳይ ተዋፈሩ። በዝን ከምዝን ዝኣክል ንውከሳ ዝኸውን መሳርሒ መጻሕፍቲ ምስ ተረኽበ **እንዳተጋደልና ንማሃር ብዓረብኛ ድማ ነቕራእ ዎ ንናድል** ዝብል ኣብ ሰራዊት ጥራሕ ዘገልግል፥ ንምጥፋእ መሃይምነት ዝኸውን መጽሓፍ ብቛንቋ ትግርኛን ዓረብኛን ከምኡውን ብኽልቲኡ ቛንቛታት ዝተዳለወ ናይ ቍጽሪ መጻሕፍቲ ከምዝዳሎ ተገብረ። ዕላማ ናይዚ መደብዚ፡ ብመጀመርታ ነቲ ልዕሊ 90% ዝኸውን ኣብ ሰራዊት ሓርነት ኤርትራ ዝተሰለፈ ተጋዳላይ ናይ ትምህርቲ ዕድል ዘይረኸበ ካብ ሓረስታይ ክፍሊ ኤርትራ ብምንባሩ፥ ሰራዊት እንተደኣ ተማሂሩን ፈሊጡን ድማ ዝያዳ ዕጥቂ ናይ ቃልስን ንቕሓትን ወኒ፡ ናይ ርሑቕን ቀረባን መደባቱ ኣለልዩ ክጓዓዝ ኣገዳሲ ብምዃኑ፥ ካብ ውሽጢ ሰራዊት ምሃይምነት ዝባሃል ጠሪስካ ብምጥፋእ፡ ብዝዋሓደ ናይ ምጽሓፍን ምንባብን ኣኽእሎ ንምርግጋጽ ዝሓለነ ዕላማ ኢዩ ነይሩ። ዝተዳለወ መጻሕፍቲውን ምስቲ ናይ ሽው ውዕዉዕ ዝነበረ ሃገራዊ ስምዒትን ናይ ቃልሲ ኒሕን ዘሳኒ ኰይኑ ንዕኡ ብዝገልጹ ስእልታትን መዛሙርን ዝተሰነየ ብምንባሩ፤ ኣብ ሰራዊት ጽቡቕ ተገዳስነት ኣሕደረ።

እዚ ናይ ምጥፋእ መሃይምነት መደብዚ፡ ብስሩዕ ኣገባብን ሓላፍነት ዝስከመሉ ክፍሊ ብምቛም ንኽካየድ ዝጀመረ ማለት እንተዘይኰይኑ፡ ቅድሚኡ'ውን ኣብ ዝተፈላለየ ኣሃዱታት ፈደላት ናይ ምቍጻር ትምህርቲ ይካየድ ኣይነበረን ማለት ኣይኰነን። ብፍላይ እኳ'ደኣ እቶም ኣብ ሰራዊት ሱዳን ተዓስኪሮም ዝነበሩ ኤርትራውያን ናብ ሰውራ ኤርትራ ምስተጸንበሩ ኣብ ውሽጢ ዝመርሕዎ ሰራዊት ሓርነት ናይ ትምህርቲ መደባት የካይዱ ምንባሮም ርጉጽ ታሪኽ ዝምስክሮ ኢዩ።

ጅግና ተጋዳላይ

ክጋደል ኢየ ምኽንታ'ኺ
ተወሊደ'የ ክብል ነዓ'ኺ
ብጸላኺ ካብ ተወዓስኺ
መስዋእቲ ነዓይ ኣይኮነን ነዓ'ኺ
ስጋይ ይጭኖ ይብልዓዮ ኣሞራ
ካብ ኮንኪ ንስ'ኺ መደበር መከራ
ክትወጺ ምእንቲ ካብ ባዕዲ ሓራ
ድሕነት ክትረኽቢ ካብ ጸላኢ ክተራ

54

ደመይ ይፍሰስ ይኹን ንምድሪ
ዓጽመይ ይከስከስ ኣይርከብ ቀብሪ
ሓራ ክትወጺ ካብ ባዕዲ መግዛእቲ
ባንዴራ'ኺ ሒዝኪ ክትኮኒ ዕውቲ
ናይ ጸላኢ መግዛእቲ ንሱ'ዩ ሕማመይ
ኣብ ጸሓይ ይንቀጽ ይፍሰስ ደመይ
ሓራ ክትወጺ ይከስከስ ዓጽመይ
ኣብ ሜዳ ተደርብየ ስጋይ ይጭኖ
ሓሳፍ መንገዲ ፍጡር ኩሉ ይፈንፍኖ
ንጭቁን ህዝቢ ነጻነት ክኾኖ
መስዋእቲ'ዩ ሓሳባተይ ቀንዲ
ረኺበ ክተርፍ ከም ጽኑዕ ዓንዲ
ተኸታቲለ'የ ናይ ገድሊ መንገዲ
ሞተይ ይኹን ደመይ ይተሓሰብ
ድኻም ይውረስኒ ልበይ ይስሓብ
ዓወት ክትጭብጢ ነጻነት ይዕሰብ

55

ንዓይ ይኽፈኣኒ ዝባነይ ይዕረቕ

ሓራ ክትወጺ ነጻነት ይብረቕ

ንዓኺ ዝጨቆነ ኣዝዩ ይሕረቕ

እንተዘይሞትኩ ኰይነ ጐደሎ ኣካል

ተስፋ ብዘይምቍራጽ ባንዴራ ንምትካል

ክጋደል ኢየ ጸላኢ ንምክልኻል።

ፖለቲካውን ባህላውን ትሕዝቶ መጻሕፍቲ

ብመሰረቱ ኣብ ውሽጢ ሓደ ህዝባዊ ሰውራ ዝዳሎ ጽሑፋት፡ ንህዝባዊ ዕላማን ስነ-ኣእምራዊ ሓያልነት ናይ ተጋደልትን ህዝብን ዘላዓዕልን ክኸውን ባህርያዊ ኢዩ። ስለዝኾነ ድማ እቲ ዝተዳለወ ትምህርታዊ ስርዓት ትምህርቲ ብዓወት ሰውራ ኤርትራ ዝተቓነየ ምንባሩ ክካሓድ ዝካኣል ኣይኰነን። ነዚ ኣብ ምዕዋት ኣባላት ክፍሊ ትምህርትን ምጥፋእ ምሃይምነትን ብዘይካቲ ኩሉ መዳይዊ ስርዓት ትምህርቲ ንምድላው ዝገብርዎ ዝነበሩ ከቢድ ጻዕርታት፡ ኣብ ሰሙን ሓደ ግዜ ወትሩ ረቡዕ ድሕሪ ቐትሪ መላእ ኣብ መደበር ሆሚብ ዝርከብ ኣባል ዝራኸበሉ መደብ ተሰሪዑ፡ ሃገራዊ ወኒ ናይ ቃልሲ ዘበራብርን ሞራል ተቓላሳይ ህዝቢ ዘላዓዕል፡ መንነብርዖን ባህልን ሃገርን ህዝብን ኤርትራ ዝገልጽ፡ ግጥምታትን

መዘናግዒ መዛሙርን ኣብ ምኽዕባት'ውን ኣገዳሲ ግደ ነይርዎ ኢዩ። ብዙሕ ካብቲ ኣብ መደበር ሆሚብ ዝተደርሰ ግጥምታት እንተኾነውን ኣብ ክፍሊ ባህልን ሙዚቃን ትያትርን ናይ ተጋድሎ ሓርነት ኤርትራ እወንታዊ ግደ ከምዝነበሮ ታሪኽ ዝምስክሮ ሓቂ ኢዩ። ድርሰት ግጥምን ምውጻእ ዜማታት መዛሙርን ኩሉ ይኽእሎ ኢዩ ማለት ስለዘይኮነ ከኣ፡ ኣብዚ ክልተ መዳያት'ዚ ክኢላ ብባሻይ ዝፍለጥ ዝነበረ ግደ ተጋዳላይ ረድኢ ክፍለ ከይዘከርካ ክሕለፍ ዝካኣል ኣይኮነን።

ትምህርቲ

ድንቍርና ዝጠፍኣሉ፡ ፍልጠት ዝለምዓሉ

ሓቂ ዝጸንዓሉ፡ ሰላም ዝኽብረሉ

ብመሰኖ ትምህርቲ ኢዩ ዝቐንዓና ኹሉ

መሳልል ናይ ዓወት ናይ ብርሃን ወጋሕታ

መስፈር ናይ ገድልና ኢዩ ቅዉም ዛንታ

ዓቢ ውርሻና ዘይብሉ ኣሉታ

ትምህርቲ መሰረት ምዕባሌ፡ ናይ ነጻነት ዋልታ

ናብራ ናይ ዕቤትና ዝመሓየሸሉ

ክፉእን ጽቡቕን እንመምየሉ

ትምህርቲ ኢዩ ዋልታና፡ ፍልጠት እንቐስመሉ

መደበር ናይ ፍልጠት፡ ናይ ጥበብመኼዳ

ብማዕረ ዘሰጉም፡ ናይ መሰል ዋሬዳ

ትምህርቲ ኢዩ ብጻይና፡ ናይ ስልጣኔ ዳንዳ

መኣዛ ናይ ህይወት፡ ኢዩ ዓንዲ ማእከል

ጽኑዕ ዓቢ ጉንዲ፡ ብማንም ዘይፍንቀል

ድልዱል መሳርያና፡ ዘይጥበር ዘይሕለል

ንዘይተማህረ ሰብ፡ እንታይ ይበርሃሉ

ላዕልን ታሕትን ኢሉ እንተዘይጋዲሉ

ብዘይትምህርትስ ደኻሚ ኢዩ ሓይሉ

ካባና ዘይሕሾ፡ ዝኾርዑ ብኣና

ተንኮል መጋብርም ኣደንቍሮሙና

ስኣን ትምህርቲ ኢዩ፡ ሓዲግ ዘትረፈና

ነዚ ብምርዳእ፡ ጥቕሚ ትንህርቲ

ንገስግስ ንመሃር፡ ማይ ፍልጠት ክንሰቲ
ኩልና ብሓባር፡ ክንከውን መፍረይቲ

ንደርብዮ ድሑር ባህልና

መግዛእቲ ኣዕኒና ሓርነት ከነስፍን
ብሓባር ኣፍሪና ብሓባር ክንውንን
ክዕወት ሰውራና ናይ ጭቁናት መድሕን
ንደርብዮ ድሑር ባህሊ ቃልስና ነሕንን

ኔው በል ድሑር ባህሊ ናይ ግፋዓት ቀይዲ
እሙን ኣገልጋሊ ናይ መሳፍንቲ ዓንዲ
ቦታ የብልካን ኣብ ሰውራዊ መኣዲ
ሱርካ ምንቃል ኢዩ ምስ መግዛእቲ ባዕዲ

መግዛእቲ ኣዕኒና ሓርነት ከነስፍን..........

ሓራ ንኽንወጽእ መቑሕ ተበቲኹ
ዕድሜኣም ክሓጽር ናይ ጭቁናት ሓሳኹ
ሓፍሽ ቌሪጹ ኢዩ ከሐድስ ታሪኹ
ንድሑር ባህሊ ካብ ሕጂ ምሕካኹ

ጸላእን ፈታውን ከየለሊ
ክይፈጥር ሰውራዊ ሓይሊ
ተሓጺሩ ኣብ ባዕዳዊ ክሊ
ተቐፊዱ ብመስፍናዊ ባህሊ

መግዛእቲ ኣዕኒና ሓርነት ከነስፍን..........

ከየፍሪ ኢሎሙኒ ጠቢብ
ተጻወቱለይ ከም ሓንዳ ሕቢብ
ረሃጻይ ተሓልበ ከም ኣሊብ
ኣየ'ወ ኣሕሊፍኩም ግዜ ጸቢብ

ኣየ'ወ ኣሕሊፍኩዎ ጭቁንቲ
ምስ ብርጭቆ መሐጐስ መኳንንቲ
በሉኒ ኸኣ ስንኩፍቲ ስንክልቲ

ኣልቦ መሰል ክትጽምበሪ ምስ መፍረይቲ

መግዛእቲ ኣዕኒና ሓርነት ክነስፍን..........

ሓጠጥ ኢለ ከብዶም እናመላእኩዋ

ተበሃልኩ ጭዋ ኣንጭዋ

ዘመናት ሓሊፉ ክይረኽብኩ ጽዋ

ንበገስ ንድሕርቲ ባህሊ ነዕንዋ

ንዳሎ ንበገስ ባዕድነት ከነዕኑ

ሞይቱ ኢዩ መስፍንነት ማህሚኑ

እንታይ ተረፎ ሃጸይነት ቈንቆኑ

ንተንስእ ጭቁናት ወጋሕታ ኰይኑ

መግዛእቲ ኣዕኒና ሓርነት ክነስፍን..........

<u>ሸቃላይ ኤርትራ</u>

ኣነ ኢየ ሸቃላይ መሪሕ ርሂጸ በላዕ

ቅልጽመይ ክዝርጋሕ ሕብረተሰብ ትኹላዕ

ናይ ማእቶት ብጻየይ ዓኺይ ዓታር ስላዕ

ገስጋሲ ምሁር እውን ምሳና ይሰራዕ

ናይ ሞተር ገልጠምጠም ናይ መኻይን ሻሕሻሕታ

ቁሪ ከይፈራሕኩ ናይ እቶን ሃልሃልታ

ናይ እቶት ምንጪ ኢየ ዘይብለይ መሰታ

ዓንዲ ሕቖ ሰውራ ሸቃላይ ኢየ ኮታ

ንግሆ ብዛዕዛዕታ በስሓይታ ዛሕሊ

ከዐንግል ስድራይ ሕብረተሰበይ ክኣሊ

እኣቱ ኣብ ስርሐይ ናይ ፋብሪካ ክሊ

ሓደርኩም መጋዝ መስማር መመላእታ ሓይሊ

እጅምር ስርሐይ ብምብዓጥ ኖራ

መንቅብ ከይርከባ መንደቐይ ክምትራ

ተወሳኺ ምዝመዛ ኣሎ ናይ ጐይታ ኩራ

እምለስ ንገዛይ ክመስል ፍሒራ

እጭብጥ ሞደሻ ምስኡ እውን ኣፍራዛ
ናይ ማእቶት ደገፈይ መኪናይ ክሕዛ
ረሃጸይ ጥብጥብ ክብል ኣልቦ ንሕስያ ዋዛ
እናተመዝመዝካስ ናብራ ነይርከቦ ላዛ
ህዝቢ ከይሽገር ሃገር እውን ብኹላ
ጽርግያ እጸርግ ዓንድታት ከተኽለላ
ጃለው! ንመበሊ ውልዕ! ሰዓት ኣኺላ
ንምሉእ ብርሃን ሃየ ንቃለሰላ
እመርሕ መኪናይ ዓንኬለይ ዓቲረ
ከብጽሕ ስንቂ ብጻየይ ከይሽገረ
ብዝለዓለ ማርሻይ ኣብ ጽርግያ ክዕንድረ
ወገነይ ዝሰርሖ ናይ ዓርበረቡዕ መስተንክረ
ተኾማተረ ጭዋዳይ ኣንጠብጠበ ረሃጸይ
ወይለይ ክዕው ፍስስ ኣበየ ኣሊኺ ሓይለይ
እቲ ኹሉ ቅልጽም ናይ ጉብዝና ለይለይ
ክምዝመዝዶ ነይረ እዚ ከይበርሃለይ
ደጊም ኣበይ ምጽማም ኩልና ሽቃሎ
ዘይዕጸፍ ብጻይና ደርቢ ዓኺይ ኣሎ
ንንቃሕ፡ ንወደብ፡ ንተዓጠቕ ብቶሊ
ክንቀልዎ ጸላኢና ኣብ ናይ ሰውራና መቐሎ

<u>ንፍለጦ ታሪኽና</u>

ኣብ ምዕራብ ጎላጕል- ኣብ ማእከል በሪኽ
ምብራቓዊ ገማግም- ይብለና ኣሎ ሕሹኽ
ስራሕ ናይ ኣቦታት-ከነጽንዖ ታሪኽ
ዱር ጣሻ ኣግራብ -ብርሃን ጸሓይ ዘይሓልፎ
ሓርማዝ ኣንበሳ ገበል-ጥሒሱ ክሓልፎ
ጥንታዊ ኣቦና-ምስኦም ነሰልፎ
ቀዳሞት ተቐማጦ- ናራ ባዛ

ተኸተሉ ሃማውያን-ከፈትዋ ገዛ
ፈለስ ሴማዊ- ብምብራቕ ከሕዛ
    መጹ ሰማውያን-ካብ ምብራቕ ፈለሱ
    ስልጣኔ ኣስፋሕፍሑ-ቋንቋ እውን ሃንደሱ
    ሕርሻ መሃሩ-ምህርቲ ኣሕፈሱ
ምስ ባህርይ ተጸጊያም- ኣብ ፍልመ ስርዓት
ብሓባር ከገጥምዎ-ራህዋ ኰነ መዓት
ወጻዕቲ ኣይነበሩን-ከምኡ እውን ዉጹዓት
    ኣልቦ ጊሎት- ኣልቦ ወነንቲ ጊሎት
    ኣልቦ መሳፍንቲ- ኣልቦ ተዋፋሮት
    ምዝመዛ ዘይፈልጡ- ናይ ሓባር ነይሩ እቶት
ኣብ ማህጸን ማዕርነት- እተጠንሰ ጊላነት
ምምቕቓል ስራሕ- ወለዶም ንጊሎት
ተወገደ ሃድን ሕርሻ- ብሓባር ጉስነት
    ኣብ ክልተ ጕዘዮም- ናይ ስራሕ ምምቕቓል
    ደጊም ኣልቦ ማዕርነት -ኣብ ደደርብኻ ምዕቃል
    ወረራ በርተዐ- ስልጣን ምምንጣል
ዉሑዳን ወነንቲ- ብዙሓን ጊሎት
ይምቀኑሑ ይግረፉ- ይቕተሉ ብዘይምሕረት
ንምብንጣሱ ተቓለሱ- ናይ ጕይታ ሰንሰለት
    ወናን ጊላ ክጸቕጥ- ከጣጥሕ ናይ ብሕቲ ናብራ
    ባዕዳዊ ከስፋሕፍሕ- ብምብራቕ ከወራ
    ንኣሻሓት ዓመታት- ጊላዊት ኤርትራ
ኣብ ጊላዊ ስርዓት- በጃዊ ይእዝዝ
መሰል ሰብ ገፊፉ- ክድልብ ክምዝምዝ
ጭቀኑን ተቓለሰ- ደጊም ነይምእዘዝ
    ብውሽጥን ወጻእን -ጨቋኒ ተሃርመ
    ዲል ኣይረኸበን-ሃሰሰ ቀሃመ
    ንመስፍንነት ከልቅቕ- ጊላነት ከተመ

ኣተዉ ኣብ መድረኽ-ተዋፋራይ መስፍን
ትርኢት ከርእዩና- ናይ ናብራ ትፍንን
ተዋፋራይ ከቃለስ-መስፍን ንኸድፈን
ራእስታት ድግለላት- ከምኡ እውን ሱልጡናት
ሹዩማት ደጊያታት- ገዛእቲ ወገናት
ጸረ-ሓፋሽ ወርዊሮም-ናይ ምዝመዛ ኩናት
ናውቲ ማሕረስ-መስፍን ወኒንዎ
ስቡሕ መሬት ጐላጉል- ንብሕቱ ሒዝዎ
ተዋፋራይ ከሽገር-መሬት ጸቢብዎ
ተዋፋራይ ንቡር ስኢኑ - ኣይበልዕ ኣይሰቲ
ድፍእ ከብል ይነብር- ኣብ ናይ ጐይታ ርስቲ
ሰበይቱ ምስ ደቁ-ጠሓንቲ ጓሰይቲ
ኣብ ምብራቕ- ገዚኦም ሱልጡናት
መዝሚዞም ቀጥቂጦም-ንኣሽሓት ዓመታት
ንህዝቢ ቀፊዶም-ኣብ መስፍናዊ ስርዓት
መስፍንነት ከምዕብል-ዘገም እናበለ
መግዛእቲ ቱርኪ ግብጺ-ኣተወ ዓብለለ
ሓፋሽ ተወጺዑ-ቃልሲ ቀጸለ
ኣቓሒት ከሸይጥ -ጥረ ሃብቲ ከዘምት
ሰብኣዊ ጉልበት እውን- ብሕሱር ክሸምት
ባዕዳዊ ጥልያን መጺ-ብጻይ መስፍንነት
መሬቱ ተመንዚዐ-ብስም ዶሚናለ
ንዘይፈልጦ ዓላማ- ተኸተለ ብተባህለ
ምዝመዛ ርእሰ-ማል- ገደደ ሓየለ
መጸ እንግሊዝ- ብምዕራብ ከረን
ሃብትና ከግዕዝ- ፋብሪካታት በንቈረን
ህንጻታት መራኸብ-ሓጸረ ዕምረን
መስፍንነት ሰፊኑ- ኣብ ገጠራት
ኣብ ከተማታት - በዝሑ ሽጉራት

ሃጽ በለ ሸቃላይ -ናብ ወጻኢ ሃገራት

ተዓዘበ ህዝቢ- ኪዳን ናይ ሰለስቱ

ሃጸያዊ ኣሜሪካ-ከዳዓት መጋብርቱ

ሃይለስላሴ ምስ እንግሊዝ-ፈላላዪ ስልቱ

ተዓጥቀ ህዝቢ-ብትብዓት ክገጥሞ

ንመስፍንነት ሃጸይነት-ብቕልጽሙ ክድርዕሞ

ንፍትሓዊ ፍርዲ- ናብ ዓለም ኣኾደሞ

ማሕበራት ዘርኣ- ናይ ስሙር ግንባር ፈልሲ

ህዝቢ ንኽሰምር -ንፖለቲካዊ ቃልሲ

ናጽነት ኢዩ በለ- ናይ ህዝብና ፈውሲ

ኣብ ዓለማዊ መድረኽ-ተሳኣነ ፍርዲ

ተተኽለ ደልደለ-ኢትዮጵያዊ ባዕዲ

ሃጸያዊ ምስኡ- ክበልዕ መኣዲ

ብረታዊ ቃልሲ- ዝለዓለ ስልቲ

ተበገሰ ሰውራና- ክድርዕም መግዛእቲ

ደጊም የለን ምሃብ- ካልኣይ ምዕጉርቲ

ሓነነ ቃልሲ ሓፋሽ- ኣዕጽምቲ ተኽስከሰ

ሰራሕተኛ ተማሃራይ- ደሙ ኣፍሰሰ

ኣብ ጐኖም ደፋእ ድንኮል-ጥይቱ ተኰሰ

ስላዕ ምልክቱ

መሰረት እትዋት ከመይ ኢልካ ኣለኻ

መልሰለይ እንዶ ክጸወት ምሳኻ

ሓረስታይ ኤርትራ ሕረስ ንቐል ኢኻ

ገደናን በረኻን ጸጸር ምስ ዋላኻ

ተበገስ ተዓጠቕ ጽመድ ናውትኻ

ባህሊ ኣቦታትካ ረሲዕካዮ ዲኻ

መሰረት እትዋት ከመይ ኢልካ ኣለኻ

መልሰለይ እንዶ ክጻወት ምሳኻ

ኣድግኻ ትኽቡኩብ ተጻዒና እኽሊ
ዘርኢ ተሰኪማ ዞኽ-ዞኽ ትብል በቕሊ
ፍረ ወዲ ላምካ ጸሚድካዮ ብዕራይ
ትልሚ ተልል ኣብል ነዓ ሃባ ጨላይ

መሰረት እትዋት ከመይ ኢልካ ኣለኻ
መልሰለይ እንዶ ክጻወት ምሳኻ

ኣሰይ ኣሰይ ኮነ ነፈሰካ ኣኸዛ
ክራማት ክኣቱ ትኽደን ኣጎዛ
ዘይምኖ ተግባር ናይ ባህልኻ ላዛ
ኣዕዋፍ ጨቕ-ጨቕ ክብላ ትብገስ ካብ ገዛ

መሰረት እትዋት ከመይ ኢልካ ኣለኻ
መልሰለይ እንዶ ክጻወት ምሳኻ

ደቅኻ ይወፍሩ ሒዞም ወንጪፍ ዒቃ
ሆይ ጭሩ መበሊ እናበልዑ ሽልቛ
ርገጽ ብእግርኻ ናይ በረኻ ጭቃ
ቆፎኻ ክትመልእ ዓመታዊ ስንቃ

መሰረት እትዋት ከመይ ኢልካ ኣለኻ
መልሰለይ እንዶ ክጻወት ምሳኻ

የርከበካ ቀውዒ እኽሊ እውን ይበጽሕ
መኼዳ ትጅምር ትሓፍስ ምህርቲ
በሊዕካ ሰቲኻ ኣብ ባይቶ ትዝቲ

መሰረት እትዋት ከመይ ኢልካ ኣለኻ
መልሰለይ እንዶ ክጻወት ምሳኻ

ዕርፍኻ ትጭብጥ እናለዋወጥካ
ኣየ'ወ ክናፈቕ ስላዕ ምልክትካ
ውሕልነት ጉልባብ እታ በዓልቲ ቤትካ
ምስ ኩሎም ስድራ ቤት ሰላምታይ ይብጻሕካ

መሰረት እትዋት ከመይ ኢልካ ኣለኻ

መልሰለይ እንዶ ክጸወት ምሳኻ

ምድላው ንቓሕ

ክፍሊ ትምህርትን ምጥፋእ ምሃይምነትን ኣብ ምድላው ንምጥፋእ ምሃይምነትን ስሩዕ ትምህርትን ዝኸውን መጻሕፍቲ ክይተሓጽረ፥ ነቲ ሃገራዊ ወንን ፍቕሪ ኤርትራውነት ክሕድር ዝኽእል ብሉጽ ግጥምታት ዘራጉድ ሓደ ንምንቕቓሕን ምልዕዓልን ዝሕግዝ "ንቓሕ" ዘርእስቱ ንኡስ መጻሕፍውን ምድላው በቕዐ። ትሕዝቶ ናይቲ መጽሓፍ ብሓቂ ክረኤ እንከሎ ኣብ ጀኦ/ፖለቲካውን፡ ሃብቲ ሃገረ ኤርትራን፡ ስለምንታይ ንጋደል ከምዝነበርናን፡ ኣብ መንጎ ሰራዊት መግዛእትን ተጋደልትን ዘሎ ፍልልይ ዝምህርን ዘዕሙቕን ነይሩ። ይኹንበር ምስቲ ኣብቲ እዋንቲ ዝነበረ ኣረዳድኣ ምስላፍ ናይ ሓደ ተጋዳላይ ኣብ ውድባት ብድልየቱ ስለዝመጸ፡ ብድልየቱ ድማ ንዝዋሃቦ ዕማማት ይፍጽም ካብ ዝብል ኣተሓሳስባ ዝነቐለ ዝመስልን ናይ ተመኩሮ ሕጽረታት ኣብ ግምት ኣትዩ፡ ኩሉ ዝተዳለወ ጽሑፋት ጉድለት ኣይነበሮን ማለት ኣይኰነን።

እቲ መጽሓፍ ተዳልዩ፡ ነቲ ንመጽናዕታዊ ጉዳያት ናብ ምምሕዳራትን ኣብ ሰራዊት ድማ ምጥፋእ መሃይምነት ንምምሃር ዝምደብ ዝነበረ ኣባል ሕብረተ-ሰብኣዊ ጉዳያት ቤት ጽሕፈት ኣብ ምዕዳል ክይተበጽሐ እንከሎ፡ ክልተ ቤት ጽሕፈታት ፈጻሚ ሽማግለ ማለት ፖለቲካ ቤት ጽሕፈትን ክፍሊ ዕዮ ዜናን ብዛዕባዚ ተዳልዩ ዘሎ መጽሓፍ ሓበሬታ ስለዝበጽሖም፡ ብቐጥታ ካብ ምዝርጋሕ ደው ንኽብል ይሓቱ። ቀንዲ መንቀሊ ናይቲ ስነ-ጽሑፍ ዘይምዝርግሑ ምኽንያት እንታይ ምንባሩ ክልቲኡ ቤት ጽሕፈታት ክምልሶ ዝኽእል እኳ እንተነበረ፡ ገለ ካብቲ ናይ ሽው ብሂላት ግን፡ ብስርዓታዊ ኣገባብ ፖለቲካዊ ናይ ምንቕቓሕ መጽሓፍ ብሕብረተ-ሰብኣዊ ጉዳያት ቤት ጽሕፈት ክሕተም ከምዘይግባእ ዝእምት ነይሩ። እዚ ማለት ድማ፡ ፖለቲካዊ መጽሓፍ በዚ ክልተ ዝቃወም ዘሎ ኣካላት ጥራሕዩ ዝዳሎ ዝብል ኰይኑ፡ ብናይ ስራሕ ምትእትታውን ዝግለጽ ምኽንያት ኢዩ ነይሩ።

ብሰንኪ ከምዚ ዝኣመሰለ ዘይቅዱው መንፈስ ከኣ፡ ኣብቲ ቤት ጽሕፈት ዓቢ ዘይምርድዳእ ተፈጢሩስ፡ ክሳብ ነቲ ዝተዳለወ ጽሑፍ ክይሓዝና ኣይንምደብን ምባልውን ተበጺሑ። ነዚ መሰረት ዝገበረ ብዙሕ ምሽታዊ ኣኼባታት ኣብ ሆሚብ ተኻይዱ። ኣብ መወዳእትኡ ግን፡ ተጋዳላይ ኢብራሂም መሓመድ ዓሊ ሓላፊ ቤት ጽሕፈት ሕብረተ-ሰብኣዊ ነቲ ተላዒሉ ዝነበረ ሽግር ንምፍታሕ ዝዓለመ ግን ከኣ፡ ነቲ ብመደብ ናብ ዝተፈላለያ ምምሕዳራት ዝኸይድ ዘሎ ተጋዳላይ ንምፍናውን ንምትብባዕን ኣኼባ ንመላእ ክፍሊ የካይድ። ትሕዝቶ መግለጺ ተጋዳላይ ኢብራሂም ብፍላይ ከጋጥሙ ዝኽእሉ ናይ ሜዳ ዕንቅፋታትን ካብ ነፍሲ ወከፍ ኣባል ዝሕተት ጽንዓትን ሓያልነት ኣብ ቃልስን ኣመልኪቱ ዝሃቦ ሓበሬታ ኣዝዩ ኣገዳስን መሳጥን ነይሩ። ዝተዋህበ መግለጺ ኣገዳሲ እኳ ይንበር እምበር፡ እቲ ኣትኩሮ ናይቲ ኣኼበኛ ግን፡ ብቐጥታ ኣብ ምኽልካል ናይታ ጽሕፍቲ ዘትኮረ ብምንባሩ፡ እቲ ሕቶን መልስን ብዛዕባኣ ጥራሕ ንነዊሕ ግዜ ቀጸለ። ኣብ መወዳእታ ግን፡ ተጋዳላይ ኢብራሂም "ትሕዝትኡ ዘይተፈልጠስ ይትረፍ ዋላውን ምሉእ ብምሉእ ኣገዳሲ ዝኾነ ይኹን ካብ ኣገባብ ወጻኢን፡ ኣብ ውድብ ምውጣጥ ክፈጥር ዝኽእልን ነገር እንተዳኣ ኰይኑ፡ ካብ ምዝርግሑ ደው እንተበልኩሞ ይሓይሽ። ብመሰረቱ ድማ እቲ ጽሑፍ ባዕልኻትኩም ካብ

ኣዳለኹሞ ኣብ ርእስኹም ስለዘሎ፡ ኣብ ክንዲ ወረቐት ትስከሙ፡ ኣብ ርእስኹም ተሰኪምኩሞ ውጹ" ዝብል ምኽርን ፍታሕን ስለዘቕረበ፡ ኣኼባን ተፈጢሩ ዝጸንሐ ዘይርጉእ ኩነታት ብሳሓቕ ተወዲኡ። ስለዚ ኩሉ ኣባል ነቲ ዝድልዮ ነጥብታት ኣንዳመረጸ ካብቲ ጽሑፍ ኣብ መዘከሩ ቀዲሑ ናብ መደቡ ተዋፈረ።

ሎሚ ብዛዕባቲ ጽሑፍ ንዝዘከረ ተጋዳላይ ብዘይካቲ ናይ ኣገባብ ጉድለት፡ ኣብ ትሕዝትኡ እንተኾነውን ክንቕፎ ዝኽእል ነጥቢ ኣይነበሮን ማለት ኣይኮነን። ሓደ ካብቲ ዓበይቲ ጉድለታቱ ከኣ፡ ኮነ ኢልካ ንምጽያቕ ዝተገብረ እኳ እንተዘይኮነ፡ ተጋዳላይን ወታሃደርን ዘለዎም ፍልልይ ንምርኣይ ኣብ ዝቐረበ ነጥብታት፡ **"ወታሃደር ትእዛዝ ኣይነጽግን ኢዩ፡ ተጋዳላይ ግን ትእዛዝ ክነጽግ ይኽእል ኢዩ"** ዝብል ካብ ወታሃደራዊ ስነ-ስርዓት ዝወጸ ነጥቢ ይርከቦ። እዚ ብሓፈሽኡ ናይ ብሓቂ ጉድለት ተመኩሮን፡ ህንጡይነትን፡ ንቑጹር ሰራዊት ንምቅላል ተባሂሉ ዝኣተወ ነጥቢ እንተዘይኮይኑ፡ ኩሉ ኣባል ናይቲ ክፍሊውን ወታሃደራዊ ትምህርቲ ወሲዱ ብረት ንኽዓጥቕ ዝተመልመለ ኢዩ ነይሩ። ግን ከኣ፡ ምናልባሽ እውን ምስቲ ኣብቲ እዋን ዝነበረ ዘይርጉእ ውሽጣዊ ኩነታት ውድብ ተጋድሎ ሓርነት ኤርትራ ገለ ኣባላት ኮነ ኢሎም ክጥቀምሉ ዝደልዩ ኣይነበሩን ክባሃልውን ዝካኣል ኣይኮነን። ግዳይ ናይዛ ዝተጠቕሰት ግግይቲ መልእኽቲ ካብዝኾኑ ሓደ፡ ካብቶም ኣብ ሓማሴን ዝተመደቡ ኣባላት ክፍሊ ትምህርቲ ድማ የማነ ጸጋይ ዝተባህለ ተጋዳላይ፡ ኣብ ሊባን ዝነበረ መደበር ክፍሊ ሓለዋ ጸጥታ ንዝተመደቡ ተጋደልትን እሱራትን ምጥፋእ ምሃይምነት ክምህር ዝተባህለ ክነሱ፡ ኣብ ውሽጢ ቤት ማእሰርቲ ኰይኑስ **"ተጋዳላይ ትእዛዝ ይነጽግ"** ዝብል መግለጺ ብምቕራቡ ንባዕሉ ምስቶም እሱራት ክምዝሕወስ ተገይሩስ፡ ብቐሊል እስራት ሓሊፍሉ ወጺኡ ናብ መደቡ ተመልሰ።

እቶም ነዛ ጽሕፈቲ ንኽይትዝርጋሕ ዘኸልከሉ ኣብያተ ቤት ጽሕፈት ፈጻሚ ሽማግለ ግን፡ ነዚ ትሕዝቶ'ዚ ፈሊጦምን ኣንቢቦምን ዘይኮነስ፡ ብሓደ ሽነኽ ካብ ስራሕና ተወሲደና ዝብል ናይ ቅርሕንትን ክፍላዊ ኣታሓሳስባን ዝነቐለ፡ ብኻልእ ሽነኽ ድማ ኣብ ውሽጢ ፈጻሚት ሽማግለ ብፍላይ ከኣ፡ ምስ ኢብራሂም መሓመድ ዓሊ ካብ ዝነበሮም ፍልልያት ዝተበገሰ ክርክር ብምንባሩ እንተዘይኰይኑ፡ ኣብ ክንዲ ብዛዕባ ኻልኦት ሃገራትን መራሕቲ ሰውራን ምምሃር፡ ዋላ ሓንቲ ንመወከሲ እትኽውን ጽሕፍቲ ወሲዶም፥ ዝነበረ ጉድለታት ኣሪሞም ኣብ ሰራዊትን ህዝብን መምሃሪ ክጥቀምሉ ዘየኽእል ምኽንያት ኣይነበሮምን።

ስሩዕ ትምህርቲ፡

ትምህርቲ መሰረት ፍልጠትን ምዕባለን ምዃኑ ዘይስሓት ኰይኑ፡ ዘይተማህረ ሕብረተ-ሰብ ድማ ልክዕ ከም ሓንቲ ኣብ ውሽጢ ዕትሮ ዝተወልዐት ሽምዓ ኢዩ ዝምስል። ሓደ ሕብረተ-ሰብ ካብቶም ኣደዳ ድሕረትን፡ ድንቁርናን፡ ሕማምን ድኽነትን ዝገብርዎ ነገራት ድማ ትምህርትን ፍልጠትን ዘይምስፍሕፋሕ እዩ። ኤርትራ ድማ ሓንቲ ብሰንኪ ሰንሰለታዊ መግዛእቲ ካብተን ብምዕባለ ድሕሪት ዝተረፋ ሃገራት ምንባራን ብስእነት ትምህርቲ ዝተሳቐየት ሃገር ምዃናን ዘይርሳዕ ታሪኽ ኰይኑ፡ ትምህርቲ ኣብ ቤተ ክህነትን መሳጊድን ተደሪቱ ምጽንሑ ርኢና ኢና።

ነዚ መሰረት ብምግባር፡ ኣብቲ እናተጋደልና ንመሃር ዝብል ቀድማይ መጽሓፍ ስሩዕ ትምህርቲ ዘሎ መእተዊ ምርኣዩ ኣገዳሲ ክኸውንዩ። ከምዚ ድማ ይብል፡ “ወዲ ሰብ ኣብዛ ዓለምዚኣ ካብ ዝተራእየላ ግዜ ጀሚሩ ኣንጻር ባህርይ ካብ ምቅላስ ዓዲ ውዒሉ ኣይፈልጥን። ባህርይውን በቲ ዘየናሕሲ ኣባትራ ማለት ከም በርቂ፡ ውሕጅ፡ እሳተ ጐመራ፡ ምንቅጥቃጥ መሬት ወዝተ - - - - ጌሩ ትቕጥቕጦ። ንሱ ከኣ ነዚ ሓይሊ እዚ ንምስናፍ ጉልበቱን ፍልጠቱን ኣዋሃሂዱ ዘይሕለል ቃልሲ የካይድ። እንተኾነ ግን ቃልሲ ኣብ መንጎ ወዲ ሰብን ባህርይን ጥራሕ ዝውሰን ኣይኮነን። ኣብ መንጎ ወጻዕን ተወጻዕን፡ ኣብ መንጎ መዝማዝን ተመዝማዝን፡ ኣብ መንጎ ገዛእን ተገዛእን፡ ኣብ መንጎ ወራርን ተወራርን፡ ዝካየድ ቃልሲ እቲ ቀንዲ ንምዕብልና ሕብረተ ሰብ ዝውስኖ ዘሎ ረቛሒ ኢዩ።

ወዲ ሰብ በቲ ኣንጻር ባህርይን ኣብ ነንሕድሕዱን ኣብ ዘካይዶ ቃልሲ ሃብታም ተመኩሮን ፍልጠት ይሓፍስ። ነዚ ተመኩሮን ፍልጠትን እዚ ድማ እንደገና ዝበለጸ ናብራ ንኸሕልፍ ብትምህርቲ መልክዕ ካብ ትውልዲ ናብ ትውልዲ የመሓላልፎ። ከምኡውን ንዝቐሰሞ ተመኩሮን ፍልጠትን ናብ ነንሕድሕዱ ከመሓላልፎን ኣብ ዕለታዊ ምንቅስቓሳቱ ድማ ተሰማሚዑ ኣሳልጦ ዘለዎ ዕዮ ንኸወፊ፡ ሓሳብ ንሓሳብ ንኽለዋወጥን ዘገልግሎ መሳርሒ ቛንቛ ፈጠረ። በዚ ጥራሕ ከይተወሰነ እውን ሓሳባቱ ብዝረቐቐ ኣገባብን ብዝሰፍሐ ሜላን መታን ከመሓላልፎ ንድምጽታት ዝውክሉ ፊደላት ብምምሃዝ ስነ ጽሑፍ ኣማዕበለ። ቀንዲ መሰረት ትምህርቲ ድማ በዚ ኣገባብ’ዚ ኮነ።

ኣብዚ ግዜዚ እተን ዝሰልጠና ሃገራት ብትምህርቲ ዝማዕበላ ክኾና ከለዋ እተን ድሑራት ዝባሃላ ድማ ብትምህርቲ ዕሽላት እየን። እዚ ከኣ ምንም እኳ ካልኦት ዓበይቲ ረቛሒታት እንተሃለዉ፡ ትምህርቲ ኣብ ምዕባለ ሕብረተ ሰብ ኣገዳሲ ግደ ዝጻወት ምኳኑ ይእምተልና። ህዝብና ብሰንኪ ሰንሰለታዊ ወራርን መዝበራን መግዛእትን፡ ብሰንኪ ድሑር ሕብረተ ሰብኣዊ ዝምድናን፡ ምዕባሌኡ ተገቲኡ፡ መንነቱ ብባዕዳዊ መንነት ተዓቢጡ፡ ብትምህርቲ ድሕሪት ተሪፉ ይርከብ።

1975 ሓደ ብደብዳብ መግዛእቲ ካብ ዝዓነዉ ኣብያተ ትምህርቲ ናይ ባርካ

እቲ ቅድሚ ሕጂ ኣብ ሃገርና ዝዋሃብ ዝነበረ ትምህርቲ ብመሰረቱ ኣብ ክልተ ይኽፈል።

1. ኣብ ሕብረተ ሰብና ካብ ጥንቲ ኣትሒዙ ኣብ ግብሪ ክውዕል ዝጸንሐን ንሓደ ውልቀ ሰብ ምስ ኣምላኹ ዝተኣሳሰርን ኣብ ልምዓትን ዕብየትን ቁጠባ ሃገር ናይ ምፍራይ መስርሕ ዝተወሰነ ግደ ዝነበሮን ሃይማኖታዊ ትምህርቲ፡
2. ባዕዳውያን ነቲ መግዛእታውን ጐባጥን መዝማዝን ዕላማኦም ከገልግል ተባሂሉ ዝተሰናድኤ ትምህርቲ።

እምባኣርከስ ካብዚ ኣብ ላዕሊ ዝጠቐስናዮ ክልተ ዓይነት ትምህርቲ ህዝብና ዝረኸቦ ናይ ምዕባለ ጠቕሚ የብሉን። ምኽንያቱ ኸኣ ዕለታዊ ሽግራቱ ዝፈትሓሉ፡ ኣብ ናይ ማእቶት ስራሓቱ ዝሕግዝዎ፡ መንነቱ ዘፍልጥዎ፡ ባህሉ ዘማዕብሉሉ፡ ቋንቋኡ ዘስፍሕሉ ዓይነት ትምህርትታት ብዘይምንባርም ኢዩ። ነዚ ኣብ ግምት ብምእታው ነቲ ህዝብና ዘካይዶ ዝነበረ ጸረ-መግዛእታውን መስፍናውን ሃጸያውን ዝኾነ ሃገራዊ ዲሞክራስያዊ ሰውራና ብብቕዓት ንኸካይዶን ኣብ ማእቶታዊ ምንቅስቓሳቱ ብንጥፈት ክጐዓዝ ዝሕግዞን ዓይነት ትምህርቲ ንምድላው መሪሕ ኣካል ሰውራና ሓላፍነት ክስከም ግድን ይገብሮ።

መብዛሕትኡ ህዝብና ኣብ ናይ ድሕረት ዓዘቕቲ ተዋሒጡ ኣብ ዝርከበሉ እዋን ሓደ ካብቲ ቀንዲ ዕላማና ገርና ዝተበገስናሉ፥ ንዕኡ ካብዚ ዓዘቕቲ'ዚ ንምንጋፍ ሰፊሕን ዓሚቕን ናይ ምጥፋእ ምሃይምነት ወፈራ ምክያድ ምዃኑ ግሉጽ ኢዩ። ምኽንያቱ ኸኣ ነቲ ቅኑዕ ቃልስን ብቕዓት ክህልዎን ክቃለሰሉን ኣብ ሸትኡ ክብጽሖን ንህዝብን መሰረት ንቕሓቱ ዝኾነ ትምህርቲ ክነወፍየሉ ታሪኽ ስለዝሓተና ኢዩ።

ነዚ ኣብ ግብሪ ንምውዓል ነዛ ካብተን ንምጥፍእ ምሃይምነት ተባሂለን ዝተመደባ መጻሕፍቲ ቀዳመይቲ ዝኾነት ናይ ፊደል መጽሓፍ 'ንመሃር' ብዝብል ኣርእስቲ

ተዳልያ ትዝርጋሕ። ትምህርቲ ንምክያድ፡ ጥበብ ንምስፍሕፋሕ፡ ብሓፈሽኡ ሕብረተሰብ ንምምዕባል ሓደ ቋንቋ ስነ-ጽሑፍ ክህልዎ ናይ ግድን ይኸውን። ቋንቋ ትግርኛ ኸኣ ካብ ነዊሕ ዘመናት ጀሚሩ ስነ-ጽሑፍ ኣማዕቢሉ ዝጐዓዝ ዝነበረ ኤርትራዊ ቋንቋ ኢዩ” ዝብል ሰፊሩ ንረኽቦ።

በዚ ኸኣ፡ ከም ክሳብ ሻድሻይ ክፍሊ ዝኸውን ብኽልቲኡ ቋንቋታት ትግርኛን ዓረብኛን ተዳልዩ ክሳብ ኣብ ማሕተም በጺሑስ ብኡ ናብ ኩለን ኣብያተ ትምህርቲ ክጥቀማሉ ኣብ ምዝርግሑ ተበጽሐ። እቲ መጻሕፍቲ ተዳልዩ ምስ ተወደአ ድማ፡ ብሸማግለ መልክዕ ናብ ኩለን ምምሕዳራት ንኸነታት ናይ ኣከፋፍላ ኣብያተ ትምህርቲ ናብ ነፍሲ ወከፍ ምምሕዳር መጽናዕቲ ንምክያድ ተዋፈራ። እዚ ከኣ ሓደ ናይ ጸጥታ ቦታ፡ ጽላል ዘለዎን ስቱርን ካብ ናይ ኣየር ደብዳብ ክድሕን፡ ጥቓ ማይ ዘለዎ ቦታ ክኸውንን ምስቶም ሸማግለ ናይ ዞባ ይኹን ናይ ወረዳ ብምምርድዳእ ምስቲ ዘሎ ዓቂሚ ጉልበት ዝዛመድ መታን ክኸውን ቁጽሪ ናይ ክኽፈታ ዝኽእላ ኣብያተ ትምህርቲ መጽናዕቲ ተፈጺሙ ኩለን ሸማግለታት ንቦታኣን ድሕሪ ምምላስ ምደባ ተኻይዱ።

ቅድሚኡ ግና፡ ኣባላት ክፍሊ ትንህርቲ ናብ ኩሎም ሰራዊት ሓርነት ዝነበርዎ ቦታታት ኣብ ሓይልታትን በጠሎኒታትን ቀዋሚ መደበራት ዝነበሮ ትካላትን ብምምዳብ ምጥፋእ ምሃይምነት ንምክያድ ተዋፊሮም ምንባሮም ክዝከር ዘለዎ መስርሕ ኢዩ። እዚ መደብ'ዚ ኣብ ገለ ሸንኻት ክዕወት ከሎ ኣብ ገለ ሸንኻት ግና ምስ ኲነታትን ኣረዳዳኣን ናይቶም ዝጸንሑ

መራሕቲ ዝተታሓሓዘ ኲይኑ፡ ነቶም ዝተመደቡ ኣባላት ክፍሊ ትምህርቲ ኣብ ሰራዊት ምእታው ከልእዎም። እዚ ከኣ በቲ ሽው ኣብ ውሽጢ ተጋድሎ ሓርነት ኤርትራ ዝነበረ፣ ፖለቲካዊ ዘይምቅዳዋት ዝተጸልወ እዩ ነይሩ። ብሓፈሻኡ እቲ ኲነታት ክምዘን እንከሎ፣

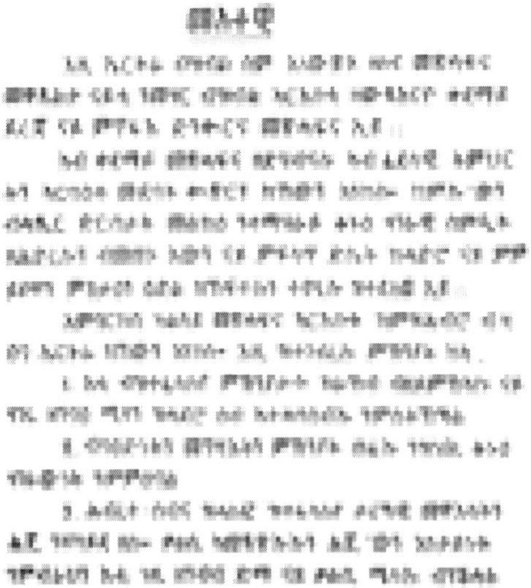

እዞም ንትምህርቲ ተባሂሎም ዝመጹ ዘለዉ መማህራን፣ ብሓቂ ክምህሩ ዘይኮኑስ ወተሃደራዊ ዲስፕሊን ከዳኽሙን ሕንፍሽፍሽ ከእትዉን ኢዮም ዝብል ትርጉም ገለ ካብ ወታሃደራዊ ክፍሊ ክህብዎ ከለዉ፡ በቲ ካልእ ገጽ ድማ፡ ብቛንቋ ትግርኛ ምምሃር ማለት ነቲ መታሕታዊ መበቆል ዘለዎ ተጋዳላይ ብፍላይ፣ ባህሉን እምነቱን ንምቕያርን ምጥፋእን ዝሓለነ ጌርካ ብጌጋ ምርዳእ'ውን ነይሩዎ እዩ።

ኣብቲ እዋንቲ ብቛንቋ ዓረብኛ ስርዓተ ትምህርቲ ከዳልዉን ክምህሩን ዝኽእሉ ኣባላት ክፍሊ ትምህርቲ ኣዚዮም ውሑዳት ስለዝነበሩ፡ እቲ መበገሲ መጻሕፍቲ ልክዕ ምስቲ ብትግርኛ ተዳልዩ ኣብ ተግባር ክውዕል ግድን ዝኾነ ክዝርጋሕ ከምዘይኽእል ውሁብ እኳ እንተኾነ፡ ነቲ ሕጽረት ዘይተረድኡ ወይ ብፍላጥ ፖለቲካዊን ባህላውን ትርጉማት እናሃቡ ጥርጠራን ዘይምርድዳእን ክዝርግሑን

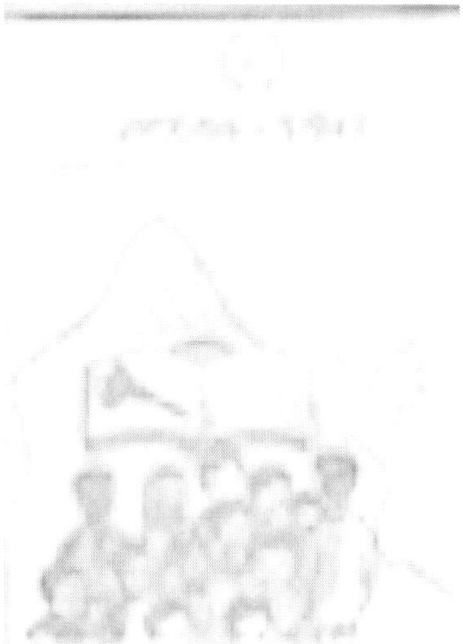

ብፍላይ ገለ ካብቶም ኣብ ላዕለዋይ ጽፍሕታት ዝነበሩ ወተሃደራዊ ሓለፍቲ ዓንቃፊ ግደታት ኣዘውተሩ። ኣብዚ ጉዳይ'ዚ ዋላ እቲ ብዓብደላ እድሪስ ዝምራሕ ወተሃደራዊ ስታፍ (ኣርካን) ብቐጥታ ወይ ብተዘዋዋሪ ነቲ ዝምባሌ'ቲ ዘተባብዑ ምንባሮም ዝርአ ምልክታት ነይሩ እዩ።

ከምቲ ኣብ ላዕሊ ዝተገልጸ ኩሉ ናብ በቦቱኡ ምስ ተመደበ ከምቲ ኣቕድም ኣቢሉ

ጉልበት ትምህርቲ ክሳብ ሻድሻይ ክፍሊ ገሊኡ ድማ ክሳብ ሳልሳይ ራብዓይ ተኸፊቱ ማለት ኢዩ። እተን ኣብያተ ትምህርቲ ዝተኸፍተለን ምምሕዳራት ድማ፡- በቲ ናይቲ ሽዑ ኣጸዋውዓ ብቑጽሪ ዝፍለጥ ምምሕዳራት እኳ እንተነበረ፡ ስም ናይቲ ኣውራጃ ብዝሓዘ ኣገባብ ክቐርብዩ።-

ጸኒሑ ግን፡ እቲ ክፍሊ እንዳማዕበለን ኣብ ወጻኢ ዝነበሩ ኤርትራውያን እንዳሳተፈን ዓቕሚ ሰብ ክበርኽ ስለዝኻኣለ፡ ዝነበረ ሽግር ናይ ቋንቋ ክኢላታት

ተቓሊሉስ፡ እዚ ሰፊሩ ዘሎ ስእልታት ዘለዎ ገለ ካብ ብናይ ተ.ሓ.ኤ. ክፍሊ ትምህርቲ ብቛንቋታት ትግርኛ፣ ዓረብኛን እንግሊዝኛን ዝተዳለዉ፣ ኣብ ሓራ ዝወጸ ቦታታት ኣብያተ ትምህርቲ ኣብ ህዝብን ሰራዊትን ተዘርጊሖም ኣብ ኣገልግሎት ዝወዓሉ መጻሕፍቲ ምንባሮም ዘመልክቱ እዮም።

ምምዳብ ወከልቲ ሕብረተ-ሰብኣዊ ጉዳያት ቤት ጽሕፈት

ተጋድሎ ሓርነት ኤርትራ ምስቲ ኣብ 1975 ኣብ ሜዳ ኤርትራ ዝነበራ ስፍሓትን ህዝባዊ ተቐባልነትን ክርአ እንከሎ፡ ዝሰፍሐ መሬት ኤርትራ ኣብ ትሕቲ ቁጽጽራ እዩ ነይሩ ክባሃል ይካኣል። ኣብ መደበራትን ከተማታትን ሱዳን ዝነበረ ኤርትራዊ ስደተኛ እንተኾነ'ውን ሰዓቢኣን ስሩዓን ስለዝነበረ፡ ህዝቢ ብዝተወደበ ኣገባብ ማሕበራዊ ኣገልግሎት ንኸረክብን፡ ዓቕምታቱ ኣዋሃሂዱ ነብሱ ኣብ ምኽኣል ተሳትፍኡ ንምርግጋጽን ዝርጋሐ ወከልቲ ሕብረተ-ሰብኣዊ ጉዳያት ቤት ጽሕፈት ኣብ ዝተፈላለያ ምምሕዳራት ክህልዉ ድማ ሓደ ካብቶም ቀንዲ ዕማማት ኣብ ምቛም ናይቲ ቤት ጽሕፈት'ዩ ነይሩ። ስለዚ ድማ ወከልቲ ቤት ጽሕፈት ኣብ ምምሕዳራትን ምስኦም ዝተመደቡ ብጾትን ብምሉኦም ካብቶም ቀዳሞት ኣባላት ኣብ ምቛም'ቲ ክፍሊ ካብ ዝነበሩ ምኧኖም ምግንዛብ የድሊ። ምምዳብ ወከልቲ ኣብያተ ጽሕፈት ተጋድሎ ሓርነት ኤርትራ በቲ ዝረቑሕ ዘሎ ክፍሊ ዝውሰን ዘይኮነስ፡ እቲ ቤት ጽሕፈት ነቲ ወኪል ክኾኖ ዝሓጽዮ ኣባል ናብ ፈጻሚት ሽማግለ ቀሪቡ ድሕሪ ምጽዳቑ'ዩ ውክልንኡ ዝረጋገጸሉ። ተጋድሎ ሓርነት ኤርትራ ስፍሓት ዝርጋሐኣ ብምግንዛብን ዕማማታ ብቐሊሉ ንምስላጥን ካብ ዝነበራ ኣመለኻኽታ ንኤርትራ ኣብ ዓሰርተ ክልተ ምምሕዳራት ብምክፍፋልን ምስቲ ኣብ ስደት ዝነብር ህዝቢ ብቐረባ ንምርኻብን ድማ ከሰላ ከም ሓንቲ ናይ ርኽክብን መበገሲ ምምሕዳርን ዝኾነት ሱዳናዊት ከተማ ብምንባራ ብጠቕላላ 13 ወከልቲ ቤት ጽሕፈታት ክህልዉ ግድነት ነይሩ። በዚ መሰረት፡

1. ኣብቲ ብምምሕዳር ቁጽሪ ሓደ ዝፍለጥ ጋሽን ሰቲትን ተጋዳላይ መሓሪ ኣስራት
2. ምምሕዳር ቁጽሪ ክልተ ታሕታይ ባርካ ማሕሙድ ዕላጅ
3. ምምሕዳር ቁጽሪ ሰለስተ ላዕላይ ባርካ መሓመድ ሳልሕ ዓብደልቓድር
4. ምምሕዳር ቁጽሪ ኣርባዕተ ሰንሒት መም ካፍል ሙሳ
5. ምምሕዳር ቁጽሪ ሓሙሽተ ምድሪ መንሳዕ ኣብራሃም ሃብተስላሰ
6. ምምሕዳር ቁጽሪ ሽዱሽተ ሳሕል ድራር መንታይ
7. ምምሕዳር ቁጽሪ ሸውዓተ ሰምሃር ኢብራሂም ዓሊ
8. ምምሕዳር ቁጽሪ ሸሞንተ ሓማሴን ተወልደ ገብረዝጊ
9. ምምሕዳር ቁጽሪ ትሽዓተ ሰራየ ቴድሮስ ህብትዝጊ
10. ምምሕዳር ቁጽሪ ዓሰርተ ኣከለ-ጉዛይ ክፍለዝጊ ገብረመድህን
11. ምምሕዳር ዓሰርተ ሓደ ሰሜን ደንከልያ ኀይትኦም መብራሀቱ

12. ምምሕዳር ቁጽሪ ዓሰርተ ክልተ ደቡብ ደንከልያ ግርማይ ዘምኪኤል

13. ከተማ ከሰላ መምህር መሓመድ ስዒድ

ከተማ ከሰላ መበል 13 ምምሕዳር ክስራዕ እንከሎ፡ እቲ ኣብ ውሽጢ ሱዳን ዝካየድ ስራሓት ብስፍሓቱ ካብቲ ኣብ ምምሕዳራት ኤርትራ ዝካየድ ዝነበረ ዕማማት ዘይፍለ ብምዃኑን፡ ሰፊሕ ካብ ህዝቢ ኤርትራውን ኣብ ሱዳን ተሰዲዱ ተጸባዪ ናይ ደገ ኣገልግሎት ብምንባሩን ኣብ ግምት ዘእተወ እንተዘይኮይኑ፡ ከሰላ ዋንነት ኤርትራ ኢያ ነይራ ማለት ከምዘይኮነ ክዝንጋዕ ኣይግባእን።

ምዕራፍ ሸውዓተ፡

ሕበረተ-ሰብኣዊ ኣገልጎልት ብተጋድሎ ሓርነት ኤርትራ ኣብ ምምሕዳራት

ኣገልግሎት ክፍሊ ትምህርቲ ኣብ ምምሕዳር ቍጽሪ ሓደ - ኣውራጃ ጋሽ

ጆግራፍያ

ጋሽ ብሰሜን ምስ ባርካ፤ ብምዕራብ ምስ ሱዳን፤ ብደቡብ ምስ ኢትዮጵያ ብምብራቕ ምስ ሰራየ ዝዳወብ ሰፊሕ ኣውራጃ እዩ። ጋሽ ንሕርሻ ዘገልግል ሰፊሕ ኣፍራዪ መሬት ዝርከቦ ከምኡ'ውን ፈለግ መረብ ካብ ከበሳ ነቒሉ ኣብ ኣውራጃ ጋሽ ምስ በጽሐ ድማ ፈለግ ጋሽ ተጸዊዑ ብማእከልን ወሰናስንን'ቲ ኣውራጃ ሓሊፉ ኣብ መሬት ሱዳን ዝፈስስ፣ ማይን ኣብ ገማግሙ ድማ ዕሙር ኣግራብን ሳዕርን ስለዝርከቦ፣ ኣብ እዋን ሓጋይ ካብ ከበሳን ማእከል ኤርትራን ከብቶምን ኣግማሎምን ሒዞም ዝሓግዩሉ ለምለም ቦታ እዩ። ኣብ ርእሲ'ዚ'ውን ጋሽ ቤትን መናበይን እንስሳታት ዘገዳም ከም ሓራምዝ፣ ኣህባይ፤ኣናብስን ካልኦትን እዩ። እተን መብዝሕትአን ከተማታት፣ ሓውሲ ከተማታት ብዙሓት ዓድታትን ኣብ ገማግም ፈለግ ጋሽ ይርከባ። ኣብ ጋሽ ከተማታት ተሰነይን ባረንቱን፤ ሓውሲ ከተማታት ቡሽኳ፣ ሻምቡቆ፣ ቢንቢና፣ ተኾምብያ፣ ኣውጋሮ፣ ጎኘ፣ ሃይኮታ፣ ዓሊ-ግድር፣ ኣዲባራ፣ ጉሉጅን ኦምንሓጀርን ከምኡ'ውን ዓበይትን ንኣሽቱን ዓድታት ይርከባ። ፈለግ ጋሽ ኣብ ገማግሙ ዝርከብ ለሰ ጎላጉል ንሕርሻ ኣእካል፣ ፍረታት፣ ድንሽ፣ ሽጉርቲ፣ ጡጥን ትምባኾን ኣፍራዪን ሰፊሕ ማእቶት ዝሕፈሰሉን ቦታ እዩ ነይሩ።

ህዝቢ፡

ጋሽ ንኣማእት ዓመታት ዝተቐመጡ ደቀባት ህዝብን ንመጓሰን ሕርሻን እናተመላለሱን ኣብኡ ዝሰፍሩን ካብ ኣውራጃታት ከበሳን ሰንሒትን ባርካን ዝተኣኻኸቡ ዳርጋ ካብ ኩለን ብሄራት ዝወከለ ህዝቢ ይርከቦ። ብዘይካ ንሕርሻን መጓሰን መጺኡ ዝሰፈረ፤ ኣብተን ከተማታትን ሓውሲ ከተማታትን ዘሎ ሕርሻን ፋብሪካታትን ንግድን ክሰርሑ ዝመጹ፤ ከምኡ'ውን ሰራሕተኛታት ትካላት መንግስቲ ኮይኖም ዝመጹን ዝሰፈሩን ደማሚርካ ብዙሕ ህዝቢ ዝቕመጣ ብኤርትራውያን እትብሃግ ለምለም ኣውራጃ እያ።

ዝተፈላለዩ ብሄራት ኤርትራ ሓቚፉ ካብ ሕድሕድ ሌላን ሓቢርካ ምንባርን ሰጊሩ ናይ ሓባር ማሕበረ-ቍጠባዊ ምዕባለ እናዓምቐ መጺኡ ሕድሕድ ቋንቋን ባህልን

ክፉለጥን ኣሳንዩን ተሓጋጊዙን ክነብር በቒዑ እዩ። ብፍላይ እቲ ኣብኡ ተወሊዱ ዝዓበየ ወለዶ፣ ባህልን ቋንቋን ናይተን ኣብኡ ዝሰፈራ ብሄራት ብማዕረ እዮም ዝፈልጥወን። ንኣብነት ኣብ ባረንቱ ተወሊዶም ዝዓበዩ ቆልዑ ቋንቋታት ትግርኛ፣ ባዛ፣ ትግረን ገለ ዓረብኛን ብማዕረ ይርድኡን ይዛረቡን እዮም። ኣብ ጋሽ ብደረጃ ዓድታትን ወረዳታትን ዝነብሩ ካብ ብሄር ኩናማ፣ ናራ፣ ትግረ፣ ቢለን፣ ሳሆ፣ በኒዓምርን ትግርኛን ተወሃሂዶም ብሕርሻ ኣፍርዮም፤ ብመጓሰ ኣግማልን ብጋይት ከብትን ኣብ ናይ ሓባር ሳዕርን ሩባታትን ኣራቢሖም ዝህብትሙን ኣብ ናይ ሓባር ዕዳጋታት ድማ ፍርያቶም ኣብ ንግድን ወፍርን የህልኹን የማዕብሉን ኔሮም።

ኣብ ርእሲኡ'ውን ብተኺሪር ዝፍለጥ ዓሌት ካብ ናይጀርያ ንመካ (ሃገር ስዑዲ ዓረብ) ንኽሕጅጁ ክጕዓዙ ከለዉ፣ ማለት በጺሖም (ክምለሱ) ከለዉ ወይ'ውን መካ ከይበጽሑ ብሰንኪ ሕጽረት ገንዘብ ወይ ስንቂ ኣብ ገለ ከተማታት ኤርትራን ኣብ ውሽጢ ከተማ ሻምቡቆን ዝሰፈሩ ይርከብዎም። ብዝሖም ዳርጋ ሓደ ሲሶ ናይቲ ከተማ ዝኸውን ንወለዶታት ዝተቐመጡ ነይሮም። እዚኦም ናይ ጀርዲን ሕርሻ ክእለት ዝነበሮም ኣብ ገምገም ጋሽ ዝነበረ መሬት ኣእካልን ኣሕምልትን እናፍረዩ፡ ከምኡውን ዘመናዊ ዓራውትን ወናብርን ብገመድን ዕንጨትን ናይ ምስራሕ ክእለት ዝነበሮም ክሳብ 1978 ደርጊ ደፊኡ ንከተማ ሻምቡቆ ተቘጻጺሩ ናብ ባረንቱ ዝሓለፈሉ እዋን ይነብሩ ኔሮም እዮም። እንተኾነ ግን ምስ ደርጊ ዝወገኑ ጕጅለታት ባንዳ ካብ ውሽጢ ባረንቱ ሰሊኾም እናተመላለሱ ስለዘጥቅዕዎም ጠቕሊሎም ንሱዳን ኣተዉ። እቲ መጥቃዕቲ ናብ ኩሉ ዝካየድ ዝነበረ ኮይኑ፤ እቶም ካልኦት ብሄራት ብብረት ሰውራ ዝዓጠቑ መሊሻ ይምክቱ ስለዝነበሩ፣ ነብሶም ብምክልኻል ድሕነት ዓድታቶም ይዕቀብ ነይሩ። ተኺሪር ግን ኣብ መሊሻ ይኹን ኣብቲ ውድብ ስለዘይዓጠቑ ነብሶም ይኹን ንብረቶም ክከላኸሉ ኣይከኣሉን። ስለዚ ጋሽ ንመብዝሕትኦን ብሄራት ኤርትራ ሓቝፋ ዝሓቖፈት ኣውራጃ፣ ካብ ብዙሕነት ናብ ማሕበራውን ባህላውን ሓድነት ዝምዕብለላ ከባቢ (melting pot) ናይ ህዝብና እትፍለጥ እያ።

ገዛእቲ ስርዓታት ፈላሊኻ ግዛእ ዝብል ሜላ ተጠቒሞም፣ ነቲ ህዝቢ ብብሄርን ሃይማኖትን ናይ ምክፍፋል ፈተነ ኣብ ርእሲ ምክያዶም፡ ንገለን ሓለፋ ዝሃቡ ከመስሉ ናብኦም ብምጽጋዕ፣ ንገለ ድማ ከምዘይእሙን ጌሮም እናዋሰኑ ንውሽጣዊ ሓድነቱን ሰላሙን ዝዘርግ ሽርሒታት እናጻሕተሩ ዝፈጥርዎ ግርጭታት ይቕልቀልን ይጠፍእን ነይሩ እዩ። ህዝብና ግን ንጕርሖምን ሽርሒታቶምን እናቃልዐ፤ ሓድነቱ ኣዕቂቡ ኣብ ጐድኒ ሰውራኡ ተሰሊፉ ኣብ ምርግጋጽ ልዑላውነት ሃገርና እጃሙ ዘበርከተን ንሓድነት ብብዙሕነት ኣኽቢሩ ዝነብር ህዝቢ እዩ።

ህዝቢ ጋሽ ከም ካልኦት ክፍልታት ህዝቢ ኤርትራ ኣብ ናጽነታዊ ተጋድሎና እጃሙ ዘበርከተ ክኸውን ከሎ፤ ጀማሪ ብረታዊ ቃልስና ጅግና ሓምድ ኢድሪስ ዓዋተ ወዲ ወረዳ ገርሰት ምኳኑን ቃልስና ተወሊዱ ዝዓኾኾሉን ኣውራጃ ስለዝኾነ ድማ ዝያዳ ይሕበን እዩ።

ባህርያዊ ሃብቲ ካብ ሕርሻን ማዕድንን፡

እዚ ኣውራጃ'ዚ ኣብ እዋን መግዛእቲ ጥልያን ተሃኒጹን ለሚዑን ብስርዓት ሃይለስላሴ'ውን ዝቐጸለ ሰፊሕ ሕርሻታት ኣታኽልቲ ብርቱኻንን ለሚንን ኣብ

ሻምቡቆ፣ ቢንቢና፡ ሕርሻ ትምባኾን መንቀጽ ትምባኾ እቶን ንሽጋራ (ኢድያል) ፋብሪካን ኣብ ቶኾምብያ፡ ሕርሻን ፋብሪካን ጡጥ (ባራቶሎ) ኣብ ተሰነይን ዓሊ-ግድርን ካብ ሩባ ጋሽን ዒላታቱን ብመስኖ ሞተራት ማይ እናስተየ ዝፈርን ዝሕፈስን ምህርቲ ኔሩ። ጀብሃ'ውን ክሳብ ብደርጊ ዝተዓናቐፈትሉን ብምሕዝነት ወያኔ-ሻዕብያ ተደፊኣ ሱዳን ዝኣተወትሉ ነቲ ሕርሻታት ዓቂባ ተካይዶ ነይራ እያ። ንኣብነት ኣብ 1977-78 ጀብሃ ንሕርሻ ዓሊ-ግድር ሕርሻ ጡጥ ዝነበረ፣ መሽላ ዘሪኣ ብኣሽሓት ኲናትል ሓፊሳትሉ ነይራ።

ጥልያን ንዘፍረዮ ፍረታት ብርቱኳን፣ ለሚን ካልኦት ፍረታትን፡ ጡጥን ትምባኾን ንገለን ብጥሪኡ ንገለን ብፋብሪካታቱ ሰኒዑ ኣብ ውሽጢ ኤርትራን ናብ ወጻኢ ሃገራት ብፍላይ ንዓዲ ጥልያን እናሰደደ ዝረብሓሉን ናይ ወጻኢ ሸርፊ ዝረኽበሉን እዩ ነይሩ።

ኣብ 1977-78 ዓ.ም.ፈ. ብቐረባ ካብ ዝተዓዘብናዮ፣ ብርቱኳንን መንደሪንን ኣብ ሻምቡቆ ብኣቶ ገብረልዑል ዝብሃሉ ወናኒ ጀርዲን ዝፈረየ ከምኡ'ውን ኣብ ቢንቢና ብክፍሊ ሕርሻ ናይ ጀብሃ ዝፈረየ፣ ዕዳጋ ንምርካብ ብመኪና ተጻዒኑ ንኸበሳ ብምስዳድ ንሓደ እዋን ተፈቲኑ ነይሩ፡ እንተኾነ ግን ህዝብና ናይ ምግዛእ ቍጠባዊ ዓቕሙ (purchasing power) ትሑት ስለዝነበረ፣ ኣብ ህዝብና'ውን ኣብ ኣመጋግብኡ ናይ ፍረታት ልምዲ ዘተኣታተወ ስለዘይነበረ፤ ገለ ናብ ሰራዊት ተዓዲሉ መብዝሕትኡ ግን እዋኑ ሓሊፉዎ ዝጠፍአ እዩ ነይሩ።

ኣውራጃ ጋሽ ብዙሓት ዓይነት ማዕድናት ከምዝርከቦ ይንገረሉ እዩ። ወርቂ ኣብ ኣውጋሮ ብጣልያን ይምዝመዝ ምንባሩ ተቐማጦ ናይቲ ከተማ ዘዘንትውዎን ዝተፋሕረ ጋህሲታት ጉዳጒዲን ዝዓነወ መሳርሒ ፋብሪካን ብግዙፍ ዝርአ ምስክር እዩ።

ኣብ ጋሽ ዝበቍል ዓይነት ኣእካል፡ መሽላ፣ ብልቱግ፣ ዕፉን፣ ስምስም ወዘተ እዮም። ንስምስም ብዓሳራ ዝፍለጥ ገዚፍ መጉእ፣ ብገመል ንልዕሊ ኣርባዕተ ሰዓታት ተዘዊሩ ዘይቲ ዝጸሙቑ ብውልቀ ስድራ ሓረስቶት ዝካየድ ንኡስ ማእቶታዊ ፋብሪካ ይካየድ እዩ፡ ካብዚ ዝወጽእ ዘይቲ ብገረወይናታት ተሓቲሙ ኣብ መሸጣ ዝውዕል እዩ። ዘይቲ ናይ ስምስም ንመስርሕ ጸብሒ ካብቶም ዝበለጹ ዓይነት ዘይትታት ምዃኑ ፍሉጥ ስለዝኾነ ካብ ካልኦት ኣውራጃታት መጺኦም ይገዝእዎ እዮም።

ንናይሎን ጎማታትን ፕላስቲክን መስርሒ ዝውዕል ካብ ኣግራብ ዝፈሪ ዕጣን፣ ብማሕበር ዕጣን ሰራዮ ዝፍለጥ ኮምፓኒ ካብ በረኻ ተኣርዩ ኣብ መንደፈራ ዝርከብ ፋብሪካ ተጻርዩን ተዓሺጉን ንወጻኢ ዝስደድ ዝነበረ ፍርያት ነይሩ እዩ።

እዚ ዝተጠቕሰ ገለ ካብ ባህርያዊ ሃብትን ጸጋታትን ናይቲ ኣውራጃ ኰይኑ ንዘውንኖ ዕቑር ሃብቲ ዝሕብር'ዩ። ስለዚ ብዝተጸንዐ መደብ፣ ዘመናዊ መሳርሒ፣ ክኢላታትን ርእሰማልን ኣውፈርካ፣ ናይ ወጻኢ ዕዳጋ ረኺብካን ከፍርዮ ዝኽእል ንቑጠባ ናይቲ ኣውራጃ ኣዐሚሩ፣ ኣብ ምህናጽ ቍጠባ ኤርትራ ድማ ኣገዳሲ ግዲኡ ዘበርክት እዩ። እዚ ክበሃል ከሎ ግን ብመንግስቲ ዝውነንን ዝመሓደርን ዘይኮነ ኣብ ናጻ ዕዳጋ ዝተሰረተ ቍጠባዊ ቅዋም ጥራይ እዩ ክዕወት ዝኽእል። ኤርትራ ናጽነት ድሕሪ ምርግጋጻ፣ መንግስቲ ህዝባዊ ግንባር ንዲሞክራስን

ፍትሕን (ህግደፍ) መሬት ባዕሉ ወኒኑ ንኣባላቱን ፈተውቱን ብምሻጥን ምዕዳልን ከካይዶ ፈቲኑ ተረሚሱ ተሪፉ ኣሎ። እዚ ተሞክሮ'ዚ ክእረምን ክይድገምን ካብዚ ተማሂርና ክንህሉ ተስፋ ንገብር።

ሕብረተ ሰብኣዊ ኣገልግሎት ኣብ ኣውራጃ ጋሽ (ምምሕዳር ቍጽሪ ሓደ)

ወካይል ሕብረተሰብኣዊ ጉዳያት ቤት ጽሕፈት ኣብ ጋሽ ተመዲቦም ዘገልገሉ፡

መሓሪ ኣስራት 1975 ክሳብ 1977። ኢብራሂም ሃዛም ካብ 1977-78። ገብረዝጊ ኢሳያስ 1978-79። ፍስሃየ ሓጎስ 1979-81

ኣመሓደርቲ ናይ ጋሽ መሓመድ ሓምድ (ቱምሳሕ) ቀጺሉ ሮሞዳን ሳሊሕ ኣብ መወዳእታ ድማ ወልደስላሴ ዑቕበ ኔሮም፡ ናይ ጋሽ ምምሕዳር ሽማግለ 1979-81፡ ጠቕላል-ኣማሓዳሪ ወልደስላሴ ዑቕበ፡ ፖሊቲካ-ኮሚሽነር ግርማይ ገ/ ኣምላኽ (ጠበቓ)፤ ምኽትሉ እድሪስ እስማዒል፡ ሕብረተ-ሰብኣዊ ጉዳያት ፍስሃየ ሓጎስ፡ ምጣኔ-ሃብቲ ዑስማን ዓብደላ፡ ጸጥታ ገብሩ ገ/የሱስ። እዚ ሽማግለ'ዚ ንዕማማት ኣብያተ ጽሕፈት ፈጻሚ ሽማግለ ናይ ተ.ሓ.ኤ ወኪሉ ንንጥፈታት ውድብ ብስሩዕን ህጹጽን ኣኼባታት እናመዘነን እናመደበን ይመርሕ፡ ኣብ ርእሲኡ'ውን ናይቲ ምምሕዳር ኣኽባር ሕጊ (ወኪል ጸጥታ) እቶም 4 ድማ ቤት ፍርዲ ብምኳን፤ ፖለቲካዊ ወይ ወንጀላዊ ገበን ኣብ ልዕሊ ህዝቢ ወይ ውድብ ንዝፈጸሙ ፍርዱ ሂቡ፣ ናብ ኣቦ መንበር ፈጻሚ ሽማግለ ፍርዱ ክጸድቕ ወይ ክወድቕ ዘመሓላልፍ ኣካል ኮይኑ ኣገልጊሉ።

ሕብረተ ሰብኣዊ ኣገልግሎት ብትካላቱ ክፍሊ ትምህርቲ፣ ህዝባዊ ሕክምና፣ ህዝባዊ ናብራ ዕብየትን ክፍሊ ክንክን ስድራ ቤት ተጋደልትን ምስ ምቛም ሕ.ሰ.ጉ.ቤ.ጽ. ኣብ 1975 ዓ.ም ድሕሪ ምዝዛም ካልኣይ ሃገራዊ ጉባኤ እዩ ጀሚሩ።

ክፍሊ ትምህርቲ ንሓሙሽተ ወርሒ ዝኣክል፣ ስርዓተ ትምህርቲ (ካሪክሉም) ንስሩዕ ትምህርቲ ካብ ቀዳማይ ክሳብ ራብዓይ ክፍሊ፡ ምጥፋእ መሃይምነት ንሰራዊትን ህዝብን ኣዳልዩ ምስ ኣብቅዐ፤ ኣብ ሕዳር 1975 ዓ.ም.ፈ ብጕጅለታት ቆይሙ ናብ 12 ምምሕዳራት ንመጽናዕቲ ተዋፊሩ፤ ምጥፋእ መሃይምነት ኣብ ውሽጢ ሰራዊት ንኣርባዕተ ወርሒ ኣካይዱ፤ ሙብዝሕትኦም መሃይማን ዝነበሩ ኣንቢቦምን ጽሒፎምን ክምዝኽእሉ ጌሩ። ምስዚ ጎድኒ ጎድኒ ድማ ንስሩዕ ትምህርቲ ማለት ብመሰረት ንዕኡ ዝወጸ ቅጥዒ፤ ብዝሒ ህዝቢ፣ ጸጥታዊ ኵነታት፣ ቍጠባውን ማሕበራውን መነባብሮ፣ ኣኼባታት ናይ ህዝቢ ብምክያድ ድልየትን ተሓባባርነትን ምምዝጋብ ዘጠቓለለ መጽናዕቲ ኣካይዶም ንማእከላይ ቤት ጽሕፈት ሆሚብ ተመሊሶም።

ኣብ እዋን ክረምቲ1976 ዓ.ም.ፈ ደርጊ ንሰውራና ሓንሳብ ንሓዋሩ፣ ኣኽቢብካ ጨፍልቕ (encircle and suppress) ዝብል መጠነ ሰፊሕ ወታሃደራዊ ወራር፣ ብራዛ ፕሮጀክት ዝፍለጥ ኣዳልዩ ስለዝወፈረ፤ ነዚ መደብ'ዚ ንምፍሻል ካብቶም ንማእከላይ ቤት ጽሕፈት ሆሚብ ዝተመልሱ ኣባላት ክልተ ጋንታ መዲቡ ንነቕጣታት ጻላኢ ኣብ ታመራትን ኣዲባራን ዓስኪሩ ዝነበረ ክይወፍር ንምክልኻልን ኣማስያኡ'ውን ንምድምሳስን ኣብ ጎድኒ ሓይልታት ወተሃደራዊ ቤት ጽሕፈት ተመዲቡ። ኣብዚ ወራር'ዚ ደርጊ ነቶም ካብ ወሎ ገሊኦም ትሕተ-ዕድመ ዝኾኑ፣ ሙብዝሕትኦም ድማ ዝሸምገሉ፤ "ዝዘመትኩም ወርቅን ገንዘብን

ንዓኹም'ዩ፤ ውሑዳት ሸፋቱ እዮም ዕጥቂ ዘይብሎም ኣሲርኩም ከተምጽእዎም ኢኹም" ኢሉ ብምልዕዓል፣ ገመድ ንነብሲ ወከፎም ዓዲሉ ኣብ ጥቓ ዛለንበሳ ምስ በጽሑ፡ ነቲ ጉዳይ ብደቂቕ ከኪታተል ዝጸንሐ ኣህዱታት ሰራዊት ሓርነት ኣብ ውሽጢ ትግራይ ተኣኪቦምሉ ዝነበሩ መደበር ኣኽቢቡ ምዉትን ምሩኽን ጌሩ ዕጥቆም ወሪሱ 700 ምሩኻት ናብ ባርካ

መደበር ሆሚብ ኣብ ትሕቲ ሓለዋ ኣእትዩዎም።

እቲ ክልተ ጋንታታት ክፍሊ ትምህርቲ ዘለውዎ ሓይልታት ሰራዊት ሓርነት

ንኽልቲኦን መደበራት ሰሊኹን ዝኣትዋ ኣሃዱታት እናለኣኸ ብለይቲ ደጋጊሙ ብምሻባር ከምኡ'ውን ኣብ መንጽሩን ከባቢኡን ዝነበረ መቆጻጸሪ ቦታታት ዓሪዱ ኣብ ሓለዋ ስለዘእተዎ፤ ከርሕቐና ሰለስተ ጊዜ ወፊሩ ዝኸሰረ ከሲሩ ንመደበራቱ ተመሊሱ። ክወፍር ከሎ ካብ ተሰነይ ረዳኢ ሓይሊ ብምውሳኽ ኢዩ ዘካይዶ ኔሩ። ኣብ መወዳእታኡ ግን ኣብ ወርሒ ነሓሰ ሰራዊት ሓርነት መጥቃዕቲ ከካይድ ምስተዳለወ ሰራዊት ደርጊ ነተን መደበራት ኣዲባራን ታመራትን ብለይቲ ለቒቑ ብሰላሕታ ንተሰነይ ተኣኪቡ። ሓይልታትና ናብ ከባቢ ተሰነይ ከኽብባኦ ክስዕባኦ ከለዋ፤ እቲ ሓደ ጋንታ ንኽፍሊ ትምህርቲ ክስሓብ ከሎ እቲ ሓደ ጋንታ ግን ኣብ ምሕላው ዘማች ምስኡ'ውን ነብሶም ዝኽእልሉ መደባት ንምርኣይ ናብ ምሩኻት መደበር ሆሚብ ተመዲቡ።

ኣብ 1976 ዓ.ም.ፈ ብመሰረት መጽናዕቶም ኣብ ሸላሎ፣ ተኾምብያን ኣውጋሮን መጀመርያ ስሩዕ ትምህርቲ ተጀሚሩ፡ እቶም ኣቐዲሞም ኣብ እዋን ስርዓት ሃይለስላሴ ትምህርቲ ጀሚሮም ዝነበሩ ቆልዑ ከከምደረጃኦም ክሳብ 3ይ ክፍሊ ክምደቡ ከለዉ እቶም ጀመርቲ ድማ ኣብ ኣዚለን ቀዳማይ ክፍልን ተመዲቦም ተጀሚሩ።

ብ1977 ዓ.ም.ፈ ከተማታት ተሰነይ፣ ዓሊግድር፣ ሻምቡቆ፣ ጎልጅ፣ ሃይኮታ፣ ተኾምብያ ካልኦት ንኡሳን ከተማታትን፤ ብሰራዊት ሓርነት ኤርትራ ሓራ ወጺኣን፡ ባረንቱ ጥራይ ኣብ ትሕቲ ቊጽጽር ስርዓት ደርጊ ተሪፋ ግን ቀጻሊ ውግኣት ንምቊጽጻራ እናተኻየደ ከሎ፡ ነተን ሓራ ዝወጻ ከተማታት ዘመሓድራን ማሕበረ-ቊጠባውን ባህላውን ምዕባሌታተን ዘተንስእ መደባት ከካይዳን፣ ብፈጻሚት ሽማግለ ናይ ተጋድሎ ሓርነት ኤርትራ ዝቖማ ብሰውራዊ ሽማግለ ዝጽውዓ፣ ብካድራት ፖለቲካ፣ ሕብረተ-ሰብኣዊ ጉዳያት፣ ምጣኔ-ሃብትን ጸጥታን ከም ኣማሓደርቲ ናይ ዘዝተመደብኦ ከተማ ክነጥፋ ተመዲበን ኔረን። ኣብ ኩለን ከተማታት ድማ ኣብያተ ትምህርትን ህዝባዊ ሕክምናታትን ቆይሙ ኔሩ። ነዚ መደባት ካብ ዘካየዱ ኣባላት ሕብረተ-ሰብኣዊ ኣብተን ሰውራዊ ሽማግለታት፤ ኣብ ተሰነይ ኣስፍሃ፤ ኣብ ዓሊግድር ጸጋይ ተስፋይ፤ ኣብ ጎልጅ ገብሪሂወት ዘራጼን፤ ኣብ ሻምቡቆ ፍስሃየ ሓጎስ ይርከብዎም።

ኣብ እዋን ክረምቲ ናይ 1978 ዓ.ም.ፈ ንኤርትራ ኣካል ኢትዮጵያ ጌሩ ንኽገዝእ ዝሓልም ዝነበረ ደርጊ፤ ብናይ ስነሓሳብ ጎይቶቱ ዴሳዊ ስርዓት ሶቭየት ሕብረት ዓጢቑን ተመሪሑን ብመሓዙቱ ሰራዊት ኩባ፣ ሊብያን የመንን ተደጊፉ፣ ንዝኸሰሮ ቦታታት ንምምላስን ሰውራና ንምቕንጻልን ብሰለስተ መኣዝን ዶብ፡ መረብ፣ ባድመ-ሻምቡቆን ኦምንሓጀርን፣ ንልዕሊ ወርሒ ዝተኻየደ ብነፈርትን ታንክታትን

መዳፍዕን ዝተሰነየ ከቢድ ውግእ ብዝነበሮ ናይ ዕጥቂ ጸብለልትነት ተጠቒሙ ንገለ ኣብ ትሕቲ ቁጽጽር ተጋድሎ ሓርነት ኤርትራ ዝነበረ ግንባራት ጥሒሱ ስለዝኣተወ፣ ሰራዊት ሓርነት ብዝተናውሐ ኣገባብ ኲናት (protracted war) ንምስዓሩ፤ ዳግመ-ስርርዕ ሰራዊቱ ንምክያድን ብኡ ኣቢሉ'ውን ሰራዊት መግዛእቲ ኣብ ዘዝዓስከረሉ መደበር ንምኽባቡን ካብ ዝሓዞ ከተማታት ናብ ከሳዳዊ ቦታታት ኣዝለቐ። ኣብዚ እዋን'ዚ ድማ ወታሃደራዊ ስርርዕ ሰራዊት ሓርነት ካብ በጦለኒታት ናብ ናይ ብርጌዳት ስርርዕ ተሰጋጊሩ ናብ ምሉእ ሜዳ ኤርትራ ዝንቀሳቐሳ ሸውዓተ ብርጌዳት ሰርዐ። እዘን ብርጌዳት ዚኣተን ድማ በርጌድ 44 ብማሕሙድ ሓሰብ፡ 61 ብወልደዳዊት ተመስገን፡ 69 ብሓምድ ማሕሙድ፥ 71 ብቱምሳሕ፡ 72 ብተስፋይ ተኽለ፥ 75 ብዓሊ ሓሰን ከምኡውን በርጌድ 97 ብገብራይ ተወልደ ዝምራሓ ኢየን ነይረን። ብዘይካዚ ኣብ በርጌዳት ዘይኣተወ ወተሃደራዊ ሓይልታት'ውን ነይሩ ኢዩ። ጸኒሑ ኣብ ጉዕዞ በርጌድ 19ን 81ን ዝተባህላ በርጌዳት ምቛመን'ውን ዝዝከር ኢዩ። ንጥፈታት ኣብያተ ትምህርትን ህዝባዊ ሕክምናታትን ብፍላይ ወራር ሰራዊት ደርጊ ክረግጾን ዝኻኣለ ከተማታት ሻምቡቆ፣ ሃይኮታ፣ ተሰነይ፣ ዓሊግድርን ጎልጅን ንጥፈታተን ክዕንቀፍ ግድን ክኸውን ከሎ፤ እቲ ኣብ ትሕቲ ስርዓት ደርጊ ክቕመጥ ዘይመረጸ ሙብዝሕትኡ ተቐማጣይ ህዝቢ'ውን ኣብ ገጠራት ኤርትራን ንሱዳንን ተሰደ። ኣብ ሸላሎን ተኾምብያን ኣውጋሮን ዝነበራ ኣብያተ ትምህርትን ሕክምናን ግን፡ በቲ ወራር ስለዘይተተንከፉ ንጥፈታተን ከምዝነበሮ ቀጸላ።

ሰራዊት ደርጊ ሕጂ'ውን ናይ ሰራዊት ሓርነት መጥቃዕትታት ስለዝኸበዶ ህልውናኡ ኣብ ተሰነይን ባረንቱን ተወሲኑ ብሰራዊት ሓርነት ተኸቢቡ፤ ስንቁን ርኽክባቱን ምስ ኣዲስኣበባን ኣስመራን ብነፈርቲ ጥራይ ኮይኑ ተሓጺሩ ተረፈ። ኵነታት ከምዚሉ ከሎ ክሳብ እዋን ክረምቲ 1981 ዓ.ም.ፈ ሕብረተ-ሰብኣዊ ኣገልግሎት ተ.ሓ.ኤ ኣብ ህዝቢ እናሰፍሐ ከደ። በዚ መሰረት'ዚ ውድብና ኣብ 8 ወረዳታት ጋሽ፣ 6 ኣብያተ ትምህርቲን 8 መደበራት ህዝባዊ ሕክምናታትን መስሪቱ ሙሉእ ንጥፈታተን ከምዘካይዳ ጌሩ። ንሳተን ድማ እዘን ዝስዕባ ኮይነን፣ ኣባላት ናይ ነብሲ-ወከፍ መደበር'ውን ብዝርዝር ክቐርብ'ዩ፡ እዚ ቀሪቡ ዘሎ ኣስማት ናይቶም ክሳብ መወዳእታ ኣብቲ መደብ ዝነበሩ ምዃኖም ክበርህ ኣገዳስነት ኣለዎ፡ ምኽንያቱ ኣብኡ ዘገልገሉ ግን ብዝተፈላለየ ምኽንያት ናብ ካልእ መደብ ዝኸዱ ከይተጠቕሱ ክተርፉ ብዙሓት ክህልዉ ስለዝኽእሉ።

ቤት ትምህርቲ ተኾምብያ፡

ካብ ምምስራቱ 1976 ክሳብ 1981 ዓ.ም.ፈ ካብ 1ይ ክፍሊ ክሳብ 6ይ ክፍሊ ዘብጽሐ ብሓልዮት ክፍሊ ትምህርቲ ናይ ተ.ሓ.ኤ.ን ህዝቢ ወረዳ ተኾምብያን ዝተኻየደ፣ ብኣማኢት ዝቑጸሩ ተመሃሮ ደቂ-ኣንስትዮን ተባዕትዮን ዘፍረየ እዩ። ገለ ካብዞም ተመሃሮ'ዚኦም ንሱዳን ዝተሰዱ ኣብቲ ኣብ ከሰላ ዝካየድ ዝነበረ ማለት ህዝብና ዩኔስኮ ብዝብል ስም ዝፈልጦ ብሓልዮት ተ.ሓ.ኤን ዩ.ኤን.ኤች.ሲ.ኣር.ን ዝቐመ ከምኡ'ውን ብሓልዮት ቫቲካን ካቶሊካዊት ቤተ ክርስትያን ንስደተኛታት ኤርትራውያን ዝምህር ካልኣይ ደረጃ ኣብያተ ትምህርቲ ዝቐጸሉን ክንዮኡ ዝቐጸሉን ኣለዉ።

ክፍሊ ትምህርቲ መማህራን፣ ናውትን ስርዓተ ትምህርትን ናይ ምቕራብ ሓላፍነት

ብምውሳድ፣ ሸማግለታት ወረዳን ዓድን ድማ ጸጥታኡ ዝሓለወ ህንጻ ንቤት ትምህርቲ ምስራሕን ኩሉ ሸነኻዊ ምትሕብባርን ዘጠቓለለ ስምምዓት ይካየድ ነይሩ። ነዚ ቤት ትምህርቲ ከም መምህርን ዳይረክተርን ኰይኑ ዘካየደ ስዉእ ተጋዳላይ ሃብተሚካኤል መልኣከ እዩ ነይሩ። እዚ ቤት ትምህርቲ'ዚ ክሳብ ዝተዓጽወሉ 1981 ዘገልገሉ መማህራን፡ ተወልደ ተስፋሚካኤል፤ ሃብተ፤ ቅድስቲ ገ/ሚካኤል፤ በላይ ሃብተ ኔሮም።

ተመሃሮ ቤት ትምህርቲ ተኾምብያ ኣብ ናይ መጋቢት 1980 መዕጸዊ ዓመተ ትምህርቲ ባህላዊ ምርኢት ንህዝቢ ከርእዩ ከለዉ ዘርኢ ስእሊ፡

ቤት ትምህርቲ ኣውጋሮ፡

ኣገባብ ኣቃውማን ምዕብልናን ናይ ቤት ትምህርቲ ኣውጋሮ'ውን ነቲ ናይ ተኾምብያ ዝመሳሰል ኰይኑ፣ ካብ 1ይ ክሳብ 6ይ ክፍሊ ዘብጽሐን፣ ተመሃሮኡ ኣብ ዝልዓለ ደረጃ ከምዝቕጸሉን ይፍለጥ። ካብ ምምስራቱ ክሳብ ምዕጻዉ ከም መምህርን ዳይረክተርን ኰይኑ ዘካየደ ተጋዳላይ ተኽለሃይማኖት እልፉ ነይሩ። ምስኡ ዘገልገሉ ተጋደልቲ መማህራን፡ ኪዳነ እምባየ፤ ኪዳነ ገረዝጊሀር፤ ገነት ኢሳቕ፤ ዘርኣይ (በረምበራስ)፤ ፍጹም እዮም።

ቤት ትምህርቲ ሸላሎ፡

ኣገባብ ኣቃውማን ምዕብልናን ናይ ቤት ትምህርቲ ሸላሎ'ውን ንናይ ተኾምብያን ኣውጋሮን ዝመስል ኰይኑ፣ ብሰንኪ ብዶብ ዝካየድ ዝነበረ ውግኣትን ዘይቅሱን ኣተሃላልዋን ምትዕንቓፋት የጋጥሞ ነይሩ። ኣብ ቤት ትምህርቲ ሸላሎ ዘገልገሉ ተጋደልቲ መማህራን፡ ሃብታይ ግርማይ መስራቲን ዳይረክተርን፣ ንባድመ ምስ ተመደበ ድማ ሰሎሞን ኣፈወርቂ ተኪእዎ። ምስኡ ዘገልገሉ ተጋደልቲ መማህራን፡ ብኢደ ወልደሚካኤል፤ ካሕሳይ ገረዝጊሀር ኔሮም።

ቤት ትምህርቲ ዳዶ፡

ቤት ትምህርቲ ዳዶ ኣብ ወረዳ ተኾምብያ፣ ኣብ ዳዶ ዝበሃል ዓዲ ብ1979 ዓ.ም.ፈ ዝቖመ ሓዳሪ (ቦርዲንግ) እዩ ነይሩ።እዚ ነቶም ካብ ባረንቱን ከባቢኣን ብሰንኪ

ዝካየድ ዝነበረ ከቢድ ውግኣት ዝተመዛበሉን ዝሃደሙን ስድራ ቤታት ብፍላይ ንብሄረ ኩናማ ብውድብ ዝተሰርሐ መዕቀቢ ተሓድሶ፣ ብቐይሕ መስቀልን ወርሕን፣ ስንቅን ክዳውንትን መዕቆቢ ዳስን ዝቐርበሉን ዝምወልን መደበር እዩ ነይሩ። ቤት ትምህርቲ ዳዶ ነቶም ኣብ ተሓድሶ ዝነበሩን ኣብተን ከባቢ ዓድታት ዝመጹን ንሓሙሽተ መዓልትን ለይትን መግቦምን መደቀሲኦምን ክኢላ ትምህርቶም ከምዝከታተሉ ትገብር፤ ንክልተ መዓልቲ ድማ ንዕረፍቲ ምስ ስድራቤቶም ቀንዮም ናብ ቤት ትምህርቲ ይምለሱ ነይሮም። ኣቦ መንበር ወረዳ ሽማግለ ሓምድ ክሉሊ ውፉይ ተሓባባሪ ናይቲ መደብ ነይሮም።

ደው ዝበሉ ካብ ጸጋም ንየማን፡ ወኪል ሕብረተሰብኣዊ ጉዳያት ቤ/ጽ ጋሽ፣ ፍስሃየ ሓጎስ፡ ኣባል ክፍሊ ስርዓተ ትምህርቲ (ተኸታታሊ) ጸሃየ በየነ፡ ተጋዳላይ ገብረንጉስ፡ መምህር ገብርኤለ ኤጉ፣ ዳይረክተር ቤት ትምህርቲ ዳዶ። ኮፍ ኢሎም ዘለዉ፡ መምህር ኢብራሂም ዘይኑ፡ መምህር ዘይኑ ዓብደላ፡ መምህር ኒቆዲሞስ እዮም። ሚያዝያ 1980

ኣብ ቤት ትምህርቲ ዘገልገሉ መማህራን፡ ኢብራሂም ዘይኑ (ካብ ቤ/ት ዩነስኮ ከገልግል ዝኣተወ)፤ ተጋዳላይ ሰሎሞን ኣፈወርቂ፤ ተጋዳላይ ዘይኑ ዓብደላ፤ ኣብ በረንቱ መማህራን ኰይኖም ኣብ ትሕቲ ስርዓት ደርጊ ዝሰርሑ ዝነበሩ ሃዲሞም ንዳዶ ዝወጹ መማህራን ገብርኤለ ኤጉን ኒቆዲሞስን ኔሮም። ሽማግለታት ወረዳን ዓድታትን ምስ ክፍሊ ትምህርቲ ብምልዛብ መምሃሪ ቋንቋ ክመርጹን ክውስኑን ይኽእሉ፡ እዚ ምስ ባህሊ ናይቲ ከባቢ መሰረት ብምግባር ኣየናይ እዩ ካብ ክልቲኤን ዕላውያን ቋንቋታት ትግርኛን ዓረብኛን ዝቐረበን ብቐሊሉ ክርድኦም ዝኽእልን ተራእዩ ይውሰን። ስለዚ ንቤት ትምህርቲ ዳዶ ቋንቋ ትግርኛ ከምዝቐለሎም ተመዚኑ ብትግርኛ ይካየድ ነይሩ። መብዝሕትኦም ተመሃሮ ካብ ብሄረ ኩናማ ስለዝነበሩ፤ መብዝሕትኦም ትግርኛን ኩናማን ዝርድኡ መምህራን ተመዲቦም ነይሮም።

ሓንቲ ካብ ክፍልታት ቤት ትምህርቲ ዳዶ፣ ተመሃሮ ምስ መመህራኖም (ሚያዝያ 1980)

ተመሃሮ ቤት ትምህርቲ ዳዶ ኣብ ምዕጻው ዓመተ ትምህርቲ ንወለድን ኣጋይሽን ብጓይላ ከዘናግዑ ከለዉ። (ሚያዝያ 1980

ቤት ትምህርቲ መጎራይብ፡

እዚ ቤት ትምህርቲ'ዚ ካብ ዓድታት ወረዳ መጎራይብ ጠርኒፉ ከምቲ ናይ ዳዶ፣ ብቐይሕ መስቀልን ወርሕን፣ ስንቅን ክዳውንትን መዕቆቢ ዳስን ዝቐርበሉን ዝምወልን መደበር እዩ ነይሩ። ካብተን ከባቢ ዓድታት ዝመጹ ንሓሙሽተ መዓልትን ለይትን መግቦምን መደቀሲኦምን ክኢላ ትምህርቶም ከምዝከታተሉ ትገብር፤ ንክልተ መዓልቲ ድማ ንዕረፍቲ ምስ ስድራቤቶም ቀንዮም ናብ ቤት ትምህርቲ ይምለሱ ነይሮም። ነዚ ብሓልዮት ዝኣልዩ እቶም መምህራን እዮም

ነይሮም። እዚ ክግበር ዘገደደ ምኽንያት፣ ቍጠባዊ ዓቕሚ ናይ ስድራታት ስለዘይከእል ውድብ ምስ ወረዳ ሸማግለታት ተረዳዲኡ፤ ህዝቢ'ውን ተቐቢሉዎ። እቲ ውሳኔ ፈጻሚት ሸማግለ ናይ ተ.ሓ.ኤ እውን ዘጽደቖ እዩ ነይሩ። እዚ ብ1979 እዩ ተኸፊቱ። ነቲ ኣብቲ ወረዳ ቆይሙ ዝነጥፍ ዝነበረ ቤት ትምህርትን ህዝባዊ ሕክምናን በተገዳስነት ዘመሓድሩን ምስ ውድብ ዝተሓባበሩን ልሉይ ኣገልግሎት ዝሃቡ ወረዳ ሸማግለ ዳውድ ኤላ፤ ኣሕመድ ሽጋ፡ እስማዒል ኩሉ እዮም።

መማህራን፡ እድሪስ ዳውድ፡ ዓብደራሕማን እድሪስ፡ ዓብደላ ኢብራሂም፡ ኣደም ሳልሕን ነይሮም። ንመምሃሪ ዝተመርጸ ቋንቋ ዓረብኛ ነይሩ።

ቤት ትምህርቲ ባድመ፡

ብሓገዝ ሃገር ሽወደን ዝተሰርሐ ህንጻ ቤት ትምህርቲ ነይሩዎ። 1980 ዓ.ም.ፈ ተመሃሮ ናይታ ከተማ ተቐማጦን ከባብን ዝሳተፍዎ ካብ ቀዳማይ ክሳብ ሳልሳይ ክፍሊ ክምህር ጀሚሩ። ነቲ ቤት ትምህርቲ ከም ዳይረክተር ኮይኑ ዘካየደ ተጋዳላይ ሃብታይ ግርማይ እዩ ነይሩ። ሃብታይ ብተሓባበርቲ መማህራን ካብ ኣስመራ ኣምሊጦም ዝወጹ ምሁራት እዩ ዘካይዶ ነይሩ። ናይ ዶብ ምፍሕፋሕ እናኸረረ ኣብ ዝኸደሉን ንድሕነቱ ኣጸጋሚ ኣብ ዝኾነሉ እዋንን ንኽቋረጽ'ውን ግድነት ስለዝነበረ ኣብ መጀመርያ1981 ዓ.ም.ፈ እቲ ቤት ትምህርቲ ተዓጽዩ።

ወረዳ ባድመ

ህዝባን ፍሉይ ኣስተዋጽኦኡ ኣብ ቃልስን

እዚ ቀጺሉ ሰፊሩ ዘሎ ዓንቀጽ "ወረዳ ባድመ" ቍሩብ ምምሕያሽ እኳ ይገበረሉ እምበር ካብ መጽሔት "ኤርትራዊ ሰኒት" ዕላዊ ልሳን ምሕዝነት ሃገራዊ ሓይልታት ኤርትራ (ም.ሃ.ሓ.ኤ) ጨንፈር

ባይ- ኤርያ፡ ሕታም ቍጽሪ 4 ናይ ግንቦት - ሰነ 2001 ዓ.ም.ፈ. ዝተወሰደ እዩ። (ኣዳለውቲ መጽሔት ሃብተማርያም ክፍለ፣ ወልደስላሴ ተስፋይ ዑመር፣ ፍስሃየ ሓጎስ)

ኣብ መንጎ ኤርትራን ኢትዮጵያን ዝተኻየደ ንኣስታት ሰለስተ ዓመታት ዝወሰደ ሰፊሕን ኣዕናውን ውግእ፣ መንቀሊኡ እንታይ ነይሩ? ብወርሒ ግንቦት 1998 መንግስቲ ኤርትራ ብሓይሊ ንወረዳ ባድመ ምስተቈጻጸረ፡ መንግስቲ ኢትዮጵያ ተወሪርና ኢሉ ውግእ ኣወጀ። "ፕረሲደንት" ኢሳያስ ንባድመ ስለምንታይ ከምዝሓዘ ክብርህ እንከሎ፡ "ከመሓድርዎ ዝገደፍናሎም፣ ኣብ ዘውጽዎ ሓድሽ ካርታ ከም ናቶም ጌሮም ስለዘውጽእዎ፣ ንሕና ቦታና ተቈጻጺርና ኣሎና" በለ። ክሳብ ሕጂ እምበኣር መንቀሊ እቲ ውግእ ባድመ ይመስል። በዚ ጠንቃም ውግእ'ዚ ምኽንያት ልዕሊ 70,000 ነባራት ኤርትራውያን ካብ ኢትዮጵያ ተሰጒጎም። ምኽንያት መስጐጒኦም ካብ ዝሃቡዎ መግለጺ "ኣብ ረፈረንደም ዝመረጸ ኤርትራዊ ዓዱ ክኸይድ ኣለዎ" ዝብል ነበሮ። ፕረሲደንት ኢሳያስ ብወገኑ ተመሳሳሊ ስጉምቲ ኣብ ልዕሊ ኢትዮጵያውያን ወሰደ።

ኢሳያስ መንቀሊ'ቲ ውግእ ባድመ እዩ ክብል ጸኒሑ፣ "እዚ ነካይዶ ዘለና ውግእ ንኽብርና እዩ" በለ። ምስ ተደፍአ ድማ "ወያነ ንዓና ኣልጊሶም ካልእ መንግስቲ

ከትክሉ ስለዝደለዩ እዩ” በለ። ኣብ መንን ክልቲኣን መንግስታት ጽቡቕ ዝመስል ዝነበረ ዝምድና፣ ውግእ ምብራዑ ንህዝቢ ኤርትራ ኰነ ህዝቢ ኢትዮጵያ ሃንደበት ኰኖ።

ጠንቅን ሳዕቤንን መንቀሊ ናይቲ ውግእ ንምፍላጥ ዝከታተሉ ዝነበሩ ናይ ዓለም ታሪኽ ተመራመርትን ጋዜጠኛታትን ንምግላጹ ቅጥዒ ሰኣንሉ፣ ብሕጽር ዝበለ። ጋዜጣ “ሳን-ፍራንሲስኮ ክሮኒክል” ኣብ ናይ 27 ለካቲት 1999 ዓ.ም.ፈ. ሕታሙ “ዓለም ብፍረ ኣልቦ ውግእ ሓርቢትዋ ትርከብ (The world puzzles over pointless war“ ዝብል ሓተታ ኣቕሪቡ ነይሩ። ዘ ኤኮኖምስት ኣብ ናይ 8 ግንቦት 2000 ዓ.ም.ፈ. ሕታሙ “ትርጉም ዘይህብ ዓሻን ኣዕናውን ውግእ (The stupidest war in Africa. An absurd and foolishly destructive conflict)” ኢሉ ጸውዖ። እቲ ምኽንያት ብሓቂ ባድመ እንተዝኸውን ነይሩ፡ ዓለም ብኣግኡ ንምፍትሑ ናይ ዕርቂ እማመታት ብምውፋይ ፈተነ ተኻይዱ ነይሩ። በቲ ዝተራእየ ናይ መንግስቲ ኤርትራ ተጋላባጢ መግለጽታት ምስኡ ዘይተኣሳሰር ስጉምትታትን ክርአ ከሎ ግን፤ እቲ ምኽንያት ባድመ ዘይኮነስ ባድመ ዝተኰሰቶ ሕቡእ ጉድ ምዃኑ ተጋሂደ። ነቲ ድሕሪ ውግእ ምዝሓሉ ዝተኸስተ ፖለቲካዊ ነውጺ ብምዕዛብ፤ እቲ ቀንዲ ምኽንያት ውግእ ብልክዕ እንታይ ምዃኑ ዝበርሃሉ እዋን ርሑቕ ኣይመስልን።

ካብዚ ኣስዒብና ብሕጽር ዝበለ ገለጻ ወረዳ ባድመ፣ ኣቀማምጣ መሬት፣ መነባብሮ ህዝብን ተሳትፎኡ ኣብ ተጋድሎ ንናጽነት ኤርትራ፣ ዘጋጠሞ ጥልመትን ግፍዕን ነቕርብ።

<u>**ሌላ ምስ ባድመን ህዝባን፣**</u> ባድመ ብ1998 ኣብ መንን ኤርትራን ኢትዮጵያን ዳግማይ ውግእ ምስተወልዐ ኣቓልቦ ናይ ዓለም ከምዝሰሓበት ርኢና። ኤርትራውያን'ውን ብዘይካ'ቶም ኣብኣ ዝተቐመጡን ዝተጋደሉን ብኡ ዝሓለፉን ብናይ ዓለም ዜና ማዕከናት እዮም ክፈልጥዋ በቒዖም። ናይ ህግደፍ ዜና ማዕከናት'ውን እንተኾነ ናይቲ ኣብኣ ዝነብር ህዝብን ታሪኹን ዘሕለፎ ቃልስን ጠፊኡዎም ዘይኮነስ ንዝፈጸሙዎ ጥልመትን ገበንን ንምሽፋን ከዘንትዉን ክጽሕፉን ኣይመረጹን። ግን ሓቅን ታሪኽን ተቐቢሩ ስለዘይተርፍ እነሆ መጽሔት “ኤርትራዊ ስኒት” ንደቀባት ወረዳ ባድመ ዘመሓደርዋ ካድራትን መራሕትን ከምኡ'ውን ሰነዳት ታሪኽን ተወኪሳ ንመልክዓን ህዝባን ዘሕለፎ ቃልስን ኣጠቓሊሉ ዝገልጽ ትሕዝቶ ተቕርብ።

<u>**ኣቀማምጣ ወረዳን ዓድታትን ባድመ፣**</u> ስፍሓት ወረዳ ባድመ ከምቲ ብገለ ጋዜጣታት ዓለም ዝተገምገመ 400 ትርብዒት ማይል (640 ትርብዒት ኪሎ-መተር) ኣቢሉ ይኸውን። ባድመ ብሰሜን ምስ ወረዳ ሻምቡቆ፣ ብምዕራብ ምስ ሽላሎ፣ ብደቡብን ምብራቕን ምስ ሽራሮን ታሕተዋይ ኣድያቦን ትዳወብ። ብለጥላጥ ጎላጉል ናይ ሕርሻ ቦታታትን ሓርፋፍ ጎቦታት ብያራን ናፍራን ጎቦ ገማህሎን ዝተደኰነት ሃብታም ናይ ሕርሻ መሬት እያ። ኣፈ-ታሪኽ ከምዝሕብሮ ንጉስ ባዜን (ካብ ብሄረ ኩናማ) ቤተ መንግስቱ ኣብ ኣኽሱም ኰይኑ ይገዝእ ከምዝነበረን ካብኡ ክሳብ ሕጂ ኣብ ጋሽ ዘሎ ዓድታት ኩናማ ኣስማቱ ብቋንቋ ኩናማ ክጽዋዕ ንረኽቦ። ገለ ካብቲ ኣስማት፤ ኣኹሱም፣ ሽራሮ፣ ደደቢት፣ ባድመ፣ ብያራ፣ ሸሸቢት፣ ሽላሎ፣ ተኾምብያ (ድኩምብያ)፣ ቡሽኳ፣ ኩሉሉ,,, ተባሂሉ

ይጽዋዕ። ኣብ ርእሲኡ'ውን ንባህልታት ኵናማ ዘንጸባርቕ ኣሰራት ኣሎ። እዚ ዘረጋግጸልና ናይ መጀመርያ ተቐማጦ ባድመ ኵናማ ምንባሮም እዩ። ብዘገምታ ካብ ከበሳታት ኤርትራን ትግራይን ንሕርሻን መጓሰን ተዋፊሮም ኣብኡ ከምዝሰፈሩን ዓድታት ከምዘቖሙን፣ ካብ ገለ ተቐማጦ ናይቲ ቦታ ናይ ዓይኒ ምስክር ዝተረኽበ ዛንታ ይሕብር። ወረዳ ባድመ ቅድሚ ዓድታትን ሕርሻን ምስፍሕፋሑ ሓራምዝን ኣናብስን ዝነብሩሉ ዱር እዩ ነይሩ።

ካብ ከበሳታት ኤርትራ ብፍላይ ካብ ሓበላ፣ ሊባን፣ ዴዳ፣ ሕምብርቲ፣ ኣብ እዋን ሓጋይ ንሳዕሪ ብላዕ ከብቶም ሒዞም ከመላለሱ ድሕሪ ምጽናሕ፣ ሕርሻ'ውን ጀመሩ። ካብ ደምበታት ናብ ዓድታት ማዕበሉ። በዚ መሰረት ድማ እዘን ዝስዕባ ዓሰርተ ዓድታት ቆማ፡ 1. ባድመ (ሓውሲ ከተማ) ብሕምብርቲ'ውን ትጽዋዕ፤ 2. ሓድሽ ዓዲ፤ 3. ዓደ-ስመሩ፤ 4. ብያራ፤ 5. ናፍራ፤ 6. ዴዳ፤ 7. ገማህሎ (ብደቂ ብሌን ዝቖመት ዓዲ)፤ 8 ደምበ ገዳሙ፤ 9. ደምበ መንጒል፤ 10. ምህራም ጭሩም ዝበሃላ ነይረን። ብዘይካ ብሄራት ትግርኛን ብሌንን፣ ኣብ ውሽጢ ከተማ ባድመ ደቂ ኵናማ ዝነብሩላ ሕለት ኵናማ እትብሃል'ውን ነይራ። ከምኡ'ውን ካብ ትግራይ መጺኦም ሕርሻኦም ምስ ኣእተዉ ንዓዶም ዝምለሱ ነይሮም። ተቐማጦ ወረዳ ባድመ ብምሉኦም ኤርትራውያን ኰይኖም፣ ቍጽሮም ልዕሊ 10,000 ይበጽሕ ነይሩ። እቲ ክንዮ ወረዳ ባድመ ዘሎ ብኣድያቦ ዝፍለጥ ወረዳታት ዓደውዓላን ሽራሮን ዓዲ ሃገራን ግን ተቐማጦኡ ትግራዎትን ካብ ኤርትራ ብፍላይ ካብ ኣውራጃ ሰራየ ንሕርሻን መጓሰን ዝወረዱ ይነብርዎ ነይሮም።

መነባብሮ፣ ወረዳ ባድመ ቆላ ስለዝኾነ መሸላን ስምስምን የፍሪ። ትጉሃት ሓረስቶትን ፍርያም መሬትን ስለዝኾነ ድማ ንናብራኦም ኣኺሉ ንዕዳጋ ዝሸየጥ እቶት ይሓፍሱ ነይሮም። ነቲ ስምስም ናብ ዘይቲ ብልዒ ዝጸሙቑ (ዓሳራ)

ዘይቲ ስምስም ብመጉእን ጉልበት ገመልን ክስራሕ ከሎ ዘርኢ ስእሊ

ብገመል ዝዝወር መጕአ ገይሮም ዘይቲ ንዝምገብዎን ንዕዳጋ ዝወርድን የፍርዩ ነይሮም። ካብ 1971 ክሳብ 1981 ዓ.ም.ፈ. ኣብ ሰውራ ኤርትራ ንጡፋት ተሳተፍቲን ንቐለብ ሰራዊት ዝውዕል እኽልን ገንዘብን ዝለዓሉ ኣብርኪትን ነይሮም፡ ንኣብነት ባረንቱ ሓራ ንምውጻእ ኣብ ዝካየደሉ ዝነበረ ጽዕጹዕ ኲናት 2000 ኲንታል መሽላ ንተጋድሎ ሓርነት ኤርትራ (ተ.ሓ.ኤ.) ኣበርኪቶም።

ወረዳ ባድመ መቐር (ንፕላስቲክ ዝኸውን ዕንዲዳ) ዘፍሪ ኣእዋም ይበቑሎ። ኣብ ገማህሎ ዝነበረት ዓዲ'ውን ካብ ሰንሒት መፍለሲኣ ምስ ምእራይ መቐር ዝተኣሳሰረ እዩ ተባሂሉ ይዝንቶ። ምርባሕ ከብቲ ዝዓበየ መነባብሮኦም ስለዝነበረ ኣብ እዋን ሓጋይ ናብ ተከዘ የውርድወን፡ ምስተን ካብ ቦታታት ባርካን ጋሽን ከበሳን ዝወርዳ ኣግማልን ከብትን ድማ ኣብኡ ተጻናቢረን ይሓግያ ነይረን።

<u>ዝምድናን ተሳትፎን ህዝቢ ባድመ ምስ ሰውራ ኤርትራ፣</u> ህዝቢ ወረዳ ባድመ ንተ.ሓ.ኤ. ካብ ስሳታት (1961) ጀሚሩ እዩ ዝፈልጣን ዝደገፋን። ኣብ መጀመርያ ብውሽጣዊ ስርርዕ ክሳተፍ ድሕሪ ምጽናሕ፣ ካብ 1974 ማለት ተ.ሓ.ኤ. ንሓይልታት መግዛእቲ ካብ ገጠራትን ንኣሽቱ ወተሃደራዊ ነቑጣታትን እናጸረገት ናብ ዓበይቲ ከተማታት እትጽግዓሉ ዝነበረት እዋን ንወረዳ ባድመ ኣብ ትሕቲ ቑጽጽራ ኣእትያ ስርርዕን ምንቕቓሕን ጀመረት።

ኣብ መጀመርያ ናይ 1976 ዓ.ም.ፈ. ተ.ሓ.ኤ. ነቲ ኣብ ምስ ኢትዮጵያ ዝዳወብ ቦታታት ዝነብር ህዝብናን ዝካየድ ስርርዓትን ቃልስን እትመርሕ ምምሕዳር ዶብ ኣቖመት። ክሳብ'ቲ እዋን'ቲ ወረዳ ባድመ ብግራዝማች ፍስሓጽዮን ነጋሲ ዝበሃሉ ኤርትራዊ ትመሓደር ነይራ። ምምሕዳር ዶብን ስርርዓቱን ኣብ ግብሪ ንኸውዕል ተጋዳላይ ሓድሽ ወ/ጊዮርጊስ (ስዉእ) ተመዘዘ። ስዉእ ሓድሽ ናይ ተ.ሓ.ኤ. ስርርዓዊ መደብ ዕዮ መሰረታዊ መምርሒ ጌሩ ነብሲ-ወከፍ ዓዲ ሓሙሽተ ሽማግለ ከምትመርጽ፤ ወረዳ ድማ ንኹለን ዓድታት ዝወከለት ሰለስተ ሽማግለ ብምምራጽ ህዝባዊ ምምሕዳር ዓድታትን ወረዳን ብዕሊ ተጀመረ። ሽው ኣቦ መንበር ወረዳ ሽማግለ ዝተመርጹ ኣቶ ሃንስ ገብረዝጊ ነበሩ። ናይ መጀመርያ ናይ ዶብ ኣማሓዳሪ ተጋዳላይ ገብሩ ገብረየሱስ ተመዲቡ፣ ድሕሪ ገለ ኣዋርሕ ድማ ብተጋዳላይ ክብሮም ገብረስላሴ ተተኪኡ ክሳብ መጀመርያ 1979 ዓ.ም.ፈ. ከመሓድሮ ጸንሐ። ካብ ፍርቂ 1979 ጀሚሩ ምምሕዳር ዶብ ዝብል ኣብቂዑ፣ ወረዳ ባድመ ኣካል ናይ ምምሕዳር ቍጽሪ ሓደ (ጋሽ) ከምዝኾነት ብመሪሕነት ውድብ ተ.ሓ.ኤ. ተወሲኑ። ክሳብ መፋርቕ 1981 ዓ.ም.ፈ. ማለት ጅብሃ ብምሕዝነት ህዝባዊ ግንባር ሓርነት ኤርትራን (ህ.ግ.) ህዝባዊ ወያኔ ሓርነት ትግራይን ካብቲ ቦታ ዝተደፍኣትሉ እዋን ድማ ወረዳ ባድመ ከም ኣካል ምምሕዳር ጋሽ ኮይና ትመሓደር ነይራ።

ኣብ ወረዳ ባድመ ብ400 ሰባት ዝቖመ ሰራዊት ማሊሻ ምሉእ ጊዜኡ ኣብ ቃልሲ ዘወፈየ በጠሎኒ ብወዲ ጎርመድ ዝምራሕ፡ ከምኡ'ውን ሓደ ሓይሊ ማሊሻ ኣብ ወረዳ ዓደውዓላ፣ ሓደ ሓይሊ ማሊሻ ድማ ኣብ ወረዳ ሽራሮ ነይሩ። እዚ ሰራዊት'ዚ ዕጥቁ ብተ.ሓ.ኤ. እናተማልኣሉ ብካድራት እናተመርሐ መዓልታውን ሓፈሻውን ናይ ሓርነታዊ ቃልሲ ዕማሙ የካይድ ነይሩ። ኣብ ጎድኒ ኣሃዱታት ተ.ሓ.ኤ. ኮይኑ ናይ ከባቢኡ ጸጥታ ብምቍጽጻር፣ ብመስመር ሽረ ዝመጽእ ዝነበረ ሰራዊት ደርጊ ኣብ ምክልኻል ከምኡ'ውን ከተማ ባረንቱ ሓራ ንምውጻእ ልዕሊ

ሰለስተ ዓመት ዝተኻየደ ኵናት'ውን በብእዋኑ ተሳቲፉ እዩ።

<u>**ሕብረተሰብኣውን ምጣኔ ሃብታውን ጸጥታውን ኣገልግሎት፣**</u> ሓውሲ ከተማ ባድመ (ሕምብርቲ) ስሩዕ መንግስታዊ ትካላት ከም መደበር ፖሊስ፣ ቤት ትምህርቲ፣ ህዝባዊ ሕክምና፣ ከተማዊ መልክዕ ዝሓዘ ኣብያተ ንግዲ ዝነበራ እያ። ብፍላይ ኣብ መዋእል ተ.ሓ.ኤ. ከኣ ኣብ ምዕራባውን ደቡባውን ቈላታት ኤርትራ መወዳድርቲ ዘይነበራ ናይ ንግዲ ማእከልን መናሃርያን ነበረት።

ደጋፊት ተጋድሎ ሓርነት ኤርትራ ዝኾነት ሽወደናዊት ክርስቲና ብጆርክ ዝምራሓ ጉጅለ ሰኣልቲ ዮራንን ቤልትን ተሰንያ፣ ኣብ ሓራ መሬት ምንቅስቓስ ናይ ህዝብን ተጋደልትን ኣብ እዋን ቃልሲ ንናጽነት ዘሕልፍዎ ህይወት (ዶኩመንታሪ) ንምስናድ ዝዓለመ ዑደታ ኣብ ባድመ እናካየደት ከላ ብ3 መጋቢት 1981 ዓ.ም.ፈ. ዝተላዕለ ስእሊ እዩ። እቲ መደብ ስነዳ ኣብ ላዕላይ ጋሽ እዩ ተኻይዱ። ኣብ ስእሊ ፡ ኣብ ቅድሚት ኮፍ ኢሎም ዘለዉ፣ ኣወሃሃዲ መደብ ተጋዳላይ ኣለም ጎይትኦም፣ መራሕ ብርጌድ 72 ዑስማን መሓመድ፡ ካብ ጸጋም 2ይ ደው ኢሉ ዘሎ ተጋዳላይ ፍስሃየ ሓጎስ ኣባል ምምሕዳር ጋሽ፣ ከምኡ'ውን ናብቲ መደብ ስነዳ ንምትሕግጋዝ ዝተመደቡ ተጋደልትን እዮም።

<u>**ናይ መሬትን ዶብን ምውጣጥ፣**</u> ብ1975 ዓ.ም.ፈ. ህዝባዊ ወያነ ሓርነት ትግራይ (ህ.ወ.ሓ.ት) ትምስረት። ምስ ተ.ሓ.ኤ. ናይ ሓባር ምድግጋፍ ክሳብ 1978 ዓ.ም.ፈ. ይቕጽል። ወያነ ምስራዕ ህዝብን ሕቶ መሬትን ብምልዓል ነቶም ኣብ ከባቢ ኣድያቦ ዝነብሩ ኤርትራውያን ናይ መሬት መሰሎም ዝረኸቡ ኣብ ወያኔ ምስ ዝኣምኑን ዝስርዑን ጥራይ ከምዝኾነ ክትውስን ጀመረት። ነዚ ዘይተቐበለ ነቲ መሬት ለቒቑ ክኸይድ ተጽዕኖታት ይርአ። ማእሰርቲ፣ መቕጻዕቲ፣ ክሳብ መቕተልቲ ብብዝሒ ተራእየ። ብዙሓት ኤርትራውያን ካብ ኣድያቦ ንባድመ ሽላሎ ውሽጢ ኤርትራን ሱዳንን ንብረቶም ከየልዓሉ ሃደሙ። ወረዳ ባድመ ትብጽሓና'ያ ዝብል ሕቶ'ውን ኣልዓሉ። ናይ ህዝቢ መረረን በደልን ምስ በዝሐ ተ.ሓ.ኤ. ነቲ ጉዳይ ብሰላማዊ መንገዲ ንምህድኡ ምስ ወያኔ ተደጋጋሚ ዘተ ኣካየደት።

ዝተበጽሐ ስምምዓት ከምዚ ዝስዕብ ነበረ፡

1. ኤርትራውያን ተቐማጦ ኣብ ትግራይ፣ ትግራዎት ተቐማጦ ኣብ ኤርትራ ናይ ምንባር መሰል ክህልዎም፤

2. ናብ ዝመረጽዎ ውድብ ብዘይተጽዕኖ ክስርዑ፤

3. ኣብ ዝነብሩሉ ዘለዉ ቦታ እቲ ኣብኡ ዝርከብ ውድብ ዝሓተቶም መዓልታዊ ጠለባት (ግቡኣት) ከም ዃደረ ከማልኡ፤

ሕቶ ዶብ ብሕጋዊ መንገዲ ኣብ ፍታሕ ንምብጻሕ ብኽልቲኡ ወገናት ናይ መጽናዕቲ ሽማግለታት ክቐኣማ ዝብል ነበሮ።

እቲ ስምምዕ ኣብ ግብሪ ስለዘይወዓለ እቲ ኵነታት እናጸንከረ ከደ። ናይ ተ.ሓ.ኤ.ን ወያነን ምትፍናን ድማ ኣብ ዝልዓለ ደረጅኡ በጽሐ። ብረታዊ ምርጻማት'ውን ተራእየ። ነቲ ዝነበረ ጐንጺ ብዝያዳ ዘጐሃሃር ድማ ህ.ግ.ሓ.ኤ. (ሻዕብያ) ካብ ጸቢብ ጕጅላዊ ረብሓኦም ብልክዕ ከምዚ ሕጂ ድሒሩ ዝበርሀ፣ ኢሳያስ ካብ ስሱዕ ውልቃዊ ረብሕኡ ነቒሉ ምስ ወያነ ኣብ ስምምዕ ኣተወ። ብጕዳይ ዶብ ንዝምልከት ዝርዝር ናይ'ቲ ስምምዖም ክሳብ ሕጂ ምስጢር እዩ። ነቲ ስምምዖም ንምዕዋት ድማ ንተ.ሓ.ኤ. ተዘራርዮም ካብ ሜዳ ኤርትራ ክሕግሕግዋ ጋህዲ ኰነ።

ተ.ሓ.ኤ. ንመሰረታዊ ረብሓታት ህዝቢ ኤርትራ ብመሰረት ናይ ሕድሕድ ምክብባርን ሰላማዊ ናይ ጕርብትና ዝምድናታትን ክትቃለስ ፈተነት። ናይ ዶብ ግርጭት ብሰላማዊ መንገዲ ዘተ ክፍታሕ ጻዕርታት ኣካየደት። ሻዕብያ ብዝወለዓቶ ኣዕናዊ ሕድሕድ ኲናት ምሕዝነት ወያነ ተሓዊስዎ ደማዊ ናይ ምርብራብ ኲናት ተኻየደ። ተ.ሓ.ኤ. ካብቲ ቦታ ተደፊኣ ወጸት። እቲ ዘስደምም ሻዕብያ ንወረዳ ባድመ ከም መሬት ኤርትራ ቈጺራ ሓላፍነት ኣብ ክንዲ ምውሳድ፣ ወዲ ይልማ ዝበሃል ካድራ ንህዝቢ ኣኪቡ "ንሕና ኣብዚ ክንህሉ ኣይኰናን፣ ሓለፍቲ ኢና፣ ንስኹም ኣብ ትሕቲ ወያነ ክትመሓደሩ ኢኹም" በሎም። ተቓውሞ ካብ ህዝቢ ምስ ኣጋጠሞ ድማ "ዘይደለየ ናብ ድላዩ ይኺድ ወይ ንዓማ ስዓቡዋ" በሎም። ከም ውጽኢት እዚ'ውን ብዙሕ ህዝቢ ወረዳ ባድመ ንስደትን ውርደትን ተሳጥሐ። እቲ ውርደትን ዕንወትን ኣብ ባድመ ጥራይ ተወሲኑ ኣይተረፈን። ሕጂ'ውን ብሰንኪ ናይ'ዚ ኣዕናዊ ውግእ ኣብ መንጎ መንግስታት ኤርትራን ኢትዮጵያን ንክልተ ዓመትን መንፈቕን ዝወሰደ ኣዕናዊ ኲናት ሓደ ሲሶ ናይ ህዝብና ተመዛቢሉን ይሳቐን ኣሎ። እዚ ድማ ስሱዕ ኢሳያስ ንናይ ስልጣን ህርፋኑ ንኽርዊ ብዋጋ ክብርን ህይወትን ህዝቢ ዝተጻወተ ምኳኑ ኣየካትዕን። ቀዳማይ ተሓታቲ ድማ ንሱን እሺ በሃልቲ መጋበርያታቱን እዮም። ከመይ ወያነ እዚ ዘባእስ ዘሎ መሬት ከነማሓድሮ ዝጸናሕና መሬትና'ዩ ይብሉ፡ ሻዕብያ ድማ ከመሓድርዎ ድኣልና ገዲፍናሎም እምበር እጅናዩ ይብሉ። እንተኾነ ግን ብኸመይን ክሳብ መዓስን በየናይ ውዕልን ከምዝተፈጸመ ዛጊት ዝተዋህበ ግሁድ መረዳእታ የለን።

ሕቡራት መንግስታት ዓለምን ውድብ ሓድነት ኣፍሪቃን ናይ ሰላም ዓቃቢ ሓይልን ነቲ ጕዳይ ብኣህጉራዊ መንጎኝነት ንምፍትሑ ድማ ፍሉይ ሽማግለ ኮሚሽንን ቤት ፍርድን ኣቝሙ ኣብ መስርሕ ይርከብ። መጽሔት "ኤርትራዊ ስኒት" ዕማሞም ብዓወት ክዛዘም እናተመነየት፣ ብውሑድ ነዘን ዝስዕባ

ምሕጽንታታት ተቕርብ፣

ሀ) ናይ'ቲ ውግእ (1998 – 2000) ጠንቂ ተፈሊጡ፣ ናይ'ቲ ዝወረደ ኣዕናዊ ሳዕቤን ተሓታቲኡ መን ምዃኑ ከነጽሩ፤

ለ) እቶም ንብረቶምን ህይወቶምን ዝጠፍኦም ኣህዛብ ብግቡእ ክከሓሱን ክጣየሱን፤

ሐ) ንኽልቲኡ ሃገራት ዶባቱ ድሕሪ ምንጻር ንናይ ሰላምን ምክብባርን መጻኢኡ ድማ መሰረት ክንጽፍሉን ኣትሪራ ተማሕጽን።

ክብርን መጎስን ንውጹዕ ህዝቢ ኤርትራ!

ዘለኣለማዊ ክብርን ዝኽርን ንጀጋኑ ስዉኣትና!

እዚ ኣብ ላዕሊ ሰፊሩ ዘሎ ጽሑፍ፣ ካብ ሕታም ናይ ግንቦት-ሰነ 2001 መጽሔት “ኤርትራዊ ስኒት” ዝተወሰደ እሞ ቅድሚ ዶብ ኣብ ካርታ ምሕንጻጹ ምንባሩ ኣንባቢ ክርድኣልና ደጊምና ከነዘኻኽር ከሎና፡ ነቲ ድሕሪኡ ዝማዕበለ ማለት ክሳብ እዛ መጽሓፍ ዝተሓትመትሉ እዋን 2016 ብሓጺሩ ቀጺሉ ሰፊሩ እነሆ።

- 18 ሰነ 2000 ዓ.ም. መንግስታት ኤርትራን ኢትዮጵያን ንስምምዕ ኣልጀርስ ማለት ንናይ ኤርትራን ኢትዮጵያን ውግእ ብሰላም ንምፍታሕ ዝበየኖ ሕግታት ዝቕበላ ምዃነን ፈረማ። ነቲ ብሕቡራት ሃገራት ዝቖመ ካብ 60 ሃገራት ዝተዋጽአ ናይ ሰላም ዓቃቢ ሓይሊ ኣብ ውሽጢ መሬት ኤርትራ 25 ኪሎመተር ብ”ጊዝያዊ ጸጥታዊ ዞባ” ዝፍለጥ ኣብ መንጎ ክልቲአን ሃገራት ዝዝርጋሕ ዶብ ክቐውም ተሰማምዓ።

- 12 ታሕሳስ 2000 ናይ ሰላም ውዕል ብኽልቲአን መንግስታት ተፈረመ።

- እቲ ኣብ ትሕቲ “ስምምዕ ኣልጀርስ” ንናይ ኤርትራን ኢትዮጵያን ውግእ ብሰላም ንምፍታሕ ቆይሙ ዝነበረ ናይ ዶብ ኮሚስዮን ምስ ቀዋምን መንጎኛን ቤት ፍርዲ ሄይግ ብምትሕብባር ብ13 ሚያዝያ 2002 “ መወዳእታን ቀያድን” ብይን ኣሕለፉ። ኣብ ናይ ዶብ ብይኖም እታ ምውላዕ ውግእ ምኽንያት ዝኾነት ከተማ ባድመ ናይ ኤርትራ ብጽሒት ኰነት። ክልቲኦም መንግስታት ነቲ ብይን ብምሉእ ልቦም ክቕበልዎ ምዃኖም ብዕሊ ኣፍለጡ። ኤርትራ ነቲ ብይን ክቕበሎ ከሎ፡ ድሕሪ ገለ ኣዋርሕ ግን መንግስቲ ኢትዮጵያ ዘይዓገበ ምኻኑን ከምብሓድሽ ክርኣየሉን ምልክታኡ ኣቕረበ።

- ሕዳር 2004 ኢትዮጵያ ነቲ ብይን ብመትከል ከምዝተቐበለቶ ኣፍለጠት።

- ብ10 ታሕሳስ 2005 ቀዋሚ ቤት ፍርዲ ሄይግ “ኤርትራ ብ1998 ኣህጉራዊ ሕጊ ጥሒሳ ንኢትዮጵያ ስለ ዘጥቀዐት ውግእ ባድመ ተወሊዑ” ዝብል ውሳኔኡ ኣሕለፈ።

- ሕዳር 2007 ኤርትራ ንውሳኔ ምሕንጻጽ ዶብ ኣብ ካርታ ከምዝተቐበለቶ ኣፍለጠት፡ ኢትዮጵያ ግን ከምዝነጸገቶ ገለጸት።

- 2008 ናይ ሰላም ዓቃቢ ሓይሊ ብሰንኪ ዘይምትሕብባር ናይ ክልቲአን

መንግስታት ካብቲ ቦታ ብውሳኔ ዋና ጸሓፊ ሕቡራት ሃገራት ተሳሒቡ ነናብ ቦትኡ ተመልሰ።

- ነሓሰ 2009 ኤርትራን ኢትዮጵያን ነናይ ዝምልከተን ናይ ውግእ ካሕሳ ክኸፍላ ብሕቡራት ሃገራት ተወሰነ
- ታሕሳስ 2009 ኤርትራ ምስ ኣሸበርቲ ጉጅለታት ሶማልያ ብምትሕብባራ ምኽንያት፡ ብሕቡራት ሃገራት ዓለም ናይ ዕቃበ ውሳኔ ተጻዕነት።

ክሳብ ወርሒ ሚያዝያ ብዘይካ ምሕንጻጽ ዶብ ኣብ ካርታ፣ ኣብ ባይታ ናይ ዶብ ምምልካት ኣይተፈጸመን። እቲ ቦታ በብዝሓዝኦ ከመሓድርኦ ይርከባ ንኤርትራ ዝተበየነት ከተማ ባድመ'ውን ገና ኣብ ትሕቲ መንግስቲ ኢትዮጵያ ትርከብ ኣላ።

ምምሕዳር ኣውራጃ ሰንሒት

ኣውራጃ ሰንሒት ብሰሜን ምስ ኣውራጃ ሳሕል፣ ብምብራቕ ምስ ኣውራጃ ሓማሴን፣ ብሰሜናዊ ምብራቕ ከኣ ምስ ኣውራጃ ቀይሕ ባሕሪ፣ ብምዕራብን ብደቡብን ከኣ ምስ ኣውራጃ ባርካ ዝዳወብ ኢዩ። ኣውራጃ ሰንሒት ማእከላይ ክሊማ ዘለዎ ኰይኑ ንሕሙማት ዝሰማማዕ ኣየር ከምዘለዋ መጠን ብዙሓት ሓካይም ንሕሙማት ንከረን ክኸዱ ከም ዝእዙዙ ዝነበሩ ይፍለጥ። ርእሰ ከተማ ኣውራጃ ሰንሒት ከረን ኢዩ። ኣብ ኣውራጃ ሰንሒት ዝርከባ ወረዳታትን ንኣሽቱ ዓድታትን እዘን ዝስዕባ ኢየን።

ወረዳታት፡- ከረን፣ ሓጋዝ፣ ዔላበርዒድ፣ ሓልሓል ንኡስ ወረዳታት፡ ዓሸራ፣ በሲግድራ፣ ዶሮቕ፣ ገለብ፣ሓዲሽ ዓዲ፣ ሓሸላ፣ ሓልሓል፣ ሻሪኪ፣ ሽኖራ ኣብ ትሕቲ ከተማ ከረን ዝማሓደራ፡ ዓደፋ፣ ታንተርዋ፣ ዕሸሽ፣ ገዛባንዳ፣ ገዛ ወረቐት ከረን ላዕላይ፣ ሽዕብ፣ ወስበንስረኹ ንኣውራጃ ሰንሒት ኣብ ክልተ መቒሉ ዝሓልፍ ከረምታዊ ሩባ ዓንሰባ፣ ካብ ከባቢ ሓማሴን ጀሚሩ ንምዕራባዊ ሳሕል ብምዝላቕ ምስ ሩባ ባርካ ኣብ ከባቢ ኣር ይጽንበሩ። ሩባ ዓንሰባ ካብ ወርሒ ሓምለ ክሳብ ወርሒ ጥቅምቲ ከከም ክብደት ክራማቱ ዝውሕዝ ኢዩ። እዚ ሩባ እዚ ነቲ ከባቢኡ ዝርከብ ዓድታት ይኹን ቁሾታት ከም ናይ ጀራዲንን ዝስተ ማይ ንህዝብን እንስሳን ዘገልግል እዩ።

ህዝቢ ኣውራጃ ሰንሒት

ህዝቢ ሰንሒት ኣብ ክርስትናን እስልምናን ዝኣምን ህዝቢ ኰይኑ ተኸባቢሩ ዝናበር ህዝቢ ኢዩ። መብዛሕትኡ ህዝቢ ሰንሒት ዝዛረቦ ቋንቋ ብሊን እኳ እንተኾነ ኣቀማምጣኡ ኣብ ማእከል ኤርትራ ስለዝኾነ ትግርኛ፡ ዓረብኛ፡ ትግረ ብተወሳኺ ይዛረቡ ኢዮም። ብፍላይ ተቐማጦ ከተማ ከረን ንስለስቲኡ ቋንቋታት ክዛረቡሉን ክዋስኡሉን ይኽእሉ። ቋንቋ ጣልያን ክዛረቡ ዝኽእሉ ኣቦታት ውሑዳት ቁጽሪ ኣሎዉ።

ኣዝርእቲ፡

ኣብ ኣውራጃ ሰንሒት እዞም ዝስዕቡ ኣዝርእቲ ይበቅሉ፡-

ብልቱግ

ሐለ ሰለስተ (ናይ ማሽላ) ዓይነት ኢዩ

ሐለ ሰሮው ቀይሕ ሕብሩ

ሐለ ባረር

ሐለ ኪብራሩ

ዑፉን

ኣደንጎል (ኣዶግራ)

ፉል

ስገም ከኣ ኣብ ሓልሓል ይቦቕሉ።

ኣብ ሰንሒት ክቦቕሉ ዝኽእሉ ዓይነት ፍረታት ብዙሓት እኳ እንተኾኑ ገለ ካብኣቶም ንምጥቃስ ዝኣክል ግና ከም እኒ ለሚን፡ በናና፡ ኣራንሺ፡ መንደሪን፡ ፓፓዮ፡ ወይኒ፡ ኢዮም። ኣብ ከባቢ ዓንሰባ ሽደብ ኣብ ዝተባህለ ቦታ ጥቓ ገማግም ሩባ ዓንሰባ ዝርከብ ንዕንጨይቲ ክርቢት ዝኸውን ብጣልያን ተዘሪኡ ነይሩ። ካልእ ዓበይቲ ጀራዲን ከም ዒላበርዕድ፡ ማርያም ደዓሪ፡ መከላሲ፡ ኣዝረቐት ወዘተ ክጥቀሱ ይከኣል።

Picture of Chindiq (present-day Elabered) in Bogos ...

ዒላበርዕድ ኣብ ቅድም ዘመን ብጪንድቕ ዝብል ስም ኢያ ትፍለጥ ዝነበረት። ይኹን እምበር ስለምንታይ ብዒላበርዕድ ክትስየም ከም ዝኸኣለት ብደረስቲ ዝተፈልጠ ሓበሬታ የልቦን።

ዒላበርዒድ ካብ ከረን ንምብራቕ 25 ኪሎመተር ርሒቓ እትርከብ ዓዲ ወይ ወረዳ እያ። ከሻኒ ዝተባህለ ኢጣልያዊ ሕርሻ ዘካይደላ ዝነበረት ቦታ ኾይና ድሒሩ ግን ደናዳይ ዝተባህለ ጣልያን ሒዝዋ ዓቢ ናይ ሕርሻን ናይ ከብቲ ምርባሕን ገይርዋ ነበረ። ዒላበርዕድ ዳርጋ በዘን ዝስዕባ ዓድታት ዝተኸበት ኢያ።

ንሳተን ድማ፡ ዋስደምባ ፡ሓዲሽ ዓዲ፡ ሃብረማርም፡ ሓመደይ ወዘተ። ጣልያን ነቶም ደቀባት ናይ ዒላበርዕድ ካልእ መሬት ብምሃብ ኢዩ ንዒላበርዕድ ከም ዓባይ ናይ ሕርሻ ቦታ ክጥቀመላ ዝኸኣለ። ነቶም ደቀባት ከኣ ሓለፋ ኩሎም እቲ ከባቢ ኣብ ስራሕ ቀዳምነት ይህቦም ነበረ። ደናዳይ ሓጽብታት ብምስራሕ ኣብ ልዕሊ እቲ ከረምታዊ ማያት ናይ ዓንሰባ ተወሳኺ ይግልገሉ ከምዝነበረ ክጥቀስ ይከኣል። ኣብ ግዜ ደናዳይ እቶም ሰራሕተኛ ለይቲ ምስ መዓልቲ ብዘይ ዕረፍቲ ይሰርሑ ስለዝነበሩ፣ ክሰርሑ ከለዉ "ዳይ ዳይ ስራሕ ደናዳይ" እናበሉ ይደርፉ ነበሩ። ከምኡ'ውን ንህጥር ዝበለ ወይ ኣዝዩ ዝረጎደ ሰብ ብ"ብዕራይ ከሻኒ" ይምሰል ነበረ።

ኣብ ዒላበርዕድ ኮሚዶረ፡ ወይኒ፡ ኣራንሺ፡ መንደሪን፡ ፓፓዮ፡ ይፈሪ ነይሩ። ብምርባሕ ከብትን ናይ ጸባን ፋርማጆን እቶትን ንዕዳጋ እተቕርብ ነበረት። ብዘይካ እዚ ከኣ ዒቃ ዝተባህለ ንመስርሕ ከሻ ዘገልግል ተኽሊ እውን ይዝራእ ነበረ።

ኣብ ዒላበርዒድ ዝዝራእ ዝነበረ ዒቃ

ዒቃ ንገመድን ንከሻን ዘገልግል ይልሓጽ ነበረ። ኮሚዶረን ካብ ኮሚደረ ዝስናዕ ሳልሳን፡ ጸባን፡ ነቢትን፡ ኣብ ዕዳጋታት ውሽጥን ወጻኢን ይስደድ ነበረ። ካብቲ ዝነበረቶ ደረጃ እውን ኣንቆልቍላ ትርከብ። ዒላበርዕድ ካብ ግዜ መግዛእቲ ጣልያን ጀሚራ ክሳብ ናይ መግዛእቲ ኢትዮጵያ ዝነበረ እዋናት ዓባይ ናይ እቶትን ናይ ስራሕን ምንጪ ምንባራ ይፍለጥ። ጨቋኒ ስርዓት ኢሳያስ ድሕሪ ምምጽኡ ግን እቲ ዝነበረ እቶትን ሂወትን ተሪፉ ዓንያ ንርኽባ። ኤርትራ ብዲሞክራሲያውን ቅዋማውን መንግስቲ ክትመሓደር ኣብ እትበቕዓሉ እዋን፣ ዒላበርዕድ ምንጪ ናይ ሰፊሕ ሕርሻን ተፈብሪኹ ዝፈሪ ማእቶትን ክትከውንን ንብዙሓት ሃገራውያን ናይ ስራሕ ጾጋ እትኸፍት ኰይና ኣበርክቶኣ ኣብ ምምዕባል ሃገራዊ ቍጠባ'ውን ዓቢ ክኸውን እዩ።

ትምህርቲ ኣብ ሰንሒት ምምሕዳር ቁጽሪ 4

ኣብ ግዜ ጣልያን ዝተኸፍተ ኣብያተ ትምህርቲ ብናይ ክርስትያን ምስዮናውያን ዝመሓደር ዝነበረ ኰይኑ፤ ብመንግስቲ ጣልያን ኣብ ከረን ክሳብ ራብዓይ ክፍሊ ዝተኸፍተ ቤት ትምህርቲ'ውን ነይሩ። ብ1944 ብእንግሊዝ ዝተኸፍታ ኣብ ኣሸራ ከምኡ እውን ኣብ ሓዲሽ ዓዲ ዓንሰባ ነይረን።

ኣብ ግዜ መግዛእቲ እንግሊዝ እውን እንተኾነ እተን ዝነበራ ጥራሕ ኢየን ክቐጽላ ክኢለን። ይኹን እምበር ንኹለን እትጥርንፍ ሓንቲ ክሳብ ሻምናይ ክፍሊ ኣብ ከረን ተኸፊታ ነይራ።

እተን ዝተረፋ ዓሰርተ ንኡሳን ወረዳታት ብምስዮናውያን ዝወሃብ ዝነበረ ወይ ዝመሓደር ዝነበረ ትምህርቲ እምበር ብመንግስቲ እንግሊዝ ይኹን ብመንግስቲ ኢትዮጵያ ምንም ቆላሕታ ዘይተገበረሉ ቦታ ኢዩ ነይሩ።

The number of schools, teachers and students in Eritrean Administrative Region in 1966, 1970 and 1973 E.C . (i.e.,. 1974, 1977/78, 1980/81 G.C.).

First and Second Levels of Education

	Nr of schools			Nr of Teachers			Nr of Students		
	1966	**1970**	**1973**	**1966**	**1970**	**1973**	**1966**	**1970**	**1973**
Asmara	142	97	121	1281	1240	1518	49,098	47.098	75,248
Hamasien	75	-	20	41	-	85	19,338	-	4,732
Seraye	63	-	19	269	-	157	19,101	-	9,423
Akeleguzai	79	32	22	228	44	174	18,135	944	5,755
Key bahir	16	-	14	104	45	71	2,673	429	3,454
Keren & Senhit	47	-	15	241	-	110	9,378	-	4,756
Akordat	12	-	3	49	-	27	2,403	-	460
Gash&Setit	38	-	6	64	-	34	4,579	-	1,120
Total	**472**	**102**	**220**	**2277**	**1329**	**2176**	**124,702**	**48,739**	**104,968**

Source. Adane Taye (1989) "The Effect of the "Eritrean" Political Problem on the Education in its Administrative Region", *Ethiopian Journal of African Studies*, Volume 5, Number 2, July 1989,pp 35-42. Table 1, page 37

<u>ትምህርቲ ኣብ ግዜ ስውራ ኣብ ሰንሒት፡</u>

ምምሕዳር ቁጽሪ ኣርባዕተ ድሕሪ ካፈል ሙሳ፣ ዘርእዝጊ ንጉሰ ኢዩ ከም ወኪል

ሕብረተሰባኣዊ ጉዳያት ቤት ጽሕፈት ኮይኑ ኣገልጊሉ። ኣብቲ እዋን እቲ ዳርጋ ምሉእ ገጠራትን ከተማታትን ኤርትራ ብዘይካ ኣስመራ፣ ባጽዕ፣ ባረንቱን ዓሰብን ኩለን ኣብ ትሕቲ ቍጽጽር ተጋደልቲ እዩ ነይሩ። ስለዚ ከረን ብህዝባዊ ግምባር ነጻ ድሕሪ ምውጽኣ ሰንሒት ኣብ ክልተ ተኸፊላ ነበረት። እዚ ከኣ ብሸነኽ ምብራቕ ገጹ ኣብ ትሕቲ ምምሕዳር ህዝባዊ ግምባር ክኸውን ከሎ ኣቲ ምዕራባዊ ሸነኽ ከረን ከኣ ብተጋድሎ ሓርነት ኤርትራ ዝመሓደር ኢዩ ነይሩ። ስለዚ ቀንዲ ቤት ጽሕፈት ወከልቲ ፈጻሚ ኣብያተ ጽሕፈታት ዳርጋ ኣብ ሓጋት (ሓጋዝ ኢዩ ነይሩ መደበሩ። ሓጋዝ እታ ናይ 20 ጥቅምቲ 1977 ናይ ክልቲኤን ውድባት መራሕቲ ንዘተ ዝተራኸቡላ ታሪኻዊት ቦታ ኢያ።

ኣብዚ ምምሕዳር እዚ ሽውዓተ ኣብያተ ትምህርቲ ተኸፊተን ግቡእ ስርሓተን ይህባ ነይረን። ገለ ካባኣተን ምስቲ ዝነበረ ምትእትታው ናይ ብዑስማን ሳልሕ ሳበ ዝምራሕ ዝነበረ ውድብ ህዝባዊ ሓይልታት ሓርነት ኤርትራ ነቲ ዘበገስናዮ ስሩዕ ትምህርቲ ዕንቅፋት ስለዝፈጠረሉ፣ ድልየት ናይ ትምህርቲ ቁርኣን ወይ ኸልዋ ስለዝነበረ ከምዝኸፍቱ ተገብረ። ኣስማት ኣብያተ ትምህርቲ እዘን ዝስዕብ ኢየን።

መጭለል

እድርባ

ሓሊብመንተል

ኣስማጥ

መለብሶ

ኣሽራ

ሓጋዝ

ሰራዋ

በጉ

10-ሓልሓል

ህዝባዊ ሓይልታት ኣብቲ እዋን እቲ ንከባቢ ሓልሓል ተቖጻጺሮም ስለዝነበሩ ብዘስዓቦ ፖሊቲካዊ ሽግር፣ ስሩዕ ትምህርቲ መደቡ ኣቋሪጹ ነቲ ናይ ኸልዋ ወይ ናይ ቁርኣን ክመሃሩ ተገብረ። ኣብዘን ኣብያተ ትምህርቲ ዝነበሩ መማህራን ገለ ካብኣቶም ካብ ኣብ ሱዳን ዝርከብ ቤት ትምህርቲ ናይ ስደተኛታት ኤርትራውያን ብናይ ሕቡራት መንግስታት ዝሕገዝ ዝነበረ ማእከላይን ላዕለዋይን ደረጃ ካብ ዝመሃሩ ዝነበሩ ኣብ ሜ ዳመጺኣም ካብ ዝመሃሩ፡ ስውእ ተኸለኣብ ዑቕባተድሮስ፡ ጀማል ካልኦት ካብ ተጋደልትን ካብ ሱርያ ወይ ሱዳን ወይ ኣብ ዒራቕ ዝመሃሩ ዝነበሩ ከም ሃገራዊ ኣገልግሎት ንሓደ ዓመት ምሂሮም ኣብ ትምህርቶም ዝምለሱ ኢዮም። እቶም ተጋደልቲ ድማ፡ ተኸስተ ወዲ ቀሺ፡ ዑቕባስላሴ፡ ደብረጽዮን፡ ግርማይ፡ ዑቕባይ፡ ስውእ ኤሎስ፡ ኣበባ ኣብረሃ ድሒራ ካብ ምምሕዳር ቁጽሪ 10 ተቐይራ ዝተመደበት፡ ምኪኤል ሃብቱ ኢዮም ነይሮም። እቶም ንሃገራዊ ኣገልግሎት ዝመጹ ከኣ ገለ ካብኦም ጀማል፡ መሓመድ ዓሊ ወዘተ ኢዮም።

መብዝሕትኡን ኣብያተ ትምህርቲ ብቛንቋ ትግርኛ ዝምህራ ኰይነን ገለ ካብኣተን ብቋንቋ ዓረብኛ ይምህራ ነይረን። እተን ብቋንቋ ዓረብኛ ዝምህራ ዝነበራ ኣብያተ ትምህርቲ እዘን ዝስዕባ ነበራ።

መጭለል

መለብሶ

ሓልሓል

ኣስማጥ

ምምሕዳር ቁጽሪ 6. ሳሕል:-

ሳሕል ብሰሜን ምስ ቀይሕ ባሕርን ምስ ሱዳንን፣ ብምዕራብ ከኣ ምስ ሱዳንን ባርካን፡ ብሰሜናዊ ምብራቕን፡ ምብራቓዊ ሸንኽ ምስ ቀይሕ ባሕርን ምስ ሰምሃርን፡ ብደቡባዊ ሸንኽ ከኣ ምስ ሰንሒት ትዳወብ። እቲ ህዝቢ ብምሉኡ ትግረ ዝዛረብ ኮይኑ ዓረብኛ እውን ይዛረቡ ኢዮም። ሳሕል ጎላጉልን ከበሳታትን ዘለዉዋ ምምሕዳር ኢያ። ዓበይቲ ከተማታት ሳሕል ናቕፋ፡ ቃሮራ፡ ኣፍዓበት፡ ባቕላ፡ ሮራሓባብ፡ ኢየን። ወሓይዝ ዓንሰባ፡ ግን፡ ሓስታ ደላሓ፡ ካልኦት እውን ኣለዉ።

ሳሕል ስትራተጂካዊ ቦታ ብምዃና ቀንዲ ደጀን ናይ ሰውራ ኢያ ነይራ። ህዝባዊ ግምባር ነዚ ኣጸቢቓ ስለዝተረደኣቶ ድማ ኢያ ንሳሕል ከም ደጀና ጌራ ዝተጠቕመትሉ። ሳሕል እምበኣር ንክለተ ውድባት ሓቝፋ ኣብ ክልተ ተመቒላ ነይራ። ንሱ ድማ እቲ ንምብራቓዊ ሸንኽ ዝጥምት ጎቦታት ብህዝባዊ ግምባር ክመሓደር ከሎ። እቲ ምዕራባዊ ሸንኽ ዝጥምት ጎላጉልን ጎቦታትን ከኣ ብተጋድሎ ሓርነት ኤርትራ ይመሓደር ነበረ።

ክሊማ ናይ ሳሕል ደጋን ቆላን ኢዩ። ኣብቲ ንሱዳንን ንቐይሕ ባሕሪ ገጽካ ኣብ ትኸደሉ ሃሩር ክኸውን ከሎ ኣብቲ በረኽቲ ቦታታት ከም በዓል ናቕፋ ባቕላ ሮራ ሓባብ፡ ዝኣመሰሉ ቦታታት ከኣ ቆራሪ ኢዩ። መብዛሕትኡ ህዝቢ ሳሕል ከሳብ ክራማት ዝኣቱ ንሱዳን ብፍላይ ኣብ ፖርትሱዳን ዘሎ ኣብያተ ዕዮ ፋብሪካታት ድኳናትን ዝኣመሰለ ክሰርሑ ድሕሪ ምሕጋዮም ኣብ ክራማት ነንቦታኦም ይምለሱ።

ገለ ክፋል ህዝቢ ሳሕል ሰበኽ-ሳግም እዩ። ኣብዚ ንብዕራይ ልክዕ ከም ገመል ወይ ኣድጊ-በቕሊ ንመጓዓዚያ ይጥቀምሉ ኢዮም።

ኣብቲ ቆላዊ ዝኾነ ቦታ ናይ ሓረስካ ምፍራይ ልምዲ ወይ ባህሊ የብሎምን። መብዛሕትኦም ኣግማል ስለዘፋርዩ እቲ ኣግራብ ተቖጥቑጡ መሬት ንሕርሻ ክውዕል ኣይድግፉን ነይሮም። ሓደ እዋን ብዛዕባ ጠቕሚ ሕርሻ ንምግላጽን፡ እቲ ዝርከብዎ ቦታ ከኣ ንሕርሻ ምእንቲ ክጥቀሙሉ ካብ ዝብል ዕላማ ተጋደልቲ ካድራት ንህዝቢ ዓድ ኡክድ ኣኪቦም ኣስተምህሮ ሂቦም ነይሮም። ስፍሕ ዝበለ መግለጺ ማለት ምስ ካልኦት ክፍልታት ህዝቢ ኤርትራ ብማሕረስ ዝጥቀም እንዳኣወዳደሩ ኣተባባዒ ሓበረታ ሂቦም። ይኹን እምበር ኣብቲ ግዜ እቲ ሰይድና ዝበሃል ናይ ሃይማኖት መራሒ ተንሲኡ ካብ ነዚ ቦታ ንኽንሓርስ እሞ እቶት ክንረክብ ብማለት ነዚ ኣግራብ ካብ ንቖርጽ ንሕና ብጥሜት ሙማት ይሕሸና።

ነዓና እዘን ኣግማልና ልዕሊ ኩሉ ኢና ንጥምተን ናይ ካልእ ኣይግድሰናን ኢዩ ክብል ምስ ተዛረበ እቲ ህዝቢ ቃልና ኢዩ ብማለት ከይተሰማምዑ ኣኼባ ፋሒ ኢሉ። እዚ ዘረድኣ እንተልዩ መነባብሮኦም ኣብ መጓሰ ጥሪቶምን ካብኡ ብዝረኽብዎ ፍርያትን ከምዝምርኰስ እዩ ዘመልከት። እቶም ኣብ ዝባውንቲ ማለት ኣብ በረኽቲ ቦታታት ዝርከቡ ህዝቢ ማለት ከም በዓል ናቕፋ፡ ባቕላ ዝኣመሰሉ ግን ስርናይን ዕፉንን ይዘርኡ ኢዮም። ኣባይቶም ገሊኦም መንደቕ ዝሰርሑን ካልኦት ከኣ ልክዕ ህድሞን ካልኦት ውን ብፍላይ ኣብቲ ቆላዊ ዝኾነ ቦታ ብተንኮበት ኣግነት ይሰርሑ።

እቲ ምምሕዳር በዞም ዝስዕቡ ተጋደልቲ ይመሓደር ነበረ።

መጀመርያ ስውእ ሓሊብ ሰተ ከም ኣመሓዳሪ ድሒሩ ብዓብደላ ሓሰን ተተኪኡ ድሒሩ ድማ ተጋዳላይ ዑመር ሳልሕ፡ ተጋዳላይ ዑመር ዓብደላ ናይ ጸጥታ ሓላፊን፣ ድራር መንታይ ወኪል ሕብረተሰብኣዊ ጉድያት፣ ተጋዳላይ ኣቡበከር ናይ ቍጠባ ኮይኖም ምምሕዳር የካይዱ ነይሮም።

ተጋዳላይ መሓመድ ሰዒድ ጸርሕ ናይ ክንክን ስድራ ስውኣትን ተጋደልትን ከምኡ እውን ናይ ረዲኤት ሓላፊ፤ ወዲ ቦሊሲ ናይ ሕክምና ሓላፊ ብምዃን ነታ ናይ ሕብረተሰባኣዊ ጉዳያት ቤት ጽሕፈት ኣመሓደርቲ ኢዮም ነይሮም። ኩሉ ስራሓት ከኣ ሓባራዊ መሪሕነት ብምንባሩ ወርሓዊ ኣኼባ ብምክያድ ነቲ ዝሓለፈ ብምምዛን ንዝመጽእ መደባት ብምሕንጻጽ ክዋፈሩ ከለዉ ነፍሲ ወከፍ ኣብቲ ዘዝኸዶ ነቲ ዝተሰማምዑሉ ብሓባር ናይተን ክፍልታት ይዓምም ነበረ።

ኣብ ሳሕል ዝተመስርታ ኣብያተ ትምህርቲ ሓሙሽተ ኢየን ነይረን። እተን ኣርባዕተ ካብአን ማለት፡ ባቕላ፡ ላባ፡ መዝረት፡ ኣልጋዕታ ብ1976 ክኽፈታ ከለዋ እታ ሓምሽይተን ጣሕራ ከኣ ብ1978 ኢያ ተመስሪታ። ባቕላን ላባን ኣብ ህድሞ ዝመስል ገዛ ይመሃሩ ነይሮም፣ እተን ካልኦት ግን ኣብ ብዳስ ዝተሰርሐ ይመሃራ ነይረን። ኮፍ መበሊ እውን ኣይነበረን። ተመሃሮ ኣብ መሬትን ኣብ እምንን ኢዮም ኮፍ ዝብሉ ነይሮም። ካብ ዘገልገሉ መማህራን ንምጥቃስ፡ ስውእቲ ከጂጃ መሓመድ ዓሊ፡ ፋጥና፡ መዓውያ፡ ሙሳ፡ ኣርሄት፡ ሙስጠፋ፡ ወልደሱስ ነይሮም።

ጣህራ ካብ 1ይ -2ይ ክፍሊ

ባቕላ፣ ካብ 1ይ -5ይ ክፍሊ

ላባ፣ ካብ 1ይ -3ይ ክፍሊ

መዝረት፣ ካብ 1ይ- 3ይ ክፍሊ

ኣልጋዕታ ካብ 1ይ -3ይ ክፍሊ

ትምህርቲ ብቋንቋ ዓረብኛ ኢዩ ኰይኑ፣ ኢንግሊዝኛ ከኣ ከም ቋንቋ ይወሃብ ነበረ። ኣብ ናይ ኣልጋዕታ ኣቦ መንበር ዞባ ዝነበረ መሓመድ ባህዱራይ፣ ንቍሕን ግዱስን ባእታ ስለዝነበረ ኣብ ምኽፋትን ምክያድን ቤት ትምህርቲ ዓቢ ግደ ኣበርኪቱ ነይሩ።

ብዝሒ ተመሃሮ ኣብቲ መጀመርያ ግዜ ኣዝዩ ውሑድ ነይሩ፡ ድሒሩ ግን ብዝሒ

ተመሃሮ በብግዚኡ እናወሰኸ ይኸይድ ነይሩ። ደቂ ኣንስትዮን ደቂ ተባዕትዮን ኣብ ትምህርቲ ይሳተፉ ነይሮም። ህዝቢ ሳሕል ብትምህርቲ ኣዝዩ ግዱስ ኢዩ ነይሩ። ኣብ ባቕላ ክሳብ 80 ተመሃሮ፡ ኣብ ላባ ክሳብ 40፡ ኣብ መዝረት 60፡ ኣብ ኣልጋዕታ ክሳብ 50 ኣብ ጣህራ ከኣ ክሳብ 30 ዝኣኽሉ ተመሃሮ ነይሮም። ብድምሩ ኣስታት 260 ዝኾኑ ተመሃሮ ነይሮም።

ቤት ትምህርቲ ባቕላ

ባቕላ ክሳብ ሓሙሻይ ክፍሊ እትምህር ኰይና ብዝሒ ተመሃሮኣ ክሳብ 80 ተመሃሮ ይበጽሕ ነይሩ። ዝመሃሩሉ ዝነበሩ ክፍሊ ኣብ ህድሞ ኰይኑ ካብ ንፋስን ቁርን ዝከላኸል ነይሩ። ትምህርቲ ብዓረብኛ ይካየድ ነይሩ። እንግሊዘኛ ካብ ሳልሳይ ክፍሊ ጀሚሮም ከም ቋንቋ ይመሃርዋ ነበሩ።

ወለድን ሽማግለ ዓድን፤ ምስ መማህራን ብምትሕብባር፡ ነታ ቤት ትምህርቲ ዘድሊ ናይ ናውቲ ሓገዛት ማለት እቲ ህድሞ ክበላሾ ከሎ ወይ ገለ ናይ ኵርሽ፡ ስሌዳ ዝኣመሰለ ኣብ ዘድልየሉ ዝነበረ እዋን ዓቢ ምትሕግጋዝ ነይርዎም። ፖርትሱዳን ቀረባ ስለዝኾነት ከኣ ዘድሊ ነገር ንምምጻእ ብዙሕ ዘሸግር ኣይነበረን።

መማህራን፡ በቲ ተጋድሎ ሓርነት ኤርትራ እትሰደሎም ስንቂ ኣቢሎም ኢዮም ዝናበሩ ዝነበሩ። ይኹን እምበር ተቐማጦ እቲ ዓዲ ከም ጠስሚ፡ ጸባ ወዘተ ሓገዝ ይገብርሎም ነይሮም። እታ ቤት ትምህርቲ ብ1976 ኢ.ያ ተመስሪታ። እቲ እትርከበሉ ቦታ ከኣ ከበሳዊ ማለት በሪኽ ስለዝኾነ ቆሪሪ ቦታ ኢዩ። ንናቕፋ ከኣ ዳርጋ ናይ ገለ ሰዓታት ብእግሪ ርሒቓ ትርከብ። ኣብኣ ዘገልገሉ መማህራን፡ ስውእቲ ከጂጃ መሓመድ ዓሊ፡ ሙስጠፋ፣ ወልደሱስ ሃብተን ነይሮም።

እቶም ተመሃሮ ጠረጴዛ ይኹን መንበር ስለዘይነበሮም ኣብ ሰለፎም ደጊፎም ኢዮም ዝጽሕፉ ዝነበሩ። ኮፍ ዝብሉሉ ድኳ ግን ካብ ገዛውቶም ሒዞም ይመጹ ነይሮም።

ቤት ትምህርቲ ላባ

ቤት ትምህርቲ ላባ ድሕሪ ባቕላ ኢ.ያ ተኸፊታ። ምኽንያቱ ከኣ ብዓረብኛ ዝምህሩ መማህራን ስለዘይተረኽቡ ኢዩ። ከይኑ ግን ብኣገልግሎት ዝተመደቡ ኣብ ሱዳንን ኣብ ካልኦት ሃገራት ኣዕራብ ዝተማህሩ ተማሃሮ ምስተረኽቡ ብ1977 ኣቢላ ተኸፊታ። ላባ ብክሊማኣ ይኹን ብምብራኻ ንባቕላ ትመስል።

እዛ ቤት ትምህርቲ እዚኣ እውን እቲ ክፍልታታን ኮፍ ዝብሉሉን ልክዕ ከም ናይ ባቕላ እዩ ነይሩ። ክሳብ ሳልሳይ ክፍሊ፣ ቁጽሮም ድማ 40 ይበጽሕ ነይሩ። ካብቶም እንዝክሮም መማህራን መዓውያ፡ ኣርሄትን እዮም።

ቤት ትምህርቲ መዝረት

መዝረት ዓዱ ንጅግና ተዋጋኣይ ስውእ ሓምድ ዝቡይ ኢ.ያ። ኩለንተናኣ ከኣ ብጎቦ ዝተኸበት ዓዲ ኢ.ያ። ተቐማጦ እዛ ዓዲ እዚኣ ምስ ሃበሮ ብምውድዳር እቲ ድሌት ናይ ትምህርቲ ኣዚዩ ልዑል ኢዩ ነይሩ። ምኽንያቱ ደቆም ንሃበሮ ከይዶም ኢዮም ዝመሃሩ ዝነበሩ ኣብ ግዜ መግዛእቲ ኢትዮጲያ። ስለዚ ትምህርቲ ኣብ ዓዶም ክኽፈተሎም ዓቢ ሃንቀውታ ነይርዎም። ቤት ትምህርቲ ክንከፍተልኩም ድሉዋት

ኢና ግን ንመምሃሪ ዝኸውን ገዛውቲ ስለዘይብልኩም ክኽፈት ኣይከኣልን ኢዩ ምስተባህሉ። እቶም ሽማግለ እታ ዓዲ ክንደይ ክፍሊ የድልየኩም መዓስከ ክትጅምሩ ትደልዩ ዝብል ሕቶ ኣቕረቡ። እቲ መልሲ ዝነበረ ንሕና ደኣ ሎሚ ክንጅምረልኩም ንፈቱ ምስተባህሉ። እምበኣር ጽባሕ ክልተ ዳስ ክንተኽለልኩም ኢና እሞ ድሕሪ ጽባሕ ጀምሩልና ይብሉ። ዝኾነ ይኹን ሰብ ግና ኣይኣመኖምን ከምዚ ናይ ላግጺ ኢዩ ዝመስል። ሽዑ ንሽዑ ደቂ እታ ዓዲ ማለት ኣጓብዝ ኣኪቦም ቃንጫ ዘምጽእ ባላ ዘምጽእ ገመድ ዘምጽእ ኮታ ኩሉ ንክልተ ዳስ ዘድሊ ኣዕጫው ክቐርቡን ጽባሕ ነዞም መማህራን ክነርክቦም ዝብል ስምምዕ ይበጽሑ። ንጽባሒቱ ከምታ ዝበልዋ እተን ክልተ ዳስ ኣብ ውሽጢ ገለ ደቓይቕ ተፈጺመን። መዝረት እውን ክሳብ ሳልሳይ ክፍሊ ኢያ ትምህር ዝነበረት። ክሊማኣ ካብ ባቕላን ላባን ፍልይ ዝበለት ሓውሲ ሃሩርን ቁርን ስለዝኾነት እቲ ዝተሰርሐ ዳስ ዳርጋ ዝሰማማዕ ኢዩ ነይሩ። ይኹን እምበር ንፋስ ሓድ ሓደ ግዜ ስለዝብርትዕ ደሮና ንተመሃሮ የሸግሮም ነይሩ።

ኣስማት ገለ ካብቶም ዝምህሩ ዝነበሩ መማህራን ስዒድን ዓፈትን ሓሊማ፡ ሙሳን ክጥቀሱ ይከኣል። ብዝሒ ተመሃሮ ክሳብ 35 ይበጽሕ ነይሩ። ኮፍ ዝብሉሉ ከምቶም ካልኦት ኣብያተ ትምህርቲ ኣብ እምኒ ኰይኑ ኣብ ሰለፎም ተደጊፎም ድማ ይጽሕፉ ነበሩ። ኣቦ መንበር ሽማግለ ዓዲ ሓምድ ድራር ብሓቂ ንቑሕን ሕብረተሰቡ ንኽመሃር ዓቢ ድሌት ዝነበሮን እዩ ነይሩ።

<u>**ቤት ትምህርቲ ኣልጋዕታ**</u>

ኣልጋዕታ ኣብ ዓሚቕ ዝተሰረተት ዓዲ ኢያ። ኣብ ጥቓኣ ድማ እታ ብ1970 ናይታ ብጀጋኑ ተጋደልቲ ዝተጨውየት ሃሊኮፕተር ኣሰር ስብርባር ዝርከበላ ቦታ ኢያ። ክሊማኣ ዳርጋ ሓውሲ ቆላ ኰይኑ፣ እቲ ኣእዋም ኣሻኹን ኣቝጽልቶም እውን ካብቶም ዝረግፉ እዮም። ጋባ፡ ጭዓ ብብዝሒ ዝርከቦ ቦታ ኢዩ።

ኣልጋዕታ ብጻዕሪ ኣቦ መንበር ጨንፈር ሽማግለ መሓመድ ባህዱራይ ዝተባህለ ግዱስ ዜጋ ኢያ ተኸፊታ። ማለት ኣቐዲሙ ንሕክምናን ንትምህርትን ዝኸውን ክፍልታት በቶም ደቂ ዓዲ ድሮ ሰሪሑ ብምጽንሑ ነቲ ናይ ቤት ትምህርቲ ናይ ምኽፋት ዓቢ ቀላሕታ ክህቦን ከተባብዖን ክኢሉ። ክሳብ ካልኣይ ክፍሊ ትምህር ብዝሒ ተመሃሮ ድማ ክሳብ 25 ይበጽሕ ነይሩ። ዕድሚኦም ካብ 6 ክሳብ 10 ዓመት እዮም ነይሮም። ጠሬጴዛ ዘይምህላው ግና ኣብ ኩለን ኣብያተ ትምህርቲ ዓቢ ጸገም ብምንባሩ ኩሎም ኣብ ሰለፎም ተደጊፎም ኢዮም ዝጽሕፉ ዝነበሩ። ኣብ ሓሙሽትኣን ኣብያተ ትምህርቲ ብዓረብኛ ኢዩ ዝካየድ ነይሩ። ዝነበሩ መማህራን ሳልሕን ዑመርን ንዝክር።

<u>**ቤት ትምህርቲ ጣሕራ**</u>

ቤት ትምህርቲ ጣሕራ ካብ ባቕላ ንምዕራብ እትርከብ ዓዲ ኢያ። እዚ ቦታ እዚ ቆላ ስለዝኾነ፣ ኪሊማኡ ዉዑይ ኢዩ። እቲ ዝርካቡ ኣግራብ ከኣ ኣሻኹ ዝኾነ ከምኒ ጨዓ ዝኣመሰሉን ሓጸርቲ ኣግራብን ኢዮም ዝበቚሉ። ኣብዚ ቦታ እዚ ኣትማን ብብዝሒ ይርከቡ። እቶም ኣትማን ገሊኦም መርዛማት፣ ገሊኦም ግን መርዞም ቀታሊ ኣይኮነን። ከም እኒ ኣፍዑትን እዚ ጺቕ ዝብልን ካልኦት ቀጠንቲ ኣትማን ኢዮም። ጣሕራ እታ ብ1970 ዓ.ም.ፈ "ስምረት ሓይልታት ተሓኤ" ኢሉ

ዝጭራሕ ዝነበረ፣ ነቲ ኣብቲ እዋን እቲ ዝነበረ ቅልውላው ሰራዊት ሓርነት ኤርትራ ንምፍታሕ፣ ምትሕንፋጽ ዝተገብረላ ታሪኻዊት ቦታ ኢያ። ኣብዚ ከም ታሪኽ ዝገበንቶ ስውእ መሓመድ ኣሕመድ ዓብዱ ቅድሚ ቀዳማይ ሃገራዊ ጉባኤ ኣቦ መንበር ተጋድሎ ሓርነት ኤርትራ (ቅያዳ ኣልዓማ- ጠቕላሊት መሪሕነት) ዝበሎ እሞ ኣብቲ እዋን እቲ ናይ ምፍንጫላት ጥንሲ ዝነበረሉን ናይ ምግሃዱ ምልክታት ዝርኣየሉ ዝነበረን እዋን፡ ኣብ ውሽጢ'ቲ ዝካየድ ዝነበረ ኣኼባ፣ ስውእ መሓመድ ኣሕመድ ዓብዱ ከዛረብ ከሎ ገሊኦም ኪርኪር ኢሎም ዝሰሓቑ ነበሩ እሞ ከምዚ ክብል ተዛረብ፥ "ባዕዲ ቐላኢል ምን ኣል ኣያም ሰየኽረጁና ከላብ ምን ትሐተል ኣልኣስጃር ዎ ኣል ኣን የተቓህቓሁን" ትርጉሙ ከኣ "ሕጂ ኪርኪር ኢሎም ይስሕቁ ኣለዉ ድሕሪ ገለ መዓልታት ግን ካብዚ ውሽጢ ኣገራብ ኣኽላባት ከወጹ እዮም፣" ማለት ኢዩ። ብርግጽ ከምቲ ዝኣመቶ'ውን ተጋህደ።

ቤት ትምህርቲ ጣህራ ብጠለብ ናይቶም ተቐማጦ ህዝቢ ኣብ 1977 ተምስሪታ። እቲ ዝመሃሩሉ ዝነበሩ ክፍሊ ከኣ ብቃንጫን እንጨይትን ዝተሰርሐ ዳስ ብምንባሩ ንፋስ ዝከላኸል ኣይነበረን።

ትምህርቲ ክሳብ ካልኣይ ክፍሊ ኰይኑ፤ ብዝሒ ተመሃሮኣ 20 ነይሮም።

ኣርባዕተ ቀውምቲ ሕክምናን ክልተ ተንቀሳቓሲ ኪሊንክን ነይረን። ንሳተን ድማ :

ኣብ ቃሮራ ብወዲ መሸጠ ትመሓደር

ኣብ ባቕላ ብስሌማን ትመሓደር

ኣብ ጣሕራ ብገረዝጊሄር ትመሓደር

ኣብ ኣፍዓዩን ብኤሎስ ትመሓደር

ኣብ ሕክምና ዝጥቀሙ ዝነበሩ ሎሚ ብርግጽ ነቲ ሽዑ ዝነበረ መዓልታዊ ዝመላለስ ዝነበረ ቁጽሪ ተሓከምቲ ክንድዚ ነይሩ ክትብል ብዙሕ ዘጸግም እኳ እንተኾነ ብግምት ግን ብመጠን እቲ ብዝሒ ህዝቢ ክረአ እንከሎ ኣብ መዓልቲ ኣብ ቃሮራ ካብ 60 ዘይውሕዱ፡ ኣብ ባቕላ ካብ 40 ዘይውሕዱ፡ ኣብ ጣህራ ካብ 50 ዘይውሕዱ ኣብ ኣፍዓዩን ከኣ ክሳብ 40 ገጾም ይሕከሙ ነይሮም። ኣብ ነፍሲ ወከፍ መደበር ሕክምና ከኣ ክሳብ ንሳልስቲ ኣብ ገለ እዋን እውን ካሳብ ሰሙን ንሕሙማት ኣብቲ ሕክምና ይድቅሱ ነይሮም። ብፍላይ ኣፋውሶም ኣብ ዝተወሰነ ስዓታት ዝውስዱ ኮይኖም ክሳብ ሕይሽ ዝብሎም እውን ኣብቲ ሕክምና ይድቅሱ ነይሮም። መግቢ እውን እቲ ሕክምና ይኽእሎም ነይሩ። ማለት እቲ ንተጋደልቲ ተባሂሉ ዝመጽእ ስንቂ ምስኡ ንገለ ቁጽሪ ገባር ኣብ ግምት ብዘእቱ ኢዩ ዝለኣኽ ዝነበረ። ህዝቢ እውን ብዓቕሙ ይተሓጋገዝ ነይሩ።

እተን ክልተ ተንቀሳቐስቲ ክሊኒካት ካብዘን መደበራት እዝኣን ዝተዋጽኡ ኣባላት እየን ዝቖማ። በብተራ ድማ ይንቀሳቐሳ ነይረን።

ኣብዚ ዞና'ዚ ካብ ዝረአ ቀንዲ ሕማማት ሕማም ዓሶን ዓባይ ሰዓልን ኢየን። ህዝቢ በቲ ዝግበረሉ ዝነበረ ናይ ሕክምና ኣገልግሎት ክዛረብ እንከሎ "ግደፍዶ ኣብ ግዜ ሃይለስላሴ ዋላ ኣብ ግዜ ጣልያንን እንግሊዝን ከምዚ ዓይነት ኣገልግሎት ኣይረአናን" ብምባል ተ.ሓ.ኤ ንእትህቦም ዝነበረት ኣገልግሎት የመስግኑ ነይሮም። እተን ተንቀሳቐስቲ ኪሊኒክ ከከም ኣድላይነቱ ብፍላይ ኣብተን ዓድታት ካብተን

ቀዋሚ ሕክምናታት ኣዚየን ርሒቐን ይንቀሳቐሳ ነይረን። መብዛሕትኡ ግዜ ድማ ኣብ ኣዶብሓ ንኡስን ዓብን፡ ኣብ ከባቢ ሸርኢትን ሩባ ዓንሰባን ከምኡ እውን ከባቢ ደለሓን ዓምበርበብን ይንቀሳቐሳ ነይረን።

ናይ ረዲኤት ክዳውንትን ፊኖን ዘይትን ጸባን ኣብ ነፍሲ ወከፍ ወረዳ ብ1979 ቀቅድሚ ውግእ ሓድሕድ ተዘርጊሖ ነይሩ። ኣብ ገሊኡ እውን እቲ ውግእ ስለዘርከበ እቲ ህዝቢ እጃሙ ከይወሰደ ጠፊኡ ተሪፉ።

ምምሕዳር ቁጽሪ ሸውዓተ፡ ሰምሃር

ካብ ኣስመራ ንባጽዕ ዝወስድ መንገዲ ብማእከል እዚ ምምሕዳር'ዚ እዩ ዝሓልፍ፡ ስለዚ ካብ ጽርግያ ንምዕራብ ህዝባዊ ግንባር፤ ካብ ጽርግያ ንምብራቕ ድማ ተ.ሓ.ኤ. ብሒቶም ዝንቀሳቐስሉ ቦታታት እዩ ኔሩ። ኣብ መጀመርያ 1976 ጉጅለ ክፍሊ ትምህርቲ ንመጽናዕቲ ተላኢኹ ብዘቕረቦ መጽናዕቲ መሰረት፤ ምምሕዳር ክፍሊ ትምህርቲ ኣብያተ ትምህርቲ ንክኸፈት ወሲኑ፣ ኣብ ወርሒ መስከረም 1976 ዓ.ም.ፈ ንብኢደ ርእሶም፣ ፍስሃየ ሓጎስ፣ መንግስትኣብን መምርሕን ናውቲ ንስሩዕ ትምህርቲ፣ ማለት መጠን ጽዕነት ኣድጊ ዝኸውን መጻሕፍትን ርሳሳትን ጠርኒፉ ንሰምሃር ወገኖም። ምስ ኣብ ሰምሃር ዝኸረመ ጉጅለ ዑቕባይ ገረሱስ፣ ተኽለ ገረሱስ፣ ሃብታይ ሓይሎም፣ ዘሙይ ዘሚከኤልን ግርማይ ገብረሂወትን ተራኺቡ፣ ተኽእሎታት ምኽፋት ኣብያተ ትምህርቲ ኣበይን ከመይን ከምዝትግበር ንምምማይ ኣብ ኣኼባ ኣተዉ። ኣብቲ ኣኼባ ካብቶም ክድህስስዎ ዝጸንሑ ብጾት ዝቐረበ ጭቡጥ ጸብጻብ ስለዘይነበረ፣ መጽናዕቲ ክካየድ ብምስምማዕ ሰለስተ ኣባላት ካብ ጸረት ክሳብ ዙላ፤ እቶም ሰለስተ ድማ ካብ ጸረት ክሳብ ከባቢ ኣስመራ መጽናዕቶም ወዲኦም ድሕሪ ወርሒ ኣብ ጸረት ክራኸቡ ወሲኖም ተዋፈሩ። እቲ ቅድም ዝቐረበ ጸብጻብ ኣብ ዓጋምቡሳ፣ ዊዓ፣ ማልካ፡ ኣፍታ፣ ፎሮን ዙላን ክኽፈት ከምዝከኣል ሓቢሩ ስለዝነበረ፡ ኣትኩሮ ናይቲ ካልኣይ መጽናዕቲ'ውን ንዕኡ ንምጽራይ እዩ ተኻይዱ።

ጉጅለ ኣብ ከባቢ ጸረት፣ ኮቦ፣ ዓጋምቡሳ፡ ዳማስ ተንቀሳቒሱ ዝረኸቦም ውልቀ ሓረስቶትን ተቐማጦን ንባህርያት ናይቲ ከባቢን ብዝሒ ተቐማጦን ዝምልከት ሓበሬታ ዝኣከቦ ከምዚ ዝስዕብ ነይሩ፡ ጸረት-ባዓረዛ ዳማስ-ፈጠር ምስ ኣገልግሎት ናይ ባቡር መጐዓዝያ ዝተኣሳሰረ ሂወት ናይ ንግዲ፣ ዕንጨትን ፍሓምን ኣዳልዮም ዘቕርቡ፣ ተቐማጦ ሰራሕተኛታት ነቑጣ መደበራት ባቡርን ዝወርዱን ዝድይቡን ተጓዓዝቲን ኔሩ፡ ኣገልግሎት ባቡር ጠጠው ምስበለ ግን ዳርጋ ኩሎም ተቐማጦ ናብ ካልእ ቦታታት ከይዶም ወይ ተሰዲዶም እዮም፤ ሕጂ ሰብ የለን። ኣብ ሕርሻ ተዋፈሮም እትርእይዎም ሓረስቶት ካብ ከበሳ ዝወረዱ ወፈር-ዘመት'ዮም፡ እኸሎም ምስ ኣከቡ ድማ ንዓዶም ዝምለሱ እዮም።

ጉጅለ መጽናዕቲ ንምቕጻል ናብ ማልካን ዊዓን ወሪዳ ኣብ ገማግም ካብ ሩባ ሓዳስ ዝቐጸለ ዓረብቶ ዝብሃል ሩባ፤ ኣብ ክልቲኡ ገማግም ናይቲ ሩባ ዝነብሩ ሓረስቶትን ኣብ'ቲ ጎቦታት ነናቶም ጎቦ ሒዞም ከብትን ኣጣልን ዘፍርዩ ስድራታትን ረኺባ ዝረኸበቶ ሓበሬታን ናይ ዓይኒ ምስክርን ኣኪባ፣ ስሩዕ ዓድታት ዘይብሉ ኣብያተ ትምህርቲ ንምኽፋት ከምዘይክኣል ዋላ'ኳ ብሩህ

እንተነበረ፤ እታ ጉጅለ ግን ካብ ርእይትኦም ጭቡጥ መልሲ ንምርካብ፤ ተጋድሎ ሓርነት ኤርትራ ድኣ ቤት ትምህርቲ ክንከፍተልኩም እንድያ ልኢኻትና በለቶም፡ በዚ ዘለናዮ ኵነታት ዝከኣል ኣይኮነን፣ የርህወልና ድኣ'ምበር በሉ። ድሕሪ'ዚ ጉጅለ ናብ ፎሮ ተጓዒዛ ኣተወት።

ፎሮ ንእሽቶ ሓውሲ ከተማ ዝነበረት ብዘይካ'ቶም ውሑዳት ተቐማጦ ዝረኸብቶም፣ ህዝባ ናብ ስደት ገዲፉዋ ዝኸደ እያ ነይራ። ኣብቲ ዓዲ እትንቀሳቐስ ሓንቲ ጉጅለ ጸጥታ ውድብ ተሓኤ ረኺባ ሓበሬታ ድሕሪ ምልውዋጥ፡ ቤት ትምህርቲ ንምኽፋት መጺኣ ከምዘላ፤ ድሌትን ተጠቃምን ህዝቢ ኣሎ'ዶ ኢላ ምስሓተተቶም፡ ርኢኹም መዚንኩም ባዕልኹም ወስኑ'ምበር ክብሉ መለሲ ሃብዋ። ኣብ ጥቓ ፎሮ እትርከብ ኣፍታ እትብሃል ዓዲ ከይዳ'ውን ምስቶም ተቐማጦ ብጉዳይ ትምህርቲ ተዘራሪባ ባይታ ከምዘየሎ ተረዳዲኣ ናብ ዙላ ተጓዕዘት።

ዙላ ብኣዱሊስ ዝፍለጥ ታሪኻዊ ጥንታዊ ወደብ'ዩ። ዙላ ካብቲ እዛ ጉጅለ መጽናዕቲ ዝሓለፈቶ ዓድታት ዝሐሸ ሂወት ዘሎዋ ሓውሲ ከተማ፡ ብዝሒ ህዝቢ፤ ደኳክንን እንዳ ሻሂታትን ስለዝነበራ ዝዘናጋዕን ዝዛወርን ህዝባዊ ምንቅስቓስ ብምርኣይ፤ እቲ ሒዛቶ ዝመጸት መደብ ከተዐውት ተስፋ ኣንበረት። ምስ ሽማግለ ዓዲ ተራኺባ መምጺኢኣ ምኽንያት ገለጸትሎም። እዚ ዝበልኩሞ ጽቡቕ ሓሳብ'ዩ ነይሩ፡ እንተኾነ ግን ኢዶም እናመልከቱ ባጽዕ ትርእይዋ ዶ'ለኹም? ሓይሊ ባሕሪ ናይ ደርጊ ብቐጽበት መጺኡ ዓድና ኣቃጺሉ ክኸይድ ዝኽልክሎ የለን፡ ብውዕል ኢና ንነብር፡ ኣብዚ ዓዲ ተጋደልቲ ከይነእቱ ወይ ምስኦም ከይንተሓባበር ተሰማሚዕና ኢና፡ ብዝተረፈ ሕጂ'ውን ሓበሬታ እንተረኺቦም ክመጹና ስለዝኽእሉ ቀልጢፍኩም ክትወጹ ንሕብረኩም በሉዋ። ልብና ምሳኹምን ምስ ሰውራናን ኣሎ፤ ዓድና ከነድሕን ግን በቲ ውዕል ደርጊ ዝደልዮ ክንነብር ተሰማሚዕና ኢና በሉዋ። ኣይተኻታዓቶምን ድሕነቶም ስለዘገድሳ ሽዑ ናብ ዝነቐለትሉ ቦታ ተመለሰት።

ድሕሪ ዳርጋ ወርሒ ክልቲኡ ጉጅለ መጽናዕቱ ወዲኡ ኣብ ጸረት ተራኸበ። ኣብ ኣኼባ ኣትዩ መጽናዕቱ ብዝርዝር ድሕሪ ምምዛን ስሩዕ ቤት ትምህርቲ ንምኽፋት ዋላ ኣብ ሓደ ቦታ'ውን ይኹን ከምዘይከኣል ብሩህ ኮነ። ጸብጻቦም ነቲ ሽዑ ዝነበረ ወኪል ሕብረተሰብኣዊ ቤት ጽሕፈት ኣብ ሰምሃር፣ ተጋዳላይ ኢብራሂም ዓሊ ምስ ኣቕረቡሉ፡ ንሱ ብወገኑ ምስ ጠቕላላ ኣማሓዳሪ ወደልናዝር ብምምይያጥ ንቤት ጽሕፈትና ማለት ንባርካ ክንምለስ ወሰኑ። ብምሉኦም ድማ ኣብ ታሕሳስ 1976 ዓ.ም.ፈ. ንባርካ ተመልሱ። ኣብ መደምደምታ፡ ቤት ትምህርቲ ንምኽፋት ደቂቕ መጽናዕቲ ኣካይዶም፡ እንተኾነ ግን ብመሰረት ዘይቕሱን ጸጥታውን ቍጠባውን ምኽንያታት ዘይከኣል ኲይኑ ረኺብዎ።

ሕብረተ-ሰብኣዊ ኣገልግሎት ብተጋድሎ ሓርነት ኤርትራ

ኣብ ኣውራጃ ሓማሴን (ምምሕዳር ቁጽሪ 8)

ኣውራጃ ሓማሴን ኣብ ሕምብርቲ ኤርትራ እትርከብ ርእሰ ከተማ ኤርትራ ኣስመራ እትውንን ኲይና ብሰሜን ምስ ሰንሒት፡ ብደቡብ ምስ ኣከለጉዛይን ሰራየን፡ ብምብራቕ ምስ ሰምሃር፡ ብምዕራብ ድማ ምስ ባርካ ላዕላይ ትዳወብ።

ህዝቢ

ህዝቢ ሓማሴን መብዝሕትኡ ኣብ ሕርሻ ዝተመርኰሰ እዩ እኳ እንተተባህለ ብሰንኪ እቲ ሰንሰለታዊ መግዛእቲ ባዕዲ ዘተኣታተዎ ምዕብልናታት ብዙሓት ካብ ገጠራት ሓማሴን ናብ ኣስመራ ብምእታው ብዙሕ ናይ ምዕራብ ኣተሓሳስባ፣ ክእለታትን ባህልታትን ዝተጸልወ ህዝቢ ኢዩ።

ብዙሓት ምሁራትን ነኣሽቱ ነጋዶን፡ ነደቕቲ፡ ጸረብቲ ..ወዘተ ድማ ፈርዮም ኢዮም። እቲ መነባብሮ ኣብ ኣስመራ ዝነበረ ካብቲ ናይ ገጠራት ወይ ዓድታት ዝሓሸ ስለዝነበረ ብዙሓት ስድራቤታት ናይ ገጠር ካብቲ ኣብ ከተማ ኣስመራ ዝነበረ ቤተሰብ ይሕገዙ ከም ዝነበሩ ዝዝከር እዩ።

ኣብ ከባቢ ኣስመራ ብዙሓት ብውልቀ ሰባት ዝውነኑ ናይ ጀራዲን ኣሕምልቲ፡ ሰላጣ፡ ቆስጣ፣ ድንሽ፡ ካሮት፡ ኮሚደሮ ዝኣመሰሉ ይሕፈሱ ወይ ይፈርዩ ነይሮም እዮም። እዚ ግን እኹል ኲይኑ ነቲ መነባብሮ ህዝቢ ኣብ ከተማ ዝርከብ ኮነ ኣብ ገጠራት ዝርከብ ብዙሕ ለውጢ ከምጽኣሉ ኣይከኣለን።

እቲ ኣብ ገጠር ዝርከብ ህዝቢ ኣብቲ ረቂቕ ዘይስቡሕ መሬት ሓንግ ክብል ብዙሕ ይሽገር ስለዝነብረ፤ ነቲ ሽግር ንምምካት ዳርጋ ኣብ መብዛሕትኦን ዓድታት እንዳሻሂ፡ እንዳስዋ፡ ድኳናት፡ ቤት መግቢ፡ ብምኽፋት ጎናዊ እቶት እናገበረ ገለገለ ሽግራቱ ይፈትሕ ነበረ።

እቲ ኣብ ምዕራባዊ ገማግም ኣውራጃ ሓማሴን ዝርከብ ህዝቢ እቲ ክእለት ወይ ዓቕሚ ዝነበሮ ንጋሽ ምምሕዳር ቁጽሪ 1 ብምውራድ ከምኡ እውን እቲ ኣብ ምብራቓዊን ሰሜናውን ገማግም ዝነበረ ድማ ንባሕሪ ብምውራድ ሕርሻ የካይድ ነበረ።

እዚ ኣኪብካ ደሚርካ መነባብሮኡ ኣብ ዝተሓተ ጥርዚ ኢዩ ነይሩ ኣኳ እንተተባህለ፡ ብዝተፈላለዩ ባዕዳውያን ገዛእቲ ዝረብረበ ስለዝነበረ ናይ ሽግሩ ፍታሕ ነጻነቱ ጥራይ ምኧኑ ተጠራጢሩ ኣይፈልጥን። ስለዝኾነ ድማ ንሰውርኡ ሓንጎፋይ ኢሉ ዝተቐበለን ዝዓንገለን ኢዩ። ንተጋደልቲ ኣብ ትሕቲ ሕቍፍኡ ዘስፈረ ብምንባሩ ተጋደልቲ ሓይልታትና ኣብ ከባቢ ኣስመራ መደበረን ኰነ። ጸላኢ ድማ ምትንፋስ ስኢኑ ዓቕሉ ከም ዝጸቦ ኮነ።

መኸተ ተጋድሎ ሓርነት ኤርትራ ብሕብረተሰባኣዊ ጉዳያት ቤት ጽሕፈት ኣቢሉ ኣብ ምምሕዳር ቁጽሪ 8 ምስ ጠለብ መደብ ዕዮ ብህዝቢ ዝነበሮ ተቐባልነት ዕዙዝ ነበረ። እቲ ዕጥቂ ድማ ተመሃሩ፣ ተሓከሙ ምስኡ ድማ ረድኤት ንስድራቤት ስውኣትን ስደተኛታትን (ካብ ኣስመራ ዝወጹ) ንስድራቤት ኣዝዩ ዝጸገመን ይረድእ ስለዝነበረ፤ ህዝባዊ ሓይልታት ኮነ ደርጊ ምስዚ ዝካየድ ዝነበረ ንጥፈታት ክወዳደሩ ኣይከኣሉን።

ኣብ ከምዚ ዝኣመስለ ኩነታት ምምሕዳር ቁጽሪ 8 በዞም ዝስዕቡ ሽማግለ ነብሱ ሰሪዑ ንጥፈታቱ ብምውህሃድ የሰላስል ነበረ።

1. ገብራይ ተወልደ ጠቕላል ኣመሓዳሪ
2. ኣብረሃም እያሱ ጸጥታ ቤት ጽሕፈት ሓላፊ
3. ሃይለ ወልዱ ምጣኔ ሃብታዊ ቤት ጽሕፈት ሓላፊ
4. ተወልደ ገብረዝጊ ወኪል ሕብረተሰባኣዊ ጉዳያት ቤት ጽሕፈት
5. ኣስገዶም ርእሶም ፖለቲካዊ ቤት ጽሕፈት

መደብ ስራሓቶም ብንጹር ንህዝቢን ምምሕዳርን ገሊጾም ብኹሎም ምሉእ ተቐባልነትን ምትሕብባርን ድማ ረኺቡ።

ዑደት መጽናዕቲ ንስሩዕ ትምህርትን ወፍሪ ምጥፋእ መሃይምነት ኣብ ሰራዊትን

ክፍሊ ትምህርትን ክፍሊ ህዝባዊ ናብራ ዕብየትን ሽዱሽተ ወርሒ ዝወሰደ ጊዜ ምድላው ስርዓተ ትምህርቲ (ካሊክሩም) ኣብ ሆሚብ ምስ ፈጸሙ፤ ኣብ መወዳእታ ወርሒ ሕዳር 1975 ዓ.ም.ፈ. ናብ ህዝብን ሰራዊትን ተዋፊሮም መደቦም ኣብ ግብሪ ከውዕሉ ነቒሉ። ክፍሊ ትምህርቲ ካብ ቀዳማይ ክሳብ ራብዓይ ክፍሊ ስርዓተ ትምህርቲ ንስሩዕ ኣብያተ ትምህርትን መደብ ምጥፋእ መሃይምነት ንሰራዊትን ህዝብን ዝውዕል ኣዳልዩ ነበረ። ክፍሊ ህዝባዊ ናብራ ዕብየት'ውን ብወገኑ ናብ ህዝቢ ዝዝርጋሕ መደብ ኣዳልዩ ንምትግባሩ ተቐሪቡ ነበረ። ምምሕዳር ሕብረተሰብኣዊ ጉዳያት ቤት ጽሕፈት ኣብ ድሮ ንቕሎ ወፍሪ፤ ኣኼባ ናይ ምሉኣት ኣባላት ብምክያድ መፋነዊ ቃል ብምሃብ፣ መደብ ኣባላትን ጉጅለታቶምን ወፍሪ ናብ ኩለን ምምሕዳራት ኤርትራን ኣፍለጠ።

ብደቂ ዕስራን ሰላሳን ዝዕድሚኦም ዝተዓብለለ፤ ብመንእሰያት ደቂ-ተባዕትዮን ደቀ -ንስትዮን ዝቖመ ናይ ናጽነትን ሓርነትን ንሁር ሓይሊ እዩ ነይሩ። ናብ ህዝብን ሰራዊትን ተዋፊሩ ግቡኡ ንኽፍጽም ክጠልብ ተሃንጢዩ ዝጸንሐ፣ መዓልቲ ንቕሎ ምስ በጽሐ ናይ ታሕጓሱን ንያቱን ጽንብል ብድሙቕ ጓይላ ገሊጽዎ። ኣብቲ እዋን'ቲ ልዕሊ 120 ዝቝጽሮም ኣብኡ ዝነበሩ ኣባላት ዝተሳተፍዎ፤ ብዘይካ ስዉኣት ብሂወት ዘለዉ ኣብ ዝተፈላለያ ውድባትን ኣብ ሰላማዊ ናብርኦም ዘለዉን ዝዝክርዎ ታሪኻዊ ህሞት'ዩ።

በዚ መሰረት'ዚ ከም ቀዳማይ ዕማም ምጥፋእ መሃይምነት ኣብ ሰራዊት፤ ከም ካልኣይ ዕማም ድማ ስሩዕ ትምህርቲ ንቑልዑ ዝኽፈተሉ መጽናዕቲ ንምክያድ፣ 13 ኣባላት ክፍሊ ትምህርቲ ብተጋዳላይ ተኽሊት መንግስቱ ዝምራሕ ጉጅለ፤ ኣባላቱ ድማ ጸጋይ ተስፉይ፣ በላይ ኣውዓሎም፣ ፍስሃየ ሓጎስ፣ የማነ ጸጋይ፣ ተኽለ ገረሱስ፣ ብኢደ ወ/ሚካኤል፣ ጅምዕ ዓብደላ፣ ደበሳይ ገብረቃል ሃተማርያም ሓየሎም፡ ረዘነ፡ ሃብተስላሰ ወዘተ ዘለዉዎም ናብ ምምሕዳር ቍጽሪ 8 (ኣውራጃ ሓማሴን) ተመደበ። ጉጅለ ኣብተን ኣብ ከባቢ ኣስመራ፣ ማለት ኣብ ዓዲ ያዕቆብ፣ ዓዲ ቢደል፣ ሃዘጋ፣ ዳዕሮ፣ ዑና ናላይ ወዘተ ዓሪደን ዝነበራ ሓይልታትን ጋንታታትን ናይ በጠሎኒ ሮሞዳን ሙሳ ተመዲቡ ምስቶም ኣብ'ቲ ጋንታታት ዝጸንሑ ምሁራት ተሓባቢሩ ነቶም ናይ ትምህርቲ ዕድል ዘይረኸቡ ተጋደልቲ ካብ ምንባብን ምጽሓፍን ተበጊሶም ደረጃ ትምህርቶም ከማዕብሉ ዕድል ከፈተሎም።

እቲ መጀመርያ ዝተዳለወ መጻሕፍቲ ምጥፋእ መሃይምነት፤ ቋንቋ ትግርኛ ኣንቢብካን ጽሒፍካን ዘኽእል፤ ኣርባዕተ መደባት ቍጽሪ ማለት ምድማር፣ ምጒዳል፣ ምርባሕን ምምቃልን ዘኽእል እዩ ነይሩ። ኣብ ውሽጢ ሰለስተ ወርሒ ስርሑ ፈጺሙ ንተሓባበርቲ መማህራን ኣብ ጋንታታት ዝነበሩ መደብ ምጥፋእ መሃይምነት ክቕጽልዎ መምርሒ ሂቡ ናብቲ ካልኣይ ዕማሙ ማለት መጽናዕቲ ንስሩዕ ትምህርቲ ንምኽፋት ተዋፈረ።

ጒድለ ክፍሊ ትምህርቲ ዕማሙ ኣብ ጋንታታት እናፈጸመ ከሎ ኣብ ዘጋጥም ዝነበረ ውግኣት ምስ ብጾቱ ኣብ ውግእ ይሳተፍ ነይሩ እዩ። ሓደ ኣብቲ እዋን'ቲ ካብ ዘጋጠመ ውግእ ምዝካር ኣድላዪ እዩ።

ኣብ ወርሒ ጥሪ 1976 ዓ.ም.ፈ. ጸላኢ ኣብ መታሕት ንዝነበሩ ሰራዊቱ ስንቂ ንኸብጽሕ ኮለኛ የዳሉ ምንባሩ ናይ ውሽጢ ሓበሬታ ይበጽሕ፡ በዚ መሰረት'ዚ ኣብ ከባቢ ኣስመራ ዝነበራ ሓይልታት ተጋድሎ ሓርነት ኤርትራ፣ ጸላኢ ንኸይሓልፍ ተዳልየን ይጽበያ፡ ጸላኢ ቕልቅል ምልስ እናበለ ነቲ ካብ ማይ ሑጻ ክሳብ ዓመጺን ተኮርን ዓሪዱ ዝነበረ ሰራዊት ሓርነት ብለይቲ ቍሪ፣ ጸሓይ ብቕትሪ እናተወቕዐ ንኣርባዕተ መዓልታት ብምጽባይ ከምዝደከም ጌሩ፣ ኣዳህሊሉ ንእምባደርሆ ሓሊፉ ኣብ መጻብቦ ተኮር ምስ በጽሐ፡ ሓይልታት ካብ ጽርግያ ንምዕራብ ዘሎ ጎቦታት ዓሪደን ብዶሽካ፣ ሃወን፣ ካረኖፍ ብረይናትን ፊኵስ ብረትን ሓዊ ነዝሓሉ፤ ጸላኢ ዝኸሰረ ከሲሩ ብዝነበሮ ናይ ታንክታት ኣርቲለሪን መዳፍዕን ጸብለልትነት ንድፍዓት ተጋደልቲ ብኸቢድ ደብዲቡ ጥሒሱ ክሓልፍ ከኣለ። ብምሕላፉ ዘንጸርጸረ ሰራዊት ሓርነት፣ ኣስመራ ኣቲና ክንውቕዕ ኣሎና ክብል ጠለበ፡ ኣብቲ እዋን'ቲ ነቲ ውግእ ዘወሃህድ ዝነበረ ኣባል ፈጻሚት ሸማግለ ተጋዳላይ መልኣከ ተኽለ፣ ካብ በጠሎኒ ናይ ተጋዳላይ ሮሞዳን ሙሳ ዝተዋጽአ ኣሃዱታት ብመሪሕነት መራሕ ሓይሊ ተጋዳላይ ከቢድ ተስፋስላሴ ንወኪድባ ሓሊፉ ብምዕራድ፤ ንፎርቶን ካምቦ ጦር-ሰራዊት ቪላጅ-ጁንዮን ብዶሽካን ሃወንን ከምዝድብደብ ተጌሩ፡ ኣሃዱታት ብዘይ ገለ ክሳራ ንሃዘጋ ኣጋ ወጋሕታ ተመልሳ።

ጒድለ ክፍሊ ትምህርቲ ንሓደ ወርሒ ዝኣክል ኣብ ሓራ ዝወጸ ወረዳታትን ዓድታትን ሓማሴን፣ ኣኼባታት ንህዝቢ ብጉዳይ ምኽፋት ኣብያተ ትምህርቲ ኣሰላሲሉ። ኣብቲ ኣኼባታት ምስ ህዝቢ ብምትሕብባር ጸጥታዊ ኵነታት ከባብን ብዝሒ ንዓቕመ-ትምህርቲ ዝበጽሑ ቆልዑን ዘጠቓለለ መጽናዕቲ ኣዳልዩ ንመደበር ምምሕዳር ክፍሊ ትምህርቲ ተጓዕዘ። ምምሕዳር ድማ ብመሰረት'ቲ መጽናዕቲ ኣድላዪ ናውቲ ትምህርትን መማህራንን መዲቡ።

ድሕሪ ጥጡሕ ባይታ ምፍጣር ድማ እዞም ዝሰዕቡ ኣባላት ክፍሊ ትምህርቲ እቲ መደብ ዕዮ ተጀመረ።

ተመክሮ ተሓኤ ንሃገራዊ ናጽነትን ማሕበራዊ ፍትሕን

ተራ ቁ	ስም ኣባል	ተራ ቁ	ስም ኣባል
1	ጸሃየ በየነ	17	ጊላይ ራሶም
2	ሂወት ስምረት	18	ስዩም ጸጋይ
3	ቅድስቲ መንግስተኣብ	19	ተወልደ መሓሪ
4	ወልደሂወት ቀለታ	20	መሓሪ ዮውሃንስ
5	ገብራይ ኪዳነ	21	ተስፋገርጊስ
6	ስዩም ባርያጋብር (ስውእ)	22	ዘውደ
7	ብርሃነ ተስፋይ	23	ሃብተገርጊስ
8	ኣሚነ ሃብተማርያም	24	ሳሙኤል ገሰሰው
9	ደበሳይ ገብረቃል	25	ምብራቕ ሚኪኤል
10	ገነት ትስፋሁነይ	26	ተስፋይ
11	ሑሰን (ስውእ)	27	ተኽለዝጊ ዑቕባገርጊስ
12	ለተብርሃን	28	ኣብረሃም ዑቕባሚካኤል
13	ኣልማዝ ተወልደ	29	ሓጎስ ስዩም
14	መኰነን ተስፋማርያም	30	ወዲ ዕምበባ
15	ግርማይ ለገሰ	31	ሰመረ
16	መኰነን ገርጊስ		

ኣብቲ ዝካየድ ዝነበረ ዓውደ-ውግኣት ተሳቲፎም ብመስዋእቲ ዝሓለፉ ኣባላት ሕብረተ ሰብኣዊ ጉዳያት ቤት ጽሕፈት፣ ብዙሓት እኳ እንተኾኑ፣ ብስእሊ ዝተታሕዘ ሰነድ ክንረክብ ግን ኣይከኣልናን። ናይ ሓርበኛ ስዉእ ተጋዳላይ ስዩም ባርያጋብር ስእሊ ግን ካብ ሓዉ ታደሰ ባርያጋብር ስለዝረኸብና እነሆ ኣብ መጽሓፍና ከነስፍሮን ብዛዕባኡ ሓጺር ሓበሬታ ክንህብን በቒዕና።

ሓርበኛ ተጋዳላይ ስዉእ ስዩም ባርያጋብር

ብ1975 ክፍሊ ትምህርቲ ኣብ ሆሚብ ምስቆመ፣ ስዩም ኣባል ናይታ ኣካያዲት ሽማግለ ኣብ መደበር ዝቐመት ኰይኑ ከገልግል ጸኒሑ ኣብ መወዳእታ 1976 ድማ

ምስታ ኣብ ምምሕዳር ቀዳማይ ሸሞንተ ዝተመደበት ጉጅለ መማህራን ኰይኑ ድሕሪ ምግልጋሉ ናብ ማእከላይ ቤት ጽሕፈት ተሳሒቡ ምኽትል ሓላፊ ስርዓተ ትምህርቲ (ካሪኩሉም) ተመዲቡ ክሳብ 1980 እናገልገለ ከሎ ከም ጐድናዊ ዕማም፣ ብጆርጅ ኦርወል ብቋንቋ እንግሊዝኛ ዝተጻሕፈ "ኣኒማል ፋርም" ዝተባህለ መጽሓፍ፤ "ደንበ እንስሳ" ዝብል ኣርእስቲ ሂቡ ብትግርኛ ተርጒሙዎ ነይሩ። 1980 ብምሕዝነት ሻዕብያ-ወያኔ ኣብ ልዕሊ ተ.ሓ.ኤ ኣብ ዝተኻየደ ወራር ውግእ ብፍላይ ብግንባራት ደንከልን ሳሕልን ዘካየድኦ መጥቃዕቲ ጀብሃ ምስተደፍአት፡ መሪሕነት ተ.ሓ.ኤ. "ንውድብና ብጅግንነት ክንከላኸለላ ኢና" ኣብ ትሕቲ ዝብል ጭርሖ፣ ንመብዝሕትኦም ኣብ ኣብያተ ጽሕፈትን ክፍልታቱን ተመዲቦም ዝነጥፉ ዝነበሩ ተጋደልቲ ስሒቡ ኣብ ብርጌዳት ከምዝምደቡ ገበረ።

ኣብዚ እዋን'ዚ ስዩም ዘለዎም ኣባላት ሕብረተሰብኣዊ ጉዳያት ቤት ጽሕፈት ኣብቲ መደብ ኣተዉ። ኣብዚ መደብ'ዚ ሓርበኛ ተጋዳላይ ገዛኢ ይሕደጎ፣ ሓላፊ ምክትታል (ሱፐርቫይዘር) ናይ ክፍሊ ትምህርቲ ምስ ስዩም ከምዝነበረ ይፍለጥ። ኣብ ክፍላ 1981 ተ.ሓ.ኤ. ተደፊኣ ኣብ ባርካ ከርከበት ዝተባህለ ቦታ ኣብ ዝተኻየደ ውግእ፣ ስዩም ምስተወግአ፣ ገዛኢ ንዕኡ ንምልዓል ኣብ ዝገብሮ ዝነበረ ፈተነ ተማሪኹ። ስዩም ተሰዊኡ፣ ገዛኢ ግን ተማሪኹ ናብ ቤት ማእሰርቲ ህዝባዊ ግንባር ተወሲዱ ከም እሱር ተታሒዙ እንከሎ ክጋደል ተሓቲቱ ምስኣበየ፡ ምስ ኣብ ዩኒቨርሲቲ መማህርቱ ዝነበረ ተጋዳላይ ስብሓት ኤፍረም ከምዝራኸብ ተገብረ። ስብሓት ካብ ማእሰርቲ ወጺኡ ክቃለስ ከምዘዕገቦን ኣብ ሓይልታት ተመዲቡ እናተቓለሰ እንከሎ ብዙሕ ከይጸንሐ ከምዝተሰውአ ተረጋጊጹ። ናይ ገዛኢ መስዋእቲ ብዕሊ ንስድራ ቤቱ ዘይተነግረን ኰነታቱ ዘይተፈልጠን ኰይኑ፡ ክሳብ ናጽነት ኤርትራ ስለዝጸንሐ፤ መማህርቱን እሙን ዓርኩን ተጋዳላይ ተኽልዝጊ ዑቕባጊርጊስ ናብ ኣስመራ ከይዱ ነቲ ሓበሬታ ከም ዘጻረዮን ደረስቲ'ዚ መጽሓፍ ካብ ነቲ ጉዳይ ዝተኸታተሉ ዝረኸብዎ ሓበሬታ እዩ። እዞም ክልተ በላሕትን ውፉያትን ተቓለስቲ ኣብ ኣዲስኣበባ ዩኒቨርሲቲ ብባችለር ዲግሪ ተመሪቖም እናሰርሑ ጸኒሖም ኣብ መጀመርያ 1975 ኣብ ተ.ሓ.ኤ ተሰሊፎም ንናጽነት ኤርትራ እናተጋደሉ፣ ኣብ ክፍሊ ትምህርቲ ተመዲቦም፣ ትምህርቲ ኣብ ህዝብን ሰራዊትን ክዝርጋሕን ክምዕብልን ኣገዳሲ ተራ ካብ ዘበርከቱ ጀጋኑ ምንባሮም ክዝከሩ ይነብሩ። ስድራ ቤት ባርያጋብር፣ ስዩምን ኣርባዕተ ስዉኣት ኣሕዋቱን ዘወፈየት እያ።

ስሩዕ ኣብያተ ትምህርቲ

1. ቤት ትምህርቲ ማይጋብር -ቤት ትምህርቲ ስውእ ዓንዳይ
2. ቤት ትምህርቲ ማይ ገዓሶ
3. ቤት ትምህርቲ ደቂ ዘርኡ
4. ቤት ትምህርቲ ውጭርዋ- ቤት ትምህርቲ ስውእ ዑቕባጋብር
5. ቤት ትምህርቲ ሕምብርቲ ድማ ተኸፊተን ስረሐን ጀመራ።

ነቲ ኩሉ ተቓውሞ ኮነ ዕንቅፋት ካብ ህዝባዊ ሓይልታት ካብ ካርነሽም ዝብገስ፣ ካብ ደርጊ ድማ ካብ ኣስመራ ዝብገስ ዕንቅፋታት ጥሒሱ እዘን ኣብ ላዕሊ ዝተጠቕሳ ኣብያተ ትምህርቲ ካብ 1ይ ክሳብ 6ይ ክፍሊ ተመሃሮ ተቐቢለን

ክምህራ ጀመራ።

ንቤት ትምህርቲ ዘድልዩ ነገራት፡-

1. ካብ ኣብያተ ትምህርቲ ኣብ ትሕቲ ኢትዮጵያ ዝነበራ ከም ኩርሽ፣ ጠረጴዛታትን ሰሌዳ እኹል መበገሲ ተረኺበ።
2. መጻሕፍቲ ካብ ውድብ ኰይኑ ገለ ጥራዝውትን ርሳሳትን ድማ ከም መበገሲ ብነጻ ይወሃብ ነበረ።
3. ክፍልታት ኣብያተ ትምህርቲ በዚ ዝስዕብ ዝተሰርሓ ነበራ። መብዛሕትኦም ዳሳት ኰይኖም ብላዕሊ ብዚንጎ ዝተኸድነ ነበረ። ገለ ድማ ኣብ በዓትታት ዝተሰርሐ ነበረ። ንኣብነት ቤት ትምህርቲ ማይ ጋብር ኣብ በዓቲ ኢያ ተሰሪሓ።

ስሩዕ ኣብያተ ትምህርቲ ዝተመርኰሰሉ ቦታታት እዚ ዝስዕብ ዘማልአ ነበረ።

እቲ ቦታ ዓይኒ ማይ ስለዝነበሮ።

ካብ ቀወምቲ ሕክምናታት ብዙሕ ዘይረሓቐ።

ካብ ነፈርቲ ጸላኢ ዝተሓብአ'

ህዝቢ ዝተሰማምዓሉ ኰይኑ ኣብ ምስርሑ ህዝቢ ዝለዓለ ተሳታፍነት ነይርዎ።

ተመሃሮ ምስ ወኪል ክፍሊ ትምህርቲ ተጋዳላይ ተወልደ መሓሪ

ቤት ትምህርቲ ማይ ጋብር፡-

ኣብ በዓቲ ዝተሰርሐት ኰይና ነዘን ዝስዕባ ዓድታት ተገልግል ነበረት።

1. ዓዲ ነኣምንን ኩለን ደምበታት ዓዲ ነኣምን

2. ምለዛናይ ምስ ደንበታትብዝሒ ተመሃሮ ኣስታት 250 ኣቢሎም ይኾኑ ነይሮም።

ተመሃሮ ናይ ሳልሳይ ክፍሊ ምስ ተጋደልቲ መማህራኖም

ኣብ ቤት ትምህርቲ ማይ ጋብር ዝነበሩ ጽባሕ ዓቢ ናይ ህዝቢ ምንቕቓሕ ግደ ነበሮም። ኣብ ሕርሻን ስነኪነት ማለት ጽርበት፡ ብዒቃ ገመድ ምስራሕ፡ ንዘፍረይዎ ኣብ ዕዳጋ ብምሻጥ ርእሰማል ቤት ትምህርቲ ኰይኑ ኣብ ኢድ ናይ ቤት ትምህርቲ ሽማግለታት ይተሓዝ ነበረ።

ቤት ትምህርቲ ማይ ገዓሶ

ክፍልታት ብዳስ ዝተሰርሐ ኰይኑ ብዚንጎ ዝተኸድነ ዝነበረ። ክፍልታት ኣብ ትሕቲ ዓበይቲ ዳዕሮታት ስለዝተሰርሐ ጽቡቕ ጽላል ይረክብ ነበረ። ቤት ትምህርቲ ማይ ገዓሶ ነዘን ዝስዕባ ዓድታት ተገልግል ነበረት፡-

1. ዓዲ ሃንስ ምስ ደንበታት፡
2. መቕርካ
3. ጸበላ
4. ዓዲ ወርሒ ሰብ
5. ጽላለ
6. ደቂ ዳሽም
7. ደቂ ሽማይ ምስ ደንበታት

ቤት ትምህርቲ ማይ ገዓሶ ምስ ቤት ትምህርቲ ማይ ጋብር ዝወዳደሩ ጽባሕ ነበርዋ። ኣብ ሓራ ምውጽእ መንደፈራን ዓዲ ኳላን ከይዶም ዓቢ ምልዕዓል ዘበርከቱ ጉጅለ ኢዮም ዝነበሩ። ብዝሒ ተመሃሮ ኣስታት 300 ኣቢሉ ይኸውን።

ቤት ትምህርቲ ደቂ ዘርኡ- ደቂዘርኡ-ደርሰነይ

ብዝሒ ተመሃሮ ኣስታት 150 ኣቢሎም ይኾኑ ነይሮም።

ቤት ትምህርቲ ዉጭርዋ ብቤት ትምህርቲ ስውእ ዕቋር ኢያ እትፍለጥ። እዛ ቤት ትምህርቲ እዚኣ ፍልይ ዝበለት ነበረት። ብትግርኛ ጥራይ ዘይኰነ ዓረብኛ እውን

ብስውእ ሓሰን ዓብደልቃድር ይወሃብ ነበረ። ነተን ካብ መንሱራ ልዒለን ዝርከባ ከም በዓል ዓዲ ሕመድ ስለዝሸፍን እዛ ጉጅለ እዚኣ ኣብቲ ሳሕቲ ኣብ ህዝቢ ብናይ ማይ ይኹን ብኻልእ ምኽንያታት ዝነቅል ጐንጺታት ኣብ ምእላይ ይኹን ምቅርራብ ዓቢ ግደ ተጻዊታ ኢያ።

ብዝሒ ተመሃሮ ኣስታት 100 ኣቢሎም ይኾኑ ነይሮም።

ቤት ትምህርቲ ሕምብርቲ

ሕምብርቲ ዓባይ ዓዲ ስለዝነበረት ደሓን ጽልዋታት ንምስራጽ ሓደ ቤት ትምህርቲ ተኸፊተ። ብሂወት ስምረትን፡ ዳዊት ስምረትን ድማ ትካየድ ነበረት። ብግዜ ደርጊ ኲነ ብህዝባዊ ግንባር ቅሳነት ስለዘይረኸበት ግን ንነዊሕ ከተገልግል ኣይከኣለትን። ብዝሒ ተመሃሮ ኣስታት 150 ኣቢሎም ይኾኑ ነይሮም።

እዘን ኣብ ላዕሊ ዝተጠቕሳ ኣብያተ ትምህርት ሰረሐን ምስ ጀመራ ንከባቢኤን ዝርከባ ዓድታት ናይ ምጥፋእ መሃይምነት መደብ ዕዮ ንኽካየድ ከነቓቕሓ እሞ ኣብ መብዛሕትኡን ዓድታት ብማሕበር መንእሰይ ዝካየድ ናይ ምሸት ቤት ትምህርቲ ተኸፍታ። እቲ ናይ ኣንቢብካን ጽሒፍካን ምኽኣል ዝለዓለ ቦታ ሒዙ ነበረ። ምትሕብባር ናይ ወለዲ ኣብ ገንዘብ ኣውጽእካ ከም ላምባ ምግዛእን ፋኑስ ምቅራብን ዝምስገን ኣስተዋጽኦ ነይርዎ።

መንእሰያት ነቲ ምሽታዊ ቤት ትምህርቲ ዘድሊ ነገራት ካብተን ኣብ ከባቢኦም ዝረከባ ቀወምቲ ኣብያተ ትምህርቲ ኮነ ካብ ቤት ጽሕፈት ሕብረተሰብኣዊ ጉዳያት ቤት ጽሕፈት ይውሰድ ነበረ።

ካብተን ዝልለያ ምሸታዊ ቤት ትምህርቲ ምጥፋእ መሃይምነት ዘካየዳ ዝነበራ ዓድታት እዘን ዝስዕባ ነበራ።

ዋስዳምባ	ሓዲሽ ዓዲ	ሃብረሃማርም	ደርሰነይ
ሽማንጉስ ታሕታይ	ሓበላ	ዓዲ ብደል	ሕምብርቲ
በርዑና	ደቂ ዘርኡ	ይከኣሎ	ምንጉዳ
ሊባን	ደንበዘራጼን	ዓዲ ነኣምን	ቀረናኹዶ
መቖርካ	ዓዲ ተከለዛን	ዓዲ ብደል	ሓዘጋ
ጸዓዘጋ	ደቀምሓረ	ዴዳ	ዉጬርዋ
ጐዳጉዲ	ዓዲ ሃንስ	ዓዲ ጽንዓይ	

እቲ ምሸታዊ ኣብያተ ትምህርቲ ብሰንኪ እቲ ዝነበረ መነባብሮን ተጻባእቲ ሓይልታትን ብዙሕ ስንከልከል ይብል ስለዝነበረ፡ ንዝነበሩ ብዝሒ ተመሃሮ ንምጥቃስ ብዙሕ ዘድፍር ኣይኰነን። ብግምት ግን ኣብ ኩለን ዓድታት ካብ ሓደ ውሱን ግዜ ክሳብ 800 ተመሃሮ ኣብ ጽሒፍካን ኣንቢብካን ምኽኣል መኣዲ ይሳተፉ ከም ዝነበሩ ካብቲ ዝቐርብ ዝነበረ ጸብጻባት ይዝከር።

ሕብረተሰባኣዊ ጉዳያት ቤት ጽሕፈት ኣብ ምምሕዳር ቁጽሪ 8 በብእዋኑ ዝነበሩ ከድረታት ወይ ሓለፍቲ እዞም ዝስዕቡ ኢዮም።

ተወልደ ገብረዝጊ - ወኪል ህብረተሰባኣዊ ጉዳያት ቤት ጽሕፈት

ዑቕባይ መስፍን - ወኪል ሕክምና

ኣብረሃም ሃብተስላሴ - ወኪልሕብረተሰባዊ ጉዳያት ቤት ጽሕፈት

ተወልደ መሓሪ -ወኪል ትምህርትን ሕ/ ሰባውን ጉዳያት ቤ. ጽ.

ሚኪኤል ኣስፈሃ - ወኪል ክንክን ስድራቤት ስውእት ስደተኛታት ጽጉማት ስድራቤትን።

መብራት - ኣባል

መብራት - ኣባል

ወዲ ከረን(ፍሰሃያ) - ኣባል

መብራህቱ ተኸለ - ወኪል ሕክምና

ኢዮብ ገብረኣብ - ወኪል ሕክምና

ዛይድ - ኣባል

ሻምበል ፍሰሃየ ክብሮም - ኣባል

ክፍሎም ዓንዶም- ኣባል

ሕብረተ-ሰብኣዊ ጉዳያት ቤት-ጽሕፈትን ኣብ ምምሕዳር ቅጽሪ 9 (ኣውራጃ ሰራየ) ዘሰላሰሎም ዕማማትን

ሓርበኛ ቴድሮስ ህብትዝጊ ወኪል ሕብረተሰብኣዊ ጉዳያት ኣብ ምምሕዳር ስራየ፡ ዘገልገለ፣ ነዚ ቀጺሉ ሰፊሩ ዘሎ ተሞክሮ ካብ ተዘክሮታቱ ዘቕረቦ እዩ።

<u>መእተዊ፡</u> ኣብ መጀመርታ ምምሕዳር ቊጽሪ ትሽዓተ ንኣውራጃ ሰራየ ዝተዋህበ ሰውራዊ ምምሕዳራዊ መጸውዒ እዩ። ምናልባት ክጥቀስ እንከሎ ቊጽሪ ትሽዓተ ወይ ሰራየ እናተባህለ ክጽዋዕ ይከኣል። ኣውራጃ ሰራየ ምስቲ ስፍሓቱን ብዝሒ ህዝቡን መጠን ኣገዳሲ ቦታ እዩ። ብተወሳኺ ኣብ ከበሳ ህዝባዊ ሻዕብያ (ህዝባዊ

ሓይልታት/ህዝባዊግንባር) ብቀዋሚ ዘይነበረቶ ቦታ ስለዝነበረ ብፖሊቲካውን፣ ቍጠባውን ሕብረተሰብኣውን ዓይኒ ኣገዳስነትን ተጠማትነትን ዝነበሮ ቦታ እዩ።

ኣብ ከምዚ ዝኣመሰለ ኣገዳሲ ቦታ ናይ ሕብረተሰብኣዊ ምንቅስቓሳት ካብቲ ሓፈሻዊ ፖለቲካዊ ሃለዋትን ምዕብልናታት ተ.ሓ.ኤን ሜዳ ኤርትራን ብሓፈሽኡ ክፍለ ስለዘይክእል ዝነበረ ፖሊቲካውን ወታሃደራውን ሃለዋት እቲ ውድብ ከይገለጽካ ክሕለፍ ኣይከኣልን።

እቲ ኣብዚ ዝቐርብ ጽሑፍ ኣስተዋጽኣዊ ኣብ ተዘክሮታት ዝተሞርኮሰ ደኣምበር ዝርዝር ዴኩመንታዊ ታሪኽ ከምዘይኮነ ንኣንባቢ ብሩህ ክኾውን ይግባእ።

ኣመሳራርታ ቤት ጽሕፈት ሕብረተሰብኣዊ ጉዳያት ኣብ ኣውራጃ ሰራየ፡

ቤት ጽሕፈት ሕብረተሰብኣዊ ጉዳያት ብመሰረት ውሳኔታት ካልኣይ ሃገራዊ ጉባኤ፣ ከም ኩሉ ቦታታት ኣብ ሰራየ ክቖውም ተወሰነ። ብኡኡ መሰረት ከኣ ሓሙሽተ ዝኣባላታ ምምሕዳር ኣብ መወዳእታ 1975 ተመስረተት። ሓፈሻዊ ፖለቲካዊ ኩነታት እቲ ውድብ ኣብቲ እዋን'ቲ ርጉእ ስለ ዘይነበረ ናይቲ ቤት ጽሕፈት ዕማምን መደብን እግሪ ከይተኸለ እንከሎ ወኪል ቤት ጽሕፈት ካብቲ ምምሕዳር ይሰሓብ። ድሕሪ ሓጺር ግዜ ድማ ምክትል ወኪል ተመደበ። ኣብቲ እዋንቲ 75 ቅርሺ መንቀሳቐሲ ወይ መሳርሒ ጥራሕ ነበሮ። እቲ ቤት ጽሕፈት ካብ ምምሕዳር ቍጽሪ 8 ኣባላት ሒዘሞ ዝመጹ እንተዘይኮይኑ ካልእ ብቤት ጽሕፈት ፈጻሚ ኣካል ዝተመደበ ትሕዝቶ ኣይነበረን። ኣብ መጀመርታ ዝተመደበ ኣባል ኣይነበረን። ድሕሪ ሓያሎ ግዜ ኣባላት ክፍሊ ትምህርትን ህዝባዊ ናብራ ዕብየትን ተመዲቦም ይመጹ። ኣባላት ሕክምና ግን ወኪል ቤት ጽሕፈት ናብ ናይ ከበሳ ማእከላዊ ወታሃደራዊ ሕክምና ብምምልላስ ኣባላትን 2 ካሻ መድሃኒትን ብምርካብ ነቲ ክፍሊ ክቖሞ ከኣለ። እቲ ቤት ጽሕፈት ብመሰረቱ ሕጽረት ስለዝነበሮ ተላኢኾም ንፈጻሚ ቤት ጽሕፈት ዝተላእኩ ናብ ካልእ ምምሕዳራት ዝተመደቡ ነይሮም። ክፍሊ ክንክን ስድራቤት ተጋደልትን ህዝባዊ ረድኤትን መብዝሕትኡ ብኣባላት ወኪል ቤት ጽሕፈት እዩ ዝካየድ ነይሩ።

ምጅማር ንጥፈታት ክፍልታት ቤት ጽሕፈት ኣብ ምምሕዳር ትሽዓተ፡

ዋላ'ኳ ሕጽረት ትሕዝቶታት ርኡይ እንተነበረ ናይ ኣባላት ድሌት ናይ ስራሕ ብጣዕሚ ላዕሊ ስለዝነበረ ኣብ ሓጺር እዋን ዝልለ ስራሕቲ ክፍጽሙ ጀመሩ። ክፍሊ ትምህርቲ ኣብ ምሉእ ቦታታት ብምንቅስቓስ ቅድሚኡ ቤት ትምህርቲ ተመስሪቱዎ ዘይፈልጥ ቆላዊ ቦታታት ቤት ትምህርታት ተኸፍተ። ህዝቢ ድማ ብጣዕሚ ብሓጎስ ተቐበሎ። እቲ ዓበይቲ ዓድታት ቤት ትምህርታት ዝነበሮ ኸኣ ናይ ጸጥታ ኩነታት ብምርኣይ ቤት ትምህርታት ከምዝኸፈታ ተገብረ። ኣቐሑት ኣብያተ ትምህርታት ከይትንከፍን ክዕቀብን ከምዘለዎ መምርሕን ኣስተምህሮን ተዋህበ። ኣብ ገለ ቦታታት ነቲ ኣቕሑን ዚንጎታት መኸደኒ ቤት ትምህርታት ክወስዱ ምስ ዝመጹ ኣባላት ናይቲ እዋን ህዝባዊ ሓይልታት ኣብ ግርጭታት ይእቶ ነይሩ።

ጎኒ ጎኒ ናይቲ ኣብ ህዝቢ ዝካየድ ንጥፈታት ኣብ ሰራዊት ናይ ምጥፋእ መሃይምነት ወፈራን ስሩዕ መባእታዊ ትምህርትን መደብ ነበረ። በዚ መሰረት ሓያሎ ኣባላት ክፍሊ ትምህርቲ ኣብቲ ምምሕዳር ዝነበራ ሓይልታት ተዘርግሑ። ከይተጀመረ

እንክሎ ድማ ምስ ናይ ፖለቲካ ቤት ጽሕፈት ኣባላት ኣብ ምጥምማትን ዘይምርድዳእን ይፍጠር። እዚ ከምዚሉ እንክሎ ኸኣ ወኪል ቤት ጽሕፈት ነቲ ብጠቕላላ ምምሕዳር ኣኼባ ዝተመደበ ወታሃደራዊ ሃንደሳ ዝመሃሩን ኣብ ካልእ መደባትን ከነሰልፍ ተመዲቡ ኣብ ደቀጣዕስ ዝተባህለ ቦታ መደበር ተኸፊቱ ወኪል የካይዶ ብምንባሩ ካድራት ፖለቲካዊ ቤት ጽሕፈት ንማሕበር መንእሰያት ንምድኻም እዩ ዝገበር ዘሎ ተባሂሉ ዘይትርጉሙ ስለዝሃብዎ ነቲ ዝምድና ኣይሓገዞን። እዚ ከምዚ ኢሉ እንክሎ ካብቶም ኣብ ሓይልታት ከምህሩ ዝተመደቡ ናይ ዓረብኛ መማህራን ንነብሶም ከም ኣዕራብ ኤርትራ እውን ዓረባዊት ኢሎም ከም ዝኣምኑ ስለ ዝተዛረቡ ሕብረተሰብኣዊ ቤት ጽሕፈት ንሓይልታት ይመቓቕልወን ኣለዉ ዝብል ክሲ ይመጽእ ነቲ ርኽክብ እንተላይ ምስ ወታሃደራዊ ቤት ጽሕፈት የባላሽዎ። እቶም መማህራን ካብ ማእከላይ ምብራቕ ንኣገልግሎት ዝመጹ ኣባላት ማሕበር ተማሃሮ ናይ ተ.ሓ.ኤ. እዮም ነይሮም። ወኪል ነቶም መማህራን ስሒቡ ክሰዶም ተገደደ መተካእታ እውን ኣይተረኸቡን።

ድሕሪ ቀ^ኑብ እቲ ብሰንኪ ውሳኔ 3ይ ስሩዕ ኣኼባ ሰውራዊ ባይቶ ንህዝባዊ ሓልታት ከም ክልተ ኣካላት ዝፈልጥ ኣዋጅ ዝተባርዔ ፍልልይ ነቲ ሃዋህው ፈጺሙ መረዞ። ካብዚ ዝነቕለ ኩሎም ካድራት ፖለቲካዊ ቤት ጽሕፈት ተኣሲሮም ንባርካ ወረዱ። ኣባላት ቤት ጽሕፈታት ጸጥታን ምጣኔ ሃብትን እውን ናብ ካልእ ምምሕዳራት ተቐየሩ። ወኪል ቤት ጽሕፈት ሕብረተ ሰብኣዊ ኣብ'ቲ ዝውሰድ ስጉምታት ኣብቲ ስሩዕ ኣኼባታት ይቃወሞ ብምንባሩ ኣብ ርእሲ'ቲ ኣብቲ ልዕሊ ቤት ጽሕፈት ዝነበረ ኣሉታዊ ኣረኣእያ ኣጋደዶ። ብፍላይ ከኣ ኣባላት ክፍሊ ትምህርቲ ጨሪሶም ክሰሓቡ ናይ ናብራ ዕብየት ኩሎም ከቕየሩ ዝቐረበ ሓሳብ ወኪል ስለዝነጸጎ ካብ ወኪል ጀሚሩ ኣብ ናይ ጸጥታ መጽናዕቲ ኣተዉ።

እዚ ከምዚ ኢሉ እንክሎ ግን እቲ ዝነበረ ሃዋህው ከይዓገቶም ኣብ ኩሉ ኩርናዓት ኣብያተ ትምህርትን ኣብያተ ሕክምናን ብምኽፋትን ከምኡ ብዘዋሪ ኣካላት ንህዝቢ ብምሕካምን ጽርግያ ብምስራሕን ንስድራቤታት ተጋደልትን ዝተጸገመ ህዝቢ ብምሕጋዝን ዝልለን ዝነኣድን ፍጻሜታት ሰርሑ። ደሓር ከምዘተረጋገጸ ኸኣ ክሳዕ መወዳእታ ኣብቲ ውድባዊ መርገጽ ፈልከት ዘይበሉን ድሕሪ ናይቲ ውድብ ካብ ሜዳ ምውጻእ እውን ጸኒዖም ቃልሶም ብምቕጻል ነቲ ዝነበረ ጸለመ ብተግባር ዘፍሸሉ ኣባላት እዮም።

እቲ ፖለቲካዊ ሃዋህው ኣብ ልዕሊ ሕብረተሰብኣዊ ቤት ጽሕፈትን ኣባላትን ኣሉታዊ ዝኾነሉ ምኽንያት መብዝሕትኡ ዘይርትዓውን ዘይግባእን እኳ እንተነበረ ገለ ክእለ ዝነበሮ ነገራት ግን ነይሩ እዩ። ገለ ካብቲ ክእረም ዝኽእል ዝነበረ ነገራት ኣብነታት ንምጥቃስ ዝኣክል፥

- ብመሰረቱ እቲ ቤት ጽሕፈት ክቐውም እንክሎ ካብ መደበር ታዕሊም ምስ ተመደቡ ኣብ ውሽጢ ሰራዊት ተሞክሮ ዘይምንባሮም ሓጋዚ ኣይነበረን። ብዙሕ ግዜ እቲ ዝለዓል ዝነበረ ጭርሖታት ምስ ውድዓዊ ሜዳዊ ኩነታት ዘይከይድ ነበረ። ንኣብነት ወኪል፥ ድሕሪ ከተማታት እቲ ምምሕዳር ተመሊሰን ኣብ ጸላኢ ድሕሪ ምውዳቐን ንማእከላይ ቤት ጽሕፈት ወረደ እሞ ንኣባላት እቲ መደበር ኣኼባ ክገብረሎም ብሓላፊ ፈጻሚ ቤት ጽሕፈታት

ተሓተ። ኣብቲ ኣኼባ ኣብ ግዜ ምዝላቕ ኣውቶቡሳት ኣብ ክንዲ ንባርካ ወሪደን ንከሳላ ሓሊፈን ማእቶት ዘእትዋ ተደርብየን ሓዊ ነዲደን ዝብል ሕቶን ነቐፈታን ኣቕረቡ። እዚ እቲ መሪር ኣብቲ መሪር ዓዘቕቲ ክራማት ኣይኮነን'ዶ ኣውቶቡሳት ዕጥቂን ውጉኣትን ብኽንደይ መከራ ከም ዝወጻ ዘይምርዳእ ነይሩ።

- ኣብቲ መጀመርታ ዝነበሮም ትዕዝብታት ከም ዝግባእ ዕጥቂ ዘይምርካብ ንብዙሓት ኣብቲ መሪሕነት ዘይእምነትን ኣሉታዊ ኣተሓሳስባን ቀጺሉ እዩ።
- ብዙሕ ግዜ ኣባላት መጀመርታ ሰራዊት ብኻልኣይ ከኣ ኣባላት ቤት ጽሕፈት ምዃኑ ይርስዑ ስለዝነበሩ ቤት ጽሕፈታዊ ስምዒት ይዕብልል ነይሩ። ንኣብነት ሓደ ናይ ስፖርት መደብ ዝነበሮ ኣባል ካብ ማእከላይ ቤት ጽሕፈት ክፍሊ ትምህርቲ ንምምሕዳር ትሸዓተ ይመጽእ። እቲ ግዜ ጸላኢ ንነጻ ዝወጻ ከተማታት ንምምላስ ኣብ መረብ ጹዕጹዕ ኩናት ዝካየደሉ ዝነበረ መሪር ግዜ እዩ ነይሩ። ብኡኡ መሰረት ከኣ ወኪል ቤት ጽሕፈት ኣብቲ ናይ ውግእ መደብ ተዋሂብዎ ነበረ። እቲ ሰብ ናይ ስፖርት መደብ ንኸካይድ ናብ ቤት ትምህርታት ክንቀሳቐስ ዕጥቅን መሰነይታ ኣባላትን ካልእ ነገራትን እዩ ዝሓትት ነይሩ። እቲ መደብ ዕዮኡ እቲ ምስቲ ዝነበረ ወታሃደራውን ፖለቲካውን ጸጥታውን ስለዘይከይድ ክትግበር ከምዘይከኣል ምስ ተገለጸሉ ወኪል ናይ ቤት ጽሕፈቱ ስራሕ ገዲፉ ናይ ወታሃደራዊ ቤት ጽሕፈት እዩ ዝሰርሕ ዘሎ ዝብል ክሲ ኣልዒሉ።

<u>ምንቅስቓሳትን ምዕብልናታትን ክሳዕ መወዳእታ 1978</u>፡

<u>ክፍሊ ትምህርቲ፡</u>

ኣብ ምምሕዳር ቀ¹ጽሪ ትሸዓተ ኣብ ኩሉ እቲ ቤት ትምህርቲ ዝነበሮ ቦታታት ቤት ትምህርቲ ተኸፊቱ ብጽቡቕ ይኸይድ ነበረ። ኣብ ብዙሕ ገጠራት ቤት ትምህርታት ተኸፊቱ ዉዕዉዕ ዝኾነ ምንቅስቓስ ነበረ። ነዚ ንምግጣም መሰረታውያን ሓደስቲ ናይ ኣሰራርሓ ኣገባብ ተኣታተዉ። እቲ ቀዳማይ እቶም ዕጡቓት መማህራን ውሑዳት ስለዝነበሩ ካብቲ ዓድታትን ከተማታትን ብመን ሕራይ ዝምህሩ ምምልማል ነበረ። እቲ ካልኣይ ከኣ ነቲ ብዝሕን ምዕብልናን ንምግጣም ካበየ ቦታታት ነቲ ህዝቢ ኣንቀሳቕስካ ብትሕዝቶን ጉልበትን ከምዝሳተፍ ምግባር እዩ ነይሩ። እዚ ሓደ ዕጡቕ ተጋዳላይ ንብዙሓት ቤት ትምህርታት ክካይድ ኣኽኢልዎ። ብዘይ ገለ ኣጋንኖ ኣማኢት ፍቓደኛታት መማህራንን ኣሻሓት ተማሃሮን ዝሓዘ ምዕብልና ተራእየ። እቲ ትምህርቲ ደረጃ ክሳዕ ሻሙናይ ክፍሊ ክበጽሕ ከኣለ። ኣብ 1978 ሓላፊ ማእከላይ ክፍሊ ትምህርቲ ክበጽሕ ምስ መጸ እቲ ምዕብልና ካብቲ ብጸብጻብ ዝሪኦ ዝነበረ ኣዝዩ ዝለዓለ ከም ዝኾነ ብምግላጽ ኣድናቖቱ ገለጸ።

ኣብ መወዳእታ ገለ ብናይ ግዜን ተሞክሮን ምዕብልና ገለ ኸኣ በቲ ኣብቲ ምምሕዳር ዝተኣታተወ ኩለን ኣብያተ ጽሕፈት ብጥርኑፍ ኣብ ብግንባራት ዝተሰርዐ ኣሳራርሓ ነቲ ኣብ መንጎ ኣባላት ቤት ጽሕፈት ሕብረተሰብኣውን ካልኦት

ኣብያተ ጽሕፈት ዝነበረ ምትሕብባርን ምርድዳእን ኣዎንታዊ ንክኸውን ሓጋዚ ነይሩ። ከተማታት ድሕሪ ምትሓዙ'ውን እቲ ናይ ትምህርቲ መደብ ኣብ'ቲ ገጠራት ክቕጽል ከኣለ።

<u>ክፍሊ ሕክምና፡</u>

ክፍሊ ሕክምና ኣብቲ ምምሕዳር ካብ ወታሃደራዊ ቤት ጽሕፈት ሓካይም ብምሕታትን ካብ ህዝቢ ናይ ሕክምና ክእለት ዘለዎም ብምስላፍን ሓያሎ ሰብ ሞያ ወሰኸ። በዚ ኣገባብ እዚ ኣርባዕተ ቀወምቲ ኣብያተ ሕክምናታትን ብዙሓት ተንቀሳቐስቲ ጉጅለታትን ክሰርዓ ተኻእለ። ናይ ብሓቂ ጽዑቕ ምንቅስቓስን ዓቢ ኣገልግሎትን ተኻየደ። እተን ኣብ ርሑቕ ገጠራት ዝቖማ መደበር ሕክምናታት ውጽኢታት ስራሕተን ብጣዕሚ ዝነኣድ ነበረ። እቲ ህዝቢ ቆላ ብዝለዓለ ተሳትፍኡ ኣርኣየ። ብተግባር ከኣ ሰውራ ምስ ህዝቡ ኣተኣሳሰሮ፣ ጠቕሚ ናይ ነጻነት እውን ኣርኣዮ።

ኣብቲ ናይ ሕክምና መደበር'ስ ይትረፍ ሓኪም ርእዮም ዘይፈልጡ ህዝቢ ብፋስ ተሃሪሞም፣ ኣንስቶም ሕርሲ ተታሒዘን፣ ካልእ ጸገማት ኣጓኒፍዎም ተሰኪሞም ሕሙም ከምጽኡ ወይ ሰብ ልኢኾም ሓኪም ክመጾም ክትርኢ እንክለኻ ኣብ ሂወት ህዝብና ዝምዕብል ዝነበረ ለውጢ ቅልጡፍ ምንባሩ ብተግባር ተራእዩ። ነዚ ዓቢ ለውጢ ተግባራዊ ታሪኻዊ ምስክር እዚ ዝስዕብ ክቐርብ ይኽእል። ኣብ ከባቢ ዛይደኮሎምን ደቀይጣዒስን ኣብ ሩባ ተገልግል ዝነበረት ቤት ሕክምና በቲ ውድብ ቀይሕ መስቀል ዝቐርቦ ዝነበረ ናይ መድሃኒት ትሕዝቶ ክእለ ስለዘይተኻእለ እቲ ህዝቢ ሽማግለ ኣውጺኡ ገንዘብ ብኀስጓስ ኣኪቡ ንከሰላ ብምልኣኽ መድሃኒት ብምግዛእ ነቲ ኣብያተ ሕክምና ኣብ ምክያዱ ተግባራዊ ተሳትፎኡ ኣረጋገጸ። እቶም ከምስረት እንከሎ ኣብዚ ጻዕቂ ህዝቢ ዘይብሉ ማእከል በረኻ እንታይ ከነድምዕ ኢና ሕክምና እንኸፍት ዘሎና ኣብ ካልእ ዝያዳ ነፍርየሉ ቦታ ዘይንምስርት ዝብሉ ዝነበሩ ኣባላት እታ ሕክምና ንህዝቢ ብተግባር ክጸልውዎ ብምኽኣሎም ዓገቡ። እቲ ህዝቢ ንዓኣቶም ከይነገረ ጤለ በጊዕ እናምጽኡ ሓሪዶም ንሕሙማትን ንሓካይምን ይምግቡን ምስጋናኦም ብተግባር ይገልጹን ነበሩ።

እቲ ህዝቢ ነቲ ናይ ሕክምናን ትምህርትን ጠቕሚ ኣለልዩ ዘድሊ ክገብረሉ ቅሩብ ምንባሩ እዚ ዝስዕብ ከም ኣብነት ክቐርብ ይኽእል። ኣብ መወዳእታ 1978 ጸላኢ ከተማታት ተመሊሱ ሒዙ ኣብ ከተማ ማይ-ድማ መደበር ከፈተ። እዚ እቲ ኣብያተ ሕክምና ፍሉጥ ብምንባሩ ንጸጥታ ናይቶም ኣባላትን ሕሙማትን ኣስጋኢ ስለዝነበረ እቲ ቀዋሚ ሕክምና ተዓጽዩ ብተንቀሳቓሲ ጉጅለታት ሕክምናዊ ኣገልግሎት ክወሃብ ተወሰነ። ነዚ ውሳኔ'ዚ ምስ ሰምዑ እቶም ህዝቢ ይስምዑ እዮም ዝበሃሉ ሽማግለ ብምልኣኽ ዘድሊ ምክልኻል ክገብሩን ሂወት ሚሊሻታቶም ከፊሎም ዘድሊ ሓለዋ ክገብሩላ ምኳኖም ገሊጾም እቲ መደበር ሕክምና ንኸይዕጾ ናብ ወኪል ምልእኽቶም ኣቕሪቦም። ወኪል ምስ ፈጻሚ ቤት ጽሕፈት ኣብ ከበሳ ተላዚቡ ነቲ ሕክምና ድሕነቱ ክሕልውሉ ተግባራዊ ከምዘይኮነ ብምዕጋብ ክዕጾ ተወሰነ።

ኣብዚ ክጥቀስ ዝግብኦ ናይቶም ተጋደልቲ ሓኻይም ተወፋይነት እዩ። ዕረፍቲ ዘይብሉ ለይትን መዓልትን ብምስራሕን ነቶም ተጸይሮም ክመጹ ዘይካኣሉ

ብጸልማት መድሃኒቶም ዕጥቆምን መሳርሒኦምን ብምስካምን ነቲ ውሱን ትሕዝቶኦም ኣብ ግምት ብምእታው ብተባላሕነት ኣገልግሎቶም ከወፍዩን ህዝቦም ክኣልዩን ዝኸኣሉ። እብ ውድባዊ ወታሃደራዊ ስራሕቲ ከም ኣብ ከተማታት ምሕራር እውን ዝርአ ግዲኦም ኣበርኪቶም እዮም።

<u>ክፍሊ ናብራ ዕብየት፡</u>

ኣብቲ መጀመርታ እዋን ዋላ ብተጋደልቲ ደረጃ እቲ ክፍሊ እንታይ ከፍሪ ከምዝኽእል ፍሉጥ ኣይነበረን። ደሓር ግን ኣብ ሓያሎ ቦታት ሰራየ ናይ ሓባር ስራሕ ብምትብባዕ ዝርአ ስራሕ ክሰራሕ ተኻእለ። ሓደ ካብቲ ዝልለ ስራሕቲ ብዖበል ኣቢሉ ንቆሓይን ዝድይብ ጽርግያ ብምስራሕ ዓቢ ኣበርክቶ ገበሩ። ካብቲ ጽርግያ ናይ ጋሽ እውን ናብቲ ኣብ ዑበል ዝተመስረተ መደበር ሕርሻ መራኸቢ ጽርግያ ተግባራዊ ኮነ።

ምስ ስሩዓት ማሕበር ደቀኣንስትዮ ኣብ ኩሉ ቦታታት ብምትሕብባር እውን ናይ ዘቤታዊ መደባትን ስራሕትን ብርኡይ ተኻይዱ።

<u>ክፍሊ ክንክን ስድራታትን ሓፈሻዊ ህዝባዊ ሓገዝን፡</u>

እዚ ክፍሊ'ዚ ብመጀመርያ ደረጃ ዝሪአ ምርዳእ ስድራ ቤት ስዉኣት እዩ ነይሩ። እታ ስዉኣ ዝሰኣነት ስድራ ዓቕሚ ብዝፈቕዶ 25 ቅርሺ ኢትዮጵያ ኣብ ወርሒ ይወሃቡ ነይሮም። ንጽጉማት ስድራ ተጋደልቲ ኸኣ ክንድኡ ኣብ ወርሒ ክወሃቡ ፈተነ ይካየድ ነበረ። ኣብ ርእሲኡ ካብ ቀይሕ መስቀልን ወርሕን ዝመጽእ ዝነበረ ሓገዝ ከም እኽሊ፣ ኮበርታ፣ ክዳንን ካልእ ትሕዝቶን ይዕደል ነበረ። ነዚ ንምስላጥ እቲ ሓገዝ ዝሓትት ህዝቢ ደድሕሪ ተንቀሳቓሽቲ ኮለል ክብል ኣጸጋሚ ስለዝነበረ ኣብ ዓረዛን መንደፈራን ዓዲ ኳላን ቀዋሚ መደበራት ብምግባር ክሰላሰል ተኻእለ።

ሓድ ሓደ ግዜ እውን ጥምየት ኣዝዩ በርቲዒሉ ዝነበረ እዋን እቲ ህዝቢ ብገንዘቡ መኻይንን በንዚንን ኣውቲስታት ውድብን ብምጥቃም ካብ ሸላሎ እኽሉ ዝመጸሉ እዋን እቶም ህዝቢ ክሳዕ ሕጂ ዝዛረብሉ ጉዳይ እዩ።

<u>ኣገልግሎት ኣብ ከተማታት፡</u>

ከተማታት መንደፈራን ዓዲ ኳላን ነጻ ምስ ወጻ ነቲ ምምሕዳር ብሓፈሽኡ ንቤት ጽሕፈት ሕብረተሰብኣዊ ጉዳያት ከኣ ብፍላይ ኣብ ሓዱሽ መድረኽ ኣተወ። ብውዳባዊ መምርሒ መሰረት ናይ'ቲ ቤት ጽሕፈት ወኪል ኣባል ናይታ ብስም ሰውራዊ ሽማግለ እትፍለጥ ናይ ምመሕዳር ኮሚቲ ከምዝኸውን ተገብረ። እቲ ናይ ከተማታት ሓላፍነት ናይ ክፍሊ ትምህርትን ሕክምናን ሓላፍነት እዩ ነይሩ። እቲ ወኪል ከም ኣባል ናይታ ምምሕዳር ኣብ ኩሉ ውሳኔታት ይሳተፍ። ከም ኩሉ ኩነታት እቲ ናይ'ዚ ቤት ጽሕፈት'ዚ እውን እቲ ሃዋህው ጸለዎ። ኣብ መንጎ ህዝባዊ ሓይልታትን ኣብ ተ.ሓ.ኤን ዝነበረ ምጽልላም ብዓብይኡ ኣብቲ ውሽጢ ውድብ ዝነበረ ናይ ቤት ጽሕፈታት ውድድር እውን ግዲኡ ይጻወት ነይሩ።

ነቲ ናይቲ ከተማታትን ከባቢን ዝመጽእ ህዝቢ ናይ ምሕካም ዓቕሚ ድሩት ብምንባሩ ክኢላታት ሓካይም ወታሃደራውን ፖሊቲካውን ከይተማህሩ ኣብ ስራሕ ክምደቡ ናይ ግድን ኮነ። ናይ ጸላኢ ብነፈርቲ ምድብዳብ ነቲ ስራሕ ኣካበዶ። ብዝያዳ ኸኣ ውግእ ከባቢ ኣስመራ ደሓር ከኣ ናይ መረብ ውግእ እንዳ

ከበደ ኣብ ዝኾነሉ እዋን ናይ መንደፈራ ሕክምና ንተጋደልቲ ክትኣሊ ናይ ግድን ኮነ። ኣብ ታሕታይ ሓጺና ብኣባላት ህዝባዊ ሕክምና ዝእለ ናይ ውጉኣት ሕክምና ተገብረ። ከምዚ ኢሉ እንከሎ እውን እቲ መን ነቲ ሕክምናታት የካይዶ ዝብል ኣብ መንጎ ወታሃደራውን ህዝባውን ሕክምና ምስሕሓብ ነበረ። ንኣብነት ሓንቲ ብቀይሕ መስቀል ዝተዋህበት ናይ ህጹጽ ረድኤት መኪና ተዋሂባ ነበረት። ኣብቲ ከተማ ጽቡቕ ኣገልግሎት ትህብ ነበረት። እንተኾነ ብዘይ ገለ ምምስሳል (ካሞፍላጅ) ንቅድሚ ግንባር ከባቢ ኣስመራ ገጻ ተንቀሳቒሰት እሞ ብናይ ጸላኢ ነፋሪት ብሓዳሳ ተሃርመት።

ኣብ ትምህርቲ ሸነኽ እቲ ብብዝሒ ትምህርቱ ተቛሪጹ ዝነበረ መንእሰይ ኣብ ናይ ትምህርቱ መኣዲ ንምምላስ እቲ ንዘሎ ዓቕሚ ተጠቒምካ ብምብልሓት ብዙሓት ብመን ሕራይ ብነጻ ኣገልግሎቶም ዘወፍዩ መማህራን ብምስራዕ ሰፊሕ ናይ ትምህርቲ ወፈራ ተኻይዱ ኣብ ሓጺር ግዜ ምዕቡል ፕሮግራም ተተግበረ። ኣብዚ እቲ ወኪል ቤት ጽሕፈት ኣብቲ ከተማን ክፍሊ ትምህርትን ነቲ ነብስኻ ብነብስኻ ምኽኣል ኣብ ግብሪ ብምውዓል ተሰፋ ዘለዎ ናይ ትምህርቲ መደብ ክካየድ ተኻእለ። ኣብ መንጎ ጸላኢ ንከተማታት ስለዝሓዞ እምበር ነቶም ስሩዓት መማህራን ናይ ስልጠና ፕሮግራም ኣብ ማእከላይ ቤት ጽሕፈት ስልጠና ከምዝካየደሎም ተገብረ።

ምምሕዳር ኣከለጉዛይ

ምምሕዳራዊ ኣሰራርሓ፡

ሕብረተ-ሰብኣዊ ጉዳያት ቤት ጽሕፈት ኣብ ሙብዛሕትኡ ክፍሊ ምምሕዳራት፡ ብኣርባዕተ ኣባላት ዝቖመ ምምሕዳራዊ ትካል እዩ ዝካየድ ነይሩ። ካብዚኣቶም እቲ ቀዳማይ ተጸዋዒ ጠቕላላ ወኪል ናይቲ ብፈጻሚት ሽማግለ ዝምራሕ ቤት ጽሕፈት ማሕበራዊ ጉዳያት ክኸውን ከሎ፡ እቶም ሰለስተ ኣባላት ድማ ተሓጋገዝቲ ወኪል ተባሂሎም፡ ናይቲ ኣብ ስራሕ ዘሎ ክፍልታት ሓለፍቲ እዮም። በዚ መሰረት እቲ ኣብቲ ምምሕዳር ዝካየድ ዕማማት ቤት ጽሕፈት ብሓባራዊ ውሳኔን ኣማራርሓን ይሰላሰል። ኣብ ነፍሲ-ወከፍ ወርሒ ይኹን ክልተ ወርሒ ብዝግበር ኣካላዊ ርኽክብ ድማ ምንቅስቓስ ናይ ኣባላት ይስራዕን ይምደብን። ዝኾነ ካብ ኣርባዕቲኦም ኣባላት ኣብዝርከበሉ ቦታ፤ ብሓባራዊ መምርሒ መሰረት ነቲ ቤት ጽሕፈት ወኪሉ ክሰርሕ ከሎ፡ ብውልቀ ዝሕተተሉ ናይቲ ዝውክሎ ክፍሊ'ውን የማልእ። በዚ መሰረት ኣብቲ እዋን'ቲ ወኪል ክፍሊ ትምህርቲ ኰይኑ ዘገልግል ዝነበረ ተጋዳላይ ዑቕባይ በላይ ኢዩ ነይሩ።

ብመሰረት'ቲ ኣቐዲሙ ብክፍሊ ትምህርቲ ዝተሓንጸጸን ስሩዕ ኣብያተ ትምህርቲ ንምኽፋት ዝተገብረ ኩሉ ሸነኻዊ መጽናዕታዊ ወፈራን፡ ኣብ ምምሕዳር ቁጽሪ 10 "ኣውራጃ ኣከለጉዛይ"፣ ማለት ንናይ መግዛእቲ ደብዳብ ነፈርቲ ዘይሳጣሕ፣ ናይ ተመሃሮን መማህራንን ጸጥታዊ ድሕነት ዘተኣማምን ስቱር ቦታ፤ ከምኡ'ውን ተመሃሮ ብቐረባ ካብ ብርክት ዝበላ ዓድታት ተጓዒዞም ክሳተፍሉ ዘኽእል ማእከላይ ቦታ ተመሪጹ፤ ኣርባዕተ ኣብያተ ትምህርቲ ከምዝኽፈታ ተገይሩ። ክፍልታት ናይተን ሰለስተ ኣብያተ ትምህርቲ ኣብ 1976 ብተሳትፎ ህዝቢ

ዝተሃንጸ ክኸውን እንከሎ እታ ራባዓይቲ ቤት ትምህርቲ ድማ ኣብ 1978 ብተመሳሳሊ ኣገባብ ዝቖመት እያ ነይራ። ናይ ኣርባዕቲኣን ኣብያተ ትምህርቲ ዝርዝር ሓበሬታ ድማ ቀጺሉ ሰፊሩ እነሆ።

ቤት ትምህርቲ ገምበባ

ቤት ትምህርቲ ገምበባ ብናእሽቱ ጎቦታት ዝተሓጽረ ኣብ ጸግዒ'ቲ ብሰሜናዊ ሸነኽ ካብ ኳዓቲት ዝወረደ ንኣሽቱ ሩባታትን ብምብራቕ'ውን ካብ ከባቢ ዓዲ ጀናይ ንምዕራብ ዝፈስስ ዝራኸበሉ ሩባ ናይቲ ዓዲ ዝተሃንጸ፡ ስቱርን ድሕነቱ ዝተሓለወን እዩ ነይሩ። ማእከላይ ቦታ ብምዃኑ ድማ፡ ንወረዳታት መጽሐን፡ ሃዳድም ጨዓሎን፡ ዝርከቡ ቈልዑ ትምህርታዊ ኣገልግሎት ዘበርከት ዝነበረ ቤት ትምህርቲ ኢዩ። ኣብዚ ቤት ትምህርት'ዚ ልክዕ ከምቲ ካልኦት ኣብያተ ትምህርቲ ክሳብ ሻዱሻይ ክፍሊ ብቛንቛ ትግርኛ ይመሃሩ ነይሮም። ኣብ ዓመታዊ ምዕጻው ቤት ትምህርቲ ተሳትፎ ናይ ወለድን ከባቢ ህዝብን ብብዝሒ ዝሳተፍሉ ኣጋጣሚ ኰይኑ፣ ተመሃሮን መማህራንን ብዘዳልዉዎ መዛሙርን ተዋስኦታትን ይድምደም ብምንባሩ ኣብ ኣእምሮ ህዝቢ ዝነብር ዘይሃስስ ተመኩሮ እዩ ነይሩ እንተተባህለ ምግናን ኣይመስለናን። ካብቶም ቀንዲ ትዝታን ታሪኽን ዝገደፉ ሃገራዊ ስምዒታት ዘለዓዕሉ ግጥምታትን ዜማታትን ናይቲ እዋን'ቲ ድማ፡

“ንሕና ኩላትና ንታሓባበር፡

ዓንዲ ገዛና ከይሰባበር፡

ዕላማ ተዋስኦና እዚ ሎሚ ዝግበር፡

ንምዕባለ ሃገርና ኢዩ ዳሕራይ ምእንቲ ክዝከር።”

ዝብል መዝሙር ኣብዚ ቤት ትምህርቲዚ ይምህሩ ካብዝነበሩ መማህራን ዝተደርሰን ኰይኑ፡ ክሳብ ክንደይ ኣገዳሲን ንተመሃሮ ዝምስጥን ምንባሩ ጥራሕ ዘይኰነስ፡ ኤርትራውያን ተመሃሮ ክሳብ ክንደይ ኩሉ መዳያዊ ማለት ኣብ ሃገራውነትን ሓርበኝነትን፡ ሓድነት ሕብረተ-ሰብን ኣብ ማሕበራውን ባህላውን ሸነኽ ኩስኰሳን ምልመላን ከጥርዩ ከምዝተጻዕረ ኢዩ ዝሕብር። እዚ ንመጀመርታ ግዜ ኣብ ምዕጻው ዓመታዊ ትምህርቲ ዝተደርሰ ዜማ'ዚ፡ ጸኒሑ በቶም ብሓይልታት መሪሕ ዝፍለጡ ተመሃሮ ቤት ትምህርቲ ኣር ብሙዚቃ ተሰንዩ ዝሰፍሐ ቦታ ሒዙ ምንባሩ ክዝከር ዝካኣል'ዩ። ቤት ትምህርቲ ገምበባ ናይ ንግሆን ምሸትን ዝመሃሩ ብግምት ክሳብ 250 ዝኾኑ ተመሃሮ ዝሓዘት ቤት ትምህርቲ ኢያ ነይራ።

መማህራን ቤት ትምህርቲ ገምበባ ኣብ ማእከል እታ ዓዲ ሓደ ህድሞ ማለት ሰብ ዘይሰፈሮ ዝነበረ ቤት/ገዛ፡ ብሸማግለ ዓዲ ተመዲቡሎም ካብ ቤት ትምህርቲ ተመሊሶም ዘዕርፍሉን ትምህርታዊ መደባት ዘዳልዉሉን ነይርዎም። ከም ኵሉ ተጋዳላይ ስሩዕ ወርሓዊ መቕነን ናይ ስንቅን መነባበርን ካብ ውድብ ተመዲብሎም ይካየዱ ስለዝነበሩ ድማ፡ ካብ ህዝቢ ዝሓትዎን ዝጽበይዎን ነገር ኣይነበሮምን።

ኣብ ቤት ትምርቲ ገንበባ ካብ ዝነበሩ ተጋደልቲ መማህራን፡

1. ረድኢ ክፍለ (ባሻይ)

2. ጴጥሮስ ተኽሉ

3. ተስፋዝጊ ወዲ ባሻይ

4. ስዉእ ኣስገዶም ገብረሂወት

5. ኣበባ ኣብራሃ

6. ስዉእ ገብረንጉስ ኣማኒኤል ክኾኑ እንከለዉ፡ ኣብዚ መደብዚ ዝነበረ ግን ከኣ፡ ብኻልእ ውድባዊ ዕማም ማለት ብኣባላት ስርዒታዊ ጉዳይ ቤት ጽሕፈትን ኣባላት ጸጥታዊ ቤት ጽሕፈትን ኣብዝቑመት ኣብ ህዝብን ሰራዊትን ናይ ምንቅቓሕ ስራሓት ተካይድ ዝነበረት ጉጅለ ዝተመደበ ተጋዳላይ ገብረመድህን ጸጋይ እውን ነይሩ እዩ። ገብረመድህን ጸጋይ ጸኒሑውን ሓደ ካብቶም ብናይ ሕቡራት ሃገራት ላዕለዋይ ኮምስዮን ስደተኛታት ዝቖመ ላዕለዋይን ማእከላይ ደረጃ ቤት ትምህርቲ ከሰላ፡ ብዘልማድ ድማ ቤት ትምህርቲ ዩነስኮ UNESCO ዝባሃል ንኽምህሩ ካብ ዝተሳሕቡ ኣባላት ክፍሊ ትምህርቲ ብምንባሩ፡ ብመደብ ተቐይሩ ዝኸደ እዩ።

ቤት ትምህርቲ መንብሮ

ካብተን ኣብ ምምሕዳር ቁጽሪ 10 ኣከለጉዛይ ብክፍሊ ትምህርቲ ናይ ተ.ሓ.ኤ. ኣብ 1976 ኣቐዲመን ዝተኸፍታ ኣብያተ ትምህርቲ ሓንቲ፣ ቤት ትምህርቲ መንብሮ እያ ነይራ። ኣብ ጸግዒ እምባ ተኺሎ ዝርከብ ዓድን ባዓትን ዝቖመት ብምንባራ ድማ፡ ካብ ናይ ነፈርቲ ደብዳብ ድሕነታ ዝታሓለወ እኳ ይኹን'ምበር፡ ህዝቢ ብዝሰርሖ ፈኰስ ግድግዳን ዳስን ዝተሃንጸት ኢያ ነይራ። መነባብሮ መማህራን ልክዕ ከምቶም ኣብ ገምበባ ዝነብሩ ብጾት ዝመሳሰል ኰይኑ ህዝቢ መታን ኣብ መነባብርኦም ከይጽገም፡ ውድብ ብዘቕርቦ ወርሓዊ ስንቅን መካየድን ዝማሓደር እዩ ነይሩ። ብመሰረቱ ድማ ነተን ከባቢ ወረዳታት ንኸተሳትፍ ተባሂሉ ዝተመርጸት ማእከለይቲ ቦታ ኢያ። ብዝሒ ተማሃሮ ክሳብ 100 ዝበጽሑ ነይሮም።

ኣብታ ቤት ትምህርቲ ዝነበሩ ተጋደልቲ መማህራን፡

1. ተስፉ ገብረገርግስ
2. የማነ ኣስገዶም (ኮሊላ)
3. ተስፋማርያም ገብረዝግሄር
4. የማነ ሓጎስ
5. ስዉእ የማነ ኣብራሃ (ፐቲት)
6. ስዉእ ተኪኤ ተስፉን ክኾ`ኑ እንከለዉ፡ ዝዋሃብ ዝነበረ ትምህርታዊ መደብ ኩሉ ዓይነት ትምህርቲ ክሳብ ሻዱሻይ ክፍሊ ዘካትት እዩ ነይሩ።

ቤት ትምህርቲ ደግዓ

እዚ ቤት ትምህርቲ'ዚ፡ ንምቛሙ ዘድሊ መጽናዕቲ ኣብ 1976 ዝተኻተተ እኳ እንተነበረ፡ ካብቲ ካልእ ኣገልግሎቱ ጀሚሩ ዝጸንሐ ኣብያተ ትምህርቲ ዝፈልዮ

ግን ብዓረብኛ ካብ ዝምህሩ ትካላት ክኸውን ስለዝነበሮ እዩ። ድሒሩ ናይ ምጅማሩ ምኽንያት ድማ ብሰሪ'ቲ ኣብ ውድብ ተሓኤ ዝነበረ ሕጽረት ብዓረብኛ ክምህሩ ዝኽእሉ ተጋደልቲ እዩ። ይኹን'ምበር ኣብ 1977 ነዚ ዝጸንሐ ሕጽረታት ክምልኡ ዝኽእሉን ነቲ ከባቢ ኣዝዮም ዝፈልጡን ኣብ ደገ ካብ ዝተማህሩ ኣባላት ስለዝተረኽቡ ብዓረብኛ ስሩዕ ትምህርቲ ክጅመር ተኻኢሉ ነይሩ እዩ። ድሕርቲ ቤት ትምህርቲ ምኽፋቱ'ውን ኣብቲ ከባቢ ዝነብር ህዝቢ ብሰሪ መነባብርኡ ካብ ቦታ ናብ ቦታ ስለዝንቀሳቐስ፡ ክምተን ካልኦት ኣብያተ ትምህርቲ ብቀዋሚ ክንድዚ ዝኣኽሉ ጻዕቂ ተመሃሮ ነይሮም ተባሂሉ ዘጃህር ኣይነበረን። ዝርካቡ ግን ክሳብ ካልኣይ ክፍሊ ዝካየድ ቅዉም ኣስተምህሮን ኣብ ፊደል ምቍጻር ዘትኮረ መደባትን ይካየድ ነይሩ። እቶም ኣብዚ ቤት ትምህርቲ'ዚ ተመዲቦም ዘገልግሉ ዝነበሩ ተጋደልቲ ገለ ካብቶም ኣብ ሱርያን ዒራቕን ሱዳንን ዝተፈላለየ ትምህርቲ ዝወሰዱ'ሞ ንኣገልግሎት ኣብ ሜዳ ኣትዮም ዝምደቡ ዝነበሩ እዮም ነይሮም።

ኣብ ቤት ትምህርቲ ደግዓ ካብ ዝነበሩ መማህራን

1. ተጋዳላይ ሳልሕ ወለሎ
2. ተጋዳላይ ዓብደርሒም ኣሕመድ
3. ተጋዳላይ እድሪስ ዓብደላ
4. ተጋዳላይ ዑስማን ስም ወላዲኡ ክንዝክሮ ዘይካኣልና
5. ተጋዳላይ መሓመድ ስዒድ ሳልሕ ዝተባህሉ ብጾት ምንባሮም ክዝከር ይካኣል።

ቤት ትምህርቲ መንገዲ ዕርፊ

ቤት ትምህርቲ መንገዲ ዕርፊ ብስም እታ ኣብቲ ከባቢ እታ ቤት ትምህርቲ ተሰሪሓትሉ ዘላ ዓዲ ዝጽዋዕ ኰይኑ፡ ኣብ 1978 መጀመርታ ኣብ መንጎ ሰራዊት ህዝባዊ ግንባር ሓርነት ኤርትራን ሰራዊት ተጋድሎ ሓርነት ኤርትራን ዝካየድ ዝነበረ ኲናት ድሕሪ ምህድኡ ዝቔመ ቤት ትምህርቲ እዩ ነይሩ። ብሰሪ እቲ ካብ ወርሒ ታሕሳስ 1977 ክሳብ ወርሒ የካቲት 1978 ዝነበረ ምትፍናንን ውግእ ሕድሕድን ግን፡ ብዘይካ ብግንባራት ዝተሰርዐ ካብ ክፍልታት ዝተዋጽኤ ጉጅለታትን ህዝባዊ ሰራዊትን/መሊሻን፡ ስሩዕ ሰራዊት ናይ ተጋድሎ ሓርነት ኤርትራ ካብ ኣውራጃ ኣከለ-ጉዛይ ናብ ሰራየ ዝሰገረሉን ማሕበራዊ ኣገልግሎት ውድብ ኣቋሪጹ ዝነበረሉን እዋን ምንባሩ ክዝከር ካብዘለዎ ተመኩሮ እዩ። ድሕሪ ዳግመ ስርርዕን ምምላስ ገለ ክፋል ካብ ሰራዊት ሓርነት ኤርትራን ድማ እዩ ቤት ትምህርቲ መንገዲ ዕርፊ ዝቖመ።

ሕክምናዊ ኣገልግሎት ንቤት ትምህርቲ ዕርፊ

ብመሰረቱ ሓደ ቤት ትምህርቲ ክህነጽ እንከሎ፡ ነቲ ቤት ትምህርቲ ዝኸውን ሕክምናዊ ኣገልግሎት ዘበርክት ይንኣስ ይዕበ ንቐዳማይ ረዲኤት ዝኸውን ትሕዝቶ ዘለዎ ክልኒክ ክህልዎ ልሙድን ንቡርን ኰይኑ ክኸይድ ዝጸንሐ ኢዩ።

ኣብ ግዜ ሰውራ እሞ ድማ፡ ወዮ ዳኣ ኩሉ ከምዝደለኻዮ ዘይርከብ ብምዃኑ እዩ እምበር፡ ኣብያተ ትምህርቲ ብማዕሪኡ ሕክምናዊ ኣገልግሎት ከበርክታ፡

ተመክሮ ተሓኤ ንሃገራዊ ናጽነትን ማሕበራዊ ፍትሕን

ኣብ መንገዲ ዕርፈ፡ ብህዝቢ ስመጀናን ከባቢኡን ዝተሃንጸ፣ ብኣስመላሽ ሓጎስ ዝመሓደር ዝነበረ ብዙሓት ተመሃሮ ዝነበርዎ ቤት ትምህርቲ።

ሕክምናዊ ማእከላት ድማ ትምህርታዊ ስራሓት ከካይዳ ምተገብአ። ነዚ ኣብ ግምት ብምእታው ኣባላት ሕብረተ-ሰብኣዊ ጉዳያት ቤት ጽሕፈት ብፍሉይ ከኣ፡ መማህራንን ኣባላት ናብራ ዕብየትን ካብቲ መደበር ቅድሚ ምውጽኦም ብተጋዳላይ ንጉሰ ጸጋይ ዝወሃብ ዝነበረ ናይ ቀዳማይ ረዲኤት ትምህርቲ ሓጋዚ ብምንባሩ፡ ኣብ ዝኣተዉዎ ቦታ ዝካኣሎም ሕክምናዊ ኣገልግሎት ክህቡ እንከለዉ፡ ካብ ዓቕምምን ትሕዝታኦምን ንላዕሊ ዝኾኑ ጉዳያት ድማ ናብ ማእከላት የተሓላልፉ ነይሮም። በዚ መሰረት ኣብያተ ትምህርቲ ሕብረሰብኣዊ ጉዳያት ቤት ጽሕፈት ኣብ ምምሕዳር ኣከለ-ጉዛይ ወርሓዊ ዘድሊ መድሃኒታት ሃልይዎ፡ ምስ ኣብ ከባቢኡ ዝነበሩ ክኢላታት እንዳተወኻኸሰ፣ ኣብ ከባቢ ናይቲ ዝቐመሉ ዓድታት፡ ዝላዓለ ሕክምናውን ሞራላውን ኣገልግሎት ነይርዎ እዩ። ኣብዝተፈላለየ ከባቢታት ዘጋጥሙ ሕማማት ክፈላለዩ ዝኽእሉ እኳ እንተኾኑ፡ መብዛሕትኦም ንህዝቢ ካብ ዘሳቕዩ ዝነበሩ ሓባራዊ ሕማማት ግን፡ ዓባይ ሰዓል፣ ዓሶ፣ ውጽኣት፣ ሕማም ዓይኒ፡ ጉንፋዕን ዋሕዲ መኣዛዊ መግብታት ዝመንቀሊኦም ዝተፈላለዩ ጥዕናዊ ጸገማትን፡ ከምኡ እውን ናይ ኣራዊት- ለመምታ መንከስትን እዮም።

ምምሕዳር ቍጽሪ 11ን 12ን፡ ኣብ ሰሜንን ደቡብን ደንከል ዝነበረ ተመኩሮ ቃልሲ ተጋድሎ ሓርነት ኤርትራ

ሓርበኛ ትኩእ ተስፉይ፣ ኣብ ሰሜንን ደቡብን ደንከልያ እናተጋደለ ዝቐሰም ተሞክሮ ሰነዱ ኣብዚ መጽሓፍ ክሰፍር ካብ ዘበርከቱ እዩ።

ማሕበራውን ባህላውን፡- ኣቀማምጣ መሬትን ኪሊማን ደንካልያ ብጠቕላላ ከምቲ ዝውረየሉ ምድረ-በዳን ሓውሲ ምድረ-በዳን ጥራሕ ዘይኮነስ፣ ጎቦታትን ለምለም ቦታታትን ዝርከቦ ክፉል መሬት ናይ ኤርትራ እዩ። ኣብ ደንከልያ ዝነብር ህዝቢ ብናይ ሓባር መጸውዒ “ዓፋር” ተባሂሉ ይጽዋዕ። ዓፋር ብብዙሓት ዓሌታትን ንኣሽቱ እንዳታትን ዝቖመ ህዝቢ እዩ። ከምዝፍለጥ ኣብ ደንከልያ 52 ዓበይትን ንኣሽቱን ዓሌታት ይርከቡ። እተን ዝዓበያ ክልተ ዓሌታት ግን ዳሞህይታን ዳሂመለን እየን።

ዘርኢ ዓፋር ኣብ ኢትዮጵያ፣ ኣብ ጅቡትን ኣብ ኤርትራን ተዘርጊሖም ይነብሩ። ህዝቢ ዓፋር ዋላ’ኳ ኣብ’ዘን ሰለስተ ሃገራት ተዘርጊሑ ይሃሉ እምበር፣ ብባህሉን መበቆላዊ ምትእስሳራቱን ኣሕዋት ህዝቢ እዩ። ህዝቢ ዓፋር ንነብሱ ብዓሌት እምበር ብሃገር ኣይመቕላን እዩ። እዚ ስለዝኾነ ድማ “ኣብ ኤርትራ ዘለኹም ዓፋር ኤርትራውያን ስለዝኾንኩም ምእንቲ ኤርትራ ክኣ ክትቃለሱ ኣለኩም፡” ኢልካ ንምርድኦም ቀሊል ዕማም ኣይነበረን። ንስኹም ምስቶም ኣብ ኢትዮጵያ ዘለዉ ኰነ ኣብ ጅቡቲ ዘለዉ ዓፋር ብናይ ሃገር ዶብ ዝተፈላለኹም ኢኹም ኢልካ ከተረድኦም እሞ ክቕበሉኻ ዘይሕሰብ ጉዳይ ዝነበረ፡ ተ.ሓ.ኤ. ድሕሪ ክንደይ ጻዕሪ ኤርትራውያን ምዃኖም ኣእሚና ምእንቲ ኤርትራ ከምዝቃለሱ ጌራ። ዳርጋ ብምልኡ ህዝቢ ደንካልያ ኣብ ትሕቲ ተ.ሓ.ኤ ተሰሪዑ ኣንጻር ባዕዳዊ መንግስቲ ኢትዮጵያ ተቓሊሱ። ብዙሓት ደቂ ዓፋር ክኣ ኣብ ጐድኒ ካልኦት ኤርትራውያን ኣሕዋቶም ኮይኖም ንናጽነት ኤርትራ ሃገሮም ተሰዊኦም እጃሞም ኣበርኪቶም። እዚ ክብሃል እንከሎ ግና ነቲ ዓሌታዊ ምትእስሳራት እናመዝመዘ ምስ መንግስቲ ኢትዮጵያ ዝተጸግዑ ዕሱባት (ሙርተዙቓ) ኣንጻር ሰውራ ኤርትራ ዝጸመዱ

ውሑድ ዝቕጽሮም ተጻባእቲ ከምዝነበሩ ኣይክሓድን።

ሓፈሻዊ ኣስተዋጽኦ ተ.ሓ.ኤ.፡- ህዝቢ ደንካልያ ብጀካ ኣብተን ከም ዓሰብ፣ ጢዖ፣ ዕዲ ዝበሃላ ከተማታት ካልእ ብዝኾነ መንግስቲ ተገዚኡ ኣይፈልጥን፡ ግብሪ ዝበሃል ከፊሉ ኣይፈልጥን። ካብ 1975 ዓ. ም ንድሓር ሕዝቢ ደንካልያ ኣብ ሰሜን ኮነ ደቡብ ዝነበር ብሕግታትን ስርዓትን ተ.ሓ.ኤ. ክማሓደር ዝጀመረሉ መዋእል እዩ። ንፈለማ ጊዜ ተ.ሓ.ኤ. ኣብ ደቡብ ደንከልያ ኣብ ብዓል መርከብቶ ኀቦታት ዓሳዓሊ ካልእን፡ ኣብ ሰሜን ከኣ ኣብ ብዓል ባዳን ዓስዔላ፡ ገላዕሎን ቀዋሚ ቤትፍርዲ፡ ቀዋሚ ቤት-ማእሰርቲ፡ ቀዋሚ ሕክምና፡ ቀዋሚ ኣብያተ-ትምህርቲ፡ ቀዋሚ ኣብያተ-ጽሕፈት ሕርሻን፡ ስንቅን መስሪታ። ንፈላማ ጊዜ ከኣ ህዝቢ ደንከልያ ብባህላዊ ስርዒቱ ጥራሕ ዘይኮነስ፣ ብማእከላይ ሕግን ስርዓትን ናይ ተ. ሓ. ኤ. ክዳነ ዝጀመረሉ መዋእል ኮነ። ንፈለማ ጊዜ ገበነኛታት ኣብ ሕጊ ቀሪቦም ዝፍረድሉን፣ ብርትዒ ዝዳነዩሉን ዝቕጽዕሉን ስርዓት ተተኸለ። ንመጀመርያ ጊዜ ህዝቢ ደንከልያ ግቡእ ሕክምና ክረክብ ክኢሉ። እዚ ከኣ ኣብ ሰሜን ኮነ ደቡብ ዘጠቓለለ እዩ ነይሩ። ኣብ ዓውደ ትምህርቲ እንተኾነ'ውን ደቂ ሕብረተሰብ ዓፋር ደንከል ኣብ'ቲ ናጻ ዝኾነ ጸጥታኡ ዘተኣማምን ልጉስ ቦታታት ብምምራጽ ኣብያተ ትምህርቲ ሰሪሑ፡ መሳርሒ ትምህርቲ ከም መጻሕፍቲ፣ ጥራዛትን ርሳሳትን ብክፍሊ ትምህርቲ ተ.ሓ.ኤ. ተዓዲሎም ስሩዕ ትምህርቲ ጀሚሮም። እዚ ኣገልግሎት'ዚ ካብ ብኤርትራ ዝሓለፉ ናይ መግዛእቲ መንግስታት ዘይተገበረሎም ካብ ተ፡ሓ.ኤ ዝረኸብዎ ጸጋ እዩ ነይሩ።

ትምህርቲ፡- ኣብ ከባቢ 1976-1977 ኣብ ደቡብ ደንከልያ ክሳብ 1,600 ተመሃሮ ይመሃሩ ኔሮም። ካብዚኦም ክሳብ 80 ዝኾኑ ዝለዓለ ትምህርቲ ክቕስሙን ምስ ደቂ ካልኦት ብሔራት ክላለዩን ቋንቋ ካልኦት ኣሕዋቶም ከጽንዑን ንባርካ ከይዶም ክሳብ ተ.ሓ.ኤ ንሱዳን ዝኣተወትሉ እዋን 1981 ኣብኡ ይመሃሩ ኔሮም። እቲ ቀንዲ ዕላማ ናይ ክፍሊ-ትምህርቲ ተ.ሓ.ኤ. ዝነበረ ድማ ነቲ ኣብ መንጎ ሕብረተ-ሰብና ዝነበረ ናይ ደረጃ ትምህርቲ ፍልልያት ብኣጋኡ ኣለሊኻ ንምቅርራቡ ዝዓለመ እዩ ነይሩ።

ሕክምና፡- ኣብ ደንካልያ ሓኪም ይኹን ሆስፒታል ተባሂሉ ዝፍለጥ ኣይነበረን። በዚ ዝኣክል ህዝቢ ደንካልያ ብዝመጸ ሕማም ዝጥቅዑን ዝሞቱን እዮም ኔሮም። ክረምቲ ክኸውን እንከሎ ብዓሶ ብዙሕ ህዝቢ ክሓምምን ክመውትን ብዓይንና ርኢና። ኮታ ዝቐለለ ኲነ ዝኸበደ ሕማም እንተመጺኡ መከላኸሊ ኣይነበሮምን። ደቂ ኣንስትዮ ደንከል ክሓርሳ ዝሞታ ብዙሓት እየን ዝነበራ። ተ.ሓ.ኤ. ክርስዕዎ ዘይክእሉ ናይ ሕክምና ኣገልግሎት ሂባቶም። ሕብረተሰብኣዊ ጉዳያት ቤት-ጽሕፈት ክፍሊ ሕዝባዊ ሕክምና፣ ብዙሓት ሓካይም ኣሰልጢና ብምልኣኽ፡ ቀዋሚ ሕክምና መስሪታ። ከምኡውን ተንቀሳቓሲተ ሓካይም ብምውፋር ነቲ ኣብ ልጉስ/ምሕዱግ ቦታታት ዝነብር ሰበኸ-ሳግም ህዝቢ ካብ ሞትን ሕማማትን ከምዝድሕን ጌራ እያ። ንኣብነት፡ ተንቀሳቓሲት ሓኪም ስውእቲ ዛይድ ገብረመስቀል ዓዲ-ዓዲ እንዳኸደት ንኹለን ነፍሰ-ጾራት ደቂ ኣንስትዮ ዝነበራ ተሕርሰን ኔራ። ምሕራስ ጥራሕ ዘይኮነ ንዝኾነ ሕሙም እንዳሓከመት እያ ክሳብ ዕለተ-መስዋእታ ደኺመ ከይበለት ኣብ ሰሜን ደንከል ካብ ቦሪ ብሰሜን ክሳብ ሳሞቲ ብደቡብ ትንቀሳቐስ ኔራ።

ቀዋሚ ሓኪም ስውእ ጣህር፡ ባዳን ከባቢኦን ተመዲቡ ምሉእ መዓልቲ

ክሕክሞም ይውዕልን ይሓድርን ኔሩ። ኣብ ባዳ ከኣ ተሰዊኡ። ጣህር ሓኪም ጥራሕ ዘይኮነስ ኣማኻሪኦም ስለዝኾነ ከምወዶም ይርእይዎ ነበሩ።ኣብ ደንከል ክሓርሳ ከለዋ ጥራሕ ዘይኮነ ምስሓረሳ'ውን ብዙሓት ኣብ ኣፈን ዝርአ ዝነበረ ቁስሊ "ኣፍቲ ዳሌላ" ዝብልዎ ይሞታ ኔረን። እዚ ሕማም እዚ ንዓመታት ንደቂ ኣንስትዮ ዝቐዘፈ ሕማም እዩ። ጀብሃ ግን ብቐሊሉ ክትከላኸሎ ምኽኣላ ንህዝቢ ደንከል ካብቲ ዘይርስዕዎ ሕክምናዊ ኣገልግሎት ሕብረተ-ሰብኣዊ ቤት ጽሕፈት እዩ። ኣብ መሬት ጥራሕ ዘይኮነ ኣብ ደሴታትን ሓውሲ-ደሴታትን እንዳኸዱ ንህዝቢ ይሕክሙ ኔሮም። ከም ብዓል ደሴት ሃዋከል፡ በካዕ፡ በዴዳ፡ ሓሬና ከም ኣብነት ክጥቀስ ይከኣል።

ኣገባብ መርዓ፡- ኣብ ደንከል ካልእ ብዙሕ ሕብረተ-ሰብኣዊ ጉዳያት ተሰሪሑ ። ንኣብነት ከም ንኣገባብ መርዓ ዝምልከት ሕግታት ምጽዳቕ፣ ምቛም ቤት ፍርዲ ዝኣምሰሉ ትካላዊ ኣሰራርሓ ይርከብዎም። ኣገባብ መርዓ ኣብ ደንከል ሕማቕ እዩ ዝነበረ። ወዲ ንእንዳ ጓል ዝኸፍሎ ገንዘብ (ማልዶ) ዝባሃል እንዳወሰኸ ኣብ ዘይከኣለሉ ደረጃ በጺሑ ኔሩ። ሕጹያት ንመመርዓዊኦም ገንዘብ ከምጽኡ ናብ ጅቡትን ካልኦት ሃገራትን ምስ ተሰዱ እቶም ዝኣክል ገንዘብ ዘየዋህለሉ ብዝኸድዎ ከይተመልሱ ይተርፉ ነይሮም። ሕጹያት ደቂ ኣንስትዮ ከኣ ከይተመርዓዋ ዝኣርጋሉ ኩነታት እዩ ኔሩ።

ጀብሃ ነዊሕ ዝወሰደ መጽናዕቲ ኣካይዳ ኣገባብ መርዓ ከምዝቕየር ጌራ። ገለ ካብ'ቲ ጀብሃ ምስ ዓበይቲ ዓሌታት ተረዳዲኣ ዘመሓየሸቶ፡ ኣብ ደንከል ወጻኢ ናይ መርዓ ብምልኡ መርዓዊ እዩ ዝኸፍሎ ዝነበረ። ኣብ እንዳጓል ዝጠፍእ ሕሩድ ይኹን ንመግቢ ዘድሊ ከም ጠስሚ ሩዝ ኵሉ እንዳ ወዲ እዮም ዘብጽሕሎም።

ወራድ መርዓ ዓዲ ብምልኦም፣ ማለት ጓል ይኹን ወዲ እዮም ዝወርዱ።ጀብሃ ቊጽሪ ወረድቲ መርዓ ክድረት (ወለደናኛታትን ዋሕስን)፣ ናይ መግቢ እንዳ-ጓልን እንዳ ወድን ከይተገዳድዑ ተሓባቢሮም ክሽፍንዎ ሕጊ ጌራትሉ ኵሉ በቲ ዝተወሰነ ሕጊ ከም ዝኸይድ ጌራ። ስለማት እንዳተዋዳደሩ ኣብዘይ ክእልዎ በጺሖ ኔሩ ነዚ ውን ሕጊ ተገይርሉ ነበረ። ድሕሪ'ዚ ከበሮ ናይ መርዓ ኣብ ፈቐድኡ ዲም ዲም ክብል ጀመረ። ነቲ ዝጸደቐ ሕጊ ኣብ ተግባር ምውዓሉ ዝከታተሉ ሓሙሽተ ሽማግለ ዓድን ሰለስተ ሽማግለ ወረዳን (ልጅናታት) ምኺኖም ኣፍለጠት። ብዞም ሽማግለታት እዚኣቶም ኣቢሉ ከኣ ክሉ ነቲ ዝወጸ ሕጊ ዘድሊ ምክትታል ይግበረሉ ነይሩ።

ንደቂ ኣንስትዮ ደንከል'ውን ተጋድሎ ሓርነት ግቡእ ቆላሕታ ጌራትለን ብሕክምና ኮነ ትምህርቲ ርኡይ ምዕባሌ ዘርኣያሉ ግዜ እዩ። ንቛንቋ ዓፋር ዝመልካ ካድራት ከም ብጸይቲ ራውዳ፣ ጁምዓ ብምምጻእ ደቂ ኣንስትዮ ደንከል መሰለን ክፈልጣን ፖለቲካዊ ንቕሓተን ክብ ክብልን ጌረን። ካብዚ ሓሊፉ ደቂ ኣንስትዮ ደንከል ኣብ ተ.ሓ.ኤ ተሰሊፈን ይጋደላ ኔረን። ከም ተጋዳሊት መርየም ከም ተጋዳሊት ዓሻ ደንከሊ ወዘተ።

ሕርሻ፡- ኣብ ደንካልያ ብጆካ ሓንቲ ባዳ ሕርሻ ዝበሃል ኣይነበረን። ህዝቢ ደንካልያ መብዛሕትኡ ብመጓሰ ዝወሓደ ከኣ ብዓሳ ምግፋፍ እዩ ዝናበር ነይሩ። ተ.ሓ.ኤ. ናይ ሕርሻ ምሁራት ብምምጻእ ኣብ ደቡብ ደንከልያ ህዝቢ ብሕርሻ ከምዝጥቀም ጌራ። ብፍላይ ከኣ ኣሕምልቲ ብጆካ እንስሳታት ሰብ ንኽበልዖ ኣብ'ቲ ምሕዱግ ቦታታት

ዝውቱር ኣይነበረን። ተ.ሓ.ኤ. ኣሕምልቲ ዝበለጸ መግቢ ምዃኑ ኣምሂራቶምስ ክፈትውዎ ጀሚሮም ኔሮም። መጀመርያ ግን ተጋደልቲ ሓምሊ ከይንበልዕ ይልምኑና ኔሮም። ከብቲ እምበር ሰብዶ ሳዕረ-ማዕሪ ይበልዕ እዩ እንዳበሉ ኣብርእሲ ንከበልዕዎ ምእባዮም፡ ነቶም ተጋደልቲ እውን ጠሚዮም ይበልዕዎ ከይህልዉ ይሓትዎም ነይሮም እዮም።

ምግፋፍ ዓሳ፡- ኣብ ገማግም ቀይሕ ባሕሪ ዝነብሩ ደቂ ዓፋር ዓሳ ዝምገቡን ብኸንደይ ጻዕሪ ዝገፈፍዎ ዓሳ ኣንቂጾም ናብ የመን ኮነ ስዑዲ ዓረብ ወሲዶም ሸይጦም ንስድርኦም ዘድሊ ነገራት ብምምጻእ ይናበሩ ኔሮም። እዞም ዓሳ ዝገፉ ዘሕልፍዎ ዝነበሩ ሽግር ብዙሕ እዩ። እተን ጀላቡ ብነጸላ ንፋስ ናብ ዝኸዶ ዝኸዳ ሞቶር ዘይነበረን ንኣሽቱ ስለዝነበራ፡ ዓሳ ወይ ካልእ አቑሑት ሒዞም ከይዶም ኣብ የመን ስዑድያ ሓደ-ሓደ ግዜ ጅቡቲ ሸይጦም ክምለሱ ዝወስዶ ጊዜን ዘጋጥሞም ሓደጋን፡ ፍርሒ ካብተን መንግስታትን ብጣዕሚ ከቢድ እዩ ዝነበረ። ሓድ-ሓደ ግዜ ኣብ ባሕሪ ዓሳ ክገፉን ሸይጦም ክምለሱን 6 ወርሒ ይወስደሎም ኔሩ። ተ.ሓ.ኤ. ንደንከል ምስተቖጻጸረት ናብራ ናይዞም ኣብ ገምገም ባሕሪ ዝነብሩ ደቂ ደንከል ብጣዕሚ ተመሓይሹ፣ ምንባር ዘሸግሮም ዝነበሩ፣ ሃብታማት እንዳኾኑ መጹ። እዚ ከአ ተ.ሓ.ኤ. ኣብ ጀዛን (ስዑድያ) የመን፣ ጅቡቲ ቤት-ጽሕፈት ምስ ከፈተት፡ እተን ጀላቡ ኣብ ወደባት ናይዘን ዝተጠቕሳ ሃገራት ብነጻ ክዕሽጋ ስለዝተፈቕደለን፡ ኣብ ደንከል ከአ ጀብሃ ሒቡእ ወደባት ከም እንገል፣ ሓሬና፡ ዓኬሎ፣ ድሉሕ፣ በዶዳ፣ ምዕዲር፣ በይሉል መስሪታ ከምድላዮም ክጥቀምሉ ስለዝገበረት ሽግሮም ዳርጋ 80% ተቓለለ። እንዳረኣናየን ጀላቡኦም ኩለን ብሞቶር ክጓዓዛ ጀሚረን። ካብ ከበሳ ኮነ ትግራይ ነጋዶ ኣጣል፣ ኣባጊዕ፣ መዓርን ጠስምን ሒዞም ይመጹ እሞ፡ ንሓንቲ በጊዕ 30 ብር እንዳ ኣኽፊሉ ከሳግርዎም ጀመሩ። ዓበይቲ ጀላቡ ብምስራሕ ሓንቲ ጃልባ ክሳብ 300 ኣባጊዕን ካልእ ከም መዓርን ጠስምን ክጽዕኑወን ጀመሩ። ስለዚ ካብ 300 በጊዕ ጥራሕ ዝረኽብዎ ገንዘብ ብዙሕ እዩ። ክምለሱ ከለዉ ከአ ብዙሕ ናይ ንግዲ ኣቑሑት ክዳውንቲ፣ ሽኮር፣ ፊኖ፣ ሩዝ፣ ሽጋራ፣ ሒዞም ይምለሱ። ድርብ ንግዳዊ መኽሰብ ለመዱ።

ተ.ሓ..ኤ ኣብ ደንከል ንህዝቢ ዘተኣታተወትሎም ዓይነታዊ ለውጢ ኣብ መነባብሮኦም ዝልለን ዝምስገንን እዩ ነይሩ። እቶም ብመጓሰ ዝነባበሩ ደቂ ደንከል'ውን ኣጣሎምን ጠስሞምን ኣብ ዝሸጥዎ ዕዳጋ ስለዘይነበሮም ይሽገሩ ስለዝነበሩ፡ ሽግሮም ተፈቲሑ ምስቶም ሰብ ጀላቡ ብምልኣኽ ብኸቡር ዋጋ ክሸጡ ጀመሩ። ናይ ቀረብን ደላይን ዕዳጋ ተመዓራረየ። ኰሎም ዓይኒ-ኣንቅሑ። እዚ ዝረኣዩ ደቂ ደንከል ኣብ ጀብሃ ብርቱዕ እምነት ኣሕዲሮም ንሃገሮምን ውድቦምን ክከላኸሉ ብኣሽሓት ዝቑጸሩ መልሻ ኮይኖም ብረት ተሸኪሞም ሓዳሮም የካይዱ ኔሮም። ብዙሓት ከኣ ኣብ ተ.ሓ.ኤ ተሰሊፎም ተጋዲሎምን ተሰዊኦምን።

ወተሃደራዊ ስርሒታት፡- ባዕዳዊ መንግስቲ ኢትዮጵያ ነቲ ዓሌታዊ ምትእስሳር ዓፋር ኣለልዩ ክምዝምዞ'ኳ እንተሃቀነ፣ ዝበዝሐ ህዝቢ ደንከል ነዚ ሸርሒ'ዚ ኣለልዩ ኣብ ጐድኒ ጀብሃ ተሰሊፉ ሰፍ ዘይብል መስዋእቲ ከፈለ። ሰራዊት ሓርነት ኣብ ከተማ ዓሰብ ውሽጣዊ ወታሃደራዊ ስርሒታትን ናይ ቃጻ መደባት ብምክያድን፣ ካብ ዓሰብ ወጻኢ ከአ ተኸታታሊ መጥቃዕቲ ብምክያድ ካብ 1975 ክሳብ 1979 ዝነበረ መድረኽ ሓይሊ ጸላኢ ናብ ዓሰብን ሓደ ክልተ ነቑጣን ጥራሕ ከምዝሕጸር

ገይሩዎ። ብዓል በይሉል፣ ዕዲ፣ ጢዖ፣ ባዳ፣ ማርሳ-ፋጥማ ወዘተ ክሕረራ ክኢለን። እዚ ጥራሕ ዘይኮነ እቲ ኣብ ዶብ-ዶብ ኤርትራ ከም ኣብ ትግራይን ወሎን ዓስኪሩ ዝነበረ ዕሱብ ሰራዊት ኢትዮጵያ'ውን ከይተረፈ ብናህሪ ወተሃደራዊ ጽፍዒት ሰራዊት ሓርነት ባህሪሩ ከምዝሃድም ኲይኑ ነይሩ እዩ።

<u>ክፍሊ ህዝባዊ ኣገልግሎት ጥዕና</u>

ጥዕና ካብቶም ንወዲ ሰብ ጐዳእቲ ዝኾኑ ብዓይኒ ዘይርኣዩ ድቀ-ፍጥረታት (micro organisms) ናጻ ምዃኑ ወይ ከኣ ምክልኻል ማለት ጥራሕ ዘይኰነስ፡ ናይ ወዲ ሰብ ኣካላውን ስነ-ኣእምራውን ምልኣት ምርግጋጽ ማለት ኢዩ። ጥዕና ማለት እተማልኤ ኣካላውን ኣእምራውን ማሕበራውን ድሕነት ማለት እምበር ካብ ሕማም ወይ ካብ ስንክልና ናጻ ምዃን ማለት ጥራሕ ኣይኮነን። ጥዕና ኣብ ህይወት ሓደ ሕብረተ-ሰብ ኣገዳሲ ባእታ ኢዩ። ሓንቲ ሃገር ጥዑይ ሕብረተ-ሰብ ምስዘይህልዋ ክትህነጽን ክትምዕብልን ዝካኣል ኣይኰነን። ንነብሱ ጥዑይን ሓራን ዘይኰነ ሕብረተ-ሰብ ሃገር ክሃንጽ ስለዘይኽእል ድማ ህንጸት ሃገር ምስ ጥዑይን ሓራን ዝኾነ ኣታሓሳስባን ትምህርታዊ ዕብየትን ዝምዕብል ኣምር እዩ። ምኽንያቱ ኣብ ኩሉ መዳያቱ ጥዑይ ሕብረተ-ሰብ ክትሃንጽን ሃገር ከተማዕብልን ክትበቅዕ፣ ብትምህርቲ ዝተሰነየ ፍልጠትን ሞያን የድሊ።

ህዝቢ ኤርትራ ግን፡ ንዘመናዊ ህዝባዊ ኣገልግሎት ካብ ናይ ባዕሉ ዘገምታዊ ደረጃ ምዕባለ ዝበጽሖ ዘይኮነስ፡ ኲሉ ምስ መግዛእታውያን ሓይልታት ተኣሳሲሩ ዝበጽሖን ዝመጾን ብምዃኑ፡ ገዛእቲ ንዓኣቶም ብዘገልግሎም ኣገባብ ዝሰርዕዎን ዝጥቀምሉን እንተዘይኰይኑ፡ ኣብ ድሕነትን ዕብየትን ህዝቢ ዝተሰረተ ዝርግሐን መደብን ክገብሩ ትጽቢት ዘይግበሮ እዩ። ሕክምናዊ ኣገልግሎት ድማ ልክዕ ከምቲ ካልእ ህዝባዊ ኣገልግሎታት ባዕዳውያን መግዛእቲ ንሰራዊቶምን መጉዚታውያን ኣገልገልቶም ንኽከላኸሉ ክብሉ ዝሃነጽዎም እንተዘይኰይኑ፡ ንጥቕሚ ህዝቢ ከገልግል ተባሂሉ ዝመሰረትዎ ሕክምናዊ ህንጻን ኣገልግሎትን ነይሩ ክባሃል ዝካኣል ኣይኰነን። ስለዝኾነ ድማ እቲ ዝርካቡ ናይ ሕክምና መደበራት ኣብተን ሽው ዝበቐላ ዝነበራ ከተማታት ኤርትራ ኢዩ ዝህነጽ ዝነበረ። በዚ መሰረት እቲ ምስ ከተማታት ምትእስሳር ዝነበሮ ክፋል ህዝቢ እንተዘይኰይኑ፡ ንዝሰፍሐ ህዝቢ ኤርትራ ዝወሃብ ኣግልግሎት ሕክምና ኣይነበረን። እቶም ተቐማጦ ዓበይቲ ከተማታት እውን እንተኾነ ብቑዕ ኣገልግሎት ጥዕና ዝረኸቡ ኣይነበሩን።

ህዝቢ ኤርትራ ከም ኩሉ ኣብ መዋእል መስፍነ-ርእሰ ማላዊ ደረጃ ምዕባለ ዝነብር ሕብረተ ሰብ፣ ኣብ ባህላዊ መድሃኒት ስለ ዝምርኰስ፣ ብቈጽለ-መጽልን ካብ ማይን ሓመድን፣ ብባህላውያን ንፈልጥ ኢና በሃልቲ ተቓሚሞም ዝቐርብሉ መድሃኒታት እዩ ዝኣምንን ክግልገለሉ ጸኒሑን ዘሎን። በዚ ምኽንያት'ዚ ድማ ነቲ ዝርካቡ ዝወሃብ ዝነበረ ዘመናዊ ሕክምና ክቕበል'ውን እምነት ስለዘይነበሮ

ተወሳኺ ተጽዕኖ ንምስፍሕፋሕ ሕክምናዊ ኣገልግሎት ነይሩ። ኣብዚ ባህላዊ መድሃኒትን ሕክምናን ከባሃል እንከሎ፡ ጠሪሱ ጠቃሚ ኣይነበረን ወይ ኣይኮነን ማለት ዘይኮነስ፡ ብስነ-ፍልጠት ዝተቓመመ ብዘይምኧኑ ኣብ ኣጠቓቕማ ናቱ ሓደጋታት እውን ከምዝነበሮ ንምጥቃስ ዝኣክል እንተዘይኮይኑ፡ መብዛሕትኡ ዘመናዊ መድሃኒት'ውን ካብ ኣግራብን ማዕድናትን ከምዝስራሕ ዝስሓት ኣይኮነን።

ብተጋድሎ ሓርነት ኤርትራ ዝተጀመረ ብረታዊ ተጋድሎ ህዝቢ ኤርትራ፣ ተቐባልነቱ እንዳሰሰነ ኣብ ዝኸደሉ እዋን፡ ማዕረቲ ዝንቀሳቐሰሉ ቦታታት ህዝባዊ ኣገልግሎት ከበርክት ዓቕሙን ትሕዝትኡን ዘይፈቕደሉ እኳ እንተነበረ፡ ብዝተፈላለየ ኣገባብ ንዝረኸቦ ዝነበረ ንኡስ ትሕዝቶ፥ ህዝብን ሰራዊትን ከይፈላለየ፡ ጥዕናዊ ጸገማት ህዝቢ ኣብ ምቅላል ሰሪሑ ኢዩ ጥራሕ ዘይኮነስ፡ ዝሓዞ ንብረትን ትሕዝቶን ንብረት ህዝቢ እዩ፡ "ብስምኩምን ሳላኹምን ኢና ረኺብናዮ" ብዝብል መንፈስ፡ ሰውራ ኤርትራን ጥሪቱን ዋንነት ህዝቢ ምኧኑ ኣርእዩ ነይሩ። ስለዝኾነ ድማ ህዝቢ ተኣማንነት ውድቡ ኣጥርዩ፡ መግዛእታዊ ስርዓት ኢትዮጵያ ካብ ዝህቦ ፍርሕን ራዕድን ዝመልአ ኣገልግሎት፥ ዋላ'ኳ ንኡስ ይኹን'ምበር፡ ኣብ ልዕልቲ ተጋድልኡ ዘበርክቶ ናጻ ኣገልግሎት ምትእምማን ኣሕደረ። ድሕሪ ነዊሕ ውረድን ደይብን ናይ ሰውራና ድማ እዩ ተጋድሎ ሓርነት ኤርትራ ኣብ ቀዳማይን ካልኣይን ጠቕላላ ጉባኤኡ ኣብ ትሕቲ ሕብተረ-ሰብኣዊ ጉዳያት ቤት ጽሕፈት ዝካየድ፡

1. ናጻ ዝኾነ ሕክምናዊ ኣገልግሎት ንኹሉ ዜጋ ምብርካት፥
2. ኣገልግሎት ሓለዋ ጥዕና ንህዝቢ ምምሃር፥
3. ሕክምናዊ ኣገልግሎት ዝህባ ቀወምትን ተንቀሳቐስትን ክልኒካት ኣብ ገጠራት ኤርትራ ምስፍሕፋሕ፥
4. ኣብ ትሕቲ መንግስታዊ ናይ ሕክምና ሕግታት ዝሰርሓ ብሕታውያን ሕክምናዊ ትካላት ክህልዋ፡

ባህላዊ ሕክምናታት ንምምዕባል ኣድላዪ መጽናዕትታት ንምክያድ፡ ከምኡውን ባህላዊ ሕክምና ዘካይዱን ወገሻታትን ክምዕብልሉ ዝኽእሉ ናይ ትምህርቲ ዕድላት ምኽፋት ዝብል ናይ ቀረባን ርሑቕን መደባት ዝዕላምኡ ናጻ ህዝባዊ ሕክምናታት ንክህሉ ወሰነ።
እዚ ውሳኔዚ ቅድሚ ምውሳኑ ግን፡ ኣብ መላእ ሰራዊት ሓርነት ኤርትራ ዝቑጻጸሮ ምምሕዳራት፡ ንሰራዊት ከም ኣብ ደብረሳላ፡ ብስዉእ ገብረሂወት ሕምብርቲ ዝፍለጥ ኣብ ግርማይካ፡ ሃዋሻይት፡ ሕመረት-ኮልበይ፡ ደምበ-ጐሎምን፡ ምድሪ-ህበይ፡ ማይ-ድማ፡ ጉርዒ፡ ህግር፡ ኣብ ኰዓቲት-ገምበባ፡ ዓራግ፡ ተኸረረት ዝቈመ ሕክምናዊ መደበራትን፡ ካልኦት ቀወምቲ መደበራት ትካላት ውድብን፤ ህዝብን

ሰራዊትን ከይፈላለየ ሕክምናዊ ኣገልግሎት ይረክብ ነይሩ።

ኣብ 1975 ድሕሪ ካልኣይ ጠቕላላ ሃገራዊ ጉባኤ ናይ ተጋድሎ ሓርነት ኤርትራ ድማ ብዝያዳ ኣብዚ መደባት'ዚ ከዋሳእ ዝኽእል ዓቕሚ ሰብን ትሕዝቶን ክብርክት ብምኽኣሉ፡ ነዚ ክፍል'ዚ ዝመርሕን ዝከታተልን ኣካል ክግበረሉን ብወከልቲ ሕብረተ-ሰብኣዊ ጉዳያት ቤት ጽሕፈት ኣብ ምምሕዳራት ኣቓልቦ ረኺቡ ክሰራሓሉ ስለዝተመደበን፡ ኣብ ዝተፈላለየ ቦታታት ተንቀሳቓስቲ ሕክምናታት ክቖማ፡ ቀወምቲ ሕክምናታት ንምስራዕ ህዝቢ ዝተሓወሶ ምልዕዓልን መጽናዕትታትን ክካየድ ጀመረ። ስለዚ ድማ ብደረጃ ቤት ጽሕፈት ነዚ ዝከታተል ብተጋዳላይ ኢብራሂም መሓመድ ሙሳ ዝምራሕ ናይ ህዝባዊ ሕክምና ቤት ጽሕፈት ክቖውም እንከሎ፡ ኣብ ምምሕዳራትን ኤርትራውያን ዝነብርዎ መደበር ስደተኛታትን ድማ ስሩዕ ኣገልግሎት ኣብ ምጅማር ተበጽሐ። ሕክምናዊ ኣገልግሎት ዕዉትን ኣኻልን ክኸውን እንተኾይኑ፡ ህዝቢ ክሳተፎን ዋንኡ ባዕሉ ምዃኑን መጀመርታ ክኣምነሉን ክብገሰሉን ስለዝግባእ ድማ ጥዕናዊ ጐስጓስ ኣብ ህዝቢ ክምዝጽዕቕ ተገብረ። በዚ መሰረት፡ ህዝቢ ካብ ዘጋጥምዎ ጥዕናዊ ሽግራት ንምንጋፍ፡ ከምቲ ብመግዛእታውያን ሓይልታት ዝግበር ዝነበረ ኣዳላዊ ኣገልግሎት ንኸይፍጠር፡ ካብ ሰውርኡ ዝጐደለ ትሕዝቶ ኮነ ዓቕሚ ሰብ ብህዝባዊ ተሳትፎ ክምላእ ከምዘለዎን ብምግባር፤ ህዝቢ ዝተሳተፎ መደበር ሕክምና ኣብ ምምሕዳር ቁጽሪ 5 ዝተባህለ ቦታን፡ ኣብ ምምሕዳር 10 ኣብ ወረዳ ስመጃና ምግዳር-ደበና ዝተባህለ ዓዲ ንመጀመርታ ግዜ ካብ ዝቖሙ መደበራት ከም ኣብነት ክጥቀስ ይካኣል።

ህዝባዊ ኣገልግሎት ጥዕና ኣብ ሜዳ፡ ህዝቢ እንዳኣሰነዮን እንዳተሳተፎን ስለዝኸደ ድማ፡ ቀወምቲ መደበር ህዝባዊ ሕክምናታት እንዳሰሰነን እንዳሰፍሓን ከደ፡ ሰራዊት ሓርነት ናጻ ኣብ ዘውጽኦ ከተማታት ዝነበረ ዓበይቲ ሆስፒታላት ኣብ ትሕቲ ህዝባዊ ሕክምና ክማሓደር ጀመረ፡ ዝሰፍሐ ክፋል ካብ ሜዳ ኤርትራ ኣብ ትሕቲ ቁጽጽር ህዝባዊ ምምሕዳርን ሰውራኡን ስለዝኣተወ ተንቀሳቓስቲ ሕክምናታት በዝሐ፡ ሰውራና ንዝረኸቦ ንዋታዊ ናይ ሕክምና ሓገዝ ብኣዝዩ ክብ ዝበለ ዓቕሚ ክግልገለሉ ከኣለ፡ ወጻእተኛታት ሓካይም'ውን ብማሕበር ቀይሕ መስቀልን ወርሕን ኤርትራ ኣቢሎም ኣብ ሜዳ ኣትዮም ኣገልግሎቶም የበርክቱ ነበሩ።

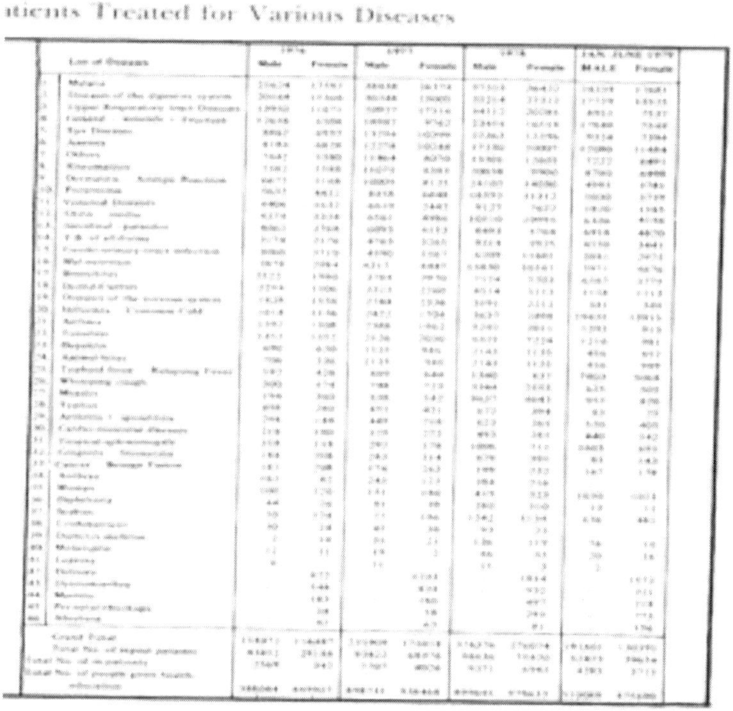

...atients Treated for Various Diseases

እዚ ሰሌዳዊ ሓበሬታ'ዚ ብምምሕዳር ህዝባዊ ሕክምና ዝተዳለወ፣ ካብ 1976 ክሳብ 1979 ዓ.ም ብዝተፈላለዩ ሕማማት ዝተጠቕዑን ዝተፈወሱን ዘርኢ ስታቲስቲካዊ ሰነድ'ዩ።

ስለዚ ከኣ ኢዩ፡ ኣብቲ ተጋድሎ ሓርነት ኤርትራ እትቈጻጸሮ ዝነበረ ምምሕዳራት ዝካየድ ዝነበረ ህዝባዊ ኣገልግሎት ጥዕና ካብ ግዜ ናብ ግዜ ዝያዳ እንዳሰፍሐን እንዳማዕበለን ክኸይድ ዝኻኣለ። ተሳትፎን ህዝባዊ እምነት ኣብ ሕክምና ድማ እንዳዓበየ ዝመጸ። በዚ መሰረት ብዘይካ'ቲ ኣብ ከተማታት ዝነበረ ዓበይቲ ሆስፒታላት፡ ኣብ ሜዳ ኣብ ትሕቲ ሕብረተ-ሰብኣዊ ጉዳያት ቤት ጽሕፈት ዝማሓደር ሓያሎይ ሕክምናዊ ትካላት ክቐውም ተኻእለ።

1. ካብ 400/450 ዓራት ዝሕዝ ሓደ ሓፈሻዊ ሆስፒታል ኣብ ሜዳ

2. 100 ዓራት ዝሕዝ ናይ ኣደን ህጻንን ክንክን ጥዕና Maternal and Child Health (MCH) መደባት ዝካየደን ሆስፒታልን

3. 41 ቀወምቲ ክልኒክስ ካብዚኣቶም 10 ከም ሞዴል መርኣዪ ዘገልግሉ

4. 68 ተንቀሳቓቕስቲ ጉጅለታት/ክልኒክስ

5. 350 ዝኣኽሉ ሕክምናዊ ኣገልግሎት ዘበርከቱ ምዱባት ተጋደልቲ (ተሓጋገዝቲ ዶክተርስ፡ ሄልዝ ኦፊሰርን፡ ነርስስ/ኣለይቲ ሕሙማት፡ ድረሰርስ፡ ቀዳማይ ረዲኤት ላቦራቶሪ-ተክኒሻንስ) ከቕውምን ከፍርን ከኣለ።

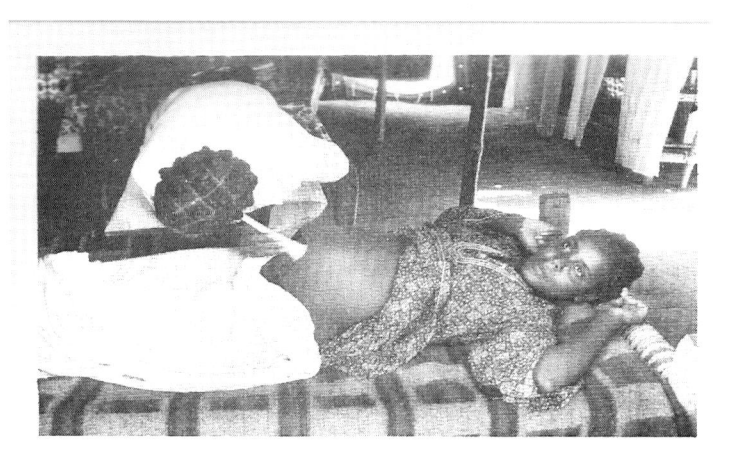

ምንጪ ናውቲ ሕክምናን መድሃኒትን

ብመሰረቱ ህዝባዊ ኣገልግሎት ጥዕና ብሰፊሕ ይኹን ብጸቢቡ ንኸተካይድ ኣዝዩ ከቢድ ዕማም ምኳኑ ዝተፈልጠ ኢዩ። ይኹን'ምበር መዓልቲ መጸት ብመዳፍዕን ቦምባታት ነፈርትን መግዛእታዊ ስርዓት ዓድታት ክባድም፡ ህዝቢ ክመውትን ክቖስልን፡ ክስደድን ብሕማም ክሳቐን እንከሎ፡ ብኣግኡ ናይ ምሕጋዙ ዓቕሚ'ኳ እንተዘይሃለወ፡ ብዝዋሓደ ወጽዑኡን ሽግሩን ንዓለም ክትነግረሉን ኣውያቱ ክስማዕ ክምዘለዎ ክትገብር ግን እቲ ቀዳማይ ማሕበራውን ሰብኣውን ሕልና ኢዩ። እዋኑ ግዜ ማሕበራዊ ፍትሕን ኩሉ ጭቁን ህዝቢ ዓለም ሓደ ኢዩ ዝባሃለሉን ብምንባሩ ድማ ጉዳይካ ብኸመይ ተቕርቦን መን የቕርበልካን እንተዘይኮይኑ፡ ወጽዓን ሽግርን ህዝቢ ኤርትራ ዋላ'ኳ ብደረጃ መንግስታት ተፈሊጡ ክሕገዝ እንተዘይካኣለ፡ በተን ኣብ ሃገራት ምዕራብ ዝርከባ ዝተፈላለያ ዘይመንግስታውያን ናይ ረዲኤት ትካላት ግን ኣይሕገዝን ነይሩ ማለት ኣይኮነን። ነዚ ኣብ ምርግጋጽ ግን ምቛም ሓውሲ ናጻ ዝኾነ ማሕበር ቀይሕ መስቀልን ወርሕን ኤርትራ ዝብል ትካል ኣብ ሜዳ ክህሉ ሓደ ካብቶም ቀንዲ ረቛሒታት ናይ ደገፍ ምንጭታት ነይሩ። ስለዚ ድማ እዩ ማሕበር ቀይሕ መስቀልን ወርሕን ኤርትራ ብናይ ኣይ.ሲ.ኣር.ሲ. (International Committee of the Red Cross I.C.R.C.) ውዕል ጅኑቭ መሰረት ኣብ 1975 ቅቡል ኮይኑ ዝቖመ።

ቅድሚ ምቛም ማሕበር ቀይሕ መስቀልን ወርሕን ኤርትራ ግን፡ ሰራዊት ሓርነት

ኤርትራ ኣብ ዘካይዶ ዝነበረ ወታሃደራዊ መጥቃዕትታት ዝሰለቦም ሕክምናዊ ንብረትን መድሃኒታትን፡ ከምኡውን እቶም ኣብ ውሽጢ ከተማታት ኮይኖም ናይ ፈዳይን ስርሒታት ዝፍጽሙ ዝነበሩ ምዑታት ተጋደልቲ ሓርነት ዝሰለብ ዝነበረ መድሃኒታትን ኣብ ህዝቢ ዓብዪ ኣበርክቶ ከምዝነበሮን መጀመሪ መደባት ተ.ሓ.ኤ ኣብ ሕክምናዊ መደባት ምንባሩን ክዝከር ዝግብኦ እዩ። ካብ መግዛእታዊ ሰራዊት ኮነ ካብ ከተማታት ዝሰለብ ዝነበረ ንብረት ኣብ ኣገልግሎት ሰራዊት ጥራሕ ንኽይውዕልን ብዘይግቡእ ኣገባብ ከይባኽንን ድማ መሪሕነት ተጋድሎ ሓርነት ኤርትራ ፈጻሚት ሽማግለ፡ ነዚ ዝምልከት ውሳኔ ከተማሓላልፍ ግድን ነበረ።

መሪሕነት ተጋድሎ ሓርነት ኤርትራ ፈጻሚት ሽማግለ እምበኣር፡ ንሕክምናዊ ኣገልግሎት ኣብ ህዝቢ ብግቡእ ብምምዛንን፡ ኣብ ሜዳ ህዝባዊ ኣገልግሎት ክሰፍሕ፡ ብቑዕን ንህዝቢ ብዝባጻሕን መንገዲ መታን ክሰራዕን ድማ፡

1. ካብ ጸላኢ ዝተሰልበ ይኹን ካብ ከተማታት ዝወጸ ንሕክምና ዘገልግል ነገራት፡

2. ካብ ማሕበር ቀይሕ መስቀልን ቀይሕ ወርሕን ዝርከብ መላእ ናይ ረድኤት ነገራት ድሕሪ ምጽናዕን ምምርማርን፡ 40% ካብዚ ክልተ ዝተጠቕሰ ዝመጽእ ትሕዝቶታት ንህዝባዊ ኣገልግሎት፡ እቲ 60% ድማ ኣብ ኣገልግሎት ሰራዊት ንኽውዕል ብውሳኔ ደረጃ ኣማሓላለፈ። ኣብዚ ስለምንታይ እዩ እቲ ዝዋሓደ ሚእታዊት ናብ ህዝባዊ ኣገልግሎት ክውዕል ተወሲኑ? ህዝብን ሰራዊትን ስለምንታይ ብማዕረ ዘይተመቕለ? ዝብል ሕቶ ክላዓል ይኽእል ይኸውን። እቲ መልሲ ግን፡ ኣብ መንን ሰራዊትን ህዝብን ፍልልይ ንምርኣይ ወይ መሪሕነት ተጋድሎ ሓርነት ኤርትራ ግደ ህዝቢ ዘንጊዑስ ኣብ ሰራዊት ዝያዳ ተገዳስነት ነይርዎ ማለት ዘይኮነስ፡ ቀጻልነት ህዝባዊ ኣገልግሎት ጥዕና ብተሳትፎ ናይቲ ተጠቃሚ ህዝቢ ክኸውን ከምዝግባእ ብምርዳእ፡ ብዝያዳ ኣብ ከበሳ ዝነበረ ሕክምናታት'ውን ህዝቢ ብዘዋጽኦ ሓገዝ ይካየድ ስለዝነበረ፡ ህዝቢ ካብ ዘዋጽኦ ሓገዝ ንሰራዊት ተመቒሉ ዝዋሃብ ብዘይምንባሩን ምኺኑ እቲ ምኽንያት ክፍለጥ ይግባእ።

ምቛም ምምሕዳር ህዝባዊ ሕክምና

ህዝባዊ ሕክምና ከም ትካል ኣብ መጀመርታ 1976 ዓ.ም. ዘሎ ኣዋርሕ ኣብ ዝተፈላለየ ምምሕዳራት ኤርትራ ገለን ብሓያል ጻዕርታትን ተሳትፎን ህዝቢ፡ ገለን ድማ ብውድብ ደረጃ ኣብ ትሕቲ ሕብረተ-ሰብኣዊ ጉዳያት ቤት ጽሕፈት ግቡእ ኣገልግለቱ ከበርክት ጀሚሩ እኳ እንተነበረ፡ ነቲ ንመላእ ሕክምናዊ ዕማማት ዘማእክልን ዝከታተልን ምምሕዳር ዘይነበሮ ብሓደ ውልቀሰብ ኢብራሂም መሓመድ ሙሳ ዝተባህለ ተጋዳላይ እንዳተመርሐ ዝካየድ ዝነበረ ትካል እዩ። ይኹን'ምበር፡ ኣብ ዝተፈላለየ እዋናት ኣብ ምምሕዳራዊ ጉዳያትን፡ ኣብ ምምእካል

ማእከላይ ፋርማሲ መከፋፈሊ ሕክምናዊ ንዋትን መድሃኒትን ዝምደቡ ኣባላት እውን ነይሮም እዮም። ነቲ እንዳሰፍሐ ዝኸይድ ዝነበረ ሕክምናዊ ኣገልግሎት ብዘይ ሓደ ስሩዕ ትካልን ብዘይተመደበ ኣገባብን ክቕጽል እንተድኣ ኺይኑ፡ ናይ ተሓታትነትን ቁጽጽርን ማእከል ስለዝበኩር ሓደ ግዜ ኣብ ሓደጋ ክኣቱ ከምዝኽእል ርዱእ ነገር'ዩ ነይሩ።

ስፍሓት ህዝባዊ ኣገልግሎት ጥዕና፡ ኣብ ሜዳና ማዕቢሉ፡ ተሳትፎ ህዝብና ኣብ ዘተኣማምን ደረጃ ምብጽሑ ጥራሕ ዘይኰነስ፡ ንድሕሪት ኣብ ዘይምለሰሉ ምብጽሑን፡ ሰውራና ኣብ ትሕቲ ቁጽጽሩ ኣብ ዘእተዎም ከተማታት ዝነበሩ ዓበይቲ ሆስፒታላት ግቡእ ኣበርክትኦም ክፍጽሙ፡ እቲ ትካል በቲ ዝጸንሖ ኣገባብ ክምራሕ ስለዘይካኣል፡ ሓደ ነቲ ክፍሊ ዝመርሕ ምምሕዳራዊ ሽማግለ ክቐውም ግድን እንዳኾነ መጸ። ስለዚ ድማ ኣብ መጠረስታ ወርሒ መጋቢት 1978 ዓ.ም. ሓንቲ ሓሙሽተ ዝኣባላታ ምምሕዳር ሽማግለ ህዝባዊ ሕክምና ቖመት።

1. ተጋዳላይ ኢብራሂም መሓመድ ሙሳ ኣቦ-መንበር ምምሕዳር

2. ተጋዳላይ ኣንገሶም ገብረየውሃንስ

3. ተጋዳላይ ዑቕባይ መስፍን

4. ተጋዳላይ ሓሰኒት ሳልሕ

5. ተጋዳላይ ንጉስ ጸጋይ

ምስዚ ምምሕዳር ዝምርሓሉ ቅጥዕን፡ ናይ ነፍሲ ወከፍ ሓላፍነትን ስርዒታዊ ዝምድናን ዘነጸረ ውሽጣዊ ስርዓት ወጺኡ ክፍሊ ብጥርኑፍ ክካየድ ዝጀመረ። እዚ ጥራሕ ኣይነበረን፥ ኣብቲ እዋን'ቲ እቲ ሓደን ሕክምናዊ ኣገልግሎት ንኽዕወት ኣዝዩ ሓጋዚን መሰረታውን ዝኾነ ናይ ምክልኻልን ስጉምቲ ብምኳኑ፡ ምስዚ ዝተኣሳሰር ሞያ ዝነበሮ ብፍላይ ኣብ ምክልኻል እቲ ዝሰፍሐ ሽግር ቆላታት ኤርትራ ኣብ ምክልኻል ሕማም ዓሶ ግዲኡ ከበርክት ዝተሰርዐ ምዱብ ክፍሊ (Malaria control service) ኣገልግሎት ምክልኻል ሕማም ዓሶ ክቐውም ከኣለ።

ክፍሊ ኣገልግሎት ምክልኻል ሕማም ዓሶ፡- ብተጋዳላይ ግርማይ ወልደሩፋኤል ዝምራሕ ዝነበረ ክፍሊ ኰይኑ፡ ኣብ ወርሒ ሚያዝያ 1978 ዝቖመ ትካልዩ ነይሩ። ብርክት ዝበለ ቁጽሪ ብዝነበሮም ሓደስቲ ተመደብቲ ናብቲ ቤት ጽሕፈት ዝጀመረ ኰይኑ፡ ድሕሪ ነዊሕ ናይ ትምህርትን ምልመላን ኮርስ፡ ብቐጥታ ኣብ ተግባራዊ ስራሓት ተዋፊሩ፡ ካብ ሕማም ዓሶ ኣባላት ውድብ ድሕነቶም ንምክልኻል ኣብያተ ጽሕፈታት ውድብን ቀወምቲ ዓድታት ከባቢኡን እንዳተንቀሳቐሱ መድሃኒት ብምንስናስ ኣገዳሲ ተራ ዝተጻወተ ክፍሊ ኮነ። እዚ ምስቲ ስዒቡ ዝተኻየደ ወራር ሰራዊት ደርጊ ብዙሓት ካብ ኣባላቱ ናብቲ ተዋጋኣይ ሰራዊት

ስለዝተጻንበሩን ዳግማይ ስርርዕ ኣብ ትካላት ውድብ ኣብ ዝተኻየደሉ'ውን ከምቲ ዝጀመሮ ክቕጽል ብዘይምኽኣሉ ከም ትካል ቀጻልነት ክረክብ ኣይካኣለን።

ክፍሊ ምልመላ ሕክምና፡ እዚ ክፍሊ'ዚ ምንም'ኳ ካብ መዋዳእታ 1976 ዓ.ም. ጀሚሩ ከም ትካል ክቐውምን ስርሑ ብስሩዕ ኣገባብ ከካይድን ተባሂሉ ተጋዳላይ ኣብራሃም ገብረክርስቶስ ዝተባህለ ሞያተኛ ኣባል ካብ ዝነበሮ መደብ ተሳሒቡ ኣብ መደበር ኮፍ ካብ ዝብል ነዊሕ እንተኾነ፡ ምኽንያቱ ብዘይተፈልጠ ግን እቲ ስራሕ ኣሳልጦ ክረክብ ይትረፍ ክጅምር'ውን ኣይከኣለን። ምናልባሽ እቲ መደብ ናይ ምልመላ ክጅምር ዘይመኽኣሊኡ ምኽንያት፡ እቲ ኣብ ትሕቲ ወታሃደራዊ ሕክምና ዝካየድ ዝነበረ፡ ምሉእ ዓቕምታት ሰብ ዝነበሮ ቤት ትምህርቲ ሕክምና ንሕጽረታት ናይቲ ቤት ጽሕፈት ዓቕሚ ሰብ ኣብ ምምላእ ሓጋዚ ግደ ስለዝነበሮ፡ ተደላይነት ምኽፋት ፍሉይ ቤት ትምህርቲ ናይ ህዝባዊ ሕክምና ብወተሃደራውን ካልኦት ዝምልከቶም ኣብያተ ጽሕፈትን ስለዘይተደገፈ ከይተመስረተ ተሪፉ። ኣብ ውጥን ነይሩ ዘይተተግበረ መደብ ከነስፍር ከለና፤ ናይ ሕብረተሰብኣዊ ጉዳያት ቤት ጽሕፈትን ምምሕዳር ክፍሊ ህዝባዊ ሕክምናን ኣብ ምስፍሕፋሕን ምምዕባልን ሕክምናዊ ኣገልግሎት ንህዝብና ዝነበሮም ድልየትን ሕልናን ክንዝክር ኣድላይነቱ ስለ ዝርአና እዩ።

<u>**ማእከላይ መኽዘንን ኣከፋፋልን መድሃኒት**</u> <u>**(Central Medicine Supply Warehouse)**</u>

እዚ ትካል'ዚ ኣብ ትሕቲ ሕብረተ-ሰብኣዊ ጉዳያት ቤት ጽሕፈት፣ ክፍሊ ህዝባዊ ሕክምና ብ1977 ተመስሪቱ፣ ነተን ኣብ 12 ምምሕዳራት፤ ኣብ ሓራ ዝወጹ ቦታታት ተመስሪተን ኣገልግሎት ንህዝቢ ዝህባ ዝነበራ መደበራት ህዝባዊ ሕክምናታት መድሃኒታት ዝዕድልን ዘከፋፍልን መኽዘን እዩ ነይሩ።

እዚ ጥራይ ዘይኮነ ንተንቀሳቓስቲ ጉጅለታት ሕክምና፤ ብፍላይ ንሕማም ዓሶ ንምክልኻል፣ ኣብ ዝተፈላለየ ምምሕዳራት፤ ኣውራ ኣብ መታሕት ዝንቀሳቐሳ ዝነበራ ክሊኒካት፣ ዘድልየን መድሃኒትታት ዝዕድልን ዘከፋፍልን መኽዘን'ውን እዩ ነይሩ።

እዚ መኽዘን'ዚ ንጸጥታ ከምኡ'ውን ንመጓዓዝያ ሽግራት ንምቅላል ተባሂሉ ካብ ምብራቓዊ ከሰላ ገለ ኪሎመተራት ርሒቑ ኣብ ውሽጢ መሬት ኤርትራ፤ ኣብ ኣዲባራ ዝተባህለ ከባቢ ታሕታይ ባርካ ዝተሰርሐ መኽዘን እዩ ነይሩ። ኣብ ከባቢኡ ክፍሊ ጽርበት፣ ክፍሊ መጓዓዝያ ጋራጅ ከምኡ'ውን ማእከላይ መኽዘን ክፍሊ ትምህርቲ ነይሮም።

ረድኤት ስንቅን መድሃኒትን ካብ መኸዘን ናብ ህዝቢ ኣብ ምምሕዳራት ክጎዓዝ ከሎ

እዚ መኸዘን'ዚ ካብ ምንጭታት ናይ ግብረ ሰናይ ማሕበራት ኣብ ኤውሮጳን ማእከላይ ምብራቕን ዝርከባ ሃገራት እዩ ብሓገዝ ዝረክብ ነይሩ። ብዓቐን ይኹን ብዓይነት ዝተፈላለዩ መድሃኒታት፣ ማለት ንውሽጣዊ ሕማማት ዝፍውስ፣ ንሕማም ዓሶ ዝከላኸልን ዝፍውስን፤ ንምክልኻል/ድርዐ ጥዕና immunity ዘሐይል፡ ንተመሓላላፊ ሕማማት ዝቆጻጸር፣ ንረኽሲ ዘሐውን፤ ካልኦትን ዘጠቓለለ እዩ ነይሩ።

እዚ መኸዘን'ዚ ብኣሰራርሕኡን ስርዓተ ኣመሓዳድርኡን ብስሩዕ ኣገባብ ፋርማሲ ማለት ብዝሕን ዓይነትን መድሃኒታትን ምንጭታቱን ብመዝገብ ብምሓዝ፤ ዕደላን ምክፍፋልን ድማ ብመአዘዝን ቅብሊትን ኣቢሉ ጸብጻባት መዛግቡ ብግቡእ ዝሕዝ እዩ ነይሩ። ሓለፍቲ ናይቲ መደበር ናይ ፋርማሲ መሰረታዊ ትምህርቲ ዝወሰዱ ኮይኖም ስርሖም ብፍልጠት ዘሰላስሉ እዮም ነይሮም።

ገለ ካብቶም ኣብቲ መደበር ዘገልግሉ ዝነበሩ ተጋደልቲ፡ ላይነ ካሕሳይ፣ ፍስሃየ (ወዲ ምሃረ)፣ ሚዛን ገብረስላሰ፡ ብርሃነ ዝባሃሉ ኣባላት ምንባሮም ክዝከር ዝካኣል'ዩ።

ስንቅን መድሃኒትን ካብ ማእከላይ መደበራት ትካላት ተ.ሓ.ኤ ጽዒነን ኣብ ምምሕዳራት ንዝነበራ ክሊኒካት ንኽብጽሓ ክጉዓዛ ከለዋ

ህዝባዊ ሕክምና ኣብ ኣውራጃ ጋሽን ሰቲትን

መደበራት ህዝባዊ ሕክምናታት ኣብ ምምሕዳር ቍጽሪ ሓደ (ጋሽ)

ኣብ ጋሽ ንህዝቢ ዘሳቒ ሕማማት ብሓፈሽኡ ትሮፒካዊ ሕማማት እዩ። ትሮፒካዊ ሕማማት ኣውራ ኣብ ቆላዊ ቦታታት ኤርትራ ዝበቝሉን ዝኽሰቱን፣ ጠንቂ ከቢድ ሕማማትን ሞትን ኰይኖም ኣሽሓት ህጻናትን ዓበይትን ዝቐዘፉ እዮም። እቶም ጠንቅታት ናይ ትሮፒካል ሕማማትን፣ ዘጋድዱ ረጃሕታትን **ድማ** ከምዚ ዝስዕብ ክጥቀስ ይካኣል እዩ።

1. ክሊማ ቆላዊ ቦታታት ሙቐትን ጠልን (ሁሚድዩቲ) ንመተሓላለፍቲ ዓሶን ካልኦት ሕማማትን ዝኾኑ ጽንጽያን ጣንጡን ክፍጠሩን ክባዝሑን ምቹእ ኰነታት ስለ ዝፈጥር፡፡ ጋሽ ሩባ ጋሽን ካልኦት ዓበይቲ ሩባታትን ጫካ ቦታታትን ስለ ዘለዎ፤ ብፍላይ ኣብ እዋን ዝናብን ሙቐትን ጣንጡ ዝጽፈዩሉን ዝባዝሑሉን እዋን'ዩ።

2. ናይዚ ሕማማት'ዚ ተጠቃዕቲ ድማ ኣብ ድኽነትን ትሑት ጽሬት ሰውነትን ከባብን ዝነብሩ ህዝቢ እዮም።

3. እቲ ካልእ ጠንቂ ሕማምን ሞትን ድማ፣ ኣብ ድኽነትን ብልሽውናን ዝነብራ ሃገራትን መንግስታትን ናይ ስሉስ ዓለም፤ መከላኸሊ ክታበት ስለዘይቕርባ፤ ክከላኸላን ክፍውሳን ስለዘይክእላን እዩ። ብድኽነት ዝተጠቕዐ ህዝቢ፤ እኹልን መኣዛ ዘለዎን መግብታት ስለዘይረክብ ብሕማም ብቐሊሉ ይጥቃዕ።

ህዝቢ ኤርትራ ብሰንኪ መግዛእትን ትሑት ማሕበረ-ቍጠባዊ ምዕብልናን በዚ ኰነታት እዚ ብዙሕ ተጠቒዑ እዩ። ተጋድሎ ሓርነት ኤርትራ ነዚ ኰነታት'ዚ ተገንዚቡ፤ ካብ ዓቕሚ ትሕዝቶኡን ምስ ገበርቲ ሰናይ ሃገራትን ማሕበራትን ህዝብን ብምትሕብባር ኣገዳሲን ልሉይን ኣገልግሎት ንህዝቢ ኣተኣታተወ።

ብብዝሒ ዘጋጥሙ ዝነበሩ ሕማማት እዞም ዝስዕቡ ክጥቀሱ ይክኣል፡-

ከም ዓሶ፣ ወይቦ፣ ቊስልን ረኽሲታቱን

ተላገብቲ ሕማማት

ሕማማት ከስዐ መዓናጡ

ኣብ ግዜ ጥንስን ሕርስን ዘስዕቡ ሕማማት

ኣኽዛዊ ሕማማት

ብሰሪ እኹል መኣዛዊ መግብታት ዘይምርካብ ዝስዕብ ሕማማት፡ ዋሕዲ ደም፡

ዝተፈላለዩ ናይ ዓይኒ ሕማማት

ናይ ሳናቡእን ኣፍንጫን ሕማማት ዝኣመሰሉ ነይሮም።

ኵሎም ብሄራት ኤርትራ ጠቕሚ ኣገልግሎት ጥዕና ይርድኡን ኣገልግሎት ይጠልቡን እዮም፡ እዚ ቅድሚ ጠለብ ምኽፋት ኣብያተ ትምህርቲ ይሰርዕዎ። ኣብ ጋሽ ኣብ ኩለን ወረዳታት 8 መደበራት ሕክምና ተኸፊቱ ኣገልግሎት ይህብ ነይሩ። ምስኡ'ውን መድሃኒትን መሳርሒ ሕክምናን ዝሓዘ ጉጅለታት ካብ ነብሲ ወከፍ መደበር ናብ ዓድታት እናተንቀሳቐሳ ህጹጽ ረድኤት ዝህባን ዘሕርሳን ነይረን።

መደበር ሕክምና ንኽቐውም፡ ድልየትን ጠለብን ከምኡ'ውን ተሓባባርነትን ካብ ህዝቢ ብኣኼባታት ምስ ወረዳን ዓድታትን ሽማግለታት ከምኡ'ውን ምስ ህዝቢ ተኻይዱ ኣብ ስምምዕ ምስተበጽሐ እዩ ዝፍጸም። ውድብ ተ.ሓ.ኤ. ብሓላፍነት ሕብረተሰብኣዊ ጉዳያት ቤት ጽሕፈት (ሕ.ሰ.ጉ.ቤ.ጽ.) ተጋደልቲ ሓካይም፣ መሳርሒ ሕክምና፣ ኣቑሑትን መድሃኒትን ከቕርብ፡ ህዝቢ ድማ ገዛውቲ ሰሪሑ ማይን ዕንጸይትን ተሓባባሪ ጉልበትን ክቕርብ ብምስምማዕ ይምስረትን ይመሓደርን ነይሩ። በዚ መሰረት'ዚ ኣብ ምምሕዳር ጋሽ ዝቖማ መደበራት ሕክምናን፣ ኣብኣን ዘገልግሉ ዝነበሩ ኣስማት ኣባላት ሓካይምን እዞም ዝስዕቡ እዮም።

ሻምቡቆ:

ብ1977 ዓ.ም.ፈ ቆይሙ ንከተማ ሻምቡቆን ከባቢኣን ከገልግል ጸኒሑ፡ ኣብ ክረምቲ 1978 ዓ.ም.ፈ ብባድመ ጌሩ ዝመጸ ሓይሊ ደርጊ ሻምቡቆ ስለዝሓዛ ተቛሪጹ። ኣባላተን ገረሱስ፣ ሕሩያ፣ ለተብርሃን ተስፋይን ኔሮም።

ሸላሎ:

ሃብቶም ወልዱ፤ ኣበባ ንጉስ፤ ዮዲት ዘካርያስ።

ተኾምብያ:

ተስፋይ ዓንደብርሃን፤ ኣልጋነሽ ዓንዱ፤ ንግስቲ ኣርኣያ፤ ሚክኤል ባይሩ

ኣውጋሮ:

ወልዳይ ክብርኣብ፤ ጸጋ ገሬሱስ፤ ኣልጋነሽ ኪዳነ፤ ለምለም ክብሮም

ባድመ፡

ብህዝቢ ወረዳ ባድመ ብዙሕ ገንዘብ ተዋጺኡን ተወፍዩን ብዘመናዊ ዝተሰርሐ ኣባይቲ፣ ንፋርማሲ፣ መኽዘን፣ መደቀስ ሕሙማት ክፍልታትን ነይሩዎ። ኣባላት ሓካይም፡ ገሬሱስ ሃይለ፤ ሚከኤል ቀለታ፤ ኣበባ መብራህቱ፤ ለተብርሃን ተስፋይ፤ ፍረወይኒ ሰለሙን ነይሮም።

ግራሻ፡

መሓመድ ጅምዕ ዓሊ፤ ፋጥና ነጋሽ፤ ሉቺያ ገብረሚካኤል፤ ስቲ ዑመር፤ ሃብተማርያም ሚከኤል፤ ለምለም በርሀ

ሞጎራይብ፡

ተድሮስ ኣብርሃ፤ ሓረጉ ገረዝጊሀር፤ ስዕዲ መሓመድ ሽፋ፤ እስማዒል ኣሰናይ ሑመድ፤ ገነት ዘካርያስ ባይሩ፤ ፋጥና ኣቡበከር፡ ፋጥና እስማዒል

ሃይኮታ፡

ኣብ ሃይኮታ ብሓገዝ ወጻእተኛታት ብዘመናዊ ህንጻን ናውቲ ሕክምናን ተሰሪሑ ኣብ ኣገልግሎት ዝነበረ፣ ጉጅለ ህዝባዊ ሕክምና'ውን ንህዝቢ ክትሕክመሉ ጀሚራ ነይራ፡ ግን ነፈርቲ ደርጊ ደብዲበን ስለዘዕነውኦ ኣገልግሎቱ ኣቋሪጹ። ኣብዚ ዘገልገሉ ተጋደልቲ፡ ገርጊስ ነጋሽ፣ ንጉሰ መስመር፣ ሶፍያ ስዒድ፣ ምሕረት ተስፋስላሰ፣ ረዘነ ሃብተ፣ ዛህራ ሓሚድ

ሻካት-በለው፡

ሉቺያ ሃብተስላሴ፤ ኣልማዝ ወልዱ፤ ንጉሰ ኣለም፤ ሳምያ መሓመድ ዓሊ፤ ሳባ መስፍን

ገርሰት፡

ሰይፉ፣ ሶፍያ ስዒድ፣ ገብረስላሴ ወልደገብርኤል፣

ፋርማሲ፤

እዚ መደበር'ዚ ኣብ ኣውጋሮ ኰይኑ፤ መድሃኒት ካብ ማእከላይ ፋርማሲ ተቐቢሉ ንሽሞንተ መደበራት ሕክምና ጋሽ ዝዕደልን ዘከፋፍልን ዝነበረ እዩ። ኣባላት መደበር፡ ዮውሃንስ ጎይትኦም፤ ብስራት ተስፋይ፤ ኣልማዝ ኣረፋይነ፤ ኣኸበረት ኣልኣሚን ኔሮም።

ተሓድሶ ዳዶ፡

እዚ መደበር ሕክምና'ዚ ነቶም ካብ ባረንቱን ከባቢኣን ዝተማዛበሉ ብፍላይ ንህዝቢ ብሒረ ኰናማ ዝቖመ ኣብ ዳዶ ዝበሃል ዓዲ ስግር ተኾምብያ ዝርከብ መደበር ተሓድሶ እዩ። ናይ ምዝንባል ምኽንያት ድማ ኣብ ባረንቱ ንዝነበረ ሰራዊት ደርጊ ንምድምሳስ ጽዕጹዕ ኲናት ይካየድ ስለዝነበረ እዩ። ሓካይም ሱሌማን ኤጉ፤ ትርሓስ መብራህቱ ኔሮም።

ሕክምና ኣብ ምምሕዳር ሰንሒት

ኣብ ምምሕዳር ቁጽሪ ኣርባዕተ፣ ቀወምትን ተንቀሳቓስትን ሕክምና ነይረን። እተን ቀወምቲ ሕክምናታት ከኣ እዘን ዝስዕባ ነበራ።

1. ሓጋዝ - በዞም ዝስዕቡ ትመሓደር ነበረት። መሓሪ ከም ሓላፊ ኮይኑ፣ ኣባላት ድማ : ህድኣት፡ ኣዜብ፡ ምሕረት፡ ሳዓኣ ኮኮ፡ ታደሰ ነይሮም።
2. ኣብ ኣስማጥ ዝነበረት ቀዋሚት ሕክምና ብኣምና፡ ምሕረት፡ ሳምያ፡ ገረዝጊሄርን ትካየድ ነበረት።
3. ኣብ ሓሊብመንተል ዝነበረት ቀዋሚት ሕክምና ብህድኣት፡ የዕብዮ፡ ዑቕባስላሴን ትካየድ ነበረት።
4. ኣብ ሓልሓል ዝነበረት ህክምና ከኣ ብመሓመድ እድሪስን ብምሕረትን ትካየድ ነበረት።
5. ኣብ ሰረዋ ዝነበረት ቀዋሚት ሕክምና ከኣ ብዓብደላ፡ መሓመድ፡ ኣርኣያን ትካየድ ነበረት
6. ኣብ መለብሶ ዝነበረት ቀዋሚት ሕክምና ብወዲ ባጽዕ፡ ኤልሳ፡
7. ኣብ ጭሩም ዝነበረት ሕክምና ከኣ ብእስማዒል በሰል፡ ትብለጽ፡ ሰለሙን ትካየድ ነበረት።

ካልእ ኣብ ልዕሊ እዘን ዝተጠቕሳ ቀወምቲ ሕክምናታት ክልተ ተንቀሳቓስቲ ሕክምናታት ንሮራ ቤት ገብሩን ካልእን ብምዛር ንህዝቢ ዓቢ ናይ ሕክምና ረዲኤት ይገብሩ ነበሩ። ካብዞም ተንቀሳቓስቲ ዝነበሩ ከኣ፡ ንግስቲ፡ እድሪስ፡ ብርጭቆ፡ ርግኣት።

ሕክምና ኣብ ምምሕዳር ኣውራጃ ሳሕል

ቀወምቲ ሕክምናን ተንቀሳቓስቲ ኪሊኒካትን ነይረን። እተን ኣርባዕተ ቀወምቲ መደበራት ሕክምና ድማ እዘን ዝስዕባ እየን

1. መደበር ሕክምና ቃሮራ ብወዲ መሸጠ
2. ባቕላ ብስሌማን
3. ጣሕራ ብገረዝጊሄር
4. ኣፍዓዩን ብኤሎስ ይካየዳ ነበራ።

ኣብ ሕክምና ዝጥቀሙ ዝነበሩ ሎሚ ብርግጽ ነቲ ሽው ዝነበረ መዓልታዊ ዝመላለስ ዝነበረ ቁጽሪ ተሓከምቲ ክንድዚ ነይሩ ክትብል ብዙሕ ዘጸግም እኳ እንተኾነ ብግምት ግን ብመጠን እቲ ብዝሒ ህዝቢ ክረአ እንከሎ ብገምጋም ኣብ መዓልቲ ኣብ ቃሮራ ካብ 60 ዘይውሕዱ፡ ኣብ ባቕላ ካብ 40 ዘይውሕዱ፡ ኣብ ጣህራ ካብ 50 ዘይውሕዱ ኣብ ኣፍዓዩን ከኣ ክሳብ 40 ዝኾኑ ይሕከሙ ነይሮም። ኣብ ነፍሲ ወከፍ መደበር ሕክምና ድማ ሕሙማት ካብ ሳልስቲ ክሳብ ሰሙን ኣብቲ ሕክምና ዝድቅሱ ነይሮም። ብፍላይ ኣፋውስም ኣብ ዝተወሰነ ስዓታት ዝውስዱ ኮይኖም ክሳብ ጥዕናኦም ዝመሓየሽ ኣብቲ ሕክምና ይድቅሱ

ነይሮም። መግቢ እውን እቲ ሕክምና ይኸእሎም ነይሩ። ማለት እቲ ንተጋደልቲ ተባሂሉ ዝመጽእ ዝነበረ ስንቂ እንተሎ ንሕሙማት ገባር ኣብ ግምት ዘእተወ ዓቐን ስንቂ እዩ ዝለኣኽ ነይሩ። ህዝቢ እውን ብመጠኑ ይተሓጋገዝ ነይሩ።

ሳሕል ብዓበይቲ ጎቦታት ዝተደኰነት ገድላዊ ስትራተጂካዊ ቦታ ብምዃና ቀንዲ ደጀን ናይ ሰውራና እያ ነይራ። ህዝባዊ ግምባር ነዚ ኣጸቢቓ ስለዝተረደኣቶ ድማ ኢያ ንሳሕል ከም ደጀና ዝተጠቐመትሉ። ሳሕል እምበኣር ንክለተ ውድባት ሓቝፋ ዝነበረት ኢያ። እዚ ስለዝኾነ ኣብ ክልተ ተመቒላ ነይራ። ንሱ ድማ እቲ ንምብራቓዊ ሸነኽ ዝጥምት ጎቦታት ብህዝባዊ ግምባር ክመሓደር ከሎ። እቲ ንምዕራባዊ ሸነኽ ዝጠመተ ጎላጉልን ጎቦታትን ከኣ ብተጋድሎ ሓርነት ኤርትራ ይመሓደር ነበረ።

እተን ክልተ ተንቀሳቐስቲ ክሊኒካት ካብተን ኣብ ምዕራባዊ ሸነኽ ቆይመን ዝነበራ መደበራት፣ በብግዚኡ እናተቐያየራ የገልግላ ነይረን።

ኣብዚ ዞና እዚ ካብ ዝረአዩ ዝነበሩ ቀንዲ ሕማማት ድማ ሕማም ዓሶን ዓባይ ሰዓልን እየን። ህዝቢ በቲ ዝግበረሉ ዝነበረ ናይ ሕክምና ኣገልግሎት ክዛረብ እንከሎ፣ ግደፍዶ ኣብ ግዜ ሃይለስላሴ ዋላ ኣብ ግዜ ጣልያንን እንግሊዝን ከምዚ ዓይነት ኣገልግሎት ኣይረአናን ዝብሉ ማለት እቶም ነቲ እዋን'ቲ ዘርከቡሉ ሰባት የዘንትዉ ነይሮም። እተን ተንቀሳቐስቲ ኪሊኒክ ከከም ኣድላይነቱ ብፍላይ ኣብተን ካብተን ቀዋሚ ሕክምናታት ኣዚየን ርሒቐን ዝነበራ ዓድታት ይበጽሓ ነይረን። መብዛሕትኡ ግዜ ድማ ኣብ ኣዶብሓ ንኡስን ዓብን፡ ኣብ ከባቢ ሸርኢትን ሩባ ዓንሰባን ከምኡ እውን ከባቢ ደለሓን ዓምበርበብን ይንቀሳቐሳ ነይረን።

እቲ ምምሕዳር በዞም ዝስዕቡ ተጋደልቲ ይመሓደር ነበረ።

መጀመርያ ስውኡ ሓሊብ ሰተ ከም ኣመሓዳሪ፣ ድሒሩ ብዓብደላ ሓሰን ተተኪኡ፣ ቀጺሉ ድማ ተጋዳላይ ዑመር ሳልሕ፡ ተጋዳላይ ዑመር ናይ ጸጥታ ሓላፊን፣ ድራር መንታይ ወኪል ሕብረተሰብኣዊ ጉዳያት፣ ተጋዳላይ ኣቡበከር ናይ ቍጠባ ወኪል ነይሮም።

ተጋዳላይ መሓመድ ሰዒድ ጸርሕ ናይ ክንክን ስድራ ስውኣትን ተጋደልትን ከምኡ እውን ናይ ረዲኤት ሓላፊ፣ ወዲ ፖሊስ ናይ ሕክምና ሓላፊ ብምዃን ኣባላት ምምሕዳር ሕብረተሰብኣዊ ጉዳያት ቤት ጽሕፈት ሳሕል ነይሮም። ኩሉ ስራሓት ከኣ ሓባራዊ መሪሕነት ብምንባሩ ወርሓዊ ኣኼባ ብምክያድ ነቲ ዝሓለፈ ብምምዛን ንዝመጽእ መደባት ብምሕንጻጽ፣ ነፍሲ ወከፍ ኣብ ዘዝኸዶ ነቲ ብሓባር ዝተለምዎ መደባት ይፍጽሙ ነይሮም። ናይ ረዲኤት ክዳውንትን ፊኖን ዘይትን ጸባን ኣብ ነፍሲ ወከፍ ወረዳ ብ1979 ቀቅድሚ ውግእ ሓድሕድ ተዘርጊሑ ነይሩ። ኣብ ገሊኡ እውን እቲ ውግእ ስለዘርከበ እቲ ህዝቢ እጃሙ ከይወሰደ ከሎ ሓዊ ዝነደደ ነይሩ።

ሕክምና ቃሮራ፥-

ቃሮራ ኣብ ሰሜናዊ ምዕራብ ኤርትራ ኣብ ዶብ ኤርትራን ሱዳንን እትርከብ ንእሽቶ ከተማ ኢያ። ቃሮራ ሱዳንን ቃሮራ ኤርትራን ተባሂለን ከኣ ኣብ ክልተ ዝኸፍለን ሩባ ኣሎ። እዛ ሕክምና እዚኣ ብወዲ መሸጠ ትመሓደር ነይራ ካብቶም ምስኡ ዘገልግሉ ዝነበሩ ድማ ምሕረት ሃይለ፥ ከድጃ ናፍዕ እየን። ኣብዛ ሕክምና

እዚኣ ናይ ክልቲኡ ኣህዛብ ሱዳንን ኤርትራን ብተመላለስትን ንገለ ውሑድ ቁጽሪ ብብርቱዕ ዝሓመሙ እውን ተደቅስ ነይራ። ቁጽሪ ተመላለስቲ ሕሙማት ካብተን ካልኦት ሕክምናታት ብርክት ይብል። ምኽንያቱ ቀወምቲ ተቐማጦ ብኽልቲኡ ወገን ስለዝነበሩ። እቶም ሕሙማት ምናልባት ኣብታ ሕክምና ክርከብ ንዘይተኻእለ ፈውሲ ንፖርትሱዳን ከይዶም መድሃኒት ክዕድጉ ጸገም ኣይነበሮምን።

ሕክምና ባቕላ፥-

እዛ ሕክምና እዚኣ ብስሌማን ትምራሕ ዝነበረት ኰይና ኣብዚ ዘገልግላ ዝነበራ ተጋደልቲ ከኣ ፋጥማ እድሪስ፥ ሮዚና ከፈላ እየን። ኣብዚ ዝመላለሱ ሕሙማት ቆጽሮም ዝያዳ ዝውስኽ እቶም ኣብ ግዜ ሓጋይ ንሱዳን ብስራሕ ምኽንያት ዝኸደኡን ሳጊሞም ዝጸንሑ ምስ ተመልሱ ይበዝሕ። ኣብቲ ካልእ ግዜያት ግና ውሑድ ዝበለ ቁጽሪ ኢዩ ዝመላለስ። እዛ መደበር እዚኣኣ ውን ንሕሙማት ተደቅፍስ ነይራ።

ሕክምና ጣሕራ፥-

እዛ መደበር እዚኣ ብገረዝጊሄር ትመሓደር ነይራ። ኣባላታ ድማ ፍረወይኒን ኣበባ ተኸላይን ነይረን። ቁጽሪ ተመላለስቲ ሕሙማት መዓልቲዊ ይመጹ ነይሮም። ቁጽሮም እውን ብርክት ዝበለ ይኸውን እንሓንሳብ ከኣ ይጎድል። ኣብዚ መንከስቲ ተመንን ዕንቅርቢትን ይርከብ ነይሩ ኢዩ። እቲ ቦታ ውዑይ ስልዝኾነ ለመምታ ብብዝሒ ይርከብዎ።

ሕክምና ኣፍዓዩን፣

እዛ መደበር እዚኣ ብኤሎስ ትመሓደር ነይራ። ካብቶም ምስኡ ዘገልግላ ዝነበራ ከኣ ሰነት ዓብዱ ነይራ። እዛ መደበር እዚኣ ነተን ከባቢኣ ዝርከባ ቁሾታት ከም መዝረትን ካልኦትን ዝኣመሰላ ተገልግል ነይራ።

ክሊማ ናይ ሳሕል ደጋን ቆላን እዩ። ኣብቲ ንሱዳንን ንባሕሪ ገጹ ዝቐረበ ዞናታት ሃሩር ክኸውን ከሎ ኣብቲ በረኽቲ ቦታታት ከም በዓል ናቕፋ ባቕላ ሮራ ሓባብ፡ ዝኣመሰሉ ቦታታት ከኣ ቆራሪ ኢዩ። መብዛሕትኡ ህዝቢ ሳሕል ክሳብ ክራማት ዝኣቱ ንሱዳን ብፍላይ ኣብ ፖርትሱዳን ዘሎ ኣብያተ ዕዮን ደኺኵንን ክሰርሑ ድሕሪ ምሕጋዮም ኣብ ክራማት ናብ ዓዓዶም ይምለሱ።

እቲ ካልእ ክፋል ህዝቢ ሳሕል ሰበኽ-ሳግም ስለዝኾነ ከከም ኣኽዛኡን ኵነታቱን ይሳግም። ኣብዚ ከባቢ'ዚ ንብዕራይ ልክዕ ከም ገመል ወይ ኣድገ-በቕሊ ንመጐዓዚያ ይጥቀምሉ እዮም። ኣብ ከባብታት ቆላ ሕርሻ ኣየዘውትሩን እዮም። ምኽንያቱ መብዛሕትኦም ኣግማል ስለዘፋርዩ እቲ ኣግራብ ድማ ቀለበን ስለዝኾነ፣ እሞ ምእንቲ ንሕርሻ ኢልካ ክቑጥቈጥ ስለዝኾነ፣ ሕርሻ ኣይመርጹን እዮም። እቶም ኣብ ዝባውንቲ ማለት ኣብ በረኽቲ ቦታታት ዝርከቡ ህዝቢ ግና ከም ኣብ በዓል ናቕፋን ባቕላን ዝኣመሰሉ ከባብታት፣ ስርናይን ዕፉንን ይዘርኡ እዮም። ኣባይቶም ገሊኦም ብመንደቕ ዝሰርሑ፣ ገሊኦም'ውን ልክዕ ከምቶም ተቐማጦ ናይ ከበሳ ህድሞታት ሰሪሖም ይነብሩ። ካልኦት'ውን ብፍላይ ኣብቲ ቆላዊ ዝኾነ ቦታታት፣ ኣባይቶም ብተንኮበት ኣብ ዝተሰርሐ ኣግነት ይነብሩ።

ኣብቲ ግዜ ክራማት ማለት ምቅይያር ናይ ክሊማ ዘስዕቦ ሕማማት ስለዝበዝሕ ናብ ሕክምና ዝመላለስ ቑጽሪ ህዝቢ ካብቲ ኣብ ግዜ ሓጋይ ዝመላለስ ቁጽሪ ዝበዝሐ እዩ።

ህዝባዊ ኣገልግሎት ጥዕና ኣብ ምምሕዳር ሓማሴን

ህዝቢ ምምሕዳር ቁጽሪ 8 ምስ (ሓይልታት መግዛእቲ) ጸላኢ ዘካይዶ ዝነበረ ጥምጥም ከቢድ እዩ ነይሩ። ጸላኢ ካብ ኣስመራ ወጺኡ ነቲ ዓድታት ምስ ኣንደዶ። ነፈርቲ ነቲ ጸላኢ ብእግሩ ዘይበጽሖ ክድብድባ ከለዋ ዝተርፍ ፍጡር ኣሎ ኢልካ ኣይትጽበን። ካብዚ ብምብጋስ ነቲ ኣብ ህዝቢ ዝወርድ ዝነበረ ግፍዕታት ንምምካት ብተበግሶ ናይ ምምሕዳር ቁጽሪ 8 ናይ ሕክምና ጉጅለታት ኣቕሙ ሕክምናዊ ኣገልግሎት ይህብ ነበረ። ኣብ "ህዝባዊ ዕላማ" ዝተባህለት ብተሓኤ ትሕተም ዝነበረት መጽሔት ኣብ ናይ ጥዕና ዓምዲ ብዛዕባ ጥዕና ኣስተምህሮ ይውሃብ ነበረ። ኣርባዕተ ተወናጨፍቲ ጉጅለ ናይ ሕክምና ብምምስራት ድማ ነቲ ብጸላኢ ኣብ ህዝብና ዝወርድ ዝነበረ ግፍዕታት ይምክት ነበረ።

ሕብረተሰብኣዊ ጉዳያት ቈይሙ ንጹር መምርሒታትን መደብ-ዕዮን ዕላምኡን ኣዕጢቑ ንናብራ ዕብየት ናብ ምምሕዳር ቁጽሪ 8 ኣብ ዝለኣኸሉ ጊዜ ብወግዒ ህዝባዊ ሕክምና ኣብ ምምሕዳር ቁጽሪ 8 ትቖውም። ብዙሕ ካብ ጸላኢ ዝተሰልበ መድሃኒታት፡ መሳርሒ ሕክምና ምስ ዝነበረ ዓቕምታትን ናይ ህዝቢ ተሓባባርነት ብቐጥታ ሓደ ቀዋሚ ናይ ሕክምና መደበር ኣብ ደምበ ዓዲ ሓንስ ተኸፍተ። ኣገልግሎታ ድማ ብቐጥታ ጀሚራ ንሙብዛሕትኦም ከም ተመላለስቲ ሕሙማት፤ ንውሕድ ዝበሉ ድማ ኣብ ትሕቲ ዑቕባኣ ይተሓዙ ወይ ይናበዩ ነበሩ። ብምቕጻል ኣብ ኣኼት ሓንቲ ቀዋሚት ሕክምና ተኸፍተት። ነቲ ናይ ቆላ ሸንኽ እተገልግል ድማ ሓንቲ ኣብ ዉጭርባ እተባህለ ቦታ ተኸፍተት። ነተን ካብዘን ሰለስተ ቀወምቲ ሕክምናታት ርሒቐን ዝርከባ ዓድታት ድማ ክልተ ተንቀሳቓቕስቲ ናይ ሕክምና ጉጅለታት ቈይመን የገልግላ ነበራ። ሓንቲ ጉጅለ ንወረዳ ደምበዛን፡ ታሕታይ ዓንሰባ፡ ለመጨለን ጥልቀሳ ከተገልግል እንከላ፤ እታ ካልኣይቲ ንወረዳ ለጎጭዋ፡ ሊባን፡ ሓበላ ምስ ደንበታቱ ክሳብ ሽከቲ ኣግልግሎት ይህባ ነበራ። ነቲ ክብድ ዝበለ ሕማማት ናብ ቀወምቲ መደበራት ሕክምና ክልእኻ ከለዋ ነቲ ዝተፈላለየ ቀለልቲ ሕማማት ኮነ ኣስተምህሮ ክንክን ጥዕና በዘን ጉጅለታት እዚኣተን ይማላእ ነበረ። ተወናጨፍቲ ጉጅለ ንዝተዋህበን መደብ ኣብ ሓደ ወርሒ ንኹለን ዓድታት ይበጽሓ ነበራ። ናብ ቀወምቲ መደበር ሕክምናታት ተመሊሰን ድማ ጸብጻበን የቕርባ፤ ንሓደ ወርሒ ዘድልየንን ዝኣኽለንን መድሃኒት ተሰኪመን ድማ ናብ ልሙድ ጉዕዘአን ይንቀሳቐሳ ነበራ።

ብብዝሒ ዘጋጥሙ ዝነበሩ ሕማማት፡-

ዓሶ፣ ተላገብቲ ሕማማት፣ ሕማማት ከስዐ መዓናጡ፣ ኣብ ግዜ ጥንስን ሕርስን ዝፍጠሩ ጸገማት፣ ኣኽዛዊ ሕማማት ከምኡ'ውን ከምኒ ዓባይ ሰዓል ነበሩ።

ኣባላት ህዝባዊ ሕክምና እቲ ዝዓዘዘ ስራሓቶም ንህዝቢ ምግልጋል ነይሩ እኳ እንተተባህለ፤ ኣብ ግዜ ውግእ ቀወምቲ መደበር ሕክምና ኮነ ተወናጨፍቲ ጉጅለ ቀዳማይ ዕማመን ኣብቲ ቅድመ ግንባር ነበረ። ኣብ ርእሲ'ቲ ኣብ ቅድመ ግንባር

ተመክሮ ተሓኤ ንሃገራዊ ናጽነትን ማሕበራዊ ፍትሕን

ዝህብኦ ዝነበራ ኣገልግሎት፣ ንዝተወግኡ ገባር ይኹን ተጋደልቲ ኣብ ቀወምቲ መደበራት ሕክምና የዕቍበን ዝለዓለ ናይ ሕክምና ኣገልግሎት ይህባ ነበራ። ንዝተወግኡ መድሃኒታት ምሃብ ጥራሕ ዘይኮነ ካብቲ ዝነበረን ዓቕምን ካብ ህዝቢ ዝተዋጽአ ጤለ በጊዕ ሓሪደን ብምምጋብ ቀልጢፎም ጸጊኖም ናብ መደቦም ከም ዝምለሱ ይገብራ ነበራ። ነቶም ዝለዓለ ሕክምና ዘድልዮም ድማ ናብ ማእከላይ ወተሃደራዊ ሕክምና ይልእኻ ነበራ።

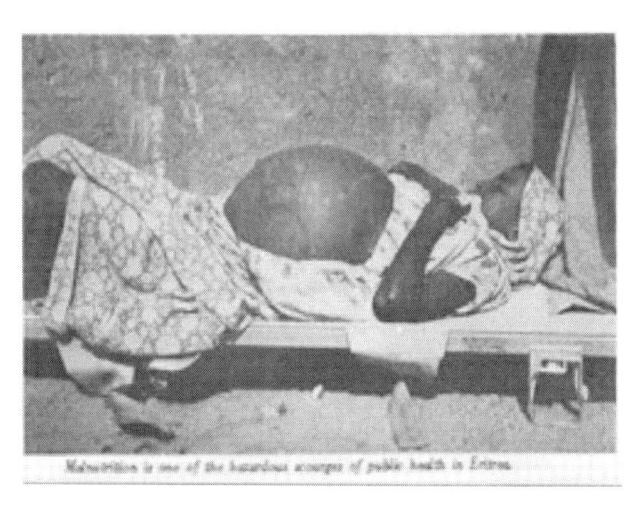

ኣብ ትሕቲ ዱር ናይ ባርካ፣ ካብ ነፈርቲ ጸላኢ ዝተኸወለ ብዙሓት ውጉኣት ዝእለዩሉ ብመደበር ስዉእ ገብሪሂወት ሕምብርቲ ዝጽዋዕ ማእከላይ መደበር ወተሃደራዊ ሕክምና ዘርኢ ስእሊ እዩ። ካብኦም ኣብ ማእከል ኮፍ ኢሉ ዘሎ ስዉእ ተጋዳላይ ካሕሳይ ኣብርሃ ከኸውን ከሎ፡ ኣብ ዓራት ደቂሱ ዘሎ ድማ ተጋዳላይ ኅይትኦም ገብረወልዲ ኣብ ውግእ ታመራት ዝተወግአ።

Malnutrition is one of the hazardous scourges of public health in Eritrea.

ሕጽረት መኣዛ ዘለዎ መግቢ ኣብ ጥዕና ህዝቢ ዘስዕቦ ጸገማት ዘርኢ ስእሊ።

ህዝባዊ ሕክምና ኣብ ምምሕዳር ቁጽሪ 8 በቲ ባዕላ ተቐርቦ ዝነበረት ኣገልግሎት ከይተወሰነት ንህዝቢ እናኣነቓቕሐት ነብሱ መታን ክኽእል፣ ነቲ ብውድብ ዝወሃብ ዝነበረ ናይ ሕክምና ቤት ትምህርቲ ኣብ ደምበንሎም ተመሪቖም ዝወጹ ዝነበሩ መንእሰያት፣ ነቲ ርእሰኻ ምኽኣል ዝብል ኣምር ክትትርጉሞ ፈቲና እያ።

ካብ ህዝቢ ናይ ሕክምና ሽማግለ ትቐዉም፣ ነቲ ናይ ሕክምና ትምህርቲ ዝወሰደ፡ መምርሕን ከም መበገሲ ድማ መሳርሒ ሕክምናን መድሃኒትን ይወሃቦ። መድሃኒት ናብ ህዝቢ ብዝተሓተ ዋጋ ብምሻጥ ገንዘብ ይእከብ። ዘድልዮ ናይ ሕክምና መሳርሕን መድሃኒትን ካብ ቀወምቲ መደበራት ሕክምና ይገዝእ።

ናይ ገንዘብ ኣታውን ወጻእን እታ ናይ ሕክምና ሽማግለ ትቆጻጸሮ ነበረት። ንኣብነት ኣብ ዓዲ ተከለዛን ዝነበረት ብሚካኤል ተስፋጽዮን እትካየድ ናይ ህዝቢ ሕክምና ነበረት።

ኣብ መጀመርያ ዓመት ናይ 1981 ዓ.ም.ፈ ኣብ ታሪኽ ዘይርሳዕ ዓመጽ ሓይልታት ህዝባዊ ግንባር ንኸበሳ ማለት ንምምሕዳር ቁጽሪ 8 ምስ ደየቡ ኩነታትና ካብ ዝሓሸ ናብ ዝኸፍአ መድረኽ ደየበ። ህዝባዊ ግንባር ንኣስመራ ንምሓዝ ኣብ ከባቢ ኣስመራ ምስ ዓረዱ፡ ንደባይ ተዋጋእቲ ማለት ተንቀሳቐስቲ ጋንታታት ብሓይሊ ምስ ሓይልታት ህዝባዊ ግንባር ዘይወዳደር ስለዝነበረ፣ ኩሉ ክፍልታትና ናብ ሓደ ክእከብ ኣለዎ ምስ ተባህለ እታ ኣብ ዓዲ ሃንስ ዝነበረት ቀዋሚት ሕክምና ናብ ደምበ ደቂ ሽሓይ ዓዲ ቶኽሎይ ዝብሃል ቦታ ቀየረት። እታ ኣብ ኣኼት ዝነበረት ድማ ናብ ደምበ ሊባን ለቐቐት። ኣብዚ እንዳቀጸላ እንከለዋ እቲ ጽዕጹዕ ውግእ ሕድሕድ ናይ 1981 ዓ.ም. ኣርከበ እሞ ምስ ኩሉ ክፍልታት ናብ ጋሽ ማለት ምምሕዳር ቁጽሪ 1 ይስሕብ። በዚ እቲ ዝነበረ ናይ ህዝባዊ ኣገልግሎት ኣብ ምምሕዳር ቁጽሪ 8 ይቋረጽ።

ኣባላት ህዝባዊ ሕክምና

ተቁ	ስም ኣባል	ተቁ	ስም ኣባል
1	ዑቕባይ መስፍን	20	ኣልማዝ መንግስተኣብ
2	ጸሃየ መሓሪ	21	መብራህቱ ተኽለ
3	ተኸስተ ታምበላ	22	ንግስቲ ገብረድንግል
4	ገነት ገብረስላሴ	23	ረዚና ጓል ማርተሎ
5	ተስፋገርጊስ ዮሴፍ	24	ትርሓስ ኢዮብ
6	ዘርሰናይ	25	ተመስገን
7	ጸሃይቱ	26	ፍረወይኒ እምባየ
8	ምብራቕ	27	ትርሓስ ኣማኑኤል
9	ኣልማዝ ገብረህይወት	28	ስምኦን
10	ኢዮብ ገብረኣብ	29	ጓል ጎበዛይ
11	ጸጋ መስፍን	30	ተኽኣ
12	ምሕረት ወልደኣብ	31	ሚኪኤል ተስፋጽዮን
13	ስዩብ (ታክሲ)	32	ኣበባ ወልዳይ
14	ለምለም	33	ጸጋ ኪዳነ
15	ምሕረት ሰንጋል	34	ገብረህይወት(ገባር) ስውእ
16	ብርሃነ ዮውሃንስ	35	ሃና ነጋሲ
17	ጸጋይ	36	ዘካርያስ
18	ጓል ዓማ	37	ግርማይ ገዛኢ
19	ዘርኡ	38	ወዲ ጻድቕ
20	ጀሚላ		

ቀወምቲ ናይ ህዝባዊ ሕክምና በቲ ዝነበረ ጸጥታዊ ኵነታት ስርሐን ሰንከለከል ይብል ነበረ።

ህዝባዊ ሕክምና ኣብ ምምሕዳር ኣከለጉዛይ

ምምሕዳር ቁጽሪ 10፥ ብኣጋኡ ሰለስተ ቀወምቲ ህዝባዊ ሕክምናታት ካብ ዝቖመሉ ምምሕዳር ኢዩ። እዘን ሰለስተ መደበር ሕክምናታት እዚኣተን ድማ ምስቲ ኣቀማማጣን ዝርግሐ ናይቲ ተገልጋሊ ጻዕቂ ህዝቢ ብዝሰማማዕን ዝተጻንዐን ኣገባብ ዝቘማ እየን ነይረን። ካብዚ ህዝባዊ ሕክምናታት'ዚ ብዘይፍለ ኣገልግሎት ጥዕና ዝህቡ ክልተ ወታሃደራዊ ሕክምናታት ብምንባሮም ከኣ ምስ ትሕዝቶን ዓቕምን ናይቲ ሰውራ እኹል ኢዩ ነይሩ እኳ እንተዘይተባህለ ዝንኣድ ኣበርክቶታት ነይርዎ ኢዩ። በዚ ድማ ኣብ ኣከለጉዛይ 5 መደበራት ሕክምና ነይረን ክባሃል ይካኣል።

መደበር ሕክምና ምግዳር-ደቤና ስመጃና፡

መደበር ሕክምና ስመጃና፡ ሓንቲ ካብተን ብተጋድሎ ሓርነት ኤርትራ ኣብ ህዝቢ ዝካየድ ዝነበረ ነብስኻ ናይ ምኽኣል መደባት ምንቕቓሕ ንመጀመርታ ግዜ ብጻዕርታት ናይ ህዝቢ ዝተመስረተት ህዝባዊ ሕክምና ኢያ። መደብ ነብስኻ ምኽኣል ኣብ ስመጃና ኣብ ሽውዓተ ንኡሳን ወረዳታት፥ ታሕታይ ኣጉሩፍ፤ ላዕላይ ኣጉሩፍ፥ ዝባውንቲ፡ ዓዲ-ጉልቲ፣ መለኹሰይቶ፡ እንዳ-ዳሽምን ወደከለን ዝጀመረ ኰይኑ፡ ካብ ነፍሲ-ወከፍ ንኡስ ወረዳ ሓደ ብህዝቢ ዝተመርጸ ሽማግለ ብዝተወከሉ ኣባላት ኢዩ ዝምራሕ ዝነበረ። ብምልኦም ድማ ስሉፋት ኣባላት ውድብ ዘይኰኑስ፡ ካብ ተራ ገባር ብምሉእ ዕግበትን ተሳትፎን ህዝቢ ስመጃና ዝተመርጹ ብውሱን ዕማማት ዝቖሙ ኢዮም ነይሮም።

ኣስማት ናይቶም ማሕበራዊ ዕማማት ዝከታተሉ ብህዝቢ ዝተመርጹ ሽማግለታት፡

ካብ ላዕላይን ታሕታይን ኣጉሩፍ ፡ ዘርኤ ትርፊ ኣቦ መንበር ሽማግለ።

ንወረዳ ዝባውንቲ ወኪሎም ዝተመርጹ ሽቃ ሓጎስ ተኽለሃይማኖት

ንወረዳ መለኹሰይቶ ዝወከሉ፡ ኣቶ ተስፋ

ንኡስ ወረዳ እንዳ-ዳሽም ዝወከሉ ባሻይ ወልደማርያም ነበሩ።

ዕማማት ሽማግለ፡

እታ ንነፍሲ-ወከፍ ንኡስ ወረዳ ወኪላ ብህዝቢ ዝተመርጸት ሽማግለ ገንዘብን እኽልን ካብ ህዝቢ ኣዋጺእካ ብመንገዲ ተጋድሎ ሓርነት ኤርትራ ከምዝቐርብ ምግባር፡ ደቂ'ቲ ከባቢ መንእሰያት ሕክምናዊ ኣስተምህሮ ድሕሪ ምውሳድ ኣብ ህዝቢ ክንቀሳቐሱ ዝብሉ ክልተ ዓበይቲ ዕማማት ሰሪዓ ኢያ ተበጊሳ ነይራ።

ምውጻእ ገንዘብን እኽልን

መደበር ሕክምና ስመጃና ኣብ ማእከላይ ቦታ ምግዳር-ደበና ዝተባህለ ዓዲ ዝቼመ ኰይኑ፡ ብህዝቢ ስመጃና ደኣ ይመስረትን ይካየድን እምበር፡ ኣገልግሎቱ ብዘይኣፈላላይ ክሳብ ዝባን ንኡስ ወረዳ ዘርኢ-ሞስን፡ ክፋል እምባ-ሶይራን ምብራቓዊ ሸንኻት ምድሪ ኢሮብን ዘጠቓለለ እዩ ነይሩ። እዚ መደበር ሕክምና'ዚ ክቐውም እንከሎ፡ ነፍሲ ወከፍ ገባራይ ካብ ህዝቢ ስመጃና፡ ስንቂ ንተኣለይትን ነቲ ሕክምና ዘካይዱ ተጋደልትን ዝኸውን ሓደ ምለሊኽ ስርናይ፡ ወይ ከኣ ክልተ ምለሊኽ ስገም ንኽዋጽእ ብስምምዕ ሽማግለታት ዓዲ ኣቐሙ፡ ምናልባሽ እቲ ብወድቡ ተጋድሎ ሓርነት ኤርትራ ዝቐርብ ዝነበረ ዓቐን መድሃኒት ሕጽረታት ከየርእን ናብ ምቁራጹ ደረጃ ንኸይበጽሕን ተወሳኺ መድሃኒት ንምብርካት ብገንዘቡ ገዚኡ ከካይዶ ንኽኽእልን ካብ ዝነበሮ ድልየትን ሓልዮትን ውጽኢት ናይ ገንዘብ'ውን ሰሊዑ ኣበርክትኡ ኣርእዩ። በዚ መሰረት ኣብ ርእስ'ቲ ብተጋድሎ ሓርነት ኤርትራ ዝመጽእ/ዝቐርበሉ ዝነበረ መድሃኒት፤ ንመጀመርታ ግዜ ኣብ መወዳእታ ወርሒ ታሕሳስ 1976 ካብ ከሰላ መድሃኒት ብብዝሒ ብወኪል ሕብረተ-ሰብኣዊ ጉዳያት ቤት ጽሕፈት ከምዝግዛእ ዝገበረ ህዝቢ ኢዩ።

ተሳትፎ ህዝቢ ኣብ ማሕበራዊ ኣገልግሎት ንኽቕጽልን ንኽዓብን ዝገብሮ ነገር እንተሎ ብመሰረቱ እምነት ኣብቲ ዝካየድ ዘሎ ዕላማ እኳ እንተኾነ፡ እምነት

ኣብቶም ነቲ ስራሕ ዘካይዱ ዘለዉ ሰባት ምህላው እውን ሓደ ኣገዳሲ ረቛሒ እዩ። ነዚ ካብ ዘረጋግጹ ጉዳያት እንተኾይኑ፡ ዝኾነ ይኹን ንኩነታት ናይቲ ሕክምና ዝምልከት ነገር ምስዝፍጠር፡ ብመጀመርታ እቶም ብህዝቢ ዝተመርጹ ሽማግለታት ይሕበሮም'ሞ፡ ኩሉ መዳያዊ ተሳትፍኦም ከምዘረጋግጹ ይግበር፡ ብውድቦም ንዝቐረበሎም ሓድሽ መሳርሒ ሕክምና ይኹን መድሃኒት ቅድሚ ኣብ ኣገልግሎት ምውዓሉ ይርእይዎን ይርከብዎን ንብረቶም ምዃኑ'ውን የረጋግጹን። ስለዚ እምነትን ግሉጽነትን ዘመስክር ድማ እዩ ነይሩ። ስድራ ኣቶ ሃይለ ምራራ ካብ ዝተባህለ ዓዲ፡ ዓዶም ብወታሃደራት ጸላኢ ዝተኸበን ቀንዲ መደበር ሰራዊት ደርግን ከነሱ፡ ካብ ህዝቦም ንኸይተርፉ ብዝነበሮም ኒሕን ቈራጽነትን፡ እኽሊ ከቕንዑ ንከተማ ሰንዓፈ ዝኸዱ ተመሲሎም ወጺኦም፡ እተን ብሽማግለታት ዝተሰልዓ ክፍሊት ነፍሲ-ወከፍ ገባራይ ስመጃና ንኽወፍዩ፤ ድምብርጽ ከይበሎም፡ ኣብቲ መደበር ሕክምና መጺኦም ንሓደ ካብቶም ሽማግለታት ኣረኪቦም ተመልሱ። እዚ ተርእዮ'ዚ ሃገራዊ ስምዒት ማዕረ ክንደይ ሓያል ምዃኑ ካብ ዘመስክረ እዩ ነይሩ።

2. መንእሰያት ደቂ'ቲ ከባቢ መልሚልካ ተንቀሳቓሲ ሕክምና ምክያድ፡

ዕማማት መደበር ሕክምና ምግዳር-ደበና፡ ሕሙማት ኣብ ምፍዋስን ምእላይን ጥራሕ ዘይኮነስ፡ እቲ ሕክምና ኣብ ክንዲ ብተጋደልቲ ጥራሕ ዝካየድ፡ ኣብ መጻኢ ህዝቢ ባዕሉ ደቂ ኣሰልጢኑ፡ ምሉእ ብምሉእ ናይ ምምርሑ ተራ መታን ከበርክት፡ ናይ ህዝቢ ሽማግለታት ዝተሰማምዕሎም ደቂ'ቲ ከባቢ ዝኾኑ ኣብ መስርዕ ገድሊ ዘይኣተዉ መንእሰያት ምምልማል እውን ብዓቢኡ ከም መደብ ሒዝዎ ዝነበረ ጉዳይ ኢዩ። በዚ መሰረት፡ ወልደኪሮስ (ሓድሽ) ገብረመድህን፡ ገረሱስ፡ ተኪኤ ገብሩን፡ ዝተባህሉ መንእሰያት ካብ ንኡስ ወረዳ መስሓል-ወደከለ፡ ተስፋልደት ተስፋ ዝተባህለ መንእሰይ ድማ ካብ ንኡስ ወረዳ መለኹሰይቶ ንነዊሕ ግዜ ትምህርታውን ግብራውን ናይ ሕክምና ሞያዊ ትምህርቲ ድሕሪ ምውሳዶም፡ እቶም ክልተ ካብኣቶም ኣብቲ መደበር፡ እቶም ክልተ ዝተረፉ ድማ ኣብ ኪንኪንታ ዝተባህለ ካልእ መደበር ከምዝምደቡ ተገብረ።

ከምዚ ዝኣመሰለ እምነትን ዕዉት ሓባራዊ ስራሕን ድማ እዩ፡ ኣብ 1977 ዓ.ም ነቲ ዝጸንሐ መደበር ሕክምና ንምስፋሕ፡ ህዝቢ ብናቱ ተበግሶ ተዘራሪቡ ሓድሽ ህንጻ ሕክምና ከገብር ወሲኑ፡ ነቲ ጸጋታት ናይ ነፍሲ-ወከፍ ንኡስ ወረዳ ኣብ ግምት ዘእተወ ናይ ስራሕ ዕማማት ብደረጃ ንኡስ ወረዳታት ከምዝመቓቐል ዝገበረን ሰለስተ ክፍልታት ዝነበሮ ህንጻ ዘቘመን።

መደበር ሕክምና ዓዲ-ሰጣሕ

ዓዲ ሰጣሕ ኣብ ንኡስ ወረዳ ዘርኢ-ሞሲ እትርከብ ግን ከኣ፡ ብኣቀማምጣ ንሃዳድም ጨዓሎን ከባቢ ጸሮና ዘሎ ዓድታትን ዝቐረበት ኮይና፡ ካብ መጥቃዕቲ ናይ ጸላኢ ነፈርቲ ዝከላኸሉላ ጎቦታት ዝተኸበት ቁሸት ኢያ። በዚ ድማ ናይ መላእ ምዕራባዊ ቆላታት ናይ ኣከለጉዛይ ዘሎ ህዝቢ ብራሕቂ ይኹን ብመጓዓዝያ ዝመቸኣት ማእከላይ ቦታ ዝሓዘት እያ። ኣብ ዓዲ-ሰጣሕ ዝነበረ መደበር ሕክምና ከምቲ ኣብ ካልኦት ቦታታት ዝተራእየ ናይ ህዝቢ ተሳትፎ ዝነበሮ መደበር ዘይኮነስ፡ መላእ ትሕዝቶ ናይቲ መደበር ተጋድሎ ሓርነት ኤርትራ ብዘቕረበቶ ጉልበትን ትሕዝቶን ዝካየድ መደብ ህዝባዊ ሕክምና እዩ ነይሩ። ዝተጠቕሰ

ከባቢታት ብሓያል ጵልዋ ክልተ ውድባት ዝተጸልወ ብምንባሩ ኣብ መዓልታዊ መነባብርኡ ካብ ምስሕሓብን ህውከትን ኣዕሪፉ ዘይውዕል ህዝቢ እኳ እንተነበረ፡ መደበር ሕክምና ዓዲ ሰጣሕ ግን፡ ብዘይዝኾነ ይኹን ኣፈላላይ ንህዝቢ ግቡእ ኣገልግሎት ካብ መሃብ ዓዲ ውዒሉ ዘይፈልጥ ኢዩ ነይሩ። ምኽንያቱ ፖለቲካዊ መርገጻትን ሰዓብነት ናይ ውድባትን ምስ ክግበር ዘለዎ ህዝባዊ ኣገልግሎት ዝኾነ ይኹን ምትእስሳር ከምዘይብሉ ኣዕርዩ ካብ ዝግንዘቦ ሓቂ ምንባሩ እዩ።

ኣብ መጠረስታ ናይ 1977 ዓ.ም ምስ ህልውና ናይ ክልቲኦን ውድባትን ኣብ መንጎኦን ዝካየድ ዝነበረ ሓያል ፖለቲካውን ጸጥታውን ህዝቢ ናይ መን ከሰበ ምውጣጥን መደበር ሕክምና ዓዲ ሰጣሕ ኣብቲ ዝተሰረተሉ ቦታ ክቕጽል ኣስጋኢ ኣብ ዝኾነሉ ግዜ፡ ናብ ዓዲ ፈርቲ ክቕየር ግድን ነይሩ። ምኽንያቱ ካብኡ ብዘይርሕቕ ኣብ ገምበባ ብክፍሊ ትምህርቲ ዝካየድን ዝቖመን ቤት ትምህርቲ ብምንባሩ፡ ንኺጋጥሙ ዝኽእሉ ነገራት ብቐረባ ክታሓጋገዙ ስለዘኽእልን፡ ምክትል ወረዳ መጽሐ ብሓፈሻ ገና ከምቲ ኣብ ከባቢ ሃዳድም ጨዓሎ ዝነበረ ህዝቢ ኣብ በሊሕ ምስሕሓብ ዝኣተወ ብዘይምንባሩን ድማ እዩ ናይ ቦታ ምቅይያራት ክግበር ግድን ዝነበረ።

መደበር ሕክምና ኪንኪንታ

ኪንኪንታ ኣብ ሩባ ሓዳስ ምብራቓዊ ሸንኽ ኣውራጃ ኣከለጉዛይ እትርከብ ቦታ ኮይና፡ ንምሉእ ናይቲ ከባቢ ብሕርሻ ዝነብር ህዝቢ እተገልግል ዝነበረት ቀዋሚት መደበር ሕክምና እያ ነይራ። መደበር ሕክምና ኪንኪንታ ብዘይካ ናይቲ ከባቢ ህዝቢ፡ ንባሕሪ ኮነ ካብ ባሕሪ ዝመላለስ ገያሻይ ህዝቢ'ውን ኣላጊሱ ዝእለየላን ዝሕከመላን ነይራ። ኣብዚ መደበር ሕክምና'ዚ ብገምጋም ንመዓልቲ ክሳብ 35 ዝኣኽሉ ሓደስቲ ሕሙማት በጸሕቲ ይሕከሙን ይራኣዩን ነይሮም። ሕክምና ኪንኪንታ ንነዊሕ ግዜ ብሕማም ዝተሳቐዩን ሃንደበታዊ መቑሰልቲ ዘጋጠሞም ዜጋታትን ደቂሶም ዝእለይሉን ዝሕከምሉን መደበር'ዩ ነይሩ። ብዘይካ'ዚ እቲ መደበር ዘዋፍሮም ተንቀሳቓሲ ሕክምናዊ ጉጅለታት እውን የዋፍር ብምንባሩ፡ እቶም ብራሕቂ ምኽንያት ናብቲ መደበር ክማላለሱ ዘሸግሮምን፡ ኣብ ሕክምና ከበጽሓ ዘይኽእላ ነፍሰ-ጾር ኣዴታትን፡ ዕድል ናይ ሕክምና ክረኽቡ ዘይኽእሉ ዝነበሩን ዓድታት'ውን ከይተረፈ ሕክምናዊ ኣገልግሎት ከምዝረኽቡ ይግበር ነይሩ።

እቲ ንህዝቢ ኣዝዩ ዘሳቒ ሕማም ዝነበረ ከም ዓባይ ሰዓል፡ ዓሶ፡ ውጽኣት፡ ዝተፈላለየ ሕማም ዓይኒ፡ ኣብ ግዜ ሕርሲ ዝርኣዩ ሕማማትን ጉድለት መግብን፡ ብዝተፈላለየ ምኽንያታት ዘጋጥሙ ሓደጋታትን መቑሰልትን፡ ከምኡ እውን መንከስቲ ለመምታ ይረአ ነይሩ። ኣብዘን ዝተጠቕሳ ሕዝባዊ ሕክምናታት ኣብ ነፍሲ ወከፈን ብገምጋም ኣብ መዓልቲ ካብ 35-50 ገባር ይሕከሙ ነበሩ። ኣብ ምምሕዳር ቍጽሪ 10 ዝካየድ ዝነበረ ሕክምናዊ ስራሓት ዘመሓድሩ ዝነበሩ ተጋደልቲ፡ ብደረጃ ሓላፊ ክፍሊ ሕክምና ንጉሰ ጸጋይ ክኸውን ከሎ፡ ሓላፊ ሕክምና ሽመጃና ዘርአ ትርፊ፡ ኣብ ዘርኢሞሲ ናይ ዓዲ ሰጣሕ ሓላፊ ሕክምና እስቲፋኖስ ተስፉ፡ ኣብቲ ናይ ባሕሪ መደበር ኪንኪንታ ዝነበረ ሕክምና ድማ ብዮሴፍ ተስፋይ ይካየድ ምንባሩ ናይ ሎሚ ታሪኽ ሕክምናዊ ኣገልግሎት እዩ።

መኽዘን መድሃኒትን ስንቅን

መኽዘን መድሃኒትን ስንቅን ህዝባዊ ኣገልግሎት ጥዕና፡ ንሰለስቲኡ መደበር ሕክምናታትን ተንቀሳቐስቲ ጉጅለታትን ኣብ ዝጥዕምን ንመጓዓዝያ ኮነ ርሕቀት ማእከላይ ቦታ ዝኾነ ኣብ ዓዲ ፈርቲ ዝተባህለ ዓዲ ቀረባ ንኺዓቲት ዝተባህለት ንእሽቶ ከተማ ወረዳ መጽሐ ዝቐመ ኢዩ ነይሩ። ሓለፍቲ መደበር ሕክምናታት ኮኑ መራሕቲ ተንቀሳቐስቲ ጉጅለታት ወርሓዊ ጸብጻባቶምን ጠለብ መድሃኒት ኮነ መሳርሕን ስንቅን ድሕሪ ምቕራብ፡ ምስቲ ዝተኻየደ ዕማማትን ብምጽራይ ድማ እዩ ነይሩ ወርሓዊ መቕነን ዝዝርጋሓሎም ዝነበረ። ይኹን'ምበር መደበር ሕክምና ኪንኪንታ ብዝነበሮ ናይ መጓዓዝያን ራሕቅን ጸገማት፤ በዚ ዝተጠቕሰ ፍሉይ ምኽንያታት ኣብ ሓደ ግዜ ናይ ክልተ ኣዋርሕ መቕነን ከምዝዕደሎ ይግበር ነይሩ። ዓዲ ፈርቲ ብኣቀማምጣኣን እሙን ተቓላሳይ ህዝባን መኽዘን ጥራሕ ዘይኮነስ ወርሓዊ ኣኼባታት ወካይልን ሰሚናራት ናይ ምሉእ ኣባላት ሕብረተ-ሰብኣዊ ጉዳያት ቤት ጽሕፈት ኣብቲ ምምሕዳርን ዝካየደላ ደጀን ተጋደልቲ እያ ነይራ።

ተቁ	ስም ኣባል ሕክምና	ተቁ	ስም ኣባል ሕክምና
1	ዘርኤ ትርፈ ሓላፊ መደበር ስመጃና	15	ዮሴፍ ተስፋይ ሓላፊ መደበር ኪንኪንታ
2	ኣረጋይ ኣርኣያ	16	መኮነን ገብረሂይወት
3	ፍቓዱ ገብሩ	17	ዓብደልቃድር ዓሊ (ስዉእ)
4	መንግስተኣብ ማንጁስ	18	ፍረውይኒ ተወልደ
5	ወልደኪሮስ ገብረመድህን	19	ተስፋልደት ተስፉ
6	ገብረሱስ	20	ተኪኤ ገብሩ
7	እስቲፋኖስ ተስፉ ሓላፊ መደበር ዓዲሰጣሕ	21	ተከስተ (ኤለ) ገብረመድህን ስዉእ
8	ታደሰ ሰልጠነ	22	በርሀ (ዓጓ)
9	የማነ ኢትባረክ	23	ተኽለሃይማኖት
10	ኣብራሃ ገብረሱስ		
11	ደሃብ ኣበበ	24	ኣኽድር መሓመድ
12	ገብራኣብተስፋሚካኤል (ግራዝማች)	25	እስማዒል
13	ትዕግስቲ	26	ኣስገዶም ዊንታ
14	ኣልማዝ ገብሩ	27	ይብራህ ትኩእ

ወታሃደራዊ ሕክምና ገምበባ

ኣብ ሜዳ ኤርትራ ህዝባዊ ኣገልግሎት ጥዕና/ሕክምና ዋላውን ኣብቲ ሕሱም

ግዝያት ናይ ቃልሲ ሰራዊት ሓርነት ንዘረኸቦ ትሕዝቶ ምስ ህዝቢ ተኻፊሉ ይግልገለሉ ምንባሩ ርኢና ኔርና። ተንቀሳቓሲ ኮነ ቀዋሚ ናይ ሰራዊት ኣገልግሎት ሕክምና እንተኾነ'ውን ንሰራዊት ጥራሕ ዘይኮነስ ብዝሰፍሐ እኳ ደኣ ህዝባዊ ኣገልግሎት የበርክት ምንባሩ ውሁብ ኮይኑ፡ ሓንቲ ካብተን ንህዝቢ ብዝላዓለ ጥዕናዊ ኣገልግሎት ዝገብራ ዝነበራ መደበራት ወታሃደራዊ ሕክምና ገምበባ ኢያ ነይራ። መደበር ሕክምና ገምበባ ንመላእ ህዝቢ ንኡስ ወረዳ መጽሐን ምዕራባዊ ሸነኽ ዓድታት ከባቢ ዓዲ ቐይሕን ከይተረፈ ዝግልገለሉ ዝነበረ መደበር እዩ ነይሩ። ስለዚ ህዝቢ ካብቲ ብሕብረተ-ሰብኣዊ ጉዳያት ቤት ጽሕፈት ዝቖመ ሕክምናታት ጥራሕ ዘይኮነስ፡ ነቲ ወተሃደራዊ ሕክምናታት ከይተረፈ ብማዕረ'ቲ ህዝባዊ ትካላት ይግልገለሉ ነይሩ እዩ።

ወተሃደራዊ መደበር ሕክምና ጉርዒ

ወተሃደራዊ መደበር ሕክምና ጉርዒ እንተኾነ'ውን፡ ኣብ ሕምብርቲ ዓረት ዝቖመ ኮይኑ፡ ንህዝብን ሰራዊትን ከይፈላለየ ብማዕረ ግቡእ ማሕበራዊ ኣገልግሎት ካብ ዘበርክቱ መደበራት ሓደ እዩ ነይሩ። እዚ ጥራሕ ዘይኮነ ኣብ ኣውህነ ዝተባህለ ዓዲ ንነዊሕ ዓመታት ዘገልገለ ናይ ቀዳማይ ረዲኤት መደበር ስለዝነበረ'ውን ህዝቢ ናይቲ ከባቢ ካብቲ ኣብ ግዜ መግዛእቲ ዝረኸቦ ዝነበረ ትጽቢትን ራሕቅን ዝመልኦ፡ ከምኡውን ብዙሕ ኣዳላው ዝነበሮ ሕክምናዊ ኣገልግሎት ንላዕሊ ዘዕግብ ኣገልግሎት ይረክብ ነይሩ እንተተባህለ ምግናን ኣየስምዕን። ምኽንያቱ ኣብ ግዜ መግዛእቲ ሕክምናዊ ኣገልግሎት ኣብ ትሕቲ መንግስቲ ኮይኑ፡ ኣብ ውሱናት ከተማታት ዝተሓጽረ ነይሩ፡ ኣብ ግዜ ሰውራ ብሸነኽ ተጋድሎ ሓርነት ኤርትራ ኣብ ሓንቲ ኣውራጃ ክሳብ 6 መደበራት ከቕውም ምኽኣሉ ክሳብ ክንደይ ሰፊሕ ምንባሩ'ዩ ዘመልክት። እዚ ብዘይካ'ቲ ብቐዋምነት ዝዝረበሉ ዘሎ ኮይኑ፤ ነቲ ኣብ ዝተፈላለየ ንኡሳን ሰራዊት ዝርከቦ መደበራትን ናይ ኣብያተ ጽሕፈት ትካላትን ዝወሃብ ዝነበረ ህዝባዊ ኣገልግሎት ጥዕና ኣብ ግምት ዘእተወ ኣይኮነን።

ዳግማይ ቀጻልነት መደባት ሕክምና ኣብ ምምሕዳር ኣከለጉዛይ

ድሕሪ'ቲ ኣብ ወርሒ ለካቲት 1978 ዝተኻየደ ውግእ ሕድሕድን ናይ ተጋድሎ ሓርነት ኤርትራ ካብ ኣውራጃ ኣከለጉዛይ ምስሓብን ምሉእ መደባት ሕብረተ ሰብኣዊ ጉዳያት ቤት ጽሕፈት ተዓናቒፉ እኳ እንተነበረ፡ ምስ ምምላስ ሰራዊት ሓርነት ኤርትራ ናብቲ ምምሕዳር ግን፡ ሕክምናውን ትምህርታውን መደባት ኣብ ህዝቢ'ውን ብሓድሽ ስርርዕን ብዝሓየለ ኣገባብን ከምዝጅምር ተገይሩ። ዝጸንሐ መደብ ናይ ነብስኻ ምኽኣልን ተሳትፎ ህዝቢ ኣብ ሕክምናዊ ጉዳያትን ግን ከም ቀደሙ ክቕጽል ስለዘይካኣለ ምሉእ ትሕዝቶ ኣገልግሎት ህዝባዊ ሕክምና ኣብ ትጽቢት ውድብ ኣተወ። ስለዚ ምሉእ መደባት ህዝባዊ ሕክምና ኣብ ትሕቲ ሓላፍነት ተጋድሎ ሓርነት ኤርትራ ከምዝወድቕ ኮነ። ምስቲ ኩሉ ሸግራት ግን እዚ መደብ'ዚ ኣብ ሙሉእ ምምሕዳር 10 ንኽባጻሕ ብዙሕ ጻዕርታት ተኻየድሉ ነይሩ፡፡

በዚ መሰረት ኣርባዕተ ቀወምቲ መደበር ሕክምናታት ከምዝቖማ ተገይሩ።

1. መደበር ሕክምና ኩመይለ ንምብራቓዊ ሸነኽ ኣከለጉዛይ ዝርከብ ህዝቢ እተገልግል፡ ብነርስ/ ኣላይት ሕሙማት ተጋዳሊት ለተኪዳን ዛይድ

እትምራሕ ክልኒክ

2. ጾሮና
3. ምግዳርደመና ኣብ ንኡስ ወረዳ ዝባውንቲ ኣቐዲማ ብህዝቢ ዝቖመትን ክሳብ መደቀሲ/መእለዪ ሕሙማት ዝኸውን ዝተሰርሐ ክፍልታት ዝነበራ፡
4. መርበብ ከባቢ ሶይራ ንዝነብር ህዝቢ ዘገልግል ክልኒክ

ተንቀሳቓስቲ ጉጅለታት

1. ስመጃናን ከባቢኣን
2. ከባቢ ሶይራ
3. ሃዳድም ጨዓሎን ከባቢኣን
4. ከባቢ ቀርኒ ማይጨው

ብሓላፍነት ተጋዳላይ ንጉሰ ረዘነ ዝምራሕ ማእከላይ መኽዘን መድሃኒት ንቐወምትን ተንቀሳቐስትን ሕክምናታት መድሃኒት ዝዕቅብን ዝዕድልን ነይሩ።

መደባት ህዝባዊ ኣገልግሎት ሕክምና ብመድሃኒት ምዕዳል ወይ ኣብ ምሕካም ህዝቢ ጥራሕ ከይተወሰነ፡ ቅድሚ ኣብ ሕማምን ስቓይን ምብጻሕ ምክልኻል ከም ቀዳማይ ዕማም ስለዝምረጽ፡ "ካብ ሓሚምካ ምጭናቕ፡ ኣቐዲምካ ምጥንቃቕ" ዝብል ጭርሖ ብምኽታል ብዛዕባ ጽርየትን ምክልኻል ዝተፈላለዩ ተላገብቲ ሕማማትን፡ ኣዴታት ኣብ እዋን ጥንስን ሕርስን ዘጋጥመን ዝነበረ ጸገማትን ዘጠቓልለ ሓፈሻዊ ኣስተምህሮታት ምሃብ ካብ ቀንዲ ዕማማቱ ነይሩ። ኣብ ምእላይን ዝግበረለን ዝነበረ ሓገዝን'ውን ኣዝዩ ብዙሕ እዩ ነይሩ፡፡

ህዝባዊ ሕክምና ኣብ ምሕካም ህዝቢ ጥራሕ ዝተደረተ ኣይነበረን፡ ምስቲ ኣብቲ ምምሕዳር ዝነበረ ኣሃዱታት ሰራዊት ሓርነት ኤርትራ ብምውህሃድ'ውን፡ ነቶም ኣብቲ ከባቢ ዝካየድ ዝነበረ ወታሃደራዊ ስርሒታት/ውግኣት ዝቖሰሉ ተጋደልቲ ዘድሊ ሕክምናዊ ኣገልግሎት የበርከት ነይሩ። ንኣብነት ኣብ ከባቢ ማይጻዕዳ ዝካየድ ዝነበረ ውግእ ዝተውግኡ ተጋደልቲ ኣብ ምግዳር ደበና ዝነበረ ህዝባዊ ክሊኒክ እዮም ዝሕከሙ ዝነበሩ። ብ1981 ኣብቲ ብሽርክነት ህዝባዊ ግንባርን ወያኔን ኣብ ልዕሊ ተሓኤ ዝተኻየደ ኲናት ኣብ ምግጣም ካብ ኣባላት ብርጌድ 81 ዝቖሰሉ ተጋደልቲ ኣብ መርበብ ከባቢ ሶይራ ዝነበረ ህዝባዊ ሕክምና ኣድላይ ሕክምናዊ ኣገልግሎት ተገይሩሎም ነይሩ።

ኣብ ከሰላ ሱዳን ዝነበረ ህዝባዊ ሕክምና ምስ ቀይሕ መስቀል ብምትሕብባር ክሳብ 1500 ሕሙማት ኣብ ወርሒ ይሕከም ነይሩ።

<u>ክፍሊ ህዝባዊ ናብራ ዕብየት</u>

እዚ ክፍሊ'ዚ ከም ትካል ቅድሚ ምቛሙ፡ ገለ ካብቶም ኣብ ሕብረተ-ሰብኣዊ ጉዳያት ቤት ጽሕፈት ዝተመደቡ ኣባላት፣ ኣብ ኢትዮጵያ ኣብ ዝካየድ ዝነበረ ናይ ህዝባዊ ናብራ ዕብየት (Community Development) ሞያዊ ትምህርቲ ዝወድኡ

ነይሮም። እዞም ተጋደልቲ እዚኦም ብሞይኦም ኣብ ዝተፈላለየ ክፍለ-ሃገራት ኢትዮጵያን ኣብ ኤርትራን ኣብ ናይ ስራሕ ዓለም ተዋፊሮም ተመኲሮ ዝደለቡ ስለ ዝነበሩ፣ በቲ ሒዘሞ ዝነበሩ ፍልጠት ኣባላት ከሰልጥኑን ከፍርዩን ኣድላይነቱ ዕዙዝ ኰይኑ ስለዝተራእየ፡ ሞያኦም ነቲ ብድሑር ትሕተ-ቕርጻን ማእቶትን ዝሳቐ ህዝቢ፣ ከምኡ'ውን ነቲ ብሰንኪ ውግእ ዝዓኑን ዝማዛበልን ከባብታት ዳግም ተጣዩሱ ነብሱ ዝኽእለሉ ኩነታት ንምፍጣር ኣገዳሲ ማሕበረ-ቍጠባዊ ኣገልግሎት ክህብ ከምዝኽእል ስለዝተኣምነሉን፡ ተወሳኺ ሓፈሻዊ ሕክምናዊ ኣስተምህሮ ከም ዝወስዱ ብምግባር፣ ህዝባዊ ኣገልግሎት ጥዕና ምስ ሞያኦም ደሪቦም ክዓሙ ከምዝኽእሉ ተራእየ።

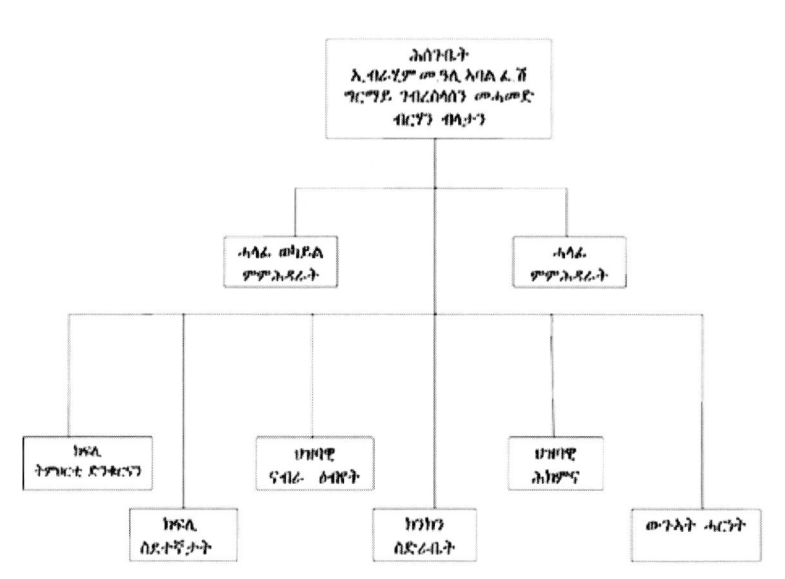

እዚ ክፍሊ'ዚ ኣብ ጉባኤ ከምዘይተሓንጸጸ ይፍለጥ'ኳ እንተነበረ፣ ነቲ ክፍሊ ዝኸውን ሞያውያን ምስተረኽቡ ግን ኣድላይነቱ ዕዙዝ ኰይኑ ስለዝተራእየ፡ ንኸምዚ ዝኣመሰለ ክፍሊ ናይ ምቛም ሓላፍነት ድማ፡ ብጉባኤ ጥራሕ ዝውሰን ዘይኮነስ፡ ፈጻሚ ሽማግለ እውን ከምኡ ዝኣመሰለ ትካላት ንኸቕውም ስልጣኑን ሓላፍነቱን ብምዃኑ፣ እቲ ሓሳብ ናብ ካልኣይ ስሩዕ ኣኼባ ፈጻሚት ሽማግለ ናይ ተጋድሎ ሓርነት ኤርትራ ከም ዝቐርብ ተገብረ። ፈጻሚት ሽማግለ ድማ ኣገዳስነቱ ስለ ዝረኣየ ከም ሻዱሻይ ክፍሊ ኰይኑ ኣብ ትሕቲ ሕብረተ-ሰብኣዊ ጉዳያት ቤት ጽሕፈት ክቐውም ወሰነ።

ሰውራዊ ባይቶ ብወገኑ ኣብ ኣኼባኡ ነቲ ብፈጻሚት ሽማግለ ዝተወሰነ ከምዘለዎ ተቐቢሉ ዝያዳ ኣባላት ክምደበሉ ኣፍቀደ። ስለዚ ድማ እቲ ብሓሙሽተ ክፍልታት ቈይሙ ዝጀመረ ቅርጻ ሕብረተ-ሰብኣዊ ጉዳያት ቤት ጽሕፈት ናብ ሽዱሽተ ክፍልታት ዘለዎ ስርርዕ ተሰጋገረ።

ዕላማታት ህዝባዊ ናብራ ዕብየት

ብመሰረቱ ህዝባዊ ናብራ ዕብየት ማለት፡ መነባብሮ ናይ ህዝቢ ካብ ልምዳዊ ድሑር ናውትን ኣገባብ ማእቶትን ናብ ዝማዕበለ ኣገባብ ማእቶት ብምስግጋር ዝተመሓየሸ መነባብሮ ህዝቢ ምርግጋጽ ማለት ኢዩ። ምምሕያሽ መነባብሮ ናይ ሓደ ህዝቢ ድማ፡ ምስ ምምዕባል ልዑል ዕድላት ትምህርትን ምስ ዝተማልአ ኣካላውን ማሕበራውን ጥዕና ሕብረተ-ሰብ ዝተኣሳሰር ኰይኑ፣ ብበይናዊ ጉልበትን ውልቃዊ ማእቶትን ዝምርኰስ ዘይኰነስ ኣብ ሓባራዊ ጻዕርን ዕብየትን ዝስረት ኢዩ። ገለ ካብ መደባት ህዝባዊ ናብራ ዕብየት ኣብ ሓጺር ግዜን ውሱን ክልታትን ክረሔ ዝኽእል ግን ከኣ፡ ከም መደብ ነዊሕን ከቢድ ጻዕርን ዝሓትት ብቐሊሉ ዝረጋገጽ ከምዘይኰነ ርዱእ ኰይኑ፡ ናይቲ ኣብ ሜዳ ኤርትራ ዝተራእየ መደባት ህዝባዊ ናብራ ዕብየት እዚ ዝስዕብ ይርከቦ።

1. ህዝቢ ብናቱ ድልየትን ስምምዕን፣ ኣብ ሓደ ተጠርኒፉ ኣብ ሓባራዊ ስራሓት ዝተሰረተ መደባት ንኽካይድ ምምሃር።
2. ህዝቢ ኤርትራ ውግእን ሳዕቤናቱን ዝፈጠሮም ናይ መነባብሮ ጸገማት ብሓደ ተጠርኒፉ፡ ኣብ ምእላዮም ክጽዕር ከምዘለዎ ምግባር፡
3. ብሰንኪ ውግእ ካብ ዓድታቱ ንዝተመዛበለ ህዝቢ፡ ኣብ ዝተዓቑበሉ በረኻታት ኮነ ስንጭሮታት ኣኪብካ ዘድሊ ሓገዛት ንምቕራብ፣ መጽናዕቲ ምክያድን ብኡ መጠን ድማ መደባት ንምስራዕን።
4. ህዝቢ ኣብ ዝተዓቑበሉ ቦታታት ወሓዝቲ ማያት ብምግዳብ፣ ሓጽብታት ብምስራሕን ንኣሸቱ ሕርሻዊ ማእቶት ኣብ ምፍራይን፡ ጽሩይ ማይ ከምዝረክብ ንምግባር ምትሕብባር።
5. ህዝባዊ ሕክምናታት ኣብ ምቛምን ተላገብቲ ሕማማት ኣብ ምክልኻልን ምእላይን፡ ንህዝቢ ኣስተምህሮታት እናሃብካ ከም ዝተሓባበርን ተገልጋሊ ከምዝኸውን ንምግባሩን ምውዳብ።
6. ኣዴታት ኣብ ኣታሓሕዛን ምዕባይን ህጻውንቲ ክገብራኦ ዘለወን ክንክን፣ ብኣብነታዊ መርኣያታት ዝተሰነየ መደባት ምስራዕን ምምሃርን።

ኣብ ላዕሊ ተጠቒሱ ከም ዘሎ መደባት ህዝባዊ ናብራ ዕብየት ኣዝዩ ሰፊሕ ምንባሩ ርዱእ እዩ። ነዚ መደብ'ዚ ንምስልሳል ድማ ብዙሕ ጉልበት ሰብን ባጀትን፣ ከምኡ'ውን ጽዑቕ ምድላዋትን ዝሓትት ምዃኑ ዘካትዕ ኣይኮነን። ይኹን እምበር ኣብቲ እዋን'ቲ በቲ ዝነበረ ዓቕሚ ሰብን ምድላዋትን ክብገሰን በብመድረኹ ክግጠምን ከምዘለዎ ካብ ዝብል ድልየት ኢዩ ዝተጀመረ። ስለዝኾነ ድማ፡ ህዝባዊ ናብራ ዕብየት ከም ትካል ብዘይካቶም ኣብቲ ክፍሊ ከም መማህራን ኰይኖም ዝቐረቡ 5 ተጋደልትን፡ ክሳብ 45 ዝኣኽሉ ምዱባት ኣባላትን ነቲ ክፍሊ ከካይድ ዝኽእል ምምሕዳር እውን ኣይነበሮን።

ኣብ ምቛም ህዝባዊ ናብራ ዕብየት ዝተምደቡ መማህራን

1. ሓደራ ተስፋይ
2. መሓመድ ሳልሕ መሓመድ ሓጎስ

3. ዓብደልቃድር ሳልሕ

4. ንጉሰ ጸጋይ

ሃብተማርያም (ደጎል) ወልደሚካኤል

መደባት ትምህርቲ ህዝባዊ ናብራ ዕብየት

ልዕል ኢሉ ከም ዝተጠቐሰ ብሓፈሻዊ መደባት ሕብረተ-ሰብኣዊ ጉዳያት ቤት ጽሕፈት ሓደ ኢልካ ንምጅማር ብዘይካ ዝተኣከበ ሰብኣዊ ጉልበት ካልእ መሳርሒ ብዘይምንባሩ ክሳብ ክንደይ ኣጸገሚ ከምዝኸውን ውሁብ እዩ። እቶም ኣብ ህዝባዊ ናብራ ዕብየት ክምህሩ ዝተመደቡ ተጋደልቲ'ውን ብዘይ ዝኾነ ይኹን መወከሲ መጽሓፍ ኢዮም ነቲ መደብ ዝጀመርዎ። ይኹን'ምበር፡ እቲ ክዋሃብ ዘለዎ መበገሲ ኣስተምህሮታት ድሕሪ ብልዝብ ምምማይ፡ ነፍሲ ወከፍ ክሕዞ ዘለዎ ኣርእስትታት ወሲዱ ናይ ምድላውን ምስራዕን ዕማም ተዋህቦ። በዚ ጥራሕ ከይተወሰነ'ውን፡ ቅድሚ ኣብ ዓውደ ትግባረ ምውዓሉ ንዝተዳለወ መደብ ትምህርቲ ተኣኪብካ ናይ ምርኣይን ምምኽኻርን ተሰንዩ ድሕሪ ምህብታም'ዩ ኣብ ኣባላት ከም ኣስተምህሮ ዝቐርብ ዝነበረ።

ኣብ ከምዚ ዝኣመሰለ ኩነታት ብዘይካ'ቲ ንክንክን ጥዕና ዝምልከት፣ ኣብ ብዙሕ እዋን ናይቲ ምድላዋት፣ ናይ ተመኩሮ ሕጽረታት ዝፈጠሮም ጸገማትን፡ ዘይጸረዩ ጠባያት ኣንነትን ኣብ ውሽጢ'ቶም ከም መማህራን ዝተመደቡ ኣባላት'ውን ምስሕሓባት ይረአ ነይሩ ኢዩ። እቲ ካልኣይን ዝቐልቀል ዝነበረን ጸገም ከኣ፡ ዋላ'ኳ ብኣጋኡ ዝተኣልየ ይኹን'ምበር፡ ኣብቲ ክፍሊ ካብ ዝተመደቡ ኣባላት ነቲ ኣብቲ ክፍሊ ምምዳብ ንገዛእ ርእሱ ነቲ መደብ ብሕጊ ክምእዘዙ ስለ ዘለዎም እንተዘይኲይኑ፣ ዘይኣመንሉን፡ እቲ ዝዋሃብ ዝነበረ ኣስተምህሮ ናይቲ እዋን'ቲ ከም ሰውራዊ ዕማም ገይሮም ዘይርድእዎን ነይሮም እዮም። ምኽንያቱ ኣረዳድኣ ናይ ኣብቲ ግዜ'ቲ ናብ ሰውራ ዝተጸንበሩ መንእሰያት ብረት ዓጢቕካ ምውጋእን ሃገር ናጻ ምውጻእን ኢዩ ነይሩ። ስለዚ እቲ ናብዚ ክፍሊ እዚ ዝምደብ ዝነበረ፣ ብረት ዓጢቑ ዘይዋጋእ እዩ ዝብል ናይ ቀረባ ኣተሓሳስባ ዝዓብለሎ ነይሩ።

ዝርዝር ኣስማት ኣብ ምቛም ህዝባዊ ናብራ ዕብየት ዝተመደቡ ኣባላት፡-

ተ.ቍ	ሙሉእ ስም ተጋዳላይ	ተ.ቍ	ሙሉእ ስም ተጋዳላይ
1	ብርኽቲ ሃብታይ	23	ዘውዲ ተወልደመድህን (ዓባይ)
2	ብርሃነ ኣብራሃ	24	ዘውዲ ተስፋይ
3	ብርሃነ ማንጁስ ስዉእ	25	ዙፋን ኣርኣያ
4	ብርጩቆ ኤፍረም	26	ተኪኤ ሃብተማርያም ስዉእ
5	ስልጣን ጸጋይ ስዉእ-ዝባናዋሊዕ	27	ትዕበ ተኪኤ
6	ሙስጦፋ	28	ትርሓስ ገብረመድህን
7	መንግስተኣብ ሓጎስ	29	ታበቱ ተወልደመድህን
8	ሙሳ ዑስማን	30	ትርሓስ ገብረመድህን
9	ኣበባ ሰለሙን	31	ፍሳሃ ገብረመስቀል ስዉእ
10	ኣበባ (ጋሽ) ገብረመድህን	32	ጀማል ሁመድ
11	ኣስገደት ተስፋሃንስ	33	ኪዳነ ዑቕቡ
12	ኣስካሉ ካሕሳይ	34	ገብረሚካኤል ሃይለ
13	ኣዝመራ ገብራኣብ	35	ገብረንጉስ ካሕሳይ
14	ኣልማዝ ገብሩ	36	ገነት ኣብራሃ
15	ኣልጋነሽ ኢሳቕ	37	ግደይ ፈረጃ
16	ኣልጋነሽ ገብረሙሴ	38	ደበሳይ ነጋሽ ማና ስዉእ ኣብ ዕሽካ
17	ኣልጋነሽ መንግስቱ	39	ጽገ ኣብራሃ ስውእቲ
18	ኢዮብ ገብራኣብ	40	ጽገ ኣብራሃ
19	ኤልሳ ሃተማርያም (ባርያ)	41	ጽገሃና ፍቓደ
20	ኤልሳ ተስፋይ	42	ዑቕባይ ገብረሱስ
21	ለተብራሃን ተወልደመድህን	43	ነብያት ባህልቢ
22	ዘውዲ ተወልደመድህን	44	ንግስቲ ዘርእዝጊ (ኡዚ)
		45	ምሕረታኣብ ዘርሁን

ብቐጻሊ ምንቅቓሕን ተመኩሮ ምድላብን ግን፡ ዝርኣዩ ዝነበሩ ንኣሽቱ ጸገማት ተሰጊሮም፡ ዝተተለሙ ዕላማታት ክፍሊ ዘረጋግጽ ሓፈሻውን መባእታውን ኣስተምህሮታት ተኻይዱ። ከምውጻኢቱ ንቐዳማይ ረዲኤትን ኣብ ምክልኻል ተላገብቲ ሕማማትን ዘትኮረ፡ ብተጋዳላይ ብርሃነ ተኸለን ኣማረ ተስፋጼንን ብኢድ ዝተሳእለ ስእላዊ መግለጺታት ዝተሰነየ ናይ መጀመርታ መበገሲ ሕክምናዊ መጽሓፍ ተዳልዩ ክቐርብ ከኣለ።

ትምህርታዊ መደባት ህዝባዊ ናብራ ዕብየት ኣብ መጀመርታ ሰሙን ናይ ወርሒ ታሕሳስ 1975 ድሕሪ ምፍጻሙ፡ ኩሎም ኣባላት ናይቲ ክፍሊ ናብ ዝተፈላለየ ክፍሊ ምምሕዳራት ንመደብ ተዳለዉ። ምምሕዳር ሕብረተ-ሰብኣዊ ጉዳያት ቤት ጽሕፈት ምስቲ ዝነበረ ዓቕሚ ሰብ ናይቲ ክፍሊ ብምዝማድ፡ ነቶም ኣባላት ናብ ሽውዓተ ክፍሊ ምምሕዳራት ተመቒሎም ኣብ ዘዝተመደብሉ ቦታ፣ ነቲ ዕማም ከሰላስል ዝኽእል ባይታን መነባብሮ ህዝብን ንምጽናዕ ከምዝምደቡ ክገብር እንከሎ፡ ካብኦም ዝተረፉ ኣርባዕተ ኣባላት ድማ ኣብ መደበር ስደተኛታት ንኽምደቡ ሓንጸጸ። ይኹን'ምበር፡ ሓደ ኣባል ካብቶም ኣርባዕተ ናብ ሱዳን

ዝርከብ መደበር ስደተኛታት ዝተመደቡ ኣባላት፡ ነቲ መደብ ስለዘይተቐበሎ፣ እቶም ካልኦት ማለት ኣስገደት ተስፋሃንስን፡ ጽገሃናን ሙስጦፋን ዝተባህሉ ሰለስተ ተጋደልቲ ንኽኣትዉ ተመደቡ።

ኣብዚ ዝስዕብ ምምሕዳራት ድማ እቲ መደብ ተገብረ

1. ምምሕዳር ቁጽሪ 1 ጋሽ
2. ምምሕዳር ቁጽሪ 2 ባርካ ታሕታይ
3. ምምሕዳር ቁጽሪ 3 ባርካ ላዕላይ
4. ምምሕዳር ቁጽሪ 5 ገለ ክፋል ካብ ሰንሒትን ሳሕልን ዝሓዘ
5. ምምሕዳር ቁጽሪ 8ን 7ን ሓማሴንን ሰምሃርን
6. ምምሕዳር ቁጽሪ 9 ሰራየ
7. ምምሕዳር ቁጽሪ 10 ኣከለጉዛይ

ህዝባዊ ናብራ ዕቤት ምምሕዳር ጋሽ

ምምሕዳር ጋሽ ካብቶም ኣብ መወዳእታ 1975 መደባት ህዝባዊ ናብራ ዕብየት ንምጽናዕን ንምክያድን ዝተመደቡ ኣባላት እኳ እንተዘይነበርዎ፡ ኣብ መወዳኣታ 1976 ነቲ መደብ ትምህርቲ ኣብ ሜዳ ካብ ዘጠናቐቑ ኣባላት ግን ኣብዚ ምምሕዳር'ዚ ከምዝምደቡ ተገይሩ ኢዩ። ይኹን'ምበር ኣብዚ ምምሕዳር'ዚ ካብ ዝተመደቡ ኣባላት ገለ ካብቶም ቀንዲ ውድብ ኣሚኑ ዝላኣኾም በቲ ኣብቲ እዋን'ቲ ዝላዓል ዝነበረ ምምሕዳራውን ውሽጣዊ ፖለቲካዊ ኲነታት ተሓኤን ተዋሒጦም ንዝተዋህቦም ውድባዊ ሓደራ ክፍጽሙ ብዘይምኽኣሎም እቲ ዕማም ከምቲ ዝድለ ክካየድ ኣይካኣለን። እቲ ዝተራእየ ፍልልያት ካብ ውጽኢት ምርጫ መሪሕነት ካልኣይ ሃገራዊ ጉባኤ ዝምንጩ ኰይኑ፣ ነቲ ስምረት ምስ ክልተ ኣካላት ህዝባዊ ሓይልታት ሓርነት ኤርትራ፣ ማለት ብኢሳያስ ዝምራሕ ናይ ሜዳ መሪሕነትን ብዑስማን ሳልሕ ሳበ ዝምራሕ ናይ ወጻኢ መሪሕነትን ዝተወጠነ ዘተ ዝፈጠሮ ፍልልያትን ብሓፈሻ ክጥቀስ ዝካኣል እኳ እንተኾነ፡ ናይ ሓደ ፍሳሃየ ኪዳነ ዝተባህለ ተጋዳላይ ቅትለት'ውን ኣብ ሰራዊት ዘይምትእምማንን ዘይምእዙዝነትን ካብዝፈጠሩ ፖለቲካዊ ኲነታት እዮም ነይሮም። እቲ መራሕ ጉጅለ ኮይኑ ዝተመደበ ተስፋኣለም ጋፍረ ዝተባህለ ኣባል'ውን ጸኒሑ ኣብ 1977 ናብ ሰራዊት ደርጊ ኢዱ ከምዝሃበ ተፈልጠ። በዝን ከምኡ ዝኣመሰለ ፖለቲካዊ ናዕብታት ውልቃዊ ምርጫታት ምውሳድ ስለዝተራእየ እቶም ጸኒዖም ኣብ መትከላት ውድብ ተሓኤ ዝተረፉ ኣባላት ግን፡ ምስቲ ኣብቲ ምምሕዳር ዝነጥፍ ዝነበረ ተንቀሳቓሲ ህዝባዊ ኣገልግሎት ጥዕና ኣብ ሓደ ተጠርኒፎም ማሕበራዊ ኣገልግሎት ኣብ ህዝቢ ከበርክቱ ግድነት ነይሩ።

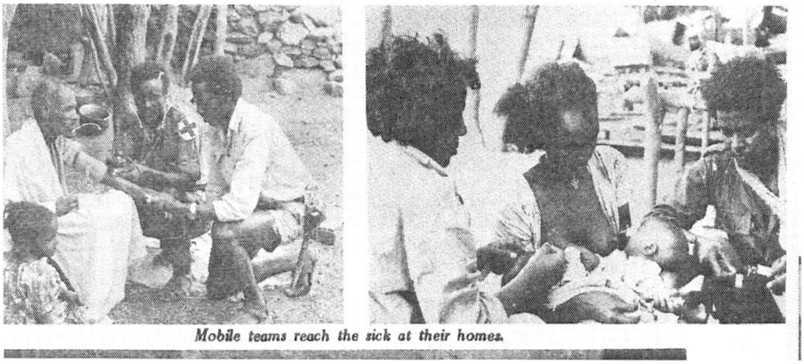

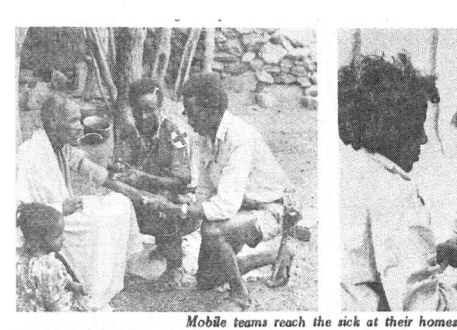

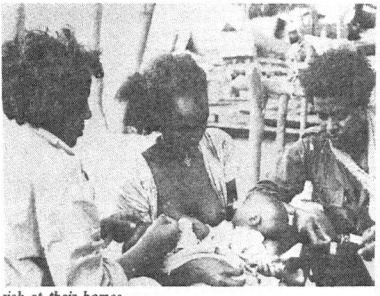

Mobile teams reach the sick at their homes.

ተንቀሳቓሰቲ ጉጅለታት ሕክምና፣ መድሃኒትን ናይ ሕክምና መሳርሕን ተሰኪመን ንሕሙማት ኣብ ገዛውቶም ክሕክማ ከለዋ

በዚ መሰረታዊ ምኽንያታት ድማ ኣብቲ ምምሕዳር ዝተኻየደ ምሉእ መጽናዕቲ ኮነ መደባት ህዝባዊ ናብራ ዕብየት ነይሩ ክባሃል ዝኽእል ኣይነበረን።

ህዝባዊ ናብራ ዕቤት ምምሕዳር ታሕታይ ባርካ

ኣብ መጠረስታ 1975 ናብ ምምሕዳር ቁጽሪ 2 ታሕታይ ባርካ ዝተመደቡ ኣባላት ተጋዳላይ ዓብደልቃድር፡ ገነት ኣብራሃን ዘለውዎም ጉጅለ፡ ምስቲ ኣብቲ ምምሕዳር ዝነበረ ወኪል ተጋዳላይ ማሕሙድ ዕላጅ መደባቶም ብምስራዕ፡ እተን ተጋደልቲ ደቀንስትዮ ናብተን ገባር ደቂ ኣንስትዮ ብምንቅስቓስ እቲ ኣብ ምእላይ ስድራን ኣተዓባብያ ህጻውንትን ዘድሊ ኣስተምህሮ ይህባ ነበራ። ድሕሪ ግዜ እተን ገባር ነቲ ዝካየድ ዝነበረ ኣስተምህሮ ንጥቕመን ምዃኑ ስለዝተረድኣ፣ ነተን ተጋደልቲ "ኩሉ ግዜ መጺእክን ኣርእያና፡ ክንመሃር ንደሊ ኢና"፡ ይብልኣን ነበራ። ብዘይካ'ዚ ከም ደቂ ኣንስትዮ ኣብ ልዕሊተን ተጋደልቲ እምነት ስለዘሕደራ፡ ምስ ካልእ ኲይነን ከውግዓሉ ዘይኽእላ ምስጢራትን ዝነበረን ውሽጣዊ ሕማማትን ከዛረባሉ ስለዝኻኣላ፣ ዝካኣል ሕክምናዊ ኣገልግሎት ንኽረኽባ ካብ ዝሓገዘ ኢዩ ነይሩ።

ኣብ ማሕረስ እውን እንተኾነ እቲ ህዝቢ ኣብ ናይ ሰበኽ ሳግም መነባብሮ ስለዝነበረ ንሕርሻ ክሳብ ክንድ'ቲ ኣድህቦ ስለዘይገብረሉ፡ ኣብ ማሕረስ ክነጥፍ ድሌት የብሉን። ኩሉ ግዜ ጥሪቱን ስድርኡን ሒዙ ኣብ ሳዕሪን ማይን ዘለዎ ቦታ ብምኻድ ኢዩ ዘሕልፎ ነይሩ። ስለዚ ጉዳይ ማሕረስ ጠቓሚ ምዃኑ ንምርዳእ ዘተኻየደ ንጥፈታት ኣብ ገለ ቦታታት ተዓዊቱ ነይሩ። እቶም ኣባላት ናብራ ዕቤት ምስቶም ገባር ኮይኖም ንዝዘርእዎ ብሓባር ክጽህዩን እኸሊ ክእክቡን ይተሓጋገዙ ነይሮም።

ክፍሊ ምክልኻል ሕማም ዓሶ

ብጸጋም ዘሎ ሓላፊ ምምሕዳር ሕብረተ ሰብኣዊ ጉዳያት ቤት ጽሕፈት ሓርበኛ ተጋዳላይ ብርሃን ብላታ ንጉጅለ ምጥፋእ ማላርያ ናብ ስራሕ ከፋኑ ከሎ ዘርኢ ስእሊ።

ኣብ ቆላታት ኤርትራ ቀዛፊ ዝኾነ ብጣንጡ ዝመሓላለፍ ሕማም ዓሶ ንምክልኻል፣ ተ.ሓ.ኤ ብሞያውያን ዝምራሕ ክፍሊ ብምቛም ኣድላዪ ናውትን መድሃኒትን ብምቕራብ፡ ከምኡ'ውን ንምክልኻል ዝነጥፉ ተጋደልቲ ብምስልጣን መደባቱ ሰሪዑ ኣብ ምጥፋእ ጣንጡ መኸትኡ ዘርጊሑ ነይሩ።

ህዝባዊ ናብራ ዕብየት ኣብ ምምሕዳር ላዕላይ ባርካ

መሪሕነት ተጋድሎ ሓርነት ኤርትራ ንስፍሓት ኣውራጃታት ኤርትራ ኣብ ግምት ብምእታውን ቅልጡፍን ስሩዕን ናይ ርኽክብ መስመር መታን ክህሉን ካብ ዝነበሮ ኣታሓሳስባ ተበጊሱ፡ ኣውራጃ ባርካ ኣብ ክልተ ምምሕዳራት ከፊሉ ከማሓርድ ከሎ፡ እቲ ሳልሳይን ብስም ምምሕዳር ጋሽ ዝፍለጥ ግን፡ መግዛእታዊ ሓይልታት ኣቐዲሞም ኣቑመሞ ዝጸንሑ ኰይኑ፡ ብጠቕላላ ባርካን ጋሽን ብሰለስተ ኣማሓደርቲ ከምዝካየድ ዝገበረ። ኣብ መጀመርታ እዋን ወኪል ሕብረተ-ሰብኣዊ ጉዳያት ቤት ጽሕፈት ኰይኑ ዝተመደበ ተጋዳላይ መሓመድ ሳልሕ ኮይኑ፡ ድሒሩ ድማ ብተጋዳላይ ዘርእዝጊ ንጉሰ ተተኪኤ። በዚ መሰረት ኣባላት ናብራ ዕብየት ዋላ'ኳ ብዝነበረ ዋሕዲ ኣባላት ካብ መጀመርታ ምቛም ናይቲ ክፍሊ ጀሚሮም ኣብቲ ምምሕዳር መደብ ዝወሰዱ ኣባላት ውሑዳት እንተነበሩ፡ ስዒቡ ኣብ ዝተኻየደ መደብ ምልመላ ናይ ሓደስቲ ኣባላት ግን፡ ብርክት ዝበለ ቁጽሪ ብምርካቡ፡ ኣገዳስነት ናይቲ ስራሕ ኣብቲ ምምሕዳርን ኣብ ግምት ብምእታው ኣባላት ከምዝዋፈርሉ ተገብረ። ብዘይካዚ ኣብ ካልእ ምምሕዳራት ካብ ዝነብሩ ገለ ኣባላት እንተኾነ'ውን ናብቲ ቦታ ከምዝቕየሩ ብምግባር ልክዕ ከምተን ካልኦት ምምሕዳራት ኣብ ባርካ ላዕላይ እውን መደባት ናይቲ ክፍሊ ኣብ ህዝቢ

ንምስራጽን ዝተዋህበም ዕማማት ኣብ ምፍጻምን ኩሉ ዘድሊ ጻዕርታት ኣካይዶም። ምስቲ ኩሉ ኣብቲ ከባቢ ዝካየድ ዝነበረ ናይ መን ሰዓረ ፖለቲካዊ ውድድራት ክረኤ እንከሎ'ውን ዕዉት መደባት ካብ ዘረጋገጸ ምምሕዳራት ምንባሩ ኢዩ ዝፍለጥ። ብፍላይ ድማ ኣብታ ሽዑ ኣጸቢቓ እትዕምብብ ዝነበረት ካብ ኩሉ ኩርናዓት ኤርትራ ዝተሓዋወሰ ህዝቢ ዝርከባ መራኸቢት ድንድል ባርካን ከበሳን ኮይና ተገልግል ዝነበርት ሓውሲ ከተማ ዝጸንሐት መንሱራን ከባቢኣን ዝነብር ህዝቢ ጽዑቕ ህዝባዊ ኣገልግሎት ዘድልዮ ዝነበረ ምንባሩ ዘየማትእ ሓቂ እዩ ነይሩ። ገለ ካብቲ ኣብ ሓውሲ ከተማ ትመስል ዝነበረት መንሱራ ዝተኻየደ ህዝባዊ ኣገልግሎታት እዚ ዝስዕብ ክጥቀስ ዝካኣል ኢዩ።

ቁጽጽር ቤት መግብን መስተን፡-

ንጽህናን ጥንቃቐን ዘይብሉ ኣታሓሕዛ መግብን መስተን ከስዕብዎ ዝኽእሉ ለበዳ ሕማምን ሳዕብየናቱን ክሳብ ክንደይ ብዙሓትን ሓደገኛታትን ምዃኖም ርዱእ ኮይኑ፡ ድሕነት ተጠቃሚ ህዝብን ሰራሕተኛታትን ንምሕላው ስሩዕ ክንክን ጥዕናዊ ኣገልግሎት ምስትምሃርን፡ ወነንቲ ትካላት ቤት መግብን መስተን ዝህልዎም ክንክን ኣብ ኣገልግሎት ዘሎ ንብረቶምን ኣታሓሕዛን ጽርየቱን ክትትል ምካያድ፡ ሓደ ካብቶም ርኡያት ዋሕስ ጥዕናዊ ተግባራት ዝኾኑ ናይ ምክልኻል ስጉምትታት ካብ ዝውሰዱ ዝነበሩ ነይሮም። እዚ ኣገባብ ሓለዋ ጥዕናዚ ንሓዋሩውን ካብ ምስ ሓመምካ ምስቓይን ንምፍዋስ ዝግበር ጻዕርን ወጻኢታትን እቲ ዝበለጸን ዝዋሓደ ክሳራ ዘለዎን መንገዲ ብምዃኑ ተደላይነቱ ቀጻሊ ይገብሮ። እዚ መደብዚ ዕዉት ንኽኸውን ካብ ዘኽኣልዎ ነጥብታት እንተኾነ'ውን ኣብቲ ቦታ ሓደ ቀዋሚ ህዝባዊ ሕክምና ብምንባሩን፡ ነቲ ዕማም ብናይ ክልቲኡ ክፍልታት ምውህሃድን ወፈራን ይካየድ ምንባሩ ኢዩ።

ስልጠና ቅዲ-ክዳን፡-

ህዝቢ ባርካ ልክዕ ከምቲ ካልእ ህዝብታት ንዘለዎ ባህርያዊ ሃብቲ ዋላ'ኳ ከምቲ ዝግባእ ይግልገለሉ እዩ እንተዘይተባህለ፡ ኣብ መዓልታዊ ሂወቱ ዝግልገለሎም ዘቤታዊ ንብረቱን መንበሪኡን ቅድሚ ትምህርታዊ ሞያን ስልጠናን እንተኾነ'ውን፡ ንባህሪ ንምስዓር ብልምዲ ዝሓዞን ዝናበረሉን ጥበብን ክእለትን ነይርዎ እዩ። ስለዚ ኩሉ ንብረቱ ብኢዱ ሰሪሑ ዘፍረዮም ገይሩ ዝነብር ህዝቢ ኢዩ። እዚ ኣብ ኣገልግሎቱ ዝውዕሉ ጥራሕ ዘይኮኑ፡ ክሳብ ብዝተፈላለየ ሕብርታት ዘንጸባርቑ በብዓይነቶም ዘቤታዊ ንብረት ሰሪሑ ንዕዳጋ ዘውርዶም'ውን ነይሮም እዮም። ይኹን'ምበር፡ "ኣብ ርእሲ ዘለካስ እንተዝውስኹኻ" ከምዝባሃል፡ ፍልጠትን ትምህርትን ድማ ተወሳኺ ሃብቲ ብምዃኑ፡ ነቲ ዝጸንሓካ ልምዳዊ ኣሰራርሓ'ውን ብምዕቡልን ውዱብን ኣገባብ ክትጥቀመሉ ይሕግዝ። በዚ ምኽንያት ኣባላት ናብራ ዕብየት ኣብ መንሱራ ምቛም ቤት ትምህርቲ ቅዲ ክዳንን ምምልማል ኣባላትን ሓደ ካብቲ ብሰፊሑ ዝሰርዕዎ መደብ ኣብ ህዝቢ እዩ ነይሩ። ነዚ መደብ'ዚ ኣብ ምዕዋት ኣብ ሓደ ግዜ ክሳብ 30 ዝኣኽላ መንእሰያት ደቂ-ኣንስትዮ ዝምልመላለን ናይ ስፍየት መካይን ኣዳልዮም። ስለዚ ድማ በዚ ዕማም'ዚ ዝሰልጠናን ዝተገልገላሉን ኣሓት ነይረን።

መራኸብን መጓዓዝያን፡-

ሓደ ካብቲ መሰረታዊ ሽግራት ህዝብናን ሰውራናን መራኸብን መጓዓዝያን ኢዩ ነይሩ። ኣብ ግዜ ብረታዊ ተጋድሎ እንተኾነ'ውን ውድባት ኤርትራ በብሽነኸን መሳለጥያታት ዝሽውን ናይ ሓመድ መንገዲ መካይን ይፍሕትራ እኳ እንተነበራ ኣኸዛዊ ድኣ'ምበር ከምቲ ዝድለ ዘላቒ ነይሩ ዝባሃል ኣይኮነን። ሓደ ካብቲ ህዝቢ ኣብ ምስራሕ ጽርግያታት ዘየሳትፎ ዝነበረ ልሉይ ጸገማት፣ ምስራሕን ምጽራግን ጽርግያ ወይ ምውጻእ ፍሉጥ መንገዲ ማለት ንናይ ጸላኢ መጥቃዕቲ ምስጣሕ ምኺኑ ገርካ ይውሰድ ምንባሩ ኢዩ። ይኹን እምበር ምምሕዳር ቁጽሪ 3 ጸላኢ ከቆጻጸሮ ዘይክእል ስለዝነበረ፤ ኣባላት ናብራ ዕብየት ምስ ህዝቢ ብምትሕብባር ዓድታት ኣብ ነንሓድሕደን ንምርኻብ ማለት ካብ ሓደ ዓዲ ናብ ካልእ ዓዲ ዘእትዉ መንገድታት ኣብ ምስራሕ ዓብዪ ግደ ኣበርኪቶም። እቲ ካብ መንሱራ ናብ እንገርነ ዝተጸርገ ሓድሽ መንገዲ ተግባራዊ ኣብነት ኰይኑ፡ ንዝጸንሐ ናይ ርኽክብ ሽንኮለል፣ ስሉጥን ቀጥታውን ንክኸውን ዝገበረ ኢዩ።

ሕክምናዊ ኣገልግሎት፡-

ኣብ ሜዳና ዋላኳ ነዚ ክፍሊ'ዚ ዘካይድ ቅዉም ትካል እንተነበረ፡ ኣብ መብዛሕትኡ ምምሕዳራት ግን፡ መጀመርታኡ ብተንቀሳቓሲ መልክዕ ናይ ኣባላት ህዝባዊ ናብራ ዕብየት ኢዩ ዝካየድ ዝነበረን ዝተጀመረን። ብዘይካ'ዚ ሰራዊት ሓርነት ኤርትራ ንከተማ ኣቑርደት ብ31 ነሓሰ 1977 ዓ.ም ንመግዛእታዊ ሰራዊት ደርጊ ስዒሩ ሓራ ኣብ ዝገበረሉ ግዜ፡ ዝጸንሐ ናይ ህዝቢ ሕክምና-ሆስፒታል ስርርዑ ኣጥፊኡ ካብ ኣገልግሎት ወጻኢ ኮይኑ ነይሩ። ብሰንኪ እዚ ድማ ህዝቢ ብጸዕቂ ተላጋቢ ሕማማት፡ ናብ ከቢድ ሽግር ኣተወ። ኣብዚ ግዜ እዚ ኣባላት ሕብረተ-ሰብኣዊ ጉዳያት ቤት ጽሕፈት ብፍላይ ድማ ክፍሊ ሕክምናን ህዝባዊ ናብራ ዕብየትን ብምውህሃድ፡ ቀወምትን ተንቀሳቐስትን ጉጅለታት ሰሪዖም ህዝቢ ኣብ ምድሓን ተዋፈሩ። እቲ ሆስፒታል ስሩዕ ሕክምናዊ ኣገልግሎት ክህብ ክሳብ ዝጅምር ድማ፡ ናይ ህዝቢ ሕክምና ኣብ ሓላፍነት ኣባላት ዝተጠቓለለ ክፍልታት ወዲቑ ንነዊሕ ግዝያት ከምዝቕጽል ኮነ። እዚ ዘመልክቶ ነገራት እንተሎ፡ ከተማታት ናጻ ኣብ ምውጻእ፡ ብሓይሊ ንሰራዊት መግዛእቲ ምድምሳስ ዝብል ወታሃደራዊ መደባት ጥራሕ እንተዘይኰይኑ፡ ድሕሪ ናጻ ምውጽእካ እቲ ብጸላኢ ክካየድ ዝጸንሐ ህዝባዊ ኣገልግሎትን ምምሕዳርን ብኸመይ ይትካእ ዝብል ዝተጸንዐ መደባት ዘይምንባሩ ኢዩ።

<u>**ህዝባዊ ናብራ ዕብየት ኣብ ምምሕዳር ሰንሒት**</u>

መደብ ስራሓት ህዝባዊ ናብራ ዕብየት ኣብ ምምሕዳር ሰንሒት ኣብ ወርሒ ሰነ 1976 በቲ ካብ ምምሕዳር ቁጽሪ 8 (ሓማሴን) ዝተቐየረ ጉጅለ ምጅማሩ ኣቐዲሙ ዝተጠቕሰ እዩ። ገና መጽናዕትታቱ እንዳካየደ እንከሎ ድማ ተወሰኸቲ ኣባላትን ነቲ መደብ ዝመርሕ ተሓጋጋዚ ወኪል ተጋዳላይ ተስፋስላሴ ተመዲቦም ተሓወስዎም።

ኣብ ምምሕዳር ቍጽሪ 4 ዝነበረ ሰራዊት ሓርነት ዘልዕሎ ዝነበረ ምምሕዳራውን ፖለቲካውን ሕቶታት ነቲ ክፍሊ'ውን ይጸልዎ ስለዝነበረ፣ንኽልተ ምኩራት ኣባላት ናይቲ ክፍሊ፣ ተጋዳላይ ኪዳነ ዕቝቡን ብርሃነ ኣብራሃን ናብ ከቢድ ናይ ማእሰርቲ ስቅያት ኣሳጥሐ፡ ሰለስተ ካልኦትውን በዚ ተሰናቢዶም ተጋዳሊት ብርኽቲ ሃብታይ፡ ፍሳሃ ገብረመስቀልን ብርሃነ ማንጁስን ምስቲ ብፋሉል ዝፍለጥ ምንቅስቓስ ሓቢሮም ናብ ህዝባዊ ግንባር ሓርነት ኤርትራ ተጸንበሩ።

ምስ ኩሉ ኣብቲ ቦታ ዝነበረ ዘይቅሱን ኩነታት፡ እቲ መደብ ግን ኣብ ህዝቢ ጽቡቕ ተቐባልነትን ተረድኦን ከጥሪ በቒዑ እዩ። ህዝባዊ ናብራ ዕብየት ሓደ ካብቲ ቀንዲ ዓቢ ግደ፦ ዘተኣታተአወቶ ኮኦፐራትቫዊ (Cooperative) ዕማምዩ ነይሩ። ድሒሩ ዝተገብረ ምቅይያራት እኳ እንተነበረ፡ ኣብቲ ግዜ'ቲ ወኪል ሕብረተ-ሰብኣዊ ጉዳያት ቤት ጽሕፈት ዝነበረ ተጋዳላይ ካፍል ሙሳ ኢዩ።

ምቛም ሓባራዊ ፋርማሲ፡-

ህዝባዊ ናብራ ዕብየት ምስ ህዝቢ ብምትሕብባር፣ ጸጥታኡ ብዝተሓለወ ኣገባብ ኣገልግሎት ጥዕና፣ ዕዳጋን መራኸቢ ጽርግያታትን ንምዝርጋሕ፣ ኣድላዪ ኣስተምህሮን ስልጠናን ብምኽያድ መነባብሮ ህዝቢ ዝመሓየሹ ተበግሶታትን ኣብነታዊ ዓወታትን ኣመዝጊባ እያ። በዚ መሰረት ድማ፡ ኣብ ነፍሲ ወከፍ ወረዳ ትኹን ዓዲ ብዛዕባ ዓይነት መድሃኒታትን ኣጠቓቕማኡን ብሓፈሻ ቀዳማይ ረዲኤት ዘካይዱን ንቐለልቲ ሕማማት ኣፋውስ ብኣገባብ ክዕድሉ ዝኽእሉ ብርክት ዝበሉ ገባር ኣሰልጢና ኢያ። ስለዚ ድማ መብዛሕትኡ ተቐማጣይ ናይተን ወረዳታት ሕጽረት መድሃኒት እንተዘይኮይኑ፡ ንዝረኸቦ መድሃኒት ኣብ ምጥቃም ብዙሕ ሽግር ኣይነበሮን። ካልእ እቲ ህዝቢ ተጠርኒፉ ገንዘብ ብምውጻእ መድሃኒት ገዚኡ፥ እንደገና ነቲ ዝገዝአ መድሃኒት ተመሊሱ በቲ ዝገዛኣሉ ዋጋ ናብ ተጠቃሚ ህዝቢ እንዳሸጠ፡ እቲ ገንዘብን መድሃኒት ብዘይምቁራጽ ዑደት ይገብር'ሞ፡ እቲ ኣገልግሎት'ውን ቀጻሊ ኮይኑ ከምዝኸይድ ይግበር ነይሩ።

ምቛም ሓባራዊ ንኡስ ሕርሻዊ ስራሓት፡-

ህዝቢ ብምልዕዓልን ምትሕብባርን ኣብ ፋና ዝተባህለ ከባቢ ሓደ ብሓባራዊ ስራሓት ዝካየድ ኮኦፐራቲቭ (Cooperative)ሕርሻዊ ትካል ከምዝቐውም ተገይሩ፡ ህዝቢ መነባብሮኡ ዘድልይዎ ነገራት ኣፍርዩ ኣብ ክግልገሉ ዝኽእል ደረጃ'ውን በጺሑ ነይሩ። ቀጻልነት ናይዚ ሕርሻዊ ትካል'ዚ ንምርግጋጽ ድማ ወሓዝቲ ሽንጥሮታት ኣብ ምግዳብን፡ ዒላታት ኣብ ምኹዓትን ህዝቢ ብሓባር ካብ ዘይካይዶም ዝነበረ ዕማማት እዮም።

ምቛም ናይ ሓባር ንግዲ፡-

ኣብ እዋን ብረታዊ ተጋድሎና ህዝቢ ኤርትራ ብሓፈሻ፡ እቲ ኣብ ገጠር ዝነብር ህዝቢ ድማ ብፍላይ፥ በቲ ሓደ ሸነኽ ብናይ መግዛእታዊ ሰራዊት ጸጥታዊ ክትትልን ምፍርራህን፡ በቲ ካልኣይ መዳይ ድማ ብናይ ውድባት ሓለዋ ጸጥታ ካብ ሓራ መሬት ናብ ጸላኢ ዝቈጻጸሮ ቦታታት ንኸይኣቱ ምኽልካልን፣ ነቲ ምስ ከተማ ዘተኣሳስሮ ዝነበረ ነገራት ሸይጡን ለዊጡን ተጠቃሚ ንኸይከውን ብዙሕ ዕንቅፋታት የጋጥሞ ነይሩ ጥራሕ ዘይኮነስ፡ ሂወት ንጹሃት እውን ዝተኸፍሎ ምንባሩ ታሪኽ ቃልስና ዝምስክሮ ኢዩ። ማሕበረ-ቍጠባዊ መነባብሮ ህዝቢ ናይ

ኣብ ገጠርን ከተማን ዝነብር ህዝቢ ኣብ ነንሕድሕዱ ዝተኣሳሰረን፥ ዝማላላእ ሂወት ዘለዎን እንተዘይኰይኑ፡ ዝተነጻጸለ ናብራ ስለዘይብሉ፡ ከምዘይራኸብ ክትገብሮ እንተደኣ ተደልዩ፡ ብጸጥታዊ ሓለዋ ጥራሕ ዘይኮነስ፡ ነቲ ካብ ከተማ ዘድሊ ነገራት ኣብ ገጠራት ኤርትራ ክትቅርብ ወይ ህዝቢ ባዕሉ ክረኽበሉ ዝኽእል መንገዲ ክትሰርዕ ይግባእ። ስለዚ ድማ ኢዩ ተጋድሎ ሓርነት ኤርትራ ኣብ ዝተፈላለየ ቦታታት ብክፍሊ ንግዲ ኮነ ምስ ካልኦት ክፍልታት ብምትሕብባር መራኸቢ ዕዳጋታት ክትሰርዕን ካብ ሱዳን ንህዝቢ ዘድሊ ቀረብን ትዝርግሕ ዝነበረት።

ኣባላት ህዝባዊ ናብራ ዕብየት ምምሕዳር ቁጽሪ 4 ንህዝቢ ኣተሓባቢሩ ዘድልዮ ነገራት ካብ ሱዳን እንዳኣምጸአ ናብ ህዝቢ ክዝርግሕን ከቕርብን ዝኽእል ሓባራዊ ድኳን ኣብ ምቛም ዕዉት ስራሕ ኣካይዱ። በዚ ኣቢሉ ድማ፡ እቲ ህዝቢ ካብ ናብ ጸላኢ ዝቈጻጸሮ ከተማታት ኤርትራ ምእታው ከምዝቋረጽ ተገብረ።

ቅዲ-ክዳን፡- በዚ መዳይዚ እንተኾነውን፥ ኣብ ምምሕዳር ቁጽሪ 4፡ ነተን ኣብ ሓደ ከባቢ ብርክት ዝበለ ኣታሃላልዋን ኣብተን ብቐሊሉ ክራኸባ ዝኽእላ ዓድታት ዝነብራ ደቂ ኣንስትዮ ብሓፈሻ ተደላይነት ሓባራዊ ትምህርትን ሓባራዊ ማእቶትን፡ ጥዕናዊ ክንክን ኣታሓሕዛ ህጻንን ኣደን ዝኣመሰለ ኣስተምህሮታት ተኻይዱ። ብፍላይ ድማ ኣብ ገጠር ዝነብራ ኣዴታት ኣብ ክንዲ ተጸበይቲ ዝኾና፡ ባዕላተን ኣፍረይትን ተጠቀምትን ክኾና ከምዘኽእላ ብዝተኻየደ ጐስጓስ፡ ተቐማጦ እድርባን ጀንገሬን-ፎርቶን ደቂ ኣንስትዮ ስለዝተቐበልኦ፡ ኣብ ክልቲኡ ቦታታት ናይ ቅዲ-ክዳን ኣስተምህሮን ስልጠናን ተጀመረ። ነዚ መደብዚ ተግባራዊ ንኽኸውን ካብ ዝሓገዘ ከኣ፡ እተን ብጀጋኑ ተጋደልቲ ሰራዊት ሓርነት፣ ማለት ብናይ ከተማ ውሽጣዊ ስርሒት ዝወጻ ናይ ስፍየት መካይን ናብ ህዝባዊ ኣገልግሎት ብምውዓለን ኢዩ።

ህዝባዊ ናብራ ዕብየት ኣብ ምምሕዳር ሰምሃር

ንመደባት ህዝባዊ ናብራ ዕብየት ከጽንዕ ናብ ምምሕዳር ቁጽሪ 7 ዝተላእከ ፍሉይ ናይ መጽናዕቲ ጉጅለ መደባቱ ንኽሰላስል ዘየኽእል ኵነታት ስለ ዘጋጠሞ መደባቱ ክፍጽም ኣይከኣለን። ምኽንያቱ ዋሕዲ ኣባላት መሰረታዊ ሕጽረት እኳ እንተነበረ፡ ኣብ ምንቅስቓስ ንዘጋጥም ሽግራት ንምስጋር ዘኽእል ዝኣክል ምስንዳእን ዓቕምን ብደረጃ እቲ ቤት ጽሕፈት'ውን ክግበር ዘይክኣለሉ እዋን'ዩ ነይሩ።

ይኹን'ምበር፡ ኣብ ወርሒ ሚያዝያ 1976 ብንጉሰ ጸጋይ ዝምራሕ ሓደ ጉጅለ ካብቶም ኣብ ምምሕዳር ቁጽሪ 8 ዝተመደቡ ኣባላት ህዝባዊ ናብራ ዕብየት ናብ ሰምሃር ድሕሪ ምምዛዝ፡ ብዛዕባቲ ምምሕዳርን ክህልዎ ዝኽእል ባይታ ንዕማማት ናይቲ ክፍሊ መጽናዕትታት ከም ዝካየድ ተገብረ። እቲ ጉጅለ ምስ ወኪል ሕብረተ -ሰብኣዊ ጉዳያት ቤት ጽሕፈት ተጋዳላይ እብራሂም ዓሊ ኣብ ሰምሃር ሳሕነን ኣብ ዝተባህለ ቦታ ተራኺቡ፡ ዘምጽኦ ዕላማታት ድሕሪ ምዝርራብ፡ ህዝቢ ሰምሃር ብሰንክ'ቲ ተደጋጋሚ ወታሃደራት መግዛእቲ ዝፈጸምዎ ናይ ጥፍኣትን ህልቂትን ዘመተታት፡ ካብ መንበሪ ኣባይቱ፣ ዓዱን ቀ'ሸቱን ተመዛቢሉ ኣብ ፈቐዶ ጎቦታትን ዝተረሓሓቐ ቦታታት ስድራታቱን ጥሪቱን ሒዙ እዩ ዝነብር ዝነበረ። ስለዚ ብርክት ዝበለ ህዝቢ ብሓደ ተጠርኒፉ ክነብረሉ ዝኽእል ዕድል ጸቢብ

ብምንባሩ፡ ብጸጥታውን ናይ መነባብሮ ኩነታትን ምኽንያታታት፣ ካብ ተንቀሳቓሲ ሕክምናዊ ኣገልግሎት ሓሊፉ፡ ካልእ ጥርኑፍ መደባት ህዝባዊ ናብራ ዕብየት ክካየደሉ ዘኽእል ቦታ ከምዘይኰነ ናይ ሓባር ሚዛን ተበጺሑ። ድሕሪ ከምዚ ዝኣመሰለ ዑደት ምስቲ ኣብቲ ምምሕዳር ዝነጥፍ ዝነበረ ዝተፈላለየ ክፍልታት ናይ ተጋድሎ ሓርነት ኤርትራ ኣብ ፈጠርን ባዓረዛን ዝተባህለ ቦታታት እቲ ጉጅለ ተራኺቡ ናብ ምምሕዳር ቁጽሪ 8 ተመልሰ።

ድሕርዚ ኣብ ክልተ ምምሕዳራት ዝተገብረ መጽናዕትታት፡ ኣብ ምምሕዳር ቁጽሪ 8 ተመዲቡ ዝነበረ ጉጅለ ህዝባዊ ናብራ ዕብየት ኣብ ምምሕዳር ቁጽሪ 4 (ሰንሒት) ቀዋሚ መደብ ተዋሂብዎ ንኽግዕዝ ብሕብረተ-ሰብኣዊ ጉዳያት ቤት ጽሕፈት ዝወጸ መምርሒ መሰረት ኣብ መወዳእታ ወርሒ ጉንበት 1976 ከምዝቕየር ተገብረ።

ህዝባዊ ናብራ ዕብየት ኣብ ምምሕዳር ሓማሴን

ኣብዚ ምምሕዳር'ዚ ንመጽናዕቲ ዝተመደቡ ተጋደልቲ ኣባላት፣ ንጉሰ ጸጋይ፡ ኪዳነ ዑቕባ፡ ብርሃነ ኣብራሃ፡ ብርኽቲ ሃብታይ፡ ዝፋን ኣርኣያ፡ ብርሃነ ማንጁስ፡ ፍሳሃ ገብረመስቀል፡ ኣልጋነሽ ገብረሙሰ፡ ኢልሳ ተስፋይን ጀማል ሁመድን እዮም። ንዝተመደብሉ ዕላማታት ቅድሚ ምጅማሮም ድማ ምስቲ ኣብቲ እዋን'ቲ ግዝያዊ ወኪል ሕብረተ-ሰብኣዊ ጉዳያት ቤት ጽሕፈት ዝጸንሐ ዑቕባይ መስፍን ድሕሪ ምዝርራብ፡ ናብ ክልተ ጉጅለታት ተመቒሎም ናይ መጽናዕቲ መደቦም ክካይዱ ጀመሩ። ብኡ መሰረት ድማ ክሳብ መወዳእታ ወርሒ ጉንበት 1976 ኣብ ብዙሕ ዓድታት ናይ ዓበይቲ ዓድን ምምሕዳር ሽማግለታትን ኣኼባታት ተኻይዱ። መብዛሕትኡ ስምዒታትን ህዝቢ ክግበረሉ ዝደልዮን ጉዳያት ኣብ ኣገልግሎት ጥዕና ዘተኰረ፣ ብፍላይ ድማ እቲ ብሰንኪ ውግእ ዓድታቱ ባዲሙ ካብ መነባብርኡ ተመዛቢሉ ኣብ ፈቐዶ ባዓትታትን ስንጭሮታትን ተዓቚቡ ዝነብር ዝነበረ ህዝቢ ዘቕርቦ ዝነበረ ሕቶታት ናይ ረዲኤትን ንደቁ ዝኸውን ናይ ትምህርቲ ጉዳያትን ኢዩ ነይሩ። ስለዚ ሕቶ ህዝቢ መሰረታዊ ናይ ድሕነትን ጸጥታዊ ምርግጋእን ዝደሊ ምዃኑ፡ ካብ ማሕረሱ ዝተመዛበለ ህዝቢ ቀዳማይ ጠለቡ ንኽነብር መግብን መጽለልን ስለዘድልዮ፡ ቐረቡ ካብ ዓቕሚ ናይቲ ሰውራ ኣዝዩ ከቢድ ምንባሩ ንምግንዛቡ ዘጸግም ኣይነበረን።

ብዘይካ'ዚ፡ መደባት ህዝባዊ ናብራ ዕብየት ብተናጸል ናይ ሓደ ክፍሊ ዕማም ዘይኰነስ፡ ምስ ካልኦት ትካላት ውድብ ብምትሕብባርን ምውህሃድን ዝኸይድ ስራሕ ብምዃኑ፡ ኣብቲ ምምሕዳር ካብ ዝተፈጸሙ ስራሓት፣ ምስ ምጣኔ ሃብታዊ ጉዳያት ቤት ጽሕፈት ናይቲ ምምሕዳር ብምስምማዕ ንህዝቢ ሽሚትካ ንዝተጸገመ ህዝቢ ብምዕዳል፣ ህጹጽ ጊዝያዊ ጸገማት ኣብ ምቅላል ግደኡ ኣበርኪቱ ኢዩ።

ኣብ ሕክምናዊ መዳይ እንተኾይኑውን፡ ድሮ ኣባላት ህዝባዊ ናብራ ዕብየት ናብቲ ምምሕዳር (ምምሕዳር ቁጽሪ 8 ኣውራጃ ሓማሴን) ቅድሚ ምምዳቦም፣ ኣብ ትሕቲ ሕብረተ-ሰብኣዊ ጉዳያት ቤት ጽሕፈት ዝኸይድ፡ ክልተ ተንቀሳቓሰቲ ናይ ሕክምና ጉጅለታት ቈይሙ ስለዝነበረ፡ ምስዚ ክፍሊ እዚ ብምውህሃድ ኣብ ዝበጽሖ ቦታታት ሕክምናዊ ኣገልግሎት የበርክት ነይሩ።

ህዝባዊ ናብራ ዕቤት ምምሕዳር ኣከለጉዛይ

ንመጀመርታ ኣብ ምምሕዳር ቑጽሪ 10 ንመጽናዕቲ ዝተመደቡ ኣባላት ህዝባዊ ናብራ ዕብየት ተጋዳላይ ሃብተማርያም ሚካኤል (ደጎል)፡ ስዉእ ስልጣን ጸጋይ፡ ብርጭቆ ኤፍረም፡ ኣዝመራ ገብራኣብ፡ ኣስካሉ ካሕሳይ፡ ስዉእ ደበሳይ ነጋሽ :ኣልማዝ ገብሩ፡ መንግስተኣብ ሓጎስ፤ ትርሓስ ተወልደን ምሕረታኣብ ዘርሁንን ነይሮም። ኣብቲ እዋን'ቲ ምምሕዳር ቁጽሪ 10 ወታሃደራት መግዛእቲ ብዘይካ'ቲ ሳሕቲ ዝፍትንዎ ወራራት ኣብ ከተማታት ተሓጺሮም ዝነበርሉ እዋን ብምንባሩ ዝሰፍሐ ክፋሉ ሰውራ ኤርትራ ዝቈጻጸሮ እዩ ነይሩ። ስለዚ ዝሰፍሐ ህዝቢ ብዓድታቱ ተሰሪዑ ሓባራዊ ስራሓትን ወፈራታትን ከካይድ ዘኽእሎ እዋን ስለዝነበረ እቲ ክግበር ዝግብኦ መጽናዕትታት ተሰላሲሉ ኣብ ተግባራዊ ሓባራዊ መደባት ክእቶ ዘጸግም ኣይነበረን።

ንመጀመርያ ግዜ ድማ ኣብ ወረዳ መጽሐ፣ ዓዲ-ጋህድ ኣብ ዝተባህለ ዓዲ ንመዋእል ዝጸንሖ ራሕቂ ናይ ዝስተ ማይ ጸገም ንምፍታሕ፡ ነቲ በቲ ዓዲ ዝሓልፍ ዝነበረ ወሓዚ ማይ ገዲቦም ዓቢ (ዲጋ) ሓጽቢ ንኽስራሕ መደብ ኣውጽኡ። ነቲ መደብ ኣብ ግብሪ ንምውዕሉ ድማ፣ እቲ ጉጅለ ተሳትፎ ህዝቢ ብምርግጋጽ ዲጋ ሰሪሑ ጀማሪ ዓወት ኣመዝገበ። እዚ ዲጋ'ዚ ካብ መፋርቕ 1976 ተፈጺሙ ብኡ ንብኡ ህዝባዊ ኣገልግሎቱ ስለ ዝጀመረ፣ ህዝቢ ዓዲ ጋህድ ርሑቕ ከይከደን ከይደኸመን ካብ ቅርዓት ቤቱ ማይ ቀዲሑ ዝሰትየሉ ዕድል ረኸበ። ከምኡ'ውን እቲ ማይ ከይበላሾን እቲ ዲጋ ከይፈርስን ድማ፤ እቲ ሓጽቢ ንኣገልግሎት ህዝቢ ጥራይ ዝውዕል ክኸውን፡ ጥሪት ግን ኣብ ዝዋዓላኦ ስትየን ንኽኣትዋ ብስምምዕ ናይቲ ህዝቢ ብውዕል ጸደቐ።

ድሕሪ እቲ ኣብ ዓዲ ጋህድ ዝተዓወተ ምህናጽን ኣገልግሎትን ዲጋ ድማ፡ ህዝቢ ሰርዐ ነቲ ንዓመታት ክዕወተሉ ዘይከኣለ፣ መሬት ዝብሕጉግን ዘራእቲ ዘብርስን ዝነበረ ስንጭሮታት፣ ኣብ ሓደ ዝራኸበሉ ቦታ ተገቲኡ ኣብ ኣገልግሎት ዝስተ ማይን ሕርሻዊ ማእቶትን ዝውዕል ሓጽቢ ንምስራሕ ስለ ዝበቕዐ፡ ብጉጅለ ናብራ ዕብየት ኣስተምህሮ ኣብ ዝዋሃበሉ ግዜ ብዘይ ዝኾነ ይኹን ተቓውሞ ብሰናይ ድልየት ይቕበሎ ነበረ። ኣብ ከምዚ ዝበለ መደባት ግደ ኣባላት ህዝባዊ ናብራ ዕብየት ኣገዳስነት ናይቲ ዘልዕልዎ ዘለዉ ጉዳይ ካብ ምሕባር ሓሊፎም፣ ዝገብርዎ ጸቕጥን ሓይልን ኣይነበረን። ምኽንያቱ ህዝባዊ ኣገልግሎት ብተሳትፎን ድልየትን ተጠቃሚ ህዝቢ ክረጋገጽ ዝግብኦ ብምዃኑ ናይቲ ሞያ ስነ-ምግባር ዘረጋግጾ እዩ። ስለዚ ድማ እዩ ህዝቢ ሰርዐ ሓደ ኢድ ኰይኑ፡ እምንን ሓመድን ጓሪቱ ዲጋ ክሃንጽ ዝበቕዐ።

እቲ ጉጅለ ኣብ ህዝቢ እንዳተንቀሳቐሰ ኣገዳስነት ሓባራዊ ስራሕን ማእቶትን፡ ኣታሓሕዛ መሬትን ምዕቃብ ፍግረ-መሬትን ኣብ ሕርሻዊ መዳይ፡ ከንከን ጥዕናን ኣብ ምክልኻል ተላገብቲ ሕማማት ብፍላይ ኣብ ኣዴታትን ህጻውንትን ክዝውተር ዘለዎ ኣታሓሕዛ ህጻናትን ኣመጋግባን፡ ጽሬት ከባብን፡ ኣብ ግዜ ሕርሲ እውን ከይተረፈ ደቂ ኣንስትዮ ክፈልጠኦ ዝግባእ ኣስተምህሮ ኣብ ምሃብ ብዙሕ ጠቓሚ ግደ ኣበርኪቱ ኢዩ።

ምምሕዳር ሕብረተ-ሰብኣዊ ጉዳያት ቤት ጽሕፈት፡

ምምሕዳር ሕብረተ-ሰብኣዊ ጉዳያት ቤት ጽሕፈት ኣብ ኣከለጉዛይ ብሓደ ወኪልን ሰለስተ ምክትላት ወኪል ግን ከኣ ተሓተትን መራሕትን ነናይ ዝተመደብሉ ፍሉይ ክፍልታት ዝኾኑ ኣባላት ኢዩ ዝምራሕ ነይሩ። እዚ ስርርዕ'ዚ ኣብ መጀመርታ 1977 ዝተማልአ ኰይኑ፡

ተጋዳላይ ክፍለዝጊ ገብረመድህን ወኪል ሕብረተ-ሰብኣዊ ጉዳያት ቤት ጽሕፈት፡

ተጋዳላይ ዑቕባይ በላይ ምክትል ወኪል ሓላፊ ክፍሊ ትምህርቲ ኣብቲ ምምሕዳር

ተጋዳላይ ንጉሰ ጸጋይ ምክትል ወኪል ሓላፊ ክፍሊ ሕክምና

ተጋዳላይ ድራር መንታይ ምክትል ወኪል ሓላፊ ክንክን ስድራቤት ተጋደልትን ስዉኣትን ከምኡውን ናይ ህዝባዊ ናብራ ዕብየት።

እዚ ቤት ጽሕፈት'ዚ ኣብ መትከል ሓባራዊ ስራሕን መደብን ዝተሰረተ ኣከያይዳ ስለዝነበሮ፡ ኣብ ህዱእ ኩነታት ኣብ ወርሒ ሓደ ግዜ ስሩዕ ወርሓዊ ኣኼባታት ብምክያድ ናይ ዝመጽእ ወርሒ ምንቅስቓሳቱ ይሕንጽጽ ነይሩ። ነፍሲ ወከፍ ኣካል ኣብ ዝኸዶ ከባብታት ናይቲ ተመዚዝሉ ዘሎ ፍሉይ ክፍሊ ዕማም ጥራሕ ዘይኮነስ፡ ናይ መላእ ቤት ጽሕፈት ሓላፍነት ተሰኪሙ ከምዝንቀሳቐስ ይግበር ነይሩ። ብዘይካ ተክኒካዊ ዝኾነ ነገራት እንተዘይኰይኑ መደብን ዕማምን ናይቲ ክፍልታት ሒዙ ስለዝብገስ ኣይፈልጦን ኢየ ወይ ንእገለ ኢዩ ዝምልከት ዝባሃል ኣይነበረን። በዚ ድማ እቲ ቤት ጽሕፈት ከም ትካል ጥርኑፍን ዝተዋሃሃደን ኣመራርሓ ነይርዎ ክባሃል ይከኣል።

ኣባላት ሕ-ሰ.ጉ.ቤ.ጽሕፈትን ወታሃደራውን ፖለቲካዊ ስራሓትን ኣብ ኣከለጉዛይ

ዝኾነ ይኹን ተጋዳላይ ናይ ተጋድሎ ሓርነት ኤርትራ ክስለፍ እንከሎ፡ ናጽነት ሃገሩን ሓርነት ህዝቡን ንምርግጋጽ ኣብ ዝካየድ ቃልሲ ግዲኡ ንምብርካት ድኣ'ምበር ምርጫታት ናይ መደብ ኮነ ናይ ቦታ ኣይነበሮን። ብፍላይ ድማ ኣብቲ ርሱን ኩነታት ናይ 1975 ዓ.ም. ናብ ሜዳ ዝወሓዘ ዜጋ ኣብ ሓጺር እዋን ብውግእ ንመግዛእቲ ኣባሪርካ ዋና ሃገርካ ምኻን ዝብል ኣተሓሳስባ ዝሰፈነሉ እዋን ስለዝነበረ ኣብ ትካላት ውድብ ምምዳብ ከም ቅቡል ዝውሰደሉ ግዜ ኣይነበረን። ግን ከኣ ሕብረተ-ሰብኣዊ ኣገልግሎት ዝሰፍሐን ዝነውሐን ራእዩ ኣብ መጻኢ ወለዶን ህዝብን ምኻኑ ንምርዳእ ኣየጸገመን ጥራሕ ዘይኮነስ፡ ምስቲ ወታሃደራዊ ስርሒታት ዘይፈላለ ጐኒ ንጐኒ ዝስጉም ኣካል ናይ'ቲ ተጋድሎ ምንባሩ እናበርሀን ተቐባልነቱ እናጐልሐን ከደ። ኣብ ሓደ ትካል ናይ ውድብ ምምዳብ ማለት'ውን ካብ ዓውደ ወታሃደራዊ ግጥምያታት የርሕቐካ ኢዩ ማለት ከምዘይነበረ ኣብ ባይታ ዝተራእየ ተሞክሮ ነይሩ።

ኣብ ሕብረተ-ሰብኣዊ ጉዳያት ቤት ጽሕፈት ይኹን ካልኦት ኣብያተ ጽሕፈት ዝተመደቡ ኣባላትን፡ መላእ ክፍልታት ናይቲ ውድብን ብግንባራት ኮነ ተንቀሳቓስቲ ጉጅለታት ተወዲቦም፡ ውድቦም ተጋድሎ ሓርነት ኤርትራ ንዘረጋገጾም ፖለቲካውን ወታሃደራውን መኸሰባት ኣብ ምክልኻል፡ ኣብ

ምግጣምን ምጥቃዕን ንብተደጋጋሚ ወራራት ዘካይድ ዝነበረ ሰራዊት መግዛእትን፣ ክምኡ’ውን ካብ ሃገራዊ ናይ ተጻብኦ ሓይልታት ዝዋፈር መጥቃዕትታትን ኣብ ምክልኻል፡ ካብቲ ስሩዕ ናይ ሓርነት ሰራዊት ከይተፈልዩ ግዲኦም ኣበርኪቶም ጥራሕ ኢልካ ዝሕለፍ ዘይኰነስ ብቐሊል ዘይግመት መስዋእቲ’ውን ከፊሎም እዮም። ኣብነት ንምጥቃስ፣ ኣብ መወዳእታ ወርሒ ነሓሰ፤ መፈለምታ ወርሒ መስከረም 1977 ዓ.ም ደርጊ ነቲ ኣብ ዓበይቲ ከተማታት ኤርትራ ዝወረዶ ክሳራታት ንምምላስን፡ ከተማታት ዳግማይ ንምቁጽጻርን ሓደስቲ ኣጽዋር ሶቭየት ሕብረት ተሓንጊጡ ንዝመጸ 10,000 ዝኣክል ብዛላምበሳ ዝኣተወ ህንዱድ ሰራዊት ዘመቻ ካብዝገበሮ ፈተነ፡ 40 ዝቑጽሮም ካብ ክፍልታት ዝተዋጽኡ ተጋደልቲ፡ ምስ ሓንቲ ጋንታ ስሩዕ ሰራዊት፡ ኣብቲ ከባቢ ዝነበረ ህዝባዊ መልሻን ተኣኻኺቡ ንሰለስተ መዓልታት ዝኣክል ዕርዱ ኣጽኒዑ ዘካየዶ ግጥምያ ክዝከር ዝካኣል'ዩ። ኣብዚ ሰለስተ መዓልታት ዝወሰደ ኲናትዚ፡ ሽቃ ንጉስ ዝተባህሉ ጅግና ኣቦ ካብ ህዝባዊ መሊሻ፡ ተጋዳላይ የማነ ባርያ ካብ ጉጅለ ጸጥታ፡ ዓብደልቃድር ዓሊ ካብ ሕብረተ-ሰብኣዊ ጉዳያት ቤት ጽሕፈት ክስዉኡ እንከለዉ፡ ተጋዳላይ ተኸለሰንበት ተኸላይን ገርጎሽ ማሕሙድን ምሕረታኣብ ዘርሁንን ድማ ብኸቢድ ምቝሳሎም ጐላጉል ስመጃና ዝመዝገቦ ታሪኽ ኢዩ።

ምምዳብ ንገዛእ ርእሱ ነቲ መደብ ብሕጊ ክምእዘዙ ስለ ዘለዎም እንተዘይኰይኑ፣ ዘይኣመንሉን፡ እቲ ዝዋሃብ ዝነበረ ኣስተምህሮ ናይቲ እዋን’ቲ ከም ሰውራዊ ዕማም ገይሮም ዘይርድእዎን ነይሮም እዮም። ምኽንያቱ ኣረዳድኣ ናይ ኣብቲ ግዜ’ቲ ናብ ሰውራ ዝተጸንበሩ መንእሰያት ብረት ዓጢቕካ ምውጋእን ሃገር ናጻ ምውጻእን ኢዩ ነይሩ። ስለዚ እቲ ናብዚ ክፍሊ እዚ ዝምደብ ዝነበረ፣ ብረት ዓጢቑ ዘይዋጋእ ኢዩ ዝብል ናይ ቀረባ ኣተሓሳስባ ዝዓብለሎ ነይሩ።

ብቐጻሊ ምንቕቃሕን ተመኩሮ ምድላብን ግን፡ ዝርኣዩ ዝነበሩ ንኣሽቱ ጸገማት ተሰጊሮም፡ ዝተተለሙ ዕላማታት ክፍሊ ዘረጋግጽ ሓፈሻውን መባእታውን ኣስተምህሮታት ተኻይዱ። ከምውጻኢቱ ንቐዳማይ ረዲኤትን ኣብ ምክልኻል ተላገብቲ ሕማማትን ዘትኰረ፡ ብተጋዳላይ ብርሃነ ተኸለን ኣማረ ተስፋጼንን ብኢድ ዝተሳእለ ስእላዊ መግለጺታት ዝተሰነየ ናይ መጀመርታ መበገሲ ሕክምናዊ መጽሓፍ ተዳልዩ ክቐርብ ከኣለ።

ትምህርታዊ መደባት ህዝባዊ ናብራ ዕብየት ኣብ መጀመርታ ሰሙን ናይ ወርሒ ታሕሳስ 1975 ድሕሪ ምፍጻሙ፡ ኲሎም ኣባላት ናይቲ ክፍሊ ናብ ዝተፈላለየ ክፍሊ ምምሕዳራት ንመደብ ተዳለዉ። ምምሕዳር ሕብረተ-ሰብኣዊ ጉዳያት ቤት ጽሕፈት ምስቲ ዝነበረ ዓቕሚ ሰብ ናይቲ ክፍሊ ብምዝማድ፡ ነቶም ኣባላት ናብ ሸውዓተ ክፍሊ ምምሕዳራት ተመቒሎም ኣብ ዘዝተመደብሉ ቦታ፣ ነቲ ዕማም ከሰላስል ዝኽእል ባይታን መነባብሮ ህዝብን ንምጽናዕ ክምዝምደቡ ክገብር እንከሎ፡ ካብኦም ዝተረፉ ኣርባዕተ ኣባላት ድማ ኣብ መደበር ስደተኛታት ንኽምደቡ ሓንጸጸ። ይኹን'ምበር፡ ሓደ ኣባል ካብቶም ኣርባዕተ ናብ ሱዳን ዝርከብ መደበር ስደተኛታት ዝተመደቡ ኣባላት፡ ነቲ መደብ ስለዘይተቐበሎ፣ እቶም ካልኦት ማለት ኣስገደት ተስፋሃንስን፡ ጽገሃናን ሙስጠፋን ዝተባህሉ ሰለስተ ተጋደልቲ ንኽኣትዉ ተመደቡ።

ኣብዚ ዝስዕብ ምምሕዳራት ድማ እቲ መደብ ተገብረ

1. ምምሕዳር ቁጽሪ 2 ባርካ ታሕታይ
2. ምምሕዳር ቁጽሪ 3 ባርካ ላዕላይ
3. ምምሕዳር ቁጽሪ 5 ገለ ክፋል ካብ ሰንሒትን ሳሕልን ዝሓዘ
4. ምምሕዳር ቁጽሪ 8ን 7ን ሓማሴንን ሰምሃርን
5. ምምሕዳር ቁጽሪ 9 ሰራየ
6. ምምሕዳር ቁጽሪ 10 ኣከለጉዛይ

ግዝያዊ ምትዕንቓፍ ማሕበራዊ ኣገልግሎት ኣብ ኣከለጉዛይ

ብዝሐ ህልውና ውድባት ኣብ ሜዳ ኤርትራ፥ ንዝያዳ ማሕበራዊ ዕብየትን ኣገልግሎትን ህዝቢ ክውዕል ዝግብኦ እኳ እንተነበረ፡ ኣብ ክውንነት ኤርትራዊ ፖለቲካ ግን፡ ኣብ መላእ ኤርትራ ብፍላይ ድማ ክልቲኤን ውድባት ተጋድሎ ሓርነት ኤርትራን ህዝባዊ ግንባር ሓርነት ኤርትራን ብጻዕቂ ኣብ ዝነበራሉ ቦታታት መናቖትን ዓቢ ናይ መፈላለይን ቦታ ኰይኑ ኢዩ ክኸይድ ጸኒሑ። ከም ኩሉ ኣብ ሜዳ ኤርትራ ዝነበረ ፖለቲካዊ ሽግራት ድማ፡ ምምሕዳር ቁጽሪ 10 ካብ መፋርቕ 1977 ዓ.ም ንዳሓር ነቲ ዝነበረ ናይ ውድባት ዘይምቅዳው ዝያዳ ተወሲኽዎ፡ ድሕሪ ከተማታት ደቀምሓረን ሰገነይትን ብህዝባዊ ግንባር ሓርነት ኤርትራ ናጻ ምውጽኦን እሞ ኸኣ ኣውራጃ ኣከለጉዛይ ዝባኣሰ ናይ ህልኽን ብረታዊ ጎንጽን ቦታ ኰይኑ፡ ክሳብ ንከተማ ዓዲ ቀይሕ ናጻ ንምውጻእ ዝተገብረ ወታሃደራዊ ውጥንን ምድላዋትን ተዓንቂፉ ተሪፉ፡ መግዛእታዊ ሰራዊት ድማ ዝሰፍሐ ቦታታት ንምቁጽጻር ወራር ዝጀመረሉ እዋን ኮነ። ጽባሕ ናይቲ ኣብ ወርሒ 20 ጥቅምቲ 1977 (ኣብ መንጎ ተ.ሓ.ኤ.ን ህ.ግ.ሓ.ኤ.ን) ዝተበጽሐ መሪሕነታዊ ስምምዕ፡ መግለጺኡ ኣብ ህዝብን ሰራዊትን ከይበጽሐ እንከሎ ኣብ ማይዕዳጋ ምቕንጻል ካድራት ብህዝባዊ ግንባር ተጀመረ። ኣብ ከምዚ ዝኣመሰለ ኩነት ተጋዳላይ ክብሮም ኣብ ማእከል ማይ-ዕዳጋ ብዘይተጸበዮ መጥቃዕቲ በጃ ህዝብን ውድቡን ብቕንጸላ ክሓልፍ ከሎ፡ ዝተረፉ ብጾት ከምልጡ ምኽኣሎም ናይ ሎሚ ታሪኽ እዩ። ስዒቡ ኣብ ወርሒ ታሕሳስ 1977 ኣብ ዓዲ ኻንታ ዓስኪሩ ዝነበረ ሓይሊ ካብ ሰራዊት ህዝባዊ ግንባር ሓርነት ኤርትራ ክሳድ ሒዙ ጸኒሑ፡ ነቶም ብውድባዊ ዕማም ካብ ኳዓቲት ንዓረት ዝኸዱ ዝነበሩ 13 ተንቀሳቓስቲ ኣባላት ተጋድሎ ሓርነት ኤርትራ ኣኽቢቡ ንምጭዋይ ኣብዝተገብረ ስርሒት፡ እቶም 12 ተጋደልቲ ተጨውዮምን ኣብ ደቀምሓረ ምእሳሮምን ተራእዩ፡ ዮሴፍ ተስፋይ ዝተባህለ ተጋዳላይ ኣባል ህዝባዊ ሕክምና ግን ካብቲ መጭወይቲ ከምልጥ ከኣለ። ኣብ ዑና ዓንዶም ዝተባህለ ዓዲ ንምፍራስ ናይቲ ኣብቲ ከባቢ ዝነበረ ህዝባዊ ስርርዓት ናይ ተጋድሎ ሓርነት ኤርትራ ኣብ ዝተፈተነሉ እዋን ህዝቢ ዝተጸንበሮ ኣብ ከቢድ ምፍጣጥ ተበጽሐ። ነዚ ንምፍጻም ሓደ ማሓረና ዝተባህለ ተጋዳላይ ወዲ እቲ ዓዲ ዝመርሖ ዕጡቕ ሓይሊ ካብ ሰራዊት ህግሓኤ ተላኢኹ ይመጽእ እሞ፡ ነቲ ብካድራት ተሓኤ ዝተጸውዐ ኣኼባ ናይ ህዝቢ ንምብታን ሓደ ኣባል ኣቀራራቢት ሽማግለ ዝነበረ ኣቦ ንዝመጸ ሰራዊት ተኣማሚኑ፡ ኣብዘይተደላይን ምስቲ መጸውዒ ናይቲ ኣኼባ ዘይተኣሳሰርን ጉዳይ ዓዲ ኣመልኪቱ ኣብ ምንዕዓብ ንኽእቶ ይደፍእ። በዚ ዝተላዕለ ማሓረና ነቶም ኣብ ኣኼባ ዝነበሩ ካድራት ኣብ

ከበባ ከእቱ ይፍትን። ይኹን'ምበር፡ ብዘይተጸበዮ ናይ ህዝባዊ ሰራዊት/መሊሻ ሓይልን ካልኦት ጉጅለታት ተሓኤን እቲ ዓዲ ተኸቢቡ ምህላዉ ስለዝተራእየ፡ ህዝቢ ታቦት አውጺኡ ኣብ መንጎ ክልተ ሓይልታት ምትኹስ ከይላዓል ብዝገበሮ ጻዕሪ እቲ ምትፍናን ይሃድእ። እቲ ኣኼባ ንምብታን ዝተላእከ ኣቦ ግን፡ ሓይሊ ማሓረና ከድሕኖ ኣይካኣለን፤ ብዝፈጸሞ ምንዕዓብ ተሓይሩ ምውዓሉ ይዝከር።

እቲ ዝኸፍኤ ተመኩሮ ግን፡ ኣብ ከተማታት ሰምሃር ንዝነበሩ ዕሉላት ኣባላት ስለያ ስርዓት ደርጊ ኣብ ምጽናዕን፡ ጽሑፋት ኣብ ምዘርጋሕን፡ ንህዝቢ ኣብ ውሽጣዊ ስርዒታት ኣብ ምውዳብ ዝነጥፉ ዝነበሩ ሸውዓተ ኣባላት ጸጥታ ስራዊት ሓርነት ኤርትራ ኣብ ደጎሊ ዝተባህለ ቦታ ብኣባላት ህዝዝባዊ ሰራዊት ዝተፈጸመ ኣሕዛኒ ናይ ቅንጸላ ተረኽቦ ኢዩ ነይሩ። ኣብዚ ተረኽቦ'ዚ፡ እቲ ቅንጸላን ሂይወት ብጾት ምጥፋእን ጥራሕ ዘይኮነስ፣ ሬሳታቶም መታን ከይርከብ ብሓዊ ከምዝቃጸል ኢዩ ተገይሩ። ካብዚ ኣረመናዊ ስርሒት'ዚ ዘምለጠ ሻሙናይ ኣባል ዝነበረ ገብረሂይወት ኣሸብር ጥራሕ ብሂይወት ምህላዉ ክጥቀስ ይካኣል።

ኣብ ከምዚ ዝኣመሰለ ኩነታት ድማ ኢዩ፡ እቲ ንምሉእ ህዝቢ ሃዘሞን ዘርኢ-ምስን ንክልተ ዓመታት ዝኣክል ከይሰልከየ ንህዝቢ ዘገልግል ዝነበረ ሕክምና ዓዲ-ሰጣሕ ብተጋዳላይ እስቲፋኖስ ትምራሕ ዝነበረት ሕክምና ንጸጥታዊ ድሕነቱ ተባሂሉ ናብ ዓዲ ፈርቲ ዝተባህለ ቦታ ክግዕዝ ዝተገብረ። መሰረታዊ መንሲኤ ናይቲ ከምዚ ዝኣመሰለ ምፍጣጥ ካብ ህዝባዊ ግንባር ጥራይ ዝነቅል ዝነበረ፡ ኣብ ከምዚ ዝኣመሰለ ናእሽቱ ምትህልላኻት ዝውዳእ ኣይነበረን፡ ብቐንዱ ንህልውና ተጋድሎ ሓርነት ኤርትራ ካብ ሰምሃርን ኣከለጉዛይን ጠሪስካ ደምሲስካ፤ ነቲ ምምሕዳራት ኣብ ትሕቲ ቁጽጽርካ ምእታውን ንሓይልታት ተጋድሎ ሓርነት ኤርትራ ኣብ ክልተ ከፊልካ ምስቲ ኣብ ደንከል ዝነበረ ትካላት ውድብ ናይ ምድሪ መራኸቢ መስመር ዓጺኻ ከምዘይራኸብ ንምግባሩ ዝዓለመ ስለዝነበረ፡ ብምቅይያር ናይ ቦታታት ዝውዳእ ኣይነበረን። ስለዚ ድማ ኢዩ፡ ካብ መጀመርታ ወርሒ ጥሪ 1978 ኣትሒዙ፡ ኣብ ሰምሃር ዝነበረ ትካላት ተሓኤ ናብ ኣከለጉዛይ ተባሪሩ ኣብ ማይዕዳጋ ዝተኣከበ፡ ስዒቡ ኣብ ማይዕዳጋ፡ ኣብ ዓዲ ነብሪ፡ ሓበናት፡ ኰዓቲት፡ ዓዲ ፈርቲ፡ ሓላይ፡ ደርዓ፡ ኣውህነ ዝተባህለ ዓድታት ክሳብ መወዳእታ ወርሒ ለካቲት 1978 በብእዋኑ ከብድቲ ናይ ሕድሕድ ውግኣት ተኻይዱ፡ ተጋድሎ ሓርነት ኤርትራ ካብ ምምሕዳር ኣከለጉዛይ ናብ ሰራየ ክትዘልቕ ተገደደት።

ብዛዕባ ውግእ ካብ ተላዕለ መስዋእትን መቑሰልትን ዘይፍለ ውጽኢት ስለዝኾነ፡ ኣብ ምምሕዳር ቁጽሪ 10 ተመዲቦም ካብዝነበሩ ኣባላት ሕ.ሰ.ጉ.ቤ.ጽሕፈት፡ ደበሳይ ነጋሽ፡ ሱልጣን ጸጋይ፡ ገብረንጉስ ኣማኒኤል፡ ዓብደልቓድር ዓሊ፡ ተኪኤ ተስፉ፡ ኣስገዶም ገብረሂወት (ነፍሰይ)፡ ተኪኤ ገብሩ፡ ተስፋልደት ተስፋ፡ መኮነን ገብረሂይወት፡ ተኸስተ ገብረመድህን (ኤለ) ብመስዋእቲ በጃ ህዝቦምን ውድቦምን ክሓልፉ እንከለዉ፡ የማነ ይትባረኽ፡ ኣስካሉ ካሕሳይ፡ የማነ ኣብራሃ፡ የማነ ሓጎስን ምሕረታኣብ ዘርሁን ዝተባህሉ ተጋደልቲ ድማ ብከቢድ መውጋእቲ ሓሊፈሞ። እዚ ሓደ ክፋል ኣብቲ ትካል ዝተኸፍለ መስዋእቲ ክኸውን ከሎ፡ እቲ ካልኣይን ቀጻልን ዝነበረ ዕማም ድማ ንዝቐመ ስሩዕ ኣብ ህንጸት ሃገርን ህዝብን ዓብዪ ቈላሕታ ዝተነብረሉ ማሕበራዊ ኣገልግሎት ብዘይ ምቁራጽ ንኽቕጽል ንምርግጋጽን ኣብ ምክልኻልን ዝኸፈል ዝነበረ ጻዕርታት ኢዩ። ኣብ ማሕበራዊ ዕማም ምስታፍ ማለት ከኣ፡ ካብ ውግእን መቑሰልትን መስዋእትን ዘድሕን ማለት

ኣይነበረን።

ተጋድሎ ሓርነት ኤርትራ ነቲ ኣብ ምምሕዳር ሰምሃርን ኣከለጉዛይን ዘረጋገጾቶ ወታሃደራውን፡ ፖለቲካውን ማሕበራውን ዕላማታት ክትከላኸለሉ ስለዘይካኣለት፤ ኣብቲ ምምሕዳር እተበርከቶ ዝነበረት ማሕበራዊ ኣገልግሎት ንኽዕንቀፍ ግድን ነይሩ። ምውጻእ ሓይልታት ተሓኤ ካብ ምምሕዳራት ሰምሃርን ኣውራጃ ኣከለጉዛይን ምስ ተጋህደ፣ ኣብ ገንባባን፡ መንብርን ኣብ ባሕሪ ደግዓ ዝተባህለ ቦታን ዝነበረ ኣብያተ ትምህርቲ፡ ኣብ ዓዲ ፈርትን ኣብ ባሕሪ ኪንኪንታ ዝተባህለ ቦታ ዝነበረ ህዝባዊ ሕክምናን ጠሪሱ ክቛርጽ ከሎ፡ እቲ ኣብ ስመጃና ዝነበረ መደበር ህዝባዊ ሕክምና ግን ናብ ተንቀሳቓሲ ጉጅለ ተቐይሩ፡ ምስቲ ኣብ ስመጃናን እምባሶይራን ዝተረፈ ንኡስ ጉጅለታት ናይ ምንቅቓሕን ዝተጥርነፈ ህዝባዊ መሊሻን ንግዝይኡ ኣብቲ ቦታ ከምዝጸንሕ ተገይሩ፡ ብቐዋምነት ዝካየድ ዝነበረ ዕማማት ሕብረተ-ሰብኣዊ ኣገልግሎት ብመላኡ ብሰንኪ ተጻብኦን ጸቕጥን ህዝባዊ ሰራዊት ሓርነት ኤርትራ ድማ፡ ኣብ መጠረስታ ወርሒ የካቲት 1978 ዓ.ም ንኽቛርጽ ተገደደ።

ስፍሓት ህዝባዊ ናብራ ዕብየት

ኣብ ዝተፈላለዩ ምምሕዳራት ኣገልግሎት ህዝባዊ ናብራ ዕብየት ኣገዳስን ርኡይን እንዳኾነ ኣብዝኸደሉ እዋን፡ ብዙሓት በዚ ዓይነት ትምህርት'ዚ ዝወድኡን ኣብ ዓውደ ስራሕ ንነዊሕ ዓመታት ዘገልገሉን ንስርዓት ኢትዮጵያ ራሕሪሖም ኣብ ሜዳ ዓውደ ቃልሲ ዝስለፉ ኤርትራውያን እንዳበዝሑ ኣብ ዝኸደሉ ግዝያት ስለዝነበረን፣ ነቲ ክፍሊ ዝከታተልን ዝምእክልን ሓደ ምምሕዳራዊ ኣካል ክህልዎ ኣገዳሲ ብምንባሩ ድማ፡ ኣብ ወርሒ መስከረም 1976 ዓ,ም ሰለስተ ዝኣባላታ ምምሕዳር ህዝባዊ ናብራ ዕብየት ክትቀውም ከኣለት። ኣባላታ ድማ፡

1. ስባህቱ ተኽለ
2. ሓደራ ተስፉይ
3. ስዉእ መድሃንየ በዅረጼን

ኣብቲ ቅንያት እቲ፡ ሳልሳይ ስሩዕ ኣኼባ ገድላዊ ባይቶ ተሰላሲሉ ንመላእ ኲነታት ሜዳ ኤርትራ ብፍላይ ድማ ንውሽጣዊ ጉዳያት ተጋድሎ ሓርነት ኢርትራ ዝመዘነ ኩሉ መዳያዊ መደባት ዝሓንጸጸሉን ዳግመ ስርርዓት ዘካየደሉን ዝነበረ ግዝያት እዩ ነይሩ። በዚ ምኽንያት እዚ ብዙሓት ካብ መሳርዕ ስሩዕ ሰራዊት ሓርነት ኤርትራ ናብ ሕብረተ-ሰብኣዊ ጉዳያት ቤት ጽሕፈት ዝምደብሉ ዝነበሩ ብምዃኑ ህዝባዊ ናብራ ዕብየት ከም ክፍሊ ክሳብ ሓሙሳ ዝኣኽሉ ሓደስቲ ኣባላት ኣብ ሓደ እዋን ናይ ምምልማል ዕድል ረኸበ።

ነቲ ኽፍልን ኣባላቱን ዝያዳ ኣገዳስነት ከምዘለዎ ኣጕሊሑ ዘርኣየ፣ ናይ ብጻይ ስዉእ መድሃንየ በዅረጼን ኣብቲ ቦታ ምምጻእ ዓብዪ ተራ ከምዝነበሮ ከይተጠቐሰ ክሕለፍ ዝካኣል ኣይኰነን። ስዉእ መድሃንየ በዅረጼን ሓደ ካብቶም ቀዳሞት በዚ ሞያ'ዚ ብማስትርይት ደረጃ ተመሪቖም ኣብ ናይ ስራሕ ዓለም ተመዲቦም ንነዊሕ ዓመታት ዘገልገሉ ዜጋታት ኰይኑ፡ ንሜዳ ቅድሚ ምስላፉ ብደረጃ ብቕዓቱን ምስ ህዝቢ ዝነበሮ ዝምድናን፡ ስርዓት ደርጊ'ውን ከይተረፈ ክሳብ ኣማሓዳሪ ክፍለ ሃገር ትግራይ ንኽሸውን ካብ ዝረቑሖም ባእታታት ኢዩ

ነይሩ። መድሃንየ ነዚ መደብዚ ስለዘይተቐበለን ምስ ተጋድሎ ሓርነት ኤርትራ ዝነበሮ ጽኑዕ ውሽጣዊ ስርርዕ ኣብ ጠርጠራ ስለዘእተዎን፡ ስርዓት ደርጊ ናይ ዓፈናን ቅትለትን ጉጅለታቱ ኣዋፊሩ፡ ኣብ መጀመርታ 1976 ዓ.ም ኣብ መቐለ ብኣድራጋ ጠያይት ኣብ ሽዱሽተ ቦታታት ተወጊኡ ብኸቢድ ቈሰለ። መውጋእቲ መድሃንየ ኣዝዩ ከቢድ ስለዝነበረ ደርጊ ካብ ሞት ከምዝዳሓነ ፈሊጡ ንዝላዓለ ሕክምና ኣመኽንዩ ክሳብ ፍልይቲ ሄሊኮፕተር ሰዲዱ ንኣዲስ ኣበባ ክወስዶ ፈተነ። ይኹን'ምበር ኣብራሃም ዝተባህለ ኣብ መቐለ ዝነበረ ኤርትራዊ ሓኪም እቲ መቑሰልቲ ዓቕሙ ምኧኑን ባዕሉ ክኣልዮ ዝኾነ ይኹን ጸገም ከምዘይብሉን ስለዘፍለጠ፡ መድሃንየ ካብታ ካልኣይቲ ብስም ዝላዓለ ሕክምና ዝተዳለወት ናይ ሞት ፈተነ ድሓነ። ድሕሪ ሕክምና፡ ብተሓባባርነት ኣብራሃም እቲ ሓኪምን፡ ስዉእ ሓዱሽ ወልደገርግስ ዝመርሖ ስርሒትን መድሃንየ ብናይ ስርሑ መኪና ተሰንዩ ምስ ሓድሽ በሰልኡ ንዓዲ ግራት ሰንጢቑ ብመንገዲ ፋጺን ግርሁ-ሰርናይን ኣቢሉ ንሜዳ ከምዘወጽእ ተገይሩ ዝተሰለፈ ጽኑዕ ተጋዳላይ ኢዩ ነይሩ። ምምሕዳር ህዝባዊ ናብራ ዕብየት ድሕሪ ምቛሙ ዝምራሓሉ ውሽጣዊ ሕግታት ሰሪዑ ነፍሱ ብምምቃል ብሓፈሻ ነቲ ክፍሊ ከማሓድርን ብፍሉይ ጸብጻባት ካብ ምምሕዳራት እንዳተቐበለ ክከታተልን ከዋሃህድን ዘኽእሎ ብቑዕን ክኢላን ዓቕሚ ክረክብ ከኣለ።

ምድምዳም መደባት ህዝባዊ ናብራ ዕብየት ኣብ ሜዳ

መደባት ህዝባዊ ናብራ ዕብየት ኣብ ዝተፈላለየ ክፍሊ ምምሕዳራት/ኣውራጃታት ኤርትራ ብስሩዕ ኣገባብ ይካየድ ከምዝነበረን፡ ኣብ ህዝቢ ኣገዳሲ ኣስተዋጽኦታት ከምዘበርከተን ርኢና ኣለና።

ካብ 1977 ዓ.ም ድሕሪ ናይ ከተማታት ናጻ ምውጻእ ጀሚሩ ተጋድሎ ሓርነት ኤርትራ ኣብ ዓበይቲ ዝጸንሑ ናይ ሕርሻ ቦታታት ነብስኻ ናይ ምኽኣል መደባት ሰሪዓ፡ ኣብ ትሕቲ ምጣኔ ሃብታዊ ቤት ጽሕፈት ብክፍሊ ሕርሻ ዝካየድ ዓብይን ኣገዳስን ሕርሻዊ ትካል ከተካይድ ጀመረት። ጐኒ ንጐኒ እዚ መደባት እውን ህዝቢ ብምትሕብባር ናይ ንግድን ሕርሻን ሓባራዊ ማእቶት ከካይድ ዘኽእል ናይ ኮኦፐራቲቫዊ መደብ ብሰፊሑ ኣብ ሜዳ ኤርትራ ይካየድ ነበረ። እዚ ኣብ ውሽጢ ኤርትራ ዝተወሰነ ጥራይ ዘይኮነስ ኣብቲ ብሱዳን ዝተለገሰ መሬት ዝቐመ ናይ ሕርሻን ኮኦፐራቲቫን ብዙሓት ኣብ ህዝባዊ ናብራ ዕብየት ተመዲቦም ክጋደሉ ካብዝጸንሑ ኣባላት ከምዝሳተፉ ተገብረ።

ኣብ መፋርቕ 1978 ግን መግዛእታዊ ስርዓት ደርጊ ብሓያላን ሃገራት ዝዓጠቖ ማእለያ ዘይብሉ ዘመናዊ ኣጽዋርን፡ ናይ ውግእ ኣማኸርትን ተሰንዩ ንሜዳ ኤርትራ ዳግማይ ናይ ምቁጽጻርን ምብሓትን መርሆኡ ንምዕዋት መጠነ ሰፊሕ ወራር ጀመረ:: ሰውራ ኤርትራ ብፍላይ ድማ ሰራዊት ሓርነት ኤርትራ ካብ 28 ሰነ ክሳብ 22 ሓምለ 1978 ኣብዝተኻየደ ከቢድ ግጥምያ፡ ካብ ሒዝዎ ዝነበረ ከተማታት ኮነ ገጠራት ኣዝሊቑ ኣብዝተወሰነ ቦታታት ተደረተ። በዚ ምኽንያት እዚ ከኣ ብዙሓት ኣብ ክፍልታት ተጋድሎ ሓርነት ኤርትራ ተመዲቦም ካብ ዝነበሩ ተጋደልቲ ናብ ቅድመ ግንባርን ዝሰዓበ ስርርዕ በርጌዳትን ክኣትዉ ግድን

ነበረ። ብሰንኪ እዚ ድማ ዋሕዲ ሰብኣዊ ጉልበት ስለዘስዓበ፡ እቶም ኣብ ዝተፈላለያ ምምሕዳራት ዝነበሩ ብዙሓት ኣባላት ህዝባዊ ናብራ ዕብየት'ውን ዝጸንሖም መደብ ተሪፉ ካልእ ሓድሽ መደብ ኣብ ወታሃደራዊ ቤት ጽሕፈት ክምደቡ ግድን ኮነ። ከምኡ'ውን ኣባላት ናይቲ ክፍሊ ክንቀሳቐስሉ ዝኽእሉ ዝሰፍሐ ቦታን ህዝብን ኣብ ትሕቲ ቁጽጽር ሰራዊት ደርጊ ብምእታዉን እቲ ክፍሊ ከም ትካል ክቕጽል ካብ ዘየኽኣልዎ ምኽንያታት ነይሮም። በዚ ድማ እቲ ንዳርጋ ኣርባዕተ ዓመታት ኣብ ኣገልግሎት ዝጸንሐን ኣገደስቲ ዕማማት ኣብ ህዝቢ ዘሰላሰለን ክፍሊ መደባቱ ንኽቋርጽ ግድን ኮነ።

ስድራ ስዉኣት ተጋደልቲ

ተጋድሎ ሓርነት ኤርትራ ከም ውድብ ክነብሮ ዝኽእል ምጣኔ ሃብታዊ ትሕዝቶ ኣዝዩ ድሩት ጥራሕ ዘይኮነስ፡ ምስ ድሒሩ ዝተራእየ ብዝሒ ተሰለፍቲ ክሳብ ኣጸጋሚ ዝኾነ ናይ ስእነት ኩነታት ወዲቑ ምንባሩ፥ እቲ ኣብ መፋርቕ 1976 ዝተረኽበ ስእነት መግቢ ኣብ መደበራት ዝነበሩ ተጋደልቲ ዝምስክሮ ኢዩ። ይኹን'ምበር ውድብ ተጋድሎ ሓርነት ኤርትራ ኣብ ስድራ ስዉኣት ዝነበሮ መትከላዊ ተገንዝቦ ኣዝዩ ዕዙዝን ክቡርን ብምንባሩ፡ ኩሉ ገዲፉ ንስድራ ዝተሰውኡ ተጋደልቲ መደበሲ ዝኸውን 50 ቅርሺ ኢትዮጵያ ክህብ ከም ግዴታ ወሲዱ ሰሪሕሉ ነይሩ። ምስዚ መስዋእቲ ናይቶም ዝቐደሙን ዝዳሓሩን ተጋደልቲ ብዝግባእ ኣጽኒዑን ሰኒዱን ብምሓዝ፡ ምስ ግዜ ምንዋሕ መስዋእቶም ተደፊኑ ከይተርፍ ዝብል ኣታሓሳስባ፡ ንስድራቤቶም ኣብ ዝርከብዎ ዓድታት ካብ ክፍሊ ክንክን ስድራ-ቤት ተጋደልቲ እንዳለኣኸ ናይ መስዋእቲ ምስክርነት ዘረጋግጽ ሰነድ'ውን ከምዝበጽሖ ይግበር ነይሩ። ድሒሩ ግና ሰውራ ኤርትራ ብኹሉ መዳያቱ ኣብ ዝጸንከረ ኩነታት ብምእታዉን፡ ምስ ዘጋጥሞ ዝነበረ ሕጽረት ትሕዝቶን ምድኻምን ኣብዝኸደሉ እዋን፡ እቲ መስዋእቲ'ውን ኣብ ሓደ ግዜ በማእት ኣብዝቑጸረሉ ብዝሒ ኣብ ዝተራእየሉ፣ እቲ ናይ መደበሲ ተባሂሉ ዝወሃብ ዝነበረ ሓገዝ እቲ ኩነታት ብዘምጽኦ ሽግራትን ሕጸረታትን ክም ዝንጥልጠል ተገብረ።

ሕጋዊ ኣገባብ መርዓ ተጋደልቲ

ተጋድሎ ሓርነት ኤርትራ እቲ ውድብ ዝማሓደረሉ ውሽጣዊ ሕግታት ሓንጺጹ፡ ኩሉ ኣባል ውድብ ድማ ኣብ ቅድም'ቲ ዘጽደቖ ውሽጣዊ ሕጊ ማዕረ ብምንባሩን፡ ህዝባዊ ጉዳያት ንምእላይ'ውን ብሕግታት ናይቲ ከባቢ ወይ ሕግታት እንዳባ ንህዝቢ ከምዝማሓደር ምግባራን ሓደ ካብቲ ቀንዲ እትልለየሉ ጉዳያት ኢዩ። ስለዚ ድማ እዩ ኣብ ሜዳ ኣብ መንጎ ተጋደልቲ ኮነ ኣብ መንጎ ተጋደልትን ገባርን ዘየድሊ ስጋዊ ርኽክባት ንኸይፍጸምን ብሰሪ ከምኡ ዝኣመሰለ ዘይተደላዩ ጉዳያት ኣብ መንጎ ህዝብን ተጋደልትን ዘይምርድዳእ ንኸይርከብን፡ ንዝፍጸም ተረኽቦታት ብሕጊ መዕለቢ ንኽግበረሉን ስለዝተደልየ ንስነ-ስርዓት መርዓ ዝኸውን ውሽጣዊ ሕግታት ኣርቀቐት። ብዘይካዚ ካብ ባህሊ ህዝብና ወጻኢ ዝኾነ ተግባራት ንዝፈጸሙ ተጋደልቲ ዝቕጽዕሉ ኣብ ወታሃደራዊ ሕጊ ዝሰፈረ ፍሉይ ቅዋማዊ ዓንቀጻት ኣጽዲቁ ዝምራሓሉ ዝነበረ እዩ። ከምዚ ዝኣመሰለ ሕጋጋት ኣብ ውሽጢ ተጋደልቲ ንዝፍጸም ጉድለታት ዝእርም ጥራሕ ዘይኮነስ፡ ዋሕስን መሰልን መላእ ዜጋታት ዝሕሉን ዝከላኸልን ሕግታት ስለዝነበረ እዩ ሕድሕድ ምኽብባርን

ሓልዮትን ሰፊኑ ዝነበረ። ንኣብነት ሓደ ተጋዳላይ ንሓንቲ ገባር ዓለንስተይቲ ብሓይሊ ምስ ዝጋሰሳን ብመሳኻከር ዝተረጋገጸን ምስዝኸውንን ድሕሪ ማእሰርትን ካሕሳ ንዝተበደለት ዜጋን፡ ነቲ ታጋዳላይ ክሳብ ካብ ውድብ ምስንባቱ ይብየን ነይሩ።

ይኹን'ምበር ወዲ ሰብ ካብ መርዓን ደርዓን ወጻኢ ክነብር ስለዘይክእል ድማ፡ ዋላውን ኣብ ውሽጢ ውድብ ተጋዳላይን ተጋዳሊትን ክማራዓዉ ምስ ዝደልዩ ነቲ ዝምድና ዝሰርዕ ሕጊ መውስቦን ስድራቤትን ብፍሉይ ኣካል፡ ከም ዝረቅቕ ክይኑ ብደረጃ መሪሕነት ፈጻሚ ሽማግለ ድሕሪ ምጽዳቑ፡ ወግዓዊ ሰነድ ቃል-ኪዳን ተሰርዓሉ። ኣብ ተግባር ድማ እቶም ንኽምርዓዉ ዝተሰማምዑ ተጋደልቲ ብጽሑፍ ይኹን ብቓል ንላዕለዎት ሓለፍቶም ኣመልኪቶም ናይ መርዓ ውዑል ብሕጊ ናይ ተጋድሎ ሓርነት ኤርትራ ክፍጽሙ ከም ኲነታቱ ፍቑድ ዝነበረ። ምናልባሽ ቅድሚ'ዚ ውዑል'ዚ ንዝግበር ስጋዊ ርኽክብን ዝሰዕብ ጥንስን እንተኾነ'ውን ናብ ቃል ኪዳን ምእሳር ዝደፍእ ግን ከኣ ጌጋ ከምዝተፈጸመ ዘገንዝብ ንምእራም ዝዓለመ ናይ ኣዋርሕ ማእሰርቲ/ እስራት ይብየን ነይሩ። እቲ ብርድየት ናይ ክልተ ኣካላት ዝግበር ውዑል ናይ መርዓ፣ ነቲ ዝምስረት ናይ መጻኢ ስድራ ጽቡቕ ድልየትን ትምኒትን ዝሕብር ናይ መርዓ ውዑል ብሰክረተር ፈጻሚ ሽማግለ ተዳልዩ ምስ ጸደቐ፡ ብመንገዲ ሓላፊ ምምሕዳራት ሕብረተ-ሰብኣዊ ጉዳያት ቤት ጽሕፈት ኣቢሉ ከምዝለዎ ናብ ክፍሊ ክንክን ስድራ ቤት ተመሓላሊፉስ ኣብ ተግባር ንኽውዕል ኣብ ትካላት ውድብ ተዘርግሐ። ናብ መላእ ትካላት ውድብ ተዘርጊሑ ኣብ ኣገልግሎት ከምዝውዕል ይግበር ነይሩ። ኣብ ምምሕዳራት እንተኾይኑ ድማ ምስቲ ተሓጋጋዚ ወኪል ሕብረተ ሰብኣዊ ጉዳያት ቤት ጽሕፈት ይታሓዝ ነበረ። ስለዚ ኣብ ተጋድሎ ሓርነት ኤርትራ ሓደ ንመርዓ ተጋደልቲ ዝከታተል ወግዓዊ ትካል ብደረጃ መንግስቲ ክረኤ እንክሎ ማዛጋጃ ቤት ተባሂሉ ብዝጽዋዕ ኣገባብ'ዩ መርዓ ዝፍጸም ነይሩ ክባሃል ይካኣል። ናይ ቃል ኪዳን ውዑል ብሰናይ ድልየት መርዓውቲ ዝፍጸም ዘሎ ምዃኑ ዘረጋግጽን፡ ብሰለስተ መሰኻኽርን ሓደ ናይ ቃል ኪዳን ኣፈጻሚ ኣካልን ክታም ኢዩ ዝረጋገጽ።

ኣብዚ ንምብጻሕን እቲ ዝግበር ቃል ኪዳን ትርጉምን ቀጻልነት ንኽህልዎ ካብዝብል ዕላማን ተበጊሳ ተጋድሎ ሓርነት ኤርትራ ብፍላይ ካብ መጀመርታ 1979 ጀሚርካ፡ ኣብ መንን ክልተ ዝዋሰቡ ዘለዉ ተጋደልቲ ክሳብ ክልተ ዓመት ኣብ ውድብ ዝተጋደሉን ድሕር'ዚ ናይ ሓደ ዓመት ሌላን ጽቡቕ ሕድሕዳዊ ኣፍልጦን ክህልዎም ከምዝግባእ እውን ሓደ ካብቲ ስዒቡ ዝወሰዶ ውሳኔታት እዩ ነይሩ።

ትሕዝቶ ውዕል መርዓ

ሕብረተ-ሰብኣዊ ጉዳያት ቤት ጽሕፈት
ተጋድሎ ሓርነት ኤርትራ

ክፍሊ ክንክን ስድራ ቤት ተጋደልቲ
ዕለት፡ -------------------

ናይ ቃል ኪዳን ስነ-ስርዓት

ንሕና ተጋዳላይ ---------------------- ተጋዳሊት ------------------- ብናትና ሰናይ ድልየት ናይ ናብራ ብጾት ኰይና ክንቅጽል ስለዝመረጽና፡ ብመሰረት ሕጊ መውስቦ ተጋድሎ ሓርነት ኤርትራ ናይ ቃል ኪዳን ስነ- ስርዓት ንፍጽም ከምዘለና ብኽታምና ነረጋግጽ።

ክታም መርዓዊ ---------------

ክታም መርዓት ---------------

መሰኻክር፡ 1. ስምን ክታምን -------------------

2. ስምን ክታምን ------------------

3. ስምን ክታምን ------------------

ናይ ቃል ኪዳን ስነ ስርዓት ፈጻሚ

ስምን ክታምን ----------------------

ምቛም እንዳ ኣዴታት

ኣብ ስሳታት ተጋድሎ ሓርነት ኤርትራ ንዝኾነ ይኹን ተጋዳላይ ተሰሊፉ ኣብ ሜዳ ድሕሪ ምእታዉ፡ ሓንሳብን ንሓዋሩን ንከተማ ኣይምለስን ማለት ዘይኮነስ፡ ኣብ ሓደ ዝተወሰነ ግዜ ዕርፍቲ ከምዘድልዩ ርዱእ ገይሩ ኢዩ ዝወስዶ። ብፍላይ ኣብ ሱዳን ወታሃደራት ዝነበሩ ኤርትራውያን ኣብ ሰውራ ምስተጽንበሩ፡ ጉዳይ ዕርፍቲ ዝያዳ ኣገዳሲ ምዃኑ ኣብ ተመኩሮኦም ስለዝተገንዘብዎ፡ ሓደ ተጋዳላይ ድሕሪ ዓመት ወይ ድሕሪ ናይ ሽዱሽተ ኣዋርሕ ኣብ ሜዳ ክርተት ምባሉ ገለ ግዝያት ድማ ከተማ ከሰላ ከይዱ ከምዘዕርፍ ይግበር ነይሩ። እዚ ዕርፍቲ'ዚ ኣብ ሂይወት ተጋደልቲ፣ ማሕበራውን ስነኣእምራውን ተሓድሶ ዝህብ ኣብ ርእሲ ምዃኑ ዝደኸመ ጉልበቶምን ናይ ጥዕና ጸገማት እንተነይሩዎም'ውን ንኽሓውዩ ዕድል ዝህብ መደብ'ዩ ነይሩ።

ምስ ስፍሓት ሰውራናን ብዝሒ ናይ ክልቲኡ ጾታታት ተሰለፍትን ግን፡ በቲ ናይ ቅድም ዝጸንሐ ኣገባብ ክኸየድ ስለዘይካኣለን፡ ምምርዓውን ምውላድን እንተኾነ'ውን ናይ ደቂ ሰባት ባህርያዊ ሕጊ ብምዃኑ፡ እዚ ምስዘይህሉ ናብ ፍትውን ዘይጥዑይን ማሕበራዊ ርኽክብ ስለዘምርሕ፡ ተጋድሎ ሓርነት ኤርትራ ከም ውድብ ኣብ ውሽጡ ዝምራሓሉ ናይ መርዓ ስነ-ስርዓት ከምዝነበሮ ተገንዚብና ኔርና። ይኹን እምበር፡ ኩሉ ተጋዳላይ ከም ፍጡር ወዲ-ሰብ ብዝወጸ ሕጊ ነብሱ ይመርሕ እዩ ክባሃል ስለዘይካኣል፡ ጉድለታትን ጥሕሰታትን ኣይካየድን ነይሩ ማለት ኣይኰነን። ስለዚ ድማ፡ ነቶም ብዝወጸ ሕጊ ዘይምእዘዙን ብመንገዶም ካብ ሕጊ ወጻኢ ርኽክባት ፈጺሞም ኣብ ጥንስን ሕርስን ዝበጽሑ ተጋደልቲ እንተኾነ'ውን፡ ንሕጊ ብዘይምኽባሮም ግቡእ መቕጻዕቲ ወሲዶም ንኽማራዓዉ ዝቕሰብሉ ኩነታት ይፍጠር ነይሩ ኢዩ። በዚ ኮነ በቲ ማለት

ተመርዒኻ ኮነ ከይተመርዓኻ ኣብዝግበር ስጋዊ ርኽክብ ምውላድ ስለዘይተርፍ፡ ኣዴታት ዘዕርፋሉን ህጻውንቲ ዝዓብይሉን መደበር ክህሉ ድማ ግድነታዊ ይገብሮ። በዚ መሰረት ፈጻሚ ሽማግለ ተጋድሎ ሓርነት ኤርትራ ነተን ኣብ ሜዳ ኤርትራ ዝጠነሳ ተጋደልቲ ዝእለያሉ ቦታ ኣብ ሕብረተ-ሰብኣዊ ጉዳያት ቤት ጽሕፈት ኣብ ትሕቲ ክንክን ስድራ-ቤት ተጋደልትን ስዉኣትን ንኸናበያ ወሰነ።

በዚ መሰረት ድማ ኣብ መጀመርታ ግዝያት ካብ ዝተፈላለያ ክፍልታት ውድብ ሸሞንተ ዝኾና ነፍስ-ጾራት ተጋደልቲ ናብ ክፍሊ ክንክን ስድራ-ቤት ከምዝመጻ ተገብረ። ኣብቲ መደበር ብዝነበረ ክልኒክ ሕክምናዊ ክትትል፣ ኣብ ሕርስን ኣውራ'ውን ምክትታል ጥዕና ህጻውንትን ይካየድ ነይሩ። ድሕሪ ምቛም ጠቕላላ ማሕበር ደቂ ኣንስትዮ ኤርትራ ኣብ ሜዳ ግን እንዳ ኣዴታት ከም ትካል ኣብ ትሕቲ ጠቕላላ ማሕበር ደቂ ኣንስትዮ ኤርትራ ከምዝኣቱ ተገብረ።

ስእሊ ኣዴታት ተጋደልቲ ምስ ደቀን

<u>ክንክን ስድራ ቤት ተጋደልትን ስውኣትን</u>

ዕላማ እዚ ክፍሊ እዚ ክቐውም ከሎ ነቶም ስድራ ተጋደልቲ ብፍላይ ካብ ከተማታት ሱዳን ንሜዳ ዝስለፉ ዝነበሩ ንኽሕግዝን ክከታተልን ተባሂሉ ዝቜመ ኢዩ። እዚ ክፍሊ እዚ ቅድሚ ኣብ ትሕቲ ምምሕዳር ሕብረተሰብኣዊ ጉዳያት ቤት ጽሕፈት ምኳኑ ብወተሃደራዊ ቤት ጽሕፈት ኣቢሉ ብምጣኔ ሃብቲ ኢዩ ዝምእከል ዝነበረ። እዚ ማለት ሰራዊት ኣብ ትሕቲ ወተሃደራዊ ቤት ጽሕፈት ዝምእከሉ ብምኳኖም እቲ ሓገዝ ዝግበኦ ብቐጥታ ወተሃደራዊ ቤት ጽሕፈት እዩ ዝውስና ዝነበረ። ኣብቲ ግዜ እቲ ኣብ ውሽጢ ሱዳን ንዝነበሩ ስድራቤት ተጋደልቲ ክሕግዝ ድሕሪ ምጽንሑ፣ ተ.ሓ.ኤ. ንገጠራት ኣብ ትሕቲ ቁጽጽራ ኣብ ዘእተወትሉ ግዜ

ኣትሒዛ ኣብ ውሽጢ ኤርትራ ንዝነበሩ ስድራቤታት ተጋደልቲ እውን ይሕገዙ ነይሮም። ድሒሩ ግና ኣብቲ ብ1975 ዝተኻየደ ካልኣይ ሃገራዊ ጉባኤ ውሳኔ መሰረት እዚ ክፍሊ እዚ ሓደ ካብቶም ሓሙሻይ ቤት ጽሕፈት ኣብ ትሕቲ ምምሕዳር ሕብረተሰብኣዊ ጉዳያት ቤት ጽሕፈት ክኸውን ተመደበ እሞ ብ1976 ግቡእ ስራሓቱ ጀመረ። እዚ ክፍሊ እዚ እውን በቶም ናይ ክፍሊ ትምህርቲ ማለት ምሁራት ካበየ ቦታታት ተረቑሖም ዝመጹ ኣባላትን ነባር ተጋደልትን ዝቑመ ኢዩ ነይሩ።

እቲ ቀንዲ ዕማም ናይ ምምሕዳር ክፍሊ ክንክን ስድራ ስውኣትን ተጋደልትን ቤት ጽሕፈት፣ ዝርዝር ኣስማት ስድራ ተጋደልትን ስድራ ስውኣትን ዝርከቡሉ ዓድን ኣብ ክንደኣም ኮይኑ ዝቕበል ኣካል ወይ ወኪል ይምዝግብን መዛግብቲ ይዕቅብን። ዝርዝር ኣስማት ሓገዝ ዝግበኦም ስድራ-ቤት ተጋደልቲ ዝተመዝገቡ ኣባላት ከኣ ናብ ምጣኔ ሃብታዊ ቤት ጽሕፈት ይልኣኽ። ምጣኔ ሃብታዊ ቤት ጽሕፈት ከኣ ብተርኡ ነቲ ብዝሒ ገንዘብ ናብ ነፍሲ ወከፍ ወካይሉ ዝርከቡሉ ምምሕዳራት ይልኣኽ። በዚ ኣገባብ እዚ ከኣ እቶም ንክፍሊ ክንክን ስድራ ቤት ተጋደልትን ስውኣትን ኣብ ነፍሲ ወከፍ ክፍሊ ምምሕዳር ዝውክል ኣካል ነቲ ገንዘብ ይርከቦ።

ፈለማ ዝቖመ ምምሕዳር ክፍሊ ክንክን ስድራ-ቤት ተጋደልቲ

1. ጸሃየ (ኑመሪ) ወልደስላሰ ኣቦ መንበር ምምሕዳር
2. ተኸለ ክብረኣብ ምክትል
3. ማሕሙድ ዕላጅ ከኣ ኣባል ምምሕዳር።

ዓቕብቲ መዛግብትን ገንዘብን

1. ተኸለሚካኤል ወዲ ሓምቢር
2. ጠዓመ ሓወቦይ
3. ወዲ ሓጂ
4. ድራር መንታይ
5. መሓመድ ዓብደላ
6. ጀማል ሳልሕ
7. ኣማኒኤል ሕድራት
8. ፍቓዱ ገብራይ
9. ኣልጋነሽ ኢሳቅ

እዚ ክፍሊ እዚ ከምቶም ካልኦት ክፍልታት ኣብ ነፍሲ ወከፍ ክፍሊ ምምሕዳር ናቱ ወካይል መዲቡ ንዝተመደበሉ ስራሓት ግቡእ ስነዳን ምምሕዳራውን

ዕማማት የካይድ ነይሩ። ብዓቢኡ ዕማም ናይቶም ኣብ ምምሕዳራት ዝምደቡ ዝነበሩ ወካይል እዚኦም፥ ነቲ ካብ ማእከላይ ምምሕዳር ክፍሊ ክንክን ስድራ ስዉኣትን ተጋደልትን ዝተላእከሎም ዝርዝር ኣስማት ዝተሰውኡ ኮነ ሓገዝ ዘድልዮም ስድራታት ተጋደልቲ ድሕሪ ምጽራይን ምርግጋጽን፡ ዘድሊ ዝባሃል ዝተተመነ ገንዘብ ካብ ምጣኔ ሃብታዊ ቤት ጽሕፈት ናይቲ ዝርከቡሉ ምምሕዳር ይወስዱ እሞ ናብ ዘዝምልከቶም ስድራ ቤታት እንተስ ባዕሎም ከይዶም ወይ ነቶም ወካይል ጸዊዖም እቲ ዝግባእ ሓገዝ ይኸፍሉ። ካልእ ንስድራታት ዘገድስ ነገራዊ ትሕዝቶ እውን ብመንገዲ ቤት ጽሕፈት ቀይሕ መስቀልን ቀይሕ ወርሕን ኤርትራ ኣቢሉ ካብ ለገስቲ ዝመጽእ ዝነበረ ከዳውንትን ስንቅን ምዕዳል ካብቱ ቀንዲ ዝዋስኡሉ ዝነበሩ ዕማማትዩ ነይሩ። ከም ውጽኢቱ ድማ ጸብጻባቶም ንምምሕዳር ክፍሊ ክንክን ስድራ ቤት ተጋደልትን ስውኣትን ከምኡ እውን ነታ ሳጹን ናይቲ ገንዘብ ዘረከቦም ምጣኔ ሃብታዊ ቤት ጽሕፈትን ብቐዳሕ ከቕርቡ እንከለዉ፡ ብቐንዱ ከኣ ናብቲ ናይቲ ቦታ ወይ ምምሕዳር ተጸዋዒ ዘሎ ወኪል ሕብረተ-ሰብኣዊ ጉዳያት ቤት ጽሕፈት የረክቡ። ድሕር'ዚ ኩሉ ኣብቲ ምምሕዳር ዝተኻየደ ዕማማት ብፍላይ ድማ ንገንዘብ ዝምልከት በቲ ክፍሊ ዝተገብረ ኣታውን ወጻእን ሚዛን ሕሳባትን ብክፍሊ ቍጽጽር (ኦዲት) ተራእዩ ድሕሪ ምጽራይ ጸብጻቡ ናብ ቤት ጽሕፈት ፈጻሚ ሽማግለ ብክልተ መንገድታት የመሓላልፍን ነይሩ።

ምምዳብ ወከልቲ ክንክን ስድራቤት ኣብ ክፍሊ ምምሕዳራት፡

1. ምምሕዳር ጋሽ ሰቲት ገብረሚካኤል ሃይለ
2. ምምሕዳር ታሕታይ ባርካ
3. ምምሕዳር ላዕላይ ባርካ
4. ምምሕዳር ሰንሒት
5. ምምሕዳር ሃበሮ- ገብረንጉስ ካሕሳይ
6. ምምሕዳር ሳሕል መሓመድ ሰዒድ ጸርሕ
7. ምምሕዳር ሓማሴን ሚከኤል ኣስፋሃ
8. ምምሕዳር ሰራየ ተኽለሃይማኖት ሙሲኤል
9. ምምሕዳር ኣከለጉዛይ ድራር መንታይ
10. ምምሕዳር ሰሜን ደንከል
11. ምምሕዳር ደቡብ ደንከል
12. ምምሕዳር ሰምሃር

እዚ ክፍሊ እዚ ነቶም ሓገዝ ዘድልዮም ስድራ ተጋደልትን ስውኣትን ባዕሉ ዘይኮነ ዝምድቦ እንታይ ደኣ ኩለን ኣብየተ ጽሕፈት ናይ ፈጻሚት ሽማግለ ዝርከቡ

ኣባላት ነናብ ክፍሎም ናይ ሓገዝ ጠለብ የቕርቡ። ነፍሲ ወከፍ ክፍሊ ከኣ ነቲ ዝቐረበላ ጠለብ መጽናዕቲ ድሕሪ ምግባር ናብ ፈጻሚት ኣካል የቕርቦ። ፈጻሚት ኣካል ከኣ ነቲ ዝቐረበ መጽናዕቲ ምስቲ ናይ ቁጠባዊ ትሕዝቶ ብምዝማድ ሓገዝ ናይ ዝግበኦም ተጋደልቲ መርሚሩ ዝበጽሖ ውሳኔ ናብ ዝቐረበሉ ቤት ጽሕፈታት ፈጻሚት ሽማግለ ይለኣኽ። ብድሕሪ እዚ ነፍሲ ወከፍ ክፍሊ ከኣ ዝርዝር ኣስማት ስድራ ተጋደልትን ስድራ ስውኣትን፡ ዝቐመጡሉ ቦታን ባዕሎም ወይ ከኣ ኣብ ክንደኦም ኮይኑ ነቲ ሓገዝ ዝቕበል ኣካል ዝሓዘ መልእኽቲ ናብ ምምሕዳር ክፍሊ ክንክን ስድራ ተጋደልትን ስውኣትን ይለኣኽ።

በዚ መሰረት እዚ እቲ ንነፍሲ ወከፍ ንኽሕገዝ ዝተፈቕደሉ ኣብ ወርሒ ናይ 25 ቅርሺ ኢትዮጵያ ይኽፈል። ካልእ ከም ናይ ክዳን፡ ኮበርታ፡ ወይ ከኣ እኽሊ ኣብ ዝመጸሉ እዋን ስድራ ተጋደልትን ብፍላይ ኣዚዮም ስኡናት ዝተባህሉ ገባርን ብሽማግለ ዓዲ ተጸኒዑ ይዝርጋሕ ነይሩ።

እቲ ዝወሃብ ዝነበረ ሓገዝ ብመንጽር ዓቕምን ትሕዝቶን ውድብ ክርእ ከሎ ውሑድ ኣይነበረን፡ ብቐጻሊ ዝረኽቦ ዋሕስነት ዝነበሮ ኣታዊ’ውን ኣይነበሮን። ይኹንምበር ውድብ ዝወሰዶ ውሳኔ ካብ ሓልዮትን ሓላፍነትን ንኣባላቱ ብመትከል ተገንዚቡ፤ ዋላ’ኳ ንቍጠባዊ መነባብሮ ስድራታት ኣማሊኡ ዝፈትሕ ኣይኹን፤ ንጸገማቶም ኣብ ምቅላል ግን ግደኡ ዝጻወት ምንባሩን፤ ንናይ ቃልሲ ጽንዓቶም ድማ ዘተባብዕን እዩ ነይሩ። በብእዋኑ ተወሳኺ ሓገዛት ናይ ክዳንን እኽልን ክረኽቡ ከለዉ ድማ ምስጋናኦምን ንያቶምን ንውድቦም ልዑል ምንባሩ በቶም ወካይል ዝመሓላለፍ ዝነበረ ጸብጻባት የረጋግጾ።

<u>ክንክን ስድራ ቤት ስውኣትን ተጋደልትን</u>

እዚ ክፍሊ እዚ ብተስፋስላሴ ይምእከል ነበረ። ንስድራ ስውኣት ከምኡ እውን ንስድራ ህልዋት ተጋደልቲ ኣብ መነባብሮኦም ማለት በቲ ቤት ጽሕፈት ዝተፈቕደሎም ወርሓዊ መቑነን ናይ 25.00 ቅርሺ ኣብ ምሃብን፡ ከምኡ እውን ካብ ቀይሕ መስቀልን ቀይሕ ወርሕን ዝመጽእ ዝነበረ ሓገዛት ናይ እኽልን፡ ፊኖን፡ ክዳውንትን፡ ዘይትን፡ ኮበርታን ዝኣመሰለ ብሽማግለ ዓዲ ተጸኒዑ ሽጉር ንዝተባህለ ሰብ ተዓዲሉ ኢዩ። ብፍላይ ክዳውንቲ ንምሉእ ተመሃሮ ናይ ኩለን ኣብያተ ትምህርቲ ከዲኑ። ብተወሳኺ ካብ ውሽጢ ከረን ዘለዉ ስድራ ተጋደልቲ ኮበርታን ገንዘብን እውን ተዓዲሉ። ኣገባብ ኣተዓዳድላ ኣብ ውሽጢ ከረን ክእቶ ስለዘይከኣል ዝነበረ ብምስጢር ካብ ከረን ወጺኡ ንሓጋዝ ብምምጻእ ኮበርታን ገለ እኽልን ሒዙ ይምለስ ነበረ። ኣብቲ ግዜ እቲ ብፍላይ ኣብ ሓልሓልን ሓሊብመንተልን እኽሊ ተዓዲሉ።

<u>ምቛም መደበር ተሓድሶ</u>

ሰውራ ኤርትራ ወታሃደራውን ፖለቲካውን ዕብየቱ ጉልቢቱ፡ ህዝባዊ ተኣማንነትን ተቐባልነትን ኣብዝረኸበሉ ግዜ፡ ብኡ መጠን ከኣ ህልውና መግዛእታዊ ሰራዊት ኣብ ውሱን ከተማታት ክሕጸር ኣብዝጀመረሉ ግዜን፡ ጸላኢ ዝነበሮ ወታሃደራዊ ናይ ምጥቃዕ ምርጫ ዓድታት ብነፈርቲ ምብዳምን ህዝቢ ምህላቕን ጥራሕ ነይሩ። ስለዚ ድማ ኣብ ገጠራት ዝነብር ህዝቢ ኤርትራ ካብ

ገዝኡን መነባብሮኡን ወጺኡ ኣብ ፈቐዶ ባዓትን ጎቦን ሩባን ክሰፍር ግድነት ኮነ። ብሰንኪ ከምዚ ዝኣመሰለ ናብራ፡ ህዝቢ ድሕነቱ ከረጋግጸሉ ናብ ዝኽእል ዝመስሎ ቦታታት ክስደድን ሃገር ገዲፉ ክወጽእን ተራእዩ። ስለዚ ድማዩ ተጋድሎ ሓርነት ኤርትራ መነባብሮ ህዝቢ ንምምሕያሽን መራኸቢ ክኸውን ዝኽእል ዕዳጋታትን ኣብ ጽኑዕ ቦታታት ከተቐውም ዝፈተነት። ድሕሪ ሓራ ምውጻእ ዓበይቲ ከተማታት ከኣ፡ ሰፊሕ ናይ ርኽክብ መስመር ተዘርጊሑ፡ ህዝቢ ዝለመዶን ክዋሳኣሉን ዝኽኣለ ሰውራና ዝተኸሎ ዓበይቲ ዕዳጋታት ቆይሙ፡ ንግዳዊ ምምልላስ ዓብዩ፡ ስሩዕ ዝኾነ ሂይወት ክካየድ ጀመረ።

ድሕሪ ናይ 1978 ዳግማይ ወራርን ዝሰፍሐ መሬት ኤርትራ ብፍላይ ድማ ሓራ ዝነበረ ከተማታት ኤርትራ ኣብ ትሕቲ ወታሃደራት ጸላኢ ምእታዉ ግን፡ ሓይሊ ሚዛን ሰውራ ኤርትራ ተቐይሩ፡ ናብ ጽኑዕ ቦታታት ኣዝለቐ። ህዝቢ ድማ ዳግማይ ክስደድን መነባብሮኡ ክብተንን ግድን ኮነ። ብፍላይ እቲ ምስ ሰውራኡ ተኣሳሲሩ ጽኑዕ ዝምድናን ምትእስሳርን ዝነበሮ፡ ኣብ ኩሉ ምንቅስቓሳት ዝሳተፍ ዝነበረ ህዝቢ፡ እምነት ኣብ ሰውራኡ ገይሩ ካብ ሰራዊት ደርጊ መድሕን ክኾኖ ዝኽእል ምርጫታት ስለዘይነበሮ ምስ ተጋደልቲ ክስሕብ ተገደደ። ስለዚ ውድቡ ኣብ ዝኣተወቶ ቦታ ከይዱ ክድሕን እንተዘይኰይኑ ካልእ መዋጽኦ ኣይነበሮን። በዚ ምኽንያት እዚ ድማ መሪሕነት ተጋድሎ ሓርነት ኤርትራ ንካብ መነባብራኦም ዝተመዛበሉ ህዝብን ስድራታት ተጋደልትን ክዕቈብሉን ክእለይሉን ዝኽእሉ ዓዲ ንኸቐውም ዝወሰነ።

በዚ መሰረት እቲ ንመጀመርታ ኣብ ባርካ ሸለሎብ ዝተባህለ ቦታ ዝቖመ፡ ግን ከኣ ዝተፈላለዩ ሰባት ከምዊንትኦም ገለ "ሓድሽ ዓዲ. ገለውን ዓዲ ብግዲ" ብዝብል መጸውዒ ስም ክገልጽዎ ዝፍትኑ እኳ እንተ ነበሩ፡ እቲ ስም ነቲ ሰውራና ዘበገሶ ዕላማታት ምቛም ናይቲ መጽለሊ ክበቅዕ ይኽእል ስለዘይነበረ፡ ብውሳኔ ፈጻሚ ሽማግለ እቲ ዝተጠቐሰ ቅጽል ኣስማት ተሪፉ "ተሓድሶ" ብዝብል ወግዓዊ ስም ከምዝጽዋዕ ተገብረ። በዚ ኸኣ፡ ክሳብ 1500 ዝኣክል ስድራታት ዝሓዘ ሰፊሕ ዓዲ ከም ዝቐውም ኮነ።

መደበር ተሓድሶ ካብ ሰራዊት መግዛእቲ መዕቆቢ ጥራሕ ዘይኮነስ፣ ከም ህዝቢ ኩሉቲ ንደቒ ሰባት ኣብ ሂይወቶም ዘድልዮም ነገራት ብፍላይ ከኣ፡ ጥዑይን ዝተማህረን ህዝቢ ንምፍራይ ክሕግዙ ዝኽእሉ ቀዋሚ ናይ ምጥፋእ መሃይምነትን ስሩዕ ትምህርትን፡ ሕክምናን ኣገልግሎት መደባት ተሰሪዑ ምክያድ ጀመረ። ኣብ ትሕቲ ምምሕዳር ኣባላት ክንክን ስድራ ቤት ተጋደልትን ስዉኣትን ንህዝቢ ከማሓድሩ ዝኽእሉ ብህዝቢ ዝተመርጹ ዓበይቲ ምምሕዳር ሽማግለ ቆመ። ከምውጽኢቱ ድማ ብዙሓት ካብቶም ናብ ሱዳን ኣትዮም ዝነበሩ ስደተኛታት ኤርትራውያን ናብ መደበር ተሓድሶ ተመሊሶም ናብራኦም ክመርሑ ከኣሉ።

ሓደ ካብቲ ኣብ መደበር ተሓድሶ ኣብ ወለዲ ዝካየድ ዝነበረ ናይ ምጥፋእ መሃይምነት መደባት ትምህርቲ ዘርኢ ስእሊ

ሓደ ካብ መደባት ስሩዕ ትምህርቲ ኣብ መደበር ተሓድሶ

ኣብ መደበር ተሓድሶ ዝነብር ዝነበረ ህዝቢ፡ ጽኑዕ ፖለቲካዊ እምነት ኣብ ውድቡ ዝነበሮ፡ ንትካላዊ ኣሰራርሓ ውድብ ካብ ዓዱን ወረድኡን ጀሚሩ ዝፈልጥን ዘለለየን ብምንባሩ፡ መዓልታዊ ጸገማቱ ኣብ ምፍታሕን፡ ሕድሕድ ምትሕግጋዝን ዝመልአ ኣከያይዳ ነይርዎ። ብዘይካዚ ኩሉቲ ውድብ ዝሓለፎ ጸገማት ክሓልፍን፡ ኩነታት ውድቡ ብደቂቕ ክከታተልን ምሉእ ዕድልን ግዜን ስለዝነበሮ፡ ኣብ

ተመክሮ ተሓኤ ንሃገራዊ ናጽነትን ማሕበራዊ ፍትሕን

መብዛሕትኡ እዋን ምርጫታቱ ኣብ ስርዒትን ኣሰራርሓን ዝተመርኮሰ ክኸውን ግድነት ነይሩ። ስለዚ ድማ ካብ ሓደጋ ጸላኢ ዝተዓቖበ ህዝቢ ጥራሕ ዘይኮነስ፡ ፖለቲካዊ ምርጫታት ዝነበሮ ነባሪ ኢዩ እውን ነይሩ።

ኣብ 1982 ዓ.ም ውድብ ተጋድሎ ሓርነት ኤርትራ ኣብዘጋጠሞ ውሽጣዊ ጸገማት ተሸሚሙ፡ ገለን ንምዕራይ ገለን ድማ ንምፍራስን ዕልዋን ክዋደድ እንከሎ፡ ኣብ መደበር ተሓድሶ ዝነበረ ህዝቢውን ኣብ ኩሉቲ ውድብ ዝቕልቀል ዝነበረ ዝምባሌታት ተኸፋፊሉ መርገጽ ወሲዱ ይዋሳእ ምንባሩን፡ ንዕልዋ ራሳይ ኣብ ጐኒ ተጋደልትን ሓፋሽ ውድባትን ተሰሪዑ ሓያል መኸተ ዘካየደ ህዝቢ እዩ። ምኽንያቱ ህዝቢ ኤርትራ ንዘቖሞ ስርዓትን ሕግን ዘኽብር፡ ኣብ ግህሰታቱ ድማ ተጐዳኢ ወይ ግዳይ ክኸውን ከምዝኽእል ኣጸቢቑ ዝፈልጥ ህዝቢ ብምዃኑ እዩ።

ሓደ ካብ መርኣያታት ተቓውሞ መደበር ተሓድሶ፣ ነቲ ኣብ 25 መጋቢት 1982 ዝተኻየደ ዕልዋ

ሓያል መርኣያ ተቓውሞ መደበር ተሓድሶ ብሚያዝያ 1982 ኣብ ኮረኮን ዝተገብረ ሰላማዊ ሰልፊ ኢዩ።

እዚ እቲ ዝነበረ ሓጺር ታሪኽን ግደን መደበር እንዳ-ኣዴታትን መደበር ተሓድሶን ክኸውን ከሎ፡ ኣብ መጠረስታ ብኸመይ ደኣ ተደምዲሙ ወይ ከኣ እዚ ትካላት'ዚስ ኣብይ ደኣ ኣተወ ዝብል ሕያዋያ ሓታታይ'ውን ኣይሰኣንን ይኸውን እዩ እሞ፡ እቲ መልሲ ናብቲ ተጋድሎ ሓርነት ኤርትራ ኣትያቶ ዝነበረት ፖለቲካዊ ዓዘቕቲ ስለዝመልሰና፡ ዝተወሰደ ምርጫታት ገለን ብውልቀ መነባብሮኻን ስድራኻን ናይ ምድሓን ስጉምትታት ወሲዱ፡ ኣብ ከተማታትን መደበር ስደተኛታት ሱዳን ዝኣተወን፡ ክንይኡ ኣርሒቑ ንኸሰደድ ዝወሰነ ነይሩ። ገለውን ፖለቲካዊ ዝምባሌታት ይውክለኒ እዩ ምስዝበሎ ክፋላት ናይ ተጋድሎ ሓርነት ኤርትራ ተሰሊፉ፡ ንቐጻልነት ናይ ቃልሲ ዝመረጸን ድማ ብውሳኔታት መሪሕነታቱ ሳሕልን ሃምበሮብን ዝኣተወ ነይሩ።

እቲ ምስ ሸነኽ ተጋድሎ ሓርነት ኤርትራ ሰውራዊ ባይቶ ዝተረፈ ክፋል ክልቲኡ ትካላት፡ በቲ ኣብ መንጎ ተሓኤ ሰውራዊ ባይቶን ህዝባዊ ሓይልታት ሓርነት ኤርትራን ዝተገብረ ጐባጢ ስምምዕ ናይ ታሕሳስ 1982 መሰረትን፡ ሱዳናውያን ኣብ ኮረኮን ንኸይጸንሕ ብዝገበርዎ ጸቕጥን፡ ናብቲ ኣብ ሰሜናዊ ምብራቕ ሱዳን ዝነበረ መደበር ህዝባዊ ሓይልታት ሓርነት ኤርትራ ከምዝግዕዝ ተገይሩ። ኣብዚ መደበር'ዚ ኩሉ'ቲ ኣብ ልዕሊ ኣባል ሰራዊት ተጋድሎ ሓርነት ኤርትራ ሰውራዊ ባይቶ ዝፍጸም ዝነበረ ኣስካሕካሒ ግፍዕታት፡ ኣብ ልዕሊ ኣዴታትን ህጻውንትን ከይተረፈ እዩ ተፈጺሙ። ኣዴታት ህጻውንቲ ደቀን ንኸየዐንግላን ንኸየዕብያን ግዳይ ማእሰርቲ ኰይነን። ካብ ከርሰን ንዝወጹ ደቀን ንኸይርእያ ተኸልኪለን።

ኣብ መጠረስታ፡ ሓደ ክልተ ካብኣተን ብዝተፈላለየ ምኽንያታት ንሱዳን ንምእታው ዕድል ክረኽባ ከለዋ፡ እተን ዝበዝሐ ግን፡ ህዝባዊ ግንባር ሓርነት ኤርትራ ብ1988 ኣብ ልዕሊ ህዝባዊ ሓይልታት ሓርነት ኤርትራ ሸነኽ ጃስር ብዝወሰደቶ ደምሳሲ ወታሃደራዊ ስጉምቲ፡ ኩሉ ትካላት ውድብ ኣብ ትሕቲ ህዝባዊ ሰራዊት ስለዝኣተወ ንሳሕል ተወሲደን።

መደበር ውጉኣት ሓርነት

ህዝቢ ኤርትራ ብመሪሕ ውድቡ ተጋድሎ ሓርነት ኤርትራ ብረታዊ ተጋድሎ ኣብ ዝጀመረሉ ግዜ፡ ሓይልታት መግዛእቲ ብዕሸሉ እንከሎ ንምብርዓኑ ኩሉ ዝካኣሎም ዘበለ ወታሃደራውን ፖለቲካውን ፈተነታት ኣካይዶም ክዕወትሉ ግን ኣይካኣሉን። ሰውራና ዝተኸተሎ ናይ ደባይ ውግእ ስልቲ እንዳሰፍሐን እንዳዓበየን ከደ። ዝርግሐ ሰራዊት ሓርነት ናብ መላእ ኤርትራ ክባጻሕ ከኣለ። ኣብ ውሽጢ ሕምብርቲ ጸላኢ ምስጢራዊ ስርርዓት ሰፈነ። ኣብ ገጠራት ኤርትራ ኣቓልቦ ህዝብና ዝሰሓበ ወታሃደራዊ ስርሒታትን፡ ኣብ ከተማታት'ውን ናይ ፈዳይን ስራሓትን እንዳዛያደ መጸ። ስለዚ ድማ፡ ዕሱብ መግዛእታዊ ሰራዊት ኢትዮጵያ፣ ህዝቢ ከበሳብስን ንብረቱ ክዝርፍን ብሓዊ ክቃጽልን ዕለታዊ ተግባራቱ ኮነ። ምስዚ ኩሉ ግን ሰውራና ንዝሓመመን ንዝተወግኤን ተጋዳላይ ኮነ ገባራይ ኣብ ሜዳ ድሕረ ግንባር ኮይኑ ብቐዋሚ ክዕቀበሉ ዝኽእል መደበር ውጉኣት ሓርነት ክሳብ 1975 ዓ.ም. ኣይነበሮን። ህዝብና ምስጢር ሰውራኡን ደቁን ንጸላእቲ ኣሕሊፉ ዘይሀብ ብምንባሩ ድማ ብዙሓት ካብዝተወግኡ ተጋደልቲ ኣብ

ውሻጢኡን ኣግነቱን ሓቢሉ ዘዕንገለን ዝፈወሰን እዩ። ኣብ'ቲ እዋን'ቲ ዝነበረ ሰውራዊ ኩነታት፣ውፉያት ተጋደልቲ ንኹሉ ጸገማቶም ምስ ህዝቦም ሓሊፈሞ ጥራሕ ዘይኮነስ፡ ክሳብ ኣብ ዓበይቲ ከተማታት ብምስጢር ኣትዮም ተሓኪሞም ዝወጹ ተጋደልቲ'ውን ምንባሮም ክዝከር ዝካኣል'ዩ።

እዚ ኣብ መጀመርታ እዋን ናይ ሰውራ ኤርትራ ዝነበረ ተመኩሮ ኰይኑ፡ ሰውራና ካብ ኣጥቂዕካ ምዝላቕ ናብ ፊት ንፊት ግጥምያ ዝተሰጋገረሉን፡ ዝሰፍሐ መሬት ኤርትራ እንዳተቖጻጸረ ኣብዝኸደሉ ግዜን ግን፡ ብኸቢድ ዝተወግኡን ዝሓመሙን ተጋደልቲ ክዕቀብሉ ዝኽእሉ ቦታ ክህሉ ግድን እንዳኾነ ኣብዝመጸሉ እዋን፡ ህዝቢ ሱዳን ምስ ህዝቢ ኤርትራ ዝነበሮ ሰናይ ዝምድናን ምድንጋጽን፡ ሱዳን ከም ሃገር፡ ከተማ ከሰላን መደበር ስደተኛታትን ድማ ብፍላይ፡ ንኤርትራውያን ዘዕቆበን ከም ካልኣይ ሃገሮም ኰይኑ ዘገልገለን ብምንባሩ፡ ድሕረ ግንባር ሰውራ ኤርትራ ከተማ ከሰላ ነይሩ እንተተባህለ ኣይነበረን ዝብል ሰብ ዝህሉ ኣይመስለናን። ስለዚ ድማ መላእ ማሕበራዊ ትካላት ተሓኤ ኣብ ከሰላ ኣብ ርእሲ ምንባሩ፡ እቲ ዝሰፍሐ መደበር ሕክምናን ውጉኣት ሓርነትን እንተኾነ'ውን ኣብ ከሰላ ኢዩ ነይሩ። መደበር ውጉኣት ሓርነት ኣብ ከሰላ ሰለስተ ጠባያት ዝነበሮ ኮይኑ፡ እቲ ሓደ ሸነኹ ነቶም ብሰሪቲ ዘጋጠሞም ሕሱም መውጋእቲ ብሓገዝ ኣለይቲ እንተዘይኰይኑ ባዕላቶም ጠሪሶም ክንቀሳቐሱ ዘይኽእሉ ኣብ ዓራትን ተንቀሳቓሲ መንበርን ዝነበሩ፡ በቲ ካልኣይ ሸነኽ ድማ ገለ ካብ ኣካላቶም ዝጐደሉ ግን ከኣ ክንቀሳቐሱ ዝኽእሉ፡ ሳልሳይ ብዝተፈላለዩ ሕማማት ዝተጠቕዑ ተጋደልትን ሓዋዊሱ ዝሓዘ ኣቃውማ ዝነበሮ መደበር ምንባሩ ክዝከር ይካኣል።

ጸገማት መደበር ውጉኣት ሓርነት ከሰላ

መደበር ውጉኣት ሓርነት ኣብ ከሰላ፡ መእለዪ ውጉኣት ኣብ ርእሲ ምኳኑ፡ ካብ ደገ ንዝመጹ ዜጋታት መቐበሊ፣ ብዝተፈላለየ ምኽንያታት ካብ ሜዳ ንዝመጹ ተጋደልቲ ድማ መጽለሊ ኮይኑ ዘገልግል ዝነበረ ትካል እኳ ይኹን'ምበር፣ ከምቲ ኣቐዲሙ ዝተጠቕሰ ናቱ ጸገማት'ውን ነይርዎ ኢዩ።

1. ብሰሪቲ ዝነበሮ ዘይተጸንዐ ኣቃውማ ድማ፡ ነቶም ፍሉይ ክንክንን እለያን ክግበረሎም ዘለዎም ውጉኣት ተጋደልቲ፡ ብመጠን እቲ ዝነበሮም ሽግር ክትከናኸኖም ዘየኽእል ኩነታት ይፈጥር፡

2. ቁስሉ ኣሕውዩ ናብ ዝነበሮ መደብ ክምለስ ዝኽእል ወይ'ውን ኣብ ካልእ ትካል ውድብ ተመዲቡ ከፍሪ ዝኽእል ክነሱ፡ ግቡእ ክትትልን ቁጽጽርን ስለዘይነበረ ግን ብዙሕ ተጋዳላይ ካብ መደብ ወጻኢ ዝሓዘ መደበር ብምንባሩ፡

3. እቶም ብሕማም ምኽንያት ዝኣተዉ ተጋደልቲ፡ ሕክምናኦም ጠሪሶም ናብ መደቦም ቀልጢፎም ክምለሱ ዘይምኽኣሎም፡ ከተማዊ ጠባያትን ናይ የማንን ጸጋምን ተበለጽቲ ኣካላት ዝፈጠርዎ ዘይርጉእ ፖለቲካዊ ኩነታት ውድባት

ኤርትራ ከጸልዎምን ዘንቀሎም መሰረታዊ ዕላማ ብምዝንጋዕ ዘጋጊ ኮነታት ክፍጠር ግድን ዝገብሮ'ውን ነይሩ።

ኣብ'ቲ ከተማ ዝርከብ ትካላት ውድብ ንዘጋጥሞ ይንኣስ ይዕበ ምምሕዳራዊ ሕጽረታት ኣጋፊሕካን ኣታዓባቢኻን ንሜዳ እንዳዘርጋሕካ ምኽንያታት ኣብያ ናይ ቃልሲ ክትገብሮ ምፍታን፡
እዚ ኣብ ላዕሊ ዝተጠቐሰ ምኽንያታትን ካልኦት ከምኡ ዝኣመሰሉ ናይ ቃልሲ ንያቶም ዘዕረቡ ኣባላት ዝፈጥርዎ ዝነበረ ኣሉታዊ ተርእዮታትን፡ ንኣለይትን ተኣለይትን ኣጸጋሚ ኣብርእሲ ምዃኑ፡ ንብዙሕ ሕንፍሽፍሻት ዝተሳጥሐ ምንባሩ ንምርዳእ ኣጸጋሚ ኣይኮነን። ስለዚ ድማ እዩ ኣብ መወዳእታ 1975 ዓ.ም ውድብ ኣትይዎ ንዝነበረ ፖለቲካዊ ዘይህዱእ ኲነታት ተጠቒሞም ንብረት ውድብ ብሓዊ ከምዝቃጸል ዝተገብረ።

ዕላማታት ምቛም መደበር ውጉኣት ሓርነት ኣብ ሜዳ

ኣብ መደበር ውጉኣት ሓርነት ዝኣትዉ ኣባላት ሰራዊት ሓርነት ብሰሪ ዘጋጠሞም መውጋእትን ስንክልናን እኳ ይኹን'ምበር፡ ሓንሳብ ዝተወግኤን ዝሰንከለን ተጋዳላይ ከምኡ ኢሉ ንሓዋሩ እንዳተኣልየን ጾር ናይ ህዝቡን ሰውርኡን ኰይኑ ይነብር ማለት ዘይኰነስ፤ ግቡእ ሕክምናን ምእላይን ድሕሪ ምርካቡ ኣብ ከፍርየሉ ዝኽእል ዝተፈላለየ ጽፍሕታትን ትካላትን ውድብ ተመዲቡ ኣፍራዪ ዝኾነሉ ዕድላት'ውን ነይሩ እዩ። ካብዚ እምነት'ዚ ብምንቃል ድማ'ዩ መሪሕነት ውድብ ተሓኤ፡ መደበር ውጉኣት ሓርነት ኣብ ሜዳ ናይ ዳግመ ህንጻን ምልመላን መደበር ክምስረት ብምውሳን፣ብዘይካቶም ብዘይ ሓገዝ ናይ ሰብ ክንቀሳቐሱ ዘይኽእሉ ኣባላት ውጉኣት ሓርነት፡ ካልኦት ኩሎም ናይ ንምንቅስቓስ ኣኽእሎ ዘለዎም ኣብ ወርሒ መስከረም 1976 ካብ ከሰላ ናብ ሜዳ ከምዝኣትዉ ገበረ።

እቲ ናይ መጀመርታ ኣብ ሜዳ ዝቐመ መደበር ውጉኣት ሓርነት ድማ ኣብ ባርካ ታሕታይ ኣብ ሸርኩብ ዝተባህለ ቦታ ኣብ ትሕቲ ሕብረተ-ሰብኣዊ ጉዳያት ቤት ጽሕፈት ዝማሓደር ዝነበረ እዩ። ኣብዚ መደበር'ዚ ዝነበረ ብዝሒ ኣባላት ውጉኣት ሓርነት ኣዝዩ ብዙሕ እኳ እንተኾነ፡ እቲ ንመጀመርታ ዝተወስደ ስጉምቲ ናይ ጥዕናን ናይ መውጋእትን ሽግራት ዝነበሮም ተጋደልቲ ምጽራይ'ዩ ነይሩ። በዚ መሰረት ድማ ሓያሎይ ካብኣቶም ናይ መውጋእቲ ሽግር ዘይኮነስ፡ ናይ ጥዕና ምኽንያታት ፈጢሮም ኣብቲ መደበር ዝተዓቐኡ ተጋደልቲ ምንባሮም ክፍለጥ ተኻኢሉ። እዚ ናይ ጥዕና ምኽንያታት'ዚ ግን ናይ ኩሎም'ቶም እዚ ዓይነት ስቅያት ኣለና ዝብሉ ዝነበሩ ተጋደልቲ ድዩ ነይሩ ወይስ፡ ብሰንክ'ቲ ኣብ ከሰላ ዝነበረ ፖለቲካዊ ድንግርግራትን ዘይምእዙዝነትን ዝመስል ኲነታት ዝተፈጥረ እዩ ነይሩ ንዝብል ግን፡ ብርግጽ ከምኡ ከምዘይነበረ ግዜ ቀሊዕዎ እዩ። ብዘይካ'ዚ ዋላ ካብቶም ብመውጋእቲ ኣካሎም ዝጐደለ ተጋደልቲ'ውን ገለ መባእታዊ ሞያዊ ትምህርቲ ወሲዶም ኣብ ትካላት ናይቲ ቤት ጽሕፈትን ኣብ ካልኦት ኣብያተ ጽሕፈትን ተመዲቦም ከገልግሉ ከምዝኽእሉ እውን ናይ ምጽራይ ዕድል ተኸሲቱ።

ብዝተገብረ ምጽራይ መሰረት ከኣ፡ መደበር ውጉኣት ሓርነት ኣብ ሸርኩብ ናይ

ምልመላን ህንጻት ኣእምሮን ኲይኑ፡ ሕክምናውን ቅዲ ክዳን ምስ ስፍየትን ዝተታሓሓዘ ኣስተምህሮ ንኽካይድ ናይ ምጅማር ዕድል ረኺበ። በዚ ኸኣ ብዙሓት ንነብሶም መልሚሎም ኣፍረይትን ኣብ ዝካየድ ናይ ቃልሲ መስርሕ ተሳተፍትን ምኺኖም ብምርግጋጽ፣ ኣብ ዝተፈላለዩ ትካላት ውድብን ኣብያተ ጽሕፈትን ተመዲቦም ዕለታዊ ገድላዊ ዕማማቶም ከበርክቱ ከኣሉ። ገለ ካብኣቶም ኣብ ትካላት ውድብ ዝተመደቡ ብዙሓት ኣባላት ውጉኣት ሓርነት፡ ብተወፉይነቶምን ክእለቶምን ኣብ ምምራሕ ምምሕዳራዊ ትካላት ዝነበሩ'ውን ነይሮም።

ሓደካብቶም ድሕሪ ሓርነት ከተማ መንደፈራ ምምሕዳራዊ ሓላፊ ሆስፒታል ኰይኑ ዝተመደበን ኣብ ሸወደን ኣባል መሪሕነት ማሕበር ዓይነ ስዉራት ዝነበረን ስዉእ ተጋዳላይ ኪዳነ ገብራኣብ ብየማን፡ ኣብ ማእከል ተጋዳላይ ንጉሰ ጿጋይ ሓደ ካብ ቤተ-ሰብን ብ6 ጥሪ 1978 ዝተላዕለ ስእሊ

ኣብ 1978 ዓ.ም ግን ምምሕዳር ውጉኣት ሓርነት ከም ትካል ካብ ሕብረተ-ሰብኣዊ ጉዳያት ቤት ጽሕፈት ወጺኡ ኣብ ትሕቲ ወታሃደራዊ ሕክምና ክምዝምሓደር ተገብረ። እቲ ዝተገብረ ምምሕዳራዊ ምቅይያር ምናልባሽ ኣብቲ እዋን'ቲ ብዝኸይድ ዝነበረ ጽዑቕ ውግኣት ብዙሓት ተጋደልቲ ይውግኡን ይቈስሉን ብምንባሮም፡ ከም ኣባላት ስሩዕ ሰራዊት ድማ ኣብ ትሕቲ ወታሃደራዊ ቤት ጽሕፈት ክማሓደሩ ኣለዎም ካብዝብል ክንቅል ዝኽእል፡ ወይውን ብደረጃ ፈጻሚ ሽማግለ ኣብ መንጎ ወታሃደራውን ሕብረተ-ሰብኣዊ ጉዳያት ቤት ጽሕፈትን ዝነበረ ምብላሕ ናይ ግርጭታት ዝወለዶ ምኽንያታት ክኸውን ይኽእል ኢዩ። መንቀሊኡ

ብዘየገድስ ግን፡ እቲ ክፍሊ ብተጋዳላይ ኣደም ገሲርን መስፍን መንግስቱ ክምራሕ ድሕሪ ምጽንሑ ኣብ ወርሒ ታሕሳስ 1979 ከኣ፡ ሓደ ብሓሙሽተ ኣባላት ዝቖመ ምምሕዳር ውጉኣት ሓርነት ብወግዒ ቆመ። ኣብቲ ዝተገብረ ምምሕዳራዊ ስርርዕ፡

1. ተጋዳላይ ኣደም ገሲር ኣቦ-መንበር ክፍሊ
2. ተጋዳላይ መዓሾ ኣስራት ምክትል ኣቦ-መንበር ምምሕዳር
3. ተጋዳላይ ገብረሂወት ኣወቀ ምምሕዳራዊ ጸሓፊ
4. ተጋዳላይ ዑስማን ሓላፊ መደበር

ተጋዳላይ ማሕሙድ ሓላፊ ሕክምና መደበር ብዝብል ምእኩልን ጥርኑፍን ናይ ስራሕ ምክፍፋል ብዘለዎ ኣገባብ ኣብ ሾኽበረት ዝተባህለ መደበር እቲ ትካል ክማሓደር ጀመረ። ዝኾነ ይኹን ናይ ምምሕዳር ምቅይያር ይፈጸም ደኣምበር፡ እቲ ክፍሊ ሓንሳብ ዝጀመሮ ዓውደ ስራሓት ንቅድሚት ክደፍእ እንተዘይኰይኑ፡ ንድሕሪት ክምለስ ስለዘይክእል፡ ኣብ 1981 ዝተገብረ ዳግማይ ምምሕዳራዊ ስርርዕ፡ ተጋዳላይ ኣደም ገሲር፡ ዑስማንን ማሕሙድን ካብዝጸንሑም መደብ ወጺኦም ኣብ ካልእ ክፍሊ መደብ ስለዝወሰዱ፡ ተጋዳላይ መዓሾ ኣስራት ኣቦ-መንበር ምምሕዳር፡ ወረደ ምክትል ኣቦ-መንበር፡ ገብረሂወት ኣወቀ ሰክረተር ምምሕዳር፡ መብራህቱ እርምያስ ሓላፊ እንዱስትሪ ከምኡውን ግርማይ (ሽዓብ) ጉልበት ሓላፊ ሕክምናዊ ጉዳያት ጸኒሑ'ውን ግደ ሃብተገርግስ ኰይኖም ነቲ መደበር ንኽመርሕዎ ተመዘዙ። ኣብዚ እቲ ቀንዲ ኣገዳሲ ክፍሊ ናይ ምልመላን ኣፍራይነትን ትካል ክፍሊ እንዱስትሪ ኮይኑ፡ ኣባላት ውጉኣት ሓርነት ብዝነበሮም ሞራልን ናይ ቃልሲ ኒሕን፡ ቈሲለን ተቐንዝየን ከይበሉ፥ ዓቕሞም ብዘፍቅዶ ኣብ ኩሉ ዕማማት ናይ ውድብ ተመዲቦም ኣፍረይቲ ተቓለስቲ ኰይኖም ንኽቕጽሉ፣ ናይ ትምህርትን፡ ሞያዊ ምልመላን ዝካየደሉ ትካል ኰይኑ ዳግመ ስርርዕ ተገብረ። በዚ መሰረት ኣባላት ውጉኣት ሓርነት ኣብዚ ቀጺሉ ዝስዕብ ተግባራዊ ስራሓት ክዋስኡን ግዲኦም ከምዘበርክቱን ተገይሩ ኣገዳሲ ፍርያት ኣበርከተ።

1. መደብ ትምህርቲ፡ ነዚ ክፍሊ'ዚ ኣብ ምክያድ እቶም ቅድሚ ምስላፎም ናይ ትምህርቲ ዕድል ዝረኸቡ ኣባላት፤ ነቶም ጀመርትን ፊደል ዘይቈጸሩን በብደረጅኦም ድሕሪ ምክፍፋል፡ እቲ ስሩዕ ትምህርቲ ንምክያድ ኣብ ክፍሊ ትምህርቲ ብዝተዳለወ መጻሕፍቲ ካብ ቀዳማይ ክሳብ ሓሙሻይ ክፍሊ ክካየድ እንከሎ፡ ብዙሓት ኣንቢቦምን ጽሒፎምን ዘይኽእሉ ዝነበሩ ኣባላት ውጉኣት ሓርነት'ውን ኣብቲ መኣዲ ናይ ትምህርቲ ተሳትፍኦም ስለዘርኣዩ እቲ ናይ ምጥፋእ መሃይምነት መደባት ብጻዕቂ ተሰላሲሉ ናብቲ ዝተመደበ ስሩዕ ትምህርቲ ንምክፋል በቕዑ።
2. ኣብዚ ንምብጻሕ ግን ቀሊል ከምዘይነበረ ርዱእ ኰይኑ፡ ካብ ሕፍረት ዝብገስ

ዕድሚኦም ንትምህርቲ ከምዘየፍቅደሎም ዘመኽንዩን ትምህርቲ ዝነጽጉን እኳ እንተነበሩ፡ ነዞም ከምዚኣቶም ዝኣመሰሉ ተጋደልቲ ከተዕግብን፡ ትምህርቲ ዕድመ ከምዘይፈሊ ንምእማኖምን ዝውሰድ ዝነበረ ሜላታት ዕዉት ብምንባሩ ከኣ፡ ዕብየትን መውጋእትን ካብ ናይ ትምህርቲ መኣዲ ዘዕንቅጽ ከምዘይኮነ ብተግባር ተረጋጊጽሎም ዝተማህሩ'ውን ነይሮም። ንኣብነት ሓደ ካብቶም ንኺይማሃሩ ብዙሕ ምስምሳትዝፈጥር ዝነበረ፣ ገብረመድህን ከፈላ ዝተባህለ ሓደ እግሩ ዝተቖርጸ ተጋዳላይ፡ መንእሰይ ከነሱስ፣ ንዕድሚኡ ኣመኽንዩ ኣብ ትምህርቲ ንኺይሳተፍ ዝኣቢ ዝነበረ'ዩ። ሓደ መዓልቲ ግን፡ ሓደ ካብቶም ኣባላት ምምሕዳር ናብቶም ብዕድሚኦም ዝደፍኡ ውጉኣት ተጋደልቲ ዝማሃርሉ ጽላል ኣገሪሁ ይወስዶ'ሞ፡ ተመልከት እዞም ካባኻ ንላዕሊ ዝዕድሚኦም ውጉኣት ተጋደልቲ ከማኻ እዮም። ቀደም ናይ ትምህርቲ ዕድል ስለዘይረኸቡ ድማ ሎሚ ትርእዮም ኣለኻ ዓቢና ከይበሉ ምጥፋእ ድንቁርና ዝወስዱ ዘለዉ፣ ንስኻ ድማ ከምኦም ክትማሃር ይግብኣካ፡ ትምህርቲ ዕድመ ዝፈሊ ኣይኮነን ፍልጠት እዩ ክብል ይሕብሮ'ሞ፡ ገብረመድህን ኣብ ናይ ትምህርቲ መኣዲ ይስራዕ፡ ድሕሪ ፊደላት ምቕጻር ከኣ ናይ ሙዚቃ ትምህርቲ ተኻፊላይ ኰይኑ ኣብ ክፍሊ ሙዚቃ ተመዲቡ ዋና ሙዚቀኛ ክኸውን በቒዑ።

3. ቅዲ ክዳንን ስፍየትን፡ በዚ ሞያዚ'ውን ብዙሓት ኣባላት ውጉኣት ሓርነት ብቑዕ ስልጠናን መልመላን ተገይሩሎም ዝወድኡን፡ ናብቲ ኣብትሕቲ ምጣኔ-ሃብታዊ ቤት ጽሕፈት ዝካየድ ዝነበረ ክፍሊ ስፌት ዝተመደቡን ነይሮም። ድሕሪ 1982 ዓ.ም. ማለት ጀብሃ ተደፊኣ ሱዳን ዝኣተወትሉ እዋን እንተኾነ'ውን ኣብ ከተማታት ሱዳን ኮነ ካልእ ናይ ስደት ሃገራት ከምመንበሪ ስርሖም ወሲዶም ዝተገልገልሉ ኣባላት ነይሮም እዮም።

4. ክፍሊ ጽርበት፡ ክፍሊ ጽርበት ንባዕሉ ስሙ ከምዝሕብሮ ዝተፈላለዩ ባህርያዊ ሃብቲ ሃገር ዝኾኑ ዝነቐጹን ዝወደቑን ኣግራብ ኣብ ኣገልግሎት ከምዝውዕሉ ንምግባር ዝዓለመ ክፍሊ ኰይኑ፡ ኣብ ህንጻታት ኣባይትን ንብረት ገዛን ዝውዕሉ በብዓይነቱ ቅርጽን መልክዕን ዘለዎም ንብረት ንምፍራይ ዝካየድ ዝነበረ ትምህርቲ ኢዩ ነይሩ። በዚ ሞያዚ ሰልጢኖም ዝወጹ ኣባላት ውጉኣት ሓርነት ድማ፡ ኣብ ዝተፈላለያ ትካላት ናይቲ ውድብ ብፍላይ እኳ ምስ ጸጥታ ቤት ጽሕፈት ብምትእስሳር ኣብዝተሃንጹ ኣብያተ ጽሕፈት ግዙፍ ግደ ኣበርኪቶም ኢዮም። ውጉኣት ሓርነትና ብናይ ኢድ ስራሓት ተባላሓትቲ ብምንባሮም ብላኻን ደንቀብን ገይሮም ኣገደስቲ ኢደ ጥበባዊ ስራሓት ኣወፍዮም።

5. ክፍሊ ጽርበት ሓጺንን ምስናዕን፡ እዚ ትካልዚ'ውን ካብ ጸላኢ ዝተረኽበ ሓጺንን ህዝብን ሰራዊትን ንምጥፋእ ብነፈርቲ ካብ ዝተደርበየ ቦምብታት ዝተኣርየ ዘመናዊ ብዘይኮነ ኣገባብ እንዳቐጥቀጠ ንኣሽቱ ናይ ገዛ ንብረት ኣብ

ምፍራይ ዝነጥፍ ዝነበረ ክፍሊ እዩ ነይሩ። እቲ መሰረታዊ ዕላማ ናይቲ መደብ ግን ውጉኣት ሓርነት ኤርትራ ተጸበይቲ ዘይኰኑስ፣ ኣፍረይቲ ምኺኖም ንምርግጋጽን ነብሶም ክኢሎም ንውድቦምን ሕብረተሰብን ዘበርክትዎ ኣስተዋጽኦ ከምዝነበረን ዘሎን ዘመስከረ ተሞክሮን፣ ኣርሒቑ ዝጠመተን ናይ መጻኢ መደባት ንምዕዋት ዝካየድ ዝነበረ ዕማም ምንባሩ ክዝከር ይካኣል።ከምዚ ዝኣመሰለ ስሩዕ ሂይወት ክፍጠር ምኽኣሉ ድማ፡ ውጉኣት ሓርነት ካብ ዘፍረይዎ ኣብ ኣገልግሎት ህዝብን ሰራዊትን ትካላት ውድብ ዝውዕል ንብረት፡ ከምኒ ፋርኔሎታት፡ ድስትታት፡ ሽሓኒታት፡ ሳንኬሎታት፡ በራዳት፡ ፋሳትን ማሕረሻታትን ዝኣመሰሉ ነገራት ድሕሪ ምስናዕ፡ ናይ ውድብ ትካልን ፍርያትን ብምንባሩ፡ ንምጣኔ ሃብታዊ ቤት ጽሕፈት ድሕሪ ምርካቡ፡ ብኣገባብ ናብ ትካላት ውድብ ይዝርጋሕ፡ ዝተረፈ ድማ ኣብ ኣገልግሎት ህዝቢ ዝውዕለሉ መንገዲ ነይርዎ።

6. ክፍሊ ባህሊ፡ ወዲ ሰብ ናቱ ናይ ባዕሉ ፍሉይ ስምዒትን ድልየትን ዘለዎ ፍጥረት እዩ። ስለዝኾነ ድማ'ዩ ኹሉ ኣብ ሓደ ስራሕ ዘይጽመድ። ኣባላት ውጉኣት ሓርነት'ውን ከፍርይሉ ብዝኽእሉ መዳይ ኣብ ማእቶት ክሳተፉ ስለዝጀመሩ ነቶም ናይ ሙዚቃ ድልየት ዝነበሮም ኣባላት ኣብ ሓደ ተጠርኒፎም ከም ክፍሊ ክቖሙን ናይ ትምህርትን ልምምድን ዕድል ክረኽቡን ተገብረ። እቲ ብዘይካ ድልየት ካልእ ናይ ትምህርቲ ዓቕምን መሳርሒታትን ሒዙ ዘይተበገሰ ክፍሊ ባህሊ ውጉኣት ሓርነት ብሳላ'ቲ ከቢድ ጻዕርን ልምምድን ብሓደ ሸነኽ፡ ክንገብር ኣለና ዝብል ኒሕን ድማ በቲ ካልእ ሸነኽ፡ ዝተላዕለ ወኒ ናይ ግደኻ ምብርካት፣ ኣብ ወርሒ ለካቲት 1980 ዓ.ም ነብሰ ምትእምማን ብዘለዎ ኣገባብ ኣብ መድረኽ ምርኢት ባህላዊ ሙዚቃ ክቐርብ በቕዐ። በዚ መሰረት ክፍሊ ባህሊ ውጉኣት ሓርነት ኣብ ወርሒ መጋቢት ዝተገብረ በዓል ቶጎሩባ፡ ሓደ ጉንበት በዓል ሰራሕተኛታት ዓለም፡ ሓደ መስከረም ምጅማር ብረታዊ ተጋድሎ ህዝቢ ኤርትራ ኣብ 1980 ዓ.ም ብድምቀት ንኽሓልፍ ካብ ዘሰነየት ክፍሊ ሙዚቃ እያ ነይራ።

7. ክፍሊ ስፍየት ጫማ፡ እዚ ክፍሊ'ዚ ክጅምር እንከሎ ዝብገሰሉ ትሕዝቶ እኳ እንተዘይነበሮ፡ ብቑርበት ንስጋ ዝሕረዳ ዝነበራ ጤለ-በጊዕ እዩ ተበጊሱ። እቲ ክእለትን ኣፍልጦን ምልፋዕ ቆርበት ስለዝነበረ ድማ ግዜ ዝወስድ ኣይነበረን። በዚ ንኡስ ተበግሶ'ዚ ጀሚሩ እንዳሰፍሐ ብምኻዱ ድማ ወታሃደራዊ ዕጥቅን፡ ክፉት ሳእንታት ኣብ ምስራሕ ዓቢ እጃም ካብ ዘበርከቱ እዩ ነይሩ።

8. እዚ ጥራሕ ምኣስ ነይሩ፡ ኣብ 1980 ዓ.ም መሪሕነት ተጋድሎ ሓርነት ኤርትራ ንዝወሰኖ ናይ ነብስኻ ምኽኣል መደባት እንተኾነ'ውን፡ መደበር ውጉኣት ሓርነት ብዘይካቲ ምምሕዳርን ሽማግለን ስንቅን፡ ኣብ ኣርባዕተ ጋንታታት ተኸፋፊሉ ቀዳማይ ተበግሶ ወሲዱ ኣብ ተግባር ዝጀመረ ክፍሊ እዩ ነይሩ። ነዚ መደብ'ዚ ንምዕዋት ድማ ነፍሲ ወከፍ ጋንታን እቲ

ምምሕዳርን ነናቱ ፍሉይ ኣሕምልቲ ዘፍርየሉ ጀርዲን ከምዝህልዎ ገይሩ፣ ፍርያቱ ዝርኣየን፡ ኣኺሉ ዝተርፍ ስለዘፍረየ ድማ ንኻልኦት ኣብ ከባቢኡ ዝነበራ ትካላት ውድብ ዘማቕልን ማእቶት ዝነበሮ መደበር ክኸውን በቕዐ።

እዚ ነቲ ኣብ ሜዳ ኤርትራ ብሸነኽ ተጋድሎ ሓርነት ኤርትራ ዝካየድ ዝነበረ ናይ ዳግመ ህንጻን ምልመላን መደባት ክኸውን ከሎ፡ ሜዳ ናብቲ ረማስን ዕድመ ቃልሲ ህዝብና ዘናውሐን ውግእ ሕድሕድ ምስኣተወ ግን፡ ከም ኩሉ ትካላት ውድብ መደበር ውጉኣት ሓርነት'ውን ናብ ዶባት ሱዳን ስሒቡ፡ ዘካይዶ ዝነበረ ዕማማት ከምዝኹለፍ ኮነ።

ኣብ ከሰላ ዝቐጸለ መደበር ሕክምና ውጉኣት ሓርነት እንተኾነ'ውን፡ ዋላኳ ምስቲ ኣብ ውሽጢ ተጋድሎ ሓርነት ኤርትራ ዝተጋህደ ፖለቲካዊ ቅልውላውን ምፍንጫላትን ከም ኣባላት ናይ ውድብ ኣብቲ መደበር'ውን ብዙሕ ዘይርጉእ ኲነታት ዝፈጠረ እንተነበረ፡ ነፍሲ-ወከፍ ኣባል ናይ ቃልሲ ምርጫኡ ክወስድ

WOI K.

ግድን ኲይኑ ስለዝተራእዮም ገለን ምስቲ ሽው ብሳግም ዝፍለጥ ዝነበረ ሓይሊ ክኸይድ ከሎ፡ ገለን ድማ ቤተ ሰቡ ኣብዝርከብሉ መደበር ስደተኛታትን ከተማታትን ሱዳን ክዕቆብ መረጸ። እቲ ምስ ተጋድሎ ሓርነት ኤርትራ ሰውራዊ ባይቶ ዝተረፈ ሽነኽ ናይ ውጉኣት ሓርነት ከኣ፡ ውድቡ እትሓልፎ ዝነበረት ኩሉ ዓይነት ጸገማት በዲሁ ንኽሓለፍ ኣብዘካየድ ዝነበረ ቃልሲ ፖለቲካዊ ተርእ ዝዓበየ ምንባሩ ዝካሓድ ኣይኮነን። ፖለቲካዊ ሓያልነት ውጉኣት ሓርነት ዘሰንበዶም ዝተፈንጨሉ ሓይልታት ንኣባላቶም ክወራዘይሎም ከለዉ፡ ክሳብ "እቶም ሰብ ሽግለታ ዝኾኑ ስንኩላን ቀዲሞምኹም" ክብሉ እቲ ኣባላቶም ንምንቅስቓስ ዘፍስስዎ ዝነበሩ ገንዘብን ዝዋፈራ ዝነበራ መካይንን ክንዲ ኣባላት ውጉኣት ሓርነት ክፍርዩ ከምዘይካኣለ ኢዮም መስኪሮም።

ብዘይካ'ዚ፡ እቶም ኣብ ትሕቲ ተጋድሎ ሓርነት ኤርትራ ሰውራዊ ባይቶ ዝእለዩ ዝነበሩ፡ ኣባላት ውጉኣት ሓርነት፡ ነፍሶም ንምኽኣልን ተሳታፍነቶም ኣብ ማእቶት ንምርግጋጽን ምስቲ ዝነበሮም ጸገም ናይ ምንቅስቓስ ከይሰልከዩ፡ ዝተፈላለዩ ናይ ኢድ ስራሓት ጽሑፍን ስእልን ዘለዎ ማልያታት ምድላው፡ ምእላም ሃለለ / ዘመናዊ ሰለል ዝኣመሰሉ ስራሓት ብምክያድ ግዲኦም ኣበርኪቶም። ኣብ ቤት ጽሕፈት ውድብ ተመዲቦም ንኽሰርሑ'ውን ናይ ጽሕፈት መኪና ምምሃር ከካይዱ ጀመሩ። እዚ እቲ ዘይሕለል ጻዕርታት ውጉኣት ሓርነትናን፡ ኣብ ሓደ ጥዑይ ግደን ተራን ህዝቢ ዘለሊ ዲሞክራስያዊ ስርዓት፡ ንታሪኽን ሞያን ስንኩላን ዘየዋስን መንግስቲ ምህላው፡ ናይ ኣእምሮ ስንክልና እንተዘይኲይኑ፡ ናይ ኣካላት ስንክልና ካብ ኩሉ ዓይነት ኣፍራይነትን ተሳትፎን ዝኽልክል ከምዘይኮነ ዘረጋግጽ መርኣያ ኢዩ። መደበር ውጉኣት ሓርነት ምስቲ ኩሉ ተጋድሎ ሓርነት ኤርትራ እትሓልፎ ዝነበረት ፖለቲካውን ወታሃደራውን ኩነታት ድሕነት ኣባላት ንምርግጋጽ ምስ ግዜ ኣብ ሸኽበረት ሳዋ ጸኒሑ'ውን ኣብ ማማን ዝተባህለ ቦታታት ቈይሙ ነይሩ'ዩ።

ተሓኤ ተደፊአ ንመሬት ሱዳን ምስ ኣተወት ተደጒሉ ዝነበረ ውሽጣዊ ፖሊትካዊ ቅልውላዋት ቅድሚ ምትኳሱ ኩሎም ውጉኣትን ስንኩላትን ኣብ ሓደ መደበር ኮይኖም ኣብ ትሕቲ ጽላልን ምንባይን ተሓኤ ኢዮም ነይሮም። ድሕሪ እቲ ተሓኤ ኣብ ሰለስተ ጉጅለታት ምስ ተመቕለት ግን፣ እቶም ውጉኣትን ስንኩላትን ምስቲ ዘዝኣምንዎ ሽነኽ ብምውጋን ኣብ ሰለስተ ተመቕሉ። እቶም ዝነበሩ ጉጅለታት ከኣ ተጋድሎ ሓርነት ኤርትራ ብዓብደላ እድሪስ ዝምራሕ፥ ተሓኤ / ሳግም ኣብቲ እዋን እቲ ብበትን ዝፍለጥ ዝነበረ እቲ ሳልሳይ ሽነኽ ከኣ ብኣቦ መንበር እሕመድ ናስር ዝምራሕ፣ ኣብቲ እዋን'ቲ ብተ.ሓ.ኤ ሰውራዊ ባይቶ ዝፍለጥ (ተያር / ሓፈሻዊ መስመር ዝጽዋዕ ዝነበረ)፣ መትከላት ካልኣይ ሃገራዊ ጉባኤ ኣዕቂቡ ንህላዌን ቀጻልነትን ተጋድሎ ሓርነት ኤርትራ ዝቃለስ ዝነበረ እዮም።

ነፍሲ ወከፍ ጉጅለ ከኣ ካብ ህዝባውያን ማሕበራት፣ ህዝብን ሰራዊትን ሰዓብቲ ነበርዎ። እቶም ኣብ ንመስመር ሕንጻጻት ካልኣይ ጉባኤ ዝውክል ሽነኽ፣ ማለት

ተሓኤ ሰውራዊ ባይቶ ንነብሶም ከም ንብዙሕነት ኤርትራ ዝውክል፣ ንህላወን ቐጻልነትን ቃልሲ ብመስመር ጀብሃ ዝደገፉ ውጉኣትን ስንኩላትን ኣብ መደበር ከሰላ ካብ 1983 ኣትሒዞም ብተሓኤ ሰውራዊ ባይቶ ይምወሉ ነይሮም። ኣብዚ እዋን እዚ ኩለን ጉጅለታት ነናተን ሰዓብቲ ሒዘን ይናብያ ነይረን። እንተ ብገርሂ ወይ ከጸልም፣ ተሓኤ ሓደ ውድብ እንከላ ኣብ ሜዳ ዘካየደቶ ውግኣት፣ "ዉጉኣታን ስንኩላታን ኣብ በረኻ ደርብያቶም ስሒባ" ዝብል ብሂል ብገለ ሰባት ክውረ ተሰሚዑ ይኸውን'ዩ። እዚ ግን ብመሰረቱ ግጉይ ግንዛበ እዩ። እቲ ዝነበረ ሽግር ካብ ፖለቲካዊ መርገጽ ዝነቕል ነብሰወከፍ ውጉእ ወይ ስንኩል ናናብ ዝመረጾ ጉጅለ ድኣ ይጽጋዕ ነይሩ'ምበር፤ ንስኻ ናይ'ዚ'ባ ናይቲ ተባሂሉ ዝተዋሰነ ወይ ምንባይ ዝተነፍገ ኣይነበረን። ብሓጺሩ ብዛዕባ እቶም ምስ ሰውራዊ ባይቶ ዝወገኑ ስንኩላንን ውጉኣትን ክሳብ 2003 ተሓኤ ሰውራዊ ባይቶ ካብ ወጻኢ ብእትረኽቦ ዝነበረት ሓገዝን ካብ ኣባላትን ተደናገጽቲ ህዝብናን ዝዋጻእ ሓገዝ ገይራ መዕቶቢ፣ መግብን ሕክምናን ተማልኣሎም ነይራ። ኣብዚ ግደ ናይ ስሩዓት ኣባላት ሰውራዊ ባይቶ ኣብ ሱዳን ከይተጠቕሰ ክሕለፍ ዘይግብእ ነጥቢ፣ ብዙሓት ደቂ ኣንስትዮ ብፍላይ ኣብ ከሰላ ዝርከባ ዝነበራ በብተራ መግቢ ብምቕራብ፣ ክዳውንቶም ይሓጽባን መንበሪ ገዝኦም የጽርያን ነበራ። ኣብ ኩሉ ሃገራት ዓለም ዝርከቡ ኣባላት ሰውራዊ ባይቶ ከኣ ንስንኩላንን ውጉኣትን ብጾቶም ከይረስዑ፣ ክሳብ እቲ ማሕበር ኣካለ-ጽጉማን ብዕሊ ዝምስረት ይኹን፣ ማሕበር ምስ ተመስረተ'ውን ኣባላት ማሕበር ብምዃን ምስ ህዝቢ ተሓባቢሮም ቀጻሊ ሓገዞም ከበርክቱ ይርከቡ።

ምዕራፍ ሸሞንተ

ሕብረተ-ሰብኣዊ ኣገልግሎት ኣብ ሱዳን መደበራት ስደተኛታት

ካልኣይ ሃገራዊ ጉባኤ ናይ ተጋድሎ ሓርነት ኤርትራ ሕብረተ-ሰብኣዊ ኣገልግሎት ኣብ ሓራ ዝወጸ ቦታታት ኤርትራ ክዝርጋሕ ዘሕለፎ ውሳኔ እንተሎ ንኣብ ሱዳን መደበራት ስደተኛታት ዝነብር ህዝብና'ውን ዘጠቓልል ስለዝነበረ፣ እቲ ካብ 1976 ጀሚሩ ዝቐጸለ ኣገልግሎት ዝገልጽ ታሪኽ ተሰኒዱ ቀሪቡ እነሆ።

ኣብ ነሓሰ 1981፣ ተጋድሎ ሓርነት ኤርትራ ብሰንኪ'ቲ ኣብ ውሽጣ ሳዕሪሩ ዝነበረ ንሓባራዊ ኣማራርሓ ደምሲሱ ናብ ናይ ስልጣን ቁርቁሳት ዝነቐተ ቅልውላውን፡ ኣብ ልዕሊኣ ዝተወርወረ ዘይቅዱስ ውግእ ምሕዝነት ናይ ህዝባዊ ግንባር ሓርነት ኤርትራን ወያኔ ሓርነት ትግራይን መጥቃዕቲ ተደፊኣ ካብ ሜዳ ኤርትራ ናብ መሬት ሱዳን ድሕሪ ምእታዋ፣ እቲ ዝካየድ ዝነበረ ሕብረተሰብኣዊ ኣገልግሎት ኣብ ሜዳ ኤርትራ ክቋረጽ ዝገበረ ምኽንያት ምንባሩ ብሩህ ኰይኑ፤ እቲ ኣብ ከተማ ከሰላን ኣብ መደበር ስደተኛታትን ጎኒ ንጎኒ ምስቲ ኣብ ሜዳ ኤርትራ

ዝካየድ ዝነበረ ኣገልግሎት ኣብያተ ትምህርቲ ይኹን ሕክምና ግን ብዘይምቁራጽ ግቡእ ኣገልግሎቱ ብቐጻሊ የበርከት ነበረ።

ካብ ወርሒ ታሕሳስ 1981 ንሕብረተ-ሰባኣዊ ጉዳይት ቤት ጽሕፈት ወኪሉ ኣብ መደበር ስደተኛታት ተመዲቡ ክሳብ ዕልዋ ራሳይ ዝተፈጸመሉ ዕለት 25 መጋቢት 1982፣ ነተን ዝነበራ ኣብያተ ትምህርትን ሕክምናን ዘማሓድር ዝነበረ ተጋዳላይ ድራር መንታይ ነይሩ።

ኣብ ከተማ ገዳርፍ ኣብ ትሕቲ ካቶሊካዊት ቤተ ክርስትያን ኮይና ብካሪክለምን ብካብ ተሓኤ ዝተመደቡ መማህራን ትካየድ ዝነበረት ቤት ትምህርቲ ክሳብ ሻድሻይ ክፍሊ ትምህር ዝነበረት ብመሓመድ ዜን ዓብዱን፡ መምህር ኣብረሃምን ዝርከብዎም መማህራን ትካየድ ቤት ትምህርቲ ምንባራ'ውን ዝዝከር እዩ።

ኣብ መደበር ስድተኛታት ዝነበራ ኣብያተ ትምህርቲ መብዛሕትአን ካብ ቀዳማይ ክሳብ ራብዓይን ሻዱሻይን ክፍሊ ዝምህራ ኰይነን፡ ስሩዕን ምዱብ ትምህርታዊ መደባት ዘካይዳ ዝነበራ 5 ኣብያተ ትምህርቲ ነይረን።

1. *ኣቡልረኽም ብመምህር ተኽለሃይማኖት እልፉ፡*
2. *ወደል-ዓዋድ ክሳብ 4ይ ክፍሊ ብስውእ ተጋዳላይ ሰዓዶ ሳልሕ፡*
3. *መዓስከር ሰብዓ ክሳብ 6ይ ክፍሊ ብተጋዳላይ ዓንደማርያም ተኸለ፡*
4. *ዓወድ-ኣልሲድ ክሳብ 5ይ ክፍሊ ብዓብደልራሕማን፡*
5. *ዓቡዳ ክሳብ 4ይ ክፍሊ ብተጋዳላይ መንሱር ብዝባሃሉ ተጋደልቲ መማህራን ዝማሓደራ እየን ነይረን።*

ኣብ'ዘን ዝተጠቕሳ ኣብያተ ትምህርቲ ልዕሊ 700 ዝኾኑ ተመሃሮ ነበሩ። እቶም ሻድሻይ ክፍሊ ዝወድኡ ኣብ'ቲ ብዩኔስኮ UNESCO ዝፍለጥ ብሓላፍነት ላዕለዋይ ኮሚስዮን ናይ ስደተኛታት ሕቡራት ሃገራት (U.N.H.C.R) ክካየድ፣ ብተሓባባርነት ናይ ቀይሕ መስቀልን ቀይሕ ወርሕን ኤርትራ ኣብ ከሰላ ንኤርትራውያን ስደተኛታት ዝተኸፍተ ቤት ትምህርቲ መጺኦም ተፈቲኖም ዝሓለፉ ካብ 7ይ ክሳብ 12 ክፍሊ ትምህርቶም ይቕጽሉ ነይሮም።

ሕክምናዊ ኣገልግሎት እነተኾነ እውን ኣብ ክልተ መደበራት ስደተኛታት ተተኺለን ግቡእ ህዝባዊ ሕክምና ዝህባ ዝነበራ፡ ሓንቲ ኣብ መዓስከር ሰብዓ ካልኣይቲ ድማ ኣብ መዓስከር ድሄማ ነይረን።

ድሕሪ ዕልዋ ራሳይ ምፍጻሙ እተን ኣብያተ ትምህርቲ ጌና ኣብ ትሕቲ ወኪል ሕብረተ-ሰብኣዊ ጉዳያት ቤት ጽሕፈት ስለዝነበራ፡ ሓለፍቲ ክፍልታትን ኣብያተ ጽሕፈትን ብምርጫ ዝተወከሉን ኣብቲ ዝተመደበ ውድባዊ ሰሚናር ንምስታፍ የኽእል ብምንባሩን፡ ተጋዳላይ ድራር መንታይ'ውን ነቲ ዝመርሖ ዝነበረ ትካል ወኪሉ ሰሚናር ራሳይ ንምስታፍ ኣተወ። ድሕሪ ሓሙሽተ መዓልቲ ናይቲ ዕልዋ

ድማ ናብ ምዱብ ቦትኡ ንኽምለስ መምርሒ ተመሓላሊፉ።

ምቛም ብUNHCR/ ብሕቡራት ሃገራት ላዕለዋይ ኮሚስዮን ስደተኛታት ዝምወል ማእከላይን ላዕለዋይን ደረጃ ቤት ትምህርቲ/UNESCO

እዚ ቤት ትምህርቲ እዚ ድሕሪ'ቲ ኣብ 1975-1976 ብሰንኪ ጻዕቂ ውግኣት ኣብ ኤርትራ ብዝሒ ስድራ ቤታት ምስ ህጻውንትን መንእሰያትን ደቆም ካብ ናብርኦም ተመዛቢሎም ኣብ ጎቦታትን ሩባታትን ተዓቝቦም ምጽንሖም፣ ናብ ሱዳን ዝኣተዉሉ እዋናት ዝተመስረተ ኰይኑ፣ ብ1977 ከኣ ግቡእ ናይ ትምህርቲ ስርሑ ጀመረ። ተጋድሎ ሓርነት ኤርትራ ብፍላይ ናይቶም ትምህርቶም ኣቋሪጾም ናብ ሓድሽ ናብራ ስደት ዝኣተዉ፣ ናይ ትምህርቲ ምቕጻሉ ዕድል'ውን ምህሙን ኣብዝነበረሉ እዋን፡ ጊዜኦም ብከንቱ ንኸየጥፍኡን ኵነታቶም ንምቕያርን መጻኢ ዕድሎም ንምጥጣሕን ካብዝነበራ ድልየት፡ ሓደ ንትምህርቲ ዝኸውን ርጡብ መጽናዕቲ ብምክያድ ፕሮጀክት ኣዳልያ ንኣህጉራዊ ትካል ሕቡራት ሃገራት ላዐዋይ ኮሚስዮን ስደተኛታት ኣቕረበት። ነዚ ናይ ትምህርቲ መደብ'ዚ ተግባራዊ ንምኳን ናብ ጅነቭ ምስ ወከልቲ ናይ ሕቡራት መንግስታት ዓለም ቤት ጽሕፈት ተራኺቦም ዘቕረቡን ክሳብ ትግባረኡ ዝተኸታተሉን ድማ ዶክተር ሃብተ ተስፋማርያምን ዶክተር ዩሱፍ ብርሃኑን፣ ሓለፍቲ ማሕበር ቀይሕ መስቀልን ቀይሕ ወርሕን ኤርትራ ነበሩ። ቀንዲ ካብቲ ንሓለፍቲ ዩ.ኤን.ኤች.ሲ.ኣር (UNHCR) ዘቕረብዎ ትሕዝቶ ሓሳብ፡ ኤርትራውያን ስደተኛታት ብሰንኪ ውግእ ዘስዓቦ ራዕድን ምዝንባልን፣ ብብዝሒ ናብ ሱዳን ኣትዮም ምህላዎምን፣ ኣዝዩ ብርክት ዝበለ ቁጽሪ መንእሰያት ናይ ትምህርቲ ዕድመ ዘለዎም ብምኽኖምን፡ ትምህርቲ ስኢኖም ግዚኦም ብከንቱ ይጠፍእ ምህላዉን፣ ኣብቲ ናይ ሱዳን ኣብያተ ትምህርቲ ንኽይኣትዉ ድማ መብዛሕትኦም ቛንቛ ዓረብኛ ስለዘይፈልጡን፡ ኣብ ኤርትራ ከለዉ እውን ትምህርቶም ብቛንቛ እንግሊዘኛ ይወስድዎ ስለዝነበሩን፣ ሓደ ማእከላይን ላዕለዋይን ደረጃ ብቛንቛ እንግሊዝኛ ዝምህር ቤት ትምህርቲ ንክኸፈተሎም ብዘቕረብዎ ሓሳብ እዩ እቲ ቤት ትምህርቲ ንኽኽፈት ኣብ ስምምዕ ዝተበጽሐ።

ነቲ ቤት ትምህርቲ ንምኽፋት ኣብዝተገብረ ስምምዕ ከኣ፡ እቲ ቀዳማይ ዝቐርብ ሕቶ ነቲ ቤት ትምህርቲ ዘካየድ ጉልበት ወዲ-ሰብ ካበይ ይመጽእ ዝብል ክኸውን ግድነት ብምንባሩ፡ ውድብ ተጋድሎ ሓርነት ኤርትራ መማህራን ከተቕርብ፣ ሕቡራት ሃገራት ላዕለዋይ ኮምስዮን ስደተኛታት /UNHCR/ ከኣ ብመንገዲ ክፍሊ ትምህርቲ ናይ መንግስቲ ሱዳን ኣቢሉ፡ ደሞዝ መማህራንን ነቶም ተመሃሮ ዝወሃብ ሓገዝ ገንዘብን ክትከፍል ኣብ ስምምዕ ተበጽሐ። ብዘይካ'ዚ፡ ዓመታዊ ጽገና ናይቲ ቤት ትምህርቲ ብዩኤንኤችሲር ክግበር፡ ነቶም ነቲ ምምሕዳራዊ ስራሓት ዘካይዱ ሱዳናውያን እውን ወርሓዊ ደሞዞም ክትከፍል፡ እቲ ስርዓት ትምህርቲ ድማ፡ በቲ ናይ ዓዲ እንግሊዝ ደረጃ ክኸውን እሞ፡ ኣብ መወዳእታ ናይ 12 ክፍሊ መልቐቂ መርመራ ከኣ፡ በቲ ናይ ኦክስፎርድ ክኸውን ኣብ ዝብል

ስምምዕ እውን ተበጽሐ።

ሰውራ ኤርትራ ኣብ ሓያሎይ ዝተፈላለያ ክንፍታት ተመቓቒሉ፡ ፖሊቲካዊ ጽልዋኡ ኣብ ህዝቢ'ውን ብኡ መጠን ዝተፈላለየ እንተነበረ፤ ቤት ትምህርቲ UNESCO/ዩነስኮ ግን፡ ንኹሎም ኤርትራውያን ስደተኛታት ተመሃሮ ብዘይኣፈላላይ፣ ናይ መን ፖለቲካዊ ውድብ ዝንባሌ ኣለዎ ብዘየገድስ ወይ'ውን ከይተሓተተ እዩ ብመእተዊ መርመራ ኣቢሉ ዝሓለፈ ተመሃራይ ዕድል ናይ ትምህርቲ ዝረክብ ዝነበረ። ቤት ትምህርቲ ዩነስኮ/UNESCO ኣብ ኣካዳሚያዊ ትምህርት ከይተሓጽረ ተማሃሮ ብዝተፈላለየ ተክኒካዊ ናይ ኢድ ስራሓት እውን ክምዕብሉን ክዓብዩን ካብዝነበሮ መደባት ሓደ ኰይኑ፡ ኣብ ትምህርታዊ ሂይወት መንእሰያት ኣገዳሲ ተራ ሒዙ ዘካይድን ዝምህርን ዝነበረ ቤት ትምህርቲ እዩ ነይሩ።

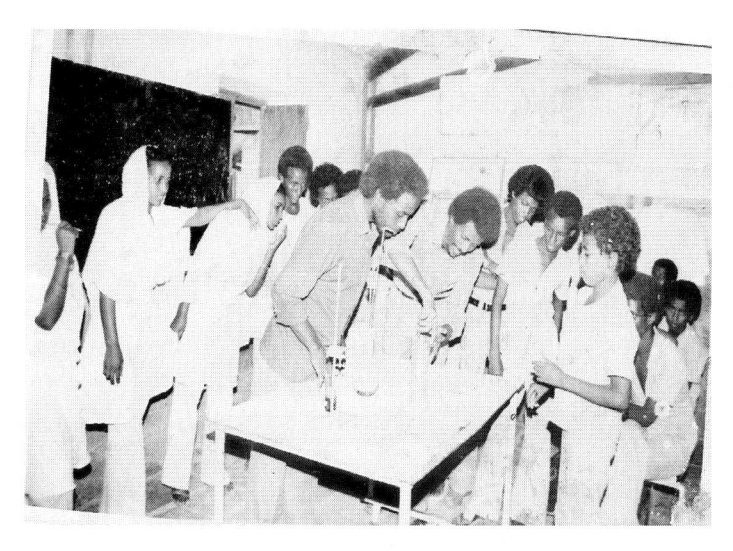

መምህር መሓመድ ዑመርን መምህር ድራር መንታይን ምስ ሓደ ካብ 7ይ ክፍሊ ኣብ ቤት ትምህርቲ UNHCR ከሰላ፡ ናይ ሳይንስ ላቦራቶሪ ከርእዩ ከለዉ።

እቲ ቤት ትምህርቲ ብደረጃታት ኣብ ማእከላይን ላዕለዋይን ዝብሉ ክልተ ክፋላት ተመቒሉ እዩ ዝካየድ ነይሩ። ብመሰረት'ቲ ዉዑል ከኣ እቲ ማእከላይ ደረጃ ዝካየደሉ ክፋል ኣብ ዓመት 150 ሓደስቲ ተመሃሮ እናተቐበለ 7ይ ክፍሊ ዝሓለፉ ኣብ ሰለስተ ምሉእ ክፍልታት፣ ኣብ 8ይ ክፍሊ እውን ኣብ ሰለስተ ክፍልታት ከምኡ እውን 9ይ ኣብ ሰለስተ ክፍልታት ኣጠቓሊሉ ዝሓዘ ኮይኑ ክሳብ 450 ተመሃሮ ዝሕዝ ዝነበረ እዩ። እቲ ላዕለዋይ ደረጃ ትምህርቲ'ውን ኣብ ዓመት ክሳብ 250 ዝኣኽሉ ተማሃሮ ከምዝሕዝ ተገይሩ ይካየድ ነይሩ። ስለዚ ብኣጠቓላሊ ኣብ ዓመት ካብ 650 ክሳብ 750 ተመሃሮ ኣብዚ ቤት ትምህርት'ዚ ጥራሕ ኣብ መኣዲ ትምህርቲ ይሳተፉ ነይሮም።

ቤት ትምህርቲ ዩነስኮ /UNESCO/ ንኣብ ስደት ዝነብሩ ኤርትራውያን ተማሃሮ ጥራሕ ዘይኰነስ፡ ነቶም ብሰንኪ ውግእ ኮነ ብዊንትኦም ካብ ስድርኦም ተፈልዮም ኣብ መደበራት ተጋድሎ ሓርነት ኤርትራ ዝምልመሉ ዝነበሩ ብጽባሕን ሓይልታት መሪሕን ዝፍለጡ ትሕቲ ዕድመ ዝኾኑ መንእሰያት'ውን፡ ኣብ ሜዳ ስሩዕ ትምህርቲ ወሲዶም ሻውዓይ ክፍሊ ምስበጽሑ፡ ልክዕ ከምቶም ካልኦት ኤርትራውያን ተማሃሮ መልቀቒ ፈተና ተሳቲፎም ዝተዓወቱ ከይተረፈ ናይ ትምህርቲ ዕድል ዝኸሰተ ቤት ትምህርቲ እዩ ነይሩ። ተሓኤ ካብዝነበራ መትከላዊ እምነት ኣብ ትምህርትን ግደ ዝተማህረ ሕብረተ-ሰብ ኣብ ምዕባለ ሃገርን ተበጊሳ፣ ነዚ ናይ መንእሰያት ትምህርታዊ ምልመላ እዚ፣ ዋላ'ውን ኣብቲ ዝደኸመ ኩነታት ዝነበረትሉ ግዜ፡ ተስፋ ብዘይምቑራጽን ሸጊሩኒ ከይበለትን፡ ንትምህርቲ ቀዳምነት ሂባ፡ ኣብቲ ጽንኩር እዋን ድሕሪ ዕልዋ ራሳይን ዝሳዓበ ምፍንጫልን ኣብ ወርሒ ታሕሳስ 1982 ከይተረፈ ኣብ መኣዲ ትምህርቲ ዩነስኮ ዝሳተፉ ኣሕዋት ኣብ ምምልማል ነበረት፡ ኣብ ትሕቲ ሕብረተ-ሰብኣዊ ጉዳያት ቤት ጽሕፈት ዝካየድ ታእሂል ብዝብል ስም ዝፍለጥ ናይ ዓረብኛ ትምህርት እውን ተካይድ ነይራ እያ። እቶም ኣብቲ እዋን'ቲ ኣብ ቤት ትምህርቲ ዩነስኮ ንኽሳተፉ ከሰላ ዝበጽሑ መንእሰያት'ውን ብዘይ ሓደ ጉደል ንዝተዋህቦም መልቀቒ ፈተና ምሉእ ብምሉእ ተዓዊቶም ትምህርቶም ኣብ ምቕጻል ዝበጽሑ ምንባሮም ዝፍለጥ እዩ።

ስእሊ. ናይቶም ብ28 ታሕሳስ 1982 ትምህርቶም ንምቕጻል ተጋዳላይ ንጉስ ጸጋይ ኣባል ግዝያዊት ሽማግለ ከሰላ ዘብጽሖም መንእሰያት።

ቤት ትምህርቲ ዩነስኮ፡ ንነፍሲ ወከፍ ተመሃራይ ወርሓዊ ናይ ጁባ ገንዘብ ማለት ንጥራዝ፡ ንርሳስ ኮታ ንትምህርቲ ዘድልይዎ ነገራት መታን ከይሽገር ብማለት ዘውጽኦ ዝነበረ ሓገዝ ነይርዎ እዩ። ኣብቲ መጀመርያ ናይ ትምህርቲ ዓመታት ንሓደ ተመሃራይ ክሳብ 7 ጂኔ ሱዳን ይወሃብ እኳ እንተነበረ፡ ድሕሪኡ ግን ቁጠባዊ ኩነታት ሃገር ሱዳን እንዳናሃረ ኣብ ዝኸደሉ ግዜ በቲ ዝዋሃቦ ናይ ጁባ ገንዘብ ክገዝኦ ዝኽእል ነገር ስለዘይነበሮ፡ ምስቲ እዋን ዝኸይድ ንሓደ ተመሃራይ ክሳብ 15 ጅኔ ከምዝወስድ ተገይሩ ነይሩ። ንናይ ቤት ትምህርቲ ክዳን ዲቪዣ/ዩኒፎርም ተባሂሉ እውን ኣብ ዓመት ሓደ ግዜ ገንዘብ ይወሃብ ምንባሩ ዝፍለጥ እዩ።

ካብ 1977 ክሳብ 2000 ኣብ ዝነበረ እዋን ቤት ትምህርቲ ዩነስኮ ብምወላ ሕቡራት ሃገራት ክትካየድ ድሕሪ ምጽንሓ፡ ካብ 2000 ዓ.ም ንዳሓር ግን፡ ኤርትራ ነጻ ወጺኣ እያ ስለዚ ስደተኛ ዝበሃል የለን ብምባል ነቲ ቤት ትምህርቲ ላዕለዋይ ኮምስዮን ስደተኛታት ከተካይዶ ከምዘይኮነትን ደው ከተብሎ ምኳናን ድማ ብወግዒ ኣፍለጠት። ኣቐድም ኣቢሉ'ውን ኦክስፋም ዝተባህለ ሕክምናዊ ኣግልግሎትን ትምህርታዊ ኮርስን ዝህብ ዝነበረ ትካል፣ በቲ ሽው ንክፍሊ ትምህርቲ ሱዳን ወኪሉ ነታ ናይ ስደታኛታት ቤት ትምህርቲ ዘመሓድር ዝነበረ መምህር ከራር እውን፡ "ድሕሪ ሕጂ ኤርትራውያን ዓዶም ክምለሱ ስለዝኾኑ ንጥፈታትኩም ኣብ ኤርትራ እንተካየድኩም ይሓይሽ" ብምባል ነታ ናይ ኦክስፋም ማሕበር ኣብ ሱዳን ዝነበረ ንጥፈታታ ከም ተቛርጽ ገይሩ ምንባሩ ካብዝዝከር ኢዩ። በዚ ከኣ፡ መተካእታ ይኹን ናይ መሰጋገሪ ጊዜ ከይተዋህበ፣ ብዙሓት ተመሃሮ ዝምህር ዝነበረ ቤት ትምህርቲ ዩነስኮ/UNESCO ብሃንደበት እቲ ማእከላይ ደረጃ ካብ ላዕለዋይ ኮምስዮን ስደተኛታት ዝነበሮ ኣገልግሎቱ ኣብ 1997 ደው ከብል ከሎ፡ እቲ ላዕለዋይ ደረጃ ትምህርቲ ድማ ኣብ 2010 ጠሪሱ ከምዘቋርጽ ተገብረ።

ድሕሪ 2000 ዓ.ም. ዩ.እን.ኤች.ሲ.ኣር (UNHCR) ካብ ምምሕዳራውን ገንዘባውን ጉዳያት ኢዳ ኣንዳሰሓበት ኣብትኸደሉ ዝነበረት ግዜን እታ ቤት ትምህርቲ ክትዕጾ ምኳና እንዳተሓበረ እንከሎ፡ ወለዲ ንኸይትዕጾ ክገብርዎ ዝነበሮም ጻዕርታት በኹሩ ነይሩ። እዚ ጥራሕ ዘይኮነ ገለ ካብ ሓለፍቲ ዩ.እን.ኤች.ሲ.ኣር (UNHCR) ንክስላ ኣብዝመጽሉ ግዜውን ንዓበይቲ ዓዲ ረኺቦም፣ እቲ ቤት ትምህርቲ ኣብ ክንዲ ዝዕጾ ህዝቢ ጠርኒፍኩም ሽማግለ ኣውጺእኩም ቀጻልነቱ ንምርግጋጽ ዘይትጽዕሩ ዝብል ምኽሪ ካብ ምሃብ'ውን ዓዲ ኣይዋዓሉን ነይሮም። እንተኾነ ግን ኣብቲ ግዜ እቲ፣ ገለ ካብቲ ተጠቃሚ ህዝቢ ንዓዱ ክምለስ ይደሊ ብምንባሩን፡ ገለውን ብፖለቲካዊ ምኽንያታት ንዓዱ ክምለስ ጸገም ከምዘሎ ዝመዘነን ኲይኑ ብሓደ ሓሳብን ርእይቶን ነቲ ዝቐርብ ዝነበረ ምኽሪ ክቕበሎ ይኽእል ኣይነበረን። ኣብከምዚ ኩነታት እንከሎ፡ እታ ቤት ትምህርቲ ጠሪሳ ክትዕጸውን ኣይኻእለትን። ምኽንያቱ ብዙሓት ካብ ስደተኛታት ንዓዶም ዘይተመልሱ ብምንባሮም ጥራሕ

ዘይኮነስ፡ ካብቶም ንዓዶም ተመሊሶም ዝኣተዉ'ውን፡ እንደገና ተምሊሶም ናብ ዳግማይ ስደት ዝመጹ ብርክት ዝበለ ቁጽሪ ዘለዎም ስደተኛታት ብምንባሮም ብሓፈሻ፡ ብፍላይ ድማ ድሕር'ቲ ብዶብ ዝተሳበበ ግን ከኣ ዘይኮነ ናይ 1998 ውግእ ኢትዮጵያን ኤርትራን ብዙሕ ቁጽሪ ካብ መንእሰያት ናብ ስደት ይውሕዙ ብምንባሮምን፡ ካቶሊካዊት ቤተ ክርስትያን እውን ነቲ ጉዳይ ትከታተሎ ስለዝነበረትን፣ ነታ ቤት ትምህርቲ ባጀታ ክኢላ ኣብ ትሕቲ ምምሕዳራ ከተካይዳ ብዝገበረቶ ጻዕርን ኣበርክቶን እነሆ ክሳብ ሕጂ ቀጻሊ ትምህርታዊ ኣገልግሎታ ከተበርክት ትርከብ።

ዕልዋ ራሳይን ኣሉታዊ ጽልውኡን ኣብ ማሕበራዊ ኣገልግሎት

ሓደ ፖለቲካዊ ኮነ ማሕበራዊ ወይ'ውን ንግዳዊ ውዳበ ክቐውም እንከሎ፡ ንመደባቱን ዝቼመሉ ዕላማታትን ከዐውት ዝኽእልን፡ ኣባላቱ ዝምርሕሉ ቅዋምን ሕግታትን ክህልዎ ባህርያዊ መበገሲ እዩ። ኩሎም ኣባላት ናይቲ ትካል ድማ ማዕረ መሰልን ተጠቃምነትን ይህልዎም። ዘቼምዎ ሕግታት ከኽብሩን ክምርሕሉን ይግባእ። ካብዚ ኣገባብዚ ወጻኢ ዝኸይድ ውዳበ ምስዝኸውን ኣብ መንጎ ኣባላቱ ናይ ኣዛዝን ተኣዛዝን መንፈስ ይሰርጽ፡ ማዕረ ተጠቃምነት ኣይህሉን፡ ሓያልን ድኹምን ዝኾኑ ኣካላት ይጥረዩ። በዚ ከኣ ናይ ዕብለላን ላዕለዋይ ሓላፍነት መን ጨበጠ ቁርቁሳት ይስዕርር። ብዘይካዚ ትካላዊ ኣሰራርሓ ይፈርስ፡ ብናተይ ናትካን፡ ኣነነትን ሓባራዊ ረብሓታት ይበታተኽ። ዲሞክራስያ ብሕጊ ኣልቦነት ትትካእ። እዚ ከምዚ ዝኣመሰለ ኩነታት ኣብ ውሽጢ ተጋድሎ ሓርነት ኤርትራ ስለዝሳዕረረ ድማ'ዩ ናይ ዓመጽ ሓይሊ ተፈጢሩ ኣብ ራሳይ ዕልዋ ዝተፈጸመ። እቲ ዕልዋ ንኣባላትን ውድብ ተጋድሎ ሓርነት ኤርትራን ፖለቲካዊ መስመሮምን ጥራሕ ዘይኰነስ፡ በዚ ኣቢሉ ንዝካየድ ዝነበረ መላእ ማሕበራዊ ኣገልግሎት'ውን ከፍርስን ክዕንቅፍን ግድነት እዩ። ምኽንያቱ ብሓደ ፖለቲካዊ ውድብ ዝቖመ ማሕበራዊ ትካላት ኣብ ሓያልነትን ህልውናን ናይቲ ዘቖሞ ኣካል እዩ ግቡእ ቦታ ዝህልዎ እምበር፡ ምስ ምድኻሙን ምብትታኑን ዝህልዎ ዕድል ናይ ምቕጻል ኣዝዩ ዝታሓተ እዩ ዝኸውን።

ስለዝኾነ ድማ፡ ድሕሪ ዕልዋ ራሳይ ኣብ ልዕልቲ ብተጋድሎ ሓርነት ኤርትራ ኣብ መደበር ስደተኛታት ዝካየድ ዝነበረ ኣብያተ ትምህርትን ህዝባዊ ሕክምናን ዝተፈጥረ ናይ ምቁራጹ መስርሕን፡ ድራር ከም ወኪል ሕብረተ-ሰብኣዊ ጉዳያት ቤት ጽሕፈት ንኽቕጽል ዘጋጠሞ ሕልኽልኻትን መምህር ሳልሕ መሓመድ ማሕሙድ ኣብ ሸንኽ ዕልዋ ራሳይ ደው ኢሉ ክፈጥረሉ ዝፈተኖ ተጽዕኖን ከምተመኩሮ ከምዘለዎ ከነቕርብ ኢና።

መምህር ሳልሕ መሓመድ ማሕሙድ ኣባል ምምሕዳርን ሓላፊ ስርዓተ ትምህርቲ (ካሪኩሉም) ኣብ ክፍሊ ትምህርቲ ሜዳ ዝነበረ እዩ። ድሕሪ ዕልዋ ራሳይ ኣባል ፈጻሚት ሽማግለን ሓላፊ ክፍሊ ትምህርትን ኰይኑ ብመሪሕነት ዕልዋ ተመዚዙ

ስራሑ ንኽጅምር ብሓንሳብ ኣብ ሓንቲ ሎሪ ተጻዒኖም ንከሰላ ክኣትዉ ብመጋቢት 31.1982 ካብቲ ዕልዋ ዝተኻየደሉ መደበር ልክዕ ሰዓት 9፡00 ናይ ንግሆ ኣቢሉ ይኸውን ተበገሱ። ክሳብ እቲ ጸሊም ጽርግያ ማለት ካብ ፖርት-ሱዳን ንከሰላ ዝወስድ መንገዲ ቕጥራን/ካትራመ ዝበጽሑ፣ መምህር ሳልሕ መሓመድ ማሕሙድ ብዛዕባ እቲ ዕልዋ ንኽገልጸሉን ርእይትኡ ንኽፈልጥን ከም መራሒ ኣብ ቅድሚት ምስቲ መራሕ መኪና ኣብ ክንዲ ዝቕመጥ፡ ኣብ ድሕሪት ኣብቲ ድራር ዝነበሮ ቦታ መጺኡ ብዛዕባ'ቲ ዝተኻየደ ዕልዋን ንመደብ ዝምልከትን መግለጺኡ ክጅምር ከሎ፡ "እቲ ዝተኻየደ ምልዕዓል (ኢንትፋዳ) ነቲ ሸንኽ ዲሞክራሲያዊ ዝመስል ግን ከኣ ሹውዒ ማለት ኮሙኒስት ስነ-ሓሳብ ዝኽተል ሓይሊ፣ ንባህልን ልምድን ህዝቢ ኤርትራ ከም ዝጠፍእን ንጀብሃ'ውን ካብቲ ዝነበራ ግዙፍ ህዝባዊ ባይታ ከም ተንቆልቁልን ዝገበረ ሓይሊ ንምእላይ ዝተወሰደ ስጉምቲ እዩ። እዚኦም ድማ ጀምዓት በዓል ኢብራሂም መሓመድ ዓልን ኣሕመድ ናስርን እዮም፡ ስለዚ ኣሕመድ ናስርን ገለ ብጾቱን ኣብ ትሕቲ ቀይዲ ንቑሩብ እዋን ክጸንሑ ኢዮም። መቕተልቲ ናይ ሰዉእ ተጋዳላይ መልኣከ ተኸለ ግን ዘይተሓሰበ ኢዩ ነይሩ፡ ምኽንያቱ ሰልም (ኢድካ ሃብ) ምስ ተባህለ፣ ንሱ ባዕሉ መጀመርያ ስለዝተኮሰ ከይቅድመና ብማለት ኢዮም ቀዲሞሞ" ይብል። ቀጺሉ "ሕጂ ንስኻ /ድራር ናብ መደበር ስደተኛታት ማለት ኣብቲ መደብካ ክትከይድ ኢኻ እሞ ኣብኡ ምናልባት ነቶም መማህራን ኣኼባ እንተገበርካሎም እቲ ሓቂ እዚ ዝብለካ ዘሎኹ እዩ" ብምባል ንጉጅለ ዕልዋን ዝወሰድዎ ስጉምትን ቅኑዕን ምኽኑይን ከምዝነበረ ኣምሲሉ ብምሕባር፡ በቲ ንሱ ዝደልዮ ዘሎ መልክዕ ድማ፡ ንመሰረታት ውድብን ህዝብን ክግለጽ ከምዘለዎ ዘነጸረ ድልየቱ ኣብሪሁ ሓበሮ።

ብወገን ድራር መንታይ ግን ክሳብ ኣብቲ ጸሊም ጽርግያ ዝበጽሑ ዋላ ሓንቲ መልሲ ከይሃበ ናቱ ኣባሃህላን መርገጽን ጥራሕ ይሰምዕ ነበረ። ክሳብ ኣሮማ ዝበጽሑ እውን ፈጺሙ መልሲ ከይሃበ ሰማዓይ ጥራሕ ኰይኑ ክጓዓዝ መረጸ። ናይ ትም መርገጽ መውሰዲኡ ምኽንያት ከኣ፡ መምህር ሳልሕ ኣብ ቅድሚት ክስቀል ዝግበኦ ባእታ ክንሱ፣ ምስኡ ኣብ ላዕሊ ምስቃሉ ካብቲ ክሕዞ ዝኽእል ተጻይ መርገጽ ብምጥርጣር ነቒሉ ይኸውን ዝብል ተረድኦ ስለ ዘሕደረ እዩ ነይሩ። ብርግጽ'ውን ርእይትኡ ኣንጻር እቲ ዕልዋ ስለዝነበረ ናይ ተቓውሞ መልሲ ሽዑ ንሽዑ እንተዳኣ ሂቡ፣ ነቲ መራሕ መኪና/ኣውቲስታ ናይታ ሎሪ ንድሕሪት ተመለስ ኢሉ ምስቶም እሱራት ኣብ ራሳይ ከየእትዎ ስግኣት ስለዝነበሮ እዩ። ብተወሳኺ'ውን ኣብቲ እዋን እቲ መንግስቲ ሱዳን ምስ ጉጅለ ዕልዋ ወጊና ኣብ ምትሕባበር ስለዝነበረት እሞ ንኣሮማ ከይሓለፍና ተጻይ መልሲ እንተሂቡ ምናልባት ኣብ መደበር ፖሊስ ናይ ኣሮማ ከትሕዘኒ ይኽእል እዩ ብማለት ርእይትኡ ቆጢቡ ኣሮማ በጺሖም ኣብኡ'ውን ቆሪሶም፣ ልክዕ ሰዓት 11፡00 ካብ ኣሮማ ጉዕዝኦም ንከሰላ ቀጸሉ።

ሕጂ'ውን ገለ ዓሰርተ ደቓይቕ ዝኸውን ክንጓዓዝ ኣሎና ብምባል መልሲ ከይሃበ ጸኒሑ። ድሕሪኡ ሕጅስ ዘተኣማምን ቦታ በጺሕና ኢና ኣብዝበለሉ ግዜ፡ "መምህር" ክብል ይጽውዖ። መምህር ሳልሕ ድማ "ኣይዋ" ክብል ይምልስሞ፡ ድራር ቀጺሉ፡ "ዓንተቦይ ንስኻ እቲ ገበን ንበዓል ኢብራሂምን ኣሕመድን ጀምዓቶምን ኣሰኪምካዮ፡ ኣነ ከም ዝርድኣኒ ግን፣ እቲ ንዑ ሰሚናር ንግበር፣ ኣብ መደበረይ ድማ ይኹን ኢሉ ተሰማሚዑ ከብቅዕ፣ ሕቡእ ኣጀንዳኡ ከዕውት ስጉምቲ ዝወሰደ ድዩስ? ወይስ እቲ ንጀብሃ ከሐድስ እሞ ኣብ ክሳዱ ካራ ተሳሒሉ ከምዘሎ እናፈለጠ ነቲ ሰሚናር ከዕውት ዝመጸ እዩ ገበነኛ? ንዝብል ሕቶ ክምልስ እንተኾይኑ፡ ኣነ ብዝመስለኒ ንጀብሃ ኣብ ዓዘቕቲ ዘእተወ እዚ ናይ ዕልዋ ወተሃደራዊ ስጉምቲ ዝወሰደ ሽነኽ እዩ። ካልኣይ፡ ክሳብ ሎሚ ሰውራዊ ቃልሲ ኣብ ምክያድ እንከለዋ ዕልዋ ኣካይደን ዝባሃላ ውድባት ኣብ ዓለም ኣይተራእየን ኣይተሰምዐን። ሳልሳይ መልኣከ ተኸለ ንበይኑ ንሞት ክፍረድ ኣይነበሮን፣ ኲሎም እቶም ኣብ ካልኣይ ሃገራዊ ጉባኤ ዝተመርጹ ኣባላት መሪሕነት'ዮም ኣብ ጉባኤ ብሞት ዘይኩነስ፡ ብፍሽለት ውድብ ክሕተቱን ክቕጽዑን ዝግባእ ዝነበረ። ስለዚ ዓብደላ እድሪስን እቶም ነዚ ስጉምቲ እዚ ዝወሰዱ ሰባትን ንጀብሃ ፈጺሞም ከተንስእዋ ኣይክእሉን ኢዮም። ምኽንያቱ ነቲ ተሓቛቝፉ ዝቃለስ ዝነበረ ሕብረተ-ሰብ ኤርትራ ማለት ኣስላማዩ ክስታናዩ፣ ከበሳኡ መታሕቱ ሕቜኡ ስለዝተሰብረን፣ እታ ምልክት ናይ ሓድነት፣ ንሕብረተ-ሰብ ኤርትራ ጠርኒፋ እተቃልስ ዝነበረት ተ.ሓ.ኤ. ሎሚ ኣብ ከምዚ ኲነታት ክትሽመም እንከላ፡ ንህዝብና ኣብ ዓቢ ጥርጣሬ ተውድቖ ኣላ ጥራይ ዘይኮነስ፣ ንብድሕሪ ሕጂ እውን ፈውሲ ዝርከቦ ኣይመስለንን። ብዝኾነ ግን ክንጽዕር ኢና" ክብል ነቲ መምህር ሳልሕ ዘቕረቦ መንጎት ብግልጺ ከምዘይቅበሎ ይምልሰሉ።

መምህር ሳልሕ ተመሊሱ፡ "እቲ ትብሎ ዘሎኻ ብፍላይ መቕተልቲ ናይ ስዉእ መልኣከ ኣብ ቦታኡ ኢዩ፡ ኣነ እውን ብወገነይ ኣይደገፍክዎን፡ እንተ እቲ ካልእ ግና ንሶም በዓል ኣሕመድን ኢብራሂም መሓመድ ዓልን ኢዮም ንጀብሃ ኣብ ዓዘቕቲ ኣውዲቖማ" ክብል ኣመሳሚሉ። ድሕሪ'ዚ ንከሰላ ተቐራሪብና ስለዝኾና ካልእ ዘየድሊ ቃላት እንተተዛረብኩ፣ ብሱዳናውያን ኮነ ካልኦት ኣብ ልዕሊኡ ክወርድ ዝኽእል ስጉምቲ ፍሉጥ ዘይምኧኑን፣ ካልኣይ ከኣ እቲ መሳርፍ ናይቶም መማህራንን ኣብ ሕክምና ዘገልግሉ ኣባላትን ካብ ምጣኔ ሃብቲ ዝውሰድ ብምኧኑን፡ ናይዚ ቤት ጽሕፈት ዋና ሓላፊ ድማ ኣባል ዕልዋ ዝኾነ፣ ሓምድ ኣድም ስሌማን ብምንባሩን እቲ ናይ ርእይቶ ምልልስ ደው ከብሎ መረጸ። ነዝን ከምዝን ዝኣመሰሉ ምኽንያታት ኣብ ግምት ብምእታው ከሰላ ምስ በጽሑ ኣብ መረበዓት ይወርድ። ድራር ካብ መኪና ምውራዱ፡ "እሞ ኣነ ጽባሕ ቀጥታ ናብ መደበይ ክኸይድ እየ፣ ስለዚ እቲ ናይ ወርሓዊ መቕነን መእዘዚ ሰነድ ክትህበኒ ጽባሕ ሰዓት ክንደይ ክንራኸብ" ክብል ንመምህር ሳልሕ ይሓቶ። መምህር ሳልሕ ብሸነኹ፡ "ጽባሕ ኣዕርፍ ድሕሪ ጽባሕ ኣብ ቤት ጽሕፈት ትመጸኒ እቲ ዘድሊ

ወረቓቕቲ ከኣ የማልኣልካ" ድሕሪ ምባሉ ተፈላልዮም ድራር ንገዝኡ ይኸይድ።

ንምሽቱ ድራር ናብ ተጋዳላይ መሓመድ ብርሃን ብላታ፣ ሓላፊ ምምሕዳር ሕብረተሰብኣዊ ጉዳያት ቤት ጽሕፈት ይኸይድ እሞ "ብርሃን፣ መምህር ሳልሕ መሓመድ ማሕሙድ ከምዚ ኢሉኒ ኣሎ" ክብል ዝነበረ ዝርርቦም ይሕብሮ። መሓመድ ብርሃን ብላታ ብወገኑ፡ "ደሓን ኪድ እሞ ነቶም ብጾት ኣብቲ መዓስከር ዘለዉ ክሳብ ቤት ትምህርቲ ዝዕጾ እቲ መሳርፎም መታን ከየቋርጹሎም ኣይትታረኽ ስቕ ኢልካ ኪድ" ክብል ይመኽሮ። ብድሕሪዚ ድራር ኣብ ቤት ጽሕፈት ይኸይድ ምስ መምህር ሳልሕ እውን ተራኺቡ ሽው ብዙሕ እኳ እንተዘይተዘራረቡ፡ እቲ ኣብቲ መደበራት ክገበር ዘለዎ ስራሓት ጥራሕ ማለት "ኪድ እሞ እቲ ጸብጻብ ናይ ቤት ትምህርትን ናይቲ ሕክምናታት ሒዝካ ትመጽእ" ይብሎ። ድራር ሕራይ ኢሉ ወረቓቕቱ ሒዙ ንገዝኡ ይምለስ።

በዚ መሰረት፡ ብ3 ሚያዝያ 1982 ብገዳርፍ ኣቢሉ ንመደበር ሰብዓ ይኸይድ። ኣብኡ ኩነታት ድሕሪ ምሕታት ብለይቲ ኣኼባ ናይ ኣባላት የካይድ። ኣብቲ ኣኼባ፡ እቲ ኣብ መደብር ዝተኻየደ ዕልዋን ሰፊኑ ዝነበረ ኩነታትን ኣብ እምነቱ ተሞርኰሱ ሓደ ብሓደ ዘርዚሩ ከየጉደለ ገለጸሎም። ኣብ መወዳእታ "እቲ ዕልዋ ጌጋ ስጉምቲ ምዃኑን ተሓቛቝፉ ዝነበረ ህዝቢ ፋሕ ብትን ዘብልን ስራሕ ኢዩ ተኻይዱ" ዝብል ቃል ምስ ኣስመዐ፡ ብዘይካ ሓደ ሰብ ዝተጻረረ እንተዘይኮይኑ፡ ዝተረፈ ኣባል ኵሉ ነቲ ዝተወሰደ ስጉምቲ ኣይተቐበሎን። ከምኡ ኣብ ኩለን መደበራት ብምኻድ ክረኽቦም ዝኽእል ሰባት ብእኩብ'ድዩ ብውልቀ ከከም ኩነታቱ ነቲ ኣሉታዊ ስጉምቲ ምሕባር ኣገዳሲ ስራሕ ገይሩውን ተንቀሳቐሰሉ። ይኹን እምበር ናይ እምነት ጉዳይ ስለዝኾነ፡ እቲ ጸብጻብ ኩሉ ይመሓላለፍ ነይሩ እዩ። እቶም ተጋደልቲ ኩሎም ነቲ ዕልዋ ዘይድግፉ ስለዝነበሩ ነዚ ብምርዳእ እዚ እንገብሮ ዘሎና ምንቅስቓስ ጸብጻቡ ቀደም በጺሑዎም ክኸውን ዝኽእል እኳ እንተኾነ፡ ክሳብ እቲ ናይ ሰለስተ ወርሒ መሳርፎም ዝወስዱ መርገጽኩም ኣይተነጽሩ ዝብል ምኽሪውን ይዋሃብ ይንበር እምበር፡ እቲ ኣዝዩ ዝገረም ነገር እንተነይሩ ግን፤ ኩሎም ኣባላት ሓደ ድምጺ ኮይኖም "ሎሚ ንሕና ምእንቲ ናይ ሰለስተ ወርሒ ገንዘብ ክንብል መርገጽና ክንሓብእ ኣይንኽእልን" ኢና ዝብል ዘየወላውል መልሲ ነይሮም። ነዚ ታሪኻዊ መርገጽ ዘሰምዑ ድማ፡ መምህር ተኽለሃይማኖት እልፉ፣ ስውእ ስዓዶ ሳልሕ። ተጋዳላይ ዓንደማርያም ተኽለን ኣፈወርቂ ገለ ናይ ሕክምና ሓላፊ ዝነበረን እዮም።

ኣብያተ ትምህርቲ ኩሉ ምስ ተዓጽወ እቲ ኣብዝሓለፈ ዓመታት ልሙድ ዝነበረ ኣሰራርሓ ማለት ኣብያተ ትምህርቲ ክዕጾ ከሎ ናይ ሰለስተ ወርሒ ብሓንሳብ ኣብ በቦትኡ ዝወሃብ ዝነበረ መቝነን፥ ብሓድሽ መምርሒ ንገዳርፍ መጺእኩም ኢኹም እትወስድዎ ዝብል ተተክኤ። በዚ መሰረት ኩሎም መማህራን ንገዳርፍ ይመጹ እሞ ኣብቲ ዝተኻየደ ዕልዋ ዘለዎም መርገጽ ይሕተቱ። መርገጾም ከኣ ፍሉጥ እዩ ኣንጻር እቲ ዝተወሰደ ዕልዋ ደው ኢሎም ወትሃደራዊ ስጉምቲ ምዃኑ

ኣነጸሩ። ነቲ ዕልዋ ዘይደገፈን ዘይተቐበለን መቕነን ከህብዎ ምርጭኦም ብዘይምንባሩ ድማ ኣባላት ከም ሞያተኛታት ከይተራእዩ ናይ ሰለስተ ወርሒ መቕነኖም ከይወሰዱ ንከሰላ ተመልሱ።

ብድሕሪ'ዚ ድራር ንከሰላ ይምለስ እሞ፡ ናብቲ ዝተፋነወሉ ቤት ጽሕፈት መምህር ሳልሕ ከይከደ ይተርፍ። በጋጣሚ ኣብታ ፊት ናይ ሆስፒታል ዘላ እንዳ ሻሂ ምስ መምህር ሳልሕ መሓመድ ማሕሙድ ይራኸቡ እሞ፤ ድሕሪ ናይ ሰላምታ ምልውዋጥ፡ "መኣስ ደኣ መጺእካ" ክብል ይውከሶ። ድራር ብወገኑ፡ "ትማሊ መጺአ" ዝብል መልሲ ይህቦ። መምህር ሳልሕ ደጊሙ፡ "እንታይ'ድኣ ቤት ጽሕፈት ዘይመጻእካ? ከመይ ነይሩ ቤት ትምህርቲ? ብኸመይ'ከ ተዓጽዩ? ዝብሉ ሕቶታት የቕርበሉ። ድራር ብሸነኹ ግን፡ ሕቶታት መምህር ሳልሕ ክምልስ ድልዊ ስለዘይነበረ፡ "ጽቡቕ" ኢሉ ጥራሕ ይምልስ ነይሩ። ድሕሪ ቁሩብ ግዜ መምህር ሳልሕ "በል እቲ ጸብጻብ መኣስ ክተቕርበልና ኢኻ" ክብል ተመሊሱ ይሓትት። ድሕርዚ ብሕልና ድራር፡ መምህር ሳልሕ ዓቢ ሰብ እዩ ከመይ ገይረ ደፊረ ክዛረቦ እናበለ ክጣራዕ ድሕሪ ምጽናሕ፡ ንገለ ደቓይቕ ዝን ኢሉ ድሕሪ ምሕሳብን፡ ተደጋጋሚ ሕቶታት መምህር ሳልሕ ስለዘይተዋሕጠሉን ነዚ ዝስዕብ መልሲ ክህቦ ይውስን። "መምህር ኣነን ንስኻን ድሕሪ ሕጂ ሰላም መርሓባ እምበር ብፖለቲካ ስለዘይንራኸብ፤ ጸብጻብ እንተኣቕረብኩ ድማ ንኢብራሂም መሓመድ ዓሊ ኢየ ዘረክብ እምበር ንዓኻ ኣይኰንኩን ዝህበካ" ዝብል መልሲ ይህቦ።" መምህር ሳልሕ ለባምን ወረጃን ስለዝነበረ ሕማቕ ኣይመለሰሉን። እንታይ ደኣ "ሓቅኻ ኢኻ ብፖለቲካ ካብተፈላለና ሰላም መርሓባ እምበር ቀይዲ ክህሉ ኣይግባእን እዩ" ብምባል ሰላም ኢሉ ኢዱ ሂብዎ ተንሲኡ ይኸይድ።

እዚ ኣብ ወርሒ ግንቦት ናይ 1982 ክኸውን ከሎ፡ ብድሕሪ እዚ እተን ዝነበራ ኣብያተ ትምህርቲ ኲለን ብሰሪ ሕጽረት መካየድን ፖለቲካዊ መርገጻትን ክዕጸዋ እንከለዋ፡ እታ ኣብ ድሄማ ዝነበረት ናይ ህዝቢ ሕክምና ግን፡ ብሓልዮት ሓድነት ቀይሕ መስቀልን ቀይሕ ወርሕን ኤርትራ ክሳብ ነጻነት ኤርትራ ቀጺላ። ጸኒሓ ብሱዳናውያን ከምትዕጾ ተገይሩ። እታ ኣብ መደበር ሰብዓ ዝነበረት ብኣፈወርቂ ገለ ትምራሕ ዝነበረት ሕክምና'ውን ባዕሉ እቲ ህዝቢ ክትዕጾ የብላን ኢሉ ስለዝተላዕለን ንኣፈወርቂ ከኣ ከም ሓላፊኣ ባዕልና ዘድልየካ ነገራት ክንክእለካ ኢና፡ ካብዚ ድማ ዘልዕለካ የሎን ንሕና ኣሎና ብማለት ኣብታ ሕክምና ክሳብ 2003 የገልግሎም ነይሩ።

እዚ ከምዚ ኢሉ እናኸደ እንከሎ ሓይልታት ክልቲኡ ውድባት ማለት ብዓብደላ እድሪስ ዝምራሕ ጉጅለ ዕልዋን እቲ ዝተረፈ ስራዊት ሓርነት ናይ ተ.ሓ.ኤ.ን፣ እቲ ትማሊ ብሓደ መዛገብ ሒዙ ምስ ጸላኢ ዝረጋረግ ዝነበረ ሰራዊት፣ ብሰንኪ ምፍንጫል ኣብ ነንሓድሕዱ ክተሃራረም ጀመረ። ቀንዲ መበገሲ ናይቲ ውግእ ኣብቲ ቦታ ናይ መን ሰዓረን ፖለቲካዊ ዓብላልነት ኣረጋገጸን ኣብ ህዝቢ መን ቦታ ይሕዝን ዝብል እኳ እንተነበረ፡ ብመሰረቱ ህዝቢ ኤርትራ ፋሪሃ እዝግን ዘቖም

ሕግን ስለዘለዎ ዝበዝሐ ክፋል ካብ ህዝቢ ባርካን ጋሽን መርገጹ ምስቲ ሕጋዊ መሪሕነት፣ ንሓፈሻዊ መስመርን ቅዋማዊ ኣሰራርሓን ናይ ተጋድሎ ሓርነት ኤርትራ ንምርጋግጽ ምስቲ ብስም ተያር ኣል-ዓም/ሓፈሻዊ ዝምባለ ግን ከኣ ቀንዲ ናይ ቃልሲ ፈለግ ዝመለለይኡ፤ ንኹሉ ኣቋቑማ ሕብረተ-ሰብ ኤርትራን ተሳትፎን ጠርኒፉ ንምዕዋት ኣብ ምቅላስ ከም መለለዪ ሒዙ ይጓዓዝ ምስ ዝነበረ ኢዩ ደው ዝበለ። በዚ ዝኣክል ሰራዊት ናይ ዕልዋ ነቲ ቦታ ንኽብሕቱን ፖለቲካውን ወታሃደራውን ሓያልነቶም ንምርግጋጽን ናይ ምጥቃዕ ተበግሶኦም ቀጻሊ ነይሩ።

ኣብዚ እዋን እዚ ኣብ ሜዳ ዝነበረ ናይ ክልቲኡ ሽነኽ ሰራዊት፡ ኣብ ተኸታታሊ ኩናት ሕድሕድ እንከሎ፡ እታ ኣብ ከሰላ ብስም መድረሰት ኣል-ንዳል ወይ ብቤት ትምህርቲ ቃልሲ እትፍለጥ ዝነበረት ቤት ትምህርቲ ብሓባር ትካየድ ነበረት። ይኹንበር እቲ ናይ ሜዳ ኩነታት ኣብቲ ቤት ትምህርቲ ንዝካየድ ስራሓትውን ዓብዪ ጽልዋ ስለዝገብረሉ፡ ኣብ ሰራዊት እቲ ውግእ ደው ካብ ዘይበለ ብሓባር ቤት ትምህርቲ ምክያድ እንታይ ቍምነገር ኣለዎ ዝብል ሓሳብ ይመጽእ እሞ እንተተኻኢሉ ፍሉይ ተጋድሎ ሓርነት ኤርትራ ሰውራዊ ባይቶ ናትና ዝብሎ ቤት ትምህርቲ ንምኽፋት ክሕሰበሉ ኣለዎ ዝብል ርእይቶታትን ሓሳባትን እናበዝሐ ከደ። ውጽኢቱ ድማ እታ ቤት ትምህርቲ ኣብ ወርሒ ሓምለ 1982 ተኸፊታ ስራሓ ንኽትጅምር ሓያል ጻዕርታት ንምክያድ ኣብ ፈተነ ተኣትወ።

ንምቛም ቤት ትምህርቲ ቃልሲ ኣብ ከሰላ ዝተገብረ ጻዕርታት

ብሰሪቲ ኣብ ራሳይ ዝተኻየደ ደማዊ ዕልዋ፡ ኣብ ሜዳን ኣብ ውሽጢ ሱዳንን ብሓደ ክሰርሑ ከምዘይካኣልን ምትእምማን ዝባሃል ጠሪሱ ከምዝጠፍአን ተገንዚብና ኣለና። መሪሕነት ውድብ ይኹን መላእ ትካላቱ ብላዕለዎት ሓለፍቱ ኣቢሉ ኣበየናይ መስርመር ናይ ቃልሲ ምህላዉ ብኣዋጅ ኣነጺሩ፡ ኣብዝተበገሰሉ እዋን፡ ሓደ ቤት ትምህርቲ ጥራሕ ብሓባር ክካየድ ማለት ዘይሕሰብ እዩ። በዚ መሰረትን ንዝቐረበ በይናዊ ቤት ትምህርቲ ናይ ምቛም ርእይቶታትን ኣብ ግምት ብምእታው ምንቅስቓስ ክጅመር ግድነት ነይሩ። ኣብ ከምዚ ዝኣመሰለ ስራሓት ክዋፈር ዝኽእል ሰብ ክህልወካ ድማ ኣገዳሲ ነይሩ። ብዝዋሓደ ምስ ሱዳናውያን ሓላፍቲ ኣብያተ ትምህርቲ ርኽክባት ዘለዎን ቅዉም በዓል ሞያን ክኸውን ድማ ተመራጺ ይገብሮ። ነዚ ጠባያት እዚ ዘማልእ ድማ ስውእ መምህር ምክኤል ጋብር ሓላፊ/ዳይረክተር ናይ ቤት ትምህርቲ ዩኔስኮ UNESCO ስለዝነበረ ምስቶም ሽዑ ኣብ ምብራቓዊ ሱዳን ብፍላይ ኣውራጃ ከሰላ ሓለፍቲ ኣብያተ ትምህርቲ ሙባረክ ኣዝረግን ዑስማን ወሃጅን ዝተባህሉ ኣባላት ናይ ሱዳን ኮሚንስት ፓርቲ ሱዳን ዝነበሩ ጥቡቕ ሌላ ስለዝነበሮ፣ ነቲ ዘጋጠመና ሽግር ድሕሪ ምሕባር፡ ኣብቲ ናይ መንግስቲ ቤት ትምህርቲ ተመሃሮ ሱዳናውያን ድሕሪ ምፍዳሶም፣ ዝካኣል እንተኾይኑ ናይ ምሸት ኤርትራውያን ክመሃርሉ ንኽፍቀደሎም ይሓቶም። ንሳቶም ድማ ውሽጣዊ ኩነታት ውድባት ኤርትራ ስለዝግንዘቡ፥ ኣቕሪብካዮ ዘለኻ ሕቶ ተገንዚብናዮ ኣለና ከነጽንዖ ኢና ብዝብል ዘይውዱእ መልሲ ኣብ

ትጽቢት ወርሒ ሓምለ 1982 ይሓልፍ።

ድሕር'ዚ እቶም ዝምልከቶም ኣካላት ሰናይ ፍቓዶም ኰይኑ፡ በቲ ስዉእ ሚከኤል ጋብር ዝሓተቶ መሰረት ኤርትራውያን ኣብታ ኣብ መረባዓት ዝባሃል ስፍራ እትርከብ ቤት ትምህርቲ ክማሃሩ ኣፍቂዶም ምህላዎም፡ ንመምህር ሰልሕ ዳይረክተር ናይታ ቤት ትምህርቲ ረኺቦም ይሕብርዎ። ብኣጋጣሚ መምህር ሳልሕ ንባዕሉ ምስ መምህር ምክኤል ጋብር ሌላ ስለዝጸንሖ ንሱ'ውን ብዘይጥርጥር ሕራይ ዝብል መልሲ ሃበ።

ነዚ እወንታዊ መልሲዚ ድሕሪ ምስማዕ፡ ዝሰዕብ መስርሕ እንተነይሩ፡ ሕግታት ቤት ትምህርቲ ፈሊጥካ ኣብ ውዑልን ስምምዕን ምብጻሕ ጥራሕዩ ነይሩ። ስለዚ ድማ፡ ስውእ መምህር ምክኤልን ድራርን ናብ ክፍሊ ትምህርቲ ከሰላ ተሓባቢሮም ይኸዱ'ሞ፡ እቲ ቤት ትምህርቲ ከመይ እቲ ውድብ ክጥቀመሉ ከምዝኽእልን ምስ ህዝቢ ናይቲ ከባቢ ቤት ትምህርቲ ክህልዎም ዝኽእል ምርድዳእን ዘነጽር ውዑል ተፈራረሙ።

ሓርበኛ ስዉእ መምህር ሚኪኤል ጋብር፤

ገለ ካብቲ ዝተኸተመ ውዕል ዝጠልቦ ነጥብታት፡

1. ነቲ ቤት ትምህርቲ ብጽሬት ምሓዝ
2. ንብረት ምስ ዝበላሾ ንሕና ከነዕርዮ
3. ዓመታዊ ክራይ ንመጸገኒ ቤት ትምህርቲ ተባሂሉ ዝኽፈል ዓቐን ገንዘብ
4. ልዕሊ ኵሉ ድማ ጸጥታ ከባቢ ምሕላው ዘድሊ ምኳኑ ድሕሪ ምንጻር፡ ኤርትራውያን ዝማሃርሉ ሰዓታት ምውሳን፡

ሱዳናውያን ካብ ስርሖም ንገዝኦም ዝምለሱሉን ዘዕርፉሉን ግዜ ስለዝኾነ ሃዊኽኩምና ዝብል ጥርዓን እንተዳኣ ኣቕሪቦም ሽግር ክፍጠር ከምዝካኣልን፣

ንስኻትኩም'ውን ክትቅጽሉ ኣይክትኽእሉን ኢኹም ዝብሉ ንጹራት ነጥብታት ዝሓዘ እዩ ነይሩ።

ምቛም ቤት ትምህርቲ ቃልሲ ኣብ ትሕቲ ተሓኤ- ሰውራዊ ባይቶ

ካብ ድልየትን ህልኽን ወጺእካ ኣብ መወዳእታ 1982 ዓ.ም ኩነታት ተጋድሎ ሓርነት ኤርትራ ሰውራዊ ባይቶ ክትርኢ እንከለኻ፡ ኣብ ሜዳ ብተጻብኦ ኹሉ ሓይልታት ኤርትራ ተኸቢባ፡ ዲፕሎማስያዊ ዝምድናታት ተነፊጉዋ ክሳብ ዝታሓቱ ሰበ-ስልጣን ሱዳን ኣንጻሩ ኣብዝተዓጥቅሉ እዋን፡ ብዘይካ ናይ ስሩዓት ደገፍ ካልእ ኣፍደገታት ብኻልኦት ኣብዝተባሕተሉ ኩነት እንዳሃለወት እያ ቤት ትምህርቲ ክህልዋ ትጽዕር ዝነበረት።

ዕላማታት ምኽፋት ሓድሽ ቤት ትምህርቲ

ዝኾነ መደብ ከተዐውት ክትጽዕር እንከለኻ፡ ናቱ ናይ ርሑቕ ኮነ ናይ ቀረባ ዕላማታት ክህልዎ ናይ ግድን እዩ። ኣባላትን መሪሕነትን ተጋድሎ ሓርነት ኤርትራ ሰውራዊ ባይቶ ኣብ ትሕቲኦም ዝማሓደር ሓድሽ ቤት ትምህርቲ ክህልዎም ክጽዕሩ እንከለዉ ድማ ኣብ ቅድሚኦም ዘለለይዎ ዕላማታት ስለዝነበሮም እዩ።

1. ኣብቲ እዋንቲ ኣብ መንጎ ጉጅለ ዕልዋ ራሳይን ውድብና ተሓኤን ኣብ ከቢድ ፖለቲካውን ወታሃደራውን ግጥምያ ተኣትዩ ስለዝነበረ፡ ዝጸንሐ ቤት ትምህርቲ ንግዝይኡ እንተዘይኮይኑ ብቐጻልነት ብሓባር ክካየድ ከምዘይካኣል ይፍለጥ ስለዝነበረ፡
2. ጉጅለ ራሳይ ዓብላልነት ንምርግጋጽ እንተዘይኮይኑ ነቲ ቤት ትምህርቲ ክቕጽል ዝኽእል ኩሉ መዳያዊ ዓቕምታት ከምዘይውንን ፍሉጥ ብምንባሩ፡
3. ብሰሪ ግርጭታትን ምፍንጫላትን ናይ ውድባት መንእሰያትን ህጻውንትን ኤርትራውያን ካብ መኣዲ ትምህርቲ ክቦኹሩ ከምዘይግባእ ኣብ ግምት ብምእታው፡
4. ኤርትራውያን ብኤርትራዊ ስርዓተ ትምህርትን ቋንቋን ናይ ምምሃር ዕድል ንኽረኽቡ።
5. ኣብቲ እዋንቲ ጻዕቂ ኤርትራውያን ስደተኛታት ኣብ ከሰላን ከባቢኡን ስለዝነበረ፡ ምስ ዝነበራ ኣብያተ ትምህርቲ ክወዳደር ከሎ ተወሳኺ ቤት ትምህርቲ ምቛም ሓጋዚ ብምንባሩ፡
6. ናጻ ኤርትራውያን ወለድን ሰዓብቲ ውድብን ብሰሪ ደቆም ዝመሃርሉ ቤት ትምህርቲ ካብ
   ዝኾነ ይኹን ተጽዕኖ ሓራ ንክኾኑ፡ ዝብሉን ካልኦት ዕላማታትን ኣጠቓሊሉ እዩ ቤት ትምህርቲ ቃልሲ ዝተመስረተ።

ኮይኑ ድማ፡ እቲ ናይ ቤት ትምህርቲ ምርካብ ፈተነ ብዓወት ተደምዲሙ እዩ። እቲ ዝስዕብ ካልኣይ ጻዕሪ ከመይ ጌርካ ነቶም ተመሃሮ ናብቲ ሓድሽ ቤት ትምህርቲ ተምጽኦምን መማህራን ካበይ ትረክብን ዝብሉ ሕቶታት ቀጺሎም

ክፍትሑ ዝነበሮም መሰረታውያን ጉዳያት እዮም ነይሮም። ነዚ ጸገምዚ ንምፍታሕ ድማ፡ መምህር ምክኤልን ድራርን ዳግማይ ተራኺቦም ነቲ ሽግር ንምፍታሕ ኣብ ምይይጥ ይኣትዉ። ድሕሪ ግዜ ዝወሰደ ዕቱብ ምዝርራብ ድማ፡ ኣብ ዕማማት ምምቕቓል ይረዳድኡ። ናይ ድራር ዕማም ንመማህራንን ተመሃሮን ኣዕጊብካ ናብቲ ሓድሽ ዝኽፈት ዘሎ ቤት ትምህርቲ ከምዝመጹ ምግባር ኰይኑ፡ ናይ መምህር ምኪኤል ዕማም ድማ መማህራን ዝኾኑ ኣባላት ምንዳይ ከኸውን ተሰማምዑ። ኣብ ውሽጢ ኽልተ ሰሙን መማህራንን ተመሃሮን ዘዕግብሉን ሓደሽቲ መማህራን እውን ዝረኽብሉን ኣገባብ ድማ ኣጻፊፎም ይውድኡ። ብድሕሪ እዚ ድራር ምስቶም ኣብታ ናይ ሓባር ቤት ትምህርቲ ዝምህሩ ዝነበሩ መማህራን ብመርገጽ ድማ ጸረ ዕልዋ ራሳይ ዝኾኑ፡ ኣብ ገዛ ተጋዳላይ ወልደሂይወት ቀለታ ተራኺቦም ድሕሪ ምልዛብ፣ ነቶም ተመሃሮ በየናይ ኣገባብ እንተሓበርናዮም እዩ ዕውት ከኸውን ዝኽእል ኣብ ዝብል ምይይጥ ይኣትዉ።

ነቲ መደብ ንምዕዋት በብሸነኾም ዝህብዎ ዝነበረ ርእይቶታት ብዙሕ እኳ እንተነበረ፣ ኣብ መወዳእታ ግን ነቶም ናይ ነፍሲ-ወከፍ ክፍሊ ተጸዋዕቲ/ሞኒተራት ረኺቦም፡ ብመጀመርታ ንዕኦም ምዕጋብ ዝሓሸ ምዃኑን፡ ግን ከኣ ቅድሚ እታ ዕለት ዝግዕዙላ ነቶም ሞኒተራት ጥራሕ ነታ ቤት ትምህርቲ ክርእይዎም ከምዘለዎምን ተሰማምዑ። ከምኡ እውን መማህራን ኣብቲ ንቤት ትምህርቲ ዝወስድ መንገዲ ኣብ ነንሕድሕዶም ርሕቀት ዘለዎ ቦታታት እናተረኣኣዩ ደው ኢሎም፡ ነቶም ዝመጹ ተመሃሮ በዚ ኣቢልኩም ኪዱ እናበሉ መንገዲ ዝሕብርዎም ብምድላው፡ ዘዐውት ናይ ስራሕ መደብ ኣውጽኡ። ነዚ መደብዚ ኣብ ምዕዋት ዝተሓባበሩ ዝነበሩ ድማ፡ መምህር ዑቕባይ፣ ስውእ ሰዓዶ ሳልሕ፣ ወልደሂይወት ቀለታን ክኾኑ እንከለዉ፡ ካልኦት እውን ካብ ስድራ ቤታት ተቓለስትን ስሩዓትን ዝኾኑ ተመሃሮ ከም በዓል ስውእ ብንያም ዮውሃንስ ኣብ ኣመሪካ ምስ ከደ ብሓደጋ ዝሞተ፡ በይን ፍጹም ሕጂ ኣብ ጀርመን ዝቕመጥ ብዙሕ ከምዝተሓባበሩ ከይዘከርናዮም ክንሓልፍ ኣይንደልን። ከሳብ'ታ ናይ ምግዓዝ ዕለት ሓንቲ መዓልቲ ዝተርፋ እቲ መደብ ብምስጢር እዩ ተታሒዙ ጸኒሑ፡ ምኽንያቱ ጉጅለ ዕልዋ ራሳይ ብሸነኾም፣ ነታ ብሓባር እነካይዳ ዝነበርና ዝጸንሐት ቤት ትምህርቲ በይኖም ውድብ ከምዝኾኑ ንምርኣይ፣ ናይ ብሕቶም ጌሮም ከቆጽሉዋ ይጽዕሩ ብምንባሮም፣ ነቲ ሓድሽ ቤት ትምህርቲ ናይ ምጅማር ምንቅስቓስ እንተፈሊጦም ከየፍሽልዎ ሰግኣት ስለ ዝነበረ እዩ። ድሮ ምኽፋት እቲ ቤት ትምህርቲ ነቶም ይስዕብዎ እዮም ዝተባህሉ ሞኒተራት ተሓቢርዎም ስለዝሓደረ፡ ንሳቶም'ውን ተዳልዮም ነቶም ከስምዕዎም ዝኽእሉ ተመሃሮ ሓቢሮም ነቲ ዝወጸ መደብ ተኸቲሎም ዝስዕብዎም ተመሃሮ ሒዞም ናብታ ሓዳስ ቤት ትምህርቲ መጺኦም ብዘይ ገለ ጸገም ነናብ ክፍሎም ኣትዮም ኮፍ ይብሉ።

ተመክሮ ተሓኤ ንሃገራዊ ናጽነትን ማሕበራዊ ፍትሕን

1991 ዝተላዕለ ስእሊ ቤት ትምህርቲ ቃልሲ

ድሕርዚ፡ ዝነበሩ ሓሙሽተ መማህራን ሓቢሮም ነቶም ተመሃሮ ልክዕ እቲ ምስ ሰበ-ስልጣን ትምህርቲ ሱዳናውያን ዝተገብረ ስምምዕን ዝተኸተመ ውዑልን ኣብ ግምት ዘእተወ ሓበሬታን፡ ማዕዳን ሕግን ክሕብርዎም ኣምሰዩ። ነዚ እንብለኩም ዘለና ሕጊ ቤት ትምህርቲ እንድሒሪ ኣኽቢርኩሞ፡ እዚ ቤት ትምህርቲ እዚ ፈጺሙ ክዕጾ ኣይክእልን እዩ። መንግስቲ ደው ኣይክተብሎን እውን ኢያ። እዚ ምንቅቓሕን ማዕዳን'ዚ ዳርጋ ኣብቲ መጀመርያ ሰሙን ወርሒ 8/1982 ኣቢሉ ኢዩ ነይሩ። ካብዚ ንዳሓር ብኣባላትን ምምሕዳርን ብተያር ኣልዓም ዝተፈልጠ ውድብ ተጋድሎ ሓርነት ኤርትራ-ሰውራዊ ባይቶ ዝካየድ፣ ንመጀመርያ ግዜ ኣብ ናይ መንግስቲ ሱዳን ቤት ትምህርቲ ቦታ ክረክብ ከኣለ። እቲ ቤት ትምህርቲ ብዳይረክተርነት መምህር ወልደሂይወት ቀለታ፡ መምህር ዑቕባይን፡ ሰዓዶ ሳልሕን ዝባሃሉ ድማ ስሩዕ ትምህርታዊ መደቡ ይጅምር።

ኣብ ቀጽሪ ቤት ትምህርቲ ቃልሲ ከስላ ብተንኮበት ዝተሰርሑ ተወሰኽቲ ክፍልታት ዘመልክት፣ 1990 ዝተወስደ ስእሊ

እዚ ከምዚ ኢሉ እናኸደ እንከሎ፡ እቲ ውድብ ገንዘባዊ ትሕዝትኡ ክዋሓዶ ይጅምር እሞ ደሞዝ መማህራን ኣብ ምኽፋል ጸገማት የጋጥሞ። ነዚ ሕጽረት ናይ ገንዘብ ኣብ ግምት ብምእታው እቶም ኣብ ቤት ትምህርቲ ዩነስኮ ዝምህሩ ዘለዉ መማህራን ገለ ክሕግዙ ይኽእሉ ይኾኑ እዮም ካብዝብል ሓሳብ፣ ድራር ከይዱ ነቶም ኣብቲ ሓድሽ ቤት ትምህርቲ ዝምህሩ ዘለዉ መማህራን ደሞዝ ዝኸውን ሐገዝ ገንዘብ ንኸበርክቱ ይውከሶም።ይኹንበር፡ ገለ ካብኣቶም ማለት መምህር ማሕሙድ እብራሂምን መምህር መሓመድ ኼርን "ብቐደሙ! ንስኻን ምክኤል ጋብርን ቤት ትምህርቲ ክትከፍቱ ክትጓየዩ ከለኹም ገንዘብ ከይሓዝኩም ዲኹም ከፊትኩማ" ክብሉ፡ ኣቐዲሙ ኣብ መደብ ክኣቱ ዝነበሮ ሓሳብ ግን ከኣ፡ ተስፋ ዘቑርጽ ዝመስል መልሲ ምስደርበይሉ ዘንቀሎ ናይ ወፈያ ምሕታት መደብ ገዲፍዎ ይምለስ። ድሕርዚ ምስ ሚክኤል ጋብር ተራኺቦም ዘጋጠሞ ነገራት ይሕብሮ። ሚክኤል በዚ ከይትሰናበድ ድሓን ፍታሕ ክንረኽበሉ ኢና፡ ብምባል ናብ ኣቦይ ዓንደብርሃን ጥሉቕ ከይዱ ኩነታት ናይቲ ሓድሽ ቤት ትምህርቲ ኤርትራውያን ብዝርዝር ምስ ሓበሮም፡ ኣቦይ ዓንደብራሃን ምስቶም ኣብቲ ከተማ ዝነበሩ ሃብታማት ነጋዶ ኤርትራውያን ሌላን ዕርክነትን ስለዝነበሮ በቲ ሓደ ሸነኽ፡ በቲ ካልእ ሸነኽ ድማ መብዛሕትኦም ስሩዓትን ተደናገጽትን ተጋድሎ ሓርነት ኤርትራ ስለዝነበሩን ኣንጻር ዕልዋ ራሳይ ብምዃኖምን፡ ንመሓመድ ኣድጎይ ዝተባህለ ነጋዳይ ረኺቡ ነቲ ኩነታት ይገልጻሉ። ሽዑ በቲ ዝተሓበሮ መጠን ድራር ናብ መሓመድ ኣድጎይ ክኸይድ ይሕበሮ። ብዝተዋህበ ሓበሬታ መሰረት ድራር ይኸይድ እሞ፡ መምጽኢኡ ምኽንያት ደጊሙ ይገልጸሉ። መሓመድ ኣድጎይ ብሸነኹ፡ "በል ሕጂ ናብ መሓመድ ሓሰን ብፌጌታ ዝብል መጸውዒ ኣብ ኤርትራውያን ዝፍለጥ፡ ኪድ እሞ ንሱ እቲ ገንዘብ ክህበካ እዩ ተዘራሪብናሉ ኣለና" ይብሎ። በዚ መሰረት ምስ ኣቶ መሓመድ ሓሰን ፍጌታ ኣብ ገዝኡ ተራኺቦም ካብ መሓመድ ኣድጎይ ተላኢኹ ዝመጾ ሰብ ምዃኑ ምስሓበሮ፡ እተን ንደሞዝ መማህራን ዘድልያ ዝነበራ ገንዘብ ኣረከቦ።

በቲ ሽዑ ዝነበረ ክብሪ ገንዘብ ዳርጋ ናይ 10 መማህራን ደሞዝ በብ20 ጂኔ ንሓደ ሕሳብ፣ 200 ጅኔ ደሞዝ መማህራን ናይ ሓደ ወርሒ ብኣቦና መሓመድ ፍጌታ ተኸፊሉ። በዚ ሰናይ ግብሮም ድማ ንሰለስቲኦም ኣቦታት ብስም ተመሃሮ ቤት ትምህርቲ ቃልሲ ንዝክሮምን ነመስግኖምን ኣለና። ድሕሪዚ ንዘይመውት ፈውሲ ኣለዎ ከምዝባሃል ብመንገዲ መሓሪ ተስፋማርያም ብዝተገብረ ርክብን ጻዕርን፡ ሓንቲ ካብ ግብረ-ሰናይ ትካላት ናይ ሆላንድ ማሕበር ንመጀመርታ ግዜ፣ $12,500 ዶላር ኣመሪካ ዝኣክል ሓገዝ እቲ ቤት ትምህርቲ ተረኺቡ፡ ቤት ትምርቲ ብዘይስክፍታ ክትካየድ ጀመረት። ስዒቡ ስውእ ሓድጉ ገብረትንሳኤ ካብ ከይድዎ ዝነበረ ሕክምናዊ መገሻ ተመሊሱ ሓላፊ ቤት ትምህርቲ ኰይኑ ንዝጸንሖ ሓላፍነት ተረኪቡ፡ ብተሓባባርነት ድራር ክሳብ ሓምለ 1983 ቤት ትምህርቲ ክትካየድ ጀመረት።

ብጸጋም ደው ኢሉ ዘሎ ተጋዳላይ እድሪስ እስማዒል፣ ብየማን ኮፍ ኢሉ ዘሎ ድማ ሓርበኛ ስዉእ መምህር ሓድጉ ገብረትንሳኤ ምስ ተማሃሮ ቤት ትምህርቲ ቃልሲ

ኣብዚ እዋንዚ ግን እቲ ኣብ መንጎ ተጋድሎ ሓርነት ኤርትራ ሰውራዊ ባይቶን ህዝባዊ ሓይልታት ሓርነት ኤርትራን ኣብ መወዳእታ ወርሒ ናይ 1982 ተበጺሑ ዝነበረ ስምምዕ፡ ኣብ ተግባር ንምውዓል ሓባራዊ መደባት ተሰሪዑ ኣብ ምስልሳል ተጀሚሩ ስለዝነበረን፡ ህዝባዊ ሓይልታት ሓርነት ኤርትራ ሽንኸ ውስማን ሳልሕ ሳበ ኣብ ሱዳን ብዙሕ ኣብያተ ትምህርቲ እኳ እንተነበሮም፡ ብፍላይ እቲ ኣብ ከሰላ ዘመሓድርዎ ዝነበሩ ኣብያተ ትምህርቲ ኣብ ዳሳት ጸሓይን ንፋስን እናተውቕዑ ኢዮም ተመሃርኦም ይማሃሩ ነይሮም። ኣብዚ ክዝንጋዕ ዘይብሉ፡ ኣብ ቤት ትምህርቲ ቃልሲ ዝነበሩ መማህራንን ምምሕዳሩን ኣባላትን ሰሩዓትን ተሓኤ

-ሰውራዊ ባይቶ ክኾኑ እንከለዉ፡ ገንዘባዊ ዓቕሚ ግን ብሸነኽ እቲ ኣብ ስምምዕ ዝኣተወ ካልኣይ ውድብ ክሸፈን ይጅምር። ይኹንበር፡ ገና እቲ ናይ ምብሓት ሕልምን ባህግን ካብቶም ካልኦት መሪሕነታት ዝተፈልየ ብዘይምንባሩን ደሞዝ መማህራን ምኽፋል ካብ ኢድና ካብ ኮነ ኣበይ ከይበጽሑ ካብዝብል ተበጊሶም፡ ንሓላፊ ናይቲ ቤት ትምህርቲ ዝነበረ፣ ስውእ ሓድጉ ገብረትንሳኤ ጸዊዖም፡ "እታ ቤት ትምህርትኹም ዓጽኹም፡ ኣብዚ ናትና ናይ ግዜ ምሸት ከምዝመሃሩ ግበሩ" ዝብል ትእዛዝ ሃብዎ። ተጋዳላይ ሓድጉ ገብረትንሳኤ በቲ ዝተዋህበ ትእዛዝ ተገሪሙ፡ ምስ ኢብራሂም መሓመድ ዓሊ ንምዝርራብ ይራኸብ። ምኽንያቱ ኣብቲ እዋን'ቲ ኢብራሂም መሓመድ ዓሊ ፖለቲካዊ ሓላፊ ናይቲ ዝሰመረ ውድብ ኢዩ ተመዲቡ ዝነበረ። ስዉእ ሓድጉን እብራሂም መሓመድ ዓልን ብዛዕባ'ዚ ድሕሪ ምዝርራብ፡ ኲነታት ኣብያተ ትምህርቶም ኣጸቢቑም ይፈልጡ ስለዝነበሩን፡ ብልጫታት ቤት ትምህርቲ ቃልሲ ኣብ ግምት የእትዮም፡ ብሜላ ካብቲ ውሳኔ ዝገላገልሉ መንገዲ ክምህዙ ግድነት ነይሩ። ኣብ ዝርርቦም ዝበጽሑዎ መዋጽኦ ድማ፡ "ቤት ትምህርቲ ቃልሲ መብራህቲ ኣለዎ፡ በዚ መሰረት ክሳብ ሰዓት ሸውዓተ ናይ ምሸት ይምህር እዩ፡ ንሕና ናብቲ ዝባሃል ዘሎ ቤት ትምህርቲ ክንግዕዝ ሽግር የብልናን፡ ክንከይድ ንኽእል ኢና። እንተኾነ ግን፡ እቲ ተካይድዎ ዘለኹም ቤት ትምህርቲ መብራህቲ የብሉን። ስለዚ ጀነረይተር ክትገብርሉ ትኽእሉ እንተዳኣ ኰንኩም ጸገም የለን ናብኡ ክንከይድ ንኽእል ኢና ዝብል መልሲ ንኽዋሃቦም ተሰማምዑ። ምምሕዳራዊ ትእዛዝ ኣብ ልዕሊ እቲ ሓድሽ ዝተኸፍተ ቤት ትምህርቲ ከካይዱ ዘኽእሎም ዘሎ ቀንዲ ምኽንያት ድማ፣ እቲ መካየዲ ባጀት ንሶም ይኸፍልዎ ስለዘለዉ ምዃኑ ርዱእ ገርካ ክውሰድ ተመልከቱ።

ስውእ ሓድጉ ዝተበጽሐ መልሲ ንምሃብ ንበይኑ ክኸይድ ስለዘይመረጸ ምስ ድራር ብሓንሳብ ይኸድዎም። ሽዑ ኣብቲ ዝርርብ ሓድጉ በቲ ምስ ብጻይ እብራሂም ዝተሰማምዕሉ ነጥብታት መሰረት " ንሕና ናብቲ ናትኩም ክንግዕዝ ምንም ሽግር የብልናን ግን ንሕና ክሳብ ሰዓት 7፡00 ናይ ምሸት ኢና ንጸንሕ፣ ኣብ ዘለናዮ ቤት ትምህርቲ ከኣ መብራህቲ ኣሎና። ስለዚ ንስኹም መብራህቲ ወይ ጀነረተር ክትገብሩልና ትኽእሉ እንተኰንኩም ሎሚ ንግዕዝ" ክብል መልሱ የጠቓልል። ነዚ ዝተዋህበ መልሲ ድሕሪ ምስማዕ ብሸነኽ ሓለፍቲ ቤት ትምህርቲ ህሓሓኤ ይብሉ፡ ብሓደ ሸነኽ ነቲ ዝቐረበሎም ሕቶ ናይ መብራህቲ ክገብርዎ ከምዘይክእሉ ስለዝተረድኡ ክኸውን ይኽእል ይኸውን፡ በቲ ካልእ ሸነኽ ድማ፡ ዘይተጸበይዎ እወንታዊ መልሲ ብምርካቦም ትእዛዞም ዝኸበረ ኰይኑ ተሰሚዕዎም'ውን ክኸውን ስለዝኽእል፡ "እምበኣር ደሓን ኣብዘለኹሞ ቤት ትምህርቲ ጽንሑ" ዝብል መልሲ የቕርቡ።

በቲ ኻልእ ሸነኽ ተጋድሎ ሓርነት ኤርትራ ሰውራዊ ባይቶ እትውንኖን እተካይዶን ቤት ትምህርቲ ቄይሙ ኣገልግሎቱ ምስ ጀመረ፡ እቲ ምስ ጉጅለ ዕልዋ ራሳይ

ዝነበረ ግርጭትን ምትህልላኽን ውዑይ ስለዝነበረ፡ ምምሕዳር ክፍሊ ትምህርቲ ተጋድሎ ሓርነት ኤርትራ ሸነኽ ዕልዋ ራሳይ ነታ ቤት ትምህርቲ ከነዕጽዋ ኣሎና ዝብል ኣብ ምትህልላኽ ዝተመስረተ ርእይቶ ኣልዒሎም ክንቀሳቐሱ ጀሚሮም ከምዝነበሩን ናብቲ ሽዑ ኣባል ፈጻሚት ሽማግለን ሓላፊ ክፍሊ ትምህርትን ኰይኑ ዝተመደበ ኣቕሪቦምን ነይሮም እዮም። ይኹን'ምበር፡ ሓላፊ ምምሕዳር ክፍሊ ትምህርቲ ዝነበረ ነፍሰ-ይምሃር መምህር ሳልሕ መሓመድ ማሕሙድ "ንሕና፡ መንእሰይ ኤርትራ ክመሃር እንዲና ንደሊ፡ ንሱ እንተዳኣ ኾይኑ ዕላማና መን ይምሃርን ኣበይ ይማሃርን ብዘየገድስ ትምህርቲ ክስፋሕፋሕ ኣለዎ። ስለዚ ነዛ ቤት ትምህርቲ እዚኣ ሎሚ ኮነ ጽባሕ ከነዕጽዋ ኢልና ክንጽዕር ኣይግባእን። ግደፍዋ ትቐጽል" ምስበሎም፡ ንምዕጻዋ ዝፈተንዎ ምንቅስቓስን ዝነበሮም ርእይቶን ከቋርጽዎ ተገደዱ።

መምህር ማሕሙድ መሓመድ ሳልሕ ኣቦ መንበር ክፍሊ ትምህርቲ ዝነበረ እውን፡ ብዝተኻየደ ዕልዋ ኣዝዩ ጉሁይን ፈጺሙ ዘይተቐበሎን ብምንባሩን፡ ኣብ ትምህርቲ ብዝነበሮ ኣወንታዊ ኣረዳዳኣ፡ ቅድሚ ዕልዋ ራሳይ ኮነ ድሕሪኡ ከም ሓላፊ ምምሕዳር ክፍሊ ትምህርቲ ምስኡ ተዓቂቡ ዝነበረ ንብረትን ሰነዳትን ማሕተምን ናይ ኩለን ብተጋድሎ ሓርነት ኤርትራ ዝካየዳ ዝነበራ ኣብያተ ትምህርቲ ንተጋዳላይ መሓመድ ብርሃን ብላታ "ኣብያተ ትምህርቲ ንስኹም ኢኹም ክትቅጽልዎ እትኽእሉ" ብዝብል ቃል ኣረኪቡዎስ ክሳብ መጠረስታ ይሰርሓሉ ምንባሩ ዝዝከር እዩ።

ብጽሖት ጉኒላ ሌላ ካብ ሽወደናዊ ማሕበር ኤርትርያን ጉናፕን ኣብ 1991

ቤት ትምህርቲ ቃልሲ ክሳብ ሻድሻይ ክፍሊ እትምህር ዝነበረት ኮይና ብዝሒ ተመሃሮ ካብ ዓመት ናብ ዓመት ዝፈላለ እኳ እንተነበረ፡ ብገምጋም ግን ዓመታዊ ልዕሊ 350 ዝኣኽሉ ተመሃሮ ነይሮም። እቶም ሻድሻይ ክፍሊ ዝወድኡ ተመሃሮ

ኣብ ናይ ዩ.ኤን.ኤች.ሲ.ኣር (UNHCR) ናይ መልቀቒ ፈተና ወሲዶም ዝሓለፉን ናይ ካልኣይ ደረጃ ትምህርቶም ዝቐጸሉን ዝወድኡን ብዙሓት ነይሮም። ክሳብ እቲ መንግስቲ ሱዳን ኣብ 1991 ንምንቅስቓስ ፖለቲካዊ ምንቅስቓሳት ውድባት ዝዓገተሉን ንብረቶም ዝራሰየሉን እዋን ድማ ኣገልግሎታ ትቕጽል ነይራ።

ምምስራት ቤት ትምህርቲ ወድሸሪፈይ

ቤት ትምህርቲ ወዲ-ሸሪፈይ ሓንቲ ካብተን ኣብ ስደት ዝተመስረታ ኣብያተ ትምህርቲ እያ። እዛ ቤት ትምህርቲ እዚኣ ኣብ 1984 ዓ.ም ክትምስረት እንከላ ምስቲ ኣብቲ እዋን'ቲ ብዝሒ ዋሕዚ ስደተኛታት ኤርትራውያንን ምቛም ሓድሽ መጽንሒ/መሰጋገሪ መደበር ስደተኛታት ቀጥታዊ ምትእስሳር ነይርዋን ገናውን ኣለዋ። መደበር ስደተኛታት ወድ ሸሪፎይ ኣብ ምብራቕ ሱዳን 10 ኪሎ ሜትር ካብ ከተማ ከሰላ፡ 8 ኪሎ ሜትር ድማ ካብ ዶብ ኤርትራ ርሒቓ ትርከብ። ኣብዚ ሓድሽ መደበር ስደተኛታት'ዚ ኣብቲ ኣዋን'ቲ ክሳብ 50,000 ዝኣኽሉ ስደተኛታት ነይሮም። ምስቲ ዝነበረ ብዝሒ ናይ ትምህርቲ ዕድመ ዝበጽሑ ህጻውንትን ንትምህርቲ ዝኸውን ዓቕምታት ህዝብናን ተጋድልኡን ክመዛዘን እንከሎ፡ ብዘይካ ተስፋን ጽንዓት ናይ ቃልስን እምነት ህዝብን ካልእ ዝኾነ ይኹን ትሕዝቶ ኣብዘይነበረሉ እዋን እዩ ተመስሪቱ። ንኣጀማምራ ቤት ትምህርቲ ወድ-ሸሪፎይ ድሕሪ ነዊሕ ዓመታት ብምዃኑን ካብ መበገሲኡ ሰነዳት ርሒቕናን ኣብዘለናሉ እዋን ንጅምሮ ብምህላውና ብዙሕ ዝሓጽረና ነገራት ከምዝህሉ ርዱእ ኾይኑ፡ ኣብ 1984 ናይ ትምህርቲ ዓመት ገለን ኣብ ጸሓይን ንፋስን ገለ'ውን ብኣረጊት ቴንዳን ተንኮበትን ካሻን ብዝተሸፈነ መጽለሊ፤ ከምኡ'ውን ብሓልዮት ሓድነት ማሕበራት ቀይሕ መስቀልን ቀይሕ ወርሕን ኤርትራ ዝጀመረ ቤት ትምህርቲ ኰይኑ ኣገልግሎቱ ዝቐጸለ እዩ።

ንባዕሉ ቀይሕ መስቀልን ቀይሕ ወርሕን ኤርትራ፡ ኣብ 1975 ዓ.ም ብጻዕሪ ተጋድሎ ሓርነት ኤርትራ ዝቐመ፡ ኣብ ሜዳ ኤርትራ ኣገዳሲ ማሕበራውን ፖለቲካውን ዲፕሎማስያውን ዝምድናታት ንኸረጋግጽ ካብዝሓገዙ ሓውሲ ናጻ ዝኾነ ማሕበር እዩ ነይሩ። ኣብ ሜዳ ንዘጥረዮ ማሕበራዊ ኣገልግሎትን ኣብ ህዝቢ ብዝነበሮ ተገዳስነት ድማ'ዩ ኤርትራዊ ኣብ ስደቱውን ክሕገዝን ክመሃርን ከምዘለዎ ብምእማን፡ ምስቲ ናይ ተጋድሎ ሓርነት ኤርትራ ናብ ሰለስተ ክንፍታት ምክፍፋል ብዘሳኒ “ሓድነት ማሕበራት ቀይሕ መስቀልን ቀይሕ ወርሕን” ብዝብል ሓድሽ ስም ተሓዲሹ፣ ሒዝዎ ዝጸንሐ ዕላማታት ብምቕጻል ኣብ ወድ-ሸሪፎይ ሓደ ቤት ትምህርቲ ንኽህሉ ጽዒሩን ተቓሊሱን።

ቤት ትምህርቲ ወድ-ሸሪፎይ ብስሩዕ ዘይኰነስ፤ ብ1984 ዓ.ም ኣብ ጥራሕ ጐልጐል ክጅመር እንከሎ፡ ምሉእ ተሳትፎን ተሓባባርነትን ኣባላት ተጋድሎ ሓርነት ኤርትራ ሰውራዊ ባይቶ ነይርዎ። ሰናይ ድልየትን ተወፋይነትን ኣባላት ውድብ ስለዝተሓወሶ ድማዩ ጸጥትኡ ዝተሓለወ፡ ንደሞዝ መማህራን ዝኸውን

ገንዘብ ከይተሸገረ ብወለንታዊ ጉልበት ንነዊሕ ዓመታት ክካየድ ዝኻኣለ። ኣብዚ ወለንታዊ ስራሕ'ዚ ኤርትራውያን ኣብ ዓውደ ትምህርቲ ምስታፍ እንተዘይኰይኑ፡ ካልእ ረብሓ ዘይነበሮም ምምህርና ከም ውራዮም ወሲዶም ግዲኦም ካብዘበርከቱ ተጋደልቲ ኣባላት ተጋድሎ ሓርነት ኤርትራ ሰውራዊ ባይቶ ገለ ንምጥቃስ፡ ኣለም ተኸላኣብ፡ ኣሕመድ ዳሊ፡ ዓሊ ዓምር፡ ገብረሚካኤል ሃይለ/ወዲሃይለ፡ መንግስተኣብ ተስፋይ፡ ገነት ሃብተገርግስን ስዉእ የማነ ኢሳያስን ታሪኽ ቤት ትምህርቲ ወዲ-ሽሪፎይ ካብዝዝክሮም ዜጋታት እዮም።

ዕላማታት ምቛም ቤት ትምህርቲ ወድ-ሽሪፎይ

ከምቲ ኣቐዲሙ ዝተጠቕሰ፡ ብሰሪ ኣብ ሜዳ ኤርትራ ዝነበረ ውግእ ሕድሕድን ኣብ 1982 ኣብ ኤርትራ ዝወረደ ሓያል ሓደጋ ጥምየትን/ዓጸቦን ብኣሽሓት ዝቑጸር ኤርትራዊ ዜጋ ንሱዳን ምስዳዱ ርኢና ኔርና። ሽግር ኤርትራውያን እንዳባኣስ ስለዝኸደ ዋሕዚ ስደት'ውን ካብ ቁጽጽር ሱዳናውያን ንላዕሊ ኣብዝኾነሉ ግዜ

ክሳብ ፕረሲደንት ሕቡራት መንግስታት ኣመሪካ ኣቶ ጆርጅ ቡሽ ኣብ 1984 ዓ.ም ኣብ መደበር ስደተኛታት ወዲ-ሸሪፎይ ብጽሖት ዝገበርሉን ኩነታት መነባብሮ ስደተኛታት ተኸታቲሎም ሓገዞም ክዛይድ ምኳኑ ቃል ዝኣተውሉን እዋን እዩ ነይሩ። ኣብ ከምዚ ዝኣመሰለ ኩነታት ድማ እዩ ኣብ ወድ-ሸሪፎይ ንኤርትራውያን ዝኸውን ቤት ትምህርቲ ንምስራሕ ኣገዳሲ ዝኾነ።

መበገሲ ዕላማ ምቛም ቤት ትምህርቲ ወድ-ሸሪፎይ እምባኣር፡

1. ነቶም ብሰንኪ ዝተፈላለየ ምኽንያታት ሃገሮምን መነባብራኦም ገዲፎም ንስደት ዘምርሑ ስድራታት፡ ደቆም ዝነበሮም ናይ ትምህርቲ ዕድል ኣቋሪጾም ኣብ ሓድሽ ናብራን ሃገርን ብምእታዎምን ናይ ትምህርቲ ዕድሎም ንኸቕጽል ስለዝተደልየ፡

2. ኤርትራውያን ኣብ ስደቶም፡ ኩሉ ዓይነት ትምህርቲ ብኤርትራዊ ስርዓተ ትምህርቲ ክምልመሉን ኣብ ጉዳይ ሃገሮምን ባህሎምን ውርሻን ተገዳስነትን ንኸህልዎም፡

3. ወለዲ ብሰሪ ስእነት ንመምሃሪ ደቆም ዝኸውን ገንዘብ፡ ህጻውንቲ ኣብ ገዛ ተዓጽዮም ካብ ትምህርቲ በኹሮም ሓዲግ ንኸይተርፉ፡

4. ዝቐርብ ዓይነት ትምህርቲ ካብ ሃይማኖታዊ ጸጊዓት ነጻ ኰይኑ፡ ትግርኛን ዓረብኛን ወግዓውያን ናይ ትምህርቲ ቋንቋታት ኰይኖም ክሳብ 6ይ ክቕጽሉ እንከለዉ፡ ንዝሰፍሐ ዓውደ ፍልጠትን ኣብ መጻኢ ምስ እንግሊዘኛ ዝተኣሳሰር ኣህጉራዊ ተቐባልነት ዘለዎ ትምህርቲ ክካየድ ተደላይነት ስለዝነበሮን፡

5. ብመሰረቱውን፡ ኤርትራውያን ስደተኛታት ኣብ ናይ ሱዳናውያን ቤት ትምህርቲ ንኽኣትዉ ዝነበረ ዕድል ዝጸበበ ብምንባሩን፡ ምስቲ ዝነበረ ብዝሒ ሓደስቲ ሰተኛታትውን ንኹሎም ዝኸውን ቤት ትምህርቲ ክርከብ ስለዘይካኣልን፡

6. ወለዲ ደቆም ንከተማታት ሰዲዶም ከምህርዎም ስለዘይኸእሉ፡ ኣብ ቀረብኦም ናይ ኤርትራውያን ቤት ትምህርቲ ምህላው ኣገዳስነቱ ስለዝተራእየን ኢዩ ቤት ትምህርቲ ወድ-ሸሪፎይ ክቐውም ዝተደልየን ዝተጻዕረሉን።

ኣብ ምቛም ቤት ትምህርቲ ወድ-ሸሪፎይ ግደ ሓድነት ማሕበራት ቀይሕ መስቀልን ቀይሕ ወርሕን ኤርትራ ኣብ ብዙሕ ከፋፊልካ ክረኤ ዝግባእ እዩ።

እቲ ቀዳማይ ክፋል ናይቲ ጻዕሪ፡ ንቤት ትምህርቲ መስርሒ ዝኸውን መሬት ንምርካብ ዝተገብረ ጻዕሪ ክኸውን እንከሎ፡ ምስ ዋንነት መሬት ኣብ ሱዳን ዝተኣሳሰር ኰይኑ፡ ናይቶም ኣብቲ ከባቢ ዝነብሩ ሱዳናውያን መውፈሪ ጥሪትን ናኣሽቱ ናይ ሕርሻ ማእቶትን ዘካተተ ብምንባሩ ካብ ናይ ህዝቢ ፍቓድን ስምምዕን ወጻኢ ቤት ትምህርቲ ክስራሓሉ ዝኽእል ቦታ ኣይነበረን። ብሓቂ እቲ ብህዝቢ ዝቐርብ ምኽንያታት ክትርእዮ እንከላኻ ቅቡል ዝገብሮ መርትዖታት ነይርዎ እዩ።

ንምንታይሲ፡ ሓደ ቤት ትምህርቲ ክስረት ከሎ ክሳብ መኣስ ከገልግል ከምዝኽእልን ኤርትራውያን ስደተኛታት መኣስ ናብ ሃገሮም ናይ ምምላስ ዕድል የጋጥሞም ዝግመትን ዝፍለጥን ናይ ግዜ ገደብ ኣብርእሲ ዘይምንባሩ፡ ዋላውን ድሕሪ ምምላስ ኤርትራውያን ስደተኛታት ናብ ሃገሮም እቲ ቦታ እንታይ ክኸውን እዩ ዝብል ሕቶ ዝምልስ ብዘይምንባሩን ኣብ ተቖማጦ ናይቲ ቦታ ስግኣትን ኣብያን ከምጽእ ግድን ነይሩ።

ይኹን'ምበር፡ ድሕሪ ነዊሕን ከቢድን ጻዕሪ ላዕለዎት መራሕቲ ማሕበርን ኣባላት መሪሕነት ተሐኤን ምስ ወታሃደራዊ ሓላፊ ምብራቓዊ ሱዳን ዝነበረ ጀነራል ብምርኻብ ነቲ ናይ መሬት ጸገም ዝፍታሓሉ መንገዲ ክርከብ ኣብ ሓድሽ መደብ ተኣትወ። መንገዲ ምስ ወዲ ዓዲ፡ ከምዝባሃል ድማ። እቲ ወታሃደራዊ ሓላፊ ብዝነበሮ ቦታን ተሰማዕነትን ነቶም ዋናታት ናይቲ ዝድለ ዝነበረ ቦታ ብመንገዱ ኣዕጊቡን ኣታኣማሚኑን ንቤት ትምህርቲ ዝኸውን ቦታ ከምዝፍቀድ ተገብረ።

ካብዚ ሓሊፉ መሬት ናይ ህዝቢ ካብ ዋናታቱ ብጥርሑ ወሲድካ ክትግልገለሉ ከምዘይግባእ ዝተፈልጠ ኰይኑ፡ ሓድነት ማሕበራት ቀይሕ መስቀልን ቀይሕ ወርሕን ኤርትራ ውሑድ ድዩ ብዙሕ ብዘየገድስ ኣምሳያ ናይቲ ቦታ ክኸፍል ግን ግድነት ነይሩ። እቲ ንቤት ትምህርቲ ዝኸውን ቦታ እንኳዕ ደኣ ብስምምዕ ናይቲ ዋንኡ ዝኾነ ህዝቢ ተረኽበ እምበር፡ ዝኸፈል ዋጋ ናይቲ መሬት ኣብቲ ዝቐረበ ፕሮጀክት ባጀት ናይ ቤት ትምህርቲ እትዊ ነይሩ። ኣብዚ እቲ ጽዕሪ ዋላ'ኳ ብማሕበርን ብውድብን ዝግለጽ እንተኾነ ግደን ተራን ውልቀ ኣባላት ማለት ግደን ጻዕርታትን ናይ ዶክ. የሱፍ ብርሃኑን ዶክ. ሃብተ ተስፋማርያምን ኣገዳሲ ኣበርክቶ ነይሩ።

ብዘይካ'ዚ፡ እቲ ካልኣይ ንቤት ትምህርቲ መስርሒ ዝኸውን መሬት ንምርካብን ዝቐውም ቤት ትምህርቲ ንኤርትራውያን ስደተኛታት ብምዃኑ፡ ብኤርትራዊ ስርዓተ-ትምህርቲ ንኽካየድ ዝህልዎ ተቐባልነት ንምጥራይን ምስ ሓለፍቲ ክፍሊ ትምህርቲ ኣውራጃ ከሰላ ዝተገብረ ርኽክብ እዩ ነይሩ። ብዝያዳ ነዚ መዳይዚ ዝከታተል ዝነበረ ድማ ስውእ ምክኤል ጋብር እዩ ነይሩ። ኣብ 1986-1987 ንሙባረክ ኣዝረግን ዑስማን ወሃጅን ዝተባህሉ ሓለፍቲ ክፍሊ ትምህርቲ፤ ስውእ ምክኤልን ድራርን ብዛዕባ እቲ ኣብ ወዲሸሪፈይ ቤት ትምህርቲ ንምስራሕ ዘሎ መደብን ንዕኡ መስርሒ ዝኸውን መሬት ንምርካብ ኣጋጢሙ ዝነበረ ጸገምን ነቶም ደቂ እቲ ቦታ ረኺብካ ኣብ ምዕጋቦምን በቲ ሓደ ሸነኽ፡ ፍቓድ ንምርካብ ድማ በቲ ካልኣይ ሸነኽ ዝኸይድ ዝነበረ መስርሕውን ነይሩ እዩ። ዑስማን ዎሃጅ ነቲ ሓሳብ ተቐቢሉ "ኣነ ነዚ ሓሲብክሞ ዘለኹም ቤት ትምህርቲ ንምዕዋት ኵሉ ዝኽእሎ ክገብር ኢየ፣ ዋላ ነቶም ደቂ እቲ ቦታ እውን እንተኾነ ባዕለይ ረኺበ ከዕግቦም ክፍትን ኢየ" ኢሉ ምሉእ ምትሕብባሩ ኣረጋገጸ። ብርግጽ ድማ ኵሉ'ቲ ካብኡ ዝድለ ርኽክባትን ፍቓድን ስለዝተማልአ ተወሳኺ ደገፍ ኣብ ህንጸት ቤት ትምህርቲ ወድ-ሸሪፎይ ኰይኑ ክትጀምር ተገብረ።

እቲ ካልኣይ መስርሕ ናይቲ ምድላው ድማ፡ ንዘበገስካዮ መደብ ስራሕ ክዉን ንምግባር፡ ብሓቅታት ዝተሰነየ ጽሑፋዊ ፕሮጀክት ኣዳሊኻ ናብቶም ነዚ ኣብ ምህናጽ ዝብገስ ዘሎ ቤት ትምህርቲ ብገንዘብን ብነገራዊ ትሕዝቶን ክሕግዝዎ ዝኽእሉ ናይ ረዲኤት ማሕበራት ዝሕብር ጽሑፍ ምድላው ኣድላዪ ስለዝነበረ፣ ንህንጻት ቤት ትምህርቲ ዘድሊ ነገራት ዝርዝሩን ዋግኡን ተማሊኡ ንኽቐርብ ዝገበረ ነፍሰ-ይምሃር ዶክ. በየነ ኪዳነ ነይሩ።

እቲ ሳልሳይ ክፋል ናይቲ ጻዕሪ ድማ። እቲ ዝወጸ ፕሮጀክት ካብ ዓቕሚ ኣብ ስደት ዝርከቡ ኤርትራውያን ንላዕሊ ብምንባሩን ቀጻልነት ሃልይዎ ንነዊሕ ዓመታት ዝጠመተ ሓገዝ ንኽረክብን ኣብ ዝተፈላለያ ማሕበራትን ትካላትን ሃገራት ኤውሮጳ ኣብጺሕካ ተቐባልነት ክትረክብ ዝተገብረ ድኻም እዩ ነይሩ። ኣብዚ ክንግንዘቦ ዝግባእ ነገር እንተሎ፣ ኣብ ሐደ ሓባራዊ ዕማም ናይ ዝተፈላለዩ ሰባት ጻዕርን ክእለትን ኣዋሃሂድካን ተማላሊኢ ገርካ ምውሳድን ክሳብ ክንደይ ኣዐዋቲ ምዃኑ ክንኣምን ከምዝግባእ እዩ። ኣብዚ ሸነኽ'ዚ ሓው መሓሪ ተስፋማርያም ወኪል ማሕበር ኣብ ኤውሮጳ ዝነበረ፡ ብፍላይ ኣብ ናይ ሆላንድ ዘይመንግስታዊ ማሕበራት ብዝገበሮ ከቢድ ቃልሲ ክዕወት ብምኽኣሉ እኩብ ድምር ናይቶም ኣብ መስርሕ ዝጽዓሩ ኣሕዋት እያ፥ ቤት ትምህርቲ ወድ-ሸሪፎይ ክትህነጽን ክትሕገዝን ዝበቕዐት።

ስለዚ ድማዩ፡ ሓደ ቫስተን ኣከተ ዝተባህለ ግብረ ሰናይ ማሕበር ናይ ሆላንድ ትካል ነቲ ፕሮጀክት ተቐቢሉ መስርሕን ንቤት ትምህርቲ ዘድሊ ናውትን ዝኸውን ሓገዝ ስለዘበርከተ ቤት ትምህርት ወድ-ሸሪፎይ ብዝሰፍሐን ዘመናዊ ብዝኾነ ኣገባብን ክትህነጽ ዝጀመረት። ብሳላ ደገፍን መበገስን ናይዚ ማሕበርዚ ድማያ ቤት ትምህርቲ ወድ-ሸሪፎይ ክሳብዚ ዕለትዚ ኤርትራውያን ኣብ ስደት ካብዝሕበንሎም ኣብያተ ትምህርቲ ኰይና ብዙሓት መንእሰያት ኣብ መኣዲ ፍልጠት ኣብ ምምልማል ትርከብ ዘላ።

ምህናጽ ቤት ትምህርቲ ብዘመናዊ ኣገባብ

ቤት ትምህርቲ ወድ-ሸሪፎይ ክህነጸሉ ዝኽእል መሬት ንምርካብ ዝተኻየደ ጻዕርን ርኽክባት ምስ ሰበ-ስልጣን ሱዳንን ተገንዚብና ኔርና። እቲ ድኻም ብኸንቱ ስለዘይተረፈ ድማ ብስፍሓቱ ኮነ ብኣቀማምጥኡ ንቤት ትምህርቲ ዝኸውን ሰፊሕ ቦታ ክርከብ ተኻኢሉ። ብጠቕላላ ቤት ትምህርቲ ወድ- ሸሪፎይ ክሳብ 150 ብ75 ሜትር ስፍሓት ኣብዘለዎ መሬት እዩ ተደኲኑ። ሓደ ዘመናዊ ህንጻ ንምስራሕ ኣብእትሓስበሉ እዋን እቲ ብቐዳምነት ክስራዕ ዘለዎ ተደላይነት ድማ ማይ እዩ። ስለዝኾነ ቅድሚ ዝኾነ ይኩን ክስራሕ ዝነበሮ ናይ ማይ ዒላ ብምንባሩ፡ ካብ ቀጽሪ ናይቲ ቤት ትምህርቲ ውጽእ ኢሉ ናይ ማይ ዘመናዊ ዒላ ድሕሪ ምኹዓት ነቲ ቤት ትምህርቲ ዘድሊ ማይ ዘዋህልል ካብ ሓጺን ዝተሰርሐ ዓብዩ ገንኢ ከምዝትከል ተገብረ። ቀጺሉ እቲ ዒላ ህዝቢውን ክጥቀመሉ ኣገዳሲ ብምኳኑ፡

ዝፈሰሰ ማይ መንደቕ ኮነ ከባቢ ንኸየበላሹ ብስሚንቶ ዝተሰርሐ ጋብላ ዝመስል መውሓዚ ተዳለወሉ። ስለዚ እቲ ዒላ ንቤት ትምህርቲ ጥራሕ ዘይኰነስ ኣብ ከባቢኡ ዘሎ ህዝቢ'ውን ዝግልገለሉ ኮይኑ እዩ ተሃኒጹ።

መዋህለሊ ዝስተ ማይ ቤት ትምህርቲ ወድ-ሸሪፎይ ከህነጽ ከሎ

ካብዚ ቀጺሉ፡ ዋላኳ እቲ መሬት ንምርካብ እንተተኻኣለ፡ ገለ ካብቶም ናይቲ ከባቢ ህዝቢ ብመንፈስ ዘይተቐበልዎ ክነብሩ ስለዝኽእሉን፡ ዋላውን ኣብ ኤርትራውያን በቲ ዝነበረ ፖለቲካዊ ምትህልላኻትን ናይ መን ዓብለለ ስምዒትን ዕላማ ናይቲ ቤት ትምህርቲ ከየገደሶም ንጸይቂ ዝብገሱ ክርከቡ ስለዝኽእሉ፡ ድሒሩ ክስራሕ ዝነበሮ ምሉእ ቀጽሪ ናይቲ ዝተዋህበ መሬት መካብብያኡ ብመንደቕ ምስራሕ ጸጥታዊ ኣድላይነቱ ተራእዩ ተሰሪሑ።

ሓደ ክፋል ካብ መካበብያ ቤት ምህርቲ ወድ-ሸሪፎይ

እዚ ጥራሕ ዘይኮነ ብፍላጥን ብዘይፍላጥን ንኽርከብ ዝኽእል ሰብ ክገብሮ ዝፍትን

ዓብዪ ይኹን ንእሽቶ መሰናኽላትን ምብልሻውን ዝከታተል ሓደ ኣደም ዓንጃ ዝተባህለ ናይ ነዊሕ ዓመታት/ገዲም ተጋዳላይ ኣባል ተጋድሎ ሓርነት ኤርትራ ሰውራዊ ባይቶ ተመዲቡ ምንባሩ ክዝከር ይግባእ። ድሕሪዚ ምድላዋትዚ ድማዩ ህንጻ ክፍልታት ቤት ትምህርቲ ወድ-ሸሪፎይ ብዝግባእ ክስራሕ ዝተጀመረ። በዚ ከኣ ሽዱሽተ ዓበይቲ ክፍልታት ዝሓዘ ህንጻ፡ ሰለስተ ቤት ጽሕፈታትን መዕረፊ መማህራንን ዝኸውን፣ ክልተ ንብረት ቤት ትምህርቲ ዝዕቀበሉ መኻዚኖታትን ሸሞንተ ናይ ደቂ-ኣንስትዮን ናይ ደቂ-ተባዕትዮን ዝተፈላለየ ዓይኒ ምድርታት ዘለዎ ቤት ትምህርቲ ኲይኑ ስለዝተዛዘመ ኣብ ናይ 1988/1989 ዓ.ም ናይ ትምህርቲ ዓመት ንመጀመርታ ግዜ ካብ ራኩባን ብኣረጊት ቴንዳን ተንኮበትን ዝተሰርሐ መጽለሊ ናብ ዘመናዊ ህንጻ ቤት ትምህርቲ ዝተሰጋገረ።

ኣብ ምጅማር ናይዚ ዝተጠቕሰ ናይ ትምህርቲ ዓመታት፡ ቤት ትምህርቲ ወድ-ሸሪፎይ 780 ዝኣኽሉ ተመሃሮ ሒዙ እዩ ተበጊሱ። እቲ ቤት ትምህርቲ ካብ ቀዳማይ ክፍሊ ክሳብ ሻዱሻይ ክፍሊ ብኽልተ ዕላውያን ቋንቋታት ኤርትራ ዓረብኛን ትግርኛን ዝተዳለወ መጻሕፍቲ ኩሉ ዓይነት ትምህርቲ ክካይድ እንከሎ እንግሊዝኛ ከም ቋንቋ ካልኣይ ቦታ ሒዙ ክኸይድ ድሕሪ ምጽንሑ፡ ኣብ ሻውዓይን ሻሙናይን ክፍልታት ግን እንግሊዝኛ ቀዳማይ ቦታ ሒዙ ኩሉ ዓይነት ማህደረ ትምህርቲ ብእንግሊዝኛ ይካየድ። ምኽንያቱ ድሕሪ ሻሙናይ ክፍሊ ዝቕጽል ትምህርትን ተማሃራይን ኣህጉራዊ ተቐባልነት ዘለዎን ናብ ዝላዓለ ደረጃታት ዘሰጋግርን ክኸውን ስለዝግባእን እቲ ናይ መልቀቒ ፈተና ዝተዓወተ ተመሃራይ ኣብቲ ብሓልዮት UNHCR ዝካየድ ቤት ትምህርቲ ናይ ኤርትራውያን ስደተኛታት ቀዳማይን ካልኣይን ደረጃ ቤት ትምህርቲ UNESCO ናይ ምቕጻል ዕድል ክረክብ ስለዝኽእልን'ዩ።

ቤት ትምህርቲ ወድ-ሽሪፎይ፡ ቅድሚ ናብ ዘመናዊ ህንጻን ኣገባብን ምስግጋሩ፡ወለንተኛታት ኣባላት ተጋድሎ ሓርነት ኤርትራ ሰውራዊ ባይቶ ናይ ምምሃር ሓላፍነት ወሲዶም የካይድዎ ምንባሮም ርኢና ኔርና። ድሕሪ ብሓድሽን ስሩዕ ኣገባብ ምጅማሩን ዝስዓበ ብዝሒ ተመሃሮን ግን፡ ከምኡ ኢሉ ብዝነበሮ ክቕጽል ስለዘይኽእልን ነቲ ዝነበረ ጻዕቂ ተመሃሮ ኣብ ግምት ዘእተወን ብደሞዝ ዝሰርሑ መማህራን ክትክኡ ተደላይነት ነይርዎ። ብዘይካዚ ነቲ ቤት ትምህርቲ ክህነጽን ኤርትራውያን ስደተኛታት ህጻውንቲ ግቡእ ናይ ትምህርቲ ዕድል ንኽረኽቡን ምወላ ደገፉ ዝገበረ ናይ ሆላንድ ግብረ-ሰናይ ማሕበር'ውን፡ ዝለገሶ ሓገዝ ኣብ ዝተባህሎ/ዝተመደበሉ መዓላ ክውዕል ስለዝግባእን 24 ዝኣኽሉ ብደሞዝ ዝተቖጽሩ መማህራን ከምዝህልዉዎን ቅድሚ ቀትሪ ኮነ ድሕሪ ቀትሪ ኣብቲ ቤት ትምህርቲ ክምህሩ ብዝኽእሉ ኤርትራውያን ከምዘካይድ ተገብረ።

እቲ ካልኣይ ምምሕዳራዊ ምስግጋር ድማ፡ ናይ ወለዲ ተሳትፎ ኣብ ምምሕዳር ቤት ትምህርቲ ኰይኑ፡ ንህዝብን ተሳትፍኡ ኣብ ምምሕዳር ናይቲ ቤት ትምህርቲ እትውክል ሽማግለ ክትህሉ ዝተገብረ መደብ እዩ ነይሩ። ቅድሚ ምቛም ሽማግለ ግን ኩነታት እቲ ኣብ መደበር ስደተኛታት ወድ-ሽሪፎይ ዘሎ ህዝቢ ምግንዛቡ ስለዝግባእ፡ ዋላ'ኳ ምስቲ ዝነበረ ወታሃደራዊ ሚዛን ሓይሊ ናይ ሜዳ ኤርትራ ምቅይያራት ዘርኣየ እንተነበረ፡ መብዛሕትኡ ዳርጋ ካብቲ ኣብ ትሕቲ ተጋድሎ ሓርነት ኤርትራ ዝማሓደር ዝነበረ ከባቢታት ዝመጸን፡ ኣባላት ሰራዊት ሓርነት ኤርትራ ዝነበሩን፤ ግን ከኣ፡ ኣብ ትሕቲ ላዕለዋይ ኮምስዮን ስደተኛታት ዝተቖጽሩ ስራሕተኛታትን ብምንባሮምን፡ ደቆም ብነጻ ኣብ መኣዲ ትምህርቲ ክሳተፉ'ውን ክፋላለዩ ስለዘይኽእሉን ሓንቲ ሸውዓተ ዝኣባላታ ናይ ህዝቢ ሽማግለ ክትቀውም ጸገም ኣይነበረን። በዚ መሰረት ናይቲ መደበር ዓበይቲ ዓድን ብኹሎም ቅቡላት ዝኰኑን/ተሰማዕነት ዝነበሮምን ምስ ህዝቢ ኮነ ምስ ቤት ጽሕፈት ሓድነት ማሕበራት ቀይሕ መስቀልን ቀይሕ ወርሕን ኤርትራ ከምኡ'ውን ምስ መማህራን ክራኸቡን ክላዘቡን ዝኽእሉ ኣቶ የውሃንስ ገብረዝጊ፡ ዑስማን መዓለም፡ ፡መንገሻ ተስፋይ፡ እብራሂም ሶፊ፡ መንደር መሓመድ መንደር፡ ትካቦ ተስፋማርያም፡

እምባየ ሕድሩን መሓመድ እክልን ዝኣባላታ ሽማግለ ንመጀመርታ ቆመት። ዕማም ሽማግለ ድማ ኣብ መንጎ ህዝብን ምምሕዳር ቤት ትምህርትን ኰይና፡ ንኸፍጠር ዝኽእል ሽግራት ኣብ ምፍታሕን ወለዲ ምስ ቤት ትምህርቲ ዝህልዎም ዝምድናን ዘድልይዎ ንኡስ ጉዳያት ኣብ ምምላእን ኣብ ምትሕብባርን ኣብ ምውህሃድን ቀንዲ ካብ ዋኒናታ ኮነ።

መንቀሊ ዕላማታት ቤት ትምህርቲ ወድ-ሽሪፎይ ኣቐዲምና ጠቒስና እኳ እንተነበርና፡ ምስ ግዜ ግን ዝያዳ ተደላይነት ዘለዎ ጉዳያት እንዳተቐልቀለ ክመጽእ'ውን ከኣለ። ሓደ ካብቲ ኣብ መስርሕ ዝተራእየ ሽግራት ህዝብና፣ ንቤት ትምህርቲ ዝኸዱ ደቆም ከምቲ ዝደለ እኳ እንተዘይተባህለ ብመጠኑ ክሕግዝዎም ዘይምኽኣልን ከም ቈልዑ ብፍላይ እቶም ቅድሚ ቀትሪ ዝመሃሩ ህጻውንቲ ኣብ ናይ ዕርፍቲ ግዜ ክጠምዩ ከምዝኽእሉ ሓሲብካ ዘድልዮም ነገራት ዘይምድላውን ዝኣመሰሉ ጸገማት ተራእዮም። ነዚ ሽግር'ዚ ንምፍታሕ ድማ ብሓልዮት ሓድነት ማሕበራት ቀይሕ መስቀልን ቀይሕ ወርሕን ኤርትራ ዝዳሎ፡ ብፍላይ ነቶም ብዝተፈላለየ ጸገማት ቁርሲ ከይለኸፉ ናብ ቤት ትምህርቲ ዝመጹ ቈልዑ፡ ኣብ ጥሙይ ከብዶም ክመሃሩ'ውን ስለዘይኽእሉ፡ ኣብ ውሽጢ ቀጽሪ ቤት ትምህርቲ ተመሃሮ ብነጻ ዝቘርስሉ ቦታን መደባትን ንምስልሳል ኣብ ሓድሽ ሓሳባትን ፕሮጀክትን ተኣትወ። ይኹን'ምበር ፖለቲካዊ ኲነታት ከባብን ሓይሊ ዝምድናታትን ስለዝተቐያየረ፡ ንመሰረታዊ ትጽቢታትን ቃልሲ ህዝቢ ኤርትራ ዘማልአ ዝመስል ሓድሽ ምቅይያራትን ሞዕብልናታትን ስለዝተፈጥረ፡ ይትረፍዶ ሓደስቲ መደባት ክተኣታቶስ ዝነበረ መደባት ትምህርቲ'ውን ኣብ ሓደጋ ስለዝኣተወ ክፍጻም ኣይተኻእለን።

ኰይኑ ግን፡ ምስቲ ኩሉ ኣብዘን ዝሓለፋ ናይ ናጽነት ዓመታት ዘጋጠመ ፖለቲካዊ ምስጓጓትን እገዳታትን ቤት ትምህርቲ ወድ-ሽሪፎይ ብሳላ ከቢድ ጻዕርን ዘይሕለል ተበጃውነትን ኣብ ምሉእ ዓለም ዝነብሩ ኣባላት ተጋድሎ ሓርነት ኤርትራ ሰውራዊ ባይቶን ወለዲ ተመሃሮ፣ ናይ ጀርመን ግብረ-ሰናይ ማሕበር ሚዘርየ፣ ኤሪትርያን ጉርፐን ዝተባህለ ሽወደናዊ ማሕበርን ክሳብ 2004 ክቐጽል እንከሎ፡ ካብ 2004 ጀሚሩ ድማ ብሳላ ልግስን ወፈያን ነፍሰ ይምሓር ኣባ ማሪዮ ሃይለ ናይ ሚላኖ፣ ኣብ ስዊዝ ዝመደበሩ ኣሰ (ASEE) ኣብ ሕቡራት ኣመሪካ ዝመደበሩ ኤርትራዊ ደሞክራስያዊ ማሕበር (ኤ.ደ.ማ. / EDA) ዝተባህለ ማሕበርን ኣብ ዓመት ካብ 680 ክሳብ 700 ዝኣኽሉ ህጻናት ብቐጻሊ ኣብ ምምሃር ትርከብ ኣላ።

ምዕራፍ ትሽዓተ

ግደ መንእሰይ ኤርትራ ኣብ ብረታዊ ተጋድሎ

ሓርበኛ ሓይላኣብ ዓንዱ፣ ኣባል ገድላዊ ባይቶን ኣቦ-መንበር ናይ ማሕበር መንእሰይ ኤርትራን ካብ ተዘክሮታቱን ኣብቲ እዋን'ቲ ኣብቲ ማሕበር ዝተዋስኡ ብጾቱን ተወኪሱ ዘበርከቶ ሰነድ እዩ።

ተጋድሎ ሓርነት ኤርትራ ማሕበራዊ ፍትሕን ማዕርነትን ህዝቢ ኤርትራ፣ ውሑስን ሕልውን ንክኸውን፣ ህዝቢ ብማሕበራዊ ክፍልታቱ፣ ደርባዊ ኣቃውማኡን ሞያኡን ክውደብ ኣለዎ ካብ ዝብል እምነትን ፖለቲካዊ ራእይን ተበጊሳ ኢያ፡ ኣብቲ ብ1971 ዓ.ም ዝተሰላሰለ ቀዳማይ ጠቕላላ ሃገራዊ ጉባኤ ንተደላይነት ምቛም ህዝባውያን ማሕበራት ሓደ ካብ ፖለቲካዊ መትከላታ ገይራ ዘስፈረቶ። ይኹን'ምበር፡ ኣብ መንጎ ቀዳማይን ካልኣይን ጉባኤታት ዝነበረ እዋን፣ ተጋድሎ ሓርነት ኤርትራ፡ ነቲ ኣብ ጉባኤ ዝሓንጸጾ ፖሊቲካዊ መደባት ብፍላይ ንሓፋሽ ውድባት ዝምልከት ዝሓንጸጾ ዕላማታት ኣብ ግብሪ ንኸውዕሎ ዘኽእሎ ባይታን ዓቕምን ኣይነበረን።

ኣብቲ እዋን'ቲ ዝነበረ ምንቅስቓሳት ኣብ ወተሃደራዊ ግጥምያታት ኣንጻር

መግዛእታዊ ስራዊት ዝተወሰነን፤ ቀዋሚ መደበራትን፡ እኹል ክእለት ዘለዎ ዓቕሚ ሰብን ብዝይምንባሩን፣ ኣብ ኣጢቂዕካ ናይ ምዝላቕ ኩነትን ከምኡውን ምስተን ካብ ተጋድሎ ሓርነት ኤርትራ ዝተፈንጨላ ናይ ሰውራ ጉጅለታት ኣብ ሕድሕድ ውግኣት ዝተጸምደ ብምንባሩ ነቲ ዝተሓንጸጸ መደባት ኣብ ግብሪ ከውዕሎ ኣይበቕዐን። ኣብ ከምዚ ዝኣመሰለ እዋን ካብ ወታሃደራዊ ስራሓት ሓሊፉ ኣብ ምቋም ሓፋሽ ውድባትን ስርርዓቱን ዝነጥፍ ሰፊሕ ካድር ከንቀሳቐስ ከምዘይኽእል ኩሉ ክግንዘቦ ዝኽእል ምኽኑ ብሩህ ኢዩ።

ኣብ'ቲ ብ1975 ዝተኻየደ ካልኣይ ሃገራዊ ጉባኤ ግን "ሜዳ ኤርትራ ካብ ሓደ ውድብ ንላዕሊ ክጸውር ኣይኽእልን ኢዩ" ዝብል ናይ ቀዳማይ ጉባኤ ውሳኔ ተቐይሩ፣ "ካልኣዊ ግርጭታት ብዘተ ክፍታሕ" ዝብል ውሳኔ ምሕላፉን፡ ኣብ ኢትዮጵያ ለውጢ ተረኺቡ ማለት ስርዓት ሃይለስላሴ ወዲቑ ብደርጊ ኣብ ዝተተከኣሉ እዋን፣ ውግእ ኣብ መንጎ ተጋድሎ ሓርነት ኤርትራን (ጀብሃን) ህዝባዊ ሓይልታት ሓርነት ኤርትራን (ሻዕብያን) ደው ኢሉ ናይ ልዝብ መድረኽ ዝተኸስተሉ እዋን'ዩ ነይሩ። ኣብዚ እዋን'ዚ ብዙሓት መንእሰያት ንሜዳ ኣብ ሰውርኦም ክጽንበሩ ዝውሕዝሉ መድረኽ ብምንባሩ፡ መደባት ጠቕላላ ሃገራዊ ጉባኤ ተጋድሎ ሓርነት ኤርትራ ብፍላይ ነቲ ናይ ሓፋሽ ውድባት ዝምልከት ንኽትግበር ዕድል ተረኺቡ። ኣብ ከም'ዚ ዝኣመሰለ እዋን እዩ ድማ፡ ብተግባር ማሕበር ሰራሕተኛታትን ማሕበር ደቀንስትዮን ዝተበገሰን ዝተመስረተን።

ምምስራት ማሕበር መንእሰይ ኤርትራ፡

ኣብ ካልኣይ ሃገራዊ ጉባኤ ተሓኤ ነቲ ዋሕዚ መንእሰይ ኤርትራ ኣብ ሜዳ ምስ ተራእየ ብማሕበር ደረጃ ተወዲቡ ፖለቲካዊ ንጥፈታት ሃገሩ ክከታተልን ክውደብን ተወሰነ።።ስለዚ እምበኣር ማሕበር መንእሰይ ኤርትራ ንኽቖውም ኣብ ካልኣይ ሃገራዊ ጉባኤ 1975 እዩ ደጊሙ ተሓንጺጹ፡ ኣብ 1976 ዓ.ም.ፈ ድማ ኣብ ንተግባራዊ ዕማማት ዝመርሕ መስራቲ ሽማግለ ክቖውም ተወሲኑ። ኣብ መጀመርያ መስራቲ ሽማግለ ብትሻዓተ ኣባላት ኢዩ ተበጊሱ። ንሳቶም ከኣ ሓይልኣብ ዓንዱ ኣባል ገድላዊ ባይቶን ኣቦ መንበር ሽማግለን፡ ኣንገሶም ኣጽብሃ ናይ ስርርዕ፡ ዑመር ጃብር ናይ ወጻኢ ጉዳያት፡ ገረዝጊሄር ኤልያስ ናይ ዜና፡. መሓመድ ሸኽ ዓብደልጀሊል ሰክረታሪ፡. ኣልጋነሽ ያዕቆብ ኣባል ከምኡውን ኣብ ምምሕዳር ቁጽሪ 9 ሰራየ ማለትዩ ዓብዱ ዝተባህለ ተጋዳላይ፤ ኣብ ምምሕዳር ቁጽሪ 8 ሓማሴን ድማ ተጋዳላይ ፍሳሃየ ንሓጺር ግዜውን ተመዲቦም ኣብ ምንቅስቓስ ነይሮም ኢዮም። እዚ እቲ መባእታዊ መበገሲ ናይ ማሕበር እኳ ይኹን'ምበር፡ ኣብ ጉዕዞስ ብዙሕ ምቅይያር ናይ ኣባላት ይግበር ስለዝነበረ፡ ገለ ካብቲ ዝነበሮም መደብ ወጺኦም ኣብ ካልእ ውድባዊ ስራሓት ክምደቡ ከለዉ፤ ኣብቲ ማሕበር ሃጓፍ ከይርከብ ብማለት ቦታኦም ብኻልኦት ካድራት ይትካእ ነይሩ'ዩ።

መስራቲት ሽማግለ ማሕበር መንእሰይ ኤርትራ፡ ክትብገስ እንከላ ንምቛም ማሕበር ክሕግዛ ዝኽእል መበገሲ ሰነዳት ካብ መሪሕነት ተጋድሎ ሓርነት ዝተረከበቶ እኳ እንተዘይነበረ፡ ክሳብ ጉባኤ ዝግበር ኣብ ስራሓታ ክሕግዛ ዝኽእል መደብ ዕዮ ከተርቅቕን፡ ዘውጻኣቶ ንድፊ ቅድሚ ኣብ ዓውደ ትግባረ ምውዓሉ ናብ መሪሕነት ንኽተቕርቦን መምርሒ ተዋህባ። በዚ ድማ፡ ንስርሓ ዝኸውን

ሰነዳት ኣብ ምድላው ተዋፈረት። ግደፍዶ ክንዲ ማሕበር ዝኣክልስ፥ ዝኾነ ይኹን ዝናኣሰ ደቂ ሰባት ዝጥርነፍሉ ትካል'ውን እንተኾነ ኣብ ሓባራዊ ረብሓን ስምምዕን ዝተመስረተ ንኹልኻ ክጥርንፍ ዝኽእልን ሕግን መምርሕን ክህሉ ንቡር ስለዝኾነ፡ መስራቲት ሽማግለ ኣብ ጉዕዞኣ ማለት ኣብተን ክልተ ቀዳሞት ስሩዕ ኣኼባታት ሰለስተ ንድፌ ሰነዳት ከተዳሉ ከኣለት። ሽማግለ ብዝተዋህበ መምርሒ መሰረት ዘዳለወቶ ንድፌ ናብ መሪሕነት ድሕሪ ምቕራባ፡ መሪሕነት ብሸንኹ ኣብ ኣኼብኡ ንዝቐረበ ንድፌ ተመያይጡ ኣጽዲቕዎ ብተግባር ድማ ክሰራሓሉ ጀመረ። ትሕዝቶ ናይቲ ሰነዳት፡-

1- እቲ ሓደ ሽማግለ ዝምርሓሉ ውሽጣዊ ሕግታት'ዩ፡

2- እቲ ካልኣይ ካብቲ ሓፈሻዊ ሃገራዊ ደሞክራስያዊ መትከላት ናይ ተጋድሎ ሓርነት ኤርትራ ውድብ ዝነቐለ፣ ማሕበር ዝምርሓሉ ቅዋምን መደብ ዕዮን ክኸውን ከሎ

3- እቲ ሳልሳይ ድማ ብተግባር ክፍጸም ዝኽእል ናይ ቀረባ ዕማማት ማሕበር ዘጠቓለለ እዩ ነይሩ።

ዝጸደቐ ንድፌ ሰነዳት ክወጽእ እንከሎ ከም መወከሲ ዝተጠቕመሉም ሰነዳት ድማ ብናይቲ መዋእል'ቲ ሓያለይ በረኣእያ ምስቲ ሃገራዊ ዲሞክራስያዊ መስመር ናይ ውድብ ዝቐርቡ ማሕበራት ዝጥቀምሉ ዝነበሩ ሰነዳት ኢዩ ነይሩ። ሓደ ካብኡ ዕድመ ናይቲ ኣብ ማሕበር መንእሰይ ክውደብ ዘለዎ ባእታ ካብ ክንደይ ክሳብ ክንደይ ዓመት ዝዕድሚኡ ክኸውን ኣለዎ ዝብል ርእይቶ ኣካታዒ እኳ እንተነበረ፡ መብዝሕትኤን ማሕበራት ዝወሰንኦ ካብ 14 ክሳብ 30 ዓመት'ዩ ዝብል ነይሩ። መስራቲ ሽማግለ ማሕበር መንእሰይ ኤርትራ ግን ምስ ክውነነትና ብምግንዛብ ካብ 15 ክሳብ 35 ዓመት ዝዕድሚኡ ኣባል ማሕበር ክኸውን ወሲና።

ኣብ ከምዚ ዝኣመሰለ ኩነት ስርርዕ መንእሰያት ቆይሙ ጉዕዞኡ ኣብ ዘበገሰሉ እዋን፤ ኣብቲ መድረኽ'ቲ ብዝተኸስተ ናይ ኣራኣእያ ፍልልያትን ክትዓትን ዝማዕበለ ክልተ ሓሳባት ክቕልቀል ጀመረ። እቲ ሓደ "እነካይዶ ዘለና ቃልሲ ሃገራዊ ናጽነት ንምርግጋጽ ስለዝኾነ፣ ናይ መንእሰያት ፍሉይ ስርርዓት ገዲፍና ኩሉ ዓቕምና ናብ ምህራም ጸላኢ ከነተኩር ይግባእ ዝብል ክኸውን ከሎ፡ እቲ ካልኣይ ርእይቶ ድማ ክንዮ ናጽነት ንህላዌ ደሞክራስያውን ህዝባውን ንቓባውን ስርርዓት ዘማዕደወ ኰይኑ፡ ስርርዕ መንእሰያት ካብ ሕጂ ጀሚሩ ጐኒ ንጐኒ ምስቲ ብረታዊ ተጋድሎ ክብገስ ኣለዎ ዝብል ነይሩ።" ናይዚ ቀንዲ ምኽንያት ከኣ ዋሕስ መጻኢት ዲሞክራስያዊት ኤርትራን ናይ ዓወትና ቀጻልነት ኣብ ሓይሊ መንእሰይ ዝተመርኮሰን ብምዃኑ ኢዩ።

በዚ መሰረት መሪሕነት ውድብ ተጋድሎ ሓርነት ኤርትራ ነቲ ካልኣይ ሓሳብ ብምድጋፍ መንእሰያት ኣብ ኩሉ ክፍልታት ዘለዉ መደቦም እናካየዱ ኣብ ማሕበር መንእሰይ ናይ ምስራዕ መሰሎም ሕሉዊ ይኸውን ዝብል ውሳኔ ኣማሓላለፈ። ናይዚ ቀንዲ መንቀሊ ድማ ማሕበር መንእሰይ ብዕድመ ናይ ዝራኸቡ ኣካላት ሕብረተ-ሰብኣዊ ጉጅለ ከም ምዃኑ መጠን፡ ዝተመሳሰለ ዕድመ ዘለዎም ሰባት ኣብ ኩሉ ክፍልታት ሕብረተ ሰብ ከምዘለዉ ውሁብን ቅቡልን ገይሩ ስለዝተወሰደ ኢዩ ነይሩ። ምስዚውን ኣባልነት ማሕበር ዝሰፍሐ መንእሰያት ዝሓቖፈ ክኸዉን

ይግባእ ካብ ዝብል ኣረዳድኣ ኣብ ሓፋሽ ውድባትን ክፍልታት ውድብን ዝነበሩ መንእሰያት ዘጠቓለለ ስርርዕ ክካየድ ዝተወሰነ። ካብዚ ኣመለኻኽታ'ዚ ዝነቐለን ብሓፈሻኡ ኣብ ማሕበር ዳግመ-ስርርዕ ክካየድ ስለዝተደልየ ኢዩ ድማ፡ ብ1978 ኣብ መስራቲት ሽማግሌ ዳግመ-ስርርዕ ዝተኻየደ።

ቅድሚ ዳግመ-ስርርዕ ኣባልነት ማሕበር ናብቶም ኣባላት ሓፋሽ ውድባት ዝኾኑ መንእሰያት፥ ማለት ኣብ ጠቕላል ማሕበር ሰራሕተኛታት፡ ጠቕላል ማሕበር ደቂ ኣንስትዮ፡ ጠቕላል ማሕበር ተመሃሮን ማሕበር ሓረስቶትን ኣባላት ክነሶም ኣብ ማሕበር መንእሰይ ግን ተሳትፎ ዘይነበሮም መንእሰያት ዘቕንዐ ስርርዕ ክካየድ ተጀመረ። ነዚ ንምጥዕዓም ድማ ነዚ ስርርዓት'ዚ ዝውክሉ ባእታት ካብ ፈጻምቲ ኣካላት ህዝባውያን ማሕበራትን ንክፍልታትን ንሰራዊትን ዝውክሉ ባእታታትን ኣብ መስራቲት ሽማግሌ ማሕበር መንእሰይ ኤርትራ ከምዝውሰኹ ተገብረ። በዚ ድማ ቁጽሪ ኣባላት መስራቲት ሽማግሌ ናብ 11 ክብ ኢሉ ስራሓታ ክትቅጽል ዝኻኣለት።

ኣብቲ እዋንቲ ዝነበረ ስርርዕ ናይ መንእሰያት ኣብ ሰለስተ መድረኻት ከፊልካ ክግለጽ ይክኣል ነይሩ።

እቲ ቀዳማይ ካብ ምቛም መስራቲት ሽማግለ ማሕበር ክሳብ ቅድሚ ከተማታት ሓራ ምውጽኦን፣ ኣብ ገጠራትን ሓውሲ ሓራ ዝነበራ ከተማታትን ኣብ ሱዳን ድማ ብሰፊሑ እቲ ስርርዕ ተበጊሱ ይካየደሉ ዝነበረ እዋን ኢዩ ነይሩ።

እቲ ካልኣይ መድረኽ፣ ድሕሪ ከተማታት ሓራ ምውጻእ ማለት ኣብ 1977 ዓ.ም.ፈ. ኣብ ተሰነይ፡ ኣቝርደት፡ መንደፈራ፡ ዓዲ'ኳላ፡ ድባርዋ፡ ቅናፍና፡ ዓረዛ፡ ማይ-ድማ፡ ሻምቡቆ፡ ቡሽኳ፡ ሃይኮታ፡ ዓሊ-ግድርን ጎልጅን ከምኡውን ኣብተን ካልኦት ዘይተጠቕሳ ከተማታት ከይተረፈ መንእሰያት ደቂ-ተባዕትዮን ደቂ-ኣንስትዮን ብብዝሒ ኣብ ማሕበር መንእሰያት ተሰሪዖም ይነጥፉ ነይሮም። ኣብ ከምዚ ዝኣመሰለ ኩነታት ድማ'ዩ ንመጀመርታ ግዜ ኣብ ድሕረ ግንባር ውድብ ትሕቲ ዕድመ ዝኾኑ መንእሰያት ዝእለይሉን ዝማሃርሉን መደበር ጽባሕ ክምስረት ዝኻኣለ።

መደበር ጽባሕ ኣብ ሎኪይብ፡

ተ.ሓኤ ንመንእሰያት ኣብ ጸጥትኡ ዝተሓለወ መደበር፣ ስንቅን ሕክምናን ኣማሊኣ ብቐዓት መማህራን ቀሪባ ብኣካዳምን ስፖርትን ከምኡ'ውን ብኽፍሊ ሙዚቃ ዝተሰነየ ኪነታውን ባህላውን ዓቕምታቶም ዘማዕብልሉን ዝዘኒጋዕሉን መደባት ሰሪዓ ተካይድ ነይራ። ኣብ ስእሊ ዝርአ ዘሎ ኣኩዳድና ናይ ተመሃሮ ድኣ'ምበር ናይ ወተሃደራዊ ምልመላ ኣይነበረን።

<u>ሳልሳይ መድረኽ ከኣ ብ1978 ዓ.ም.ፈ.</u> ስርዓት መንግስቲ ኢትዮጵያ (ደርጊ) ብናይ ሶቬት ሕብረት ምሉእ ደገፍ ተሰንዩ ኣብ ትሕቲ ሰውራ ዝማሓደር ዝነበረ ከተማታት ተመሊሱ ምስ ተቈጻጸሮ ዝተፈጥረ ኩነታት ከኸውን ከሎ፤ ብዙሓት ገለ መንእሰያት ናብ ሰራዊት ሓርነት ክስለፉ ከለዉ ገለ ድማ ንሱዳን ኣትዮም። ካብዚ ቀጺሉ ስርርዕ መንእሰያት ኤርትራ ብማሕበር ደረጃ ኣብ ሱዳን ዝያዳ ዝሓየለ ከኸውን ከሎ፣ ኣብ ማእከላይ ምብራቕን ኤውሮጳን ብፍላይ ኣብ ኖርወይን ጀርመንን ሆላንድን ስርርዕ ማሕበር ብሰፊሕ ዝተኻየደሉ እዋን ምንባሩ ጥራሕ ዘይኮነስ፡ ክሳብ እቲ ጨናፍር ውድብ'ውን ከይተረፈ ብስም ማሕበር መንእሰይ ኢዩ ዝያዳ ዝፍለጥን ዝንቀሳቐስን ዝነበረ። ስለዚ ድማ'ዩ ጉባኤ ማሕበር መንእሰይ ከምቲ ዝተመደቦ ኣብ ሜዳ ዘይተገብረሉ ምኽንያት ብቐንዱ ከኣ፡ እቲ ሰውራና ዝሓልፎ ዝነበረ መድረኽ ክብን ለጠቕን ዝብል ስለዝነበረ እቲ ዝግበር ስርርዕና'ውን በቲ ኩነታት ዝጽሎ ብምንባሩ ርጉእ ኣይነበረን። በዚ ድማ ኣብ 1978 ዓ,ም.ፈ ወራር ደርጊ ንድሕሪት መሊሱና። መስራቲ ሸማግለ ጉባኤ ኣብ 1980 ዓ.ም.ፈ ንኸካየድ ወሲኑ ነይሩ፡ እንተኾነ ግን ህዝባዊ ግንባር ሓርነት ኤርትራን ህዝባዊ ወያኔ ሓርነት ትግራይን ተመሓዚየን ኣብ ልዕሊ ተሓኤ ዘካየድኦ ዓመት ምሉእ ዝወሰደ ውግእ፥ ስዒቡ ዝመጸ ምድፋእን ከምቲ ንኹሉ መደባት ውድብ ዘጋጠመ ዕንቅፋታት፣ መደባት ማሕበር መንእሰይ'ውን ካብኡ ፈሊኻ ክረኤ ስለዘይካኣል ክፍጸም ኣይተኻእለን።

መንእሰይ ከም ናይ ለውጥን ምዕባሌን ሓይሊ፣ ከም ተረካቢ ሕድሪ ካብ ወለዶ ናብ ወለዶ ዘመሓልልፍ ክፋል ሕብረተሰብ ምኳኑ መጠን ዝኾነ ይኹን ውድብ ክዕወት እንተድኣ ኾይኑ፣ ንመንእሰይ ብመደብ ዕዮኡ ክጸልዎን ንደራኺ ግዲኡ ድማ ኣብ ጐድኑ ክዕስሎን ጻዕርታት ክካይድ ኣለዎ። ካብዚ ብምብጋስ ገለ ካብቲ ማሕበር መንእሰይ ኤርትራ ዘካይዶ ዝነበረ ንጥፈታት፡ መንእሰይ ንሃገራዊ ደሞክራስያዊ መደብ ዕዮ ውድብ ክፈልጦን ዋንኡ ኩይኑ ንኽቕጽሎን ንኽነብቅዕ ዝተፈላለየ ሰሚናራትን ምስ ትምህርትን ባህልን ስፖርትን ዝተኣሳሰረ መደባትን ይካየድ ነይሩ። ንኣብነት ኣብ ከተማታት ሱዳን ዝነበሩ መንእሰያት ዝእከቡሉ ክበብ (ክለብ) ብማሕበር መንእሰይ ዝቖመ ኢዩ ነይሩ። ኣብ ምንቅቓሕ ዝዋስኡ፡ ዝተመርጹ ካድራት እናመደበ ማሕበር ሃገራዊ ደሞክራስያዊ መስመር ናይ ተጋድሎ ሓርነት ኤርትራ ክፈልጡ፤ መሰል ርእሰ-ውሳኔ ናይ ህዝብና ንሃገራዊ ናጽነት፤ መሰረታዊ ፖሊቲካውን ሰብኣውን መሰላት፣ ማሕበራውን ቍጠባውን ማዕርነት ኣብ እነቕሞ ስርዓት ከነረጋግጽ ከምዘሎና ዘጠቓለለ ነይሩ።

ኣብ ናይ ወጻኢ ዝምድናታት እንተኾነውን፡ ማሕበር መንእሰይ ኤርትራ ምስተን በኣረኣእያ ዝመሳሰላና ማሕበራት ዘተኮረ ሰፊሕ ምንቅስቓሳት የካይድ ነይሩ። ንኣብነት ኣብ ዒራቕ፡ ሱርያን ሊብያን ዝነበራ ማሕበር መንእሰያት ከምኡ'ውን ብጸዕቂ ኣብ ሱዳን ምስቲ ሽዑ ዝነበረ ዴሳዊ ማሕበር መንእሰይ ከም ማሕበር ጽቡቕ ዝምድናታት ፈጢሩ ነይሩ። ካብዚ ሰጊሩ ምስ ኣህጉራዊ ማሕበር

መንእሰያት ናይቲ ዴሳዊ ስርዓታት ዘተኰረ ዝምድናታት እውን ይፍተን ነይሩ። ይኹን'ምበር፡ ኢትዮጵያ ብእዉጅ ስርዓት ደርጊ ሶሽያሊስት መሲሉ ኣብ ኣህጉራዊ መጋባእያታት ዘንቀሳቕሶን ዝራኸቦን መንግስታዊ ኣካል ስለዝነበሮ፣ ንዕኡ ይመርጻን ይቕበላን ብምንባረን፥ ማሕበር መንእሰይ ኤርትራ ኣብ ኣህጉራውን ዞናውን መጋባእያታት ኣብ ምስታፍን ኣባልነት ኣብ ምርካብን ጸገማት የጋጥሞ ምንባሩ ይፍለጥ።

ካብዚ ዝነቐለ ድማዩ ኣብ ዴሳዊ ዓለም ዝነበረ ማሕበራት፤ ሰውራ ኤርትራ ብሶሽያሊዝም ዝኣምን እንተዳኣ ኾይኑ፥ ስለምንታይ ምስ ደርጊ ዝዋጋእ ዝብል ርእይቶን መጎትን ይሕዙ ስለዝነበሩ ናይ ማሕበር ምንቅስቓስ ባይታ ይገትእ ነይሩ ክበሃል ይክኣል። ናይዚ ጸገምዚ ዓብዪ ምስክርነት እንተኾይኑ፡ ኣብ 1978 ዓ.ም.ፈ ኣብ ኩባ ዝተኻየደ ኣህጉራዊ ዴሳዊ ዋዕላ መንእሰያት፣ ኢትዮጵያ ብሸንኻ ትሳተፍ ስለዝነበረት፡ ወኪል ናይ ኤርትራ ማሕበር መንእሰይ ንኸይሳተፍ ስለ ዝተጻረረት ክሳተፍ ኣይከኣለን። እዚ ገለ ካብቲ ዘጋጥም ዝነበረ ጸገማት ንምጥቃስ ዝኣክል እንተዘይኰይኑ፡ እቲ ማሕበር ብንጡፍ ዝንቀሳቐስሉ ዝነበረ መዳይ፣ ብስትራተጂያዊ ኣረኣእያ ምስኡ ዝሰማምዓ ማሕበራት እናተራኸበ ሰፊሕ ዝምድናታት ኣብ ምፍጣር'ዩ ነይሩ።

በዚ መሰረት'ዚ ኣብ ማእከላይ ምብራቕን ኣብ ሃገራት ኤውሮጳን ርኽክባት ናይ ማሕበራት ብዑደት ደረጃ ይካየድ ነይሩ። ኣብ ዞባውን ኣህጉራውን ደረጃ'ውን ርኽክባት ተመስሪቱስ፤ ምስ ማሕበር መንእሰይ ሱዳን፣ ሃገራት ኣዕራብ፡ ብቤት ጽሕፈት ኣህጉራዊ ማሕበር መንእሰያት ኣብ ቡዳፐስት 1978 ዝተኻየደ ዋዕላ ማሕበር መንእሰይ ኤርትራ ብናይ ተዓዛብነት ደረጃ ናይ ምስታፍ ዕድል ተዋሂቡዎ ተሳቲፉ ነይሩዩ። ብዘይካዚ ማሕበር መንእሰይ ኤርትራ፡ ኣብ ውሽጥን ኣብ ወጻእን ምስዝነበረ መንእሰይ ኤርትራን መንእሰያት ዓረባዊ ዓለምን ዝራኸበሉን ዝላለየሉን ሰውራዊ መንእሰይ ዝጽዋዕ ዕላዊ ልሳን ማህበር ስሩዕ ወርሓዊ መጽሔት ነይርዎዩ። ነቲ በዚ መጺሔትዚ ኣቢሉ ክሽፍኖ ዘይክእልን ከረኻኽበሉን ዘይኽእል ዝነበረ ካልእ ሰፊሕ ዓለም ከኣ፡ ኣብቲ ብእንግሊዝኛ ዝሕተም ዝነበረ ኤሪትሪያን ኒውስ ለተር (Eritrean News Letter and Eritrean Revolution) ኤሪትሪያን ሪቮሉሽን ዝተባህለ መጽሔታት ናይ ውድብ ተጋድሎ ሓርነት ኤርትራ ኣቢሉ ንመንእሰይ ዝምልከት ዝተፈላለየ ዓንቀጻትን ቃለ-መሓትትን እንዳሰፈረ ይዝርግሕ ምንባሩ ይዝከር።

ምስዚ ኩሉ ግን፡ ንጥፈታት ማሕበር መንእሰይ ዋላ'ኳ ኣብ ዝተፈላለየ ሃገራት በይናዊ ብጽሖታት የካይድ እንተነበረ፡ ምስ ናይ ወጻኢ ዝምድናታት ቤት ጽሕፈት ውድብ ካብ ሓደ ስትራተጂያዊ መደብ ዕዮ ዝነቅል ብምኳኑን ናይ ዕላማ ፍልልይ ስለዘይነበሮን ኣብ ዝካየድ ዝነበረ ምንቅስቓሳት ዝኾነ ይኹን ጸገም ኣይነበረን። እኳ ደኣ ኣብ ገለ ኣጋጣሚታትስ እተዋሃሃደ መደባት የካይድ ብምንባሩ ዝያዳ ዕዉት ኰይኑ ዝወጸሉ እዋን ነይሩ እዩ። ንኣብነት ኣቦ-መንበር መስራቲት ሽማግለ ማሕበር ኣቶ ሓይላኣብ ዓንዱ ኣብ ናይ ኖርወይ ማሕበር መንእሰያት ኣኼባ ንኽሳተፍ በቲ ኣብኡ ዝነበረ ጨንፈር ናይ ውድብ ዝተሳለጠ ዕድመ ተገይሩ ስለዝነበረ፡ ምስ ወኪል ወጻኢ ዝምድናታት ውድብ ኣብ ኤውሮጳ ዝነበረ ኣባል መሪሕነት ዶክተር ሃብተ ተስፋማርያም ኣብ ጀርመን ተራኺቦም መደቡ ስለዝገለጸሉ፡ ንሱ ብሸነኹውን ተዓዲሙ ብምንባሩ ብሓንሳብ ንኽሳተፍዎ መደብ

ተሰሪው ዝተኻየደ። ነቲ ዕድመ ዘሳለጠ ጨንፈርናውን ብሓባር ኣኼባ ኣካይዶምሉ። በዚ መሰረት ማሕበር ኮነ ናይ ወጻኢ ጉዳያት ሓቢሮምን ተወሃሂዶምን ዝሰርሕሉ ኣገባብ ሚታት ነይሩ እዩ።

ምስዚ ኩሉ ምንቅስቓስን ተፈላጥነት ምርካብን ግን ማሕበር መንእሰይ ኤርትራ፡ ፖለቲካውን ዲፕሎማስያውን መኽሰባት ካብ ምብርካት ሓሊፉ፡ ኣብ ቍጠባዊ መዳይ እንተርኢና፥ ካብቲ ማሕበር ንውድብ ዘበርከቶ ዝነበረ ኣስተዋጽኦ፡ እቲ ውድብ ንማሕበር ዘበርከቶ ዝነበረ ይበዝሕ ነይሩ። ምስዚ ግን ዋላኳ ውሑድ ይኹንበር፡ ናይ ወጻኢ ቁሩብ ሓገዝ ይርከቦ ኣይነበረን ማለት ኣይኮነን። እቲ ዝርከብ ዝነበረ ውሑድ ሓገዝ ከኣ ኣብ ጸባን ቴንዳታት መጽለልን ዝተመርኮሰ ኢዩ ነይሩ። እቲ ካልኣይ ምንጪ ካብ ስሩዓት ማሕበር መንእሰያት ዝርከብ ክኸውን ከሎ፡ ብባህሪኡ እቲ ስርርዕ ናይ መንእሰያት ስለዝኾነ፡ መብዛሕትኦም ኣብ ትምህርትን ምሕጋዝ ስድራ-ቤትን ስለዝነብሩ ንዋታዊ ኣበርክቶኦም ብዙሕ ክኸውን ከምዘይካኣል ፍሉጥ ኢዩ። እተን ኣብ ሱዳን ዝነበራ ክበባት ዝረኽብኦ ዝነበራ እቶት እንተኾነውን ካብ መመሓደሪ ናይቲ ክበብ ዝሓልፍ ኣይነበረን ክባሃል ይካኣል'ዩ። ስለዝኾነ ምሉእ ብምሉእ ባጀት ናይቲ ኣብ ሜዳ ዝቐመ መደበርን ቤት ጽሕፈትን ጽባሕ ኣብ ውድብ ዝተመርኮሰ እዩ ነይሩ።

ምስ ምቛም መደበር ጽባሕ ዝተኣሳሰረ ከም ቤት ጽሕፈት ማሕበር ክግልገለሉ ዝጀመረ ሓውሲ ቀወምቲ መደበራት ከኣ፡ ምስቲ እዋንን ኩነታት ጸጥታን ዝታሓሓዝ እኳ እንተነበረ ኣብ ሆሚብ ዝጀመረ፡ ጸኒሑ ናብ ሃዋሻይት ዝጋዓዘን ኣብ መወዳእታ ድማ ምስ ኩለን ኣብያተ ጽሕፈት ውድብ ኣብ ሎኮይብ ነይሩ። ኣብዚ ንጥፈታት ጽባሕ ብዝምልከት ከም ትካል ነብሱ ዝኻኣለ ዝርዝር ተመኩሮ ስዒቡ ክግለጽ ተደላዪ እኳ እንተኾነ፡ ኣብ ትምህርታዊ መዳይ ብዝምልከት ኣብቲ መደበር ተዓቑቦም ዝነበሩ ህጻናት ኣብ መጀመርታ ክሳብ 6ይ ክፍሊ ክማሃሩ ተወሲኑ ምንባሩ ኢዩ ዝፍለጥ።

እዞም ሃገራውያን ኣሕዋትን ኣሓትን እዚኣቶም ድሕሪ 6ይ ክፍሊ ምጭራሶም፡ ናብ ዝኸድዎ ቦታ ስለዘይነበረ እቲ ማሕበር ኣብ ሜዳ ክሳብ 8ይ ክፍሊ ከምዝቕጽሉ ገይሩ። በዚ ከይተወሰነውን ናብቲ ኣብ ከሰላ ዝነበረ ብዩንስኮ ዝጽዋዕ ንስደተኛታት ኤርትራውያን ዝቐመ ናይ 2ይ ደረጃ ቤት ትምህርቲ ብሓገዝ (UNHCR) ዝተኸፍተን ዝምወልን ዝነበረ ብመንገዲ ሕብረተ-ሰብኣዊ ጉዳያት ቤት ጽሕፈት ኣቢሉ ትምህርቶም ንኽቕጽሉ ይኣትዉ ነይሮም። ምኽንያቱ እዚ ቤት ትምህርትዚ፡ ብሓገዝ (UNHCR) ዝተኸፍተ እኳ ይኹን'ምበር፡ ብናይ ተጋድሎ ሓርነት ኤርትራ ሕብረተ-ሰብኣዊ ጉዳያት ቤት ጽሕፈት ኢዩ ዝመሓደር ነይሩ። ኣብ ከምዚ ዝበለ ኩነታት ድማ'ዩ ማሕበር ምስቲ ምምሕዳር ብምርድዳእ ነቶም ኣብ ሜዳ 8ይ ክፍሊ ዝወድኡ ትምህርቶም ኣብ ከሰላ ንኽቕጽሉ ክውስን ከሎ፡ ብኣንጻሩ ናብ ሰራዊት ክኸዱ ዝደልዩ ነይሮም ጥራሕ ዘይኮነስ፡ ክሳብ ባዕላቶም መሊቖም ብኢደ-ወነኖም ኣብ በርጌዳት ኣትዮም ዝተታሕዙውን ስለዝነበሩ፡ ተታሒዞም ናብ መደበር ከምዝምለሱ ይግበር ነይሩ።

እቲ ማሕበር ነዚ ከምዚ ዝኣመሰለ ኩነታት ንምግታእ ምስ ፈጻሚት ሽማግለ ብምርድዳእ ትሕቲ ዕድመ ብምንባሮም ናብ ሰራዊት ንኸይከዱ ስለዝተወሰነን ነዚ ብዝምልከት ጥራሕ፡ ብስም ፈጻሚ ሽማግለ ናብ ሓለፍቲ ሰራዊት ዘዋሪ

መልእኽቲ ተማሓላሊፉስ፡ ተመሊሶም ትምህርቶም ንኽቕጽሉ ግዴታ ኢዩ ነይሩ። ተጋድሎ ሓርነት ኤርትራ ነቶም ኣብ መደበር ጽባሕ ዝነበሩ ህጻውንቲ ኤርትራውያን ብሃገራውን ሰውራዊ ልምድታት ተመልሚሎም ክዓብዩን ውርሻ እወንታዊ ቃልሳዊ መስርሕ ህዝብና ምኻኖም ስለዝኣመነ'ዩ ድማ ኩሉ መዳያዊ ምልመላ ክግበረሎም ዝጽዕር ዝነበረ።

ጽባሕን ባህላዊ ምርኢትን ኣብ ኣህጉራዊ መዓልቲ ደቂ-ኣንስትዮ ሎከይብ 1980

ጽባሕ ጽባሕ፡

ኣብዘለኻዮ ተዳሊኻ ጽናሕ፡

ኣብ ቃልሲ ሓርነት ቀላጽምካ ክዝርጋሕ፣ ዘርእስቱ ንወኒ ናይ ቃልሲ ዘላዓዕል፡ ንዝፈሰሰ ደም ስዉኣት፡ መለለዪ ሃገርን ክብሪ ህዝብን ምኻኑ ዘረጋግጽ መዝሙር ኣብ እዝኒ ኩሉ ኣባል ተጋድሎ ሓርነት ኤርትራ ዝዕልል ዝነበረ።

ብዛዕባ ዓቕን ወይ ብዝሒ ስሩዓት ማሕበር መንእሰይ ብልክዕ ንምዝራብ ኣጸጋሚ ምኻኑ ንኹሉ ብሩህ'ዩ ይመስለና። ምኽንያቱ ኩነታት ሜዳና ንባዕሉ ክብን ለጠቕን ዝመልኦ ዘይርጉእ ስለዝነበረ ኣብ ገለ እዋን እቲ ቍጽሪ ስሩዓት ክበዝሕ ከሎ፡ ኣብ ገለ ግዝያት ድማ ለጠቕ ዝብለሉ ነይሩ። ብሓፈሽኡ ንምእማት ግን ኣብ ከተማታት ሱዳን ጥራይ ዝነበረ ብዝሒ ክሳብ ልዕሊ ሽሕ ዝበጽሓሉ መዋእል ከምዝነበረ ክዝከር ይካኣል። ኣብ ውሽጢ'ቲ ኣብ ካርቱምን፣ ከሰላን ፖርት-ሱዳንን ዝነበረ ክበብ መንእሰያት ብፍላይ፡ ብዙሓት ምሁራትን ተማሃሮን ኣብ ካርቱም ዝነበሩ ኣብ ምምሃር ይተሓባበሩ ስለዝነበሩ ኣገዳሲ ኣስተምህሮን ምንቅቓሕን ይካየድ ነይሩ።

ምቛም ቤት ትምህርቲ ጽባሕን ንጥፈታቱን (1977-1982

ካብ ወርሒ ሚያዝያ 1977 ጀሚሩ ኣብ መንጎ ሰውራ ኤርትራን ኣብ መንጎ ጸላእን

ዝካየድ ዝነበረ ዓበይቲ ከተማታት ናይ ምሓዝ ኲናት፡ ሰውራ ኤርትራ ብፍላይ ድማ ተጋድሎ ሓርነት ኤርትራ ሰፊሕ መሬት ኤርትራ ማለት ሓያሎ ከተማታትን ገጠራትን ተቖጻጺሩ ዓወት ገድሊ ኤርትራ ዝተገማገመ ኩነታት ኢዩ ዝመስል ነይሩ። እዚ እዋን'ዚ ሓያልን ንሁርን ናይ መቐይሮ ትስፉው ኩነታት ብምንባሩ፡ ዓበይትን መንእሰያትን ጥራሕ ዘይኮኑስ ናእሽቱ ትሕቲ-ዕድመ ዝኮኑ ህጻውንቲ ከይተረፉ ዕንጸይቲ ጸሪቦም ገለ ተጋዳላይ ገለን ድማ ጦር-ሰራዊት መሲሎም ካብ ምጉያይን ኩዕሶ ጸወታን ኣብ ቅርዓት ቤቶም ጠንጢኖም ብዓብይ ቁጽሪ ናብ ሰውራ ዝተሳተፉሉን ሰፊሕ መሬት ኤርትራ ኣብ ትሕቲ ቀጥታዊ ምምሕዳር ሰውራ ዝኣተወሉን እዋን'ዩ ነይሩ። ጽልዋ ሰውራን ተሳትፎ ህዝብን እናሰፍሐ ብምምጽኡ ነዚ ብውዱብ መልክዕ ዘሳትፍ ስርርዕን ብቑዕ ትካላትን ምህላው ድማ ተደላይነቱ ዕዙዝ ኮነ።

ቤት ትምህርቲ ጽባሕ እምበኣር፡ ኣብ ክሊ'ዚ ኩነታት'ዚ ኢዩ ብውሑድ ንዋታውን ሰብኣውን ዓቕምታት ስርሑ ክጅምር ዝተገደደ፥ ቤት ትምህርቲ ጽባሕ ብ1977 ብወግዒ ቆይሙ ኣብቲ ብተጋድሎ ሓርነት ኣርትራ ሓራ ዝወጸ መሬት ኤርትራ ኣብ ትሕቲ ዲሞክራስያዊ ማሕበር መንእሰይ ኤርትራ ዝእለ ዝነበረ ቤት ትምህርቲ ኢዩ። እዚ ቤት ትምህርቲ'ዚ ካብ 1977 ክሳብ 1982 ማለት ተጋድሎ ሓርነት ኤርትራ ሓራ መሬት ኤርትራ ለቒቓ መሬት ሱዳን ዝኣተወትሉ ግዜ ከይተረፈ፤ ብርክት ዝበለ ቁጽሪ ተመሃሮ ዘዕበየን ዝመሃረን ቤት ትምህርቲ ኢዩ።

ጽባሕ 1978 ኣብ ባህላዊ ምርኢት

መደበር ጽባሕ ብውሑድ ቁጽሪ ተመሃሮ ማለት ክባቢ 150 ዝግመቱን፤ ብኣዝዩ ድሩት ዝኾነ ቁጽሪ መማህራንን ናይ ትምህርቲ መደባት ኣብ መደበር ሃዋሻይት ኣብ ትሕቲ ጽላል ተንዳታት እንተላይ በቶም ኣብ ኣብያተ ጽሕፈት ፈጻሚ ሽማግለ

ብሓፈሻ ኣብ ትሕቲ ሕብረተ-ሰብኣዊ ጉዳያት ቤት ጽሕፈት ክንክን ስድራቤት ዝነበሩን ኢዩ ድማ ዝተበገሰ። ካብ እተፈላለየ ቦታታት ኤርትራ ማለት ከተማን ገጠርን ከምኡ'ውን ዝተፈላለየ ቋንቋታት ዝዛረቡ ህጻውንቲ ኣብ ሓደ ቤት ትምህርቲ ኣኪብካ ምዕባይን ምእላይን ክሳብ ክንደይ ከቢድ ምንባሩ ርዱእ እኳ እንተኾነ፡ ብሳላቶም ከም መማህራንን ወለድን ኰይኖም ከቢድ ሓላፍነት ተሰኪሞም ዝኣልይዎም ዝነበሩ ዉፉያት ተጋደልቲ ከም ሓንቲ ፍቕርትን ስኒት ዝመልኣ ኣብነታዊት ስድራ ኰይኖም ህይወቶም ከመርሑን መደባቶም የካይዱን ብምንባሮም ድማ'ዩ ኣብ ሂይወቶም ዘይርሳዕ ነባሪ ተዘክሮታት ዝገደፈሎም።

ኣመሰራርታን ስርዓተ-ትምህርትን

ቤት ትምህርቲ ጽባሕ፡ ህጻውንቲ ንኽዓብይሉን ክማሃርሉን ተባሂሉ ኩሉ ተደላዪ ዝባሃል ምድላዋት ተገይርሉ ብመጽናዕትን መደብን ዝተበገሰ ቤት-ትምህርቲ ኣይነበረን። እንታይ ደኣ ኣቐዲሙ ከምዝተጠቐሰ፥ ኩነታት ሜዳ ኤርትራ ዝፈጠሮ ወድዕነት ኢዩ ነይሩ። ይኹን'ምበር፡ ተጋድሎ ሓርነት ኤርትራ ግደ ጥዑይን ዝተማህረን ሕብረተ-ሰብ ኣብ ምዕዋት ሰውራኡን ምምሕዳር ሃገሩን ካብዝነበራ ኣመለኻኽታ ኣብ ትምህርታውን ሕክምናውን መዳያት ነዊሕ ስጕማ ነይራ ኢያ። ስለዚ ድማ ቤት ትምህርቲ ጽባሕ ነቲ ናይ ውድብ ተጋድሎ ሓርነት ኤርትራ ናይ ትምህርቲ ፖሊሲን ብክፍሊ ትምህርቲ ዝተዳለወ ኤርትራዊ ስርዓተ-ትምህርትን ተጠቒሙ ንተማሃሮ መባእታዊ ናይ ትምህርቲ ኣገልግሎት ከወፊ ዝጀመረ።

ኣብ መፈለምታ፡ ከም ናይ መጀመርታ ተመኩሮ መጠን፥ ጉድለት ብዝሒ መጻሕፍትን ካልእ ናይ ትምህርቲ መሳርሒታትን ከምኡ'ውን ሕጽረት ሞያውያን መማህራንን ከቢድ ብምንባሩ፡ ነዚ ሕጽረታት'ዚ ንምምላእ ዕቱብ ጻዕርታት ኣብ ምክያድ ዝልለ እዋን ወይ መድረኽ ከምዝነበረ ዝሳሓት ኣይኮነን። ቀጺሉ ግን፡ ብናይ ውድብ ኩሉ-ሸነኻዊ ሓገዛትን እቲ ኣብ መስርሕ ዝነበረ ማሕበር መንእሰይ ካብ ፈተውቲ ብዝረኸቦ ውሑድ ደገፋትን እቲ ኩነታት እናተመሓየሸ ከደ። ሕጽረት መማህራን ንምሽፋን ዝቕደመ ናይ ምምህርና ሞያን ተሞክሮን ዝነበሮም ካብ ክፍልታት ውድብ ብምስሓብን ኣብ ከተማታት ኤርትራን ከተማታት ሱዳንን ኣባላት ዲሞክራስያዊ ማሕበር መንእሰያት ዝነበሩ መማህራንን ኣብ ቤት ትምህርቲ ጽባሕ ብምምዳብን ብዓይነትን ብዓቕንን ናብ ኣዝዩ ዝተመሓየሸ ኩነታት ክሰጋገር ከኣለ።

ናይ ተመሃሮ ዕድመ ብልክዕ ንምጥቃስ ኣጸጋሚ እኳ እንተኾነ፤ እቲ ዝዓበየ ቁጽሪ ካብኣቶም ግን ዳርጋ 90 ሚእታዊት (90%) ክባሃል ይካኣል፥ ካብ 7 ክሳብ 14 ዓመት ዝዕድሚኦም ነበሩ። ብኣመጻጽኦም ካብ ፈጺሞም ትምህርቲ ዝባሃል ናይ ምጅማር ዕድል ዘይረኸቡ ክሳብ 4ይን 5ይን ክፍሊ ዝበጽሑ ህጻውንቲ ይርከብዎም ነይሮም። በዚ መሰረት ኣብ መጀመርታ እዋን ናይ ቤት ትምህርቲ መደብ ካብ 1ይ ክሳብ 6ይ ክፍሊ ክኸውን ተመደበ።

ድሒሩ ግን ቁጽሪ ተመሃሮ ኣዝዩ ወሲኹ ከምኡ'ውን ናይ ቤት ትምህርቲ ሰብኣውን ነገራውን ዓቕምታት ኣብ ዝተመሓየሸሉ ናይ ትምህርቲ ኣገልግሎት ክሳብ 8ይ ክፍሊ ክበጽሕ ከምዝግባእ ብ1980 ተወሰነ። ብ1981 ቁጽሪ ተመሃሮ

ኣብ ቤት ትምህርቲ ጽባሕ ክሳብ 950 በጺሑ ነይሩ፥ ናይ ትምህርቲ መደባት ወይ ኣገልግሎት ብኽልቲኡ ቋንቋታት ማለት ብትግርኛን ብዓረብኛን ይወሃብ ነበረ። ነዚ እናወሰኸ ዝመጸ ዓብይ ቁጽሪ ተመሃሮን ናይ ክልቲኡ ዕላውያን ቋንቋታት መደብ ትምህርትን ኣብ ግምት ብምእታው ንምምሕዳርን ንምእላይን ክጥዕምʼውን ገለ ምምሕዳራዊ ለውጥታት ተኣታተወ። ናይ ቋንቋ ዓረብ መማህራን ሕጽረት ዳርጋ ቀጻሊ ነይሩ። ድሒሩ ግን ምስ መሪሕነት ውድብን ጠቕላላ ማሕበር ተመሃሮ ኤርትራን ብምርድዳእ ነቶም ናይ ሓደ ዓመት ኣገልግሎት ኣብ ሜዳ ንኽገብሩ ዝመጹ ዝነበሩ ተመሃሮ ገለ ካብኣቶም ኣብ ቤት ትምህርቲ ጽባሕ ከምዝምህሩ ስለዝተገብረ፡ እቲ ጸገም ምሉእ ፍታሕ እኳ እንተዘይረኸበ፡ ብመጠኑ ስለዝተቓለለ፡ ከም መደብ ትምህርቲ ተደላዪን ቀጻልን ኮነ።

ናይ ክልቲኡ መደባት ትምህርቲ ስፍሓት ብቁጽሪ ተመሃሮ ይኹን ብቁጽሪ መማህራን ተመጣጣኒ ኣይነበረን። እቶም ናይ ቋንቋ ዓረብ መደብ ትምህርቲ ዝከታተሉ ዝነበሩ ከባቢ 20 ሚእታዊት ናይቲ ጠቕላላ ቁጽሪ ይኾኑ፥ ቁጽሪ ደቂ ኣንስትዮ ኣብ ቤት ትምህርቲ ጽባሕ ማለት ተመሃሮ፥ መማህራን ከምኡʼውን ኣብ ምምሕዳር ኣዝዩ ውሑድ ነይሩ። ኣብ ምእላይ ቆልዑትን ሕክምናን ግን፡ ብርክት ዝበላ ወይ ዝሓሸ ብዝሒ ነይሩ ክበሃል ይከኣል። እቶም ናይ መጀመርያ ተመሃሮ ኣብ ቤት ትምህርቲ ጽባሕ ኣብ ሜዳ 8ይ ክፍሊ ዝወድኡ ብ1981 ናይ ካልኣይ ደረጃ ትምህርቶም ንክቕጽሉ ናብቲ ኣብ ከሰላ ዝነበረ ቤት ትምህርቲ ስደተኛታት ዩነስኮ UNESCO ተላእኩ። ስዒቡ ኣብ ወርሒ ሓምለ 1982 ተጋድሎ ሓርነት ኤርትራ ብምግምማዕ ኣብዝተዳኸመትሉ ጽንኩር መድረኽ ከይተረፍ 15 ተማሃሮ ከሰላ ኣትዮም ትምህርቶም ንክቕጽሉ ዝተገብረ። ኩሎምʼውን ኣብ ከሰላ እንዳተማህሩ ንጡፋት ኣባላት ማሕበር መንእሰይ ብምዃን ኣብ ስርርዓት ውድብ ልሉይ ተራ ነይርዎም።

ኪነታዉን ባህላዉን መደባት

ኪነት ከም ሓደ ኣገዳሲ ዓውዲ ኣብ ትምህርታዊ መደባት ቤት ትምህርቲ ጽባሕ ተሰሪዑ ነበረ፥ ኣብ ቤት ትምህርቲ ፍሉያት ናይ ኪነት መማህራን ስለዘይነበሩ ምስ ናይ ውድብ ማለት ኣብ ትሕቲ ክፍሊ ዜና ዝነበሩ ናይ ኪነት ጉጅለ ብምውህሃድ ናይ ጽርበትን (woodwork) ቅርጻን (sculpture)፥ ስእልን ሕብሪ ምቕባእን(drawing and painting) መባእታዊ ትምህርቲ ይወሃብ ነበረ። ናይ መሳርሒ ሕጽረት ስለዝነበረ ግን፡ ኣዕጋቢ ነይሩ ክበሃል ኣይከኣልን። ብዝኾነ ምስ ኲነታት ሜዳና ብምዝማድን ተደላይነቱ ብምእማንን እቲ መደብ ቀጻሊ ነይሩ ጥራሕ ዘይኮነ ምምሕያሽ ከርኢʼውን በቒዑʼዩ።

ሙዚቃን መዛሙርን፥ ኣብ ቤት ትምህርቲ ጽባሕ ሙዚቃ እቲ ኣዝዩ ርኡይን ልሉይን ንጥፈት ኢዩ ነይሩ፥ ብፍላይ ኣብቲ ዳሕረዋይ እዋን ነቶም ፍሉይ ናይ ሙዚቃ ተውህቦን ዝምባሌን ዘርኣዩ ብምምራጽ ናይ ሙዚቃ ጉጅለታት ክቖማን ምስ ክፍሊ ሙዚቃ ናይ ውድብ ብምትሕብባር ፍሉይ ኣትኩሮን ምትብባዕን ተገብረሉ፥ ኣብ እተፈላለየ ግዝያት ኣብ ግንባራት ሰራዊት ሓርነትን ኣብ ውሽጢ ኤርትራን ሱዳንን ዝነበረ ህዝብናን ምስ ክፍሊ ሙዚቃ ናይ ውድብ ብምውህሃድ

ሓያሎ ዑደት ከምተፈጸሙ ዝዝከር ኢዩ። እተዋህቦም ፍሉይ ጠመተን ምትብባዕን ነቶም ናይ ሙዚቃ ዝምባሌን ተውህቦን ዝነበሮም ተመሃሮ ፍናንን ድፍኢትን ኮይኑ ኣብ ሓጺር ግዜ ምስቶም ገዳይምን ፍሉጣትን ሙዚቐኛታት ሃገርና ክጐዩ ዝኽእሉ ብቑዓትን ንፉዓትን ድምጻውያንን ተጻወቲ ሙዚቃን ጊታር፥ ፒያኖ ወዘተ. ተመልመሉ። ብእኩብ ኣብ ቤት ትምህርቲ ብዅሎም ተመሃሮ ዝዝመሩ ሰውራዊ መዛሙርን ተዋስኦታትን በቶም ፍሉይ ክእለት ናይ ግጥምን ድርሰትን ዝነበሮም መማህራንን ግዱሳት ተጋደልትን ካድራትን ተገጢሞም ይቐርቡ ብምንባሮም ከም ዓቢይ ኣበርክቶ ኣብ ዕቤትን ምዕባሌን ቤት ትምህርቲ በዚ ኣጋጣሚ ክዝከሩን ክምስገኑን ይግባእ። ኣብ መዓልታዊ ህይወት ናይቲ ቤት ትምህርቲ ድምቀት ይህቡ ነይሮም ጥራሕ ዘይኮነ ኣብ ተጋድሎ ሓርነት ኤርትራ ሒዝዎ ንዝነበረ መስመር ንምዕዋት ኣብ ፖሊቲካዊ ምልዕዓል'ውን ኣገልጊሎም ኢዮም።

ጽባሕ ኣብ ሙዚቃዊ ዑደተ ምርኢት

ቀይሕ ኮኾብ ምልክት ሰውራ፥

ክንሃጻ ኢና ሓድስ ኤርትራ፡

ውግእ ተሰነይ ዶ መንደፈራ፡ ዓዲ ኾላ፡ ኣቑርደት

በርቃዊት መጥቃዕትና ክንደይ ዘየጽነተት፡

ኦምሓጀር ዶ መረብ ከነዘንቱ

ውግእ ናይ ተከል ዶታ ምስ ባረንቱ

ውግእ መራጉዝ ዓረዛ ምስ ማይምነ

ሰራዊት ደርጊ ገርናዮ ዕነ-ምነ

ወርሒ መጋቢት ሱሳን ኣርባዕተን

ተጎርባ ዓባይ ሓበን፡ ዘርእስቶም ታሪኻውያንን ነበርትን ዜማታትን መዛሙርን ጽባሕና መንሞ ኢዩ ክርስዖም። እቲ ዳሕረዋይ ወለዶ እንተኾነውን፥ ንእወንታዊ ተመኩሮ ሰውራና መርሚሩን ኣጽኒዑን ከም ብልጫታት ቃልሲ ክማሃረሎምን ክወርሶምን ዝግባእ'ዩ።

ስፖርታዊ ንጥፈታት ኣብ ቤት ትምህርቲ ጽባሕ፥

መደብ ስፖርት ብሓፈሻ ኣብ መንጎ ህዝብታት ሃገርን ዓለምን ስኒትን ፍቕርን ዝፈጥር፡ ኣብ መንጎ'ቶም ኣብቲ መደብ ዝዋስኡ ደቂ-ሰባት ድማ ብፍላይ ድልዱል ዕርክነትን ሕውነትን ዘሰስን፡ ጥዑይ ሕብረተ-ሰብ ኣብ ምህናጽ ዓቢ ተራ ዘለዎ ዓውዲ ኢዩ። ተጋድሎ ሓርነት ኤርትራ'ውን ነዚ ህያውን ተግባራውን ኮይኑ ንኽኸይድ ከም ፖለቲካዊ ፕሮግራም ጥራሕ ዘይኮነስ፡ ብተግባር ኣብቲ እተካይዶ ዝነበረት ኣብያተ ትምህርትን መደበራትን ይሰራሓሉ ነይሩ።

ጽባሕ ኣብ ስፖርታዊ ንጥፈታት ሎኪይብ 1980

ካብዚ እምነት'ዚ ዝተበገሰ ድማ'ዩ፡ መደበር ጽባሕ ንስፖርት ሓደ ካብ ኣገደስቲ መደባቱ ወሲዱ፤ ሓንቲ ሓሙሽተ ዝኣባላታ ስፖርታዊ መደባት እትመርሕ ሽማግለ መሪጹ ዘካይድ ዝነበረ። ሽማግለ ስፖርትን ምንቅስቓስ ኣካላትን መደበር ጽባሕ ዝተፈላለዩ ናይ ስፖርት መደባት ተሰሪዑ እኳ እንተተበገሰ፡ ብተግባር ግን፡ ብርክት ዝበለ ናይ ስፖርት ዓይነት መሳርሒታትን ምያዊ ዓቕሚ ክኢላታትን ሕጽረታትን ጸገማትን የጋጥማ ስለዝነበረ ምስ ኩነታት ብምዝማድ እቲ ብዝያዳ

ዝውቱር ዝነበረ ዓይነት ስፖርት ኩዕሶ እግርን፥ ቮሊ ቦልን፡ ሰኪዐት/ባስኬት ቦል፡ ዝላን ከምኡ'ውን ሓሓሊፉ ካብ ባህላዊ ጸወታታት ሻኹ ይካየድ ነይሩ። ናይ ስፖርት ግጥሚያ መደባት ኣብ መንጎ ተመሃሮን መማህራንን ፥ኣብ መንጎ ዝተፈላለየ ክፍልታት ትምህርትን ዕድመን ተሰሪዑ ይካየድ ዝነበረ ውድድር ብምንባሩ ድማ፡ ኣብ ውሽጢ'ቲ መደበር ዝላዐለ ሕድሕዳዊ ፍቕርን ምሕዝነትን ፈጢሩ፡ ኣብ ህይወት ናይቲ ቤት ትምህርቲ ካብቶም ስኒትን ዓብይ ድምቀትን ዝህቡ ንጥፈታት ናይ ቤት ትምህርቲ ኢዮም ነይሮም።

መዓልታዊ መነባብሮ መደበር ጽባሕ

ብዛዕባ ኣመጋብባን መደቀስን ክንክን ጥዕናን ቤት ትምህርቲ መደበር ጽባሕ ክንዛረብ ከለና ካብቲ ተጋድሎ ሓርነት ኤርትራ ከም ውድብ እትሓልፎ ዝነበረት ሓፈሻዊ ኩነታት ሰውራን ትሕዝቶ ውድብን ፈሊኻ ክትርእዮ ኣይካኣልን ኢዩ። ከም ኣብ ንኡስ ዕድመ ዝነበሩ ቆልዑት/ህጻውንቲ ግን፡ ዝያዳ ክንክንን ዝሓሸ ኣመጋግባን ክህልዎም ይድለ ስለ ዝነበረ፡ ነዚ ንምምላስን ንምምላእን ዕቱብ ጻዕርታት ተኻየደ። እንተኾነ ግን፡ ናብራ ገድልን በረኻን ብምዃኑ ካብቲ እንጽበዮን ዝጻዓርን ዝነበረ ኣዝዩ ዝተሓተ ምንባሩ ዝከሓድ ኣይኮነን። ካብ ቤት ትምህርቲ ዝተመስረተሉ ግዜ ጀሚርካ ክሳብ 1982 ኣብ ኣመጋግባ ኮነ መደቀስን ክንክን ጥዕናን ብብግዜኡ ገለ ምምሕያሻት ይገበር ደኣምበር፥ በቲ ዝነበረ ድሩት ቁጠባዊ ትሕዝቶ ውድብን ሓፈሻዊ ጸጥታዊ ኩነታትን ምኽንያት ከም'ቲ ዝድለ ክብጻሕ ኣጸጋሚ ነይሩ። ግን ከኣ ኣብ ኣመጋግባ ናይ ትሕዝቶ ሕጽረታት ንምውጋድ ጻዕርታት እናተኻየደ ኣብ ግዜኡ ወይ ኣብ ሰዓቱ መግቢ ሰለስተ ግዜ ንመዓልቲ ክቕርበሎም ዝካኣለሉ ደረጃ በጽሐ። ከምኡ'ውን መደቀስን ናይ ትምህርቲ ክፍልታትን መንበሪ ገዛዉቲ ኣብ ሃዋሻይት ብተንዳ ተጀሚሩ ኣብ መወዳእታ 1978 ብሓገዝ ውድብ ኣብ ሎኮይብ ናይ ትምህርቲ ክፍልታትን መደቀሲ ዝኸውን ገዛውትን ተሰሪሑ ኣብ ኣገልግሎት ክውዕል ተጀሚሩ። ናይ ክንክን ጥዕና ኣገልግሎት ብሓገዝ ማእከላይ ሕክምናን ናይ ቤት ትምህርቲ ኣለይትን መወዳእታኡስ ኣብ ዝተመሓየሸ ኩነታት ተሰጋጊሩ ብተዛማዲ ዳርጋ ኣዕጋቢ ዝኾነ ኣገልግሎት ነይርዎ ክባሃል ዝኽእል ደረጃ ተበጺሑ።

ቅሳነትን ምርግጋእን፥

ኣብ'ቲ መድረኽ'ቲ ሰውራና ዝሓልፎ ዝነበረ ንኣሽቱ ኮነ ዓበይቲ ኣሻቕልትን ንውሽጣዊ ርግኣት ዝርብሹን ኩነታት ምንባርም ዝዝከር ኢዩ። ብ1978 ጸላኢ ብግዙፍ ሓይልን ዘመናዊ ዕጥቕን ኣብ ትሕቲ ቁጽጽር ሰውራ ዝነበራ ከተማታትን ሰፊሕ ክፋል ካብ ገጠራትን ኤርትራ ብምጥቃዕ ንሓያሎ ሓራ ዝወጸ ቦታታት ኤርትራ ዳግማይ ኣብ ትሕቲ ቁጽጽሩ ኣእተወ። ንሰውራ ኤርትራ ንሓንሳብን ንሓዋሩን ናይ ምድምሳስ መደብ ስለዝነበሮ ድማ፡ ኣብ ድሕረ ግንባራት ከይተረፈ ጽዑቕ ናይ ነፈርቲ ደብዳብን ስርሒታትን ዝተኻየደሉ እዋን ኢዩ ነይሩ። ቤት ትምህርቲ ጽባሕ በቶም ካብ ከተማታትን ገጠራትን ዝስደዱ ዝነበሩ ቆልዑት ቁጽሩ ኣብ ሓጺር ግዜ ንሂሩ ገለ ጸጥታውን ምምሕዳራውን ጸገማት ተቐላቐለ።(ገለ ብዕድሚኦም ናእሽቱ ምንባሮምን ምስቲ ዘጋጥም ዝነበረ ናይ ነፈርቲ ምዝምባይን ብሓደ ሸነኽ፡ ናይ

ስድራን ወለድን ናፍቖት ተወሲኹዎ ብፍላይ ኣብቶም ሓደሽቲ ዝመጹ ዘይምርግጋእ ተራእየ፥ ናብ ካልእ ቦታ ሎኮየብ ዝተባህለ ብምግዓዝን ዝሓሸ ጸጥታዊ ሓለዋን ተወሳኺ ናይ ምእላይ መደባትን ተገይሩ እቲ ኩነታት ናብ ምርግጋእ ገጹ ክበጽሕ ክኣለ። ኣብዚ ግዜ'ዚ ኣብ ኩሉ ሽንኻዊ መደባትን ንጥፈታትን ከም ስፖርት፥ ሙዚቃ፥ ተወሳኺ ናይ መዘናግዒ መደባት ብምትእትታዉ ብተዛማዲ ዝሓሸ ምርግጋእን ቅሳነትን ንምፍጣር ተኻእለ፥

ናይ ጽባሕ መደብን መደምደምታን

ናይ ጽባሕ ንጥፈታት መንቀሊኡን ማእከሉን ቤት ትምህርቲ ጽባሕ ይንበር ደኣምበር፡ ኣብ ኩሉ ናይ መንእሰይ ስርርዓት ዝቖመሉ ቦታታት ማዕረ ናይ መንእሰያት ስርርዕ ጠጢዑ ሙዚቃን መዛሙርን ጽባሕ ኣብ ብዙሕ ቦታታት ከም ምሩጽ ዜማታት ይዝመር ነበረ። ብፍላይ ኣብተን ዓበይቲ ከተማታት ሱዳን (ካርቱም፡ ፖርትሱዳን፡ ከሰላ) ስርርዕ መንእሰይ ዕሙር ስለዝነበረ፤ ኣብዚ ዝነበረ ናይ መንእሰይ ክበባት ንንጥፈታት ጽባሕ'ውን ኣገዳሲ ኣገልግሎት ካብዝህብ ዝነበረ'ዩ። ብዙሓት ምስ ዕድሜ ጽባሕ ዝመጣጠኑ ዝነበሩ ኤርትራውያን ኣብ ነጻ ግዜኦም ኣብ'ቲ ዝቖመ ክበባት እንዳኸዱ ዝተፈላለየ ንጥፈታት የካይዱን ይዋስኡን ነይሮም። በዚ ኸኣ መደበር ጽባሕን ንጥፈታቱን ክሳብ ኣብ ወጻኢ ዝነብሩ ዝነበሩ ኤርትራውያን ጸላዊ ግደ ከምዝነበሮ ከይጠቐስካ ክሕለፍ ዝካኣል ኣይኮነን።

ተመሃሮ ጽባሕ ኣብ ስፖርታዊ ልምምድ

እዚ ብዛዕባ ቤት ትምህርቲ ጽባሕን ዝሓለፎ ተመኩሮን ዝገልጽ ዝቐረበ ሓጺር ታሪኽ፡ ነቲ ዝነበረ ክውንነትን ጭቡጥ ሓቅታትን ዝሕብር ሰነዳዊ መርትዖ እኳ ይኹን'ምበር፡ ነዚ ሓቅታት'ዚ ጠምዚዞም ኣብቲ ንኣስታት 30 ዓመታት ኣንጻር ናይ ኢትዮጵያ መግዛእቲ ዝተኻየደ ዝተናውሔ ውግእ ሰውራ ኤርትራ፡ ቆልዑ ወተሃደራት የሰልፍ ነይሩ ንዝብል ናይ ገለ ሸነኻት ጠቐነን፡ ነቲ ብሰናይት መሓሪ እተባህለት ኣባል ቤት ትምህርቲ ጽባሕ ነበር ብ2004 ብምህዞ ዝተጻሕፈ

መጽሓፍን መሰረተ ኣልቦ ምዃኑ ዘጋልጽ እኳ ይኹን'ምበር፡ ዕላማ ጽሑፍና ተመኩሮ ቓልሲ ህዝብና ከምዝነበሮ ብጥሪኡ ክስነድ ኣለዎ ዝብል እምነት ስለዘለና እንተዘይኰይኑ፡ ንዝተገብረ ምምርሳሕን ምንዋርን ንምምላስ ዘቕነዐ ኣይኮነን።

ሰናይት ናይ ቁልዕነት ተመክሮኣ፡ ነቲ ኣብ ምዕራባዊ ዓለም ማለት ናይ ዜና ማዕከናትን መርበባትን ተጣበቕቲ ሰብኣዊ መሰላት ማሕበራትን ነቲ ኣብ ገለ ክፍልታት ዓለም ብፍላይ ድማ ኣብ ኣፍሪቃ ገለ ውድባት ንቖልዑ ብረት ኣዕጢቖም ኣብ ብረታዊ ጎንጺ የእትውዎም ኣለዉ ዝብል ወረታትን ስምዒታትን ዘስዕቦ ሻቅሎት መዝሚዛ፥ ታሪኽ ብምጥምዛዝ ወታሃደራዊት ቈልዓ ከምዝነበረት ገይራ ብምቕራብ፤ ታሪኽ ንእስነታ ኣብ ጽባሕ፣ ንነጋዶ ናይ ስነጽሑፍ ትካላት ወጻኢ፣ ኣታዊኦም ብዘኻዕብት ኣዳልዮም ኣብ ዕዳጋ ክዝርግሕዎ ምፍቃዳ ታሪኻዊ ጌጋን ጥልመትን ፈጺማ። እዚ ድማ ብገለ ገንዘባዊ ረብሓ ተታሊላ ዝኣተወቶ ምዃኑ ዘይስሓት'ዩ። ሓቅነት ዘይብሉ ዝተዘርግሐ ጽሑፍ ንሓለፍቲ መደበር ማሕበር መንእሰይ ዝነበሩ፣ ማለት ነዚ ሰነድ'ዚ ዘበርከቱ ዘቖጥዐ፣ በዞም ነቲ መደበር ብቐረባ ዝፈልጡ ደረስቲ ናይዚ መጽሓፍ እዚ ዝተነጽገ ጸለመን ምስቲ ክቡር ባህሊ ኤርትራውያን ብሓፈሻ፣ ከምኡ'ውን ተጋድሎ ሓርነት ኤርትራ ብፍላይ ኣብ ቆልዑን መንእሰያትን ዝነበሮም ፍቕርን ሓልዮትን ዝጻረር ናይ ፈጠራ ጽውጽዋይ ምዃኑ ኵሎም ኤርትራውያን ዝሰማምዑሉ ተሞክሮ እዩ። መጽሓፉ ብ2004 ብቛንቋ ጀርመን Feurherz (Heart of fire) ብዝብል ኣርእስቲ ተሓቲሙ ናብ እንግሊዘኛን ካልእ ቋንቋታትን ተተርጉሙ ብብዝሒ ከምዝተሸጠ ዝፍለጥ'ዩ። ነዚ ንክዉንነት ቤት ትምህርቲ ጽባሕን ታሪኽን ዘይሕብሩን ዘይመልከዑን ዘልበሰን ንታሪኽ ሰውራ ኤርትራ ብምንሻው ኣብ ዕዳጋ ዘውረደን ጥምዘዝ ታሪኽ ሓያሎ ወገናት ብትሪ ተቓውሞም፡ ኣብ እተፈላለያ ሃገራትን ኩርናዓት ዓለምን ዝነብሩ ብቤት ትምህርቲ ጽባሕ ዝሓለፉ ወይ ኣብኡ ዝነበሩን ተመሃሮን መማህራንን ከምኡ'ውን ነቲ ቤት ትምህርቲ ብቐረባ ኣጸቢቖም ዝፈልጥዎ ዝነበሩ ተጋደልትን ካድራት ውድብን ተቓውምኦም ብእተፈላለየ መንገዲ ገሊጾም ኢዮም። ጠጠዉ ንምባሉን ካብ ዕዳጋ ንኽሳሓብን ከቢድ ጻዕርታት ከምተኻየደ'ውን ክዝከር ዝግብኦ መኸተ ኢዩ። .በዚ ከይተሓጽረ'ውን ሓያሎ ነጻ ሞያዉያን ጸሓፍትን ጋዜጠኛታትን ነቲ ጽሑፍ ከም ኣካታዒ ወይ ሓቅነቱ ምልከት ሕቶ ከንብርሉ ክኢሎም። ምስዚ ኹሉ ጻዕርን ተቓውሞን ግን ከም ታሪኽ ህይወት ናይ ሓንቲ ቈልዓ ወተሃደር ናይ ሓንቲ ኣፍሪቃዊት ወይ ኤርትራዊት መንእሰይ ኣብ ከንያ ብፊልም መልክዕ ተሰሪሑ ብ2008 ኣብ ፊልም ፈስቲቫል በርሊን ኣብ ውድድር ክቐርብ ከኣለ። በዚ ኣጋጣሚ'ዚ ነቶም ንሓቅን ፍትሕን ጠጠዉ ዝበሉ ወጻኣተኛታትን ንታሪኽ ሰውራ ኤርትራ ብፍላይ ድማ፡ ንሓቀኛ ታሪኽ ተጋድሎ ሓርነት ኤርትራ ተመኩሮኦምን ብትብዓት ዝተኸላኸሉ ኤርትራውያን ልዑል ምስጋና ይብጻሓዮም።

ምዕራፍ ዓሰርተ

ምልመላ ፖለቲካዊ ካድራት ኣብ ተሓኤ

ሓርበኛ ተጋዳላይ ሃይለ ገብሩ ካብቶም ኣብ 1975 ዓ.ም. ካብ ናይ (ተሓኤ) ምልመላ ፖለቲካዊ ካድራት ተመሪቑ ዝወጸ ካድር ኣብ ህዝብን ሰራዊትን ስርርዕን ምንቅቓሕን ብምኽያድ ሰውራዊ ግዲኡ ዘበርከተ፣ ካብ 1978-81 ዓ.ም. ናይ ሓይሊ ቀጺሉ ድማ ናይ በጦሎኒ ፖሊቲካል ኮሚሽነር ኰይኑ ኣገልጊሉ። ነዚ ቀጺሉ ሰፊሩ ዘሎ ተሞክሮ ካብ ናይ ገዛእ ርእሱ ተዘክሮታት፣ውድባዊ ሰነዳትን መቓልስቱ ብጾትን ተወኪሱ ዘቕረቦ እዩ።

ኣብ ተጋድሎ ሓርነት ኤርትራ (ተሓኤ) ምልመላ ፖለቲካዊ ካድራት ካብ መጀመርታ ሰብዓታት ክሳብ መወዳእታ ምዕራፍ ተሓኤ ብውግእ ተደፊኣ ዶባት ናይ ሱዳን ዝኣተወትሉ እዋን ሓደ ካብቶም ኣገዳሲ ውድባዊ ዕማማት ኮይኑ ቀጺሉ እዩ። ተሓኤ 1961 ዓ.ም. ንብረታዊ ተጋድሎ ህዝቢ ኤርትራ መሪሓ ክትጅምሮ እንከላ ግን፡ ኣብ ሜዳ እቲ ዓብላሊ ዝምባለ ንብረታዊ ዕዮ ዘደንቕ ዝምባለ'ዩ ነይሩ። እቶም ካብ ስራዊት ሱዳን ይኹን ካብ ፖሊስ ኤርትራ ናብ ሰውራ እተጸንበሩ ተጋደልቲ እቲ ዝያዳ ዝፈልጥዎን ዘድንቕዎን ወተሃደራዊ ስነ-ስርዓት'ዩ ነይሩ። ምስ ምዕባለ ናይቲ ቃልሲ ግን ቀስ ብቐስ፡ ንፖለቲካዊ ስራሕ ዘድንቕ ሓዲሽ ኣተሓሳስባ ክቕልቀል ጀመረ። ፖለትካዊ ስራሕ ዕዙዝ ክብሪ ክረክብ ብምጅማሩ ድማ፡ ነቶም ኣብ ብረታዊ ተጋድሎና ዝጓንፉ ዝነበሩ ውሽጣዊ ሽግራት ንምፍታሕ እተፈላለየ ዋዕላታትን ጉባኤታትን ክካየድ ጀመረ። ምዕባለ ከምዚ ዝመስል ፖለቲካዊ ምንቅስቓሳት ከኣ፡ ብወታሃደራዊ ጉባኤታት ኩር-ዴባ፡ ኣዶብሓን ዓንሰባን ዓዋተን ኣቢሉ ነቲ ብ1971 እተካየደ ቀዳማይ ሃገራዊ ጉባኤ ምቹእ ኩነታት ክፈጥር በቕዐ።

ድሕሪ ቀዳማይ ጠቕላላ ሃገራዊ ጉባኤ ተጋድሎ ሓርነት ኤርትራ ፖለቲካዊ ዕዮ

ዝሓሸ ትኹረትን ክብርን ክረክብ ምኽኣሉ ዝምስክር እምበኣር፡ እቲ ብ1973 ፖለቲካዊ ካድራት ዝምልምል ቤት ትምህርቲ ምኽፋቱ እዩ። ይኹን እምበር ምስቲ ኣብ ሜዳ ኤርትራ ሰፊኑ ዝነበረ ኲነታት ፖለቲካዊ ምልመላ ካድራት ቀጻሊ ኣድህቦ ረኺቡ ክበሃል ዝኽእል ድሕሪ ካልኣይ ጠቕላላ ሃገራዊ ጉባኤ ተሓኤ እዩ። ተሓኤ ኣብ'ቲ ብ1975 ዓም እተገብረ ካልኣይ ሃገራዊ ጉባኤኣ፡ ካብ'ቲ ሃዋኺ ዝነበረ ውግእ ሕድሕድ ዝምድናዊ ቅሳነት ዝረኸበትሉ እዋን ብምንባሩ፡ ብቐጽርን ብዓይነትን ኣባልነታ ኣብ ዝለዓለ ደረጃ ዝበጽሓትሉ ኲነታት'ያ ዝነበረት። እዚ ምዕባለ'ዚ ከኣ ቤት ትምህርቲ ካድራት ከተቕውምን ብስሩዕ ክትቅጽሎን ዘኽእላ ዓቕሚ ተፈጥረ። በዚ ምኽንያት፡ ካብ'ቲ እዋን እቲ ጀሚሩ ክሳብ መወዳእታ ምዕራፍ ታሪኽ ጀብሃ ዓባይ፡ ፖለቲካዊ ካድራት ዝምልምል ቤት ትምህርቲ ሓደ ካብ ኣገዳሲ ትካላታ ኮይኑ ይቕጽል ምንባሩ'ዩ።

ኣቐዲሙ ከምዝተጠቕሰ፡ ምልመላ ፖለቲካዊ ካድራት ኣብ ተሓኤ ምስ ምዕባለ እቲ ውድብ ዝተኣሳሰር ታሪኽ'ዩ ዘለዎ። ተሓኤ ከመይ ገይራ ካድራት ትምልምል ከምዝነበረት፡ እንታይ መደባት ምልመላ ከምዝነበራ፡ ትሕዝቶን መልክዕን መደባታ፡ ዘረጋገጸቶ ዓወትን ዘርኣየቶ ድኽመትን ክንድህስስ ከኣ ኣብ ገለ ዝርዝራት ክንኣቱ ከድልየና እዩ። ከምዚ ክንገብር ገለ ሰነዳት ክንገናጽልን፡ ኣብ'ቲ ታሪኽ ዝወዓሉ ኣካላት ክንሓትት ኣድላይ እዩ።

<u>ፖለቲካዊ ምንቕቓሕ ኣብ ተሓኤ</u>

ፖለቲካዊ ምንቕቓሕ ኣብ ተሓኤ ብክልተ መስኖታት ይካየድ ከምዝነበረ ክንርእዮ ንኽእል ኢና

እቲ ቀዳማይ ብመጺሔታት ዝዝርጋሕ ዝነበረ ሓሳባት

እቲ ካልእይ ድማ ቤት ትምህርቲ ካድራት ዘካየዶ ጻዕርታት

<u>ግደ መጽሔታት ኣብ ምንቕቓሕ</u>

እቲ ብመጽሔታት ዝዝርጋሕ ዝነበረ ሓሳባት ጥርኑፍን ስሩዕን እኳ እንተዘይነበረ፡ ኣትኩሩ ዝዝርግሖ ዝነበረ ሓሳባት በዘን ዝስዕባ ነጥብታት ክንጥቕልሎ ንኽእል ኢና

ነቲ ኣብ ልዕሊ ባዕዳዊ መግዛእቲ ኢትዮጵያ ዝካየድ ዝነበረ ወተሃደራዊ መጥቃዕትን ዓወታቱን እናኣቃልሐ ንሃገራዊ ስምዒት ምልዕዓልን ምቕራጽን ንፖለቲካውን ውድባውን ትሕዝቶ ተሓኤ ምልላይ፡

ንንጥፈታታ ምቅላሕ

ተሓኤ ኣብ ህዝቢ እተካይዶ ዝነበረት ኣገልግሎታት ምጽብጻብ

ታሪኽ ህዝብን ሃገር ኤርትራን ምዝንታው

ንምፍንጫላት ምንጻግ ንሓድነት ምጥባቕ

ምስ ማርክሳዊ ክለሳ ሓሳባት ምልላይ

ተሞክሮ ተቓለስቲ ህዝብታት ዓለም ምዝንታው

ሃገራውን ዲሞክራስያውን ንቕሓት ክብ ክብል ምጽዓር

መጽሔታት ብኽልተ ቋንቋታት ትግርኛን ዓረብኛን ከምኡ ውን ኣብ ወጻኢ ብእንግልዝኛ ተዳልዩ ይዝርጋሕ ምንባሩ ናይ ሸው መሰረታዊ መደብ ንምቅቓሕን ኣስተምህሮን ክኸውን ከሎ ኣብዚ እዋንዚ ድማ ኣሰራቱ ዘይበረሰ ታሪኽን መሳርሒ ናውቲ ቃልስን ዘሎ ኢዩ። ገለ ካብተን ብዕዮ ዜና ዝሕተማ ዝነበራ መጽሔታት ንምዝኽኻር ከኣ፡

1-ገድሊ ህዝቢ ኤርትራ 2. ገስግስ 3. ጐሕ 4. መስከረም

5. ዕላማ 6. Eritrean Revolution ጸኒሑ The Eritrean Newsletter ከምኡውን ዝተፈላለየ መጽናዕታዊ ስነ-ጽሑፋት ብዓረብኛ ድማ ንዳል፣ ሰፕተምበር፣ ስሙድ፣ ነስር ወዘተ ክጥቀስ ይካኣል።

እቲ ብመጽሔት ኣቢሉ ዝዝርጋሕ ዝነበረ ፖለቲካዊ ትምህርቲ ብሕጽር ዝበለ ድሕሪ ምዝካርና ኣብ'ቲ ቀንዲ ኣርእስትና ዝኾነ ፖለቲካዊ ትምህርቲ ኣብ ተሓኤ ምስ ምልመላ ካድራት ኣተኣሳሲርና ብዝርዝር ክንርእዮ ክንፍትን ኢና።

<u>ሓጺር ታሪኽ ፖለቲካዊ ምልመላ ካድራት ተሓኤ</u>

ኣብ ተጋድሎ ሓርነት ኤርትራ ብዛዕባ ፖለቲካዊ ምልመላ ካድራትን ዝቖመ ቤት-ትምህርትን ክንዛረብ እንከለና ኣብ ክልተ መድረኻት ከፊልና ክንርእዮ እንከለና ኢዩ ታሪኻዊ ኣመጻጽኡን ደረጃ ምዕብልናታቱን ክንግንዘብ እንኽእል። እዚ መድረኻትዚ ድማ ድሕሪ 1ይ 2ይ ጠቕላላ ጉባኤታት ተሓኤ ጌርካ ክምዘን ይካኣል'ዩ።

<u>1ይ. ድሕሪ ቀዳማይ ሃገራዊ ጉባኤ እተገብረ ጻዕርታት</u>

ተሓኤ ካብ እትምስረት ቀንዲ ስርሓ ፖለቲካዊ እኳ እንተነበረ፡ ፖለቲካዊ ካድራት ብስሩዕ ምምልማል ዝጀመረት ግን ድሕሪ ቀዳማይ ሃገራዊ ጉብኤ እዩ። እታ ቀዳመይቲ ቤት ትምህርቲ ብ1973 ቀይማ ክሳብ 120 ዝኾኑ ተመሃሮ ነበርዋ።

ኣብቲ እዋን'ቲ ዝነበሩ መማህራን፡-

1- ኣዘን ያሲን

2- ከሊፋ ዑስማን

3- መሓመድ ኑር ኣሕመድ

4- ኢብራሂም ገደም

5- ሓምድ ኢድሪስ ሑመዳይ

6- ዶክ. ኣረጋይ ሃብቱ

ገለ ካብቶም 120 ተጋደልቲ ተማሃሮ ዝነበሩ፡-

1. ተስፋይ ወልደሚካኤል (ደጊጋ)
2. ግርማይ ገብረስላሰ (ቀሺ)

3. ኣብርሃም ተኽለ

4. ተመስገን ዑቕቢት

5. ክብሮም ገብረስላሴ

6. መስፍን መንግስቱ

7. ዓንዳኣብ ገ/መስቀል

8. ንኣምን ተወልደብርሃን

9. እምባቆም

ፖሊቲካዊ ትሕዝቶ ንምልመላ ካድራት

መደብ ምንቕቓሕን ትምህርትን

ታሪኽ ህዝብን ሰውራ ኤርትራን

ውሳኔታት ቀዳማይ ሃገራዊ ጉባኤን ትርጉሙን

ማርክሳዊ ክለሰ-ሓሳብ (ኣምር)

ኣብ ዘለናዮ እዋን ኮነ ነቲ ብ1973 እተኻየደ ፖለቲካዊ ምልመላ ካድራት ክነዘንትዎ ከለና ብዙሕ ነገር ይጐድል ምዃኑ ክሕባእ ዘይክእል እዩ። እቲ ዝጐድል ኣስማት ወይ ገለ ከምኡ ዝመስል ዝርዝራት ጥራይ ኣይኮነን። እቲ ቀንዲ ከይጐድል ከይርሳዕ ዘስግእ እቲ ዛንታ እተፈጸመሉ ኩነታት እዩ። ብ1973 እተኻየደ ፖለቲካዊ ትምህርቲ ኣበየናይ ኩነታት ከምእተኻየደ ክዝከር እንተዘይክኢሉ ቁም-ነገሩ ንምርዳእ ኣሸጋሪ እዩ። እቲ ኣብ ተሓኤ ሰፊኑ ዝነበረ መንፈስ ንፖለቲካ ፍጹም ክብሪ ዘይህብ ኩነታት ሰጊርካ ኣብ ዕዮ ምልመላ ካድራት ምእታው ቀሊል ለውጢ ኣይነበረን። እቲ መደብ ምልመላ እንታይ ባህላውን ሰነ ኣእምራውን ሽግራት ከምዝፈትሐ ንምርኣይ ውን ሓቀኛ ተዘክሮ እቲ ዝነበረ ኩነታት ዝሓትት እዩ። በዚ ምኽንያት ካብ ዘውዓለ ምስማዕ ስለ ዝሓይሽ ከምዘለዎ ገለ ካብ'ቲ ምስ ተስፋይ ወልደሚካኤል ዝተገብረ ዝርርብ እተወስደ ጥቕስታት ክቐርብ ዝሓሸ ኢዩ።

ተስፋይ ከምዝብሎ "ኣብ ዩኒቨርስቲ ኣስመራን ኣብ ዋይ.ኤም.ሲ.ኤን (Y.M.C.A) ፖለቲካዊ ክትዕ ነካይድ ስለ ዝነበርና ንነብስና ንቑሓት ጌርና ኢና እንቖጽር ኔርና። ይኹን እምበር ኣብ 1973 ኣብ እተዳለወ ፖለቲካዊ ትምህርቲ ድሕሪ ምስታፍና፡ ተሓኤ ካባና ብክለሳ ሓሳብን ብተሞክሮን ዝበሰሉ ኣባላት ከምዝርከብዎ ክንፈልጥ ብምኽኣልና፡ ብሓቂ ገሪሙና እዩ። ኣብ ተሓኤ ድሕሪ ምስላፍና መማህራን ንኸውን ዝመስለና ዝነበረ፡ ደረጃና ተመሃሮ ምዃንና ክንፈልጥ ክኢልና ኢና" ይብል። ቀጺሉ ውን "እቲ እተዋህበና ትምህርትን፡ ኣተባባዒ ኣቀራርባ እቶም መማህራንን ንህላወናን ቀጻልነትናን ኣብ ቃልሲ ሓጊዙና እዩ። ከምኡ ዝመስል መደብ እንተዘይስራዕ ንሕና ይኹን እቶም ብድሕረና ዝመጹ ኣብ ከቢድ ኣሉታዊ ኩነታት ምጠሓልና ኮይኑ ይስምዓኒ" ይብል።

ስለምንታይ ከምዚ ከምዝበለ ተስፋይ ዝርዝር ክህብ እንከሎ "ኣብ ከተማ ኣስመራ ንጀብሃ በቲ ኣብ ቀዳማይ ሃገራዊ ጉባኤ ዝጸደቐ ፕሮግራም ክንርእያ ከለና ዓጊብና

ኢና ወጺና። ምኽንያቱ በቲ ካልእ ሸነኽ እቲ ብኢሰያስ ዝምራሕ ኣካል ዘውጽኦ ንሕናን ዕላማናን ዝብል ጽሑፍ ረኺብና ኣንቢብናዮ ኢና። ክልቲኡ ከነመዛዝኖ ከለና ፕሮግራም ጀብሃ ዝማዕበለ ኮይኑ ተራእዩና እዩ። ይኹን እምበር ኣብ ጀብሃ ተሰሊፍና ወተሃደራዊ ታዕሊም ክንወስድ ኣብ ጋንታታት ምስ ተመደብና፡ እቲ እተጸበናዮ ኣይረኸብናን። ኣብ'ተን እተመደብናየን ጋንታታት ነቲ ኣብ ከተማ ኣስመራ ኮይና ዝረኣናዮ ፖለቲካዊ ፕሮግራም ዘንጸባርቕ ንቕሓት ኣብቲ ሰራዊት ኣየጋጠመናን። እዚ ድማ ገለ ስንባደ ኣሕዱርልና ነይሩ።"

እቶም ኣብ ጋንታታት ዝነበሩ መብዛሕትኦም መበቆሎም ካብ ሓረስታይ ክፋል ህዝብናን፡ ንቕሓቶም ድማ ካብ ሃገራዊ ስምዒት ዘይሓልፍ'ዩ ነይሩ። ንሕና ድማ መብዛሕትና ካብ ላዕለዋይ ደረጃ ክሳብ ዩኒቨርስቲ ተመሃሮ ዝኾንና ምናልባት'ውን ናብራ ሓረስታይ ፍጹም ዘይንፈልጥ፡ ፖለቲካዊ ንቕሓትና ንምምዕባል ገለ ክትዓት ኣብ ከተማ ከነካይድ ዝጸናሕና ኢና ነርና። እዚ ምስቲ ቋንቋዊ ጸገማት ተኣሳሲሩ ዓብይ ባህላዊ ጋግ ኣብ መንጎናን ኣብ መንጎ እቶም ኣብ'ተን ጋንታታት ዝነበሩ ኣባላትን ፈጢሩ ነበረ። ገለ ሰባት ድማ በቲ ሸው ኣብ ውሽጢ ጀብሃ ዝነበረ ግርጭት ምስላፍና ዘይፈተዉ እውን ነይሮም ኢዮም። እዚ ኩሉ ተደማሚሩ ንመንፈስና ብኣሉታ እምበር፥ ብኣወንታዊ ዝጸልዎ ኣይነበረን። ኣብ ከምዚ ዝመስል ሃለዋት ኣብ ዝነበርናሉ እዋን እቲ ፖለቲካዊ ምልመላ ምክያዱ፡ ነቲ ዝነበረ መንፈሳዊ ጋግ ኣብ ምቅርራብን፡ ሓዲሽ ኣወንታዊ መንፈስ ኣብ ምዝራእን ሓጊዙና እዩ" ይብል።

ኣብ ርእሲ እቲ ዝወሃብ ዝነበረ ፖለቲካውን ታሪኻውን ትምህርቲ፡ ደሓን ርእይቶ ዝነበሮም መራሕቲ ኣብ'ቲ መደበር ፖለቲካዊ ትምህርቲ እናመጹ ኣተባባዒ ትምህርትን ተሞክሮን የቕርቡ ነበሩ። እቲ ካብ ሰለስተ ወርሒ ንላዕሊ ዝወሰደ ትምህርቲ ድሕሪ ምፍጻሙ ከኣ ብጽሑፍን ብቓልን መርመራ ተዋሂቡ እዩ። ድሕሪ'ዚ ተመሃሮ ኣብ እተፈላለየ ቦታት ተመዲቦም ክሰርሑ ጀመሩ።ከምዚ ኢሉ ድማ እቲ መድረኽ ናብ ካልእ ዝሓሸን ዝሰፍሔን ደረጃ ዘሰጋገረ ናይ 1975 ተበጽሐ።

2ይ፡ ድሕሪ ካልኣይ ጠቕላላ ሃገራዊ ጉባኤ እተገብረ ጻዕርታት

እቲ ብ1973 ዓም እተኻየደ ዕውት ፖለቲካዊ ምልመላ ብሰሪ ዝተፈላለየ ምኽንያታት ኣይቀጸለን። ምናልባት እቲ ዝነበረ ኩነታት ኣይሓገዘን ክኸውን ይኽእል። ምኽንያቱ ኣብቲ እዋን'ቲ ውግእ ሕድሕድ ይብርትዕ'ዩ ነይሩ። ውግእ ሕድሕድ ኣብ መወዳእታ 1974 ብናይ ህዝቢ መንጎኝነት ምእትታው ዳርጋ ዝግ ምስ በለ፡ ኣብ መፋርቕ 1975 ቀዳማይ ጠቕላላ ሃገራዊ ጉባኤ ተሓኤ ተኻይደ። ክፍሊ ቤት ትምህርቲ ካድራትን ፖለቲካዊ ምንቕቓሕን ከኣ ሓደ ካብ ቀንዲ ክፍልታት ፖለቲካውን ስርዒታውን ቤት ጽሕፈት ኮይኑ ተሰርዐ። ፖለቲካውን ስርዒታውን ቤት ጽሕፈት እዞም ዝስዕቡ ንኡሳን ክፍልታት ኣጠቓሊሉ ድማ ተበገሰ።

ክፍሊ ቤት ትምህርቲ ካድራትን ፖለቲካዊ ምንቕቓሕን

ክፍሊ ወከልቲ ፖለቲካዊ ስርዒታዊ ቤት ጽሕፈት ኣብ ክፍሊ ምምሕዳራት

ክፍሊ ህዝባውያን ማሕበራት

ክፍሊ ፖለቲካዊ ጉድለታት

ሃገራዊ ክፍሊ ምንቅቓሕን ሙዚቃን ትያትርን

ቅድሚ ጉባኤ ፖለቲካዊ ካድራት ክኾኑ ዝኽእሉ ካብቶም ሓደስቲ ተሰለፍቲ ምምራጽ ተጀሚሩ ነይሩ። ድሕሪ ጉብኤ ድማ ነታ ቀዳመይቲ ቤት ትምህርቲ ዝኸውን ሰብን ናውትን ብቕጽበት ተዳለወ። ብውሑዳት ካድራት ድማ ኣብ ኮለንታባይ እተባህለ ቦታ ኣብ ባርካ ቤት ትምህርቲ ካድራት ተኸፍተት። ይኹን'ምበር፡ ኣብ ዓሌት ምስ ምቛም መደበር ጠቕላላ ፖለቲካዊ ቤት ጽሕፈት እቲ ኣብ ኮለንተባይ ቈይሙ ዝነበረ ቤት ትምህርቲ ካድራት ናብ ዓሌት ከምዝግዕዝ ተገብረ። ኣብዚ ድማ ኢዩ ግቡእ ናይ ትምህርትን መሳርሒታትን መማህራንን ተርጉምትን ተማሊኦሉ ስርሑ ክጅምር ዝኻኣለ።

<u>መማህራን፡</u>

ኣብቲ እውንቲ ኣብቲ መደበር ከም መማህራን ኰይኖም ንኸገልግሉ ዝተመደቡ ተጋደልቲ ምናልባሽ ካብቲ ዝነበሮም ብዝሒ ዝነቐለ ክኸውን ይከኣል'ዩ፡_ደቺ ካርታ ብዝብል ስም ይጽውዑ ነበሩ። ኣብ ጉዕዞ መላእ ተጋድሎ ሓርነት ኤርትራ እዚ ስምዚ ክጥቀስ እንከሎ ብዝተፈላለየ ክፍልታትን ኣካላት ናይቲ ውድብ ነናቱ ትርጉምን ብሂላትን የሰክሞ ምንባሩ'ውን ከይተጠቕሰ ክሕለፍ ኣይካኣልን'ዩ።

1-ዳዊት ገብረመስቀል

2. ነጸረ ተወልደመድህን

3. ተኽለ መለኪን

4. ወልደስላሰ ዑቕበ

5. ግርማይ ነጋሽ

6. ሓጐስ ኣብርሃ

7. ኣሕመድ(ባኒ)

8. ኣባይ ደስታ

9. መንግስትኣብ ምስግና

10. ተክለሃይማኖት (ዲኒ) ዑቕባዝጊ

<u>ተማሃሮ</u>

ኣብ መጀመርታ ናይቲ ኮርስ ካብ ላዕለዋይ ደረጃ ክሳብ ዩኒቨርስቲ ዝወድኡ ተመሃሮ እተሳተፍዎ ክሳብ ሰላሳ ዝበጽሑ ተጋደልቲ ዝተኻፈልዎ ኮርስ ኦረንተሽን ብዝብል ስም ዝፍለጥ ተኻይዱ። እቲ ቀንዲ ሓሳብን ዕላማን ናይቲ ኮርስ እቶም ኣብዚ ኮርስ'ዚ ዝተሳተፉ ተጋደልቲ ተማሃሮ፡ ናብ ህዝብን ሰራዊትን ክወፍሩ'ሞ ተመሊሶም፡ ዝረኸብዎ ተመክሮ ደሊቦም ዝያዳ ክለሳ-ሓሳባዊ ዓቕሞም ከማዕብሉን ትምህርቶም ክቕጽሉን ዝብል'ዩ ነይሩ። ምስኡ'ውን ኣቋውማ እቲ ቤት ትምህርቲ መጀመርትኡ ስለ ዝኾነ፡ ነቶም ንገዛእ ነብሶም ሓደስቲ ዝኾኑ መማህራን መደብ ትምህርቲ ንኽዳለው'ውን ገለ ዕድል ምሃብ

የድሊ ብምንባሩ ኢዩ። ስለዚ ኣብ'ቲ ንመጀመርያ ዝተኻየደ ኮርስ ትምህርቲ ኢዩ ነይሩ ዝባሃል ዘይኮንስ፡ ዳርጋ ሓባራዊ ክትዕ'ዩ ነይሩ ክበሃል ይኽእል እዩ። ኣብቲ ኮርስ ውሳኔታት ካልኣይ ሃገራዊ ጉባኤን ገለ ክለሳ ሕሳባዊ ትምህርትን ኢዩ ተዋሂቡ። ኣብ ታሪኽ ብረታዊ ተጋድሎ ዝምልከት'ውን ገለ ክትዓት ነይሩ። ድሕሪኡ በቲ መደብ መሰረት እቶም መባእታዊ ትምህርቲ ዝረኸቡ ካድራት ኣብ ሰራዊት ንኽነቓቕሑ ተዋፈሩ። ድሕሪ ስለስተ ኣዋርሕ ካብ ዝነበርዎ ቦታታት ተመሊሶም ኣብ ዓሌት እተባህለ ቦታ ዳግማይ ሰለስተ ኣዋርሕ ዝወሰደ ፖለቲካዊ ትምህርቲ ተዋህቦም። ኣብዚ እዋን እዚ እቶም መማህራን ተዳልዮም ስለ ዝጸንሑ ኣገደስቲ ትምህርታዊ መደብ ኣቕረቡ።

<u>እተዋህበ ትምህርቲ</u>

ሓጺር ታሪኽ ህዝብን ሰውራ ኤርትራን

ማርክሳዊ ክለሳ ሓሳብ፡

ታሪኻዊ ነገርነት፡

ዘንተሞጐታዊ ነገርነት፡

ፖለቲካዊ ምጣኔ ሃብቲ ዘጠቓለለ ከኣ ነበረ።

ከም ኣገባብ ናይ ትምህርቲ ወይ ናይ መምህርን ተማሃራይን ተኣኪብካ ምምሃር ጥራሕ ዘይኮነ'ውን፡ ተሳተፍቲ ኮርስ ኣብ ጉጅለታት ተኸፊልካ ቀጻሊ ክትዕ ምክያድ'ውን ሓደ ካብ ኣገዳስቲ መንገዲ ትምህርቲ ተታሒዙ ነበረ። ኣድላይ ዝበሃል መጻሕፍቲ ተቐሪቡ ብምንባሩ፡ ክለሳ ሓሳባዊ ፍልጠቱ ከዕሙቕ ንዝደሊ ገፊሕ ኣፍደገ ተኸፊቱ ነይሩ። ኣብ ተመሃሮ ዝግበር ተጽዕኖ ፍጹም ኣይነበረን። ብናጽነት ኣብ ሓንጐልካ እተሰመዓካ ክትብል ይከኣል'ዩ ነይሩ። ይኹን'ምበር መጀመርያ ሙሉእ ንታሪኽ ሰውራ ዝምልከት ጽሑፍ ስለ ዘይነበረ ተመሃሮ ዝመስሎም ሚዛን ከቐምጡ ፈቲኖም እዮም። ድሓር ግን ሓላፊ ፖለቲካዊ ቤት ጽሕፈት ውድብ ዝነበረ ኢብራሂም ቶቲል ተሞክሮ ምፍልንጫል ዝብል ጽሑፍ ስለዘቕረበ መወከሲ ተሞኩሮ ሰውራ ኮነ። ነቲ ቤት ትምህርቲ ሓላፊ/ዳይረክተር ኮይኑ ዝመርሖ ዝነበረ ዳዊት ገብረመስቀል ይባሃል ነይሩ። መደባት ምንቕቓሕ ምስ ተወድአ ዳግማይ ወፍሪ ኮይኑ ካድራት ኣብ እተፈላለየ ኣውራጃታት/ ምምሕዳራት ዝርከባ ሓይልታት ሰራዊት ሓርነት ተመዲቦም ስርሖም ይቕጽሉ ነበሩ።

ድሕሪ ካልኣይ ጠቕላላ ሃገራዊ ጉብኤ ተሓኤ ብውሽጣ ብሰሪ ኣብ'ቲ ጉባኤ ዘይዓገበ ሽነኽ ዝፈጠሮ ዕግርግር፡ ብግዳም'ውን ምስ ህዝባዊ ሓይልታት ሓርነት ኤርትራ ዝነበረ ዝሑል ውግእ ቅሳነት ኣይነበራን። እዚ ንካድራት ይጸልዎም ምንባሩ ክርሳዕ ዝኽእል ድማ ኣይኮነን። ምስ'ዚ፡ ነቲ ዝጸንሐ ኣተሓሕዛ ምልመላ ካድራት ዝቕይር መደባት ተሰርዐ። ኣብ መወዳእታ 1975 ካልኣይ ኮርስ ተባሂሉ ዝፍለጥ ክሳብ 88 ዝኾኑ ካድራት እተሳተፍዎ መደባት ተዳልዩ ኣብ ዓሌት እተባህለ ቦታ ተኻየደ። ኣብ ካልኣይ ኮርስ መማህራን መደባቶም ሰፊሑ ነብሰ ምትእምማን እውን ከምዘሕደሩ ክርአ ዝኽእል ነበረ።

ኣብ ካልኣይቲ ኮርስ እተመረቑ'ውን ብጉጅለታት ተመቓቒሎም ኣብ ሰራዊትን

ህዝብን ተዘርግሖም እዮም። ይኹን እምበር ኣብ ህዝቢ ኮነ ሰራዊት ዝዋፈሩ ዝነበሩ ካድራት ንምምንቕቓሕ ዝኸውን ስሩዕን ዝተማእከለን መደባት ይወሃበም ስለዘይነበረ እቲ ስራሕ ኣብ ጥበብን ተበላሕነትን ነፍሲ ወከፍ ዝወፈረት ጉጅለ ዝምርኮስ'ዩ ነይሩ'

<u>መደባት ምንቕቓሕ ሰፊሑ ቁጽሪ ካድራት በዚሑ</u>

ካብ 1975 ክሳብ 1980 ኣብ ማእከላዊ ቤት ትምህርቲ ካድራት ብጠቕላላ 17 ኮርሳት ተኻይዱ። ብድምር 1604 ካድራት ተመሪቖም። እቶም ኣብ መጀመርያ 1980 እተመረቑ ንሓሙሽተ ኣዋርሕ ዝኸውን ኮርስ ዝወሰዱ 283 ካድራት ክኹኑ እንከለዉ፡ ካብኣቶም 20 ደቂ ኣንስትዮ ጥራሕ ነይረን። ኣብ'ቲ እዋን ሓለፍቲ ክፍሊ ንዋሕዲ ተሳትፎ ደቂ-ኣንስትዮ ኣብቲ ኮርስ ዝሃብዎ ምኽንያት እንተነይሩ፡ ንኣገባብ ኣሰታትፋ ዝምልከት እተዋህበ መምርሒ ሓለፍቲ ክፍልታት ብዝግባእ ስለ ዘይፈጸምዎ ምዃኑ ዝብል ምንባሩ ከም ታሪኽ ክጥቀስ ካብዝከኣል'ዩ። እቲ ብኮርስ 'ሓደ መስከረም' ዝፍለጥ ዝነበረ ተሳተፍቱ ንማሕበራዊ ብዙሕነት ኤርትራ ዘንጸባርቑ ነበሩ። ሰውራ ክጅመር ከሎ ተሰሊፎም እተቓለሱ ምኩራት ተጋደልቲ እተሳተፍዎ ኮርስ ብምንባሩ ድማ፡ ኣገዳሲ ኣፍኣዊ ታሪኽ ብሰነድ ክምዝገብ ብቒዑ ኢዩ። ብደረጃ ትምህርቲ'ውን ፊደል ዘይቆጽሩ ተጋደልቲ እተሳተፍዎ ስለ ዝነበረ፡ መማህራን ክይጽገሙ ኣብ መጀመርያ ስግኣት ነይርዎም እዩ።ደሓር ግን መማህራንን ተመሃሮን ኩሎም ኣብ ምትርጓም ይተሓጋገዙ ብምንባሮም ጉዳይ እናቐለለ ከይዱ እዩ። እቶም ፊደል ዘይቆጽሩ ኣብ መወዳእታ ኮርስ፡ ኣብ ርእሲ ፖለቲካዊ ትምህርቲ ምጥፋእ መሃይምነት ስለ እተኻየደ ክጽሕፉን ክንብቡን በቒዖም እዮም። መላእ መደባት'ቲ ኮርስ ከኣ ኣዝዩ ዕውት ነበረ። ኣካያዲ ቤት ትምህርቲ ኣብ ዝገበሮ መግለጺ መደብ ምንቕቓሕ ፡

ሰነ-ፍልጠታዊ ፍልስፍና (ማርክስነት)

ተሞክሮ ሓርነታዊ ሰውራታት

ታሪኽ ኤርትራን ሰውራ ኤርትራን ኣጠቓሊሉ ይኸይድ ምንባሩ ክምዝጠቐስ ክዝከር ይካኣል።

ብዘይካ እቲ ምዱብ ኮርሳት ሓጸርቲ ኮርሳትን ሰሚናራትን ኣብ ማእከላይ ቤት ትምህርቲ ይካየድ ነይሩ እዩ። ኣብ ክፍሊ ምምሕዳራትን ብርገዳትን'ውን ፖለቲካዊ ኮርሳት ይካየድ ብምንባሩ፥ ነዚ ኩሉ ኣጠቓሊልካ ክርአ ከሎ፡ ሓጸርትን ንውሕ ዝበለ ግዜ ዝወሰደ ኮርሳትን ተሳቲፎም እተመረቑ ልዕሊ 3000 ዝኾኑ ካድራት ከምዝነበሩ ኢዩ ዝፍለጥ።

<u>ንህዝብን ሰራዊትን ዝኸውን እተጻንዐ መደብ ምንቕቓሕ</u>

ከምቲ ኣቐድምና ዝጠቐስናዮ፡ ድሕሪ ካልኣይ ሃገራዊ ጉባኤ፡ ቤት ትምህርቲ ፖለቲካዊ ካድራት ክኸፈት እኳ እንተተመደበ ንምኽፋቱ ዝኸውን ብቑዕ ምድላው ከምዘይነበረ ርኢና ኔርና። እዚ ከኣ ኣብ መጀመርታስ ቀሊል ሕጽረት ኣይኮነን። እቶም መማህራን ካብ'ቶም ሽዑ እተሰለፉ ተጋደልቲ ኮይኖም ብተሞክሮን ፍልጠትን ካብ ዝነበሩ ተማህሮ ፍልልዮም ናይ መደብን ሓላፍነትን ጉዳይ ጥራሕ'ዩ ነይሩ ክባሃል'ውን ይካኣል ኢዩ። መነቓቕሒ መደብ'ውን ባዕሎም እቶም መምሃራን'ዮም ክዳልውዎ ነይርዎም። ድሒሮም ብተሞክሮን ፍልጠትን

ከምዝማዕበሉ ዘጠራጥር ኣይኮነን።

እቲ መደብ ምንቕቓሕ ውን ኣብ ማእከላይ ቤት ትምህርቲ በብግዝኡ ይምዕብል ምንባሩ ክሳሓት ዘለዎ ኣይኮነን። ይኹንእምበር እቶም ኣብ ቤት ትምህርቲ ካድራት ዝምልመሉ ካድራት ኣብ ህዝቢ ይኹን ኣብ ሰራዊት ክምደቡ ከለው ዝወሃቦም እተጸንዐ ናይ ምንቕቓሕ መደብን ናይ ስራሕ መመርሕን ዘይምንባሩ ተወሳኺ ከቢድ ሕጽረት'ዩ ነይሩ። ስለዚ እቶም እተዋፈሩ ካድራት ካብ ዝተማህርዎ እናዘከሩ ባዕሎም መደብ ምንቕቓሕ ክምድቡ ነይርዎም። ምስ ኩሉ እቲ ዝነበረ ሕጽረታት ግን ተሓኤ፡ ፖለቲካዊ ካድራት ብምምሃር፡ መሃሪ መጽሔታት ብምድላው፡ ካልእ ኣገደስቲ ንታሪኽ ህዝቢ ኤርትራ ሰውራ ኤርትራ ዝገልጹ ሰነዳት ብምቕራብ፡ ማርክሳዊ መጻሕፍቲ ብምዝርጋሕ ፖለቲካዊ ንቕሓት ህዝብን ሰራዊትን ክብ ኣብ ምባል ኣገዳሲ ተራ ተጻዊታ እያ። ብፍላይ ከኣ እቲ ኣብ ውሽጣ ዝነበረ ዝምድናዊ ናጽነት ናይ ምዝራብን፡ ክትዓትን እተፈላለየ ሓሳባት ከተማዕብል ዕድል ዝህብ'ዩ ነይሩ። እዚ ከኣ ንሓጹር መስፍናዊ ኣተሓሳስባ ሰንጢቑ ሃገራውን ዲሞክራስያውን ኣተሓሳስባ ኣብ ምዕባይ ኣገዳሲ ስጉምቲ'ዩ ነይሩ።

<u>ማርክስነት ከመይ ኢሉ'ዩ ኣብ ፖለቲካ ኤርትራ ዝያዳ ክብሪ ረኺቡ</u>

ማርክስ ለኒናዊ ሓሳባት ኣብ ኣፍሪቃ ምስ ኤውሮጳዊ መገዛእቲ'ዩ ተቐልቂሉ። እታ ቀዳመይቲ ኮሚኒስታዊት ማሕበር ኣብ ኣፍሪቃ ኣብ ግብጺ ብ1921 ዓ.ም. እያ ተመስሪታ። እቲ ኣብ ግብጺ እተቐልቀለ ማርክሳዊ ሓሳባት ንሱዳን'ውን ስለ ዝጸለዋ፡ ኣብ ሱዳን ብ1946 ኮሚኒስታዊት ማሕበር ተመስረተት።እቶም ኣብ ሱዳን ዝነበሩ ኤርትራውያን ተመሃሮ ከኣ ምስ'ቲ ዝነበሮም ሃገራዊ ፍቕሪ ብቐሊሉ ብሰውራዊ ኣተሓሳስባ ሱዳናውያንን በቶም ኣብ ሃገራት ኣዕራብ ዝነበሩ ማርክሳውያንን ክጽለው ግድነት ኢዩ ነይሩ። እዚ ብምዕራብ ኤርትራ ክኸውን ከሎ ብኸበሳታት ኤርትራ ከኣ በቲ ርሱን 1950-60 ማርክሳዊ ሓሳብ ሒዙ እተቐልቀለ ምንቅስቓስ ተመሃሮ ኢትዮጵያ ዝጽሎ ነይሩ'ዩ። ተመሃሮ ኢትዮጵያ፡ ኣዲስ ኣበባ ማእከል ማሕበር ሕብረት ኣፍሪቃ ብምዃና ምስ ብዙሕ ጋሻ ሓሳባት ክራኸቡ ዕድል ረኺቡ። ብተወሳኺ እቶም ብርክት ዝበሉ ንወጻኢ ከመሃሩ እተላእኩ ተማሃሮ'ውን ምስ ማርክስ ለኒናዊ ኣተሓሳስባ ክላለዩ ከኣሉ። በዚ ምኽንያት ኣዲስ ኣበባ ዩኒቨርስቲ ማህጸን ማርክሳዊ ሓሳባትን ማሕበራት ኢትዮጵያን ክትከውን በቕዐት። እቶም ሃገራዊ ንቕሓት ዘጥረዩ ኤርትራውያን ከኣ ብቐሊሉ ኣብ'ዚ ቦታ'ዚ ብማርክሳዊ ኣተሓሳስባ ክጽለዉ ከኣሉ።በዚ ክልተ ኣቕጣጫ እተረኸበ ጽልዋ፡ ማርክስነት ኣብ ኤርትራ ክብሪ ክረክብ ከኣለ።

ብጀካ'ዚ ንባዕሉ እቲ ሃገራዊ ቃልስና፡ ብውዲት ኣመሪካን ኢትዮጵያን ህዝብና ኣብ ፈደረሽን ምቕራት፡ ፈደረሽን ፈሪሱ ኤርትራ ሓንቲ ግዝኣት ኢትዮጵያ ክትከውን ኣመሪካ መሪቓትላ። እቲ ሽዑ ዝተጻወተቶ ግደ ድማ ካብ ኣብ ታሪኽ ዝተመዝገበ ሰነድ ዝረጋግጽ ኲይኑ፣ እዚ ዝስዕብ ጠቒስና ከምዘለዎ ብቛንቋ እንግሊዝን ትርጉም ናቱ ብትግርኛን ቀጺሉ ሰፊሩ እነሆ። “From the point of view of justice, the opinion of the Eritrean people must receive consideration. Nevertheless, the strategic interests of the United States in the Red Sea Basin and world peace make it necessary that the country be linked with our ally Ethiopia." (U.S. Secretary of State John Foster Dulles, 1952*) it was also the USA and British through UN that conspired to federate Eritrea with Ethiopia for their own geopolitical interest" እዚ ማለት ድማ፡ " ናይ ሕቡራት ሃገራት ኣመሪካ ሰክረታሪ ኦፍ ስተይት፣ ጆን ፎስተር ዱለስ ከምዚ ዝሰዕብ ክብል ገለጸ፡ ብዓይኒ ፍትሒ ክረአ ከሎ፣ ርእይቶ ናይ ህዝቢ ኤርትራ ኣብ ጸብጸብ ክኣቱ ይግባእ ነይሩ፡ እንተኾነ ግን ስትራተጅያዊ ረብሓታት ናይ ኣመሪካ ኣብ ዞና ቀይሕ ባሕርን ናይ ዓለም (ርግኣትን) ሰላምን ተደላዪ ኰይኑ ስለዝተረኸበ፣ እታ ሃገር'ቲኣ ምስ መሓዛና ዝኾነት ኢትዮጵያ ከም ትጽንበር ተገይሩ።" እምበኣር ኣመሪካን ብሪጣንያን ንመድረኽ ሕቡራት ሃገራት ተጠቒመን፣ ንናይ ገዛእ-ርእሰን ጆኦ-ፖሊቲካዊ ረብሓ ክርውያ ፣ ውዲት ኣሊመን፣ ኤርትራ ምስ ኢትዮጵያ ብፌደረሽን ጸመድኣ።* ኣመሪካ ጸላኢት ናጽነት ኤርትራ ምኻና ኣብ መብዛሕትኡ ምሁር መንእሰይ ኢርትራ ሰሪጹ ነበረ። እስራኤል'ውን ምስ መንግስቲ ኢትዮጵያ ዝነበራ ምትእስሳርን ንሰውራ ኤርትራ ምስ ዓረብ ኣዛሚዱ ትርኢ ብምንባራ ብሙሁራት መንእሰያት ኤርትራ ጽልእቲ ነበረት። እዚ ኩሉ ተደሚሩ ሰውራ ኤርትራ ንምብራቕ ገጹ እምበር ንምዕራብ ከማዕዱ ዝገብሮ ረብሓታት ኣይነበረን። ብዘይካ'ዚ ኣብ ካልኣይ መፋርቕ ናይ ሱሳታት ሰውራ ኤርትራ እንዳዓበየ ኣብዝኸደሉ ዝነበረ እዋን፡ ዝያዳ ንምሕያሉን ብቑዓት መራሕቲ ንኽጥርን ዝሕግዙ፣ ኣብ ቻይናን፡ ኩባን ሱርያን ዝኣመሰላ ሃገራት ወታሃደራዊ ትምህርቲ ናይ ምውሳድ ዕድል ይዋሃብ ስለዝነበረን እዘን ዝተጠቕሳ ሃገራውን ዴሳዊ ኣታሓሳስባን ስርዓትን ዝዓብለለን ብምንባሩ፡ እቶም ናይ ትምህርቲ ዕድል ዝረኸቡ ተጋደልቲ ብማርክስ ለኒናዊ ርእዮተ-ዓለም ክጸልዎም ዝኽእል መጻሕፍቲ ናይ ምንባብ ዕድል ኣጋጢምዎም ነይሩ ኢዩ። በዚ ምኽንያት ክልትኣን ዓበይቲ ውድባት ኤርትራ፡ ጆብሃን ሻዕብያን ንማርክስነት ክብሪ ሂበን ቀንዲ ናውቲ መነቓቕሒኣን ምግባረን ዘገርም ኣይኮነን።

ማርክስነት ለኒነት ሎሚ ፋሽን ኮይኑ ኩሉ ከም ተመኩሮ ጆብሃን ሻዕብያን ፋስ ከውድቐሉ ንርኢ እኳ እንተሃለና፡ ንታሪኻዊ ክብሩ ግን ብቐሊሉ ክንዝንግዖ ዝካኣል ኣይኮነን። እቶም ካብ መስፈነ ርእሰማላዊ ሕብረተሰብ ዝወጹ ኣብ ጆብሃ ከም ፖለቲካዊ ካድራት እተመደቡ ተጋደልቲ ብዛዕባ ፍትሒ፡ ዲሞክራሲ፡ ማዕርነት፡ ብጉዳይ ፍልስፍና ገለ ፍልጠት ክድልቡ ዝሓገዘ ማርክስነት ለንነት እዩ። ኣብ ዘለናዮ ዘመን ኣብ ዴሳዊ ስርዓታት እተረኽበ ውድቀት ንኽብሪ'ቲ ፍልስፍና ተንኪፍዎ እዩ። ይኹን እምበር ማርክስ ለንነት ፍጹም ዋጋ ዘይብሉ ዝቖጽሮዎ፡ ነቲ ፍልስፋና ብዝግባእ ዘይተረድእዎ እዮም። ማርክስነት ምስ ኩሉ እተራእየ ታሪኻዊ ሕጽረታቱ፡ ጌና ኣገደስቲ ክዝለሉ ዘይክእሉ ኣምራት ዘማዕበለ ፍልስፍና ምኻኑ ክከሓድ ዝኽእል ኣይኮነን። ሓደ ሰውራዊ፡ ንማርክሳዊ ኣምራት ከየጽንዐ ብቑዕ ሰውራዊ ክኸውን ኣይክእልን እዩ። እቲ ጉጉይ ግን ኣብ ዘመንና ኣብ ክንዲ ንማርክስነት ከም ሓደ ካብ መስኰታት ንግዳማዊ ዓለም እንርእየሉ መሳርሒ ምቕጻር፡ ከም ሃይማኖት ክኣምንዎ ዝመረጹ ኣካላት ምህላዎም እዩ።

ምዕራፍ ዓሰርተ ሓደ

ቤት ጽሕፈት ክፍሊ ዕዮ ዜና

ተጋድሎ ሓርነት ኤርትራ (ተ.ሓ.ኤ.) ንጹር ሃገራዊ መደብ ዕዮን ብጉባኤ ዝተመርጸ ማእከላይ መሪሕነትን ኣብ ዘይነበረላ ግዜ ሜዳ ኤርትራ ብውሽጣዊ ቅልውላዋትን ምፍንጫላትን ክሕመስ ድሕሪ ምጽናሕ፣ ብሓያል ጻዕሪ ብ1971 ዓ.ም. ቀዳማይ ሃገራዊ ጉባኤ ኣብ ኤርትራ ተኻየደ። ኣብዚ ጉባኤ'ዚ ከኣ ውድብ ዝምርሓሉ ሃገራዊ መደብ ዕዮን ብጉባኤ ዝተመርጸ ማእከላይ መሪሕነትን ቆመ። በዚ መሰረት ከኣ ብንጹር ቅርጻ ስርርዕ ኣብያተ ጽሕፈታት ብምቛም ትካላዊ ኣሰራርሓ ተጀመረ። ማእከላይ መሪሕነት ከኣ ሓላፍነታቱ ብዝነጸረ ብሰውራዊ ባይቶን ፈጻሚት ሽማግለን ተማእከለ።

ቤት ጽሕፈት ክፍሊ ዕዮ ዜና ከኣ ሓንቲ ካብተን ብፈጻሚት ሽማግለ ዝምእከላ ናይ ተ.ሓ.ኤ. ፈጸምቲ ኣብያተ ጽሕፈት ኲይና ቆመት። ብኣባል ፈጻሚት ሽማግለ ስዉእ ኣልዓዜን ያሲን እናተመርሐት ከኣ ብኽልቲኡ ዕላዊ ቋንቋታት፣ ትግርኛን ዓረብኛን መጽሔታዊ ስራሓታ ጀመረት። ካብ ፍሉጣት ናይቲ ጊዜ'ቲ ኣባላት ክፍሊ ዕዮ ዜና ከኣ ስዉእ ዶክተር ፍጹም ገብረስላሰ ክጥቀስ ይከኣል።

ተ.ሓ.ኤ. ድሕሪ ቀዳማይ ሃገራዊ ጉባኤ ብንጹር መደብ ዕዮ ናብ መላእ ህዝብን ሃገርን ምልዕዓላዊ መደባታ ተካይደሉ ኣብ ዝነበረት፣ ክፍሊ ዕዮ ዜና ዝልዓለ ናይ ምልዕዓልን ፕሮፓጋንዳን እጃም ከምዝነበሮ ዝርሳዕ ኣይኰነን። ናይ ተ.ሓ.ኤ. መጽሔታት ብዝተፈላለየ ኣገባባት ብመሳኹቲ መግዛእቲ (ጸላኢ) ዝቈጻጸሮ ዝነበረ ከተማታት ኣትዩ ንህዝብና ኣብ ምልዕዓልን ክሳብ ኣብ ቀጽርታት ወተሃደራዊ መደባት መግዛእቲ ተሰሊፎም ንዝነበሩ ኤርትራውያን ሓይሊ ፖሊስ፣ ኮማንዶስን ጦርሰራዊትን ኣብ ደንበ ሰውራ ከምዝስለፉ ኣብ ምግባር ርኡይ ኣስተዋጽኦ ገይሩ እዩ። ኣብ ውሽጢ ህዝብና ዝለዓለ ምልዕዓል ብምክያድ ከኣ ኣብ ውሽጢ ጸላኢ ዝቆጻጸሮ ከተማታትና ናይ ተመሃሮን ሰራሕተኛታትን ስርርዓትን ንጥፈታትን ንኽሐይል ላዕለዋይ ተራ ነይርዎ እዩ።

ብ1975 ዓ.ም. ካልኣይ ሃገራዊ ጉባኤ ናይ ተ.ሓ.ኤ. ምስተኻየደ ከኣ ላዕለዋይ መሪሕነት ብሰውራዊ ባይቶ ዝምእከል ኲይኑ ካብ ውሽጢ ሰውራዊ ባይቶ ብዝተመረጹ ትሽዓተ ዝኣባላታ ፈጻሚት ሽማግለ ብምቛም ውድባዊ ንጥፈታት ብትሽዓተ ኣብያተ ጽሕፈታት ሽማግለ ክምራሕ ጀመረ። ክፍሊ ዕዮ ዜና ከኣ ሓንቲ ካብተን ትሽዓተ ኣብያተ ጽሕፈት ፈጻሚት ሽማግለ ኲይና ብኣባል ፈጻሚት ሽማግለ ስዉእ ተጋዳላይ ተስፉማርያም ወልደማርያም እናተመርሐት ዜናዊ ዕዮታታ ጀመረት። ተጋዳላይ ዑመር መሓመድ ምምሕዳራዊ ምኽትል ኲይኑ ይሰርሕ ነበረ።

እዚ ክፍሊ'ዚ ኣብ ውሽጡ ሰለስተ ዓበይቲ ናይ ስራሕ ክፍልታት ሒዙ'ዩ ተበጊሱ። ንሳተን ድማ፡

መጽሔታዊ ክፍሊ

ክፍሊ ስእሊ

ክፍሊ ሬድዮ፣ እየን ነይረን።

1-መጽሔታዊ ክፍሊ፡

እዚ ክፍሊ'ዚ ኣብ ውሽጡ ብዓንቀጻዊት ኣካል (ኤዲቶሪያል ቦርድ) ዝፍለጥ ክፍሊ ጸሓፍቲ፡ ክፍሊ ጸሓፍቲ መካይንን መባዛሕትን፣ ክፍሊ ዘርጋሕትን፣ ወካይልን ተመቓቒሉ ፍጡን ስራሓቱ የካይድ ነበረ። ቅልጡፍን ጽፉፍን ስራሓቱ ንምክያድ ከኣ ማእከላይ መደበሩ ኣብ ባርካ ብምግባር፡

ጨናፍር ቍጽሪ 1 ኣብ ክፍሊ ምምሕዳር ቍጽሪ 8 (ሓማሴን)፣

ጨንፈር ቍጽሪ 2 ድማ ኣብ ክፍሊ ምምሕዳር ቍጽሪ 10 (ኣከለጉዛይ) ኣቑሙ።

ክፍሊ ዕዮ ዜና ኣብ ልዕሊ'ቲ ዕላዊ ልሳን ተ.ሓ.ኤ. ኰይኑ ብቛንቛታት ትግርኛን ዓረብኛን ዝዳሎ መጽሔት "ገድሊ ህዝቢ ኤርትራ" ካብ ማእከላይ መደበርን ዝተፈላለዩ ጨናፍርን ዝሕተሙ መጽሔታት፡ ገስግስ፣ ዓወት፣ ጐሕ፣ ዝኣመሰሉ የጠቓልሉ ነበሩ። ብተወሳኺ ንውሽጣዊ ኩነታት ውድብን ምዕባሌታቱን ዝሕብር ከም ኣድላይነቱ ዝሕተም፣ ንኣባላት ውድብ ጥራይ ዝዝርጋሕ "ውሽጣዊ መጽሔት" የዳሉ ነበረ።

መጽሔታዊ ክፍሊ ዕዮ ዜና ብጀካ'ቶም ብኽልቲኡ ቋንቋታት ትግርኛን ዓረብኛን ኣብ ውሽጢ ሜዳ ዝሕተም ዝተፈላለዩ መጽሔታቱ ምስ ወጻኢ ጉዳያት ቤት ጽሕፈት ብምትሕብባር ኣብ ወጻኢ መጀመርያ ኣብ በይሩት፣ ቀጺሉ ድማ ኣብ ዓዲ ጥልያን ብቛንቋ እንግሊዝኛ ዝሕተም "ሰውራ ኤርትራ" (Eritrean Revolution) ዝብል ዝለዓለ ተራ ዝጻወት መጽሔት የዳሉ ነበረ።

መጽሔታዊ ክፍሊ ዕዮ ዜና ንሰውራዊ ንቕሓት ሰራዊት ሓርነትን ሓፋሽ ህዝብናን ክብ ኣብ ምባል ዝለዓለ ተራ ዝተጻወተን ክብ ዝበለ ተፈታውነት ዘትረፈን መጽሔታዊ ክፍሊ እዩ። ብመሰረት ሃገራዊ መደብ ዕዮን ራእን ተ.ሓ.ኤ. መጽሔታዊ ክፍሊ ዕዮ ዜና ንክለሰ-ሓሳባዊ ንቕሓት ሰራዊት ሓርነት ሓፍ ኣብ ምባልን፣ ሰራዊት ሓርነት ኣርሒቑ ጠማትን ተሓላቒ ህዝብን ሃገራዊ ሓድነትን ክኸውን ልዑል ተራኡ ተጻዊቱ እንተተባህለ ዝተጋነነ ኣይኰነን።

መጽሔታዊ ክፍሊ ኣብ ውሽጢ ዓምድታት ገድሊ ህዝቢ ኤርትራ ዳግመ ህንጻዊ መደባት ዝብል ዓምዲ ብምኽፋት ንመጻኢ ህንጻ ሃገር ዝእምት ኣብ ዝተፈላለየ ኣብያተ ጽሕፈታት ዝተመዝገበ ዳግመ-ህንጻዊ መደባት ብምንጽብራቕ ንሰራዊት ሓርነትን ሓፋሽ ህዝብናን ኣተባባዒ ግደ ይጻወት ነይሩ። ካብቶም ሽዑ ብፍጡን ክካየዱ ጀሚሮም ዝነበሩ ዳግመ-ህንጻዊ መደባት ንምጥቃስ፡

ሀ. ሕብረተ ሰብኣዊ ጉዳያት ቤት ጽሕፈት፡

ኣብ መደባት ስሩዕ ትምህርትን ምጥፋእ መሃይምነትን፣ ናይ ናብራ ዕብየት መደባት፣ ህዝባዊ ሕክምና፣ ክንክን ስድራ ቤት ስዉኣትን ህሉዋት ተጋደልትን ዝካየዱ ዝነበሩ ንጥፈታት የንጸባርቕ ነበረ።

ለ. ምጣኔ-ሃብታዊ ቤት ጽሕፈት፡

ኣብ መደባት ክፍሊ ሕርሻ፣ ክፍሊ ጽርበትን ማእለማን፣ ክፍሊ ንግዲ፣ ስፍየትን መጕዓዝያን ዝኣመሰሉ ዝካየዱ ዕዉታት መደባት የንጸባርቕ ነበረ።

ሸ. ወተሃደራውን ፖለቲካውን መደባት፡

ንሹሉ'ቲ ሰራዊት ሓርነት ዘመዝግቦ ዝነበረ ወተሃደራዊ ዓወታትን ዝሰርሖ ቅያታትን ብንጹር ብምሕባር ንፍናንን ተስፋን ሓፋሽ ህዝብና ሓፍ ብምባልን ንሞራል መግዛእቲ (ጸላኢ) ባይታ ከም ዝዘብጥ ኣብ ምግባርን ልዑል ተራ ነይርዎ እዩ።

ክፍሊ ስእሊ፡

እዚ ክፍሊ'ዚ ደረቕን ተንቃሳቓስን ስእሊ፣ ናይ ኢድ ስእልን ብምድላውን ኢደ-ጥበባዊ (ክራፍት) ዕዮታት ብምክያድን ዝነኣድ ኣበርክቶ ነይርዎ። ብደረቕ ስእሊ ኣብ ዝተፈላለየ ናይ ውግእ ቦታታት ስእልታት ብምልዓልን ፖስተራት ብምድላውን ዝለዓለ ኣበርክቶ ነይርዎ። ብዝተፈላለየ ተክኒካዊ ጸገማት ማዕረ'ቲ ዝድለ ኣይማዕብል ድኣ'ምበር ብተንቀሳቓሲ ፊልም ከም ኣብ ጊዜ ምሕራር ከተማ ተሰነይ ብ1977 ዓ.ም. ዝተላዕለን ኣብቲ ብ1978 ዓ.ም. ኣብ ግዜ ወራር መረብ ዝተላዕለ ፊልምን ዝለዓለ ናይ ምልዕዓል ተራ ተጻዊቱ እዩ። ዋላ'ኳ በቲ ን.ተ.ሓ.ኤ. ዘጋጠመ ኩነታት ኣብ ዝተፈላለየ ቦታታት ፋሕ ኢሉ እንተሃለወ፣ ነቲ ተሓ.ኤ. ተካይዶ ዝነበረት ታሪኻዊ ዕዮታት ብግቡእ ክሰንድ ዝኽኣለ ክፍሊ እዩ።

ክፍሊ ራድዮ፡

እዚ ክፍሊ'ዚ ኣብ መወዳእታ 1975 ዓ.ም. መጀመርያ 1976 ዓ.ም. ግቡእ ስርሑ ንኽጅምር ብርቱዕ ጻዕርታት እንተገበረ፣ ብዝተፈላለየ ተክኒካዊ ምኽንያታት ኣይሰለጠን። ብ1977 ዓ.ም. ብመሰረት'ቲ ስምምዕ "20 ጥቅምቲ" ዝፍለጥ ምስ ህዝባዊ ግንባር ዝተበጽሐ ስምምዕ፣ ብመንግስቲ ሱዳን ክልቲኡ ውድባት ተ.ሓ.ኤ.ን ህዝባዊ ግንባርን ካብ ካርቱም (ኦምዱርማን) ብሓባር ናይ ዜና ፈነወ ከካይድ ስለዝተፈቕደ፣ ንውሱን ግዜ ካብ ካርቱም ፈነውኡ ከካይድ ጀሚሩ ነይሩ እዩ። ነዚ መደብ'ዚ ዘካይዱ ካድራት ከኣ ካብ ማእከላይ መደበር ክፍሊ ዕዮ ዜና ተላኢኾም ነበሩ። ብ1980 ዓ.ም. ከኣ ብሓድሽ ውደባን መደባትን ብሓድሽ ራድዮ ካብ ውሽጢ ዝዘርጋሕ ናይ ፈነወ ዜና መደባት ጀመረ። እዚ ብጽፋፍ ዝጀመረ ናይ ራድዮ ፈነወ ዜና ብሰንኪ ሽው ብመሪሕነት ህዝባዊ ግንባር ዝተኣጉደ ኲናት ሕድሕድ ነዊሕ ከይቀጸለ ተቘጽየ።

መደባት ተ.ሓ.ኤ.ን ትካላዊ ኣሰራርሓኡን ናይ ትማልን ሎምን ጽባሕን ብግቡእ ዝግምግምን ኣርሒቑ ዝጥምትን ብምንባሩ፣ እቲ ክፍሊ ዕዮ ዜና ተማእኪሉ ክነጥፍ ዝጀመረ መደባት ህዝብን ህዝባዊ ራእን ዝሕመረቱ ኣብ ናጻ ኤርትራ ህዝባውነቱን ህዝባዊ ኣገልግሎቱን ከንጸባርቕ ባይታ ዝተነጽፈሉ እዩ ነይሩ። እዚ ብዘይ ምኽኑ መደብ'ዚ መሪሕነት ህዝባዊ ግንባር ብዝኣጐዶ እከይ ኲናት ሕድሕድ ተቖጽዩ ናይ ሎሚ ናጻ ኤርትራ ዜናዊ ንጥፈታት ጸረ-ሓፋሽ ብዝኾነ ጨፍላቒ መደባት ህ.ግ.ደ.ፍ. ተባሒቱ ይርከብ።

ምዕራፍ ዓሰርተ ክልተ

ካብ ተዘክሮታት ውሽጣዊ ስርሒታት ከተማዊ ቅዲ ኲናት

ውሽጣዊ ስርሒት ክንብል እንከለና፡ ብጸላኢ ኮነ ብማንም ተራ ዜጋ ዘይፍለጡ ስቱራት ተጋደልቲ ይኹኑ ስሩዓት ኣብ ሕምብርቲ ዝተፈላለያ ከተማታት ኤርትራን ኢትዮጵያን ኰይኖም ብዘይካ'ቲ ፖለቲካውን ቁጠባውን ዕማማቶም፡ ነቶም ንህዝቢ ኮነ ንሰውርኡ ሓደገኛታት ዝኾኑ መጋበርያታት ኣራሚ ስጉምትታት ኣብ ምውሳድ ዝካየድ ዝነበረ ኢዩ። እዚ ከምዚ ዝኣመሰለ ስርሒታት ኣብ ከተማ ኣስመራ ብፍላይ ብሓንቲ 104 ወይ ከኣ "ቸንቶ ኳትሮ" ተባሂላ ትጽዋዕ ዝነበረት ኣሃዱ ዝካየድ ዝነበረ ስርሒታት እዩ። እዚ ስም'ዚ ነቲ ፍጻሜታት ንምግላጽ በቲ ህዝቢ ዝተዋህበ ስም እምበር፡ ብውድብ ተጋድሎ ሓርነት ኤርትራ ዝተሰየመ ወግዓዊ መጸውዒ ኣይነበረን። እቲ ቀንዲ መንቀሊ ቸንቶ ኳትሮ ናይ ዝብል መጸውዒ ስም ምኽንያት ድማ፣ ነቶም ንህዝቢ ዘበሳብሱ ዝነበሩ ወይጦታትን ኣባላት ሰራዊት መግዛእትን ብዝፍጽምዎ ዝነበሩ እከይ ተግባራት ሰለስተ ግዜ መጠንቀቕታን ስምዕታን ብኣባላት ናይታ ጋንታ ድሕሪ ምትሕልላፉ ካብ ዝውሰድ ዝነበረ ፍርድን ካብ ዘዝነበርዎ ተለቒሞም ንሜዳ ናይ ምውጽኦም ስርሒታት ተካይድ ስለዝነበረትን ዝተዋህበ ስም ኢዩ ነይሩ። ድሕሪ ካልኣይ ጠቕላላ ሃገራዊ ጉባኤ ናይ ተጋድሎ ሓርነት ኤርትራ ግን፡ እዚ ስም እዚ ብውሳኔ ከምዝተርፍ ተገይሩ ኣብ ክንድኡ ጋንታ 62 ተባሂላ ትጽዋዕ ነበረት።

ንሰውራ ኤርትራ ዘይመልከዑ ዝህቡን፡ ንህዝብና ዘበሳብሱን ዝቐትሉን ዘርዕዱን ኤርትራውያን ይኹኑ ኢትዮጵያውያን፣ ኢትዮጵያ ወይ ሞት እናበሉ ዝጭርሑን ዝፍክሩን ምኩሓት መጋበርያ ናይ ገዛኢት ስርዓት ኢትዮጵያ ዝነበሩ ኤርትራውያንን ብፈዳይን ተሓኤ ሰውራዊ ስጉምቲ ከም ዝተወስደሎም ህዝብና ዝምስክሮ ሓቂ ጥራሕ ዘይኰነስ እንተላይ ገዛኢት ስርዓት ኢትዮጵያ እውን ከይተረፈ ብናይ ዜና ማዕከናታ ዝተዛረበትሉን ዝበኸየትሉን ኢዩ።

ንግፍዕታት መግዛእቲ ዘብርህ ቀጺሉ ሰፊሩ ዘሎ ብመግዛእታዊ ሰራዊት ኢትዮጵያ ኣብ ልዕሊ ሰላማዊ ናብርኡ ዘካይድ ዝነበረ፣ ብረት ዘይዓጠቐ ህዝቢ ኤርትራ፣ ሰብኣዊ ርህራሄ ብዘይብሉ፣ ቆልዓ-ሰበይቲ፣ ሽማግለ ከይፈለየ ብጭካኔ ዝተፈጸመ ቅትለተ-ግፍዕታት፡ ቦትኡ፣ ዕለቱን ብዝሒ ዝተቐትሉን ብሰሌዳ መልክዕ ቀሪቡ ዘሎ ዊኪፒድያ ካብ ዝሰነዶ ዝተረኽበ እዩ። እዚ ካብቲ ንዓለም ዘስካሕክሐ ጀምላዊ ቅትለት ዝተሰነደ ክኸውን ከሎ፣ ኣብዚ ዘይተሰነደ ዝነደደ ዓድታትን ዝተቐትሉ ሃገራውያንን ግን ኣዝዩ ብዙሕ'ዩ።

ስለዚ ድማ'ዩ እቲ ኣብ ውሽጢ ከተማ ኣስመራ ብፈዳኢን ተሓኤ ዝፍጸም ዝነበረ ረቒቕን መስተንክርን ዝኾነ ስርሒታት ኣብ ህዝቢ ዘሕደሮ ሃገራዊ ጽልዋ እናማዕበለ ክኸይድን፡ ህዝቢ እውን ብሸነኹ ኣብ ሰውራኡ ዝነበሮ እምነት ዛይዱ፡ ምትሕብባሩ እናድንፈዐ፡ ንጸላኢ ከኣ ሰለሎን ራዕድን ስለዘእተወሉ ሰፍ ዘይብል ከሳራ ከምዝተሰከመ ዝካሓድ ኣይኰነን። ይኹን'ምበር፡ ኩሉ ኣብ ከተማታት ኤርትራ ኮነ ኢትዮጵያ ብፈዳይን ተጋድሎ ሓርነት ኤርትራ ዝተፈጸመ ስርሒታት ዘርዚርካ ዝውዳእ ኣብርእሲ ዘይምኳኑ፡ ብዙሓት ነዚ ቅያታት'ዚ ካብ ዝፈጸሙ ብኣካል ይኹን ብዘመናዊ መራኸቢታት ንኽትረኽቦም'ውን ኣሸጋሪ ምኳኑ ርዱእ ወሲድና፡ ንገለ ብጾት ረኺብና ካብ ዝተወከስናዮ ግን፡ ካብ 1974 ክሳብ 1977

ተመክሮ ተሓኤ ንሃገራዊ ናጽነትን ማሕበራዊ ፍትሕን

ዓ.ም.ፈ ኣብ ኣስመራ በብእዋኑ ካብ ዝተኻየደ ውሽጣዊ ስርሒታት ብውሕዱ ክነቕርብ ምኽኣልናʼውን ዓቢይ ጸጋ ካብ ታሪኽ ጀግንነት ህዝቢ ኤርትራ ኢዩ።

ዕለት	**ብዝሒ ዝተቐትሉ**	**ቦታ**	**መግለጺ ናይቲ ተረኽቦ**
24 ሓምለ 1967	172	ሃዘሞ	ብጨካናት ጦር-ሰራዊት ሓያሎይ ዓድታት ሃዘሞ ተደምሲሰን፡ ጎሮሮ ደቂ ተባዕትዮ ኣብ ቅድሚ ኣንስቶምን ደቆምን ብኻራ ተበቲኹ።
መወዳእታ 1967	ብግምት 50	ኣቑርደት	ኣባላት ተሓኤ ተባሂሎም ዝተጠርጠሩ ተመሃሮ ብወተሃደራት ኢትዮጵያ ኣብ ማእከል ከተማ ተሓኒቖም። ንስድራቤታት ከኣ ንዝሙቱ ደቆም ኣውሪዶም ንገዝኦም ክወስድዎም ኣገደድዎም።
17 ጥሪ 1970	60	ዒላበርዕድ	ጦር-ሰራዊት ነታ ዓዲ ኣኽቢቦም ንዓበይቲ ዓዲ ኣኪቦም ንተጋድሎ ሓርነት ኤርትራ ትድግፉ ኢኹም ብዝብል ጥርጠራ ቐቲሎሞም።
30 ሕዳር 1970	120	በስክዲራ	ሰራዊት መግዛእቲ፣ ንመላእ ተቐማጦ እታ ዓዲ ኣብ መስጊድ ኣኪቦም፣ መዓጹ እቲ መስጊድ ዓጽዮም፥ ነቲ ህንጻ ኣዕንዮም፣ ብ ተሪፎም ክሃድሙ ንዝፈተኑ ድማ ብጥይት ረሺኖም ቀተሉ።
12 ጥሪ 1970	625	ዖና	ኣሃዱታት ሰራዊት ኢትዮጵያ ነታ ዓዲ ኣኽቢቦም፣ ንተቐማጦኣ ቀቲሎም፣ ነታ ዓዲʼውን ኣቃጺሎማ።
10 ሓምለ 1974	ልዕሊ 170	ኡምሓጀር	ሰራዊት ኢትዮጵያ ዝረኸብዎ ተቐማጢ ታʼከተማ ቀቲሎም፡ ዝሃደሙ ንሱዳን ተሰዲዶም፡ ነታ ከተማ ድማ ኣዕንዮማ።

28 ታሕሳስ 1974	45[7]	ኣስመራ	ኣፋኝ ጓድ -ገፋዕቲ፣ ንተመሃሮ ብስልኪ ሓኒቖም፣ ንሬሳታቶም ኣብ ፈቖዶ ጽርግያን ኣፍደገ ገዛውትን ደርብዮም ይስወሩ ኔሮም።
1971	ብግምት 70	ከረን	ንተሓኤ ደጊፍኩም ብምባል ዝተጠርጠሩ ተመሃሮን መንእሰያትን፣ ኣብ ቅድሚ ህዝቢ ብማሕነቕቲ ተቐቲሎም፡ ንስድራ ቤቶም ከኣ ኣብቲ ፍጻሜ ቅትለት ኸርከቡ ብምግዳድ፣ ነቲ ደቆም ዝተሓንቁሉ ገመድ ንኽቖርጹ ኣዘዙዎም።
ለካቲት 2 1975	ካብ 80 ክሳብ 103	ወኪድባ	ተጋድሎ ሓርነት ኤርትራን ህዝባዊ ግምባርን ብሓባር ንሰራዊት ኢትዮጵያ ኣብ ዝገጠማሉ ውግኣት፣ ነቶም ኣብ ቤተ-ክርስትያን ተዓቑቦም ዝነበሩ ተቐማጦ ዓዲ ቀቲሎም።
9 መጋቢት 1975	208	ኣቑርደት	ተሓኤ ኣብታ ከተማ ዝተደጋገመ መጥቃዕቲ ምስ ኣካየደት፣ ሰራዊት ኢትዮጵያ ኣብ ልዕሊ'ቶም ተቐማጦ ህዝቢ ሕነኣ ፈደየት።
1975-04-17	ካብ 235 ክሳብ 470	ሕርጊጎ	ብግፍዒ ተቐትሉ
ነሓሰ 1975	250	ኡምሓጀር	ነበርቲ እታ ዓዲ መህደሚ ንኽይረኽቡ ኣብ ገምገም ሩባ ተከዘ ኣኽቢቦም ብመትርየስ ረሺኖሞም።

ምውጻእ ተጋዳላይ ዑመር መሓመድ ካብ ሆስፒታል ኣስመራ

ሓርበኛ ተጋዳላይ ኣብራሃ ተስፋሚካኤል

ሓደ ካብቶም ተመኩሮታቱ ኣብ ውሽጣዊ ስርሒታት ዘካፈለና ተጋዳላይ ኣብራሃ ተስፋሚካኤል፡ ምስ'ታ ኣብ ከባቢ ኣስመራ እትነጥፍ ዝነበረት ኣሃዱ 104 ኣብ ውሽጢ ከተማ ኣስመራን ከባቢኡን ኣብዝተፈጸመ ውሽጣዊ ስርሒታት ካብ 1976 ክሳብ 1978 ዓ.ም.ፈ ዝተሓባበር ዝነበረ እዩ። ንምውጻእ ተጋዳላይ ዑመር መሓመድ ካብ ሆስፒታል፡ ምስላብ መድሃኒት ኣጃካን ምርባሕ ከብትን ዝምልከት ገለ ካብ ጭቡጥ ተዘክሮታቱ እዚ ዝስዕብ ክንስንድ በቒዕና ኣለና።

ተጋዳላይ ዑመር መሓመድ ንሓደ ኣብ ከተማ ኣስመራ ዝነበረ ጀነራል ስጉምቲ ንምውሳድ ኣብ ውሽጢ ኣስመራ ዝተኻየደ ስርሒት ተወጊኡ እዩ ተታሒዙ፡ ንሕክምና ኣብ ሆስፒታል ብሓለዋ ተኸቢቡ ይሕሎ ነይሩ። ተጋድሎ ሓርነት ኤርትራ ተጋዳላይ ዑመር ኣበየናይ ሆስፒታል ይሕከም ከምዘሎ ግቡእ መጽናዕቲ ድሕሪ ምክያድ ካብዝነበሮ መቑሕ ንኽተውጽኦ መደበት። ምኽንያቱ ተጋዳላይ ዑመር ድሕሪ ሕክምና ክስዕቦ ዝኽእል ናይ መርመራ ግፍዕን በደልን ብሓደ ሸነኽ፡ ካብ ብዙሕ ስቅያትን መርመራን ከም ሰብ'ውን ክጸወሮ ኣብዘይኽእለሉ ደረጃ ክበጽሕ ስለዝኽእል ገለ ምስጢራት ሰውራ ኮነ ኣስማት ስሩዓት ንኸየውጽእን፧ ብመሰረቱ እውን ድሕነቱ ንምርግጋጽን ሰራዊት መግዛእቲ ኣመዝጊበዮ ንዝብሎ ዓወት ንምቕጻይን እዩ።

ነዚ መደብ'ዚ ንምዕዋት ድማ ኣብ 1975 ኣብረሃ ሻውል ዝተባህለ ብዓረምረም ዝፍለጥ ፌዳይንን ብጾቱን ኰይኖም፧ ካብ ሆስፒታል ብኸመይ ክወጽእ ከምዝኽእል ሓደ ብልሓት ክምህዙ ግድነት ነበረ። ዝወሰድዎ ሜላ ድማ ሓንቲ ሓዳሽ ቮልክስዋገን መኪና ናይ ሓደ ኣባል ተሓኤ ክጥቀሙ ከምዘለዎምን፡ ነታ መኪና ድሕሪ ምርካቦም ሓድሽ ናይ ቀይሕ መስቀል ምልክት ለጢፎም ምስ

ወድኡ፣ ናብ ሆስፒታል እተጌ መነን ናብቲ ዑመር መሓመድ ዝሕከመሉ ዝነበረ ክፍሊ፣ ሕክምናዊ ረዲኤት ዝህቡ ሰባት መሲሎም ብቐጥታ ብዘይገለ ጸገም ይኣትዉ። እታ መኪና ናይ ቀይሕ መስቀል ምልክት ስለዝነበራ ከኣ ብዘይ ዝኾነ ይኹን ጐርጓር ናብቲ ሕክምና ብዘይ ዕንቅፋት ኣተወት። እዚ ኸኣ ነቶም ኣብ ትሕቲ ሕክምና ዝነበሩ ዑመርን ካልኦት ሰለስተ ኣባላትን ማለት 4 ተጋደልቲ ምስ ሓለውቶም ኣብ ካልእ ቦታ ንሕክምና ክንወስዶም ኢና ኢሎም ስለዝሓተቱ ብዘይ ጸገምን ጠርጠራን ስለዝተፈቐደሎም ሒዞሞም ናብቲ ሓራ ዝኾነ ቦታ ወጹ።

እዚ ስርሒት እዚ ንኽፍጸም ግን፡ ኣቐድም ኣቢሎም ምስቲ ሓላፊ ናይቲ ክፍሊ ዝነበረ መቶ ኣለቃ ዛይድ ዝተባህለ ኣብ ስምምዕ ተበጺሖ ስለዝነበረ'ዩ፡ እቲ ስርሒት ብዘይ ዝኾነ ይኹን ናይ ተኹሲ ምልውዋጥ ወይ ካልእ ሓደጋ ክዕወት ዝኻኣለ። ኣብዚ ስርሒት እዚ ዝተኻፈሉ ውፉያት ተጋደልቲ ሓርነት መምህር ፋኒኤል ፍሰሃጽዮን ገረሚ፡ (ኣብ ናይ ሰምበል ታሪኽ ዝሰርሐ) ኣብራሃ ሻውልን ያዕቆብ ዝተባህለ ነርስን እዮም ነይሮም። መቶ ኣለቃ ዛይድ ነዚ ስርሒት'ዚ ክተሓባበር ክሎ ንሱ ንባዕሉ'ውን ድሕር'ዚ ፍጻሜ ንሜዳ ምስኣቶም ክወጽእ እዩ እቲ ስምምዕ ዝነበረ። ኣብ መወዳእታ ናይቲ ስርሒት ምስተበጽሐ ግን፡ መቶ ኣለቃ ዛይድ "ምሳኹም ኣይወጽእን እየ፡ ነቲ ዝተመደበ ስርሒት እውን ኣይክዕንቅፎን እየ፡ ሓላፊ ስለዝኾንኩ ከኣ እቲ መደብ ኣብዝካየደሉ ግዜ ገዛይ ኮፍ ክብል ኢየ" ክብል ቃል ኣትዩ ከብቅዕ ናይ ጣዕሳ መግለጺ ኣቕረበ። እዚ ጥራሕ ዘይኮነ፤ ብዝልዓለ ነብሱ ንምድሓን፡ ብዝተሓተ ድማ ኢድ ነይሩካ ንኸይበሃልን ንምክልኻልን፡ ኣባላት ተሓኤ ዕዉት ስርሒት ጌሮም ካብ ኣስመራ ራዳር ሕልፍ ምስ በሉ፡ ነቲ ዝኣተዎ ስምምዕ ጠሊሙ ንመንግስቲ ኣሕሊፉ ስለዝሓበረ ጦር ኣብ መንገዲ ብሎኮ ከረን ክዓርዱ ዕድል ረኸቡ። ብሰንኪ ከምዚ ዝኣመሰለ ንተጋደልቲ ንሓደጋ ዘሳጥሐ ጥቈማ'ዚ ከኣ፡ ስርሒት ብዓወት ተደምዲሙ ቁሱላት ተጋደልቲ ካብ ውሽጢ ሆስፒታል ኣስመራ ሓራ ኰይኖም ምስ ብጾቶም ኣብ ሜዳ ተጸንቢሮም ከብቅዑ፡ ስዉእ ኣብራሃ ሻውልን ብጻዩ ያዕቆብ ነርስን ካብ ሕክምና ዘውጽእዎም ተጋዳልቲ ናብ ሜዳ ኣብጺሖም ብራዳር ኣቢሎም ክምለሱ ከለዉ ጦር ኣብ ጽርግያ ፓራዲዞ ንመንገዲ ከረን ዝወስድ ኣድብዮም ብምጽናሕ ብኣድራጋ ጠያይት ተወቒዖም ተሰውኡ።

ግፍዕታት ጸላኢ ጸብጺብካ ኣይውዳእን ኢዩ። ካብቲ ኣዝዩ ዘስካሕክሕ ዝተፈጸመ ግፍዒ ከኣ ብ1975 ኣርኣያ ኣውቲስታን ብጾቱን ምስ ዓፉኝ ኣብ ውሽጢ ኣስመራ ኣብ ዝተገብረ ግጥምያ ተወጊኡ። እቶም ዝተረፉ ካብ ማኪና ዘዘሊሎም ወጺኦም ከምልጡ ዕድል ረኺቦም። ኣርኣያ ግን ተወጊኡ ስለዝነበረ ኣብ ከባቢ ሰዓት 11፡00 ቅድሚ ቀትሪ ኣቢሉ ይኸውን ብላጌቶ ኣቢሉ ንእንዳመሪንጋ ክኸይድ ክሎ ካብ ባጽዕ ዝመጽእ ዝነበረ ኮለኛ ተጋጢምዎ፥ ኣብኡ ብዝተገብረ ናይ ተኹሲ ምልውዋጥ ተሰዊኡ። በዚ ድማ፡ ሰራዊት መግዛእቲ እናፈከሩ "እምቢ ያለ ሰው ጥይት ኣጕርሰው" እናበሉ ነቲ ሬሳ ክሳብ መደበር ሁለተኛ ክፍለጦር ከም ገረብ ጓሲዖም ወሲዶሞ።

ፈዳይን ተሓኤ ዘካይድዎ ዝነበሩ ውሽጣዊ ስርሒታት እንዳዐበየን ኣድማዕን ኰይኑ፤ ሰራዊት ደርጊ ሞራሉ ተሃሪሙ፡ ዝጽበዮ ዕጫ ሞት ወይ ብእዝኑ ተወጢጡ ንሜዳ ምውሳድ እንዳኾነ ኣብዝመጸሉ ግዜ፡ ብ1976 ዓ.ም ኣብ መንገዲ ዕዳጋ ዓርቢ ኣብ ረናውልት ዝዓይነታ መኪና 16 ኣባላት ኣፋኝ ጓድ

ተጻዊናም ኣብዝኸድሉ ዝነበሩ እዋን፣ ፊዳኢን ተ.ሓ.ኤ. ብዝደርበይዎ ናይ ኢድ ቦምባ ብምሉኣቶም ክድምሰሱ ከለዉ እቶም ፊዳኢን ሓርነት ኤርትራ ግና ብሰላም ወጺኦም። እዚ ስርሒት'ዚ ተወሳኺ ስንባደን ራዕድን ኣሕደረ። እዚ ዝጥቀስ ዘሎ ስርሒታት ቑንጫል ካብቲ ዝተፈጸመ ሰውራዊ መደባት እንተዘይኮይኑ፡ ኣብ ከተማታት ኤርትራ ዝተኻየደ ፍጻሜታት ዘርዚርካ ዝውዳእ ከምዘይኮነ ፍሉጥ እዩ።

ምስላብ መድሃኒት መኽዘን ኣጃካን ስታላ ከብትን

ስርዓት ደርጊ "ስልጣን የህዝብ ነው/ስልጣን ናይ ህዝቢ እዩ፡ ሃገር ንምርግጋእ ብግዝያውነት ኢና ሒዝናዮ ዘለና" ንዝብሎ ዝነበረ ቃል ምሉእ ብምሉእ ጠሊሙ ኩለንተናዊ ቁጽጽር ኣብትሕቲኡ ምስ ኣእተወ፡ ብስም ሓባራዊ ውነና ናይ ብዙሓት ኢትዮጵያውያንን ኤርትራውያንን ንብረትን ጥሪትን ትካላት ሃጊሩ ከም ቃሕቱ ተጠቒምሉን የገልግሉኒ እዮም ንዝበሎም ውልቀሰባት ዓዲሉን እዩ። ብሓባራዊ ውነና ዝተጠቕመ ዝኾነ ይኹን ኢትዮጵያዊ ኮነ ኤርትራዊ ድማ ኣይነበረን። የግዳስ መብዛሕትኦም እቶም ንብረቶምን ናይ መሬት ትሕዝትኦምን ዝተመንዘዑ ዜጋታት ኣደዳ ድኽነትን ስደትን ኰይኖም እዮም።

ብ1975 ክሳብ 1977 ዓ.ም.ፈ ኣብዘሎ ግዝያት፡ እቲ ብደርጊ ተወሪሱ ዝነበረ ደምበ ምርባሕ ከብቲ (ስታላታት) እንዳመረሳኒ፡ ብዋንነት እንዳ ኣደይ ዝማም ዝፍለጥ፣ እንዳ ብላታ ጊላዝጊ ኣብ ሰምበልን፣ ኣብ ሓልሓለ ጥቓ ድባርዋ ዝነበረ ናይ እንዳ መረሳኒ፤ ከምኡ እውን ኣብ ቲራቮሎ፣ እምባ ጋልያኖ እንዳ-ባታቶ ዝነበራ ከብቲ ብምሉኣን፡ ከምኡውን ዝርካቡ ይንኣስ ይዕበ ፋብሪካታትን ኢንዱስትሪታትን ብስርዓት ደርጊ ካብ ዝተመንዘዑ ትካላት ኤርትራውያን ንምዝካር ይካኣል'ዩ። ይኹን'ምበር፡ ደርጊ ናይ ህዝቢ ንብረት ራስዩ ክነብር ከምዘይኽእል ክግንዘብ ስለዝግብኦን፡ ንብረት ህዝቢ ኣብ ኣገልግሎት ቃልሲ ህዝቢ ኤርትራ ክውዕል ስለዘለዎን ተጋድሎ ሓርነት ኤርትራ ካብ ደርጊ ንምምንዛዕ መደበት። ንምፍጻሙ ድማ ኣብ መጽናዕቲ ተኣትወ። ብዝተገብረ መጽናዕትታት መሰረት ድማ ፊዳኢን ተ.ሓ.ኤ. ሓደ ድሕሪ ሓደ ነቲ ደርጊ ራስይዎ ዝነበረ ትካላት ኤርትራውያን ብዘይ ዝኾነ ይኹን ጸገም ተጓሕጒሑ ናብ ሓራ ዝወጸ ቦታታት ከምዝበጽሕ ተገብረ።

ተጋድሎ ሓርነት ኤርትራ ነዚ ከምዚ ዝኣመሰለ ንሰራዊት ደርጊ ዘርዓደን ቁጠባዊ ጠቕምታቱ ዝኾለፈን፡ ብኣንጻሩ ድማ ንህዝቢ ኤርትራ ብስራትን ፍናንን ዝኾነ ዕዉት ስርሒታት ዓለም'ውን ንኽፈልጦ ብዜናዊ መግለጺታታ ትዝርግሖ ነይራ እያ። እዚ ከኣ ነቲ ኣብ ርሑቕ ኮነ ቀረባ ዝነበረ ኣባል ሰራዊት ሓርነትን ሰሩዓትን እውን ኩነታት ሰውራኦም ኣብ ምክትታል ሓጋዚ ነይሩ። ሓደ ካብቶም ኣብቲ እዋን'ቲ ንገለ ካብቲ ዕዉት ስርሒታት ካብ ዘቃልሑ ዜናታት ተጋድሎ ሓርነት ኤርትራ እቲ ብስም ማእከላዊ መጽሔታዊ ክፍሊ ዝዝርጋሕ ዝነበረ ገድላዊ ዜናታት ዘርእስቱ ጽሑፍ ናይ ዕለት 30.10.1975 ነዚ ዝስዕብ ኣስፊሩ ይርከብ።

ወክድባ፡"30/8/75 ዓ.ም.ፈ. ተጋደልቲ ሰራዊት ሓርነት ኤርትራ በቲ ልሙድ ናይ ስሙር መደብ ዕዮኦም ነተን ኣብ ወክድባ ምዕራባዊ ወገን ኣስመራ ዝርከባ ደርግ ተሃጊረን ኢላ ዝዘመተተን 310 ከብትን መጽዓኛታትን ወሰዱ" ክትብል ብስራታ ንህዝቢ ኣፍለጠት።

"ሓልሐለ፡ 8/9/75 ኣብ ሓልሓለ ዝርከብ ናይ ሕርሻን ምርባሕ ከብትን ንብረት መንገስቲ ደርግ ከም ዝወረሰቶ ምስ ተፈልጠ 272 ከብትን እዚ ዝስዕብ ኣቝሑትን ብሰራዊት ሓርነት ኤርትራ ተወሲደ።

1- ሓንቲ መኪና 615፣

2- ሞናር ቪ.ሙ. ጀነረተር ናይ መብራህቲ፣

3- ዲናሞ ናይ ኤለክትሪክ፣

4- ክልተ ሳልዳዮ ኦክስጅን ምስ መስርሒኡ፣

5- ሞተር ናይ ሕርሻ መድሃኒት፣

6- ዘየር ትራክተር ምስ ተሳሓቢታ፤

7- ማስ ፍርግሰን ትራክቶር ምስ ተሳሓቢታ፣

8- ፋልሻትራዊ ማዕጺድ፣

9- መፍትሕ ናይ ኦፊችና፣

10- ጎማታትን ካላማዳርያታትን፣

11- በራንኮ መስቀሊት፣

12- ክልተ ማሰቶ ጠበንጃ

ጠቕላላ ዋጋ ኣቝሑት ካብ 100 ሽሕ ብር ንላዕሊ ዝግመት ኢዩ" ይብል።

እቲ ካልኣይ ድሕሪ ሳልስቲ ዝተወሰደ ስርሒት እንተኾነውን፡ ተጋደልቲ ሓርነት ብቐሊሉ ናብ ሓራ መሬት ከውጽእዎን ኣብ ኣግልግሎት ሰውራ ከውዕልዎን ንዘይኽእሉ ብደርጊ ዝተራሰየ ንብረት ህዝቢ እቲ ሓደን መተካእታን ዘይነበሮ ኣብ ቅድሚኦም ዝነበረ ምርጫ ማሓውር ሰራዊት መግዛእቲ ንምስባር ነቲ ትካላት ከምዘይሰርሕ ምግባሩ እዩ ነይሩ። ነዚ መሰረት ብምግባር፡ ገድላዊ ዜናታት "ዕለት 11/9/75 ዓ.ም.ፈ. ተጋደልትና ከተማ ኣስመራ ኣትዮም፡ ናይቲ መንግስቲ ደርግ ክትጥቀመሉ ኢላ ዝወረሰቶ ናይ ዘይቲ ኢንዱስትሪን ፋብሪካ ኮካ ኮላን ብከቢድ መሳርያ ሃረምዎ" ክትብል ኣስፊራ ትርከብ። .

ከምኡ እውን ካብ ባንክታትን ፋርማሲታትን ዝስለብ ዝነበረ ገንዘብን መድሃኒትን ብዙሕ'ዩ ነይሩ። ንኣብነት ብ1976 ዓ.ም.ፈ እታ ብኣጀካ እትፍለጥ ዓባይ ናይ መድሃኒት መደበር ንመላእ ፋርማሲታት ትዕድል ዝነበረት፣ ትሕዝቶኣ ብምሉኡ ተጓሕጉሑ ቅያ ብዝመልኦ ፍጻሜ ናብ ሜዳ ተወሲዱ ኣብ ኣገልግሎት ህዝብን ሰራዊትን ከምዝውዕል ተገይሩ። ኣብዚ ዝተኻየደ ስርሒታት'ዚ 4 ጀጋኑ ከስውኡ ከለዉ፣ እቶም 15 ተጋደልቲ ምስ ምሉእ ኣርበጂ ዘሰነዮ ዕጥቆም መሬት ስለዝወግሑምን ነቲ ከተማ ዘይፈልጡዎ ስለዝነበሩን ኣብ መንገዲ ጎዳይፍ ዝነበረ ኣራተኛ ጣብያ/ብራብዓይ ነቑጣ ዝፍለጥ እንዳ ፖሊስ ከይፈለጥዎ ህሩግ ምስ በልዎ፥ ኣብ ቅድሚኦም ምስተራእዮም ከምልጡ ከምዘይክእሉ ስለዝተገንዘቡ፣ ኢድና ከንህብ ኢና መጺና ብማለት ብሰራዊት መግዛእቲ ተታሒዞም። እዚ ሜላ'ዚ ሂይወቶም ብከንቱ ካብ ምጥፋእን ኣብዘየድሊ ኲናት ንዘይምእታውን

ዝማሃዝዎ ብምኳኑ፡ ናይ ምውጻእ ዕድል ንኽረኽቡ ስለዝሕግዘን ድሒሩ ፍርቆም ተ.ሓ.ኤ. ካብ ማእሰርቲ ከተውጽኦም ከላ፡ ገሊኦም ከኣ ናብ ኣዲስ ኣበባ ተወሲዶም ጸኒሖም ድሕሪ ገለ ጊዜ ካብ ኣዲስ ኣበባ ንሜዳ ተመሊሶም ቃልሶም ቀጺሎ።

ስርሒት ፈዳይን (ብጁዋት) ንምቕንጻል ፕረሲደንት መንግስቱ ሃይለማርያም

ተጋድሎ ሓርነት ኤርትራ ጥራሕ ዘይኮነስ ኣብ ውሽጢ ከተማታት ኢትዮጵያ እውን ጽኑዕን ሓያልን ዝኾነ ስርርዓት ዝነበራ ውድብ እያ። እዚ ስርርዓት'ዚ ኣብ ኩሉ መዳያት ምንቅስቓስ ውድብ ብተወፋይነት ይዋሳእ ብምንባሩ ድማ ጀብሃ ንኹሉ ከተረኻኽበሉ ከምእትኽእል ዘረድእ ስምዒታት ፈጢሩ ነይሩ። እዚ ጥራሕ ዘይኮነ ኣብ መንግስታዊ ትካላት ዝሰርሑ ዝነበሩ ኤርትራውያን ሞያተኛታት እንተኾነ'ውን ብስርሖም ተኣማንነት ዝነበሮም ብምንባሮም ነቲ ዝነበሮም ፖለቲካዊ ስርርዕን እምነትን ክሽፍነሎም ይኽእል ነይሩ። ስለዚ ድማ ዝሕባእን ዝስወርን ምንቅስቓስ ጸላእቲ ኣይነበረን ክባሃል ይካኣል። ነዚ ኣብ ግምት ብምእታው ከኣ ተጋድሎ ሓርነት ኤርትራ እቶም ኣብ ኣዲስ ኣበባ ዝነበሩ ስሩዓትን ተጋደልቲ ፈዳይን ካብ ኤርትራ ዝተላእኩን ብምውህሃድ ነቲ ሕሱምን ናይ ቅትለትን ሽበራን መራሒ ዝነበረ መንግስቱ ሃይለማርያም ስጉምቲ ንምውሳድ ውሳኔ ዝገበረት።

ነዚ ንምፍጻም ምስቲ ኣብቲ እዋን'ቲ ዝነበረ ኢፒኣርፒ (EPRP) ዝተባህለ ኢትዮጵያዊ ተቓዋሚ ውድብ ስምምዕን ናይ ሓባር ስራሕን ተወዲኡ፡ ዘድሊ ዕጥቂ ኣብ ፊስቶታት ናይ ነዳዲ ተሓቲሙ ኣዲስ ኣበባ'ዩ ዝኣተወ። ነዚ ስርሒት'ዚ ንምዕዋት ከኣ ካብ ኤርትራ መሓሪ ተስፋይ፣ ክፍላይ ዘርኡ፣ ኣማኑኤል መብራህቱ (ወዲ ባሻይ)፣ ተስፋይ በላይ (ወዲባሻውል)፣ ገነት ቀለታ፣ ኣልማዝ ኣርኣያ ኤልሳ ኣማረን ዘለዉዎምን/ዘለውኦን ምዑታት ተጋደልቲ ሓርነት ነቶም ኣብ ኣዲስ ኣበባ ዝነበሩ ብጾት ተጸንበርዎም። ኣብቲ እዋን'ቲ መንግስቱ ሃይለማርያም ጠራሙዝ ደም ዝመስል ሕብሪ መሊኡ ዝሰብረሉን ደሞም ከምዚ ከነፍስሶ ኢና እንዳበለ ዝፍክረሉን ዝነበረ ናይ ራዕድን ሽበራን ግዜ ኢዩ ነይሩ። ስለዚ ከኣ መንግስቱ ሃይለማርያምን ዝፍጽሞ ዝነበረ ፋሽሽታዊ ተግባራትን ንኽይቅጽል ብ1977 ናይ ምእላዩ ፈተነ ኣብ ውሽጢ ኣዲስ ኣበባ ዝተኻየደ። ይኹን'ምበር መንግስቱ ሃይለማርያም ካብ መቕሰልትን መድመይትን ክድሕን እኳ እንተዘይካኣለ፡ ካብ ሞት ግን ከምልጥ ክኢሉ ኢዩ።

ቅድሚ ፍጻመ እቲ ስርሒት፡ እቲ መደብ ይታዓወት ኣይታዓወት ብዘየገድስ፡ ብዙሓት ስሩዓት ኣባላት ናእሽቱ መካይን ኣብቲ ከባቢ ቀሪቦም፡ ማዕጾ ከፊቶም ክጽበዩን ድሕሪ ተኹሲ ተጋደልቲ ከምልጥሉን ክሕብእሉን ዝኽእሉ ቦታታት ከዳልዉ ስለዝተነግሮምን፡ ተጋደልቲ'ውን ናብ ከባቢኦም ዝጸንሐት ማዕጾኣ ዝተኸፍተ ንእሽቶ መኪና ክኣትዉ ከምዝኽእሉን ተሓቢርዎም ድልዱል ምትሕብባር ዘሰነዮ ስርሒት'ዩ ነይሩ። ኣብዚ ስርሒትዚ ኅይትኦም ለባሲ ተወጊኡ ስለዝተታሕዘ ንሞት ክፍረድ እንክሎ፡ ምስኡ ዝነበረ ኣብራሃም ወዲ ልቢን እቶም ኣብ ስርሒት ዝተሳተፉ ካልኦት ብጾትን ግን ብምልኦም ከምልጡ ከኣሉ።

ድሕርዚ፡ እቶም ዝተረፉ ኣባላት ውሽጣዊ ስርሒት ንኣስመራ ተመልሱ። ኣብ ኣስመራ መዓልታዊ ሰውራዊ ዕማማቶም ኣብዘካይድሉ ዝነበሩ ግዜ፡ ተጋዳላይ

መሓሪ ተስፋይ ምስ ካልኣዩ ኣብ ባር ትብለጽ እናተመላለሱ ከለዉ፥ እታ ኣብቲ ባር ዝነበረት ሰራሕተኛ ንዓፋኝ ጸዊዓ ኣትሓዘቶም። ተጋድሎ ሓርነት ኤርትራ ከምዚኣቶም ዝኣመሰሉ ውፉያት ተጋደልቲ ኣብ ማእሰርቲ ክበልዩ ወይ ንኻልእ ሓደጋ ክሳጥሑ ከምዘይግባእ ብምግንዛብ ንምውጻኦም ዝካኣል ዘበለ ጻዕርታት ከተካይድ ግድነታዊ ዕማም ኢዩ ነይሩ። በዚ መሰረት እዞም ክልተ ብጾት ኣብ ትሕቲ ሓላፍነት ሻላቃ ተሻገር ናይ ሕብረተ እዚ ሓላፊ ዝነበረ ስለዝነበሩ፣ ንሻለቃ ተሻገር ምፍርራህ ብዝመልእ ኣገባብ ንምውጽኦም ከተሓባበር ሓቲቱ፡ ከምኡ እውን ነዞም ተታሒዞም ዘለዉ ሰባት ንኽውጽኦም 20,000 ብር ክኽፈል ከምዘለዎ ተገብረ። ይኹን'ምበር፡ ሻለቃ ተሻገር “ንበይነይ ሓንቲ ክገብረልኩም ኣይክእልን ኢየ፡ ነዚ ጸሓፋይ ናተይ እውን ኣዕግብዎ” ዝብል ናይ ምስምስ መልሲ ኣቕረበ። ኣብ ከምዚ ዝኣመሰለ ግዜ ዝበልዕ ምልልስ እንከሎ፡ እቶም ኣብ ትሕቲ ቀጥታዊ ምምሕዳሩ ዝነበሩ ከውጽኦም እንከሎ፡ እቶም ዝተረፉ ግን ኣቐዲሞም ንኣዲስ ኣበባ ስለዝወሰድዎም “ኣይከኣልኩን” ዝብል መልሲ ምሃቡ ዝዝከር ኢዩ። ሻለቃ ተሻገር ከምዚ ዝኣመሰለ ፍርቂ-ፍርቂ ዝኾነ ስራሕ ክፍጽም እንከሎ ንኸይቅተል ፈሪሁ እንተዘይኰይኑ፡ ብልቢ ንኽተሓጋገዝ ድልው ስለዝነበረ ኣይኮነን። ድሒሩ ኣብዝተገብረ መጽናዕቲ እውን ምስ ህዝባዊ ግምባር ሓርነት ኤርትራ ርክብ ከምዝነበሮ እውን ክፍለጥ ተኻኢሉ ኢዩ። ተግባራት ሻለቓ ተሻገር ክረኤ ኣንከሎ፡ ኣብ ሰለስተ ባላ ተንጠልጢሉ፡ ነቲ ሓደ ምስኻ፡ ነቲ ካልኣይ ካባኻ ነቲ ሳልሳይ ድማ ሳላኻ ብዝብል ሜላ ሂይወቱ ኣብ ምክልኻል ዝነብር ዝነበረ በዓል-መዚ ምንባሩ እዩ።

ስርሒት ምውጻእ ኣውቶቡሳት ሰታዮ ካብ ኣስመራ

ኣብ ቀዳማይ መፋርቕ 1977ዓ.ም.፣ ደረስ ብርሃነን፡ ሳልሕ በላይን ብዝገበርዎ መጽናዕቲ መሰረት፡ ኣውቶቡሳት ናይ እንዳ ሳታዮ ካብ ውሽጢ ከተማ ኣስመራ መንዚዕካ ንሜዳ ንምውጻእ ዝተኻየደ ስርሒት ኢዩ ነይሩ። ስርሒት ምውጻእ ኣውቶቡሳት ሳታዮ ልክዕ ሰዓት 5፡00 ድሕሪ ቀትሪ ዝተፈጸመ ኰይኑ፡ ኣውቶቡሳት ካብ ማእከል ኣስመራ ብእምባጋልያኖ ኣቢለን ንማይተመናይ ረጊጸን ዓዲ-ኣበይቶ ንጸጋም ገዲፈን ጸዓዘጋ ክሳብ ዘላግሳ ብዘይዝኾነ ይኹን ጸገምን ብሰላምን እየን ክሓልፋ ክኢለን ነይረን። ይኹን'ምበር፡ ኣጋጣሚ ኮይኑ ድዩ ውይስ ኣብ መጽናዕቲ ከይተራእየ ብዝተረፈ ምኽንያት፡ ምስ'ቲ ካብ በለዛ ንኣስመራ ከኣቱ ዝመጽእ ዝነበረ ቃፍላይ ሰራዊት ደርጊ ኣብ ቀራና መንገዲ ገፊንፍ ተራኺቦም ውግእ ተኸፍተ። መሬት ኣብ ምምሳዩ ስለዝነበረ ውግእ ጻዕጺዑ ኣብዝካየደሉ ዝነበረ እዋን፤ ገለ ካብተን ኣውቶቡሳት ዝመርሑ ዝነበሩ ተጋደልቲ ጥሒሶም ከሕልፍወን እንከለዉ፡ ዝተረፉ ድማ ብሰራዊት ደርጊ ተታሒዘን ንውሽጢ ኣስመራ ተመልሳ። ኣብዚ ስርሒት እዚ ሓዲሽ ወልደገርጊስ፡ ማሕሙድ ቅዱዊ፡ ሳምሶም ወዲ ሓንኪል፡ ታረቀ ወዲ ኣስመራ፡ ምሕረተኣብ ስምኦን ወዲ ኣርባዕተ ኣስመራ፡ ኣማኑኤል ስርጁ ዝተባህሉ ምውታት ተጋደልቲ ነቲ ስርሒት ፈጺሞም ኣብ ምውጻእ እንከለዉ ኣብቲ ዝተኸፍተ ውግእ ብጅግንነት ተሰዊኦም።

ውሽጣዊ ስርሒታትን ደባይ ውግኣትን ኣብ ምምራሕ ልሉይ ተራ ዝነበሮም ሓርበኞታት ስዉኣት ብጾጋም ተጋዳላይ ዓብደልቃድር ሮሞዳን፡ ብየማን ዘሎ ድማ ተጋዳላይ ሓዲሽ ወልደገርጊስ ኣውቶቡሳት ካብ ኣስመራ ንሜዳ መንዚዖም ክወጹ ኣብ ዝተኻየደ ስርሒት ብጅግንነት ተሰዊኡ።

ምትሕብባር ፈዳይን ተ.ሓ.ኤን ህ.ግ.ሓ.ኤን

ኣብ ውሽጢ ከተማታት ዝካየድ ዝነበረ ውሽጣዊ ስርሒታት ምንም'ኳ ብውሳኔ መሪሕነታት ክልተ ውድባት ማለት መሪሕነት ተሓኤን ህግሓኤን ዝካየድ እንተነበረ፡ እቶም ኣብ ውሽጢ ከተማታት ንነብሶም ብጅዮም ንዝተዋህቦም መምርሒታት ዝፍጽሙ ዝነበሩ ተጋደልቲ ግን፡ እቲ ኩሉ ኣብ ሜዳ ዝካየድ ዝነበረ ፍልልያት ከይገደሶም ኣብ ዕማማቶምስ ንኡስ ምትሕብባር ነይርዎም'ዩ። ከም ውጽኢት ናይቲ ዘካይድዎ ዝነበሩ ሓባራዊ ስርሒታት'ውን ኣብ 1977 ዓ.ም.ፈ ኣባላት ውሽጣዊ ስርሒት ተጋድሎ ሓርነት ኤርትራን ህዝባዊ ግንባር ሓርነት ኤርትራን ተሓባቢሮም ካብ ኮመርሻል ባንክ ሓደ ሚልዮን ብር ከውጽኡ ክኢሎም ኢዮም። ከም ውጽኢት ሓባራዊ ፍጻሜ ድማ ዝተረኽበ ገንዘብ ኣባላት ክልቲኤን ውድባት ፍርቂ ፍርቂ ተማቒሎምስ ናብ ውድባቶም ምብጽሑ ታሪኽ ዝፈልጦ ሓቂ ኢዩ።

እዚ ጥራሕ ዘይኮነ፡ ሓደ ትኳቦ መረስዕ ዝተባህለ ባርያ ብዝብል ሳጓ ዝፍለጥ፣ ቅድሚ ናብ ህዝባዊ ግንባር ምስላፉ ኮማንዲስ ዝነበረ፡ ወዲ ባሕሪ ጉራንጉራ፡ ጸኒሑ ካብ ህዝባዊ ግምባር ሓርነት ኤርትራ ከዲዑ ናብ ኢትዮጵያ ኢዱ ዝሃበ ኣብ 1977 ዓ.ም.ፈ ንውድብ ህዝባዊ ግንባር ሓርነት ኤርትራ መእተዊኣን መውጽኢኣን ይፈልጥ ስለዝነበረ፥ ብዙሕ ሽግር ይፈጥር ነይሩ። ኣብቲ እዋን እቲ ዝሓየለን

ዕዉትን ውሽጣዊ ስርሒታት ብሸነኽ ፈዳይን ተጋድሎ ሓርነት ኤርትራ ይፍጸም ምንባሩ ኩሉ ዝተኸታተሎ ሓቂ ብምዃኑን ነቲ ኣብ ምንቅስቓስ ህዝባዊ ግንባር ሽግር ዝፈጥር ዘሎ ባእታ ንበይኖም ኣባላት ህዝባዊ ግንባር ክገጥምዎ ክምዘይኽእሉ ስለዘስተውዓሉን፡ ፈዳይን ህዝባዊ ግምባር፥ ንፈዳኢን ተሓኤ ክተሓባበርዎም ሓተቱ። ከምዝዝከር እቲ ብፈዳይን ህዝባዊ ግንባር ዝቐረበ ሕቶ "ኣንቱም ጀብሃ፡ ኣብ ውሽጢ ከተማ ጽቡቕ ስርሒታትን ዓወታትን ኢኹም እትፍጽሙ፤ ብዙሕ ተመኩሮ ከኣ ኣለኩም። ነዚ ብዙሕ ሽግር ዝፈጥረልና ዘሎ ትኳቦ መረስዕ እተባህለ ሰላዪ ንኽንቀትሎ ብዙሕ ፈቲናን ግዜ ወሲዱልና'ዩ፡ ክንዕወተሉ ድማ ኣይከኣልናን። ለይቲ ይኹን መዓልቲ ንብረት ውድብ ሒዙ ናብ ጸላኢ ይኣቱ። ብመዓልቲ ይኹን ብለይቲ ሻዕብያ ብእትኣትወሉን እትወጽኣሉን ብፍላይ ብብሎኮ ናይ ማይ ተመናይን፣ ናይ ዓዲ ንፋስን፤ ባርባረላን እናተኸታተለ ንስሩዓትና ሓሓኒቑ ንጸላኢ እናረከበ ሞኾ ስለዘበለና፤ ንስኻትኩም ካባና ዝያዳ ሜላን ክእለትን ስለዘለኩም ገለ ግበሩልና፣" ዝብል ነበረ።

ፈዳይን ተጋድሎ ሓርነት ኤርትራ ብሸነኾም ነቲ መደብ ብዘይዝኾነ ይኹን ምጥርጣር ብሓባር ክወስድዎ እኳ እንተተቐበልዎ፡ ነዚ ንምትግባር ግን ብሓባር ኮፍ ኢልካ ክስራዕ ዘለዎ መደብ ምዃኑ ሓበርዎም። ንተግባሪኡ ድማ መብራህቱ ቫይናክ ምስ ብጾቱ ካብ ህዝባዊ ግንባር፡ ስውእ ኣፈወርቂ ሃይለን፡ ኣለም ወዲ ዓቓን ካብ ተሓኤ ኣብ ውሽጢ ከተማ ኣስመራ ተራኺቦም፣ ብሓባር ኮፍ ኢሎም ብምስምማዕ ናይ ሓባር መደብ ተለሙ። ትኳቦ መረስዕ ሓላፊ ናይ ልዕሊ 15 ሰባት ዘለዉዋ ሓንቲ ጋንታ ማለት ነጭ ለባስ ኣብ ዕዳጋ ዓርቢ ኮይኑ ይሰርሕ ምንባሩ፡ ኩሉ ግዜ ሰዓት 10፡00 ናይ ንግሆ ዘሎ ሓበሬታን ጸብጻብን ኣበይ ከምዘረክብን ግቡእ መጽናዕቲ ተወስደ። በዚ መሰረት ትኳቦ መረስዕ ከም ኣመሉ ኣብታ ጸብጻቡ ንኸረክብ ዝኸደላ ሰዓት እንዳተጓዕዘ እንከሎ ማይ በላ ሕልፍ ኢሉ ከባቢ እንዳ ኣጂፕን ባር ትብለጽን ዝርከብ መደበር ናይ ፖሊስ ምስ በጽሐ፥ ፈዳኢን ናይ ክልቲኡ ውድባት ኣድብዮም ብምጽናሕ ኰናት ተኸፍተ። እቲ ስርሒት ኣብዘይዕወትሉ ደረጃ ምብጽሑን ኣብ ምፍሻል ገጹ ምስ ዛዘወን ከኣ እቲ መራሕ መኪና ኣባል ህዝባዊ ግምባር ንብጾቱ ጥራሕ ጾዒኑ፡ ንተጋዳላይ ፍሰሃጽን ፈዳይን ናይ ተሓኤ ጠንጢኑ መኪንኡ ኣልዒሉ ንማይ ተመናይ ተወንጨፈ። ተጋዳላይ ፍሰሃጼን በቲ ኩነታት ከይተሰናበደ ብሬን እንዳተተኮሰ ንትኳቦ ንምሓዝን ንምቕታልን ክሳብ መንደቕ ኣጂፕ ተጓየየ፡ ክዕወተሉ ስለዘይካኣለ ግን ከምልጥ ክኢሉ።

ሰራዊት ኢትዮጵያ ኣብ ፈርቶ ኮይኖም ነቲ ኩነታት ይቈጻጸርዎን ይከታተልዎን ስለዝነበሩ፤ እታ ኣባላት ህዝባዊ ግንባር ጾዒና ዘምለጠት መኪና ኣበይ ከምዝኣተወት ይርእይዋ ብምንባሮም፡ ብኡ ንብኡ ኣብታ ዝኣተወታ ገዛ መጺኦም ነቶም ተጋደልቲ ክሕዝዎም ፈተኑ። እቶም ተጋደልቲ ግን ኣብ ከበባ ይኣትዉ ምህላዎም ተገንዚቦም ዝረኸበ ይርከበና ብምባል ናይቲ መካበብያ መንደቕ ነነጢሮም ስለዝወጹ ኣምሊጦም ካብ ምትሓዝ ድሒኖም። እታ ፍያት 125 ዝዓይነታ ናይ ኣቶ ተኸለ ኩቺ እተባህለ ስሩዕ ህዝባዊ ግምባር ዝነበረ ግን፡ ካብታ ተሓቢኣትላ ዝነበረት ቀጽሪ ገዛ/ቦታ ሰዓት 12፡00 ተወሲዳ። ነታ መኪና ሓቢኣታ ዝነበረት ተሓባባሪት ፈዳኢን ህዝባዊ ግንባር'ውን ሽዑ ንሽዑ ተኣሲራ። ድሒሩ ከዳዕ ትኳቦ መረስዕ፡ ካብቶም ንሱ ዝመርሖም ወተሃደራት፡ ሓደ ለይቲ ናይ

ሻዕብያ ተጋዳላይ መሲልዎም ተደናጊሮም ኣብ ለይታዊ ምንቅስቓስ እንከለዉ ቀቲሎሞ።

ነጋሲ ገብረየሱስ (ብላክ) ውሽጣዊ ስርሒታትን

ሓርበኛ ተጋዳላይ ነጋሲ ገብረየሱስ (ብላክ) ቅድሚ ኣብ ውሽጣዊ ስርሒታት ምስታፉ፣ ኣብ ምንቅስቓስ ተመሃሮን ማሕበር ሸውዓተን ከዋሳእ ድሕሪ ምጽንሑ ከመይ ኢሉ ኣብ መስርዕ ተጋደሎ ሓርነት ኤርትራ ከምዝተሰለፈ፣ ኣፍልጦኡን ተሞክሮኡን ኣብ መደባት ውሽጣዊ ስርሒታት፣ ዝተዋህቦን ዝፈጸሞን ዕማማት ብተገዳስነት ስለዘካፈለና ነመስግኖ።

ተጋዳላይ ነጋሲ ገብረየሱስ ንከተማ ኣስመራ ተወሊዱ ዝዓበየላን ውሽጣን ውሻጢኣ ዝፈልጣን ኤርትራዊ ኲይኑ፡ ስርሑ ኣብቲ ብሴዳው ዝፍለጥ መደበር ሓይሊ መብራህቲ ነይሩ። ብዙሕ ሰብ ብካራቴ ዝፈልጦ ግን ከኣ ብልክዕ ኣጸዋውዓኡ "ታይክዋንዶ" ዝበሃል ነብስኻ ካብ መጥቃዕቲ ንምክልኻል ዝወሃብ ትምህርቲ፣ መጀመርያ ኣብ መንእሰያት ደቂ-ተባዕትዮ ክርስታያናዊ ማሕበር መ.ደ.ክ.ማ. Y.M.C.A. ክመሃር ዝጀመረ፣ ቀጺሉ ኣብ ቃኘው ስተሽን ክሳብ ደረጃ ብላክ ቤልት ምዕጣቕ ተማሂሩ ወጺ። እዚ ኣኽእሎ'ዚ ኣብ ውሽጣዊ ስርሒታት ናይ ጅብሃ ብዙሕ ሓጋዝን ኣድማዒን ነይሩ። ብዙሓት ብዘይካ ቤተ-ሰቡ ብብላክ እዮም ዝፈልጡዎ ነይሮም። ብላክ ካብቲ ናይ ታይክዋንዶ ብላክ-በልት ዕጣቑ ዝጠበቖ ስም እኳ እንተነበረ፡ ኣውራ ግን ኣብ ውሽጣዊ ስርሒታት ምስጢራዊ (ኮድ) መጸውዒኡ ዝነበረ ስም'ዩ።

ነጋሲ ብላክ መጀመርያ ኤርትራ ካብ ምምሕዳር እንግሊዛውያን ናብ ትሕቲ ፈደረሽን ቀጺሉ'ውን ኣብ ትሕቲ ግዝኣት ኢትዮጵያ ክትኣቱ ኸላ ዘርከበ፡ ከም ኲሎም መሳትኡ ናይቲ እዋን'ቲ ናይ ናጽነት ስምዒቱ ርሱን ስለዝነበረ ኣብቲ ናይ ሽው ብተመሃሮ ዝካየድ ዝነበረ ምንቅስቓሳት ይሳተፍ ዝነበረ ዜጋ ኢዩ። ተመሃራይ ከሎ ኣብ እስካውት ኣባል ስለዝነበረ፣ ሓደ ጊዜ ሓደ ጒጅለ መሪሑ ናብ ጉልዒ ወሪዱ ምስወዓለ፤ ኣብኡ ክልተ ሰባት ብበረኻ ዝመጹ ይረኽቡዎም፡ ኲነታቶም ድሕሪ ምፍላጥ ንዓኡ ከም ሓላፊ ናይቲ ጒጅለ ምኺኑ ምስ ፈለጡ፣ ንበይኑ ኣግሊሎም ኣባላት ጀብሃ ምኺኖም ድሕሪ ምሕባር፣ ናብ ኣስመራ መልእኽቶም ኣብጺሑ ካብኡ ድማ መልሲ ሒዙ ንኽመጾም ፈቓደኛ እንተኾይኑ ይሓቱዎ'ሞ፡ ብላክ ከይተወላወለ፣ እወ የብጻሓልኩም ምስ በሎም ዘዳለዉዋ ፖስጣ ሒዙ ናብቲ ዝምልከቶ ብካቫሌሪ ዝጽዋዕ ውሽጣዊ ስሩዕ ኣብጽሐ። ካብኡ ድማ ብፖስጣ ዝተዓሸገ ገንዘብ ሒዙ ናብቲ ቦታ ተመሊሱ ሃሰው ኢሉ ይስእኖም። ግን ካብቶም ሽው ኣብኡ ዝራኣዮም ገባር ወዲ ዓዲ ተሓባቢርዎ ምስኡ እንዳተጸበየ፡ ልኡኽ ሰዲዱ ኣራኺቡዎ መልእኽቱ ኣብጺሑ ንገዝኡ ተመልሰ፡ እዋኑ እዋን ዘመነ ክፍልታት 1966 ዓ.ም.ፈ. ኣቢሉ ይኸውን። ንኣባላት ጀብሃ ብኣካል መጀመርያ ዝራኣዮም ድማ ሽው ኢዩ ነይሩ። ድሕሪኡ ክሳብ 1973 ዓ.ም.ፈ ብኣካል ኣብ ከባቢ ኣስመራ ንሱ ብዝፈልጦ ኣገባብ ይርኣዩ ኣይነበሩን። እቲ ቃልሲ ብመልእኽትታት እዩ ዝካየድ ነይሩ። ናይቲ እዋን'ቲ ቃልሲ ብለይቲ ጽሑፋት ጀብሃ ምብታንን ጸረ መግዛእታዊ ስምዒታት ምልዕዓልን በቲ ናይ ትሕተ-ምድሪ ምንቅስቓስ ብማሕበር ሸውዓተ ዝካየድ ዝነበረ መደባት ምስላጥን ነይሩ። እዋኑ ናይ ፈዳዩን ስርሒታት ኣብ ውሽጢ ኣስመራ ዝበርትዓሉ ቅንያት፤ ኣብቲ ኲሉ ክሳተፍ ከሎ ዘለለዮ ተመሃራይ ኣማንኤል ወዲ ባሻይ መብራህቱ ኣብ ናይ ተጋድሎ ሓርነት ኤርትራ (ተ.ሓ.ኤ.) ምስ ኣሃዱታት ውሽጣዊ ስርሒታት ከም ፈዳይን ዝዋሳእ ዝነበረ፣ ንብላክ ኣብቲ ስርሒታት ንኽሳተፍን ክዋሳእን ሓተቶ። ብኡ ንብኡ ተቐቢሉ ተሳትፍኡ ጀመረ። ርክቡን መምርሒ መደቡን ከኣ፥ ካብቲ ኣብቲ እዋንቲ ሓላፊ ውሽጣዊ ስርሒታት ዝነበረ ኣብራሃም ተኽለ ተቐበለ። ሽው ካብ ስርሑ ናይ ክልተ ሰሙን ዕረፍቲ ወሲዱ ኣብ ሜዳ ወተሃደራዊ ከምኡ'ውን ናይ ፈዳይን ታዕሊም ወሲዱ ንኣስመራ ተመሊሱ ኣብ ስርሒታት ተሳትፍኡ ቀጸለ።

ብቸንቶ ኳትሮ (104) ዝፍለጥ ናይ ከተማታት ስርሒት ኣሃዱ ብሜዳ ብመሪሕነት ዓብደልቃድር ሮሞዳን ኣብ መወዳእታ ናይ 1973 ዓ.ም.ፈ. ኣቢሉ ዝተመስረተ፤ ናይ ውሽጢ ርክቡ ድማ ምስ ኣብራሃም ተኽለ፤ ነይሩ። ኣብራሃም ተኽለ ኣብ 1975 ዓ.ም.ፈ. ዝተኻየደ ናይ .ተሓኤ. 2ይ ጠቕላላ ሃገራዊ ጉባኤ ኣባል መሪሕነት ኰይኑ ድሕሪ ምምራጹ ኣብ ውሽጣዊ ስርሒታት ናይ ኣስመራ ብዙሕ ኣይጸንሐን ንሜዳ ምስከደ፤ እቲ ሓላፍነት ናይ ውሽጣዊ ስርሒታት ብኣብራሃለይ ክፍለ ናይ ምምሕዳር ኣስመራን ከባቢኣን ከም ሓላፊ ተተኪኡ ተመዲቡ ዝመጸ ሓቢሮም ይሰርሑ ነይሮም።

ቅርጻ ምምሕዳር ውሽጣዊ ስርሒታት ተ.ሓ.ኤ.

ቅርጻ ውሽጣዊ ምምሕዳር ከተማታት ኣብ ትሕቲ ጸላኢ ዝቆጻጸሮ ከተማታት ይኹን መደበራት ዝካየድ ዝነበረ ናይ ስለያን ስጉምቲ ምውሳድን መደባት፣ ልክዕ ነቲ ኣብ ሃገራዊ ጉባኤ ዝሰፈረ ቅርጻን መደብን ኣመራርሐ ናይቲ ፖሊቲካዊ ውድብ (ተ.ሓ.ኤ.) እዩ ዝመስል ነይሩ። እተን ኣብያተ ጽሕፈታትን ህዝባዊ ማሕበራትን ብነናተን ሓለፍቲ ስርርዕ የነቓቕሓን ምስጢራዊ ስርርዕ የካይዳን፤ ከምኡ'ውን ኣብ ውሽጢ ስርሒታት ኣብ ምክያድ ይተሓባበራን ነይረን።

ክፍሊ ጸጥታ ምስ ኩለን ክፍልታት ውድብ ተሓባቢሩ ናይ ስለያ ስርሒታት ብምክያድ ሓበሬታታት ይእክብ፡ ኣብቲ መጽናዕቲ ተመርኩሱ ድማ መደብ ይሰርዕን ይሕንጽጽን እሞ ብብረት ዝፍጸም ስርሒት እንተድኣ ኾይኑ ነቶም ብብረት ዝፍጽሙ ባእታታት ወይ ጉጅለ ይምደብሉ፡ ብዘይ ብረት ማለት ብኢድ ሃሪምካ ህይወት ከየሕለፍካ ወይ ቀቲልካ ዝፍጸም፡ ወይ'ውን ሒዝካ ጨዊኻ ንሜዳ ዝወጽእ ተልእኾ ክኸውን ከሎ ድማ እቶም ነዚ ክእለታት'ዚ ዘለዎም ውልቀ ወይ ጉጅለ ዝምደቡሉ ዕማም እዩ ነይሩ።

ኣብ ርእሲ'ዚ ካልእ ውሽጣዊ ስሩዓት ዘካይድዎ ንጥፈታት'ውን ነይርዎም ኢዩ። ንኣብነት ስሩዓት ካብ ኢትዮጵያ ከምኡ'ውን ካብ ወጻኢ ሃገራት ናብ ኣስመራ ኣብ ዝኣትዉሉ ግዜ፣ ኣብ ኢድ ሃሱሳት ወይ ፖሊስ ንኸይወድቁ ምቕባልን ምውጋንን ካብቲ ዘካይድዎ ዝነበሩ ናይ ድሕነት መደባት'ዩ ነይሩ።

ምስላብ ንብረት ግምጃ ቤት/ኣውራጃ ፍርድ ቤት ሓማሴን

ግምጃ ቤት ኣብ ትሕቲ ቤት ፍርዲ ዝካየድ ሓደ ክፍለ ስራሓት ካብ ኣውራጃ ቤት ፍርዲ ኰይኑ። ብዝተፈላለየ ምኽንያታት ናይ ዝተኣሰሩ ኮነ ብጠርጠራ ኣብ ትሕቲ ሓለዋ ናይ ዝኣተዉ ሰባት ንብረት ዝዕቀበሉ ወይውን ብራስያን ዕዳን መንግስቲ ዝወረሰቶ ንብረት ዝኽዘነሉ ትካል ኢዩ። መብዛሕትኡ ኣብዚ ዝርከብ ንብረት ድማ ወርቅን ካልእ ስልማትን ገንዘብን ኢዩ። ንብረት ህዝቢ ኣብ ከንዲ ብመንግስትን ወታሃደራቱን ዝራሰ፡ እቲ ህዝባዊ ዕላማታት ዓቲሩ፡ ናጽነትን ሓርነት ሃገርን ህዝብን ንምርግጋጽ ዝቃለስ ሰውራ ኣብ ኣገልግሎቱ ከውዕሎ ስለዝግባእ ትኹረት ዓይኒ ተጋድሎ ሓርነት ኤርትራ ክስሕብ ግድነት ኮነ። በዚ መሰረት እዚ ንዓመታት ዝኣክል ብዝኾነን ዘይኮነን ፖለቲካውን ማሕበራውን ክስታት ኣብ ማእሰርቲ ናይ ዝተዳጎኑ ዜጋታት ዝተኣከበ ንብረት ብዙሕን ኣድማዕን ክኸውን ስለዝኽእል ንኽውሰድ ተጋድሎ ሓርነት ኤርትራ መደብ ሓዘት። እቲ መደብ ግን ብውድብ ጥራሕ ዝተበገሰ ዘይኮነስ፡ ሓደ ኣብቲ ፍርድ ቤት ዝሰርሕ ዝነበረ ዛሙሩ ዝተባህለ ስሩዕ ናይ ተጋድሎ ሓርነት ኤርትራ ኣብ ውሽጢ'ቲ ቤት ፍርዲ ዝነበረ ንብረትን ሓለዋኡን መጽናዕቲ ገይሩ፡ ተ.ሓ.ኤ. ክትወስዶ ከምትኽእል ሓበሬታ ናብቲ ኣብ ከባቢ ኣስመራ ዝነበረ ሓላፊ፣ ናይ ሽዑ ምኽትል ኣቦ መንበር ውድብ ተ.ሓ.ኤ. ተጋዳላይ ሕሩይ ተድላ ባይሩ

ይበጽሕ። ሕሩይ ነዚ ሓበሬታዚ ምስ ረኸበ፡ ብዘይ ተኾስን ምቕታል ሰብን ነዚ ስርሒት'ዚ ክፍጽም ዝኽእል ባእታ ወይ ጉጅለ ንኽሕበሮ ንሓለፍቲ ውሽጣዊ ምምሕዳር ከተማ ኣስመራ ሓተተ። ነዚ መሰረት ብምግባር ነጋሲ ብላክ ምስ ሕሩይ ክራኸብ ከምዘለዎ ይግበር። ነጋሲ ምስዝተባህለ ሰብ ንምርኻብ ካብ ኣስመራ ንሃዘጋ ይኸይድ። እተ ርኽክብ ናይ ክልቲኦም ናይ መጀመርያ እኳ ይንበር እምበር፡ ሕሩይ እቲ ኣብ ኣስመራ ክካየድ ዝድለ ዝነበረ ስርሒት ይሕብሮ። ነጋሲ ብሸነኹ እቲ ጉዳይ ክፍጸም ዝከኣል ምዃኑ ድሕሪ ምርግጋጽ ኣብ ምርድዳእ ተበጽሐ። ነቲ ስርሒት ዝፍጽሙ ሰባት ተመዲቦም ናይ ነብሲ-ወከፍ ሓላፍነት ብምንጻር፣ ናይቲ ስርሒት ውጥን (ፕላን) ካብ ምጅማር ክሳብ ፍጻሜ ተወዲኡ ተበገሰ ኮነ። እቲ መደብ ዝፍጸመሉ ሰዓት ዝተመረጸሉ ግዜ ልክዕ ፍርቂ መዓልቲ ኰይኑ ኣብ እዋን የካቲት 1975 ዓ.ም.ፈ.፣ ምስቲ ናይ ጦርን ኮማንዱስን ኮለኛ ንባጽዕ ዝወፍርሉ ዝነበሩ ሰዓት ብዘሳኒ ብምዃኑ፡ ኣቓልቦ ናይቲ መንግስቲ ጸጥታ ናብቲ ወፍሪ ብዝያዳ ስለዘድህብ፣ ነቲ ስርሒት ምቹእ ኣጋጣሚ ገይሮም ወሲደሞ ነይሮም።

ፍጻሜ ስርሒት፡

ኣብ ቱሪስት ኦርጋናይዘሽን ዝሰርሕ ኣባል ተጋድሎ ሓርነት ኤርትራ፣ ናይ መንግስቲ ታርጋ ዘለዋ መኪና (ቸንቶ ሸንቲ ኳትሮ) ንኽልተ ብጾት ማለት ንኣብርሃም ተኽለን ንኣማንኤል ወዲ ባሻይ መብራህቱን የረክቦም። ተጋዳላይ ኣብርሃም ኣብ ውሽጢ'ታ መኪና ካላሽንን ካልእ ተውሳኺ ዕጥቅን ሒዙ ኣማኒኤል ድማ መራሕ መኪና (ኣውቲስታ) ኰይኑ ጽዒኖማ ኣብ ቅድሚ'ቲ ቤት ፍርዲ ቦታ ሒዞም ነቲ ከባቢ ከምዝሕልዉ ተገብረ። ናይ መንግስቲ ታርጋ ዘለዋ መኪና ንኽትከውን ዝተመርጸሉ ምኽንያት ርዱእ እኳ እንተኾነ፣ በቶም ኣብ ሓለዋ ዘለዉ ፖሊስ ዘይትጥርጠርን ዘይትሕተትን ምዃና ስለ ዝፈልጡ ኢዩ ነይሩ። ካብኦም ኣብ ርሕቕ ዝበለ ቦታ ኰይኑ ዝከታተል ታረቀ በራኺን ካልኦት ብጾት'ውን ካብቲ ኵርናዕ ናይ ሲነማ ሮማ ናብ ሲነማ ክሮቸሮሳ ዝወስድ መንገዲ ተዘሪኦም፣ ዕጥቆም ኣብ ነብሶም ከዊሎም ድሕሪ ስርሒት ዘዝልቑሉ እሙን መስመር ይቈጻጸሩ ነይሮም። ነጋሲ ብላክ ምስ ካልኣዩ ድማ ናብቲ ግምጃ ቤት ኣትዮም ነቲ ስርሒት ክፍጽሙ ከምዘለዎም ተሓንጸጸ።

ኣባላት ስርሒት በቦትኦም ምስሓዙ፣ ነጋሲ ብላክ በቲ ዛሙሩ ዝሃቦ ምልክታት መሰረት ተኸቲሉ፡ ከም በዓል ነገር ወረቓቕቲ ኣብ ኢዱ ሒዙ፣ ስዓል ዝሓመመ በዓል ነገር ክመስል ኣብ ክሳዱ ሻርባ ጠምጢሙ ትኽ ኢሉ ናብቲ ማዕጾ ግምጃ ቤት ናይቲ ኣውራጃ ቤት ፍርዲ ኣምርሐ። ኣማዕድዩ ክከታተሎ ዝጸንሐ ዛሙሩ ማዕጾ ክፊቱ ንውሽጢ ምስ ተመልሰ፡ ከምታ ስምምዖም ነጋሲ ደድሕሪኡ ንውሽጢ ይኣቱ። ዛሙሩ ነቲ ሓላፊ ናይቲ ግምጃ ቤት መን ምዃኑ ንነጋሲ ንኽርእዮ፤ ቀልጢፉ ዝቐረቦ ወረቐት ሒዙ፣ ዝፍረም ሰነድ ኣሎ ኢሉ ከፈርሞ ከሎ፣ ብዓል ጉዳዩ ኣለልዩ ሽው ናቱ ስርሒት ክጅምር ተሰማሚዖም ስለዝነበሩ፤

ብኡ መሰረት ብድሕሪኡ ተጠውዩ ኣብ ክሳዱን ርእሱን ዘራኸብ መላግቦ /ወተግ ክሳዱ/ ብኢዱ ምስሃረሞ ሓላፊ ግምጃ ቤት ደንዚዙ ይወድቕ'ሞ ኣእጋሩ ብሓደ ኣሲሩ ከምኡ'ውን ኣእዳዉ ምስቲ ጣውላ ብምእሳር፡ መታን ከየለልዮ ድማ በቲ ተዳልይሉ ዝነበረ ከረጺት ኣብ ርእሱ ኣእትዩ ሸፊንዎ። ምኽንያቱ ሂወቱ ስለዘይሓለፈ ንኸይንቀሳቐስን ንዝግበር ስርሒት ምእንቲ ንኸይከታተልን መልክዖም ንኸየለልን ድማ'ዩ ከምኡ ተገይሩ።።

ዛሙሩ ብኢድ ጥራይ ሃሪምካ ከተድምዕ ዝከኣል ኣይመሰሎን፣ ስለዚ ጥርጣሬኡ ንነጋሲ ኣስሚዕዎ ነይሩ እዩ። ነጋሲ ብዘይካ'ቲ ዝተማህሮ ታይክዋንዶ፤ ጣውላን ሕጡብን ብኢዱ ምስባር ልምምድ ስለዝነበሮ ብኢዱ ንዝሃረሞ ሰብ ዳርጋ ብሓጺን ዝተሃርመ ኰይኑ እዩ ዝስምዖ። ኣብዚ እዋን'ዚ ዛሙሩ ከም ስምምዖም ነቲ ኣብ ኣፍደገ ካንሸሎ ዝነበረ ዋርድያ (ፖሊስ) ቡን ከስትየካ ኢሉ ናብ ባር ኣብ መንጽር'ቲ ፍርድ ቤት ዝርከብ ሲነማ ሮማ ሒዙዎ ክሳብ ስርሒት ዝፍጸም ኣብኡ ሒዙዎ ጸንሐ። ነጋሲ መፍትሕ ካብ ጅባ ናይቲ ካራተ ተሃሪሙ ወዲቑ ዘሎ ሓላፊ ግምጃ ቤት ወሲዱ ነቲ ካሳፎርተ ዝጽውዕዎ ኣርማድዮ ዝመስል ንብረት ዝዕቀበሉ ከፊቱ ኣብ ውሽጡ ዘሎ ብዝሒ ንብረት ምስ ረኣየ፣ እንታይ ይወስድ፡ እንታይከ ይገድፍ ኣብ ምምራጽ ኣተወ።

ዝተሰልበ ንብረት፡

እቲ ንብረት በብዓይነቱ ምስ ዝምልከቶ ጉዳይ ተተሓሒዙ ኣብ ኸረጺታት ተመሊኡ ኣስማት ክሱሳትን መለለዪ ቍጽርን ተለጢፉዎ ነበረ። እቲ ኣተሓሕዛ ከከም ዓይነቱ ማለት ገንዘብ ብኸረጺታት፣ ወርቂ፣ ናይ ብረት ዓይነት ሽጓጉጥ ሪቮልቨር፣ ኣውቶማቲክ፣ ተኧረፍ ዝብሃል ናይ ጀርመን ሽጉጥ ዝኣመሰለ ንብረት እዩ ጸኒሑዎ። እቲ ንብረት ካብ ዝተፈላለዩ ገበነኛታት ዝባሃሉ፣ ሰብ ነገር፣ ሰብ ዕዳን ዝተታሕዘ ኰይኑ፡ መንግስቲ ኢትዮጵያ ንምርኢት (ኤግዚብሽን) ክኸውን ከዚናቶ ዝነበረት ኢዩ። ነጋሲ ነዚ ንብረትዚ ፈላልዩ ኣብ ኣዳልይዎ ዝመጸ ከረጺታት እናመልኤ ድሕሪ ምቕራብ ናብታ ዝተቐረበት መኪና ኣግዓዘ። ዝርዝር ዝተሰልበ ንብረት ድማ፡

- ልዕሊ 22 ኪሎ ወርቂ ካብ ህዝቢ ተሰሪቑ ዝተታሕዘ፡ ኵትሻ፣ ኣስተርሊኒ ካልእ ናይ ስልማት ዝርዝርን ዘጠቓለለ

- 27 ሽጓጉጥ

- ገንዘብ ቅርሺ ኢትዮጵያ ወይ ብር ዝጽዋዕ'ዩ ነይሩ ብኸረጺታት ወጺኡ፤ ስለዘይተቖጽረ ብዝሑ ክንደይ ምንባሩ ሽው ኣይተፈልጠን፡ ዝተረከብዎ ቈጺሮም ክንደይ ምንባሩውን ዝተሓበረ ብዘይምንባሩ ኣይተገልጸን።

ሓንቲ ብሬን (ማሽን ጋን) ምስ መሸፈኒኣ

ነጋሲ ምስዚ ዝተጠቕሰ ንብረት ዝነበረ ገለ ይጠቅም'ዩ ዝበሎ ሰነዳትውን እናተመላለሰ ናብታ ዝተዳለወት ማኪና ጽዒንዎ ኢዩ። እዚ ስለዘይኣኸሎ ንሰውራ የገልግልዩ ዝብሎ ብዙሕ ካሴታት ናይ ተይፕ ሪኮርደርን ካልእን ዝኣመሰለ ንብረት ስለዝራኣየ፡ ንተጋዳላይ ኣብርሃምን ኣማንኤልን ካልእ ንብረት'ውን ኣሎ'ሞ ክንውስኸ'ዶ ክብል ምስተወከሰዎም፡ "እቲ ዘድልየና እዚ እዩ ነይሩ፡ ካሴት ወዲ ካሴት እንታይ ክገብረልና ንኺድ ድኣ ንስኻ ድማ ንዓናይ ምሳና" ይብልዎ። ነጋሲ ግን፡ "ኣነ ንገዛይ እየ ዝኸይድ ንስኻትኩም ኪዱ፣ ኣብ ናይ ዳሕራይ ስርሒት የራኽበና" ኢልዎም ብሰላም ተፈላለዩ። ኣብራሃምን ኣማኒኤል መኪንኦምን ንብረቶምን ሒዞም ካብቲ ቦታ ድሕሪ ምእላይ፤ ነቲ ዝተሰልበ ንብረት ናብ ካልእ ናይ ኣማንኤል ወዲ ባሻይ መብራህቱ ዝተዳለወት ሲቪል መኪና ኣሳጊሮም ናብ ሃዘጋ ሒዞሞ ኣትዮም፡ ነቶም ኣብኡ ዝነበሩ ሓለፍቲ ሕሩይ ዘለዎም ተረኪቡ። እቲ ስርሒት ከምዝተዓወተ ተገሊጹ፣ ኣብኡ ዝነበሩ ተጋደልቲ ንሰማይ እናተኩሱ ታሕጓሶም ገሊጾም። ድሕሪ'ቲ ዕዉት ስርሒት ነጋሲ ብላክ ኣብቲ ከባቢ ንዝነበረ ኵነታት ባዕሉ ከይዱ ተኸታቲሉ ዝረኸቦ ሓበሬታ እንተሎ፤ ፖሊስ ከመይ ከም ዝተፈጸመ ከጽንዑ ከለዉ፤ "ብዚንን ድዮም ኣትዮም ወይ ማዕጾ ሴሮም" ኣብ ዝብል ህውተታ ከምዝነበሩ ይሰምዑ ነይሮም።

እቲ መዓልቲ ናይ ስራሕ መዓልቲ'ዩ ነይሩ፡ ህዝቢ ናብቲ ቤት ፍርዲ ዝኣቱን ዝወጽእን'ውን ብዙሕ ነይሩ። እቲ ግምጃ ቤት ካብቲ ቤት ፍርዲ ፍልይ ዝበለ ኰይኑ ሰብ ኣይመላለሶን ስለዝኾነ፤ ነጋሲ ክኣቱ ከም ሕሙም ብዓል ነገር መሲሉ ሓሊፉ፣ ኣቐሒኡት ከውጽእ ከሎ ግን ከም ሰራሕተኛ ናይቲ ቦታ መሲሉ ይንቀሳቐስ ስለዝነበረ ክጥርጠር ኣይክእልን ነይሩ። ነቲ ሓለዋ ዝምልከቶ ፖሊስ ስለዘሎ ካልእ ሰብ ጉዳዩ ኣይነበረን። ነቲ ፖሊስ ድማ ዛሙሩ ክጋብዘካ ኢሉ ናብ ባር ስለዝወሰዶ ነቲ ስርሒት ዘጋጠመ ዝኾነ ይኹን ዕንቅፋት ኣይነበረን። ተጋዳላይ ዛሙሩ ድሕሪ'ቲ ስርሒት ናብ ሜዳ ወጺኡ ኣብ ቤት ፍርዲ ናይ ተ.ሓ.ኤ. ተመዲቡ ከምዝነበረ ይፍለጥ። ሕጂ ኣበይ ከምዘሎ ደሃዩ ስለዘይብልና ኣብቲ ባር ምስቲ ፖሊስ ዋርድያ ዝነበሮም ወግዕን ካልእ ተወሳኺ ሓበሬታ ብዛዕባዚ ጅግንነታዊ ስርሒት'ዝን ምረኸብና ኔርና።

ንጽብሒቱ ነጋሲ ናብ ሃዘጋ ክመጽእ መጸዋዕታ ተላኢኹሉ፡ ብኡ መሰረት ንዝተገብረሉ መጸዋዕታ ተቐቢሉ ሃዘጋ ይኸይድሞ፡ ምስቶም ሓለፍቲ ተራኺቦም ነቲ ዝተፈጸመ ስርሒት ብሓባር ገምገምዎ። ኣብ ውሽጢ ከተማ ኣስመራ ስርሒታት ንምፍጻም ዝሕግዝ ዘመናዊ ዕጥቂ ስለዘይነበረ፡ ኣብ ተግባር ዝኸሸፍ'ውን ምንባሩ ስለዝተገምገመ፡ ንውሽጣዊ ስርሒታት ዝኸውን ብረት ከም ኣውቶማቲክ ብራውን ዝዓይነቱ ናይ ሩስያ ሽጓጉጥ ኣብ ኢድ ፈዳይን ስለዘይነበረ፤ ኣብ ስርሒታት ኮልት 45 ናይ ኣመሪካ ስራሓት ብረት፣ ኣብ ጠሊ ጊዜ ምትኳስ ዝኣቢ ሒዞም ዝኣተዉ ብጾት እናተኾልፈ/ዓኪሱ/ መደብ ኣብ ምፍሻልን መስዋእቲ ኣብ ምኽፋልን የጋጥም ምንባሩ ፍሉጥ እዩ። ንኣብነት ተጋዳላይ

ኣብርሃም ተኸለ ምስ ወዲ ካስማይ ዝበሃል ፈዳዪን ዝነበረ፡ ዋና ቤት መግቢ ሃዋሽ ንሃሱስ ኲይኑ ዘሸግር ዝነበረ ስጉምቲ ንኽወስድሉ ምስ ኣተዉ፡ ኣብርሃም ተኸለ ክልተ ጊዜ ድሕሪ ምትኳሱ፡ እቲ ሃሱስ ትሕቲ ጠረጴዛ ኣትዩ ስለዝተሳሕተ፡ ድሕሪኡ እታ ሽጉጥ ተኹሊፋቶ ተዀሲ ክቕጽል ስለዘይካኣለ፣ ኣብራሃም ካብቲ ባር ወጺኡ ናብቲ እንዳ ዓሳ ተጠውዩ ከምልጥ ከሎ፣ ወዲ ካስማይ ግን፡ ሮንዳ ፖሊስ ኣብታ ናይ ዳርማር እንዳ ጫማ ዝነበረት ድኳን ኣርኪቦም ተኰሶም ቀቲሎሞ። ኣብ ካልእ እዋን እንተኾነ'ውን ክያር ንዝተባህለ ፈዳይን ኣባል ተጋድሎ ሓርነት ኤርትራ ኣብ ውሽጢ ባር ከሎ ዓጢቕዋ ዝነበረ ሽጉጥ ናይ ምእማን ጉድለት ስለዝነበራ፡ ተባሪቓ ቀቲላቶ። ሳላ ምትሕብባር ዋና ናይቲ ባር ግን፣ እቶም ፈዳይን ፖሊስ ከይፈለጡ ሬሳ ናይ ክያር ናብ ደቀምሓረ ዲምበዛን ወሲዶም ቀበርዎ። ብሰሪ'ቲ ዝነበረ ዘይምዕሩይ ኣዘረጋግሓ ናይ ዕጥቂ፡ ኣብ ውሽጣዊ ስርሒታት ተደላይነት ዝነበሮ ኣገዳሲ ብራውን ዝዓይነቱ ሽጓጉጥ ነቶም ኣብ ከተማታት ዝሰርሑ ዝነበሩ ኣባላት ይምደብ ስለዘይነበረ፡ ነቲ ካብ ግምጃ ፍርድ-ቤት ዝተሰልበ ሽጓጉጥ እቶም ኣብ ምፍጻም ውሽጣዊ ስርሒታት ዝዋስኡ ዝነበሩ ተጋደልቲ ክዓጥቅዎ ክኢሎም።

16 የካቲት 1975 መዓልቲ ሓርነት እሱራት ሰንበልን ዓዲ-ዃላን፡

ቤት ማእሰርቲ ሰንበልን ዓዲ-ዃላን እተን ክልተ ናይ ፖለቲካን ብዝተፈላለየ ገበናትን ንነዊሕ ዓመታት ክሳብ'ውን ዕድመ ልክዕ ዝተፈርዱ ብዙሓት ኤርትራውያን እሱራት ብጽኑዕ ተታሒዞም ዝሳቐዩለን ዝነበራ ኣብያተ ማእሰርቲ ኢየን ነይረን። ካብቶም ኣብ መፋርቕ ስሳታትን መጀመርታ ሰብዓታትን ኣብዝተፈላለየ ምንቅስቓሳት ዝሳተፉ ዝነበሩን ወደብትን መራሕትን ውሽጣዊ ስርርዓት ኤርትራውያን ዝኾኑ ኣባላት ተጋድሎ ሓርነት ኤርትራ ኮነ ኣባላት ህዝባዊ ሓይልታት ሓርነት ኤርትራ ከምኒ ስዉእ ስዩም ዑቕባሚካኤል፣ ስዉእ ወልደዳዊት ተመስገን፣ ገብረዝጊሄር ተወልደ፣ ሃይለ ወልደትንሳኤ (ድሩዕ)፣ ኣለም የውሃንስን ግርማይ ገብረኣምላኽን (ጠበቓ) ዝኣመሰሉ ዝርከብዎም ንዓመታት ዝሳቐዩለን ዝነበሩ ናይ ሕሰም መናድቕ ኢየን። ኣብ መጀመርታ ወርሒ 1975 ሓይሊ ሰውራ ኤርትራ ደንፊዑ ኣብ ከባቢ ኣስመራ ተጸጊዑ ንሰራዊት መግዛእቲ መእተዊኡን መውጽኢኡን ተቖጻጺሩ፡ ከተማ ኣስመራ'ውን ብናይ ሰውራ ተወንጫፊ ዓቕላ ጸቢብዋ። ህዝቢ ሎሚ ጽባሕ ደቅና ኣትዮም ክሓድሩ ኢዮም፡ ጸልማት ተቐንጢጡ ብርሃንን ራህዋን ክሰፍን ኣብዘማዕድወሉ ዝነበራ ሰዓታት ተበጺሑ ዝነበረሉ እዋን'ዩ ነይሩ። ነዚ ተስፋታት'ዚ ዝሓቖፈ ህዝቢ ድማ ምስ ደቁ ብውሽጥን ብደገን ምሉእ ምትሕብባርን ምትእስሳርን ዘየግብር'ከ እንታይ'ሞ ክነብሮ ኢዩ። ናይ ከባቢ ናይ ዜና ማዕከናት ሓቅን ሓሶትን ደባሊቖ ብጉዳይ ኤርትራ ጽዑቕ ዜናታት ዝፍንወሉ ዝነበረ ግዜ'ውን እዩ ነይሩ። ተጋድሎ ሓርነት ኤርትራ ነዚ ኲነታትዚ ከምጽቡቕ ኣጋጣሚ ተጠቒማ ኣብ ሰንበልን ዓዲ-ዃላን ዝነበሩ እሱራት ንኸተውጽኦም ነቲ ካብ ቀደም ክትገብሮ ዝጸንሐት ዘይሕለል

ጻዕሪ ንምፍጻም ኩሉ ዘድሊ ዘበለ መጽናዕትታት ዘካየደት።

ይኹን'ምበር፡ ኣብጽሑፍና ንኹሉ ዝተገብረ ስርሒታት ዘርዚርና ክነቕርብ ዘየኽእል ዓበይቲ ዕንቅፋታት ከምዘለና ደጊምና ብምሕባር፡ ብዛዕባ ምውጻእ እሱራት ዓዲ-ኺላ ከነስፍሮ እንደሊ እንተልዩ፡ ምስቲ ናይ ሰንበል ኣብ ሓደ መዓልቲ ዝተፈጸመ ምንባሩ፡ ናይቲ ስርሒት ቀንዲ ወደብቲ፡ ብደገ ስዉእ ተጋዳላይ ስዒድ ሳልሕ ኣባል ገድላዊ ባይቶ ተሓኤ ዝነበረ፡ ብውሽጢ ድማ ስዉእ ስዩም ዑቕባሚካኤልን፡ ነፍሰ-ይምሓር ኣቶ ሳህለ ሓኪም እሱራት ዝነበሩን ኣስራለቃ ኢብራሂም ዝተባህሉ ድዃናን ምንባሮም ጥራሕ ኢዩ።

እዚ ንኽተዘንትወሉ ብውሑዳት ቃላት ዘይውዳእ ስርሒት ምውጻእ እሱራት ካብ ቤት ማእሰርቲ ሰንበል፡ ሓደ ብሓደ ክትጽሕፎን ክትፍጽሞን ግን ተረኺቲ ከጽንዕዎ ዘለዎም መስተንክር ፍጻሜ'ዚ ንኽዕወት ብመጀመርታ ተጋድሎ ሓርነት ኤርትራ ነቶም ኣብ ሓለዋ እሱራት ዘለዉ ፖሊስን ስራሕተኛታትን እያ ዝወደበት። ስለዚ ድማ ኢዮም እቶም ኣብ ሓለዋ እሱራት ተመዲቦም ዝነበሩ ፖሊስ ድዃና ኤርትራውያን ዳርጋ ብምልኦም ኣብ ተ.ሓ.ኤ. ስሩዓት ክኾኑን፡ ነቲ መደብ ምውጻእ ናይ እሱራት ንኽፍጽሙ ድሉዋት ዝነበሩን። ኣብዚ ምስ ምምሕዳር ውሽጣዊ ስርሒታት ተዋሃሂዶም ነቲ መደብ ምፍታሕ ናይ እሱራት ኣብ ምትግባር ዓቢ ግደ ዝፈጸሙ ነፍሰ-ይምሓር ሻምበል ወልደሃይማኖት ተኽሎም ምኽትል ሓላፊ ናይ ቤት ማእሰርቲ ሰምበል ምንባሮም ድሒሩ ዝግለጽ እኳ እንተኾነ ከይዘከርናዮም ክንሓልፍ ኣይንመርጽን።

እቲ ቀንዲ ጸገም ናይቲ ስርሒት ኰይኑ ዝነበረ ግን፤ ናይቲ ቤት ማእሰርቲ ሓላፊ ሻለቃ ዝነበረ ኣምሓራይ ኢዩ ነይሩ። ካብቲ ቤት ማእሰርቲ ጠሪሱ ኣይፍለን ነይሩ፣ ውጽእ እንተይሉ'ውን ንሓጺር ግዜ ኰይኑ፥ ቀልጢፉ ደበኽ ይብል። ዋላ ለይቲ'ውን ሃንደበት ናብቲ ቤት ማእሰርቲ ዝመጸሉ ጊዜ ነይርዎ። እቲ ካልኣይ ጸገም መደብ ምፍታሕ እሱራት፡ ኣብቲ ቤት ማእሰርቲ ኣካሎም ዝጒደሉን ብሕማም ዝተሳቐዩን እሱራት ስለዝነበሩ፡ ነዚ ጸገማት'ዚ ኣብ ግምት የእቲኻ'ውን ንውሕ ዝበለ ጊዜ ስለዝወስድ ብቕዳምነት ናይዚ ሻለቃ'ዚ ምእላይ ክፍጸም ዘለዎ ስርሒት'ዩ ኣብ ዝብል ምርድዳእ ይብጻሕ። ብኡ መሰረት ድማ ናብቶም ኣብቲ ስርሒት ዝዋፈሩ ፈዳዩን እቲ መደብ ይመሓላለፍ። ፍስሃየ ሰለሙን፣ ወልደርፍኤል፣ ሃብቶም፣ ተወልደ ዓዋተ፣ ኣብርሃም ተኸለ ነቲ መደብ ስርሒት ሓንጺጾም ምስ ወድእዎ፤ እቲ ዝመጽእ ሕቶ ሻለቃ ከመይ ይእለን፡ መን ነቲ ስጉምቲ ይወስዶን፡ ብኸመይ ይውሰድን ዝብል ኢዩ ዝኸውን። እቲ ፍጻሜ ነቲ ብዓቢኡ ምውጻእ ናይ እሱራት ዝትንክፍ ከይከውን ድማ፡ ቅድሚኡ ድምጺ ጥይት ዝባሃል ክስማዕ ስለዘይግባእ፡ ከይተሰምዐ ብትሕዞ ኢዩ ክእለ ዘለዎ። በዚ መሰረት ፍስሃየ ሰለሙን ብዛዕባ'ቲ ተመዲቡ ዘሎ ስርሒት ነቲ ናይ ካራተ ክእለት ዘለዎ ብጻይ "ናትካ መደብ ነቲ ሻለቃ ምህራም'ዩ፡ ኣብቲ ተመዲቡ ዘሎ ቦታ ተቐቲሉ ክቕበር'ዩ። ድሕሪ'ዚ እቲ ናይ እሱራት ምፍታሕ ስርሒት ክፍጸም'ዩ።

ስለዚ ኣጋምሸት ኵሉ ምስ ተዳለወ መጺኤ ክወስደካ እየ" ክብል ይሕብሮ'ሞ፡ በዚ ተሰማሚዖም ይፈላለዩ።

ምእላይ ሻለቃ ሓላፊ ቤት ማእሰርቲ ሰንበል

ውፉያትን ተባዓትን ፈዳይን ተጋድሎ ሓርነት ኤርትራ ከምውዕሎም፡ ክልቲኦም ኣጋ ምሸት ኣብቲ ዝተቛጸርዎ ቦታ ተራኺቦም ብሓንሳብ ናብቲ ስርሒት ዝፍጸመሉ ቦታ እናኸዱ ከለዉ፡ ፍሳሃየ ሰለሙን ብዛዕባ'ቲ ተዳልዩ ዘሎ መደብ ንነጋሲ ብላክ ክሕብሮ እንከሎ፡ "እቲ መደብ ኣብ ገዛ ናይ ሓንቲ ጽንዕቲ ስርዕትና እዩ ክኸውን። እቲ ገዛ ስቱር ቦታ (ሰግረቶ) መስተ ዝሸየጠሉ እዩ። ኣብኡ ብጾትና ጸወታ ካርታ ሒዞም እናተዘናግዑ ከለዉ፣ ሓደ ካብ ብጾትና ንሻለቃ ዝፈልጦ ክጋብዘካ ኢየ ኢሉ፥ ናብቲ ሰግረቶ ሒዝዎ ክመጽእ'ዩ። ኣብ መወዳእታ ንስኻ ከም ቤተ ሰብ ናይቲ ገዛ መሲልካ መዓልኩም ኢልካ ትኣቱ፡ ኣብ ዝመረጽካዮ ምቹእ ጊዜ ብገርሁ ከሎ ብኢድካ ሃሪምካ ምስ ኣውደቕካዮ ኵልና ክንሕግዘካ ኢና" ኢሉ ይሕብሮን ተሰማሚዖም ናብ ስርሒት ይብገሱን። ይኹን'ምበር ናይ ጥንቃቐን ድሕነትን ጉዳይ ስለዝኾነ፡ ነጋሲ ብወገኑ ከብርሃሉ ካብ ዘለዎ ሕቶታት፡ ኣብቲ ገዛ ካልኦት ሰባት ማለት መደብና ክፍሽሉ ወይ ከቃልዑ ዝኽእሉ ከይህልዉ ከመይ ንፈልጥ? ክብል ይውከሶ። መልሲ ፍስሃየ "ነዚ'ውን ርኢናዮ ስለዝነበርና ብዘይካ ኣባላት ስርሒት ካልእ ከምዘይቀርብ ተቐሪብናሉ ኣሎና" ዝብል ነይሩ። ብመሰረት እቲ ስምምዕ ነጋሲ ሰላማት ኢሉ ኣትዩ ብሓደ ወገን ኰፍ ምስበለ፡ እቲ ሻለቃ ዝነበሮ ቦታ ምልክት ገይሮም ምስ ሓበርዎ፡ ነጋሲ ኵነታት ሻለቃ ከጽንዕ ምስ ጀመረ ናይ ሲቪል ክዳን ተኸዲኑ፤ ብውሽጢ ሽጉጥ ዓጢቑ ከምዝነበረ ተገንዘበ። ነጋሲ ሽጉጥ ሻለቃ ከይዓጀቦ፡ ሃንደበት ኣዘንጊዑ ብኢዱ፤ ነቲ ሻለቃ ኣብ ርእሱ ሃሪሙ ደንዚዙ ከምዝወድቕ ገበሮ። ሻለቃ ሽጉጡ ከውጽእ ኢዱ ምስ ሰደደ፣ ንምንቅስቓስ ናይ የእዳዉ ጠጠው ዘብል መትኒ ኣብ ክሳዱ እንደገና ሃሪሙ ኢድ ሻለቃ ኣብ ትሕቲ ቁጽጽር ሓርበኛታት ምስኣተወት፡ እቲ ዝተረፈ ብጾት ይምልእዎ'ሞ፡ ሻለቃ ሂወቱ ምስ ሓለፈት ኣብ ክሽነ ናይቲ ገዛ ይቕበር።

ሻለቃ ሓላፊ ቤት ማእሰርቲ ሰንበል ዝነበረ ብዘይ ዝኾነ ይኹን ጸገም ከምዝተኣልየ፡ ናይ እሱራት ምፍታሕ መደብ ክቕጽል ነቶም ነዚ መደብዚ ሒዞም ዝነበሩ ፈዳይንን ንሻምበል ወልደሃይማኖትን ይሕብሮም። ሻለቃ ከይመጽእ ሰጊኦም ይሓቱ ንዝነበሩ ኣባላት ፖሊስ ድዃና ድማ፤ "ሻለቃ ኣበይ ከምዝኣተወ ጠፊኡ ኢዩ" ዝብል መልሲ ይወሃቦም ነይሩ። እዚ እቲ ቀዳማይ ክፋል ናይቲ ስርሒት ኰይኑ እቲ ዝተረፈ ናይ ምፍታሕ እሱራት መደብ ከመይ ከምዝተፈጸመ ድማ ክንርኢ ኢና።

መስርሕ ምፍታሕ እሱራት ካብ ሰምበል

ንስርሒት ምፍታሕ እሱራት ሰንበል ብዘይ ጸገም ንኽውዳእ ዝተገብረ ቀዳማይ መስርሕ ተኸታቲልና ኣለና። ገና እቲ መስርሕ ኣብ መወዳኣታ መዓልብኡ

ስለዘይበጽሐ ድማ ካብኡ ኣይወጻናን ዘለና። ብ16 የካቲት 1975 ዓ.ም.ፈ ግደይ ወዲ ሓማ ምስ ፋኒኤል ብጻዕዳ ዝሕብራ 850 ፊያት ንሻምበል ወልደሃይማኖት ተኸሎም ጽዒኖም፣ መኪና ኣብ ድሕሪ ገዛ ጸሃየ ቀለታ (ኣባል ውሽጣዊ ስርሒታት) ዝርከብ ኣብቲ ዉሽጢ ቀላሚጦሳት ገዲፎማ ናብቲ ኣብ ትሕቲ እንዳወረቐት እትርከብ ገዛ ጸሃየ ይመጹ። ጸሃየ ባዕሉ ካንሸሎ ከፊቱ ይቕበሎም እሞ ገዛ የእትዎም። ኣብቲ ገዛ ኣብርሃም ተኸለ፡ ወልደርፊኤል ቀሺ ኣፈወርቂ፡ ተወልደ ዓዋተ፡ ኣብርሃ ሻውል፡ ኣርኣያ ኪዳነ ፖሊስ ናይ ዱጓና ዝነበረ፡ ጸሃየ ባዕሉን ይጸንሕዎም። ስድራ ጸሃየ፡ ብሰንኪ ሓደ ጎረቤቶም ዝነበረ ፖሊስን ሓደ ተጋዳላይን ቀትሪ ንገዛ ክኣቱ ርእይዎ ንፖሊስ ስለዝሓሰወ፡ ካብቲ ገዛ ሃዲሞም ኣብ ውሽጢ ከተማ ተሓቢኦም ስለዝነበሩ ዋላ ሓደ ሰብ ስለዘይነበሮ፡ ባዕሉ ሻሂ ኣፍሊሑ ቢስኩት ቀሪቡ ኢዩ ተቐቢልዎም።

ሓርበኛ ስዉእ ተጋዳላይ ኣብርሃም ተኸለ

ኣብርሃም ተኸለ ብሙሉኡ ነቲ መደብ ናይቲ ስርሒትን ዕማማት ናይ ነፍሲ-ወከፍ ኣባልን፣ መን ናበይ ይኸይድ፡ ምስ መን ይራኸብ፡ እንታይ ክገብር ከምዘለዎን ብንጹር ተነቢቡ ንምትግባሩ ጥራሕ ክንዳሎ ከምዘለና ገለጸ። ቅድሚ'ዚ ስርሒት ስድራቤት ሻምበል ከኣ ከም ዝወጹን ኣብ ኢድ ተ.ሓ.ኤ ብሰላም ከም ዝበጽሑን ሓበረ። ምስ'ዚ ሽዱሽተ ምሉእ ክዳውንቲ ናይ ድጓና ዲቪዛን ጫማን ተኸዲኖም ናይ ኢትዮጵያ ወተሃደራዊ ታዕሊም ኣሳጉማን ሰላምታ ምሃብን ልምምድ ኣብቲ ገዛ ገበሩ።

ሻምበል፡ ዕጥቂ ናይቶም ሽውዓተ ደባይ ተዋጋእቲ ሓደስቲ ሓዊ ዝመስል ተዓጸፍቲ ካላሽን ምስረኣዩ "ወደም-ሓሪሽ፣ ኣጆኹም ደቂ ኤረ" ኢሎም ነታ ሰነድ ምውጻእ ናይ እሱራት ስምምዖም ፈረሙላ። ነታ ጀንቢል 7 ካላሽን ብባናናን ኣራንሽን

መንደሪንን ተሸፊነን ክኸዳ፣ ሻምበል ንሰንበል ቀጥታ ኬይዱ ከኣ ነቶም ኢትዮጵያውያን ተጋሩ ወተሃደራት ኣብ ሓለዋ ዝነበሩ ንዕረፍቲ ክሰዶም፤ ቅያሮም ከኣ ኣርኣያ ኪዳነ ድጓናን ተጋደልትን ክትክኡ ከም ዘለዎም መደብ ተሰርዐ። ሻምበል፡ ነቶም ኣብቲ ስርሒት ዝተመደቡ ደባይ ተዋጋእቲ ኣብ ኣፍደገ ተጸብዩ፡ ደንጒዮም ኣብ ስርሖም ዝመጹ ዘለዉ ፖሊስ ኣምሲሉ ክቋየቖም ተሳማሚዖም ወዲኦም ይኸዱ።

ክልተ ሓይልታት ካብ ሰራዊት ሓርነት ኤርትራ ከኣ ነዚ መደብ'ዚ ንምዕዋት፡ ሓንቲ ካብኣተን ናብ ሰንበል ዘሎ ሓይሊ ጦርን ፖሊስን ዘከታትል መገዲ ዳዕሮ ቃውሎስ ንሰንበል ዝርኢ ጎቦ ሒዛ ንኽትከታተል፤ ናይቲ ከባቢ መእተውን መውጽእን ዝፈልጥ ድማ ምስ ተጋዳላይ ታረቀ በራኺ ካብቶም ፈዳይን ተመደበላ። እታ ካልኣይቲ ሓይሊ ከኣ ናብ ዓደም-ነገር ዝነበሩ ጦርን ገለ ካብ ኣስመራ ቃኘው ዝውርወር ሓይሊ ጸላኢ ከይመጽእ እውን ንምክትታል ከምትዓርድ ተገብረ።

ጸሃየን ሓያሎይ ተጋደልቲ ዝርከብዎምን ድማ፡ ንቁሸት ሓሊፍካ ኣብታ ናይ ሓደ ጣልያን እስታላ (ምርባሕ ከብቲ) ዝነበረት ኰይኖም፡ ዝወጹ እሱራት ሩባሩባ ጌሮም ዝመጹ ይቕበሉ ነበሩ። ሓደ ካብኣቶም ተጋዳላይ ተኸለ ማሪናዮ ሎሚ ኣብ ሆላንድ ዝርከብ ኤምዋን ዝዓይነቱ ብረት ሒዙ ኣብ ጎኒ ጸሃየ ምንባሩ ክጥቀስ ይካኣል። እሱራት ኩሎም ምስወጹ፡ ብዘይካ ሓደ ናይ ሓንጎል ሽግር ዝነበሮ እሱር ይወጽእ ይምለስ ዝነበረ፡ ምስ ኣበየ ከኣ ጊዜ ስለዝኣኸለ ፍርናሽን መተርእስን ኣንሶላታት ገዲፈምሉ ክኸዱን፡ብሙሉኡ ሰነዳት ኣሱራትን፣ ንብረትን ብረት ናይ ሻምበልን፤ እቶም ብእግሮም ክኸዱ ዘይክእሉ እሱራትን ኣብ መኪና ተጻዒኖም ሒዛቶም ክትወጽእ ተመዲቡ።

ምናልባሽ ነቲ ምንቅስቓስ ሰሚዖም እቶም ብየማንን ብጸጋምን ዋርድያ ናይ ማይን ቤት ማእሰርቲን ዝነበሩ ጦር ሰራዊት እንተተንቀሳቒሶም፣ ብየማናይ ሸነኽ ንዝነበሩ ወልደፊኤል ወዲቀሽን ወዲዓዋተን ክርሽርሽዎም፡ ብጸጋም ከኣ ኣብርሃም ተኸለን ዓንዳይ ተኸስተን ክርሽርሽዎም፣ መኪናን ሻምበልን ከኣ ብሰላም ንኽወጹ ኣብ ተጠንቀቕ ነበሩ። እቶም ናይ መጨርስታ ዝወጹ እሱራት ናብታ መጸበይት ዝነበረት ጀርዲንን እስታላን ምስበጽሑ፡ ቀዳሞቶም ከኣ ቁሸት ምስ ኣተዉ ኢትዮጵያ ፓውዛ ብተደጋጋሚ ክትትኩስ ጀመረት።ዋላ ሓንቲ ዝወረደ ጸገም ግን ኣይነበረን። ናይ ሰንበልን ናይ ዓዲ ኺላን ስርሒት ብሓደ ጊዜ ስለ ዝተፈጸመ ጸላኢ ተዳሂሉን ብራዕዲ ተዋሒጡን ኣይተንቀሳቐሰን።

መቐሕ ማእሰርቲ ተበቲኹ፡ ኩሉም እሱራት ሰንበል ነጻ ኣየር ናብ ዘስተንፍስሉ ሓራ መሬት ኤርትራ በጺሖም፡ ህዝቢ ካብ ቁሸት ጀሚሩ ነቶም ሓርነቶም ዝለበሱ እሱራት ነበር ዜጋታት ብመስርዕ ምስራሓየ "እሱራት ጀብሃ ኣውጺኣቶም" እናተባህለ ክዝረብ ከሎ ሕልሚ ኮይኑ ይስምዖም እኳ እንተነበረ፡ መንእሰያትን

ሰብኡትን ድንጋጻን ሓጎስን እናተፈራረቐም፣ እቲ ዘይወግሕ ዝመስል ዝነበረ ለይቲ ናብ ቀትሪ ተለወጠ። ጸላም ማእሰርቲ ተቐንጢጡ ናብ ብርሃን ነጻነት ተቐይሩ። ኣዴታት ማይን፡ መግብን፡ ጸባን፡ብራሕን ቀሪበን ብእልታትን ደስታን ደቀን ተቐቢለን፡ ናጽነት ኤርትራ ከም ዝረኣየ ኰይኑ ስለዝተሰምዖ ኩሉ ብታሕጓስ ይዘልል ነበረ።

መንእሰያት ደቂ ቁሸት፣ ጻዕዳእምባ፣ ጻዕዳክርስትያን፣ ዓዲቆንጺ፣ ዓዲያዕቆብን ካልኦትን እሱራት ዝነበሩ ዜጋታት ክሳብ ሃዘጋ ዝበጽሑ፡ ብደስታ ክቅበሉን ክሕግዙን፡ ተጋደልቲ ከኣ ናይ ደስታን መግለጺ ሓጎሶም ናይ እንቋዕ ብደሓን መጻእኩምን ንላዕሊ ክትኩሱ ሰማይ ብጠያይቲ ተወሊዑ ብርሃን ኮነ።

ሕሰም ቤት ማእሰርቲ ብዙሕ ኢዩ'ሞ፡ ካብ ኣዝዩ ዝዝከር ናይ ሃይለ ወልደትንሳኤ ድሩዕን ገለ እሱራትን ናይ ኣኢጋሮም መቑሕ ሰንሰለት መፍትሒ፥ መሪቱ ክኽፈት ስለዘይተኻእለ፡ ገለ እሱራት ከኣ ክወጹ ከለዉ ካብ መንደቅ ሰንበል ክዘሉ ዝተቐጽዩ ስለዝነበሩ፤ እናተሓዝሉ ኢዮም ክሳብ ቁሸት በጺሖም። ኣብኡ ምስ በጽሑ ነቲ መቑሕ ሰንሰለት ብማሳ ጌሮም ተጋደልቲ ከም ዝቖረጽሎም ይዝከር። ብዘይካ'ዚ፡ ነቶም መንደቕ ቤት ማእሰርቲ ክዘሉ የእጋሮም ዝተቐጽዩ እሱራት፥ ካብ ቁሸት ህዝቢ በኣዱግን ዓረብያን እናሓገዞም ኢዮም ብሰላም እሱራትን ሓርበኛታት ተጋደልትን ዘሰነየ ህዝብን ዓዲ ንኣምን ኣተዉ።

ኣብዚ ክንዝክሮ እንደሊ ነገር እንተሎ፡ እቶም ካብ ንእስነቶም ጀሚሮም ኣብ ትምህርትን ውሽጣዊ ስርርዕ ተጋድሎ ሓርነት ኤርትራን፡ ዘይፈላለዩ ዝነበሩ ብሰሪ ሰውራ ኤርትራ ኣብ መቑሕ ማእሰርቲ ንነዊሕ ዓመታት ዝተሳቐዩ ኣብ ምውዳብን ምምራሕን ውሽጣዊ ስርርዓት ዓብዩ ሃገራዊ ግደ ዘበርከቱ ስዉእ ስዩም ዑቕባሚካኤልን ስውእ ወለደዳዊት ተመስገንን ሃይለ ወልደትንሳኤን ማሕሙድ ሳልሕ ሳበን ገብረዝጊሄር ተወልደን ካልኦት ብሓርበኛታት ኣባላት ሰራዊት ሓርነት ሓራ ኰይኖም ምርካቦም ኢዩ። ተጋዳላይ ስዩም ኣብ ሜዳ ኤርትራ ሓንቲ ውድብ ተጋድሎ ሓርነት ኤርትራ ጥራሕ እንከላ ዝተኣስረ ክኸውን ከሎ፡ ሃይለ ድሩዕ ድሕሪ ምፍላይ ህዝባዊ ሓይልታት ሓርነት ኤርትራን ሰልፊ ናጽነትን እንደገና ንሜዳ ወጺኡ ዘጋጠሞ ማእሰርቲ ኢዩ ነይሩ። ኣብ ዓዲ-ንኣምን ክልቲኦም ሓራ ኰይኖም ኣብዘዋግዕሉ ዝነበሩ ግዜ፡ ስዩም ንሃይለ ድሩዕ "ሕጂኸ እንታይ ኢዩ ምርጫ ናይ ቃልስኻ?" ክብል ይውከሶ። ሃይለ ድሩዕ ብዘይዝኾነ ይኹን ስክፍታን ስግኣትን፡ "ኣነ ናይ ቃልሲ ምርጫይ ኣብ ህዝባዊ ሓይልታት ሓርነት ኤርትራ እዩ፡ ናብኦም ክኸይድ ኢየ" ክብል ምምላሱ'ዩ ዝዝረብ። ስዩም፡ "ጽቡቕ ሎሚ እንተተፈላለና፥ ሓደ መዓልቲ ግን ክንራኸብ ኢና፡ ኣብ ቃልሲ ጥራሕ ንሃሉ እምበር፡ ምናልባሽ'ውን እትጣዓሰሉ ግዜ ይመጽእ ይኸውን" ዝብል መልሲ ምሃቡ ይፍለጥ።

ኣብዚ ግዜ'ዚ ነቶም ካብ ቤት ማእሰርቲ ከተማ ዓዲ-ኳላን ኣስመራን ሓራ ዝኾኑ

ኤርትራውያን እትቕበልን ጉዳዮም ኣጻርያ እትውግንን ተጋደልቲ ተስፋይ ወልደሚካኤልን (ደጊጋ) ተስፋማርያም ወልደማርያምን፣ ካብቶም ሽዑ ዝወጹ እሱራት ተጋደልቲ ድማ ስዩም ዕቕባሚካኤል፡ ወልደዳዊት ተመስገንን ገረዝጊሄር ተወልደን ዘለዉዋ ሽማግለ ቈይማስ፣ ከም ተሓባባሪ ናይዛ ሽማግለ'ውን ሻምበል ወልደሃይማኖት ተኸሎምን ተመዲቦም ነዞም ሓራ ዝወጹ እሱራት ንምውጋን ተዋፈሩ። ሽማግለ ብዝገበረቶ ምጽራይን ናይ ውገና መጽናዕትን ድማ ተጋዳላይ ሕሩይ ተድላ ባይሩ ኣባል ገድላዊ ባይቶ ነበር፡ ንኹሎም'ቶም ካብ ማእሰርቲ ዝወጹኡ ዜጋታት ኣኼባታት ገይሩ ብምርጫኦም መሰረት ክውገኑ ምኽኖም ብምሕባር የፋንዎም ምንባሩ ክጥቀስ ይካኣል። ዝተመርጸ ማእከል መዋፈሪ ቦታ ድማ ዓዲ ንኣምን ነይሩ። እቶም ሓራ ዝወጹ እሱራት ናይ ፖሊቲካ ጥራይ ዘይኮኑስ፡ ብገበን ከምኒ ቅትለት ነብስን ዓመጽን ዝኣመሰሉ ተግባራት ዝኸሰሱ እውን ነይሮሞም እዮም። ነዚ ድሕሪ ምጽራይ ድማ፡ መሪሕነት ተሓኤ ኣብ ቅድሚ ነፍሲ-ወከፍ እሱር ክውሰዶ ዝኽእል ምርጫታት ክወሃብ ወሰነ። እቲ ምርጫታት ድማ ከምዚ ዝስዕብ ነበረ።

1. ናብ ተጋድሎ ሓርነት ክስለፍ ዝደለየ ብምርጫኡ መሰረት ናብ ተሓኤ ይስለፍ

2. ናብ ህዝባዊ ሓይልታት ሓርነት ኤርትራ ክኸይድ ዝደሊ ናብኡ ይስደድ። ንምብጻሑ ዝሕግዝ መሰነይታን፡ መጉዓዝያን ስንቅን ድማ ይወሃቦ

3. ናብ ዓዱ ክኸይድ ንዘደሊ እቲ ዓዱ ኣብ ሓራ ቦታታት ኤርትራ እንተኾይኑ ይፍቀደሉ፡

4. ናብ ሱዳን ክሓልፍ ዝደሊ እውን ይኸይድ።

5. እቶም ብገበን ዝኸሰሱ ውሑዳት፡ ኣውራ ድማ ናይ ቅትለት ክሲ ዝነበሮም፡ ጉዳዮም ብፍሉይ ሽማግለ እንደገና ይርአ። ጉዳዮም ተጻርዩ ገበነኛታት ምኻኖም እንተደአ ተረጋጊጹ ብናይ ተሓኤ ፍርዳዊ ትካል ይብየነሎም። ብዘይካዚ ነቶም ብቕትለት ሰብ እሱራት ዝጸንሑ ዜጋታት፡ ገበናቶም ተጻርዩ ኣብ ዝቐረበሉ ግዜ፣ ምስቶም ቤተ-ሰቦም ዝተቐትሎም ስድራታት እተታዓርቕን እተዳቕስን መምህር ምኪኤል ጋብር ዝመርሓ፡ ስዉእ ተጋዳላይ ተኸስተን በኺትን ዘለዉዋ ሽማግለ ቈይማ፡ ብድልየትን ምርድዳእን ክልቲኡ ስድራታት ዝብጻሕ ዕርቂ ተፈጽም ነይራ። በዚ መሰረት ኣብ መስራዕ ሰውራ ተስሊፎም ግዲኦም ዘበርከቱ ሃገራውያን ከምዝነበሩ ዝፍለጥ እዩ። ተጋዳላይ ተኸስተን በኺትን ሰራዊት መግዛእቲ ብለይቲ ካብ መንደፈራ ወፊሩ ንዓዲ ኢታይ ከቢቡ ኣብዝሓደረሉ ግዜ ዝተኻየደ ውግእ ዝተሰውኡ ሓርበኛታት ኣሕዋት እዮም።

6. እቶም ብሕማም ዝሳቐዩ ዝነበሩ ድማ ናብ ናይ ተሓኤ ክፍሊ ሕክምና ይሰደዱ ዝብል ነበረ።

በዚ መሰረት ዳርጋ ካብቶም ብገበን ዘይክሰሱ ክጋደሉ ድማ ዝመረጹ ካብ 90% ንላዕሊ ናብ ተጋድሎ ሓርነት ኤርትራ ክስለፉ እንከለዉ፡ ተጋዳላይ ሃይለማርያም ወልደትንሳኤ ድሩዕ ናብ ህዝባዊ ሓይልታት ሓርነት ኤርትራ ብነጻ ድልየቱን ምርጭኡን ንኽበጽሕ ኣባላት ሰራዊት ሓርነት ኣሰንዮም ወሲዶም ኣረኪበሞ። ማሕሙድ ሳልሕ ሰበ ድማ፡ ናብ ከሰላ ክኸይድ መሪጹ፡ ናብ ከሰላ ተላኣከሞ፡ ብኡ ኣቢሉ ናብ ህዝባዊ ሓልታት ሓርነት ኤርትራ፡ ድሒሩ ኣብ ሕዝባዊ ሓይልታት ምፍንጫል ምስ ተረኽበ ድማ :ምስቲ ዑስማን ሳልሕ ሳበ ዝመርሖ ዝነበረ ሽንኽ ተሰሊፉ፡ ናይቲ ውድብ ሓላፊ ክፍሊ ትምህርቲ ከይኑ ኣገልገለ።

ተጋድሎ ሓርነት ኤርትራ ክብርን ሞያን ስድራቤታት እትፈልጥን እተለልን ውድብ ስለዝነበረት፡ ነቶም ኣብ ስርሒት ሰንበል ግዙፍ እጃም ዘበርከቱ ሻምበል ወልደሃይማኖት ስድርኦምን፣ ሻምበል ባሻ ከሊፋን ሙሉኣት ስድራ-ቤቶምን ኣብጥራሕ ጕልኃል ተሪፎም ኣብ ሕማቕ መነባብሮ ንኸይወድቁ ካብዝነበረ ተገዳስነት፡ ብሓልዮትተ.ሓ.ኤ. ብሰላምን ርግኣትን ክነብርሉ ናብ ዝኽእሉ ከተማ ባቕዳድ ሃገር ዒራቕ ኣተዉ።

ጸገማት ውሽጣዊ ስርሒታት

ሰውራ ኤርትራ በቶም ንሜዳ ወጺኦም ብረት ዝዓጠቑ ተጋዳልቲ ጥራይ ኣይኰነን ንሓይልታት መግዛእቲ ክስዕር ዝበቕዐ፡ እንተሎ በቶም ኣብ ሕምብርቲ ጸላኢ ኰይኖም ህዝቢ ዝወደቡን ንምንቅስቓስ ጸላኢ ድማ ብደቂቕ እናተኸታተሉ ዘካይድዎ ዝነበሩ መጽናዕትን ስርሒታትን ም኿ኑ ምስኩርን ስኑድን እዩ። ኣብ ውሽጢ ጸላኢ ዝቈጻጸሮ ከተማታት ኮነ ገጠራት ተጻፊኻ ብምስጢር ንሰውራ ከተገልግል፡ ካብ ሜዳ ብመደብ ናብ ከተማታት ተመሊስካ ምሉእ ናይ ጸላኢ ምንቅስቓሳትን መደባትን ንኽትሕብርን ንኽተምክንን፡ ቀንዲ መጋበርያታት ጸላኢ ክትእርምን ክሳብ ክንደይ ከቢድ ተወፋይነትን ጽንዓትን ዝሓትት ምኻኑ ኩሉ ክግንዘቦ ዝግባእ ሓቂ ኢዩ። ነዚ ትብዓትን ተጻዋርነትን'ዚ ክሰግርዎ ዘይካኣሉ ተመሊሶም መሳርሒ ናይ ጸላኢ ዝኾኑ ኤርትራውያን ብዙሓት ኢዮም።

እቲ ዝኸፍአ ጸገም ኣብ ውሽጣዊ ስርሒታት ድማ ምሳኻ ዝነበረ፡ ምሉእ ትንፋስ ምንቅስቓስካ ዝፈልጥ መሳርሒ ጸላእቲ ክኸውን ከሎ ኢዩ። እዞም ከምዚኣቶም ዝኣመሰሉ ሰባት ብኣግኡ እንተኣለሊኻዮም እኳ ዘስዕብዎ ጉድኣት ዝዋሓደ ከምዝኸውን ፍሉጥ'ኳ እንተኾነ፡ ክልተ ሰለስተ ገጻት ለቢሶም ንብዙሕ ግዝያት ከየለለኻዮም ኣብ ዝጓዓዝሉ ግዜ ግን፡ ከበድቲ ክሳራታት ከውርዱ ከምዝኽእሉ ብሩህ ኢዩ። ከምዚ ምስተረኽበ ድማ'ዩ፡ "ካብ ፈተውተይ ደኣ ሓልወኒ እምበር፡ ጸላእተይስ ባዕለይ ኣለኹዎም" ዝተባህለ። ሰውራና ብሰሪ ከምዚኣቶም ዝኣመሰሉ ኤርትራውያን ዝኸሰሮም ተባዓት ደቁን ዘይተዓወተ መደባትን ብዙሕ ኢዩ ነይሩ። ነዚ ብኣብነት ንምስናዩ፡ ኣብ ከባቢ ኣስመራ ሓደ መምህር ፋኑኤል ፍስሃጽዮን ገረሚ ዝብሃል ኤርትራዊ ኣብ ተጋድሎ ሓርነት ኤርትራ ድሕሪ ምስርዑ፡ ኣብ

ውሽጣዊ ስርሒታት ናይ ከባቢ ኣስመራ ተመዲቡ፡ ኣብ ኣገደስቲ ስርሒታት ኣባልን ተሓባባርን ኰይኑ ክሳብ 1976 ዓ.ም.ፈ. ብተወፋይነት ከቃለስ ጸንሐ፡ ድሒሩ ግን ጸገማቱን ምኽንያቱን እኳ ክፍለጥ እንተዘይተኻእለ፡ውድባዊ ዝንባሊኡ ብምቕያር ናብ ጸላኢ እንዳዘዘወን እናኸድዐን ብምኻዱ ልኡኽ ናይ ስርዓት ደርጊ ብምዃን ናብ ዕሉል ሃሱስ ተቐየረ።

ድሒሩ ከምዝተረጋገጸ'ውን እቲ ሳልሳይ ገጹ እንተስ ብእምነት፡ እንተስ ናይ ድሕነቱ ጉልባብ ክጥቀመሉም ስለዝደለየ፡ ነቲ ናይ ተጋድሎ ሓርነት ኤርትራ ኣባልነት ከየውደቐ፡ ምስ ናይ ህዝባዊ ሓይልታት ሓርነት ኤርትራ ኣባላት ውሽጣዊ ስርሒት/ፈዳይን ክሰርሕ ምጅማሩ ተፈልጠ። ብቐንዱ ግን ካብ ክልቲኤን ውድባት ኰሉ ሓበሬታታት ኣኪቡ ናብ ስርዓት ኢትዮጵያ ኣብ ርእሲ ምትሕልላፉ፡ ብሰንኪ'ቲ ንሱ ዘማሓላለፎ ሓበሬታታት ብዙሕ ክፍጸም ዝነበሮ ካብ ስርሒታት ገድሊ ክፈሽል ክኢሉ ጥራሕ ዘይኰነስ፡ ኣብቲ መደብ ዝወፍሩ ዝነበሩ ሽዱሽተ ኣባላት ፈዳዪን ተጋድሎ ሓርነት ኤርትራ ዘቕተለን እዩ። ኣብ 1976 ዓ.ም.ፈ ካብቶም ብጥቆማ ፋኒኤል ዝተቐትሉ ተጋደልቲ እተን ክልተ ደቂ-ኣንስትዮ ኰይነን ግደይ ምስ ካልኣይታ ፍሉጣት ዝነበራ ፈዳዪን፥ ፋኑኤል ካብ ዘቕተሎም እየን። ድሕሪ ኣብ ፍጻመ ዝነበሩ ስርሒታት ብጸላኢ ተፈሊጦም ምኹላፎም፡ ቅትለት ብርክት ዝበሉ ጀጋኑ ተጋደልቲ ምስውኦም፡ እቲ ጸገም ናብ ውሽጥኻ ተመሊስካ ክትርእዮ ስለዝግባእ፡ ንፋኒኤል ብስራሕ ምኽንያት ኣምሲሎም ንሰሓርቲ ከምዝወጽእ ተገብረ። ይኹን'ምበር ፋኑኤል ኣብ ሳሓርቲ ምስ በጽሐ ዝፈጸሞ ግፍዕታት ከቕስኖ ስለዘይካኣለን ነፍሱ ስለዝጠርጠረን፡ ቅድሚ ኣብ መርመራ ምብጽሑ ንኣተሃላልዋ ኣብ ሓለዋ ዝነበሩ ተጋደልቲ ኣጽኒዑ ኣዳህሊሉ'ውን ካብ ሳሓርቲ ¡ ከምልጥ ፈቲኑስ፡ ተጋደልቲ ኣርኪቦም ሒዞም ኢዮም መሊሰሞ። ድሕርዚ ናብ ሓላፊ ውሽጣዊ ስርሒታት ዝነበረ ስዉእ ተጋዳላይ ዓብደልቃድር ሮሞዳን በጺሑ፡ ናብ ጣላ ተወሲዱ ግቡእ መርመራ ተኻይድሉ።

ዝተገብረ መርመራ ዓመጽን ግፍዕን ኣይተሓወሶን። ብልሓትን ሜላን ግን ነይርዎ። ሓደ ካብቲ ዝተጠቕምሉ ሜላታት ድማ፡ ክኽሕዶን ክረግጾን ዘይኽእል ጭብጥታት ምቕራብ እዩ ነይሩ። በዚ መሰረት ፋኒኤል፡ ኲሉ ምስ ጸላኢ ዝነበሮ ምትሕብባርን ኣብ ቅትለት ተጋደልቲ ዝነበሮ ግደን ከየጕደለ ብምሉኡ ኣመነሉ። ድሕሪ መርመራ፡ እቲ ዝፈጸሞ ገበን ከቢድ ብምንባሩ፤ ናብ ዓዱ ዓዲ-ቀ ሰሓርቲ ተወሲዱ፡ ህዝቢ እቲ ዓዲ ተኣኪቡ፥ ኣብ ቅድሚኦም ቀሪቡ ዝገበሮ ገበን ባዕሉ ምስ ገለጸ ኣኼበኛ ደንጸዎ። ተጋዳላይ ዓብደልቃድር ነቶም ዓዲ "ነዚ ከምዚ ዝኣመሰለ ገበን ዝፈጸመ ሰብ እንታይ ትፈርድዎ" ክብል ይውከሶም። እቲ ኣብ ኣኼባ ዝነበረ ህዝቢ ብምሉኡ "እዚ`ድኣ ሃገራዊ ክድዓት እንድዩ፣ ሞት`ዩ ፍርዱ" ይብልዎ። በዚ መሰረት'ዚ ድማ መምህር ፋንኤል ኣብ ዓዱ፣ ኣብ ቅድሚ ህዝቢ፣ ስጉምቲ ተወሲዱሉ ኣብቲ ዓዲ ተቐቢሩ።

ድሕሪ ገለ ግዝያት፣ ሓብቱ ንመምህር ፋኒኤል ሕነ ሓዋ ክትፈዲ ኽትብል፡ ስሚ ዝተሓወሶ ቅጫ ፊኖ ሰንኪታ፡ ንገለ ኣባላት ናይታ ኣብ ከባቢ ኣስመራ ትንቀሳቐስ ዝነበረት ሓይሊ-62 ሂባቶም። ተጋደልቲ ካብ ህዝቢ ከምዚ ዝኣመሰለ ሕነ ናይ ምፍዳይ ስጉምቲ/መደብ ከጋጥመና ይኽእል'ዩ ዝብል ሓሳብ ስለዘይነበሮም፡ ብዘይጠርጠራ ንዝተቐረበ ቅጫ ረኺብናዮ ኢሎም ተመገብዎ ደኣ። ጽንሕ ኢልካ ግን ንሞት ደኣ ዘብጽሕ ኲይኑ ኣይተረኽበን እምበር፡ ከብደይ ከብደይ ኲይኑ ኣብ ሓያል ስቅያት ወዲቖም ካብ ሞት ድሒኖም ክሓውዩ ከለዉ፡ ኣብ ገለ ኣባላት ግን ንነዊሕ እዋን ኣሰር ዝገደፈ ሕማም ኮነ።

ጠንቂ ናይዚ ጉዳይ ንምጽራይ ኣብ መርመራ ተኣትወ። ሓውቲ መምህር ፋኒኤል'ውን ቀዳመይቲ ተጠርጣሪት ኲይና ስለዝቐረበት፡ ንተጋደልቲ ዝሃበቶ ቅጫ እንታይ ከምዝነበሮ ተሓቲታ፡ ንሳ እውን ብዘይዝኾነ ይኹን ሕብእ-ብእ ሕነ ሓዋ ንምፍዳይ ነቶም ተጋደልቲ ስሚ ዘለዎ ቅጫ ኣብሊዓ ክትቀትሎም ከምዝፈተነት ኣሚና። ዝፈጸመቶ ገበን ከቢድ እኳ እንተነበረ፡ ኣብ ቅድሚ ፍርዲ ምስ ቀረበት፡ ቤት ፍርዲ ተጋድሎ ሓርነት ኤርትራ፡ ነቲ ኩነታት ብግቡእ ድሕሪ ምጽናዕ፡ ሞት ብምፍራዳ ሰውራ ክካሓሶ ዝኽእል ነገራት ስለዘይነበረን፡ ካብ ሓደ ስድራ ቤት ክልተ ሰባት ክጠፍኡ'ውን ከቢድ ብምዃኑን፡ እቲ ዝተኻየደ ፈተነ'ውን ናይ እንጽርጽሮት ኣብ ርእሲ ምንባሩ፡ በቲ ፈተነ ዝተሰውኤ ተጋዳላይ ስለዘይነበረ፡ ብቐንዱ ባዕላ ስለዝተኣመነትሉን ንገለ ግዜ ኣብ ትሕቲ ጸጥታ ድሕሪ ምጽናሓ ምሕረት ስለዝተበየነላ ተፈቲሓ።

ጸገምን ምስንኻልን ውሽጣዊ ስርሒት ጸብጺብካ ዝውዳእ እኳ እንተዘይኮነ፡ ኣብ ውሽጢ ከተማ ኣስመራ ተዋፊሮም ዝነበሩ ሰለይትን ኣባላት ዓፋኝ ጓድን ዝኾኑ ከም ኪዳነ መረሳ ዝኣመሰሉ፡ ኣብ ህዝብና ዝፈጸምዎ መዓትን ቅትለትን ኣስካሕካሕነቱን ከቢድ ነይሩ። ይኹን እምበር፡ ግብረ እከያት ንግዚኡ ደኣ ህዝቢ የበሳብሱን ንገለ ድማ የጥፍኡን እምበር ውዒሉ ሓዲሩስ ብድሕሪ ብዙሕ መጠንቀቕታን ምዕዶን ኣይሰምዕን ንዝበለስ ካብ ሰውራን ዕላማታቱን ከምልጥ ከቶ ስለዘይኽእል ኣብ መጀመርታ ናይ 1977 ዓ.ም.ፈ ኣብ ኢድ ተባዓት ፊዳኢን ወዲቖም ጽውኦም ዝወሰዱ ዝነበሩ ምንባሮም እውን ታሪኽ ቃልሲ ህዝብና ዝምስክሮ ኢዩ።

እንዝክሮም ስዉኣት ኣባላት ውሽጣዊ ስርሒታት

ኤርትራ ብሳላ መላእ ተጋድሎን ጽንዓትን ህዝባ ብፍላይ ድማ ብሳላ'ቶም ሂይወቶም ዘይበቐቑ ደቃ ሰዊኣን ኣሰንኪላን እያ መሬታዊ ናጽነታ ኣረጋጊጻ፡ ታሪኽን ስምን ናይቶም ምእንቲ ህዝቦምን ሃገሮምን ሂይወቶም ዝሓለፉ ኣሓትን ኣሕዋትን ንዘልኣለም ክንዝክሮን ንውሉድ ወለዶ ከነማሓላልፍን ድማ ታሪኻዊ ግዴታን ሓላፍነትናን ኢዩ። እዚ ሓላፍነት'ዚ ንመራሕቲ ውድባትና ዝነበሩ ወይ ከኣ ንካድራት ጥራሕ ዝምልከት ስራሕ ከምዘይኮነ ተገንዚብና ብዝካኣለና ክንጽዕር

ይግባእ። ስዉኣትና ብምልኣት ኣብ መዝገብ ዝሰፈሩ ከምዘይኮኑ ተገንዚብና፡ ኩሉ ኤርትራዊ ዜጋ ዝፈልጦን ዝዝክሮን ስዉእ ኣበየንይቲ ውድብ ነይሩ ብዘየገድስ ክስንድን ክዕቅብን ሓላፍነቱ ኢዩ። ኣብዚ ብዛዕባ ውሽጣዊ ስርሒታት ክንስንድ ጻዕርታት ኣብነካይደሉ ዕማም፣ እቶም ካብ መስዋእቲ ድሒንና ካብ ሕሰምን መከራን ወጺእና ናይ ህይወት ጸጋ ዝረኸብና ህሉዋት ኣባላት ውድባት፡ ታሪኽ ተጋድሎና ብግቡእ ንኽስነድ ብጽሑፍ ኮነ ብተንቀሳቓሲ ተዋስኦታት (ዶኩመንታሪ - ድራማታት) ክታሓዝን ክዕቀብን ብኡ ኣቢሉ ድማ ታሪኾም ነባርን ካብ ውሉድ ንወለዶ ክመሓላለፍን ይግባእ።ኣብ ዝተፈላለየ እዋን ከም ፈዳዩን ኰይኖም እናተቓለሱ ከለዉ ዝተሰውኡ / ዝተሰውኣ ብዙሓት ምኻኖም ዝፍለጥ እኳ እንተኾነ፡ እቲ ጸገም ግን ጊዜ ስለዝነውሐ ኣስማት ብዙሓት ዝረሳዕናዮም ኣለዉ፣ ገሊኡ'ውን ብናይ ኮድ ወይ ሳጓ ስም ዝዋስኡ ስለዝነበሩ ኣስማቶም ከይፈለጥናዮም ዝሓለፉ ኣለዉ፤ ዝኾነኾይኑ እቲ ኣስማቶም ይኹን ሳጓኦም ከምኡ'ውን ስሞም ዘኪርካ ስም ኣቦኦም ዝተረስዐን ወይ ብወዲ እከለ ተባሂሎም ዝፍለጡ እዞም ዝስዕቡ እዮም፡

ዓንዳይ ተኸስተ፣ ተኽለኣብ ገብረመስቀል (በረኸት)፣ ፍስሃየ ሰሎሞን፣ ወልደርፍኤል፣ ወዲ ካስማይ፣ ክያር፣ ኣርኣያ ተስፋስላሴ፣ ኣብርሃም ተኽለ፣ ተስፋይ በላይ፣ ኪዳነ ዓንደመስቀል፣ ወልደሩፋኤል ኣፈወርቂ፣ ወዲ ሽቃ፣ ኣድሓኖም፣ ተወልደ ዓዋተ፣ ሃብተ (ወኪድባ)፣ ፍስሓጼን ድጓና፣ ኣፈወርቂ ወዲ-ሻምበል ሃይለ፣ ሓድሽ ወልደጊዮርጊስ፣ ማሕሙድ ቅድዊ፣ ሳምሶም ወዲ ሓንኪል፡ ታረቀ ወዲ ኣስመራ፡ ምሕረተኣብ ስምኦን፡ ኣማኒኤል ሰርጁ፡ ኣብራሃ ሻውል፡ ያዕቆብ ዝተባህለ ነርስ፡ ጎይትኦም ለባሲ፡ ነጪ፡ ግደይ ወዲ ሓማ፡ ኣበበ ተወልደ፣ ጠዓመ ትኩእ፡ ኣማኒኤል ዑቑባይ፡ ደረስ ብርሃነ፣ ግደይ ምስ ካልኣይታ ብሃሱስ ፋንኤል ተጠቕመን ዝተረሸና፡ ፋኒኤል ንባዕሉን ካልኦትን።

ምዕራፍ ዓሰርተ ሰለስተ

ካብ ወታሃደራዊ ስርሒታት ሰራዊት ሓርነት ኤርትራ

ሰራዊት ሓርነት ኤርትራ ብ1961 ዓ.ም. ተበጊሱ፣ ብውሑድ ቍጽሪ ተጋደልትን ኣብ ውሱን ቦታታትን እናተንቀሳቐሰ፣ ሃገራዊ ፖሊቲካዊ መልእኽታታቱን ጵልዋኡን ኣብ ህዝቢ ኤርትራ እናዓበየን እናሰፍሐን ኣብ ዝተራእየሉ እዋን፣ መግዛእታዊ ጽቕጠትን ግፍዕታትን ኣብ ህዝብና ብፍላይ ኣብ መንእሰያት እናመረረ ከደ። ብኡ መጠን ድማ ናይ ህዝብና ስምዒትን ድልየት ናይ ናጽነት ሃገሩን እናዓዘዘ፣ ክጋደሉ ናብ ሰውርኦም ዝጽንበሩ ተጋደልቲ ድማ እናዓበየ መጸ። ዘካይዶ ዝነበረ ውግኣት ድማ ካብ ኣጥቂዕካ ምዝላቕ ናብ ፊት-ንፊት ኣትኪልካ ምውጋእ ዝዓይነቱ ቅዲ-ኲናት ተሰጋገረ። ብዛዕባ'ቲ ብምልኡ ዝተኻየደ ኣድቢኻን ኣትኪልካን ውግኣት ብሰፊሑን ብዝርዝርን ክጸሓፍ እንተኾይኑ ግን ርእሱ ዝኸኣለ ፍሉይ መጽሓፍ የድሊ። ኣብዚ መጽሓፍ'ዚ እምበኣር ገለ ካብ ታሪኻዊ ስሪሒታቱ ብምጥቃስ ቀጺሉ ክቐርብ'ዩ።

ሰራዊት ሓርነት ብዓቐን ሰራዊትን ዕጥቅን ምስ ናይ ጸላኢ ዝወዳደር ኣይነበረን፡ ካብ ዕላምኡን ተኣማንነት ህዝቡን ዝምንጩ ንያቱ ግን ካብቲ ናይ ጸላኢ ጸብለል ዝበለ ስለዝነበረ፡ ኣብ መብዝሕትኡ ውግኣት ብውሑድ ወይ ብዘይ ገለ ክሳራ ይዕወት ነይሩ። ድሕሪ ኲናት ተጎሩባ፣ ቁጽሪ ተጋደልቲ እናበዝሐ ምስ ከደ ስርርዕ ሰራዊቱ ካብ ጋንታታት ናብ ሓይልታት፣ ካብ ሓይልታት ናብ ቦጦሎኒታት፣ ቀጺሉ'ውን ናብ ብርጌዳት በጽሐ። ኣጽዋር ሰራዊት ሓርነት እውን ብኡ ደረጃ እናማዕበለ ከመጽእ ዝጸንሐ ማለት ካብ ኣቡ-ኻምሳን ጓንዴን ናብ ኣውቶማቲክ ብረት ካላሽንኮፍ፣ ኤም-ዋን፣ ኤም-ጂ፣ ብሬን፣ ዶሽካ፣ መዳፍዕ / ሃወን ብደረጃታቱ፣ ነፈርቲ ዘውድቕ ሚምጣዕን ሳም-7፣ ከምኡ'ውን ጸረ-ታንክታት ኣርበጅን ሚምዳልን ክውንን በቒዑ ነይሩ እዩ። እዚ ገሊኡ ብሓገዝ ካብ ደገፍቲ ሃገራት ክመጽእ ከሎ መብዛሕትኡ ግና ካብ ሰራዊት ጸላኢ ዝማረኽ ዝነበረ እዩ። ምግዓዝ ሰራዊት ብእግሪ፣ ምግዓዝ ከበድቲ ብረት ድማ ብኣድግ-በቕሊ፣ ኣግማልን ሰብኣዊ-ጉልበትን ጸኒሑ፣ ብናኣሽቱን ዓበይትን መኻይን ንሰራዊቱን ዕጥቁን ከጕዓዕዝ በቒዑ ነይሩ እዩ። ኣብቲ ኵሉ ዝካየድ ዝነበረ ቃልሲ ናይ ህዝቢ ኤርትራ ግደን ምትሕብባርን ዕዙዝ ምንባሩ ክጥቀስ ዝግብኦ ሓቂ እዩ። ካብዚ ቀጺሉ እምበኣር ገለ ካብቲ ኣብ ዝተፈላለየ ቦታታትን እዋናትን ዝተኻየደ ውግኣት ንከታተል።

ወራር ደርግ ብሓይልታት ዘማች (ራዛ ፕሮጀክት)

ኣብ ወርሒ ሰነ 1976 ስርዓት ኢትዮጵያ ማለት ምምሕዳር ደርግ ካብቲ "ንኤርትራ መሬታ እምበር ህዝባ ኣየድልየናን ኢዩ" ዝብል ምኩሕን ጨቋንን ዕላማታቱ ብምብጋስ ነቲ ትምህርቲ ይኹን ቁጠባዊ ምዕባለ ዝተነፍጎ ህዝቢ ኢትዮጵያ፡ ኣብ ክንዲ ንሰላምን ልምዓትን ዝወፍር፥ መቓይሮ ዝሓለፈ ዘውዳዊ ግዝኣት ዲሞክራስያዊ ስርዓተ ምሕደራ ዘስተማቕር፥ ንድሕረትን ሕሱም መነባብራኡን መዝሚዘም ንኤርትራ መጺኡ ብውግእ ክዘምት ራዛ-ፕሮጀክት ብዝብል ስም ኣለዓዓልዎ። እዚ ፕሮጀክት'ዚ እቲ ዝበዝሐ ክፋሉ ካብ መሬት ራያ ዓዘቦ እኳ ይንበር እምበር፡ ካብ ሰሜን ጐንደርን ወሎን ጐጃምን ዝተዓስከረ እኩብ ሓይሊ ሰብ ኢዩ ነይሩ። ዕላምኡ ድማ ካብ ፋዲ ዝተባህለ መሬት ትግራይ ኣትሒዙ ኣብ ዕሽል ዕድሚኡ ንወያኔ ሓርነት ትግራይ ንምድኻምን ብዓቢኡ ድማ ንህዝቢ ኤርትራ እናጥፈኣን ንብረት እናዘረፈን፣ ንዝነበረ ሰራዊት ሓርነት ጸራሪጉ ዝዝመት ዘሚቱ ዝማረኽ ማሪኹ ንዓዱ ክምለስ ምኳኑ ዝሕብር ሰፊሕ ጐስጓስን ምልዕዓልን ተገይርሉ ዝተበገሰ ሓይሊ ሰብ ኢዩ ነይሩ። በዚ ኣገባብዚ ስለዝዓገበን፡ ካብ ተጋደልትን ገባርን ዝራሰዮ ንብረትን ሃብትን ኣብ ውልቃዊ መነባብርኡ ከውዕሎ ከምዝኽእል ከእምን ዝኽኣለ ኣስተምህሮ ካድራት ደርጊ ድማ ክሳብ 10,000 ዝኣክል ቁጽሪ ሰዓብቲ ወይ ዘማች ኣኪቡ ንኽወፍር ዕድል ረኸበ።

ሰራዊት ራዛ-ፕሮጀክት፣ ሰውራ ኤርትራ ናይ ዉሑዳት ወንበዴታት ኣስላም ምትእኽኻብ ምኳኑ ንዝተዋህቦ ኣስተምህሮ ኣሚኑ፡ ኣብልዕሊ'ቲ ዝነበሮ ድኹም ወታሃደራዊ ዕጥቂ፡ ክሳብ ድልዱል ናይ ኣርቃይ ኣባትር፣ በርበረ መድፈን ዓይኒ፣ ፍሕሶ ገመድ (ንመእሰሪ ዝኸውን)፣ ከምኡ'ውን ፈኮስቲ ብረታት (ጓንዲ፣ M1፣ ደሞፍተር) ኢዩ ተዓጢቑ ኔሩ። ብፕሮፓጋንዳን ብዝሒ ቁጽርን ዝተታለለ ማልሻ ራያ ነዚ ሒዙ ነቲ ግፍዕታት ናይ ምፍጻምን ንብረት ናይ ምርሳይን ጉዕዝኡ ካብ ዶብ ገለባ ጀሚሩ ንየማን ኣብ ጥርቀን፣ ማይ ጸዕዳን ባረከንሃን፣ እንዳጋብር

ኮኾባይን... ወዘተ ዝነበረ ህዝብና ከጋፍዕን ንብረቱ ክዘምትን ጀመረ።

ተጋድሎ ሓርነት ኤርትራ፣ ህዝብና ብሽሾ መልሻ ናይቲ ደርጊ ዘዳለዎ ራዛ-ፕሮጀክት ተሰናቢዱን ርዒዱን ከምኡ'ውን ንብረቱ እናተዘመተ ዝኸደሉን ዝነበረን ኩነታት ንምንጋፍ ክምክትን ጨሪሱ ክብርዕንን ኣለዎ ካብ ዝብል መርገጺኡ ብምብጋስ ናይ መኸተ መጥቃዕቲ ከተካይድ ወሰነት። ነቲ ሽዑ ዝድለ ዝነበረ መጥቃዕቲ ንምትግባር ድማ ዋላ'ኳ ቅድሚ'ዚ ዝተጠቕሰ ዓድታት ምብጽሑ ክካየድ ዝተፈተነ መጽናዕቲ እንተነበረ ነቲ ብጃህራን ፈኸራን ተጻዒኑ ዝመጸ ሰራዊት ንምድምሳሱ ዘኽእል ምቹእነት ዝነበሮ ክኸውን ብዘይምኽኣሉ፡ እቲ ዝተዳለወ መጥቃዕቲ ክጅመር ኣይካኣለን። ድሒሩ ግን ነቲ መደብ ንምዕዋት ዘኽእል ኣድላዪ ወተሃደራዊ መጽናዕቲ ተኻየደ።

እቲ መጽናዕቲ ብኣባላት ምምሕዳር ከተማታት ኣብቲ ዞባ ዝነበሩን፣ ካብ ምምሕዳር ቁጽሪ ሸሞንተን ከምኡ'ውን ኣብቲ ቦታ ዝነበሩ ወተሃደራዊ ሓለፍትን ተኻይዱ። ገለ ኣስማት ካብቶም ኣብቲ መጽናዕቲ ዝተሳተፉ ንምዝካር፡

1. ስዉእ ሓድሽ ወ/ጊዮርጊስ - ካብ ምምሕዳር ከተማታት 62
2. ስዉእ መሓመድ ቅድዊ - ካብ ምምሕዳር ከተማታት
3. ዑስማን ዓብደልቃድር (ኣቡ ዓፋን) - ካብ ምምሕዳር ከተማታት
4. ስዉእ ኣማኑኤል ዑቕባይ - ምምሕዳር ከተማታት ከባቢ ሰንዓፈ
5. ስዉእ ተስፋይ ገብረሚካኤል ዓዲ ኻንታ
6. ስዉእ ኣርኣያ ኪዳነ - ኣብቲ ጊዜ'ቲ መራሒ ቦጦሎኒ 676
7. ስዉእ ሮሞዳን ሙሳ - መራሕ ቦጦሎኒ 371
8. ከቢድ ሃብተስላሰ - መራሕ ሓይሊ 161 ካብ በተሎኒ 371

ገለውን ኣብዚ ክዝከሩ ዘይከኣሉን ዝርከብዎም ንኣቀማምጣ ቦታን ኣጽዋርን ዘማቲ ሓይሊ ዝምልከት ጽፉፍ መጽናዕቲ ድሕሪ ምግባር፣ ንዕኡ ዝገጥም ወተሃደራዊ ስትራተጂ ተሓንጸጸ።

ሰራዊት ዘመቻ ኣብ ኣግዓ፣ ጥርቀ፣ እንዳ ጋብር-ኮኾባይ፣ ኣንበሰት፣ ገለባ፣ ከምኡ'ውን ሓሓሊፉ ናብ ጎላጉል ንኡስ ወረዳ እንዳ-ዳሽም/መዝባ እናወረዱ ንብረት ኤርትራውያን ሓረስቶት ክሳብ ድስቲ ኩስኩስቲ ከይተረፈ ይዘምቱ ነበሩ። ኣብቲ እዋን'ቲ ዘማች ዘካይድዎ ዝነበሩ ራስያ ዝተዓዘበ መንእሰይ ወዲ ኮነ ጓሉ ድማ፡ "ተጋዳላ'የ ናዓየ፥ ንዓ ተላ'የ፡" ዝብል ዜማ ሓደ ካብ መውጻኢ ክረምቲ ኩይኑ ዝነበረ ዜማ ኢዩ። ምስዚ ኩሉ እቲ ኩነታት ጊዜ ዝህብ ኣይነበረን። ስለዝኾነ ቅልጡፍ መጥቃዕቲ ክካየድ ተወሰነ።

ነዚ ኣብ ላዕሊ ተጠቒሱ ዘሎ ሓይሊ ንምጥቃዕ፣ ኣቀማምጣ ናይቲ ቦታ ካብቲ

ጸላኢ ሒዝዎ ዝነበረ በሪኽ ቦታ ንታሕቲ ኩሉ ሰጣሕ ጎልጎል ስለዝኾነ ናይ ሽው ከቢድ ብረት ዝበሃል፣ ኣብ ቦጦሎኒ 371 ሓንቲ ዶሽካ፣ ሓንቲ B10፣ ዝባሃል ዓይነት ብረት ስለዝነበረ፤ ኣብቲ ኲናት ክጥቀመለን ተወሰነ። ነዚ ዝነበረ ብረት ጎላጉል መዝባ ሰጊርካ ማለት ካብ ወገን ጸላኢ ኣብ ዝበረኸ ቦታ ዝባን ዓዲ ቑሪ ከምኡ'ውን ሕጐኣና ከምዝስለፍ ተገይሩ። ከቢድ ብረት፣ ዶሽካ ካብ ዓዲ ቑሪ ንማይ ጻዕዳ ኣነጻጺሩ ክሃርም ከሎ ሰራዊት ሓርነት ኤርትራ ድማ ብለይቲ ጎላጉል መዝባ ቆሪጹ ሓዲሩ ዶሽካ እናሸፈነሉ ነቲ ኣብ ማይ ጻዕዳ ተኣኪቡ ዝነበረ ዝበዝሐ ቁጽሪ ዘማች ኣጥቂዑ ምሩኽን ቁስሉን ምዉትን ገበሮ። ከምኡ'ውን ነቲ ብወገን ኮኾባይ ዝነበረ ጸላኢ ብእግሪ ዓደርሖ ብባረክናሃ ዝደየባ ጋንታታት ሰራዊት ሓርነት እንዳለብለባ ልቡ ኣጥፋኣሉ። ከምዚ ዝመስል ዘይምሕር መጥቃዕቲ ዘሰንበዶ ዘማች፣ ብወገን ኣንበሰት ገለባ ዓሪዱ ዝነበረ ዘመቻ እግረይ ኣውጽእኒ ኢሉ ንድሕሪት ሃደመ።

ዘማች ኣብ ልዕሊ ናይ ህዝቢ ንብረት ዝጀመርዎ ራስያን ሰራዊት ሓርነት ብዝፈነዎ መጥቃዕቲ ናይ እግረይ ኣውጽእኒ ህድማን ዝተዓዘባ ጐራዙትን መንእሰያትን ሃገርና፡ "ራያየ፡ ራያ ዝሰረቕካያ ሽሓኒ ኣምጻኣያ።" "ኣብ ጎቦ ዶሽካይ ተኺሉ፡ ከዳይዮም ውዒሉ" ዝብል ኣብ ልዕሊ ሰራዊት ሓርነትን ጀግንነታዊ ስርሒቱን እምነቶም ዝገልጽ ደርፌ ከኸውን እንከሎ፡ ናይ ሽዑ ትዝታ፡ ናይ ሎሚ ታሪኽ ጀግንነትን ሓርበኝነትን ኢዩ።

ብጠቕላላ እቲ ኲናት ኣብ ጎላጉል መዝባን ኣብ ማይ ጻዕዳን ኢዩ ተወዲኡ። ድምር ቁጽሪ ምሩኻት ካብ 600-700 ይበጽሕ፣ ኣጽዋሩ ድማ ከምቲ ኣቐዲሙ ዝተጠቕሰ ፈኮስቲ ብረታት ዳንዴ፣ ኣፈ-ድስቲ፣ ዲሞፍተረ፣ ሓሓሊፉ M1 ዝዓይነቱ ኰይኑ፡ ኣብ ሜዳ ኤርትራ ዝነበረ ኲነታት ጠሪሶም ዘይፈልጡን ደርጊ ብዝገብሮ ዝነበረ ወታሃደራዊ ጐስዳስን ምትላልን ሰኺሮም ክሳብ በትሪ-ኣርቃይ፣ በርበረ ከም ናይ ውግእ መሳርያ ተሰኪሞም፣ ገመድ መእሰር ሸፋቱ ዝበልዎም ተዓጢቖም ኣብ ውግእ ዝተሰለፉን ሰራዊት ሕልምታቶም በኒኑ፡ ሰራዊት ሓርነትውን ከምቲ ዝተባህልዎ ናይ ሸፋቱን ኣስላምን ምትእኽኻብ ከምዘይኮነ ብተግባር ከምዝማሃሩ ተገይሩ።

ብዘይካ'ቶም ንመጽናዕትን ስለላን ካብ ምምሕዳር ቁጽሪ ሸሞንተ ማለት ኣውራጃ ሓማሴን ዝመጹ ኣባላት ጸጥታ፡ ሓይሊ ጸላኢ ብዝነበሮ ብዝሒ ምናልባት ጥሒሱ ንኸይሓልፍ ካብ ዝነበረ ስግኣታት፡ ካብቲ ኣብ ሰራየ ዓሪዱ ዝነበረ ሓይልታት ሰራዊት ሓርነት ሓይሊ 171 ዝተባህለት ወታሃደራዊት ኣሃዱውን ክልተ ጋንታታት ማለት ቀዳመይትን ካልኣይትን ሓገዝ ናብቲ ናይ ኲናት ቦታ ምምጻኤን ክዝከር ይግባእ። እዚ ሓይሊ'ዚ ደኺመን ጠምየን ጸሚኤን ከይበለ፡ ለይትን መዓልትን ተጓዒዙ ኣብ ዝተወሰነሉ ቦታ እኳ ይብጸሕ'ምበር፡ እቲ ኲናት ብዓወት ናይቲ ኣብቲ ቦታ ዝነበረ ሓይልታት ሰራዊት ሓርነት ተደምዲሙ ስለዝነበረ፡ ነቲ መዕለቢኡ ጠፊእዎ ዝተበታተነ ሰራዊት ዘመቻ ኣብ ምእካብን ምሕላውን ግን ግዲኡ ኣበርኪቱ።

ካብተን ሽዑ ንድኻምን ናይቲ ጉዕዞ ሸግራትን ድምብርጽ ከይበለን፤ ካብ እግሪ ብጾተን ከይተረፋ ብጅግንነት ኣብ ኲናት ዝኣተዋ ሓደስቲ ተጋደልቲ፡ ሳራ ገብረዝግሄር፡ ስዕዲ፡ ማኣዛ ከለላን ንግስቲ ኣርኣያን ምንባረን ምጥቃስ እኹል

ኣብነት ተወፋይነት ሓደስቲ ተሰለፍቲ ደቂ-ኣንስትዮ ኤርትራ ኣብ ቃልሲ ዘመስክር ተግባር'ዩ።

ካብቲ ብወገን ምዕራብ ናይ ኣንበስተ-ገለባ ዝነበረ ዘማች ክሃድም ከሎ ንጸሮናን ግርሁ-ስርናይን ዝወስድ መንገዲ ሒዙ ይበታተን ነይሩ። ገለ ካብ ናይ ሽዑ ህዝባዊ ሓይልታት ሓርነት ኤርትራ ናይ ክፍሊ ጀማሂር ዝነበሩ ሓንቲ ጋንታ ክሳብ 40 ዝኸውን ቁጽሮም ካብ ዘማች ማረኹም። ነዚ ተጠቂሞም ድማ ኣባላት ህዝብዊ ሓይልታት ሓርነት ኤርትራ ኣብቲ መጥቃዕቲ ምሉእ ብምሉእ ከምዝተሳተፉን ክሳብ ውን በይኖም ዘካየድዎ ኲናት ምንባሩን ጌሮም ክጉስጉስሉ ፈተኑ። እዚ ግን ሓቖኛ መግለጺ ናይቲ ውዕሎ ኣይነበረን ኣይኰነን ድማ። ኣብ ቅድሚ ህዝቢ ዝተፈጸመ ታሪኽ ስለዝኾነ ከኣ፡ እቲ ጕስጓስ ነቲ ብርሑቕ ዝሰምዕ ክመስሎ ዝኽእል እኳ እንተነበረ፡ ነዊሕ ከይከደ ግን ምስ ሓቅታት ተራጺሙ ሓሶት ኰይኑ ተረፈ።

ኣብዚ ኵናት እዚ ክርሳዕ ዘይብሉ ነገር እንተሎ፣ ዶሽካ ዳርጋ ሓድሽን ዝዓበየን ብረት ናይቲ እዋን ምንባሩ ኢዩ።: ኣቐዲሙ ካብ ሓደ ወይ ክልተ ጊዜ ንላዕሊ ኣብ ኣገልግሎት ዝዋዓለ ብረት ኣይነበረን። ኣብዚ ኵናት'ዚ ግን ዓቢ ተራን ግደን ኔርዎ:: ስርርዕ ቦጦሎኒ እውን ኣብ መጀመርትኡ ኢዩ ዝነበረ:: ቦጦሎኒ 371 ሽዑ ኣብ ምም. ቁጽሪ 8 ሓማሴን ኢያ ስርርዓ ወዲኣ መጺኣ፣ ኣብ ምም. ቁጽሪ 10 ኣከለ-ጉዛይ ግን ጌና ኣብ ስርርዕ ናይ ሓይልታት ስለዝነበራ ድሕሪ'ቲ ኵናት ኢየን ከም ቦጦሎኒ ኣብ ትሕቲ መሪሕነት ዑስማን መሓመድ ከም ቦጦሎኒ 676 ቆይመን::

ኣቃውማ ከቢድ ብረት ድማ፡ ኣብ ሓደ ቦጦሎኒ ሓይሊ ከቢድ ብረት ከም ራብዓይትን ሓጋዚትን ሓይሊ ጌርካ'ዩ ዝስራዕ ነይሩ።: በዚ መሰረት ሓይሊ ከቢድ ብረት ብሰለስተ ጋንታታት ማለት ናይ ዶሽካ፣ ናይ ሃውን ወይ ከኣ B10፣ ከማኡውን ናይ ሃንደሳ ብዝብል ስርርዕ ዝቘመት ኢያ ነይራ።: ናይቲ ጊዜ'ቲ መራሒ ጋንታ ዶሽካ ስሙ ክዝከር እኳ እንተዘይተኻእለ ምክትሉ ዝነበረ ግን ተጋ/ ጸጋይ ተወልደብርሃን ወዲ ቐሺ ብዝብል ሳጓ ዝጽዋዕ ዝነበረ ኢዩ ኔሩ::

ክኢላታት ተኮስቲን መራሕትን ናይቲ ከቢድ ብረት

1. ስዉእ መሓሪ ሳሙኤል: ኣብ ሃዘጋ ዝተሰውኤ

2. ስዉእ መሓሪ ሰቓር: ኣብ ባርካ ተሰዊኡ

3. ስዉእ ኣስፋሃ ሃይለ ኣብ ቆሓይቶ ብ1978 ተሰዊኡ

4. ስዉእ ብርሃነ ኪዳነ ናይ ሃውን መድፍዓጂ

የማነ ድጓና: ዝባሃሉ ጀጋኑ ብጾት ኢዮም ነይሮም።
ኣብ መጠረስታ ፍጻሜ ናይቲ ኲናት፡ እቲ ኣብ ላዕሊ ዝተጠቕሰ ብዝሒ ምሩኽ ሰራዊት ዘመቻን ስእልን ኣብ ከበሳ ክዕቁብ ይካኣል ስለዘይነበረ፡ ናብቲ ብድሕረ ግንባር ናይ ተጋድሎ ሓርነት ኤርትራ ዝፍለጥ ባርካ፡ ንምሩኻት ዝኸውን ፍሉይ ቤት ማእሰርቲ ተዳልዩ ብምንባሩ ተጠርኒፎም ንባርካ ከምዝወርዱ ተገብረ።

ሆሚብ፡ መዕቆቢ ምሩኻት

ሕብረተ-ሰብኣዊ ጉዳያት ቤት ጽሕፈት ከም መደበሩ ንምንታይ ከምዝመረጸ ኣቐዲሙ ተገሊጹ እዩ። ስለዚ እቲ ምምሕዳርን ሕክምናን ንሓለዋ ምሩኻት መደበሩ ክገብራ ከሎ፤ እቶም ምሩኻት ኣብ ማእከል ሩባ ሆሚብ ዝርከብ ደሴት በግራብ ዝተሸፈነ እዮም ከምዝቕመጡ ተጌሩ ነይሩ። እዚ ደሴት'ዚ እቲ ሩባ ኣብ ክልተ ተገሚዑ ማይ ብየማነ ጸጋሙ ብምሕላፍ በሪኹ ዝተረፈ፤ ልዕሊ ሽዱሽተ ሚእቲ ምሩኻት ሰቲሩ ዝሓዘ ጫካ እዩ፡ ብናይ ጨዓ ሓጹር ተኸቢቡ ብኽልተ ማዕዶ ገማግም ሆሚብ ጋንታታት ንምሕላዎም ዝጥዕም ስለ ዝነበረ እዩ ተመሪጹ።

ሓደ ካብቲ ጋንታታት ኣብ ታመራትን ኣዲባራን መደበራት ዓስኪሩ ንዝነበረ ሰራዊት ደርጊ ንምድምሳስ ተመዲቡ ዝነበረ ብመማህራን ዝቐመ ካብ ክፍሊ ትምህርቲ ተላኢኹ ከሪሙ፡ ጸላኢ ድሕሪ ተኸታታሊ ውግኣት ስሒቡ ጠቕሊሉ ንተሰነይ ምስ ተኣከበ፤ ናብ ሆሚብ ንሓለዋ ዘማች ተመደበ። ድሒሩ ከምዝበርሀ መመደቢኡ ምኽንያት፣ ቋንቋ ኣምሓርኛ ስለዝኽእሉን ናይ ምርድዳእ ዓቕሚ ስለዘለዎምን ኣብ ጸብጸብ ኣትዩ፡ እቶም ዘማች ብላኻ ዝሰራሕ ተንኮበትን ኢደ-ጥበባዊ ክእለትን ስለዘርኣዩ፡ ኣብ ዕዳጋ ሱዳን ኣውፊርካ ዋጋ ዘውጽእ ኣቕሑት ከፍርዩን ንውድብ ዝገብሮ ወጻኢታት ዝሽፍን ሓገዝ ክገብሩን ካብ ዝብል ሓሳብ ነይሩ። ነቲ መደብ ንምትግባር ሰለስተ ዝኣባላቱ ሽማግለ ምስ ኣቦ መንበር ወረዳ ሽማግለ ናይቲ ወረዳ ነቲ ዝተሓሰበ ወፍሪ ዝኸውን ዕሙር ላኻን ዓርኰብኰባይን ዘለዎ ቦታ ንምጽናዕ ተላኢኾም ኣብ ሓሸኒት ከምዘሎ ተፈሊጡ፣ ኣብ ጥቓኡ ምስ በጽሑ ብውስማን ሳልሕ ሳበ ዝምርሑ ሰራዊት ውድብ ህዝባዊ ሓይልታት ኤርትራ መደበሮም ጌሮሞ ስለ ዝነበሩ፣ ምኽንያት ንምብራዕ ውግእ ሕድሕድ ከይከውን እቲ መደብ ተረፈ።

ብ23 ኣባላት መማህራን ዝቖመ ጋንታ ቅድሚ ኣብ ሆሚብ ምብጽሑ፣ ብካብ ኣምሓርኛ ክረዳድኡ ዘይክእሉ ተጋደልቲ ቋንቋ ዓረብን ትግረን ጥራይ ዝዛረቡ ስለዝነበሩ ናይ ምርድዳእ ጸገም ስለዝነበረ፤ እቶም ተጋደልቲ ንምሩኽ ዝግብኦ መሰልን ክንክንን ዝርድኡ እኳ እንተኾኑ፡ ሕጽረት ቋንቋ ጸገም ኣብ ምርድዳእ ይፈጥር ስለዝነበረ ኣብ መንጎ ምሩኽን ሓለዋን ዝነበረ ዝምድና ሓርፋፍ ክገብሮ ክኢሉ ነይሩ። ጋንታ መማህራን ግን ብቋንቋ ኣምሓሪኛ ማለት ብቛንቋኦም ክቐርብዎምም ምስጀመሩ እቲ ምርድዳእ ተመሓይሹ፡ “ ወንድማሞቻችን መጡ” ኣሕዋትና መጺኦም ክብሉ ጀመሩ።

ብመማህራን ዝቖመ ጋንታ፣ ኣብ ኣኼባታቱ ንኣመጻጽኣኦምን ስነ-ኣእምራዊ ኩነታቶምን ብምግንዛብ ናይ ኣተሓሕዛኦም ኣገባብን ምስ ኣብኡ ዝጸንሑ ብጾት ድማ ናይ ምርድዳእ መንፈስ ክህሉ ብቐዳምነት ርኣየ። ብቐሊሉ ኣብ ምርድዳእ ተበጺሑ ንሕና ከም ሓለውቶም ንሳቶም ድማ ከም ኣጋይሽና ግን ናይ ምንቅስቓስ መሰሎም ብቑጽጽርና ምዃኑ ብሩህ ኮነ።

ለይቲ ኣብ ውሽጦም ዝንቀሳቐስ ተጋዳላይ ኣይነበረን፡ ብዋርድያ ተኸቢቦም ንበይኖም'ዮም ዝሓድሩ። ስምዒቶም ኰነ ኣብ ነንሕድሕዶም ከተሓላልፍዎ ዝደልዩ መልእኽትታት ብመዝሙር'ዮም ዝገልጽዎ ኔሮም። ገለ ካብቲ ዝብልዎ ዝነበሩ “ኣላህ-መጀን ጤናችን ይጠበቅ፣ ኣገራችን እንመለሳለን...” ትርጉሙ “ኣምላኽ ኣሎ፣ ጥዕናና ይተሓሎ፣ ዓድና ክንምለስ ኢና” እዮም ዝብሉ ኔሮም።

እቲ ቀንዲ ጸገም ግን ብጭንቀትን በታ ዘይምስምማዕን እናተጠቕዑ ንመዓልቲ ሓደ ወይ ካብኡ ንላዕሊ ክሞቱ፣ ተጋደልቲ ድማ ኣብ ሓለዋ መቓብሮም ምዅዓትን ምቕባርን ምምልላስ በዝሐ። መሪሕነት ተ.ሓ.ኤ ነቲ እናገደደ ዝኸይድ ዝነበረ ኵነታት ህጹጽ መፍትሒ ክገብረሉ ግድን ኰይኑ፣ ብመኻይን ተጻዒኖም ንዓዶም በታ ዝመጹዋ ዶብ ክኸዱ ወሲኑ። ነቲ መደብ ዝፈጸመ ኣሃዱ ድማ ንዘማች ዶብ ኣስጊሩ ኣፋንዩ ነቲ ጸገም መዕረፊ ገበረሉ።

እዚ ፍጻሜ'ዚ ሓደ ካብ ኣገዳሲ ፍጻሜታት ሰውራናን ሞያ ሰራዊት ሓርነትን ስለ ዝኾነ፡ ብዛዕባ ዝተኻየደ ውግእ፣ ዘማች ተማሪኾም ዝመጹሉ ኵነታትን ዝተራእየ ስነ-ኣእምራዊ ነጸብራቓትን፣ ብኣብቲ ውግእ ዝወዓሉን ኣብ ሆሚብ ብሓለዋን ሓካይምን ኰይኖም ዘገልገሉን ዝርዝር መግለጺ ቀጺሉ ክቐርብ እዩ።

ኣገልግሎት ሕክምና መደበር ምሩኻት

ኣብዚ እዋን'ዚ ኣብ ካሊፎርንያ ምስ ስድራ ቤታ እትነብር ወይዘሮ ኣስገደት ምሕረትኣብ፣ ኣብ ወርሒ ሓምለ 1976 ካብ ዝነበረቶ መደብ ወትሃደራዊ ሕክምና ተሳሒባ ምስታ ኣብ ሆሚብ ዝነበረት ንምሩኻት ዘማች እትሕክም ናይ ሕክምና ጉጅለ ተመዲባ ከተገልግል ከላ ዝተገንዘበቶ ተዘክሮታት ቀጺሉ ሰፊሩ እነሆ።

ቍጽሪ ተጋደልቲ ኣባላት ሕክምና ሓሙሽተ ኔሮም። ኣስማቶም ድማ፡

1. በርሀ መራሒ ጉጅለ መደበር ምሩኻት ዝነበረ ብ1978 ኣብ ግዜ ዳግመ ወረራ ተሰዊኡ ይስማዕ።
2. ሰመረ ርእሶም ኣብ ላስ ቬጋስ ዝነብር ዘሎ
3. ፍስሃየ ዝባሃል ኣበይ ከምዘሎ ሓበሬታ የለን

4. ክብረኣብ ኣስፈሃ ኣበይ ከምዘሎ ዘይተፈልጠ፡

5. ኣስገደት ምሕረትኣብ

እቶም ኣርባዕተ ብጾት ኣብኡ ዝጸንሑ ኰይኖም፡ ተጋዳሊት ኣስገደት ምሕረትኣብ ግን ኣብ ካልእ መደብ ጸኒሓ ድሒራ ዝተጸንበረቶም እያ ነይራ። እቶም ኣብኡ ዝጸንሑ ምሩኻት ቁጽሮም ኣብ ከባብ 600 ምንባሩ ይዝከር። ዳርጋ ኩሎም ካብ ወሎ ዝመጹ እዮም ዝመስሉ ነይሮም። ሃይማኖቶም ዳርጋ ፍርቂ ፍርቂ ኣስላምን ክርስትያንን ይመስል ነይሩ። መራሕቲ ሃይማኖት ከይተረፈ ነይረሞም። እንተ ወሓደ ሓደ ቀሺን ሓደ ሸኽን ምንባሮም ርግጽ ነይሩ። ኣብ ሃይማኖት ዘለዎም ጽኑዕ እምነት፡ በቲ ክድቅሱን ክትንስኡን ዝጽልዩዎን ዝምህለሉዎን ዝዝምሩዎን ዝነበሩ ክረጋገጽ ይኽእል። ዕድሜኦም ዝተፋላለየ ኮይኑ ዝነኣሰ ወደ 13 (ዓሰርተ ሰለስተ) ዓመት ስዒድ ዝሸሙ ክነብር ከሎ፡ ዝዓበዩ ኸኣ ወዲ ሰብዓታት ዝመስሉ ኣባባ እሸቱ ኣንዳተባህሉ ዝጽውዑ ነይሮም። ዕድሜኦም ዝተፈላለየ ስለዝነበረ፡ መጀመርያ ኣብቲ ቦታ ምስ በጻሕካ፡ መደበር ስደተኛታት ዝኣተኻ እምበር ምሩኻት ወትሃደራት መሲሎም ኣይራኣዩኻን እዮም።

ኣብርእሲ'ቲ ሻቕሎት ናይ ስድራ-ቤቶምን፡ ኣመጻጽኣምን ዳርጋ ነፍስ-ወከፎም ናይ ጥዕና ጸገም ነይሩዎም እዩ። ከም ትዕዝብቲ ጸገማቶም ካብ'ዚ ዝስዕብ ዝነቕል'ዩ ዝመስል ዝነበረ፡

1. ዝዋሃቦም ዝነበረ መግቢ ጨሪሾም ኣይፈተዉዎን። ብጣዕሚ ሃይማኖት ዘኽብሩ ስለዝነበሩ ነቲ ካብ ቀይሕ መስቀል ዝመጽእ ዝነበረ ናይ ታኒካ መግቢ ይፍንፍንዎ ኔሮም። ብፍላይ ስጋ ዝነበሮ እንተኰይኑ "መን ዝሓረዶ ኢልና ክንበልዖ" ይብሉ ኔሮም። ካብ መኣዛ ዘለዎ ናይ ታኒካ መግቢ፡ ንቑጽ ቅጫ ወዲ ዓከር ማሽላ ብማይ ኣኻፍዮም ክበልዑ ይመርጹ ኔሮም። ስለዚ ብጉድለት መግቢ (Malnuitrition) ዝመጽእ ሕማማት ከጥቅዖም ግድነት ነይሩ።

2. ኣብ ዘይፈልጥዎ ናይ ኣየር-ኩነታት/ክሊማ ስለዝመጹ ባርካ ከም ቦታ ኣይተሳማምዖምን። ምስቲ መኣዛ ዘለዎ መግቢ ዘይምርካቦም ድማ ዓሶ ተተመላሊሳ ተጥቅዖም ኔራ።

3. ኣብ ሃገርና ኤርትራ ብዙሕ ዘይረአ ሕማም፤ ኣእጋሮም ዘሕብጥ ሕማም ንብዙሓት ካብኣቶም የሳቕዮም ነይሩ።

4. ኣብ ባርካ ብፍላይ ኣብ ቀውዒ ቀትሪ ሃሩር ውዒሉ ለይቲ ኣስሓይታ ስለዝወርድ፡ ቅርጥማት ዳርጋ ናይ ኩሎም ሕማም ነይሩ ክባሃል ይካኣል ኢዩ።

5. ብርቱዕ ናይ ኣእምሮ ጭንቀትን ጓሂን (Depression & sadness) የሳቕዮም ነይሩ።

6. ተወጊኦም፡ ብቐሊል ክሓዊ ዝግብኦ ዝነበረ ገለ ቁስልታት ብሕክምና ዝገበርካ እንተገበርካ ምሕዋይ ዘይተኻኣለ ምንባሩ።

7. ሆሚብ ከም ቦታ ለመምታ ዝርከብዎ ብምኳኑ ተመን ነኺሱዎም ዝሞቱ እሱራት ጥራሕ ዘይኰኑስ ነበርቲውን ስለዝነበሩ፡ ብመንከስቲ ተመን ካብዛ

ዓለም ዝተፈልዩ ምንባሮምውን ከይጠቐስካ ዝሕለፍ ኣይኮነን።

ሰብኣዊ ዝምድና ተጋደልትን ምሩኻትን

ናብ ኤርትራ ክዘምቱ ክመጹ ከለዉ፡ ደርግ ብሓሶት ሓንጎሎም ሓጺቡዎ ስለዝነበረ ኣብቲ መጀመያ ብሓፈሽኡ ኩሎም፡ ብፍላይ ከኣ እቶም ክርስትያን ኣብ ተጋደልቲ ፍርሒን ጥርጠራን ከምዝነበሮም ኣብ ገጾም ዝረኤ መሕብኢ ዘይነበሮ ስቕቕታ ነይሩ። ደርግ ከመይ ጌሩ ከምዘታለሎም ድሒሩ ዝግለጽ ኰይኑ፡ ኣብ ዕለታዊ መነባብሮ ብሓደ ክንጓዓዝን ግዜ እና ነውሐ ምስከደን ግን ሕድ ሕድ ክንፋለጥ ግድን ነይሩ። ተጋደልቲ ከምሰባት ንዓኣቶም ክጐድእዎም ዓላማ ከምዘይብሎም መብዛሕትኦም ክርድኡ ክኢሎም። ገለ ዉሑዳት ግን፡ ጌና ኣብ ልዕሊ ተጋድሎ ሓርነት ኤርትራን ተጋደልታን እምነት ዘየንበሩ ኔሮም እዮም። ኣብ ሓንጎሎም ጀብሃ ማለት ኣስላም፡ መብዛሕትኦም ከኣ ኣዕራብ ካብ ካልእ ሃገራት ዝመጹ፡ ብኻራ ሰብ ዝሓርዱ፡ ርህራሄ ዘይብሎም ጨካናት ማለት ስለዝነበረ ተጋደልቲ ዋላ ብኣኽብሮት “ኣቱም” ወይ “ኣባባ” እናበሉ፡ ብኣምሓርኛ ክዛረብዎም ከለዉ ብጣዕሚ ይገርሞም ኔሩ። ኣስማት ናይቶም ንምእላዮም ኣብ ሕክምና ተመዲቦም ዝነበሩ ብኣጋጣሚ ከምቲ ኣብ ላዕሊ ሰፊሩ ዘሎ ናይ ክርስትያን ምስኮነ ደርግ ብዛዕባና ዝብሎም ዝነበረ ኩሉ ሓሶት ምንባሩ፡ ሽዑ ሽዑ ድሕሪ'ቲ ዝተማረኹሉ ውግእ ተረድኡዎም'ኳ እንተነበረ፡ ብዝያዳ ክበርሃሎም ክኢሉ። ቀስ እናበሉ ኸኣ ኣመጻጽኦኦም ከይፈርሑ ክነግሩ ጀሚሮም።

ተ.ሓ.ኤ ዘመናዊ ሰራዊት ንምድላው ኣብ መስርሕ ምልመላ ሰራዊት ሓርነት ከላ ዘርኢ ስእሊ

ደርግ ከመይ ጌሩ ኣብ ዘይፈልጥዎ ውግእ ከምዘእተዎም ዘማች ክገልጹ ከለዉ

እዚ ኣርእስቲ'ዚ ኩሎም ኣለይትን ሓለውትን ምሩኻት ዝነበሩ ተጋደልቲ፥ ዳርጋ ምስኩሎም እሱራት ዘዕለልሉ ኢዩ። መድሃኒት እንዳዓደሉ ወይ ቁስሎም እናሓከሙ፡ ኩሉ ግዜ "ከመይ ኢልኩም መጺእኹም?" ክባሃሉ ልሙድ'ዩ ኔሩ። እቲ ዝህብዎ ዝነበሩ ታሪኽ ከኣ ኩሉ ተመሳሳሊ እዩ። ኣስገደት "ግዜ ወሲደ ዘዕለልኩዎም፡ ጽን ኢለ ዝሰማዕኩዎም ግን እቶም ዝሸምገሉ ዝመስሉኒ ዝነበሩ፡ ኣብ ላዕሊ'ውን ተጠቒሶም ዘለዉ፡ ኣባባ እሸቱ ንብሎም ዝነበርና እዮም። ንኣባባ እሸቱ ተገዲስ ዘዕለልኩሎም ምኽንያት፡ ብዉሽጠይ "እዚኦምሲ ምስ ደቂ ደቆም መዕለሉ'ምበር ከመይ ኢሎም ናብ'ዚ መጺኦም" ኢለ ይግረም ስለዝነበርኩ እዩ" ድሕሪ ምባላ፡ ኣባባ እሸቱ ካብዝገለጹላ ዛንታ ክትጠቕስ ከላ፡ *"ቀደም ኣብ ዓመት ሓደ ግዜ ኣብ ኣውደ-ኣመት (ኣየናይ ኣውደ-ኣመት ከምዝበሉ እኳ ክዝክር እንተዘይተኻእለ) ኩልና ህዝቢ ወሎ ንጽዋዕ'ም ጃንሆይ ሓሓደ ቖርሺን ዓለባን ይዕድሉና ኔሮም። ሎሚ ኸኣ ኣብታ ልምድቲ ግዜ ደርግ ምስጸዋዓና፡ ቖርሺን ሓሙሽተ ሜትሮ ዓለባን ክንወሃብ ኬድና። ንነፍስ-ወከፍ ዝተረኽበ ሰብ'ምበር ንስድራይ ሃቡኒ ኢልካ ዝያዳ ስለዘይትረክብ፡ ኩሎም ኣወዳት ደቅና፡ ሕጻናት ዓቕሚ ኣዳም ዘይበጽሑ'ውን ከይገደፍና ሒዝና ኬድና። ምኽንያቱ፡ ኣርባዕተ ደቁ ሒዙ ዝኸደ ሰብኣይ፡ ሓሙሽተ ቖርሽን 25 ሜትሮ ዓለባን ክረክብ ከሎ ነታ ስድራቤት ዓቢ ሓገዝ እዩ ዝኸውን።*

ኣብ ጥቓ ደሴ ምስ በጻሕና ኣብ ሓደ ዓቢ ብሓጹር ዝተኸበበ ጎልጎል ብኣሽሓት ንቑጸር ኣኪቦምና። ኩልና ካብ ርሑቕ፡ መገዲ መዓልቲ ተጓዒዝና ስለዝመጻእና ድኻም ኔሩና። ብዝሒ ሰብ ምስረኣና ኣቤት! እዚ ኩሉ ህዝቢስ ክንደይ ከብቲ ክኣኽሎ እዩ (ወይ ጉድ! ይህ ሁሉ ህዝብ ስንት ሰንጋ ሊበቃው ነው?) ኢና ኢልና። ክመሲ ምስጀመረ፡ ጽምኢን ጥምዬትን ድኻምን ስለዝነበረና ብነድሪ ንገዛና ስደዱና ክንብል ጀሚርና። ዝሰምዓና ግን ኣይረኸብናን። ወትሃደራት ክጓጥጡልና ምስ ጀመሩ ብሓቂ ከም ዝተታለልናን ኣብ ሓደጋ ከም ዝኣተናን ተረዲኡና።

ኣብ መወዳእታ ሓለፍቲ ወተሃደራት ደርግ ኣኪቦም መግለጺ ሂቦምና። ኩሉ ዝበልዎ ሓሶት ምዃኑ ጸኒሑ እዩ ተረዲኡና። ሽዑ ግን ንፈልጦ ነገር ስለዘይነበረ ሓቂ መሲሉና ኔሩ። መጀመርያ ነገር፡ ካብ ከተማታት ብጣዕሚ ርሒቕና፡ ብማሕረስን መጓሰን ስለንነብር፡ ገለ ካባና ጃንሆይ ተሳዒሮም፡ መንግስቱ ሃይለማርያም ከምዝነገሰ'ውን ዘይፈልጡ ኔሮሙና እዮም። ኣብ መግለጺኦም፡

> *"ኣብ ኤርትራ ዘለዉ ዉሑዳት ናይ ኣዕራብ ኩራኹር ንኤርትራ ካብ ኣዷኣ ኢትዮጵያ ክፈልዩዋ ስለዝፍትኑ ዘለዉ፡ ክልተ ሰለስተ መዓልታት'ዩ እንተወሰደልኩም ኣሸንፍኩምም ክትምለሱ ኢኹም። ዓንዴ ዘይብሉ ስለዘይብልኩም ከኣ ታዕሊም ኣየድልየኩምን'ዩ። ኣብ ኤርትራ ምስኣተኹም ዋጋ ዘውጽእ ንብረት ኪጋጥመኩም ከሎ ከይተሰከፍኩም ዝመቱ። ጣልያን ሃገርና ከወራ ኸሎ፡ ኤርትራውያን ባንዳ ኮይኖም ዝበደልኹም ከኣ ክትርስዕዎ የብልኩምን። ሕነኹም ክትፈድዩ ሕጂ'ዩ ዕድልኩም። ዘይጠቕሙ ዉሑዳት ሽፋቱ (ጥቂት ወምበድየዎች) እዮም። ዘፍርሕ የብልኩምን። ኢትዮጵያ ሓያል*

መንግስቲ ዘለዋ ሃገር'ያ። ብላዕሊ ነፋሪት ብታሕቲ ኸኣ ታንክታትን መዳፍዕን ከሰንያኹም እዩ። ፈጺምኩም ክትፈርሑ የብልኩምን"።

ድሕሪ ምባል፡ ያላ! ደይቡ ኢሎም ናብ ዓበይቲ ናይ ወተሃደራት መኻይን ኣገዲዶም ጽዒኖምና። ዋላ ክንሸይን ፍቓድ እንተሓተትናኺ፡ ከይንሃድም ፈሪሖም ከሊኦምና። እንታይ ድኣ ክንገብር እንተበልናዮም፡ ካብተን ዓበይቲ መኻይን ከይወረድና፡ ንኹልና ናብ ሓደ ወገን ጠምቶ ኢሎም፡ ነቲ ዝሸይን ሰብ ኣንጻር እናጠመትካ ሸን ዝብል ትእዛዝ ኣዊጆምልና። ምስ ድኻምናን ጥምየትናን ሕርቃናን ናብ ኤርትራ ገጽና ተጓዒዝና ዛላምበሳ ኣቲና። ንጽባሒቱ ካብ ዛላምበሳ ንበረኻ ምስ "ኣዕራብ" ክንዋጋእ ወፊርና።

ዉግእ ምስተጀመረ፡ ወዮ ነፈርትን ታንክታትን ከሰንያኹም እየን ዝበልዎ፡ ፈጺሙ ሓሶት ኮይኑ ረኺብናዮ። ወዮ ጀብሃ ዝበሃል ከኣ፡ ከም'ቲ እቲ ሓሳዊ ደርግ ዝበሎ ዘይኮነ፡ ንናይ ኤርትራ ነጻነት ዝቃለስ ውድብ (የኤርትራ ነጻ ኣውጪ ድርጅት) ምዃኑ ተረዲእና። እዚ ዘይበሃል ክሳራ ወሪዱና፡ ኣብ ፈቖድኡ ዛሕ ዛሕ ኢልና ተማሪኽና። ህዝቢ ኤርትራ ድማ ብምሉእ ልቡ ንምሉእ ነጻነት ሃገሩ ክምዝቃለስን ብዘለዎ ዓቕሚ ንተዋጋእቲ ደቁ ብጉልበትን ንዋትን ምራልን ከምዝድግፍ ርኢና። እቲ ውግእ ኣብ መንን "ጥቂት ወምበዴ (ውሑዳት ሸፋቱ)ን" መንግስቲ ኢትዮጵያን ዘይኮነ ኣብ መንን ንነጻነቱ ብምሉእ ዕግበት ዝቃለስ ህዝብን ንህዝቡ ኣታሊሉ ብዘይ ታዕሊምን እኹል ምቅርራብን ናብ ውግእ ዘእቱ ዘይሓላፍነታዊ መንግስትን እዩ ነይሩ። ብሃንደበት ጀብሃ መጺኡ ምስደብደበና ክንዋጋእ'ውን ዕድል ኣይረኸብናን። እግረይ ኣውጽእኒ ኢልና ኣብ ዘይንፈልጦ መሬት ካብ ጀብሃ ክንሕባእ እንተፈተና'ኳ፡ ሕጻናት ጓሶት ከይተረፈ እውይ "ኣብዚኣ ኣሎ ኣምሓራይ" እናበሉ ተጋደልቲ ጸዊዖምልና፡ ወይ ከኣ ጉብዝ ዝበሉ እንተኾይኖም ብበትሪ ባዕላቶም ማሪኾም ንጀብሃ ኣረኪቦምና። ደርግ፡ ክልተ ሰለስተ መዓልቲ እዩ እንተወሰደልኩም ዝበሎ ውግእ፡ እንሆ ድሕሪ ኣዋርሕ ኣብ ዘይንፈልጦ መሬት ንግሆ ንግሆ ንቕበር ኣሎና። እግዚኣብሄር ፍቓዱ ኮይኑ፡ ብሂወትና ንዓድና ክንምለስ እንተኺኢልና፡ ንህዝቢ ሓቂ ክንነግር ኢና። ኣምላኽ ኣብኡ ጥራሕ የብጽሓና" ክብሉ ብምስቁርቋር ተመኩሮኦም ምክፋሎም ህያው ዛንታ ምሩኻት ዘመቻ እዩ።

ድሕሪ ብዙሕ ተመስሳሊ ዕላላት፡ ኩሎም ግዳያት ናይ ጭካኔ ደርግ እምበር ጸላእቲ ህዝቢ ኤርትራ ጌርካ ክውሰዱ ዝግብኦም ከምዘይኰኑ ንምርዳእ እኹል ተገንዝቦ ኢዩ። ብዙሕ ዘሕዝን ተመኩሮ ድማ'ዩ ተራእዩ።

ከም'ቲ ኣብ ላዕሊ ዝተዘርዘረ፡ ብዙሕ ሕማማት ስለ ዝነበሮም ብዙሓት ሞይቶም። ቅድሚ ምድቃሶም፡ መድሃኒት ሂብና ድሓን ሕደሩ ንብሎም። ንግሆ እንደገና መድሃኒት ክንዕድል ምስከድና፡ ሞይቶም ይጸንሑና። ሓደ ሓደ ግዜ፡ ደቂሶም ዘለዉ ይመስሉና'ሞ ተንስኡ ኢልና ንንቕንቖም። ዋላ'ቶም መዳቕስቶም ከይተረፉ ምማቶም ከይፈለጡ ስለዝጸንሑ፡ ሞይቱ እዩ ክንብል ክሰምዑና ከለዉ፡ ተንሲኦም መልቀስ ይጅምሩ። ብሓጺሩ፡ ድምጾም ከይተሰምዐ ነቒጽም ይሓድሩ። መዓልቲ መዓልቲ፡ እንተወሓደ ሓደ እንተዘይኮይኑ ክልተ ወይ ሰለስተ ምቕባር ልሙድ ኮይኑ ኔሩ። እቶም ብሂወት ዝነበሩ'ውን ነብሶም ማሲኑ፡ ብሕማም ክሳቐዩ፡ ብኸቱር ጓሂ ወትሩ ክቑዝሙ ምርኣይ፡ ንዓና ብጣዕሚ ኣሰቃቒ ኮይኑና።

ስለ'ዚ እየ ኸኣ ንዓይ፡ ዘሕዝን ተመኩሮ እዩ ኔሩ ዝበልኩ። ከይተፈትሑ ከለዉ፡ ናብ ሕክምና ስዉእ ገብረሂወት ተመዲበ ከይደ።

ኣብ 1980 ዓመተ ምህረት ከም ኣባል ፈጻሚት ኣካል ጠቕላል ማሕበር ደቂ-ኣንስትዮ ኤርትራ ንኩብሳ ደይባ ኣብ ከባቢ ጽልማ ኣብ ዝተንቀሳቐሰትሉ ግዜ፡ ብሰንኪ'ቲ ኣብ ልዕሊ ተጋድሎ ሓርነት ኤርትራ ዝተኻየደ ውዲታዊ ወታሃደራዊ መጥቃዕቲ ካብ ከባቢ ሰንዓፈ ዝተመዛበሉ ስድራቤታት ኣጋጢሞማ ነይሮም። መብዛሕትኦም ድማ ነቲ ምስ ዘመቻ ብ1976 ዓ.ም. ዝተኻየደ ውግእ፡ ልክዕ ከም ሸው ዝተፈጸመ ጌሮም ብዝርዝር ከዕልልሉ ትሰምዕ ነበረት። ካብቲ ከም ኣባል ሕክምና ምስ ምሩኻት ዘመቻ ዝነበራ ተመኩሮ ተበጊሳ፡ ህዝብናኸ ከመይ ይርእዮም ይኸውን ዝብል ተገዳስነት ኣሕዲራ፡ ንብዙሓት ከኣ ብልክዕ ተመኩሮኦም ከመይ ከምዝነበረ ሓቲታ ብጽሞና ኸኣ ሰሚዓ። ካብቶም ብ1976 ዓ.ም. ንኣሽቱ ጓሶት ዝነበሩ'ሞ ማሪኾም ዝተባህሉ'ውን ክልተ መንእሰያት ብኣካል ረኺባ ኣዛራሪባ። እቲ መግለጺ ብምሉኡ ምስ'ቲ ኣባባ እሸቱ ዘዘንተዉላ ታሪኽ ዝሰማማዕ ኮይኑ ድማ ረኺባቶ። ብሓጺሩ ጀብሃ ብሃንደበት ከምዘጥቃዓቶምን ፈቐድኡ ዛሕ ዛሕ ከምዝበሉን ኣብ ስንጭሮታት ረኺቦም ጓሶት ብዝሓዝዎ በትሪ ከይተረፉ ከምዝማረኹዎምን ዘረጋግጽ መግለጺ'ዩ ተሓቢርዋ።

እዚ ኣብ ላዕሊ ዝተጠቕሰ ብዝሒ ምሩኽ ዘማች ናብ ቤት ማእሰርቲ ምሩኻት ንባርካ ተጠርኒፉ ከም ዝጉዓዝ ተገብረ።

ከተማ መንደፈራ ሓራ ንምውጻእ ኣብ ዝተገብረ ውግኣትን ኣብ ምምሕዳራን ብኣካል ዝተሳተፈ ሓርበኛ ተጋዳላይ ኤፍረም ታፈረ ምስ ኣብ ምምሕዳራ ዝተሳተፈ ሓርበኛ ተጋዳላይ ኣለም ዮውሃንስ ተሓባቢሮም ንተዘክሮታቶምን ኣብኡ ዝወዓሉ ብጾትን ተወኪሶም ቀጺሉ ሰፊሩ ዘሎ ሰነድ ዘበርከቱ።

ካብ ተዘክሮታት ምሕራር ከተማ መንደፈራ

ከተማ መንደፈራን ከባቢኣን ንምሕራር ዝተኻየደ ውግእ ኣብ ክል'ቲ ዝነበረ ናይ ከተማታት ምሕራር መደብ ተ.ሓ.ኤ. ካብ ቀንዲ ሓራ ክወጽእ ዘለዎ ከተማ

ተፈሊጡ፣ ህጹጽነት ብዘሰነየ መንገዲ በቲ ዝነበረ ዓቕምን ቀረብን እዩ ተኻይዱ።

ነዚ ስጉምቲዚ ንኽውሰድ ዘገድድ ኵነታት ድማ ሰውራ ኤርትራ (ተ.ሓ.ኤን ህዝባዊ ግንባርን) ከተማታት ናጻ ናይ ምውጻእ ምንቅስቓሳተን ጀሚረን ነይረን። ድሮ'ውን ተ.ሓ.ኤ. ንከተማታት ተሰነይ፡ ኡምሓጀር፣ ጎሉጅ፣ ኣቑርደት፡ ሓጋዝ፡ ወዘተ ነጻ ኣውጺኣ ንባረንቱ ንምሕራር መጥቃዕቲ ጀሚራ ዝነበረትሉ እዋን እዩ። ህ.ግ. ውን ንከተማታት ናቕፋ፡ ኣፍዓበት፡ ከረን ፡ ደቀምሓረ ናጻ ኣውጺኣ ንከተማ ባጽዕ ከቢባቶ ነይራ።

እዚ ምዕብልናታት'ዚ ንመንግስቲ ኢትዮጵያ፡ ኣብ ኤርትራ ናይ ምህላዉ ግዜኡ የብቅዕ ከም ዘሎ ስለ ዘርኣዮ ኣብ ደቡባዊ ሸነኽ ኤርትራ ንዝነበረ ሓይልታቱ ብዕጽፍታት ከደልድል መደብ ኣውጺኡ። ንኣብነት ኣብ ኣውራጃታት ሰራየ ኣከለ ጉዛይ ደንከል ተዘርጊሑ ዝነበረ ሓይልታቱ ብቑጽርን ዓይነትን ዕጥቅን ካብቲ ዝነበሮ ናብ ክለተ ወይ ሰለስተ ዕጽፊ ከደይቦ ከም ዝወሰነ ጭቡጥ ሓበረታታት ካብ ውሽጢ ብስሩዓት ተሓኤ ይመጽእ ነይሩ። ምስዚ ዝተተሓሓዘ ነቲ ኣብ ከተማ መንደፈራን ከባቢኡን ዝነበረ ክልተ ብሪጌዳትን ሓደ ናይ ኮማንዶስ ሓይልን፡ ተውሰኽቲ ክልተ ብሪጌዳትን ሓደ ቦጦሎኒ ከቢድ ብረት ተዳልየን ከምዘለዋ ተበጺሑ። ስለዚ ጸላኢ ብዝያዳ ከይደልደለ ከሎ ስጉምቲ ክውሰድ ብደረጃ ምምሕዳር ተወሲኑ።

ናይ መጥቃዕቲ መደብ፡

እቲ መጥቃዕቲ በዚ ዝስዕብ ኣገባብ ክጅመር ተገይሩ፡

ሀ) ኣብቲ ግዜቲ ጠቕላላ ኣመሓዳሪ ምምሕዳር ቍጽሪ ትሽዓተ (ሰራየ) ዝነበረ ብስዉእ ተጋዳላይ ወልደዳዊት ተመስገን ማእከልነት ክወሃሃድ።

ለ) ኣብቲ ግዜቲ ወኪል ወተሃደራዊ ቤት ጽሕፈት ምምሕዳር ቍጽሪ ትሽዓተ ዝነበረ ስዉእ ተጋዳይ ስዒድ ሳልሕን ተጋዳላይ ጎይቶኦም መራሒ ሓይልን ንሓንቲ ሓይልን ጋንታን ሒዞም ነቲ ኣብ ፎርቶ ናይ መንደፈራ ዓሪዱ ዝነበረ ሓይሊ ጸላኢ ከጥቅዑ።

ሐ) ኣብቲ ግዜቲ መራሒ ቦጦሎኒ ዝነበረ ተጋዳላይ ዑመር ኣቡ ሽነብን ካድር ቦጦሎኒ ተጋዳላይ በርሀ ተስፋዮሃንስን ተጋዳላይ ተስፋይን ጸጥታ ቦጦሎኒ 864 ክለተ ሓይልታትን ክልተ ጋንታታትን መሪሖም ብሸነኽ ምዕራብ መንደፈረ "ኣዲስ ኣበባ" ዝበሃልን ሰሜናዊ ምዕራብ መንደፈራ ከባቢ ካቶሊካዊት ቤት ክርስቲያን ዝነበረ ሓይሊ ጸላኢ ከጥቅዑ።

መ) ምክትል መራሒ ቦጦሎኒ ስዉእ ተጋዳላይ ደብሮም ጥሉቕን ካልኦት ክልተ መራሕቲ ሓይልታትን መሪሖም ኣንዳ ኮነል (ሓይሊ መብራህቲ) ዝነበረ ጸላኢ ከጥቅዑ።

ሰ) ስዉእ ተጋዳላይ መቶ ሓለቓ በረኸትን ስሞም ዘይዝከርም ክልተ መራሕቲ ሓይልታትን ከኣ ክለተ ሓይልን ሓንቲ ጋንታን መሪሖም ነቲ ኣብ ቲቦ (ሰሜናዊ ምብራቕ) ዝነበረ ጸላኢ ከጥቅዑ።

ረ) ስዉእ ተጋዳላይ መሓመድ ሳልሕ መራሕ ቦጦሎኒን ኣብቲ ግዜቲ መራሕ ምብራቓዊ ግንባር ምምሕዳር ቊጽሪ ትሽዓተ ዝነበረ ተጋዳላይ ኤፍረም ታፈረን ከኣ ሓንቲ ሓይልን ሓንቲ ጋንታን መሪሖም ብምብራቓዊ ሸነኽ መንደፈራ ከባቢ ኮሚሳርያቶ ተባሂሉ ዝጽዋዕ ዝነበረ ሓይሊ ጸላኢ ከጥቅዑ።

እዚ መደብ'ዚ ክወጽእ ከሎ ምስ ምምሕዳር ሓቢሩ ዝዋሳእ ዝነበረ ሓደ ካብ ኣብ ውሽጢ ከተማ መንደፈራ ዝነበረ ሓይሊ ኮማንዶስ ውሽጣዊ ስሩዕ ኮይኑ ተሳቲፉ። ኣብቲ ዝነበረ ምይይጥ ኣብ ከብዲ ጸላኢ ዝነበሩ ናይ ዉሽጢ ስሩዓት ኣባላት ኮማንድስ ሰራዊት ሓርነት ብደገ ንጸላኢ መጥቃዕቲ ምስ ጀመረ ቡኡንቡኡ ድማ ንሳቶም ብረቶም ናብ ጦር ሰራዊት ብምቕናዕ መጥቃዕቲ ክጅምሩ ኢዩ ነይሩ እቲ ስምምዕ።

ዕላማ ናይዚ መደብ'ዚ ክሳብ ብውድብ ደረጃ መደብ ሰሪዑን ኣጽኒዑን ኣብ ምሕራር ከተማ መንደፈራ መጥቃዕቲ ዝውስን ግዜ ክወስድ ስለ ዝኽእል ጸላኢ ሓይሉ ከይወሰኸን ዕጥቅታቱ ከየዛየደን ንምሕምሻሹ እዩ ነይሩ።

ምጅማር ቀዳማይ መጥቃዕቲ፡

እቲ ናይ ውሽጢ ስሩዕና ካባና ተሰናቢቱ ናብ ከተማ መንደፈረራ ምስ ተመልሰ ነታ ጉጅሉኡ ኣኪቡ ነቲ መደብ ሓቢሩዋ ብቕራጽነት ከኣ ተቐቢላቶ። እንተኾነ ግና ሓንቲ ዓባይ ጌጋ ተፈጺማ፡ እታ ጉጅለ ኣብቲ ዘካየደቶ ህጹጽ ኣኼባ "እቶም ኣብ ስርርዕ ዘይነበሩ ሃገራውያን ኣባላት ኮማንድስ ንጥቕሚ ሃገሮምን ናጽነቶምን ምእንቲ ከረጋግጹን ኣብ ጎድኒ ኣሕዋቶም ደው ክብሉን ኣንጻር ኣሕዋቶም ከይዋግኡን ነቲ ሓላፊ ናይ ሚእቲ ሓለቓ ገብረትንሳኤ ነካፍሎ'ም ብመንገዱ ኣለዓዒሉ ጠበናጁኦም ናብ ጦር ሰራዊት ከቕንዕዎ ኢሎም ይውስኑ"። በዚ መሰረት ንገብረትንሳኤ ይሕብርዎ። ንሱ ከኣ ከም ሕጉስ መሲሉ ነቲ መደብ ክነግርዎ ይሓቶም እሞ ንሳቶም ድማ ነቲ መደብና ብሙሉኡ ከምታ ዘላታ ይሕብርዎ። ነዚ ተዛራሪቦም ነናብ ቦቶኦም ምስ ተመልሱ ገብረትንሳኤ ንጸላኢ ነቲ ዝተነግሮ መደብ ይሕብር። ጸላኢ ከኣ ነዚ ዕድል ተጠቒሙ ንኹለን ነተን ቦታታት ዝለዓለ ቁጽጽርን ሓይሊ ጦር-ሰራዊትን ዕጥቅን ዘለዎ ይምድብ፡፡

እቲ መጥቃዕቲ ብመሰረትዝወጸ መደብ ብዕለት 18 ሓምለ 1977 ሰዓት ሓደን ፈረቓን ናይ ለይቲ ጀሚሩ። ኩለን ሓይልታት ኣብ ዘዝተመደባሉ መጥቃዕቲ ኣጽዒቐን ከጥቅዓ ከለዋ ግን ጸላኢ ተዳልዩሉ ዝጸንሐ ትጽቢት ዘይተገብረሉ

ኩነታት ማለት እቲ ልዕል ኢሉ ዝተጠቐሰ ክድዓት ኣሕሊፍካ ምሃብ ብሚእቲ ሓለቓ ገብረትንሳኤ ኢዩ ገጢሙዎን።

ሓይልታትና እምበኣር ኣብ ከምዚ ዝኣመሰለ ኩነታት ኢየን ነቲ ውግእ ዝጀመርኦ። እቲ ውግእ ሓዊ ይኸውን፡ሓይልታትና ብጅግንነት ከጥቅዓ ጸላኢ ድማ ክከላኸል ከተማ መንደፈራን ከባቢኣን ብብዝሒ ጠያይቲ ኣብ ትሕቲ ድሙቕ ብርሃን ተቐየረ።

እቲ ንፎርቶ ዘጥቅዕ ዝነበረ ሓይልና ኣብ ውሽጢ 10 ደቓይቕ ንጸላኢ ካብ ዕርዱ ኣውጺኡዎስ ጸላኢ ካልእ ዕርዲ ኣብ እግሪ ፎርቶ መዝገብ ሓዘ። እቲ ኣብ እንዳኮሚሳርያቶ ዝተመደበ ሓይሊድሕሪ 25 ደቓይቕ ንጸላኢ ደፊኡ ኣብቲ ጎላጉል ኣውሪዱዎ። እቶም ንኣዲስ ኣበባን ከባቢ ቤት ክርስትያን ካቶሊክ ዝተመደቡ ሓይልታት እቲ ቦታ ኣዝዩ ኣጺጋምን ዝያዳ ነቲ ዓሪዱ ዝነበረ ጸላኢ ስለ ዝጥዕሞ ክደፍኡ ኣይከኣሉን።ምስኡ ተተሓሒዙ ከኣ መራሕ ቦጦሎኒ ተጋዳላይ ዑመር ኣቡ ሸነብ ብኣርፒጂ እግሩ ተሓምሺሹ፡ ተጋዳላይ በርሀ ተስፋዮሃንስን ሓደ ካብ መሪሕነት ቦጦሎንን ተጋዳላይ ተስፋይን ይማረኹ። ስለስቲኦም ነቲ ውግእ ዝመርሑ ዝነበሩ ካብ ስራሕ ወጻኢ ይኾኑ፡ እተን ብኡ ዝነበራ ሓይልታት ከኣ ይጥቅዓ።

ተጋዳላይ በርሀ ተስፋዮሃንስ፡ ካድር ቦጦሎኒ 864፡ ተጋዳላይ ተስፋይ ናይ ቦጦሎኒ ጸጥታን ካልኦት ተጋደልትን ብጸላኢ ተማሪኾም ናብ ቤት ማእሰርቲ እናምርሑ ከለዉ ተጋዳላይ ዑመር ኣቡ ሸነብ ይሪኦም'ሞ "ህደሙ ህደሙ" ኢሉ እናጨደረ ብኾፉ ከሎ ናብ ጸላኢ ብካላሽን ቶኲሱ ሰለስተ ወተሃደራት ምስኣውደቐሎም፣ ኩሎም እቶም ተማሪኾም ዝነበሩ ብትብዓት ሃዲሞም ብሰላም ይወጹ።

እቲ ንቲቦ ከጥቅዕ ዝተመደበ ሓይሊ'ውን እቲ ቦታ ጎላጉል ብምዃኑ ጸላኢ ንዑኡ ዘድሊ መሳርያታት እንኮላይ ታንክታት ኣዳልዩሉ ስለ ዝጸንሐ ክደፋእዎ ኣይከኣሉን። ብርግጽ ምስቲ ኩሉ ዕጥቁን ንዑኡ ዝጥዕሞ ቦታ ክነሱ ሓይልታትና ገለ ካብቲ ቦታታት ኣሕዲጎሞ ኢዮም። ጠሪሽካ ካብቲ ቦታ ምልጋሱ ግን ብዝነበሮ ዕጥቅን ቁጽሪ ሰራዊትን ዝከኣል ኣይነበረን።

እተን እንዳ ኮነል ዘጥቅዓ ዝነበራ ሓይልታት'ውን ከምቲ ናይ ቲቦ ወይ ሸንኽ ምዕራብ ዝነበረ ጽንኩር ኩነታት ኢዩ ኣጋጢሙወን። እንዳ ኮነል ጎልጎል ኢዩ፡ ጸላኢ ከኣ ተዳልዩ ኢዩ ጸኒሑ፡ ይኹን'ምበር ሓይልታትና መሪር ኲናት ድሕሪ ምክያድ ንጸላኢ ካብ ኮነል ኣሳጒጎም ፋሕ ብትን ኣእተውሉ።

ብድሕሪዚ ጸላኢ ካብ ከተማ መንደፈራ ንደቡብ መንገዲ ሳን ጆርጆ ወጺኡ፣ ንጺጋሙ ተጠውዩ ነቲ ኣንጻ ኮሚስርያቶ ዝተቐጻጸረ ሓይሊ ተሓኤ ና ጎድናዊ መጥቃዕቲ ጀሚሩ፣ ካብ ኣንጻ ኮሚሳርያቶ ተደፊኡ ወሪዱ ዝነበረ ሓይሊ ጸላኢ'ውን ተጠራኒፉ ብቕድሚት መጥቃዕቲ ጀመረ። ኮይኑ ከኣ እቲ ቦታ

ንሓይልታትና ዝጠዓመ ስለ ዝነበረ ውግእ እንደገና ሓዊ ኮነ። እቲ ግዜ ዳርጋ ወጊሑ ስለ ዝነበረ ስዉእ ተጋዳላይ መልኣከ ተኽለ ኣባል ፈጻሚት ሽማግለ ካብ ሓማሴን መጺኡ "ኩለን ሓይልታት ይስሕባ፡ እዚ ውሳኔ ኢዩ" ስለ ዝበለ በዚ መሰረት'ዚ ትእዛዝ ኣኽቢረን ኩለን ሓይልታት ስሒበን። እቶም ነቲ ውግእ ዝመርሑዎ ዝነበሩ መራሕቲ ከኣ ናብኡ ተጸዊዖም ከዱ።

ኣብቲ ንሓርነት ከተማ መንደፈራ ዝተኻየደ መጥቃዕቲ፡ ብሰንኪ እቲ ዘጋጠመ ጥልመትን ምሉእ መጽናዕታዊ ምድላዋት ዘይምንባሩን ካብ'ቲ ብስዉእ እድሪስ ፋህም ዝምራሕ ዝነበረ በጠሎኒ 159፤ ካብ ኣከለ-ጉዛይ ተሳሒቡ ዝመጸ በጠሎኒ ብጠቕላላ ክሳብ 153 ዝኣኽሉ ስዉኣት፡ መብዛሕትኦም ድማ ኣብቲ ቀዳማይ መጥቃዕቲ ከምዝተሰውኡ ኣብ ታሪኽ መዝገብ ስዉኣት ሰፊሩ ይርከብ። ሓደ ካብኣቶም ስዉኣ ናይ ምእቲ ሓለቓ ዘርኦም ሓጎስ መራሒ ሓይሊ ዝነበረ ክንዝከር እንከለና፡ ስዉእ ዘርኦምን መላእ ኣባላት ምምሕዳር በጠሎኒን ኣብቲ ብዕለት 17 ሓምለ 1977 ኣብ ዓዲ-መንጐንቲ ብመሪሕነት ስዉእ ሞቶ ሓለቓ በረኸት ኣብራሃ መደብ ናይ መጥቃዕቲ ንምሕባር ዝተገበረ ኣኼባ፡ ነቲ ቅድሚ መጥቓዕቲ ክግበር ዝነበሮ መጽናዕትን ምድላዋትን ኣመልኪቶም ነቓፊ ርእይቶ ተቓውሞን ኣቕሪቦም ምንባሮም እዩ። ኣብዚ ኣኼባ'ዚ ንዝቐርብ ዝነበረ ሃናጺ ርእይቶታት ብስግኣት ካብ መስዋእቲ ኣምሲልካ ዘመልክት ዋዛ ዝመስል መግለጺ ይስንዘር እኳ እንተነበረ፡ ሓምሳ ሓለቓ የማነ ግን፡ "ኣብዚ ዝተርፍ መን እዩ ክንርኢ ኢና" ምባሉ ካብ መስዋኣትን ሞትን ዝኾነ ይኹን ፍርህን ስግኣትን ከምዘይነበሮምን፡ እቲ መጕተ ከም መራሕቲ ሰራዊት ናይ መጽናዕቲ ሕጽረት ከምዝነበረ ንምግላጽ ጥራሕ ዝዓለመ ምንባሩ ከይዘከርካ ዝሕለፍ ኣይኰነን።

ኣብዚ ዉግእ'ዚ ካብ ዝተሰዉኡ ስርዒታውያን ሓለፍቲ፡ ስዉእ ደብሮም ጥሉቕን ምስኡ ዝነበሩ 35 ተጋደልትን ካብኦም ድማ ክልተ መራሕቲ ሓይልታትን ኣብ እንዳ ኮነል፡ ስዉእ ጎይቶኦም ብኮማንድስ ዝብል ሳጓ ዝፍለጥ፡ መራሕ ቀዳመይቲ ሓይሊ ኣብ ፎርቶ፡ ስዉእ ወልዳይ ጸጋይ ኮማንድስ ዝነበረን ኣብ መጥቃዕቲ መንደፈራ "ኣነ እየ ነዞም ኣብኡ ዘለዉን ነቲ ቦታን ዝፈልጦ፡ መሪሐ ድማ ክኣቱ ኣለኒ" ኢሎ ፎርቶ ኣትዩ ንዋርድያ ብቦምብ ኢድ ኣጥቂዑ ዝተሰውአ፡ ስዉእ ተጋዳላይ መሓመድ ሳልሕ መራሕ በጠሎኒ ዝነበረ ኣብ እንዳ ኮሚስርያቶ፡ ስዉእ ተስፋይ ሓደራ መራሕ ጉጅለ ጸጥታ ኣብ ዉሽጢ ከተማ መንደፈራ ካብ ዝኣተዉ ተወጊኡ ተሪፉ፣ ድሕሪኡ ጸላኢ ሒዙ ከም ዝቐተሎ ይፍለጥ።

ውጥን ኵናት ንጸላኢ ኣሕሊፉ ዝሃበ ከዳዕ ኤርትራዊ ናይ ሚእቲ ሓለቓ ኮማንድስ ዝነበረ ገብረትንሳኤ ገብረስላሴ ተቐቲሉ፡ ካዳዕ ገብረትንሳኤ ዓዱ ኣብ ዓዲ ጉንጓይ መራጉዝ ሰራየ ኢዩ። ኣብ ድርኮ መባእታዊ ትምህርቲ ድሕሪ ምቕሳም ኣብ መንደፈራ ክሳብ ማእከላይ ደረጃ ምስ ተማህረ ኣብ ፖሊስ ተኸቲቡ። ብድሕሪኡ ብገዛእ ፍቓዱ ናብ ኮማንዶስ ተመሓላሊፉ ወሃደራዊ ትምህርቲ ኣብ ከተማ ደቀምሓረ ዝወደአ ኢዩ ነይሩ።

ጸላኢ ነቲ ምዝላቕ ንዝለዓለ ምድላው ምኺኑ ስለ ዘይተረድኦ ንገለ ሬሳታት ካብ ስዉኣትና ኣብ ማእከል ጽርግያ ከተማ ዘርጊሑ ክፍክር ወዓለ። እንተኾነ ህዝቢ

ከተማ መንደፈረራን ከባቢኣን በዚ ፈኸራ'ዚ ከይተዳህሉ ናብ ሓደ ኣብቲ ከተማ ዝነበረ ሻምበል ገብረመድህን ገብረጻድቕ ዝተባህለ መኮነን ኢትዮጵያዊ ትግራዋይ ቀሪቦም " እዚ ግዜ እናመሰየ ይኸይድ ስለ ዘሎ ጸሓይ ከይዓረበት (ከይጸልመተ) ነዚ ሬሳታት ክንቀብሮ ይፈቐደልና" ኢሎም ብትሕትና ይሓትዎ። ንሱ ከኣ ናይ መን ሬሳ ክትቀብሩ ኢሉ ይሓቶም። ንሳቶም ድማ ናይ ዝኾነ ሬሳ ሰብ ክቡር ኢዩ። ንሕና ናይዚኦም ናይቲኦም ኣይንብልን ዝረኸብናዮ ሬሳ ተጋዳላይ ኣይንብል ጦር ኣይንብል ሓመድ ኣዳም ከነልብሶም ኢና ንሓተካ ዘለና ይብልዎ'ሞ፤ ሻምበል ገብረመድሂን ገብረጻድቕ ከኣ ፡ ካላሽን ዓሚሩ ኣንቱም ቀጠፍቲ ካባይ ርሓቑ፡ ነቶም ዘይፈልጥኹም ደኣ ኣደናግሩ እምበር ኣነስ እፈልጠኩም'የ፡ እናበለ ብቑጥዔ ከፈራርሖም ከሎ ኣብ ጥቑኡ ኰይኑ ዝሰምዕ ዝነበረ ኮሎነል ደመቀ በኣሉ ዝተባህለ ኢትዮጵያዊ "ተዉ.. ተዉ ፡ምንድነው የሚሉ ጥያቄኣቸው ምንድነው" (ሕደግ ሕደግ እንታይ ኢዮም ዝብሉ ሕቶኦምከ እንታይ ኢዩ) ኢሉ ይሓቶም'ሞ፣ ይስሙኝ ጓድ ኮሎነል እርስዎ ስለ ኤርትራውያን ብዙ ነገር የሚያውቁ ኣይመስለኝም፡ እኔ ግን በደምብ ኣውቃቸዋለሁ፣ ከፉዎችና ተንኮለኞች ናቸው፡ ኣሁን የሚሉን ያሉት የልጆቻችን ሬሳ እንድንቀብር ይፈቀድልን ነው። ነገር ግን የልጆቻቸው ሬሳ ለመቅበር ሳይሆን ልጆቻቸው ስንት የኣብዮታዊ ሰራዊት እንደገደሉ ለማወቅና ለወንበዴዎች ሪፖርት ለማቅረብ ነው፡፡ (ስምዑኒ ብጻይ ኮለነል ንስኹም ብዛዕባ ኤርትራውያን ብዙሕ ነገር ትፈልጡ ኣይመስለንን፣ ኣነ ግን ኣጸቢቐ ኢየ ዝፈልጦም፣ ክፉኣት ተንኮለኛታት ኢዮም። ሕጂ ዝብሉና ዘለዉ ሬሳታት ደቅና ክንቀብር ይፈቐደልና ኢዩ። እንተኾነ ግን ሬሳታት ደቆም ንኽቕብሩ ዘይኮነስ እንታይ ደኣ ክንደይ ካብ ኣብዮታዊ ሰራዊት ከምዝተቐትሉ ክፈልጡን ንሸፉቱ ጸብጻብ ከቕርቡን ኢዩ) ይብሎ።

ኣቶም ሽማግለታት ሻምበል ገብረመድህን ነቲ ኮሎነል እንታይ ከም ዝበሎ ምስ ተረድኡ" በል ስማዕ ዝወደይ ሓሚምካ'ምበር ፈሪህካ ኣይምወትን ኢዩ። ኤርትራውያን ብጣልያን ፡ ብንግሊዝ፡ ብጃንሆይ ሕጂ ከኣ ብደርጊ ባኣኹም ተገዚእና ኣብዚ ኩሉ ግዜ ብዘይካኻ ንዓና ኤርትራውያን ብተንኮለኛታት ዝገልጸና ሰሚዕና ኣይንፈልጥን። ኤርትራውያን እንፍለጠሉ ትኽ ኢልካ ፊት ንፊት ምዝራብ ኢዩ። ነዚ ንክቡር ኮሎነል ዝነርገርካዮ ኣይናትናን ኢዩ። ዘይናትና ኣይትሃበና። ዝወደይ ተንኮልን ክፍኣትን ዋናታቱ ኣለኹም፡ ነናትና ዳኣ ንሓዝ ዝወደይ፡ ይብልዎ። ኣቲ ሻምበል ይናደድ ከተሃራረም'ውን ይህቅን። ኣቲ ኮሎነል "ሻምበል ኣርፈህ ተቀመጥ ምን ሁነህ ነው ይህን ያህል የምትናደደው፡ ይብሎ። (እቲ ኮለነል "ሻምበል ህድእ በል እንታይ ኮንካ ኢኻ ክሳብ ክንድዚ ትቑጣዕ) ሽዑ ሓደ ካብቶም ሽማግለታት " ስምዑኒ ጎይታይ ኮሎነል፡. ኢሉ ብኣምሕርኛ ኣናሰባበረ (ገለ ትግርኛ ኣናሰኹዐ) ክገልጸሉ ምስ ጀመረ ሓደ ካብቶም መምህራን መንደፈራ ብብሽግለታ ገሩ ብጥቕኦም ክሓልፍ ከሎ ኣቲ ኮለነል ጸዊሩ ፡ "ኣባክህ ኣርዳኝ ሽማግለዎቹ ምን እንደሚፈልጉ ለምን ከሻምበል መግባባት እንዳልቻሉ

ጠይቓቸውና ያሉትን ሁሉ አንዳለው ሳትቀንስ ሳትጨምር ንገረኝ"። (በጃኻ ሓግዘኒ እዞም ሸማግለ እንታይ ከምዝደልዩ ስለምንታይ ምስ ሻምበል ምርድዳእ ዘይከኣሉሥ ሕቶታቶምን ዝበልዎን ከይሉ ከምዘለዎ ከየግደልካ ከይወሰኽካ ነገረኒ) ይብሎ።

እቲ መምህር ነቶም ሽማግለታት ድሕሪ ምሕታት ከምታ ዝተባህለት ጌሩ ነቲ ኮሎነል ይገልጸሉ። እቲ ኮለነል ከኣ ብስሓቕ ዝብሎን ዝምልሾን ይጠፍኦ። ጸኒሑ ከኣ :ሻምበል ኣትቆጣ በኡነት ስለኡነት እንናገር ከተባለ፣ ኤርትራውያን በደረቆችና በሰራተኞች እንጂ ወስላቶች ናቸው ሲባል ሰምቸ ኣላውቅም። እኔም አዚህ ኣገር ኑሬኣለሁ ኤርትራውያ ገር ናቸው"(ሻምበል ኣይትቆጣዕ ብኡነት ስለሓቂ ንዛረብ እንተተባህለ፣ ኤርትራውያን ብድርቅናኦም ብሰራሕተኛ ምኻ'ኖምን እምበር ሓሰውቲ ኢዮም ክበሃሉ ሰሚዔ ኣይፈልጥን። ኣነ እውን ኣብዚ ሃገር እዚ ተቐሚጠ ኢየ፡ ኤርትራውያን ገርህኛታት ኢዮም) ይብሎ። ነቶም ሽማግለታት ድማ፡ ያገኛችሁት ሬሳ ሁሉ ቅበሩት። ከኛ የምትፈልጉት ድጋፍ ካለ ጠይቁን። የኣብዮታዊ ሰራዊት ሬሳ ካገኛችሁ መለዮና በኪሱ ዉስጥ ያገኛችሁት ማንኛውም ነገር ኣምጡልን፡ (ዝረኸብኩሞ ሬሳ ኩሉ ቅበርዎ። ካባና እትደልይዎ ሓገዝ እንተሎ እውን ሕተቱ። ናይ ኣብዮታዊ ሰራዊት ሬሳ እንተረኸብኩም ዲቪዛኡ ማለት ናይ ወተሃደር ልብሲን መለለይኡን ኣብ ጅብኡ ዝረኸብኩሞ ዝኾነ ይኹን ነገር ኣምጽኡልና) ኢሉ ብትሕትናን ብኣኽብሮትን ኣፋንዩዎም።

ብድሕሪዚ ኣብቲ ከባቢ ዝነበርና ተጋደልቲ ነታ " ነናትና ደኣ ንሓዝ " እትብል ሓረግ ናይቶም ሽማግለታት ኣብ መንጎና፡ "ስማዕ ብጻይ ነናትና ደኣ ንሓዝ" እናበልና ንዝክራን ንጥቀመላን ኔርና።

ካልኣይን መወዳእታን ውግእ (መጥቃዕቲ)

እቲ ቀዳማይ ውግእ በቲ ኣብ ላዕሊ ተጠቒሱ ዘሎ ቀንዲ ምኽንያት ብዓወት ሰራዊት ሓርነት ኣይተደምደመን። ስለዚ እቲ መደብ ከም ብሓዲሽ ተጻኒዑ እቲ ዝነበረ ነጥበ ስንኩፍናታት ተመዚኑ ኣድላዪ ምድላዋት ተኻየደ። እቲ ካልኣይን ናይ መወዳእታን ንከተማ መንደፈራ ሓራ ናይ ምውጻእ መደብ ብደረጃ መሪሕነት ዝተማእከለ ኢዩ ነይሩ። ኣብቲ ሽነኽ ስትራተጂ ካብቲ ቀዳማይ ፈተነ ፍልልይ ኣይነበሮን። እቲ ዝተራእየ ፍልልይ ፡ 1) ብዝሒ ሓይልታት 2) ብዝሕን ዓይነትን ብረት 3)ዝለዓለ ናይ ስርሒት ምውህሃድ እዩ ነይሩ። ካልአ ሽነኹ ድማ ብሰንኪቲ ኣብ ቀዳማይ ፈተነ ዝተረኽበ ናይ መራሕቲ ውግእ መስዋእቲ ሓደስቲ ምቅይያራት ተጌሩ።

ንኣብነት፡

1) ብሸነኽ ምዕራብ ፎርቶ ዘጥቅዓ ዝነበራ ሓይልታት ብተጋዳላይ መሓመድ

2) ብሸነኽ ምዕራብ ከባቢ "ኣዲስ ኣበባ" ተባሂሉ ዝጽዋዕ ዝነበረን ከባቢ

ካቶሊካዊት ቤት ክርስትያንን ብተጋዳላይ ስዉእ በረኸት መራሕ ቦጦሎኒ 159

3) ብሽነኽ ረድዮን ቲቦን (ሰሜን መንደፈረ) ብተጋዳላይ ሓምድ ማሕሙድ ኣባል ሰውራዊ ባይቶን ወተሃደራዊ ስታፍን ተጋዳላይ ኣሽመላሽ ጎይቶኦም መራሕ ቦጦሎኒ 107።

4) ብሽነኽ ምብራቕ (ኣንዳ ኮሚሳርያቶ)ብስውእ ተጋዳላይ ስዒድ ሳልሕን ኣብቲ ግዜቲ መራሒ ምብራቓዊ ግንባር ዝነበረ ኣፍረም ታፈረን (ከም ተሓጋግዚ ስዉእ ስዒድ ሳልሕ) ይምራሕ ነሩ።

ላዕለዋይ መራሒን ኣወሃሃድን ናይቲ ዉግእ ስዉእ ተጋዳላይ መልኣከ ተኽለ ኣባል ፈጻሚት ሽማግለን ሓላፊ ጸጥታ ቤት ጽሕፈተን ነይሩ።

ስዉእ ሓርበኛ ተጋዳላይ መልኣከ ተኽለ

እዚ እቲ ንመጥቃዕቲ ዝተዳለወ ስሩዕ ሓይልታት ናይ ውግእ ክኸውን እንከሎ፡ ኣብቲ ከባቢ ካብዝነበረ ጉጅለታት ህዝባዊ ስርርዕን ፍርድን ካብ ዝተሳተፉ ክቡር መስዋእቲ ዝኸፈሉን ኣብነታዊ ኣቦ፣ ተጋዳላይ ኣባ ወልደሃይማኖት ዝተባህሉ ፈላሲ ምንባሮም ናይ ትማሊ ፍጻሜ፡ ናይ ሎሚ ታሪኽ እዩ። ኣባ ወልደሃይማኖት ካብ ዓለም መኒኖም ኣብ ደብርታትን ቤተ ክርስትያናትን ዝነብሩ ዝነበሩ ሃይማኖታዊ መራሒ እዮም ነይሮም። ኣብ ቅድሚ ዓይኖም ኩነታት ሃገሮምን ህዝቦምን ዝያዳ ኣደዳ ኣደራዕን ሕሰምን ወዲቑ፡ ሕሉፍ ሓሊፉ ኤርትራዊ ዜጋ ንቡር ሞት ተሓሪምዎ፡ ብስልኪ ኣብዝሕነቐሉ ዝነበረ ግዜ እዮም፡ ሃገርካን በዓልቲ ቤትካን ምክልኻል እግዚኣብሄር ዝፈትዎ ስራሕ ካብ ኮነ፡ ኣነውን ሃገረይን ህዝበይን ንምክልኻል ክስለፍ ኣለኒ ስለዝበሉ እዮም ኣብ መሳርዕ ተጋድሎ ሓርነት

ኤርትራ ዝተሰለፉ።

ኣብቲ ንሓርነት መንደፈራ፡ ዝዋደድ ዝነበረ መጥቃዕቲ'ውን፡ ኣባ ወልደሃይማኖት ወልደዮሃንስ ንኽይኣትዉ ተሓቢርዎም ነይሩ እዩ። ይኹን'ምበር፡ ኣባ ወልደሃይማኖት "ኣይፋሉን፡ ንስኻትኩም እኳ ካባይ ትንእሱ ኣብ ውግእ ተኣትዉ ዘለኹምስ፡ ኣነ ካባኻትኩም ትበልጽ ነብሲ የብለይን፡ ስለዚ ካባኻትኩም ኣይተርፍን እየ፡ ኣብዚ ውግእ ክኣቱ እየ"፡ ብዝብል ቈራጽ ቃል እዮም ኣብ ውግእ መንደፈራ ዝተሳተፉ። ኣባ ወልደሃይማኖት ምስቲ ብቓኖው ስተሽን/ ምቕልቓል ሓጎስ ብዝብል ስም ዝፍለጥ ቦታ ዘጥቀዐ ሰራዊት ኣትዮም፡ ኣብ ቃኘው ስተሽን ምስ በጽሑ ድማ ብጅግንነት ተሰዊኦም።

እቲ መጥቃዕቲ ዕለት 26 ሓምለ 1977 ወጋሕታ'ኳ ይጀመር እምበር እቲ ቀዳማይ መጥቃዕቲ ጠጠው ምስ በለ ጸላኢ ዕጥቅን ስንቅን ምእንቲ ከየመላልስን ዕርድታቱ ምእንቲ ክጥቃዕን ተባሂሉ ብከቢድ በረት ክህረም ቀንዩ። ዕለት 27 ሓምለ ምሸት ብሓይልታትና ህጁም ተጀመረ። ጸላኢ ሓይልታቱ ክበታተን ጀሚሩ። ኢዱ ዝሀብን ናብ ዓዲ ኳላ ገጹ ክሃድም ዝፍትንን ኮይኑ ተባታቲኑ። ካብ ከተማታት መንደፈራን ዓዲ ኳላን 650 ወታሃደራት ተማሪኾም። ሓደ ካብኣቶም ኮረነል ተማሪኹ። ሓደ ኮረነል ከኣ ተቐቲሉ።

Ethiopian POWs receiving new clothes and other basic necessities by the ERCCS.

ሓደ ካብ ስእልታት ናይ ብሰራዊት ሓርነት ዝተማረኹ ሰራዊት ስርዓት ደርጊ ኢትዮጵያ

ኣድናቖት ዘትረፈ ውጥን ቅዲ ዙናት፣

ምኽትል መራሕ በጦሎኒ ተጋዳላይ ደብሮም ጥሉቕ 35 ተጋደልቲ በቲ ስሩዓት ኮማንዶስ ዝዓለዉዎ መስሎኺ ኣቢሎም ንውሽጢ ክኣትዉ ተጋደልቲ ንኽሰድድ

ሓላፍነት ተዋህቦ። ተጋዳላይ ደብሮም ግን ብድሕሪት ኮይኑ ክውግኖም ወይ መምርሒ ክህቦም ስለዘይደለየ ነቲ መደብ ክቐበሎ እንተኾይኑ ምስኦም ክኣቱ ኣሎኒ ኢሉ ኣጥቢቑ ከምዝሓተተ ዝገልጽ ሓበረታ ካብዚ ዝሰዕብ ዕላል ክንግንዘብ ይከኣል።

" ድሕሪ ዓወት ኲናት መንደፈራ፡ ካብ ህዝባዊ ግንባር ሓላፊ ወተሃደራዊ ቤት ጽሕፈት፣ ተጋዳላይ ኢብራሂም ዓፋ ናብ መደበር ፈጻሚ ሽማግለ ኣብ ፎርቶ መጺኡ ኣብኡ ምስ መሪሕነት ተሓኤ ቀንዩ ነይሩ። ሓደ ካብ መደባት እቲ መምጽኢኡ ድማ ኣብ ትሕቲ ሓባራዊ ዕዮ ብዛዕባ ወተሃደራዊ ምውህሃድ ንምዝርራብ እዩ። ሽው ሚዛን ብዛዕባ ናይ መንደፈራ ኲናት ተላዒሉ ክግለጸሉ ከሎ ነቲ ሓይሊ ጸላኢ ብውሽጢ ኣቲኻ ምስቶም ዝተሓባበሩ ዝነበሩ ኮማንዶስ ብምስምማዕ፡ ንጸላኢ ካብ ውሽጢ ምጥቃዕ እዩ። ናብ መዓስከር ምስ ኮማንዶስ ዝሰርሑ ሰሊኾም ዝኣትዉ ተጋደልቲ ክሳብ 35 ተጋደልቲ ተመዲቦም ነይሮም። ደብሮም ጥሉቕ ድማ ኣብ ውሽጢ ከይኣተወ ነታ ናብ ውሽጢ ቀንዲ መደበር ትኣቱ ናይ 35 ሓይሊ ሰብ ክመርሓ ተመዲቡ ነይሩ። ይኹን'ምበር ደብሮም ጥሉቕ ምስቶም ንውሽጢ ዝኣትዉ ተጋደልቲ መሪሑ ባዕሉ ክኣቱ ከም ዘለዎ ተኸራኺሩ ጸዲቑሉ።

ምኽትል መራሕ በጦሎኒ ሓርበኛ ስዉእ ተጋዳላይ ደብሮም ጥሉቕ

ደብሮም ዝመራሒኦም 35 ተጋደልቲ ድማ በቲ ካብ ኮማንዶስ ዝመጸ ናይ መስለኹ ሓበሬታ ይኣትዉ። ይኹን'ምበር ቅድሚ መደቦም እቲ ተኹሲ ብመደብ ጸላኢ ተጀሚሩ። (ከምዚ ኤፍረም ዝበሎ ዝኸሓደ ባእታ ኣቐዲሙ ንጸላኢ ኣፍሊጥዎ ጸኒሑ ክኸውን ይኽእል) ናብታ ቀንዲ ቦታ ከይበጽሑ ድማ እቲ ኲናት ኣብ ውሽጢ መዓስከር ይጅመር። እቶም ስሩዓት ኮማንዶስ እውን ብወገኖም ንጸላኢ የጥቅዑ። ግን ደብሮምን እቶም 35 ተጋደልትን፡ ብምልኦም ዋላ ሓደ ካብኦም ከይወጸ ኣብ ውሽጢ እቲ መደብር ይስውኡ። ንጸላኢ ግን ከም

ዘድምዑሉ ይፍለጥ።

ኣብዚ ግዜ'ዚ፡ ኢብራሂም ዓፋ ነዚ ኣገባብ እዚ ምስተገልጸሉ፡ ብዛዕባ ስልቲ ውግኣት ናይ ጀብሃን ሻዕብያን ክዛረብ ከሎ ከምዚ ይብል። "ጀብሃ ማስተር ስልቲ ወግእ ናይ ውሽጢ ከተማታትን ናይ ሓርበል-ዕሳባትን (urban guerilla warfare) ውግእ እዩ። ሻዕብያ ማስተር ኣትገብሮ ስልቲ ውግእ ድማ፡ ሓርብ ኣልመዋቕዕ (positional warfare) እዩ። ኣብ ናይ ከተማታት ንጀብሃ ዘርክብ የለን ኣብ ቅዉም ኲናት ድማ ንሻዕብያ ዘርክብ የለን ብምባል፡ ነቲ ናይ ደብሮም ጥሉቕ ከም መራሒ ጉጅለ መሪሑ ኣብ ከብዲ ጸላኢ ምእታው የድንቖ።"

ኣብ ምሕራር ከተማ መንደፈራ ዝተማረኸ ወታሃደራዊ ንብረት

ኣብ ምሕራር ከተማ መንደፈራ ዝተማረኸ ወታሃደራዊ ዕጥቅን ንብረት ብቑጽሩ ኮነ ብዓይነት ኣዝዩ ብዙሕ ኢዩ ነይሩ።ንኽንድኡ ዝኣክል ብዝሒ ዘለዎ ወተሃደርዊ ንብረት ሃዲኣካን ግዜ ወሲድካን ብምቑጻር ኢኻ ዝርዝርን ብዝሒን ናይ ነፍሲ ወከፍ ዓይነት ዕጥቂ ኮነ ንብረት ክቐረብ ዝካኣል። እንተኾነ ግና እቲ ዝነበረ ኩነታት ነዚ ዘፍቅድ ኣይነበረን። ምኽንያቱ ከኣ ጸላኢ ነዚ ኩሉ ወተሃደራውን ዘይወተሃደራውን ንብረት ተመንዚዑ ከም እንደገና ድማ ንዑኡ መህረሚ ከመንጥቀመሉ ስልዝፈልጥ ክድቅስ ኢዩ ኢልካ ምግማት ስለ ዘይከኣል ተመሊሱ ብነፈርቲ ቦምብታት ደርቢዩ ከየቃጽሎ ስግኣት ስለዝነበረና ኣባል ፈጻሚት ሽማግለ ስዉእ መልኣከ ተኽለ ብህጹጽ ክጎዓዝ ከምዘለዎ ትእዛዝ ስለ ዝሃህበ ለይትን መዓልትን ብዘይ ዕረፍቲ ብዓበይቲ መካይን ተጻዒኑ ናብ ዕቑብ ቦታ ለጊሱ። ወዮ ዳኣ ቀዲምናዮ እምበር ከምቲ ዝገመትናዮ ጸላኢ ክቃጽሎ ፈቲኑ ነሩ ኢዩ። ይኹን እምበር ጥቕልል ብዝበለ መንገዲ እዚ ዝስዕብ ጸብጻብ ክቕርብ እኽእል።

1) ቲ 55 ዝተባህላ ዓበይቲ ታንክታት ብዝሐን ሓሙሽተ።
2) ዓበይቲ ናይ ጽዕነት መካይን ብዝሐን ሸውዓተ።
3) ወተሃደራዊ ላንድሮቨራት ብዝሐን ትሽዓተ።
4) ሓንቲ ቮልክስዋገን ናይ ሲቪል መኪና።
5) ረዲዮታት ናይ ወተሃደራዊ መራኸቢ (ራካልን ፡ 77 ከምኡን ነኣሽቱ ኣብ ኣሃዱታት ዝዝርጋሓን) ብዝሐን ዓሰርተ ራካል ሰላሳን ሓደን 77፡ ሚኣቲን ሓሙሳን ሰለስተን ነኣሽቱ ናይ ኣሃዱ ረድዮታት ።
6) ኣብ ወታሃደራዊ መኻዚኖታት ዝጸንሐ ሓደስቲ ካብ ሰናዱቑ ዘይወጸ መዳፍዓት፡ ኣርቢጂታት፡ ሃውናት፡ ብሬናት፡ኤም14 ጠበናጁ፡ ካላሺናት ካልእ ቆጺርካ ዘይውዳእ ቦምብታትን

ጠያይትን።

7) ክቁጸር ወይ ክንቆጻጸሮ ዘይካኣል ወታሃደራዊ ጃኪታትን ሻንጣታትን።

8) ማኣለያ ዘይብሉ ወተሃደራዊ ስንቂታት በብዓይነቱ።

እዚ ቀሪቡ ዘሎ ሕጽር ዝበለ ጸብጻብ ወታሃደራዊ ዕጥቅን ስንቅን ኣብቲ ንትሸዓተ ኣዋርሕ ዝውሰደ ለይትን መዓልትን ዝተኻየደ ውግእ ባረንቱ፣ ከምኡ'ውን ንኣርባዓን ሓሙሽተን መዓልታት ዝወሰደ ውግእ መረብ ንጸላኢ ምጥቃዕ ርኡይ ግደ ኣበርኪቱ።

ህዝቢ ከተማ መንደፈራን ከባቢኣን ንዝተረጋገጸ ዓወት ብዕልልታን ጓይላን ታሕጓሱ ገሊጹን ብቖራጽነትን ጅግንነታዊ ስርሒታት ሰራዊት ሓርነትን ዝተሰምዖ ሓበን'ውን ኣዝዩ ዕዙዝ'ዩ ነይሩ።

ምምሕዳራዊ ንጥፈታት ቀጺሉ ክሰፍር'ዩ፣ ቅድሚኡ ግን፡ ነቲ ተፈጢሩ ዝነበረ ሰውራዊ ባይታን ሃዋህዉን ዝገልጽ መእተዊ ከምዚ ዝስዕብ ነይሩ፡

ተጋድሎ ሓርነት ኤርትራ ኣብ መጠረስታ 1974 ኣብ ፖለቲካዊ ምንቅስቓሳት ኤርትራ በቲ ናይ ስርዓት ሃይለስላሴ ምውዳቕን ብምትካእ ናይ ስርዓት ደርጊን ዝተረኸበ ምቹእ ሃዋሁ ብክብያ ዝልለ ለውጢ ተራእዩ። ናይ ከተማ ናይ ደባይ ተዋጋእቲ ኣባላት ሰራዊት ሓርነት ኤርትራ ኣብ ከተማታት ብብዝሒ ብምስላኾ ምስ ህዝቦም/መንእሰያት ብምርኻብ ንሰውራ ኤርትራ ዝጸልወሉ ዕዉት ውደባታት ኣካይዶም። ከም ሓደ ዓቢ ኣብነት ክጥቀስ ዝከኣል ነቲ ኣብቲ ግዜቲ ዝካየድ ዝነበረ ውግእ ሕድሕድ ኣብ መንጎ ተጋድሎ ሓርነት ኤርትራን ህዝባዊ ሓይልታትን ጠጠው ክብልን ብናይ ሓባር ቅልጽም ንጸላኢ ንምህራም ዝብል ሕልና ህዝቢ ከተማ ኣስመራ ንደርጊ ክይፈርህ ነሕዋቱ ከተዓርቕ ንወኪ ዛግር ዝገበሮ ዑደት ኢዩ። ከምኡውን ሃገራዊ ናጽነት ንምርግጋጽ ካብ ኩሉ ኣካላት ክፍሊ ህዝቢ ኤርትራ ንሜዳ ወሓዘ። ናይ ዩኒቨርሲቲን ኣብ ካልኣይ ደረጃን ዝመሃሩ ዝነበሩ ተመሃሮ ኣብ ሃገራዊ ናጽነት እጃሞም ከወፍዩ ናብ ሰውራ ብብዝሒ ተጸንበሩ።እቶም ኣብ ዝተፍላለያ ቤት ማእሰርታታት ተመቒሖም ዝነበሩ ከም ኣብ ቤት ማእሰርቲ ሰምበልን ዓዲ ኳላን ብዙሓት ኤርትራውያን ናይ ፖለቲካ እሱራትን ብካልእ ገበን ዝእሰሩሉ ዝነበሩ ዝዓበየ ቤት-ማእሰርቲ ናይ ኢትዮጵያ ስርዓት ብዘደንቕን ብውሕሉል ዝኾነ ኣገባብን ብትብዓትን ብጽንዓትን ኣብ ኣስመራ ዝተመደቡ ፈዳይን ናይ ተጋድሎ ሓርነት ኤርትራ ምስ'ቶም ከምዋርድያን ሓለፍቲናይቲ ቤት ማእሰርቲ ኮይኖም ዝሰርሑ ዝነብሩ ብፍላይ ከኣ ነብስሄር ሻምበል ወልደሃይማኖት ዝተባህለ ሓላፊ ናይ'ቲ ቤት-ማእሰርቲ ኮይኑ ዘገልግል ዝነበረ ብምስምማዕ ከባቢ 1000 (ሓደ ሽሕ) ዝኾኑ እሱራት ከምኡ'ውን ከባቢ ሰለስተ ሚእቲ እሱራት ካብ ከተማ ዓዲኳላ ኣብ ወርሒለካቲት 1975 ዓ.ም.ፈ. ሓራ ብምውጻእ ናብ ሰውራኦም ተሰሊፎም ክቃለሱ ዕድል ተኸፍተሎም።

ኣብዚ ግዜዚ ናብ ሰውራ ዝተሰለፉ መንእሰያት ብብዝሒ ጥራይ ዘይኮነስ ብዓይነት'ውን ዝልለዩ ነይሮም። መምህራን፡ ሓካይም፡ ኢንጂነርታት፡ ፖሊስ ኦፊሰራት፡ ናይ ሕርሻ ኪኢላታት፡ መካኒክ፡ መራሕቲ መካይን፡ ማለት ዝተፈላለየ ሞያዊ ክእለታትን ኣካደሚያዊ ትምህርትን ዝበሰሉ እዮም ነይሮም። ነዚ እኩብ ዓቕሚ ኣብ ዝበለጸን ኣፍራይን መዳያት ንክውዕልን ከምኡውን ሕብረተሰብ ኤርትራ ማሕበራዊ ነገራት ንኽማላኣሉ ብማለት ካልኣይ ሃገራዊ ጉባኤ ናይ ተ..ሓ.ኤ. ሕብረተሰብኣዊ ጉዳያት ቤት ጽሕፈት ክቐውም ደጊሙ ወሰነ። ነቲ ውሳነ ኣብ ግብሪ ንምውዓል ድማ ዝተፈላልለያ ንኡስ ኣብያተ ጽሕፈታ ከም ሕክምናዊ ኣገልግሎት፡ ክፍሊ ትምህርቲ፡ ህዝባዊ ናብራ ዕቤት፣ ክንክን ስድራቤት ተጋደልትን ክንክን ስደተኛታትን ኣብ ነጻን ሓውሲ ነጻን ዝወጸ ቦታታት ኤርትራ ብምቛም ኣገልግሎት ንህዝቢ ብነጻ ክትህብ ጀመረት።

ሓራ ምውጻእ ከተማ መንደፈራን ምስፋሕ ሕብረተሰብኣዊ ኣገልግሎትን

ኣብ ክፍላ 1977 ወተሃደራዊ ዓቕሚ ሰውራ ኤርትራ ኣብ ልዕሊ ሰራዊት ጸላኢ ጸብለልታ ስለ ዘረጋገጸ ነተን ዓበይቲ ከተማታት ምሕራር መደብ ተተሓሓዘ። ከተማ መንደፈራ'ውን ብምዑታት ሰራዊት ሓርነት ኣብ መጠረሽታ ሓምለ 1977 ሓርነታ ተጓናጸፈት። ኣብ ምሕራር ከተማ መንደፈራ ክልተ ጊዜ ኣብ ዝተገብረ መደባዊ ውግእ ማለት ብመጀመርያ ሁጁም ማለት ኣብ ውሽጢ መደበር ኣቲኻ ምጥቃዕ ኮይኑ ሽቶኡ ስለ ዘይሃረመ ካብ ዓሰርተ ኪሎ ሚተር ርሕቀት ነቂሉ ናይ ሃውን 120 ተውንጫፊ ቦምባ ኣብ ልዕሊ መደበር ጸላኢ ከም ማይ ስለ ዘንጅብጀቦ ሓይሊ ጸላኢ ካብ ጎዳጉዲ ወጺኡ ኢዱ ክህብ ተገደደ መንደፈራ ድማ ተሓረረት። ኣብ ሓጺር እዋን ድማ ብዘይካ ኣስመራን ባረንቱን ዓሰብን ዓዲ-ቐይሕን ባጽዕን ኩሉ መሬት ኤርትራ ሓራ ወጸ።

ከተማታት ሓራ ኣውጺእካ ህዝቢ ከመይ ይመሓደር ዝብል ነብሱ ዝኸኣለ ጾር ኢዩ ነይሩ። ናይ ጥዕና ኣከልግሎት፡ ማይ፡ ሓይሊ ኤለትሪክ ፡ ትምህርቲ፡ ንግዲ፡ መንበሪ ገዛውቲ፡ መጉዓዝያ ከምኡውን ጸጥታዊ ኣገልግሎት ከተቕርብ ቀሊል ጾር ኣይነበረን። ተጋድሎ ሓርነት ኤርትራ ኣብ ሓራ ከተማ መንደፈራን ካልኦት ዝተሓረራ ከተማታትን ወተሃደዊ ምሕደራ ከተተኣታቱ ኣይደለየትን። እንታይደኣ ብግዝያውነት ንህዝቢ ዘማሓድራ ሰውራዊ ሽማግለታትት ኣቢልካ ህዝቢ ኣዳሊኻን ኣነቓቒሕካን ናይ ከተማ ምሕደራ ስልጣን ንህዝቢ ምርካብ ዝብል ኢዩ ነይሩ። ስለዝኾነ ድማ ከተማ መንደፈራ ሓሙሽተ ዝኣባላታ ግዝያዊት ሽማግለ ካብ ኣባላት ሰራዊት ሓርነት ተመደበላ። ንሳቶም ድማ፡

1. ኢፍረም ታፈረ- ኣቦ ወንበር ድሒሩ ብያሲን ኣደም ዝተተከአ።
2. ምክትል ኣቦወንበር- ኣባል ዘይተመደበሉ
3. ኣለም ዮሃንስ ወኪል ሕብተረሰብኣዊ ጉዳያት

4. ፍጹም የሕደጎ ወኪል ምጣነሃብቲ

5. ሃይለ ብርሃነ ወኪል ጸጥታ

ንግዳዊ ኣገልግሎት።

ነቲ ብናይ ጸላኢ ምምሕዳር ተደቍሱ ዝነበረ ምጣነሃብታዊ ንጥፈታት ከተማ ብኩሉ ሸነኻት ቀረብ ክማላእ ግድነት ስለዝኾነ ነጋዶን ናይ ርእሰማል ኣውፈርትን ብዘይ ገደብ ክንቀሳቐሱን ደገፍን ምትብባዕን ተገብረሎም። ከምኡውን ኣብ ከሰላ ሱዳናውያን ነጋዶ ክሳብ መንደፈራን ከባቢኣን ብነጻ ናይ ሃለኸቲ ቀረብ ክንቀሳቐሱ ምትብባዕ ተገብረሎም። ኣብ ሓጺር ግዜ ከኣ ከተማ መንደፈራ ኩሉ ቀረብ ተማሊኡላ ካብኣ ሓሊፋ ድማ ዓዲ ኳላ, መረብ ድባሩዋ ዓረዛ ማይድማ ርሱን ምጣነ ሃብታዊ ምንቅስቓሳት ኣመዝገበት። ኣብ ሓደ ምሸት ክሳብ ዕስራ ዝኣኽላ ናይ ውልቀሰባት ናይ ጽዕነት መካይን ኣብ ከተማ ክኣትዋ ከለዋ ክንደኣን ዝቑጸራ ከኣ ካብ ከተማ ክወጻ ክረኣያ መዓልታዊ ትዕዝብቲ'ዩ ነይሩ። ድኳናት ክሳብ ዓቕሉ ዝጸቦ ብኣቕሑ መሊኡ፡ ናይ ግሊ ፋርማቻታት ኩሉ ዓይነታት ኣፋውስ ክኽዝኑ ከኣሉ። ብሓጺሩ ቀረብ ሃለኸቲ ነገራት ልዕሊ ጠለብ ህዝቢ ስለዝነበሩ ተቐማጦ ከተማ መንደፈራን ከበባቢኣን ምቹእ መነባብሮ ከስተማቕር ጀመረ። ከም ውጽኢት ናይዚ ከኣ ከተማ መንደፈራ ቍጽሪ ተቐማጢ ኣብ ከባቢ ሰላሳ ሽሕ ዝነበረ ካብ ኣስመራን ካብ ካልእ ቦታታን ስለ ዝወሓዘ ብዕጽፊ ዓበየ። ናይ መነባበሪ ኣባይቲ ሕጽረት ድማ በዳሂ እናኾነ መጸ።

ናይ ሙኒቺፒዮ (Municipality) ስራሕ ኣገልግሎት

ብስም ሙኒቺፒዮ ዝፍለጥ ናይ ከተማ ናይ ህዝቢ ኣገልግሎት ብኸንቲባ ከተማ ዝማሓደር ምስ ምሉኣት ሰራሕተኛታቱ ምሉእ ደሞዝ እናተኸፍሎም ስርሖም ክቕጽሉ ተገብረ። ከንቲባ ከተማ መንደፈራ ኣቶ ፍስሓ ...... መዝነቱ ተሓሊዩሉ ኣብ ከተማ ዝፍጸም ስራሓት ይከታተል ነበረ። ንሱ ከኣ ንናይ ከተማ ጽሬት ምሕላው፡ ጉሓፍ ብመደብ ገዛ ገዛ እናዞረት መኪና ናይ ነፍሲ ወከፍ ቤት ጉሓፍ ምእካብ፡ ጽሩይ ናይ ማይ ዝርገሐን ዕደላን ምርግጋጽ፡ ዕዳጋ እኽሊ ምክትታል፡ ነታ ኣብ ኮኔል እትርከብ ናይ ሓይሊ ኤለትሪክ መደበር ብናፍታ እትሰርሕ ናይ ኣለክትሪክ ኣገለግሎታ ብዘይምቍራጽ ለይትን መዓልትን ከም እተፍሪ ምግባር ... ወዘተ የጠቓልል።

ናይ ጥዕና ኣገልግሎት

ሓደ ካብቲ ናይ መጀመሪያን መሰረታውን ጠለብ ናይ ህዝቢ ሕክምናዊ ኣገልግሎት ምርካብ ኢዩ። ተሓ.ኤ. ኣብቲ ሓራን ሓውሲ ሓራን ዝወጸ ቦታታት ሕክምናዊ ኣገልግሎት ብነጻ ናይ ምሃብ ተሞኩሮኣ ሰፊሕ እንተነበረ ንኣብ ዓበይቲ ከተማታት ዝነብር ህዝቢ ነጻ ሕክምናዊ ኣገልግሎት ከተቕርብ ልዕሊ ውድባዊ ዓቕማ ነይሩ እንተበልና ምግናን ኣይኮነን። ይኹንእምበር ቤት ሕክምና መንደፈራ ንሲቪሊያዊ ኣካል ጥራይ ኣገልግሎቱ ክህብ ስለ ዝተወሰነ ምስ ኩሉ ሕክምናዊ ትሕዝቶታቱ ከም

መደቀሲ ሕሙማት፡ ናይ መጥባሕቲ (ኦፕራሲዮን) ፡ መግቢ ሕሙማት፡ መድሃኒት፡ ወዘተ ብናጻ በቶም ናይ ሕክምና ኪኢላታት ይወሃብ ነይሩ። እዚ ናይ ነጻ ሕክምናዊ ኣገልግሎት ነቶም ኣብ ከተማ ዝነብሩ ጥራይ ዘይኮነስ ንኹሉ ኣብቲ ከባቢ ዝነብር ህዝቢ'ውን የጠቓልል።

ኣብ ሕክምና ዝጥቀሙ ዝነበሩ ሎሚ ብርግጽ ነቲ ሽዑ ዝነበረ መዓልታዊ ዝመላለስ ዝነበረ ቁጽሪ ተሓከምቲ ክንድዚ ነይሩ ክትብል ብዙሕ ዘጸግም እኳ እንተኾነ ብግምት ግን ብመጠን እቲ ብዝሒ ህዝቢ ክረአ እንከሎ ኣብ መዓልቲ ካብ 150 ዘውሕድ ኣብ ዓራት ደቅሶም ዝእለዩ ድማ ካስብ 120 ኣቢሉ ይበጽሕ ነይሩ።

ብፍላይ ድማ ናይ ነፈርቲ መጥቃዕቲ ኣብ ውሽጢ ከተማ ምስ ዘጋጥም ኣዝዩ ብዝሕ ዝበሉ ቍጽሪ ተኣለይቲ የእንግድ ነይሩ።

ከምዚ ዓይነት ኣገልግሎት ብምዱባት ተጋደልቲ ጥራይ ክማላእ ስለ ዘይተኽእለ ናይ ህዝቢ ተሳትፎ እውን ስለዘድልዮ፡ ብፍላይ ወለንታዊ ምትሕብባር ናይ ማሕበር ደቂ ኣንስትዮ ብዝተሰርዐ ኣገባብ ንሕሙማት ዝኣልያ፡ ከም ናይ ጽሬት፡ ምድላው መግቢ፡ ወዘተ ዘማልኣ ምዱባት ኣባላት ነይርዎ እዩ።

ኣብ ውግእ ዓዲ-ገብሩን ዓዲ-ተኽላይን ኣብ ወርሒ ምያዝያ 1978 ዝተኻየደ ውግእ፣ ክሳብ 200 ውጉኣት ኣብ **ሆስፒታል መንደፈራ** ይእለዩ ነበሩ። ኣብ መረብ ንሰላሳን ኣርባዕተን መዓልታት ዝቐጸለ ሓይሊ ጸላኢ ብሶቪየት ሕብረትን ማሓዚታ ሃገራትን ዝተመርሐ፣ ብኣጽዋር ክሳብ ኣፍንጪኡ ዝተዓጥቀን ብወተሃደራትን ዝተሰነየን ኣብዝተኻየደ ናይ ምርብራብ ውግእ ዝቖሰሉ ኣባላት ሰራዊት ሓርነት ኣብዚ ሆስፒታል'ዚ ግዚያዊ መእለዪ ይግበረሎም ነይሩ።

ናይ ሕክምና ትምህርቲ

ሆስፒታል መንደፈራ ሕክምናዊ ኣገልግሎት ንህዝቢ ኣብ ምሃብ ጥራይ ኣይተወሰነትን። ንነዊሕ ዝጠመተ ኣብ ህዝባዊ ኣገልግሎት ጥዕና ቡዙሓት ናይ ጥዕና ኪኢላታት ምፍራይ እውን ከም መደብ ተታሒዙ ነይሩ ዘይኮነስ ብመደብ'ውን ይትግበር ነይሩ። ናይ ሕክምና ክኢላታት ኣብ ምእላይ ሕሙማት ከይተወሰኑ ናይ ሕክምና ትምህርቲ ክወስዱ ክእለትን ድሌትን ዘለዎም/ወን ዜጋታት ኣካደሚያውን ምስ ልምምድን ዝተሰነየ ናይ ሕክምና ትምህርቲ ይህቡ ነይሮም። ገለ ካብቶም ኣብዚ ናይ ሕክምና ትምህርቲ ዕድል ዝተሳተፉ/ፋ ብኽፊል ተዘርዚሩ እነሆ። ሎሚ ኣብ ዝተፈላለየ ክፍለዓለም ዝርከባ ከም ነርሳት፡ ናይ ጥዕና ኦፌሰራት ኮይነን ንነብሰንን ንቤተሰበንን ኣብ ምእላይ ካብ ዝርከባ እዘን ዝስዕባ እየ።

ገነት ሃብተጊዮርጊስ

ሙብራት በሺር

ፍረወይኒ ኢሳቅ

ሶፍያ ሃይለ

ሓረጉ መሓሪ

ዘምዘም ሳልሕ

ሳራ ተኸለ

ደሃብ ተወልደ

ዛህራ ዓሊ

መደብ ትምህርቲ

ድሕሪ ምሕራር ከተማ መንደፈራ ሓንቲ ካብተን ንመጀመሪያ ግዜ እታ ዝዓበየት ከተማ ስለ ዝኾነት ንኩሉቲ ንተቐማጢ ህዝቢ ኩሉ ቀረብ ከተማላኣሉ ቀሊል ብድሆ ኣይነበረን፣ ብፍላይ ድማ ስሩዕ ናይ ትምህርቲ መደባት ምጅማርን ብዓይነቱ ዝበለጸ ኮይኑ ንመጻኢት ኤርትራ ክመርሑ ዝኽእሉ መንእሰያት ምምልማልን ምኹስኳስን ተወዳዳሪ ዘይብሉ ብድሆ ኢዩ ነይሩ። ተ.ሓ.ኤ. ኣብቲ ንነዊሕ ግዜ ሓራ ወጺኡ ዝነበራ ቦታታት ስርዐተ ትምህርቲ ኣዳልያ መማህራን ኣሰልጢና ስሩዕ ትምህርቲ ክሳብ ሻዱሻይ ክፍሊ ትምህርታዊ ኣገልግሎት ተወፊ ነይራ። እንተኾነ ግን ድሕሪ ምሕራር ከተማ መንደፈራ ክሳብ ሻሙናይ ክፍሊ ትምህርታዊ ኣገልግሎት ምሃብ ግድነታዊ ኮነ። ካብ ቀዳማይ ክፍሊ ክሳብ ሻዱሻይ ክፍሊ ዝተማልአ ስርዓተ ትምህርቲ (Curriculum) ክስርሓሉ'ኳ እንተጸንሐ ናይ ሻውዓይን ሻሙናይ ክፍሊታት ግን ጌና ኣብ ምህንዳስ ስለ ዝነበረ መምህር ገብረምድሂን ሓላፊ ክፍሊ ትምህርቲ ሰራየ ዝነበሩን ብናይ ኤዱከሽን ፒ.ኤች ዲ. ምሩቕ ዝነበሩ ስሞም ዝረሳዕናዮ ናይ ሻብዓይን ሻሙናይ ስርዓተ ትምህርቲ ኣዳለውቲ ኮይኖም ንመምህራን የቕርቡሎም ነይሮም።

ኣብ ከተማ መንደፈራ እዘን ዝስዕባ ኣብያተ ትምህርቲ ክፉታት ነይረን።

1. እንዳ ፓድረ (ካቶሊካዊት ቤተ ክርስትያን) ካሳብ ሻሙናይ ክፍሊ

2. ቤት ትምህርቲ እስላሚያ ክሳብ ሻዱሻይ ክፍሊ

3. ቤት ትምህርቲ ኣዜንዳ ካሳብ ሻዱሻይ ክፍሊ

ሎሚ ብርግጽ ቍጽሪ ተመሃሮ ክንደይ ነይሩ ዝብል መልሲ ንምሃብ የሸግር፡ ብዘየዋላውል ግን ብዝሒ ተመሃሮ ብዘይካቶም ኣብ ካልኣይ ደረጃ ኣብ ሳንጆርጆ ገዲፍካ ልዕሊ'ቲ ኣብ ግዜ ድሮ ምሕራር ከተማ መንደፈራ ከምዝነበረ ርዱእ ኢዩ።

ቀጺሉ ዝመጽእ ሕቶ ቀረብ ዓይነትን ዓቕንን ዘለዎም መማህራን ከመይ ተማሊኡ ዝብል'ዩ። ነዚ ኣገዳሲ ሕቶ ንምምላስ ነቶም ብናይ ምምህርና ሞያ ሰልጢኖምን ኣብ ምምህርና ነዊሕ ኣግልግሎት ዝነበሮም ኣብ መንደፈራ ዝምህሩ ዝነበሩ ከም መማህራን ኮይኖም ኣገልግሎቶም ብነጻ

ከበርከቱ ምስ ተሓተቱ ንስኻትኩም ተጋደልቲ'ኳ ንሃገራዊ ናጽነት ሂወትኩም ተወፍዩ ዘለኹም ንሕና ድማ ነሕዋትና ንምምሃር ዘይንውፈየሉ ምኽንያት የልቦን ስለዝበሉን ከምኡ'ውን ካብ ካልኣይ ደረጃ ትምህርቶም ዝወዱኡ ተመሃሮ ኣብ ምምህርና ኣገልግሎቶም ከወፍዩ ፍቓደኛታት ስለ ዝነበሩ ነቲ ዝነበረ ሃጓፍ ተመሊኡ። ስለዚ ናይ ብቑዓት መምህራን ምርካብ ጸገም ኣይነበረን።

ኣብ ልዕሊ'ዚ ብኹሉ ሸንኻት ተማእኪሉን ተወሃሂዱን ምእንቲ ክሰላሰልንስ ብጽፉፍን ዝለዓለ ደረጃ ክስራሕ በዚ ሞያ'ዚ ዝተመልመሉ ሰለስተ ተጋደልቲ ማለት ተኽለ ጊለ፡ ንግስቲ ገረሱስ፡ ገነት ብርሃነ ከም ኣካየድቲ ናይዚ ክፍሊ ኮይኖም ብብቅዓት መሪሖም። ገለ ካብቶም ሎሚ ክዝክሮም ዝኽእል መመህራን እዞም ዝስዕቡ ይርከብዎም።

ንግስቲ

መኣዛ ፍስሃየ

ቅድሳን

አልሳ

ኢብራሂም ያሲን

ዘካሪያስ

መኮነን

ከተማ መንደፈራ ከም እንደገና ኣብ ኢድ ጸላኢ ምስ ኣተወት ድማ ኩሎም መመህራን ናብ ሰውራ ብምጽንባር ኣብ ሃገራዊ ናጽነት ንምርግጋጽ ዝነበረ ምርብራብ ቃልሶም ቀጸሉ።

ኣብዚ ከይተጠቕሰ ክሓልፍ ዘይብሉ ቋንቋ ዓረብኛ በቶም ካብ ማእከላይ ምስራቕ ናይ ማሕበር ተመሃሮ ኣባላት ብፍቓዶም ክምህሩ ንሜዳ ዝአተዉ ንሻቡዓይን ሻሙናይን ክፍሊ ይወሃብ ነይሩ።

ህዝባዊ ናብራ ዕብየት

ምዕብልትን ድልድልቲን ስድራቤት ንምህናጽ ዝዕላምኡ፣ ርእሱ ዝኽኣለ ሓደ ኣካል ናይ ሕብረተሰብኣዊ "ህዝባዊ ናብራ ዕብየት" ዝስመ ዝተፈላለየ ኣገልግሎታት የበርከት ነይሩ። ገለ ካብኡ ክንክን ቆልዑ፡ ዝተመጣጠነ ዓይነት ኣመጋግባ፡(NUTRITION) ቅዲ ክዳንን ስፌትን ትምህርቲ ዘጠቓልለ ነይሩ። ኣብዚ ትምህርቲ'ዚ/ልምምድ ዝሳተፉ ዝነበሩ ኩለን ደቂ ኣንስትዮ ኮይነን ብወለንተአን ዝሳተፉ ኢየን ነይረን። ሓደ ፍሉይ ቤት ትምህርቲ ነዚ ኣገልግሎት'ዚ ብምሃብ ደቂ ኣንስትዮ ኣብ ምእላይን ምዕባይን ስድራ ቤት ፍሉይ ሙያ ዝረኽባሉ መደብ እዩ ነይሩ፡ ብብርከት ዝበለ ቍጽሪ ከአ ይሳተፉ ነይረን። ነዚ ክፍሊ'ዚ ንምምራሕ ብፍሉይ ሙያ ሰልጢኖም ዝንቀሳቐሱ ዝነበሩ ካድራት ሓደራ ተስፋይ፡ ኢዮብ ገብረኣብ፡ ዘውዲ ተወልደመድህን፣ ትዕበ ተኪኤ፣ ንግስቲ ዘርእዝጊን ለተብርሃን ...

ነይሮም።

ውግእ መረብ

ስርዓት ደርግ ናይ ሓይሊ ሚዛን ለውጢ ኣብ ጎድኑ ከም ዝኾነ ምስ ኣረጋገጸ ነቲ ኣብ ውግእ ሶማል ተጸሚዱ ዝነበረ ሰራዊት ብናይ ሓይሊ ወጸእተኛታት ደገፍ ንጥቕሙ ምስ ተቐየረ (ሁሉም ሰራዊት ወደ ሰሜን ግንባር) ኩሉ ወተሃደር ናብ ሰሜን ግንባር ብምቕናዕ ነተን ካብ ኢዱ ዝተመንጠላ ከተማታት እንደገና ንምምላስ መጠነ ሰፊሕ ወራር ብመኣዝናት መረብ፣ ባድመን ኦምሓጀርን ኣካየደ።ብክልተ ግንባር ድማ ኩናት ከፈተ። እቲ ሓደ ግንባር ካብ ኢትዮጵያ ተበጊሱ ብኦምሓጀር ኣትዩ ንከተማታት ተሰነይ፡ ባረንቱ፡ እቑርደት፡ ከረን ብምሓዝ ናብ ኣስመራ ምእታው። እቲ ካልኣይ ግንባር ከኣ ካብ ኢትዮጵያ ተበጊሱ ብመረብ ኣትዩ ንከተማታት ዓዲ ኺላ፡ መንደፈራ፡ ድባርዋ ተቖጻጺሩ ናብ ኣስመራ ምእታው ምስቲ ብኦምሓጀር ግንባር ጌሩ ዝኣተወ ሰራዊት ምሕዋስ ነበረ።

ኣብ ክራማት ናይ 1978 ኣብ መረብ ዝተኻየደ ውግእ፣ ብጅግና ሰራዊት ሓርነት ኤርትራ ካብ ዝተማረኻ ታንከታት።

እዚ ካብ ልዕሊ ሓደ ወርሒ ንላዕሊ ዝተኻየደ ናይ ምርብራብ ውግእ ሓይሊ ጽላኢ ብድሩዓት ታከታት T-55 ከምኡ ውን ስታሊንግራድ (Stalingrad) መዳፍዕ ዝተሰነየን ሩስያውያንን ዝመርሕዎ ውግእ እዩ ተኻይዱ። ሰራዊት ጸላኢ ከም ቆጽሊ ክረግፍ ከሎ ምዑታት ተጋደልቲ

ተመክሮ ተሓኤ ንሃገራዊ ናጽነትን ማሕበራዊ ፍትሕን

ቡምባ ኢድ ኣብ ውሽጢ ታንክ ብምድርባይ ዘባርዑን ብታንክ ተረጊጾም ዝተሰውኡን ኣብ መንጎ ታንክ ኣእጋር ምስ መሬት ተላሒጎም ዝተረፉን ከም ባዓል ጅግና ጴጥሮስ ወዲ ቐሺ ሎሚ’ውን ህያው ዘለዉ ክጥቀሱ ይከኣል። ኣብዚ ውግእ’ዚ ነቲ ንሰውራ ኤርትራ ደምሲሱ መሬት ኤርትራ ንኽቆጻጸር ዝተዳለወ ግዙፍ ሓይሊ ጸላኢ ብጽንዓትን ተወፋይነትን ሰራዊት ሓርነት ተሳዒሩ፤ ሰራዊቱ ምዉትን ምሩኽን ኰይኑ ድሩዓት መኻይኑ፣ ታንክታቱን ወተሃደራዊ ዕጥቁን ድማ ኣብ ኢድ ሰውራ ኣትዩ። ጸላኢ ግን ዝያዳ ሰራዊትን ዕጥቅን ኣዳልዩ ብኹሉ ኵርንዓት ንካልኣይ ግዜ ወሪሩ ክደፍእ ስለዝበቕዐ፣ ሰራዊት ሓርነት በቲ ዘጓነፎ ሕጽረት ናይ ጠያይት ኣርቢጂን ከበድቲ ብረትን ክዝልቕ ተገደደ።

ሓርበኛ ስውእ ስዒድ ስልሕ ሓላፊ ወተሃደራዊ ቤት ጽሕፈት ኣውራጃ ሰራየ

ኵናት መረብ ብስውእ ተጋዳላይ መልኣከ ተኽለ ኣባል ፈጻሚት ሽማግለ፡ ስውእ ተጋዳላይ ወልደዳዊት ተመስገን ኣመሓዳሪ ኣውራጃ ሰራየ፣ ስውእ ተጋዳላይ ስዒድ ስልሕ ሓላፊ ወተሃደራዊ ቤት ጽሕፈት ኣብ ኣውራጃ ሰራየ፣ መራሒ ብርጌድ 75 ተጋዳላይ ተስፋይ ተኽልዝግን እዩ ዝምራሕ ነይሩ።

ፖለቲካዊ ንጥፈታት ተሓኤ ኣብ ውሽጢ ህዝቢ

ጉዲም ሓርበኛ ተጋዳላይ ተስፋይ ተኽለዝጊ ንደረስቲ መጽሓፍ ዘካፈሎ ተምክሮ፡

ተስፋይ ተኽለዝጊ ኣብ ከባቢ መጀምርያ ኣዋርሕ ናይ 1969 ካብ ቤት ትምህርቲ

ሳን ጆርጆ መንደፈራ ትምህርቱ ኣቋሪጹ ኣብ ወርሒ ሚያዝያ 1969 ኣብ ተሓኤ ተሰሊፉ። ኣብታ ሽው ብተጋዳላይ ስውእ ሳልሕ ዑመር ትምራሕ ዝነበረት ቀዳመይቲ ሓይሊ ናይ ስሉሳዊ ሓድነት ብወገን ባርካ ላዕላይ ተሰለፈ። ኣብቲ ዝተሰለፈሉ እዋን መዋግኢ ብረት ሕጽረት ብምንባሩ ካብቲ ዝነበረ ኣጽዋር ዳንደ ተዓጥቀ። ድሕሪ ቁሩብ ግዜ ምስ ሓለፈ እቲ ዝጽበዮ ዝነበረ ግጥምያ ምስ ጸላኢ ብኸምዚ ዝስዕብ ኣጋጣሚ ክርእዮን ክገጥሞን ከኣለ። እዚ ከኣ እቲ ናይ መንግስቲ ኢትዮጵያ ቀንዲ መሳርሒ ዝነበረ ፊተውራሪ እምባየ ሓደራ ኣመሓዳሪ ኣውራጃ ሰራየ “ነዞም ሸፉቱ ብእዝኖም ወጢጠ ከምጽኦም እየ” ብዝብል ፎኸራ ካብ ከተማ መንደፈራን ከባቢኡን ዝነበሩ ሓይልታት ኮማንድስ፥ ፖሊስ፥ ምልሻን ሒዙ ንሓይልታት ተሓኤ ንምድምሳስ ወፈረ። ካብ ኣቑርደትን መንሱራን ድማ ብታሕቲ ደይቦም ንኽልተ መዓልቲ ዝኣክል ኲናት ቀጸለ። እዚ ንተስፋይ ናይ መጀመርያ ግዜ እታ ንምእንቲ ምርግጋጽ ናጽነት ናይ ህዝበይ ኢሉ ዝተኮሳ ጥይት ታሪኻዊት መዓልቲ ነበረት። ሰራዊት ኢትዮጵያ ድሕሪ ናይ ክልተ ቕነ ምዂብላል ብፍሸለት ነናብ መደበራቶም ተመልሱ። ኣብዚ ውግእ'ዚ ኣሰፋው ተኽልዝጊ ምዕባዩ ሓዉ ንተስፋይ ምስቶም ናይ መንሱራ ዝነበሩ ናይ መንግስቲ ፖሊስ ብኣንጻር ክዋጋእ ስለ ዝወዓለ ድሕሪ ውግእ ነቲ ከባቢ ዘሎ ገባር ምስ ሓወይ ነንሓድሕድና ኢና ክንዋጋእ ውዒልና ከም ዝበሎም ነቶም ህዝቢ ኣብቲ እዋን እቲ ድማ ውዒሉ ሓዲሩ ንሕና ኤርትራውያን ኣሕዋት ኢና ብሓባር ኲንና ንጸላኢ ክንምክቶ ምዃና ዘይተርፍ'ዩ ኢሉ ገለጸሎም።

ተስፋይ ምስቲ ዝጸንሖ ናይ ተመሃራይ ልምድን ኣካይዳን ምንቅስቓስን ንነብሱ ኣብቲ ባህሊ ናይ ቃልሲ ንምውህሃድ ውሽጣዊ ቃልሲ ቀጸለ። እዚ ከኣ ነቲ ብሓባር ኲንካ ኢድካ ከይተሓጸብካ ቦጅ ቦጅ ምብላዕ፥ ኣብ ጭው ዝበለ በረኻ ምድቃስ፥ ከይተመሳሕካን ከይተደረርካን ምውዓልን ምሕዳርን ኮታ ንጽምእን ጥሜትን ምጽዋር ...ወዘተ ዝኣመሰሉ ጸገማት እዮም ነይሮም። ገለ ኣዋርሕ ድሕሪ ምጽንሑ ተሓዝ ገንዘብ ናይታ ጋንታ ኮይኑ ተመዘዘ። ከምኡ እውን ካብ ኮማንድስ፣ ፖሊስን ነጩ ለባሽን እንዳ ተሓብኡ ንህዝቢ ብውልቀ ደረጃ ምስራዕን ምንቕቓሕን ዕላማኦም ምልላይን የካይድ ነበረ። እዚ ከኣ መብዛሕትኡ ኣብ ከባቢ ሊባን፥ ሓበላን ደንበላስን፥ ከምኡ እውን ብወገን መንሱራን ነበረ። ካብዚ ዝቐሰምዎ ቀንዲ ትምህርቲ ድማ ከምዚ ዝስዕብ ነበረ፥-

ወሳኒ ዓወት ኣብ ምውናን ብዝሒ ሰራዊትን ኣጽዋርን ገንዘብን ዘይኰነስ ኣብ ሓቀኛ ዕላማን ህዝባዊ ደገፍን ምዃኑ ምርዳእ።

ጽንዓትን ቆራጽነትን ተወፋይነትን ምጥራይ።

ካብ ህዝቢ ተማሂርካ ተመሊስካ ንህዝቢ ምምሃር።

ዕላማኻ ንምትርጓም ተዓጻጻፊ ሜላታት ምጥቃም።

ዕላማኻ ንምዕዋት ንናይ ካልኦት ልምድን ኣካይዳን ምኽባር።

ካብዚ ቀጺሉ ወተሃደራዊ ጉባኤ ኣዶብሓ ንሰራዊት ሓርነት ኤርትራ ናብ ብሓደ መሪሕነት ዝምእዘዝ ሰራዊት ንምጥርናፉን ንውድብ ተሓኤ ድማ ካብቲ ዘይቅኑዕ ኣመሓዳድራ ላዕለዋይ ባይቶን ኣካላቱን ኣናጊፍካ ክሳዕ ሃገራዊ ጉባኤ ዝግበር ብሓዳስ መሪሕነት ምምርሑን ስለ ዝወሰነ ብጠባዩ ዲሞክራሲያዊ ውሳኔታት ኢዩ

ነይሩ። ብመሰረት ውሳኔ ኣዶብሓ ኣብ ኦሮታ ምትሕንፋጽ ድሕሪ ምግባር፥ ተስፋይ ናብታ ናብ ደንካልያ ዝተመደበት ሓዳስ ሓይሊ ቁጽሪ 105 ኣባል ኮነ። ምስ ሓይሊ ቁጽሪ 103 ከኣ ብሓባር ተጓዕዙ። ኣብ ከባቢ ጢዖ ምስ በጽሑ ብሰንኪ ራብዓይቲ ክፍሊ ዝፈጠረቶ ግርጭት ካብ ገድሊ ናብ ኢትዮጵያ ዝሰለሙ ብበዓል ዓሊ ሙንጣዝ ዝምርሑ ኣሃዱታት ተራጸሙ። ድሕሪ ከቢድ ውግእ ባህርያዊ ጸገም ብምትራፉን ናይ ህዝቢ ደገፍ ስለዝረኸቡ ዘየዋጽእ ምዃኑ ብምርዳእ፥ ናብ ስምሃርን ሰሜናዊ ደንከልን ኣከለጉዛይን ኰይናም ክቃለሱን ክሳብ ድሮ ቀዳማይ ሃገራዊ ጉባኤ ክጸንሑን ተገደዱ። ተስፋይ ኣብዚ ከም ተራ ተጋዳላይ ቀጺሉ ከም ሓኪም፣ ኣብ መወዳእታ ድማ ከም ፖለቲካዊ ኮሚሽነር ሓይሊ ኮይኑ ክሳብ 1971 ከገልግል ጸኒሑ።

ቀዳማይ ሃገራዊ ጉባኤ ድሕሪ ምሕንጻጹ ኣብታ ብተጋዳላይ ኢብራሂም መሓመድ ዓልን ዶክተር ስውእ ፍጹም ገበረስላሴን እትምራሕ ኣባል እታ ሽማግለ ኰይኑ ምስ ሰልፊ ናጽነት ማለት ኢሳያስን ብጾቱን ናይ ስምረት ዘተ ኣብ ከባቢ ፍልፍልን ምራራን ተገይሩ፡ ካብ ወገን ኢሳያስን ብጾቱን ሰማዒ እዝንን ተቐባልነትን ስለዘይረኸበ ግን ፈሺሉ ተሪፉ። ብድሕሪ'ዚ ኣብ ከባቢ 1972 ዓ.ም. ኣብታ ብዶክተር ፍጹም እትምራሕ ዝነበረት ክፍሊ ዕዮ ዜና፣ ሓላፊ ናይታ ብትግርኛ እተዳሉ ዝነበረት ጉጅለ ኮይኑ ከገልግል ጸንሑ። ኣባላት እዛ ክፍሊ ዕዮ ዜና ኣዝዮም ንጡፋት ስለ ዝነበሩ ንዝተሓትመ ጽሑፋት ንምዝርጋሕ ኣግማል እንዳተጠቐሙ ንምሉእ ከተማታት ኤርትራን ሱዳንን ብምስጢር ከም ዝዝርጋሕ ገበሩ። መደበሮም ካብ ጸላኢ ምሕድግ ኢላ ስለ ዝነበረት እዚ ኩሉ ስራሕ ክካየድ ብጸላኢ ንሓደ ዓመት ዝኣክል ተተንኪፉ ኣይትፈልጥን።

ካብዚ ቀጺሉ ኣብ 1973 ዓ.ም ናብ ኣውራጃ ሰራየ ወኪል ኰይኑ ተመዲቡ ክሳብ ግንቦት 1975 ካልኣይ ሃገራዊ ጉባኤ ድማ ጸንሔ። ኣብዚ ተሃዋስን ከቢድን ኩነታት ዘካየዶ መደባት ለባምን ጽፉፍን ስለ ዝነበረ ምስ መቓልስቱ ብጾት ኰይኑ መደባቶም ብኸምዚ ዝስዕብ ስለስተ ደረጃታት መቒሎም የሰላስልዎ ነበሩ።

ኣብ ባርካ ላዕላይ ብውልቀ ደረጃ ደብዳቤታት ተዳልዩ ንኹሎም ምስሌነታትን፥ ጭቃታት ዓድን፥ ሓለፍቲ ፖሊስን ባንዳን ኣመሕደርትን፥ መማህራንን ወዘተ ኣብ ገገዝኦም ከም ዝበጽሖም ተገብረ። ትሕዝቶ እቲ ደብዳቤታት ከኣ ዕላማታት ተሓኤ ዘብርህን መርዛም ውዲት መንግስቲ ኢትዮጵያ ሃይማኖትን ኣውራጃን ዝፈላሊ ፖለቲካን ንዕኡ ዝኸሽሕ መልእኽትን እዩ ነይሩ።

እቶም ነዚ ደብዳቤታት ዘይመለሹ ባእታትት ብኣካል ጸዊዕካ ተራኺብካ ምርድዳእን ምግላጽን ተገብረ። እዚ ከኣ ኣብ ገጠርን ከተማታትን ከይተረፈ ብሜላታት ምርካብ ቀንዲ ስርሖም ኰነ።

እተን ዝተመደባ ክልተ ደባይ ተዋጋእቲ ጨናፍር ምስ ፖለቲካዊ ወኪል ኰይነን ብግሉጽ ካብ ባርካ ላዕላይ ናብ ከበሳ እንዳተንቀሳቐሳ ህዝቢ ኣኪብካ ምግላጽን ግርጭታት ዓዲ ምፍታሕ፣ ክፍታሕ እንተዘይተኻእለ ከኣ ምውንዛፍን ነበረ። ከምኡ እውን ብወተሃደራዊ ስርሒታት ዝተሰነየ ዕደና ድባርዋ ምዕናው፣ ገንዘብ ካብ ባንክ ጸላኢ ምውሳድ፣ ካብ ቤት ትምህርቲ ሳንጆርጆ ንመሳርሒ ዝኾና ናይ ጸሓፍቲ መካይን ምውሳድ፣ እሱራት ካብ ቤት ማእሰርቲ ምውጻእን ንናኣሽቱ

ጣብያታት (መደበራት) ፖሊስ ናብ ተሓኤ ምስ ምሉእ ኣጽዋሮም ምጽንባርን ዘጠቓልል ንጥፈታት ነበረ።

ኣብ ልዒሉ ዝርአ ዘሎ ስእሊ፣ ካብ ደው ኢሎም ዘለዉ ብየማን ተጋዳላይ ተስፋይ ተኽልዝጊ ምኽትል ሓላፊ ምምሕዳር ፖሊቲካ ቤት ጽሕፈት ኣኼባ እናመርሐ ከሎ፡ ትሕዝቶ ኣኼባ ድማ፡

ብ 1976 ሓንቲ ኣብ ምምሕዳራዊ ዘይምውህሃድ ጸገም ዝነበራ ሓይሊ ናይ ተጋድሎ ሓርነት ኤርትራ ናብ ማእከላይ መደበር ፖለቲካዊ ቤት ጽሕፈት ተ.ሓ.ኤ ኣብ ባርካ ዝርከብ ዓሌት ዝበሃል ቦታ ከምትመጽእ ተገይሩ። እቲ ቀንዲ ምክንያት ናይ ዘይምርድዳእ ድማ ካብቲ መራሕ ሓይሊ ዝነቐለ እዩ ነይሩ። ሓደ ካብቲ ዘየሰማምዖም ዝነበረ ምኽንያት ድማ፥ ቀዳማይ፣ ኣብ መንጎ ተ.ሓ.ኤን ህ.ሓ.ሓ.ኤን ዘሎ ፍልልያት ንምፍላጥ ዝተላዕለ ሕቶ፡ ካልኣይ፣ ንሕና ከም ወተሃደራት ክንእዘዝ ዘይኮናስ ከም ተጋደልቲ ብናትና ዕግበት ክንከይድ ኣለና ስለዝበሉ። ካብኡ ሓሊፉ'ውን ኣብ ውግእ ኣይንሳተፍን ኢና ኢሎም ስለዝነበሩ። ብዝተውሃቦም መግለጺታትን ምንቕቓሕን ዓጊቦም ንዝወሃቦም መደባት ክቕበሉ ድሉዋት ምዃኖም ድሕሪ ምግላጾም ፥ ፖለቲካዊ ቤ/ጽ ነዚ ዝስዕብ ውሳኔታት ሂቡ ። 1. ነቲ መራሒ ሓይሊ ናብ ወተሃደራዊ ቤ/ጽ ንኽስደድ፡ 2. ኣባላት እታ ሓይሊ ናይ ሓደ ወርሒ ፖለቲካዊ ትምህርቲ ድሕሪ ምሃብ ናብ ሓይልታት ክምዝምደቡ፡ 3. ነቶም ኣብታ ሓይሊ ትሕተ-ዕድመ ዝነበሩ 5 ተጋደልቲ ድማ ናብ መደበር ፖለቲካዊ ቤት ጽሕፈት መዲቡዎም። ኣብ መደምደምታ ነቲ ዝተወሃቦም መግለጺን ውሳኔን ብኣወንታን ዕግበትን ተቐቢሎም ነናብ መደቦም ተፋንዮም።

ብወርሒ ሰነ 1978 ዓ.ም ባዕዳዊ ሰርዓት ደርጊ ነተን ብተሓኤ ኣብ 1977 ናጻ ወጺኤን ዝነበራ ከተማታት ንምምላስ ካብ ኩሉ ቦታታት ኢትዮጵያ ሰራዊት ኣኪቡ ብስለስተ ሰነኽ ማለት ብወገን ዓድዋን መረብን ሑመራን ብናይ ሶቬት ሕብረት መሳርያን ወተሃደራዊ ክኢላታትን ተሰንዩ ወራሩ ስለ ዝጀመረ ካብቲ ኣብ

ኣመሓዳሪ ምምሕዳር ኣከለጉዛይ ተመዲብዎ ዝነበረ መደብ ተሳሒቡ ንብርገድ 75 መሪሑ ንጸላኢ ንምምካት ናብዚ ውግእ መረብ ምስተን 4 ዝነበራ ቦጦሎኒታት ን33 መዓልቲ ዝተኻየደ ውግእ ብኸቢድ ስለ ዝተወግአ፣ ናይ የማናይ እግሩን ኢዱን ምልማስ ኣስዓበሉ። ናብ ሕክምና ብምኻድ እቲ ምእንቲ ሓርነት ህዝቡ ዝተሰከሞ ሓላፍነትን ጾርን ብፍላይ ኣብ ወተሃደራዊ መዳይ ከበርክቶ ዝኽእል ኣገልግሎት ኣብ መደምድምታ በጽሐ።

ተስፉይ ድሕሪ ምስንካሉ ብሓገዝ ሕክምና ናብ ዝሐሸ ኩነታት ማለት ነብሱ ከመሓድርን ብዛዕባ ብጾቱ ክሓልን ኣብዝበጽሓሉ ደረጃ ንመነባብሮ መደበር ውጉኣት ሓርነት ንምምሕያሽ ካብ ምቅላስ ከየቋረጸ ጸኒሑ፣ ኣብ 2000 ክሳብ 2001 መጽናዕቲ ምምስራት ማሕበር ኣካለ ጽጉማን ኣካየደ። ኣብዚ ዝተኻየደ መጽናዕቲ ከኣ ሓደ ጉዳይ ስም ማሕበር ምምራጽ በቲ ሓደ ወገን፥ በቲ ካልእ ወገን ድማ ኩነታት ናይቶም ኣብ መደበር ውጉኣት ሓርነት ከሰላ ደቂቕ መጽናዕቲ ድሕሪ ምክያድ እዚ ማሕበር ኣካለ ጽጉማን ብዕለት 02-02-2002 ኣብ ሃገር ፈረንሳ ብሕጊ መኽሰብ ኣልቦ ግብረ-ሰናይ ማሕበር ብዕሊ ክምስርት በቕዐ። ኣብዝተገብረ ናይ ማሕበር ጉባኤ ድማ ኣቦ-መንበር ማሕበር ኰይኑ ተመሪጹ ክሳብ'ዚ እዋን'ዚ ከገልግል ይርከብ። ተስፉይን ብጾቱ ኣባላት ቦርድ ናይ ኤርትራ ማሕበር ኣካለ ጽጉማን ብዝገበርዎ ዘይሕለል ጻዕርታት ኣብ ሰሜን ኣመሪካ፣ ጀርመን፣ ሆላንድ፣ ሽወደንን ኖርወይን (ቻፕተራት) ጨንፈር ማሕበራት ብዕሊ ተመስረተ። ገና ኣብቲ ጨንፈር ማሕበራት ዘይቆመሉ ከባቢታት ከም ኣውስትራልያን ካልእ ቦታታትን ድማ ብግዱሳት ኤርትራውያን ዝካየድ ንጥፈታትን ዝእከብ ሓገዛትን ነይሩ። ናይ ኣካለ-ጽጉማን ሃለዋትን መነባብሮኦምን ንህዝቢ ንምሕባርን ሓገዝ ንምርካብን ወፈያታት ንምእካብን ናይ ኤርትራ ናይ ዜናን ፓልቶክ መርበባትን ናይ ራድዮን ተለቪዥን መደባትን ከርእይዎ ዝጸንሑ ምትሕብባር ዝምስገንን ዘሐብንን ምንባሩ ከይተጠቕሰ ክሕለፍ ኣይግባእን።

ተሞክሮ ውግኣትን ህልቀትን ኣብ ኣምሓጀር

ምስ ካብ ኣምሓጀርን ከባቢኣን ዝነበራ ኣህዱታት ተጋድሎ ሓርነት ኤርትራ ተመዲቡ ዝጋደል ዝነበረ ተጋዳላይ መሓሪ ዘርእዝጊ ዝተረኽበ ሓበሬታ። መሓሪ ኣብ ሰሜን ኣመሪካ ካሊፎርንያ ምስ ስድራ ቤቱ ይነብር ኣሎ።

ኣምሓጀር ኣብ ኣውራጃ ጋሽ ባርካ፣ ደቡባዊ ምዕራብ ኤርትራ እትርከብ ሓውሲ ከተማ እያ። ኣብ ገምገም ፈለግ ተከዘ ስለእትርከብ ናይ ሕርሻን ጀራዲንን ቦታ ኣብ ርእሲ ምኳና ንግዲ'ውን ዝምዕብለላ ማእከል እያ ነይራ። በዚ ቀጥጠባዊ ሰረት'ዚ ካብ ዝተፈላለየ ቦታታት ኤርትራ ሕርሻን ጀራዲንን ኣውፊሮም ዘፍርዩ ከምኡ'ውን ኣብኡ ብደሞዝ ተኸፊሎም ዝሰርሑ፣ ዝነግዱን ዝነግዳን ዝቕመጡዋ፡ ሓያለ ካብኦም'ውን ዝህብትሙላ ሓውሲ ከተማ እያ ኔራ። ፈለግ ተከዘ ብዶብ ናይ ኤርትራን ኢትዮጵያን እዩ ዝሓልፍ። ህዝቢ ብድንድል ሰጊሩ ካብ ኣምሓጀር ንሑመራ (ኢትዮጵያ) ይመላለስ ነይሩ።

ስርዓት ደርጊ ንዘውዳዊ ስርዓት ሃይለስላሴ ገምጢሉ ስልጣን ምስ ጨበጠ፤ ነቲ ኣብ መላእ ኤርትራ ዘስፋሕፍሐ ዝነበረ ሓርነታዊ ተጋድሎ ንምቕንጻል ከም

ቀዳማይ ዕማሙ ብምውሳድ ዓድታትን ከተማታትን ብሓዊ ብምቅጻልን ቆልዑ ይኹን ኣረገውቲ ከይገደፈ ብምርሻንን ህዝቢ ከርዕድ ኣብ ዝተላዕለሉ እዋን፡ ብ10 ሓምለ 1974 ዓ.ም.ፈ ብሻምበል በለው ዝምራሕ ሓይሊ ጦር-ሰራዊት ኣብ ልዕሊ ህዝቢ ኦምሓጀር ህልቀት ፈጺሙ ክሳብ 170 ሰባት ቀቲሉ ነታ ከተማ ኣዕንዩዋ። ሃዲሞም ብሂወት ካብ ዝተረፉ ተቐማጦ ንሱዳን ብምእታው ናይ መጀመርያ ስደተኛታት ኣብ ወደልሕልው ዝጽዋዕ መደበር ስደተኛታት ሰፈሩ።*[12]

ገለ ካብ ተቐማጦ ግን ተመሊሶም ብምጥያስ ነታ ከተማ ብንግድን ሕርሻን ሂወት ክህብዋ ጀሚሮም ሕርሻን ንግድን እናማዕበለ ስለዝኸደ ናብ ዝነበረቶ ተመልሰት። ኣሃዱታት ናይ ተጋድሎ ሓርነት ኤርትራ ኣብ ከባቢኣን ከምኡ'ውን ንሑመራ እናሰገሩ ጽዑቕ ምንቅስቓሳት ክካይዱ ጀመሩ።ነቲ ከተማ ዝሕልዉ ፖሊስን ኣመሓደርትን ውሽጣዊ ስሩዓት ስለዝነበሩ ምስ ተጋደልቲ ዝርአ ጎንጺ ኣይነበረን። ፖሊስ ርእዮም ከምዘይርኣዩ ዝኾነ ይኹን ዕንቅፋት ኣይገብሩሎምን ነበሩ። ናብ ሑመራ ክሰግሩ ከለዉ'ውን በቶም ንሽንኽ ሑመራ ዝሕልዉ ዝነበሩ ኮማንዶስ ምትሕብባር'ምበር ዕንቅፋት ኣየጋጥሞምን ነይሩ። ኦምሓጀር ብቐትሪ ብፖሊስ እትሕሎ ሓውሲ ናጻ ከተማ ኰይና፤ ብለይቲ'ሞ ብተጋደልቲ እያ ትመሓደር ነይራ። ሓደ ካብ ዘገርም ውድድራት ኣብቲ እዋን'ቲ፤ ቀትሪ ባንደራ ኢትዮጵያ ከተንበልብል ትውዕል፣ ብለይቲ ድማ ባንደራ ኤርትራ (ሰማዊት ኣውሊዕ) ተሰቒላ ትሓድር፣ ንንግሆኡ ብባንደራ ኢትዮጵያ ትትካእ፡ እዚ ውድድር እዚ ክሳብ ልዕሊ ኣርባዕተ ጊዜ ዝኸደን እቶም ንዕኡ ዝፍጽሙ ዝነበሩ ዝተሰውኡሉን ተሞክሮ ነይሩ። ጀራዲን ኦምሓጀር ከም ናይ ጀብሃ መደበር የገልግል ስለዝነበረ መጽንሕን መወገንን ናይ ሓደስቲ ተጋደልቲ፣ ርኽክባት ምስ ህዝቢ ዝካየደሉ ማእከልን እዩ ነይሩ። ኣብቲ እዋን'ቲ ዝቖመ ብኢዱዩ (Ethiopian Democratic Union E.D.U.) ዝፍለጥ ውድብ ትግራይ፣ ብራእሲ መንገሻ ስዩም ዝምራሕ ምስ ጀብሃ ንኽዛመድ ዝገብሮ ርኽክባት ኣብቲ ጀራዲን እዩ ዝካየድ ነይሩ።

ንገለ ኣዋርሕ ኰነታት ከምዚሉ እንከሎ፣ ተጋደልቲ ጀብሃ ምስ ኤርትራውያን ሰራሕተኛታት ኣብ ኢ.ስ.ቡ.ዩ (ብሓገዝ ሽወደን ኣብያተ ትምህርቲ ኣብ ኢትዮጵያ ዝሰርሕ ዝነበረ ማሕበር) ዝሰርሑ ዝነበሩ ብምትሕብባር መኻይን ካብ ሕሞራ ናብ ኤርትራ ክስግሩ ከለዉ ምስ ገለ ሰበስልጣን ወልቃይት ሃንደበት ተጓኒፎም ተኹሲ ይልዓል፡ ዝሞተ ወይ ዝተዓንቀፈ መደብ ኣይነበረን። ይኹን'ምበር ንጽባሒቱ ዝዓጠቑን በርጌስን ወልቀቶት ናብ ኦምሓጀር ሰጊሮም ኣንጻር ተጋደልቲ ተኹሲ ይኸፍቱ፣ እቶም በርጌስ ድማ ነቲ ብሳዕሪ ዝተሰርሐ ኣጓዱ ሓዊ ይርኩዑሉ'ሞ ብንፋስ ተሓጊዙ ገዛውቲ ይቃጸል፡ ተጋደልቲ ጀብሃ ብትብዓት ስለ ዝመከትዎም ግን ምዉታትን ቁሱላትን ኰይኖም ሃደሙ፡ ኦምሓጀር ኣብ ቊጽጽር ጀብሃ ትጸንሕ፡ ግን እትዮጵያ ጦር ሰራዊት እናሰደደት ቐጻሊ ውግኣት ብምክያድ ትቈጻጸሮ፡ ህዝቢ ኦምሓጀር ነብሱ ከውጽእ ነታ ከተማ ገዲፉዋ ንሱዳን ይሃድም። ኣብ መደበር ስደተኛታት ወደልሕልው ኣትዩ ድማ ይዕቆብ።

ኵናት ሓራ ምውጻእ ተሰነይን ዓሊግድርን

ተሰነይ 45 ኪሎመተር ካብ ዶብ ሱዳን ርሒቓ እትርከብ ፣ ካብ ትምስረት ልዕሊ 100 ዓመት ዝገበረት ኣብ ምዕራብ ኤርትራ እትርከብ ከተማ እያ። ካብ ከበሳ

ዝወረደ ፈለግ ጋሽ ብማእከላ ስለዝሓልፍ፣ ኣብ ከባቢ ተሰነይን ዓሊግድርን ዝተፈላለዩ ኣእካልን ጡጥን ዝፈርየላን ዝሕፈሰላን ከምኡ'ውን ናይ ንግዲ ማእከል ሃብታም ከተማ ስለዝኾነት፣ ካብ ኩሉ ዞናታት ናይ ኤርትራ መጺኦም ዝሰርሑላን ዝነብሩላን እያ።

ተጋድሎ ሓርነት ኤርትራ ነቶም ኣብ ንኣሽቱ ከተማታትን ገጠራትን ኣውራጃ ጋሽ ዓስኪሮም ዝነበሩ ሰራዊት መግዛእቲ ጸራሪጋ ንተሰነይን ባረንቱን ከቢባ ከተጽንዕ ድሕሪ ምጽናሓ ሓራ ናይ ምውጽኣን መደብ ኵናት ኣውጺኣ ዝኣክል ሰራዊትን ዕጥቅን ቀሪባ ንኵናት ተዳለወት።

Ethiopian POWs

ሓደ ካብ ስእልታት ናይ ብሰራዊት ሓርነት ዝተማረኹ ሰራዊት ስርዓት ደርጊ ኢትዮጵያ

እቲ ኵናት ኣብ ኣጋ ወጋሕታ ናይ 4 ሚያዝያ 1977 ተጀሚሩ፣ ዳርጋ ዝበዝሐ ክፋል ናይቲ ከተማ ድማ ኣብ ውሽጢ ውሑድ ሰዓታት ኣብ ትሕቲ ቍጽጽር ሰራዊት ሓርነት ኤርትራ ኣተወ። ብዘይካ'ቲ ኣብ ሰሜናዊ ምብራቕ ተሰነይ ዝነበረ መዓስከሩ ዓሪዱ ኢዱ ንኽይህብ ዝመከተ ሓይሊ ጦር-ሰራዊት ግን ክሳብ 5 ጉንቦት 1997 ዓ.ም. ስንቂ ብነፈርቲ እናተደርበየሉ ጸኒሑ፣ ኣብ መወዳእትኡ ግን ኣብ ትሕቲ ቍጽጽር ሰራዊት ሓርነት ወደቐ። ብጠቕላላ 607 ሰራዊት ኢትዮጵያ ተማሪኾም እቶም ዝተረፉ ግን ሃዲሞም ንባረንቱ ኣተዉ። ኣብዚ ውግእ'ዚ 2 ታንክታት፣ 1000 ጠበናጁ፣ 105 ናይ ውግእ መጐዓዝያ መኻይን፣ 22 ስልኪ ኣልቦ መራኸቢ ራድዮታትን ካልእ ወተሃደራዊ መሳርሒታትን ተማሪኹ ነበረ። እታ ጥቓ ተሰነይ ትርከብ ከተማ ዓሊግድር'ውን ሽዑ እያ ሓራ ወጺኣ።

ተሰነይ ሓራ ድሕሪ ምውጽኣ ካብ ሱዳን ብተሰነይ ሓሊፉ ብከተማታት ሃይኮታ፣ ጎኘ፣ ማይድማ፣ ዓረዛ፣ መንደፈራ፣ ቅናፍና ክሳብ ጸሮና ብመጎዓዝያ መኻይን ናይ ንግዲ ኣቕሑ ተጻዒነን ይመላለሳ ነይረን። እዚ ነቲ ተሓጺሩን ንብረት ከይረክብ ብሰራዊት መግዛእቲ ተኸልኪሉን ዝነበረ ህዝቢ ትንፋስ፣ ራህዋን ተስፋ ናጽነትን ዝሃበ ብሩህ መድረኽ ነይሩ።

ኣብ 1977 – 78 ኣውራጃ ጋሽ ባርካ ከምኡ'ውን ኣብ ምሉእ መታሕት ብዘይካ ከተማ ባረንቱ ብምሉኡ ሓራ ወጺኡ ነበረ። ድሕሪ ተሰነይ ባረንቱ ሓራ ንምውጻእ

መደብ ተዳለወ። ከተማ ባረንቱ ብዓበይቲ ኀቦታት ዝተኸበት ዕርድታት ጸላኢ ኣፍሪስካ ንምቑጽጻራ ዝተኻየደ ዝተናወሐ ከቢድ ውግኣት ኣይሰለጠን። ካብ ህዝባዊ ግንባር ተወሳኺ ሓገዝ ጌርካ ዝተፈተነ'ውን ክዕወት ኣይከኣለን። ባህርያዊ ኣቀማምጣ ናይቲ ቦታን ተወሳኺ ሓይልን ተሓባባርነት ናይ ቦታዊ ምሊሻን ተደማሚሩ ሓይሊ መግዛእቲ መደበሩ ክከላኸል ክኢሉ ጥራይ ዘይኮነ፡ ንተ.ሓ.ኤ ውን ከቢድ ናይ ሰራዊት መስዋእትነት ኣውሪዱላ ነይሩ እዩ።

ዙናት ሓራ ምውጻእ ከተማ ኣቑርደት

ኣቑርደት ኣብ ጋሽ-ባርካ፣ ምዕራባዊ ክፋል ናይ ኤርትራ እትርከብ፣ ፈለግ ባርካ ብማእከላ ዝሓልፍ ጥንታዊት ከተማ እያ። ከባቢኣ ናይ ሕርሻ ቦታታት ዝርከቦ ኀላጉል ኰይኑ ብፍላይ ፍረታት ባናናን ኣራንሽን ዝፈርየሉን ንዕዳጋታት ውሽጥን ወጻእን እትሰድድ እያ። ኣብ እዋን መግዛእቲ ጣልያን ዝተሰርሐ መንገዲ ባቡር ካብ ወደብ ምጽዋዕ ተበጊሱ ብኣስመራን ከረንን ሓሊፉ ክሳብ ከሰላ ዘራኽብ ብማእከል ኣቑርደት ስለዝሓልፍ ናይ ንግዲ መስመርን ማእከልን እያ ነይራ።

ተ.ሓ.ኤ. ተሰነይ ሓራ ድሕሪ ምውጽኣ፣ ንባረንቱ ከቢባ ሓራ ኣብ ናይ ምውጽኣ መስርሕ ከላ፣ እታ ኣብ ጋሽ ባርካ ተሪፋ ዝነበረት መደበር መግዛእቲ ከተማ ኣቑርደት ሓራ ንኸተውጽእ ኣብ ምሽብሻብ ኣተወት።

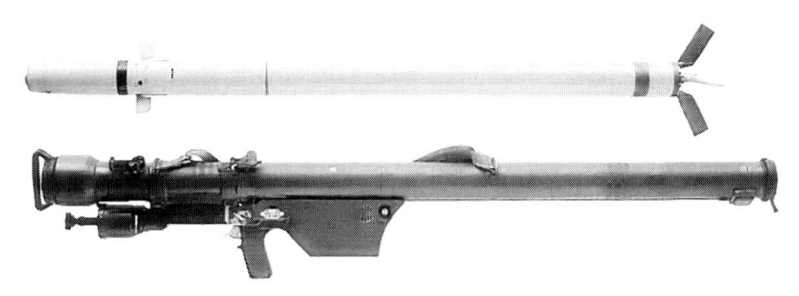

ጸረ-ነፈርቲ ሳም-7

ተ.ሓ.ኤ ሳም-7 ንማእከላይ መደበር ወተሃደራውን ቤት ጽሕፈት ፈጻሚት ሽማግለን ከምኡ'ውን ሓራ ዝወጸ ከተማታት ካብ ደብዳብ ነፈርቲ ደርጊ ዝከላኸልን ዘጥቅዕን ዘይምሕር መሳርያ እትውንን እያ ነይራ።

ሰራዊት ሓርነት፣ ጸረ ነፈርቲ መሳርያታት ሳም-ሰቨን ተጠቒሙ ሓያለ ነፈርቲ ጸላኢ ዘውደቐን ኣብ መደበራቱ ከምዘይቀርባ ዝገበረ ኣብ ልዕሊ ምጿኑ፡ እዚ ኣብ ላዕሊ ዝርአ ስእሊ ናይ ከቢድ መሳርያ'ውን ሓራ ንዝወጸ ከተማታትን መደበራትን ኣብ ምክልኻል ግዲኡ ኣበርኪቱ እዩ።

ኰናት ኣቕርደት ብዕለት 14 ነሓሰ 1977 ዓ.ም. ጀሚሩ ክሳብ 31 ነሓሰ 1977 ድሕሪ ምቕጻሉ፣ ሓይሊ ዝበዝሐ ክፋል ናይ ሰራዊት ኢትዮጵያ ኣብ ትሕቲ ቀጽጽር ሰራዊት ሓርነት ኤርትራ ክኣቱ ከሎ፡ ገለ ግን ሃዲሙ ናብ ከተማ ባረንቱ ኣተወ። ሓራ ምውጻእ ኣቕርደትን በዓል ሓደ መስከረም ምጅማር ብረታዊ ቃልሲ ህዝቢ ኤርትራን ብሓንሳብ ብዕለት 1 መስከረም 1977 ከቢሩን ተጸምቢሉን ወዓለ።

ኣብ ፍጻመ ናይቲ ኰናት 470 ወተሃደራት መግዛእቲ ክማረኹ ከለዉ፡ ልዕሊ 700 ፈኰስትን ከበድትን ብረታት፣ 100 ወተሃደራዊ መኻይንን ሚሊታሪ ኣቕሑትን ኣብ ትሕቲ ቀጽጽር ሰራዊት ሓርነት ኣተወ።

ኵናት ቆሓይን/ማይምነን ኣገዳስነቱን

ናይ ብርጌድ ኮምሽነር ሓርበኛ ረዘነ ልኡለቃል ንዝውዓለሉ ስርሒት ኲናት ማይ-ምነን መራጉዝን ዓረዛን ኣመልኪቱ ተዘክሮታቱ ዘካፈለ፡

ድሕሪ'ቲ ኣብ 1975 ዝተራእየ ዋሕዚ መንእሰያት ሜዳ ኤርትራ ብሓፈሻ ኣብ ተጋድሎ ሓርነት ኤርትራ ድማ ብፍላይ፡ ሰብኣዊ ጉልበትን ንዋትን ዝበረኸሉን ዝማዕበለሉን እዋን ኢዩ ነይሩ። ካብቲ ግዜ እቲ ጀሚሩ ከኣ ካብ ደባይ ቅዲ ኵናት ናብ ፊት ንፊት ውግኣት ቅዲ ኲናት ተሰጋገረ። በዚ መሰረት ወታሃደራዊ ስርርዕ ሰውራ፡ ካብ ጋንታት ናብ ሓይልታት፤ ካብ ሓይልታት ናብ በጦሎኒታት ተሰጋጊሩ፡ ብዝተጠርነፈ ዓቕምታት ከተማታትን ሓውሲ ከተማታትን ብምጥቃዕ ዝሰፍሐ መሬት ኤርትራ ካብ መግዛእታዊ ሰራዊት ናጻ ክኸውን ዝኻለለ። ይኹን'ምበር፡ ኣብ መጀመርታ ካልኣይ መፋርቕ ናይ 1978 ሰራዊት ጸላኢ በቲ ኣብ ሶማል/ኡጋዴን ዘረጋገጾ ዓወት ተበዲዑ ማእለያ ዘይብሉ ኣጽዋር ውግእ ኣሰንዩ፡ ብናይ ሶቭየት ሕብረት ኣማኸርትን መራሕቲ ውግእን ተደጊፉ ንነዊሕ ግዝያት ኣብ ትሕቲ ቁጽጽር ሰውራ ዝጸንሐ ሓራ መሬት ኤርትራ ዳግም ክቈጻጸሮ ከኣለ። ሰውራ ኤርትራ ስትራተጂካዊ ምዝላቕ እኳ እንተገበረ፤ ኣብ ዝተናውሐ ኲናት ንጸላኢ ክስዕሮ ከምዝኽእልን ብምትእምማን፥ ዳግመ ስርርዓት ንኽገብርን ኣብ ዝያዳ ምድላዋት ንኽኣቱ ግዜ ወሰደ። ስለዚ ድማ'ዩ፡ ብኡ ንብኡ ስርርዓት ሰራዊት ካብ በጦሎኒታት ናብ በርጌዳት ዝተሰጋገረ። በዚ ኸኣ፡ ድሕሪ ናይ ዓመት ምድላዋት ትምክሕትን ሓይልን ሰራዊት ደርጊ ንምድምሳስ ተጋድሎ ሓርነት ኤርትራ ዳግመ መጥቃዕቲ ከተካያድ ዝፈለመት። ዋላኳ ሰራዊት ደርጊ ኣብ ትሕቲ ሰውራ ዝነበረ ቦታታት ተመሊሱ ይሓዞ'ምበር፥ ምስ ኲሉ ሽግራቱ ካብ ዝኾነ ይኹን ህዝባውን ትካላውን ኣሰራርሓ ከውጽኣና ግን ኣይካኣለን። እኳ ደኣ፡ ነቲ ብጠቕላላ ማሕበር ሓረስቶት ኤርትራ ዝተበጽሐ መሬት ናይ ምድልዳል መደብ ከም ቀንዲ ዕማማ ኣብ ምሉእ ምምሕዳራት ኤርትራ ብስፍሓት ክካየድ ዝጀመረ።

እዚ ሰፊሕን ህዝባውን መደብዚ ንሰራዊት ደርጊ ዓቕሉ ስለዘጽበበሉ ድማ፡ እቲ ዕማም ንኸይሰላሰል ኣብዘይተኣደነ ወፍርን ጐስጓስን ኣብ ርእሲ ምእታዉ፡ ናይ ቅጽያን ቅንጸላን ጉጅለታት'ውን ከዋፍር ጀመረ። ተጋድሎ ሓርነት ኤርትራ በቲ ሓደ ሸነኽ ዝጀመረቶ ህዝባዊ ናይ መሬት ምድልዳል መደብ ንኸይዕንቀፍን፡ ናይ

ዳግመ መጥቃዕቲ ወታሃደራዊ መደባታ'ውን ኣብ ምጥንቓቕ ስለዝነበረ፡ ኣብ ባርካን ደንከልያን ኣብ ስራየን ብፍላይ ብኸቢድ ዓስኪሩ ንዝነበረ ሓይሊ ጸላኢ ንምጥቃዕ ወሲና ተበገሰት።

ስርሒት ማይ-ምነ

ድሕሪ' ቲ ናይ 1978 ዓ.ም.ፈ. ናይ ደርጊ ወራርን ምትሓዝ ከተማታትን፡ ተጋድሎ ሓርነት ኤርትራ ዳግመ ስርርዓታ ኣጻፊፋ ምስ ወደአት ናብ ሓድሽ ናይ ዳግመ-መጥቃዕቲ መደባት ተሰጋገረት። በዚ መሰረት ከኣ ኣብ መወዳእታ 1979 ዓ.ፈ ኣብ ከም ከተማታት ኣቑርደት፡ ጋሉጅ፡ ቢንቢና ዝኣመሰላ ዓበይትን ናእሽቱን ከተማታት መጥቃዕቲ ኣካየደት።

ኣብዚ እዋን እዚ፡ ተጋድሎ ሓርነት ኤርትራ፡ ምስ ህዝባዊ ግንባር ሓርነት ኤርትራ ብዝተገብረ ናይ 20 ጥቅምቲ 1977 ስምምዓት መሰረት፥ ኣብ መንጎ ክልተ ውድባት ዝነበረ ምትፍናን ህዱእ ዝመስል ኩነታት ተፈጢሩ ስለዝነበረ፡ ኣብ መወዳእታ 1978 ዓ.ም.ፈ ነቲ ንድሕረ ግምባር ህዝባዊ ግምባር ሓርነት ኤርትራ ዝህድድ ዝነበረ ኩነት ድሕነቱ ንምሕጋዝ ክልተ ብርጌዳት ንሳሕል ብምልኣኽ ኣብቲ ኩናት ተጸሚዳ ነበረት።

እዚ ከምዚ ኢሉ እንከሎ፡ ደርግን ህዝባዊ ግንባር ሓርነት ኤርትራን በብወገኖም ኣብ ዝተፈላለየ ግንባራት ንተጋድሎ ሓርነት ኤርትራ ካብ ምጥቃዕ ኣየቋረጹን። ህዝባዊ ግንባር ኣብ ምምሕዳራት ቁጽሪ 10 (ኣከለጉዛይ) ኣብ ቁጽሪ 5ን (ሃበሮ) ብተኸታታሊ ተኾታኾ መደባት ኣካየደት። ኣብ ልዕሊ ተንቀሳቓሽቲ ጉጅለታት'ውን ወታሃደራዊ መጥቃዕትታት ካብ ምስንዛር ዓዲ ኣይዋዓለትን። በዚ መሰረት ካብቲ ኣብ ምዕራባዊ ግንባር (ግንባር ኣቑርደት) ዓስኪሩ ዝነበረ ናይ ተጋድሎ ሓርነት ኤርትራ ሰራዊት ክልተ ብርጌዳት፡ ኣርባዕተ በጦሎኒታት ተዋጺኤን ናብ ምምሕዳራት ቁጽሪ 4 ሰንሒትን፡ ምምሕዳር ቁጽሪ 5 መንሳዕን ከምዝንቀሳቐስ ተገብረ።

ደርጊ ብወገኑ ንናይ ተሓኤ ሰፊሕ ናይ መሬት ምድልዳል መደባት ንምፍሻል ገዚፍ ሰራዊትን ሓይሊ መሊሻን ጠርኒፉ ኣብ ምምሕዳር ቁጽሪ 9 ሰራየ ብወገን ማይ-ጫዕዳን መራጉዝን ሰፊሕ መጥቃዕቲ ጀሚሩ ነቲ ኣብቲ ከባቢ ዝነበረ ውሑድ ኣሃዱታትን ንብርጌድ 81ን ክፍልታትን ደፊኡ ንቆሓይን ብምውራድ ብከቢድ ሓይሊ ኣብ ማይ-ምነን ከባቢኡን ዓስከረ። ብኻልእ ወገን ንመስመር ዓዲ ጋውልን ነፋሲትን ደፊኡ ንዓረዛ ተቖጻጸረ። ንመስመራትን ድሕረ-ግንባራትን ተሓኤ ዝህድድ ኩነታት ስለዝተፈጥረ ከኣ መሪሕነት ተሓኤ ካብ ካልእ ቦታታት ሓይልታት ብምውሳኽ ነዚ ግንባር'ዚ ንምድሓንን ዳግም ንኸይትኸስሮን ተጓየየት።

መሪሕነት ተሓኤ እቲ ኣብ ሰራየ ዝካየድ ወታሃደራዊ መጥቃዕቲ ብማይ-ምነ ክጅምር ብምውሳን፣ ነዚ ኣብ ምፍጻም፡ ሓንቲ በጦሎኒ ካብ ብርጌድ 72 ካብ ጋሽ፡ ሓንቲ በጦሎኒ ካብ ብርጌድ 75 ካብ ግንባር ኣቑርደት፡ ክልተ በጦሎኒታት ካብ ብርጌድ 71 ካብ ግንባር ኣቑርደት ብጠቕላላ ኣርባዕተ በጠሎኒታት ንማይምነ ከምዝድይባ ገበረት።

በዚ መሰረት ሓንቲ በጦሎኒ ካብ ብርጌድ 72 ንመረብን ዑበልን ተኸቲላ ቆሓይን

በጽሐት። እታ ካብ ምዕራባዊ ግንባር ዝተበገሰት በጦሎኒ ካብ ብርጌድ 75 ካብ ተኸረረት ብመካይን ተበጊሳ ምስቲ ኩሉ ናይ ክራማትን ዝናብን መሰናኽላት ድሕሪ ንክልተ ለይቲ ብወሓይዝ ሸንሎንልን ማይሓሊብን ሰጊራ ደንበላኻ በጽሐት። ካብ ደምበላኻ ጉዕዞኣ ንቆሓይን ብምቕጻል ገዛ ቀላቲ ምስ በጽሐት፥ ሓይሊ ደርጊ ካብ ዓረዛ ብምውፋር ንሰብዓን ከባቢኣን ብምቁጽጻር ንመደበር ዕጥቅን ስንቅን ዝኾነት ዓዲጉልቲ ንምሓዝ ኣብ ከባቢታት ደቂ-ወራስን ዓደበዛን መጥቃዕትታቱ ብምቕጻሉ፡ መሰረታዊ ጉዕዞኣ ቀይራ ንደብሪ ክትድይብን ንመስመር ዓዲጉልቲ ክትረድእ ተወገነት። በዚ መሰረት ጉዕዞኣ ቀይራ ደብሪ ደየበት። ሓንቲ ካብተን ካብ ከባቢ ቁጽሪ 4 ተበጊሰን ንቆሓይን ዝቕጽላ ዝነበራ በጦሎኒታት ብርጌድ 71 ኮናት ሰብዓን ከባቢኡን ንእግረ መንገዳ ገጠማ። በዚ ከኣ ጸላኢ ዘይሓሰቦ ብሓይሊ ስለዝተመከተ ተጸፊዑ ኣማስያኡ ንዓረዛ ተመልሰ።

ብመሰረት ዝተዋህበን መደባት እታ ናይ ብርጌድ 75 በጦሎኒን እታ ሓንቲ በጦሎኒ ካብ ብርጌድ 71 ንድፋዓት ማይምነ ብእዋነን በጽሓኦ። እታ ሓንቲ በጦሎኒ ካብ ብርጌድ 71 ግን ኣብቲ ከባቢ ከምትጸንሕ ተገብረ። ሓይልታት ደርጊ ንዓይላ ጉንደትን በራቒትን ድሕረ-ግንባሩ ገይሩ ካብ ሰሜናዊ ምብራቕ ማይምነ ብዓደበዛ ጀሚሩ ክሳብ ምዕራባዊ ማይምነ ዝርከብ ቤት ትምህርቲ ሓያል ድፋዓት ሰሪሑ ነይሩ ኢዩ። እተን ካብ ጋሽን ባርካን ዝደየባ በጦሎኒታት ምስታ ኣብኡ ዝጸንሐት በጦሎኒ ካብ ብርጌድ 81 በዚ ዝስዕብ መልክዕ ንማይ-ምነን ከባብኣን ቀረባኦ።

ሓርበኛ ኣባል ወተሃደራዊ ስታፍ ስውእ ማሕሙድ ሓሰብ፣

ብምዕራብ መስመር ዓዲ-ኩዳዳ ካብ ጋሽ ዝመጸት በጦሎኒ ብርጌድ 72፡ ካብ ሰሜንን ሰሜናዊ ምብራቕን ጀሚረን ከኣ ብድፋዓት ዓደበዛ ክሳብ ድፋዓት ማይጨው በጦሎኒታት ብርጌድ 71፡ ብርጌድ 75፡ ብርጌድ 81 ኣኸበብኦ። ናይ ዕጥቅን ስንቅን ሽግራት ከየጋጥም ተባሂሉ ብደቡባዊ ሸነኽ ማይምነ ክፉት ሳንዱቕ ወይ ከኣ ናጻ መመላለሲ መንገዲ ክኸውን ተገዲፉ።

ኩናት ማይምነ ብኣባል (ኣርካን) ብስውእ ማሕሙድ ሓሰብ ኢዩ ተመሪሑ። ብዕለት 4 ሓምለ 1980 ዓ.ም.ፈ ክሳብ መራሕቲ ጋንታታት ናይ ኣርባዕተ በጦሎኒታት ብዝተሳተፍዎ ኣኼባ ዓዲ ጭንኖ ተጀሚሩ። ስውእ ማሕሙድ ሓሰብ ምስቶም ኣብቲ ከባቢ ዝጸንሑ ሓለፍቲ ብምትሕግጋዝ ኣቀማምጣ ጸላኢን ዝርጋሔኡን ንኣኼበኛ ድሕሪ ምሕባር፡ ነዚ መጥቃዕቲ እዚ ተመዲቡ ዘሎ ሓይልን ዓቕኑን ምዱብ ናይ መጥቃዕቲ ቦታታቱን ብዝርዝር ገለጸ። ማሕሙድ ሓሰብ ኣስዒቡ፡ "ኣብ ናይ ሎሚ ናይ ኩናት መዝገበ ቃላት፥ ምምራኽን ምንስሓብን ዝበሃሉ ቃላት የለውን" በለ። ቀጺሉ፡ "ብምሉእ ምቁጽጻር ማይ-ምነን ከባቢኣን ከኣ ንድምድም" ክብል ዘየዳግም መገለጺ ሃበ።

ናይ ማይምነን ከባቢኣን ናይ መጥቃዕቲ መደባት ከኣ በዚ ዝስዕብ ብዝርዝር ቀረበ። ካብ መስመር ዓዲ ኩዳዳ ዝብገስ በጦሎኒ ብርጌድ 72 ብምዕራብ ማይምነ ነቲ ብታንክታት ተሰንዩ ዝነበረ መዛግብ/ድፋዓት ሰራዊት ጸላኢ ንምጥቃዕ ተመደበት። ምስ ቤት ትምህርቲ ተኣሳሲሩ ንምዕራብ ማይጨው ዝሓወሰ መጥቃዕቲ ነታ ካብ ብርጌድ 81 ዝመጸት በጦሎኒ ተመደበላ። ንምሉእ ሰሜናዊ ማይጨውን ሰሜናዊ ዓደበዛን ከኣ ነታ ካብ ብርጌድ 75 ዝመጸት በጦሎኒ ተዋህበ። ብምብራቕ ዓደበዛ ተጠውዩ ንዝህሉ ትርፍራፍ ሓይልታት ጸራጊፉ ብቕጽበት ንመስመር ማይምነን ዓዲኺላን ቀሪጻ ንፎርቶ ንኽትቆጻጸር ከኣ ነታ ካብ ብርጌድ 71 ዝመጸት በጦሎኒ ተመደበ።

ካብ ዓይላትንደትን ዓዲኺላን ክመጽእ ንዝኽእል ረዳት ሓይሊ ጸላኢ እትዓግት ሓንቲ ሓይሊ ካብ በጦሎኒ ብርጌድ 81 ኣብ ክሳድ ምጽዳፍ መርዓት ከምትዓርድ ተገብረ።

እዚ ኩሉ መደባት ብንጹር ምስ ተሓበረ ባዶ ናይ መጥቃዕቲ ሰዓት ልክዕ ሰዓት ሓሙሽተ ናይ ንግሆ ክኸውን ተወሰነ። ብድሕሪዚ መራሕቲ ኣሃዱታት ካብ ላዕሊ ክሳብ ታሕቲ ብምሉእ ምትእምማን መደባቶም ክፍጽሙ ተበገሱ። እቶም ካብ ባርካን ጋሽን ዝመጹ መራሕቲ ኣሃዱዳታት በቶም ኣብኡ ዝጸንሑ ናይ ብርጌድ 81 ሓለፍቲ ኣሃዱታታት ንመልከዓ መሬትን ኣቀማምጣ ጸላእን ዝምልከት ንምሽቱ እናተዘዋወሩ ምሉእ ዘይጉዱል ሓበሬታታት ኣከቡ።

ዕለት 5 ሓምለ 1980 ሰዓት 5:00 ናይ ንግሆ ከኣ ግዝይኣ ሓልያ ደበኸ በለት። 10 ደቓይቕ ቅድሚ ባዶ ሰዓት ብግንባር ዓደበዛ ግጥምያ ተጀመረ። ካልኦት ግንባራት ኣይደንጎየን ስርሖ ጀመረ። ብምዕራብ ብበጦሎኒ ብርጌድ 72 ዝጀመረ ናይ ቤት ትምህርቲ መጥቃዕቲ ግዜ ከይወሰደ ድፍዓት ጸላኢ ተቖጻጸረ። ከምኡ እውን እቲ ብግምባር ዓደበዛ ዝጀመረ ናይ በጦሎኒ ብርጌድ 75 ንዓደበዛን ከባቢኣን ኣንጊሁ ኣብትሕቲ ቁጽጽሩ ኣእተዎ። ካብቲ ሰለስተ ተደራራቢ ድፋዓትን ጎቦታት ማይጨው እቲ ክልተ ብቕጽበት ብኽፋል ሓይሊ በጦሎኒ ብርጌድ 75ን በጦሎኒ ብርጌድ 81ን ኣብ ትሕቲ ቁጽጽር ሰራዊት ሓርነት ኣተወ። ሓይሊ ጸላኢ ነቲ

ሳልሳይን ኣብ ዝባን ማይጨውን ዝነበረ ድፋዕ ኣትሪሩ ክምክት ስለዝፈተነ፥ ኵናት ናይ ቡንባታትን ኢድ ብኢድ ውግእን ኰነ።

ኩነታት ንሓጺር ግዜ በዳሂ ነይሩ። እንተኾነ እቲ ንዓደበዛ ዝተቖጻጸረ ሓይሊ ንድፋዓት ማይጨው ብጐኑ ሓሊፍዎ ስለዝነበረ ክልተ ረሻሻ/ብሬናት ብጐኒ ብምኽፋት ኣድራጋ ዘበጠ። ሓይሊ ጸላኢ ንጐቦታት ማይጨው ራሕሪሑ ብሀድማ ንውሽጢ ማይ-ምነ ኣተወ። ናይ ኩሉ ግምባራት ሓይልታትና ከኣ ንጸላኢ ኰብኲቦም ንማይምነ ኣተዉ። እቲ ብወገን ምዕራብ ብወገን ቤት ትምህርቲ ዝተደፍአ ሓይሊ ጸላኢ ታንክታቱ ኣምሪሑ ንመገዲ ዓዲ ኧላ ክኸፍት ተጓየየ። እንተኾነ እቲ ኣንጊሁ ንዓደበዛ ዝተቖጻጸረ ሓይሊ ስለዝዓገቶ ኩሉ ትሕዝትኡ ጠርኒፉ ናብ ፎርቶ ማይ-ምነ ደየበ። እቲ ንምብራቕ ዓደበዛ ጸራሪት ንመስመር ዓዲ ኧላ ቆሪጹ ፎርቶ ክሕዝ ዝነበሮ ሓይሊ ሰውራ ምስ ዝነበረ ርሕቀትን፡ ሓርፋፍ ኣቀማምጣ መሬትን ኣብ ግዝይኡ ክበጽሕ ኣይካኣለን።

ክሳብ እዚ ሰዓት እዚ ኩሉ ከባቢታት ጸጽዩ ሓይሊ ጸላኢ ኣብ ፎርቶን ከባቢኣን ተጸፍጺፈ። ጸላኢ ነቲ ክሳብ ፆበል ዝውንጭፍ ዝነበረ ከቢድ ብረት ጠጠው ኣቢሉ ንታንክታቱ ብናኣሽቱ ረሻሻ (ብሬናት) ጸዓነን። በዚ ረሻሻት ከኣ ነቲ ብጀካ ነኣሽቱ ቆጥቋጥ መኸወሊ ዘይነበሮ ናይ ሕርሻ ግራውቲ መን ይቕረጾ በለ። ብዘይካዚ ገለ ዳግማይ መጥቃዕትታት ፈቲኑ እውን ኣይሰለጦን።

ብወገን ዓዲ ኧላን ዓይላጉንደትን ንረዳት ዝተበገሰ ሓይሊ በቲ ኣብ ምጽዳፍ መርዓት ዝዓረደ ሓይሊ ተዘቢጡ ኣንጊሁ ፋሕፋሕ ኢሉ ተመልሰ።

ብወገና ሰራዊት ሓርነት ኣብ ዘዘለዎ ግዝያዊ ዕረፍቲ ይውሰድ ተባህለ። ኣመት ውጉኣትን ስውኣትን ከኣ ብግቡእ ተጠናቐቐ። ድሕሪ ቀትሪ ከኣ ንፎርቶ ብምዕራብን ብደቡባዊ ምዕራብን ዝኸበበ ዘየዳግም መጥቃዕቲ ተኻየደ። ሓይሊ ጸላኢ ከኣ ኩሉ ንብረቱን ዕጥቁን ስንቁን ራሕሪሑ ንዓይላጉንደት ከባቢ ሰዓት ሓሙሽተ ድሕሪ ቀትሪ ሃደመ።

ብከቢድ ዓስኪሩ ዝነበረ ሓይሊ ጸላኢ ዘይተኣደነ ዕጥቅን ስንቅን ኢዩ ከዚኑ ነይሩ። ካብዚ ሓንቲ ከየልዓለ ስለዝሃደመ ከኣ ንጽባሒቱ ነፈርቱ ኣንጊሄን ተተበራሪየን ንዝሓደግዎ ዕጥቅን ስንቅን ታንክታትን ናይ ሰራዊት መካይንን ምድኳዕ ስርሐይ ኢለን ተተሓሓዘኦ። ዝበዝሕ ክፋል ናይቲ ንብረት ከኣ ናብ ሓሙኹሽቲ ቀየረኦ። ካብቲ ገዚፍ ወተሃደራዊ ንብረት ምስ ውሑዳት ታንክታትን ወተሃደራዊ መካይንን ውሑድ ብሬናት ተታሒዙ ንብረት ሰውራ ኰይኑ።

ኣብዚ 24 ሰዓታት ዝወሰደ ዕዉት ውግእ'ዚ ጸላኢ ብዘይካቲ ባዕሉ ብነፈርቲ ዘንደዶ ንብረት እዚ ዝስዕብ ክሳራታት ናይ ሰብን ንብረትን ወሪድዎ ምንባሩ Nharnnet.com ዝተባህለ መርበብ ሓበሬታ ናይ ተጋድሎ ሓርነት ኤርትራ ሰውራዊ ባይቶ ካብ ሰነዳት ኣርቺፍ ኣብ ሕታም ናይ 13 ጥሪ 2005 ዓ.ም. ዝረኸቦ ሓበሬታ ኣስፊሩ እነሆ።

1. 400 ወታሃደራት ካብ ሰራዊት ደርጊ ሞይቶም፡ 50 ድማ ተማሪኾም
2. 2 T-55 ዝዓይነተን ታንክታትን 5 ናይ ጽዕነት መካይንን
3. 6 ናይ መሬት ተንዘግዛጊ ሚሳይልስ

4. 2 ጸረ-ነፈርቲ
5. ልዕሊ 300 ዝኸውን ፈኲስ ብረትን ተማሪኹ ንብረት ሰውራ ኰይኑ።

እዚ ዕውት መጥቃዕቲ እዚ ብናይ 18 ብጾት ጅግንነታዊ መስዋእትን ካብ ከቢድ ካሳብ ቀሊል ናይ 54 ብጾት መውጋእትን ነይርዎ። ምስጢር ናይዚ ዕውት መጥቃዕቲ እዚ ከኣ፡ ናይ ነፍሲ ወከፍ ተጋዳላይ ሰጋእ ዘይብል ተወፋይነትን ካብ ዝለዓለ ክሳብ ዝተሓተ ናይ ሓለፍቲ ኣሃዱታት ዝተወሃሃደ ኣመራርሓን ኢዩ።

ነዚ ዕውት ስርሒት ንኽፍጽም ካብ ዝተፈላለየ ግንባራት ዝተዋጽአ ሓይልታት ዕማሙ ምስ ወድአ ብኸምዚ መደባት ተዋፈረ። ካብ ጋሽ ዝደየበ ናይ ብርጌድ 72 በጦሎኒ ብግዝያዊ መደብ ኣብ ምምሕዳር ቁጽሪ 8 ካብ ታሕታይ ዓንሰባ (ለመጨሊ) ክሳብ ሕምብርትን ኣኼትን ክትጸንሕ ተመደበት። እተን ካብ ብርጌድ 71 ዝመጻ በጦሎኒታት ከኣ ኣብ ዓናግርን ከባቢኡን ክጸንሓ ተገብረ። ድፋዓት ማይምነን ከባቢኡን ብዘየናሕሲ ተሃሪሙ ኣብ ቁጽጽር ሰራዊት ሓርነት ኤርትራ ምስ ኣተወ፡ ኣብ ዓረዛ ደኲኑ ዝነበረ ሓይሊ ጸላኢ ከይተሃርመ ነብሱ ንኸውጽእ ካብ ዓረዛ ሃዲሙ ኣብ መንደፈራ ተዓቍበ።

ሰራዊት ሓርነት ኤርትራ፡ ብዘረጋገጾ ወታሃደራዊ ዓወትን ቅያታትን ዝተበሰሩ ኣብ መደበራት ጽባሕን ሓይልታት መሪሕን ዝነበሩ ክፍሊ-ባህልና ድማ፡ "ውግእ መራጉዝ ዓረዛ ምስ ማይምነ፡ ሰራዊት ደርጊ ገርናዮ ዕነምነ" ብዝብል ዜማ መጎሰምን ተስፋኦምን ገለጹ።

ይኹን'ምበር፡ ነዚ ብልዑል ተወፋይነትን ጅግንነትን ሰራዊት ሓርነት ዝተረጋገጸ ዓወት ሰውራ፡ ኣብ ልዕሊ ሰራዊት ጸላእን ንብረቱን ከቢድ ክሳራታት ዘውረደ፡ ሞራልን ትዕብዓን ደርጊ ዝሰበረ ናይ ተቐይሮ ዓወት፡ ኣብቲ ላዕላይ ዓራግ/ሳሕል ዝመደበሩ ራድዮ ድምጺ ሓፋሽ፡ ብስምምዕ መሪሕነት ክልተ ውድባት ብሓባር ይካየድ ዝነበረ መደብ ፈነወ ራድዮ ንህዝብን ሰራዊትን ንኽፍኖ ኣብ ዝተዓለወሉ ግዜ፡ ኣብ ምክያድ ራድዮ ዝነበሩ ካድራት ህዝባዊ ግንባር ነቲ መደብ ዓንቀጽዎ። ንምዕንቃጹ ዝተዋህበ ምኽንያት ኣብቲ ዜናዊ ጽሑፍ ጅግናን፡ ሓርበኛን ውፉይን ዝብሉ ቅጽላት ንሰራዊት ተጋድሎ ሓርነት ኤርትራ ስለዘይምልከቱ ክወጹ ኣለዎም ዝብል ኢዩ ነይሩ። እቶም ንተጋድሎ ሓርነት ኤርትራ ወኪሎም ኣብቲ ፈነዋ ራድዮ ዝተመደቡ ካድራት ስዉእ ስራጅ ሙሳ ዓብዱን ኪዳነ ሓጎስን ነገሩ ገሪምዎም፡ ናታቶም ኣብቲ ናይ ሓባር መደብ ምህላው'ውን ኣብ ጠርጠራ ዘእቱ ምኽንያት ብምንባሩ፡ ሰራዊት ተጋድሎ ሓርነት ኤርትራ ብዝፈጸሞ መስተንክራዊ ዓወት ብጅግንነትን ተወፋይነትን ሓርበኝነትን ዘይግለጽ እንተደኣ ኰይኑ፡ ኣብዚ ክፍሊ ምህላውና ትርጉም የብሉን፡ ስለዚ እቲ ዝተዓለወት ዜናዊ መግለጺ ከምዘለዎ ንኽቐርብ ደጊሞም ይሓቱ። ካድራት ህዝባዊ ግንባር ክቐበልዎ ስለዘይካኣሉ ግን ኣብ ዕጹው ማዕጾ ይብጸሕ፡ ናብ ላዕለዋይ ናይ ሓባር ፖለቲካዊ መሪሕነት ክበጽሕ ድማ ግድነት ነይርዎ።

ኣብ ከምዚ ኩነታት እንከለዉ፡ እንተስ እቲ ተፈጢሩ ዝነበረ ዘይምውህሃድ በጺሕዎ፡ እንተስ ብኣጋጣሚ ኢሳያስ ኣፈወርቂ ኣብቲ ቦታ መደበር ፈነዋ ራድዮ ይመጽእ'ሞ፡ ኣብ ህልውና ወከልቲ ክልተ ውድባት እቲ ኣጋጢሙ ዝነበረ ሽግር ዜናዊ ፈነወ ይሕብርዎ። ኣምሰሉ ኢሳያስ፡ ነቲ ጉዳይ ኣቃሊሉ ብምቕራብ ከኣ፡

እቲ ዝተዳለወ ዜናዊ ጽሑፍ ከምዘለዎ ከማሓላለፍን፡ ሰራዊት ሓርነት ኤርትራ ውፉይ፡ ጀግና፡ ሓርበኛ ክባሃል ጸገም ከምዘየለ ስለዝሓበረ፥ እቲ ስራሕ ከምቀደሙ ከምዝቕጽል ተገብረ።

ኵናት ቀሓይን ማይምነን ብዓወት ኣብ ዝዛዘመሉ ዝነበረ እዋን ጸላኢ (ደርጊ) ብከቢድ ሓይሊ ካብ ተሰነይ ተንቀሳቒሱ ኣብ ከባቢታት ኣለቡን ባልቃይን መጥቃዕትታት ፈቲኑ ግን ተሃሪሙ ተመሊሱ። ነዚ ካብ ተሰነይ እናወጸ ንመደበራትናን ድሕሪ ግንባራት ተ.ሓ.ኤ.ን ዝፈታተን ዝነበረ ሓይሊ ጸላኢ ንምምካት መሪሕነት ንብርጌድ 97 ካብ ግንባር ሳሕል ንከባቢ ተሰነይ ከምትስሓብ ገበረ። ብርጌድ 97 ዔላ ዓብደላ ኣብ ዝበጽሓትሉ ግዜ ከኣ፡ እቲ ንነዊሕ ግዝያት ዳርጋ ሃዲኡ ዝነበረ ዓማሚ ኲናት ሕድሕድ ብህዝባዊ ግንባር ሓርነት ኤርትራ ዳግማይ ብምጅማር ኣብ ሳሕል ኣብ ልዕሊ ብርጌድ 44 ከቢድ መጥቃዕቲ ብዕለት 28 ነሓሰ 1980 ኣብ በልጠትን ገኤትን ዝተባህለ ቦታታት ጀመረት።

ምዕራፍ ዓሰርተ ኣርባዕተ

ውድባዊ ሰሚናርን ዕልዋ ራሳይን

ናብ ዕልዋ ራሳይ ዘብጽሑ ጠንቅታትን ውጽኢታቱን

ቓለ መሓትት ምስ ተጋዳላይ ተስፉይ ወልደሚካኤል (ደጊጋ)

ተጋዳላይ ተስፉይ ኣብ 1975 ዓ.ም.ፈ. ዝተዓወተ 2ይ ሃገራዊ ጉባኤ ናይ ተጋድሎ ሓርነት ኤርትራ ተመሪጹ፣ ኣባል ፈጻሚ ሽማግለን ዋና ጸሓፊ ፈጻሚ ሽማግለን ኰይኑ ክሳብ 1982 ዓ.ም.ፈ ዘገልገለ ተቓላሳይ እዩ። ናይ ፈጻሚ ሽማግለ ውሳኔታት ይኹን ናይ ውድብ መዓልታዊ ንጥፈታትን ጸብጻባትን ብቤት ጽሕፈቱ ስለ ዝሓልፍ ምሉእ ኣፍልጦ ናይቲ ዝተኻየደ ጒዕዞን ተረኽቦታቱን ኣለዎ። ደረስቲ መጽሓፍ፣ ነዚ መጽሓፍ'ዚ ብመልክዕ ቃለ መሓትት ዘደሊ ሓበሬታ ንኽህበና

ብዝሓተትናዮ መሰረት፣ ፍቓደኛ ብምዃን ኣገዳሲ ታሪኻዊ ሓበሬታ ከንስንድ በቒዕና። ንስለ ተሓባባርነቱ ድማ ዝልዓለ ምስጋና ነቕርበሉ።

ሕቶ፡ ተ.ሓ.ኤ ብናይ ደገ ሓይልታት እናተጠቕዐት ከላ ናይ ውሽጣ ጸገማት'ውን እናኸፍአ ይኸይድ ምንባሩ ምስጢር ኣይነበረን፡ ምዓስን ብኸመይን ጀሚሩ ኣብ ዕልዋ ራሳይ በጺሑ፡

መልሲ፡ ቅድሚ'ቲ ዝተራእየ ጸገማትን ተረኺቦ ዕልዋ ራሳይ ምዝርዛር፣ ክሳብ ክፍላ 1980 ዓ.ም.ፈ. ዝርጋሐ ኣተሃላልዋ ሓይልታት ውድባት ኤርትራ ከመይ ከምዝነበረ ምብራህ ኣገዳስነት ኣለዎ። ህዝባዊ ግንባር ዝበዝሐ ሓይሉን ማእከሉን ኣብ ሳሕል እዩ ነይሩ፡ ሓይልታት ተጋድሎ ሓርነት ኤርትራ ካብ ሳሕል ባርካ ጀሚርካ ብምሉኡ ካብ ዶብ ሱዳን ክሳብ ደንከል፣ ማለት ብምሉኡ ምስ ኢትዮጵያ ዝዳወብ ቦታታት ተኣሳሲሩ ተዘርጊሑ ይቃለስ ነይሩ።

ኣብ 20 ጥቅምቲ 1977 ዝኸተምናዮ ናይ ስምረት ስምምዕ ንምትግባር ሽማግለታት ናይ ክልቲኡ ትካላት ውድባት፤ ማለት ናይ ዜና፣ ሓፋሽ ውድባት፣ ከምኡውን ናይ ሓባር ወተሃደራዊ ሓይልታት ንምጅማር ኣብ ሳሕል ብቐጻሊ እናተራኸባ ኣብ መስርሕ ምይይጥ ክሳብ ወርሒ መስከረም 1980 ዓ.ም.ፈ. የካይዳ ነይረን። ወታሃደራዊ ክፍልታት ናብ ሓደ ንምምጻእ ዝሕልን ስምምዕ ኣብ ዝተገብረሉ፡ ነብሲወከፍ ውድብ ክልተ ብርጌድ መዲቡ ናይ ወተሃደራዊ መስርሕ ምጽንባር ክጅምር፣ ትጽቢታት ተገይሩሉ ነይሩ። ብሸነኽ ተ.ሓ.ኤ. ብርጌድ 44ን እንተዘይተጋግዬ ብርጌድ 72 ነቲ መስርሕ ምጽንባር ክጅምራ ተወሲኑ። ብመሰረት እቲ ስምምዕ ሓንቲ ብርጌድ ንሕና ናብ ሳሕል ክንሰድድ ሕዝባዊ ግንባር ድማ ሓንቲ ብርጌድ ናብ ባርካ ክሰዱ ነይርዎም። ብወገንና ናብ ሳሕል ንመስርሕ ምጽንባር ክትከይድ ዝተመደበት ናይ ከቢድ ብረት ብርጌድ 44 ስለ ዝነበረት ብኡ ንብኡ ተበገሰት። ንእግረ መንገዳ ንመጉዓዝያ ዝምችእ ጽርግያ እናሰርሐት እያ ንሳሕል ኣትያ። ኣብዚ ስራሕ'ዚ ምስቲ ዝነበረ ዓቕምታት ብዝመጣጠን፣ ምጣኔ ሃብቲ ቤት ጽሕፈት ክፍሊ መጉዓዝያን ካልኦት ኣካላት ውድብን ክፍልታት ሚሊሽያን እውን ከይተረፈ ዝተሳተፍዎ ጽርግያ እዩ ተኸፊቱ ነይሩ። ኣድህቦና ኣብ ናይ ሓድነት መስርሕ እንከሎ፣ ሰራዊት ወያኔ ታዕሊም ንኽወስድ ተባሂሉ ናብ ሳሕል ብብዝሒ ከም ዝኣተወ ሓበሬታ ተረኺበ። ሰራዊት ወያኔ ንእግረ መንገዱ ብምትሕብባር ኣሃዱታት ህዝባዊ ግንባር ኣብ ኣከለጉዛይ ምስ ኣሃዱታትና ውግእ ምኽፋቱን፡ ኣብ ደንካልያ፡ ኣብ ልዕሊ ተጋደልትና፡ ናይ ህዝባዊ ግንባር ሃንደበታዊ መጥቃዕቲ ምግሃዱን ድማ ኲነታት ሓድነት ተሓኤን ህዝባዊ ግንባርን፣ ኣብ ናይ ሕቶ ምልክት ከም ዝኣተወ ተዓዘብና። ኣብ'ዚ ዝተጠቕሰ እዋን'ዩ ብሃንደበት ሰራዊት ህዝባዊ ግንባር ኣብ ልዕሊ'ቲ ኣብ ሳሕል ዝመደበሩ፡ ትካላት ተሓኤን እንኮላይ ኣብ ልዕሊ ብርጌድ 44 ሰፊሕ መጥቃዕቲ ብምፍጻም ነቲ ኲነታት ናብ ወጥሪ ዝቐየሮ። ኣብዚ እዋን'ዚ እቲ ውግእ ብብዙሕ ሸነኻት ኣብ መንጎ ተጋድሎ ሓርነት ኤርትራን ሓይልታት ምሕዝነት ህዝባዊ ግንባርን፡ ወያኔ

ሓርነት ትግራይን ተኻየደ፣ እዚ ግዜ'ዚ፡ ኣነ ብዕማም ምድልድል መሬት፡ ኣብ ደንከል ድሕሪ ምጽናሕ ናብ ከበሳ ዝመጻእክሉ እዋን'ዩ ነይሩ።

ህዝባዊ ግንባርን ወያኔን ኣብ ሳሕል ሰፊሕ ሃንደበታዊ መጥቃዕቲ ድሕሪ ምጅማሮም፡ ዳርጋ ኩሉ ዕማማት ውድብ ጠጠው ኢሉ፡ ብመላኡ ናብ ናይ ህጹጽ ኩነታት ውድዕነት ተሰጋገረ። እቲ ማእከላይ መደበሩ ኣብ ባርካ ዝነበረ ፈጻሚ ሽማግለ ነቲ ጉዳይ ብመላኡ ንምምዛንን ምስቲ ተፈጢሩ ዝነበረ ሓድሽ ናይ ውግእ ኩነታት ዘሳኒ ውሳኔታት ንምውሳድን ህጹጽ ኣኼባ ኣካየደ። ኣነ ኣብ ከበሳ ብምንባረይ ኣብቲ ናይ ሽው ኣኼባ ኣይተሳተፍኩን፡ ግን ብዘለኒ ሓበሬታ፡ ገለ ካብ ኣባላት ፈጻሚ ሽማግለ ሓይልና፡ ካብቲ ወሪዱ ዘሎ ሓደጋ ድሒኑ ንነብሱ ምክልኻል ምእንቲ ክበቅዕ፡ ካብ ሳሕል ስሒቡ ኣብ እሙን ቦታ ዳግመ ስርርዕ ክገብር ኣለዎ ዝብል ርእይቶ የቕርቡ። እዚ ርእይቶ'ዚ ምናልባት ምተዓወተ። የግዳስ ወተሃደራዊ ሓላፊ ዓብደላ ኢድሪስ ክንስሕብ ኣይንኽእልን ኢና፡ ምኽንያቱ ኣብኡ ዝኸዘንናዮ ከቢድ ብረታት ስለዘሎ፡ መጀመርያ ንዕኡ ምስ ኣውጻእና ኢና ካብኡ ክንስሕብ ንኽእል ዝብል ርእይቶ የቕርብ። ማእከላይ ክፍሊ ብረት፡ ኣብ ባርካ ክንሱ ንምንታይ ብደረጃ ፈጻሚ ሽማግለ ከይተፈልጠ፡ ክሳብ ክንድዚ ከቢድ ብረት ናብ ሳሕል ተዓቑሩ፣ ዘደንጹ ጉዳይ ኰይኑ ኣብ ርእሲ ምርካቡ፡ ሓያሎ ካብቲ፡ በቲ እዋንቲ ስትራተጅያዊ መሳርሒ ዝቖጸር ዝነበረ፡ ከቢድ መሳርያታትን ጸረ ነፈርቲ ማሽን ጋንን፡ ኣብቲ ናይ ኲናት ቅድመ ግንባር ኰይኑ ዘሎ ቦታታት ናይ ሳሕል ከም ዘሎ ተፈሊጡ። ኣብ ከምዚ ዝበለ እዋን፡ እቲ ካብ ሳሕል ንስሓብ ዝበል ኣካል ፈጻሚ ሽማግለ፡ ካብኡ ተሓቢኡ ዝጸንሐ ሓበሬታ፡ ከምዘሎ ምስ ፈለጠ፡ ሃንደበት ኰይንዎ "ከመይ'ሉ እዚ ጉዳይ'ዚ ንፈጻሚ ከይተሓበረ ጸኒሑ" ክብል ይሓትት። እቲ ዝተዋህበ መልሲ ድማ፣ ብመንግስቲ ኩወይት ንዓናን ንህዝባዊ ግንባርን ዝተለገሰ፡ ከቢድ ብረት ገሊኡ፡ ብመኪና ዝጉተት፣ ጸረ-ነፈርቲን ማእከላይ ብረትን ወዘተ.. ብፖስርትሱዳን ዝኣተወ ስለ ዝነበረ፡ እቲ ብጽሒትና ኣብ ትሕቲ ሓላፍነት ማሕሙድ ሓሰብ ከኽዘን ካብ ፖርት ሱዳን ናብ ሳሕል ብቐጥታ ክሓልፍ ተመሪጹ ዝብል ነበረ። እቲ ብደረጃ ወተሃደራዊ ቤት ጽሕፈት፡ ዝተወሰደ ስጉምቲ፡ ዘይሓላፍነታዊ ብምንባሩ፡ ሽግራት ፈጢሩ ጥራይ ዘይኰነስ፡ ምትእምማን ዝሃረመ እውን ነይሩ። ኣብ መንጎ ኣባላት ፈጻሚ ሽማግለ ድማ፡ ዋላ'ኳ ፈኺም ክብል ዝጸንሐ ፍልልያት እንተነበረ፡ እዚ ጉዳይ'ዚ መሊሱ ኣጋዲድዎ። ኩነታት ከምዚ ኢሉ እንከሎ፡ መጥቃዕቲ ህዝባዊ ግንባርን ወያነን ይቕጽል እዩ ነይሩ። ድሕሪዚ ዳርጋ ንመላእ ኤርትራ ዓሚሙ፡ ኣብ ከበሳታት ኤርትራን ኣብ ደንከልን፡ እቲ ውግእ፡ ተባሪዑ። ሰራዊት ሓርነትን ውድባዊ ትካላት ተሓኤን ድማ፡ ካብ ከበሳን ደንከልን ክስሕብ ተገዲዱ፡ ናብ ባርካን ጋሽን ገጹ ኣምርሐ። ኣብ ከምዚ ዝኣመሰለ ኩነታት ዝተበጽሐ ግንዛበ፣ ቀንዲ ፍሽለትና ኣብ ወተሃደራዊ ምምሕዳርን፡ ኣብ ኣተሓሕዛን ኣወጋግናን ወተሃደራዊ ንብረትናን መሳርሒታትና እምበር ኣብ

ፖሊቲካዊ መዳይ ከም ዘይነበረ እዩ።

አብቲ እዋን'ቲ ኣነ ኣብ ከበሳ ስለዝነበርኩ ውጽኢት ኣኼባ ፈጻሚ ሽማግለ ብመልእኽቲ እዩ በጺሑኒ። ይኹን'ምበር እቲ ውሳኔ፣ ሓይልታትና ነቲ ኣብ ሳሕል ዝነበረ ንብረት ኣውጺኡ ናብ ባርካ ምስ ኣሰገሮ ድሕሪኡ ይስሕብ ስለ ዝተባህለ፡ ስራዊትና፡ ኣብ ከቢድ ዛሕዛሕ ዝበለ ኩነታት ከኣቱ ባህርያዊ ነይሩ። ኩሎም ኣካላት ውድብ ነቲ ብረት ካብ ዝነበሮ ኣውጺኦም እናተጓዕዙ እንከለዉ፡ ዝተባርዐ ውግእ ድማ እናጻዕጽዐ ስለዝኸደ፤ እቲ ንብረት ዛሕዛሕ ኢሉ ኣብኡ ዝተረፈ ሓያለ እዩ። ህዝባዊ ግንባር ከኣ፡ ነቲ ኵነታት ምስፈለጡ ከም ጽቡቕ ዕድል ተጠቂሞም፡ ውግእ ከቕጽል ብምውሳን እቲ ውግእ ብዝያዳ ከባራዕ ክኢሉ።

ህ.ግ ነቲ ውግእ ከም ዝቕጽል ብምግባር፡ ናብ ዓንሰባ ገጹ እናምርሐ እንከሎ፤ ብወገን ኣከለ-ጉዛይ እውን ምሕዝነት ህ.ግን ወያኔን ኣብ ልዕሊ'ቲ ነጻረ ተወልደመድህን ከም ጠቕላል ኣካያዲ ዝመርሖ ዝነበረ ሓይልታትና ውግእ ከፊቶም ነይሮም እዮም። ኣቐዲሙ ኣብቲ ቦታታት፡ ዶብ ሰጊሩ ናብ ሳሕል ዝሓልፍ መብዛሕታኡ ዘይዓጠቐ፡ ሰራዊት ወያኔ ከምኡውን ካብ ሳሕል ዓጢቑ ናብ ትግራይ ዝሰግር ዝነበረ ሰራዊት ወያኔን ህዝባዊ ግንባርን ነቶም ኣብ ኣከለጉዛይ ዝረኸቦም ኣባላት ተሓኤ ውልቃዊ ቅንጸላታት የካይዱ ከም ዝነበሩ፡ ተደጋጋሚ ሓበሬታት ይበጽሕ ነይሩ እዩ። ኣናበርትዐ ኣብ ዝኸደሉ እዋን ድማ ኣሃዱታት ተሓኤ ሓይልታቶም ጠርኒፎም ኣብ ምክልኻል ከኣትዉ ጸኒሖም ኣዮም።

በዚ መሰረት ዳርጋ ብኹሉ መኣዝናት ኤርትራ ኩናት ሓድሕድ ብጽዕጹዕ መንገዲ ስለ ዝተከፍተ፣ እቲ ከካየድ ጀሚሩ ዝነበረ መስርሕ ሓድነት ተዓንቂፉ ጥራይ ዘይኮነስ፣ ዝኾነ ርኽክባት ዳርጋ ኣብቂዑ ክበሃል ይከኣል።

ብኻልእ መዳይ፡ እቲ ኣቲናዮ ዝነበርና ሓድሽ መድረኽ፡ ናይ ውድብና 3ይ ጉባኤ ክንገብር ዝብል ርእይቶታት ካብ ሰራዊት ዝጥለበሉ መድረኽ እውን ነይሩ። ብመሰረት፡ ውሳኔ ካልኣይ ሃገራዊ ጉባኤ፡ 3ይ ጉባኤ ክግበር ዝተወሰነሉ እዋን ኣብ 1978 ዓ.ም.ፈ. ክግበር ነይርዎ። ብወገነይ ከም ዋና-ጸሓፊ ፈጻሚ ሽማግለ፡ ኣሰናዳዊት ሽማግለ፡ ምእንቲ ክትቀውም፡ ኣብ ወርሒ ለካቲት 1978 ከም ኣጀንዳ ኣቕሪበዮ ነይረ እዩ። ፈጻሚ ሽማግለ እውን ተዛሪቡሉ፡ ግን እቲ ኩነታት ኣይምችእን ብምባል፡ ኣብዚ እዋን'ዚ ክግበር ኣይከኣልን ዝብል ርእይቶ ስለ ዝዓዘዘ ዕቱብ ኣቓልቦ ከይረኸበ ተሰጊሩ። ድሒርና በቲ ውግእ ንሱዳን ተድፊእና ኣብ ኮረኮን ታህዳይ ምስ ኣቶና፡ ጉባኤ ይገበር ዝብል ጠለብ ሰራዊት ድማ ምስ በርትዐ፣ ንባዕሉ ፈጻሚ ሽማግለ እውን ከም ሓደ ኣካል ንምስራሕ ዘየኽእሎ ኩነታት ይገሃድ ኣብ ዝነበረሉ፡ መሪሕነታዊ ኣኼባ ተኻይዱ፡ ብዛዕባ ምስንዳእ ጉባኤ፡ ከም ብሓድሽ ኣብ ኣጀንዳ ወረደ። ኣብዚ ክልተ ተጋራጫዊ ርእይቶታት ተጋህደ፡ እቲ ብዓብደላ ኢድሪስ ዝምራሕ ዝነበረ ክንፊ እቲ ጉባኤ፡ መብዛሕትኡ

ኣባልነቱ ካብ መደበራት ስደኛታት ዘለዉ ስሩዓትና ክቕውም ዝብል ክኸውን እንከሎ፡ እቲ ዝተረፈ ክንፊ ድማ፡ ኣይፋልን ውድባዊ ጉባኤ፡ ብምዃኑ፡ ንሃለዋት ውድብና ዘንጸባርቕ ድማ እቲ ዕጡቕ ሓይልን ምሉእ ግዜኦም ኣብ ገድሊ ዘለዉን ስለ ዝኾኑ፡ ሰራዊት ሓርነትን ኣካላት ውድብን፡ ዝበዝሑሉ፡ ናይ ሓፋሽ ውድባትን ህዝባዊ ስርርዓትን፡ ሚሊሽያን ወከልቲ ህዝብን ዝሳተፉሉ ክኸውን ኣለዎ፡ ኣብ ዝብል ኣረዳድኣ ረገጸ። እዚ ጉዳይ'ዚ፡ ክግምገም እንከሎ፡ ብፍላይ እቲ ሸንኽ ዓብደላ ኢድሪስ ዝወሰዶ መርገጽ፡ ካብ ሕሳባት ናይ ስልጣን ምቁጽጻር ዝምንጩ ምንባሩ ግሁድ እዩ። ኣብቲ ኣጋጢሙ ዝነበረ ወተሃደራዊ ስዕረት፡ ወተሃደራዊ መሪሕነት ውድብ፡ ብፍላይ ዓብደላ ኢድሪስ፡ ዝናኡ ተሃሪሙ ብምንባሩ፡ ንኹሉ እቲ ንተሓኤ ዘቕውም ሓይልታት ሸለል ብምባል ካብ መደበራት ስደተኛታት ሱዳን፡ ዝውከሉ፡ ባእታታት ዝተዓብለለ ጉባኤ ብምክያድ፡ ንስልጣኑ፡ ዝምርቕ፡ ምትእኽኻብ እምበር ብሓቂ ነቲ ሽግር ኣብ ምፍታእ ዝዋሳእ፡ ሰፊሕ ውድባዊ ጉባኤ ናይ ምክያድ ድሌት ኰነ ሕልና ኣይነበሮን።

ስለዚ፡ ኩናት ሓድሕድ ኣብ ዝተባርዓሉ፡ ውሽጣዊ ኩነታት ውድብ እውን፡ ስጡም ነይሩ ክበሃል ኣይከኣልን። ኣብ ከምዚ ዝበለ እዋን እዩ እቲ ናይ ውግእ ኵነታት ኣንዳበርትዐ ዝኸደ። ኩናት እናቐጸለ እንከሎ፡ ድማ ነቲ ሓድሽ ኵነታት ንምግጣም ናይ ኣምራርሓን ምምእካልን ኣገባብ ንምውጻእ ፈጻሚ ሽማግለ ኣኼባ ኣካየደ። ኣብዚ ግዜ'ዚ ኣቦ መንበርን ናይ ወትሃደራዊ ቤት ጽሕፈት ሓላፍን ብመንግስቲ ምስሪ ተዋሂቡና ዘሎ ናይ ምብጻሕ ዕድመ ክንርከብ ብማለት ናብ ካይሮ ክንከይድ ኣሎና ዝብል ሓሰብ ቀረበ። ዋና እቲ ሓሳብ ዓብደላ ኢድሪስ እኳ እንተነበረ ኣቦ መንበር ኣሕመድ ናስር እውን ዝተሰማማዓሉ ነይሩ። ኣብ ከምዚ ዝበለ ህጹጽ ወተሃደራዊ ኵነታት ከሎና፣ ኣቦ መንበርን ወታሃደራዊ ሓላፍን ክኸዱ የብሎምን ዝብል ርእይቶ እውን ቀረበ። ናይ ብረት ሓገዝ ክርከብ ይከኣል እዩ፡ እቲ ውግእ እንተተናዊሑ ከኣ ብረት ስለዘድልየና ካብዚ ዕድመ'ዚ ክንተርፍ ኣይንኽእልን ኢና ክብል ዓብደላ ኢድሪስ ይጸቅጥ። እሞ ክልተኹም እንተኼድኩም'ድኣ መን ሰራዊት ክመርሕ'ዩ ዝብል ሕቶ ምስ ተላዕለ፡ ድማ መልኣከ ተኽለን ኢብራሂም ቶቲልን ነቲ ወተሃደራዊ ኣመራርሓ ከማእከሉ፡ ኢብራሂም መሓመድ ዓሊ ድማ ኣብ ማእከል መደበር ፈጻሚ ሽማግለ ኣብ ፎርቶ ኰይኑ ነቲ ውድብ ይመርሕ፡ ተባህለ'ሞ ብኣኡ መሰረት እቲ ውሳኔ ሓለፈ። ዓብደላ ኢድሪስ ኣብዚ እዋን'ዚ ኣብ ፈጻሚ ሽማግለ ዓብላሊ ሓይሊ ስለ ዝነበሮ ድሌቱ ከሕልፍ ጸገም ዝነበሮ ኣይመስለንን። ይኹን'ምበር ኣብቲ እዋን'ቲ መብዝሕትና ከምዝገምገምናዮ፡ ብሸነኽ ዓብደላ ይኹን ካልእ ኣብቲ ተወሊዑ ዝነበረ ኲናት፡ ህ.ግ. ገለ ቦታታት ናይ ጀብሃ ክትከስብ ትኽእል ትኸውን እምበር፡ ጀብሃ ፈጺማ ካብ ሜዳ ኤርትራ ዘግልል ስዕረት ከጋጥማ ይኽእል እዩ ዝብል ግምት ኣይነበረን። ብኻልእ ሸነኽ ድማ ዓብደላ ናብ ወጻኢ እንተኸይዱ፡ ኣመራርሓ ሰራዊት ኣብ ትሕቲ መልኣከን ኢብራሂም ቶቲልን ዝሓሸ ክኸውን

ይኽእል ዝብል ሓሳብ እውን ነይሩ እዩ።

ኣሕመድ ናስርን፡ ዓብደላ ኢድሪስን ናብ ወጻኢ ምስ ከዱ፡ ኢብራሂም ኣብ ፎርቶ ኲይኑ ንውድብ ክመርሐ ጀመረ፣ መልኣከን ቶቲልን ድማ ናይ ሰራዊት ምምራሕ ሓላፍነት ተሰኪሞም፤ ንወተሃደራዊ ስታፍ ከካይዱ ጀመሩ። ገለ ዳግመ ስርርዓት ይግበር፡ ኣብ ክፍልታት ተመዲቦም ዝነበሩ ሙብዛሕታኦም ተጋደልቲ እውን ናብ ቅድመ ግንባር ይኸቱ። ኣብ መንጎ ኣባላት ፈጻሚ ሽማግለ መልኣከን ቶቲልን ኣብ መንጎ ኣባላት ወተሃደራዊ ስታፍን ግን ዝተዋጠረ ዝምድና እንተዘይኮይኑ ምሉእ ምትሕብባርን ናይ ስትራተጂያዊ ኣረኣኣያ ሓድነትን ኣይነበረን። ብመሰረቱ፡ ንመልኣከ ኮነ ኒብራሂም ቶቲል በርጌሳውያን ዝብል ቅጽል ተዋሂብዎም ጥራይ ዘይኰነስ፡ ብዙሓት ወተሃደራዊ ሓለፍቲ፡ ብዕግበት ዝተቐበልዎም ኣይነበሩን። እቲ ውግእ ድማ ይጽዕጽዕ፣ ናይ ከበሳ ሓልታትና ገለ ኣሃዱታት ዕሳባት ገዲፉ ብምሉኡ ንባርካን ጋሽን ወሪዱ ይዓርድ፡ ብኣስማጥን ዓንሰባን ዝነበረ ድማ ኣብ ባርካ ይእከብ። ንገለ እዋን ነቲ ናይ ህዝባዊ ግንባርን ወያኔን መጥቃዕቲ፡ ጠጠው ምባሉ ይከኣል። ንሓጺር ግዜ፡ ብኩሉ መዳያት፡ ኩናት ኣይተሰምዐን። ኣብዚ እዋን'ዚ እዩ ተበግሶ ሽምግልና ሱዳናውያን ዝተኻየደ። ሱዳናውያን፡ ብዝሽምገልዎ መሰረት ድማ ካባና ኢብራሂም ቶቲል ካብ ህዝባዊ ግንባር ድማ ጴጥሮስ ሰለሞን ዝኸተሙሉ ናይ ተኹሲ ጠጠው ምባል ስምምዕ ተገብረ። እቲ ምረት ናይቲ ኩናት ኰነ እቲ ኣብ ጉዕዞ ናይ'ዚ ኩናት ዝጠፍአ ንጹህ ህይወት፡ ተጋዳላይ ቂምታን ሕንሕንታን ኣሕዲሩ ከም ዝነበረ ርዱእ እዩ። ግን በቲ ስምምዕ መሰረት ኣብ ዝተፈላለዩ ቦታታት ዝርአ ንኡስ ተኹስታት እንተዘይኰይኑ፡ ንገለ ሓጺር እዋን እቲ ሰፊሕ ኩናት ሃዲኡ ነይሩ።

እዚ ግዜያዊ ህድኣት'ዚ ግን፡ ውሽጣዊ ዳግመ ስርርዓት ንምክያድ እምበር፡ ነቲ ስምምዕ ካብ ኩናት ናብ ሰላም ንምስግጋሩ ዝኣመተ ከም ዘይነበረ ክገሃድ ግዜ ኣይወሰደሉን። ኣብዚ እዋንዚ ኣሕመድ ናስርን ዓብደላ ኢድሪስን ካብ ወጻኢ ተመልሱ'ሞ፡ ኣሕመድ ናስር ንማኣከላይ መደበር ፈጻሚ ሽማግለ ከካይድ ክጅምር እንከሎ ዓብደላ ኢድሪስ ድማ ወተሃደራዊ መርሕነቱ ተረከበ። ኣብዚ እዋን'ዚ እቲ ፖሊቲካዊ ዘመተ መሊሱ ቀጸለ፡ ኣብቲ ወተሃደራዊ ትካላት ውድብ፡ ዓብደላ ስለ ዘይነበረ ስቪላውያን ኣስዒሮምና ብምባል ኣውራ ናብ መልኣከን ቶቲልን ኢብራሂም መሓመድ ዓሊን ዘቕንዐ ዘመተ ተኻየደ። እዚ ጥራይ ዘይኰነስ ንዓብደላ ዝውድስ ነፍሕታት ተዘርግሐ፣ ሕጂ ዓብድለ ካብ ወጻኢ መጺኡ ንጅብሃ ከድሕና እዩ! ናይ ኣመራርሓ ክእለቱ ኣርእዩ ንኾነታት ተቈጻጺሩ ናብ ንቡር ቦትኣ ክመልሳ እዩ! ዝብል ገለጻታት ገነነ። ዓብደላ ኢድሪስ "ሳላ ዓብደላ ተዓዊትና እምበር ሲቪላውያን መራሕትስ ኣፍሺሎምና ኔሮም" ክበሃለሉ ዝደሊ ዝነበረ ይመስል። ገለ ሓገዝ ብረት እንተኣምጺኡ'ውን "ሳላ ዓብደላ ናይ ብረት ሓገዝ ረኺብና" ክበሃለሉ ኣብ ኣእምሮኡ ሰሪጹ ዝነበረ ናይ ዝና ሕሳባት ነይሩ እዩ። ብኣንጻሩ ድማ ኣብ ወተሃደራዊ ኣመራርሓ ናይ ዓብደላ ኢድሪስ ዕግበት

ዘይነበሮ ሰራዊት ነይሩ እዩ። ውሽጣዊ ሓድነት ውድብ በዚ ኩነታት'ዚ ተሃስዩ ነይሩ ጥራይ ዘይኮነስ፡ ሰራዊት ሓርነት፡ ብፍላይ ተኣማሚኑ፡ ሓይሉ ብኣድማዒ መንገዲ ጠርኒፉ፡ ኣወሃሂዱ፡ ክመርሕን ከቃልሶን ዝኽእል ወተሃደራዊ መሪሕነት በኹርዎ ነይሩ እዩ።

ድሕሪ ቀኑብ እዋን እቲ ውግእ እንደገና ይባራዕ፡ ሑሴን ኸሊፋ ዝመርሖ ዝነበረ ኣብ ታሕታይ ባርካ፡ "ንጥቃዕ ስለዘለና ቀልጢፍኩም ሰራዊትን ዕጥቅን ብፍላይ ኣርበጂ-7 ብብዝሒ ስደዱልና ዝብል መልእኽቲ የመሓላልፍ። ብወገን ግንባር ከረን ብሓምድ ማሕሙድ ዝምራሕ ዝነበረ'ውን "ውግእ ይብርትዓና'ሎ ግን ክንቅጽልን ክንዕወትን ስለዝኾንና፡ ንሰራዊት ህዝባዊ ግንባር ኣውን ክንደፍኦም ጀሚርና ስለ ዘሎና፡ ሓገዝ ሰራዊትን ዕጥቅን ስደዱልና ክብል ይጠልብ። ኣብዚ እዋን'ዚ ኣብ ማእከል ዝመርሕ ዝነበር ኣቦ መንበር ኣሕመድ ናስር እዩ። ኣብ ከባቢ ባርካ ላዕላይ ዓብደላ ኢድሪስ ዘማእከሎ ሰራዊት ይእከብ ነይሩ እዩ። ነቲ ጠለባት ብዝምልከት ግን፡ ካብ ሓደ ግንባር ወሲድካ ናብ ካልእ ግንባር ክትሰድድ ዘይክኣለሉ ኩነታት'ዩ ነይሩ። ብኩሉ ክንፍታት ሓገዝ ዝሓትት እምበር፡ ሓደ ነቲ ካልእ ክረድእ ዘኽእል ኣይነብረን። ንባዕሉ እቲ ምምሕዳር ኣብ ትሕቲ ዓብደላ ስለ ዝነበረ ድማ፡ ኣሕመድ ናስር፡ ብቐጥታ፡ ክእዝዞ ዝኽእል ለውጥታት እውን ኣይነበረን ምባል ወድዓዊ እዩ። ኣብዚ ኣዋንዚ ብሸነኽ ዓብደላ ኢድሪስን ሰዓብቱን ዝካየድ፡ ዝነበረ ንጥፈታት ክርእ እንከሎ፡ ኣብ ክንዲ ኣብቲ ንሕናን ህ.ግ.ን ኣቲናዮ ዘሎና ኩነታት ውግእን መዋጽኦኡን ምንዳይ፡ ናብ ውሽጣዊ ቃልሲ ብምትኳር "ወታደራዊ ክእለት ዝጐደሎም ሲቪላውያን ኣፍሺሎምና" ዝብል ነፍሒታት ቀጸለ። ኣብ መተካእታ'ቲ ዝጸንሐ ናይ ኣመራርሓ መደብ፣ "ኣብ ቅድሚት ወዲ ሓሰብ ኣብ ድሕሪት ዓብደላ ጌርና ውግእ መሪሕና፣ ንህ.ግ. ናብ ሳሕል ከምትምለስ ክንገብራ ንኽእል ኢና፡" ዝብል ነፍሒታት እውን ገነነ። ክምቲ ዝመረጾ እውን ንመላእ ሰራዊት ናይ ምምራሕ ሓላፍነት ተሰኪሙ ነቲ ኩናት ከካይዶ ጀመረ። ግን ከምቲ ኣብ ላዕሊ ዝገለጽኩዎ ንቁሩብ እዋን ሓይልታት ህዝባዊ ግንባር ተዓጊቱ፡ ናብ ሩባ ዓንሰባ ገጹ ምስሓብ ዝጀመረ እኳ እንተነበረ፡ ነዊሕ ከይጸንሐ እቲ ኩነታት እንደገና ተገልቢጡ፡ ሰራዊትና፡ ናብ ታሕታይ ባርካ ገጹ ክስሕብ ተራእዩ። ስለዚ ብሓፈሻ፡ እቲ ቀንዲ ምኽንያት ናይ ስዕረት ዝኾነ ምርኡይ ሓይሊ ህ.ግ. ዘይኮነስ፣ ሰራዊት በቲ ኣብ ውሽጢ መሪሕነት ዝተራእየ ዘይምስምማዕን ዘይምትእምማንን ተተንኪፉ ንያቱ ዝተሃስየሉ፡ ብቑዕ ወተሃደራዊ ኣመራርሓ ኣብ ዝበኾረሉ ኩነታት ስለ ዝነበረ እዩ። ኣብ ገለ እዋናት ኣትኪልካ ምውጋእስ ይትረፍ፡ ተኹሲ ክስማዕን ምስሓብ ክጅመርን ዳርጋ ብሓደ ግዜ ዝመጽእ ዘሎ ይመስል ነይሩ። ካብ ነብሲ ወከፍ ግንባር ዝመጸና ዝነበረ ሓበሬታ ሓይልታትና ስሒቦም ዝብል መልእኽቲ ይዓዝዝ ነይሩ። ኣብ እዋን ምስሓብ፡ ናይ ስልኪ ኣልቦ ረድዮታት ርኽክብ ኣብ ድንግርግር ኣትዩ፡ ናይ ሕክምናዊ ኣገልግሎታት ጕዲሉ፡ ናይ ኣጽዋርን መሳርሕታትን ቀረብ ተዓናቒፉ፡ ናይ

መጉዓዝያ ሕጽረት ተረኺቡ ነበረ።

ከም ኣብነት ኣብ ከባቢ ሓምለ 1981 ዓ.ም.ፈ. ብወገን ባርካ ላዕላይን ጋሽን ዓሪዱ ዝነበረ መራሒ ብርጌድ 71 መሓመድ ሓምድ ቱምሳሕ፣ ውግእ ብግንባርና ይጽዕጽዕ ስለ ዘሎ፣ ምሳና ዘሎ ኣርብጅ-7ን ቦምብታቱን ብብዝሒ ስለ ዝኾነ ንምስሓቡ ዘግዕዛ መኻይን ብህጹጽ ስደዱልና ዝብል መልእኽቲ ናብ ማእከላይ መደበር ፈጻሚ ሽማግለ ሰደደ። እዋእ! እንታ`ዩ ነገሩ፡ ካልኦት ግንባራት ኣርብጅን ቦምብታትን ኣብ ዝጠለባሉ፡ ንሓላፊ ከፍሊ ብረት እውን ከሰዱ ኣብ ዝተሓተትሉ እዋን “የብልናን” ክብሉ ጸኒሖም እዮም። እዚ`ድኣ ኣበይ ዝጸንሐ እዩ ተባሂሉ ዘደንጹ ኩነታት ፈጢሩ ነይሩ። ምናልባት ነዚ ከምዚ ዝበለ፡ ወተሃደራዊ ምውህሃድ ዝጐደሎ ሃለዋት፡ ናይ ሚሊታሪ ፈላጣት (ሚሊታሪ ኣናሊስትስ) ብዝያዳ ክትንትንዎ ዝኽእሉ እኳ እንተኾነ፣ ብወገነይ ካብቲ ዝርእዮ ዝነበርኩ ክውንነት “ውድባዊ ኣተሓሕዛ ብረትናን ኣወጋግንኡን ሕማቕ ከምዝነበረ እየ ዝግምግም”። ዓብደላ ኢድሪስ ነቶም ዝኣምኖምን፡ ብጾቱ ዝቖጽሮምን ከምኒ መሃመድ ሓምድ ቱምሳሕ ሓለፋ ዘለዎ ኣተዓዳድላ ክገብረሎም እንከሎ፡ ነቶም ኣንጻረይ ዝብሎም ከምኒ ስዒድ ሳልሕ ድማ፡ ትሕተ ምወላ ይገብረሎም ከም ዝነበረ ዘግህድ፡ ዘይምዕሩይን ንሓዋሩ ነቲ ውድብ ዘዳኸምን ምምሕዳር ይጥቀም ምንባሩ፡ ብጋህዲ ከርእየኒ ይኽእል።

እቲ ካልእ ድኽመት ብወገነይ ዝተገንዘብክዎ ድማ፣ ንጀዮግራፍያዊ ኩነታት ኤርትራ ኣብ ግምት ዘእተወ ብስእሊ ካርታታት ዝተሰነየ፡ ናይ ቦታታትን ዕርድታትን ምርጫታት ዘይምንባሩ እዩ። ኣብቲ ውድብ ሓያሎ ናይ ካርቶግራፊ ክእለት ዘለዎም ወተሃደራዊ ተመክሮ ዝቐሰሙ፡ ገሊኦም ኣብ ናይ ኢትዮጵያ ሰራዊት ዝነበሩ ኣባላት ነይሮም እዮም። ግንከ ኣብቲ ኣመራርሓ ምስታፎምስ ይትረፍ ኣብቲ ከፍርይሉ ዝኽእሉ ቦታታት እውን ይምደቡ ኣይነበሩን። ኣብቲ ግዜቲ ንኤርትራ ሩባታታን ኲረብታኣን፡ ማያን ኣጻምኣን፡ ሜዳኣን ጎቦታታን፡ ብዘይ ወረቐት ንፈልጣ ኢና ዝብል ትምክሕቲ ክትሰምዕ ዘሕንኽ ኣይነበረን። ክሳብ ብርጌዳት ዝኣክል ኲናት ክትመርሕ ድማ ናይ ቅዱ ኲናት ካርታ ምህላው ክሳብ ክንደይ መሰረታዊ ክኸውን ከም ዝኽእል፡ ንምርዳእ ፍሉይ ወተሃደራዊ ኣፍልጦ ዝሓትት ኣይመስለንን። ይኹን እምበር እቲ ዝነበረ ምልክታት ወይ ሓበሬታ ቦታታት ብናይ ቀደም እንፈልጦን ባዕላዊ ምልክታትን እዩ ዝፍተን ነይሩ።

ናይ ራድዮ መራኸቢታት ካብ ካብ ዝተሓተ ዎኪ- ቶኪ ጀሚርካ፡ ጫፍ ንጫፍ ኤርትራ ክሳብ ንወጻኢ ዘራኽብ መሳርሕታት ነይሩ። ናይ ስለከ ኣልቦ ርኽክብ መስመራት ናይ ኢትዮጵያ ይኹን ናይ ህ.ግ. ዝጠልፍ ራድዮታት ነይሩ። ነቲ ኮዳት ክሰብሩ ዝኽእሉ ተጋደልቲ፡ ካብ ኢትዮጵያ ይኹን ካብ ህ.ግ. ዝመጹ ክኢላታት እውን ዘለውዎም ነይሮም። ግን ነዚ ሰሪዑን ኣወሃሂዱን ክውድብን ክጥቀመሉን ዝኽእል ብቑዕ ምምሕዳር ወተሃደራዊ ቤት ጽሕፈት ኣይነበረን። ዋላ

እቲ ዝነበረ ድሩት ኣኽእሎ እውን ኣብ ናይ ስልጣን ሕሳባት ተሸኺሉ ክውግኖን ክጥቀመሉን ኣይከኣለን። እዚ ድኻማት'ዚ ወተሃደራዊ ጸብለልታ፡ ምሕዝነት ህዝባዊ ግንባርን ወያኔን ከርኢ ባህርያዊ ነይሩ።

ኣብ ከምዚ ዝበለ ኩነታት፡ ኣብ ወርሒ ነሓሰ 1981 ዓ.ም.ፈ ተሓኤ ዳርጋ ብምሉእ ሰራዊታን፡ ኩሉ ትካላታን ተደፊኣ ናብ ዶብ ሱዳን ኣተወት።

እዚ ኩነታት'ዚ ነቲ ጀብሃ ኣብ ጉዕዞኣ ዝተኸለቶን ዘማዕበለቶን ትካላት፡ ናይ ትምህርቲ፣ ናይ ህዝባዊ ኣገልግሎት ጥዕና፣ ናይ ማላርያን ጉልሓይን መከላኸሊ ማእከላት ሽትሪናሪ፣ ናይ ሕርሻን ማእቶታዊ ንጥፈታትን፤ በብሕብረተሰብኣዊ ክፍለንን ደርበንን ተውዲበን ዝነጥፋ ዝነበራ ህዝባውያን ማሕበራት፡ ሓይልታት ሚሊሽያ ወዘተ.... ሰኣን ዝከላኸለሎም ወተሃደራዊ ብቕዓት ዘይምህላው፣ ብመላኡ ተኸሲሩ ናብ መሬት ሱዳን፡ ቦታታት ኮረኮን፣ ታህዳይን ሃማሽኮርይብን ከም ዝስሕብ ኮይኑ። ኣብዚ ቦታታት'ዚ እቲ ናይ ኣረኣእያ ፍልልያት ምስ'ቲ ዘጋጠመ ወተሃደራዊ ስዕረት ተኣሳሲሩ ብመላኡ ውድብ ኣብ ከቢድ ቅልውላዉ ኣተወ። ሰራዊት ሓርነት'ውን በብዝምባሌኡ ኣብ ሓድሕድ ምክሳስ ኣትዩ። ኣብ ገለ ኩነታት ብዘሕንኽ መንገዲ ሻዕብያ ኣሕዋቶም ስለዝኾኑ ደቂ ከበሳ ኣይተዋግኡን ዝብል ክሲ ኣውራ ብሸንኽ ዓብደላ ኢድሪስ ተጋነነ። እቲ ካልእ ሸነኽ እውን ኣብ ክንዲ ንወተሃደራዊ ኣመራርሓ እቲ ውድብ ዝነቅፍ፡ ብሓፈሻ ደቂ መታሕት ክመርሑና ኣይከኣሉን ኣስዒሮምና ክብል ጀመረ። ኣድሓርሓርን ገስጋስን፡ ፋሉልን የማንን ዝብል ዝነበረ ኣጸዋውዓ እውን ኣብ ክንዲ ብፖሊቲካዊ መርገጻት ዝግለጽ፤ ብመሰረት ሕብረተሳባዊ መበቆል ናብ ምክሳስ ተቐይሩ። ክሳብ መንዩ ጀብሃዊ፡ መንዩኸ ዘይጀብሃዊ ኣብ ማሕበራዊ መበቆል ናይ ባእታት ኣድሃበ። ኣብዚ ኣዋንዚ ንሓድነት ተሓኤ ምቕላስ ከቢድ ዋጋ ዝኸፈሎ ዕማም ኮነ።

ኣብ ዶብ ሱዳን ድሕሪ ምእታውና ዝተረኽበ ምዕባሌታትን ምትእትታው ሰራዊት ሱዳንን፡

ሓይልታት ሰልፊ መብዛሕትኡ ኣብ ሱዳን ድሕሪ ምእታው፡ ነዊሕ ከይወሰደ፡ መንግስቲ ሱዳን ብረትኩም ኣውርዱ ዝብል ትእዛዝ የውርድ። ነዚ ንምእላይ ፈጻሚ ሽማግለ ይእከብ። ዝዓጠቐ ሰራዊት ውሑድ ኣብ ጋሽ ተሪፉ ስለ ዝነበረ፡ ናብኡ ተወሳኺ ሓይሊ ምስዳድ። እዚ ሓይሊ'ዚ ብጋሽ ኣቢሉ ምስተን ኣብ ሰራየን ኣከለጉዛይን ተሪፈን ዝነበራ ኣሃዱታት ክራኸብ። ኣብኡ ተዓቝሩ ዘሎ ንብረት ኮነ ሰነዳት ክዕቅብ፡ በቲ ዝተኻእለ ድማ እቲ ቃልሲ ክቕጽል ዝብል ርእይቶ ይፈስስ። እንተኾነ ግን ብረት ዓጢቕናዮ ከለና እንድዩ እዚኹሉ ወሪዱና፡ ሕጂ ተመሊስና ንኸይድ እንታይ ኣሚንና፣ ዘድልየና ዘሎ ፖሊቲካዊ ፍታሕ እምበር ብረት ዓጢቕና ምምላስ ኣይኮነን ዝብል ተቓውሞ ይገጥሞ። ውሑዳት ኣካላት ግን ናብ ጋሽ ገጾም ከም ዘምርሑ ይግበር። ብኻልእ ወገን ምስ ናይ ሃደንደዋ መራሒ ዝነበረ ሱለማን ዓሊ ቢታይ፡ ኣብ ከረኮን ርኽክብ ብምክያድ፡ ጽቡቕ ምትሕብባር

ከም ዝርከብ ኮነ። ሱሌማን ዓሊ ቢታይ ዓድና ዓድኹም እዩ ብምባል ናብ ወገን ሃማሸኮረብ፡ ኣብቲ ግዜቲ ሰሜን ተባሂሉ ዝጽዋዕ ዝነበረ፡ ሰራዊትኩም ኰነ ብረትኩም ከትዕቅቡ ይከኣል እዩ ዝብል ተቐባልነት ኣርኣዩ። ማሕሙድ ሓሰብ ዝመርሓ ሽማግለ ድማ ቦታታት ንምጽናዕ ተባሂላ ናባኡ ተላኢኸት። ማሕሙድ ኣብቲ ቦታ በጺሑ ምስተመልሰ "እቲ ቦታ ጭው ዝበለ ምድረበዳ ማይ የብሉ ኦም የብሉ፡ ስለዚ ኩሉ ሰራዊት ክንውስዶ ኣይንኽእልን፡ ብፍላይ ኣዴታት ደቀንስትዮ ድማ ናብኡ ክንሰድድ የብልናን ክብል ጸብጻቡ የቕርብ። ድሕሪዚ ደቀንስትዮ (ኣዴታት) ናብ ከሰላ ከምዝኣትዋ ይግበር። እቲ ዝኽእል ሰራዊት ግን ብመደብ ናብ ሰሜንን ናብ ውሽጢ ሜዳን (ጋሽን) ናይ ምስዳድ መደብ ነውጽእ። ካብ ናይ ሱዳን ከበባ ከነምልጥ ኣሎና ዝብል ርእይቶ ዕዙዝ ነይሩ። ነዚ መደባት'ዚ ዝውግን ሽማግለ ዓብደላ እድሪስ ዝመርሖ ግርማይ ቀሺን ስዒድ ሳልሕን ዘለውዎ ሽማግለ ይቐውም። መልኣከ ተኽለ፡ መሓመድ ሓምድ ቱምሳሕ፡ ተስፋማርያም ወልደማርያም ዘለውዎ ሽማግለ ድማ፡ ነቲ ናብ ጋሽ ክኸይድ ዘለዎ ሰራዊ ት ክሰርዑን ክውግኑን ተመዘዙ። ኣነ ተስፋይ ደጊጋን ሓምድ ኣደም ሱሌማንን ኣዜን ያሲንን ድማ ነቲ ኣብ ከረኮን ዝነበረ፡ ኣካላት ውድብ መጉዓዝያ ውጉኣት ሓርነት፡ ኣብያተ ጽሕፈት ፈጻሚ ሽማግለ ህዝባዊ ማሕበራት ክፍሊ ሕክምና ወዘተ ክንውግን ተመደብና።

እዘን ሽማግለታት ዳርጋ ስርሐን ከይጀመራ ከለዋ፡ ሰራዊት ሱዳን መጀምርያ ንከረኮን ኣትዮም፡ ብኡ ንብኡ፡ ናይ ምምራኽ ስጉምቲ ወሰዱ። ኣብ ኩናት ከም ዘለዉ ቆጺሮም ድማ ነቶም ኣብኡ ዝነበርና መራሕቲ ማለት ንዓይ ንሓምድ ኣደም ሱሌማንን፡ ኣዜንን ኣሲሮም ከም ምሩኻት ናብ ከሰላ የመሓላልፉና። ብመላኡ እቲ መደበር ድማ ናብ ትሕቲ ቁጽጽሮም የእትውዎ። ኣብ ከሰላ ግን እቶም ዝፈልጡ ሓለፍቲ ጸጥታ ከምኒ ጃዕፈር ኣቐዲሞም ይፈልጡና ስለ ዝነበሩ፡ ብጌጋ ዝተገብረ እዩ ኢሎም ናብ ዝደለናዮ ክንከይድ ኣፋነዉና። ድሕሪ ሓደ መዓልቲ ኣነ ናብ ከረኮን ተመሊሰ ግን ብመላኡ እቲ ኩነታት ኣብ ሓድሽ ሃዋህው ኣትዩ እዩ ጸኒሑኒ።

ናብ ሰሜን ሰራዊት ንምስዳድ ዝተወገነት ሽማግለ እውን ብመላኡ ከይተዓወተት እንከላ እዩ እቲ ሰራዊት ሱዳን ኣርኪብዋ። ኣብ ውሽጢ ሰራዊት ናብ ሰሜን ንኺድ ኣይንኺድ ዝብል ፍልልያት ጀሚሩ ነይሩ። ዓብደላ እድሪስ ድማ ነታ ምስኡ ክትሰርሕ ዝተመዘዘት ሽማግለ ከይሓበረ፡ ናቱ ዝብሎም ሰዓብቱ መሪጹ መካይን ኣዳልዩ ጽዒኑ ከምኒ ኢድሪስ ሃንገላ፡ ዙቡይ፡ እድሪስ ዓሊ ወዘተ. ዝመርሕዎም ውሑዳት ኣካላት ሰራዊት ሒዙ፡ ንመላእ ሰራዊት ኣብኡ ጠንጢኑ፡ ናብ ሰሜን ኣምርሐ። ምስኡ እታ ናይ ውድብ ፈነወ ረድዮ ስተሽን፡ ከምኡውን ገለ ከቢድን ፈኲስን ብረት ዝተጻዕና መኻይን ከዳ። ብግምት 20 ሽሕ ዝኸውን ሰራዊት ምስ ኩሉ ንብረቱ ግን ኣብ ትሕቲ ከበባ ሱዳናውያን ክወድቕ ገደፎ። ሱዳናውያን ኣብ ቅድሚ ሰራዊት ምስ ዓረዱ ብሸነኽ እቲ ስዒድ ሳልሕ ዝመርሖ

ዝነበረ፡ ሰራዊት፡ ዳርጋ ኣብ ገማግም ናይ ተኹሲ ልውውጥ በጺሑ ነይሩ እዩ። ድሒሩ ንኽመጽእ ዝኽእል ሳዕቤን ኣብ ግምት ብምእታው ግን፡ ናይ ሰራዊት ብረት ምስርካብ ተመሪጹ፡ ብሰላም ብረቱ ከም ዘውርድ ኮነ።

ፖሊቲካዊ ሃለዋት ድሕሪ ዕጥቂ ሰራዊት ምውራዱ

ኣብ ኮረኮንን ታህዳይን ዝነበረ ሰራዊት ገዲፎምና ከይዶም እናበሉ ምረቶም ክገልጹ ከለዉ፡ እቲ ብመሪሕነት ዓብደላ ኢድሪስ ናብ ሰሜን ዝኸደ ሽንኽ ድማ ምስ ኣሕዋትና ኣይንዋጋእን ኢሎም ምውጋእ ዝኣበዩ እዮም ብምባል ንሱዳናውያን ነቶም ኣብ ኮርኮን ታህዳይ ዘለዉ ስንቂ ከይወሃቦም ይጠልቡ ነበሩ። ሃይማኖታዊ መልክዕ ዝሓዘ ግርጭታት ኰነ'ሞ፡ ነቶም ኣብ ከረኰነ ታህዳይ ዝነበሩ ክሳብ ብጥሜት ምጥቃዖም ተፈተነ። እንተኾነ ግን ሱዳናውያን ከመይ ጌርኩም ክሳብ ትማሊ ብሓንሳብ ዝነበርኩም ከምዚ ትብሉ ብምባል ነቲ ዘቕረቡሎም ርእይቶ ኣይተቐበሉዎን፣ ስንቂ'ውን ኣይዓጸዉን። ስለዚ ጀብሃ ኣብ ኮረኮን፣ ታህዳይን ሃማሽኮሬብን፡ ኣሃዱታት ዓሳባት ድማ ኣብ ጋሽ ተመቓቒላትሉ ዝነበረት እዋን፣ ናይ ጀብሃ ዳግመ ስርርዕ ክግበር ዝብል ክትዕ ይብገስ። እቶም ኣብ ሃማሽኮሬብ ዝነበሩ ኣካላት፡ ነቲ ኣብ ኮረኮን ታህዳይ ዝነበረ ሰራዊት ኣይብጾትናን ዝብል ርእይቶ ከዕዝዝ እንከሎ፣ ገለ ካብኡ ድማ ብጾትናን መቓልስትናን እዮም ዝብል ርእይቶታት ሒዙ ነበረ። እቲ ኣብ ኮረኮን ታህዳይ ዝነበረ እውን መብዛሕትኡ፡ ነቲ ናብ ሃማሽኮረብ ዝሓለፈ ሓይሊ፡ ብጥልመት ክኸሶም እንከሎ፡ ገለ ካብኡ ድማ ኣብቲ ዘለውዎ ኬድና ናይ ጀብሃ ዳግመ ስርርዕ ክንገብርን ክንዓጥቕን የድሊ ዝብል ምንባሩ ይፍለጥ። በቶም ኣብ ኮረኮን ዝነበሩ ኣባላት ፈጻሚ ሽማግለን ገለ ኣባላት ባይቶን፡ ኣብ ከረኮንን ከሰላን ኣብ ዝተገብረ ኣኼባ፡ ኣብ ፈጻሚ ሽማግለ፡ ለውጥታት ክግበር፡ ሓፈሻዊ ስምምዕ ተበጺሑ ነይሩ። ኣብቲ ለውጥታት፡ ኣሕመድ ናስር ኣብ ቦትኡ ክጸንሕ፡ ምኽትል ኣቦ መንበር ግን ዶክተር ሃብተ ተስፋማርያም ክኸውን ዝብል ነይርዎ። ኣብ ካልኦት ኣባላት ፈጻሚ ሽማግለን መተካእታኦምን ዝተበጽሐ ስምምዕ ወይ ምርድዳእ ኣይነበረን። ይኹን'ምበር እዚ ሓፈሻዊ ምርድዳእ'ዚ ነዊሕ ከይከደ፡ ኢብራሂም ቶቲል ምስ መልኣከ ተኸለ ድሕሪ ምርኻብ፡ ኣቦ መንበር ኢብራሂም ቶቲል ክኸውን፡ ምኽትሉ ድማ መልኣከ ተኽለ ኮይኑ፡ ዓብደላ ኢድሪስ ከም ሓላፊ ወተሃደራዊ ቤት ጽሕፈት፡ ክቕጽል ዝብል ርእይቶታት፡ ክቕርቡ ጀመሩ። እቲ ኣረዳድኣ መልኣከ ከም ንከበሳ ዝውክል ዓብደላ ድማ ከም ንመታሕት ዝውክል ኣተዓሪቕካ፡ ኣቦመንበር ንቶቲል ከም መንጎኛ ሂብካ ክቕጸል ይከኣል እዩ ካብ ዝብል ሓሳብ ዝነቐለ ነይሩ። ይኹን'ምበር እቲ ኣቲናዮ ዘሎና መድረኽ ነዚ ኣተሓሳስባ'ዚ ዘሳሲ ኣይኰነን ብማለት ተቐባልነት ኣይረኸበን። እቲ ምፍሕፋሕ ኣብ ውሽጢ ኣባላት መሪሕነት ድማ እናቐጸለ ተጓዒዙ። ኩነታት ከምዚሉ እናቐጸለ እንከሎ ብፍላይ ኣብ ከረኮንን ታህዳይን ዝነበረ ድማ ናይ ካድራት ምትእኽኻብን በብዝመሰለካ ምጥርናፍን ይርአ ነበረ። እቲ ኣብ መንጎ ካድራት ዝነበረ ፍልልያት ድማ ብሓፈሻዊ መልክዑ ኣብ መንጎ እቶም ንሰራዊት ዝመርሑ ዝነበሩ ካድራትን ኣብ ክፍልታት ውድብ ዝንቀሳቐሱ ዝነበሩ ካድራትን ኰነ።

ናይ ወጻእተኛታት ኢድ ኣእታውነት፡

ቀጺሉ ናይ ስዑድያ ኢድ ምእታው ብግሁድ ኰነ እሞ፡ ምስ ሰበስልጣን

ሱዳናውያን ብምትሕብባር፡ መደባቶም ከተግብሩ ጀመሩ። ናይ ስዑዲ ልኡኽ ዓብደላ ብሃብሪ ዝመርሖ ኰይኑ፡ ወከልቱ ብተደጋጋሚ ናብ ሱዳን ብምብጻሕ፡ ፍሉይ መደባቶም ከተግብሩ ጀመሩ። ብጠቕላላ ምስ መሪሕነት ውድብ ዘይኰነስ፡ ብፍላይ ብምስጢር ይኹን ብግሁድ ምስ ሸነኽ ዓብደላ ኢድርስ ብምርኻብ መምርሕታቶም ከመሓላልፉ ጀመሩ። ወከልቶም፡ ክሳብ ናብ ሃማሽኮረብ ብምብጻሕ፡ ኣብ ሃይማኖት ዘተኰረ ምልዕዓል ከካይዱን ንሸነኽ ዓብደላ ፍሉይ ሓገዛት ክገብሩን ተረኺቡ። ሽዑ ኣብ ልዕሊ እቲ ካልእ ሸነኽ ውድብ ኣብ ከረኮንን ታህዳይን ዝነበረ፡ ዝቐርብ ክሲ፡ ሓደገኛታት ሓይሊ ኮሚኒዝም ኣብዚ ዞና እዮም ወይ እውን፡ ናይ ክርስትያን ሓይሊ እዮም ዝብል ምንባሩ፡ ዘሕምም ጉዳይ እዩ ነይሩ። በዚ መሰረት ጀብሃ ፈሪሳ ብሓድሽ እሙን ሓይሊ ክትትካእ ኣለዋ ዝብል መደብ ብወግዒ ተኻይዱ። ብፍላጥ ይኹን ብዘይፍላጥ ሸነኽ ዓብደላ ኢድሪስ ኣብ'ዚ መዳይ'ዚ ጥሒሉ፡ ነቲ፡ ምልኣት ሃገራውነት ዘረጋግጽን፡ ዝኹርዓሉን ዝነበረ ቀንዲ መንነት ናይ ጀብሃ ዝሃርም ሃያምኖታውን ወገናውን መርዝታት ተንዝሐ። ከም ሳዕቤኑ ድማ፡ እቲ ኣሰራርዓ ሓይልታት፡ ኣብ ክንዲ ብፖሊቲካዊ እምንቶን መርገጻትን ዝኸውን መብዛሕትኡ ብመሰረት ማሕበራዊ መበቆል ክኸውን፡ ናብ ዝተሓተ መልክዑ ክወርድን ተራእዩ።

ናይ ዒራቓውያን መርገጽ እውን ብመሰረቱ፡ ኣብ መወዳእታ ሰብዓታት፡ ኣብ ልዕሊ ባዓስ ፓርቲ ናይ ዒራቕ፡ ብዝተወስደ ስጉምቲ መሰረት፡ ዝምድናታት ኣቋሪጹ ብምንባሩ፡ ውድቀት ጀብሃ ምስ ናይ ኤርትራ ባዓስ ፓርቲ ምዕዋት ኣተእሳሲሮም ብምርኣይ ንተሓኤ ከጻብቡላን ኣባላት ውድብ፡ ክሰጉን ተረኺቡ። ኣብዚ ግዜ'ዚ እምበኣር፡ ውድብ ተሓኤ፡ ብውሽጢ፡ በቲ ህዝባዊ ግንባርን ወያኔን ዘውርድዎ መጥቃዕቲ ኣብ ዝተዳኸመሉን ውሽጣዊ ሓድነቱ ኣብ ምፍራስ ዝነበሩሉ፡ ብግዳም ድማ፡ ንምውዳቑ ዝሕልን ዓበይቲ ወፈራታትን ውዲታትን ይካየድ ኣብ ዝነበረሉ ኩነታት እዩ ዝነብር ነይሩ።

<u>ቀዳማይ ፈተነ ምፍንጫል ሸነኽ ዓብደላ ኢድሪስ</u>:

ኣብ ወርሒ መስከረም 1981 ዓብደላ እድሪስ ነቶም ኣብ ሓማሽኮሬብ ዝነበሩ ሰራዊትን ሓለፍትን ገለ ኣካላት ውድብ ካብ ሱዳንን ወጻኢን ብሕርያ ዓዲሙ ፍሉይ ሰሚናር ብምክያድ ንኹሉ`ቲ መሪሕነት ኣውሪዱ ሓድሽ መሪሕነት ክመርጽ ምሉእ ምድላዋት ገበረ። "እቶም ኣብ ኮረኮን ታህዳይ ዘለዉ ናትና ኣይኰኑን፡ ንሕና ጉባኤና ጌርና ንጀብሃ ከነቕጽላ ኢሎና" ዝብል ምንቅስቓሳት ድማ ብስፍሓት ከካይድ ጀመረ። እቲ ሰሚናር ተጸዊዑ፡ ኣኼባኛታት ድማ፡ መብዛሕትኦም ንጀብሃ ካብዚ ዘለዋ ጸገማት ንምውጻእ ዝኣመተ እዩ፡ ካብ ምባል፡ ተሃንጥዮም ዝኣተውዎ ነይሩ። እቲ ተዳልዩ ዝነበረ መደብ ግን ኣዳለውቱ እኳ ኣቐዲሞም ዝፈለጥዎ እንተነበረ፡ ኣብ መወዳእታ፡ ብዓብደላ ኢድሪስ ነታ ዝነበረት መሪሕነት

ኣውሪድና ሓዳስ መሪሕነት ካባና መሪጽና ክንቅጽል ኢና ዝብል ጠለብ ምስ ኣቕረበ፡ ሓያል ተቓውሞ ገጠሞ። ኣብዚ ተቓውሞ'ዚ፡ ካብ ኣባላት መሪሕነት ክምኒ ተስፋይ ተኽለን፣ ሳሊሕ እያይን ነይሮም። ሓያሎ ካድራትን ስራዊትን ነቲ መደብ ክቕበሉ ብዘይምኽኣሎም ድማ ክዕወት ኣይተኻእለን። ቀዳመይቲ ማህረምቲ ኣብ ልዕሊ ዓብደላ ኢድሪስ በቶም ናተይ ኢሉ ዝኣከቦም ተረኺባ። ድሕሪ ገለ መዓልታት ዓብደላ ንከሰላ መጺኡ ኣብ ኣኼባ ፈጻሚ ሸማግለ ተሳቲፉ። "ፍሉይ ጉባኤ ጌርካ ክትፍንጨል መዲብካ ኔርካ ዝብል ሕቶ ካብ ኣባላት ፈጻሚ ሸማግለ ንዝቐረበሉ ሕቶ፡" ሰሚናር'የ ኣካይደ ብምባል ናይ ምፍንጫል ፈተንኡ ኣሉታ ሂብሉ። እቲ ኣብ ሃማሽኮሬብ ዝነበረ ስራዊት ምፍንጫል ብመትከል ተቓዊሙ ካብ ምፍንጫል ዘድሓነ ስለዝኾነ ክምስገን ዝግብኦ እዩ እምበር ተፈቲኑ ከምዝነበረ ካብቶም ኣብኡ ዝነበሩ ብወግዒ መስኪሮም እዮም። እቲ መብዛሕትኡ ርእይቶታት፡ ንጀብሃ ካብዚ ዘላቶ ኩነታት ኣውጺና ናብ ጠቕላላ ጉባኤ ከመይ ነእትዋ ዝብል ስለ ዝነበረ ግን፡ እቲ ናይ ምፍናጫል ፈተነ ዓብደላ ብምስጋር፡ ሻድሻይ ስሩዕ ኣኼባ ሰውራዊ ባይቶ ብህጹጽ ክግበር ተወሰነ።

<u>ውጽኢት ሻድሻይ ኣኼባ ሰውራዊ ባይቶን ምምራጽ ሓዲሽ ፈጻሚ ሸማግለን ምንቅስቓሳቱን፡</u>

ኣብ ወርሒ ታሕሳስ 1981 ዓ.ም.ፈ ሻድሻይ ስሩዕ ኣኼባ ሰውራዊ ባይቶ ኣብ ሃማሽኮሬብ ዝተባህለ ቦታ ተገብረ። ጽንኩር ኩነታትን፡ ምትፍናንን ዝመልኦ፡ ሃዋህው እዩ ነይሩ። ናይ ሓድሕድ ምትእምማን ባይታ ዘቢጡ ነበረ፡ ገለ ካብ ኣባላት ባይቶ፡ ነቲ ኩነታት ኣይንእምኖን ብማለት፡ ኣማና ሽጉጥና ከፊትና ኣብ ተጠንቀቕ ኮይና እምበር፡ ክይተዳለና ናብዚ ኣኼባ'ዚ ኣይንኣቱን ዝብሉ ነይሮም። እቲ ክንፍታት ብኣቀማማጣኡ እውን ክሳብ ዝልለ ኰነ። ኣኼባ ኣብ ዝጀመረሉ ድማ ብቐጥታ፡ ኣብ ምንህሃር ይኣቱ ኣብ ርእሲ ምንባሩ፡ ብለይቲ ኰነ መዓልቲ ነብስኻ ኣብ ምሕላውን ምትሕልላውን። ናይ ከባቢ ሓለዋ፡ መገብቲ ከይተረፈ መን እዮም፡ ኣብ ከባቢ እንታይ ምንቅስቓሳት ኣሎ ምፍላጥ፡ ናይ ሽው ሻቕሎት ኮይኑ ነይሩ እዩ። ድሕሪ ከቢድ ክትዕን ምትፍናንን ዝመልኦ ምይይጥን ድማ፡

- ናይ ተሓኤ ሳልሳይ ሃገራዊ ጉባኤ፡ ኣብ ውሽጢ ሓደ ዓመት ክካየድ፡
- ኣብ ሰሜንን፡ ደቡን (ሃማሽኮረብን ኮረኮንን ታህዳይን) ዘሎ ስራዊት፡ ክጥርነፍ
- ነቲ ኣብ ውሽጢ ውድብ ተፈጢሩ ዘሎ ፍልልያት ንምቅርራብ ኮነ፡ ከም ውድብ ኣብ ዕዉት ጉባኤ ንምእታው ምእንቲ ክብቃዕ ኣድላዪ ምድላዋት ምግባር፡ ካብቲ ምድላዋት እቲ ድማ ንኹሉ ሽነኻት ዘሳትፍ ውድባዊ ሰሚናር ምክያድ

ኣብ ፈጻሚ ሽማግለ ብከፊል ምቅይያር ምግባር ኣብ ዝብሉ ውሳኔታት ተበጽሐ። ንምቕያር መሪሕነት ዝምልከት፡ ካብ ኩሎም ኣባላት ፈጻሚ ሽማግለ ወሪዶም፣ ሓድሽ ፈጻሚ ሽማግለ ካብ ኣባላት ባይቶ ይመረጽ፤ ገለን ኣውሪድካ ገለን ተኪእካ ፈጻሚ ሽማግለ ይቖም ዝብል ዝተፈላለየ ርእይቶታት ቀሪቡ ነይሩ። ኩሎም ኣባላት ከም ዘለውዎ ይቐጽሉ ዝብል ርእይቶ ኣይነበረን። ኣብ መወዳእታ ድማ ኣቦ መንበርን፡ ዋና ጸሓፍን፡ ሓላፊ ምጣኔ ሃብታዊ ጉዳያት ቤት ጽሕፈትን፡ ከም ዝቕጽሉ ጌርካ ካልኦት ይቀየሩ ዝብል ሓሳብ ጸደቐ። በዚ መሰረት ኣሕመድ ናስር ኣቦ መንበር፣ ዶክተር ሃብተ፡ ምኽትል ኣቦመንበር፣ ተስፋይ ደጊጋ ዋና ጸሓፊ፣ ሑሴን ኸሊፋ ሓላፊ ወተሃደራዊ ቤት ጽሕፈት፣ ሓይልኣብ ዓንዱ ሕብረተሰብኣዊ ጉዳያት ቤት ጽሕፈት፣ ሳልሕ እያይ ናይ ወጻኢ ጉዳያት ቤት ጽሕፈት፣ ተስፋይ ተኸለ ጸጥታዊ ጉዳያት ቤት ጽሕፈት፣ ሓምድ ኣደም ሱሌማን ምጣኔ ሃብታዊ ጉዳያት ቤት ጽሕፈት፣ ዮውሃንስ ዘርእማርያም ዜናዊ ጉዳያት ቤት ጽሕፈት ኮይኖም ክመርሑ ተመደበ። ድሕሪ'ዚ ኣባላት ፈጻሚ ሽማግለ ዝነበሩ ዓብደላ ኢድሪስ፣ ኢብራሂም መሓመድ ዓሊን ተስፋማርያም ወልደማርያምን፡ ንሕክምና ናብ ወጻኢ ከኸዱ እንከለዉ። ኢብራሂም ቶቲልን መልኣከ ተኸለን ናብ ከከኮንን ታህዳይን፡ ዓብደላ ሱሌማን ድማ ናብ ወጻኢ ተመልሰ።

ሓድሽ ፈጻሚ ሽማግለ ኣኼባታቱ ኣብቲ ዝነበሮ ቦታ ኣብ ሃማሽኮሬብ ጀሚሩ፡ መቐጸልታ ኣኼባታቱ ኣብ ናይ ከሰላ ቤት ጽሕፈት ከሰላ ከካይዶ ብምውሳን፡ ስራሓቱ ጀመረ። እቲ ቀንዲ ስራሕ ምስ ሰራዊት ኣኼባታት ብምክያድ መደባት ባይቶ ምግላጽን ሰራዊት ናብ ሓደ ምምጻእን ስለ ዝነበረ ድማ፡ እቲ ኣኼባታት በቶም ኣብ ሰሜን ዝነበሩ ሰራዊትን ኣካላት ውድብን ጀመሮ። ኣብ ሰሜን ገለ ዕንቅፋታት ዝገጠመ ነይሩ። መሰረቱ ከኣ "ነቶም ኣብ ታህዳይን ከረኮንን ዕጥቆም ንሱዳን ዘረከቡ ኣይንቕበሎምን"..."ንስኹም ናይቲ ኣብ ኮረኮን ታህዳይ ዘሎ ሰራዊት መሪሕነት ኢኹም፤ ንዓና ኣይትውክሉን" ወዘተ ዝብል እዩ። እዚ ግን ብገለ ሓለፍቲ ዝለዓል ዝነበረ እንተዘይኮይኑ መብዛሕትኡ ሰራዊት ዝድግፎ ኣይነበረን። ሓድነታ ዘይዓቀበት ጀብሃ፡ ከም ብሓድሽ፡ ክትንስእ ከጸግማ እዩ፡ እቲ ዝተካየደ ህዝባዊ ኣሳልጦታት፡ ንከንቱ ክሃጉግ እዩ፡ ተስፋታት ዓወት ክቕህም እዩ ስለ'ዚ ነብስና ሰሪዕና ናብ ጉባኤ ንብጻሕ ዝብል ዝነበረ መኸተ፡ ነቶም ንምፍንጫል ዝደፍኡ ዝነበሩ፡ ኣተባባዒ ኣይነበረን። ብዘይካዚ፡ ነቲ ናይ መጀመርያ ፈተነ ምፍንጫል ዓድበላ ኢድሪስ ዘፍሸለ ሽንኽ ኣውን ባዕሉ እቲ ብንጽህና ንጅብሃ የድሕን ኣለኹ ብማለት ናብ ሰሜን ዝኸደ ሰራዊት ስለ ዝነበረ፡ ንሕና ጥራይ ኣምበር ካልኦት ኣይንቕበልን ዝብል ኣረዳድኣ ብዙሕ ተቐባልነት ኣይነበሮን። ኣብ መወዳእታ ድማ፡ መሪሕነት ውድብ ነቶም ኣብ ከረኮንን ታህዳይን ዘለዉ ኣዕጊቡ ሓድነት ውድብ ዝዕቀበሉ ኩነታት ክፈጥርን ናብ ጉባኤ ክንበጽሕን ምስራሕ ዝብል ለበዋታት ኣሕለፈ። እቲ ኣኼባታት ድማ ዳርጋ ብሰላም ተደምደመ።

ድሕሪ'ዚ መቐጸልታ ኣኼባ ፈጻሚ ሽማግለ፡ ኣብ ቤት ጽሕፈት ውድብ ናይ ከሰላ ተኻይዱ። ኣብ'ዚ ኣኼባ'ዚ ከምቲ ኣብ ሃማሽኮሬብ ሰራዊት ረኺብና፡ ዳርጋ ኣብ ሓፈሻዊ ዕግበት ኣብጺሕናዮም ስለ ዘሎና፡ ኣብ ከረኮንን ታህዳይን ንዘለዉ ሰራዊት ድማ ከምኡ ብምክያድ፡ ንጀብሃ፡ ብመንገዲ ውድባዊ ሰሚናርን፡ ሃገራዊ ጉባኤን ኣቢላ ካብዚ ዘላቶ ሽግራት ከነውጽኣ ጸዓታት ምክያድን ኩሉ ዝዓግበሉ ሃዋህው ምፍጣርን ዝብል ኣጀንዳ እዩ ተላዒሉ። ቅድሚ ስራሕ ምጅማርና፡ ኣብዚ ኣኼባዚ ብገለ ካብ ኣባላት ፈጻሚ ሽማግለ ነቲ ኣብ ከረኮንን ታህዳይን ዘሎ ሰራዊት ኣይንኣምኖን ኢና ዝብል መኸተ ተላዕለ። ከም ብሓድሽ ድማ ኣብ ውሽጢ እዚ ሓዲሽ ፈጻሚ ሽማግለ ከቢድ ክርክር ኰነ። ነዚ መኸተ'ዚ ካብ ዘቕረቡ ብፍላይ እቲ ንቀዳማይ ፈተነ ምፍንጫል ዓብደላ ኢድሪስ ኣብ ምፍሻል ዓቢ ተራ ነይርዎ ዝበሃል ሳልሕ እያይ ምንባሩ ኣገራሚ ነይሩ። ግን ዋላ'ኳ ናይ ሑሰን ኽሊፋ መርገጽ ከምቲ ናቱ ዝመስል እንተነበረ፡ ብመሰረት ውሳኔ ባይቶ ንጀብሃ ናብ ጉባኤ ንምብጻሕ፡ ክንበቅዕ እንተኰይንና ናይ ግድን ናብ ከረኮንን ታህዳይን ክንከይድ ኣሎና ዝብል መልሲ ይህቦ ስለ ዝነበረ፡ ዳርጋ ንበይኑ እዩ ተሪፉ። ኣብ መወዳእታ ድማ እቲ መደብ ፈጻሚ ሽማግለ ከም ዝተኣመተሉ ክፍጸም፡ ናብ ከረኮንን ታህዳይን ብምኻድ ድማ ውሳኔታት ባይቶ ክግለጽን፡ ናብ ሓድነት ውድብ ዘረጋግጽ ኩነታት ክንሰግርን ተወሰነ። በዚ መሰረት ኣቦ መንበር ዝመርሖ ሑሰን ኽሊፋን ተስፋይ ደጊጋን ዝኣባላቱ ልኡኽ ፈጻሚ ሽማግለ ናብ ከረኰንን ታህዳይን ተጓዕዘ።

ፖሊቲካዊ ሃዋህው ኣብ ከረኮንን ታህዳይን፡

ብፍላይ ኣብ ታህዳይ ዝገበርናዮ ኣኼባ ዋላ'ኳ ኣብ መጀመርታ፡ ተቓውሞታት እንተነበረ፣ ንሕና ኣብ ውድብና ኣሎና ክንዓጥቕን፡ ናብ ውድባዊ ሰሚናር ክንበጽሕን ንኽእል ኢና ዝብል መንፈስ ዘርኣየ ዝሓሸ ኣቀባብላ ኣጋጢሙና። ኣብ ኮረኮን ግን ነቲ ሓድሽ ፈጻሚ ሽማግለ ኣይንቕበሎን ዝብል ተቓውሞ ነይሩዎ። ንባዕሉ ከምቲ ኣብ ላዕሊ ጠቒሰዮ ዘለኹ፡ ኣብ መንጎ ካድራት፡ ናይ ከረኮንን ታህዳይን ተባሂሉ ዝፈላለየሉ እዋን ነይሩ። ዝበዝሐ ኣኼባታት ምስ መሰረታት ውድብ ኣብ ከረኮን እዩ ተኻይዱ። ኣብዚ እውን ኣብ ትሕቲ ምምሕዳር ሱዳናውያን፡ ከም ኮንሰንትረሽን ካምፕ ዝቑጻር ኣተሃላልዋ እኳ እንተሎ፡ ብረት ዓጢቕና እንከሎና ስለ ዝተደፋእና፡ ሕጂ ፖሊቲካዊ ፍታሕ እምበር ብረት ምዕጣቕ ኣየድልየናን ዝብል ሸነኽ ዓዘዘ። ብወገን ልኡኽ ፈጻሚ ሽማግለ ኮነ፡ ገለ ካድራት ውድብ ድማ፡ ብረት ዓጢቕና እንተዘይኰይኑ፡ ጥራሕ ኢድና ምስ ብረት ዝዓጠቐ ሸነኽ ክንጽንበር ኣይንኽእልን፡ ኩሉ ግዜ ናይቲ ብረት ዝሕዝ ሸነኽ ጸብለልታ እዩ ዝህሉ ዝብል ክትዕ ይወርድ ነበረ። ኣብዚ እዋን'ዚ ካብ ኣባላት ፈጻሚ ሽማግለ፡ ብፍላይ ሑሰን ኽሊፋ፡ ነዚ ኣብ ከረኮን ኮነ ታህዳይ ዘሎ ሓይሊ፡ ኣሚንና ብረት ከነዕጥቖ ኣይንኽእልን ኢና ዝብል ኣብ ጥርጠራ ዝተመርኰሰ መርገጻት መሊሱ ክግህድ ጀመረ። ኣባላት ፈጻሚ ሽማግለ ዝነበሩ ኢብራሂም

ቶቲልን መልኣከ ተኸለን እውን፡ ንጉዳይ ብረት ምዕጣቕ፡ ሕጂ ኣድላይነት የብሉን ዝብል ክትዕ ከውርዱን፡ ምስቶም ኣይንዓጥቕን ዝብሉ ዝነበሩ ሽነኻት ከረኩንን መርገጻቶም ከወሃህዱ ጀመሩ። ኣብ ከምዚ ዝበለ ኩነታት፡ ብዛዕባ ብረት ምዕጣቕ ኣከራኻሪ ኮይኑ ክተርፍ እንከሎ ብዛዕባ ውድባዊ ሰሚናር ምክያድ ዝብል ነጥቢ ግን ኹሉ ሽነኻት ዝተሰማምዓሉ ጉዳይ ኰነ። ኣብ መወዳእታ ድማ፡ ድሕሪ ብዙሕ ቃልሲ ከኣ፡ ውድባዊ ሰሚናር ክካየድ ተወሰነ። ኣበይ ይካየድ ዝብል ነጥቢ እውን ንባዕሉ ኣከራኻሪ ኮነ'ሞ ድሕሪ ክትዕ ንከረኮንን ታህዳይን ሃማሽኮረብን፡ ኣብ ግምት ዘእተወ ማእከላይ ቦታ ክግበር ተወሰነ። ድሒሩ እቲ ማእከላይ ዝተባህለ ቦታ፡ መደበር ራሳይ ክኸውን፡ እቶም ምዕጣቕ ዝተቐበሉ ድማ ኣብ መንጎ ራሳይን ታህዳይን ዘሎ ቦታ። ተመሪጹ ኣብኡ ክዓጥቑ ኣብ መደምደምታ ተበጽሐ።

<u>ሃለዋት ውድብ ኣብ ጋሽን መደባትናን፡</u>

ፈጻሚ ሽማግለ፡ ነቲ ካብ ከበባ ሱዳን ኣምሊጡ ናብ ጋሽ ዝኣተወ ኰነ፡ ነቲ ብመሰረቱ ናብ ሱዳን ዘይሰሓበ ውሑድ ሓይሊ ንምሕያልን ህላዌና ኣብኡ ብምርግጋጽ፡ ናብ ከበሳታት ብመልክዕ ዕሳባት እንቕጽለሉ ኩነታት ንምፍጣርን፡ ተስፋይ ደጊጋን ስዒድ ሳልሕን ከም ልኡኽ ፈጻሚ ሽማግለ ናብ ጋሽ ክኸዱን፡ ምስቲ ኣብኡ ኣቐዲሙ ሓሊፉ ዝመርሕ ዝነበረ፡ መሓመድ ሓምድ ቱምሳሕ ብምርኻብ ድማ ሃለዋትና ክርድኡን ዳግመ ስርርዓት ክገብሩን ተወሰነ። ናብዚ ጉዕዞ'ዚ ድማ ምስኦም፡ ክዓጥቁ ዝኽእሉ ኣባላት ተመሪጾም፡ ናብ ጋሽ ተጓዕዙ፡ ወተሃደራዊ መራሒ ናይዘን ዕሳባት ድማ ረዘነ ልዑለቃል ክኸውን ተመዲቡ፡ ናብ ጋሽ ኣምርሐ። ኣብ'ቲ እዋን'ቲ ኣብ ከረኩን ኣይንዓጥቕን ዝብል መርገጽ ገኒኑ ብምንባሩ ኩሎም እቶም ናብ ጋሽ ዝኸዱ ተጋደልቲ ካብ መደበራት ታህዳይ ዝተመርጹ እዮም ነይሮም። ድሕሪ'ዚ ረዘነ ልዑለቃል ዝመርሖ ዳግመ ስርርዕ ተገብረ። ድሒሩ እቲ ኣብ ምቕጻል ጀብሃ መሰረታዊ ተራ ዝነበሮ ሓይሊ ኰይኑ ዝቐጸለ እውን እዚ ሓይሊ'ዚ ዝሰረቱ እዩ። ካብቶም ፍሉጣት መራሕቱ፡ ድሕሪ ናጽነት ኤርትራ ተጨውዩ፡ ኣብ ቀይዲ ህግደፍ ንዕስራ ዓመት ዝኣክል ሃለዋቱ ከይተፈልጠ ዝርከብ ተኸለብርሃን ገብረጻድቕ ወዲ ባሻይን፡ ኣባል መሪሕነት ሰልፊ ዲሞክራሲ ህዝቢ ኤርትራ ኰይኑ ዘገልግል ዘሎ፡ ዒሳ መሓመድን ናይ ሽዑ ወተሃደራዊ መራሕቲ እዮም ነይሮም።

ተወሳኺ ሓይልን ዕጥቅን እንተተረኺቡ ኣብ ጋሽ ህላዌና ምርግጋጽ ጥራሕ ዘይኮነስ ክንዓቢን ክንስስንን እውን ከም እንኽእል ዘርኢ ምዕባሌታት ነይሩ። ለበዋታት መሰረታት ኣብ ጋሽ እውን፡ ተወሳኺ ሓይሊ ክመጾ ዝጠልብ'ዩ ነይሩ። ነዚ ኣብ ግምት ብምእታው፡ እዛ ብደጊጋን ስዒድ ሳልሕን ዝቖመት ሽማግለ፡ ምስ መሓመድ ሓምድ ቱምሳሕ ድሕሪ ምዝርራብ፣ ምስቶም ብረት ውድብ ኣብ ጋሽ ኣዕቍቦም ዝነበሩ ሽማግለ ዓድታት ናይቲ ከባቢ ተራኸበት። እቶም ሽማግለታት ዝግባእ መብርሂ ድሕሪ ምሃቦም ድማ፡ ኣብዚ ከባቢና ካብ ዘሎ ኣብ ዝቐልጠፈ

እዋን 500 ጂ-3ን እኹል ጠያይትን ክንቅርብ ከም እንኽእል ተፈልጠ። እቲ ዝውሕድ ካዝናታት'ዩ ግን ንነፍሲ ወከፍ ተጋዳላይ ኣብ ክንዲ 4 ካዝና ንሓደ ብረት ብ3 ካዝናታት ንክዓጥቕ እንተመዲብና ሕጂ 500 ተወሳኺ ተጋዳላይ ብህጹጽ ከነዕጥቕ ከም እንኽእል በጺሕናዮ። ብኡ መሰረት ምስ ቱምሳሕ ተሰማሚዕና ኣነን ስዒድን ዝዓጥቕ ሰራዊት ከነምጽእ ንታህዳይ ኮረኮን ተመሊስና። እዚ ሓሳብ'ዚ ናይ ፈጻሚ ሽማግለ ሓገዝን ምርድዳእን ውሳኔን የድልዮ ነይሩ።

ኣብ ኮረኮን ምስ ተመለስና ምስ ኣባላት ፈጻሚ ሽማግለ ኣብ ኣኼባ ንኣቱ። ስዒድ ኣባል ፈጻሚ ስለዘይነበረ ካብቲ ናይ ጋሽ ልኡኽ ኣብቲ ኣኼባ ዝተሳተፈ ተስፋይ ደጊጋ ጥራሕ'ዩ። ብዛዕባ ዝተካየደ ስራሕ ጸብጻብ ድሕሪ ምቕራብ፡ ሕጂ 500 ዝኸውን ብዝሒ ዘለዎ ዝዓጥቕ ሰራዊት ብህጹጽ ናብ ጋሽ ክንወስድ መጺና ዘሎና ምስ ተባህለ ብኡ ንብኡ፡ ተቓውሞ ገጠሞ። ሑሴን ከሊፋ ከም ሓላፊ ወተሃደራዊ ቤት ጽሕፈት፡ ከነዕጥቕ ኣይንኽእልን ኢና ኣይከውንን'ዩ ይብል፣ ስለምንታይ ዝብል ሕቶ ይለዓል፡ ብረት ዝበሃል ኣብ ጋሽ የብልናን ይብል። ኣብ ጋሽ ብረት ከም ዘሎን፡ ጭቡጥ ሓበሬታ ከም ዘሎናን ይግለጽ። እቲ መግለጺ ብሸንኽ ሑሰን ከም ሓላፊ ወተሃደራዊ ቤት ጽሕፈት ይነጽግ። ስዒድ ሳልሕ ንምስክርነት ተጸዊዑ ይመጽእ፡ ኣብ ቅድሚ ኩሎም ዝተሳተፉ ኣባላት መሪሕነት ድማ፡ ነቲ ጉዳይ ብዝርዝር ይገልጾ። ምስ ቱምሳሕን ሽማግለታት ዓድን ተሰማሚዕናሉ ዝመጻእናሉ ጉዳይ ምዃኑ ይንገር። ግንከ ሑሴን ምስቶም ምስኡ ጠጠው ዝብሉ ዝነበሩ ኣባላት ኮይኑ ካብ መሓመድ ሓምድ ቱምሳሕ ዝመጸኒ ጸብጻብ ብረት ከም ዘሎና ኣየርኣን እዩ፣ ንቱምሳሕ ብድሕሬኹም ረኺበዮ እዩ። ዝተዋህበኩም ጸብጻብ ጌጋ እዩ ኢሉኒ ብማለት፡ ኣብ መርገጹ ይደርቕ። ድሕሪ'ዚ ቱምሳሕ ክሕተት ተባሂሉ ምስ ተሓተተ እውን እቲ ንደጊጋን ስዒድን ዝተዋህበ ጸባጻብ ጌጋ ኰይኑ፡ እቲ ሑሰን ዝበሎ እዩ ሓቂ ብማለት ብረት ዝዓጥቕ ሰራዊት ከም ዘይቅበል ጋህዲ ገበሮ። ኣብዚ እዋን'ዚ እቲ ሕጂ ሑሰን ኸሊፋ ዝመርሖ ዘሎ ናይ ዓብደላ ኢድሪስ ሸንኽ፡ ካብ ታህዳይ ኮረኮን ከይዱ ዝዓጥቕ ኣይንደልን ኢና ይብለና ከምዘሎ በሪሁልና። በዚ እንተዘየትዓናቕፍ ድማ ኣብ ታሕዳይ ካብ ዝነበሩ ካድራት፡ ክሳብ ሓደ ሽሕ ሰራዊት ዝዓጥቕ ከነዳሉ ንኽእል ኢና ዝብል ጸብጻባት ነይሩ። እቲ ክዓጥቕ ዝተጸበናዮ ሰራዊት በዚ ምኽንያት'ዚ ከይዓጠቐ ተሪፉ። ስለዚ ኣብ ጋሽ በቲ ዓጢቑ ዝነበረ ጋንታታት ጥራይ ክቕጽልን ብእንኽእሎ መሰረት እናኣደንፋዕናዮ ክንጐዓዝን ተገዲድና። እቲ ጥምረትን ተወፋይነትን ዕዙዝ ስለ ዝነበረ ግን ኣብ ጋሽ ዝነበረ ሰራዊት፡ መንነቱን መንነት ውድብን ንምኽልኻል ኰነ ውድብ ንምቕጻል ኣብቂዑ።

<u>ውድባዊ ሰሚናርን ዕልዋ ራሳይን፡</u>

ከምቲ ኣብ ላዕሊ ተጠቒሱ ዘሎ፡ ብመጠኑ ማእካላይ ቦታ ተባሂሉ ዝተወሰነ፡ መደበር ራሳይ እዩ። እቐዲሙ ኣብ መንጎ ኮረኮንን ራሳይን ማእከላይ ቦታ ሓደ

ሩባ ኣሎ ተባሂሉ ኣብኡ ክግበር ተመዲቡ ነይሩ። ግን ድሒሩ ዝመጸ ሓበሬታ እቲ ዝተባህለ ሩባ ማይ ስለዘይብሉ ኣብኡ ክግበር ኣይከኣልን ስለዝተባህለ እዩ ኣብ ራሳይ ክግበር ተወሲኑ። ሽዑ ራሳይ ናብ መደበራት ሰሜን ትቐርብ እምበር ማእከላይ መደበር ናይቲ ኣብ ሰሜን ዝነበረ ሓይልታት ኣይነበረን።

ኣብ ከረኮን-ታህዳይ ፖሊቲካዊ ሽግር ይጕሃሃር ኣብ ዝነበረሉ፡ ኣብ ሃማሽከሬብ፡ ወተሃደራዊ ጸብለልታ ብምርግጋጽ ንተ.ሓ.ኤ. ናይ ምቁጽጻር ኣንፈት ሰፊኑ ኣብ ዝነበረሉ እዋን፡ ውድባዊ ሓድነት ኣሕሊፍካ ንኽይወሃብ ብማለት ሰሚናር ናብ ምድላው ኣቲና። ብጸጥታ፡ ብዕጥቅን ከመይ ይኽውን ዝብል ሕቶታት ድማ ኣብ ውሽጢ ፈጻሚ ሽማግለ ኣቲ ቀንዲ ኣከራኻሪ ጉዳይ እዩ ነይሩ። ተሳተፍቲ ካብ ኮረኮን ታህዳይ ከመጹ መልእኽቲ ምስተመሓላለፈ እቲ ቅድም ኣይንዓጥቕን ዝብል ዝነበረ ሸነኽ፣ ብረት ከይዓጠቕና ክንከይድ ኣይንኽእልን ዝብል ርእይቶ ከቕርብ ተሰምዐ፤ እዚ'ሞ ጽቡቕ ርእይቶ እዩ፡ ብምባል፡ ነቲ ሰራዊት ይዕጠቕ ዝብል ሸነኽ ፈጻሚ ሽማግለ ዘበራትዐ ተረኺቦ ኮነ። ይኹን'ምበር፡ በቲ ሓደ ብረት ኣይነዕጥቕን ዝብል፡ በቲ ካልእ ድማ ብረት እንተዘይዓጢቕና፡ ናብ ሰሚናር ኣይንኸይድን ኣብ ዝብል ሃለዋት ኢና፡ ከም ኣባላት ፈጻሚ ሽማግለ እቐዲምና ናብ ራሳይ ዝኣተና። ኣብኡ ኣኼባ ፈጻሚ ኣቲና ነቲ ክንዓጥቕ ኣለና ዝብል ሕቶ ክንምልሶ ኣለና ብምባል፣ ከረኮንን ታህዳይን ክዓጥቁ፡ ንድሕነት ዓወትን ሰሚናር ድማ ኣብ ትሕቲ ሓላፍነት ናይ ጸጥታ ቤት ጽሕፈት ተስፋይ ተኽለ፡ ብሓባር ይሕልዉ፡ ኢልና እቲ ሕቶ ናብ ሑሴንን ሰዓብቱን ምስ ኣቕረብናዮ፤ ከመይ ጌርና ንኣምኖም ዝብል ናይ ሰሜን ሰራዊት ስክፍታታትን ተቓውሞን ከም ዘሎ ንሰምዕ። ግን ክፍታሕ ከም ዝኽእል ብምምጓት፡ ኣብ ትሕቲ ጸጥታ ምግበሩ፡ ከም መንጎኛ ኣተኣማማኒ ይኸውን'ዩ ዝብል ክትዕ ኣምጻኣና። ብወገንና ኣብ ትሕቲ ጸጥታ ክኸውን ዝመረጽናዮ ምኽንያት ተስፋይ ተኽለ መርገጹ ጽቡቕ'ዩ ብማለት እዩ። ተስፋይ እውን ምሳና እናተራኸበ ከነዕጥቕ ይክኣል'ዩ ዝብል ሓበሬታ ይህበና ስለዝነበረ እምነት ኣሕዲርናሉ ኔርና። ዝገላበጥ መርገጻት እኳ የርኢ እንተነበረ፡ ንሕና ንተስፋይ ተኽለ እንተወሓደ ከም መንጎኛ ንርእዮ ኔርና ኢና። ሑሴን ኸሊፋ ግን ሰሚናር ቅድሚ ኹሉ ክግበር ኣለዎ ኣብ ዝብል መርገጽ ይጸቅጥ። ብረት ከዕጥቕ ይደሊ ኣይነበረን። ድሕሪ ብዙሕ ክትዕ ግን 90 ብረት ጥራይ ኢና ክንህብ ንኽእል ዝብል መልሲ ካብ ሑሰን ኸሊፋ ይወሃበና። ኣሕመድ ናስር ነቲ ሓላፊ ናይ ክፍሊ ብረት ዝነበረ (ምስኡ ጽቡቕ ዝምድና ስለ ዝነበሮ) ረኺቡ ኣዘራሪቡ ብዛዕባ ዘሎ ዓቕን ብረት እኹል ሓበሬታ ረኺቡ ነይሩ። እዚ ድማ ነቲ ብወገንና ዝቐርብ ዝነበረ ክርክር ኣደልዲሉ ብምትእምማን ብረት ከም ዘሎ ክንከራኸር ኣብቂዑና እዩ። ብዝኾነ ግን 90 ብረት ዝዓጠቑ ካብ ከረኮንን ታህዳይን እንተ ኣምጺእና መበገሲ ይኸውን እዩ ብማለት ተቐበልናዮ። በዚ መሰረት'ዚ ኣነ ናብ ኮረኮን ከይደ ኣኼባ ናይ ሰራዊት ብምግባር ብረት ከም ዘሎ ሓቢረ፡ ክዓጥቁ ክብገሱ ምኻኖም ገሊጸ፡ ህጹጽ ስጉምታት ክውሰድ ጠሊበ። ሃያሎ ክትዓት

ተኻይዱ፡ ኩልና እንተዘይዓጢቕና ኣይንብገስን ዝብል ኣንፈት እውን ነይሩ። ግን እቲ ህልዊ ኩነታት ምስ በርሀ፡ ተቐባልነት ረኺቡ። እቲ ኩነታት ኣብ ኮረኮን-ታህዳይ ናብ ሰሚናር ንምኻድን ብረት ንምዕጣቕን ናብ ምሽብሻብ ኣቶወ።

ኣብ ከረኮን እንከለኹ፡ ኣሕመድ ናስር ብጉዳይ ምዕጣቕ ብረት "ሓሳቦም ቀይሮም ኣይከውንን'ዩ ይብሉ ኣለዉ" ኢሉ መልእኽቲ ይሰደለይ። ኣነ ድማ ገለ ኣባላት ድሮ የበግስ ከም ዘለኹ ሓቢረ ግን ብህጹጽ ናብ ራሳይ ይምለስ ኣብ ኣኼባ ፈጻሚ ሽማግለ ድማ ንኣቱ። ነቶም ኣብ ኮረኮን ታህዳይ ዘለዉ ከነዕጥቕ ኣይንኽእልን ኢና፡ ምኽንያቱ ከመይ ጌርና ንኣምኖም ክብሉ ሑሴን፣ ሳልሕ እያይን ሓምድ ኣደም ሱሌማንን ተቓውሞኦም የቕርቡ። ድሕሪ ብዙሕ ናህሪ ዘለዎ ክትዕ ብድምጺ ክድምደም ወሲንና። ካብ ኮረኮን ታህዳይ ድማ ሰራዊትኣብ ራሳይ ክኣትዉ ጀሚሮም ኣለዉ። ክዓጥቁ ኣለዎም ኢሎም ዘድመጹ፡ ኣሕመድ ናስር፣ ዶክተር ሃብተ፣ ተስፋይ ደጊጋ፣ ሓይልኣብ ዓንዱን ተስፋይ ተኽለን ክኾኑ ከለዉ፡ እቶም ኣይነዕጥቕን ዝበሉ ድማ፡ ሑሴን ኽሊፋ፡ ሳልሕ እያይ፡ ሓምድ ኣደም ሱሌማንን ዮውሃንስ ዘርእማርያምን ኰይኖም 5 ብ4 ወጺእና እቲ ክዓጥቁ ኣለዎም ዝበለ ሸንኽ ዝበዝሐ ድምጺ ረኺቡ እቲ ውሳኔ ሓሊፉ። ብኡ መሰረት ካብ ከረኮን-ታህዳይ ዝመጹ 90 ሰባት ክዓጥቁ፣ ቦትኦም ከነትሕዞም፤ ድሕሪኡ ሰሚናርና ነካይድ ኢልና ተሰማሚዕና ወጺእና።

ብድምጺ ዝሓለፈ ውሳኔ ኣብ ግብሪ ክንትርጉም እናተንቀሳቐስና፣ እቲ ብድምጺ ዝተሳዕረ ወገን ብለይቲ ብመሰረታቱ ኣቢሉ ተቓውሞ ከበግስ ክሕብር ሓዲሩ፡ ናባና መጺኡ ልክዕ'ዩ እቲ ውሳኔ ሓሊፉ እዩ ግን መሰረታት ተቓዊሞም ስለዘለዉ ክትግበር ኣይክኣልን እዩ። በዓል እድሪስ ሓንገላን ዑስማን ሳልሕን ዝቡይን ኢድሪስ ዓሊን ዘለውዎም መራሕቲ ሰራዊት "ነዚኦም የዕጢቕኩም ከተቕትሉና ዲኹም ደሊኹም" ይብሉ ኣለዉ ይብሉና። ብርእይቶኦም ሰውራዊ ባይቶ ተኣኪቡ ነዚ ናይ ምዕጣቕ ይኹን ናይ ሰሚናር ምክያድ ፣ባዕሉ ሓላፍነት ይውሰድ። ስለዚ ሕጂ ናብ ህጹጽ ኣኼባ ሰውራዊ ባይቶ ንእቶ ክብሉ ሓድሽ ርእይቶ የምጽኡ። ብወገንና ባይቶ ብህጹጽ ጉዳያት ክእከብ ቅድሚ ሰሚናር ወይ ድሕሪ ሰሚናር ይኽእል እዩ፡ ብዛዕባ ምዕጣቕን ሰሚናር ምክያድን ግን ወሲንና ወዲእና ስለ ዘሎና፡ ንባይቶ ዝምልከት ኣይኰነን ብምባል ኣትሪርና ንቃወም፡ ምኽንያቱ ነቲ ውሳኔ ንምፍሻል ዘምጽዎ ከምዘለዉ ተገንዚብናዮ ስለዘሎና። ንኣኼባ ባይቶ ዘይትሰማምዑ እንተኾንኩም ንሕና ምሳኹም የለናን ዝብል ናይ ምፍርራሕ ቃና ዘለዎ ዘረባ መጀመርያ ካብ ሳልሕ እያይ ቀጺሎም ድማ እቶም ካልኦት ይደግሙዎ። ኣብዚ እዋን'ዚ ዓብደላ እድሪስ ካብ ካይሮ ተመሊሱ ኣብ ራሳይ ኰይኑ ነቲ ጉዳይ ብድሕሪት ኰይኑ ይመርሖ ከምዝነበረ ኣይጠፍኣናን።

ህጹጽ ኣኼባ ባይቶ ይገበር ክብሉ፡ ንሕና ድማ ኣየድልን ክንብል ኣብ ዕጹዊ ማዕጾ ስለዝበጻሕና፤ እቲ ዝርኣናዮ መዋጽኦ ብድምጺ ኣባላት ፈጻሚ ሽማግለ ይወስን ንብል። እቲ ጉዳይ ምትግባር ምዕጣቕ ግን ጠጠው ኣይብልን እዩ ዝብል ክርክር

እውን ነይሩ ግን ክትግበር ዝኽእል ኣይነበረን። ኣብዚ እዋን'ዚ ናብ ድምጺ ኣቶና። እቲ ኣኼባ ባይቶ ይገበር ዝብል ድምጺ፣ ናይ ተስፋይ ተኽለ ተወሲኹዎ 5 ድምጺ ይከውን፡ ንሕና ድማ ኣርባዕተ ድምጺ ኮይንና ንተርፍ። እቲ ኣኼባ ባይቶ ክጽዋዕን ብህጹጽ ክእከብን ድማ ይውሰን።

ኩነታት ከምዚ እንከሎ ንግሆ 25 መጋቢት 1982 ዓ.ም.ፈ. ማለት ኣብ መዓልቲ ዕልዋ ራሳይ፡ ተስፋምህረት ኣብ'ቲ ኣነን ስዒድ ሳልሕን ዝነበርናሉ ቦታ መጺኡ ፣ "ኣነ ምስቶም ኣብዚ ዘለዉ ሰራዊት'የ ነይረ፣ እዚ ዝርእዮ ዘለኹ ምንቅስቓሳት ባህ ኣይብለንን'ዩ ዘሎ፤ ገለ ሕማቕ ነገራት ክፍጽሙ ዝዳለዉ ዘለዉ ይመስለኒ" ይብለና። እንታይ ስለዝርኣኻ እዩ ኢልና ምስሓተትናዮ፡ ነቶም ንፈልጦም ሰራዊት ኣልጊሶም ሓደሽቲ ዘይንፈልጦም ንሓለዋ ሰሚናር ኣምጺኦም ኣለዉ፡ ኣብዚ ገለ እንተተፈጺሙ ጀብሃ ንዓይ ከምዝሞተት'የ ዝርእዮ፣ ስለዚ ምስ ብጾይተይ ናብቲ ጋሽ ዘሎ ሰራዊት ቃልሰይ ክቕጽል ክኸይድየ ኢሉና ይኸይድ። ንሕና ንተስፋይ ተኽለ ጸዊዕና እንታይ እዩ ዝኸይድ ዘሎ ኢልና ንሓቶ፡ ተስፋይ ድማ ኣነ ከይፈለጥኩ ነቶም ዝነበሩ ኣልጊሶም ሓደሽቲ ቀጥዑ ገጽ ዘርእዩ ካብ ገለ ኣምጺኦም ንሓለዋ ሰሚናር መዲቦሞም ኣለዉ፡ ከም ሓላፊ ጸጥታ መጠን ዝፈለጥኩዎ የለን ይብለና። ዶ/ር ሃብተ ተስፋማርያም ድማ ኣብ ኣጋ ፍርቂ-መዓልቲ ጸዊዑ "ዓብደላ ኢድሪስ ተጸሊእዎ ኣሎ'ሞ፡ ክትርእዮ ምጸኒ ኢሉካ ኢሉ ከም ዘጸውዖ፡ ግን ናይ ሕማም ዘይኮነስ ከዛርበኒ ደልዩ እዩ ዝብል ግመት ከም ዘለዎ" የካፍለኒ። ብወገነይ እቲ ኩነታት እናኸፍኤ ይኸይድ ምህላው፣ ግን ዝኾነ ዘይረብሕ ስምምዕ (ኮምፕሮማይስ) ክግበር የብሉን ዝብል ርእይቶ ከም ዘሎኒ ይገልጸሉ። ብኡ ተሰማሚዕና ድማ ሃብተ ናብ ዓብደላ ኢድሪስ ዘለዎ ቦታ ይኸይድ። ድሒረ ከም ዝተረዳኣክዎ፣ ዓብደላ ኢድሪስ፤ ንዶር ሃብተ ኣብቲ ቦታ ተኸሲ ክጸንሕ ይደልዮ ከም ዘይነበረ እዩ። እዚ ጥራይ ዘይኮነስ እቲ ናይ ረድዮ ቦርድካስት ተክኒሻን እውን ናባይ መጺኡ "እዚ ዝርእዮ ዘለኹ ጽቡቕ ኣይኮነን፡ እተን ክልተ መኪናታት ናይ ፈነወ ረድዮ ጽዒነን ዘለዋ ኣብ ትሕቲ ሓላፍነተይ እየን። ኣነ እንተዘይኣሰሪሐየን ድማ ከስርሐን ዝኽእል ዓቕሚ ሕጂ የብሎምን። ብትዕዝብተይ እዚ ኵነታት "ናብ ምፍንጫል ገጹ ክኸይድ ስለዝኽእል፣ ብወገነይ እንታይ ክገብር ተማኺረኒ" ክብል ይሓተኒ። ኣብዛ መዓልቲ'ዚኣ ዝኸይድ ዘሎ ኩነታት ከቢድ ከም ዝመስልን ኣብ ወጥሪ ኣትዩ ከምዘሎ ይበርሃለይ፣ ብዝርዝር ንምዝርራብ፡ ናጽነት ምእንቲ ክንረክብ፡ በዓልቲ ቤተይ ህጻን ወድና ሒዛ ናብ'ቲ ዜና ዝነበሮ ማኣከል ትኸይድ። ብዛዕባ እታ ትካል ፈነወ ረድዮን እንታይ ክንገብር ከም ዘሎናን እናተዛረብና ከሎና ድማ እቲ ደማዊ ዕልዋ ዘካየደ ሽነኽ ተሓኤ፡ ጠያይቱ ይኽስከሰልና። ኣብዚ መልኣከ ተኽለን ፍስሃየ ተወልደመድህንን ብቐጥታ ይስውኡ፡ ተኽለ መለኪንን ዑመር ሳልሕን ድማ ይውግኡ፡ ንሕና ድማ ኣብ ትሕቲ ቀይዲ ንኣቱ። ዕልዋ ራሳይ እታ ዝኸፍኣት መጥቃዕቲ ኣብ ልዕሊ ጀብሃ ኮነት። ብሓፈሻ ድማ እቲ ፖሊቲካዊ ሃዋህው ናብ ቀጻሊ ምንቁልቋል ኣድሃበ።

ውድባዊ ሰሚናር ዝበሃል ኣጀንዳ ድማ ኣብኡ ከሎ ቅሂሙ ተሪፉ።

ተጋዳላይ ኢብራሂም መሓመድ ዓሊ ኣብ ሓረካ (ማሕበር ሸውዓተ)ተወዲቡ ቃልሱ ጀሚሩ፣ ኣብ ሰሳታት ድማ ኣብ ተጋድሎ ሓርነት ኤርትራ ተሰሊፉ ኣብ ካልኣይ ሃገራዊ ጉባኤ 1975 ዓ.ም.ፈ. ኣባል ፈጻሚ ሽማግለን ሓላፊ ቤት ጽሕፈት ሕብረተ-ሰብኣዊ ጉዳያትን ኰይኑ ክሳብ 1982 ዓ.ም.ፈ ኣገልጊሉ። ካብዚ ቀጺሉ "ጉዕዞ ቃልሲ ተ.ሓ.ኤ. ካብ ምብጋስ ክሳብ መወዳእታ" ኢሉ ብ2009 ዓ.ም.ፈ. ዘሕተሞ መጽሓፍ፣ ኣብ ገጽ 304 ሰፊሩ ዘሎ ጠቒስና ናብ ቛንቛ ትግርኛ ተርጉምና ነቕርብ። እዚ ነቲ ሒዝናዮ ዘለና ኣርእስቲ ኣገዳሲ ሓበሬታ ኰይኑ ስለዝረኸብናዮ እዩ። ሓው ተጋዳላይ ኢብራሂም መሓመድ ዓሊ ብዘይ ንሓፍነት ንዝገለጾ ታሪኻዊ ሓቅታት ነድንቕን ነመስግንን።

ብዛዕባ ዕልዋ ራሳይ፣ ካብ መጽሓፍ ኢብራሂም መ.ዓሊ ዝተተርጎመ

ፈተነ ፈለማ ዕልዋ:*[13]

ተጋድሎ ሓርነት ኤርትራ ተደፊኣ ንመሬት ሱዳን ምስ ኣተወት፡ ድሕሪ ሓደ ወርሒ ማለት ናይቲ ብወርሒ ትሽዓተ 1981 ዓ.ም.ፈ. ብመንግስቲ ሱዳን ብረቶም የውርዱ ዝብል ውሳኔ ምስ ሓለፈ፣ ሓላፊ ወተሃደራዊ ቤት ጽሕፈት (ዓብደላ እድሪስ) ንሓላፊ ቁጠባዊ ቤት ጽሕፈት (መሓመድ ኣደም ሱሌማን) ሓዊሱ ፡ንኻልኦት ኣባላት መሪሕነት ገዲፉ ንበይኑ ጉባኤ ንምግባር መደበ። እቲ ጉባኤ ከኣ በዞም ዝስዕቡ ተኻፈልቲ ተገብረ። ንሳቶም ከኣ ገለ መራሕቲ ህዝባውያን ማሕበራት፡ ገለ ኣባላት ወጻኢ ጉዳያት ቤት ጽሕፈት፡ ገለ ውልቀሰባት ካብ ኣብ

ሱዳን ዝርከባ ጨናፍር ተ.ሓ.ኤ. ብሕርያ ዝቐረቡን ኔሮም።

ኣብቲ መኸፈቲ ጉባኤ፡ ዓብደላ እድሪስ ንተመኩሮ ተ.ሓ.ኤ ባዕላዊ ሚዛኑ ኣቕረበ። ከምኡ እውን ብዛዕባ ተመኩሮ ዝተኻየደ ወተሃደራዊ ጐነጽ ምስ ህዝባዊ ግምባር ዝተፈጸመ ጉድለታትን፡ ነቲ ዝተረኸበ ወተሃደራዊ ፍሽለትን ሓላፍነት ንመሪሕነት ሰውራዊ ባይቶ ብምሽካም ኢዩ ገሊጹ ። ነቲ ዝነበረ መሪሕነት ብውሳኔ ደረጃ ካብ ስልጣኑ ኣውሪዱ ኣብ ክንድኡ ሓዳሽ መሪሕነት ክመርጽ ነቲ ጉባኤኛ ጠለብ ኣቕሪቡ። እዚ እቲ ፈላሚ ዕልዋ ኣብ ልዕሊ እታ ብ1975 ዓ.ም.ፈ. ብዲሞክራሲያዊ ኣገባብ ብወከልቲ ህዝብን ሰራዊትን ዝተመርጸት ዕላዊት መሪሕነት ዝተፈተነ እዩ ነይሩ። ውሽጣዊ ሽግራት እኳ እንተሃለወ ናብ ከምዚ ገጹ ዘብጽሕ ግን ኣይነበረን፡ ስለዝኾነ ድማ እቲ ብዓብደላ ዝቐረበ ሓሳብ፣ ጉባኤኛ ዘይተጸበዮን ዘይሓሰቦን ኮይንዎ፤ ንዘቕረበሉ ናይ ጽላለን ዕንወትን ሓሳብ ነጸጎ። እዚ ውጽኢት'ዚ ነቲ ፈላሚ ዕልዋ ዝተለመ ሽነኽ ንግዚኡ ደው ከብሎ ከኣለ። ኣብዚ እዋን እዚ ነቲ ንፖለቲካዊ ቅንጸላ ዝወጸ ውጥን ንምትግባር፣ ካብ ሱዑድያ ንሓላፊ ምጣኔ ሃብታዊ ቤት ጽሕፈት ብመንነኝነት ማሕሙድ እስማዒል ሓላፊ ቤት ጽሕፈት ተ.ሓ.ኤ ኣብ ሱዕዲያ ዝተመሓላለፈ ገንዘብ ክኸስክስ ጀመረ።

ተ.ሓ.ኤ ንሓደ ዓመት ዝኣክል ዝወሰደ ውግእ ምስ ህዝባዊ ግምባርን መሓዛኣን ተጸሚዳ ብመድረኽ መሪር ተመኩሮን ዕንወትን ኣብ ወጥሪ ናይቲ ተቐሲባ ዝኣተወቶ ውግእ ሓድ-ሕድ ተሸመት፡ ሰራዊት ከኣ ተሳዕረ። ቀጺሉ ከኣ ጠንቂ ናይቲ ሜዳ ኤርትራ ገዲፍካ ምውጻእ ዘበገሶ ምንቅስቓስ ተጋህደ። ስዒቡ መሪሕነት ሰራዊት (ኣርካን) ነቲ ዝዓበየ ክፋል ሰራዊት ተ.ሓ.ኤ. ኣብ ዘይፈልጦ መሬት ምስ ሰራዊት ሱዳን ዘጋጥሞ ዕድል ንኸልዕል ኣሳጢሑ ጠንጢኑዎ ሰሓበ። ዓብደላ እድሪስ ነቲ ብረትኩም ኣረክቡ ዝብል ውሳኔ ከም መሸፈኒ ተጠቒሙ ኢዩ ነቲ ኣብ ወርሒ መስከረም 1981ዓ.ም.ፈ. ዝፈሸለ ቀዳማይ ዕልዋ ዘካየደ። ኩሉ እዚ ተረኺቦታት እዚ ንተ.ሓ.ኤ. ኣብ ዓሚቕ ፖለቲካዊ ቅልውላው ኣጥሓለ። ውጽኢት ናይ እዚ ከኣ ሰለስተ ተያራት (መስመራት) ኣብ ነንሓድሕዱ ዝባላዕ ተቐልቀለ። እቲ መሰረታዊ ጠንቂ ናይቲ ፍልልያት ከኣ ነቲ ዝነበረ ተመኩሮ ኣብ ምምዛን ዘድሃበ ነበረ። ብፍላይ ከኣ ኣብ ምግምጋም ተመኩሮ ብረታዊ ጐንጺ ምስ ወያኔን ህዝባዊ ግምባርን ዘተኰረ ነይሩ። ብፍላይ ድማ ነቲ ንተ.ሓ.ኤ. ዘጋጠማ ስዕረት ሓላፍነት ዝስከም ሽነኽ ንምልላይ ኰይኑ፣ ከምዚ ዝስዕብ ድማ ነይሩ፡-

ቀዳማይ ተያር፡ እቲ ብመሪሕነት ዓብደላ እድሪስ ናይ 25 መጋቢት ዕልዋ ዝገበረ ኰይኑ፡ እቲ ዝበዝሐ ሰዓቢኡ ኣብ እስላማዊ መሰረታት ዘለውዎ ከባቢ ዝተመርኰሰ ነበረ። በዚ ኣቢሉ ከኣ ኣብ ናይ ጣኢፈያ (ኤትኒካዊ) ዘድሃበ ገስጓስ ምክያድ ተዋፈረ። እዚ ከኣ ነቲ ንሱ ምስ ህዝባዊ ግምባር ዝፈሸለ ውግኣት ንኽምልስ ዝተወጠሮ ሕቶታት፣ ብሓፈሻኡ ነቲ ክርስትያናዊ ሽነኽ ኢዩ ሓላፍነት ናይ ወተሃደራዊ ፍሽለት ዘሰከሞ። እዚ ፍሽለት እዚ እቲ ቀዳማይ ሓላፍነት ዝስከም ባዕሉ ወተሃደራዊ ሽነኽ ክንሱ፣ ካብኡ ናጻ ንምውጻእ ዝነዝሐ ድኹም ፈተነ እዩ ነይሩ። እቲ ስዕረት ሰራዊት፣ ነቶም ደቂ ክርስትያን ብሓደ ወገን ይኸስስ። በቲ ካልኣይ ሽነኽ ከኣ ንዓብደላ እድሪስ ብዘይድሌቱ ካብ ሜዳ ምርሓቑን ካብ ወተሃደራዊ ቤት ጽሕፈት ምውራዱን ዝብል ኢዩ። ኩሉ ዝፍኖ

ዝነበረ ጎስጓስ ግን ብሕቡእን ታሕተ-ታሕቲ ዝስደድ መናፍሕን ይጥቀም ነይሩ። ዓብደላ እድሪስ ባዕሉ ዋና ሓይሊ ናይ ዕልዋ ክንሱ፣ ከይፈተወ ብግዲ ካብ ሜዳ ከም ዝወጽእ ተገይሩ ዝብሎ፣ ከመይ ኢሉ ብቐሊሉ ክእመን ዝከኣል? መን'ከ እዩ ኣብ ዘይህላዌ ሓላፍነትን ዕላውነትን ዝውንን ሰውራዊ ባይቶ፣ ፈጻሚት ሽማግለ ንባዕላ ሕጋዊ ሓላፍነት ዘይብላስ ካብ ወተሃደራዊ ቤት ጽሕፈት ከተልግሶ መን ክኣምኖ ይኽእል፣ ንሱ ዓብደላ እውን ነቲ ኣብ ልዕሊኡ ዝተወሰነ ግጉይ እንተኾይኑ፡ እቲ ዝተወሰደ ውሳኔ ብዘይድሌቱ ምዃኑን ወይ ብኣዋጅ ወይ ዕላውን ውድባውን ኣይኮነን ኢሉ ስለምንታይ ዘይከሰስ ? ከመይ ኢሉኸ ዓብደላ ብ1981ዓ.ም.ፈ ንሜዳ ተመሊሱ ስልጣን ወይ ሓላፍነት ኣብዘይብሉ ክሳብ መወዳእታ ዝፈሸል ንሰራዊት መሪሑ ?

ካላኣይ ተያር ብትግርኛ (በትን) ተባሂሉ ዝፍለጥ፡ ፣ እዚ ስያሜ እዚ ንተ.ሓ.ኤ ፋሕ ብትን ክብላ ዝንቀሳቐስ ማለት ኢዩ። እዚ ተያር'ዚ ድሒሩ ነብሱ ሳግም ብዝብል ስም ጸዊዑ። መራሕቱ ከኣ ዶክተር ገርጊስን ዘምህረትን ድሒሩ ድማ ኢብራሂም ቶቲል ዝተጸንበሮ ሸነኽ ኢዩ። እዚ ሓይሊ እዚ መሰረቱ ኣብ ክርስቲያናዊ ሰራዊት ሸነኽ ጥራሕ ተመርኲሱ ፕሮፓጋንድኡን ነፍሕታቱን ብጻዕቂ ኣብ ልዕሊ መሪሕነት ዝፈሸለ ወተሃደራዊ ክንፊ ብፍላይ ከኣ ንዓብደላ እድሪስ ብድኽመቱን ኣብ ልዕሊ ተ.ሓ.ኤ ውዲት ምግባሩን ንተ.ሓ.ኤ ዘዳኸመን ምዃኑ ብምኽሳስ ነቲ ፍሽለት ንወተሃደራዊን ካድራቱን ሓላፍነት የሰክም።

ሳልሳይ ተያር ብሓፈሻዊ ተያር ወይ ተያር ኣል ዓም ዝፍለጥ እዩ። ድሒሩ ብሰውራዊ ባይቶ ዝፍለጥ ኢዩ። እዚ ሓይሊ እዚ ብሓባራዊ ተበግሶ ብወተሃደራዊ ሽማግለ ዝቖመ ብመሪሕነት ዓብደላ ሓሰን ኣብ መደበራት ከሮኮንን ታህዳይን ተመስረተ። እዚ ሓይሊ እዚ ሃገራዊ ሰረት ዘለዎ ብእስላምን ክርስትያንን ዝተመስረተ ኢዩ። ኩሉ ዜናታቱን ምንቅቓሑን ከኣ ኣብ መትከል ሃገራውን ዲሞክራሲያውን ፖለቲካዊ ሕንጻጻት ተ.ሓ.ኤ. ምርኩስ ብምግባር ወይ ብምእማን ዝንቀሳቐስ ዝነበረ ኢዩ።

በዚ ዝኣክል ተሓኤ ኩሉ ውድባውን ትካላት ዕላዊ መሪሕነትን ሓድነታን ኣዕቍባ ዝሰፈሐ ህዝባዊን ፖለቲካዊን ህላውነታ ኣረጋገጸት። እቲ ሰፊሕ መደብ ብመሪሕነት (ስውዳዊ ኣሚር) ዓብደላ በሃብሪን ምስኡ ዝተሓባበሩ ሸነኽን ኰይኖም ተ.ሓ.ኤ ንምቕንጻል ዝኣመተ ወፈራ እንተዘይህሉ ነይሩ፡ ሓይሊ ሰራዊት ተ.ሓ.ኤ ኣሓዲስካ ንመሬት ሃገርና ምምላስ እኳ እንተዘይተኻእለ፣ ብውሑድ ቍጽሪ ዝቐውም ህዝባዊ ፖለቲካዊ ሓይሊስ ክምለስ ምተኻእለ ነይሩ። ኣብ ክሊ እዚ መደብ እቲ ብዕለት 25 መጋቢት 1982ዓ.ም.ፈ ዝተኻየደ ዕልዋ ድማ ኢዩ ከም ዓቢ መጋዝ ኮይኑ ኣብ ተራጻሚ ፖለቲካዊ ዝምባሌታት መቓቚሉ ነቲ መጋረጃ ንዘልኣለም ዓጸዎ።

ድሕሪ እዚ ግዜ እዚ ብገለ ኣባላት ውድብ ኣኼባ ሰውራዊ ባይቶ ንኽግበር ጽዑቕ ዝኾነ ምንቅስቓስ ተኻየደ። ብርግጽ ከኣ ነቲ ሕማም ርእሲ ዝነበረ ጸገም ፈዊስካ፣ ተሓኤ ካብቲ ኣደስኪልዋ ዝነበረ ኩነታት ክትወጽእ ዝተኻየደ ምንቅስቓስ ተቐባልነት ረኺቡ ተዓዊቱ። በዚ መሰረት'ዚ ድማ ሻድሻይ ኣኼባ ሰውራዊ ባይቶ ኣብ ሃመሽኮሪብ ዝተባህለ ኣብ መሬት ሱዳን ብወርሒ ታሕሳስ 1981ዓ.ም.ፈ ኣብ ክሊ ውጥረትን ናይ ሕድሕድ ምትእምማን ዘይብሉን፣ ኣብ መንጎ ኣባላት ባይቶ

ኣብ ወተሃደራዊ ኣርካንን ዝተረፉ ኣባላትን ንጉዳይ መደብ ብዝምልከት ምግላጽ እንሓንሳብ ክሳብ ገጽ ንገጽ እናተረኣኤኻ ምዝታይ ከቢድ ኣብ ዝነበረሉ ደረጃ ከሎ ኢዩ ኣኼባ ክካየድ ተኻኢሉ። እንሓንሳብ ከኣ ርእይቶ ንክህቡ ካብ ሓደ ሸነክ ነቲ ካልእ ሸነክ ምትሕልላፍ እውን ነይሩ ኢዩ። ምስዚ ኹሉ ከኣ እቲ ኣኼባ ብኽልተ ኣገዳሲ ውሳኔታት ወጺኡ። ንሳተን ከኣ፡-

1- ነቲ ዝነበረ ፍልልያት ሓባራዊ ገምጋም ክንገብረሉ፣ ጠቕላል ሃገራዊ ጉባኤ ክጽዋዕ፣ እቲ ዝግበር ጉባኤ ድማ ዕዉት ኮይኑ ንኽወጽእ ዘተኣማምን ባይታ ምእንቲ ክፍጠር፣ ቅድመ ምድላዋቱ ስፍሕ ዝበለ ሰሚናር ምክያድ።

2- ኣብ መሪሕነት ምምዕርራይ ክግበር፣ ብኡ መሰረት ከኣ 6 ኣባላት ፈጻሚት ሸማግለ ካብ መዝነቶም ምውራድ ነበረ።

ንሳቶም ከኣ እዞም ዝስዕቡ ኢዮም፡-

1- ኢብራሂም ቶቲል ምክትል ኣቦ መንበርን ሓላፊ ፖለትካውን ውድባውን ቤት ጽሕፈት።

2- መልኣከ ተኽለ ሓላፊ ጸጥታ ቤት ጽሕፈት

3- ተስፋማርያም ወልደማርያም ሓላፊ ዜና ቤት ጽሕፈት።

4- ዓብደላ ስለይማን ሓላፊ ወጻኢ ጉዳያት ቤት ጽሕፈት።

5- ኢብራሂም መሓመድ ዓሊ ሓላፊ ሕብረተሰባዊ ጉዳያት ቤት ጽሕፈት።

6. ዓብደላ እድሪስ ሓላፊ ወተሃደራዊ ቤት ጽሕፈት

ኣብ ክንድኦም ካልኦት ሽድሽተ መተካእታ ዝተመርጹ፡

1. ዶክቶር ሃብተ ተስፋማርያም ምክትል ኣቦ መንበርን ሓላፊ ፖለቲካዊ ቤት ጽሕፈት።

2. ሑሴን ኸሊፋ ሓላፊ ወተሃደራዊ ቤት ጽሕፈት።

3. ተስፋይ ተኽለ ሓላፊ ጸጥታ ቤት ጽሕፈት።

4. ሓይላኣብ ዓንዱ ሓላፊ ሕብረተሰብኣዊ ጉዳያት ቤት ጽሕፈት።

5. ዮውሃንስ ዘርኣማርያም ሓላፊ ዜና ቤት ጽሕፈት።

6. ሳልሕ ኣሕምድ ኢያይ ሓላፊ ወጻኢ ጉዳያት ቤት ጽሕፈት።

እቲ ውሳኔ ነዞም ዝስዕቡ ኣባላት መሪሕነት ዘይትንክፍ ኢዩ ነይሩ። ንሳቶም ከኣ፡-

1- ኣሕመድ መሓመድ ናስር ኣቦ መንበር ፈጻሚ ሸማግለ

2- ተስፋይ ወልደሚካኤል (ደጊጋ) ዋና ጸሓፊ

3- ሓምድ ኣድም ስለይማን ሓላፊ ምጣኔ-ሃብታዊ ቤት ጽሕፈት

ብመሰረት ውሳኔ ሻድሻይ ኣኼባ ሰውራዊ ባይቶ ናይ ምድላዋት ጉባኤ ሰሚናር

ኣብ ሩባ ራሳይ ኣብ ወርሒ መጋቢት 1982ዓ.ም.ፈ ተኻይዱ። እዚ ከኣ ኣብ ውሽጢ መሬት ሱዳን ኮይኑ ናይ ወትሃደራዊ ቤት ጽሕፈት መደበር ኢዩ። ኣብዚ ሰሚናር እዚ ከኣ መብዛሕትኡ ኣባል ሰውራዊ ባይቶን ፈጻሚ ሽማግለን፡ ወከልቲ ሰራዊት ሓርነትን ትካላትን ህዝባውያን ማሕበራትን ኣባላት ወጻኢ ቤት ጽሕፈታትን ተኻፊሎም። እት ብዕለት 25 መጋቢት 1982ዓ.ም.ፈ ስራሓት ሰሚናር ቅድሚ ምውድኡ፣ ብመሪሕነት ዓብደላ እድሪስን ኣርካኑን ዝተገብረ ደማዊ ወተሃደራዊ ዕልዋ ንመላእ ኣኼበኛ ሃንደበት ነበረ። እዚ ዕልዋ እዚ ብተሓባባርነት ናይ ሳልሕ ኣሕመድ ኢያይ ሓላፊ ወጻኢ ጉዳያት ቤት ጽሕፈትን፣ ከምኡ እውን ሓምድ ኣደም ስሌማን ሓላፊ ቁጠባዊ ቤት ጽሕፈትን ተመሪሑ፣ በቲ ካብ ንሰራዊት ሱዳን ከይተረከበ ዝጸንሐ ውሑድ ብረት ተጠቒሞም ኢዮም ኣንጻር ውድብን፡ ኣብ ልዕሊ እቲ ብመሰረታት ኣብ ካልኣይ ሃገራዊ ጉባኤ ብዲሞክራሲያዊ ኣገባብ ዝተመርጸ መሪሕነትን ዕልዋ ዘካየዱ።

ዋናታት ዕልዋ ንኣባላት ሰውራዊ ባይቶ ማለት ምስ ብርእይቶኦም ዝፈላለዩ ይኹን ወይ እውን ወጻኢ ካብቲ ቀይዲ እንተኾይናም ሽግር ከይፈጥርሎም ዝበለዎምን ደሚሮም፣ ዘይዕላዊ ዕልዋኦም ከይፈሽሎም ብምፍራሕ ኣብ ትሕቲ ቀይዲ ኣእተውዎም። ኣብ መንጎ እዞም ዝተኣስሩ ከኣ ኣሕመድ መሓመድ ናስር ኣቦ መንበር ፈጻሚ ሽማግለን ከምኡ እውን ብርከት ዝበሉ መራሕትን ካድራትን ወጻኢ ካብ ሰውራዊ ባይቶን ነበረ። ኣብዚ ጥርጡር መደብ ዕልዋ መጋቢት 25 ዝሕተቱ ምስ ወተሃደራዊ ኣርካን ሓዊስካ በዓል ሳልሕ ኣሕመድ ኢያይ ሓላፊ ወጻኢ ጉዳያት፣ ሓምድ ኣድም ስለይማን ሓላፊ ቁጠባዊ ቤት ጽሕፈትን ማሕሙድ እስማዒል ኣልሓጅ ወኪል ቤት ጽሕፍት ተጋድሎ ሓርነት ኤርትራ ኣብ ሱዑድያን ብመንጎኝነት ዓብደላ ብሃብሪን መብዛሕትኦም ሓለፍቲ ወጻኢ ጉዳያት ቤት ጽሕፈት ተ.ሓ.ኤ ኢዮም።

ንምጥቃሱ ዝኣክል ሰለስተ ካብተን ኣብያተ ጽሕፈታት ፈጻሚት ሽማግለ ምስቲ ናይ ዕልዋ መጋቢት 25 በዚ ይኹን በቲ ኣብ ውዲት ኣትየን ዝነበራ፣ ብሒዘንኦ ዘነበራ ሓላፍነት ተጠቒመን ሓይሊ ኣብ ተ.ሓ.ኤ ዝገበታን ዝያዳ ፍሉያት ዝገበረን፤ ብረት፡ ገንዘብን ናይ ወጻኢ ጉዳያትን ሓላፍነት ጨቢጠን ሒዘንኦ ስለዝነበራ ነይሩ። ኣብ ልዕሊ እዚ ምንጪን ምዕቃብን ናይ ገንዘብን ንብረትን ሓላፍነት ምሓዞም ድማ ስዑድያ ብፍሉይ ትተሓባበር ምንባራ እዩ። ናይ ወጻኢ ጉዳይ ቤት ጽሕፈት ንበይኑ ዕላዊ ወኪል ብምንባሩ፡ ኣብ ምምሕዳሩ'ውን ኢድ ስለዝነበሮ ነቲ ናይ ወጻኢ ርክባት መስኖታቱ ተጠቒሙ ገንዘብ ክዝርፍ ክኢሉ። ምስ እዚ ከኣ እቲ ሓላፊ ምጣኔ ሃብታዊ ቤት ጽሕፈት ንበይኑ ሓላፊ ናይ ሳጹን ኮይኑ ብዝመጸ ይምጻእ ገንዘብ ኣብኡ ይእከብ ነይሩ። ድሕሪ ካላኣይ ሃገራዊ ጉባኤ፣ ፈጻሚ ሽማግለ ኣብ ቀዳማይ ኣኼባኡ ንወተሃደራዊ ቤት ጽሕፈት ካብ ኩሉ ምንጪ እቶት ተ.ሓ.ኤ 80 ካብ ሚእቲ ክወስድ ወሲኑሉ ነይሩ።

ዕልዋ መጋቢት 25 ብባህርያቱ ብሃንደበት ዝተበገሰ ኣይኮነን። እንታይ ደኣ መቐጸልታ ናይቲ ብ1981ዓ.ም.ፈ ቀዳማይ ፈተነ ዕልዋ ክግበር ተሓሲቡ ዝነበረ ኢዩ። እዚ ከኣ ንዝተጋህደ ወተሃደራዊ ስዕረት ብህዝባዊ ግምባርን ወያኔን ከም መመኽነይታ ተጠቒሙ፡ ኣብ ትሕቲ ምምሕዳር ወኪል ስለላ ስዑድያ ዝኾነ ዓብደላ በሃብሪ ኣብ ዝተመደበ ኣህጉራውን ቦታውን ጉዳያት ውጥን ንምትግባር፣ ኣዋደድቲ ዕልዋ መጋቢት 25 ተበገሱ። እዚ እውን ንህላዌ ክርስትያናዊ ኮምኒስት

ኣብ ዞናና ፈጺምካ ምድምሳስ ኣብ ትሕቲ ዝብል ሽፋን ኢዩ ነይሩ። በዚ ኣቢሎም ድማ ንፖለቲካዊ ህላዌ ተ.ሓ.ኤ.፣ ካብ ሃገራዊ ዲሞክራሲያዊ መስመራ፣ ነጻ ፖለቲካዊ ውሳኔኣን ሰፊሕ ሃገራውነታን እትልለየሉ ዲሞክራሲያዊ መትከላታን ጥራሕ ኢዳ ንኽትተርፍ ዝዓለመ ነይሩ:: ኣብ ክንድኡ ናብ መልክዕ ዓሌታዊ ስርርዕ ተቐይራ ከምብሓድሽ ተሃኒጻ ኣብ ጸግዒ ዑስማን ሳልሕ ሳበ ዝመርሖ ውድብ ንኽትኣቱ'ውን ኢዩ።

ገለ ነዚ ዝምልከት ሓበሬታ ዘሪቐ ነበረ። ንሱ ድማ ዓብደላ ብሃብሪ፡ ነቲ ሰራዊትን ሃገራዊ ውድብን ድሕሪ ምፍዳሱ፣ ብናይ ሱዑዲ ምወላን ብተኸኒካዊ ምትሓግጋዝ ሱዳንን ኣቢሉ ንዋናታት "ዕልዋ መጋቢት 25" ክሳብ 30 ሽሕ ዝኣክል ሰራዊት ከሃንጹ ከምዝኽእሉ ተስፋ ሂብዎም ነበረ። ዋና "ዕልዋ መጋቢት 25" ዓብደላ እድሪስ ነዚ ሓሳብ እዚ ከምዝቕበሎ ዘጠራጥር ኣይኰነን። ምኽንያቱ ዓበድላ እድሪስ ነቲ ኢሳያስ ብናቱ ሓሳብ ቀይሱ ዝሃነጾ ሰራዊት ኢዩ ተዓዊቱ ዝብል ኣድናቖትን ዕግበትን ከምዝነበሮ ስለዝፍለጥ። ዓብደላ እድሪስ ህዝባዊ ተቐባልነቱ ኣብ ውሽጢ ሰራዊት ኣዝዩ ትሑት ብምንባሩ ብመርበብ ስለላ ዓብደላ በሃብረን ፍሉይ ሰራዊት ብኣተሓሳሰባኡን ቅያስን ክሃንጸሉ ዝሃቦ ኣጉል ተስፋ፣ ከምቲ ኢሳያስ ኣፈወርቂ ዝኣተዎን ዝሓለፎን መጻብበታት ክሓልፍ ይኽእል'ዶ ይኸውን?

ስለዚ ሓቀኛ መርገጽ ዓብደላ ብሃብሪ ኣብ ልዕሊ ዓብደላ እድሪስን ተ.ሓ.ኤ.ን ዘበርከቶ ናይ ምዕናው መደብ ብርግጽ ተቓሊዑ። ድሕሪ እዚ እቲ ዘየተኣማምን ናይ ሱዑድያ ተስፋ ንተ.ሓ.ኤ ናይ ምድምሳስ ፕሮጀክት ከም ግቡእ ካሕሳ ንዓብደላ እድሪስ ክወሃብ ዝነበረ ትጽቢት ተሪፉ፣ ውድብ ንምምራሕ ዝተዋህቦ ህያብ ፈጺሙ ነጸጎ፡ ኣብ ክንድኡ እቲ ሓዲሽ ስሙር-ውድብ ብኣቦ መንበርነት ዑስማን ሳልሕ ሳበ ከምዝምራሕ ጸቐጡ ኣብ ግብሪ ኣውዓሎ። እዚ ከኣ ፍልልይ ኣብ መንጎ እቶም ናይ "ዕልዋ መጋቢት 25" ኣብ መንጎ ናይ ወጻኢ ኣባላት ብመሪሕነት ሳልሕ ኢያይን ማሕሙድ እስማዒልን ተፈጥረ:ክልቲኦም ድማ ምስ ዓብደላ በሃብረ ቐጥታዊ ምትእስሳር ስለዝነበሮም ምስ ዑስማን ሳልሕ ሳበ ብቐሊሉ ተሓወሱ። ኣባላት ውተሃደራዊ ክንፊን ሓምድ ኣድም ሱለይማንን ዘለውዎም ብመሪሕነት ዓብደላ እድሪስ እቲ ሓዲሽ ስሙር ውድብ ቀዲሙዎም ከይተወልደ ከሎ ምፍንጫል እምበር ካልእ ኣማራጺ ኣይነበሮምን። በዚ ምኽንያት እዚ ድማ ኢዩ ኣንጻር በዓል በሃብረን ሳበን ነቲ ሃገራዊ ጥልመት ዝብል ዝወጸ ጽሑፍ "ማኒፈስቶ" ንኸውጽኡ ዝተገደዱ። ወላ እኳ ኣብቲ ማኒፈስቶ ዝተጻሕፈ ጥርጡር ስውር ርኽክባት ምስ ጸጥታ ገዛኢ ስርዓት ተገይሩ ዝብል ሓቂ እኳ እንተኾነ፣ ብኸምዚ ኣገባብ ምውጽኡ ግን ነቲ ኣንጻር ድሌት ዓብደላ በሃብሪ ደው ምባሎም ዘመልክት ኢዩ።

ኣስፋሃ ወልደሚካኤል፡ ኣብዚ እዋን'ዚ ኣብ ሰሜን ኣመሪካ ዝነብር፣ ሓደ ካብቶም ክእለት ዝውንኑ ጸሓፍቲ ናይ ተቓውሞ ደምበ እዩ። ንምልኪ ብምቅዋም ንለውጢ ዝጣበቕ ጽሑፋቱ ብቛንቋ እንግሊዝ ኣብ ኣርካይቭ ድያስፖራ መርበባት ክርከቡ ዝኽእሉ እዮም። ኣብ እዋን ብረታዊ ቃልሲ ህዝቢ ኤርትራ ኣብ ድያስፖራ ዝነብሩ ዝነበሩ ኤርትራውያን ንተ.ሓ.ኤ ብመልክዕ ህዝባውያን ማሕበራት ተወዲቦም ዘካይድዎ ዝነበሩ ዕቱብ ፖሊቲካውን ቀጥባውን ኣበርክቶ ኣካል ናይ'ዚ መጽሓፍ ኰይኑ ንኽሰነድ፣ ሓደ ከም ኣብነት ናይ ኣብ ሃገር ስዑድያ ዝተኻየደ ቃልስታት፣ ኣስፍሃ ከም ምኽትል ኣቦ መንበር ናይ ሽማግለ ማሕበር ሰራሕተኛታት ኰይኑ ዘገልገሎ ንጥፈታትን ኣብ መወዳእታ ንተ.ሓ.ኤ. ዘጋጠማ ዞባዊ ውዲታትን ተጻብኦታትን ዘንጸባርቕ ሰነዱ ዘቕረቦ ቀጺሉ ሰፊሩ እነሆ።

ሓጺር ታሪኽ ማሕበራት ሰራሕተኛታትን ደቂ ኣንስትዮን ኣብ ስዑዲ ዓረብ (1976 – 1985 ዓ.ም)

ኩሉ ኤርትራዊ ከምዝግንዘቦ ኣብ ስዑድያ ዝነበረ ምንቅስቓስ ብጻዕቁን ኣበርክቶኡን፤ ብቐዳማይ ደረጃ ዝስራዕ ሜዳ ክኸውን እንከሎ፣ ብኻልኣይ ደረጃ ከኣ ብጠቕላላ ስዑዲ ዓረብያ፤ ብፍላይ ድማ ጨንፈር ጅዳ ጸብለል ኢሉ ንርእዮ። እዚ ክበሃል እንከሎ ምዝጉባት ኣባላት ሰራሕተኛታት ኣስታት ሰለስተ ሽሕ (3000) ክግመቱ እንከለዉ፣ ኣባላት ማሕበር ደቀንስትዮ ድማ ካብ ሰለስት ሽሕ ንላዕሊ ምዝጉባት ነይረን።

ድሕረ-ባይታ፡ ማሕበር ሰራሕተኛታት ምንቅስቓሳቱ ኣብ ስዑድያ መዓስ ከምዝጀመረ እኹል ሓበሬታ እኳ እንተዘየለ፣ ኣነ ኣብቲ ዓዲ ኣብ ክፍላ 1976 ዓ.ም. ዝኣተኹሉ ጊዜ ጀብሃን ብእንዳ ሳበ ዝፍለጥ ውድብን ኣብ ሓደ ጨንፈር እንከለዉ ኣርኪበ። ብዙሕ'ውን ከይጸንሑ ሽዑ ምስተፈላለዩ ማሕበር ሰራሕተኛታት ሽዑ ጨንፈር ኣቛመ። ኣብዚ እዋን ምስግጋር ኣገባብ ምርጫኣ ዘይተረዳእኩዋ መሪሕነት ነይራ እያ። ብድሕሪ'ዚ ምንቅስቓሳት እናነሃረ ኣብ ዝኸደሉ ጊዜ ኣባልነት'ውን ጒኒ ንጒኒ ብዘደንቕ ቍጽሪ ክሰፍሕ ጀመረ። ከም ነጸብራቕ ናይ'ዚ ምዕባለ ከኣ ካድራት ካብ ሜዳ እናመጹ ናይ ምብርባርን

ምንቅቓሕን ስራሓት ከካይዱ ጀመሩ። ቀጺሎም እኳ ተቐመጥቲ ምዱባት ካድራት ተላኢኾም እንተነበሩ፤ ናይ መጀመርያ ልኡኻት ግን ጸሃይ ቀለታ (ዘይሕለል) ያሲን ዓሊ ጅምዕን እዮም። ኣብዚ እዋን'ዚ ምስቲ ብዝሒ ኣባላትን መጠን ስራሕን ሓዳስ ሰክረታርያ ንኽትምረጽ ኣድላይነቱ ጎሊሁ ክርአ ጀመረ።

ዋላ'ኳ ምዝገባ ሓደስቲ ኣባላት ዘየቋርጽ እንተነበረ፣ ጉባኤ ጨንፈር ተኻይዱ ሓዳስ መሪሕነት ተመርጸት፡ እታ ዝተመርጸት ሽማግለ ብሰክረታርያ እትጽዋዕ ድማ፡

1. ስዒድ ባዳውድ፣ ኣቦ መንበር ጨንፈር ማሕበር ሰራሕተኛ (ጅዳ)
2. ኣስፍሃ ወልደሚካኤል፣ ምኽትል ኣቦ መንበር
3. ዓብደላ እድሪስ፣ ሓላፊ ስርርዕ
4. ዑቕባዝጊ ድቡስ፣ ክፍሊ ዜና
5. ኢብራሂም መሓጀብ፣ ሕብረተሰብኣዊ ጉዳያት
6. ማሕሙድ ዓገባ፣ ሓላፊ ገንዘባዊ ጉዳያት
7. ዓብደኑር ሓሰን፣ ኣባል
8. ኢብራሂም ሽሓቢ፣ ኣባል
9. ኢድሪስ ዑስማን፣ ኣባል

ብዘይካ'ዞም ኣብ ላዕሊ ተጠቒሶም ዘለዉ ኣቐዲሞም ኣገልጊሎም ዝነበሩ ኣባላት ሰክረታርያ ፍስሓ ናይር፣ ዮሱፍ ኢብራሂም፣ መሓመድ ነጋሽን ኣሕመድ ነጋሽን ከምዝነበሩ እዝክር። ካልኦት ዝተረፉ ማለት ኣስማቶም ዝረሳዕክዎም እንተልዮም ኣቐዲመ ይቕረታ ይሓትት።

ጨንፈር ጅዳ ህዝቢ ዝተሳተፎ ስውራዊ በዓል ከካይድ ከሎ ዘርኢ ስእሊ።

ሰክረታርያ ዝጽበያ ዝነበረን ዘጋጠማን ጻዕቂ ስራሕ ብዙሕ እኳ እንተነበረ፣ ብሓድሽ መንፈስን ብሓድሽ ጉልበትን መደባታ ብዕቱብ ተተሓዘቶ።

ንፈገግታ ዝኣክል፤ ጉባኤና ሓሙስ ምሸት ሰዓት 8 ድሕሪ ቀትሪ ተጀሚሩ ሰዓት 8 ናይ ንግሆ እዩ ተወዲኡ። ኣብዚ ጊዜ'ዚ ሰብ ደኺምዎ ወይ ተታኺሱ እንከሎ ያሲን ዓሊ ጅምዕ "ኸሊ ባለክ ወይ ኸሊ ባልኩም" እናበለ የጠንቅቕን የበራብርን ስለዝነበረ፣ ጉባኤ ኣብ ኣጋ ምውድኡ ሰብ ክታኸስን ገሊኡ ክዛረብን ምስ ጀመረ ያሲን ኣብ ጥቓ ሓደ፣ በየነ ዝበሃል ዝታኸስ ዝነበረ ኰይኑ "ኸሊ ባለክ ወይ ኣስተውዕል" ምስበለ ተበራቢሩ "ግደፈና ያዓኺ ምሉእ ለይቲ ከይደቀስና ሓዲርናስ ከይሓፈረ "ከሊ ባለክ እናበለ" ክጸርፈና ሓዲሩ ኢሉ ብምንዳር ምስተንስአ፣ ኩሉ ሰብ ብስሓቕ ድኻሙን ድቃሱን ጠፊኡሉ ተበራበረ።

ኣብ ላዕሊ ከምዝተጠቐሰ ብዝሒ ኣባላት ካብ ጊዜ ናብ ግዜ እናወሰኸ ስለዝኸደ ዝነበርናዮ ቤት ጽሕፈት ብርኡይ ክጸበና ተራእየ፡ ከይጸናሕና ድማ ኣዝዩ ሰፊሕ ቀጽሪ ዝነበሮ ቪላ ረኺብና ናብኡ ሰገርና። እዚ ቦታ'ዚ ገፊሕን ስቱርን ስለዝነበረ ምስ ማሕበር ደቂ ኣንስትዮ በብተራ ንጥቀመሉ ነበርና።

ካብ መጀመርታ 1977 ክሳብ መፋርቕ 1980 ዓ.ም. ኣብዚ ጨንፈር'ዚ ዝሰርሐ ጉልበት መዳርግቲ ኣይነበሮን እንተተባህለ ምግናን ኣይኰነን። ኵላቶም ኣባላት ሰክረታርያን እቶም ጀጋኑ ተሓጋገዝትን ከካብ ስርሖም እናመጹ ምሸት ምሸት ብውሑዱ ካብ ሸዱሽተ ሰዓት ንላዕሊ ዘየበርክት ኣይነበሮምን። ኣባላት ሰክረታርያ ግን ብሸዱሽተ ሰዓት እንተተገላጊሎም ሕጉሳት እዮም ነይሮም። በዚ ኣጋጣሚ'ዚ እቶም ካድራትና ዘበርክትዎ ዝነበሩ ኣገልግሎት'ውን ክዝክሮ እግደድ። ልዕሊ ንኵሉ ድማ ነቶም ግቡኦም ብዘይምቝራጽን ምርብራብን ዘማልኡ ዝነበሩ ተባዓት ኣባላትና ከመስግኖም ከለኹ ሓበን ይስምዓኒ። ናብዚ ዓቢ ጨንፈር ምስ ሰገርና ካብ ሓደ ክልተ ኣባላት ዝተላዕለ ሓሳብ ኣብ ምልእቲ ሰክረታርያ ወሪዱ ድሕሪ ምምይያጥ ነቲ ዝነበርናዮ ገዛ ክንገዝኦ ተወሰነ። እቲ ሓሳብ ክጥነስ እንከሎ ዝነበረ

ዕላማ ከምዚ ዝስዕብ ነበረ፡ ጀብሃ ምሉእ መዋእላ ኣብ ዝኸደቶ ክትካረ ክሳብ መዓስ ክትነብር እያ ዝብል እዩ። ካብዚ ብምንቃል እምበኣር ንሓለፍቲ ከየፍለጥና ገንዘብ ተሰሊዑ ነፍስ-ወከፍ ኣባል (500) ሓሙሽተ ሚእቲ ርያል ወይ ብቅርሺ ኢትዮጵያ ክኸፍል ዝኸኣለ ከኣ ካብኡ ንላዕሊ ክህብ መምርሒ ተዋህበ። ኣብ መወዳእታ ንሓላፊ ናይ ወጻኢ ጉዳያት ተ.ሓ.ኤ. ኣብ ጅዳ ኣብ ዕላዊ ሸንኻት ምዕዳግ ናይ ገዛ ምእንቲ ንኽሳተፍ ሓቢርናዮ ተሰማሚዑ ኣብ ሜዳ ንዝነበሩ ሓለፍቱ'ውን ባዕሉ ኣፍሊጥዎም። በዚ ኣገባብ'ዚ ገዛ ብፍርቂ ሚልዮን ርያል ተገዚኡ ወነንቲ ክንከውን በቃዕና።

ልዕል ክብል ብዛዕባ ኣበርክቶ ኣባላትን መሪሕነትን ኣብ ጨንፈር ስዑድያ ብሕልፊ'ኳ ኣብ ጅዳ ዝተራእየ ናይ ምርብራብ ቃልሲ ኣስሚረሉ ነይረ። ከምውጽኢት ናይ'ዚ ዘይዕጸፍ ቃልሲ ካድራት ሻዕብያ ንሜዳ ኣብ ዘመሓላለፍዎ ጸብጻብ፣ "ዓማ ኣብ ስዑድያ ኣንቂጻትና እያ ዋላ ሓንቲ ምንቅስቓስ ክንገብር ኣይከኣልናን" ዝብል ከምዝነበረ ጭቡጥ ሓበሬታ ተረኺቡ ነይሩ።

ምንቅስቓስ ማሕበር ደቂ ኣንስትዮ እውን ኣዝዩ ስለዝደንፍዐ ንኽልቲኡ ማሕበራት ኣጠቓሊልካ ምክያድ ካብ ዓቕሚ ኣባላት ንላዕሊ ምስኰነ ኣብ ርእሲ እተን ውፉያት ተሓጋገዝቲ ዝነበራ ካብ ሜዳ ከም በዓል ሓረጉ ገብርየሱስ በዓል ኑራ ዝበሃላ መጺኦን የንቅሓ ነይረን። ዋላ ንሳተን ይምጽኣ'ምበር ጌና ምትሕብባር ናይ ማሕበር ሰራሕተኛ ኣይተፈልየንን።

ጉጅለ ባህሊ ጨንፈር ጅዳ፡ "ንናጽነት መሬትናን ሓርነት ህዝብናን መተካእታ የብሉን" ኣብ ትሕቲ ዝብል ጭርሖ፣ ሰውራውን ባህላውን ምርኢት ብምክያድ፣ ኣብ ምልዕዓልን ምንቃሕን ህዝቢ ልዑል ግደ ኣበርኪቶም እዮም።

ኣብ ማሕበራት ዝወሃብ ዝነበረ ኣገልግሎት፡

1. ስርርዕ፡ ማለት ሓደስቲ ምቕባል፣ ጉጅለታት ምቅይያር፣ ካብ ኣውራጃታት ንዝኸዱ ብደብዳበ ምፍናው፣ ደብዳቤታት ሒዞም ንዝመጹ ኣብ ጉጅለታት ምስኳዕ ወይ ሓድስቲ ጉጅለታት ምቛም ከምኡ'ውን ኣኼባ ናይ ጉጅለታት ምክያድ ወዘተ የጠቓልል።

2. ዜና፡ መጽሔታት ምድላው ኣኼባታት ምክያድ፣ ሓበሬታ ምእካብን ምዝርጋሕን ወዘተረፈ።

3. ወርሓዊ ውጽኢታት ምቕባልን ቅብሊታት ምጽሓፍን፡ ወርሓዊ ውጽኢቶም ንዘይከፈሉ ድማ ኣብ ኣኼባታት ምትሕስሳብን ኣብ ርሑቕ ንዘለዉ ከኣ ብደብዳቤታት ምምልካትን። ነቲ ቀቀልጢፉ ዝእከብ ዝነበረ ገንዘብ ድማ ብግቡእ እናወገንካ በብእዋኑ ንሓላፊ ቤት ጽሕፈት ጅብሃ ምትሕልላፍ፡

4. ሕብረተ-ሰብኣዊ ጉዳያት፡ ሓላፊ ናይዚ ቤት ጽሕፈት'ዚ ንብዙሕ ኣጸጋሚ ጉዳያት ይፈትሕ ነይሩ። ጠባይ ንዘይነበሮም ኣባላት ብሜላ ይእርም፡ ንዝተባእሱ ይዓርቕ፡ ኣብ መንነ ሰብ ሓዳር ንዝለዓል ዘይምርድዳእ የዝሕል።

5. ጾፐታ፡ እዚ ሓላፊ'ዚ'ውን ኣብ ውሽጢ ብዙሓት ኣባላትና ሰለይቲ ከይህልዉ ይከታተል፡ ብደገ'ውን እንተኾነ ብዛዕባ ጨንፈርና ይኩን ብዓቢኡ ከኣ ብዛዕባ ተ.ሓ.ኤ. ገለ ዝእለም ከይህሉ ይጸናጸንን ርከባት የካይድን።

   ኣቦ መንበር ጨንፈርን ምኽትሉን ከኣ፡ ነዚ ኩሉ ኣብ ላዕሊ ዝተጠቕሰ ስራሓት ኣብ ግብሪ ምውዓሉን ዘይምውዓሉን ይከታተሉ።ናይ ጽሑፍ ምልእኣኽን ብሓላፍነት ዘሕትት ከታማትን ምስዝህሉ ከኣ ይፍርሙ። ከምቲ ልሙድ ድማ ኣቦ መምበር ምስዘይህሉ ምኽትሉ ይትክአ።

እቲ ስራሕ ከቢድን ኣህላኽን እዩ ነይሩ። ኣብ ላዕሊ ዝተጠቕሰ ኣግልግሎታት ከም ኣብነት ዝቐረበ ድኣ'ምበር ብሙሉኡ ኣይኮነን።

ካብ መወዳእታ ሰብዓታት ኣትሒዙ፣ ሓላፊ ቤት ጽሕፈት ወጻኢ ጉዳያት ኣብ ጅዳ ዝነበረ ይኹን ናይ ሜዳ መሻርኽቱን ዕርበት ናይ ጀብሃ ይፈልጥዎ ስለዝነበሩ እዮም ይመስለኒ፣ ነቲ ካብ ጨናፍር ሰራሕተኛን ደቂ ኣንስትዮን ዝመሓላለፈሎም ዝነበረ ብቐሊል ዘይግመት ገንዘብ ተቐበልትን ተቛጻጸርትን ባዕላቶም ስለዝነበሩ፣ ኣብ መዓላ ከምዘይወዓለ ይርእ ነይሩ። እዚ ገንዘብ እዚ ካብ መንን ከመይ ኢሉን ይእከብ ከምዝነበረ ንዝፈልጥ መስደመም እዩ ዝኾኖ። ካብ ማሕበር ደቂ ኣንስትዮ እውን ዝተሓባበርኦም ነይረን እየን። ታሪኽ ስለዘይምሕር ኣስማት ምጥቃስ እውን ኣይከተርፍን እዩ።

ድሕሪ ዕልዋ ራሳይ ዝማዕበለ ኣሉታዊ ተሞክሮ፡

ኣባላትና ኣብ ስዑድያ ሞራልን ሓድነትን ተዓጢቖም ንሰውርኦም ሰፍ ዘይብል ኣበርክቶ እናገበሩ ከለዉ፣ ብስዑድያን ብሜዳን ብዝተፋሕሰ ተንኰል ኣብ ጀብሃ ዕልዋ ምስተኻየደ እቲ ዝተጠቕሰ ሓጺናዊ ሓድነት ፈሪሱ፣ ብወገንን ብሃይማኖትን ኣባላትና ኣብ ክልተ ወገናት ተመቓቒሎም ፋሕ ብትን ኣተዎም። በዚ ምኽንያት እዚ ከኣ እቲ ንህንጸት ጀብሃ ዝርአ ዝነበረ ናህሪ መሰረት ከምዘይነበሮ በርባዕተ መኣዝናት ዓነወ።

ጉዳይ ራሳይ ካብ ተላዕለ መርሑም ዓብደላ እድሪስ ኣብ ውሽጢ ህዝባዊ ሰውራ ዕልዋ ምስ ኣካየደ፤ ዕላዊ መራሒ ናይ ጀብሃ ኣነ እየ ኢሉ ነብሱ ከፉልጥ ብመንግስቲ ስዑድያ ተደጊፉ ንጅዳ መጸ። ቅድሚ ሓፈሻዊ ኣኼባ ምግባሩ ግን ምስ መሪሕነት ማሕበር ሰራሕተኛ ኣብ ቤት ጽሕፈት ማሕሙድ እስማዒል (ሓላፊ ወጻኢ ጉዳያት ኣብ ጅዳ) ኣብ ዘለዉሉ ኣኼባ ኣካይዱ። ኣብዚ ኣኼባ'ዚ ካብ ኣባላት ሰክረታርያ ዝቐረበሉ ሕቶታት ኣነ ዝዝክሮም፡

1. ኣብ ውሽጢ ሓደ ውድብ እሞ ዕላዊ መሪሕነቱ እንዳሃለወ ተጋደልቲ ንርእሶም ተበጅዮም ንሃገር ናጻ ከውጽኡ ኣብ ዝቃለስሉ ዝነበሩሉ ሁሞት ተግባራት ናይ ሻዕብያን ወያኔን ከይኣክል፣ ንስኻ ድማ ዕልዋ ብምግባር ኣብ ልዕሊ ሃስያ ሃስያ ወሲኽካ፡ ስለምንታይ? ሰውራ ብምሉኡ ከምዝብተን ዘንጊዕካዮ ዲኻ? ናይ ዓብደላ እድሪስ መልሲ "ንሕና ነዚ ስጉምቲ'ዚ ዝወሰድና ንድሕነት ጀብሃ እዩ ነይሩ" ጥራይ በለ።

2. እቶም ዝኣሰርካዮም መሪሕነትን ካድራትንከ፣ ንሳቶም በደለኛታት ንስኻ ግን ንጹህ ስለዝኾንካ ድዩ?መልሲ ዓብደላ "እዚ ሓውና ሓታታይ ናይ ሜዳ ሓበሬታ ይጎድሎ እዩ" በለ። እቲ ሓታታይ ንዓብደላ ክምልሰሉ ከሎ "ኣነ ዝሓተትኩኻ ብዛዕባ ሰውራ ኤርትራ እምበር፣ ብዛዕባ ሰውራ ቬየትናም እኮ ኣይኮነን" በሎ።

3. ንሓዋሩኸ እንታይ ኢኻ ክትገብሮም? ከተውጽኦም ዲኻ ወይስ ክትቀትሎም? ጉዳይ ኣሕመድ ናስርከ? መልሲ ዓብደላ፡ "እዚኦም ነቲ ውድብ ብኽትዕ ወዲ ኽትዕ ንቕድሚት ከምዘይከይድ ጌሮሞ እዮም። ክሳብ ዝኾነ ዝኸውን ኣብኡ ክጸንሑ ይኽእሉ እዮም። ምቕታል ዝበሃል ግን የለን። ኣሕመድ ናስር ከኣ እቲ ውድብ ኣብ ፈውዳ (ሕምስምስ) እናሃለወ፣ ከም መራሒ ክጥርንፍ

ኣይከኣለን፡ ስለዚ ንሱ’ውን ንግዚኡ ተኣልዩ ኣሎ” በለ።

4. ብዛዕባ ኢብራሂም ቶቲል’ከ እንታይ ትብል? ዓብደላ ርእሱ እንዳነቕነቐ “ንሱ እሞ........” ብምባል ከይገለጸ ደምዲምዎ።

5. መልኣከ ተኽለ’ኸ ስለምንታይ ተቐቲሉ? መልሲ ዓብደላ፡ “ንሱ ባዕሉ ዝገበሮ እዩ” ብምባል ወዲእዎ።

ኣብ ጊዜ ሕቶን መልስን ኣባላት ሰክረታርያ ድሮ ኣብ ደገፍትን ተጻረርትን ወገናት ተመቒሎም ነይሮም። ነቲ ዝሕተት ዝነበረ ግቡእ ሕቶታት እውን፣ ገሊኦም ኣብ ክንዲ መልሲ ክሰምዑ ምጽባይ ይነጽግዎ ነበሩ። ኲይኑ ግን መልስታት ዝወሃብ ዝነበረ እውን ንገዛእ ርእሱ ኣዕጋቢ ኣይነበረን።

ድሕሪ ኣኼባ ምስ ሓላፊ ቤት ጽህፈትን ሰክረታርያን ምግባሩ፣ ንጽባሒቱ ምሸት ናይ ህዝቢ ኣኼባ ጸዊዑ ስለዝነበረ፣ ኣኼባ ክግበር ክልተ ሰዓት ኣቢሉ ተሪፉዎ እንከሎ፣ ቅድሚኡ ፈጺሞም ተራእዮም ዘይፈልጡ ኣጋር ሰራዊት ስዉድያ፣ ነቲ ቀጽሪ ናይ ማሕበር ሰራሕተኛታት ብዙርያኡ ኣካበብዎ፡ ነዚ ምግባሮም ሓያል ተቓውሞ ኣንጻር ዓብደላ ከምዝለዓል ተረዲኦም ብምትሕብባር በዓል ዓብደላ ባሃብሪ (ኣብ ክፍሊ ጸጥታ ስዉድያ ሓላፊ ናይ “ኣፍሪቃ ደስክ” ዝነበረ) ዝተገብረ እዩ ነይሩ። ኣብዚ ሰዓት’ዚ ህዝቢ ተኣኪቡ በቲ ዝማዕበለ ኲነታት እናተጨነቐ እንከሎ፡ ዓብደላ ብሃብሪ ኣብ መድረኽ ደይቡ ከምዚ በለ፤ “ንዓብደላ እድሪስ ዝደገፈ ንዓና ደገፈ፤ ንዝተቓወሞ ድማ ንዓና ተቓወመ ማለት’ዩ” ብምባል መጠንቀቕታ ሂቡ ከደ። ኣብታ ሰዓት እቲኣ ነቲ ዘረባ’ቲ ሰሚዑ ዘይሓመመ እንተነይሩ፣ ብዛዕባ ጉዳይ ናጽነት ኤርትራ ዘይግድሶም ባእታታት ጥራይ እዮም ክኾኑ ዝኽእሉ።

ዓብደላ እድሪስ ብወገኑ ምስ ዓጀብቱ፣ ሓደ ካብኦም ዮውሃንስ ዘርእማርያም ከም ተርጓማይ ኲይኖም ኣተዉ። ከምቲ ልሙድ ኣባላትና ጋሻ ክቕበሉ እንከለዉ ብፍሕሽው ገጽ እዮም፡ ኣብታ ሰዓት እቲኣ ግን ሃዋህው ናይቲ ጨንፈር ክብድ ዝበለን ርግኣት ዘይዓሰሎን ከምዝነበረ ይንበብ ነይሩ። ብዘየገድስ ግን ዓብደላ ብዋርድያታቱ ተኸቢቡ ኣብ መድረኽ ደየበ። ንተርጓማይ ምእንቲ ክጥዕም ድማ ኣሕጽር ኣሕጽር እንዳበለ ይዛረብ ነይሩ። ኣብዚ እቲ ዓረብኛ ዝሰምዕ እናተረድኦ፣ እቲ ዘይሰምዕ ከኣ ይትርጐመሉ ስለዝነበረ፣ ኣኼበኛ በብቑሩብ እናረሰነ ክኸይድ ከሎ፣ ኣብ መንጎ ንክብረ-ሕልና ሰማዕቲ ዝተንከፈ ካብኡ ኣይትሕለፉ ዝዓይነቱ ዘረባ ደርጒሖ “እዘን ሰብ ርእይቶን ሕቶን ኣብ ዝኸድኦ የብለንን፡ ካብ ጫቑ-ጫቑ ሓሊፈን ዝገብርኦ የለን” ምስበለ እቲ ረስኒ ገንፊሉ ወጺኡ፣ እዚ ዘይብሃል መናብር ናብቲ መድረኽ ገጹ ክውርወር ምስጀመረ፣ እቶም ኣብ ዙርያ መድረኽ ዝነበሩ ሓለውቱ ኣብ ርእሲ ዓብደላ ወዲቖም ኣድሒንዎ። ኣብዚ እዋን’ዚ እቶም ነቲ ጨንፈር ከርዲኖም (ከቢቦም) ሒዞሞ ዝነበሩ ሰራዊት ስዉድያ ክልተ መዓጹ ናይ ካንሸሎ ከፊቶም ኣትዮም ነቲ ህዝቢ “ያላ ኣጥልዑ፣ ኸላስ ማእተፍት ልዛልክ ኣኽርጁ (ትርጉሙ: ኣይተሰማማዕኩምን ስለዚ ውጹ ካብዚ ቦታ)” እናበሉ ኣውጽእዎም። ብዝተፈጥረ ዕግርግርን ድፍኢት ሰራዊት ስዉድያን መብዝሕትኡ ኣኼበኛ ነቲ ቦታ ኣኼባ ገዲፉ ምስከደ፣ ዓብደላ ምስ ውሑዳት ደገፍቱ፣ ብዕግርግር ኣኼባ ተቛሪጹ ምእንቲ ከይብሃል ንስሙ ቀጺልዎ ምንባሩ ድሒርና ፈሊጥና።

ነዚ ኩሉ ስሩዕ ጀብሃ ጉልበቱን ገንዘቡን ጊዜኡን ንምሃብ ክምህ ከይበለ ንናጽነት ኤርትራ ዝቃለስ ዝነበረ፣ ንጸቢብ ሃገራውነትን ወገንነትን ንምርዋይ ፋሕ ብትን ኣበልዎ። እቲ ውድቀት'ቲ ከኣ ክሳብ ሎሚ ከሳቕየና ይርከብ። ክሳብዚ እዋን'ዚ ኸ ካብ ጌጋታቶም ተማሂሮም'ዶ ይኾኑ? ኣይመስለንን።

ዕልዋ ራሳይ ዝቀራረበሉ ዝነበረ እዋን፣ ማሕሙድ እስማዒልን ዓብደላ ባሃብሪን ካብ ጅዳ ንሱዳን ኣብ ሓደ ወርሒ ጥራይ ብውሑዱ ዕስራ ጊዜ ተመላሊሶም ምንባሮም ተኻታቲልናዮም ኔርና። ዕልዋ ራሳይ ምስተኻየደ ንጽባሒቱ ንግሆ ኣብ ጀሪደት ኣል መዲና ዝብሃል ብዓረብኛ ዝጸሓፍ ጋዜጣ “ኣብ ሜዳ ኤርትራ ሓደ ስሙ ብፊደል A ዝጅምር ኣባል ጀብሃ ስልጣን ሒዙ ኣሎ” እትብል ሓንቲ መስመር ኣውጸአ፡ ንጊዚኡ ደንጽዩና ኔሩ፣ ድሕሪ ቍሩብ ግን ተረዳእናዮ'ድአ።

ኣብ ጨንፈር ስዑድያ ምስ ዕላዊ ኣቦ መንበር ጀብሃ ኣሕመድ ናስር መርገጽ ዝሓዝና ጸገማት የጋጥመና ነይሩ። ሓደ ካብኣም ንኣብነት ካብ ጨንፈር ጅዳ ከውጽኡና ከለዉ ዝበሉናን ኣገባብ ኣወጻጽኣናን ብጣዕሚ ዘሕዝን'ዩ ነይሩ። ይኹን'ምበር ቃልስና ኣየቋረጽናን፤ ትሕተ-ባይታ ኣቲና ቀጸልናዮ።

ግንዛበ፡

ንጀብሃ ናብ ውድቀት ዘብጽሑ ረቛሕታት፡

- ካብ 1973 – 1975 ዓ.ም.ፈ ሰውራ ኤርትራ ዝዓብየሉን ዝድንፍዓሉን መድረኽ ክኸሰት ከሎ፣ ኣብ ኢትዮጵያ ድማ ስርዓት ሃይለስላሴ ወዲቑ መተካእታኡ ስርዓት ደርግ ዓኹኹ ኣብ ልዕሊ ኤርትራዊ መንነት ግፍዓዊ ስጉምትታትን ቅንጸላን ዝገነነሉ ኩነታት ነበረ። ብኣህጉራዊ መዳይ'ውን ኣትኵሮ ኣብ ልዕሊ ፖሊቲካዊ ኩነታት ናይ ቀርኒ ኣፍሪቃ ብፍላይ ድማ ኣብ ጉዳይ ኤርትራ ዝዓዘዘሉ ኩነታት ተፈጢሩ ስለዝነበረ፤ ሰፊሕ ክፍልታት ህዝቢ ኤርትራ ናብ ሰውራ ዝተጸንበረሉ መድረኽ ነይሩ። እቲ ኣብዚ እዋን'ዚ ኣብ ሰውራ ዝተጸንበረ ተጋዳላይ፣ መበቆሉ መብዛሕትኡ ካብ ከበሳታት ኤርትራ ዝኾነ፤ ተመሃራይን ሰራሕተኛን ዝዓብለሎ ብምንባሩ፡ ብሓደ ሸነኽ ናይ ሰውራ ዕቤትን ዓይነታዊ ለውጥን ከረጋግጽ ከሎ፤ በቲ ኻልእ ሸነኽ ድማ እቲ ገዲም ተጋዳላይ መበቆሉ ካብ መታሕት ዝኾነን መብዛሕትኡ ካብ ክፍሊ ሓረስቶት ብምንባሩን፤ ኣብ መንጎ ሓድሽን ገዲምን ዝከፋፈል ግርጭታት ክርአ ባህርያዊ ስለዝነበረ ናይ ምጥርጣርን ዘይምትእምማንን ሃዋህው ተራእየ።

- ኣብ ከምዚ ኩነታት ምግባር 2ይ ሃገራዊ ጉባኤ፡ ብሓደ ሸነኽ ንዕቤት ሰውራ ዝቀባበል መደብ ዕዮን ቅዋምን ክሕንጽጽ ዝኸኣለ፤ ነቲ ኣብ መንጎ ሓድሽን ገዲምን ዝነበረ ዘይምትእምማን ከቀራርብን ክውግድን ትጽቢት ዝተነብረሉ ኣገዳሲ ታሪኻዊ ተረኽቦ እዩ። ይኹንምበር በቲ መደብ ዕዮ መሰረት ዝተሓንጸጸ 3ይ ጉባኤ ድሕሪ ሰለስተ ዓመት ክግበርን ንዝግሃድ ዝነበረ ውሽጣዊ ጸገማት

ብምፍታሕ ሰጊሩ ንውድብ ናብ ምሕዳስን ምሕያልን ከሰጋግሮ ዝነበረ ትጽቢት ተኾሊፉ፤ እቲ ምዕብልና ኣሉታዊ ጉዕዞ ክሕዝን ንውድብና ድማ ናብ ምድኻም ከምርሐ ኣገዲድዎ። ናይዚ ክውንነት ቀንዲ ምኽንያት ድማ እቲ ንስልጣን ገቢቱ ዝጸንሐ ሽንኽ ናይ መሪሕነት ተ.ሓ.ኤ. ብምግባር ጉባኤ ዝገበቶ ስልጣን ካብ ኢዱ ከምልጥ ይኽእል'ዩ ዝብል ስግኣት ስለዝሓደሮ እዩ።

- ናይ ውድባት ህዝባዊ ግንባርን ወያኔን ልፍንታዊ መጥቃዕቲ፣ ንውሽጣዊ ጉዳያት ውድብ ንምእራም ዕድል ከሊኡ ናብ ምፍራሳ ደፊኡ።

> ውግእ ሕድሕድ ብህዝቢ ኤርትራ ዘይተደልየን ዘይቅቡልን ምንባሩ፡ ፍልልያት ምስተጋህደ “ስምረት ጠሊቡን ንኽልቲኡ ውድባት ንምዕራቕ ሽማግለታት ሰዲዱ ብዙሕ ከምዝፈተነ ንህዝብና ይኹን ንስርዓት ኢትዮጵያ ግልጺ እዩ ነይሩ። ናይ ክልቲኡ ውድባት መሰረታት'ውን ስምረት ዝጠልብ ምንባሩ ኣብ ኵሉ ዝራኸብሉ ዝነበሩሉ እዋን ናይ ስምረት ድልይታቶምን ሃንቀውታኦምን ብግልጺ ይለዋወጡ ነይሮም እዮም። ኢሳያስን ጉጅለኡን ግን ሜዳ ኤርትራ ዝብሕትሉ እዋንን ኣጋጣምን እናማዕደዉ ውዲታት ኣብ ውሽጥን ኣብ ወጻእን ይፍሕሱ ነይሮም። ኢሳያስን ጉጅለኡን ጀብሃ ኣብ ምጥቃዕ ንዝተሳተፈ ውድብ ህዝባዊ ወያኔ ሓርነት ትግራይ (ህ.ወ.ሓ.ት)፡ ንህዝቢ ብዕሊ ከፍልጡ ግዴታ'ኳ እንተነበሮም ክሓብእዎ መሪጾም፤ እንተተሓተቱ ድማ፣ ኣሉ ቐጣን ኣይነበሩን እዩ ነይሩ መልሶም። ህ.ወ.ሓ.ት. ኣብቲ ውግእ ምስታፎምን ምኽንያቶምን በዚ ከምዚ ዝስዕብ ገሊጾሞ እዮም።*14

ኣብ ገጽ 70 ኣብ ቀዳማይ ክሳብ ካላኣይ ምዕራፍ ከምዚ ይብል፡ “ምስ ተሓኤ ተመዓዳዲኻ ኮፍ ምባል ቃልሲ ህዝቢ ትግራይ ኣንጻር ጸላእቱ ዝገብሮ ቃልሲ ብምሉእ ናህሩ ከይቅጽል ምስንኻል። ወይ ድማ ዋላ ዶብ ኤርትራ ሰጊርካ እውን እንተኾነ ኣብ ሰራዊት ተሓኤ መጥቃዕትታት ወሲድካ መሪሕነት ተሓኤ ምስ ህወሓት ዘካይዶ ውግእ ዘየዋጽኦ ምኳኑ እንትርፎ ሰላማዊ ፍታሕ ካልእ መማረጺ ዘይብሉ ምኳኑ ተግባራዊ ትምህርቲ ምሃብ። ብከምዚ ዓይነቱ መንገዲ ንሰላማዊ መንገዲ በሪ ከፊትካ ነት ነገር ፈቲሕካ ቃልስኻ ብሙሉእ ናህሪ ምቕጻል። ህወሓት ካብ ንቃልሲ ትግራይ ዘለዋ ተኣማንነት ተበጊሱ ክወስዶ ዝኽእል መማረጺ ዋላ ዶብ ሰጊርካ ዉግእ ከፊትካ ናይ ተማዓዳዲኻ ኮፍ ናብራ ናይ ቃልሲኻ ዝኣስር ቀይዲ ምእታው መዕለቢ ከምዝርከብ ምግባር ነይሩ። ከምኡ ድማ ገይሩ።

እዚ ኣብ ላዕሊ ዝተጠቕሰ ውሳኔ ወሲኑ ንምትግባሩ ኣድላይ ምላዋት ኣብ ዝገበረሉ ዝነበረ እዋን ኣብ ሞንጎ ህግሓኤን ተሓአን ዝነበረ ርክብ ካብ ሕማቕ ናብ ዝኸፍአ ወረደ። ተሓኤ ኣብ ሳሕል ሒዝዎ ዝነበረ ዕርድታት ገዲፉ ሞሊቑ ይኸይድ። እዚ ኣብ ልዕሊ ህግሓኤን ቃልሲ ህዝቢ ኤርትራን ዝተገብረ ናይ ድሕሪት መውጋእቲ እዩ ነይሩ። ነዚ ተሓኤ ዝገደፎ ዕርድታት ምሽፋን ንረብሓ ቃልሲ ህዝቢ ኤርትራን

ተግራይን ስለዝነበረ ሰራዊትና ክምዝሽፍኖ ተገብረ ርክብ ህግሓኤን ተሓኤን ግን እናተበላሸወ ከደ።"

ኣብ ገጽ 74፣ ኣብ ቀዳማይ ምዕራፍ ከምዚ ይብል" ክልቲኡ ኮናታት ምውህሃዱ ኣብ ተፈጥሮ ናይቲ ኮናት ለውጢ ዘየምጽእ ካብ ኮነ ምውህሃዱ ግን መሪሕነት ተሓኤ እቲ ዝድለ ትምህርቲ ብዝሓጸረ ግዜን ብዝወሓደ ክሳራን ንኽማሃር ዕድል ዝህብ ስለዝኾነ ምውህሃዱ ዝበለጸ ይኸውን። ካብዚ ተበጊሱ ህወሓት ኣብ ልዕሊ ተሓኤ ዘካይዶ ዝነበረ ናይ ምክልኻል ኮናት ምስቲ ህግሓኤን ተሓኤን ዘካይድዎ ዝነበሩ ካልእ ኮናት ከዋህሃድ ወሲኑ ዝተዋሃሃደ ውግኣት ይጅምር።" ኣብቲ ካልኣይ ምዕራፍ ከኣ ከምዚ ይብል:" ካብ መጀመርያ 1973 ዓ.ም(1980 ፈረንጂ) ጀሚሩ ዝተወሃሃደ መጥቃዕቲትታት ኣብ ልዕል ተሓኤ ተወሲዱ። እዚ ኩሉ እናተገብረ እናሃለወ መሪሕነት ተሓኤ ነቲ ኮናት ጠጠው ኣቢልካ ነቲ ነገር ብሰላምን ፍትሓዊ ኣገባብን ንምውዳእ ብህወሓት ዝቐረበሉ ዝነበረ ተደጋጋሚ መጸዋዕታታት ፈጺሙ ኣብ ግምት ኣየእተዎን። ብህልኽ ኣብቲ ናይ ጥፍኣት መንገዱ ቀጸለ።"

- ውድብ ተ.ሓ.ኤ ዝመስረቶም ናይ ሓፋሽ ውድባት ኣብ ህዝቢ ንጡፍ ምንቅስቓሳት ዘካይዱ ዝነበሩ፤ ምጥፋእ መሃይምነትን ስሩዕ ኣገልግሎት ትምህርትን ኣብ ህዝብን ሰራዊትን፤ ህዝባዊ ሕክምናታት ናይ ህዝብን ከምኡ'ውን ናይ እንስሳ ዘቤትን (ቨትሪናሪ) ዝዘርግሖ ሰፊሕ ኣገልግሎት፤ ወተሓደራዊ ሓይልና ክከላኸለሉ ዘይምብቅዕ እቲ ዝዓበየ ፖሊቲካዊን ማሕበራውን ክሳራ ነይሩ። ወተሃደራዊ ስታፍ፣ ንሰራዊት ሓርነት ናይ ምምራሕ ብቕዓት ከምዝሓጸሮ ርኡይ እኳ እንተነበረ፣ ካብ ስግኣታትን ድሑር ስምዒታትን ብምንቃል፣ ንሰራዊት ሓርነት ከዕጥቖን ክመርሖን ዘይምድላዩ።

- ኣብ ክንዲ ንጉዳያት ሰሚናር ጌርካ ብሰላማውን ደሞክራስያውን ኣገባብ ምፍታሕ፣ ዓመጻዊ ወተሃደራዊ ዕልዋ ኣብ ልዕሊ እቲ ውድብ፣ መሪሕነቱን ትካላቱን ምውሳዶም ንውድብ ናብ ዝኸፍአ ኩነታት ሸመሞ። እዚ ኣብ ባህሊ'ቲ ውድብን ኣሰራርሕኡን ዘይነበረ፣ ህይወት ዝጠፍኣሉን ንውድብ ክፈናጨል ጠንቂ ብምዃን ኣብ ክንዲ ናብ ምቅርራብ ናብ ዝዓሞቐ ፍልልያት ስለዘእተዎ ንውድብ ናይ ምሕዳስ ዕድል ዓጸዎ።

ብሰንኪ ዝሑል ኲናት ዝተፈጥረ ውድድራት፣ ብኸባቢ ሃገራት ኣብ ልዕሊ ውድብና ዝተወሰደ መሰረት ዘይነበሮ ናይ ጥርጠራ መርገጽን ክስን ንረብሓ ምሕዝነት ሻዕብያን ወያኔን፤ ድሒሩ ድማ ንናይ ዕልዋ ጕጅለ ብምውዓሉ ኣብ ምፍራስ ጀብሃ ቀሊል ዘይኮነ ተራ ተጻዊቱ።

ዝርዝር መወከሲታት

*1 ዲሞክራስያዊት ኤርትራ ሕታም ቁ 16፡ ጥቅምቲ-ታሕሳስ 1995

*2 ሮይተርስ ኣብ ናይ ዕለት 19 ጥቅምቲ 1998 ሕታሙ፡

*3 ጉግል

*4 የኤርትራ ጉዳይ፡ 1941 – 1963 ዓ.ም.፡ ብኣምባሳደር ዘውደ ረታ፡ ገጽ 208 - 250

*5 መጆር ኣልበርቶ ፓለራ፡ ኢጣልያዊ ደራሲ፡ ብ1935 ዝተጻሕፈ፡ ብኣባ ይስሓቕ ገብረየሱስ ናብ "ደቀባት ህዝብታት ኤርትራ" ብትግርኛ ዝተተርጎመ

*6 ከምኡ

እናተጋደልና ንመሃር ቀዳማይ መጽሓፍ መእተዊ፡ ገጽ 1፡ ግጥሚ ጅግና ተጋዳላይ ካብ ገጽ 54፡ ሓረስታይ ኤርትራ ካብ ገጽ 66፡ ብክፍሊ ትምህርቲ ተሓኤ ዝተሕትመ፣ 1975

*10 ደሞክራስያዊት ኤርትራ ሕታም ቍጽሪ 32፡ ነሓሰ=መስከረም 1999፡ ገጽ 4-5

*11 ጋዜጣ ሓንቲ ኤርትራ 16.09.1951፡

*12 ብወልደሱስ ዓማር "ERITREA, ROOT CAUSES OF WAR & REFUGEES"; Page 80; 1994።

*13 "መጀመርታን መወዳእታን ጉዕዞ ተጋድሎ ሓርነት ኤርትራ" ብተጋዳላይ ኢብራሂም መሓመድ ዓሊ እተሓትመ፡ 2010 ዓ.ም፡ ገጽ- 304-312

*14 "ቃልሲ ህዝቢ ኤርትራ ካበይ ናበይ ገምጋም" ብህዝባዊ ወያነ ሓርነት ትግራይ ፡ ሚያዝያ 1978፡ ገጽ 62-75